Bürgerliches Gesetzbuch

nebst

Einführungsgesetz

erläutert von

Dr. G. Planck,

Wirklicher Geheimer Rat und ordentlicher Honorarprofessor an der Universität Göttingen,

in Verbindung mit

Dr. A. Achilles †, Reichsgerichtsrat,
Dr. F. André, ordentlicher Professor,
M. Greiff, Geheimer Oberjustizrat,
F. Ritgen, Landrichter

O. Strecker, Oberlandesgerichtsrat,
Dr. E. Strohal, Geheimer Hofrat, ord. Professor,
Dr. K. Unzner, Ober-Regierungsrat.

Band I.

Einleitung und Allgemeiner Teil.

Dritte, vermehrte und verbesserte Auflage.

Berlin 1903.

J. Guttentag, Verlagsbuchhandlung,

G. m. b. H.

Vorwort zur ersten Auflage.

Am 1. Januar 1900 tritt das Bürgerliche Gesetzbuch in Kraft. Deutschland erhält dadurch ein einheitliches bürgerliches Recht. Je größer die nationale und rechtliche Bedeutung dieser Errungenschaft ist, umsomehr kommt es darauf an, daß das Gesetzbuch kein toter Buchstabe bleibt, sondern in das lebendige Rechtsbewußtsein des Volkes übergeht. Erst dadurch wird es wirklich deutsches Recht. Aufgabe der Wissenschaft und Praxis ist es, die Einführung des Gesetzes in das Leben des Volkes zu vermitteln. Die deutschen Juristen haben niemals eine größere und wichtigere, niemals aber auch eine schwierigere Aufgabe gehabt. Alle müssen dazu mitwirken, das große Ziel zu erreichen. Einen Beitrag dazu soll das vorliegende Werk liefern, zu welchem die Verfasser dadurch berufen zu sein glauben, daß zwei von ihnen an den Arbeiten beider Kommissionen, die übrigen vier an den Arbeiten der zweiten Kommission zur Ausarbeitung des Entwurfs des Bürgerlichen Gesetzbuchs teilgenommen haben.

Es handelt sich nicht um eine wissenschaftliche Bearbeitung des neuen Rechtes. Hierzu dürfte der Zeitpunkt noch nicht gekommen sein. Das vorliegende Werk hat sich eine bescheidenere Aufgabe gestellt. Es will in der Form des Kommentars die Einführung des Gesetzbuchs in die Praxis erleichtern. Dabei handelt es sich nicht allein darum, den Sinn der einzelnen Vorschriften zu erläutern, vielmehr sollen die leitenden Gedanken hervorgehoben und der innere Zusammenhang der einzelnen Vorschriften und ihr Verhältnis zu einander klargelegt werden. Für das richtige Verständnis eines Gesetzes sind zwei Momente von entscheidender Bedeutung. Es sind dies einerseits der wirtschaftliche und soziale Zweck, den das Gesetz verfolgt, und andererseits die technisch-juristischen Mittel, welche zur Erreichung des Zweckes angewandt werden. Diese beiden Momente möglichst klarzulegen, wird daher zu den wesentlichsten Aufgaben des vorliegenden Werkes gehören. Auf die geschichtliche Entwickelung des bisherigen Rechtes, als deren Abschluß das BGB. erscheint, näher einzugehen, verbietet der Zweck und die Form des Kommentars; doch ist, soweit tunlich, auf das Verhältnis des Bürgerlichen Gesetzbuchs zu dem bisherigen Rechte, insbesondere zu der gemeinrechtlichen Theorie, hingewiesen worden. Um die selbständige Prüfung und die wissenschaftliche Bearbeitung der einzelnen Fragen zu erleichtern, werden bei jedem Paragraphen die betreffenden Paragraphen der verschiedenen Entwürfe, die Seiten der Protokolle erster und zweiter Lesung, der Motive des ersten Entwurfs, der Denkschrift zu dem dem Reichstage vorgelegten

Entwurfe, des Berichts der Reichstagskommission und des stenographischen Berichts über die Verhandlungen des Reichstags angegeben.

Das Werk zerfällt in sechs Teile, von denen die ersten fünf den fünf Büchern des Gesetzbuchs entsprechen, während der sechste Teil das Einführungsgesetz behandelt. Eine kurze Einleitung ist vorausgeschickt. Mit der letzten Lieferung jedes Teiles wird ein Inhaltsverzeichnis desselben, mit der letzten Lieferung des ganzen Werkes ein alphabetisches Sachregister ausgegeben werden.

Die spezielle Bearbeitung des Stoffes ist in folgender Weise unter die Verfasser verteilt: Der Herausgeber hat die Einleitung, das erste Buch und die sechs ersten Abschnitte des zweiten Buches sowie die damit im Zusammenhange stehenden Artikel des Einführungsgesetzes übernommen, Herr Amtsrichter Greiff bearbeitet die ersten drei Titel, Herr Professor Dr. André die übrigen zweiundzwanzig Titel des siebenten Abschnitts des zweiten Buches; Herr Reichsgerichtsrat Dr. Achilles und Herr Amtsrichter Greiff haben das dritte Buch, Herr Staatsanwalt Dr. Unzner hat das vierte Buch, Herr Gerichtsassessor Ritgen das fünfte Buch übernommen. Jeder der Herren wird zugleich die seinen Teil betreffenden Artikel des Einführungsgesetzes bearbeiten; im übrigen hat Herr Professor André das Einführungsgesetz übernommen.

Infolge dieser Teilung der Arbeit wird eine Verschiedenheit des Stiles und der Art der Darstellung nicht ganz zu vermeiden sein. Die sachliche Einheitlichkeit des ganzen Werkes wird aber durch die unter den Verfassern getroffene Vereinbarung und die dem Herausgeber obliegende Leitung des Unternehmens gesichert.

Göttingen, im Februar 1897.

Der Herausgeber.

Vorwort zur dritten Auflage.

Die in dem Vorworte zur ersten Auflage hervorgehobenen allgemeinen Gesichtspunkte sind auch bei der dritten Auflage leitend gewesen. Eine wesentliche Erweiterung hat das Werk in der dritten Auflage durch die tunlichst vollständige Berücksichtigung der inzwischen erschienenen Literatur und der bisherigen Rechtsprechung erfahren. Bei der Erörterung der einzelnen Fragen sind indessen, um Raum zu ersparen, nicht immer alle Schriftsteller, die sich über die betreffenden Fragen ausgesprochen haben, und nur ausnahmsweise diejenigen Schriftsteller citiert, welche mit der in dem Kommentare vertretenen Ansicht übereinstimmen. Dissertationen sind regelmäßig nicht citiert. In dem Quellenverzeichnisse sind die

Seiten der Protokolle der zweiten Kommission nicht mehr nach den metallographierten, sondern lediglich nach den gedruckten Protokollen citiert.

Von den Verfassern der bisherigen Auflagen ist Herr Reichsgerichtsrat Achilles durch den Tod, Herr Landrichter Ritgen infolge von Überhäufung mit Berufsgeschäften ausgeschieden. An die Stelle des ersteren ist Herr Landrichter Strecker, an die Stelle des letzteren Herr Professor Strohal getreten. Die in dem Vorworte zur ersten Auflage angegebene Verteilung des Stoffes unter die Verfasser, welche schon in den bisherigen Auflagen die in den Vorworten zum dritten, fünften und sechsten Bande angegebenen Änderungen erfahren hatte, ist für die dritte Auflage in folgender Weise erfolgt:

Den ersten Band hat der Herausgeber bearbeitet. Von dem zweiten Bande hat der Herausgeber die ersten sechs Abschnitte, Herr Geheimer Justizrat Greiff die ersten drei Titel, Herr Professor André die übrigen Titel des siebenten Abschnitts übernommen. In dem dritten Bande wird die Einleitung, der zweite Abschnitt, der erste Titel des dritten Abschnitts, der vierte, sechste, siebente und achte Abschnitt von Herrn Landrichter Strecker, der erste Abschnitt, der dritte und vierte Titel des dritten Abschnitts, der zweite Titel des fünften Abschnitts und der neunte Abschnitt von Herrn Geheimen Justizrat Greiff, der zweite und fünfte Titel des dritten Abschnitts, sowie der erste und dritte Titel des fünften Abschnitts von dem Herausgeber bearbeitet. Die Bearbeitung des vierten Bandes ist von Herrn Oberregierungsrat Unzner, die Bearbeitung des fünften Bandes ist von Herrn Professor Strohal übernommen. Von dem sechsten Bande werden die sich speziell auf das Sachenrecht und das Familienrecht beziehenden Artikel durch Herrn Oberregierungsrat Unzner, der übrige Teil von dem Herausgeber bearbeitet. Das Register hat Herr Ober-Amtsrichter Jatzow übernommen.

Göttingen, im August 1903.

Der Herausgeber.

Erklärung der wichtigeren Abkürzungen.

AG. = Ausführungsgesetz; im Zweifel zum Bürgerlichen Gesetzbuche.
ALR. = Allgemeines Landrecht für die preußischen Staaten v. 5. Februar 1794.
Arch. = Archiv.
Arch. f. Bürg. R. = Archiv für Bürgerliches Recht. Herausgegeben v. Kohler, Ring u. Örtmann.
Arch. f. civ. Pr. = Archiv für die civilistische Praxis. Herausgegeben v. Franklin, Rümelin, Wendt u. a.
Bad. RP. = Badische Rechtspraxis. Annalen der großh. badischen Gerichte. Herausgegeben von van Aken, Baumstark, Betzinger, Dorner u. a.
Bayer. ObLG. = Bayerisches Oberstes Landesgericht; im Zweifel: Sammlung von Entscheidungen des Bayerischen Obersten Landesgerichts in Civilsachen und von Enscheidungen des Notariatsdisziplinarhofs. Unter der Aufsicht und der Leitung des kgl. Staatsministeriums der Justiz herausgegeben.
BGB. = Bürgerliches Gesetzbuch.
Begr. = Begründung.
Bl. f. RAnw. = Seufferts Blätter für Rechtsanwendung. Herausgegeben von Staudinger.
Böhms Z. = Zeitschrift für internationales Privat- und Strafrecht. Begründet von Böhm, herausgegeben von Niemeyer.
CBl. = Centralblatt.
CBl. f. FG. = Centralblatt für freiwillige Gerichtsbarkeit und Notariat. Herausgegeben von Lobe,
CPO. = Civilprozeßordnung in der Fassung der Bekanntmachung v. 20. Mai 1898.
D. = Denkschrift, im Zweifel zu dem dem Reichstage vorgelegten Entwurf eines Bürgerlichen Gesetzbuchs nebst Anlagen I—III. Anlagen zu den stenographischen Berichten über die Verhandlungen des Reichstags, 9. Legislaturperiode, IV. Session, Bd. I S. 602—790.
Dernburg, Pand. = Pandekten von H. Dernburg, Aufl. 6 und, soweit bereits erschienen, Aufl. 7 unter Mitwirkung von Biermann.
DJZ. = Deutsche Juristenzeitung. Herausgegeben von Laband, Stenglein und Staub.
E. = Entwurf.
E. I = der von der ersten Kommission ausgearbeitete, 1888 veröffentlichte, Entwurf eines Bürgerlichen Gesetzbuchs.
E. II = der von der zweiten Kommission in erster Beratung beschlossene und 1894/5 veröffentlichte Entwurf eines Bürgerlichen Gesetzbuchs.
E. II rev. = der revidierte, von der zweiten Kommission dem Bundesrate vorgelegte und 1898 veröffentlichte Entwurf II.
E. III = der dem Reichstage 1896 vorgelegte Entwurf eines Bürgerlichen Gesetzbuchs.
E. d. EG. I = der von der ersten Kommission ausgearbeitete und 1888 veröffentlichte Entwurf eines Einführungsgesetzes zum Bürgerlichen Gesetzbuche.
E. d. EG. II = der von der zweiten Kommission ausgearbeitete und dem Bundesrate vorgelegte Entwurf eines Einführungsgesetzes zum Bürgerlichen Gesetzbuche, veröffentlicht 1898.
E. d. EG. III = der dem Reichstage vorgelegte Entwurf eines Einführungsgesetzes zum Bürgerlichen Gesetzbuche.
EG. = Einführungsgesetz, im Zweifel zum Bürgerlichen Gesetzbuche.
Erl. = Erläuterung.
FGG. = Reichsgesetz über die Angelegenheiten der freiwilligen Gerichtsbarkeit v. 17. Mai 1898 in der Fassung der Bekanntmachung v. 20. Mai 1898.
GBO. = Grundbuchordnung v. 24. März 1897 in der Fassung der Bekanntmachung v. 20. Mai 1898.
Gew.O. = Gewerbeordnung in der Fassung der Bekanntmachung v. 26. Juli 1900.

Gruch. = Beiträge zur Erläuterung des deutschen Rechts. Begründet von Gruchot, jetzt herausgegeben von Rassow, Küntzel und Eccius.
Grünhut = Zeitschrift für Privat- und öffentliches Recht der Gegenwart. Unter ständiger Mitwirkung von Mitgliedern der Wiener juristischen Fakultät herausgegeben von Grünhut.
GS. S. = Gesetz-Sammlung Seite.
GVG. = Gerichtsverfassungsgesetz in der Fassung der Bekanntmachung v. 20. Mai 1898.
HGB. = Handelsgesetzbuch v. 10. Mai 1897.
Jacubezky = Bemerkungen zu dem Entwurfe eines Bürgerlichen Gesetzbuches für das Deutsche Reich von Karl Jacubezky.
Iherings Jahrb. = Iherings Jahrbücher für die Dogmatik des heutigen römischen und deutschen Privatrechts. Herausgegeben von Regelsberger und Ehrenberg.
JMBl. = Justiz-Ministerial-Blatt, im Zweifel das preußische.
JW. = Juristische Wochenschrift. Organ des deutschen Anwaltvereins. Herausgegeben von Kuhlenbeck.
KB. = Bericht der Reichstagskommission, im Zweifel über den Entwurf des Bürgerlichen Gesetzbuchs und des Einführungsgesetzes. Anlagen zu den stenographischen Berichten des Reichstags, 9. Legislaturperiode, IV. Session, Band III Nr. 440 S. 1935—2192.
KG. = Kammergericht, im Zweifel Jahrbuch für Entscheidungen des Kammergerichts in Sachen der freiwilligen Gerichtsbarkeit und in Kosten-, Stempel- und Strafsachen. Neue Folge, herausgegeben von Johow und Ring. (Citierweise: KG. 20 S. A. 15.)
KO. = Konkursordnung in der Fassung der Bekanntmachung v. 20. Mai 1898.
Krit. Viert. = Kritische Vierteljahrsschrift.
M. = Motive zu dem von der ersten Kommission ausgearbeiteten Entwurfe, veröffentlicht 1888. (Fünf Bände.)
M. d. EG. = die 1888 veröffentlichten Motive zu dem ersten Entwurf eines Einführungsgesetzes zum Bürgerlichen Gesetzbuche.
P. I = die metallographierten Protokolle der ersten Kommission.
P. II = die Protokolle der zweiten Kommission, citiert nach der im Auftrage des Reichs-Justizamts erfolgten Bearbeitung von Achilles, Gebhard u. Spahn, veröffentlicht 1897—1899.
RAO. = Rechtsanwaltsordnung v. 1. Juli 1898.
Regelsberger, Pand. = Pandekten von Ferdinand Regelsberger.
Recht = Das Recht. Rundschau für den Deutschen Juristenstand. Herausgegeben von Soergel.
Rspr. = Die Rechtsprechung der Oberlandesgerichte auf dem Gebiete des Civilrechts. Herausgegeben von Mugdan und Falkmann.
RG. = Reichsgericht, im Zweifel Entscheidungen des Reichsgerichts in Civilsachen.
RG. i. St. = Entscheidungen des Reichsgerichts in Strafsachen.
RGBl. S. = Reichs-Gesetzblatt Seite.
RJA. = Entscheidungen in Angelegenheiten der freiwilligen Gerichtsbarkeit und des Grundbuchrechts. Zusammengestellt im Reichsjustizamte.
Sächs. Arch. = Sächsisches Archiv für Bürgerliches Recht und Prozeß. Herausgegeben von Hoffmann, Sommerlatt und Wulfert.
Seuff. A. = Seufferts Archiv für Entscheidungen der obersten Gerichte. Herausgegeben von Schütt.
StB. = Stenographische Berichte über die Verhandlungen des Reichstags, im Zweifel 9. Legislaturperiode, IV. Session.
StGB. = Strafgesetzbuch v. 15. Mai 1871.
StPO. = Strafprozeßordnung v. 1. Februar 1877.
Vgl. = vergleiche.
VO. = Verordnung.
Vorbm. = Vorbemerkung.
Windscheid-Kipp = Lehrbuch des Pandektenrechts von Dr. Bernhard Windscheid, Aufl. 8, unter vergleichender Darstellung des deutschen Bürgerlichen Rechts bearbeitet von Dr. Theodor Kipp.
WO. = Wechselordnung.
Z. = Zeitschrift.
Z. d. D.Not.Ver. = Zeitschrift des Deutschen Notarvereins. Geleitet von Weißler.

Z. f. CP. = Zeitschrift für deutschen Civilprozeß und für das Verfahren in Angelegenheiten der freiwilligen Gerichtsbarkeit. Herausgegeben von Busch, jetzt von Schultzenstein und Vierhaus.

Z. f. HR. = Zeitschrift für das gesamte Handelsrecht. Begründet von Goldschmidt, herausgegeben von Keyßner und Lehmann.

Zstlg. = Zusammenstellung der gutachtlichen Äußerungen zu dem Entwurfe eines Bürgerlichen Gesetzbuchs, gefertigt im Reichsjustizamte. Sechs Bände. Berlin 1890/1.

Zstlg. d. BR. = Zusammenstellung der Äußerungen der Bundesregierungen zu dem Entwurf eines Bürgerlichen Gesetzbuchs. Berlin 1891.

ZVG. = Reichsgesetz über die Zwangsversteigerung und die Zwangsverwaltung v. 24. März 1897 in der Fassung der Bekanntmachung v. 20. Mai 1898.

Die in der Einleitung, in den Vorbemerkungen und im Eingange der Erläuterungen zu den einzelnen Paragraphen angeführten Werke sind mit dem Namen der Verfasser, die einzelnen selbständig erschienenen Teile der Kommentare zum BGB. mit dem Namen des Verfassers des betreffenden Bandes citiert.

Die Ausführungsgesetze sind mit dem Namen des betreffenden Staates citiert.

Die Begründung zu den Nebengesetzen sind nach den bei J. Guttentag erschienenen Ausgaben citiert.

Inhaltsverzeichnis des ersten Bandes.

Einleitung.

2. Eingetragene Vereine.

II. Stiftungen.

III. Juristische Personen des öffentlichen Rechtes.

Zweiter Abschnitt.

Sachen.

Dritter Abschnitt.
Rechtsgeschäfte.

Vierter Abschnitt.
Fristen. Termine.

Fünfter Abschnitt.
Verjährung.

Sechster Abschnitt.
Ausübung der Rechte. Selbstverteidigung. Selbsthülfe.

Siebenter Abschnitt.
Sicherheitsleistung.

Einleitung.

I. Der bisherige Rechtszustand.

Deutschland hat niemals ein einheitliches bürgerliches Recht gehabt. Eine gewisse Gemeinsamkeit der Rechtsanschauungen, der Rechtsinstitute und gewisser Rechtssätze ist zwar immer vorhanden gewesen; es war das die notwendige Folge der Gemeinsamkeit der Abstammung, des gemeinsamen Volkscharakters. Aber schon in der frühesten Zeit gestaltete sich das Recht, infolge der Verschiedenheit der deutschen Volksstämme und der Eigenartigkeit ihrer Entwickelung, sehr verschieden. Die politische Entwickelung des Deutschen Reichs war nicht geeignet eine größere Rechtseinheit herzustellen. Die Rechtsentwickelung blieb im wesentlichen dem partikulären Gewohnheitsrecht überlassen. Dazu trat eine neue Scheidung infolge der Verschiedenheit der Stände, in welche das deutsche Volk zerfiel und infolge deren sich für jeden Stand besondere Rechtsnormen bildeten. Das Lehnrecht sonderte sich ab von dem Rechte der Gemeinfreien; besondere Hof- und Dienstrechte entstanden. In den Städten entwickelte sich ein anderes Recht wie auf dem platten Lande. Neben der individualisierenden Richtung trat freilich schon im Mittelalter auch der Zug nach Zusammenfassung hervor. Von großer Bedeutung sind in dieser Beziehung die Rechtsbücher des Mittelalters, der Sachsenspiegel und der Schwabenspiegel. Hier wurde wenigstens für große Gebiete, in welchen die Stämme überwogen, deren Recht die Spiegel darstellten, das Gemeinsame zusammengefaßt und dadurch die Grundlage einer weiteren gemeinsamen Rechtsentwickelung für diese Gebiete gegeben. Von entscheidender Bedeutung für die ganze weitere Entwickelung war dann die Rezeption des römischen Rechtes. Die Gründe für diesen merkwürdigen Vorgang waren sehr verschiedenartig. Wie man darüber auch im einzelnen denken mag, soviel ist gewiß, daß ein solcher Vorgang nicht denkbar gewesen wäre ohne das dringende Bedürfnis einer Umgestaltung des bestehenden Rechtes. Dieses Bedürfnis war in doppelter Richtung vorhanden. Es gründete sich einerseits in der Zersplitterung des Rechtes, andererseits darin, daß die Entwickelung des einheimischen Rechtes der großen Umgestaltung, welche die wirtschaftlichen Verhältnisse erfahren hatten, nicht genügend gefolgt war und dem wirtschaftlichen Bedürfnisse daher nicht mehr entsprach. In beiden Beziehungen half die Rezeption des römischen Rechtes; es bot ein einheitliches Recht und es bot ein Recht, welches insbesondere auf dem Gebiete des Obligationenrechts und der allgemeinen Rechtslehren den Anforderungen des Lebens in der Hauptsache entsprach. Die Rezeption des römischen Rechtes ist vielfach beklagt. Sie hat die Entwickelung der deutschen Rechtsinstitute und der deutschen Rechtsgedanken vielfach gehemmt, und mancher gesunde Keim ist durch sie unterdrückt. Aber einen unschätzbaren Vorteil hat sie gebracht. Auf der Grundlage des römischen Rechtes hat sich die deutsche Rechtswissenschaft zu derjenigen Höhe entwickelt, durch die sie fähig geworden ist, den Boden zu schaffen, auf dem jetzt das einheitliche deutsche Recht erwachsen ist.

Das römische Recht wurde nur als subsidiäres Recht eingeführt und der partikulären Rechtsbildung blieb daher ein weiter Spielraum. Eine außerordentlich große Zahl verschiedenartiger Rechte, insbesondere auf dem Gebiete des Erbrechts und des ehelichen Güterrechts, blieb in den verschiedenen Teilen Deutschlands bestehen, und diese Rechte entwickelten sich wieder nach verschiedenen Richtungen. Dazu kam, daß das römische Recht, weil es trotz seines universellen Charakters in vielen Beziehungen für die deutschen Verhältnisse nicht paßte, durch das Bestreben, es denselben anzupassen, allmählich eine Umbildung erfuhr, welche als usus modernus bezeichnet zu werden pflegt und sich auf die communis opinio und den usus fori gründete. Daß durch eine solche Entwickelung die Sicherheit des Rechtes litt und unzählige Kontroversen entstanden, konnte nicht ausbleiben. Das Bedürfnis einer gesetzlichen Feststellung des Rechtes wurde lebhaft gefühlt. Eine einheitliche Feststellung für ganz Deutschland war, obwohl sie zu verschiedenen Zeiten von bedeutenden Gelehrten gefordert wurde, bei den politischen Zuständen Deutschlands nicht möglich. So mußte versucht werden, dem Bedürfnis in den einzelnen Territorien abzuhelfen. Die wichtigsten Rechtsbildungen auf diesem Boden sind folgende:*)

1. In **Preußen** erteilte schon Friedrich der Große in der Verordnung v. 31. Dezember 1746 § 24 dem Minister Cocceji den Befehl, ein deutsches allgemeines Landrecht anzufertigen. Die infolge dieses Befehls in Angriff genommene Arbeit blieb nach Coccejis Tode im Jahre 1755 liegen und wurde erst wieder aufgenommen durch die Kabinettsordre v. 6. und 14. April 1780. Es ist bekannt, wie rasch nun, dank der unvergleichlichen Tätigkeit von Svarez das preußische allgemeine Landrecht zustande kam. Durch das Publikationspatent v. 5. Februar wurde es mit Gesetzeskraft v. 1. Juli 1794 eingeführt. Das preußische Landrecht war ursprünglich in der Art gedacht, daß es neben den zu sammelnden Provinzialrechten nur als subsidiäres Recht an die Stelle des gemeinen Rechtes treten sollte, ist aber schließlich, da die Sammlung in den meisten Provinzen unterblieb, in der Hauptsache das prinzipale Recht für die älteren preußischen Provinzen geworden, und gelten neben ihm nur in einzelnen Beziehungen für verschiedene Landesteile besondere Rechtsnormen. Durch Kabinettsordre v. 3. November 1817 wurde eine Revision des Landrechts angeordnet. Die Arbeiten dauerten mit verschiedenen Unterbrechungen bis 1848, zuletzt unter einem besonderen Ministerium für Gesetzgebung, dem seit 1842 Savigny vorstand. Im Jahre 1848 wurde das Gesetzgebungsministerium aufgehoben, und endigten damit die Revisionsarbeiten. Ein 1839 und 1842 veröffentlichter Entwurf und die nicht veröffentlichten Pensa bieten ein wertvolles Material.

2. In **Österreich** hatte schon Maria Theresia eine Kommission zur Ausarbeitung eines Privatrechts für die österreichischen Erbländer angeordnet. Die Arbeit ging durch viele Hände, und verschiedene Entwürfe wurden ausgearbeitet.

*) Eine ausführliche Darstellung gibt Schwartz, die Geschichte der privatrechtlichen Kodifikationsbestrebungen in Deutschland, im Arch. f. Bürg. R. II S. 1—190. Vgl. auch Vierhaus in den Beiträgen zur Erläuterung und Beurteilung des Entwurfs eines Bürgerlichen Gesetzbuchs für das Deutsche Reich, Heft I.

Erst 1811 war das österreichische Gesetzbuch vollendet und wurde durch Patent v. 1. Januar 1812 publiziert.

3. Am **linken Rheinufer** wurde während dessen Zugehörigkeit zu Frankreich der code civil eingeführt. Dieser war, nach verschiedenen Vorarbeiten und vergeblichen Versuchen während der Revolutionszeit, durch Napoleon sehr rasch zustande gebracht. Am 12. August 1800 war durch Napoleon als ersten Konsul eine Kommission zur Ausarbeitung eines Entwurfs niedergesetzt, und schon am 20. März 1804 wurde der code civil verkündet.

4. In **Baden** wurde eine Übersetzung des code civil mit verschiedenen Zusätzen durch die Einführungsedikte v. 3. Februar, 22. Juni und 22. Dezember 1809 als badisches Landrecht eingeführt.

5. In **Bayern** war unter Maximilian III. durch den Minister Kreittmayr in den Jahren 1751—1756 ein Gesetzbuch ausgearbeitet, das im wesentlichen auf dem gemeinen Rechte beruhte, in einzelnen Beziehungen aber das statutarische Recht berücksichtigte. Dieses Gesetzbuch wurde im Jahre 1756 als codex Maximilianeus Bavaricus civilis publiziert. Es galt in dem ganzen damaligen Kurfürstentum Bayern, wurde aber in den in der Napoleonischen Zeit neu hinzugekommenen Landesteilen nicht eingeführt. In diesen blieben die bisherigen Rechte — mehr als 40 — bestehen; ebenso in Rheinbayern der code civil. Schon 1810 wurde eine Kommission niedergesetzt zur Ausarbeitung eines Gesetzbuchs für das ganze Königreich auf Grund des bayerischen Landrechts. Der Plan wurde später aufgegeben. Im Jahre 1844 und dann wieder 1854 erfolgten neue Anläufe. Ein Gesetzbuch wurde ausgearbeitet in 7 Büchern und 4583 Artikeln, 1858 einer Kommission vorgelegt und von ihr überarbeitet. Von dieser Überarbeitung wurden 1860 und 1864 Bruchstücke veröffentlicht.

6. Auch im Großherzogtum **Hessen** wurde der Versuch gemacht, an Stelle der dort geltenden verschiedenen Rechte ein einheitliches Gesetzbuch einzuführen. Von dem Ministerialrat Breidenbach wurde ein Entwurf ausgearbeitet und einer Kommission vorgelegt. Die von dieser bearbeiteten Teilentwürfe nebst Motiven wurden in den Jahren 1842, 1845, 1851, 1853 veröffentlicht und bilden wie die oben erwähnten bayerischen Entwürfe ein wertvolles Material.

7. In **Sachsen** wurde 1846 der Geheimrat Held mit der Ausarbeitung eines privatrechtlichen Gesetzbuchs beauftragt. Der Entwurf wurde 1853 den Ständen vorgelegt, aber wieder zurückgezogen. Eine 1856 niedergesetzte Kommission revidierte den Entwurf. Im Mai 1860 war die Arbeit beendet; der Entwurf wurde veröffentlicht, den Ständen vorgelegt und von ihnen angenommen. Durch Verordnung v. 2. Januar 1863 wurde das Gesetzbuch verkündet; es ist am 1. März 1865 in Kraft getreten.

Neben diesen Gesetzgebungsarbeiten in den einzelnen Staaten machten sich seit 1814 immer von neuem die Bestrebungen geltend, ein einheitliches Deutsches Bürgerliches Gesetzbuch zu schaffen. Thibaut hatte 1814 den Anstoß zu dieser Bewegung durch seine Schrift „Über die Notwendigkeit eines Allgemeinen Bürgerlichen Rechtes für Deutschland" gegeben. Savigny bekämpfte den Gedanken in seiner bekannten Schrift über den „Beruf unserer Zeit für Gesetzgebung und Rechtswissenschaft". Die politischen Zustände Deutschlands machten die Verwirklichung unmöglich; aber in der Seele des Volkes blieb der Gedanke lebendig. In der Reichsverfassung v. 1849 wurde bestimmt, daß der Reichsgewalt die Erlassung allgemeiner Gesetzbücher über bürgerliches Recht, Handels- und Wechselrecht obliege. Schon 1847 war eine Konferenz der Zollvereinsstaaten zur Beratung des von einer preußischen Kommission ausgearbeiteten Entwurfs einer Wechselordnung zusammengetreten und hatte ihre Arbeiten in demselben Jahre beendet. Am 26. November 1848 wurde die aus diesen Beratungen hervorgegangene Wechselordnung von dem Reichsverweser verkündet; sie ist dann in allen Staaten des Deutschen Bundes als Landesgesetz eingeführt, nach der Gründung des Norddeutschen Bundes aber durch Gesetz v. 5. Juni 1869 als Bundesgesetz und später als Reichsgesetz verkündet. Nachdem schon 1849 von dem damaligen Reichsjustizminister eine Kommission zur Ausarbeitung eines Handelsgesetzbuchs niedergesetzt war, die jedoch nur die erste Abteilung in 5 Titeln zustande brachte, wurde durch Beschluß der wiederhergestellten deutschen Bundesversammlung v. 18. Dezember 1856 eine neue Kommission eingesetzt. Diese trat 1857 zusammen; der von ihr auf Grund eines preußischen und eines österreichischen Entwurfs ausgearbeitete Entwurf eines Handelsgesetzbuchs wurde im Jahre 1861 der deutschen Bundesversammlung überreicht. Auch das Handelsgesetzbuch ist zunächst als Landesgesetz in den deutschen Staaten eingeführt, durch Gesetz v. 5. Juni 1869 aber als Norddeutsches Bundesgesetz und dann als Reichsgesetz verkündet.

Auf den ersten beiden Juristentagen zu Berlin und Dresden in den Jahren 1860 und 1861 wurden Beschlüsse zu Gunsten eines einheitlichen deutschen Obligationenrechts gefaßt. Am 6. Februar 1862 beschloß die deutsche Bundesversammlung eine Kommission zur Ausarbeitung des Entwurfs eines Obligationenrechts niederzusetzen. Preußen bestritt die Kompetenz der Bundesversammlung und beteiligte sich nicht an der Kommission. Diese trat jedoch im Januar 1863 in Dresden zusammen und beendete ihre Arbeiten unmittelbar vor dem Ausbruche des Krieges von 1866. Die Vorrede, mit welcher der Entwurf veröffentlicht wurde, datiert v. 13. Juni 1866. Der Dresdener Entwurf hat 1045 Artikel und ist bei der Ausarbeitung des Entwurfs des Deutschen Bürgerlichen Gesetzbuchs vielfach benutzt.

Bei der Gründung des Norddeutschen Bundes war der in Deutschland bestehende Rechtszustand hiernach der folgende:

In allen deutschen Staaten galt die Wechselordnung und das Handelsgesetzbuch. Im übrigen teilte sich Deutschland in vier große Rechtsgebiete. In dem einen galt das sog. gemeine Recht, in dem anderen das preußische allgemeine Landrecht, in dem dritten der code civil, in dem vierten das sächsische Gesetzbuch. Das Gebiet des bayerischen Landrechts ist hierbei dem Gebiete des gemeinen Rechtes, das Gebiet des badischen Landrechts dem des code civil hinzugerechnet. Neben diesen großen Gesetzgebungen bestand aber eine außerordentlich große Zahl von Partikularrechten für größere oder kleinere Gebiete, die sich teils nur auf einzelne Vorschriften beschränken, teils aber sehr erhebliche Teile des bürgerlichen Rechtes, insbesondere das eheliche Güterrecht und das Erbrecht umfassen. Die Zahl solcher Partikularrechte beläuft sich auf mehr als hundert.*)

II. Die Entstehung des Bürgerlichen Gesetzbuchs.

Der am 4. März 1867 dem konstituierenden Reichstage vorgelegte Entwurf der Verfassung des Norddeutschen Bundes überwies im Art. 4 Nr. 13 der Gesetz-

*) Näheres s. D. Anl. I.

gebung des Bundes nur das Wechsel- und Handelsrecht. Der Antrag Miquels, die Zuständigkeit des Bundes auf das gesamte bürgerliche Recht auszudehnen, wurde, obwohl er von den großen Juristen Wächter und Gerber lebhaft unterstützt wurde, abgelehnt, ein Antrag von Lasker und Schwarze, die Zuständigkeit auf das Obligationenrecht auszudehnen, aber angenommen. Die Regierungen erklärten sich mit diesem Beschluß einverstanden, und der Art. 4 Nr. 13 des Entwurfs der Verfassung wurde demgemäß geändert. Im Jahre 1869 wurde der Antrag, die Zuständigkeit auf das gesamte bürgerliche Recht auszudehnen, von neuem gestellt, und zwar diesmal gemeinschaftlich von Miquel und Lasker, und mit großer Mehrheit angenommen. In demselben Jahre gelangte ein entsprechender Antrag im preußischen Abgeordnetenhause zur Annahme. Den Beschlüssen wurde indessen keine Folge gegeben, und die Reichsverfassung v. 16. April 1871 enthielt über die Kompetenz in betreff des bürgerlichen Rechtes noch dieselbe Bestimmung wie die Verfassung des Norddeutschen Bundes. Der nationale Gedanke gewann aber immer größere Kraft. In den Jahren 1871, 1872 und 1873 wurden wieder Anträge, die Zuständigkeit auf das gesamte bürgerliche Recht auszudehnen, im Reichstage gestellt und mit immer steigenden Mehrheiten angenommen. In der Reichstagssitzung v. 2. April 1873 erklärte der Minister Delbrück, daß der Bundesrat voraussichtlich den Beschlüssen des Reichstags zustimmen werde, und am 20. Dezember 1873 erging das Reichsgesetz, durch welches die Zuständigkeit des Reichs auf das gesamte bürgerliche Recht ausgedehnt wurde.

Der Bundesrat schritt sofort zur Ausführung. Auf Antrag des Justizausschusses v. 8. Februar 1874 wurde von dem Bundesrat eine Kommission von fünf angesehenen Juristen niedergesetzt, die über den Plan und die Methode bei der Ausarbeitung des Entwurfs eines Bürgerlichen Gesetzbuchs gutachtliche Vorschläge machen sollte. Mitglieder dieser Kommission, der sog. Vorkommission, waren: der Reichsoberhandelsgerichtsrat Dr. Goldschmidt in Leipzig, später Professor in Berlin, der Obertribunalsdirektor Dr. v. Kübel in Stuttgart, später Senatspräsident des Oberlandesgerichts daselbst, der Appellationsgerichtspräsident Meyer in Paderborn, später Präsident des Kammergerichts in Berlin, der Oberappellationsgerichtspräsident von Neumayer in München und der Oberappellationsgerichtspräsident Dr. v. Weber in Dresden, später Präsident des Oberlandesgerichts daselbst. An Stelle des erkrankten Präsidenten Meyer trat der Appellationsgerichtspräsident Dr. v. Schelling in Halberstadt, später preußischer Justizminister.

Die von dieser Kommission ausgearbeiteten, eingehend motivierten Vorschläge wurden dem Bundesrate mittels Berichts v. 15. April 1874 überreicht. Nach diesen Vorschlägen sollte der auszuarbeitende Entwurf eines Bürgerlichen Gesetzbuchs „unter Berücksichtigung der geltenden Gesetzbücher und der von den Einzelstaaten, sowie im Auftrage des ehemaligen deutschen Bundes über einzelne Rechtsteile ausgearbeiteten Gesetzentwürfe das den Gesamtzuständen des Deutschen Reichs entsprechende bürgerliche Recht in einer den Anforderungen der heutigen Wissenschaft gemäßen Form kodifizierend zusammenfassen. Die Aufgabe der Kommission wird als eine dreifache bezeichnet. Es ist — heißt es in dem Berichte — der Gesamtbestand der innerhalb des Deutschen Reichs geltenden Privatrechtsnormen mit Rücksicht auf deren Zweckmäßigkeit, innere Wahrheit und folgerichtige Durchführung zu untersuchen. Es ist sorgsam zu prüfen, wie weit die von der gemeinsamen Grundlage des sog. gemeinen Rechtes abweichenden Bestimmungen der neueren großen Civilgesetzgebungen, der Landesgesetze und der etwaigen Reichsgesetze beizubehalten seien, oder ob und welche Ausgleichung zu versuchen sei. Es ist endlich auf richtige Formgebung und Anordnung die höchstmögliche Sorgfalt zu verwenden. Das Handelsrecht soll nicht in das Bürgerliche Gesetzbuch aufgenommen werden und späterer Erwägung vorbehalten bleiben, ob und welche der bereits erlassenen Reichsspezialgesetze in das Bürgerliche Gesetzbuch oder in das Handelsgesetzbuch aufzunehmen seien. Das Verlagsrecht, das Binnenschiffahrtsrecht und das Versicherungsrecht sollen in Verbindung mit der Revision des Handelsgesetzbuchs geregelt werden. Ausgeschlossen soll ferner sein das Bergrecht. Als im Absterben begriffen und deshalb in das Bürgerliche Gesetzbuch nicht mit aufzunehmen werden bezeichnet: das Lehnrecht, das Recht der ablösbaren Reallasten, das Erbzins- und Erbpachtrecht, die emphyteusis, das Näherrecht, das Recht der Stammgüter, sowie der Familienfideikommisse. Ausgeschlossen soll ferner werden: das bäuerliche Güterrecht, das Forstrecht, das Wasserrecht, das Fischereirecht, das Jagdrecht, das Deich- und Sielrecht, die Bannrechte, das Nachbarrecht, das Recht der Zusammenlegung von Grundstücken, das Enteignungsrecht, das Gesinderecht. Alle diese Rechte sollen den Landesgesetzen vorbehalten bleiben. Zur Ausarbeitung des Entwurfs des Bürgerlichen Gesetzbuchs soll eine Kommission von neun Mitgliedern eingesetzt werden. Eine Reihe weiterer Vorschläge betrifft die Art und Weise, in welcher die Behandlung der Sache in der Kommission erfolgen soll.

Auf Grund des Berichts des Justizausschusses v. 9. Juni 1874 wurde von dem Bundesrat am 22. Juni dahin Beschluß gefaßt, daß die in dem Berichte der Vorkommission dargelegten Ansichten zu billigen seien und eine Kommission von elf Mitgliedern niedergesetzt werden solle. Dieser wird überlassen, die Vorschläge der Vorkommission als Anhaltspunkte zu benutzen. In der Sitzung des Bundesrats v. 2. Juli 1874 wurden zu Mitgliedern der Kommission gewählt: der Präsident des Reichsoberhandelsgerichts, Wirklicher Geheimer Rat Dr. Pape in Leipzig, der Kaiserliche Appellationsgerichtsrat Derscheid in Kolmar, später Reichsgerichtsrat, der badische Ministerialrat Dr. Gebhard in Karlsruhe, später Geheimer Rat und Professor, der preußische Obertribunalsrat Johow in Berlin, später Geheimer Oberjustizrat, der württembergische Obertribunalsdirektor Dr. v. Kübel in Stuttgart, später Senatspräsident des Oberlandesgerichts, der preußische Geheime Justizrat, vortragender Rat im Justizministerium Kurlbaum II in Berlin, später Oberlandesgerichtspräsident, Dr. und Wirklicher Geheimer Oberjustizrat, der preußische Appellationsgerichtsrat Planck in Celle, später Dr., Wirklicher Geheimer Rat und Professor, der Professor Dr. v. Roth in München, der bayerische Ministerialrat Dr. v. Schmitt in München, später Präsident des obersten Landesgerichts in Bayern, der sächsische Appellationsgerichtspräsident Dr. v. Weber in Dresden, später Oberlandesgerichtspräsident und Wirklicher Geheimer Rat, der Geheime Rat und Professor Dr. v. Windscheid in Leipzig. Zum Vorsitzenden der Kommission ernannte der Reichskanzler den Präsidenten Dr. Pape. Im Oktober 1883 schied Dr. v. Windscheid aus der Kommission aus. Am 5. Januar 1884 starb Dr. v. Kübel, am 8. Januar 1888 Dr. v. Weber und am 11. September 1888 der Vorsitzende der Kommission Dr. Pape. Die Stelle Windscheids wurde nicht wieder besetzt. An Kübels Stelle trat der Professor Dr. v. Mandry aus Tübingen, an Webers Stelle der Geheime Justizrat Dr. Rüger in Dresden, später sächs. Finanzminister. Mit dem Vorsitz in der Kommission wurde nach dem Tode Papes der Geheime Oberjustizrat Johow vom Reichskanzler beauftragt. Als Hilfsarbeiter wurden der Kommission beigegeben: der preußische Kreisgerichtsrat Neubauer in Berlin, später Senatspräsident beim Kammergericht, der preußische Stadtgerichtsrat Achilles in Berlin, später Reichsgerichtsrat und Dr., der preußische Obergerichtsrat Braun in Celle, später Wirklicher Oberkonsistorialrat und Dr., der sächsische Gerichtsrat Börner in Dresden, später Geheimer Justizrat und vortragender Rat im Justizministerium und Dr., der hessische Stadtgerichtsassessor Vogel in Darmstadt, später Geheimer Justizrat. Später traten noch hinzu: der mecklenburgische Kanzleirat Dr. Martini in Rostock, später Landgerichtspräsident, und der württembergische Landgerichtsrat Ege in Stuttgart, später Reichsgerichtsrat. An die Stelle des im Juli 1877 ausgeschiedenen Obergerichtsrat Braun trat der preußische Obergerichtsassessor Struckmann in Göttingen, später Geheimer Oberregierungsrat und vortragender Rat im Reichsjustizamt und Dr., an die Stelle des Dr. Martini, der im Oktober 1877 ausschied, der braunschweigische Kreisrichter v. Liebe in Wolfenbüttel, später Reichsgerichtsrat.

Am 17. September 1874 trat die Kommission zusammen. In der ersten Sitzungsperiode, die bis zum 29. September 1874 dauerte, stellte die Kommission den Arbeitsplan fest. Im Anschluß an die Vorschläge der Vorkommission wurde beschlossen, daß keines der bestehenden Gesetzbücher zu Grunde gelegt, sondern ein neuer Entwurf ausgearbeitet werden solle. Auch in betreff der in das Gesetzbuch aufzunehmenden und der den Landesgesetzen zu überlassenden Materien schloß sich die Kommission im wesentlichen den Vorschlägen der Vorkommission an; jedoch sind in dieser Beziehung im Laufe der Beratung noch manche Modifikationen eingetreten. Das schließliche Resultat ergibt sich aus den von der Kommission ausgearbeiteten Entwürfen des Bürgerlichen Gesetzbuchs und des Einführungsgesetzes. Weiter wurde bestimmt, daß das Bürgerliche Gesetzbuch in fünf Bücher eingeteilt werden solle, deren erstes den Allgemeinen Teil, das zweite das Recht der Schuldverhältnisse, das dritte das Sachenrecht, das vierte das Familienrecht und das fünfte das Erbrecht zu enthalten habe. Abweichend von den Vorschlägen der Vorkommission, nach denen der Allgemeine Teil erst nach Feststellung der übrigen Teile entworfen werden sollte, wurde beschlossen, auch diesen Teil sofort in Angriff zu nehmen. Zur Ausarbeitung des Entwurfs wurden fünf Redaktoren bestellt; für den Allgemeinen Teil Gebhard, für das Recht der Schuldverhältnisse v. Kübel, für das Sachenrecht Johow, für das Familienrecht Planck, für das Erbrecht v. Schmitt. In einer den Redaktoren erteilten Instruktion wurden Bestimmungen getroffen, welche tunlichst die Einheitlichkeit der Arbeit sichern sollten. Über wichtige Prinzipienfragen sollten die Redaktoren die Entscheidung der Kommission einholen. Die Redaktoren, welche sämtlich ihren Wohnsitz in Berlin nahmen, traten periodisch zu Besprechungen über solche Fragen zusammen, die mehrere Arbeitsgebiete berührten. Zur Entscheidung von Prinzipienfragen fand in jedem Jahre eine Zusammenkunft der Kommission statt. Im Jahre 1875 faßte die Kommission in den Sitzungen vom 4. bis zum 28. Oktober Beschlüsse über Ungültigkeit der Rechtsgeschäfte, über die Geschäftsfähigkeit Minderjähriger, über die Gewährleistung für Mängel bei der Veräußerung von Tieren, über den Erwerb des Eigentums an beweglichen und unbeweglichen Sachen, über Vindikation beweglicher Sachen, über Nichtigkeit und Anfechtbarkeit der Ehe, über das eheliche Güterrecht, über die Intestaterbfolge, die Testierfreiheit und die Form des Testaments. In den Sitzungen v. 28. September bis zum 25. Oktober 1876 bildeten den Gegenstand der Beratungen die Volljährigkeitserklärung und die Todeserklärung, die Form der Verträge und die Tragung der Gefahr bei Vertragsverhältnissen, der Besitz, das Hypothekenrecht, die Zwangs- und Bannrechte, verschiedene Fragen des gesetzlichen ehelichen Güterrechts, die Gestaltung der elterlichen Gewalt, der Erbschaftserwerb und die Haftung des Erben für die Nachlaßverbindlichkeiten. In den Sitzungen der Kommission v. 17. September bis zum 20. Oktober 1877 wurden Beschlüsse gefaßt über Verjährung der Ansprüche, über natürliche Verbindlichkeiten, über die Übertragung der Forderungen, über das einseitige Versprechen, über das Pfandrecht an Schiffen, über Dienstbarkeiten an Grundstücken, über die Gestaltung der Obervormundschaft, über das Erbfolgerecht der Ehegatten, über den Erbeinsetzungsvertrag und über Schenkungen von Todes wegen. In den Sitzungen v. 4. bis zum 23. Oktober 1878 wurde über Verträge zu Gunsten Dritter, über das Gesamtschuldverhältnis, über die superficies und über Familienfideikommisse Beschluß gefaßt. In den Sitzungen v. 30. Oktober bis zum 2. November 1879 und v. 28. und 29. Dezember 1880 wurde noch über einige untergeordnete Fragen beraten und das weiter einzuschlagende Verfahren festgestellt.

Große Sorgfalt verwandten die Redaktoren auf die Sammlung und Zusammenstellung des derzeit in Deutschland geltenden Rechtes. Zu diesem Zwecke wurde in verschiedenen Richtungen die Hilfe der Regierungen in Anspruch genommen und bereitwillig gewährt. Insbesondere wurde von ihnen ausführliche Auskunft erteilt über die bestehenden Grundbucheinrichtungen, über das eheliche Güterrecht, über das gesetzliche Erbrecht, über das Lehnrecht, das Recht der Stammgüter und Familienfideikommisse, das Erbpachtrecht, die emphyteusis, die Reallasten, das Näherrecht, das bäuerliche Güterrecht, das Forstrecht, das Wasserrecht, das Jagdrecht, das Fischereirecht, das Agrarrecht und das Gesinderecht.*) Auch über die Art, Zahl und Richtung der in den verschiedenen Teilen Deutschlands geschlossenen Eheverträge wurde von den Regierungen statistisches Material mitgeteilt und zusammengestellt. Von dem Professor Dr. Schröder in Würzburg, jetzt in Heidelberg, wurde ein Gutachten nebst Gesetzentwurf über die partikuläre Gütergemeinschaft erbeten und bereitwillig erteilt. Die preußische Deputation für das Veterinärwesen erstattete ein Gutachten über die Gewährleistung bei Veräußerung von Haustieren.

Der Teilentwurf über das Erbrecht wurde im Jahre 1879, der Entwurf des Familienrechts und des Sachenrechts im Jahre 1880, der Entwurf des all-

*) Vgl. Neubauer über das in Deutschland geltende eheliche Güterrecht, über das eheliche Güterrecht des Auslandes, über das in Deutschland geltende Recht betr. verschiedene Rechtsmaterien (Expropriation, Forst-, Jagd-, Fischerei-, Deich-, Siel-, Näher- und Gesinderecht), über das in Deutschland geltende Wasserrecht, über das in Deutschland geltende Recht betr. Stammgüter, Familienfideikommisse, Familienstiftungen, bäuerliches Recht, Reallasten 2c., Lehnrecht. Diese Schriften sind unter Benutzung der amtlichen Mitteilungen und der behufs Vorbereitung des Entwurfs des BGB. gemachten Vorarbeiten verfaßt.

gemeinen Teiles 1881 vollendet. Über das Recht der Schuldverhältnisse wurde infolge der Erkrankung und des später erfolgten Todes des Dr. v. Kübel kein vollständiger Entwurf vorgelegt. Für die nicht vollendeten Teile wurde der Dresdener Entwurf der Beratung zu Grunde gelegt. Den Entwürfen waren ausführliche Motive beigefügt; für die fehlenden Teile des Rechtes der Schuldverhältnisse wurde zum Ersatz der Motive das Material von den Hilfsarbeitern zusammengestellt. Die Motive sämtlicher Entwürfe umfassen 9961 Druckseiten in 10 Foliobänden. Dazu kommt noch eine nicht unerhebliche Zahl von Anlagen und Nachträgen.

Die Beratung der Gesamtkommission begann am 4. Oktober 1881. Wöchentlich wurden drei Sitzungen gehalten; in einer vierten Sitzung wurden die Protokolle, die von den Hilfsarbeitern geführt wurden, verlesen und festgestellt. Die Beratung und Beschlußfassung in der Kommission erfolgte, nachdem zunächst der betreffende Referent den von ihm vorgelegten Entwurf begründet und erläutert hatte. Ein Hauptreferent, wie ihn die Vorkommission vorgesehen hatte, wurde nicht bestellt. Der Präsident Pape faßte regelmäßig am Schlusse der Beratung das Ergebnis derselben in einer ausführlichen Darlegung zusammen. Die Beschlüsse wurden durch Stimmenmehrheit gefaßt; bei Stimmengleichheit entschied die Stimme des Vorsitzenden. Eine vorläufige Zusammenstellung der Beschlüsse wurde von dem Vorsitzenden gemacht und allen Mitgliedern mitgeteilt. Die Protokolle wurden, bevor sie in der Kommission zur Verlesung kamen, von einem Protokollausschusse geprüft. Dieser bestand aus dem Vorsitzenden, dem Präsidenten v. Weber und dem Referenten des betreffenden Teilentwurfs. Nach der Durchberatung eines kleineren oder größeren Abschnitts stellte der Protokollausschuß unter Zugrundelegung der vorläufigen Zusammenstellung und der von dem Referenten des betreffenden Teilentwurfs gemachten Vorlage die Redaktion fest. Diese wurde nach Beendigung der Beratung über das betreffende Buch von der Kommission geprüft; zugleich wurden die durch spätere Beschlüsse erforderlichen Änderungen der bereits früher beschlossenen Vorschriften vorgenommen. Nach Durchberatung und Feststellung aller Teilentwürfe wurden diese nochmals einer Revision durch die Kommission unterzogen. Diese Schlußrevision begann am 30. September 1887 und endigte am 16. Dezember 1887. Einzelne unerhebliche Änderungen erfolgten noch bei der Drucklegung in der Sitzung vom 30. Dezember. Mittels Berichts v. 27. Dezember 1887 wurde der Entwurf von dem Vorsitzenden dem Reichskanzler überreicht. Der Entwurf hat 2164 Paragraphen; die Einteilung in die oben angegebenen fünf Bücher ist beibehalten. Die nähere Angabe des Inhalts wird bei der Erläuterung des Gesetzbuchs, soweit erforderlich, erfolgen. Von der Kommission war neben den fünf Büchern des Entwurfs noch ein sechstes mit der Überschrift „Räumliche Herrschaft der Rechtsnormen" beraten und beschlossen. Die Beratung erfolgte auf Grund einer sehr eingehenden Vorlage des Redaktors des Allgemeinen Teiles in den Sitzungen v. 9. bis 28. September 1887. Dieser Abschnitt, welcher die Vorschriften über das sog. Internationale Privatrecht enthielt, wurde indessen nicht mit in den Entwurf aufgenommen, sondern auf Grund des Beschlusses der Kommission dem Reichskanzler neben dem Entwurfe mit dem Bemerken überreicht, daß es zweifelhaft erscheine, ob dieser Abschnitt sich zur Aufnahme in das BGB. und zur Veröffentlichung eigne. Da für die Entscheidung dieser Frage wesentlich politische Rücksichten in Betracht kämen, so enthalte sich die Kommission der Entscheidung. Der Reichskanzler verfügte, daß der sechste Abschnitt nicht in den Entwurf aufzunehmen sei. Dieser Abschnitt ist daher auch nicht mit veröffentlicht, in der Kommission für die zweite Lesung des Entwurfs aber der Beratung zu Grunde gelegt. Der Reichskanzler legte den Entwurf dem Bundesrate vor, welcher am 31. Januar 1888 beschloß, den Entwurf nebst Motiven zu veröffentlichen und zur Kritik desselben aufzufordern. Die Motive wurden auf Grund der von den Redaktoren ihren Vorlagen beigegebenen Motive und der Protokolle von den Hilfsarbeitern, zum Teil unter Mitwirkung der Referenten, ausgearbeitet; eine Beschlußfassung der Kommission darüber hat nicht stattgefunden. Sie sind im Laufe des Jahres 1888 durch den Druck veröffentlicht. Der erste Band enthält die Motive des Allgemeinen Teiles (395 Seiten), der zweite die des Rechts der Schuldverhältnisse (895 Seiten), der dritte die des Sachenrechts (869 Seiten), der vierte die des Familienrechts (1274 Seiten), der fünfte die des Erbrechts (711 Seiten).

Mit der Vollendung des Entwurfs des Bürgerlichen Gesetzbuchs waren die Arbeiten der ersten Kommission noch nicht beendigt. Sie sollte außer dem Entwurf eines Einführungsgesetzes zum Bürgerlichen Gesetzbuche nach dem Beschlusse des Bundesrats v. 14. Juni 1888 auch den Entwurf einer Grundbuchordnung, eines Gesetzes über die Zwangsvollstreckung in das unbewegliche Vermögen und, soweit die Zeit bis zu dem auf den 1. April 1889 festgesetzten Schlusse der Kommission dazu ausreiche, auch eines Gesetzes über die nicht streitige Gerichtsbarkeit ausarbeiten. Für den Entwurf des Einführungsgesetzes hatte jeder Redaktor die seinem Gebiete angehörenden Vorschriften ausgearbeitet; für das Recht der Schuldverhältnisse war diese Ausarbeitung durch den Hilfsarbeiter Landgerichtsrat Ege unter Leitung des Geheimen Oberjustizrats Kurlbaum erfolgt. Die Vorschriften allgemeiner Art hatte der Redaktor des allgemeinen Teiles ausgearbeitet. Die Beratungen der Kommission begannen im Januar und wurden am 1. Juni 1888 beendigt. Mittels Berichts des Vorsitzenden v. 19. Juni wurde der Entwurf, welcher 129 Artikel in vier Abschnitten enthält, dem Reichskanzler überreicht. Die Beratung des von dem Redaktor des Sachenrechts vorgelegten Entwurfs einer Grundbuchordnung wurde am 4. Juni begonnen und am 8. Oktober 1888 beendigt. Der Entwurf, welcher 79 Paragraphen in fünf Abschnitten enthielt, wurde mittels Berichts des Vorsitzenden v. 30. Oktober dem Reichskanzler überreicht. Der Entwurf eines Gesetzes betr. die Zwangsvollstreckung in das unbewegliche Vermögen war ebenfalls von dem Redaktor des Sachenrechts vorgelegt. Die Beratung desselben wurde am 10. Oktober 1888 begonnen und am 30. März 1889 beendigt. Der Entwurf enthält 245 Paragraphen in fünf Abschnitten und wurde mittels Berichts des Vorsitzenden v. 30. März 1889 dem Reichskanzler überreicht. Auch zu diesen drei Entwürfen wurden Motive von den Hilfsarbeitern ausgearbeitet, die Motive zu dem Entw. über die Zwangsvollstreckung jedoch erst nach Auflösung der Kommission. Auf Beschluß des Bundesrats wurden auch diese Entwürfe nebst Motiven veröffentlicht. Der Entwurf eines Gesetzes über die Angelegenheiten der nicht streitigen Gerichtsbarkeit, welche von den Redaktoren des Familienrechts und des Erbrechts ausgearbeitet war, gelangte nicht mehr zur Beratung, weil die Kommission am 30. März 1888 geschlossen wurde.

Über die Verhandlungen der ersten Kommission wurde nichts veröffentlicht; nur im Reichstage wurden von Zeit zu Zeit Mitteilungen über den Stand der

Arbeiten gegeben. Die Protokolle sind nur in einer verhältnismäßig kleinen Anzahl metallographiert. Sie enthalten im ganzen 14763 Folioseiten; die Protokolle über den Entwurf des Bürgerlichen Gesetzbuchs gehen bis Seite 12313, über das Einführungsgesetz bis Seite 13300, über die Grundbuchordnung bis Seite 13568, über die Zwangsvollstreckung 2c. bis Seite 14763. Die Gesamtzahl der Sitzungen der Kommission beträgt 873.

Der Entwurf wurde nach seiner Veröffentlichung einer sehr lebhaften Kritik unterzogen. Juristen und Laien, Theoretiker und Praktiker besprachen den Entwurf in Zeitungen und Zeitschriften, selbständigen Büchern sowie in Versammlungen. Anerkannt wurde allgemein die gründliche und erschöpfende Arbeit, welche auf die Sammlung und Sichtung des Materials verwendet worden; anerkannt wurde auch von den meisten die juristische Technik des Entwurfs und die juristische Konsequenz, mit welcher die angenommenen Prinzipien durchgeführt waren. Sehr verschieden aber waren die Urteile darüber, ob der Entwurf geeignet sei, zum Bürgerlichen Gesetzbuche für Deutschland zu werden oder auch nur die Grundlage für ein solches zu bilden. Während von den einen zwar einzelne Mängel des Entwurfs anerkannt, zugleich aber betont wurde, daß diese sich leicht beseitigen lassen würden und, daß der Entwurf im ganzen eine ausgezeichnete Arbeit und durchaus geeignet sei als Grundlage für das Bürgerliche Gesetzbuch zu dienen, wurde von anderen behauptet, daß der Entwurf zwar ein Kunstwerk juristischer Technik sei, aber weder dem Inhalte noch der Fassung nach denjenigen Anforderungen entspreche, welche das deutsche Volk an ein Bürgerliches Gesetzbuch stellen müsse. Der Hauptvertreter der letzteren Auffassung war der Geheime Justizrat Professor Dr. Gierke in Berlin;*) er bekämpfte den Entwurf hauptsächlich, weil er auf römischrechtlichem, nicht auf deutschrechtlichem Standpunkte stehe, weil er dem sozialen Bedürfnisse der Gegenwart nicht entspreche und weil seine Sprache eine verkünstelte Juristensprache, aber kein Deutsch sei. Er faßte sein Urteil in dem Satze zusammen, daß der Entwurf weder deutsch noch sozial, noch volkstümlich sei. Auch der Reichsgerichtsrat a. D. Dr. Bähr in Kassel, der anfangs dem Entwurfe wohlwollend gegenübergestanden und nur einzelne Mängel hervorgehoben hatte, wurde im Laufe der Zeit ein immer entschiedenerer Gegner des Entwurfs. Seine Kritik wandte sich hauptsächlich gegen die praktische Brauchbarkeit, und er veröffentlichte im Laufe der Zeit einen vollständigen Gegenentwurf.**) Von den meisten Kritikern wurde anerkannt, daß diese Angriffe auf den Entwurf mindestens sehr übertrieben seien und daß der Entwurf, wenn er auch Mängel haben möge und es insbesondere wünschenswert sei, daß die Sprache und Fassung klarer und gemeinverständlicher werde, doch durchaus geeignet sei die Grundlage für die weitere Bearbeitung zu bilden. Aus der großen Zahl der kritischen Besprechungen des Entwurfs mögen hier hervorgehoben werden die von Bekker und Fischer unter Mitwirkung von Behrend, Bernhöft, Eck, Gierke, Koch, Krech, v. Liszt, Meischeider, Petersen, Schröder, Seuffert, Vierhaus, Zitelmann herausgegebenen und in 18 Heften erschienenen Beiträge zur Erläuterung und Beurteilung des Entwurfs eines Bürgerlichen Gesetzbuchs, sowie die im Auftrage des deutschen Anwaltsvereins von den Rechtsanwälten Adams,

*) Gierke: „Der Entwurf eines Bürgerlichen Gesetzbuchs und das deutsche Recht", 1889.

**) Dr. O. Bähr: Gegenentwurf zu dem Entwurfe eines Bürgerlichen Gesetzbuchs für das Deutsche Reich, 1892.

Wilke, Mecke, Hartmann, Erythropel unter Mitwirkung einer großen Zahl von Anwälten herausgegebenen Gutachten aus dem Anwaltstande. Im Reichsjustizamte wurde eine Zusammenstellung der gutachtlichen Äußerungen zu dem Entwurf ausgearbeitet und in fünf Bänden sowie einem Bande Nachträge als Manuskript gedruckt. Die später erschienenen Kritiken wurden in weiteren Nachträgen zusammengestellt.

Durch Schreiben des Reichskanzlers v. 27. Juni 1889 wurden die Regierungen aufgefordert sich über den Entwurf zu äußern; eine Reihe von Punkten wurde dabei hervorgehoben, über die eine Äußerung besonders erwünscht sei. Im Laufe der Jahre 1889 und 1890 gingen die gutachtlichen Äußerungen der Bundesregierungen ein und wurden im Reichsjustizamt in zwei als Manuskript gedruckten Bänden zusammengestellt. Verschiedene Regierungen, insbesondere Preußen, Bayern, Württemberg, Mecklenburg, Hessen, Baden, Hamburg, ließen ihre gutachtlichen Äußerungen, bezw. die denselben zu Grunde liegenden ausführlichen Bemerkungen der von den Regierungen zur Begutachtung aufgeforderten Juristen, selbständig drucken und demnächst unter die Mitglieder der zweiten Kommission verteilen.*)

Am 4. Dezember 1890 faßte der Bundesrat folgenden Beschluß:

Der in der ersten Lesung festgestellte Entwurf eines Bürgerlichen Gesetzbuchs für das Deutsche Reich sowie der Entwurf eines Einführungsgesetzes zu demselben werden einer zweiten Lesung unterzogen. Zu diesem Zwecke wird eine Kommission von 22 Mitgliedern — teils Juristen, teils Vertreter der verschiedenen wirtschaftlichen Interessen — eingesetzt. Bei der Auswahl der juristischen Mitglieder soll die Rücksicht auf Vertretung der Theorie und Praxis, insbesondere auch des Anwaltstandes, auf Vertretung der innerhalb des Deutschen Reichs bestehenden größeren Rechtsgebiete sowie auf Beteiligung an den Arbeiten der früheren Kommission, bei der Auswahl der Vertreter wirtschaftlicher Interessen die Rücksicht auf Vertretung der Landwirtschaft, des Handels und des Gewerbes sowie der Theorie der Volkswirtschaft obwalten. Die Mitglieder sollen teils ständige, teils nicht ständige sein; die letzteren sind unbeschadet ihres Rechtes, an sämtlichen Sitzungen teil zu nehmen, zum Erscheinen nur insoweit verpflichtet, als der Vorsitzende dies für erforderlich hält.

Zu Mitgliedern der zweiten Kommission wurden gewählt

I. als ständige Mitglieder:

Der Staatssekretär der Reichsjustizamts, Wirklicher Geh. Rat Dr. v. Oehlschläger in Berlin, später Präsident des Reichsgerichts, der Geheime Justizrat Professor Dr. Planck in Göttingen, später Wirklicher Geheimer Rat, die Geheimen Oberjustizräte, vortragende Räte im Justizministerium Küntzel und Eichholz, beide in Berlin, Küntzel später Unterstaatssekretär und Dr., der Oberregierungsrat Jacubezky in München, später Senatspräsident des bayerischen Obersten Landesgerichts und Dr., der Geh. Rat Dr. Rüger in Dresden, später Finanzminister, der Professor Dr. v. Mandry in Tübingen, später Staatsrat, der Geh. Rat Professor Dr. Gebhard in Freiburg i. B., der Ministerialrat Dr. Dittmar in Darmstadt, später Justizminister, der Rechtsanwalt Dr. Wolffson sen. in Hamburg.

---

*) Die dem bayerischen Ministerium vorgelegten Bemerkungen des Ministerialrats Dr. v. Jacubezky sind bei C. Wolf & Sohn in München 1892 erschienen.

H. als nicht ständige Mitglieder:

Der Landrat und Rittergutsbesitzer Freiherr v. Manteuffel-Crossen, später Landesdirektor, der Rittergutsbesitzer v. Helldorf-Bedra, der Ober- berg- und Hüttendirektor, Geh. Bergrat Leuschner in Eisleben, der Gutsbesitzer Freiherr v. Gagern in Erlangen, der Landgerichtsrat Spahn in Bonn, später Reichsgerichtsrat und Dr., der Geheime Justizrat Professor Dr. v. Cuny in Berlin, der Brauereidirektor Goldschmidt in Berlin, der Amtsgerichtsrat Hoffmann in Berlin, später Kammergerichtsrat, der Geschäftsinhaber der Diskonto-Gesellschaft, Generalkonsul Russell in Charlottenburg, der Direktor der Forstakademie, Oberforstmeister Dr. Danckelmann in Eberswalde, später Landforstmeister, der Geheime Regierungsrat Professor Dr. Conrad in Halle a. S., der Geheime Hofrat Professor Dr. Sohm in Leipzig.

Der Vorsitzende der Kommission sowie dessen Stellvertreter sollten, nach dem Beschlusse des Bundesrats, von dem Reichskanzler bestellt werden. Dieser ernannte zum Vorsitzenden den Staatssekretär v. Oehlschläger, zum Stellvertreter den Geheimen Oberjustizrat Küntzel. Ersterer schied, nachdem er zum Präsidenten des Reichsgerichts ernannt war, aus der Kommission aus; an seine Stelle trat als ständiges Mitglied und Vorsitzender im März 1891 der inzwischen zum Staatssekretär des Reichsjustizamts ernannte Wirkliche Geheime Rat Dr. Bosse. Gleichzeitig wurde die Kommission durch zwei neue Mitglieder verstärkt, durch den damaligen Direktor im Reichsjustizamte, Wirklichen Geheimen Rat Hanauer als ständiges Mitglied und den Justizrat Wilke, später Geheimen Justizrat, als nicht ständiges Mitglied. Im April 1892 wurde an Stelle des infolge seiner Ernennung zum Minister der geistlichen und Unterrichtsangelegenheiten aus der Kommission ausscheidenden Dr. Bosse der inzwischen zum Staatssekretär des Reichsjustizamts ernannte Wirkliche Geheime Rat Hanauer zum Vorsitzenden der Kommission bestellt. Als neues ständiges Mitglied trat im Mai 1892 der Geheime Oberregierungsrat Struckmann in die Kommission ein. Nach dem Tode des Staatssekretärs Hanauer wurde im Oktober 1883 der Geheime Oberjustizrat Küntzel zum Vorsitzenden der Kommission ernannt, gleichzeitig aber bestimmt, daß der an Hanauers Stelle zum Staatssekretär des Reichsjustizamts ernannte Wirkliche Geheime Rat Nieberding, später Dr., das Recht haben solle, in besonderen Fällen den Vorsitz der Kommission mit vollem Stimmrecht zu übernehmen. Am 1. April 1895 schied der Geheime Rat Dr. Rüger infolge seiner Ernennung zum Generalstaatsanwalt in Dresden aus der Kommission aus; an seine Stelle trat als ständiges Mitglied der Geheime Justizrat Börner, später Dr. Im Sommer und Herbst 1895 verlor die Kommission noch zwei Mitglieder durch den Tod, den inzwischen zum Oberlandesgerichtspräsident in Posen ernannten Geheimen Oberjustizrat Eichholz und den Dr. Wolffson.

Zu Schriftführern der Kommission wurden berufen der Amtsrichter Kayser, der Gerichtsassessor, später Regierungsrat v. Jecklin, der Gerichtsassessor, später Geheime Justizrat und vortragende Rat Greiff und der Gerichtsassessor, später Geheimer Kriegsrat und vortragender Rat v. Schelling. An die Stelle des Gerichtsassessors v. Jecklin trat nach dessen Ernennung zum ständigen Hilfsarbeiter im Reichsjustizamt der Gerichtsassessor und Privatdozent, später Professor Dr. André. Am 1. Januar 1894 trat als Schriftführer in die Kommission ferner ein der Amtsrichter, später Regierungsrat Dr. Unzner und am 1. April 1894 der Gerichtsassessor, später Landrichter Ritgen.

Zu Reichskommissaren bei der Kommission wurden ernannt der Geheime Oberregierungsrat Struckmann, der Geheime Justizrat Börner und der Oberlandesgerichtsrat Achilles, später Reichsgerichtsrat und Dr.; die ersteren beiden wurden, wie oben mitgeteilt, später ständige Mitglieder der Kommission. An einzelnen Sitzungen der Kommission beteiligten sich noch andere von den Regierungen zu diesem Zwecke bestellte Kommissare.

Am 15. Dezember 1890 trat die zweite Kommission zu ihrer ersten vorbereitenden Sitzung zusammen. Nach Maßgabe des Beschlusses des Bundesrats v. 4. Dezember 1890 ernannte der Vorsitzende zum Generalreferenten Dr. Planck und zu Spezialreferenten für den Allgemeinen Teil Dr. Gebhard, für das Recht der Schuldverhältnisse Dr. v. Jacubezky, für das Sachenrecht Dr. Küntzel, für das Familienrecht Dr. v. Mandry und für das Erbrecht Dr. Rüger. An die Stelle des letzteren trat nach dessen Ausscheiden der Geheime Justizrat Börner. Nach Feststellung der Geschäftsordnung vertagte sich die Kommission, um den Referenten Zeit zur Vorbereitung zu geben, bis zum 1. April 1891.

In der Zeit bis zum 1. April 1891 und später wieder während der Vertagung der Kommission im Herbst 1891 fand behufs Vorbereitung der Verhandlungen eine Vorberatung eines Teiles des ersten Buches in einer vom Reichsjustizamte niedergesetzten Kommission statt.

Vom 1. April 1891 an hielt die Kommission wöchentlich regelmäßig drei Sitzungen. An den Beratungen nahmen mit wenigen durch Krankheiten veranlaßten Ausnahmen, immer teil die sämtlichen ständigen Mitglieder und von den nicht ständigen Mitgliedern der Professor v. Cuny und die Kammergerichtsräte Spahn und Hoffmann, sowie der Justizrat Wilke, meistens auch der Baron v. Gagern, der Oberforstmeister Danckelmann und der Direktor Goldschmidt sowie auch die Professoren Conrad und Sohm, die übrigen nicht ständigen Mitglieder nur bei einzelnen Materien. Der Beratung zu Grunde gelegt wurde der erste Entwurf. Die von den Referenten und den Mitgliedern dazu gestellten Anträge wurden schriftlich eingereicht und spätestens am Tage vor der betreffenden Sitzung unter die Mitglieder verteilt. Die Beratung wurde eingeleitet durch Vorträge des Referenten und Generalreferenten, beide faßten das Ergebnis nach Schluß der Diskussion zusammen. Die Abstimmung erfolgte mit absoluter Stimmenmehrheit. Bei Stimmengleichheit gab die Stimme des Vorsitzenden den Ausschlag. Allwöchentlich wurden die von der Kommission gefaßten Beschlüsse durch den Generalreferenten zusammengestellt und den Mitgliedern mitgeteilt. Diese vorläufige Zusammenstellung diente als Grundlage für die definitive Feststellung der Fassung, welche durch die Redaktionskommission erfolgte. Die Red.K. bestand anfangs aus dem Wirklichen Geheimen Rat Hanauer als Vorsitzendem, dem Generalreferenten und dem Referenten des zur Beratung stehenden Teiles. Später trat an die Stelle von Hanauer der Geheime Oberjustizrat Dr. Küntzel als Vorsitzender. Zeitweise wurde die Redaktionskommission verstärkt durch den Ministerialrat v. Jacubezky und den Geheimen Justizrat Börner; der letztere hatte von Anfang an als Reichskommissar an der Redaktion teilgenommen. Die Redaktionskommission hielt wöchentlich eine Sitzung, jedoch mußte die Hauptkommission von Zeit zu Zeit ihre Sitzungen aussetzen, um der

Redaktionskommission zu fortlaufenden Sitzungen Zeit zu lassen. Einzelne schwierigere Materien wurden durch besondere Subkommissionen für die Hauptverhandlung vorbereitet.

Die Protokolle über die Beratungen der Kommission wurden abwechselnd von den Schriftführern geführt, von den Mitgliedern der Redaktionskommission geprüft und dann eine Woche lang ausgelegt. Über etwaige Einwendungen hatte die Kommission zu entscheiden, eine förmliche Feststellung durch die Kommission fand nicht statt.

Über das Ergebnis der Beratungen erfolgte wöchentlich eine kurze Mitteilung durch den Reichsanzeiger. Nach Beendigung der Beratung eines jeden Buches wurde dasselbe in der von der Redaktionskommission festgestellten und von der Hauptkommission genehmigten Fassung durch den Druck veröffentlicht.*)

Die Beratung des ersten Buches wurde unter vorläufiger Aussetzung des Abschnitts über juristische Personen am 1. Juli 1891 beendet. Am 14. Oktober begann die Beratung des zweiten Buches; sie wurde unterbrochen durch die Beratung des Abschnitts über die juristischen Personen, die v. 30. November 1891 bis zum 18. Januar 1892 dauerte. Beendigt wurde die Beratung des zweiten Buches am 9. Januar 1893. Die Beratung des dritten Buches dauerte v. 9. Januar bis zum 15. November 1893, die des vierten Buches v. 15. November 1893 bis zum 30. Mai 1894, die des fünften Buches v. 30. Mai 1894 bis zum 5. März 1895, die des internationalen Privatrechts v. 6. März bis zum 27. März 1895.

Eine Schlußrevision des ganzen Entwurfs fand in der Zeit v. 6. Mai bis zum 19. Juni 1895 statt. Auf Grund der gefaßten Beschlüsse wurde dann der ganze Entwurf noch einmal von der Redaktionskommission einer genauen Durchsicht unterzogen und die von ihr festgestellte Fassung in der Sitzung der Kommission v. 21. Oktober 1895 genehmigt. Während der erste Entwurf nur fünf Bücher hatte, war dem zweiten Entwurf ein sechstes Buch hinzugefügt; dieses behandelte unter der Überschrift „Anwendung ausländischer Gesetze" das sog. internationale Privatrecht. Während der erste Entwurf 2164 Paragraphen hatte, zählt der zweite Entwurf deren 2390. Diese Vermehrung hat ihren Grund nur zum geringeren Teile in der Hinzufügung des internationalen Privatrechts (§§ 2361 bis 2390) und in der Ergänzung der ersten fünf Bücher durch verschiedene neue Vorschriften; sie ist vielmehr wesentlich dadurch veranlaßt, daß viele Paragraphen des ersten Entwurfs in mehrere Paragraphen zerlegt sind. Die Vermehrung erscheint um so erheblicher, als viele Paragraphen des ersten Entwurfs, insbesondere alle die, welche prozessualische Vorschriften enthielten, gestrichen sind. Am 14. Oktober 1895 begann die Kommission die Beratung des Einführungsgesetzes; sie dauerte bis zum 21. Dezember. Die Artikel 11—15, welche die Änderungen der Civilprozeßordnung, der Konkursordnung und der Einführungsgesetze zu diesen Gesetzen enthielten, wurden aus dem Entwurf ausgeschieden und in ein besonderes Gesetz verwiesen. Der Entwurf des Einführungsgesetzes zerfällt in vier Abschnitte, von denen der erste die allgemeinen Vorschriften, der zweite die Änderungen der Reichsgesetze, der dritte die Vorbehalte für die Landesgesetze, der vierte die Übergangsvorschriften enthält. Die Zahl der Artikel beträgt 186.

*) Die Veröffentlichung erfolgte in verschiedenen Zeitschriften und auf amtliche Veranlassung in einem besonderen Abdrucke durch die Verlagsbuchhandlung von J. Guttentag.

Die Beratung des Entwurfs eines Gesetzes, betreffend Änderungen des Gerichtsverfassungsgesetzes, der Civilprozeßordnung, der Konkursordnung und der Einführungsgesetze zu diesen Gesetzen dauerte v. 20. Dezember 1895 bis zum 8. Februar 1896. Am 8. März 1896 wurde die zweite Kommission geschlossen. Sie hat im ganzen 457 Sitzungen gehalten. Die Zahl der Seiten der metallographierten Protokolle beträgt 9524. Sie sind im Auftrage des Reichsjustizamts bearbeitet und durch den Druck veröffentlicht.

Der Entwurf des Bürgerlichen Gesetzbuchs wurde in der von der Kommission endgültig festgestellten Fassung von dem Vorsitzenden mittels Schreibens v. 22. Oktober dem Reichskanzler und von diesem an demselben Tage dem Bundesrat überreicht. Der Bundesrat verwies am 24. Oktober den Entwurf an den Justizausschuß; jedoch hatte dieser, auf Grund vorläufiger Druckabzüge, die Beratung schon vorher begonnen. Auf Antrag des Ausschusses v. 11. Januar 1896 wurde der Entwurf mit den von dem Justizausschusse beantragten Änderungen von dem Bundesrat in der Sitzung v. 16. Januar angenommen und von dem Reichskanzler in der Sitzung des Reichstags v. 17. Januar dem Reichstag überreicht. Dem Entwurfe war eine im Reichsjustizamt ausgearbeitete Denkschrift beigefügt. Die vom Bundesrate vorgenommenen Änderungen werden, soweit erforderlich, bei den einzelnen Paragraphen erwähnt werden; hier mag nur hervorgehoben werden, daß das sechste Buch gestrichen, an Stelle desselben aber eine Reihe von Vorschriften in den ersten Abschnitt des Einführungsgesetzes aufgenommen ist. Der dem Reichstage vorgelegte Entwurf hat 2359 Paragraphen.

Der von der Kommission beschlossene Entwurf des Einführungsgesetzes wurde schon am 19. Dezember 1895 vom Bundesrate dem Justizausschusse überwiesen und in der von diesem beantragten Fassung in der Sitzung des Bundesrats v. 23. Januar 1896 angenommen und darauf dem Reichstage vorgelegt. Die Zahl der Artikel beträgt 217.

Die erste Beratung des Bürgerlichen Gesetzbuchs und des Einführungsgesetzes im Reichstage fand v. 3.—6. Februar statt und endigte mit der Verweisung an eine Kommission von 21 Mitgliedern.*)

Die Mitglieder dieser Kommission haben mehrfach gewechselt; der Bericht ist von folgenden Mitgliedern unterschrieben: Dr. Bachem, Dr. v. Bennigsen, Dr. v. Cuny, Dr. v. Dziembowsky-Pomian, Dr. Enneccerus, Frohme, Gröber (Württemberg), Himburg, Jskraut, Kauffmann, Lenzmann, Lerno, Dr. Lieber (Montabaur), Marbe, Pauli, Graf v. Roon, v. Salisch, Schröder, Spahn, Stadthagen, Freiherr v. Stumm-Halberg.

Die Kommission konstituierte sich am 7. Februar 1896 und wählte zum Vorsitzenden den zweiten Vizepräsidenten des Reichstags, Abgeordneten Dr. Spahn, zum Stellvertreter des Vorsitzenden den Abgeordneten Kauffmann. An den Verhandlungen nahm eine größere Zahl von Mitgliedern und Kommissaren des Bundesrats teil.**) Die Kommission beriet den Entwurf in zwei Lesungen und hielt im ganzen 53 Sitzungen. Die Berichterstattung für das Plenum übernahm für das erste und zweite Buch der Abgeordnete Dr. Enneccerus, für das dritte Buch der Abgeordnete v. Buchka, für das vierte Buch der Abgeordnete Dr. Bachem,

*) StB. S. 705—794.

**) Siehe die Namen im KB. S. 1935.

für das fünfte Buch und für das Einführungsgesetz der Abgeordnete Schröder. Am 12. Juni erstattete die Kommission ihren Bericht.*) Er zerfällt in fünf Teile, von denen der erste das erste und zweite Buch, der zweite das dritte Buch, der dritte das vierte Buch, der vierte das fünfte Buch, der fünfte das Einführungsgesetz betrifft.

Die zweite Lesung des Entwurfs im Plenum des Reichstags begann am 19. Juni und dauerte bis zum 27. Juni 1896.**) Die dritte Lesung wurde am 30. Juni begonnen und am 1. Juli beendigt.***) Am Schlusse fand eine namentliche Abstimmung über die Entwürfe des Bürgerlichen Gesetzbuchs und des Einführungsgesetzes statt. Es beteiligten sich daran 288 Abgeordnete, von denen 222 für die Annahme, 48 dagegen stimmten, während sich 18 der Abstimmung enthielten.†)

Nachdem am 14. Juli der Bundesrat seine Zustimmung zu dem Bürgerlichen Gesetzbuch und dem Einführungsgesetz erteilt hatte, wurden beide am 18. August vom Kaiser vollzogen. Die Verkündung erfolgte durch das am 24. August ausgegebene Reichs-Gesetzblatt Nr. 21 S. 195—650.

III. Inhalt des Bürgerlichen Gesetzbuchs und der Nebengesetze im allgemeinen.

1. **Den Gegenstand des Bürgerlichen Gesetzbuchs bildet das gesamte bürgerliche Recht.** Den Begriff des bürgerlichen Rechtes im Gegensatze zum öffentlichen Rechte bestimmt das BGB. nicht. Der im Art. 55 des EG. gebrauchte Ausdruck „privatrechtliche Vorschriften" ist gleichbedeutend mit Vorschriften des bürgerlichen Rechtes. Das bürgerliche Recht wird in den M. I S. 1 als Inbegriff derjenigen Normen bezeichnet, welche die den Personen als Privatpersonen zukommende rechtliche Stellung und die Verhältnisse, in welchen die Personen als Privatpersonen unter einander stehen, zu regeln bestimmt sind. Man kann diese Begriffsbestimmung im allgemeinen als richtig anerkennen. Die Grenzlinie zwischen bürgerlichem und öffentlichem Rechte wird indessen, wie man auch die Begriffe bestimmen mag, häufig zweifelhaft bleiben. Für das Bürgerliche Gesetzbuch selbst ist die Frage ohne Bedeutung, weil dessen Vorschriften unzweifelhaft auch dann gelten, wenn sie öffentliches Recht enthalten, wie dies z. B. in betreff des § 89, welcher eine Vorschrift über juristische Personen des öffentlichen Rechtes gibt, anzunehmen sein wird. Von Bedeutung wird die Frage für die Auslegung des Art. 55 des EG. Nach diesem treten alle privatrechtlichen Vorschriften der Landesgesetze mit dem Inkrafttreten des BGB. außer Kraft, soweit nicht in dem BGB. oder EG. ein Anderes bestimmt ist. Ob eine landesrechtliche Vorschrift bestehen bleibt oder außer Kraft tritt, hängt also davon ab, ob sie privatrechtlichen oder öffentlichrechtlichen Inhalts ist. Für die Lösung dieser Frage wird aber wie gesagt durch allgemeine Erörterungen über den Begriff des öffentlichen und Privatrechts wenig gewonnen, vielmehr wird man nur durch Untersuchung der einzelnen Fälle zu dem richtigen Ergebnisse gelangen. Das in dieser Beziehung Erforderliche ist den Erläuterungen zum EG. vorzubehalten und mag hier nur

*) KB. S. 1935—2192.
**) StB. S. 2717—3038.
***) StB. S. 3039—3108.
†) Siehe die Namen im StB. S. 3104.

hervorgehoben werden, daß das EG. selbst in einzelnen Fällen durch ausdrückliche Vorschriften die vorhandenen Zweifel zu heben sucht.

Der Satz, daß das Bürgerliche Gesetzbuch das gesamte bürgerliche Recht umfaßt, erleidet mehrere Ausnahmen. Nach Art. 32 des EG. bleiben alle Reichsgesetze, auch soweit sie privatrechtlichen Inhalts sind, neben dem BGB. in Kraft, wenn sich nicht aus dem BGB. oder dem EG. die Aufhebung ergibt. Andererseits enthalten die Art. 56—152 des EG. eine große Zahl von Vorschriften, kraft deren Landesgesetze privatrechtlichen Inhalts abweichend von der Regel des Art. 55 aufrecht erhalten bleiben. Das Nähere über die Bedeutung und Tragweite dieser Ausnahmen ist ebenfalls den Erläuterungen zum EG. vorzubehalten.

Ob die Vorschriften des materiellen Prozeßrechts dem bürgerlichen oder dem Prozeßrecht angehören, ist streitig. Die CPO. hat einige solcher Vorschriften aufgenommen, andere nicht. Ähnlich steht es mit der KO. Der Entwurf I enthielt eine große Zahl von Vorschriften des materiellen Prozeß- und Konkursrechts. Bei der zweiten Lesung sind sie fast sämtlich ausgeschieden und in ein besonderes Gesetz verwiesen. Der Entwurf dieses Gesetzes wurde von der Kommission ausgearbeitet und liegt den im Jahre 1898 erlassenen, unten näher bezeichneten Gesetzen betr. Änderungen der CPO., der KO. und des GVG. zu Grunde. Diese Gesetze werden, soweit dies zum richtigen Verständnisse der Vorschriften des BGB. erforderlich ist, in der folgenden Darstellung berücksichtigt werden.

Gleichzeitig mit dem Bürgerlichen Gesetzbuche soll nach Art. 1 des EG., außer den schon gedachten Gesetzen über Änderungen des Gerichtsverfassungsgesetzes, der Civilprozeßordnung und der Konkursordnung, auch ein Gesetz über die Zwangsversteigerung und die Zwangsverwaltung, eine Grundbuchordnung und ein Gesetz über die Angelegenheiten der freiwilligen Gerichtsbarkeit in Kraft treten. Das Gesetz über die Zwangsversteigerung und die Zwangsverwaltung nebst einem Einführungsgesetze sowie die Grundbuchordnung sind am 24. März 1897, das Gesetz betr. die Angelegenheiten der freiwilligen Gerichtsbarkeit ist am 17. Mai 1898 verkündet. Das in Aussicht genommene Gesetz betr. Änderungen des GVG., der CPO. und der KO. ist in mehrere Gesetze zerlegt. Am 17. Mai 1898 sind verkündet ein Gesetz betr. Änderungen des GVG. und der StPO., ein Gesetz betr. Änderungen der CPO. nebst EG. dazu und ein Gesetz betr. Änderungen der KO. nebst EG. dazu. An demselben Tage ist ein Gesetz verkündet, durch das der Reichskanzler ermächtigt wird, die Texte verschiedener Reichsgesetze, wie sie sich aus dem durch spätere Gesetze getroffene Änderungen ergeben, und zwar die CPO. und die KO. unter fortlaufender Nummernfolge der Paragraphen durch das Reichs-Gesetzblatt bekannt zu machen. Durch dasselbe Gesetz wird der Reichskanzler ermächtigt, die Texte des ZVG. und des zugehörigen EG., der GBO. und des FGG. durch das Reichs-Gesetzblatt in der Weise bekannt zu machen, daß die darin enthaltenen Verweisungen auf Vorschriften der CPO., der KO. und der im Art. 13 Abs. 1 des EG. zum HGB. bezeichneten Gesetze durch Verweisungen auf die entsprechenden Vorschriften der durch den Reichskanzler bekannt gemachten Texte zu ersetzen sind. Auf Grund dieses Gesetzes sind alle darin bezeichneten Gesetze am 20. Mai 1898 in der neuen Fassung bekannt gemacht. Die CPO. hat statt der früheren 872 jetzt 1048, die KO. statt der früheren 214 jetzt 244 Paragraphen. Bei der folgenden Darstellung ist für alle gedachten Gesetze die neue Fassung zu Grunde gelegt.

Ausgeschlossen von dem BGB. ist das Wechselrecht und das Handelsrecht. An Stelle des bisherigen HGB. ist indessen ein neues sich an das BGB. anschließendes HGB. nebst EG. am 10. Mai 1897 verkündet; es ist gleichzeitig mit dem BGB. in Kraft getreten.

Das durch EG. Art. 76 den Landesgesetzen vorbehaltene Verlagsrecht ist reichsgesetzlich durch das Ges. v. 19. Juni 1901 geregelt. Auch das durch EG. Art. 75 den Landesgesetzen vorbehaltene Versicherungsrecht soll reichsgesetzlich geregelt werden; ein im Reichsjustizamt aufgestellter Entwurf eines Gesetzes über den Versicherungsvertrag nebst den Entw. eines zugehörigen Einführungsgesetzes und eines Gesetzes betr. Abänderung der Vorschriften des Handelsgesetzbuchs über die Seeversicherung ist 1903 veröffentlicht. Die öffentlich-rechtlichen Verhältnisse der privaten Versicherungsunternehmungen sind bereits durch das Ges. v. 12. Mai 1901 geordnet.

2. Das BGB. **zerfällt in fünf Bücher.** Das erste Buch enthält den Allgemeinen Teil und stellt in diesem diejenigen Vorschriften zusammen, welche mehr oder weniger für alle Teile des bürgerlichen Rechtes von Bedeutung sind. Das zweite Buch umfaßt das Recht des Schuldverhältnisse. In dem ersten und dritten bis sechsten Abschnitte sind die für alle Schuldverhältnisse, in dem zweiten Abschnitte die für Schuldverhältnisse aus Verträgen geltenden allgemeinen Vorschriften enthalten. Der siebente Abschnitt behandelt in 25 Titeln die einzelnen Schuldverhälnisse, welche nicht auf sachenrechtlichen, familienrechtlichen oder erbrechtlichen Verhältnissen beruhen. Das dritte Buch enthält das Sachenrecht, d. h. die Vorschriften über die dinglichen Rechte an Sachen; des Zusammenhangs wegen sind jedoch in diesem Buche auch der Nießbrauch und das Pfandrecht an anderen als dinglichen Rechten, insbesondere an Forderungen geregelt. Das vierte Buch umfaßt das Familienrecht, einschließlich des Vormundschaftsrechts, das fünfte Buch das Erbrecht. Die genauere Angabe des Inhalts der einzelnen Bücher wird in den Vorbemerkungen zu denselben erfolgen.

3. **Die Grundlage des BGB. bildet das bisherige Recht.** Nicht ein neues Recht sollte von oben herab gemacht, sondern das bestehende Recht sollte kodifiziert werden. Bei der großen Verschiedenheit der in Deutschland bestehenden Rechte mußten zu diesem Zwecke die allen Rechten gemeinsamen Rechtsgedanken aufgesucht und, soweit eine Gemeinsamkeit nicht bestand, diejenigen Rechtsgedanken aufgesucht werden, welche dem gegenwärtigen Rechtsbewußtsein und den wirtschaftlichen Bedürfnissen am meisten entsprechen. Daneben aber wurde der Zweck erstrebt, das bisherige Recht insoweit fortzubilden, als sich erkennen ließ, daß die geschichtliche Entwickelung in einer bestimmten Richtung sich bewegte, und diese Entwickelung zu einem Abschlusse reif erschien, oder als die veränderten wirtschaftlichen und sozialen Verhältnisse eine Änderung erheischten. Auch bei dieser Fortbildung aber sollte soweit als tunlich immer an das bestehende Recht angeknüpft werden. Diese Gesichtspunkte sind in allen Stadien der Bearbeitung des BGB. in der Hauptsache festgehalten; doch wurde bei dem ersten Entwurfe der Gesichtspunkt, daß das bisherige Recht die Grundlage bilden müsse, schärfer betont, während bei den Arbeiten der zweiten Kommission und bei den Verhandlungen im Reichstage das Streben nach einer den sozialen Bedürfnissen der Gegenwart entsprechenden Umgestaltung mehr hervortrat. Von den bestehenden Rechten haben den größten Einfluß auf die Gestaltung des BGB. gehabt das gemeine Recht und das preußische

Allgemeine Landrecht. Auch das französische Recht ist immer mit berücksichtigt worden und noch im letzten Stadium der Verhandlung im Reichstage durch Zulassung des holographischen Testaments von entscheidender Bedeutung gewesen. Das sächsische Gesetzbuch steht wesentlich auf dem Boden des gemeinen Rechtes, und hat die Art, wie dieses in dem sächs. GB. gesetzgeberisch verwertet ist, mehrfach zum Vorbilde gedient.

Der Vorwurf, der dem ersten und zum Teil auch dem zweiten Entwurfe gemacht ist und der, wenn er begründet wäre, auch das BGB. treffen würde, daß das römische Recht zu viel, das deutsche Recht zu wenig berücksichtigt sei, ist unbegründet. Richtig ist nur, daß die juristische Behandlung des Rechtsstoffs in dem Entwurfe, die juristische Technik auf dem Boden der modernen deutschen Rechtswissenschaft steht und diese wieder den hohen Grad der Entwickelung, den sie erreicht hat, allerdings wesentlich der Grundlage des römischen Rechtes verdankt. Dementsprechend ist der Allgemeine Teil des Bürgerlichen Gesetzbuchs, in dem die allgemeinen Grundbegriffe festgestellt sind, nicht spezifisch deutsch, sondern verwertet die Ergebnisse, welche die dogmatische Behandlung des Rechtes durch die deutsche Rechtswissenschaft auf der Grundlage des römischen Rechtes herausgearbeitet hat. In dem Abschnitt über die juristische Persönlichkeit der Vereine ist indessen auch hier dem deutschrechtlichen Gedanken der freien Genossenschaftsbildung volle Rechnung getragen, und nur die juristische Form, in welcher der Gedanke verwirklicht ist, steht auf dem Boden des römischen Rechtes. Der größte Teil des Sachenrechts wie des Erbrechts und fast das ganze Familienrecht stehen wesentlich auf deutschrechtlichem Boden. Das Recht der Schuldverhältnisse gibt das moderne Verkehrsrecht, wie solches auf Grund der von den römischen Juristen mit unvergleichlicher Meisterschaft durchgeführten freien Behandlung der Obligation in der durch den Verkehr und die wirtschaftlichen Bedürfnisse der Gegenwart gebotenen Weise von der deutschen Wissenschaft und Praxis ausgebildet ist. Das auf demselben Boden stehende bisherige Handelsgesetzbuch ist hierbei eingehend berücksichtigt, und das neue HGB. zeigt, wie manche der bisherigen Vorschriften des HGB. durch die Gestaltung, welche das bürgerliche Recht in dem BGB. erhalten hat, überflüssig geworden sind oder doch eine andere präzisere Fassung haben erhalten können.

Von den Änderungen des bestehenden Rechtes, welche die Berücksichtigung des werdenden Rechtes und der sozialen Bedürfnisse der Gegenwart beweisen, mögen nur folgende hervorgehoben werden. Auf die Vorschriften über die juristische Persönlichkeit der Vereine und der Stiftungen ist bereits hingewiesen. In dem Obligationenrechte findet sich besonders in den Abschnitten über den Miet- und Pachtvertrag, über den Dienstvertrag, den Werkvertrag, über die Gesellschaft und über die unerlaubten Handlungen eine große Reihe von Vorschriften, die berechtigte soziale Forderungen erfüllen. Beispielsweise mögen angeführt werden der Grundsatz „Kauf bricht nicht Miete", die Vorschriften über das Pfandrecht des Vermieters an den eingebrachten Sachen, über das Kündigungsrecht des Mieters bei Gesundheitsschädlichkeit der Wohnung, ferner die Vorschriften, die den Schutz des Dienstverpflichteten und des Unternehmers bei dem Werkvertrage bezwecken, sowie die Gestaltung, welche die Gesellschaft durch die Anerkennung des Grundsatzes, daß das Gesellschaftsvermögen ein von dem übrigen Vermögen der Gesellschafter abgesondertes, ihnen zur gesamten Hand zustehendes Vermögen bilde, erhalten hat. Auch die Vorschriften über die Befugnis des Gerichts, übermäßige Konventionalstrafen zu ermäßigen, über die Herabsetzung der gesetzlichen Zinsen auf vier Prozent und über den Wucher gehören hierher. Im Sachenrechte trägt der für den Eigentumserwerb an beweglichen Sachen durchgeführte Schutz des Erwerbs in gutem Glauben dem Bedürfnisse des Verkehrs Rechnung, während die Sicherheit der dinglichen Rechte an Grundstücken durch die konsequente Durchführung des Grundbuchsystems gewährleistet und für den Realkredit durch die Gestaltung des Hypothekenrechts und die Einführung der Rentenschuld gesorgt ist. Durch das ganze Familienrecht geht das Bestreben hindurch, die rechtliche Stellung der Frauen zu heben. Alle Beschränkungen ihrer Geschäftsfähigkeit sind beseitigt; auch die Ehefrauen stehen in dieser Beziehung den Männern völlig gleich. Die persönliche Rechtsstellung der Frau in der Ehe ist durch die Vorschriften des BGB. so vollständig gesichert, wie die Natur der ehelichen Lebensgemeinschaft und die dem Manne in derselben gebührende Stellung irgend gestattet. Die bisher noch von keinem größeren Rechte gewagte Anerkennung der elterlichen Gewalt der Mutter nach dem Tode des Vaters, und innerhalb gewisser Grenzen auch bei Lebzeiten desselben, ist konsequent durchgeführt und die Fähigkeit der Frau zur Übernahme einer Vormundschaft anerkannt. In betreff des ehelichen Güterrechts ist zwar dem Verlangen der modernen Frauenbewegung nach Einführung der Gütertrennung als gesetzlichen Güterrechts nicht stattgegeben. Gegenüber der geschichtlichen Entwickelung des ehelichen Güterrechts in Deutschland und dem in dem weitaus größten Teile Deutschlands bestehenden Rechte wäre ein solcher Sprung zu gewagt gewesen, und zwar um so mehr, als es in hohem Grade zweifelhaft ist, ob die Frauenbewegung sich nicht auf einen bestimmten Kreis von Frauen in den größeren Städten beschränkt, während die große Masse des Bauern- und Bürgerstandes auf einem anderen Standpunkte steht, und ob, wenn dem Verlangen stattgegeben würde, die daraus für die Frauen entspringenden Nachteile nicht weit größer sein würden als die gehofften Vorteile. Auf dem Boden der von dem BGB. festgehaltenen deutschrechtlichen Gestaltung des gesetzlichen Güterrechts ist aber die rechtliche Stellung der Frauen gegenüber dem bestehenden Rechte in ausgedehntem Maße verbessert. So ist insbesondere das Recht des Mannes, über die zu dem eingebrachten Vermögen gehörenden beweglichen Sachen zu verfügen, beseitigt und die ganze Stellung der Frau so geordnet, daß ihr eingebrachtes Vermögen gegen schlechte Verwaltung des Mannes in weit größerem Maße gesichert ist wie bisher. Das Recht der Frau, die Aufhebung des Verwaltungs- und Nutzungsrechts des Mannes zu fordern, ist erheblich erweitert; auch ist der überaus wichtige Grundsatz anerkannt, daß die Rechte des Mannes sich überhaupt nicht auf dasjenige Vermögen erstrecken, welches die Frau durch ihre Arbeit oder durch den selbständigen Betrieb eines Erwerbsgeschäfts erwirbt. Dazu kommt, daß die Frau auch in erbrechtlicher Beziehung durch die Vorschriften über das Erbrecht der Ehegatten sehr viel günstiger gestellt ist, wie dies nach den meisten bisherigen Rechten, insbesondere nach dem gemeinen Rechte, der Fall war. Auch das Rechtsverhältnis der unehelichen Kinder hat eine wesentliche Umgestaltung erfahren, indem die Rechte der unehelichen Kinder gegen den unehelichen Vater erheblich erweitert sind und dadurch wenigstens den schwersten Übelständen auf diesem Gebiet entgegengewirkt wird. Mittelbar gereichen diese Vorschriften auch zu Gunsten der unehelichen Mutter. Für das Erbrecht ist, außer auf die

Vorschriften über die gesetzliche Erbfolge, besonders hinzuweisen auf die Vorschriften über die Haftung des Erben für die Nachlaßverbindlichkeiten, über die Erbengemeinschaft, über den Testamentsvollstrecker, das Pflichtteilsrecht und den Erbschein. Auch in betreff der Aufnahme des holographischen Testaments wird von dessen Verteidigern hauptsächlich auf das wirtschaftliche und soziale Bedürfnis hingewiesen.

4. Über das **Verhältnis des ersten zu dem zweiten Entwurf und zu dem BGB. selbst** mag hier folgendes bemerkt werden: Der erste Entwurf bildet durchweg die Grundlage; in Form und Fassung ist er vollständig umgearbeitet; auch materiell hat er manche Änderungen erfahren, doch beziehen sich diese in den meisten Teilen nur auf Einzelheiten, nicht auf die wesentlichen Gedanken. Während der erste Entwurf bei der Formgebung alles Gewicht auf die Präzision und Schärfe des Ausdrucks legte, ist bei der zweiten Bearbeitung wesentlich auch nach tunlichster Glätte und Leichtigkeit der Sprache sowie nach möglichster Gemeinverständlichkeit gestrebt. Die Präzision und Klarheit des Ausdrucks ist dabei nicht außer acht gelassen, doch treten die rechtlichen Gesichtspunkte nicht immer so scharf hervor wie in dem ersten Entwurfe; die Erkenntnis der Tragweite einer Vorschrift wird daher nicht selten durch eine Vergleichung der entsprechenden Vorschrift des ersten Entwurfs erleichtert. Auf die materiellen Änderungen, die der erste Entwurf erfahren hat, ist hier nicht weiter einzugehen; sie werden, soweit erforderlich, bei der späteren Darstellung an den betreffenden Stellen berücksichtigt werden.

IV. Technische Behandlung des Stoffes.

1. **Allgemeines.** Das preußische Landrecht hat den Versuch gemacht, die rechtlichen Beziehungen der Menschen zu einander in der Art zu regeln, daß tunlichst Vorschriften über jedes einzelne im Leben vorkommende Verhältnis gegeben werden. Es wird jetzt allgemein anerkannt, daß hier etwas Unmögliches erstrebt wurde. Das Leben ist zu vielgestaltig, um jedes möglicherweise vorkommende Verhältnis berücksichtigen und durch eine besondere Vorschrift regeln zu können. Auf der anderen Seite darf ein Gesetzbuch sich nicht darauf beschränken, die leitenden Rechtsgedanken auszusprechen oder die Zwecke zu bezeichnen, deren Erreichung erstrebt wird. Die Verwirklichung eines Rechtsgedankens läßt sich auf verschiedenen Wegen erreichen; für einen und denselben Zweck können verschiedene Mittel angewendet werden. Es kommt also darauf an, diejenigen Rechtssätze zu finden, welche am besten geeignet sind, den leitenden Rechtsgedanken zu verwirklichen. Das den einzelnen im Leben vorkommenden Verhältnissen Gemeinsame muß aufgesucht und hieraus die für alle maßgebende Rechtsregel abgeleitet werden. Dies ist der Standpunkt, von dem bei der Ausarbeitung des BGB. ausgegangen ist; er vermeidet die Kasuistik, sucht für jede Materie das beherrschende Prinzip auf und prägt dasselbe in Rechtssätzen aus. Diese Rechtssätze sucht das BGB. so allgemein zu fassen, daß sie alle Verhältnisse, die darunter fallen sollen, auch wirklich ergreifen, andererseits aber so scharf zu umgrenzen, daß ihre Tragweite klar erkennbar ist und alle Verhältnisse ausgeschlossen werden, die nicht darunter fallen sollen. Wie weit in der Verallgemeinerung gegangen werden kann, ohne die Rechtssicherheit zu gefährden, ist eine Frage der Gesetzgebungskunst, bei welcher die Rücksicht auf das Bedürfnis der Praxis maß=

gebend sein muß. In der einen Materie kann weiter gegangen, in der anderen muß mehr spezialisiert werden. Dem entsprechend sind in dem BGB. bald nur sehr allgemeine bald ziemlich eng begrenzte Rechtssätze aufgestellt. Dem praktischen Bedürfnisse wird ferner dadurch Rechnung getragen, daß das BGB. sich bisweilen nicht auf die Aufstellung des prinzipiellen Rechtssatzes beschränkt, sondern da, wo es sich um eine praktisch besonders wichtige Konsequenz des prinzipiellen Rechtssatzes handelt oder wo es zweifelhaft sein kann, welche Konsequenzen aus dem allgemeinen Rechtssatze zu ziehen sind, hierüber eine ausdrückliche Vorschrift gibt. So läßt sich z. B. die Vorschrift des § 154 Abs. 2, nach welcher, wenn eine Beurkundung des beabsichtigten Vertrags verabredet worden ist, im Zweifel der Vertrag als nicht geschlossen angesehen werden soll, bis die Beurkundung erfolgt ist, bei richtigem Verständnisse des § 125 Satz 2, nach welchem der Mangel der durch Rechtsgeschäft bestimmten Form im Zweifel Nichtigkeit zur Folge hat, aus dieser Vorschrift ableiten. Aus Gründen praktischer Zweckmäßigkeit ist trotzdem der § 154 Abs. 2 aufgenommen. Mit Rücksicht auf manche ähnliche Fälle darf bei der Auslegung von dem argumentum **a** contrario nur mit Vorsicht Gebrauch gemacht werden.

2. **Zwingende, dispositive Vorschriften, Auslegungsregeln.** Ehrlich, Das zwingende und nicht zwingende Recht im BGB. 1899. Ob eine Vorschrift eine zwingende oder dispositive ist, d. h. also ob ihre Anwendung durch rechtsgeschäftliche Bestimmung ausgeschlossen werden kann oder nicht (nach Ehrlich soll sich die Unterscheidung nur auf die Rechtssätze beziehen, welche Rechtsgeschäfte betreffen), ist in dem BGB. nicht immer ausdrücklich bestimmt. Bei vielen Vorschriften findet sich der Zusatz „wenn nicht ein Anderes bestimmt ist" oder ein ähnlicher Zusatz. Andererseits ist bei manchen Vorschriften ausdrücklich hervorgehoben, daß eine Änderung durch Rechtsgeschäft unzulässig sei. Bei den meisten Vorschriften fehlen aber solche Zusätze. Sie sind in solchen Fällen gemacht, in welchen die Hervorhebung der zwingenden oder dispositiven Natur des Rechtssatzes zur Klarstellung des Sinnes zweckmäßig erschien. In denjenigen Fällen, in welchen ein solcher Zusatz fehlt, ist aus dem Zusammenhang und der Natur der betreffenden Rechtsregel zu entscheiden, ob sie eine zwingende oder dispositive ist. Bei obligatorischen Rechtsgeschäften bildet die dispositive Natur die Regel; doch kommen auch bei ihnen zwingende Rechtsregeln vor, die nicht ausdrücklich als solche bezeichnet sind. So ist z. B. die Vorschrift des § 624, nach welcher ein auf Lebenszeit oder länger als fünf Jahre eingegangenes Dienstverhältnis nach dem Ablaufe von fünf Jahren von dem Dienstverpflichteten gekündigt werden kann, unzweifelhaft eine zwingende Vorschrift und eine abweichende Vereinbarung der Parteien nichtig, während einerseits die in der Fassung nicht wesentlich abweichenden Vorschriften der §§ 621—623, wie sich aus § 620 ergibt, nur dispositiver Natur sind und andererseits im § 619 ausdrücklich bestimmt ist, daß die dem Dienstberechtigten nach den §§ 617, 618 obliegenden Verpflichtungen durch Vertrag im voraus nicht aufgehoben und beschränkt werden können.

Von den dispositiven Vorschriften sind zu unterscheiden die Auslegungsregeln. Die dispositive Vorschrift kommt zur Anwendung, soweit nicht eine abweichende rechtsgeschäftliche Bestimmung getroffen ist. Eine Auslegungsregel kommt dagegen nicht zur Anwendung, wenn aus den Umständen ein abweichender Wille der Parteien zu entnehmen ist, ohne daß es eines besonderen rechtsgeschäftlichen Aktes bedarf. Die Bedeutung einer Vorschrift als Auslegungsregel wird in dem BGB. regelmäßig durch die Worte „im Zweifel" ausgedrückt, so z. B. in den §§ 30, 154, 314, 672, 1025, 1096, 1301, 1625, 2049 Abs. 1, 2066. Zuweilen wird eine Vorschrift auch ausdrücklich als Auslegungsvorschrift bezeichnet, z. B. in dem § 186.

In einzelnen Fällen wird übrigens der Ausdruck „im Zweifel" auch da gebraucht, wo es sich nicht lediglich um die Auslegung des Parteiwillens, sondern überhaupt um die Entscheidung über ein Verhältnis, das ungewiß ist, handelt. So z. B. in dem § 742, nach welchem im Zweifel anzunehmen ist, daß den Teilhabern einer Gemeinschaft gleiche Anteile zustehen.

Die regelmäßige Ausdrucksweise, durch welche eine Vorschrift als dispositive bezeichnet werden soll, ist: „wenn", „soweit", „sofern nicht ein Anderes bestimmt" oder „vereinbart" ist. So in den §§ 24, 41, 48, 80, 101, 103, 152, 181, 184, 246, 276, 426, 430, 514, 608, 799, 808 Abs. 2, 1022, 1108, 1172 Abs. 2, 1194, 1230, 1277, 1296, 1474, 1546 Abs. 2, 1758 Abs. 2, 1797 Abs. 1, 2142 Abs. 2, 2147, 2221, 2349. Durch das „soweit nicht ein Anderes bestimmt ist" wird bisweilen sowohl auf abweichende rechtsgeschäftliche als auf besondere gesetzliche Bestimmungen verwiesen.

Daneben kommt die Ausdrucksweise vor „wenn oder sofern sich nicht ein Anderes ergibt", so in den §§ 82, 168, 183, 273 Abs. 1, 292, 369, 520, 699 Abs. 2, 727 Abs. 1, 730 Abs. 2, 897, 919 Abs. 3, 1357 Abs. 1. In den meisten der hierher gehörenden Fälle handelt es sich indessen nicht darum, eine gesetzliche Vorschrift als dispositive zu bezeichnen; vielmehr soll durch den fraglichen Zusatz darauf hingewiesen werden, daß sich aus dem Inhalt eines näher bezeichneten Rechtsverhältnisses eine Ausnahme von der gesetzlichen Regel ergeben könne. So wird z. B. in dem § 183 der Regel, daß die Einwilligung widerruflich ist, hinzugefügt „soweit nicht aus dem ihrer Erteilung zu Grunde liegenden Rechtsverhältnisse sich ein Anderes ergibt".

In einigen Fällen wird indessen die fragliche Ausdrucksweise auch da gebraucht, wo es sich um die Bedeutung einer Willenserklärung handelt. Die Willenserklärung soll die ihr gesetzlich beigelegte Wirkung nicht haben, wenn sich ein anderer Wille des Erklärenden ergibt. So gehen z. B. nach § 82 Rechte, welche ein Stifter in dem Stiftungsgeschäfte der Stiftung zugesichert hat, mit der Genehmigung der Stiftung auf diese über, „sofern nicht aus dem Stiftungsgeschäfte sich ein anderer Wille des Stifters ergibt" (s. z. B. ferner die §§ 520, 1357 Abs. 1). Für alle Fälle dieser Art wird man anzunehmen haben, daß nicht unterschieden werden soll, ob der Wille, auf dessen Ermittelung es ankommt, sich aus der richtigen Auslegung der betreffenden Willenserklärung ergibt oder ob eine ausdrückliche oder stillschweigende Willenserklärung vorliegt.

Eine dritte Ausdrucksweise geht dahin: „soweit nicht ein anderer Wille anzunehmen ist", z. B. in den §§ 127, 139, 153, 335, 2086, 2108 Abs. 2, 2161, 2188, 2208 Abs. 2, 2299 Abs. 3. Durch diesen Zusatz wird die aufgestellte Regel als Auslegungsregel charakterisiert.

Da ein Rechtsgeschäft, durch welches die Anwendung einer dispositiven Vorschrift ausgeschlossen wird, auch stillschweigend vorgenommen werden kann (s. Vorbm. I Titel 2 des Abschn. 3 Buch I), so ist der Unterschied zwischen dispositiver Vorschrift und Auslegungsregel im praktischen Ergebnisse kein erheblicher. Manche dispositive Vorschrift hätte auch als Auslegungsregel, manche Auslegungsregel als dispositive Vorschrift gegeben werden können. Der Grund, aus welchem der Gesetzgeber die eine oder die andere Form gewählt hat, ist oft nicht leicht erkennbar, so z. B. in dem § 514, in welchem der erste Satz als dispositive Vorschrift, der zweite als Auslegungsregel gefaßt ist. Die Folge der verschiedenen Fassung besteht im praktischen Ergebnisse darin, daß der Beweis eines die Auslegungsregel ausschließenden Willens der Beteiligten regelmäßig leichter zu führen sein wird als der Beweis eines die Anwendung der dispositiven Vorschrift ausschließenden stillschweigenden Rechtsgeschäfts. Über die Gesichtspunkte, welche bei der Entscheidung der Frage in Betracht kommen, ob eine Vorschrift als zwingende oder als dispositive oder als Auslegungsregel anzusehen ist s. Ehrlich und zwar insbesondere für obligatorische Rechtsgeschäfte S. 74 ff., 89 ff., für dingliche Rechtsgeschäfte S. 125 ff., für familienrechtliche Rechtsgeschäfte S. 185 ff., für erbrechtliche Rechtsgeschäfte S. 222.

3. Definitionen zu geben, vermeidet das BGB. tunlichst. Die Bedeutung vieler juristischer Ausdrücke wird als bekannt vorausgesetzt oder ihre nähere Bestimmung der Wissenschaft überlassen, z. B. die Bedeutung von „Rechtsgeschäft", „Vertrag" rc. In vielen Fällen wird die Definition mittelbar dadurch gegeben, daß die wesentlichen Wirkungen des bezeichneten Rechtsverhältnisses ausgedrückt werden. Dies bildet die Regel bei den obligatorischen Verträgen. So bestimmt z. B. der § 433 für den Kaufvertrag: „Durch den Kaufvertrag wird der Verkäufer einer Sache verpflichtet, dem Käufer die Sache zu übergeben und das Eigentum an der Sache zu verschaffen. Der Verkäufer eines Rechtes ist verpflichtet rc. ..." „Der Käufer ist verpflichtet, dem Verkäufer den vereinbarten Kaufpreis zu zahlen und die gekaufte Sache abzunehmen." Ähnlich werden die Begriffe des Kaufes nach Probe, des Kaufes auf Probe, des Wiederkaufs und des Vorkaufs in den §§ 494, 495, 497, 504 bestimmt.

In einer Reihe von Fällen wird indessen die Bedeutung eines Wortes ausdrücklich festgestellt. Es geschieht dies da, wo es sich um einen gesetzlichen Tatbestand handelt, auf den öfters verwiesen werden muß, die Bedeutung des dafür gebrauchten Ausdrucks aber nicht ohne weiteres klar ist. Die Feststellung erfolgt regelmäßig dadurch, daß der technische Ausdruck dem angegebenen gesetzlichen Tatbestand in Klammern hinzugefügt wird, hin und wieder indessen auch in der Form direkter Definition.

Technische Ausdrücke dieser Art sind:

Sache, vertretbare, verbrauchbare Sache §§ 90—92;
wesentliche Bestandteile § 93;
unverzüglich § 121 Abs. 1;
kennen mußte § 122 Abs. 2;
Vollmacht § 166 Abs. 2;
Zustimmung, Einwilligung, Genehmigung §§ 182—184;
Anspruch § 194 Abs. 1;
Zurückbehaltungsrecht § 273;
Erfüllung Zug um Zug § 274 Abs. 1;
Vorsatz, Fahrlässigkeit § 276;

Quittung § 368;
öffentliche Versteigerung § 383 Abs. 3;
Abtretung einer Forderung § 398;
Gesamtschuldner, Gesamtgläubiger §§ 421, 428;
Wandelung, Minderung §§ 462, 634 Abs. 1;
Hauptmangel, Gewährfrist § 482;
Schenkung § 516;
Gesellschaftsvermögen § 718;
Gemeinschaft nach Bruchteilen § 741;
Einrede der Vorausklage § 771;
Vergleich § 779;
Schuldversprechen, Schuldanerkenntnis §§ 780, 781;
Schuldverschreibung auf den Inhaber § 793;
Erneuerungsschein § 805;
verbotene Eigenmacht § 858;
mittelbarer Besitz, Eigenbesitz §§ 868, 872;
Auflassung § 925;
Guter Glauben § 932 Abs. 2;
Ersitzung § 937;
Schatz § 984;
Erbbaurecht § 1012;
Grunddienstbarkeit § 1018;
Nießbrauch § 1030;
beschränkte persönliche Dienstbarkeit § 1090;
Reallast § 1105;
Hypothek § 1113;
Gesamthypothek § 1132;
Sicherungshypothek § 1184;
Grundschuld § 1191;
Rentenschuld § 1199;
Pfandrecht § 1204;
eingebrachtes Gut § 1363;
Vorbehaltsgut §§ 1365—1371;
Erwerb von Todes wegen § 1369;
Ehevertrag § 1432;
Gesamtgut §§ 1438, 1519;
Gesamtgutsverbindlichkeiten §§ 1459, 1530;
Fahrnisgemeinschaft § 1549;
standesmäßiger Unterhalt § 1610;
Ausstattung § 1624;
Vermögensverwaltung des Inhabers der elterlichen Gewalt § 1638;
freies Vermögen des Kindes § 1650;
Erbfall, Erbe, Erbschaft, Erbteil § 1922;
Erbfolge nach Stämmen § 1924 Abs. 3;
Testament, letztwillige Verfügung § 1937;
Vermächtnis § 1939;
Auflage § 1940;

Erbvertrag, Vertragserbe § 1941;
Anfall der Erbschaft § 1942;
Nachlaßpfleger § 1960 Abs. 2;
Nachlaßverwaltung § 1975;
Inventar, Inventarerrichtung, Inventarfrist §§ 1993, 1994;
Erbschaftsbesitzer § 2018;
Gemeinschaftliches Erbteil 2093;
Ersatzerbe § 2096;
Nacherbe § 2100;
Vorausvermächtnis § 2150;
Anfall des Vermächtnisses § 2176;
Erbschein § 2352.

Die Bedeutung dieser Ausdrücke wird, soweit erforderlich, bei den betreffenden Paragraphen, die Bedeutung der Ausdrücke: „Vorsatz", „Fahrlässigkeit", „kennen mußte", „guter Glaube", „Anspruch", „Einrede" in den Vorbemerkungen zum Allgemeinen Teile unter III, VI, VII erläutert werden.

Bei manchen Ausdrücken, deren Bedeutung nicht gesetzlich festgestellt ist, muß diese, soweit der Ausdruck eine verschiedene Auslegung zuläßt, aus dem Zusammenhang ermittelt werden, so z. B. bei dem Ausdruck Verfügung (s. Vorbm. IX, 4 zu Abschnitt 3, Buch I).

4. **Technische Ausdrücke.** In einem bestimmten technischen Sinne werden die Wendungen gebraucht „es kann, darf, kann nicht, darf nicht, muß, soll etwas geschehen, es ist etwas zu tun, oder es hat jemand etwas zu tun".

a) Wird gesagt, daß jemand etwas tun kann oder darf, so wird durch beide Ausdrücke die rechtliche Zulässigkeit des Tuns bestimmt, so z. B. „darf" in den §§ 49 Satz 3, 374 Abs. 2, 561, 859, „kann" in den §§ 10 Abs. 2, 109 Abs. 1, 113 Abs. 2, 244 Abs. 1, 575.

Die Wahl des einen oder des anderen Ausdrucks hängt von den Umständen ab; die rechtliche Bedeutung ist dieselbe. Hierher gehören auch die Fälle, in denen gesagt ist, daß jemand etwas verlangen kann; so z. B. die §§ 12, 79, 102, 127, 160. Das „kann" ist hier gleichbedeutend mit „ist berechtigt".

Wird von einer Behörde gesagt, daß sie etwas tun kann, so wird dadurch nicht allein die rechtliche Zulässigkeit des Tuns bestimmt, sondern zugleich ausgedrückt, daß die Behörde dasjenige, was sie tun kann, auch zu tun hat, wenn nach ihrem pflichtmäßigen Ermessen die Voraussetzungen vorliegen, unter welchen sie nach der Absicht des Gesetzes oder nach den für die Behörde geltenden besonderen Vorschriften von der Gestattung des Tuns Gebrauch machen soll (s. z. B. §§ 3, 6, 13—17, 37 Abs. 2, 43, 61 Abs. 2, 78).

Das Wort „darf" wird übrigens auch in einem anderen Zusammenhange gebraucht, z. B. §§ 147 Abs. 2, 665, 670, 970, 1390, 1979. Der Sinn, in dem das Wort hier gebraucht wird, ergibt sich aus dem Inhalte der fraglichen Vorschriften von selbst.

b) Werden die Worte kann und darf negativ gebraucht, wird also gesagt, daß etwas nicht geschehen kann oder darf, so wird zwar auch hier durch beide Ausdrücke die rechtliche Unzulässigkeit des Geschehens bestimmt, die Folgen des Zuwiderhandelns aber sind verschiedene. Der Rechtsakt, in Beziehung auf den gesagt wird, daß er nicht geschehen kann, ist, wenn er trotzdem vorgenommen wird, unwirksam; s. z. B. die §§ 8, 35, 38, 108 Abs. 2, 469, 470. Der Rechtsakt dagegen, von dem gesagt wird, daß er nicht vorgenommen werden darf, ist wirksam und zieht für denjenigen, welcher ihn der Vorschrift zuwider vorgenommen hat, nur andere Nachteile nach sich, insbesondere die Verpflichtung zum Schadensersatze; s. z. B. die §§ 52 Abs. 2, 627 Abs. 2, 671 Abs. 2.

In betreff des „nicht darf" ist diese Terminologie indessen nicht konsequent festgehalten; vielmehr wird diese Ausdrucksweise bisweilen auch da gebraucht, wo die Unwirksamkeit des Rechtsakts die Folge des Zuwiderhandelns ist; jedoch wird in solchen Fällen diese stärkere Wirkung regelmäßig ausdrücklich bestimmt. So hat z. B. ein Zuwiderhandeln gegen die Vorschrift des § 456, welcher nur von einem „nicht darf" spricht, nach § 458 die Unwirksamkeit des der Vorschrift des § 456 zuwider vorgenommenen Rechtsgeschäfts zur Folge, sofern nicht die Beteiligten ihre Zustimmung zu dem Rechtsgeschäft erteilen; s. ferner § 795 Abs. 1 in Verbindung mit Abs. 3, § 1240 in Verbindung mit § 1243. Auch bei den Vorschriften über die Ehehindernisse ist die fragliche Terminologie nicht festgehalten, weil in dem Titel über Nichtigkeit und Anfechtbarkeit der Ehe (§§ 1323—1340) die Fälle speziell bestimmt sind, in welchen ein Ehehindernis die Nichtigkeit oder Anfechtbarkeit zur Folge hat. So heißt es in den §§ 1309, 1310, 1312, daß eine Ehe in den dort bezeichneten Fällen nicht geschlossen werden darf; die diesen Verboten zuwider eingegangene Ehe ist aber nach den §§ 1326, 1327, 1328 unter den dort bezeichneten Voraussetzungen nichtig.

Bisweilen wird der Ausdruck „nicht kann" auch in einem nicht juristischen Sinne gebraucht. So bezeichnet z. B. in dem § 93 das erste „nicht können" die tatsächliche, das zweite „nicht können" die rechtliche Unmöglichkeit.

In einem ähnlichen Gegensatze, wie die Ausdrücke „nicht kann", „nicht darf", stehen die Worte: „muß" und „soll".

Sowohl durch die Vorschrift, daß etwas geschehen muß, wie durch die, daß etwas geschehen soll, wird die rechtliche Notwendigkeit dieses Geschehens ausgedrückt. Während aber das muß, wenn es sich auf das Erfordernis eines Rechtsakts bezieht, die Bedeutung hat, daß im Falle der Nichtbeobachtung der gegebenen Vorschrift der Rechtsakt unwirksam ist, begründet das „soll" immer nur eine Verpflichtung für denjenigen, von welchem gesagt ist, daß er etwas tun solle, und hat die Nichterfüllung dieser Verpflichtung nicht die Unwirksamkeit des Rechtsakts zur Folge, auf den sich die Vorschrift bezieht. So wird z. B. im § 57 die im ersten Absatze für die Satzung eines Vereins gegebene Vorschrift mit „muß", die im zweiten Absatze gegebene Vorschrift mit „soll" eingeleitet. Die Nichtbeobachtung der ersteren Vorschrift hat zur Folge, daß die Satzung nichtig ist, daß auf Grund derselben die Eintragung des Vereins nicht erfolgen kann und die trotzdem erfolgte Eintragung unwirksam ist. Die Nichtbeobachtung der zweiten Vorschrift hat dagegen nur zur Folge, daß das Amtsgericht den Verein nicht eintragen darf, eine trotzdem erfolgte Eintragung aber wirksam ist. Im Falle des § 2245 Abs. 2 hat die Nichtbefolgung der im ersten Satze gegebenen, mit „muß" eingeleiteten Vorschrift die Nichtigkeit des Protokolls zur Folge, während die mit „soll" eingeleitete Vorschrift im zweiten Satze nur eine Ordnungsvorschrift ist, deren Nichtbeobachtung nicht die Nichtigkeit des Protokolls, sondern nur die Verantwortlichkeit des die Verhandlung leitenden Richters oder Notars begründet.

S. ferner z. B. die §§ 121, 126, 294, 303, 711, 925, 945, 1015, 1403 Abs. 2, 1434, 1559, 1725, 1945 Abs. 2, 2002, 2233, 2336.

Ebenso wird, wenn es heißt, daß etwas nicht geschehen soll, im Gegensatze zu denjenigen Vorschriften, in denen es heißt, daß etwas nicht geschehen kann, nur die Verpflichtung ausgedrückt, dasjenige zu unterlassen, was nicht geschehen soll, an die Nichtbeobachtung dieser Vorschrift aber nicht die Folge der Nichtigkeit des betreffenden Rechtsakts geknüpft. Das „nicht soll" ist hier gleichbedeutend mit „nicht darf", s. z. B. § 1377 im Gegensatze zu §§ 1375, 1376, die §§ 1781 bis 1784 im Gegensatze zu § 1780.

In zahlreichen Fällen wird übrigens das Wort „soll" nicht als Vorschrift, daß etwas zu tun ist, sondern in einem anderen Zusammenhange gebraucht, so z. B. §§ 80, 328—330, 880, 1322, 2004. Der Sinn ergibt sich hier unzweideutig aus dem Zusammenhang.

Eine von der oben angegebenen etwas abweichende, aber doch ähnliche Bedeutung hat das Wort „muß" in der Wendung, daß jemand etwas gegen sich gelten lassen oder sich anrechnen lassen muß. So muß z. B. nach § 407 im Falle der Abtretung einer Forderung der neue Gläubiger die dort bezeichneten Rechtsgeschäfte zwischen dem bisherigen Gläubiger und dem Schuldner gegen sich gelten lassen. S. ferner z. B. die §§ 324, 409, 552, 858, 1156, 1404, 1979. In Fällen dieser Art wird durch die gebrauchte Wendung die Zulässigkeit einer Einwendung anerkannt.

Eine besondere technische Bedeutung hat das Wort „muß" in der Wendung „kennen muß"; s. darüber § 122.

An einigen anderen Stellen, z. B. in den Fällen der §§ 16, 2196 ergibt sich die Bedeutung des Wortes „muß" unzweideutig aus dem Zusammenhange.

d) Wird gesagt, daß jemand etwas zu tun hat oder daß etwas von ihm zu tun ist, so ist aus dem Zusammenhange zu entnehmen, wie diese Vorschrift gemeint ist. Wird eine solche Vorschrift für eine Behörde gegeben, so hat sie regelmäßig dieselbe Bedeutung, wie wenn gesagt wäre, die Behörde solle die fragliche Handlung vornehmen; s. z. B. die §§ 6 Abs. 2, 61, 62, 66, 73, 74 Abs. 1, 75, 76, 83, 1304 Abs. 2, 1879—1881, 1908 Abs. 3, 1960, 1981, 2003, 2273, 2357. Wird die Vorschrift für eine Privatperson gegeben, so wird dadurch deren Verpflichtung zu dem Tun ausgedrückt; s. z. B. die §§. 36, 37, 42, 49, 67, 122, 270, 473, 589 Abs. 1, 3, 641, 1218 Abs. 2, 1360, 1403, 1973, 2215. Eine ähnliche Bedeutung hat das Wort „hat" in Verbindung mit den Worten „zu vertreten", z. B. „hat Vorsatz und Fahrlässigkeit zu vertreten", s. z. B. die §§ 276, 278, 287, 300, 599.

Bisweilen wird durch die Wendung „hat" zu tun sowohl die Berechtigung als die Verpflichtung zu dem „Tun" bezeichnet, so z. B. in den §§ 1409, 1457, 2203, 2204, 2205.

In einzelnen Fällen wird die gedachte Ausdrucksweise auch gebraucht, um das Erfordernis eines Rechtsgeschäfts zu bezeichnen und hat dann dieselbe Bedeutung wie der Ausdruck „muß". So sind z. B. die Vorschriften des § 1403, daß die dort bezeichneten einseitigen Rechtsgeschäfte dem Manne bezw. der Frau gegenüber vorzunehmen seien, dahin zu verstehen, daß die rechtliche Wirksamkeit dieser Geschäfte davon abhängt, daß sie in der bezeichneten Art vorgenommen sind. Ähnlich z. B. in den Fällen der §§ 875 Abs. 1, 1945 Abs. 1, 2061 Abs. 2.

Auch da, wo gesagt wird, daß jemand zur Begründung eines Antrags etwas anzugeben hat, gehört diese Angabe zur Begründung des Antrags, und ist dieser daher zurückzuweisen, wenn sie fehlt.

e) Über die Ausdrucksweise, deren sich das BGB. zur Bestimmung der Beweislast bedient, s. die Vorbm. V zum Buche I.

V. Auslegung des Bürgerlichen Gesetzbuchs.

Schon oben ist hervorgehoben, daß das BGB. eine Fortbildung des bestehenden Rechtes ist und an dieses tunlichst auch dann anknüpft, wenn es neue Vorschriften gibt. Für die Auslegung des BGB. wird das bisherige Recht daher immer eine gewisse Bedeutung behalten. Die Bedeutung mancher grundlegenden Begriffe, z. B. des Rechtes im subjektiven Sinne, des Rechtsgeschäfts, des Vertrags, wird durch das BGB. selbst nicht festgestellt und kann daher nur aus der deutschen Rechtswissenschaft entnommen werden.

Von besonderer Bedeutung für die Auslegung ist ferner die Vergleichung der verschiedenen Entwürfe, aus welchen das BGB. hervorgegangen ist. In Betracht kommen der Entwurf erster Lesung, der von der zweiten Kommission ausgearbeitete veröffentlichte Entwurf, der revidierte dem Bundesrate vorgelegte Entwurf und der dem Reichstage vorgelegte Entwurf. Die Vergleichung dieser Entwürfe ergibt die Entwickelung, welche die einzelnen Vorschriften gehabt haben. Zur Erläuterung der Entwürfe dienen die Protokolle erster und zweiter Lesung, die Motive des ersten Entwurfs, die Protokolle des Justizausschusses des Bundesrats und die dem Reichstage vorgelegte Denkschrift. Für die schließliche Fassung des Gesetzbuchs kommen ferner in Betracht der Bericht der Reichstagskommission und die Verhandlungen im Plenum des Reichstags.

Für die schließliche Gestaltung des von der zweiten Kommission dem Bundesrate vorgelegten Entwurfs sind die Beschlüsse der Redaktionskommission von großer Bedeutung gewesen. Über die Verhandlungen, auf Grund deren diese Beschlüsse gefaßt sind, existieren keine Protokolle. Bei der Beratung in der Hauptkommission sind indessen für die wichtigeren von der Redaktionskommission beschlossenen Änderungen die Gesichtspunkte, von denen dabei ausgegangen ist, freilich oft nur sehr kurz, dargelegt; die Protokolle der Hauptkommission geben darüber Aufschluß.

Bei der Benutzung der Protokolle ist mit einiger Vorsicht zu verfahren. Sie sind sehr ungleichmäßig, bald sehr ausführlich, bald sehr knapp geführt. Die Gründe der Mehrheit sind oft nur kurz, die der Minderheit weit eingehender mitgeteilt. Wo verschiedene Gesichtspunkte für die Mehrheit bestimmend waren, sind oft nicht alle gleichmäßig hervorgehoben. Hin und wieder haben auch die Ansichten der Mehrheit gewechselt, ohne daß dies in den späteren Protokollen ausdrücklich hervorgehoben ist. Trotz alledem bieten aber die Protokolle bei richtiger Benutzung im großen und ganzen einen sicheren Anhalt für die Gesichtspunkte, von welchen die Mehrheit ausgegangen ist.

Nicht ohne Bedeutung für die Auslegung des BGB. sind auch die Kritiken über den ersten sowie den veröffentlichten zweiten Entwurf, weil auf sie bei der Beratung der zweiten Kommission bezw. der Revision des zweiten Entwurfs immer Rücksicht genommen ist und manche Änderungen durch sie veranlaßt sind. Eine sehr dankenswerte Zusammenstellung des Entwurfs erster und zweiter Lesung mit erläuternden Bemerkungen enthält das Werk von Reatz „Die zweite Lesung des Entwurfs eines Bürgerlichen Gesetzbuchs für das Deutsche Reich" 1894, 1895, 1896.

Entscheidend für die Auslegung des Gesetzbuchs kann aber nur dieses selbst sein. Die Auffassung derjenigen, welche das Gesetzbuch verfaßt haben, ist unzweifelhaft ein wichtiges Auslegungsmittel; entscheidend ist sie nicht. Hat die Auffassung der Verfasser einen entsprechenden Ausdruck im Gesetzbuche selbst nicht gefunden, ergibt vielmehr der Wortlaut des Gesetzbuchs und der Zusammenhang seiner Vorschriften einen anderen Sinn, so ist dieser maßgebend. In betreff des unmittelbaren Inhalts der einzelnen Vorschriften des BGB. wird eine Differenz zwischen den Absichten der Verfasser und den zur Verwirklichung derselben gegebenen gesetzlichen Vorschriften nicht leicht nachzuweisen sein; jedoch ist auch in dieser Beziehung zu beachten, daß die Gründe, welche zu einer Vorschrift geführt haben, und die Zwecke, welche damit verfolgt sind, nicht immer bei allen Mitwirkenden dieselben gewesen sind, sowie daß trotz aller auf die Redaktion verwandten Sorgfalt hin und wieder ein ungenauer Ausdruck stehen geblieben sein mag. In solchen Fällen kann nur der Zusammenhang des Gesetzes zu dem richtigen Ergebnisse führen. Noch mehr gilt dies da, wo es sich um die juristische Konstruktion des Rechtssatzes oder um Konsequenzen eines solchen handelt, die im Gesetzbuche nicht ausdrücklich festgestellt sind. In dieser Beziehung muß der Wissenschaft völlig freier Spielraum gelassen werden und können die Ansichten derjenigen, welche an dem Gesetzbuche mitgearbeitet haben, keine größere Beachtung in Anspruch nehmen, wie die Ansichten anderer Juristen.

Über die allgemeinen bei der Auslegung von Gesetzen in Betracht kommenden Gesichtspunkte s. Hölder, S. 15ff.

VI. Literatur.

Seit der ersten Auflage dieses Werkes ist die Literatur über das BGB. sehr fruchtbar gewesen. Eine vollständige Aufzählung aller größeren und kleineren das BGB. betreffenden Werke und Aufsätze wird durch den Zweck des Kommentars nicht erfordert. Es muß in dieser Beziehung auf die verschiedenen bibliographischen Werke, insbesondere auf Maas, Bibliographie des bürgerlichen Rechts 1888—1898 nebst Nachträgen für die Jahre 1899—1902 verwiesen werden. Hier sind nur die wichtigeren größeren Werke, welche sich auf das ganze BGB. beziehen, hervorzuheben.

1. **Kommentare.** Biermann, v. Blume, Frommhold, Gareis, Niedner, Opet, Oertmann (davon mit selbständigen Titeln Biermann, Das Sachenrecht des BGB., Aufl. 2, 1903; Oertmann, Das Recht der Schuldverhältnisse, 1899; Gareis, Der Allgemeine Teil des BGB. 1900; Frommhold, Das Erbrecht, 1900; Niedner, Das Einführungsgesetz, Aufl. 2, 1901); Bornhak und Goetze, Das BGB. mit systematischen Darstellungen und einem Formularbuche, 1900; Hölder, Schollmeyer, Fischer, Heymann, Schmidt, Habicht, Schultze (davon mit selbständigen Titeln Hölder, Kommentar zum Allgemeinen Teil, 1900; Schollmeyer, Recht der Schuldverhältnisse, 1900; Schmidt, Habicht, Familienrecht, 1900); Kaufmann, Kommentar und Institutionen des BGB. für Studium und Praxis, 1900, 1901; Kuhlenbeck, Das BGB. für das Deutsche Reich nebst dem EG. im Auftrage des Vorstandes des deutschen Anwaltvereins

erläutert, 1899, 1900; Rehbein, Das BGB. mit Erläuterungen für das Studium und die Praxis, 1899—1902; Rosenthal, Das BGB. nebst dem EG. mit gemeinverständlichen Erläuterungen, Aufl. 5, 1901; Scherer, Kommentar zu sämtlichen Büchern des BGB. 1897—1900; derselbe, Das erste Jahr des BGB. 1901, Das zweite Jahr des BGB. 1902, Das dritte Jahr des BGB. 1903; v. Staudinger in Verbindung mit Löwenfeld, Kober, Herzfelder, Mayering, Engelmann und Wagner, Kommentar zum BGB. nebst EG. 1898—1902, teilweise in Aufl. 2, 1903; Wilke, Reatz, Koffka, Neumann, Das BGB. nebst dem Einführungsgesetz mit Kommentar in Anmerkungen, 1900, 1902.

Von mehreren dieser Kommentare sind erst einzelne Teile erschienen. Soweit diese mit selbständigen Titeln erschienen sind, werden sie im folgenden mit den Namen der Verfasser citiert werden.

Außerdem ist eine große Anzahl von Textausgaben des BGB. und des EG. mit kürzeren Anmerkungen erschienen. Hervorgehoben mögen hier werden Achilles, in Verbindung mit André, Greiff, Ritgen, Strecker, Unzner (Guttentagsche Sammlung Deutscher Reichsgesetze); Fischer und Henle, in Verbindung mit Ebert und Schneider.

2. **Systematische Darstellungen.** Barre, Vergleichende Darstellung des deutschen und französischen bürgerlichen Gesetzbuchs, 1900; Bendix, Das deutsche Privatrecht auf Grund des deutschen BGB., systematisch dargestellt, 1899; v. Buchka, Vergleichende Darstellung des BGB. für das Deutsche Reich und des gem. Rechts, Aufl. 3, 1899; Cosack, Lehrbuch des deutschen bürgerlichen Rechts auf der Grundlage des BGB. für das Deutsche Reich, Aufl. 3, 1900, 1901; Cretschmar, Das bürgerliche Recht unter besonderer Berücksichtigung der preußischen Landesgesetzgebung, 1902; Crome, System des deutschen bürgerlichen Rechtes, Band 1, Einleitung und Allgemeiner Teil, 1900; Dernburg, Das bürgerliche Recht des Deutschen Reichs und Preußens, Aufl. 1 II, 1898—1902; Eck, Vorträge über das Recht des BGB., 1898, fortgeführt von Leonhard 1902; Endemann, Lehrbuch des bürgerlichen Rechts, Aufl. 8, 1902; Engelmann, Das bürgerliche Recht Deutschlands mit Einschluß des Handelsrechts, historisch und dogmatisch dargestellt, Aufl. 2, 1900; Enneccerus und Lehmann, Das bürgerliche Recht, Aufl. 2, 1901; Förtsch, Vergleichende Darstellung des code civil und des BGB., 1899; **Goldmann-Lilienthal,** Das BGB. Zweite nach dem System des BGB. bearbeitete Auflage; Hachenburg, Das BGB. für das Deutsche Reich. Vorträge, Aufl. 2, 1899, 1900; Heilfron, Das bürgerliche Recht des Deutschen Reichs, 1900, 1901; Hellmann, Vorträge über das Bürgerliche Gesetzbuch für das Deutsche Reich, 1897; Krückmann, Institutionen des BGB., Aufl. 3, 1901; Kuhlenbeck, Von den Pandekten zum BGB., 1898; Lang, Die Veränderungen unsers Privatrechts durch das BGB., 1900; Leske, Vergleichende Darstellung des BGB. und des preuß. allgem. Landrechts, 1900, 1901; Matthiaß, Lehrbuch des bürgerlichen Rechts, Aufl. 3, 1900; Müller und Meikel, Das bürgerliche Recht in seiner neuen Gestaltung, 1899; Pfordten, Das neue deutsche Civilrecht in Einzeldarstellungen, 1898, 1899; Scheiff, Praktisches Handbuch des bürgerlichen Rechts, 1899—1902; Siméon, Recht und Rechtsgang im Deutschen Reiche. Handbuch zur Einführung in das BGB. und seine Nebengesetze, Aufl. 3, 1901; Windscheid, Lehrbuch des Pandektenrechts, Aufl. 8, unter vergleichender Darstellung des deutschen bürgerlichen Rechts, bearbeitet von Kipp, 1900, 1901.

VII. Rechtsprechung.

Von der größten Bedeutung für die fernere Entwickelung unsers Rechtszustandes ist die Art und Weise, in welcher das BGB. von den Gerichten ausgelegt und angewendet wird. Eine feste Praxis hat sich zwar noch nicht bilden können, aber über manche zweifelhafte Fragen sind bereits Entscheidungen ergangen. Solche Entscheidungen sind, soweit sie von dem Reichsgerichte, dem bayerischen Obersten Landesgerichte, dem Kammergericht und den sonstigen Oberlandesgerichten ergangen sind, im folgenden tunlichst vollständig berücksichtigt. Zu Grunde gelegt ist dabei in erster Linie für die Entscheidungen des Reichsgerichts die offizielle Sammlung dieser Entscheidungen, für die Entscheidungen des bayrischen Obersten Landesgerichts die unter der Aufsicht und der Leitung des Königlichen Staatsministeriums der Justiz herausgegebene Sammlung dieser Entscheidungen; für die Entscheidungen des Kammergerichts das von Johow und Ring herausgegebene Jahrbuch für Entscheidungen des Kammergerichts; für die Entscheidungen der übrigen Oberlandesgerichte die von dem Reichs-Justizamte herausgegebene Zusammenstellung von Entscheidungen in Angelegenheiten der freiwilligen Gerichtsbarkeit und des Grundbuchrechts sowie die von Mugdan und Falkmann herausgegebene Rechtsprechung der Oberlandesgerichte auf dem Gebiete des Civilrechts. In zweiter Linie sind auch andere Zeitschriften, insbesondere Seufferts Archiv für die Entscheidungen der obersten Gerichte sowie die Juristische Wochenschrift, aushilfsweise auch die kürzeren Mitteilungen in der Deutschen Juristenzeitung und in der Zeitschrift „Das Recht" benutzt.

Erstes Buch.

Allgemeiner Theil.

Vorbemerkungen.

Leonhard, der allgemeine Teil des Bürgerlichen Gesetzbuchs in seinem Einflusse auf die Fortentwickelung der Rechtswissenschaft, 1900; und die den allgemeinen Teil betreffenden Teile der S. angeführten Kommentare und systematischen Werke. Auf den E. II beziehen sich die Aufsätze von Hölder im Arch. f. civ. Pr. Bd. 80 S. 1ff. Cretschmar, ebenda Bd. 81 S. 146 ff., Bd. 82 S. 107 ff., Strohal, in Iherings Jahrb. Bd. 34 S. 325 ff.

I. **Inhalt des Allgemeinen Teiles.** Der Allgemeine Teil enthält drei Gruppen von Vorschriften. Zu der ersten Gruppe gehören der erste und zweite Abschnitt, welche die Personen und die Sachen betreffen. Es handelt sich hier also um die Subjekte der Rechte, um derentwillen die ganze Rechtsordnung besteht, und um die Objekte, deren Beherrschung der unmittelbare oder mittelbare Zweck aller Vermögensrechte ist. Die zweite Gruppe wird durch den dritten Abschnitt gebildet, der von den Rechtsgeschäften handelt. Diese bilden das Mittel, durch welches die Personen die Begründung, Änderung und Aufhebung der Rechte in freier Selbstbestimmung bewirken. Die Vorschriften der dritten Gruppe, welche den vierten bis siebenten Abschnitt umfaßt, haben nicht im gleichen Maße den Charakter grundlegender Vorschriften wie die Vorschriften der beiden ersten Gruppen. Nur der sechste Abschnitt, welcher von der Ausübung der Rechte, der Selbstverteidigung und der Selbsthilfe handelt, hat einen ähnlichen allgemeinen Charakter. Den Vorschriften des vierten Abschnitts (Fristen, Termine), des fünften Abschnitts (Verjährung) und des siebenten Abschnitts (Sicherheitsleistung) fehlt dieser Charakter. Die hier zusammengestellten Vorschriften sind aber mehr oder weniger für alle Teile des Rechtes von Bedeutung und mußten deshalb in den Allgemeinen Teil aufgenommen werden.

Dem ersten Abschnitte des BGB. entspricht der zweite und dritte Abschnitt des E. I, dem dritten Abschnitte der vierte Abschnitt des E. I, dem vierten, fünften, sechsten und siebenten Abschnitte, der sechste, siebente, achte und elfte Abschnitt des E. I. Die Vorschriften des zweiten Abschnitts (Sachen) hatte der E. I im ersten Abschnitte des dritten Buches unter der Überschrift „Allgemeine Vorschriften". Nicht aufgenommen in das BGB. sind der erste Abschnitt (Rechtsnormen), der fünfte Abschnitt (Fahrlässigkeit, Irrtum), der neunte Abschnitt (Urteil), der zehnte Abschnitt (Beweis). Das Nähere unter II—V.

II. **Gesetz, Analogie, Gewohnheitsrecht.** Der erste Abschnitt des ersten Buches des E. I enthielt keine Vorschriften über die wichtigste Quelle der Rechtsnormen, über die Gesetze. Vorschriften hierüber gehören, wie mit Recht angenommen wurde, nicht in das BGB., weil sie im wesentlichen staatsrechtlicher Natur sind. Die beiden Paragraphen, welche den ersten Abschnitt des E. I bilden, betreffen die Analogie und das Gewohnheitsrecht.

1. **Analogie.** Der § 1 bestimmte:

„Auf Verhältnisse, für welche das Gesetz keine Vorschrift enthält, finden die für rechtsähnliche Verhältnisse gegebenen Vorschriften entsprechende Anwendung. In Ermangelung solcher Vorschriften sind die aus dem Geiste der Rechtsordnung sich ergebenden Grundsätze maßgebend." (P. I S. 7 ff.; M. I S. 14.) Von der zweiten Kommission wurde dieser Paragraph gestrichen. (P. II Bd. 1 S. 3.) Die Vorschrift sei — so wurde angenommen — wenn sie richtig verstanden werde, selbstverständlich; ihre Fassung sei überdem nicht einwandsfrei und eine ganz korrekte Fassung in knapper Gesetzessprache schwerlich zu finden.

Das BGB. will das gesamte Privatrecht regeln, soweit dasselbe nicht in anderen Reichsgesetzen enthalten oder durch das EG. der Landesgesetzgebung vorbehalten ist. Da ein Verhältnis nur dadurch ein Rechtsverhältnis wird, daß die Rechtsordnung es als solches anerkennt, so kann ein Verhältnis als Rechtsverhältnis nur dann begründet werden, wenn es in dem BGB. bezw. in anderen Reichsgesetzen oder den vorbehaltenen Landesgesetzen als solches anerkannt ist. Daraus folgt aber nicht der Ausschluß der Analogie. Bei dieser handelt es sich um eine jener Rechtswahrheiten, die als Bestandteile jeder Rechtsordnung, jedes Gesetzes anzusehen sind und die deshalb in keinem einzelnen Gesetze besonders ausgesprochen zu werden brauchen. Es handelt sich um die für jedes Gesetz geltende Regel, daß wesensgleiche Tatbestände nach demselben Rechtssatze beurteilt werden müssen, auch wenn die Formulierung des Rechtssatzes in dem Gesetze nur einen der verschiedenen wesensgleichen Tatbestände trifft. Die Schwierigkeit liegt darin, zu bestimmen, welche Tatbestände wesensgleiche sind; dies kann aber nicht durch allgemeine gesetzliche Vorschriften bestimmt, sondern nur durch die genaue Untersuchung des einzelnen Falles ermittelt werden.

In dem Grundgedanken stimmen hiermit fast alle Theoretiker und Praktiker überein. Über die verschiedene Begründung und Formulierung sowie über die Unterscheidung zwischen extensiver Auslegung und Analogie, zwischen Gesetzes- und Rechtsanalogie s. Windscheid-Kipp I §§ 21—23, Regelsberger I § 38, Dernberg I § 30.

2. **Gewohnheitsrecht.** Krückmann, das Gewohnheitsrecht und das BGB., Iherings Jahrb. Bd. 38 S. 191 ff. Crome, Partikulares Gewohnheitsrecht daselbst Bd. 39 S. 323 ff. Sturm, Revision der gemeinrechtlichen Lehre vom Gewohnheitsrecht unter Berücksichtigung des neuen deutschen Reichsrechts 1900.

Der § 2 des E. I bestimmte:

„Gewohnheitsrechtliche Rechtsnormen gelten nur insoweit, als das Gesetz auf Gewohnheitsrecht verweist." (P. I S. 9 ff., M. I S. 3 ff.)

Bei der von der zweiten Kommission beschlossenen Streichung des § 2 (P. II Bd. 1 S. 3 ff.) wurde in Aussicht genommen, eine Vorschrift über das Gewohnheitsrecht in das EG. aufzunehmen. Bei der Beratung des EG. wurden indessen alle positiven Anträge abgelehnt und beschlossen, keine Vorschriften über das Gewohnheitsrecht aufzunehmen. (P. II Bd. 6 S. 359 ff.)

Die Mehrheit ging von folgenden Gesichtspunkten aus:

a) Partikuläres Gewohnheitsrecht kann künftig nicht mehr entstehen, soweit es sich nicht um Materien handelt, die durch das EG. der Landesgesetzgebung vorbehalten sind.

b) Gemeines oder Reichsgewohnheitsrecht kann auch künftig noch entstehen.

In beiden Beziehungen wird kein Unterschied gemacht, ob es sich um Abänderung oder Ergänzung des Reichsrechts handelt. Eine ausdrückliche Vorschrift brauche weder in der einen noch in der anderen Richtung gegeben zu werden. Der unter **a** angeführte Satz ergebe sich schon aus dem Art. 2 der Reichsverfassung und Art. 55 des EG., der Satz unter **b** aus dem Wesen des Gewohnheitsrechts als einer dem Gesetze koordinierten Rechtsquelle.

Diese Auffassung wird als richtig anzuerkennen sein. Die Vorschrift des Art. 2 der Reichsverfassung, nach welcher die Reichsgesetze den Landesgesetzen vorgehen, spricht allerdings nur von „Gesetzen" und eine ausdrückliche, dem EG. Art. 2 entsprechende Vorschrift, nach welcher unter „Gesetz" jede Rechtsnorm zu verstehen ist, findet sich in der Reichsverfassung nicht. Die Absicht des Art. 2 geht aber offenbar dahin, den Grundsatz auszusprechen, daß Reichsgesetze allen partikularrechtlichen Rechtsnormen vorgehen; eine ausdehnende Auslegung des Wortlauts ist hier daher geboten. Diese Auffassung entspricht auch der herrschenden Lehre. Durch die fragliche Vorschrift wird dann aber nicht nur ausgedrückt, daß die Reichsgesetze entgegenstehende partikularrechtliche Vorschriften aufheben, sondern auch, daß derartige Vorschriften, soweit sie mit einem Reichsgesetz in Widerspruch stehen würden, nicht mehr entstehen können. Hierbei zwischen abändernden und ergänzenden Vorschriften zu unterscheiden, würde den Zweck der Vorschrift vereiteln und ist durch den Wortlaut nicht geboten. Jede Ergänzung enthält entweder Vorschriften, die sich bei richtiger Auslegung und analoger Anwendung des Gesetzes schon aus diesem ergeben, dann ist sie überflüssig und die Vorschriften gelten nicht kraft der partikularen Rechtsnorm, sondern kraft des Reichsgesetzes; oder die Vorschriften sind nicht von dieser Art, dann enthalten sie eine Abänderung des Reichsgesetzes und sind deshalb unzulässig. Zu demselben Ergebnisse wird man auf Grund des Art. 55 des EG. gelangen, nach welchem die privatrechtlichen Vorschriften der Landesgesetze außer Kraft treten, soweit nicht ein Vorbehalt für die Landesgesetze gemacht ist. Daß unter „Gesetz" hier jede Rechtsnorm verstanden wird, ist im Art. 2 des EG. ausdrücklich bestimmt. Daß unter Landesgesetzen auch die für kleinere Kreise innerhalb der einzelnen Staaten geltenden Gesetze zu verstehen sind und daß privatrechtliche Normen der fraglichen Art nicht nur, soweit sie bestehen, außer Kraft treten, sondern auch nicht neu eingeführt werden können, ist nach der Absicht und dem Zusammenhange der fraglichen Vorschrift unzweifelhaft. Die Unterscheidung zwischen Vorschriften contra legem und praeter legem kommt hier nicht in Frage, da der Art. 55 alle Vorschriften privatrechtlichen Inhalts trifft. Die von Krückmann S. 200 ff., Cosack I S. 39 ff., Hölder S. 51, 52, 59 und Sturm S. 260, 275 ff., 283 ff. vertretene Ansicht, daß auch partikuläres Gewohnheitsrecht noch entstehen könne, dürfte sich den angeführten ausdrücklichen reichsgesetzlichen Bestimmungen gegenüber durch das Wesen des Gewohnheitsrechts, auf welche jene Schriftsteller sich berufen, nicht rechtfertigen lassen.

Die angeführten Gründe stehen einem gemeinen oder Reichsgewohnheitsrechte nicht entgegen. Es handelt sich hierbei, ebenso wie bei dem Reichsgesetz, um eine für das ganze Reich geltende Rechtsnorm. Die Zulässigkeit einer solchen hängt also lediglich von der Frage ab, ob das Gewohnheitsrecht eine von der Anerkennung durch die gesetzgebende Gewalt unabhängige, neben derselben bestehende Rechtsquelle ist. Diese viel erörterte und bestrittene Frage (s. Windscheid-Kipp I §§ 15—18, Dernburg I § 28, Sturm in der oben genannten Schrift, Regelsberger I §§ 19—23; RG. 37 Nr. 47) ist von der Kommission mit Recht bejaht. Auf eine eingehende Erörterung der Natur und Kraft des Gewohnheitsrechts muß hier verzichtet werden; es mag nur darauf hingewiesen werden, daß das echte Gewohnheitsrecht sich immer und allenthalben mit elementarer Kraft durchgesetzt hat, mochte die Gesetzgebung bestimmen was sie wollte. Gegenüber dem möglichen Zweifel, ob tatsächlich ein Gewohnheitsrecht der fraglichen Art zur Entstehung gelangen wird, mag auf den Einfluß hingewiesen werden, welchen die Rechtsprechung des Reichsgerichts ausübt. Das Reichsgericht kann allerdings kein Gewohnheitsrecht machen; es hat nach dem bestehenden Rechte zu entscheiden. Aber es hat die Reichsgesetze auszulegen und gegebenen Falles analog anzuwenden. Die Auslegung oder analoge Anwendung kann unrichtig sein. Wenn die Rechtsprechung des Reichsgerichts aber in dieser Richtung unverändert dieselbe bleibt, wenn sich die Praxis aller Gerichte ihr anschließt, so entsteht dadurch allein zwar noch kein Gewohnheitsrecht, aber es ist möglich, daß diese Praxis in solcher Weise auf die Rechtsanschauungen aller Beteiligten und auf die Gestaltung des Verkehrs zurückwirkt, daß dadurch schließlich ein wirkliches Gewohnheitsrecht zustande kommt (a. A. Rehbein, S. X insofern, als er auch ein allgemeines Gewohnheitsrecht gegen absolut verbietende Rechtsnorm des BGB. nicht zulassen will).

III. **Vorsatz, Fahrlässigkeit, Irrtum.** Der fünfte Abschnitt enthielt in dem § 144 eine Definition der Fahrlässigkeit und der groben Fahrlässigkeit (P. I S. 993 ff., 1057 ff., 3222; M. I S. 279 ff.), in dem § 145 die Vorschrift, daß, wenn jemand nur diejenige Sorgfalt anzuwenden habe, welche er in eigenen Angelegenheiten anzuwenden pflege, er von der Haftung wegen grober Fahrlässigkeit nicht befreit sei (P. I S. 1066 ff., 3222; M. I S. 280), endlich in dem § 146 eine Definition der Ausdrücke „Irrtum", „entschuldbarer Irrtum", „kennen müssen" (P. I S. 209, 211; M. I S. 281 ff.). Von der zweiten Kommission ist die Definition der Fahrlässigkeit (§ 144 Abs. 1) in den § 276, die Vorschrift des § 145 in den § 277, die Definition des Ausdrucks „kennen müssen" in den § 122 versetzt. (P. II Bd. 1 S. 186 ff.). Die Definition der groben Fahrlässigkeit ist weggelassen, weil sich schon aus dem Wortlaut ergebe, daß eine solche dann vorliege, wenn die erforderliche Sorgfalt in besonders schwerer Weise verletzt sei. Die Vorschriften über den Irrtum sind beseitigt, weil es als selbstverständlich erachtet wurde, daß, wenn das Gesetz von Irrtum spreche, in Ermangelung einer besonderen Vorschrift, darunter sowohl der Irrtum über Tatsachen, als der Rechtsirrtum zu verstehen sei, und daß ebenso der Ausdruck „entschuldbarer Irrtum" einer Definition nicht bedürfe.

Der Begriff der Fahrlässigkeit wird vom BGB. in dem Abschnitte von dem „Inhalt der Schuldverhältnisse" und zwar in dem Titel über die „Verpflichtung zur Leistung" definiert; er ist aber auch für andere Teile des BGB. von Bedeutung, und die Vorschrift des § 276 muß in allen Fällen zur Anwendung kommen, in welchen von Fahrlässigkeit die Rede ist. Der Begriff mag daher schon hier näher erläutert werden.

Der E. I definierte die Fahrlässigkeit im Anschluß an das römische Recht als Vernachlässigung der Sorgfalt, welche ein ordentlicher Hausvater anzuwenden pflegt. Der Sinn dieser Vorschrift bestand darin, daß ein objektiver Maßstab für die geforderte Sorgfalt festgestellt werden sollte, und als ein solcher Maßstab bot sich die Sorgfalt, welche ein ordentlicher Hausvater für sich und die Seinen anzuwenden pflegt. Die Angriffe, welche die Kritik nicht sowohl gegen die Sache, als gegen den Ausdruck erhoben hat, haben zu der Änderung desselben bei der zweiten Lesung geführt. Festgehalten ist dabei der Gesichtspunkt, daß nicht die geistige Beschaffenheit der einzelnen in Frage stehenden Person entscheidend sein, sondern daß ein objektiver Maßstab festgestellt werden solle, der für die erforderte Sorgfalt maßgebend sei. Die im Verkehr *erforderliche* Sorgfalt soll diesen Maßstab bilden. Anfangs war beschlossen worden, die im Verkehr *übliche* Sorgfalt als maßgebend zu bezeichnen. Die später (P. II Bd. 2 S. 604) beschlossene Änderung des Wortes „übliche" in „erforderliche" hat nicht die Bedeutung, daß diejenige Sorgfalt erfordert würde, welche im einzelnen Falle notwendig ist, um einen Schaden abzuwenden. Nicht schlechthin die erforderliche, sondern die im *Verkehr erforderliche* Sorgfalt wird gefordert; d. h. also diejenige Sorgfalt, welche in dem gesunden und normalen Verkehre für erforderlich und genügend gehalten wird, mag diese im einzelnen Falle auch nicht genügen, einen Schaden abzuwenden, während eine noch größere Sorgfalt dazu genügt hätte. Das Wort „übliche" wurde deshalb für bedenklich gehalten, weil nicht jede in dem tatsächlichen Verkehr eingerissene Nachlässigkeit und Unsitte berücksichtigt, sondern der normale und gesunde Verkehr zu Grunde gelegt werden soll.

Durch die Bezugnahme auf den Verkehr und das nach dessen Auffassung Erforderliche geht die Objektivität des Maßstabes nicht verloren. Auch die Sorgfalt eines guten Hausvaters läßt sich nur aus der im Volke herrschenden Anschauung ermitteln; es ist diejenige Sorgfalt, welche nach dieser Anschauung als Pflicht eines guten Hausvaters angesehen wird. Bei diesem Maßstab ist aber das Mißverständnis möglich, daß die sittlichen Pflichten eines guten Hausvaters maßgebend sein sollten. Dies wird ausgeschlossen durch die jetzt gewählte Fassung, welche erkennen läßt, daß es nur auf die in dem rechtlichen Verkehre der Menschen unter einander nach der gesunden Verkehrssitte von einem ordentlichen Menschen erwartete Sorgfalt ankommt. Unter dem Verkehr ist nicht allein der geschäftliche Verkehr zu verstehen, sondern derjenige Verkehr, welcher bei dem einzelnen Verhältnis, um das es sich handelt, in Betracht kommt. Wie in Handelsgeschäften die Sorgfalt eines ordentlichen Kaufmanns erfordert wird (HGB. § 347; M. S. 194), so wird in anderen Verhältnissen die Sorgfalt eines ordentlichen Arztes, eines ordentlichen Rechtsanwalts, eines ordentlichen Arbeiters verlangt. Nach § 254 hängt die Verpflichtung zum Ersatz eines Schadens, wenn bei dessen Entstehung ein Verschulden des Beschädigten mitgewirkt hat, von den Umständen, insbesondere davon ab, ob der Schaden vorwiegend von dem einen oder dem anderen verursacht worden ist. Bei dem Verschulden des Beschädigten kommt die Erfüllung einer Verpflichtung gegenüber einem anderen nicht in Frage. Die Sorgfalt, welche hier erfordert wird, um ein Verschulden auszuschließen, kann also nur diejenige sein, welche nach der gesunden Auffassung des Lebens ein ordentlicher Mensch anzuwenden hat, um Schaden von sich abzuwenden.

Unter dem Ausdrucke „Verschulden" faßt das BGB. Vorsatz und Fahrlässigkeit zusammen.

Vorsatz ist die auf einen bestimmten Erfolg gerichtete Willensbestimmung (M. I S. 280). Nicht darauf kommt es an, daß eine bestimmte Handlung oder Unterlassung gewollt ist, sondern darauf, daß mit dieser Handlung oder Unterlassung ein bestimmter Erfolg bezweckt oder daß der Handelnde sich doch bewußt gewesen ist, daß die Handlung oder Unterlassung diesen Erfolg haben werde. Welcher Erfolg gewollt sein muß, hängt von den Umständen des einzelnen Falles ab. Handelt es sich darum, ob eine Verpflichtung vorsätzlich verletzt ist, so muß der Verpflichtete wissen, daß sein Handeln oder Unterlassen der Verpflichtung zuwider läuft, der Erfolg desselben also die Nichterfüllung der Verpflichtung ist. In dem Falle des § 254 beruht das Verschulden auf Vorsatz, wenn der Beschädigte gewußt hat, daß er durch sein Handeln oder Unterlassen den Schaden mit verursacht oder vergrößert. In solchen Fällen, in welchen nicht das Bewußtsein genügen soll, sondern erfordert wird, daß der Zweck des Handelns oder Unterlassens gerade in der Herbeiführung des Erfolges liege, wird dies im BGB. durch einen besonderen Zusatz ausgedrückt.

Für den Begriff der groben Fahrlässigkeit gibt das BGB. keinen objektiven Maßstab. Es kommt also darauf an, ob nach den Umständen des einzelnen Falles eine besonders schwere Verletzung der schuldigen Sorgfalt anzunehmen ist.

Fahrlässig ist die Verletzung einer Verpflichtung nicht, wenn der Verpflichtete die Verpflichtung weder kannte noch seine Unkenntnis Folge einer Fahrlässigkeit war. Ob die Unkenntnis auf einem Irrtum über Tatsachen oder auf einem Rechtsirrtume beruht, ist gleichgültig; bei einem Irrtume der letzteren Art wird indessen seltener anzunehmen sein, daß er nicht auf Fahrlässigkeit beruht (vgl. Oertmann, Der Rechtsirrtum im bürgerlichen Rechte in Bl. f. RAnw. 1902 S. 1 ff., 25 ff.).

Bei der Beurteilung der Frage, ob jemand fahrlässig gehandelt hat, kommt es, wie oben hervorgehoben ist, nicht auf seine Individualität an. Die Anwendung der im Verkehr erforderlichen Sorgfalt wird auch von demjenigen gefordert, welcher nach seinen individuellen Anlagen und Gewohnheiten einer solchen Sorgfalt nicht fähig ist. Dieser Grundsatz erleidet aber dadurch eine Modifikation, daß nach § 276 Abs. 1 Satz 3 die §§ 827, 828 Anwendung finden. Nach § 827 ist für einen von ihm zugefügten Schaden nicht verantwortlich, wer sich zur Zeit der Zufügung im Zustande der Bewußtlosigkeit oder in einem, die freie Willensbestimmung ausschließenden Zustande krankhafter Störung der Geistestätigkeit befindet. Eine besondere Vorschrift wird in dem § 827 Satz 2 für den Fall der Trunkenheit gegeben. Nach § 828 sind Kinder unter sieben Jahren für den einem anderen zugefügten Schaden überhaupt nicht, Personen über sieben aber unter achtzehn Jahren sowie Taubstumme nur dann dafür verantwortlich, wenn sie bei der Begehung der schädigenden Handlung die zur Erkenntnis der Verantwortlichkeit erforderliche Einsicht haben. Diese Vorschriften müssen in allen Fällen Anwendung finden, in welchen es sich darum handelt, ob einer Person ein Verschulden zur Last fällt. Der § 276 schreibt die Anwendung der §§ 827, 828 freilich nur im Anschluß an die Bestimmung vor, daß der Schuldner Vorsatz und Fahrlässigkeit zu vertreten habe, und auch der E. I gibt die fragliche Vorschrift nicht in Verbindung mit den allgemeinen Vorschriften über Fahrlässigkeit (§ 144), sondern bei den Bestimmungen über die Haftung eines Schuldners wegen Nichterfüllung seiner Verbindlichkeit (§ 224). Es handelt sich aber in der Tat um ein allgemeines Prinzip. Wie die in dem § 276 gegebene Definition der Fahrlässigkeit, obwohl sie nur im Anschluß an die Vorschrift gegeben ist, daß der Schuldner Vorsatz und Fahrlässigkeit zu vertreten hat, analog auf andere Fälle angewandt werden muß, in denen es sich um Fahrlässigkeit handelt, so muß auch die in Verbindung mit jener Definition erfolgte Verweisung auf die §§ 827, 828 analog auf andere Fälle des Verschuldens angewendet werden. So fällt z. B. im Falle des § 121 demjenigen, welcher plötzlich geisteskrank wird und infolge davon die Anfechtung zu erklären unterläßt, ein schuldhaftes Zögern nicht zur Last. Die Anfechtung gilt als unverzüglich erfolgt, wenn sie unverzüglich nach Hebung der Geisteskrankheit oder, sofern ein gesetzlicher Vertreter bestellt ist, unverzüglich nach der Bestellung von diesem erfolgt. Zu beachten ist übrigens, daß Personen, die sich in einem Zustande der in den §§ 827, 828 bezeichneten Art befinden, regelmäßig einen gesetzlichen Vertreter haben und daß es, wenn dies der Fall ist, in dem rechtsgeschäftlichen Verkehre regelmäßig nicht auf das Verschulden jener Personen, sondern auf das Verschulden ihres gesetzlichen Vertreters ankommt (§§ 166, 278).

Die auf Fahrlässigkeit beruhende Unkenntnis eines Umstandes bezeichnet das BGB. mit dem Ausdrucke „kennen müssen" (§ 122 Abs. 2). Wird eine rechtliche Wirkung also davon abhängig gemacht, daß jemand einen Umstand kennt oder kennen muß, so tritt die Wirkung ein, sowohl wenn er den Umstand wirklich kennt, als wenn er ihn zwar nicht kennt, aber seine Unkenntnis auf Fahrlässigkeit beruht (s. z. B. die §§ 122 Abs. 2, 123 Abs. 2, 142 Abs. 2, 166 Abs. 2, 169, 179 Abs. 3 Satz 1, 307 Abs. 1, 405, 674, 694, 729, 824 Abs. 1, 1346, 1424 Abs. 1, 1682 Abs. 1).

Wo das BGB. das Erfordernis des guten Glaubens aufstellt, steht dem „kennen" nur die auf grober Fahrlässigkeit beruhende Unkenntnis gleich (§ 932 Abs. 2). In gutem Glauben ist also derjenige, welcher einen seinem Rechte entgegenstehenden Umstand nicht kennt und dessen Unkenntnis auch nicht auf grober Fahrlässigkeit beruht, s. z. B. die §§ 937 Abs. 2, 955 Abs. 1, 990, 2024.

IV. **Urteil.** v. Bülow, Über die absolute Rechtskraft des Urteils im Arch. f. civ. Pr., Bd. 83, besonders S. 64 ff. Wach, Gutachten zur Lehre von der Rechtskraft 1899. Mendelssohn-Bartholdy, Die Grenzen der Rechtskraft 1900. Schwarz, Absolute Rechtskraft und heutiges deutsches Recht 1900. Hellwig, Wesen und subjektive Begrenzung der Rechtskraft 1901 (s. auch Gaupp-Stein Bd. I S. 711 ff. Erl. 2). Die im neunten Abschnitte des E. I (§§ 190—192) über das Urteil gegebenen Vorschriften sind in das BGB. nicht aufgenommen, sondern in die CPO. verwiesen. Man ist wohl mit Recht davon ausgegangen, daß es sich bei jenen Vorschriften im wesentlichen um prozessualische Vorschriften handele. Auf eine nähere Erörterung kann deshalb hier nicht eingegangen werden. Bei der Bedeutung aber, welche die fraglichen Vorschriften der CPO. auch für das materielle Recht haben, müssen hier wenigstens die wesentlichsten Bestimmungen hervorgehoben werden.

1. **Verurteilung zu nicht fälligen Leistungen.** Der § 190 des E. I bestimmte die Fälle, in welchen ausnahmsweise die Verurteilung zu einer Leistung auch schon

dann zulässig sein soll, wenn der Anspruch auf die Leistung noch nicht fällig ist (P. I S. 420 ff., M. I S. 364 ff.). Die zweite Kommission erweiterte diese Ausnahmen und verwies die betreffenden Vorschriften in die CPO. (P. II Bd. 1 S. 244 f., Bd. 6 S. 656 ff. D. Anl. II S. 746). Sie sind in den §§ 257, 258 enthalten und durch den § 259 ergänzt.

Die materielle Bedeutung dieser Vorschriften ist klar. Der § 257 ist für die zahlreichen Fälle, in welchen Geldforderungen auf Kündigung stehen und für die Miete und Pacht von Grundstücken oder von Teilen derselben von großer praktischer Wichtigkeit. Für die Miete beweglicher Sachen gilt die Vorschrift nicht. Der § 258 gilt nicht nur für die wiederkehrenden Leistungen, die auf Grund der gesetzlichen Unterhaltspflicht geschuldet werden, sondern auch für die Renten, welche wegen Tötung oder Körperverletzung zu entrichten sind (§§ 843—845), endlich auch für alle auf Grund eines Rechtsgeschäfts geschuldeten wiederkehrenden Leistungen, insbesondere für Leibrenten und Zinsen. Die Erörterung der prozessualischen Vorschriften der §§ 257—259 insbesondere ihres Verhältnisses zu der Feststellungsklage (§ 256) muß der Erläuterung der CPO. überlassen bleiben.

2. **Wirkung der Rechtskraft.** Der § 191 des E. I lautete:

„Das rechtskräftige Urteil ist maßgebend für das Rechtsverhältnis zwischen den Parteien. Das rechtskräftig Zuerkannte kann nicht mehr bestritten, das rechtskräftig Aberkannte nicht mehr geltend gemacht werden.

Auf diese Wirkung des rechtskräftigen Urteils kann verzichtet werden. Das Gericht darf dieselbe nur berücksichtigen, wenn sie geltend gemacht wird.“ (P. I S. 424, 434 ff.; M. I 367 ff.)

Von der zweiten Kommission ist der § 191 gestrichen und in folgender Fassung als § 293 a in die CPO. verwiesen.

Das rechtskräftige Urteil hat die Wirkung, daß das Zuerkannte nicht mehr bestritten, das Aberkannte nicht mehr geltend gemacht werden kann. (P. II Bd. 1 S. 253 ff., Bd. 6 S. 142 ff. D. Anl. II S. 747.) Die Mehrheit der zweiten Kommission wollte zwar die gegen den Standpunkt des E. I gerichteten Ausführungen in dem oben erwähnten Aufsatze von Bülows durch ihren Beschluß nicht in allen Beziehungen als richtig anerkennen, ging aber doch davon aus, daß durch die Rechtskraft des Urteils nicht ein materielles Recht für die obliegende Partei begründet werde, auf welches diese verzichten könne, daß es sich vielmehr um eine prozessualische Vorschrift handele, durch welche eine neue Verhandlung über eine bereits abgeurteilte Sache verhindert werden solle. In die neue CPO. ist eine Vorschrift über die Wirkung der Rechtskraft in der hier fraglichen Beziehung nicht aufgenommen. Die Wissenschaft und Praxis haben also völlig freie Hand. Auf eine nähere Erörterung einzugehen ist hier nicht der Ort; jedoch mag darauf hingewiesen werden, daß neuerdings die Auffassung der zweiten Kommission im wesentlichen vielfach Anerkennung gefunden hat (s. insbesondere Hellwig, S. 7 ff.). Die ganze Frage kommt übrigens nur für die deklaratorischen Urteile in Betracht. Durch ein konstitutives Urteil wird immer eine materielle Rechtsänderung bewirkt, so z. B. durch das einer Ehescheidungsklage stattgebende Urteil die Auflösung der Ehe.

3. **Zeitpunkt, auf den sich die rechtskräftige Feststellung bezieht.** Die rechtskräftige Feststellung durch das Urteil bezieht sich auf den Zeitpunkt des Schlusses der mündlichen Verhandlung, in der eine Erweiterung des Klagantrags oder die Geltendmachung von Einwendungen spätestens hätte erfolgen müssen. Später eintretende Ereignisse können immer noch geltend gemacht werden. Eine Anwendung dieses Grundsatzes auf einzelne Fälle, in denen die daraus zu ziehenden Folgerungen zweifelhaft sein könnten, enthalten die nach dem Beschlusse der zweiten Kommission in die CPO. einzustellenden §§ 293 b u. 293 c. (P. II Bd. 2 S. 621, 624, 625;

Bd. 6 S. 660, 663. D. Anl. II S. 747). An deren Stelle sind in den jetzigen CPO. die §§ 323, 324 getreten.

4. **Den Gegenstand der rechtskräftigen Feststellung** bestimmte der § 293 der alten CPO. dahin, daß nur die Entscheidung über den durch die Klage oder Widerklage erhobenen Anspruch der Rechtskraft fähig sei. Daneben war im Abs. 2 eine besondere Vorschrift über die Einrede der Kompensation gegeben. Der Abs. 1 ist unverändert in den § 322 der neuen CPO. übergegangen; der Abs. 2 hat aber mit Rücksicht auf die Konstruktion, welche die Aufrechnung im BGB. gefunden hat, eine veränderte Fassung erhalten (s. Erl. 4 zu § 388.)

5. Die Bestimmungen über die subjektive Begrenzung der Rechtskraft enthielt der E. I § 192 (P. I S. 425 ff.; M. I S. 376 ff.). Von der zweiten Kommission wurden sie als § 293d in die CPO. verwiesen (P. II Bd. 1 S. 257, 258; Bd. 6 S. 663, 664, 789; D. Anl. II S. 747) und sind als § 325 Abs. 1, 2 in die CPO. übergegangen. Hinzugefügt ist als Abs. 3 eine zugleich zum Ersatze des gestrichenen § 238 Satz 1 der alten CPO. dienende Vorschrift über Urteile, welche einen Anspruch aus einer eingetragenen Reallast, Hypothek, Grundschuld oder Rentenschuld betreffen (vgl. auch CPO. § 265 Abs. 3, welcher den früheren § 238 Satz 2 ersetzt).

Über die Tragweite dieser Vorschriften herrscht lebhafter Streit (vgl. die oben angeführten Schriften). Hier mag nur folgendes hervorgehoben werden:

a) Gegenüber der allgemeinen Fassung des § 322 enthält der § 325 die notwendige Beschränkung, indem er die Personen bezeichnet, für und gegen welche die Wirkung des rechtskräftigen Urteils eintritt. Es sind dies zunächst **die Parteien des betreffenden Rechtsstreits.** Da den Parteien nach den Grundsätzen der CPO. in ausgedehntem Maße die Verfügung über den Prozeßstoff zusteht und daher der Ausfall des Urteils wesentlich von ihrem Verhalten im Prozeß abhängt, so kann eine Ausdehnung der Wirkungen der Rechtskraft auf andere Personen nur aus besonderen Gründen erfolgen. Dabei ist aber zu beachten, daß, wenn man von der Wirkung der Rechtskraft gegen Dritte spricht, darunter nicht zu verstehen ist, daß Dritte die Existenz des Urteils und die daraus für die Parteien sich ergebenden Wirkungen gegen sich gelten lassen müssen. Es ist dies eine Tatsache, die jeder als bestehend anerkennen und gegen sich gelten lassen muß. Die Wirkung der Rechtskraft gegen einen Dritten in dem hier fraglichen Sinne besteht darin, daß der Inhalt des Urteils, soweit dieser nach § 322 rechtskräftig wird, auch dem Dritten gegenüber als wahr gilt. Wenn A mit dem Eigentumsanspruche gegen B obgesiegt hat und B in dem rechtskräftigen Urteil unter Anerkennung des Eigentums des A zur Herausgabe der in Streit befangenen Sache verurteilt ist, so muß jeder die Tatsache, daß im Verhältnisse zwischen A und B das Eigentum der betreffenden Sache als dem A zustehend gilt und B verpflichtet ist, die Sache dem A herauszugeben, gegen sich gelten lassen und tritt, sofern ein Rechtsverhältnis des Dritten von dieser Tatsache berührt wird, eine Einwirkung auf das Rechtsverhältnis ein. Dagegen kann A sich einem Dritten gegenüber nicht darauf berufen, daß ihm nach dem Urteile das Eigentum an der betreffenden Sache zustehe, denn die Zuerkennung des Eigentums gilt nur dem B, nicht dem Dritten gegenüber. Die subjektive Begrenzung der Rechtskraft hat hiernach überhaupt nur Bedeutung für deklaratorische Urteile. Die durch konstitutives Urteil z. B. ein Scheidungsurteil eingetretene Rechtsänderung muß jeder gegen sich gelten lassen.

b) **Als dritte, für und gegen welche das rechtskräftige Urteil wirkt,** bezeichnet der § 325 zunächst diejenigen Personen, welche nach dem Eintritte der Rechtshängigkeit **Rechtsnachfolger** einer der Parteien geworden sind. In Betracht kommen sowohl die allgemeinen Rechtsnachfolger wie die Sondernachfolger. Die Vorschrift ist sachlich bereits in dem bisherigen § 236 der CPO. enthalten und hat hier nur insofern eine wohl schon in der Absicht des § 236 liegende Erweiterung erfahren, als ausdrücklich bestimmt ist, daß das Urteil nicht nur gegen, sondern auch für die Rechtsnachfolger wirksam ist. In dem jetzigen § 265 Abs. 3 hat der § 236 Abs. 3 eine entsprechend geänderte Fassung erhalten. Welche Personen die allgemeinen Rechtsnachfolger der Parteien sind, ergibt sich aus dem Erbrecht. Auch die Frage, welche Personen als Sondernachfolger einer der Parteien zu betrachten sind, bestimmt sich im allgemeinen nach den Vorschriften des BGB.; jedoch ist in dieser Beziehung manches streitig. Die Rechtsnachfolge muß nach dem Eintritte der Rechtshängigkeit, sei es nun während des Prozesses oder nach Beendigung desselben, eingetreten sein. Es ist dabei gleichgültig, ob der Grund, aus welchem die Rechtsnachfolge eintritt, schon vor der Rechtshängigkeit vorhanden gewesen ist, sofern nur die Rechtsnachfolge selbst erst nachher eintritt. Dies ist unzweifelhaft für diejenigen Fälle, in welchen die Verpflichtung einer der Parteien, den in Streit befangenen Gegenstand dem Dritten zu übertragen, schon vor der Rechtshängigkeit bestand, die Übertragung selbst und damit die Rechtsnachfolge aber erst nachher eintrat. Zweifelhafter sind solche Fälle, in denen dem Dritten schon vor dem Eintritte der Rechtshängigkeit ein Recht zustand, kraft dessen er, ohne daß es einer Verfügung der Partei bedarf, den in Streit befangenen Gegenstand später erwirbt. Es gehört hierher insbesondere der Fall, daß der Dritte den in Streit befangenen Gegenstand schon vor dem Eintritte der Rechtshängigkeit von einer der Parteien unter einer aufschiebenden Bedingung übertragen erhalten hat. Er erwirbt den Gegenstand nach den Vorschriften des BGB. über Bedingungen (§ 158) erst mit dem Eintritte der Bedingung und tritt also, wenn die Bedingung erst nach der Rechtshängigkeit eintritt, auch die Rechtsnachfolge erst nach dieser ein. Es kann sich fragen, ob nach Grund und Zweck der fraglichen Vorschrift eine einschränkende, Fälle dieser Art ausschließende, Auslegung gerechtfertigt sein würde. Die Frage ist indessen von der ersten Kommission erwogen; jedoch sind Anträge, welche Fälle der fraglichen Art ausschließen wollten, abgelehnt. Entscheidend war dabei die Erwägung, daß das BGB. die Prozeßführung nicht als eine Verfügung auffaßt (Vorbm. IX 4 zum Abschn. 3), daß daher die Vorschrift des § 161 keine Anwendung findet und der unter einer aufschiebenden Bedingung Berechtigte die Prozeßführung desjenigen, welcher bis zum Eintritte der Bedingung noch der Berechtigte ist und deren Ergebnis gegen sich gelten lassen muß (M. I S. 378 ff.). In einer Reihe anderer Fälle ist es sehr zweifelhaft, ob und wann eine Rechtsnachfolge als eingetreten anzusehen ist. Über die Frage insbesondere, ob bei einer unter einer auflösenden Bedingung erfolgten Übertragung eines Gegenstandes derjenige, an welchen der Gegenstand bei dem Eintritte der auflösenden Bedingung zurückfällt, als Rechtsnachfolger des Zwischenberechtigten anzusehen ist, s. Erl. 3 zu § 161; Hellwig S. 111 ff.; über die Frage ferner, ob, wenn die Wirksamkeit einer Verfügung von der Genehmigung eines Dritten abhängt und der Rechtsstreit über den Gegenstand der Verfügung nach der Vornahme der Verfügung, aber vor der Genehmigung durch den Dritten rechtshängig geworden ist, die Rechtsnachfolge desjenigen, zu dessen Gunsten verfügt ist, als nach der Rechtshängigkeit eingetreten anzusehen ist s. Hellwig S. 115 ff. Eine Rechtsnachfolge im Sinne der CPO. § 325 wird von Hellwig S. 271 sogar für das Verhältnis desjenigen, welcher eine derelinquierte Sache occupiert zu dem Derelinquenten und nach S. 317 für den Fall der privativen oder kumulativen Schuldübernahme angenommen (vgl. auch S. 476 ff.), wo sich eine Zusammenstellung der Ergebnisse findet.

c) Über den bisherigen § 236 der CPO. hinaus, aber wohl im Sinne desselben, dehnt der § 192 des E. I die Wirkung des rechtskräftigen Urteils aus auf diejenigen Personen, **welche nach der Rechtshängigkeit Inhaber des in Streit befangenen Gegenstandes für eine der Parteien geworden sind.** Sachlich stimmt hiermit im wesentlichen der § 325 der CPO. überein. Die Änderung der Fassung ist Folge der Änderung der Vorschriften über den Besitz. Den Begriff des „mittelbaren Besitzes" bestimmt der § 868 des BGB. Unter die fragliche Vorschrift fallen hiernach nicht diejenigen, welche zwar die tatsächliche Gewalt über die in Streit befangene Sache haben, aber nach § 855 nicht als Besitzer gelten. Das BGB. betrachtet diese Personen nur als Werkzeuge dessen, für den sie die tatsächliche Gewalt ausüben. Ihnen gegenüber ist daher das rechtskräftige Urteil, solange sie in dem im § 855 bezeichneten Verhältnisse stehen, kraft seiner Wirkung gegen die Partei, deren Werkzeug sie sind, wirksam. Hört aber jenes Verhältnis auf, und fahren sie trotzdem fort die tatsächliche Gewalt auszuüben, so werden sie Besitzer, die Partei wird mittelbarer Besitzer und findet daher nun die Vorschrift des § 325 Anwendung. (P. II Bd. 4 S. 663, 664.)

Auch über die hier in Frage stehende Vorschrift aber gehen die Ansichten auseinander. Insbesondere sieht Hellwig, da er unter „Rechtsnachfolge" im Sinne des § 325 der CPO. jeden auf Einigung beruhenden Übergang des Besitzes versteht, in der fraglichen Vorschrift nur eine einzelne Konsequenz des im Eingang ausgesprochenen allgemeinen Prinzips und hält die Fassung insofern für inkorrekt, als es nicht heißen müsse „oder" den Besitz ꝛc., sondern „insbesondere" den Besitz ꝛc. (vgl. S. 247 ff., 249 ff., 251 ff., 332 ff.). Siehe hierüber auch Erl. zu § 221.

Über die Bedeutung der Worte „in Streit befangen" s. Struckmann und Koch zu § 236 Anm. 2 und die dort angeführte Literatur.

d) **Der Abs. 2** des § 325 umfaßt alle Fälle, in denen jemand durch eine Verfügung einer der Parteien nach der Rechtshängigkeit ein Recht erworben hat, dieser Erwerb aber nicht erfolgte, weil dem Verfügenden das Verfügungsrecht zustand, sondern obwohl es ihm nicht zustand. Über die einzelnen in Betracht kommenden Fälle s. Erl. 5 zu § 135. Vgl. auch Hellwig S. 407 ff. Die praktisch wichtigsten Fälle sind die des Erwerbes von Rechten an Grundstücken auf Grund des Glaubens des Grundbuchs (§ 892) und des Erwerbes beweglicher Sachen oder der Rechte an solchen auf Grund des guten Glaubens des Erwerbers. Die entsprechende Anwendung des § 892 führt dahin, daß wenn der im Grundbuch eingetragene Eigentümer nachdem der Eigentumsanspruch gegen ihn rechtshängig geworden ist, das Eigentum überträgt oder ein Recht an dem Grundstücke bestellt, das in dem Prozeß ergehende rechtskräftige Urteil gegen den Erwerber des Eigentums oder sonstigen Rechtes nur wirksam wird, wenn er bei dem Erwerbe die Rechtshängigkeit kannte. Für Rechte an Grundstücken erleidet dieser Grundsatz nach CPO. § 325 **Abs. 3** die Modifikation, daß das Urteil, wenn es einen Anspruch aus einer eingetragenen Reallast, Hypothek, Grundschuld oder Rentenschuld betrifft, im Falle einer Veräußerung des belasteten Grundstücks in Ansehung des Grundstücks gegen den Rechtsnachfolger auch dann wirkt, wenn dieser die Rechtshängigkeit nicht gekannt hat. Eine besondere Vorschrift enthält der Abs. 3 Satz 2 dann noch zu Gunsten des Erstehers eines im Wege der Zwangsversteigerung veräußerten Grundstücks. Im Falle des § 932 ist der erforderte gute Glaube nicht vorhanden, wenn der Erwerber bei dem Erwerbe die Rechtshängigkeit kannte oder ihm diese infolge grober Fahrlässigkeit unbekannt war. War er in gutem Glauben, so ist das im Prozesse seines Autors ergehende Urteil gegen ihn nicht wirksam.

e) Durch die Fassung, welche der bisherige § 665 der CPO. in dem jetzigen § 727 erhalten hat, wird die **Vollstreckbarkeit des Urteils gegen Dritte in derselben Art bestimmt bezw. ausgedehnt, wie dies im § 325 für die Wirksamkeit geschehen ist.**

f) Neben den auf allgemeinen Gesichtspunkten beruhenden Ausnahmen des § 325 werden **durch neue Vorschriften der CPO. noch mehrere besondere Fälle bestimmt,** in denen das rechtskräftige Urteil auch gegen Dritte wirkt. So wird in den §§ 326, 327 der CPO. (D. S. 747) bestimmt, daß unter gewissen Voraussetzungen die gegen einen Vorerben ergangenen rechtskräftigen Urteile auch gegen den Nacherben, die gegen den Testamentsvollstrecker ergangenen Urteile auch gegen den Erben wirksam sind. Bei den Urteilen, durch welche familienrechtliche Verhältnisse festgestellt werden, bildet die Wirksamkeit für und gegen Alle die Regel. Dazu kommen mehrere in dem BGB. selbst bestimmte Fälle der Wirksamkeit eines Urteils gegenüber anderen Personen als den Parteien (s. z. B. § 407 Abs. 2). Alle diese Ausnahmefälle beruhen auf der besonderen Natur des Rechtsverhältnisses, auf das sie sich beziehen, und werden deshalb bei der Erörterung des betreffenden Rechtsverhältnisses angegeben werden.

V. **Beweislast.** Beckh, Beweislast 1899 S. 84 ff. Rosenberg, Die Beweislast nach CPO. und dem BGB. 1900. Wach, Die Beweislast nach dem BGB. Dekanatsprogramm (dasselbe auch in Z. f. CP. Bd. 29 S. 359 ff.); vgl. auch die Aufsätze von Fitting in Z. f. CP. Bd. 13 S. 18 ff.; Betzinger, im Recht 1901 S. 161 ff. und 557. Stölzel, im Recht 1901 S. 503 ff. Eccius in Gruch. Bd. 45 S. 267 ff. Kress, Zur Lehre von der Beweislast nach dem BGB. 1899. Martinius, Behauptungs- und Beweislast bei der Negative und dem bedingten Vertrage 1902. Im zehnten Abschnitt des E. 1 werden in den §§ 193—197 folgende Grundsätze über die Beweislast aufgestellt:

a) Wer einen Anspruch geltend macht, hat die zur Begründung desselben erforderlichen Tatsachen, wer die Aufhebung des Anspruchs oder die Hemmung seiner Wirksamkeit geltend macht, hat die die Aufhebung oder Hemmung begründenden Tatsachen zu beweisen (§ 193).

b) Wer die rechtliche Wirkung eines Tatbestandes wegen besonderer, die regelmäßige Wirksamkeit ausschließender Tatsachen verneint, hat diese besonderen Tatsachen zu beweisen. Dies gilt namentlich für Rechtsgeschäfte, wenn geltend gemacht wird der Mangel der Geschäftsfähigkeit, der Übereinstimmung des wirklichen Willens mit dem erklärten Willen, der Willensfreiheit wegen Drohung oder Betrugs, oder wenn geltend gemacht wird, daß eine besondere Form rechtsgeschäftlich bestimmt worden sei (§ 194).

c) Wer Rechte aus einem Rechtsgeschäfte geltend macht, hat auch die gesetzlich für das Rechtsgeschäft vorgeschriebene Form zu beweisen (§ 195).

d) Wer Rechte aus einem Rechtsgeschäfte geltend macht, hat zu beweisen, daß dasselbe in der von ihm behaupteten Weise zustande gekommen sei, auch wenn der Gegner die Errichtung des Rechtsgeschäfts zugibt, aber behauptet, daß es in anderer Weise zustande gekommen sei, insbesondere daß es unter Beifügung einer aufschiebenden oder einer auflösenden Bedingung oder eines Anfangs- oder eines Endtermins vorgenommen sei (§ 196).

e) Die Erfüllung oder den Ausfall einer Bedingung hat derjenige zu beweisen, welcher ein Recht daraus herleitet (§ 197).

Der § 198 gibt eine Vorschrift über die Bedeutung einer gesetzlich festgestellten Vermutung (P. I S. 443 ff.; M. I S. 382 ff.).

Dem § 198 entspricht der jetzige § 292 der CPO.

Die §§ 193—197 wurden gestrichen (P. II Bd. 1 S. 258 ff., 262 ff.).

Von den in den §§ 193—197 aufgestellten Grundsätzen wurde sachlich nur der § 196 bekämpft, soweit er sich auf eine auflösende Bedingung oder einen Endtermin bezieht. Ein Beschluß darüber wurde nicht gefaßt. Man nahm an, daß es nicht zweckmäßig sei, Rechtssätze über die Beweislast aufzustellen; Sache der Wissenschaft sei es, die richtigen Grundsätze aus der Natur der in Frage kommenden Rechtssätze und den besonderen Umständen des einzelnen Falles abzuleiten. Hieraus ist aber nicht zu folgern, daß das BGB. die Grundsätze über die Beweislast nicht als dem Privatrecht angehörend ansähe. Es handelt sich dabei vielmehr um privatrechtliche Rechtsnormen (EG. Art. 55). Ihre Verletzung begründet daher, soweit nicht Rechtsverhältnisse in Frage stehen, in betreff deren die Landesgesetze unberührt bleiben, die Revision.

Bei der Redaktion des BGB. ist große Sorgfalt darauf verwendet, die einzelnen Vorschriften so zu fassen, daß durch die Fassung zugleich die Entscheidung über die Beweislast gegeben wird (P. II Bd. 6 S. 383). Die Ausdrucksweise, deren sich das BGB. zu diesem Zwecke bedient, ist eine mannigfach verschiedene. Diese Verschiedenheit beruht zum Teil auf einer Verschiedenheit der Gründe, welche für die Bestimmung der Beweislast maßgebend gewesen sind, zum Teil auf dem Bestreben, schwerfällige Satzbildungen zu vermeiden.

1. **Der gesetzlichen Regel wird in einem besonderen Satze eine Ausnahme oder Einschränkung hinzugefügt.** Die Ausdrucksweise ist eine verschiedene. Es kommen insbesondere folgende Wendungen vor: „ausgenommen", „ausgeschlossen", „dies gilt nicht", „diese Vorschrift findet keine Anwendung". Bisweilen wird der die Ausnahme enthaltende Satz ohne besonderen Eingang der Regel hinzugefügt. In allen Fällen dieser Art braucht derjenige, welcher sich auf die Regel beruft, nur den für sie maßgebenden Tatbestand zu beweisen, während derjenige, welcher die Ausnahme geltend macht, deren Voraussetzung zu beweisen hat. So hat z. B. nach § 173 derjenige, welcher sich darauf beruft, daß er eine von ihm nach Maßgabe des § 170 erteilte, nachher aber erloschene Vollmacht nicht mehr gegen sich gelten zu lassen brauche, zu beweisen, daß der Dritte, dem gegenüber die Vollmachtserklärung erfolgt ist, das Erlöschen der Vollmacht gekannt habe oder habe kennen müssen. Ähnlich z. B. in den Fällen der §§ 9, 206 Abs. 2, 687 Abs. 1, 831, 832, 911, 935 Abs. 2, 1345 Abs. 2, 1416 Abs. 2, 1521, 1537, 1974, 2013 Abs. 1.

2. **Der gesetzlichen Regel wird mit den Worten „es sei denn, daß" die Ausnahme hinzugefügt.** Wer sich darauf beruft, daß die gesetzliche Regel nicht zur Anwendung kommt, hat zu beweisen, daß der in dem angeschlossenen Satze bezeichnete Ausnahmefall vorliegt. So bestimmt § 145 die gesetzliche Regel dahin, daß derjenige, welcher einem anderen die Schließung eines Vertrags anträgt, an den Antrag gebunden ist, „es sei denn, daß er die Gebundenheit ausgeschlossen hat". Die Gebundenheit ist die gesetzliche Regel. Um diese auszuschließen, muß der Antragende beweisen, daß er die Gebundenheit bei dem Antrag ausgeschlossen hat. Ähnlich z. B. §§ 4 Abs. 2, 153, 273 Abs. 2, 793 Abs. 1, 876, 1156, 1319, 1795 Nr. 1, 1974, 2169.

3. **Die gesetzliche Regel wird durch einen mit den Worten „wenn", „sofern", „soweit" beginnenden Zusatz von gewissen Tatsachen abhängig gemacht.** Wer sich auf die gesetzliche Regel beruft, muß das Vorhandensein der in dem Zusatze bezeichneten Tatsachen beweisen. So ist im Falle des § 123 Abs. 2 eine Erklärung, die einem anderen gegenüber abzugeben war, wegen arglistiger Täuschung nur anfechtbar, wenn der andere die Täuschung kannte oder kennen mußte. Wer die Anfechtbarkeit einer solchen Erklärung geltend macht, muß beweisen, daß der andere die Täuschung kannte oder kennen mußte. Ähnlich z. B. in den Fällen der §§ 109 Abs. 2, 234, 392, 873 Abs. 2, 1141, 1344, 1397 Abs. 2, 1435, 2025, 2060.

4. **Diese Regel erleidet aber eine Modifikation, wenn der Konditionalsatz eine Negative enthält.** In solchen Fällen kommt es darauf an, an welcher Stelle das „nicht" steht. Steht das „nicht" unmittelbar hinter dem, den Konditionalsatz einleitenden „wenn", „sofern", „soweit", „solange", so braucht derjenige, welcher sich auf die gesetzliche Regel beruft, die in dem Konditionalsatz enthaltene Negative nicht zu beweisen; vielmehr liegt demjenigen, welcher die Anwendbarkeit der gesetzlichen Regel bestreitet, der Beweis ob, daß die in dem Konditionalsatz angeführte Tatsache vorliegt. Der Fall ist ebenso zu beurteilen, wie wenn statt der Worte: „wenn nicht" 2c. die unter Nr. 2 bezeichnete Ausdrucksweise „es sei denn daß" gebraucht wäre. So unterliegt nach § 477 Abs. 1 der Anspruch auf Wandelung und Minderung der kurzen Verjährung von sechs Monaten bezw. einem Jahre „sofern nicht der Verkäufer den Mangel arglistig verschwiegen hat". Die kurze Verjährung bildet die gesetzliche Regel, auf die sich der Verkäufer, ohne daß ihm ein Beweis obliegt, berufen kann. Behauptet

der Käufer, daß die Regel nicht Platz greife, so muß er beweisen, daß der Verkäufer den Mangel arglistig verschwiegen habe. Ähnlich in zahlreichen Fällen, s. z. B. die §§ 18 Abs. 2, 181, 257 Abs. 1, 273 Abs. 1, 345, 777, 867, 897, 1133, 1345, 1351, 1648, 2022, 2050 Abs. 1, 2063 Abs. 1.

Besonders zu beachten sind die Fälle, in welchen die Entstehung eines Rechtes oder der Ausschluß eines solchen davon abhängt, daß innerhalb einer bestimmten Frist etwas nicht geschieht, daß insbesondere vor dem Ablaufe der Frist eine Leistung oder eine Erklärung nicht erfolgt. In Fällen dieser Art geht das BGB. in der Regel davon aus, daß derjenige, welcher sich auf die Entstehung oder den Ausschluß des betreffenden Rechtes beruft, nur den Ablauf der Frist zu beweisen braucht, während dem anderen Teile der Beweis obliegt, daß die Leistung oder Erklärung vor dem Ablaufe der Frist erfolgt sei. So hat im Falle einer Verpflichtung zum Schadensersatze der Gläubiger nach § 250 das Recht, dem Schuldner eine Frist mit der Erklärung zu bestimmen, daß er die Herstellung des früheren Zustandes nach dem Ablaufe der Frist ablehne. Nach dem Ablaufe der Frist kann der Gläubiger den Ersatz in Geld verlangen, wenn nicht die Herstellung rechtzeitig erfolgt. Der Gläubiger, der den Ersatz in Geld fordert, braucht hier nur zu beweisen, daß die Frist gesetzt und abgelaufen sei, während dem anderen Teile, wenn er das Recht des Gläubigers bestreitet, der Beweis obliegt, daß die Wiederherstellung vor dem Ablaufe der Frist erfolgt sei. Siehe ferner z. B. die §§ 264 Abs. 2, 283, 325 Abs. 2, 326, 354, 355, 382, 416, 516 Abs. 2, 561 Abs. 2, 634, 643, 801, 864, 974, 977, 981, 1002, 1003, 1123, 1994, 2061, 2151 Abs. 3, 2193 Abs. 2, 2202 Abs. 3, 2307 Abs. 2; über die abweichende Fassung einiger Paragraphen, z. B. der §§ 215, 568, 976, 1965, die Erl. zu diesen Paragraphen.

5. Den Gegensatz zu denjenigen Fällen, in welchen das Wort „nicht" unmittelbar hinter dem „wenn", „sofern" rc. steht, bilden **die Fälle, in denen das Wort „nicht" in dem Konditionalsatze weiter nach hinten steht;** hier gilt die umgekehrte Regel. Wer sich auf die gesetzliche Regel beruft, hat die in dem Konditionalsatz ausgedrückte Negative zu beweisen. So hat nach § 151 derjenige, welcher sich darauf beruft, daß ein Vertrag durch die Annahme des Antrags zustande gekommen sei, ohne daß diese dem Antragenden gegenüber erklärt worden ist, zu beweisen, daß eine solche Erklärung nach der Verkehrssitte nicht zu erwarten gewesen sei. So z. B. ferner die §§ 16, 49, 60, 73, 97, 111, 174, 216 Abs. 2, 229, 251, 293, 725, 936 Abs. 2, 1087 Abs. 2, 1160, 1324, 1476 Abs. 2, 1726, 1777 Abs. 1, 1926, 2078 Abs. 1, 2169 Abs. 1, 2288.

6. Die Regel, daß für die Beweislast entscheidend ist, ob das Wort „nicht" unmittelbar hinter den Worten „wenn", „sofern" rc. oder weiter nach hinten steht, erleidet dann **eine Ausnahme, wenn zwischen den Worten „wenn" und „nicht" nur das Wort „sich", „er", „sie", „es" steht.** Diese Fälle sind ebenso zu beurteilen, wie wenn das Wort „nicht" unmittelbar hinter dem Worte „wenn" stände. So ist in dem Falle des § 168 der gesetzlichen Regel, daß eine Vollmacht auch bei dem Fortbestehen des ihrer Erteilung zu Grunde liegenden Rechtsverhältnisses widerruflich sei, die Beschränkung hinzugefügt, „sofern sich nicht aus demselben" (d. h. aus dem Rechtsverhältnis) ein anderes ergibt. Die Beweislast ist hier ebenso zu beurteilen, wie wenn gesagt wäre „sofern nicht durch das Rechtsverhältnis ein anderes bestimmt ist". Wer die Zulässigkeit der Widerruflichkeit einer Vollmacht bestreitet, muß beweisen, daß sich aus dem ihrer Erteilung zu Grunde liegenden Rechtsverhältnisse die Unwiderruflichkeit ergebe. Ähnlich in zahlreichen anderen Fällen. S. z. B. die §§ 179 Abs. 1, 460, 485, 803 Abs. 1, 1232 Satz 2, 1273, 1377 Abs. 2, 1485 Abs. 1, 1654, 2091, 2112. Der Grund, aus welchem in diesen Fällen das „nicht" dem „wenn", „sofern" rc. nicht unmittelbar angeschlossen ist, liegt lediglich darin, daß die deutsche Sprache eine solche Satzbildung nicht zuläßt und man daher eine andere schwerfälligere Fassung hätte wählen müssen.

7. **In einem Falle hat man von einer den angeführten Regeln entsprechenden korrekten Fassung absehen zu können geglaubt.** Der § 284 Abs. 1 bestimmt: „Leistet der Schuldner auf eine Mahnung des Gläubigers nicht, die nach dem Eintritte der Fälligkeit erfolgt, so kommt er durch die Mahnung in Verzug". Die Voranstellung des Konditionalsatzes in dieser Vorschrift würde an sich die Anwendung der angeführten Regel nicht ausschließen. Der Fall würde vielmehr ebenso zu beurteilen sein, wie wenn die Vorschrift lautete: „Der Schuldner kommt in Verzug, wenn er auf eine Mahnung des Gläubigers nicht leistet, die nach dem Eintritte der Fälligkeit erfolgt." Hiernach würde der Gläubiger, der sich auf den Verzug des Schuldners beruft, beweisen müssen, daß der Schuldner auf die Mahnung nicht geleistet habe. Nach P. II Bd. 6 S. 384 ist aber ausdrücklich anerkannt, daß dies nicht beabsichtigt ist, daß vielmehr der Gläubiger nur die Mahnung zu beweisen braucht, während dem Schuldner der Beweis der rechtzeitigen Leistung obliegt. Man glaubte, daß diese Regelung der Beweislast hier aus der Natur des Verhältnisses und dem Zusammenhange zur Genüge sich ergebe. Im Abs. 2 entspricht die Fassung der unter Nr. 6 aufgeführten Regel. Ob noch an einzelnen anderen Stellen eine ungenaue Ausdrucksweise vorkommt (z. B. § 910 Abs. 1 Satz 2) wird, soweit erforderlich, bei den betreffenden Stellen erörtert werden.

8. In einigen Fällen, in welchen eine Rechtswirkung davon abhängt, daß innerhalb einer Frist eine Erklärung nicht erfolgt, wird **die Beweislast dadurch bestimmt, daß gesagt wird: die Erklärung kann nur bis zum Ablaufe der Frist erfolgen;** erfolgt sie nicht, so tritt die in Frage stehende Rechtswirkung ein. Wer sich auf den Eintritt der Rechtswirkung beruft, braucht hier, wie in den Fällen unter Nr. 4, nur den Ablauf der Frist zu beweisen, während dem anderen Teile der Beweis obliegt, daß die Erklärung vor dem Ablaufe der Frist erfolgt sei. So wird im § 108 Abs. 2 bestimmt, daß, wenn ein Minderjähriger ohne Einwilligung seines gesetzlichen Vertreters einen Vertrag geschlossen hat, der andere Teil den Vertreter auffordern kann, sich darüber zu erklären, ob er den Vertrag genehmige. „Die Genehmigung", heißt es sodann, „kann nur bis zum Ablaufe von zwei Wochen nach dem Empfange der Aufforderung erklärt werden; wird sie nicht erklärt, so gilt sie als verweigert". Wer sich darauf beruft, daß die Genehmigung als verweigert gelte, braucht nur zu beweisen, daß die Aufforderung erfolgt und seit deren Empfange zwei Wochen verstrichen seien, während dem anderen Teile der Beweis obliegt, daß die Genehmigung vor dem Ablaufe von zwei Wochen erfolgt sei. **Ähnlich z. B. in den §§ 177, 415 Abs. 2, 1396, 1829.**

9. Nur in verhältnismäßig wenigen Fällen, in denen eine der bisher aufgeführten Ausdrucksweisen die Fassung zu schwerfällig gemacht haben würde, enthält das BGB. eine **ausdrückliche Bestimmung über die Beweislast**; so z. B. in den §§ 282, 345, 358, 363, 442, 445, 542 Abs. 3, 636 Abs. 2, 2336.

10. **Die Einwendungen, welche Wach** gegen die in dem Obigen vertretene Bedeutung der angeführten Ausdrucksweisen für die Beweislast geltend macht, dürften unbegründet sein. Sie laufen im wesentlichen darauf hinaus, daß es sich an manchen Stellen gar nicht um eine Verteilung der Beweislast handele, so z. B. an denjenigen Stellen, in welchen es sich um die Offizialtätigkeit einer Behörde oder um die Aufstellung einer Vermutung oder um eine dispositive Bestimmung handele, und daß an anderen Stellen, insbesondere an solchen, in welchen die Stellung des „nicht" hinter dem „wenn" in Frage komme, dasselbe Ergebnis, was sich aus den obigen Regeln ergebe, auch dann angenommen werden müßte, wenn die Ausdrucksweise eine andere wäre. Gegen die erste Einwendung ist zu bemerken, daß die fraglichen Ausdrucksweisen allerdings nicht nur dann gebraucht werden, wenn es sich um eine Verteilung der Beweislast im engeren Sinne handelt, sondern in allen Fällen, in welchen überhaupt ein Beweis in Frage kommen kann. Die Richtigkeit der aufgestellten Regel

wird hierdurch aber nicht berührt. Die zweite Einwendung spricht eher gegen als für die Wachsche Ansicht; denn wenn die fraglichen Fälle so liegen, daß bei ihnen über die Beweislast kein Zweifel sein kann, so mußte das Gesetz doch diejenige Ausdrucksweise wählen, welche nach der einmal angenommenen Terminologie die richtige Entscheidung über die Beweislast ergibt, und es wäre sehr verkehrt gewesen, wenn man im Vertrauen auf die Zweifellosigkeit der Beweislast eine der richtigen Normierung derselben nicht entsprechende Ausdrucksweise gewählt hätte. Richtig ist, daß, wie unter Nr. 7 hervorgehoben worden, in dem dort bezeichneten Falle und vielleicht noch in einigen anderen Fällen von einer den angeführten Regeln entsprechenden korrekten Fassung abgesehen ist. Aber aus diesen, jedenfalls ganz vereinzelten Fällen kann nicht die Unrichtigkeit der aufgestellten Regeln abgeleitet werden. Sie bleiben als Regeln bestehen und finden nur da keine Anwendung, wo aus dem Inhalte der betreffenden Rechtsnorm und aus dem Zusammenhange sich eine abweichende Absicht des Gesetzes klar ergibt. In einigen der von Wach angeführten Fällen, in denen die aufgestellten Regeln nicht zutreffen sollen, ist die Inkorrektheit übrigens nur eine scheinbare. So wird die den aufgestellten Regeln allerdings nicht entsprechende Fassung der §§ 360, 361 durch die ausdrückliche Beweisregel des § 358 richtig gestellt. Anzuerkennen ist übrigens, daß durch die aufgestellten Regeln eine wissenschaftliche Ergründung der für die Normierung der Beweislast maßgebenden Gesichtspunkte nicht überflüssig wird. Ergeben diese in einem einzelnen Falle eine andere Entscheidung über die Beweislast, als nach den aufgestellten Regeln anzunehmen wäre, so wird zu prüfen sein, ob in dem betreffenden Falle eine nicht korrekte Ausdrucksweise angenommen werden darf. Fehlt es für eine solche Annahme aber an genügenden Gründen, so dürfte es unzulässig sein, die durch die gewählte Ausdrucksweise getroffene gesetzliche Bestimmung nach Maßgabe der theoretisch richtigeren Auffassung zu korrigieren.

VI. **Recht im subjektiven Sinne.** Der Begriff des Rechtes im subjektiven Sinne wird von dem BGB. nicht definiert. Es handelt sich dabei um eine sehr bestrittene Frage, deren Lösung der Wissenschaft überlassen werden muß. (Windscheid-Kipp I § 37, Regelsberger I § 14, Dernburg I § 42.) Ob man bei der Begriffsbestimmung das Hauptgewicht auf die durch die Rechtsordnung verliehene Willensmacht legen will (Windscheid: „Recht ist eine von der Rechtsordnung verliehene Willensmacht oder Willensherrschaft") oder auf den Zweck des Rechtes (v. Jhering: „Recht ist rechtlich geschütztes Interesse") oder ob man beide Momente betonen will (Regelsberger: „Recht ist die Macht zur Befriedigung eines anerkannten Interesses), ist für das Verständnis des BGB. kaum von Bedeutung. Indem das BGB. ein Recht anerkennt, erkennt es auch an, daß ein Interesse vorliegt, das des rechtlichen Schutzes wert ist. Über eine mit dem Erfordernisse des Interesses zusammenhängende Beschränkung der Ausübung des Rechtes s. § 226.

Über die Einteilung der Rechte s. Windscheid-Kipp I §§ 38ff., Regelsberger I § 50. Die Einteilung der Rechte nach ihrem Inhalt in obligatorische, dingliche, familienrechtliche und erbrechtliche entspricht im wesentlichen der Einteilung des BGB. in das Recht der Schuldverhältnisse, das Sachenrecht, das Familienrecht und das Erbrecht. Über die sog. Individualrechte (Rechte auf Leben, Freiheit, Gesundheit 2c.) s. die Vorbm. 4 zu Absch. 1 Titel 1. Die sog. Immaterialrechte sind von der Regelung durch das BGB. ausgeschlossen und durch besondere Reichsgesetze geregelt. (Ges. betr. das Urheberrecht an Werken der Literatur und der Tonkunst v. 19. Juni 1901, Ges. v. 9. Januar 1876 betr. das Urheberrecht an Werken der bildenden Künste, Ges. v. 10. Januar 1876 betr. den Schutz der Photographieen, Ges. v. 11. Januar 1876 betr. das Urheberrecht an Mustern und Modellen, Ges. v. 7. April 1891 betr. Patentrecht, Ges. v. 1. Juni 1891 betr. den Schutz von Gebrauchsmustern, Ges. v. 12. Mai 1894 betr. den Schutz der Warenbezeichnungen.)

VII. **Anspruch.** Hellwig, Anspruch und Klagrecht 1900. Hölder, Anspruch und Klagrecht. Z. f. CP. Bd. 29 S. 50 ff. Hölder, Über Ansprüche und Einreden. Arch. f. civ. Pr. Bd. 93 S. 1 ff. Bolze, Der Anspruch. Gruch. Bd. 46 S. 753 ff. Über den Begriff des Anspruchs und dessen Berechtigung herrscht lebhafter Streit (Windscheid-Kipp I §§ 43 ff., Regelsberger I §§ 52 ff., Dernburg I § 39). In dem BGB. wird von dem Begriffe des Anspruchs vielfach Gebrauch gemacht, und der Anspruch wird in dem § 194 als das Recht, von einem anderen ein Tun oder ein Unterlassen zu verlangen, definiert. (P. I S. 319, 339 ff., 6069 f., M. I S. 291; P. II Bd. 1 S. 199 ff.) Auch der Anspruch auf ein Dulden ist ein Anspruch auf Unterlassen. Unter dem Begriff des Anspruchs im Sinne der CPO. s. Hellwig S. 153 ff.

Sachlich wird das Bedürfnis, das fragliche Recht aus der Kategorie der Rechte überhaupt herauszuheben, ziemlich allgemein anerkannt, und der Streit dreht sich im Grunde mehr darum, ob die Bezeichnung dieses Rechtes als Anspruch zutreffend ist. Dafür spricht, daß im Leben unter dem Ausdruck „Anspruch“ dasjenige verstanden wird, was damit nach dem BGB. ausgedrückt werden soll. Der Begriff des Anspruchs hängt mit der Unterscheidung zwischen absoluten und relativen Rechten zusammen. Die absoluten Rechte wirken gegen alle, legen allen eine Beschränkung oder Verpflichtung auf. Die Verpflichtung besteht darin, das absolute Recht nicht zu verletzen, also in einer Unterlassung. Zu den absoluten Rechten gehören außer den sog. Persönlichkeitsrechten die dinglichen Rechte und die meisten Immaterialrechte. Auch die aus den familienrechtlichen Verhältnissen entspringenden Hauptrechte, z. B. die elterliche Gewalt sowie das Erbrecht, gehören dahin. Man kann das absolute Recht als die Gesamtheit der darin liegenden Ansprüche gegen alle Menschen auf Unterlassung jeder Beeinträchtigung des Rechtes betrachten (so Windscheid); aber in diesem Sinne gebraucht das BGB. den Ausdruck „Anspruch“ nicht. Ein Anspruch im Sinne des BGB. liegt nur vor, wenn das Recht, eine Leistung zu fordern, gegen eine bestimmte Person begründet ist. Aus dem absoluten Rechte erwächst ein Anspruch, wenn es beeinträchtigt wird, gegen denjenigen, welcher die Beeinträchtigung vorgenommen hat. Der Anspruch geht auf Beseitigung der Beeinträchtigung, also auf diejenige Leistung, welche den Umständen nach zur Herstellung des dem Rechte entsprechenden Zustandes erforderlich ist, je nach Lage der Sache auch auf Schadensersatz. Unter Umständen wird nach dem BGB. durch die Verletzung des absoluten Rechtes auch das Recht begründet, auf Unterlassung gegen denjenigen zu klagen, welcher die Verletzung vorgenommen hat (s. z. B. § 1004). Ob dieses Recht als ein Anspruch im Sinne des BGB. betrachtet werden muß, ist eine Konstruktionsfrage, die zu bejahen sein dürfte, die praktisch aber ohne Bedeutung ist.

Bei den relativen Rechten, insbesondere also bei den obligatorischen Rechten, bei welchen durch den Begriff des Rechtes selbst bereits eine bestimmte Person als Verpflichteter gegeben ist, fällt der Begriff des Anspruchs mit dem des Rechtes zusammen. Man könnte zwar auch hier noch unterscheiden und den Anspruch aus dem obligatorischen Rechte erst dann entstehen lassen, wenn die Erfüllung gefordert werden kann, wenn nach römischem Rechte actio nata ist (so Regelsberger). Dies ist indessen nicht der Standpunkt des BGB. Der Anspruch ist vorhanden, sobald die Forderung begründet ist. Dabei ist indessen zu beachten, daß, wenn dem auf Begründung einer Forderung gerichteten Rechtsgeschäft ein Anfangstermin oder eine aufschiebende Bedingung beigefügt ist, zwar sofort ein bindendes Rechtsverhältnis begründet wird, die durch das Rechtsgeschäft bestimmte Forderung aber erst mit dem Eintritte des Termins oder der Bedingung zur Entstehung gelangt. Ist die Forderung aber einmal entstanden, so ist damit, auch wenn die Erfüllung wegen gewährter Stundung oder aus anderen Gründen nicht sofort gefordert werden kann, auch der Anspruch vorhanden (s. §§ 198, 202). In Konsequenz dieser Auffassung nimmt das BGB. auch bei denjenigen obligatorischen

Verhältnissen, durch welche die Verpflichtung einer bestimmten Person zu einem Unterlassen begründet wird, die Entstehung des Anspruchs mit der Entstehung der Verpflichtung, nicht erst mit dem Zuwiderhandeln an. Dies ergibt sich aus § 202, nach welchem die Verjährung des Anspruchs auf Unterlassung erst mit dem Zuwiderhandeln beginnt, der Anspruch selbst also schon als vorher vorhanden angesehen wird. Praktisch ist diese Frage übrigens ohne erhebliche Bedeutung.

Der Feststellungsanspruch der CPO. ist kein Anspruch im Sinne des BGB., sondern ein prozessualisches Gebilde.

VIII. **Einrede, Einwendung.** Friedenthal, Einwendung und Einrede in der CPO. und im BGB. 1898. Bucerius, Erörterung der Begriffe exceptio, Einrede und Einwendung nach röm. und nach gem. Recht, nach CPO. und nach BGB. 1899. Flechtheim, Aufhebungsanspruch und Einrede. Gruch. Bd. 44 S. 65 ff. Staffel, Über die Wirkungen der peremtorischen Einreden nach BGB. ꝛc. Sächs. Arch. Bd. 10 S. 665 ff. Suppes, Der Einredebegriff des BGB. 1902.

Ob der im Anschluß an die römische exceptio in die Theorie und Praxis übergegangene Begriff der Einrede Anerkennung verdient, ist bestritten. Auch dieser Streit dürfte indessen mehr das Wort als die Sache betreffen. Das BGB. kennt zahlreiche Fälle, in welchen ein Anspruch durch bestimmte Tatsachen nicht aufgehoben wird, diese Tatsachen aber für den Verpflichteten das Recht begründen, die Erfüllung des Anspruchs zu verweigern. Dieses Gegenrecht bezeichnet das BGB. als Einrede. Die praktische Bedeutung dieses Begriffs liegt darin, daß das Gegenrecht wegfallen kann, insbesondere durch Verzicht, und daß dann der Anspruch, dem das Gegenrecht entgegenstand, ohne weiteres wieder geltend gemacht werden kann, während, wenn der Anspruch aufgehoben gewesen wäre, dies nicht rückgängig gemacht werden könnte, vielmehr eine Neubegründung erforderlich wäre; ferner darin, daß Tatsachen, welche den Anspruch aufheben von dem Gerichte berücksichtigt werden müssen, sofern sie überhaupt nur bei der Verhandlung zu Tage treten, während das Gegenrecht nur berücksichtigt wird, wenn der Verpflichtete es geltend macht. Die civilrechtliche Einrede in diesem Sinne ist für eine zweckmäßige Gestaltung des Rechtes unentbehrlich. Die Gründe, auf welchen Einreden beruhen, sind sehr verschieden. Sie können auf einem Rechte beruhen, das auch als Anspruch geltend gemacht werden kann (s. z. B. § 986, in betreff dessen freilich Friedenthal S. 42 infolge unrichtiger Auffassung des Eigentumsbegriffs leugnet, daß es sich um eine Einrede handele); sie können aber auch lediglich eine Verteidigung gewähren, so z. B. die Einrede der Verjährung. Wirtschaftlich sind Ansprüche, welchen eine Einrede entgegensteht, in manchen Fällen ebenso zu behandeln, wie wenn der Anspruch nicht bestände. Diesem Gesichtspunkte trägt das BGB. dadurch Rechnung, daß es in den dazu geeigneten Fällen den Anspruch, welchem eine Einrede entgegensteht, ebenso behandelt, wie wenn er nicht bestände (s. z. B. die §§ 390, 813). In einzelnen Fällen gibt das BGB. dem Schuldner, welchem eine Einrede zusteht, auch das Recht, die Aufhebung des durch die Einrede betroffenen Rechtes zu fordern (s. §§ 886, 1169, 1254). Die von Hellwig (Anspruch und Klagrecht S. 9 ff.) vertretene Ansicht, daß durch die gerichtliche oder außergerichtliche Geltendmachung einer peremtorischen Einrede der betreffende Anspruch ipso jure aufgehoben werde, dürfte dem Standpunkte des BGB. nicht entsprechen. Es ergibt sich dies insbesondere aus den angeführten §§ 886, 1169, 1254. Diese lassen sich nicht als Konsequenzen des von Hellwig aufgestellten Grundsatzes ansehen; sie erscheinen vielmehr sowohl nach ihrer Fassung als nach ihrem Zusammenhange mit den übrigen Bestimmungen des BGB. als Ausnahmevorschriften, welche den Zweck haben, die praktischen Übelstände zu beseitigen, die sich in den fraglichen Fällen daraus ergeben, daß der Anspruch prinzipiell, obwohl ihm eine Einrede entgegensteht und diese geltend gemacht wird, bestehen bleibt. Die Ansicht von Hellwig würde auch praktisch zu großen Bedenken führen, weil es hiernach unmöglich wäre, auf eine Einrede, nachdem sie, wenn auch nur außergerichtlich, geltend gemacht wäre, zu verzichten. Erst das rechtskräftige Urteil, durch welches die Klage auf Grund einer dagegen vorgeschützten Einrede abgewiesen wird, bewirkt diejenige Änderung des Rechtsverhältnisses, welche sich aus der Rechtskraft des Urteils ergibt.

Wo das BGB. von „Einrede" spricht, versteht es darunter immer die civilrechtliche Einrede in dem oben dargelegten Sinne. Sollen auch Einreden im prozessualischen Sinne, z. B. die Einrede der Zahlung, mit getroffen werden, so gebraucht das BGB. den Ausdruck „Einwendungen", s. z. B. §§ 334, 774. Hiermit werden also alle Umstände bezeichnet, aus denen sich der Mangel des beanspruchten Rechtes ergibt.

Die Einreden sind entweder solche, welche dem Anspruche dauernd, oder solche, welche ihm nur für eine gewisse Zeit entgegenstehen. Die ersteren bezeichnet das BGB. als Einreden, durch welche die Geltendmachung des Anspruchs dauernd ausgeschlossen wird, die letzteren als Einreden, welche den Verpflichteten vorübergehend zur Verweigerung der Leistung berechtigen, s. z. B. § 202. Den Einwand der Stundung hält Friedenthal S. 43, 44 mit Unrecht nicht für eine Einrede. Wo das BGB. eine Einrede, sei es eine peremtorische oder dilatorische, geben will, gebraucht es regelmäßig die Ausdrucksweise: „der Verpflichtete ist berechtigt die Leistung zu verweigern", s. z. B. § 222.

Über die verschiedenen Ansichten in betreff der Einreden s. neben den oben bezeichneten Schriften Windscheid-Kipp I §§ 47 ff., Regelsberger I §§ 683 ff., auch M. I S. 359.

(Nr. 2321.) Bürgerliches Gesetzbuch. Vom 18. August 1896.

Wir Wilhelm, von Gottes Gnaden Deutscher Kaiser, König von Preußen rc.

verordnen im Namen des Reichs, nach erfolgter Zustimmung des Bundesraths und des Reichstags, was folgt:

Erstes Buch.
Allgemeiner Theil.

Erster Abschnitt.
Personen.

Erster Titel.
Natürliche Personen.

Erster Abschnitt.

Inhalt des ersten Abschnitts. Der erste Abschnitt handelt von den Personen. Die Rechtsordnung bestimmt die Beziehungen der Menschen zu einander; sie gibt ihnen Rechte und Rechtspflichten. Der Mensch ist Person, weil er fähig ist, Subjekt von Rechten und Rechtspflichten zu sein. Diese Fähigkeit zu Rechten und Pflichten wird zusammengefaßt unter dem Ausdrucke „Rechtsfähigkeit". Von den Menschen als Personen handelt der erste Titel unter der Überschrift „Natürliche Personen". Die Zwecke, welche die Menschen verfolgen, können aber zum Teil nicht von den einzelnen Menschen in ihrer Isolierung erreicht werden, sie erfordern häufig das Zusammenwirken mehrerer und erscheinen dann als Zwecke der von diesen Mehreren gebildeten Gemeinschaft. Die Zwecke beschränken sich häufig auch nicht auf individuell bestimmte Menschen, sondern auf gewisse Kategorieen nicht nur zur Zeit lebender Menschen, sondern auch späterer Generationen. Um die Erreichung solcher Zwecke zu erleichtern, gibt das BGB. den Vereinen und Stiftungen unter gewissen Voraussetzungen die Rechtsfähigkeit. Von diesen juristischen Personen handelt der zweite Titel des ersten Abschnitts.

Erster Titel.

1. **Inhalt des ersten Titels.** Der erste Titel handelt von den Menschen als Personen. Der § 1 bestimmt den Zeitpunkt, mit welchem die Rechtsfähigkeit des Menschen beginnt. Die §§ 2—5 handeln von dem Unterschiede zwischen Volljährigen und Minderjährigen und von der Volljährigkeitserklärung, der § 6 von der Entmündigung, die §§ 7—11 von dem Wohnsitze, der § 12 von dem Namenrechte, die §§ 13—18 von der Todeserklärung, die §§ 19, 20 von gesetzlichen Vermutungen über Leben und Tod. Die §§ 30—33 des E. I, die von der Verwandtschaft und Schwägerschaft handeln, sind als §§ 1589, 1590 in den zweiten Abschnitt des vierten Buches versetzt.

2. **Rechtsfähigkeit des Menschen.** Die natürlichen Personen sind die Menschen. Jeder Mensch ist rechtsfähig. Das BGB. spricht dieses Prinzip nicht ausdrücklich aus; es ergibt

sich aber unzweifelhaft aus dem § 1 und dem ganzen Zusammenhange des BGB. Sklaverei existiert nicht im Deutschen Reich. (Über die Geltung dieses Grundsatzes in den Schutzgebieten und über Angehörige eines Staates, in welchem Sklaverei besteht, s. EG. Art. 7 Erl. 5, Art. 30 Erl. 2c, Art. 1 Erl. 6.) Der Grundsatz der gleichen Rechtsfähigkeit aller Menschen gilt ausnahmslos und kann durch Rechtsgeschäft weder ausgeschlossen noch beschränkt werden. Als eine Minderung der Rechtsfähigkeit kann man vielleicht die nach Art. 87 des EG. landesgesetzlich zulässige Beschränkung der Erwerbsfähigkeit der Mitglieder religiöser Orden und ordensähnlicher Kongregationen betrachten. (Vgl. auch Art. 88, über den Erwerb von Grundstücken durch Ausländer.) Als Beschränkung der Rechtsfähigkeit kann man auch ansehen die civilrechtlichen Folgen eines strafrechtlichen Urteils, durch das auf Verlust der bürgerlichen Ehrenrechte erkannt ist (§§ 1318 Abs. 2, 1781 Nr. 4, 2237 Nr. 2; StGB. § 34 Nr. 6. EG. Art. 34. CPO. § 1032 Abs. 3. FGG. § 137 Nr. 2; ähnliche Vorschriften in verschiedenen Reichsgesetzen). Keine Beschränkung der Rechtsfähigkeit enthalten die Vorschriften, welche die Möglichkeit gewisser Rechtsverhältnisse an bestimmte natürliche Eigenschaften des Menschen knüpfen oder die Stellung der Personen in einem Rechtsverhältnisse nach solchen Eigenschaften verschieden bestimmen. Die Ehe kann nur von Personen verschiedenen Geschlechts geschlossen werden. Die rechtliche Stellung des Mannes und der Frau ist in der Ehe, die Stellung des Vaters und der Mutter ist in dem Verhältnisse zu den Kindern eine verschiedene. Es sind dies Konsequenzen des betreffenden Rechtsverhältnisses, nicht einer verminderten Rechtsfähigkeit. Auch die civilrechtlichen Folgen eines ehelosen Verhaltens (BGB. §§ 1568, 1666, 2333 Nr. 5) berühren die Rechtsfähigkeit nicht.

Von der Rechtsfähigkeit zu unterscheiden ist die Geschäftsfähigkeit, d. h. die Fähigkeit, durch eigene Handlungen Rechte und Rechtspflichten zu begründen. Der Geschäftsunfähige kann alle Rechte und Rechtspflichten haben; er kann die Rechte auch erwerben, die Rechtspflichten übernehmen, aber er kann dies nur durch seinen gesetzlichen Vertreter, nicht durch eigene Handlungen. Hieraus folgt, daß der Geschäftsunfähige überhaupt nicht imstande ist, solche Rechtsverhältnisse einzugehen, zu deren Begründung das persönliche Handeln der betreffenden Person erforderlich ist. So kann z. B. die Ehe von den Verlobten nur in Person geschlossen werden (§ 1317), ein Testament von dem Erblasser nur persönlich errichtet (§ 2064), ein auf Eingehung der allgemeinen Gütergemeinschaft gerichteter Ehevertrag nicht durch einen Stellvertreter geschlossen werden (1437). In allen Fällen dieser Art handelt es sich aber doch nur um Konsequenzen der Geschäftsunfähigkeit, nicht um eine verminderte Rechtsfähigkeit.

3. Das Prinzip der Rechtsgleichheit aller Menschen wird von dem BGB. nicht nur in Beziehung auf die Rechtsfähigkeit, sondern auch in allen anderen Beziehungen festgehalten. Die ausnahmslose Durchführung dieses Prinzips würde aber zu Ungerechtigkeiten, die formale Gleichheit zu materieller Ungleichheit führen. Die Berücksichtigung der natürlichen Verschiedenheit der Menschen ist eine Forderung der Gerechtigkeit. Die Altersunterschiede werden in den Vorschriften über Kinder unter sieben Jahren und Minderjährige, der Unterschied der geistigen Fähigkeit in den Vorschriften über die Geschäftsunfähigkeit der Geisteskranken und die Entmündigung berücksichtigt u. dgl. m. Ohne Einfluß sind der Stand und das religiöse Bekenntnis. Das Geschlecht begründet nur insofern eine verschiedene Behandlung, als dies durch die Natur des betreffenden Rechtsverhältnisses, z. B. der Ehe und der elterlichen Gewalt, geboten ist. Zwitter kennt das BGB. nicht, indem es davon ausgeht, daß zwar Mißbildungen vorkommen können, daß aber trotzdem jeder Mensch nur *einem* Geschlecht angehören kann. Sollte in einem einzelnen Falle nicht festgestellt werden können, welchem Geschlecht eine Person angehört, so würden auf sie diejenigen Vorschriften keine Anwendung finden können, welche ein bestimmtes Geschlecht voraussetzen. Als Modifikation des Prinzips der Rechtsgleichheit können nicht betrachtet werden diejenigen Vorschriften, welche für die in einem bestimmten Rechtsverhältnisse stehenden Personen besondere, mit diesem Rechtsverhältnis in Verbindung stehende Bestimmungen geben. Dahin gehören die Vorschriften der Gewerbeordnung für gewerbliche Arbeiter, die nach dem EG. Art. 95 zulässigen landesgesetzlichen Bestimmungen für Gesinde 2c. Auch die Vorschriften über Militärpersonen und Beamte sind dahin zu rechnen. Eine Ausnahme von dem Prinzipe der Rechtsgleichheit enthalten dagegen die Vorschriften der Art. 57, 58 des EG. über die Rechtsstellung der Landesherren, der Mitglieder der landesherrlichen Familien und der Häuser, welche vormals reichsständisch gewesen, und des vormaligen Reichsadels.

4. Recht der Persönlichkeit. Individualrechte. Aus der Persönlichkeit werden neben der Rechtsfähigkeit noch die sog. Individualrechte, das Recht auf Leben, Körper, Gesundheit, Freiheit und Ehre, auch wohl das Recht auf den Namen und das Recht auf die geistigen Erzeugnisse abgeleitet. Über das Recht auf den Namen s. § 12. Das Recht auf die geistigen Erzeugnisse wird in dem BGB. nicht erwähnt; sein Schutz bleibt den besonderen Reichsgesetzen über das Urheberrecht an Schriftwerken rc. überlassen (s. S. 47 VI). Die bestrittene Frage, ob es ein besonderes Recht auf Leben, Körper, Gesundheit, Freiheit, Ehre gibt oder ob es sich hierbei nur um rechtlich zu schützende Güter handelt, entscheidet das BGB. nicht ausdrücklich. Der E. I § 704 Abs. 2 bestimmte, daß, wer aus Vorsatz oder Fahrlässigkeit durch eine widerrechtliche Handlung das Recht eines anderen verletze, zum Schadensersatze verpflichtet sei, und fügte dann hinzu: „Als Verletzung eines Rechtes im Sinne der vorstehenden Vorschrift ist auch die Verletzung des Lebens, des Körpers, der Gesundheit, der Freiheit und der Ehre anzusehen." In den M. II S. 728 wird dieser Zusatz dadurch begründet, daß mit Grund bezweifelt werden könne, ob die in dem Zusatz angeführten Güter subjektive Rechte seien. Im E. II § 746 wurde der Begriff der unerlaubten Handlung dahin bestimmt: „Wer vorsätzlich oder fahrlässig ein Recht eines anderen widerrechtlich verletzt oder wer gegen ein den Schutz eines anderen bezweckendes Gesetz verstößt, ist dem anderen zum Ersatze des dadurch verursachten Schadens verpflichtet." Der letzte Satz des § 704 des E. I wurde gestrichen. Später erhoben sich gegen diese Streichung Bedenken, die sich auf den nach dem Obigen schon in den Motiven des E. I hervorgehobenen Zweifel gründeten, ob das Leben, der Körper rc. als Rechte betrachtet werden könnten. Das Leben, der Körper und die Gesundheit würden zwar genügend dadurch geschützt werden, daß es sich bei deren Verletzung immer auch um die Verletzung eines den Schutz eines anderen bezweckenden Gesetzes handle; die fahrlässige Verletzung der **Freiheit** sei aber im Strafgesetzbuche nicht mit Strafe bedroht; es fehle also in dieser Beziehung an einem den Schutz eines anderen bezweckenden Gesetze. Mit Rücksicht auf diese Bedenken wurde die jetzige Fassung des § 823 beschlossen. Das Leben, der Körper, die Gesundheit und Freiheit sind in dem § 823 nicht als Rechte bezeichnet und stehen dadurch im Gegensatze zu den folgenden Worten: „das Eigentum oder ein sonstiges Recht"; die Ehre ist ganz weggelassen. Nach dieser Fassung und nach der Entstehungsgeschichte derselben wird man nicht annehmen können, daß das BGB. ein besonderes subjektives Recht auf Leben, Körper, Gesundheit, Freiheit und Ehre hat anerkennen wollen. Die erstgedachten vier Güter werden nach § 823 Abs. 1 dadurch geschützt, daß jede vorsätzliche oder fahrlässige widerrechtliche Verletzung eines solchen Gutes eine zum Schadensersatze verpflichtende unerlaubte Handlung ist. Die Ehre wird, nach § 823 Abs. 2, insoweit geschützt, als in ihrer Verletzung die Verletzung eines den Schutz eines anderen bezweckenden Gesetzes liegt. Dies ist der Fall, soweit die Verletzung der Ehre gegen die strafrechtlichen Bestimmungen über Beleidigung und Verleumdung verstößt. Eine fahrlässige Verletzung der Ehre verpflichtet dagegen, abgesehen von den besonderen Vorschriften der §§ 824, 825, nicht zum Schadensersatze wegen unerlaubter Handlungen. Abgesehen hiervon besteht der praktische Unterschied der hier vertretenen Ansicht von derjenigen Auffassung, welche ein besonderes subjektives Recht auf Leben, Körper rc. annimmt, darin, daß nach der letzteren jede Beeinträchtigung eines solchen Rechtes ohne Rücksicht darauf, ob sie aus Vorsatz oder aus Fahrlässigkeit erfolgt ist, einen Anspruch auf Beseitigung der Beeinträchtigung und unter Umständen auf Verurteilung zur Unterlassung künftiger Störungen begründet, während nach der hier vertretenen Ansicht nur bei vorsätzlicher oder fahrlässiger Verletzung jener Güter ein Anspruch auf Schadensersatz besteht. Die ganze Frage ist übrigens sehr bestritten. Beachtenswert ist besonders die Auffassung, welche zwar nicht einzelne Rechte auf Leben, Körper rc., aber ein Recht der Persönlichkeit als solcher annimmt und die Beeinträchtigung des Lebens, des Körpers rc. als Beeinträchtigung dieses Gesamtrechts ansieht. Die Begriffsbestimmung dieses Rechtes wird in verschiedener Art versucht; es wird z. B. als Recht an der eigenen Person oder als Recht auf Wahrung der sozialen Stellung des Einzelnen oder in ähnlicher Art bezeichnet (s. **Regelsberger** I § 50. **Gierke**, Privatrecht I S. 703. **Kohler**, Autorrecht S. 129. Arch. f. civ. Pr. Bd. 82 S. 206. **Dernburg** I S. 48ff. **Hellwig**, Anspruch und Klagrecht S. 38). Vom rein theoretischen Standpunkte läßt sich manches für diese Auffassung sagen. Vom Standpunkte des BGB. aus dürfte sie sich aber nicht rechtfertigen lassen. In ihm ist nur das Recht auf den Namen als besonderes Persönlichkeitsrecht anerkannt (§ 12). Über die Frage, ob eine analoge Anwendung der über dieses Recht gegebenen Vorschriften auf einzelne andere Fälle zulässig ist s. Erl. 5 zu § 12. Über die Frage, ob dem **Verfasser oder Absender eines Briefes, an welchem ein Urheberrecht nicht besteht**, ein Individualrecht zusteht, kraft dessen eine Veröffentlichung des Briefes ohne seine Einwilligung unzulässig ist, s. die Gutachten von **Mitteis** und **Wildhagen** in den Verhandlungen des 25. deutschen Juristentags Bd. 2 S. 42, 118 sowie

§. 1. Die Rechtsfähigkeit des Menschen beginnt mit der Vollendung der Geburt.

---

die Verhandlungen der zweiten Abteilung Bd. 3 S. 141 ff. Eine in dem E. des neuen Urheberrechtsgesetzes von 1901 enthaltene Vorschrift, nach welcher die Bestimmungen über den Schutz des Urheberrechts unter gewissen Modifikationen auf das Recht des Verfassers eines Briefes, an dem ein Urheberrecht nicht besteht, Anwendung finden sollten, ist in das Gesetz nicht aufgenommen. Vom Standpunkte des BGB. aus läßt sich ein Recht der fraglichen Art in Ermangelung besonderer Vorschriften schwerlich rechtfertigen; jedoch wird, wenn die Veröffentlichung gegen die guten Sitten verstößt, regelmäßig der § 826 genügenden Schutz gewähren.

§ 1.

E. I § 3; II § 1 rev. § 1; III § 1. P. I S. 19 ff.; M. I S. 28 ff. P. II Bd. 1 S. 4, Bd. 6 S. 106, 107. KB. S. 1936.

1. **Beginn der Rechtsfähigkeit mit der Vollendung der Geburt.** In dem Grundsatze, daß der Mensch rechtsfähig ist, liegt schon ausgesprochen, daß die Rechtsfähigkeit erst eintreten kann, wenn ein lebender Mensch vorhanden ist. Der § 1 bestimmt, daß ein lebender Mensch vorhanden ist mit der Vollendung seiner Geburt. Vor diesem Zeitpunkt ist er kein selbständiges Wesen, sondern Teil der Mutter. Wann die Geburt vollendet ist, entscheidet nicht das Gesetz, sondern die medizinische Wissenschaft. Die Trennung der Nabelschnur wird nicht für erforderlich erachtet. Besondere Zeichen des Lebens, z. B. Beschreien der Wände, sind nicht erforderlich. Es genügt, daß feststeht, daß der Mensch nach Vollendung der Geburt gelebt hat.

2. **Lebensfähigkeit nicht erforderlich.** Jeder lebend geborene Mensch ist rechtsfähig. Die Möglichkeit der Geburt eines monstrum erkennt das BGB. nicht an. Jeder vom Weibe Geborene ist Mensch. Nicht erforderlich ist Lebensfähigkeit. Mag das Leben auch noch so kurze Zeit gedauert haben und mag auch von der medizinischen Wissenschaft festgestellt sein, daß ein längeres Leben unmöglich gewesen sei, so wird hierdurch die Rechtsfähigkeit nicht berührt. Ein rechtsfähiger Mensch ist vorhanden gewesen, und damit sind alle Folgen, welche sich hieran knüpfen, insbesondere auf erbrechtlichem Gebiet, eingetreten.

3. **Fürsorge für die Leibesfrucht.** Obwohl die Leibesfrucht noch kein Mensch und deshalb noch nicht rechtsfähig ist, so wird doch für den Schutz derselben, und zwar nicht durch das Strafrecht, sondern auch civilrechtlich gesorgt. Das BGB. erkennt zwar den Grundsatz nasciturus pro jam nato habetur nicht allgemein an, aber in wichtigen Beziehungen wird auf die Möglichkeit, daß ein Mensch geboren werden kann, Rücksicht genommen. So bestimmt z. B. der § 1923 Abs. 2: „Wer zur Zeit des Erbfalls noch nicht lebte, aber bereits erzeugt war, gilt als vor dem Erbfalle geboren." S. auch die §§ 844, Abs. 2 Satz 2, 2043 Abs. 1, 2108, 2178. Nach § 1912 kann eine Leibesfrucht einen Pfleger erhalten zur Wahrung ihrer künftigen Rechte. Das Nähere hierüber bei den betreffenden Vorschriften.

4. **Die Rechtsfähigkeit hört auf mit dem Tode.** In dem § 3 des E. I war dies ausdrücklich ausgesprochen; im BGB. ist es als selbstverständlich weggelassen. Der Tote hat weder Rechte noch Pflichten.

5. **Beweis des Lebens und des Todes.** Soweit Rechtsverhältnisse davon abhängen, daß ein Mensch gelebt oder zu einer bestimmten Zeit gelebt habe oder daß und wann er gestorben sei, muß das Eine oder das Andere von demjenigen bewiesen werden, welchem nach allgemeinen Grundsätzen die Beweislast obliegt. Regelmäßig muß also derjenige, welcher sich auf das Leben beruft, das Leben, wer sich auf den Tod beruft, den Tod beweisen. Steht fest, daß ein Recht entstanden ist, das mit dem Tode des Berechtigten erlischt, so hat derjenige, welcher sich auf die Beendigung des Rechtes beruft, den Tod zu beweisen. Nach dem Personenstandsgesetze v. 6. Februar 1875 § 15 beweisen die ordnungsmäßig geführten Standesregister (§§ 12—14) diejenigen Tatsachen, zu deren Beurkundung sie bestimmt und welche in ihnen eingetragen sind; jedoch ist Gegenbeweis zulässig. Durch diese Vorschrift wird der Beweis für die in Deutschland vorgekommenen Geburten und Todesfälle wesentlich erleichtert. Nach § 22 des gedachten Gesetzes soll bei Zwillings- oder Mehrgeburten die Eintragung für jedes Kind besonders und so genau erfolgen, daß die Zeitfolge der verschiedenen Geburten ersichtlich ist. Hierdurch wird für Zwillings- und Mehrgeburten, über die das BGB. keine besonderen Vorschriften enthält, der sonst oft sehr schwierige Beweis der Erstgeburt erleichtert. Kann dieser Beweis nicht geführt werden, so wird dadurch der Beweis eines Rechtes, das von der Erstgeburt abhängt, unmöglich. Handelt

§. 2. Die Volljährigkeit tritt mit der Vollendung des einundzwanzigsten Lebensjahrs ein.

§. 3. Ein Minderjähriger, der das achtzehnte Lebensjahr vollendet hat, kann durch Beschluß des Vormundschaftsgerichts für volljährig erklärt werden.

Durch die Volljährigkeitserklärung erlangt der Minderjährige die rechtliche Stellung eines Volljährigen.

---

es sich um letztwillige Zuwendungen, so dürfte § 2073 anwendbar sein. Handelt es sich um Rechtsverhältnisse, auf welche nach dem EG. die Landesgesetze Anwendung finden, so sind diese auch für die Frage maßgebend, welche Folgen eintreten, wenn der Beweis der Erstgeburt nicht geführt werden kann, insbesondere ob in solchem Falle etwa das Los entscheidet.

Die in dem § 4 des E. I für den Anfall einer Erbschaft aufgestellte, sich an das gemeine Recht anschließende Vermutung, nach welcher, je nachdem das siebzigste Lebensjahr vollendet oder noch nicht vollendet, Tod oder Leben anzunehmen ist, wurde gestrichen, weil sie mit den in der zweiten Lesung beschlossenen Vorschriften über die Wirkung der Todeserklärung und der in dem § 19 aufgestellten, auf andere Tatsachen abstellenden Lebensvermutung nicht mehr vereinbar war, übrigens auch abgesehen davon für bedenklich gehalten wurde. (P. II Bd. 1 S. 23, 24; vgl. § 20.)

§ 2.

E. I § 25; II § 11 rev. § 2; III § 2. P. I S. 45; M. I S. 52, 53. P. II Bd. 1 S. 45 ff.

1. Altersstufen. Nach dem BGB. sind zwei Altersstufen für die Geschäftsfähigkeit von Bedeutung, die Vollendung des siebenten und die Vollendung des einundzwanzigsten Lebensjahrs. Kinder unter sieben Jahren sind nach § 104 geschäftsunfähig, Minderjährige, d. h. solche Personen, welche das einundzwanzigste Lebensjahr noch nicht vollendet haben, nach Maßgabe der §§ 106 ff. in der Geschäftsfähigkeit beschränkt. Für Personen unter sieben Jahren hat das BGB., abweichend von dem E. I, welcher sie als Personen im Kindesalter bezeichnete, keinen technischen Ausdruck und ist deshalb die Erwähnung dieser Altersstufe im § 2 unterblieben. Volljährigkeit und Minderjährigkeit sind dagegen technische Ausdrücke. Der Minderjährige steht unter elterlicher Gewalt (§ 1626) bezw. unter Vormundschaft (§ 1773). Die Ehemündigkeit der Männer beginnt erst mit der Volljährigkeit (§ 1303). Für die Mitglieder der im EG. Art. 57 bezeichneten Familien bestimmt sich der Zeitpunkt der Volljährigkeit nach der Hausverfassung oder den Landesgesetzen. Das BGB. kennt noch verschiedene andere rechtlich bedeutungsvolle Altersstufen, so das sechzehnte Lebensjahr für die Ehemündigkeit der Frauen (§ 1303) und die Fähigkeit, ein Testament zu errichten (§ 2229), das achtzehnte Lebensjahr für die Zulässigkeit der Volljährigkeitserklärung (§ 3), das fünfzigste Lebensjahr für die Fähigkeit, an Kindesstatt anzunehmen (§ 1744).

2. Beginn der Volljährigkeit. Über die Berechnung des einundzwanzigsten Lebensjahrs entscheiden die §§ 187, 188. Nach Abs. 2 Satz 2 des § 187 wird der Tag der Geburt mitgerechnet und ist das einundzwanzigste Lebensjahr also vollendet mit dem Ablaufe des letzten Tages dieses Jahres. Mit Anbruch des Geburtstags ist also die Volljährigkeit eingetreten.

§ 3.

E. I §§ 26, 27 Abs. 1 Satz 1, Abs. 2 Satz 1; II §§ 12, 13 Abs. 1 Satz 1 rev. § 3; III § 3. P. I S. 45—48; M. I S. 53 ff. P. II Bd. 1 S. 49 ff., Bd. 6 S. 382.

1. Wirkungen der Volljährigkeitserklärungen. Durch die Möglichkeit der Volljährigkeitserklärung wird den Bedenken Rechnung getragen, die mit der immer mehr oder weniger willkürlichen Vorschrift eines bestimmten Alters als Voraussetzung der vollen Geschäftsfähigkeit verbunden sind. Ist die erforderliche geistige Reife schon vor der Vollendung des einundzwanzigsten Lebensjahrs vorhanden und ist nach den Umständen die Erlangung der vollen Geschäftsfähigkeit für den Minderjährigen wünschenswert, so kann dies durch die Volljährigkeitserklärung erreicht werden. Sie hat die Wirkung, daß der für volljährig Erklärte in jeder Beziehung gesetzlich als volljährig gilt. Wo das BGB. von Volljährigen spricht, begreift es darunter auch die für volljährig Erklärten, wo es von Minderjährigen spricht, begreift es darunter die für volljährig Erklärten nicht mit. Dies gilt aber nur für die gesetzlichen Vorschriften. Wenn in Rechtsgeschäften auf Volljährigkeit oder Minderjährigkeit abgestellt wird, so ist es eine Frage der Auslegung, ob auch der für volljährig Erklärte im Sinne dieses Rechtsgeschäfts als volljährig anzusehen ist. Eine gesetzliche Regel läßt sich darüber nicht geben. In einzelnen Fällen stellt das BGB. übrigens nicht auf die Volljährigkeit, sondern auf die Vollendung des einundzwanzigsten Lebensjahrs ab (§ 1305). In solchen Fällen ersetzt die Volljährigkeitserklärung die Vollendung des einundzwanzigsten Lebensjahrs nicht.

2. **Erfordernisse der Volljährigkeitserklärung** sind:

a) die Vollendung des achtzehnten Lebensjahrs (§ 3),

b) die Einwilligung des Minderjährigen (§ 4),

c) falls der Minderjährige unter elterlicher Gewalt steht, die Einwilligung des Gewalthabers nach näherer Vorschrift des § 4.

Sind diese Voraussetzungen nicht vorhanden, so kann die Volljährigkeitserklärung nicht erfolgen. Die von Hölder Erl. 1 zu § 3 vertretene Ansicht, daß die Volljährigkeitserklärung auch schon vor Vollendung des achtzehnten Lebensjahrs in der Art erfolgen könne, daß sie erst mit der Vollendung des achtzehnten Lebensjahrs wirksam werde, dürfte sich nicht rechtfertigen lassen. Nur derjenige, welcher das achtzehnte Lebensjahr bereits vollendet hat, kann nach § 3 für volljährig erklärt werden. Eine im voraus für den Fall, daß die Vollendung des achtzehnten Lebensjahrs eintrete, erfolgende Volljährigkeitserklärung kennt das BGB. nicht. Ein praktisches Bedürfnis für die Zulässigkeit einer solchen Volljährigkeitserklärung läßt sich auch daraus nicht ableiten, daß die Ehemündigkeit für Männer nach § 1303 mit der Volljährigkeit eintritt. Das Vormundschaftsgericht kann mit Sicherheit niemals voraussehen, ob zur Zeit der demnächstigen Vollendung des achtzehnten Lebensjahrs die Volljährigkeitserklärung noch dem Interesse des Minderjährigen entspricht (§ 5). Über die Frage, welche Folgen eintreten, wenn die Volljährigkeitserklärung erfolgt, obwohl eines der oben bezeichneten Erfordernisse fehlt, s. Erl. 5.

3. **Zuständige Behörde.** Zuständig für die Volljährigkeitserklärung ist das Vormundschaftsgericht. Nach FGG. § 35 sind für die Verrichtungen des Vormundschaftsgerichts die Amtsgerichte zuständig. Nach EG. Art. 147 können die Verrichtungen des Vormundschaftsgerichts durch Landesgesetz anderen Behörden übertragen werden. Dies ist in verschiedenen Bundesstaaten geschehen. Zu der Volljährigkeitserklärung ist z. B. in Bayern und Sachsen das Justizministerium für zuständig erklärt.

4. **Antragsberechtigung. Zeitpunkt des Wirksamwerdens der Volljährigkeitserklärung.** Nach FGG. § 56 soll die Volljährigkeitserklärung nur auf Antrag des Minderjährigen oder desjenigen gesetzlichen Vertreters des Minderjährigen erfolgen, welchem die Sorge für die Person zusteht. Sie tritt erst mit der Rechtskraft in Wirksamkeit. Über die Beschwerde gegen Entscheidungen des Vormundschaftsgerichts s. die §§ 20, 22, 60 Nr. 6 des FGG. Besondere Vorschriften für den Fall, daß für die Volljährigkeitserklärung nach Landesgesetz (s. EG. Art. 147) die Centralstelle des Bundesstaats zuständig ist, enthält § 196 des FGG. Die Wirksamkeit der Volljährigkeitserklärung tritt in solchem Falle mit der Bekanntmachung an den Minderjährigen ein.

5. Zweifelhaft ist, **welche Folgen eintreten, wenn die Volljährigkeitserklärung erfolgt, obwohl eines der in der Erl. 2 erwähnten Erfordernisse nicht vorliegt.** Nach der Fassung der §§ 3, 4 scheint in solchem Falle Unwirksamkeit der Volljährigkeitserklärung angenommen werden zu müssen. So auch Hölder (Erl. 1 zu § 4) bei dem Mangel der im § 4 bestimmten Erfordernisse, während er für den Fall, daß der für volljährig Erklärte das achtzehnte Lebensjahr noch nicht vollendet hatte, die Wirksamkeit der Volljährigkeitserklärung nur bis zu der Vollendung des achtzehnten Lebensjahrs hinausschieben will (Erl. 1 zu § 3). Auch Endemann I S. 137 scheint Unwirksamkeit anzunehmen. Richtiger dürfte indessen sein, davon auszugehen, daß, wenn das Gesetz eine Verfügung der hier fraglichen Art einer Behörde überläßt, dieser zugleich die Entscheidung darüber überlassen ist, ob die Voraussetzungen, unter welchen das Gesetz die Verfügung zuläßt, vorliegen. Hat die Behörde die Verfügung getroffen, obwohl ein gesetzliches Erfordernis nicht vorliegt, also im vorliegenden Falle z. B., weil die Behörde irrtümlich angenommen hat, daß die betreffende Person das achtzehnte Lebensjahr bereits vollendet habe, oder daß die Einwilligung der im § 4 bezeichneten Personen erfolgt sei, so steht den Beteiligten das Recht zu, die Aufhebung der Verfügung auf dem gesetzlich vorgeschriebenen Wege zu beantragen. Dieser Weg ist in dem hier fraglichen Falle, sofern das Amtsgericht oder eine andere

§. 4. Die Volljährigkeitserklärung ist nur zulässig, wenn der Minderjährige seine Einwilligung ertheilt.

Steht der Minderjährige unter elterlicher Gewalt, so ist auch die Einwilligung des Gewalthabers erforderlich, es sei denn, daß diesem weder die Sorge für die Person noch die Sorge für das Vermögen des Kindes zusteht. Für eine minderjährige Wittwe ist die Einwilligung des Gewalthabers nicht erforderlich.

Behörde als die Centralstelle des betreffenden Bundesstaats zuständig ist, die sofortige Beschwerde. Ist die Verfügung aber rechtskräftig geworden, so tritt sie hiermit in Wirksamkeit, auch wenn die gesetzlichen Erfordernisse in Wirklichkeit nicht vorlagen. Das Verhältnis liegt hier prinzipiell nicht anders wie bei der Entmündigung. Auch diese ist nur unter bestimmten gesetzlichen Voraussetzungen zulässig. Hat das Gericht aber die Entmündigung ausgesprochen, so kann der Mangel der Voraussetzungen nur im Wege der Anfechtungsklage geltend gemacht werden (CPO. §§ 604 ff.). Wird diese zurückgewiesen oder ist sie wegen Ablaufs der Frist ausgeschlossen, so ist die Entmündigung ohne Rücksicht darauf wirksam, ob die gesetzlichen Erfordernisse in Wirklichkeit vorliegen oder nicht. Eine ähnliche Frage liegt auch dann vor, wenn das Vormundschaftsgericht eine Vormundschaft anordnet und es sich darum handelt, ob die gesetzlichen Voraussetzungen einer solchen Anordnung vorliegen (s. Erl. 3 zu § 1773; vgl. auch Erl. 6 zu § 21). In allen Fällen dieser Art erfordert die Rechtssicherheit, daß die rechtskräftige Entscheidung der zuständigen Behörde als bindend und wirksam für alle angesehen wird und die gesetzlichen Vorschriften, welche den Weg bezeichnen, auf dem eine Änderung der ungerechtfertigten Verfügung erwirkt werden kann, lassen erkennen, daß nur auf diesem Wege der Mangel der gesetzlichen Erfordernisse geltend gemacht werden kann.

6. **Auf einem anderen Wege als durch Volljährigkeitserklärung kann ein Minderjähriger die rechtliche Stellung eines Volljährigen nicht erlangen.** Insbesondere gilt der Satz „Heirat macht mündig" nach dem BGB. nicht

§ 4.

E. I § 27; II § 13 Abs. 1 rev. § 4; III § 4. P. I S. 46 ff., Bd. 1 S. 49 ff., 8855 ff.; M. I S. 55 ff. P. II Bd. 1 S. 49 ff.

1. **Einwilligung des Minderjährigen.** Die Einwilligung zu der Volljährigkeitserklärung muß von dem Minderjährigen selbst erteilt werden; dieser ist insoweit unbeschränkt geschäftsfähig; der gesetzliche Vertreter des Minderjährigen ist nicht berechtigt, in dessen Namen die Einwilligung zu erteilen. Die Einwilligung des Minderjährigen fällt nicht unter die Vorschriften der §§ 182, 183. Eine Vorschrift darüber, in welcher Art und gegenüber wem die Einwilligung zu erklären ist, besteht nicht; es genügt also, daß sich das Vormundschaftsgericht von ihrem Vorhandensein überzeugt. A. A. Dernburg I S. 154, der die Erklärung der Einwilligung gegenüber dem Vormundschaftsgericht, und Hölder (Erl. 1 zu § 4), der die Erklärung gegenüber dem Vormundschaftsgericht oder gegenüber dem Antragsteller für erforderlich hält.

2. **Einwilligung des Gewalthabers.** Steht der Minderjährige unter Vormundschaft, so ist die Einwilligung des Vormundes nicht erforderlich. Dasselbe gilt, wenn der Mutter, falls diese die elterliche Gewalt hat, ein Beistand beigeordnet ist, von dessen Einwilligung; der § 1690 findet keine Anwendung. Über Anhörung des Vormundes s. Erl. zu § 5. Steht das Kind unter elterlicher Gewalt, so ist regelmäßig die Einwilligung des Gewalthabers erforderlich. Die elterliche Gewalt ist zwar nach dem BGB. im wesentlichen eine den Eltern im Interesse des Kindes eingeräumte Schutzgewalt, aber sie steht ihnen doch kraft eigenen Rechtes zu. Die Eltern haben als Inhaber der elterlichen Gewalt sowohl dem Kinde wie dem Vormundschaftsgerichte gegenüber eine weit selbständigere Stellung als der Vormund. Diese Stellung rechtfertigt sich durch das natürliche Verhältnis zwischen Eltern und Kind, auf welchem die elterliche Gewalt beruht, und durch die Rücksicht auf die im Interesse der Familie wie im öffentlichen Interesse dringend wünschenswerte Erhaltung der elterlichen Autorität. Auf denselben Gründen beruht die Vorschrift, daß zu der Volljährigkeitserklärung, durch welche die elterliche Gewalt aufhört, die Einwilligung des Gewalthabers erforderlich ist. Es wird darauf vertraut, daß der Gewalthaber, welchem das Gesetz die Entscheidung in allen die Person und das Vermögen des Kindes betreffenden Angelegenheiten in der Erwartung einräumt, daß er das Inter-

esse des Kindes am besten erkennen und wahrnehmen werde, sich auch bei der Entscheidung über die Einwilligung zu der Volljährigkeitserklärung durch die Rücksicht auf das Interesse des Kindes leiten lasse. Die Voraussetzung dieses Vertrauens fällt aber weg, wenn die elterliche Gewalt auf Grund der für sie maßgebenden Vorschriften in solcher Weise beschränkt ist, daß dem Gewalthaber weder die Sorge für die Person noch für das Vermögen des Kindes zusteht. Hat er in diesen Angelegenheiten nicht mehr die entscheidende Stimme, beschränkt sich sein Recht vielmehr im wesentlichen auf die elterliche Nutznießung, so kann ihm die für das Wohl und Wehe des Kindes so wichtige Entscheidung über die Volljährigkeitserklärung nicht mehr anvertraut werden. Auf diesem Gesichtspunkte beruht die der Regel des Abs. 2 hinzugefügte Ausnahme; vgl. auch RJA. Bd. 3 S. 111.

3. **Die elterliche Gewalt steht zu** dem Vater, wenn dieser aber gestorben oder für tot erklärt ist oder **die elterliche Gewalt** verwirkt hat und die Ehe aufgelöst ist, der Mutter. (§§ 1627, 1684.) **Gewalthaber** im Sinne des § 4 sind der Vater bezw. die Mutter auch dann noch, wenn ihre elterliche Gewalt ruht. (§§ 1676, 1677, 1686, 1696.) Es ergibt sich dies daraus, daß das Ruhen der elterlichen Gewalt nicht eine Aufhebung derselben, sondern nur eine Behinderung der Ausübung zur Folge hat und daß die elterliche Nutznießung, welche ein Ausfluß der elterlichen Gewalt ist (§ 1649), durch das Ruhen der letzteren nicht berührt wird. (§ 1678.) Gewalthaber im Sinne des § 4 ist aber, wenn die elterliche Gewalt des Vaters ruht, auch die Mutter, wenn ihr auf Grund des § 1685 die Ausübung der elterlichen Gewalt zusteht. In diesem Falle sind also zwei Gewalthaber vorhanden, der Vater, welchem die elterliche Gewalt zusteht, der aber an der Ausübung, mit Ausnahme der elterlichen Nutznießung, behindert ist, und die Mutter, welche die elterliche Gewalt, mit Ausnahme der elterlichen Nutznießung, auszuüben hat. Im Falle des § 1685 Abs. 2 steht auch die elterliche Nutznießung der Mutter zu. Nur die Einwilligung der Mutter, nicht die des Vaters, ist in diesen Fällen zu der Volljährigkeitserklärung erforderlich; denn für den Vater greift hier die Ausnahmevorschrift Platz, daß die Genehmigung des Gewalthabers nicht erforderlich ist, wenn ihm weder die Sorge für die Person noch für das Vermögen des Kindes zusteht. Diese Sorge steht dem Vater, dessen elterliche Gewalt ruht, nicht zu. (§ 1678.)

Zweifelhaft kann sein, wie das Verhältnis im Falle des § 1676 Abs. 2 zu beurteilen ist. Nach dieser Vorschrift steht dem Vater, wenn seine Gewalt ruht, weil er in der Geschäftsfähigkeit beschränkt ist oder weil er nach § 1910 Abs. 1 einen Pfleger für seine Person und sein Vermögen erhalten hat, die Sorge für die Person des Kindes neben dem gesetzlichen Vertreter zu; zur Vertretung des Kindes ist er indessen nicht berechtigt, und bei einer Meinungsverschiedenheit zwischen dem Vater und dem gesetzlichen Vertreter geht die Meinung des gesetzlichen Vertreters vor. Da dem Vater hiernach die Sorge für die Person des Kindes noch in einem gewissen Umfange zusteht, so scheint nach dem Wortlaute des § 4 der dort bestimmte Ausnahmefall nicht vorzuliegen. Die Vorschrift des § 4, daß dem Gewalthaber „weder die Sorge für die Person noch die Sorge für das Vermögen des Kindes zusteht" wird indessen dahin zu verstehen sein, daß dem Gewalthaber die *ihm als solchem* zustehende Sorge, kraft deren er in den betreffenden Angelegenheiten *zur Entscheidung berechtigt* ist, nicht zusteht. Diese Sorge steht dem Vater nach § 1676 Abs. 2 nicht zu, weil bei Meinungsverschiedenheiten zwischen ihm und dem gesetzlichen Vertreter die Meinung des letzteren entscheidet. Er hat nur dasselbe Recht, das auch der Mutter, welcher die elterliche Gewalt nicht zusteht, nach § 1634 neben dem Vater und nach § 1698 neben dem Vormund oder Pfleger zusteht. Dazu kommt, daß die Gründe, welche dazu geführt haben, die Zustimmung des Gewalthabers zu der Volljährigkeitserklärung zu erfordern, in den Fällen des § 1676 Abs. 2 nicht zutreffen. Die Beschränkung der Geschäftsfähigkeit des Vaters kann, da minderjährige Männer nicht ehemündig sind, nur darauf beruhen, daß er wegen Geistesschwäche oder wegen Verschwendung oder wegen Trunksucht entmündigt ist. Einem aus diesen Gründen entmündigten Vater das Recht einzuräumen, die im Interesse des Kindes liegende Volljährigkeitserklärung zu verhindern, ihm dieses Recht selbst dann zu geben, wenn die zur Ausübung der elterlichen Gewalt befugte Mutter, welcher nicht nur die Vertretung des Kindes, sondern auch in allen die tatsächliche Sorge für die Person des Kindes betreffenden Angelegenheiten die entscheidende Stimme zusteht, mit der Volljährigkeitserklärung einverstanden ist, würde dem Grunde und Zwecke des fraglichen Rechtes nicht entsprechen. Dasselbe gilt, wenn der Vater nach § 1910 Abs. 1 einen Pfleger für seine Person und sein Vermögen deshalb erhalten hat, weil er wegen körperlicher Gebrechen seine Angelegenheiten nicht zu besorgen vermag. Kann er seine eigenen Angelegenheiten nicht besorgen, so kann ihm auch die Entscheidung über die Angelegenheiten des Kindes nicht anvertraut werden.

Ruht die elterliche Gewalt der Mutter wegen Minderjährigkeit derselben, so liegt die Sache insofern etwas anders, als in solchem Falle nach § 1696 der Mutter in betreff der tatsächlichen Sorge für die Person des Kindes die entscheidende Stimme zusteht und der Vormund nur die Stellung eines Beistandes hat. Auf die Frage, ob auch hier der Ausnahmefall des § 4 Abs. 2 anzunehmen ist, braucht nicht weiter eingegangen zu werden, weil eine minderjährige Mutter nicht in die Lage kommen kann, die Einwilligung zu der Volljährigkeitserklärung eines Kindes zu erteilen, indem diese erst nach vollendetem achtzehnten Lebensjahre des Kindes zulässig ist.

Zweifelhaft ist, ob auch dann nur die Einwilligung der Mutter zu der Volljährigkeitserklärung erforderlich ist, wenn diese die elterliche Gewalt nicht deshalb, weil die elterliche Gewalt des Vaters ruht, sondern nur deshalb auszuüben hat, weil der Vater tatsächlich an der Ausübung verhindert ist. Die Vorschrift, daß die Mutter auch in diesem Falle die elterliche Gewalt auszuüben hat (§ 1685), beruht auf einem von dem Reichstag angenommenen Antrage der Reichstagskommission. (KB. S. 2074, 2083.) Bei der Beratung ist nicht daran gedacht worden, ob und welchen Einfluß diese Änderung auf den § 4 habe. Nach dessen Wortlaut ist in dem gedachten Falle die Einwilligung des Vaters zu der Volljährigkeitserklärung erforderlich, denn er ist ja nur tatsächlich an der Ausübung der elterlichen Gewalt verhindert, rechtlich aber noch Gewalthaber, und steht ihm rechtlich die Sorge für die Person wie für das Vermögen des Kindes zu. Für eine dem Wortlaut entsprechende Auslegung läßt sich noch folgendes anführen: Nach dem E. III § 1641 sollte das Vormundschaftsgericht bei vorübergehender tatsächlicher Behinderung des Vaters, sofern das Bedürfnis es erfordert, einen Pfleger für das Kind bestellen. Durch eine solche Bestellung wurde das Recht des Vaters in betreff der Volljährigkeitserklärung des Kindes nicht berührt. Die Annahme liegt nahe, daß hieran dadurch nichts hat geändert werden sollen, daß an die Stelle des Pflegers kraft des Gesetzes die Mutter tritt. Dafür spricht auch, daß es sich bei der Einwilligung zu der Volljährigkeitserklärung nicht um eine Vertretung des Kindes, sondern um die Aufhebung der elterlichen Gewalt handelt und daß es auffallend erscheint, wenn das dem Vater eingeräumte Recht der Einwilligung dadurch wegfällt, daß er vorübergehend tatsächlich an der Ausübung verhindert ist. Andererseits ist indessen zu erwägen, daß bei dauernder Verhinderung des Vaters, wenn diese Verhinderung durch das Vormundschaftsgericht festgestellt wird, die elterliche Gewalt des Vaters ruht (§ 1677), daß in diesem Falle die Mutter die elterliche Gewalt auszuüben hat und nur ihre Einwilligung zu der Volljährigkeitserklärung erforderlich ist. Die Absicht der fraglichen Änderung ging dahin, der Mutter bei vorübergehender tatsächlicher Verhinderung des Vaters dieselbe rechtliche Stellung einzuräumen wie im Falle des Ruhens der elterlichen Gewalt des Vaters. Die Mutter ist in diesem Falle Gewalthaber, und es steht ihr die Sorge für die Person und das Vermögen des Kindes zu. Ihre Einwilligung ist daher nach § 4 zu der Volljährigkeitserklärung jedenfalls erforderlich. Man wird sie aber auch für genügend erachten müssen, weil es sich dabei nicht um die Verfügung über das Recht der elterlichen Gewalt, sondern um die Einwilligung zu einer das Interesse des Kindes betreffenden Maßregel handelt, die deshalb in die Hand des Gewalthabers gelegt ist, weil ihm die Sorge für die Person und das Vermögen des Kindes zusteht. Wollte man in dem fraglichen Falle die Einwilligung des Vaters fordern, so würde die Einwilligung der Mutter jede Bedeutung verlieren und die Volljährigkeitserklärung überhaupt nicht erfolgen können, weil ja vorausgesetzt wird, daß der Vater an der Ausübung der elterlichen Gewalt, also auch an der Erteilung der Einwilligung tatsächlich verhindert ist. Diese Gründe dürften es rechtfertigen, den Wortlaut des § 4 als ungenau zu behandeln und ihn in demjenigen Sinne auszulegen, welcher sich aus der Berücksichtigung des § 1685 ergibt. A. A. Hölder, Erl. 2a zu § 4.

Eine weitere zweifelhafte Frage ist die, ob die Einwilligung des Vaters zu der Volljährigkeitserklärung auch dann erforderlich ist, wenn seine Gewalt lediglich auf die Vertretung des Kindes in den die Person betreffenden Angelegenheiten und auf die elterliche Nutznießung beschränkt ist, während ihm im übrigen weder die Sorge für die Person noch für das Vermögen des Kindes zusteht. Ein solches Verhältnis kann eintreten, wenn das Recht der Sorge für die Person des Kindes nach den §§ 1633, 1635 auf die Vertretung beschränkt ist und der Gewalthaber auf Grund des § 1647 oder des § 1670 die Vermögensverwaltung verloren hat. In Fällen dieser Art dürfte indessen eine von dem Wortlaute des § 4 abweichende Auslegung

§. 5. Die Volljährigkeitserklärung soll nur erfolgen, wenn sie das Beste des Minderjährigen befördert.

§. 6. Entmündigt kann werden:

1. wer in Folge von Geisteskrankheit oder von Geistesschwäche seine Angelegenheiten nicht zu besorgen vermag;
2. wer durch Verschwendung sich oder seine Familie der Gefahr des Nothstandes aussetzt;

---

nicht gerechtfertigt sein, weil das dem Vater verbliebene Recht der Vertretung des Kindes in den die Person betreffenden Angelegenheiten nicht nur formell, sondern auch materiell ein wesentlicher Teil des Rechtes der Sorge für die Person des Kindes ist.

Außer in den bisher erörterten Fällen findet die Vorschrift, daß die Einwilligung des Gewalthabers zu der Volljährigkeitserklärung nicht erforderlich ist, wenn ihm weder die Sorge für die Person noch die Sorge für das Vermögen des Kindes zusteht, auch dann Anwendung, wenn dem Gewalthaber auf Grund des § 1666 das Recht der Sorge für die Person des Kindes von dem Vormundschaftsgericht entzogen ist und er zugleich die Vermögensverwaltung auf Grund des § 1647 oder des § 1670 verloren hat;

4. Bei der **Vorschrift des § 4 Abs. 2** ist der Gesichtspunkt maßgebend gewesen, daß durch die Heirat der Tochter das Band zwischen ihr und dem Gewalthaber gelockert wird und die Gefahr nahe liegt, daß der Gewalthaber, wenn die minderjährige Tochter Witwe geworden ist, die Einwilligung zu der im Interesse der Tochter dringend wünschenswerten Volljährigkeitserklärung aus egoistischen Gründen verweigern könnte. Der minderjährigen Witwe die minderjährige geschiedene Ehefrau gleichzustellen, dürfte bei dem singulären Charakter der Vorschrift bedenklich sein (a. A. Hölder, Erl. 2α zu § 4; Dernburg I S. 154; Enneccerus-Lehmann I § 19 Anm. 2).

5. In betreff der **Art, in welcher die Einwilligung des Gewalthabers zu erteilen ist,** gilt das in der Erl. 1 Gesagte. Die **Folgen eines Mangels der erforderlichen Einwilligung** bestimmen sich nach dem in der Erl. 5 zu § 3 Gesagten.

6. **Ein Widerruf der Einwilligung** ist bis zum Erlasse der Verfügung, durch welche die Volljährigkeitserklärung erfolgt, zulässig.

§ 5.

E. I § 27; II § 13 Abs. 2 rev. § 5; III § 5. P. I S. 46 ff., 8855 ff.; M. I S. 55 ff. P. II Bd. 1 S. 51, 52.

Durch die scheinbar selbstverständliche Vorschrift des § 5 soll dem Vormundschaftsgerichte, dessen Ermessen nach der Fassung des § 3 „kann für volljährig erklärt", entscheiden würde, eine Direktive dahin gegeben werden, daß **das Interesse des Minderjährigen** nicht etwa das Interesse dritter Personen, **maßgebend sein soll.** Die Vorschrift des E. I, nach welcher Verwandte und Verschwägerte des Minderjährigen, vor der Volljährigkeitserklärung gehört werden sollen, ist für Minderjährige, die unter Vormundschaft stehen, durch die allgemeine Vorschrift des § 1847 gedeckt; die entsprechende Anwendung dieser Vorschrift auf Minderjährige, die unter elterlicher Gewalt stehen, ist unbedenklich.

Im E. I § 27 war auch noch die Anhörung der Vormünder und Pfleger vorgeschrieben Die Vorschrift ist zwar gestrichen; das Vormundschaftsgericht wird aber, um der ihm nach § 5 obliegenden Aufgabe gerecht zu werden, vor der Entscheidung über die Volljährigkeitserklärung regelmäßig Vormünder und Pfleger anhören müssen. Das gleiche gilt, wenn der Mutter, falls diese die elterliche Gewalt hat, ein Beistand beigeordnet ist, von dessen Anhörung, obwohl § 1690 Abs. 3 keine direkte Anwendung findet.

§ 6.

E. I §§ 28, 29, 1739; II § 14 rev. § 6; III § 6. P. I S. 48 ff., 11615, 11616; M. I S. 60 ff. P. II Bd. 1 S. 31 ff., Bd. 4 S. 839 ff., Bd. 6 S. 112, 121. D. S. 606. RB. S. 1936. StB. S. 2729 ff.

Brasch, Die Geisteskranken im BGB. 1899. Krafft-Ebing, Die zweifelhaften Geisteszustände vor dem Civilrichter des Deutschen Reiches nach Einführung des BGB. 1899. Kornfeld, Die Entmündigung Geistesgestörter 1901. Levis, Die Entmündigung Geisteskranker 1901.

3. wer in Folge von Trunksucht seine Angelegenheiten nicht zu besorgen vermag oder sich oder seine Familie der Gefahr des Nothstandes aussetzt oder die Sicherheit Anderer gefährdet.

Die Entmündigung ist wiederaufzuheben, wenn der Grund der Entmündigung wegfällt.

Samter, Streitpunkte aus dem Gebiete des Entmündigungsverfahrens und des Irrwesens, in Gruch. Bd. 45 S. 1 ff. Brunswig, Die Handlungsfähigkeit der Geisteskranken nach dem BGB. 1902.

1. **Wirkungen der Entmündigung.** Der § 6 bestimmt die Fälle, in welchen ein Mensch entmündigt werden kann. Das Wesen der Entmündigung ergibt sich aus deren Folgen. Sie hat, wenn sie wegen Geisteskrankheit erfolgt, Geschäftsunfähigkeit, in allen anderen Fällen Beschränkung der Geschäftsfähigkeit zur Folge (§§ 104, 114); der Entmündigte erhält einen Vormund (§ 1896). Dieser hat, soweit erforderlich, für die Person und das Vermögen des Entmündigten zu sorgen. Über weitere Folgen der Entmündigung s. die §§ 1418 Nr. 3, 1425, 1428, 1468 Nr. 4, 1495 Nr. 4, 1542, 1547, 1906—1908, 2229, 2230.

2. **Entmündigung wegen Geisteskrankheit oder Geistesschwäche.** Unter zwei Voraussetzungen ist diese Entmündigung zulässig. Die betreffende Person muß außer stande sein, ihre Angelegenheiten zu besorgen und diese Unfähigkeit muß ihren Grund in Geisteskrankheit oder Geistesschwäche haben. Die Entmündigung hat den Zweck, sowohl denjenigen, welcher zur Besorgung seiner Angelegenheiten wegen Geisteskrankheit oder Geistesschwäche unfähig ist, als auch diejenigen Personen zu schützen, welche mit ihm in Verkehr stehen. Der Schutz wird gewährt einerseits durch die Entziehung oder Beschränkung der Geschäftsfähigkeit, andererseits durch die Anordnung der Vormundschaft (s. Levis S. 64 ff.).

a) **Die Unfähigkeit zur Besorgung der Angelegenheiten** darf sich nicht auf einzelne Angelegenheiten des zu Entmündigenden beschränken. In Fällen dieser Art ist für die betreffende Person durch Anordnung einer Pflegschaft zu sorgen (§ 1910 Abs. 2). Andererseits aber wird man nicht fordern dürfen, daß die Unfähigkeit sich auf alle Angelegenheiten bezieht (a. A. RG. Bd. 50 Nr. 42). Dagegen spricht, daß der wegen Geistesschwäche Entmündigte in manchen Beziehungen sowohl tatsächlich als auch rechtlich (§§ 107, 114) für seine Angelegenheiten selbst zu sorgen imstande ist, daß also die Unfähigkeit zur Besorgung aller Angelegenheiten nicht die Voraussetzung der Entmündigung sein kann. Der Umfang der Angelegenheiten, zu deren Besorgung der zu Entmündigende außer stande sein muß, ist nach dem Zwecke zu bestimmen, welchen die Entmündigung verfolgt. Sie hat einzutreten, wenn der Kreis dieser Angelegenheiten ein so erheblicher ist, daß der erforderliche Schutz nur auf diesem Wege erreicht werden kann (Levis S. 68). Der Ausdruck „Angelegenheiten" ist im weitesten Sinne zu nehmen. Es fällt darunter also nicht bloß die Vornahme von Rechtshandlungen aller Art, sondern auch die tatsächliche Sorge für die eigene Person, unter Umständen auch öffentlichrechtliche Angelegenheiten. In dem sog. Querulantenwahnsinn kann daher unter Umständen auch eine Unfähigkeit der betreffenden Person zur Besorgung ihrer Angelegenheiten gefunden werden (Dernburg I § 63 Anm. 8). Die Unfähigkeit darf keine ihrer Natur nach nur vorübergehende sein, doch schließt selbstverständlich die bloße Möglichkeit und selbst die Wahrscheinlichkeit eines spätern Wegfalls der Unfähigkeit die Entmündigung nicht aus. Die Möglichkeit tatsächlicher Gefährdung anderer Personen reicht, abweichend von dem im § 6 Nr. 3 bestimmten Falle der Entmündigung wegen Trunksucht zur Entmündigung wegen Geisteskrankheit oder Geistesschwäche, nicht aus (RG. Bd. 38 Nr. 50); jedoch wird in solchem Falle regelmäßig wohl auch eine Unfähigkeit der betreffenden Person zur Besorgung ihrer Angelegenheiten anzunehmen sein.

b) Der Grund der Unfähigkeit muß in **Geisteskrankheit** oder **Geistesschwäche** liegen. Im E. I § 28 war als Voraussetzung der Entmündigung wegen Geisteskrankheit bestimmt, daß der zu Entmündigende des Vernunftgebrauchs beraubt sei. Mit Rücksicht auf die von der Kritik, insbesondere von den Irrenärzten erhobenen Einwendungen ist diese Fassung aufgegeben und von jeder Definition abgesehen. Sowohl die Geisteskrankheit wie die Geistesschwäche ist eine geistige Anomalie. Das Wort „Krankheit" darf, wie sowohl von der ersten wie von der zweiten Kommission angenommen ist, nicht in dem engeren Sinne einer erst während des Lebens eingetretenen Störung der Gesundheit verstanden werden; vielmehr sind darunter auch solche Fälle mit begriffen, in denen der geistige Mangel angeboren ist. Nicht genügend ist der Mangel an Bildung, auch wenn dieser ein so vollständiger ist, daß die betreffende Person wegen ihrer völligen

Unfähigkeit, die Lebens- und Verkehrsverhältnisse richtig zu beurteilen, ihre Angelegenheiten ordnungsmäßig zu besorgen außer stande ist (a. A. **Levis** S. 82). Die Frage, ob eine geistige Anomalie vorliegt, welche als Geisteskrankheit oder Geistesschwäche bezeichnet werden muß, ist von den medizinischen Sachverständigen zu entscheiden, wogegen die Frage, ob infolge davon eine Unfähigkeit der betreffenden Person zur Besorgung ihrer Angelegenheiten anzunehmen ist unter Zugrundelegung der von den Sachverständigen anzugebenden Folgen, welche die geistige Anomalie auf das Denken, Fühlen und Wollen hat, von dem Gerichte zu beurteilen ist.

Zweifelhaft ist, worin der **Unterschied zwischen Geisteskrankheit und Geistesschwäche** liegt. Die Frage ist praktisch von der größten Bedeutung, weil die Entmündigung wegen Geisteskrankheit, Geschäftsunfähigkeit, die Entmündigung wegen Geistesschwäche nur Beschränkung der Geschäftsfähigkeit zur Folge hat. Die Zulässigkeit der Entmündigung wegen Geistesschwäche ist erst von der zweiten Kommission hinzugefügt. Im E. I § 1739 war in betreff der Geistesschwäche nur bestimmt, daß demjenigen, welcher durch seinen geistigen Zustand behindert sei, seine Vermögensangelegenheiten zu besorgen, ein Pfleger bestellt werden könne. Diese Pflegschaft hatte aber keine Beschränkung der Geschäftsfähigkeit zur Folge. Wegen bestimmter körperlicher Gebrechen konnte nach § 1727 der Gebrechliche des vormundschaftlichen Schutzes für bedürftig erklärt werden, und trat in diesem Falle eine Beschränkung der Geschäftsfähigkeit ein. In der Kritik wurde von vielen Seiten die Ansicht vertreten, daß den Geistesschwachen ein weitergehender Schutz zu teil werden müsse, als nach § 1739 möglich sei und wurde zu diesem Zwecke die Ausdehnung des § 1727 auf Geistesschwäche empfohlen. Bei der Beratung der zweiten Kommission wurde das Bedürfnis eines weitergehenden Schutzes für Geistesschwache anerkannt, aber Bedenken getragen, diesen Schutz durch Erweiterung des § 1727 zu gewähren. Das Bedenken hatte darin seinen Grund, daß die im Falle des § 1727 eintretende Beschränkung der Geschäftsfähigkeit einen so tiefen Eingriff in die Rechtsstellung des davon Betroffenen enthalte, daß das gewöhnliche Verfahren vor dem Vormundschaftsgerichte nicht die genügenden Garantieen gegen die unrichtige Anwendung der bezüglichen Vorschriften biete. Deshalb wurde beschlossen, die Vorschriften über Entmündigung auf die Geistesschwäche auszudehnen. Die Unterscheidung zwischen Geisteskrankheit und Geistesschwäche kann nicht in dem Grunde gefunden werden, auf welchem der in beiden Fällen vorhandene anomale Zustand beruht. Denn der eine wie der andere Zustand kann sowohl angeboren sein als durch spätere Krankheit entstehen. In der Kommission war beantragt, im Anschluß an § 104 zu bestimmen, daß die Entmündigung wegen Geisteskrankheit zulässig sei, wenn dadurch die freie Willensbestimmung ausgeschlossen werde und der Kranke infolge davon seine Angelegenheiten nicht zu besorgen vermöge (P. II Bd. 6 S. 112). Der Antrag wurde indessen abgelehnt. Für den Gesetzgeber — so wurde ausgeführt — komme es nicht darauf an, ob vom psychiatrischen Standpunkte die Geistesschwäche auch Geisteskrankheit sei. Der Gesetzgeber müsse damit rechnen, daß es Zustände der geistigen Unvollkommenheit gebe, die nach der gewöhnlichen Auffassung nicht unter den Begriff der Geisteskrankheit fielen, trotzdem aber dem Geistesschwachen die Besorgung seiner Angelegenheiten unmöglich machten. Der Unterschied, der im praktischen Leben zwischen Geisteskrankheit und Geistesschwäche gemacht werde, genüge, um ihn zum Gegenstande zweier verschiedener Entmündigungsfälle zu machen. Es bestehe kein Bedürfnis, den Gegensatz dadurch besonders scharf hervortreten zu lassen, daß man unter Geisteskrankheit nur solche Fälle subsumiere, die nach § 104 schon von selbst die Geschäftsunfähigkeit begründeten.

Ob nach der Auffassung des Lebens, auf die in diesen Erwägungen verwiesen wird, so scharf zwischen Geisteskrankheit und Geistesschwäche unterschieden wird, daß dadurch ein brauchbarer Anhaltspunkt für die Anwendung des Gesetzes gewonnen wird, mag dahingestellt bleiben. Das Gesetz selbst dürfte indessen genügende Anhaltspunkte geben, um die Unbestimmtheit, welche die Auffassung des Lebens läßt, zu beseitigen. Entscheidend für die Unterscheidung kann nur der Grad der geistigen Anomalie sein, nicht der Grund und die Art desselben. Für die Bestimmung dieses Grades werden die Folgen in Betracht gezogen werden müssen, die sich an die Geisteskrankheit und die Geistesschwäche knüpfen. Die erstere hat volle Geschäftsunfähigkeit, die letztere nur Beschränkung der Geschäftsfähigkeit zur Folge. Der Grad der geistigen Anomalie, welcher als Geisteskrankheit zu betrachten ist, muß also ein solcher sein, daß er dazu berechtigt, die volle Geschäftsunfähigkeit eintreten zu lassen. Diese tritt nach § 104 ein bei einem die freie Willensbestimmung ausschließenden Zustande krankhafter Störung der Geistestätigkeit, sofern nicht der Zustand seiner Natur nach ein vorübergehender ist. In Fällen dieser Art wird man immer eine Geisteskrankheit im Sinne des § 6 anzunehmen haben. Hierbei wird man indessen nicht (wiein den ersten beiden Auflagen geschehen) stehen bleiben dürfen. Es gibt manche Fälle, in denen die Frage, ob ein Zustand, der im § 104 Nr. 2 bezeichneten Art vorliegt, außerordentlich zweifelhaft ist, während kein Zweifel darüber besteht, daß die geistige Anomalie einen solchen Grad erreicht hat, daß die betreffende Person zur Besorgung ihrer Angelegenheiten ebenso unfähig ist wie ein Kind unter sieben Jahren. Wird dies festgestellt, so muß die Entmündigung wegen Geisteskrankheit erfolgen, ohne daß es einer Entscheidung darüber bedarf, ob ein Zustand, der im § 104 Nr. 2 bezeichneten Art vorliegt. Liegt jene Voraussetzung nicht vor, macht also die geistige Anomalie die betreffende Person zur Besorgung ihrer Angelegenheiten nur in demselben Grade unfähig, wie dies bei einem Minderjährigen über sieben Jahre der Fall ist, so hat die Entmündigung wegen Geistesschwäche zu erfolgen (ebenso Rspr. Bd. 5 S. 10, RG. Bd. 50 S. 208; vgl. auch Levis, S. 104ff.). In dem Antrag auf Entmündigung wegen Geisteskrankheit wird immer auch der eventuelle Antrag auf Entmündigung wegen Geistesschwäche zu finden sein. Nach RG. Bd. 52 S. 240 kann übrigens für einen Geistesschwachen, der nach § 6 entmündigt werden könnte, im Falle des Bedürfnisses auf Grund des § 1910 Abs. 2 auch ein Pfleger für einzelne Angelegenheiten bestellt werden.

3. Entmündigung wegen Verschwendung. Der Begriff der Verschwendung ist nicht definiert und bedarf einer solchen Definition nicht. Der E. I versuchte einen Anhaltspunkt dadurch zu geben, daß er auf verschwenderische Lebensweise oder verschwenderische Geschäftsführung abstellte. Von der zweiten Kommission ist dies weggelassen, weil man es bei richtiger Auslegung für selbstverständlich hielt, andererseits aber besorgte, daß der Ausdruck „verschwenderische Geschäftsführung" irreleiten könne. Auch eine Geschäftsführung kann zwar verschwenderisch sein, aber sie ist dies nicht schon dann, wenn die Geschäfte leichtfertig geführt werden, sondern erst dann, wenn sie den für die Verschwendung maßgebenden Charakter einer sinnlosen, den Vermögensverhältnissen nicht entsprechenden Vergeudung des Vermögens hat. Die Verschwendung muß sich immer auf das Vermögen beziehen. Verschwendung von Arbeitskraft oder Gesundheit kommt nicht in Betracht. Regelmäßig wird sich die Verschwendung in übermäßigen Ausgaben zeigen. Es ist dies aber kein unbedingtes Erfordernis. In RG. Bd. 21 S. 167 wird mit Recht gesagt, daß es genüge, wenn ein die wirtschaftliche Existenz der betreffenden Person bedrohendes Verhalten vorliege, welches einen Hang derselben zur Vermögensverschwendung erkennen lasse. Die Verschwendung beruht immer auf einem Charakterfehler (s. Rehbein, Erl. zu §§ 1—20, III, 5. A. A. wie es scheint RG. Bd. 7 S. 346, Bd. 36 S. 238). Der Begriff der Verschwendung wird nicht dadurch ausgeschlossen, daß die übermäßigen Ausgaben zu guten Zwecken erfolgen; jedoch muß das Übermaß immer auf jenem Charakterfehler beruhen; Aufopferung von Vermögen für das Vaterland oder fremde Not aus sittlichen Motiven ist keine Verschwendung (s. Rehbein a. a. O.; vgl. auch Hölder, Erl. zu § 6 II b).

Der Zweck der Entmündigung wegen Verschwendung ist der Schutz des Verschwenders gegen sich selbst und der Schutz seiner Familie. Deshalb findet sie nur statt, wenn der Verschwender durch seine Verschwendung sich oder seine Familie der Gefahr des Notstandes aussetzt. Eine beträchtliche Vermögensverminderung braucht nicht bereits eingetreten zu sein. Es genügt, wenn sie bei Fortsetzung des verschwenderischen Verhaltens in sichere Aussicht steht und dadurch die Gefahr des Notstandes begründet wird. Zu der Familie gehören alle, denen die betreffende Person den Unterhalt zu gewähren gesetzlich verpflichtet ist.

Über Fälle, in welchen das verschwenderische Verhalten auch ohne Entmündigung rechtliche Folgen hat, s. die §§ 1468 Nr. 4, 1495 Nr. 4, 1542.

4. Entmündigung wegen Trunksucht. Die Entmündigung wegen Trunksucht ist erst von der zweiten Kommission hinzugefügt. Sie wurde von vielen Seiten gewünscht, aber auch lebhaft bekämpft. Ihr Zweck ist, den schweren wirtschaftlichen und sozialen Übelständen entgegenzuwirken, welche für den Einzelnen, für seine Familie und für das ganze Volksleben aus dem übermäßigen Genusse geistiger Getränke erwachsen. Auf dem Boden des bürgerlichen Rechtes ist eine solche Gegenwirkung nur durch die Zulassung der Entmündigung möglich.

Voraussetzung der Entmündigung ist Trunksucht. Der übermäßige Genuß der geistigen Getränke für sich allein genügt nicht, nicht einmal dann, wenn er sich häufiger wiederholt; ebensowenig die Gewohnheit, geistige Getränke zu sich zu nehmen. Der Ausdruck „Sucht" läßt erkennen, daß erfordert wird ein krankhafter Zustand, infolgedessen die betreffende Person unter gewöhnlichen Verhältnissen nicht mehr die Kraft hat, dem Anreize zum übermäßigen Genusse geistiger Getränke zu widerstehen. Die Erfahrung zeigt leider, daß es viele gibt, die trunksüchtig in diesem Sinne sind und die eben deshalb, weil ihr Zustand ein krankhafter ist, regelmäßig nur durch eine besondere Behandlung in einer Trinkerheilanstalt geheilt werden können. Nur der Genuß berauschender Getränke kommt in Betracht. Morphiumsucht ist keine Trunksucht und auch eine analoge Anwendung der Vorschriften über Trunksucht auf Fälle dieser Art ist unzulässig.

Dem dreifachen Zwecke der Entmündigung wegen Trunksucht, der Fürsorge für den Trinker selbst, für seine Familie und für das öffentliche Wohl, entsprechen die drei im § 6 Nr. 3 bestimmten Voraussetzungen, deren jede genügt, um die Entmündigung zu begründen. Der Entmündigte muß entweder infolge der Trunksucht seine Angelegenheiten nicht mehr zu besorgen vermögen oder sich oder seine Familie der Gefahr des Notstandes aussetzen oder die Sicherheit anderer gefährden. Die erstgedachten beiden Voraussetzungen sind dieselben wie bei der Entmündigung wegen Geisteskrankheit oder Geistesschwäche bezw. Verschwendung. Die letztgedachte Voraussetzung darf nicht, wie Levis (S. 72) annimmt, auf solche Fälle beschränkt werden, in denen der Trunksüchtige durch die Art, in welcher er seine Angelegenheiten besorgt, die Sicherheit anderer gefährdet. Nach dem Wortlaut und nach dem Zwecke der Vorschrift genügt vielmehr jede Art der Gefährdung, insbesondere also die Gefahr, daß der Trunksüchtige in der Trunkenheit die Person oder das Vermögen anderer beschädigt. Über die Fälle, in welchen durch sinnlose Trunkenheit die Handlungsfähigkeit ausgeschlossen wird, s. die §§ 105, 827. Durch die infolge der Entmündigung eintretende Beschränkung der Geschäftsfähigkeit und die damit verbundene Fürsorge des Vormundes kann jenen Gefahren meistens wirksam entgegengetreten werden. Der Vormund ist insbesondere auch berechtigt, den Trunksüchtigen gegen seinen Willen in eine Trinkerheilanstalt zu bringen und ihn dort bis zu seiner Heilung festzuhalten. Liegt eine der gedachten Voraussetzungen vor, so kann die Entmündigung auch dann eintreten, wenn der Trunksüchtige ein sog. Quartalssäufer ist.

5. Entmündigungsverfahren. Levis S. 109ff. Die Vorschriften der CPO. über das Entmündigungsverfahren sind in der jetzigen CPO. mehrfach geändert und durch Vorschriften über die Entmündigung wegen Geistesschwäche und wegen Trunksucht ergänzt. Aus diesen Änderungen ist folgendes hervorzuheben:

a) Auf die Entmündigung wegen Geistesschwäche finden die Vorschriften über Entmündigung wegen Geisteskrankheit Anwendung. Der die Entmündigung aussprechende Beschluß ist jedoch nach § 660 auch dem Entmündigten selbst zuzustellen, und die Entmündigung tritt nach § 661 erst mit dieser Zustellung in Wirksamkeit. Auch die Frist für die Erhebung der Anfechtungsklage beginnt für den Entmündigten erst mit der Zustellung des Entmündigungsbeschlusses an ihn.

b) In betreff des Rechtes, die Entmündigung wegen Geisteskrankheit oder Geistesschwäche zu beantragen, wird der bisherige § 595 der CPO. dahin geändert (§ 646 der CPO.):

„Der Antrag kann von dem Ehegatten, einem Verwandten oder demjenigen gesetzlichen Vertreter des zu Entmündigenden gestellt werden, welchem die Sorge für die Person zusteht. Gegen eine Person, die unter elterlicher Gewalt oder unter Vormundschaft steht, kann der Antrag von einem Verwandten nicht gestellt werden. Gegen eine Ehefrau kann der Antrag von einem Verwandten nur gestellt werden, wenn auf Aufhebung der ehelichen Gemeinschaft erkannt ist oder wenn der Ehemann die Ehefrau verlassen hat oder wenn der Ehemann zur Stellung des Antrags dauernd außer stande oder sein Aufenthalt dauernd unbekannt ist.

In allen Fällen ist auch der Staatsanwalt bei dem vorgesetzten Landgerichte zur Stellung des Antrags befugt."

Das Recht, den Antrag auf Entmündigung wegen Verschwendung oder Trunksucht zu stellen, bestimmt sich nach CPO. § 646 Abs. 1. Der Staatsanwalt ist nicht antragsberechtigt. Unberührt bleiben aber die Landesgesetze, nach welchen eine Gemeinde oder ein Armenverband die Entmündigung wegen Trunksucht beantragen kann.

c) Auf die Entmündigung wegen Trunksucht finden die Vorschriften der CPO. über die Entmündigung wegen Verschwendung Anwendung (§ 680 der CPO.). Das Gericht kann jedoch, wenn die Entmündigung wegen Trunksucht beantragt ist, die Beschlußfassung über die Entmündigung aussetzen, wenn Aussicht besteht, daß der zu Entmündigende sich bessern werde (§ 681 der CPO.).

6. Ermessen des Vormundschaftsgerichts. Der Ausdruck „entmündigt **kann** werden" hat nicht nur die Bedeutung, daß die Entmündigung unter den in dem § 6 bestimmten Voraussetzungen zulässig ist, sondern es wird dadurch dem Gericht auch die Pflicht auferlegt, die Entmündigung auszusprechen, wenn dies nach seinem pflichtmäßigen Ermessen der Absicht des Gesetzes entspricht (s. oben S. 25, 4a). Der Absicht des Gesetzes wird die Entmündigung regelmäßig

§. 7. Wer sich an einem Orte ständig niederläßt, begründet an diesem Orte seinen Wohnsitz.

Der Wohnsitz kann gleichzeitig an mehreren Orten bestehen.

Der Wohnsitz wird aufgehoben, wenn die Niederlassung mit dem Willen aufgehoben wird, sie aufzugeben.

---

entsprechen, wenn die materiellen und prozessualischen Voraussetzungen der Zulässigkeit vorliegen. In einzelnen Fällen wird indessen die Entmündigung zu unterbleiben haben, weil es an einem Bedürfnisse fehlt. Zulässig ist z. B. auch die Entmündigung eines Minderjährigen aus einem der in dem § 6 bezeichneten Gründen. Hat der Minderjährige aber das sechzehnte Lebensjahr noch nicht vollendet, so fehlt es an jedem Bedürfnis, ihn zu entmündigen; denn die Minderjährigkeit hat in solchem Falle in der hier in Betracht kommenden Beziehung dieselben rechtlichen Folgen wie die Entmündigung. Hat der Minderjährige aber das sechzehnte Lebensjahr bereits vollendet, so steht die Minderjährigkeit nach § 2229 der Errichtung einer letztwilligen Verfügung nicht entgegen, während er im Falle der Entmündigung nach §§ 104, 2229 zu einer solchen Verfügung unfähig ist. Hier liegt also ein Bedürfnis, die Entmündigung auszusprechen, vor. Ein solches Bedürfnis wird auch schon einige Zeit vor der Vollendung des sechzehnten Lebensjahres anzunehmen sein, weil der Minderjährige, wenn er bei der Vollendung des sechzehnten Lebensjahres noch nicht entmündigt wäre, wirksam eine letztwillige Verfügung errichten könnte. Ein wegen Geistesschwäche, Verschwendung oder Trunksucht Entmündigter kann wegen Geisteskrankheit entmündigt werden, wenn die Voraussetzungen dafür vorliegen, weil die Entmündigung wegen Geisteskrankheit weitergehende Folgen hat als die Entmündigung aus anderen Gründen; jedoch wird die Vormundschaft hier zu prüfen haben, ob ein Bedürfnis zu einer solchen Umwandlung der bisherigen Entmündigung vorliegt. Einen wegen Geistesschwäche Entmündigten noch wegen Verschwendung oder wegen Trunksucht zu entmündigen oder umgekehrt, wird nie ein Bedürfnis vorliegen, weil alle diese Arten der Entmündigungen dieselben rechtlichen Folgen haben. Dagegen kann die Entmündigung wegen Geisteskrankheit, wenn sich herausstellt, daß die Voraussetzungen derselben nicht vorliegen, wohl aber die Voraussetzung der Entmündigung wegen Geistesschwäche, Verschwendung oder Trunksucht in eine Entmündigung aus einem dieser Gründe umgewandelt werden. Es handelt sich hier prinzipiell um eine Aufhebung der Entmündigung wegen Geisteskrankheit und um eine neue Entmündigung aus einem der anderen Gründe. Beides wird aber in einem Verfahren verbunden werden können (s. DIZ. 1901 S. 255, 256).

7. Nach EG. Art. 8 kann auch ein **Ausländer** im Inlande nach den deutschen Gesetzen entmündigt werden, wenn er seinen Wohnsitz oder, falls er keinen Wohnsitz hat, seinen Aufenthalt im Inlande hat (s. Erl. zu Art. 8 des EG.). **Übergangsvorschriften** s. EG. Art. 155, 156 und die Erl. zu diesen.

§ 7.

E. I § 34; II § 17 rev. § 7; III § 7. P. I S. 52, 53; M. I S. 68 ff. P. II Bd. 1 S. 37 ff. RB. I S. 1937.

1. Die §§ 7, 8 enthalten die allgemeinen Grundsätze über Erwerb und Verlust des Wohnsitzes, die §§ 9—11 die besonderen Vorschriften über den gesetzlichen Wohnsitz.

2. **Wohnsitz und Wohnort** sind nicht identisch. Wohnort bezeichnet den Ort, an welchem jemand tatsächlich wohnt (s. z. B. §§ 570, 1354), während Wohnsitz ein rechtlicher Begriff ist, der indessen von dem BGB. nicht unmittelbar, sondern nur mittelbar dadurch definiert wird, daß Vorschriften über den Erwerb und den Verlust des Wohnsitzes gegeben werden. Der Versuch einer direkten Definition des Wohnsitzes würde unfruchtbar und mit Rücksicht auf die Vorschriften über den gesetzlichen Wohnsitz kaum möglich sein.

Der Begriff des Wohnsitzes ist von Bedeutung sowohl für das Prozeßrecht wie für das materielle Recht. Durch den Wohnsitz wird nach § 13 der CPO. der allgemeine Gerichtsstand einer Person bestimmt. Wo der Wohnsitz ist, entscheidet sich nach den Vorschriften des bürgerlichen Rechtes, also nach dem BGB. (über die besonderen Bestimmungen der §§ 14—17 der bisherigen CPO. s. Erl. zu §§ 9, 10). Die civilrechtliche Bedeutung des Wohnsitzes hat sich in einer Beziehung durch das BGB. erheblich vermindert. Nach der herrschenden gemeinrechtlichen Auffassung war der Wohnsitz in Beziehung auf den status einer Person sowie auf das Erbrecht entscheidend für das zur Anwendung kommende Recht und hatte bei der großen Verschiedenheit des in Deutschland geltenden Rechtes daher eine große praktische Bedeutung. Diese Bedeutung fällt weg, da einerseits durch das BGB. einheitliches Recht für ganz Deutschland geschaffen wird, und andererseits nach den Vorschriften des EG. über das sog. internationale Privatrecht (Art. 7 bis 31) in den gedachten Beziehungen nicht mehr der Wohnsitz, sondern die Staatsangehörigkeit entscheidend ist und der Wohnsitz nach Art. 29 nur subsidiär in Frage kommt. Immerhin ist auch künftig noch der Wohnsitz für eine Reihe civilrechtlicher Fragen von Bedeutung (s. z. B. §§ 269, 270, 1433, 1944, 1954).

3. **Erwerb des Wohnsitzes.** In der Vorschrift „Wer sich an einem Orte ständig niederläßt" liegt ein objektives und ein subjektives Moment ausgedrückt. Es muß eine ständige Niederlassung stattfinden, und es muß diese ständige Niederlassung gewollt sein. Das Erfordernis des Willens ist nicht ausdrücklich ausgesprochen, ergibt sich aber aus den Worten „Wer sich niederläßt". Beide Momente, das objektive und das subjektive, müssen zusammentreffen, um den Wohnsitz zu begründen. Wann eine ständige Niederlassung vorliegt, ist eine Tatfrage. Das Wort „ständig" bezeichnet das Erfordernis des dauernden im Gegensatze zum nur vorübergehenden Aufenthalt. Aber der Aufenthalt braucht kein ununterbrochener zu sein; kürzere oder längere Abwesenheit schließt auch, wenn sie von vornherein beabsichtigt ist, die Ständigkeit nicht aus, sofern nur nach jeder Abwesenheit die Rückkehr an den Ort des Wohnsitzes erfolgt. Der auf die ständige Niederlassung gerichtete Wille braucht nicht ausdrücklich erklärt zu sein; er ist vielmehr aus den Umständen zu entnehmen. Nicht erforderlich ist die Absicht, an dem betreffenden Orte für immer zu bleiben; aber andererseits darf nicht von vornherein ein nur vorübergehender Aufenthalt beabsichtigt sein. Deshalb erwirbt den Wohnsitz nicht ein Schüler an dem Orte der Lehranstalt, der Kranke nicht an dem Orte der Heilanstalt. Auch durch das Gesindeverhältnis wird ein Wohnsitz nicht begründet (Rspr. Bd. 2 S. 443), doch bleiben in dieser Beziehung nach EG. Art. 95 die Landesgesetze unberührt (vgl. z. B. preuß. AG. Art. 14 § 1 Abs. 4).

4. Zur **Aufhebung** des einmal begründeten **Wohnsitzes** ist der Wegfall sowohl des objektiven wie des subjektiven Moments notwendig. Die Niederlassung muß aufgehoben werden und zugleich der Wille vorliegen, sie aufzugeben. Solange die Niederlassung besteht, genügt der Aufgebungswille für sich allein nicht, um den Wohnsitz aufzuheben. Andererseits bleibt der Wohnsitz bestehen, auch wenn die Niederlassung aufgehört hat, solange der Aufgebungswille fehlt. Solche Fälle werden insbesondere dann anzunehmen sein, wenn jemand, der auf Reisen ist, das Wohnhaus, in dem er an seinem Wohnsitze bisher gewohnt hat, veräußert und infolge davon an diesem Orte keine Wohnung mehr hat, seine Absicht aber dahin geht, doch nach Beendigung seiner Reise nach dem Orte seines Wohnsitzes zurückzukehren. Ob der Aufgebungswille vorliegt, ist aus den Umständen zu entnehmen; eine Erklärung, die Niederlassung nicht aufgeben zu wollen, wird dann nicht zu berücksichtigen sein, wenn der Wille, sie aufzugeben, aus den Umständen unzweideutig erhellt. Bei der Untersuchung, ob ein solcher Widerspruch zwischen Erklärung und Wille anzunehmen ist, wird jedoch die Möglichkeit eines mehrfachen Wohnsitzes zu berücksichtigen sein. Wird der Wohnsitz aufgegeben, ohne daß ein neuer Wohnsitz begründet wird, so ist die betreffende Person ohne Wohnsitz. In manchen Fällen, in denen rechtliche Folgen an den Wohnsitz geknüpft sind, tritt, wenn die betreffende Person ohne Wohnsitz ist, an die Stelle des Wohnsitzes der Aufenthaltsort, bisweilen auch der letzte Wohnsitz. In betreff des Gerichtsstandes trifft § 16 der CPO. Fürsorge.

5. **Mehrfacher Wohnsitz.** Der Abs. 2 des § 7 entscheidet die zweifelhafte Frage, ob jemand einen mehrfachen Wohnsitz haben kann, abweichend von dem code civil, aber in Übereinstimmung mit der herrschenden gemeinrechtlichen Auffassung, bejahend. Man kann zwar nicht an zwei Orten gleichzeitig den Mittelpunkt seiner gesamten Lebensverhältnisse haben (bei dieser, nicht selten gegebenen Definition des Wohnsitzes würde ein doppelter Wohnsitz unmöglich sein); aber das BGB. verlangt nur ständige Niederlassung, und eine solche kann man sehr wohl an mehreren Orten haben. Die eine der mehreren Niederlassungen darf nicht auf den Betrieb eines bestimmten Geschäfts beschränkt sein, sondern beide Niederlassungen müssen sich auf die gesamten Lebensverhältnisse beziehen. Ein solcher Fall wird z. B. dann anzunehmen sein, wenn jemand zwei vollständig eingerichtete Wohnungen, die eine in der Stadt, die andere auf dem Lande hat und abwechselnd bald in der einen bald in der anderen wohnt (a. A. Hölder, Erl. 4 zu § 7; Dernburg, I § 57 IV 2, die in solchen Fällen nicht mehrfachen, sondern wechselnden Wohnsitz annehmen).

6. **Aufenthalt in einer Strafanstalt.** Der § 35 des E. I enthielt die Vorschrift, daß der Aufenthalt in einer Strafanstalt nicht für sich allein die Aufhebung des Wohnsitzes begründe, den der Strafgefangene vorher gehabt, und zwar selbst dann nicht, wenn er an dem bisherigen

§. 8. Wer geschäftsunfähig oder in der Geschäftsfähigkeit beschränkt ist, kann ohne den Willen seines gesetzlichen Vertreters einen Wohnsitz weder begründen noch aufheben.

§. 9. Eine Militärperson hat ihren Wohnsitz am Garnisonorte. Als Wohnsitz einer Militärperson, deren Truppentheil im Inlande keinen Garnisonort hat, gilt der letzte inländische Garnisonort des Truppentheils.

Wohnort eine Wohnung oder häusliche Einrichtung nicht mehr hat. Dasselbe sollte für Untersuchungsgefangene und die in einer Besserungs- oder einer ähnlichen Anstalt Untergebrachten gelten. Von der zweiten Kommission ist dieser Paragraph gestrichen, indem man davon ausging, daß kein Bedürfnis vorliege, in dieser Richtung eine besondere Vorschrift zu geben. Die Anwendung der allgemeinen Grundsätze des § 7 wird zu demselben Ergebnisse führen wie die gestrichene Vorschrift. Der Aufenthalt in der Strafanstalt 2c. ist für sich allein nicht genügend, um den bisherigen Wohnsitz aufzugeben. Was hinzukommen muß, ergibt sich aus den obigen Ausführungen.

7. Über den von dem privatrechtlichen Wohnsitze verschiedenen **Unterstützungswohnsitz** s. das Ges. über den Unterstützungswohnsitz von 1870 in der Fassung des Ges. v. 12. März 1894. Über **erwählten Wohnsitz** s. EG. Art. 157.

§ 8.

E. I § 36; II § 18 rev. § 8; III § 8. P. I S. 57, 58; M. I S. 72. P. II Bd. 1 S. 39, Bd. 6 S. 119 ff.

Wohnsitz einer geschäftsunfähigen oder in der Geschäftsfähigkeit beschränkten Person. Die Vorschriften der §§ 104 ff. über Geschäftsfähigkeit beziehen sich nur auf Rechtsgeschäfte. Über ihre analoge Anwendung auf andere Rechtshandlungen s. Vorbm. X zu Abschn. 3. Die Begründung und Aufhebung des Wohnsitzes ist kein Rechtsgeschäft, aber eine Rechtshandlung. Bei der praktischen Wichtigkeit der Frage, ob der Wohnsitz begründet oder aufgehoben ist, wird in § 8 eine spezielle Vorschrift gegeben, in welcher Art die analoge Anwendung der Vorschriften über Geschäftsfähigkeit hier stattzufinden hat. Der Wille eines Geschäftsunfähigen sowie einer in der Geschäftsfähigkeit beschränkten Person soll, wie bei den Rechtsgeschäften, nicht genügen, um die hier fragliche Rechtswirkung hervorzubringen, vielmehr soll der Wille des gesetzlichen Vertreters entscheidend sein. Eine besondere Art, in der dieser Wille zu erklären ist, wird nicht vorgeschrieben. Es genügt, daß er vorhanden ist. Ob dies der Fall ist, muß aus den Umständen entnommen werden. Der Wille des Vertretenen kommt nicht in Betracht, auch wenn derselbe nur in der Geschäftsfähigkeit beschränkt ist (a. A. Hölder, Erl. 2 zu § 8). Nur das für die Begründung und Aufhebung des Wohnsitzes erforderliche subjektive Moment wird durch § 8 berührt. Das objektive Moment, das Erfordernis der ständigen Niederlassung, bleibt unverändert. Der Wille des gesetzlichen Vertreters braucht nicht schon bei der ständigen Niederlassung vorhanden zu sein; er kann auch erst später hinzutreten; doch wird in diesem Falle der Wohnsitz erst mit dem Zeitpunkte begründet, in welchem der Wille des gesetzlichen Vertreters vorliegt. Ebenso tritt die Aufhebung des Wohnsitzes erst ein, wenn zu der Aufhebung der Niederlassung der Aufhebungswille des Vertreters hinzutritt. Solange dies nicht geschehen ist, behält der Geschäftsunfähige sowie der in der Geschäftsfähigkeit Beschränkte den bisherigen Wohnsitz.

Eine besondere Vorschrift über die in einer Irrenanstalt untergebrachten Personen enthält das BGB. nicht. Es wird hier darauf ankommen, ob die Unterbringung nur zu dem vorübergehenden Zwecke der Heilung oder, wie bei unheilbaren Geisteskranken möglich ist, zu dem Zweck erfolgte, daß sie dauernd in der Anstalt verpflegt werden. Im letzteren Falle liegt das objektive Erfordernis einer ständigen Niederlassung vor und der Erwerb des Wohnsitzes an dem Orte der Anstalt hängt daher davon ab, ob der gesetzliche Vertreter die Begründung des Wohnsitzes für den Vertretenen an diesem Orte will. Dieser Wille kann auch stillschweigend erklärt werden (Rspr. Bd. 2 S. 445).

Wer gesetzlicher Vertreter ist, ergibt sich aus den Vorschriften über die elterliche Gewalt (§§ 1627 ff., 1684 ff.) sowie über die Vormundschaft (§§ 1773 ff., 1897 ff.) und über Pflegschaft (§§ 1915 ff.). Über das Recht des gesetzlichen Vertreters, den **Aufenthalt** des Vertretenen zu bestimmen s. die §§ 1631, 1800, 1901.

§§ 9–11.

1. **Gesetzlicher Wohnsitz.** Die §§ 9—11 bestimmen die Fälle, in welchen eine Person ohne Rücksicht darauf, ob die Voraussetzungen der §§ 7, 8 vorliegen, ihren Wohnsitz an einem be-

Diese Vorschriften finden keine Anwendung auf Militärpersonen, die nur zur Erfüllung der Wehrpflicht dienen oder die nicht selbständig einen Wohnsitz begründen können.

---

stimmten Orte hat. Andere **als** die in diesen Paragraphen bezeichneten Fälle des gesetzlichen Wohnsitzes kennt das BGB. nicht. Insbesondere besteht für Beamte ein gesetzlicher Wohnsitz an dem Orte ihres Amtssitzes nicht. Die abweichenden Vorschriften einiger Landesgesetze treten außer Kraft. Soweit diese Vorschriften die öffentlichrechtliche Seite des Wohnsitzes betreffen, bleiben sie unberührt. Die Reichsgesetze sprechen an verschiedenen Stellen vom dienstlichen Wohnsitze (s. z. B. das Ges. über die Erwerbung und den Verlust der Bundes- und Staatsangehörigkeit v. 1. Juni 1870 § 9 Abs. 2, Ges. betr. die Rechtsverhältnisse der Reichsbeamten v. 31. März 1873 §§ 21, 22). Unter diesem Ausdrucke wird nur der das Dienstverhältnis betreffende öffentlichrechtliche Wohnsitz zu verstehen sein. In späteren Gesetzen wird statt des Ausdrucks „dienstlicher Wohnsitz" meistens der Ausdruck „Amtssitz" gebraucht (s. z. B. CPO. § 382, V. v. 23. April 1879 §§ 3, 7, 10, 11).

Auch für Gesinde besteht kein gesetzlicher Wohnsitz (vgl. jedoch den Vorbehalt für die Landesgesetze im Art. 95 des EG.).

2. In Ansehung des **Gerichtsstandes** enthielten die §§ 14—17 der bisherigen CPO. Vorschriften über den gesetzlichen Wohnsitz, die §§ 14, 15 über den Wohnsitz der Militärpersonen, der § 16 über den Wohnsitz der Deutschen, welche das Recht der Exterritorialität besitzen und der im Ausland angestellten Beamten des Reichs oder eines Bundesstaats, der § 17 über den Wohnsitz der Ehefrau und der Kinder. Die §§ 9—11 des BGB. enthalten Vorschriften, welche mit einigen Änderungen den §§ 14, 15, 17 der CPO. entsprechen. Die §§ 15, 17 sind deshalb in der jetzigen CPO. gestrichen; der § 14 ist auf eine Bestimmung für den Fall beschränkt, daß der als Wohnort dienende Garnisonort in mehrere Gerichtsbezirke zerfällt. Der § 16 ist als § 15 in der CPO. verblieben, hat aber mit Rücksicht darauf eine etwas andere Fassung erhalten, daß nach § 9 des Schutzgebietsgesetzes in der Fassung v. 10. September 1900 auch solche Personen Reichsangehörige sein können, welche einem deutschen Bundesstaate nicht angehören. In Zukunft werden also über den Wohnsitz einer Person, auch in Ansehung des Gerichtsstandes, die Vorschriften des BGB. entscheiden und bleibt nur in betreff der in § 15 der CPO. bezeichneten Personen die besondere Vorschrift dieses Paragraphen bestehen. Sie ist durch das BGB. nicht auf den Wohnsitz jener Personen überhaupt ausgedehnt; dieser bestimmt sich vielmehr im allgemeinen nach den Vorschriften des BGB. und nur in Ansehung des Gerichtsstandes nach § 15 der CPO.

Wegen der Vorschriften der StPO. § 11 s. EG. Art. 35.

§ 9.

E. I § 37; II § 19 rev. § 9; III § 9. P. I S. 55, 56, 11617, 11618, 12034; M. I S. 72 ff. P. II Bd. 1 S. 40.

1. Der § 9 entspricht den §§ 14, 15 der bisherigen CPO. Der § 15 ist mit dem Abs. 1 des § 14 verbunden, um klar zu stellen, daß die Ausnahme des § 14 Abs. 2 sich auch auf jene Vorschrift bezieht.

2. **Militärpersonen** sind die Personen des Soldatenstandes und die Militärbeamten, welche zum Heere oder zur Marine gehören. Unter „Heer" ist das deutsche Heer, unter Marine die Kaiserliche Marine zu verstehen (s. MStG. für das Deutsche Reich v. 20. Juni 1872); eine Aufzählung der fraglichen Personen enthält die Anl. I dieses Gesetzes (s. ferner das Ges. betr. die Verpflichtung zum Kriegsdienste v. 9. Nov. 1867 §§ 2, 13 und das Reichsmilitärgesetz v. 2. Mai 1874).

3. In dem bisherigen § 15 der CPO. heißt es: „Truppenteil, welcher im Deutschen Reiche keine Garnison hat". Die Worte „im Deutschen Reiche" sind in dem § 9 Abs. 1 Satz 2 durch die Worte **„im Inlande"** ersetzt. Eine sachliche Änderung ist damit nicht beabsichtigt. Die Änderung ist nur eine Folge der Terminologie des BGB., nach welcher das Wort „Inland" gebraucht wird, wo das deutsche Reichsgebiet bezeichnet werden soll. Der Reichsangehörige wird nicht als Inländer, sondern als „Deutscher" bezeichnet, weil die Reichsangehörigkeit durch den Wohnsitz oder den Aufenthalt in dem Reichsgebiete nicht bedingt ist.

§. 10. Die Ehefrau theilt den Wohnsitz des Ehemanns. Sie theilt den Wohnsitz nicht, wenn der Mann seinen Wohnsitz im Ausland an einem Orte begründet, an den die Frau ihm nicht folgt und zu folgen nicht verpflichtet ist.

Solange der Mann keinen Wohnsitz hat oder die Frau seinen Wohnsitz nicht theilt, kann die Frau selbständig einen Wohnsitz haben.

---

4. **Zur Erfüllung der Wehrpflicht** dienen auch die einjährigen, zweijährigen und dreijährigen Freiwilligen.

Selbständig einen Wohnsitz begründen können nach § 8 nicht die Geschäftsunfähigen und die in der Geschäftsfähigkeit beschränkten Personen.

§ 10.

E. I § 39; II § 20 rev. § 10; III § 10. P. I S. 56 ff.; M. I S. 74. P. II Bd. 1 S. 41 ff., Bd. 6 S. 113.

1. Der § 10 entspricht dem § 17 Abs. 1 der bisherigen CPO., enthält jedoch im Abs. 1 Satz 2 und im Abs. 2 Einschränkungen der Regel.

2. **Begründung des gesetzlichen Wohnsitzes der Ehefrau.** Der gesetzliche abgeleitete Wohnsitz der Ehefrau beginnt mit der Eingehung der Ehe. Der Wohnsitz wird daher nicht begründet, wenn die Ehe nichtig ist. Nach §§ 1329, 1343 kann die Nichtigkeit einer Ehe, abgesehen von dem Falle, daß die Ehe nicht in der vorgeschriebenen Form geschlossen und nicht in das Heiratsregister eingetragen ist, nur im Wege der Nichtigkeitsklage bezw. der Anfechtungsklage geltend gemacht werden und erst, wenn die Nichtigkeitserklärung erfolgt ist, kann sich jeder darauf berufen. Demnach kann auch der gesetzliche Wohnsitz einer Ehefrau wegen Nichtigkeit der Ehe in den gedachten Fällen nur dann bestritten werden, wenn die Ehe für nichtig erklärt ist. Nach den §§ 151, 152 der CPO. kann aber, wenn die Entscheidung eines Rechtsstreits von der Nichtigkeit oder Anfechtbarkeit einer Ehe abhängt, die Aussetzung des Verfahrens in der in den gedachten Paragraphen bezeichneten Art verlangt werden. Der gesetzliche Wohnsitz der Ehefrau entsteht auch dann, wenn der Ehemann zur Zeit der Eingehung der Ehe seinen Wohnsitz im Auslande hatte (a. A. Hölder, Erl. 2a zu § 10, der dies für den Fall verneint, daß der ausländische Wohnsitz des Ehemanns der Frau weder bekannt war noch bekannt sein mußte).

3. **Aufhebung des gesetzlichen Wohnsitzes der Ehefrau.** Wird die Ehe durch den Tod des Ehemanns oder durch Scheidung der Ehe aufgelöst, so hört der gesetzliche Wohnsitz der Ehefrau auf, und ihr Wohnsitz bestimmt sich nunmehr nach den allgemeinen Grundsätzen der §§ 7, 8. Eine dem § 11 Abs. 1 Satz 2 entsprechende Bestimmung, nach welcher die Ehefrau, wenn die Voraussetzungen des gesetzlichen Wohnsitzes wegfallen, diesen doch solange behält, bis sie einen neuen Wohnsitz begründet, besteht nicht. Wird also die Ehe aufgelöst, so ist die Ehefrau zunächst ohne Wohnsitz, sofern nicht anzunehmen ist, daß schon während der Ehe die Voraussetzungen eingetreten sind, unter welchen nach § 7 Abs. 1 der Wohnsitz der Ehefrau an dem Orte des Wohnsitzes des Ehemanns begründet gewesen sein würde, wenn sie nicht den gesetzlichen Wohnsitz gehabt hätte. Ist dies der Fall, so werden jene Voraussetzungen mit dem Wegfalle des gesetzlichen Wohnsitzes wirksam, und wird daher nunmehr der Wohnsitz der Ehefrau an dem bisherigen Orte nach Maßgabe des § 7 begründet. Ein solches Verhältnis wird regelmäßig dann anzunehmen sein, wenn die Ehegatten an dem Wohnsitze des Ehemanns in ehelicher Gemeinschaft zusammengewohnt haben. Anders dagegen, wenn die Ehegatten getrennt lebten. In diesem Falle wird der Ort, an welchem die Frau bisher gelebt hat, ihr Wohnsitz, wenn die Voraussetzungen des § 7 Abs. 1 für diesen Ort vorliegen: anderenfalls ist sie ohne Wohnsitz, bis sie einen solchen begründet (a. A. Rehbein, Erl. IV 4 zu §§ 1—20. Dernburg I § 57 V 2 Anm. 15, die annehmen, daß der gesetzliche Wohnsitz der Frau nach Auflösung der Ehe fortdaure, bis er durch contrarius actus aufgehoben sei).

4. **Aufhebung der ehelichen Gemeinschaft.** In dem § 1586 ist bestimmt, daß, wenn nach § 1575 die eheliche Gemeinschaft aufgehoben wird, die mit der Scheidung verbundenen Wirkungen eintreten. Da die Scheidung die Auflösung der Ehe und diese die Aufhebung des gesetzlichen Wohnsitzes der Ehefrau zur Folge hat, so hört dieser Wohnsitz auch mit der Rechtskraft des Urteils auf, in welchem auf Grund des § 1575 die eheliche Gemeinschaft aufgehoben ist. Wird die eheliche Gemeinschaft in einem solchen Falle später wiederhergestellt, so fallen nach § 1587 die mit der Aufhebung der Gemeinschaft verbundenen Wirkungen weg, und wird mit diesem Zeitpunkt also der gesetzliche Wohnsitz der Ehefrau wieder begründet. Die im bisherigen § 17

§. 11. Ein eheliches Kind theilt den Wohnsitz des Vaters, ein uneheliches Kind den Wohnsitz der Mutter, ein an Kindesstatt angenommenes Kind den Wohnsitz des Annehmenden. Das Kind behält den Wohnsitz, bis es ihn rechtsgültig aufhebt.

Eine erst nach dem Eintritte der Volljährigkeit des Kindes erfolgende Legitimation oder Annahme an Kindesstatt hat keinen Einfluß auf den Wohnsitz des Kindes.

Abs. 1 der CPO. hinzugefügte Beschränkung „sofern nicht auf immerwährende Trennung von Tisch und Bett erkannt ist", ist weggelassen, weil sie für die Zeit nach dem Inkrafttreten des BGB. mit Rücksicht auf die Vorschrift des § 1586 überflüssig ist und Urteile deutscher Gerichte auf immerwährende Trennung von Tisch und Bett seit dem Personenstandsgesetze v. 1875 nicht mehr vorkommen konnten. Derartige Urteile aus früherer Zeit werden selten noch in Frage kommen; soweit dies der Fall sein sollte, werden sie in der hier fraglichen Beziehung ebenso wie Urteile auf Scheidung zu behandeln sein. Über die von ausländischen Gerichten ergehenden Urteile dieser Art s. Erl. z. EG. Art. 17.

5. **Ausnahmen von dem gesetzlichen Wohnsitze der Ehefrau.** Der gesetzliche Wohnsitz der Ehefrau fällt weg, wenn der Ehemann seinen Wohnsitz im Ausland an einem Orte begründet, an den die Frau ihm nicht folgt und nicht zu folgen verpflichtet ist. Die Frau ist nach §§ 1353 Abs. 2, 1354 Abs. 2 dem Ehemanne zu folgen nicht verpflichtet, wenn das hierauf gerichtete Verlangen des Ehemanns ein Mißbrauch seines Rechtes ist. Wann ein solcher Mißbrauch anzunehmen ist, muß aus dem Wesen der ehelichen Gemeinschaft unter Berücksichtigung der Umstände des einzelnen Falles entschieden werden. Folgt die Frau dem Ehemann, obgleich sie nicht dazu verpflichtet ist, so greift die Ausnahme nicht Platz. Wer sich darauf beruft, daß der gesetzliche Wohnsitz nicht begründet sei, muß das Zusammentreffen beider gesetzlicher Voraussetzungen der Ausnahme, also, daß die Frau dem Ehemanne nicht gefolgt und daß sie dazu nicht verpflichtet gewesen sei, beweisen. Zweifelhaft kann sein, wie das Verhältnis zu beurteilen ist, wenn die Frau dem Ehemanne gefolgt ist, obwohl sie nicht dazu verpflichtet war, sich später aber von dem Ehemanne trennt und nach Deutschland zurückkehrt. Der gesetzliche Wohnsitz war begründet, indem die Frau dem Ehemanne folgte, und eine Vorschrift, daß der gesetzliche Wohnsitz im Falle späterer Trennung wieder aufhöre, besteht nicht. Trotzdem dürfte nach Absicht des Gesetzes anzunehmen sein, daß in einem Falle der fraglichen Art, vorausgesetzt, daß die Verpflichtung, dem Ehemanne zu folgen, auch zur Zeit der Trennung nicht besteht, der gesetzliche Wohnsitz der Frau aufhört (a. A. Hölder, Erl. 2b zu § 10). Entsprechend dürfte das Verhältnis zu beurteilen sein, wenn die Frau bei der Verlegung des Wohnsitzes verpflichtet war, dem Manne zu folgen, ihm aber nicht folgte und nun später die Verhältnisse sich so gestalten, daß die Frau nicht mehr als verpflichtet angesehen werden kann, dem Manne zu folgen. Ist der neue Wohnsitz des Ehemanns im Inlande, so hat die Frau ihren gesetzlichen Wohnsitz an dem neuen Wohnsitze des Ehemanns, auch wenn sie ihm dahin weder folgt noch zu folgen verpflichtet ist.

6. **Im Falle des Abs. 2** ist das Verhältnis ebenso zu beurteilen wie nach Auflösung der Ehe. Lagen die Voraussetzungen des § 7 Abs. 1 schon in dem Zeitpunkte vor, in welchem der Ehemann aufhörte, einen Wohnsitz zu haben, oder die Frau seinen Wohnsitz nicht mehr teilte, so wird der Ort, für welchen jene Voraussetzungen vorlagen, der Wohnsitz der Frau; anderenfalls ist sie ohne Wohnsitz, bis sie einen solchen selbständig begründet.

§ 11.

E. I § 40; II § 21 rev. § 11; III § 11. P. I S. 57, 58, 8627 ff.; M. I S. 75 ff. P. II Bd. 1 S. 423, Bd. 6 S. 113.

1. **Wohnsitz ehelicher Kinder.** Ehelich ist nach § 1591 ein Kind, das nach der Eingehung der Ehe geboren wird, wenn die Frau es vor oder während der Ehe empfangen und der Mann innerhalb der Empfängniszeit der Frau beigewohnt hat, es sei denn, daß es den Umständen nach offenbar unmöglich ist, daß die Frau das Kind von dem Manne empfangen hat. Als ehelich gilt ferner nach § 1699 ein Kind aus einer nichtigen Ehe, das im Falle der Gültigkeit der Ehe ehelich sein würde, sofern nicht beide Ehegatten die Nichtigkeit der Ehe bei der Eheschließung gekannt haben und nicht der im Abs. 2 bezeichnete Fall vorliegt. Die Vorschrift des § 11 gilt ferner für alle Kinder, welche die rechtliche Stellung eines ehelichen Kindes haben. Dies sind die durch nachfolgende Ehe (§ 1719) oder durch Ehelichkeitserklärung (§ 1736) legitimierten Kindes sowie die anstatt angenommenen Kinder (§ 1757) (wegen der letzteren s. Erl. 5).

§. 12. Wird das Recht zum Gebrauch eines Namens dem Berechtigten von einem Anderen bestritten oder wird das Interesse des Berechtigten dadurch verletzt, daß ein Anderer unbefugt den gleichen Namen gebraucht, so kann der Berechtigte von dem Anderen Beseitigung der Beeinträchtigung verlangen. Sind weitere Beeinträchtigungen zu besorgen, so kann er auf Unterlassung klagen.

Das eheliche **Kind** erhält den Wohnsitz des Vaters, nicht des Inhabers der elterlichen Gewalt. Vater ist nur der eheliche Vater und derjenige, welchem gegenüber das Kind nach den oben angeführten Vorschriften als eheliches Kind gilt oder die rechtliche Stellung eines solchen hat. Der uneheliche Vater ist nicht Vater im Sinne des § 11. (§ 1589 Abs. 2.) Wo die Ausdrücke „Vater", „Eltern", „Großeltern", „Voreltern", „Geschwister" gebraucht werden, sind darunter nur diejenigen zu verstehen, welche nach § 1589 verwandt sind. Nur in bestimmten Beziehungen, insbesondere in betreff der Unterhaltspflicht, wird auch der uneheliche Vater als Vater bezeichnet, nicht aber in der hier fraglichen Beziehung.

2. **Das uneheliche Kind** teilt den Wohnsitz der Mutter, aber nur dann, wenn es nicht nach den unter Erl. 1 angeführten Vorschriften die rechtliche Stellung eines ehelichen Kindes hat und deshalb den Wohnsitz des Vaters teilt.

3. Eine besondere Vorschrift war für das **an Kindesstatt angenommene Kind** notwendig, weil auch eine Frau an Kindesstatt annehmen kann. Unter „Frau" wird in dem BGB. jede Person weiblichen Geschlechts verstanden, sofern sich nicht aus dem Zusammenhang ein anderes ergibt. Nimmt eine Frau an Kindesstatt an, so teilt das Kind ihren Wohnsitz, nicht den seines Vaters. Wird ein Kind von Ehegatten gemeinschaftlich angenommen, so hat es die rechtliche Stellung eines gemeinschaftlichen Kindes beider (§ 1757 Abs. 2) und teilt dann den Wohnsitz des Vaters. Dasselbe gilt, wenn ein Ehegatte das Kind des anderen Ehegatten annimmt; auch hier teilt das Kind den Wohnsitz desjenigen, welcher entweder der Vater ist oder kraft jener Vorschrift die rechtliche Stellung des Vaters hat.

4. **Dauer des Wohnsitzes.** Das Kind behält den nach Erl. 1—3 begründeten Wohnsitz, bis es denselben rechtsgültig aufhebt. Ändert diejenige Person, deren Wohnsitz das Kind teilt, ihren Wohnsitz, so ändert sich auch der Wohnsitz des Kindes. Dies gilt auch dann, wenn das Kind bereits volljährig ist (a. A. Hölder, Erl. 2b zu § 11). Der Wohnsitz des Kindes dauert auch nach dem Tode desjenigen fort, durch dessen Wohnsitz nach Erl. 1—3 der Wohnsitz des Kindes bestimmt wird. Die rechtsgültige Aufhebung bestimmt sich nach § 7 Abs. 3 bezw. nach § 8. Ist das Kind unbeschränkt geschäftsfähig, so hängt es von seinem Willen ab, den bisherigen gesetzlichen Wohnsitz aufzuheben. Anderenfalls ist die Zustimmung des gesetzlichen Vertreters erforderlich.

5. Der **Abs. 2** trägt den Verhältnissen des Lebens Rechnung. Während an sich die Volljährigkeit des Kindes ohne Einfluß auf den gesetzlichen Wohnsitz des § 11 ist, dieser vielmehr auch nach der Volljährigkeit bestehen bleibt, bis das Kind ihn rechtsgültig aufhebt, soll das nach der Volljährigkeit erst legitimierte oder an Kindesstatt angenommene Kind den gesetzlichen Wohnsitz nicht erlangen; es behält also seinen bisherigen Wohnsitz oder bleibt, wenn es einen solchen nicht hat, ohne Wohnsitz, bis es einen solchen selbständig begründet.

6. Aus dem EG. kommen in Betracht die Vorschriften der Art. 18—20, 22, 209.

§ 12.

E. II § 22 rev. § 12; III § 12. P. II Bd. 1 S. 43 ff., Bd. 6 S. 113. D. S. 606.

Süpfle, Das Namenrecht nach dem BGB. 1899. Kollrack, Die Namen und Namensänderungen in Preußen 2c. 1900. Olshausen, Das Verhältnis des Namenrechts zum Firmenrecht. 1900. Isaak, Der Schutz des Namens nach den Reichsgesetzen. 1901. Cohn, Neue Rechtsgüter. 1902. Ramdohr, in Gruch. Bd. 43 S. 1 ff. Opet, Arch. f. civ. Pr. Bd. 87 S. 313 ff. Kohler, Arch. f. Bürg. R. Bd. 5 S. 77 ff. Götte, Arch. f. Bürg. R. Bd. 15 S. 320 ff. Staudinger, Bl. f. RAnw. S. 161 ff.

1. **Begründung des Namenrechts. Familienname. Vorname.** Das Namenrecht beruht auf der Persönlichkeit. Es wird im Anschluß an die bisherige Rechtsentwickelung von dem BGB. als ein besonderes Recht anerkannt (s. Vorbm. 4 zum ersten Titel). **Es umfaßt das Recht** auf den Familiennamen wie auf den Vornamen.

Das Recht auf den Familiennamen besteht nicht nur in denjenigen Fällen, in welchen es von dem BGB. ausdrücklich anerkannt wird (§§ 1355, 1577, 1616, 1706, 1758), sondern auch dann, wenn es auf anderen Gründen beruht. Die Frage, unter welchen Voraussetzungen das Recht auf den Familiennamen außer in den im BGB. geordneten Fällen erworben wird, insbesondere unter welchen Voraussetzungen eine Änderung des Namens durch Verleihung oder Genehmigung von seiten der Behörde erfolgen kann, ist eine Frage des öffentlichen Rechtes. Die Landesgesetze haben darüber zu entscheiden.

Die Beilegung des Vornamens erfolgt durch die Eltern oder den Vormund. Der Vorname wird nach dem Ges. über die Beurkundung des Personenstandes und die Eheschließung v. 6. Februar 1875 § 22 in das Standesregister eingetragen. Das BGB. enthält keine besonderen Vorschriften über den Vornamen. Der § 12 schützt aber auch ihn; jedoch werden die Voraussetzungen der in dem § 12 geregelten Ansprüche hier seltener vorliegen als bei dem Familiennamen.

2. Ansprüche aus dem Namenrecht. Aus der Anerkennung des Namenrechts folgt von selbst, daß der Berechtigte unter den Voraussetzungen der CPO. § 256 auf Feststellung seines Rechtes klagen kann. Aus der Natur dieses Rechtes als eines absoluten Rechtes folgt ferner, daß der Berechtigte, wenn sein Recht von einem anderen beeinträchtigt wird, die Beseitigung dieser Beeinträchtigung verlangen kann. Der § 12 geht hierüber in drei Beziehungen hinaus.

a) Das Bestreiten eines Rechtes enthält an sich noch nicht oder doch nicht immer eine Beeinträchtigung des Rechtes. Nach § 12 wird die Bestreitung des Namenrechts aber immer als eine Beeinträchtigung desselben angesehen und dem Berechtigten deshalb ein Anspruch auf Beseitigung dieser Beeinträchtigung gegeben. Die Art, in welcher die Beeinträchtigung zu beseitigen ist, bestimmt sich nach den Umständen des Falles; immer wird Zurücknahme des Bestreitens gefordert werden können.

b) In dem Rechte auf den Namen wird nach § 12 nicht nur das Recht auf den Gebrauch dieses Namens, sondern das ausschließliche Recht hierzu gegenüber jedem gefunden, der nicht ebenfalls das Recht auf diesen Namen hat. Diese Ausschließlichkeit wird indessen nicht unbeschränkt anerkannt, vielmehr nur insoweit, als das Interesse des Berechtigten es erfordert. Der Berechtigte kann daher nicht ohne weiteres jedem, der denselben Namen gebraucht, diesen Gebrauch verbieten, sondern er hat nur dann einen Anspruch auf Beseitigung der in dem Gebrauche liegenden Beeinträchtigung, wenn dadurch sein Interesse verletzt wird. Das Interesse kann ein rein persönliches, ein vermögensrechtliches oder ein familienrechtliches sein. Es kann darin bestehen, daß der Berechtigte den durch den Gebrauch seines Namens von seiten eines anderen erweckten Schein, als seien die Handlungen des anderen seine Handlungen oder als sei das von dem anderen betriebene Geschäft sein Geschäft, abzuwenden Veranlassung hat; es kann auch lediglich darin bestehen, daß der Berechtigte den Schein der Familienangehörigkeit, welchen der andere durch den Gebrauch des Namens erweckt, zerstören will.

Der unbefugte Gebrauch des Namens liegt nicht nur dann vor, wenn ein nicht Berechtigter sich diesen Namen beilegt, sondern auch dann, wenn er den Namen zur Bezeichnung von Waren oder zur Bezeichnung eines Geschäfts oder auf Aushängeschildern u. dgl. gebraucht. Voraussetzung des Anspruchs ist aber immer, daß der andere den Namen als seinen eigenen gebraucht. Ein Anspruch findet daher nicht statt, wenn der Name in einem Roman oder in einem Drama einer darin vorkommenden Person beigelegt wird (a. A. Cohn, S. 34).

In welcher Art die Beeinträchtigung, welche durch den unbefugten Gebrauch des Namens erfolgt ist, beseitigt werden muß, bestimmt sich auch hier nach den Umständen des Falles. So wird z. B. gegen denjenigen, welcher sich bei der Bewerbung um ein Stipendium, dessen Verleihung von der Zugehörigkeit zu einer bestimmten Familie abhängt, unbefugt den Namen dieser Familie beilegt, auf Zurücknahme der Bewerbung von jedem, der ein Recht auf diesen Familiennamen hat, geklagt werden können, wenn er ein Interesse an der Zurücknahme der Bewerbung hat (a. A. Hölder, Erl. 4cβ. Wie hier Hellmann, Vorträge S. 5; Dernburg, I § 55 Anm. 18).

Was die Beweislast angeht, so hat der Kläger nicht nur zu beweisen, daß er ein Recht auf den Namen hat, sondern auch, daß der Beklagte kein Recht auf den Gebrauch des Namens hat (a. A. Opet, S. 387) und daß durch den unbefugten Gebrauch des Namens das Interesse des Klägers verletzt ist.

c) Das BGB. geht davon aus, daß ein absolutes Recht, obwohl es gegen jeden wirkt, doch nicht ohne weiteres einen Anspruch auf Unterlassung einer Verletzung des Rechtes begründet (vgl. Vorbm. VII z. Allg. Teil). Die Lage des Berechtigten kann aber durch die Verletzung, auch abgesehen von der darin liegenden direkten Beeinträchtigung seines Rechtes, noch insofern verschlechtert sein, als durch die Verletzung die Besorgnis begründet wird, daß ähnliche Verletzungen, auch in der Zukunft, wiederkehren. Ist dies der Fall, so gibt das BGB. dem Verletzten **das Recht auf Unterlassung der Beeinträchtigung für die Zukunft zu klagen.** So in dem praktisch wichtigsten Falle einer Verletzung dinglicher Rechte, die nicht in der Vorenthaltung des Besitzes besteht (§ 1004); ebenso auch bei dem Namenrechte nach § 12 Satz 2. Die praktische Bedeutung dieses Rechtes liegt hauptsächlich darin, daß der Verletzte auf Grund des ergehenden Urteils nach CPO. § 890 die Androhung und Verhängung von Geld- und Gefängnisstrafe im Falle der Zuwiderhandlung verlangen und Sicherheitsleistung für den durch fernere Zuwiderhandlungen entstehenden Schaden erwirken kann.

d) Die unter **a—c** bezeichneten Ansprüche stehen dem Berechtigten ohne Rücksicht darauf zu, ob den Beklagten ein Verschulden trifft oder nicht. Liegt ein solches aber vor, so kann der Berechtigte, wenn ihm durch die Verletzung seines Rechtes ein Schaden erwachsen ist, den Ersatz dieses Schadens nach § 823 verlangen.

e) Die gesetzlichen Vorschriften über Firmen, den Schutz der Warenzeichen, Gebrauchsmuster und Geschmacksmuster rc. werden durch den § 12 nicht berührt.

3. Adel. Durch den § 12 wird nur das Recht zum Gebrauch eines Namens nicht das Recht des Adels geschützt. Das BGB. enthält überhaupt keine Vorschriften über den Adel. Die §§ 1355, 1577, 1616, 1706, 1758, 1772 sprechen nur von dem Familiennamen, nicht von dem Adel. Die Ehefrau erhält den Namen des Ehemanns, das eheliche Kind den Namen des Vaters, das uneheliche Kind den Namen der Mutter, das angenommene Kind den Namen des Annehmenden. Daß diese Personen auch den Adel des Ehemanns bezw. des Vaters, der Mutter oder des Annehmenden erhalten, ist nicht bestimmt. In der ersten wie in der zweiten Kommission ist man davon ausgegangen, daß der Adel nicht ein Institut des Privatrechts, sondern des öffentlichen Rechtes sei (M. IV S. 106, 937, 983; P. II Bd. 4 S. 98). Welche rechtliche Bedeutung der Adel hat, ob er einen besonderen Stand begründet oder ob er eine Auszeichnung ist, die sich von der Auszeichnung durch Orden und Ehrenzeichen nur dadurch unterscheidet, daß sie regelmäßig auf die Erben übergeht, kommt nicht in Betracht. Es ist dies eben eine Frage des öffentlichen Rechtes. Nur dieses entscheidet darüber, wie der Adel erworben wird und verloren geht. Nur dieses entscheidet insbesondere darüber, ob die Ehefrau den Adel des Mannes, das eheliche Kind den Adel des Vaters, das uneheliche den Adel der Mutter, das angenommene Kind den Adel des Annehmenden erhält. Die sich hierauf beziehenden Vorschriften der Landesgesetze werden also, da sie nicht privatrechtlichen Inhalts sind, durch das BGB. und das EG. Art. 55 nicht berührt. Zu diesen Vorschriften gehört auch die Vorschrift des preuß. ALR. II, 2 § 684, nach welcher der an Kindesstatt Angenommene, wenn er von bürgerlicher Herkunft, der Annehmende aber von Adel ist, „die Vorrechte und Unterscheidungen des Adels nur mittels besonderer landesherrlicher Begnadigung erhalten" kann.

Eine andere Frage ist es, ob das Wort „von", welches dem Namen der Adeligen vorangesetzt zu werden pflegt, einen Teil des Familiennamens bildet oder ob es den adeligen Stand bezeichnet. Ein lebhafter Streit hat sich hierüber entsponnen. Für die erstgedachte Auffassung s. insbesondere von Bülow, DJZ. 1896 S. 432 ff.; 1900 S. 373 ff., die für den Juristentag erstatteten Gutachten von von Bulow, Krückmann, Opet (Verhandl. d. 24. Juristentags Bd. 3 S. 117 ff., 151 ff., 191 ff.); Rehbein, Erl. zu §§ 1—20 V 4; Cohn, S. 36; für die letztgedachte Auffassung Küntzel, in Gruch. Bd. 41 S. 443; Sohm, DJR. 1899 S. 8 ff.; Endemann, I § 37 Nr. 2; Dernburg, I § 56 II; Hölder, Erl. zu § 12 Nr. 1b 8. Für diese Auffassung hat sich auch die erste Abteilung des 25. Juristentags auf Grund eines Referats von Gierke und Wilke gegen die obengedachten Gutachten entschieden. (Verhandl. d. 25. Juristentags Bd. 3 S. 43 ff.) Die Gründe für diese Auffassung dürften überwiegend sein. Die Worte „von" oder „van" kommen vereinzelt bei den Namen nichtadeliger Personen vor. Hier bilden sie unzweifelhaft einen Teil des Familiennamens. Wo das Wort „von" aber dem Namen eines Adeligen vorangesetzt wird, bezeichnet es nach der geschichtlichen Entwickelung und jedenfalls nach der im Verkehre herrschenden Auffassung den Adel der betreffenden Person. Es bedarf hierbei auch nicht, wie in den ersten beiden Auflagen dieses Kommentars geschehen, einer Untersuchung, ob das Wort „von" schlechthin den Adel bezeichnet oder ob der Adelige das Recht hat, das Wort „von" seinem Familiennamen hinzuzufügen, denn auch in dem letzteren Falle handelt es sich sachlich um ein Adelszeichen. Was von dem Worte „von" gilt, gilt selbstverständlich auch und hier ziemlich unbestritten, von den höheren Adelsprädikaten wie „Freiherr, Graf, Fürst" rc. Auf alle diese Adelsbezeichnungen finden daher die Vorschriften des BGB. über den Erwerb des Familiennamens und die Vorschriften des § 12 über den Schutz des Rechtes zum Gebrauch eines Namens keine Anwendung. Über die Frage, ob eine entsprechende Anwendung der letztgedachten Vorschriften zulässig ist s. Erl. 5.

4. Pseudonym. Lebhafter Streit besteht darüber, ob die Vorschriften des § 12 auch auf das Pseudonym Anwendung finden. Dafür insbesondere Manes, Das Recht des Pseudonyms 1899; Opet, S. 313; Eck, S. 43; Riedel, S. 55; Kohler, S. 79; Endemann, I § 37 Nr. 2; Gierke, I S. 723; Hölder, Erl. 1e und 2 zu § 12. Dernburg I § 55 IVa; Cohn, S. 38. Dagegen Staudinger, S. 193; von Buchka, S. 6; Rehbein, Erl. II 5 zu §§ 1—20; Olshausen, S. 45; Cosack, II § 26a III 2; Gareis, Erl. 3 zu § 12. Die zweite Kommission wollte, wie in P. II Bd. 1 S. 45 ausdrücklich hervorgehoben wird, den privatrechtlichen Schutz des Namens nicht auf pseudonyme Bezeichnungen ausdehnen. Diese Absicht hat im § 12 genügenden Ausdruck gefunden. Geschützt werden soll danach das Recht zum Gebrauch eines Namens. Das Pseydonym ist kein Name, sondern es enthält die Bezeichnung einer Person durch ein anderes Wort als durch den Namen. Es unterscheidet sich prinzipiell nicht von der Bezeichnung einer Person durch ein anderes Zeichen als ein Wort, z. B. durch ein Quadrat, wie dies bei Zeitungskorresspondenten vorkommt. Durch den Gebrauch eines solchen bereits von einem anderen zur Bezeichnung seiner Person benutzten Zeichens kann möglicherweise ein Betrug verübt oder es können dadurch andere gesetzliche Vorschriften verletzt werden. Eine Verletzung des Rechtes auf den Namen liegt darin nicht. Auf diesem Standpunkte stehen auch andere Reichsgesetze. In dem Gesetz betr. das Urheberrecht v. 19. Juni 1901 §§ 7, 31 wird der vollständige Schutz des Urheberrechts von der Nennung des wahren Namens abhängig gemacht. In dem Gesetz betr. das Urheberrecht an Werken der bildenden Künste v. 9. Januar 1876 § 9 wird verlangt, daß „der wahre Name des Urhebers auf dem Werke vollständig genannt oder durch kenntliche Zeichen ausgedrückt ist". Wenn in dem Gesetz betr. Schutz der Warenbezeichnungen v. 12. Mai 1894 § 14 als Voraussetzung des Anspruchs auf Schadensersatz bestimmt ist, daß die Ware rc. „mit dem Namen oder der Firma eines anderen oder mit einem nach Maßgabe dieses Gesetzes geschützten Warenzeichen" widerrechtlich versehen wird, so wird hier unter dem Namen offenbar nur der wahre Name verstanden, während das Pseudonym nur geschützt wird, wenn es als Warenzeichen eingetragen ist. Ebenso wird in dem § 8 des Gesetzes zur Bekämpfung des unlauteren Wettbewerbs v. 27. Mai 1896 neben dem Namen und der Firma noch die besondere Bezeichnung eines Erwerbsgeschäfts, eines gewerblichen Unternehmens oder einer Druckschrift hervorgehoben. Auch hier fällt das Pseudonym nicht unter die Vorschrift über den Namen, sondern unter die Vorschrift über eine anderweite besondere Bezeichnung. Überwiegende Gründe sprechen hiernach dafür, die Vorschriften des § 12 auf den wahren Namen zu beschränken. Über die Frage, ob eine entsprechende Anwendung auf das Pseudonym zulässig ist s. Erl. 5.

5. Eine entsprechende Anwendung der Vorschriften des § 12 dürfte dann, aber auch nur dann zulässig sein, wenn es sich um ein anderes besonderes Persönlichkeitsrecht als das Recht auf den Namen handelt, und dieses Recht ebenso wie das Recht auf den Namen gesetzlich anerkannt ist. Diese Voraussetzungen liegen vor bei dem Adel und dem darauf beruhenden Rechte, das Wort „von" oder ein anderes Adelsprädikat dem Familiennamen hinzuzufügen (s. Erl. 3). Es handelt sich hier um ein besonderes Persönlichkeitsrecht, das zwar nicht im BGB., aber in dem öffentlichen Rechte der einzelnen Bundesstaaten und den dafür maßgebenden Landesgesetzen anerkannt ist und für welches in eben diesen Gesetzen die Gründe der Entstehung wie des Verlustes genügend bestimmt sind. In verschiedenen Ausführungsgesetzen wird die entsprechende Anwendung des § 12 auf den Adel ausdrücklich bestimmt, so in Mecklenburg AV § 11, Hessen AG. Art. 3, Lippe AG. § 2, Braunschweig AG. § 4.

Aus denselben Gründen wird sich eine entsprechende Anwendung des § 12 bei dem Rechte auf Wappen, Titel und Orden rechtfertigen lassen, soweit Rechte dieser Art in den Landesgesetzen anerkannt und geregelt sind.

Nicht rechtfertigen läßt sich dagegen die entsprechende Anwendung des § 12 auf Pseudonyme (a. A. Enneccerus I § 26, III). Jeder ist zwar berechtigt, sich mit einem Pseudonym zu bezeichnen, aber es ist dies lediglich Folge der allgemeinen Freiheit, nicht ein besonderes Recht. Das gleiche Recht steht auch jedem anderen zu und eine gesetzliche Vorschrift besteht nicht, nach welcher es unzulässig wäre, das von einem anderen gebrauchte Pseudonym zu benutzen. Um

§. 13. Wer verschollen ist, kann nach Maßgabe der §§. 14 bis 17 im Wege des Aufgebotsverfahrens für todt erklärt werden.

---

ein besonderes und zwar ein ausschließliches Recht auf ein Pseudonym annehmen zu können, müßten Rechtssätze bestehen, welche den Erwerb und Verlust dieses Rechtes regelten. Gesetzliche Vorschriften dieser Art bestehen unzweifelhaft nicht, ebensowenig lassen sich derartige Rechtssätze aber aus allgemeinen Prinzipien ableiten. Die Verteidiger eines besonderen Rechtes auf ein Pseudonym gehen in ihren Ansichten über die Voraussetzungen, unter welchen ein solches Recht zur Entstehung gelangt, weit auseinander. Während von den Einen der einmalige Gebrauch des Pseudonyms für genügend gehalten wird, um das Recht darauf zu erwerben, verlangen andere noch das Hinzutreten anderer Voraussetzungen, insbesondere die allgemeine Anerkennung eines bestimmten Pseudonyms im Verkehre. Die Gründe, welche für die eine oder andere Auffassung angeführt werden, sind nicht Rechtsgründe, sondern Zweckmäßigkeitsgründe. Die Gründe, welche für die Anerkennung eines besonderen Rechtes auf ein Pseudonym angeführt werden, genügen vielleicht, um den Wunsch einer gesetzlichen Anerkennung desselben zu rechtfertigen; sie genügen nicht, um das rechtliche Bestehen eines solchen Rechtes und die nur unter dieser Voraussetzung zulässige entsprechende Anwendung des § 12 zu rechtfertigen. Nur in den besonderen in der Erl. 4 erwähnten Fällen verbieten die Gesetze unter bestimmten näher bezeichneten Voraussetzungen den Gebrauch eines Pseudonyms. Abgesehen hiervon kann in dem Gebrauch eines Pseudonyms, das bereits von einem anderen benutzt ist, unter Umständen eine Verletzung der guten Sitte liegen, die unter den Voraussetzungen des § 826 zum Schadensersatze verpflichtet; die Verletzung eines besonderen Rechtes liegt darin nicht.

6. **Anwendung des § 12 auf juristische Personen.** Der § 12 steht in dem Titel über „Natürliche Personen“. Die Mehrheit der zweiten Kommission, durch welche dieser Paragraph beschlossen wurde, ging aber davon aus, daß die Vorschriften über Personen im allgemeinen insoweit auch auf juristische Personen Anwendung finden, als nicht durch die Natur derselben die Anwendung ausgeschlossen werde und daß daher durch § 12 auch der Name einer juristischen Person geschützt werde (s. Vorbm. zum Titel 2 dieses Abschnitts).

7. In neuerer Zeit wird **das Recht am eigenen Bilde** als besonderes Persönlichkeitsrecht neben dem Rechte auf den Namen aufgestellt. Die Gründe, welche hierfür angeführt werden, dürften indessen höchstens genügen, um die Anerkennung eines solchen Rechtes durch die Gesetzgebung zu rechtfertigen. Vom Standpunkte des bestehenden Rechtes läßt sich ein Recht der fraglichen Art schwerlich rechtfertigen. Es fragt sich auch, ob nicht die Grundsätze über Beleidigung genügen, um den erforderlichen Schutz zu gewähren. Über das Nähere s. insbesondere die Gutachten von Keyßner und Gareis in den Verhandl. des 25. Juristentags Bd. 1 S. 3ff., S. 72ff. und Cohn, S. 37 sowie die dort angeführte Literatur und Judikatur. Gareis, Das Recht am eigenen Bilde in der DJZ. 1902 S. 412ff. Kohler, Das Eigenbild im Recht 1903. In RG. i. St. Bd. 33 S. 295 ist anerkannt, daß wenn jemand sich auf Wunsch eines anderen hat photographieren lassen, nicht er, sondern nur der Besteller ein Recht an dem Bilde hat.

§§ 13—19.

Lehmann, Die Todeserklärung Verschollener nach dem BGB. in Hirths Annalen Jahrg. 34 S. 18ff., 121ff., 223ff.

Todeserklärung. Von dem Leben und dem Tode einer Person hängen wichtige vermögensrechtliche und familienrechtliche Verhältnisse ab. Die Ungewißheit über Leben und Tod hat daher die Folge, daß auch für diese Verhältnisse ein Zustand der Ungewißheit eintritt. Um den sich hieraus ergebenden Übelständen abzuhelfen, sind fast von allen Rechten besondere Vorschriften gegeben worden. Eine Übersicht der eingeschlagenen verschiedenen Wege geben die Motive I S. 33ff. Das BGB. wählt den Weg der gerichtlichen Todeserklärung. Die Todeserklärung begründet nach § 18 die Vermutung, daß der Verschollene in dem Zeitpunkte gestorben sei, welcher in dem die Todeserklärung aussprechenden Urteile festgestellt ist (über andere Folgen der Todeserklärung s. Erl. 6 zu § 18). Welcher Zeitpunkt in dem Urteil als Zeitpunkt des Todes festzustellen ist, wird im § 18 Abs. 2 bestimmt. Solange die Todeserklärung nicht erfolgt ist, wird nach § 19 das Fortleben des Verschollenen bis zu dem Zeitpunkte vermutet, der nach § 18 Abs. 2 in Ermangelung eines anderen Ergebnisses der Ermittelungen als Zeitpunkt des Todes anzunehmen ist.

Die **Voraussetzung für die Zulässigkeit der Todeserklärung** bestimmen die §§ 14—17. Der § 14 enthält die allgemeine, für alle Fälle der Verschollenheit geltende Vorschrift, nach welcher die Todeserklärung regelmäßig zulässig ist, wenn seit 10 Jahren keine Nachricht von dem Leben des Verschollenen eingegangen ist. Für Minderjährige sowie für Personen, die das siebzigste Lebensjahr vollendet haben, werden daneben besondere Vorschriften gegeben (s. § 14 Abs. 1 Satz 2, Abs. 2). Eine kürzere Verschollenheitsfrist ist im § 15 für die Fälle der Kriegsverschollenheit, im § 16 für die Fälle der Seeverschollenheit und im § 17 für solche Fälle bestimmt, in welchen jemand unter anderen als den in den §§ 15, 16 bezeichneten Umständen in eine Lebensgefahr geraten ist.

Die Todeserklärung erfolgt **im Wege des Aufgebotsverfahrens.** Neben den hierfür geltenden allgemeinen Vorschriften der §§ 946—959 der CPO. hatte der E. I besondere Vorschriften über das Aufgebotsverfahren zum Zwecke der Todeserklärung in den §§ 9—20, 22—24 gegeben. Für die Fälle der Kriegs- und Seeverschollenheit sollte nach § 20 ein Aufgebot nicht erforderlich sein und waren zum Ersatze besondere Vorschriften für diese Fälle gegeben. In dem BGB. sind die angeführten Paragraphen des E. I nicht aufgenommen. Zum Ersatze dafür sind besondere Vorschriften über das Aufgebotsverfahren zum Zwecke der Todeserklärung als §§ 960—976 in die CPO. aufgenommen. Aus diesen Vorschriften ist folgendes hervorzuheben:

Die allgemeinen Vorschriften der §§ 946—959 der CPO. finden auch auf das Aufgebotsverfahren zum Zwecke der Todeserklärung Anwendung, soweit sich nicht aus den besonderen hierfür getroffenen Vorschriften ein anderes ergibt.

Der § 961 bestimmt das für das Verfahren zuständige Gericht.

Über die Antragsberechtigung bestimmt der § 962:

„Antragsberechtigt ist der gesetzliche Vertreter des Verschollenen sowie jeder, der an der Todeserklärung ein rechtliches Interesse hat.

Der gesetzliche Vertreter bedarf zu dem Antrage der Genehmigung des Vormundschaftsgerichts."

Nach § 963 hat der Antragsteller die zur Begründung des Antrags erforderlichen Tatsachen vor der Einleitung des Verfahrens glaubhaft zu machen.

Die §§ 964—966 enthalten Vorschriften über den Inhalt des Aufgebots, über die Aufgebotsfristen und die Bekanntmachung des Aufgebots.

Nach § 967 kann jeder Antragsberechtigte auch später neben dem Antragsteller oder statt desselben in das Verfahren eintreten.

Über das Verfahren werden folgende Vorschriften gegeben:

§ 968. „Das Gericht hat unter Benutzung der in dem Antrag angegebenen Tatsachen und Beweismittel von Amtswegen die zur Feststellung des Sachverhalts erforderlichen Ermittelungen zu veranstalten und die geeignet erscheinenden Beweise aufzunehmen."

§ 969. „Wird derjenige, welcher sich als der angeblich Verschollene meldet, als solcher von dem Antragsteller nicht anerkannt, so ist das Verfahren auszusetzen.

§ 970. „Das Gericht hat die Todeserklärung nur auszusprechen, wenn die zur Begründung derselben erforderlichen Tatsachen für erwiesen erachtet werden.

In dem Urteil ist der Zeitpunkt des Todes nach Maßgabe des § 18 Abs. 2 des Bürgerlichen Gesetzbuchs festzustellen."

Der § 971 gibt Vorschriften über die Kosten des Verfahrens, der § 972 über die Verbindung mehrerer Aufgebotsverfahren. Die §§ 973—976 handeln von der Anfechtungsklage.

§ 13.

E. I §§ 5, 10, 20; II § 2 Abs. 1 Satz 1, § 6 rev. § 13; III § 13. P. I S. 25, 28, 36, 37, 11489 ff.; M. I S. 33 ff., 41, 42, 46, 47. P. II Bd. 1 S. 4 ff., 10, 11, 18, 25 ff., Bd. 6 ff., 12, 20 ff. D. S. 607.

1. **Verschollenheit.** Unter einem „Verschollenen" versteht der E. I nach den §§ 6—8 denjenigen, in betreff dessen die Voraussetzungen vorliegen, unter welchen die Todeserklärung zulässig ist. In dem BGB. wird der Begriff der Verschollenheit wie die §§ 14—17 ergeben, in einem anderen Sinne gebraucht. Die Verschollenheit muß nach diesen Vorschriften während der darin näher bestimmten Zeit gedauert haben. Wann jemand als verschollen gilt, ist nicht bestimmt. Es wird darunter also dasjenige zu verstehen sein, was nach dem Sprachgebrauche des gewöhnlichen Lebens darunter verstanden wird. Hiernach wird als verschollen derjenige bezeichnet, über dessen Leben oder Tod keine Nachricht vorliegt. Abwesenheit, welche der E. I erforderte, ist nicht unbedingt erforderlich. Denkbar ist, daß jemand, ohne seinen Wohnsitz zu verlassen, spurlos

§. 14. Die Todeserklärung ist zulässig, wenn seit zehn Jahren keine Nachricht von dem Leben des Verschollenen eingegangen ist. Sie darf nicht vor dem Schlusse des Jahres erfolgen, in welchem der Verschollene das einunddreißigste Lebensjahr vollendet haben würde.

Ein Verschollener, der das siebzigste Lebensjahr vollendet haben würde, kann für todt erklärt werden, wenn seit fünf Jahren keine Nachricht von seinem Leben eingegangen ist.

Der Zeitraum von zehn oder fünf Jahren beginnt mit dem Schlusse des letzten Jahres, in welchem der Verschollene den vorhandenen Nachrichten zufolge noch gelebt hat.

---

verschwindet. Für die zur Begründung des Antrags auf Todeserklärung erforderliche Glaubhaftmachung der gesetzlichen Voraussetzungen wird regelmäßig genügen, daß an dem Wohnsitze der betreffenden Person Nachrichten über deren Leben oder Tod fehlen. Hatte sie keinen Wohnsitz, so müssen die Umstände entscheiden, was zur Glaubhaftmachung erforderlich ist; ebenso in den besonderen Fällen der §§ 15—17. Die Todeserklärung selbst kann immer erst erfolgen, wenn in dem Verfahren vor dem zuständigen Gerichte keine Nachricht über Leben oder Tod bekannt geworden ist.

2. **Todeserklärung von Deutschen und Ausländern.** Nach § 5 des E. I sollte nur ein Deutscher für tot erklärt werden können. Der § 13 hat diese Beschränkung nicht aufgenommen. In dem Art. 9 Abs. 1 des EG. wird aber bestimmt, daß ein Verschollener im Inlande nach den deutschen Gesetzen für tot erklärt werden kann, wenn er beim Beginne der Verschollenheit ein Deutscher war. Die Abs. 2 und 3 bestimmen dann, unter welchen Voraussetzungen und mit welchen Wirkungen ein Verschollener, der beim Beginne der Verschollenheit einem fremden Staate angehörte, für tot erklärt werden kann (das Nähere zu Art. 9 des EG.).

3. **Übergangsvorschriften** enthält das EG. Art. 158—162.

§ 14.

E. I § 6; II § 2 rev. § 14; III § 14. P. I S. 25, 6149 ff., 6185; M. I S. 37, 38. P. II Bd. 1 S. 4 ff., Bd. 6 S. 107 ff. D. S. 607.

1. **Die Todeserklärung ist regelmäßig zulässig,** wenn seit dem Schlusse des Jahres, in welchem der Verschollene, nach den letzten Nachrichten, noch gelebt hat, zehn Jahre verstrichen sind. Unter den „letzten Nachrichten" sind nicht die zuletzt eingegangenen Nachrichten zu verstehen, sondern, wie aus Abs. 3 erhellt, diejenigen Nachrichten, welche den spätesten Zeitpunkt bezeichnen, in welchem der Verschollene noch gelebt hat. Hat z. B. nach den im Jahre 1901 eingegangenen Nachrichten ein Verschollener noch am 1. Oktober 1900 gelebt, während die im Jahre 1902 eingelaufenen Nachrichten bekunden, daß er im Dezember 1899 gelebt habe, so ist nicht diese zuletzt eingegangene Nachricht, sondern die frühere maßgebend, weil nach dieser der Verschollene noch zu einem späteren Zeitpunkte nämlich am 1. Oktober 1900, gelebt hat. Der Zeitraum von zehn Jahren wird also vom Schlusse des Jahres 1900 an berechnet und ist daher mit dem Schlusse des Jahres 1910 abgelaufen.

2. **Erfordernis der Vollendung des einunddreißigsten Lebensjahrs.** Eine Modifikation dieser Regel tritt ein, wenn der Verschollene am Schlusse des Jahres, in welchem er den letzten Nachrichten zufolge noch gelebt hat, noch nicht das einundzwanzigste Jahr vollendet haben würde. Die Todeserklärung darf in solchem Falle nicht vor Schluß des Jahres erfolgen, in welchem der Verschollene das einunddreißigste Lebensjahr vollendet haben würde. War also z. B. der Verschollene, der nach den letzten Nachrichten noch am ersten Oktober 1900 gelebt hat, in diesem Zeitpunkt erst 10 Jahre alt, so kann er nicht vor dem Schlusse desjenigen Jahres, in welchem er das einunddreißigste Lebensjahr vollendet haben würde, also, wenn er am 1. Oktober 1900 zehn Jahre alt geworden wäre, nicht vor dem Schlusse des Jahres 1921 für tot erklärt werden. Auf die Berechnung des einunddreißigsten Lebensjahres finden die Vorschriften der §§ 187 Abs. 2, 188 Anwendung. Fiele also z. B. der Geburtstag des Verschollenen auf den 1. Januar 1900, so würde er mit dem Schlusse des Jahres 1930 das einunddreißigste Lebensjahr vollendet haben und könnte also im Jahre 1931 für tot erklärt werden.

§. 15. Wer als Angehöriger einer bewaffneten Macht an einem Kriege Theil genommen hat, während des Krieges vermißt worden und seitdem verschollen ist, kann für todt erklärt werden, wenn seit dem Friedensschlusse drei Jahre verstrichen sind. Hat ein Friedensschluß nicht stattgefunden, so beginnt der dreijährige Zeitraum mit dem Schlusse des Jahres, in welchem der Krieg beendigt worden ist.

Als Angehöriger einer bewaffneten Macht gilt auch derjenige, welcher sich in einem Amts- oder Dienstverhältniß oder zum Zwecke freiwilliger Hülfeleistung bei der bewaffneten Macht befindet.

---

3. **Abkürzung der Frist bei Vollendung des siebzigsten Lebensjahrs.** Eine weitere Modifikation tritt ein, wenn der Verschollene das siebzigste Lebensjahr vollendet haben würde. Auf die Berechnung des siebzigsten Jahres finden ebenfalls die Vorschriften der §§ 187 Abs. 2, 188 Anwendung. Hier genügt fünfjährige Verschollenheit, d. h. der Verschollene kann auch, wenn noch keine zehn Jahre seit dem Schlusse desjenigen Jahres abgelaufen sind, in welchem er nach den letzten Nachrichten noch gelebt hat, dann für tot erklärt werden, wenn seit diesem Zeitpunkte mindestens fünf Jahre verstrichen sind und der Verschollene zugleich vor oder in diesem Zeitpunkte das siebzigste Lebensjahr vollendet haben würde. Tritt die Vollendung des siebzigsten Lebensjahres erst später ein, so ist die Todeserklärung erst nach dem Zeitpunkte zulässig, in welchem er das siebzigste Lebensjahr vollendet haben würde. Wäre also in dem obigen Beispielsfalle der Verschollene am 1. Oktober 1900 schon siebzig Jahre alt gewesen, so würde die Todeserklärung schon mit dem Schlusse des Jahres 1905 zulässig sein. Das Gleiche gilt, wenn er vor dem Schlusse des Jahres 1905 das siebzigste Lebensjahr vollendet haben würde. Hätte er dieses Lebensjahr aber erst nach dem Schlusse des Jahres 1905 vollendet, also z. B. am 1. Juli 1907, so würde er erst nach diesem Zeitpunkte für tot erklärt werden können (a. A. Hölder, Erl. 5 zu § 14, der die Todeserklärung nach Ablauf von fünf Jahren nur für denjenigen für zulässig hält, welcher schon innerhalb des vergangenen Kalenderjahrs das siebzigste Lebensjahr vollendet haben würde).

§ 15.

E. I § 7; II § 3 rev. § 15; III § 15. P. I S. 25, 26; M. I S. 38 ff. P. II Bd. 1 S. 67. D. S. 607.

1. **Personen, auf welche der § 15 Anwendung findet.** Der § 7 des E. I beschränkte die Vorschrift über Kriegsverschollenheit auf den Fall, daß jemand mit der bewaffneten Macht des Deutschen Reichs in den Krieg gezogen ist. Von der zweiten Kommission ist diese Beschränkung aufgegeben; die Vorschrift des § 15 findet in allen Fällen Anwendung, in welchen jemand als Angehöriger einer bewaffneten Macht an einem Kriege teilgenommen hat, also auch dann, wenn er Angehöriger der bewaffneten Macht eines auswärtigen Staates war und als solcher an einem Kriege dieses Staates teilgenommen hat. Wer zur bewaffneten Macht des Deutschen Reichs gehört, ergibt sich aus dem § 2 des Ges. betr. die Verpflichtung zum Kriegsdienste v. 9. Nov. 1867 in Verbindung mit dem MStGB. für das Deutsche Reich v. 20. Juni 1872 § 4 und Anlagen, dem RMG. v. 2. Mai 1874 § 38 und dem Ges. über den Landsturm v. 12. Febr. 1875. Wer zur bewaffneten Macht eines auswärtigen Staates gehört, ist aus dessen Gesetzen zu entnehmen. Als Angehöriger der bewaffneten Macht gelten auch die im Abs. 2 bezeichneten Personen. Ob ein Amts- oder Dienstverhältnis der dort bezeichneten Art vorliegt, bestimmt sich nach den Gesetzen des Staates, um dessen bewaffnete Macht es sich handelt. Zum Zwecke freiwilliger Hilfeleistung bei der bewaffneten Macht befinden sich z. B. freiwillige Krankenpfleger; ebenso auch wohl Händler, die dem Heere folgen, um es mit Proviant zu versehen (vgl. Hölder, Erl. 1b zu § 15). Was unter Teilnahme an dem Kriege zu verstehen ist, bestimmt sich nach der Auffassung des Lebens. Um einen Krieg anzunehmen, ist nicht förmliche Kriegserklärung erforderlich. Auch in dieser Beziehung entscheidet die Auffassung des Lebens. Der Feldzug in China z. B. ist als Kriegserklärung zu betrachten, obwohl eine Kriegserklärung nicht stattgefunden hat.

2. **Voraussetzung der Zulässigkeit der Todeserklärung** ist, daß die betreffende Person vermißt und seitdem verschollen ist. Vermißt ist jemand, wenn über sein Verbleiben an derjenigen Stelle keine Nachricht vorliegt, bei welcher eine solche nach dem gewöhnlichen Laufe der Dinge vorhanden sein müßte. Seitdem muß er verschollen sein, d. h. jede Nachricht über Leben oder

§. 16. Wer sich bei einer Seefahrt auf einem während der Fahrt untergegangenen Fahrzeuge befunden hat und seit dem Untergange des Fahrzeugs verschollen ist, kann für todt erklärt werden, wenn seit dem Untergang ein Jahr verstrichen ist.

Der Untergang des Fahrzeugs wird vermuthet, wenn es an dem Orte seiner Bestimmung nicht eingetroffen oder in Ermangelung eines festen Reiseziels nicht zurückgekehrt ist und wenn

bei Fahrten innerhalb der Ostsee ein Jahr,

bei Fahrten innerhalb anderer europäischer Meere, mit Einschluß sämmtlicher Theile des Mittelländischen, Schwarzen und Azowschen Meeres, zwei Jahre,

bei Fahrten, die über außereuropäische Meere führen, drei Jahre

seit dem Antritte der Reise verstrichen sind. Sind Nachrichten über das Fahrzeug eingegangen, so ist der Ablauf des Zeitraums erforderlich, der verstrichen sein müßte, wenn das Fahrzeug von dem Orte abgegangen wäre, an dem es sich den Nachrichten zufolge zuletzt befunden hat.

Tod fehlen. Der E. I verlangt, daß keine Nachricht vorliege, daß der Vermißte nach dem Friedensschlusse noch gelebt habe. Nach dem BGB. ist erforderlich, daß auch keine Nachricht vorliegt, daß der Vermißte vor dem Friedensschlusse noch gelebt hat. Ist eine solche Nachricht vorhanden, z. B. daß der Vermißte in Gefangenschaft geraten ist, so ist die Todeserklärung nur zulässig, wenn nach diesem Zeitpunkt ein Vermißtsein eingetreten ist.

3. Der E. I forderte den **Ablauf von drei Jahren** nach dem Friedensschlusse. Das BGB. berücksichtigt auch den Fall, wenn ein Friedensschluß nicht stattgefunden hat, und bestimmt, daß in diesem Falle der dreijährige Zeitraum mit dem Schlusse des Jahres beginnt, in welchem der Krieg beendigt worden ist. Wann die Beendigung anzunehmen ist, muß aus den Umständen entnommen werden. Im Falle eines Friedensschlusses bestimmt sich die Berechnung der dreijährigen Frist nach §§ 187 Abs. 1, 188.

§ 16.

E. I § 8; II § 4 rev. § 16; III § 16. P. I S. 26, 27; M. I S. 39 ff. P. II Bd. 1 S. 7 ff., Bd. 6 S. 111. D. S. 607.

1. Voraussetzung der Zulässigkeit der Todeserklärung ist zunächst, **daß sich die betreffende Person auf einem während der Fahrt untergegangenen Fahrzeuge befunden hat.** Ist Nachricht vorhanden, daß derjenige, welcher bei dem Untergange des Fahrzeugs auf diesem sich befand, nach dem Untergange noch gelebt hat, so findet der § 16 Abs. 1 keine Anwendung. Geht die Nachricht etwa dahin, daß er nach dem Untergange des Fahrzeugs noch lebend sich in einem Boote befunden hat, so ist das Schicksal dieses Bootes entscheidend und die Zulässigkeit der Todeserklärung auf Grund des § 16 davon abhängig, ob das Boot untergegangen oder nach § 16 Abs. 2 als untergegangen zu vermuten ist. Es dürfte indessen zulässig sein, die fragliche Voraussetzung auch für eine solche Person als vorliegend anzunehmen, die während des Unfalls, der den Untergang des Schiffes herbeigeführt hat, aber bevor dasselbe wirklich untergegangen ist, in das Meer gesprungen ist (s. Dernburg, I § 32 Anm. 9; a. M. Hölder Erl. 3 zu § 16).

2. **Seefahrt.** Nach dem Wortlaute des § 16 Abs. 1 würde dessen Vorschrift nicht zutreffen, wenn das Fahrzeug zwar den Hafen verlassen hat, um eine Seefahrt anzutreten, aber, ehe es die See erreichte, auf dem den Zugang zur See bildenden Flusse, etwa in der Mündung desselben, untergegangen ist oder wenn es bei der Rückkehr von einer Seereise aus der offenen See schon in die Mündung des Flusses gelangt ist und dort seinen Untergang gefunden hat. Die Worte „bei einer Seefahrt" im Abs. 1 dürften indessen in einem weiteren, der Auffassung des Lebens entsprechenden Sinne zu verstehen sein, nach welchem die Seefahrt in den gedachten Fällen schon mit dem Verlassen des Hafens beginnt und erst mit der Rückkehr in denselben endet (a. M. Hölder, Erl. 1 b zu § 16 und wie es scheint Rehbein, Erl. zu §§ 1—20 I 5 c). Hiernach wird auch im Abs. 2 unter „Antritt der Reise" der Zeitpunkt zu verstehen sein, in welchem das Fahrzeug den Hafen verlassen hat, auch wenn es noch nicht sofort in die offene See gelangt ist. Wäre der Ausdruck „bei einer Seefahrt" im engeren Sinne zu verstehen, so würde, wenn

§. 17. Wer unter anderen als den in den §§. 15, 16 bezeichneten Umständen in eine Lebensgefahr gerathen und seitdem verschollen ist, kann für todt erklärt werden, wenn seit dem Ereignisse, durch welches die Lebensgefahr entstanden ist, drei Jahre verstrichen sind.

---

das Fahrzeug in der Mündung des Flusses untergegangen wäre, nicht der § 16, sondern der § 17 zur Anwendung kommen und die Todeserklärung daher nicht schon nach einem Jahre nach dem Untergange, sondern erst nach drei Jahren zulässig sein. Dieses Ergebnis ist unvermeidlich, wenn es sich überhaupt nicht um eine Seefahrt, sondern nur um eine Fahrt auf einem Flusse handelt. Die Inkongruenz, die darin liegt, daß hier eine längere Dauer der Verschollenheit erfordert wird wie bei einer Seefahrt, erklärt sich daraus, daß man besondere Vorschriften über die Zulässigkeit der Todeserklärung im Falle des Unterganges eines Fahrzeugs auf einem Flusse deshalb nicht für erforderlich gehalten hat, weil sich in solchem Falle das Leben oder der Tod derjenigen Personen, welche sich auf dem Fahrzeuge befunden haben, regelmäßig ohne Schwierigkeit feststellen läßt.

3. Vermutung des Unterganges. Steht der Untergang des Fahrzeugs nicht fest, so greift die im Abs. 2 bestimmte Vermutung Platz. In solchem Falle ist die Todeserklärung erst zulässig, wenn der im Abs. 2 bestimmte Zeitraum und nach dessen Ablaufe das im Abs. 1 bestimmte eine Jahr verstrichen ist. Welche der im Abs. 2 bezeichneten Fristen abgelaufen sein muß, bestimmt sich, wie in M. I S. 40 hervorgehoben wird, regelmäßig nach dem ursprünglichen Reiseziele. Hatte das Fahrzeug kein bestimmtes Reiseziel, so ist diejenige Frist zu Grunde zu legen, welche für den Ort gilt, von welchem aus die Reise angetreten ist. Eine Ausnahme von diesen Regeln tritt nach Abs. 2 Satz 2 nur dann ein, wenn Nachrichten eingegangen sind, daß sich das Fahrzeug nach der Abreise an einem bestimmten Orte befunden hat. In einem solchen Falle soll diejenige Frist zu Grunde gelegt werden, welche erforderlich sein würde, wenn das Fahrzeug von diesem Orte abgegangen wäre. Für ein aus China abgegangenes, nach der Ostsee bestimmtes Fahrzeug gilt also z. B., wenn es nach den letzten Nachrichten in der Nordsee angesprochen ist, die zweijährige, wenn es in der Ostsee angesprochen ist, die einjährige Frist. Umgekehrt gilt für ein ohne ein bestimmtes Reiseziel von der Ostsee abgegangenes Fahrzeug, wenn es zuletzt in der Nordsee angesprochen ist, die zweijährige, wenn es zuletzt in außereuropäischen Gewässern angesprochen ist, die dreijährige Frist (a. A. Hölder, Erl. 1b zu § 16, der immer die längere Frist anwenden will, wenn es möglich ist, daß das Fahrzeug die Grenzen des Meeres, für welches die kürzere Frist gilt, überschritten hat, und Dernburg, I § 52 Nr. 2, der dasselbe annimmt, wenn es nicht unwahrscheinlich ist, daß das Fahrzeug die fragliche Grenze überschritten hat).

4. Auf die Berechnung der in den Abs. 1, 2 bestimmten Zeiträume finden die §§ 187 Abs. 1, 188 Anwendung. Der Tag des Unterganges des Fahrzeugs und des Antritts der Reise wird also nicht mitgerechnet. Nur wenn der im Abs. 1 bestimmte Zeitraum dem im Abs. 2 bestimmten hinzu gerechnet werden muß, findet, da der letztere mit dem Schlusse eines Tages endet, der erstere also mit dem Beginne des folgenden Tages anfängt, die Vorschrift des § 187 Abs. 2 Anwendung.

§ 17.

E. II § 5 rev. § 17; III § 17. P. II Bd. 1 S. 9, 10, Bd. 6 S. 111. D. S. 607.

1. Voraussetzungen einer Lebensgefahr. Der § 17 ist erst von der zweiten Kommission hinzugefügt worden. Der Brand des Ringtheaters in Wien, der in Österreich ein besonderes Gesetz veranlaßte, gab dazu den Anstoß. Der Paragraph beschränkt sich aber keineswegs auf derartige Ereignisse, sondern greift viel weiter. Nicht erforderlich ist, daß der Verschollene von einem Unfalle betroffen ist oder daß überhaupt ein Unfall stattgefunden hat. Ein hierauf gerichteter Antrag wurde abgelehnt, weil durch die Vorschrift auch solche Fälle gedeckt werden sollten, in welchen ein Unfall nicht nachgewiesen werden kann, aber feststeht, daß der Verschollene in einer mit Lebensgefahr verbundenen Lage gewesen ist, und später jede Nachricht von ihm fehlt. Ein Fall dieser Art liegt z. B. vor, wenn der Verschollene die mit Lebensgefahr verbundene Besteigung eines hohen Berges unternommen hat und nachher jede Nachricht von ihm fehlt. Auch die Fälle der mit Lebensgefahr verbundenen Durchquerung eines unbekannten Landes oder eine Nordpolexpedition wie die Nansensche gehören hierher. Wann eine Lebensgefahr im Sinne

§. 18. Die Todeserklärung begründet die Vermuthung, daß der Verschollene in dem Zeitpunkte gestorben sei, welcher in dem die Todeserklärung aussprechenden Urtheile festgestellt ist.

Als Zeitpunkt des Todes ist, sofern nicht die Ermittelungen ein Anderes ergeben, anzunehmen:

in den Fällen des §. 14 der Zeitpunkt, in welchem die Todeserklärung zulässig geworden ist;

in den Fällen des §. 15 der Zeitpunkt des Friedensschlusses oder der Schluß des Jahres, in welchem der Krieg beendigt worden ist;

in den Fällen des §. 16 der Zeitpunkt, in welchem das Fahrzeug untergegangen ist oder von welchem an der Untergang vermuthet wird;

in den Fällen des §. 17 der Zeitpunkt, in welchem das Ereigniß stattgefunden hat.

Ist die Todeszeit nur dem Tage nach festgestellt, so gilt des Ende des Tages als Zeitpunkt des Todes.

---

des § 17 anzunehmen ist, muß aus den Umständen des Falles entnommen werden. Selbstverständlich genügt nicht eine Lebensgefahr, wie sie in gewissem Sinne im gewöhnlichen Leben z. B. bei jeder Eisenbahnfahrt vorliegt; vielmehr muß die Gefahr eine außergewöhnliche sein, bei einer Eisenbahnfahrt also hinzukommen, daß der Zug, auf dem der Verschollene sich befunden hat, verunglückt ist (Hölder, Erl. 3, 4 zu § 17 scheint die Voraussetzung enger begrenzen zu wollen).

2. **Die Berechnung des dreijährigen Zeitraums**, der nach dem Ereignisse, durch welches die Lebensgefahr entstanden ist, abgelaufen sein muß, bietet keine Schwierigkeit, wenn ein bestimmter Zeitpunkt feststeht, in welchem das Ereignis stattgefunden hat, wie dies z. B. bei einem Theaterbrande der Fall ist. Das Ende des Ereignisses, also z. B. des Brandes, ist zu Grunde zu legen und der Tag, an welchem das Ereignis sein Ende erreicht hat, nach § 187 Abs. 1, § 188 nicht mitzurechnen. Zweifel entstehen, wenn die Lebensgefahr sich über einen längeren Zeitraum erstreckt, z. B. bei der Besteigung eines Berges oder bei einer gefahrvollen Reise. Hier wird man den im § 16 Abs. 2 zu Grunde liegenden Gedanken analog anzuwenden haben. Man wird zunächst den Zeitpunkt ermitteln müssen, in welchem der Verschollene von dem mit Lebensgefahr verbundenen Unternehmen, wenn er dabei nicht umgekommen wäre, voraussichtlich spätestens zurückgekehrt sein würde oder in dem man doch Nachricht von ihm hätte erhalten müssen. In dem § 16 Abs. 2 ist dieser Zeitpunkt für den dort fraglichen Fall durch positive Vorschrift bestimmt. Eine solche Vorschrift fehlt hier und konnte bei der Verschiedenheit der Fälle nicht gegeben werden. Die Umstände des einzelnen Falles müssen also entscheiden, welcher Zeitpunkt anzunehmen ist. Bei einer Bergbesteigung werden es wenige Tage sein, nach deren Ablaufe Nachricht von dem Verschollenen hätte eintreffen müssen. Bei einer Nordpolexpedition, wie die Nansensche, würde, wenn das Fahrzeug, auf welchem sich Nansen befunden, zurückgekehrt und festgestellt wäre, daß Nansen das Schiff verlassen, der § 16 also nicht zur Anwendung käme, nach den Umständen des Falles ermessen werden müssen, binnen welcher Zeit spätestens Nachrichten von Nansen eingetroffen sein müßten, wenn er nicht umgekommen wäre. Von dem in dieser Art ermittelten Zeitpunkt an läuft dann die dreijährige Frist, nach der die Todeserklärung zulässig ist (a. A. Hellmann, Vorträge S. 8; Hellmann, krit. Viert. 3. F. Bd. 5 S. 241).

§ 18.

E. I § 21; II § 7 rev. § 18; III § 18. P. I S. 37–39; M. I S. 47 ff. P. II Bd. 1 S. 18 ff., Bd. 6 S. 111. D. S. 607.

1. **Ermittelungen der Voraussetzungen von Amtswegen.** Das Gericht hat nach der CPO. § 968 von Amtswegen die zur Feststellung des Tatbestandes erforderlichen Ermittelungen vorzunehmen und nach § 970 die Todeserklärung nur dann auszusprechen, wenn die zur Begründung derselben erforderlichen Tatsachen für bewiesen erachtet werden. Die betreffenden Tatsachen müssen also bewiesen, nicht bloß glaubhaft gemacht sein. Durch die Fassung soll aber zugleich ausgedrückt werden, daß es darauf ankommt, ob zur Zeit des Urteils die Voraussetzungen

für die Zulässigkeit der Todeserklärung vorliegen, und daß das Gericht nicht an die in dem Antrag auf Todeserklärung angeführten Tatsachen gebunden ist, sondern das Ergebnis der amtlichen Ermittelungen zu Grunde zu legen hat. (P. II Bd. 1 S. 23.) Ist also z. B. im Laufe des Verfahrens ermittelt, daß der Verschollene noch in einem späteren Zeitpunkt, als in dem Antrag angegeben, gelebt habe, so hat die Todeserklärung im Falle des § 14 doch zu erfolgen, wenn zur Zeit der Urteilsfällung zehn Jahre seit diesem späteren Zeitpunkt abgelaufen sind. Der Zweifel, ob der zehnjährige Zeitraum nicht schon zur Zeit des Aufgebots abgelaufen sein muß, dürfte nicht begründet sein.

2. **Inhalt und Wirkung des Urteils.** Nach § 21 des E. I sollte das ergehende Urteil konstitutive Wirkung haben, jedoch nur in dem beschränkten Maße, daß die Vermutung begründet wurde, daß der Verschollene den Zeitpunkt der Erlassung des Urteils nicht überlebt habe. Nur in betreff seiner Beerbung sollte der Zeitpunkt des Urteils auch positiv als Zeitpunkt des Todes vermutet werden. Von der zweiten Kommission wurden die gegen diese Gestaltung von verschiedenen Seiten geltend gemachten Bedenken für überwiegend erachtet. Man ging davon aus, daß es einerseits dringend wünschenswert sei, als Zeitpunkt des Todes einen solchen Zeitpunkt zu bestimmen, der der Wirklichkeit möglichst nahe komme, und die Bestimmung dieses Zeitpunkts so zu regeln, daß dem Zufall und dem Verhalten der Beteiligten ein möglichst geringer Spielraum gelassen werde und daß andererseits der festzustellende Zeitpunkt für alle von dem Tode abhängenden Verhältnisse maßgebend sein müsse. Der § 18 stellt deshalb folgende Grundsätze auf:

a) Nicht der Zeitpunkt der Erlassung des Urteils ist entscheidend, sondern in dem Urteil ist der Zeitpunkt des Todes festzustellen.
b) Diese Feststellung hat nach Maßgabe der Vorschriften des Abs. 2 zu erfolgen.
c) Die Todeserklärung begründet die Vermutung, daß der Verschollene zu der in dem Urteile bestimmten Zeit gestorben sei. Daraus ergibt sich dann von selbst die Vermutung, daß der Verschollene bis zu dieser Zeit gelebt habe.
d) Das Urteil wirkt für und gegen alle.

Mit Rücksicht auf diese weitgreifenden Wirkungen der Todeserklärung ist eine Ausdehnung der Anfechtungsklage bestimmt. Sie soll nach § 973 außer in den Fällen des § 957 Abs. 2 auch zulässig sein, wenn die Todeserklärung mit Unrecht erfolgt oder der Zeitpunkt des Todes des Verschollenen unrichtig festgestellt ist. Zur Erhebung der Anfechtungsklage ist nach § 974 jeder berechtigt, der an der Aufhebung des Urteils oder der Berichtigung des Zeitpunkts des Todes ein rechtliches Interesse hat. Das auf die Anfechtungsklage ergehende abändernde Urteil wirkt nach § 976 Abs. 3 für und gegen alle.

3. **Der Gegenbeweis,** welcher gegen die durch das Urteil begründete Vermutung zulässig ist, kann sowohl dahin gehen, daß der Verschollene zu einem bestimmten anderen Zeitpunkt als dem in dem Urteile festgestellten gestorben sei, als auch nur dahin, daß der Verschollene den festgestellten Zeitpunkt überlebt habe. Auch im letzteren Falle ist die durch das Urteil begründete Vermutung widerlegt, und über den Zeitpunkt des Todes besteht dann dieselbe Ungewißheit wie vor der Todeserklärung. Der Gegenbeweis gegen die durch das Urteil begründete Vermutung hat aber nur Wirkung für den Prozeß, in welchem der Gegenbeweis geführt wurde. Für andere Personen als die Prozeßpartei bleibt die durch die Todeserklärung begründete Vermutung bestehen. Mit Wirkung für alle kann die Vermutung nur beseitigt werden im Wege der Anfechtung des Todeserklärungsurteils nach Maßgabe der CPO. §§ 973 ff. Auch der für tot Erklärte selbst kann nur auf diesem Wege, insbesondere also auch nur innerhalb der in der CPO. § 976 bestimmten Frist die Beseitigung der Todeserklärung erwirken (RG. v. 2. Februar 1903 in DJZ. S. 223). Selbstverständlich bleibt es ihm aber unbenommen, in jedem einzelnen Falle die durch das Todeserklärungsurteil begründete Vermutung durch den Nachweis seines Fortlebens zu widerlegen.

4. Als Zeitpunkt des Todes ist, **wenn sich aus den Ermittelungen ein bestimmter Zeitpunkt ergibt,** dieser festzustellen. Die Vorschriften der §§ 14—17 kommen dann nicht in Betracht. Zu beachten ist dabei indessen, daß in der Feststellung, daß der Verschollene zu einer bestimmten Zeit gestorben sei, zugleich die Feststellung liegt, daß er bis zu dieser Zeit gelebt habe und daß sich hieraus möglicherweise die Unzulässigkeit der Todeserklärung ergeben kann. Wenn z. B. im Falle des § 14 Abs. 1 die Ermittelungen ergeben, daß der Verschollene noch zu einer Zeit gelebt habe, welche nicht zehn Jahre vor der Erlassung des Urteils zurückliegt, so kann die Todeserklärung, auch wenn ermittelt ist, daß der Verschollene zu einer bestimmten späteren Zeit gestorben sei, nicht erfolgen, weil die Voraussetzungen für die Zulässigkeit der

Todeserklärung überhaupt fehlen. Die in dem Verfahren erfolgte Ermittelung ist nur maßgebend für den Zeitpunkt des Todes; die Zulässigkeit des Verfahrens und der Todeserklärung überhaupt hängt von den in den §§ 14—17 bestimmten Voraussetzungen ab (a. A. Hölder, Erl. 2 zu § 18). Daß für die Beurteilung der Zulässigkeit der Todeserklärung nicht der Zeitpunkt des Antrags oder des Aufgebots, sondern der Zeitpunkt des Urteils maßgebend ist, wurde schon oben in Erl. 1 hervorgehoben.

5. **Bestimmung des Zeitpunkts des Todes.** Ist der Tag des Todes ermittelt, nicht aber die genauere Zeit, so ist der Tag als Zeitpunkt des Todes festzustellen und gilt nach § 18 Abs. 3 das Ende des Tages als Zeit des Todes. Ist nur ermittelt, daß der Tod innerhalb eines mehrere Tage umfassenden Zeitraums erfolgt ist, so wird der letzte Tag dieses Zeitraums als Tag des Todes festzustellen sein. Der von Hölder, Erl. 2 zu § 18 erörterte Fall, daß der erste Tag dieses Zeitraums nach dem Zeitpunkte liegt, welcher bei Anwendung der Vorschriften des § 14 als Zeitpunkt des Todes zu bestimmen wäre, kann nicht vorkommen, weil in diesem Falle feststehen würde, daß der Verschollene an diesem ersten Tage noch gelebt hat, und daher die Todeserklärung nicht zulässig ist, sofern nicht noch zehn Jahre nach diesem Zeitpunkte verstrichen sind (s. Erl. 3). Ist die Zeit des Todes nicht ermittelt, so ist im Falle des § 14 regelmäßig das Ende des zehnjährigen Zeitraums als Zeit des Todes zu bestimmen. War der Verschollene zu dieser Zeit noch nicht einunddreißig Jahre alt, so ist das Ende des Jahres, in welchem der Verschollene das einunddreißigste Lebensjahr vollendet haben würde, als Zeitpunkt des Todes zu bestimmen. Im Falle des § 14 Abs. 2 ist der zu bestimmende Zeitpunkt das Ende des fünfjährigen Zeitraums und, wenn der Verschollene zu dieser Zeit das siebzigste Lebensjahr noch nicht vollendet haben würde, das Ende des siebzigsten Lebensjahrs (vgl. Erl. 3 zu § 14).

Im Falle des § 15 ist nicht der Ablauf der Frist maßgebend, sondern der Zeitpunkt des Friedensschlusses und, wenn ein Friede nicht geschlossen ist, der Schluß des Jahres maßgebend, in welchem der Krieg beendet ist. Der Zeitpunkt des Friedensschlusses wird regelmäßig nur dem Tage nach zu bestimmen sein; es findet dann § 18 Abs. 3 Anwendung.

Im Falle des § 16 ist als Zeitpunkt des Todes der Zeitpunkt des Unterganges des Fahrzeugs zu bestimmen und, wenn nur festgestellt ist, daß das Fahrzeug innerhalb eines Zeitraums von mehreren Tagen untergegangen ist, der letzte Tag dieses Zeitraums. Ist der Zeitpunkt des Unterganges nicht festgestellt, so ist der Schluß des im Abs. 2 bestimmten Zeitraums maßgebend.

Im Falle des § 17 ist, wenn das Ergebnis, durch welches die Lebensgefahr entstand, sich durch eine längere Zeit hinzieht, der letzte Tag dieses Zeitraums als Zeitpunkt des Todes zu bestimmen. Über die Feststellung der Dauer des Ereignisses s. Erl. zu § 17.

6. **Wirkungen des Urteils in besonderen Fällen.** In einer Reihe von Fällen beschränkt sich die Wirkung der Todeserklärung nicht auf die im § 18 bestimmte Todesvermutung. Es handelt sich in diesen Fällen um familienrechtliche Verhältnisse, in denen die Ungewißheit, die mit einer Vermutung wegen der Möglichkeit des Gegenbeweises sich verbindet, für so erheblich erachtet ist, daß man vorgezogen hat, durch die Todeserklärung eine definitive Änderung des betreffenden Rechtsverhältnisses eintreten zu lassen.

In Betracht kommt zunächst die Wirkung, welche die Todeserklärung hat, wenn der Ehegatte des für tot Erklärten eine neue Ehe eingeht. Nach den §§ 1348—1350 wird in solchem Falle, unter den in diesen Paragraphen bestimmten Voraussetzungen, die frühere Ehe aufgelöst und ist die neue Ehe gültig. Die durch § 18 begründete Vermutung des Todes bleibt daneben, auch wenn keine neue Ehe eingegangen ist, bestehen (s. Erl. 1 zu § 1348; a. A. Rspr. Bd. 6 S. 153; richtig die Anmerkung daselbst S. 154; DJZ. 1903 S. 149).

Ferner endigt nach § 1420 die Verwaltung und Nutznießung des Ehemanns, wenn derselbe für tot erklärt wird, mit dem Zeitpunkte, der als Zeitpunkt seines Todes gilt; ebenso nach § 1494 die fortgesetzte Gütergemeinschaft, wenn der überlebende Ehegatte für tot erklärt wird, und nach § 1544 die Errungenschaftsgemeinschaft, wenn einer der Ehegatten für tot erklärt wird. In dem Falle des § 1420 kann der für tot erklärte Ehemann, wenn er noch lebt, die Wiederherstellung der Nutznießung und Verwaltung verlangen; ebenso im Falle des § 1544 der für tot erklärte Ehegatte die Wiederherstellung der Errungenschaftsgemeinschaft. Auch die elterliche Gewalt des Vaters endigt, wenn er für tot erklärt wird, mit dem Zeitpunkte, der als Zeitpunkt seines Todes gilt; doch kann er, wenn er noch lebt, die Wiederherstellung verlangen. Das Gleiche gilt von der Mutter, wenn sie die elterliche Gewalt hat.

§. 19. Solange nicht die Todeserklärung erfolgt ist, wird das Fortleben des Verschollenen bis zu dem Zeitpunkte vermuthet, der nach §. 18 Abs. 2 in Ermangelung eines anderen Ergebnisses der Ermittelungen als Zeitpunkt des Todes anzunehmen ist; die Vorschrift des §. 18 Abs. 3 findet entsprechende Anwendung.

In anderen Fällen ist nicht der Zeitpunkt, der nach Maßgabe der Todeserklärung als Zeitpunkt des Todes gilt, sondern der Zeitpunkt der Erlassung des die Todeserklärung aussprechenden Urteils entscheidend. So endigt mit diesem Zeitpunkte, wenn der Mündel für tot erklärt ist, die Vormundschaft (§ 1884 Abs. 2), wenn der Vormund, der Gegenvormund, der Pfleger oder ein Mitglied des Familienrats für tot erklärt ist, das Amt dieser Personen (§§ 1885, 1878), wenn der Abwesende, für den eine Pflegschaft angeordnet war, für tot erklärt ist, die Pflegschaft (§ 1921 Abs. 3).

§ 19.

E. II § 9 rev. § 19; III § 19. P. II Bd. 1 S. 22, 23, Bd. 6 S. 112. D. S. 607.

1. Lebensvermutung. Die durch die Todeserklärung begründete Vermutung geht nicht nur negativ dahin, daß der Verschollene den in dem Urteile bestimmten Zeitpunkt nicht überlebt habe, sondern positiv dahin, daß er in diesem Zeitpunkte gestorben sei. Daraus folgt ohne weiteres, daß er bis zu diesem Zeitpunkte gelebt hat. In Ermangelung einer besonderen Vorschrift würde diese Lebensvermutung aber nur dann gelten, wenn eine Todeserklärung erfolgt ist. Der § 19 erweitert die Lebensvermutung auch auf solche Fälle, in denen eine Todeserklärung nicht erfolgt ist. Die Fortdauer des Lebens soll bis zu dem Zeitpunkte vermutet werden, der nach § 18 Abs. 2 in Ermangelung eines anderen Ergebnisses der Ermittelungen als Zeitpunkt des Todes anzunehmen ist. Die Bedeutung dieser Erweiterung zeigt sich darin, daß, während in dem der Todeserklärung vorangehenden Verfahren von Amtswegen der Tatbestand zu ermitteln ist und nur, wenn diese Ermittelungen eine bestimmte Todeszeit nicht ergeben haben, die subsidiären Vorschriften des § 18 Abs. 2 zur Anwendung kommen, die Lebensvermutung des § 19 in jedem Prozesse geltend gemacht werden kann, ohne daß ein Offizialverfahren stattgefunden hat und es nach den Grundsätzen der Verhandlungsmaxime lediglich den Parteien überlassen bleibt, die Tatsachen geltend zu machen und zu beweisen, welche für die Anwendung oder Ausschließung der Lebensvermutung von Bedeutung sind. (Über die Unanwendbarkeit des § 19 auf den Verlust der Staatsangehörigkeit eines Ausgewanderten s. Rspr. Bd. 6 S. 305.)

2. Die Beweislast gestaltet sich folgendermaßen: Wer sich zum Zwecke des Beweises, daß eine Person zu einer bestimmten Zeit noch lebe oder gelebt habe, auf die Lebensvermutung des § 19 beruft, hat ebenso wie im Aufgebotsverfahren glaubhaft zu machen, daß die Person verschollen sei. Hiermit ist die Voraussetzung der Lebensvermutung dargetan und diese gilt solange, bis die Voraussetzungen, unter welchen sie endigt, nachgewiesen werden. Dem anderen Teile liegt daher der Beweis ob, daß vor der in Betracht kommenden Zeit bereits der Zeitpunkt eingetreten sei, welcher nach § 18 Abs. 2 als Zeitpunkt des Todes der betreffenden Person anzunehmen ist. Zu diesem Zwecke genügt der Beweis, daß die betreffende Person zu einer bestimmten Zeit noch gelebt habe und daß seit dieser Zeit bis zu dem Zeitpunkte, für welchen das Leben nachzuweisen ist, mehr als zehn Jahre verstrichen sind. Der Nachweis irgend eines bestimmten Zeitpunkts, in welchem die Person noch gelebt hat, genügt, weil dieser ebenso wie im Aufgebotsverfahren in Ermangelung anderweiter Nachrichten nach § 14 Abs. 3 für die Berechnung der zehnjährigen Frist zu Grunde zu legen ist. Demgegenüber ist es Sache desjenigen, welcher sich auf die Lebensvermutung beruft, den Nachweis zu führen, daß die betreffende Person noch zu einer Zeit gelebt habe, die weniger als zehn Jahre vor dem Zeitpunkte zurückliegt, für welchen das Leben zu beweisen ist. Im praktischen Resultate wird es immer auf diesen Beweis ankommen, weil der dem anderen Teile zunächst obliegende Beweis des Lebens zu einer länger als zehn Jahre zurückliegenden Zeit immer wird geführt werden können. Statt des Beweises, daß die betreffende Person noch innerhalb zehn Jahren vor dem Zeitpunkte, für welchen das Leben zu beweisen ist, noch gelebt habe, genügt nach § 14 Abs. 1 Satz 2 der Beweis, daß die betreffende Person vor dem Schlusse des Jahres, in welches dieser Zeitpunkt fällt, das einunddreißigste Lebensjahr noch nicht vollendet haben würde. Zur Widerlegung der Lebensvermutung genügt ferner nach § 14 Abs. 2 der Nachweis, daß die betreffende Person in dem Zeitpunkte, für den das Leben zu beweisen ist, das siebzigste Lebensjahr bereits vollendet und seit den letzten Nachrichten von ihrem Leben (in dieser Beziehung gilt das oben Gesagte)

§. 20. Sind Mehrere in einer gemeinsamen Gefahr umgekommen, so wird vermuthet, daß sie gleichzeitig gestorben seien.

---

mehr als fünf Jahre verstrichen sind (vgl. Erl. 3 zu § 14). Ebenso genügt der Nachweis, daß für die betreffende Person die besonderen Voraussetzungen der §§ 15—17 vorliegen und der hiernach anzunehmende Zeitpunkt des Todes vor die Zeit fällt, für welche das Leben zu beweisen ist. Selbstverständlich genügt zur Widerlegung der Lebensvermutung immer der Beweis des wirklich erfolgten Todes (a. A. Enneccerus-Lehmann, I § 14 I 3. Matthiaß, I S. 71. Kisch, in Grünhut, Bd. 29 S. 345, nach welchen demjenigen, welcher sich auf die Lebensvermutung beruft, der Beweis obliegen soll, daß der Zeitpunkt, der nach § 18 Abs. 2 als Zeitpunkt des Todes festzustellen ist, noch nicht eingetreten sei).

3. **Wird die Lebensvermutung durch den Beweis widerlegt,** daß der Zeitpunkt, welcher nach § 18 Abs. 2 als Zeitpunkt des Todes festzustellen ist, eingetreten sei, so wird dadurch nicht die Vermutung des Todes in diesem Zeitpunkte begründet, vielmehr fällt nur die Lebensvermutung weg. Leben oder Tod sind ungewiß und nach allgemeinen Grundsätzen wird also derjenige, welcher sich auf das Leben beruft, das Leben, derjenige, welcher sich auf den Tod beruft, den Tod zu beweisen haben.

§ 20.

E. II § 10 rev. § 20; III § 20. P. II Bd. 1 S. 30, 31.

Böckel, Kommorienten im Arch. f. civ. Pr. S. 478.

1. **Voraussetzung ist, daß feststeht, daß die Mehreren in einer gemeinsamen Gefahr** z. B. bei einem Schiffbruch, einem Brande oder einem Eisenbahnunglück **umgekommen sind.** Abweichend vom gemeinen Rechte wird hier immer vermutet, daß sie gleichzeitig gestorben sind. Keiner von ihnen hat also den anderen beerbt. Der Begriff der **gemeinsamen Gefahr** wird nicht zu eng aufgefaßt werden dürfen. Unrichtig dürfte es z. B. sein, wenn Hölder, Erl. 1 zu § 20 und Gareis, Erl. 3 zu § 20 annehmen, daß, wenn mehrere Personen bei einem Schiffbruch umgekommen sind, aber feststeht, daß die eine derselben in das Meer gesprungen oder gefallen, die andere in ein Boot gesprungen, welches nachher gekentert ist, die dritte mit dem Schiffe untergegangen ist, die Voraussetzung, daß alle in der gemeinsamen Gefahr umgekommen seien, nicht vorliege, weil jede von ihnen in einer besonderen Gefahr umgekommen sei. Die Gesamtheit der betreffenden Vorgänge wird vielmehr als ein Ganzes, als die gemeinsame Gefahr aufzufassen sein, in der die mehreren Personen umgekommen sind.

2. **Verhältnis des § 18 zu § 20.** Im P. II Bd. 1 S. 31 ist bemerkt, daß durch die Fassung des § 8a (jetzt § 17) klar zu stellen sei, daß mehrere von demselben Ereignisse betroffene und nach dieser Vorschrift für tot erklärte Personen als gleichzeitig umgekommen vermutet werden. Dies ist ungenau. Werden mehrere Personen, welche sich in einer gemeinsamen Lebensgefahr befunden haben, nach § 17 für tot erklärt, so ist nach § 18 als Zeitpunkt des Todes, in Ermangelung eines anderen Ergebnisses der Ermittelung, der Zeitpunkt des Ereignisses zu bestimmen, durch welches die Lebensgefahr entstanden ist. Dieser Zeitpunkt ist derselbe für alle Beteiligte. Ist für jeden aber derselbe Zeitpunkt als Zeitpunkt des Todes in der Todeserklärung bestimmt, so ergibt sich hieraus ohne weiteres, daß alle gleichzeitig gestorben sind, und bedarf es der Vermutung des § 20 nicht. Möglich ist aber, daß die Ermittelungen rücksichtlich eines der Beteiligten einen bestimmten Zeitpunkt des Todes ergeben haben, der nicht mit dem subsidiär anzunehmenden Zeitpunkte des Ereignisses zusammenfällt. Dies kann dann der Fall sein, wenn das Ereignis, durch das die Lebensgefahr entstanden ist, längere Zeit hindurch gedauert hat. Wird infolge hiervon für den Tod des einen Beteiligten auf Grund der stattgehabten Ermittelungen ein anderer Zeitpunkt bestimmt als für die anderen Beteiligten, für welche der Zeitpunkt des Todes nach Maßgabe des § 17 bestimmt wird, so gilt auf Grund des § 18 die Vermutung, daß sie zu diesen verschiedenen Zeiten gestorben sind, und kommt die Vermutung des § 20 nicht in Betracht. Denkbar ist auch, daß, wenn verschiedene Gerichte über die Todeserklärung mehrerer Personen, die in einer gemeinsamen Lebensgefahr gewesen sind, zu erkennen haben, das eine Gericht den Zeitpunkt des betreffenden Ereignisses auf einen anderen Tag feststellt als das andere Gericht und daß infolge davon auch der Zeitpunkt des Todes verschieden bestimmt wird. Auch in diesem Falle würde die Vermutung des § 20 hinter der des § 18 zurückstehen müssen. Ein solches Ergebnis würde allerdings als ein Übelstand zu betrachten sein, der sich aber, weil er seinen Grund in der Verschiedenheit der zuständigen Gerichte hat,

Zweiter Titel.

Juristische Personen.

I. Vereine.

1. Allgemeine Vorschriften.

nicht ganz beseitigen läßt. Unter Umständen wird die Vorschrift des § 972 der CPO. Abhilfe gewähren, nach welcher die Landesjustizverwaltung die Erledigung der Aufgebotsanträge für mehrere Amtsgerichtsbezirke einem Amtsgericht übertragen kann. Ist für alle Beteiligte dasselbe Amtsgericht zuständig, so wird eine verschiedene Beurteilung nicht leicht eintreten. Ähnliche Verhältnisse wie die oben dargelegten können übeigens auch in den Fällen der §§ 15, 16 eintreten und werden dann ebenso zu beurteilen sein (a. A. Hölder, Erl. 3 zu § 20, Gareis, Erl. 2 zu § 20, Böckel, S. 486 ff., welche annehmen, daß, wenn bei mehreren in einer gemeinsamen Gefahr umgekommenen Personen für jede derselben ein verschiedener Zeitpunkt als Zeitpunkt des Todes durch das Todeserklärungsurteil festgestellt sei, dieser Zeitpunkt nur für das Verhältnis der betreffenden Personen zu Dritten maßgebend sei, während für das Verhältnis unter ihnen die Vorschrift des § 20 zur Anwendung komme, also anzunehmen sei, daß sie gleichzeitig gestorben seien. Eine solche Relativität des Verhältnisses entspricht sicher nicht der Absicht des Gesetzes).

Zweiter Titel.

Riedel, Die Gestaltung der juristischen Person im BGB. 1897; Meurer, Die juristischen Personen nach deutschem Reichsrecht 1901.

1. Die Ansichten über das **Wesen und den Begriff der juristischen Person** sind sehr verschieden (s. Windscheid-Kipp, I §§ 49, 57; Regelsberger, I §§ 75, 76; Dernburg, I § 65; Gierke, I S. 456 ff.). Ein näheres Eingehen auf diese Streitfrage ist zum Verständnisse der Vorschriften des BGB. nicht erforderlich. Nur folgende Gesichtspunkte sind hervorzuheben:

Charakteristisch für jede juristische Person ist, daß ein Vermögen besteht, welches Zwecken zu dienen bestimmt ist, die über die Sphäre eines einzelnen Menschen hinausreichen und dessen Subjekt daher nicht ein einzelner Mensch ist. Vermögensrechte und Vermögenspflichten können aber nicht begründet, ausgeübt, geändert und aufgehoben werden ohne einen Willen, der für das Vermögen maßgebend ist. Dieser Wille ist regelmäßig der Wille des einzelnen Menschen, welcher Subjekt seines Vermögens ist. Bei einem Vermögen der hier fraglichen Art fehlt dieses Subjekt und dessen Wille. An seine Stelle muß deshalb etwas anderes treten. Dieses andere müssen auch Menschen sein, da nur diese willensfähig sind. Diejenigen, welche berufen sind, die Willensfunktion für das betreffende Vermögen auszuüben, sind durch den Zweck des Vermögens gebunden. Ob man sie als Vertreter oder Organe einer fingierten Person oder eines subjektlosen, für gewisse Zwecke bestimmten Vermögens, oder ob man sie in ihrer organischen, auf die Erreichung der fraglichen Zwecke gerichteten Verbindung selbst als Subjekte des Vermögens bezeichnen will, ist eine Frage der juristischen Konstruktion, die hier nicht weiter zu erörtern ist. Für das Gesetz ist nur wesentlich, daß eine Organisation bestehen muß, vermöge deren ein für das Vermögen maßgebender Wille vorhanden ist. Mit einer solchen Organisation ist die Möglichkeit gegeben, die bestimmten Zwecke auch dann zu verfolgen, wenn kein Vermögen vorhanden ist, indem diejenigen, welche die Willensfunktion auszuüben haben, Vermögen erwerben und Verpflichtungen eingehen können. So ist der Bestand einer juristischen Person von dem wirklichen Vorhandensein eines Vermögens unabhängig. Das BGB. spricht sich über die juristische Konstruktion der juristischen Persönlichkeit nicht aus; es spricht von rechtsfähigen Vereinen und rechtsfähigen Stiftungen, ohne sie näher zu definieren. Die entscheidende Bedeutung der oben hervorgehobenen Gesichtspunkte wird aber in dem BGB. dadurch anerkannt, daß in dem § 26 zunächst für Vereine vorgeschrieben ist, daß jeder Verein einen Vorstand haben muß, daß dieser den Verein gerichtlich und außergerichtlich vertritt und daß er die rechtliche Stellung eines gesetzlichen Vertreters hat. Nach § 86 findet diese Vorschrift auf Stiftungen entsprechende Anwendung. Durch den Ausdruck „rechtliche Stellung eines gesetzlichen Vertreters" hat der juristischen Konstruktion nicht vorgegriffen, sondern offen gelassen werden sollen, ob der Verein nicht selbst als willens- und handlungsfähig zu denken ist und in dem Vorstande nur sein Organ hat. Im praktischen Ergebnis ist dies gleichgültig.

2. Aus dem in Erl. 1 Angeführten ergibt sich, daß das Wesen der juristischen Persönlichkeit in der **Vermögensfähigkeit** besteht. Im E. I § 41 war dies ausdrücklich ausgesprochen. Das BGB. spricht allgemein von **Rechtsfähigkeit**. Damit ist ausgedrückt, daß die juristische Person nicht nur Vermögensrechte und Vermögenspflichten, sondern auch andere Rechte und Pflichten haben kann, soweit diese nicht ihrer Natur nach einen einzelnen Menschen als Träger voraussetzen. Dies ist der Fall bei allen familienrechtlichen Verhältnissen; der außer den vermögensrechtlichen Verhältnissen den juristischen Personen offen stehende Rechtskreis ist nur ein verhältnismäßig kleiner. Zu ihm gehört insbesondere das Recht auf den Namen (s. Erl. 6 zu § 12). Auch das Urheberrecht gehört hierher, da es nicht ausschließlich Vermögensrecht ist. Die Ersetzung der „Vermögensfähigkeit" durch „Rechtsfähigkeit" erfordert keine Änderung der Organisation, da, wenn einmal eine Organisation geschaffen ist, durch welche die Willensfunktion ausgeübt wird, diese ebensogut für andere wie für vermögensrechtliche Verhältnisse verwendbar ist.

3. Das BGB. kennt zwei Arten von juristischen Personen, die **Vereine** und die **Stiftungen**. Von den ersteren handelt die erste, von den letzteren die zweite Abteilung des zweiten Titels. Nur das Rechtsverhältnis der privatrechtlichen juristischen Personen wird in dem BGB. geregelt, eine einzelne Vorschrift wird in der dritten Abteilung dieses Titels auf juristische Personen des öffentlichen Rechtes für anwendbar erklärt.

4. Nach EG. Art. 86 bleiben unberührt die **landesgesetzlichen Vorschriften**, welche den Erwerb von Rechten durch juristische Personen beschränken oder von staatlicher Genehmigung abhängig machen, soweit diese Vorschriften Gegenstände im Wert von mehr als fünftausend Mark betreffen (s. EG. Erl. zu Art. 86).

5. **Übergangsvorschriften.** Nach EG. Art. 163 finden die Vorschriften des BGB. auch auf die z. Z. des Inkrafttretens des BGB. bestehenden juristischen Personen Anwendung. Nach Art. 164—167 des EG. bleiben jedoch die Landesgesetze in Kraft für die z. Z. des Inkrafttretens des BGB. bestehenden Realgemeinden und ähnlichen Verbände, für die auf Grund der bayerischen Gesetze betr. die privatrechtliche Stellung der Vereine sowie der Erwerbs- und Wirtschaftsgenossenschaften v. 29. April 1869 und auf Grund des sächsischen Ges. betr. die juristischen Personen v. 15. Juni 1868 z. Z. des Inkrafttretens des BGB. bestehenden Vereine und für die zu dieser Zeit bestehenden landschaftlichen oder ritterschaftlichen Kreditanstalten.

I. Vereine.

1. Allgemeine Vorschriften

Waldenburg, Die privatrechtlichen Verhältnisse der Vereine nach dem BGB. 1899. Leist, Vereinsherrschaft und Vereinsfreiheit im künftigen Reichsrecht. 1899. Schwabe, Die juristische Person und das Mitgliedschaftsrecht. 1900. Heintzmann, Das Vereinsrecht nach den Bestimmungen des BGB. 1900. Staudinger, Das Vereinsrecht nach dem BGB. in Bl. f. RAnw. Bd. 62 S. 305ff. Joachim von Bülow, Das Vereinsrecht des BGB. 1902.

1. Die Frage, **auf welchem Wege ein Verein juristische Persönlichkeit erlangt**, ist Gegenstand lebhaften Streites sowohl in den Verhandlungen der ersten wie der zweiten Kommission als auch in der Kritik, im Bundesrat und im Reichstage gewesen. Drei Ansichten wurden vertreten. Nach der ersten ist jeder Verein rechtsfähig, der rechtsfähig sein will und sich eine für diesen Zweck geeignete Organisation gibt. Nach der zweiten Ansicht erlangt ein Verein die Rechtsfähigkeit nur durch staatliche Verleihung. Nach der dritten Ansicht kann ein Verein die Rechtsfähigkeit erlangen, wenn er gewisse durch das Gesetz bestimmte Bedingungen erfüllt und in das von einer öffentlichen Behörde geführte Vereinsregister eingetragen wird. In dem bisherigen Rechte herrschte keine Übereinstimmung. Das gemeine Recht stand früher auf dem Standpunkte der staatlichen Verleihung. In der neueren Praxis ist jedoch mehr und mehr der Gedanke zum Durchbruche gelangt, daß auch solche Vereine, denen die juristische Persönlichkeit nicht verliehen ist, wenigstens in gewissen Beziehungen, insbesondere in betreff der Prozeßführung, rechtsfähig sind. In Bayern und Sachsen gilt das dritte System. Der E. I hielt bei der politischen Bedeutung, welche die Frage hat, eine reichsrechtliche Regelung für untunlich und überließ die Entscheidung der Landesgesetzgebung. In der zweiten Kommission überwog die

Ansicht, daß das praktische Bedürfnis eine einheitliche reichsrechtliche Regelung erfordere und daß die politischen Bedenken sich durch geeignete Vorschriften für solche Vereine, welche politische, sozialpolitische oder religiöse Zwecke verfolgen, heben lassen. Auf dieser Auffassung beruhen die Vorschriften des BGB. Zu Grunde gelegt wird das System der Normativbestimmungen. Als Regel gilt, daß jeder Verein, wenn seine Satzung den gesetzlichen Vorschriften entspricht, die Eintragung in das von den Amtsgerichten zu führende Vereinsregister verlangen kann und durch die Eintragung die Rechtsfähigkeit erlangt (§ 21). Eine Ausnahme gilt für diejenigen Vereine, deren Zweck auf einen wirtschaftlichen Geschäftsbetrieb gerichtet ist. Vereine dieser Art erlangen in Ermangelung besonderer reichsgesetzlicher Vorschriften die Rechtsfähigkeit durch staatliche Verleihung (§ 22). Für die große Mehrzahl derartiger Vereine bestehen indessen besondere reichsgesetzliche Vorschriften. Durch das HGB. sind die handelsrechtlichen Vereinigungen geregelt und ist deren Gebiet, nach dem neuen HGB., noch erweitert worden. Ferner bestehen besondere Reichsgesetze über die Erwerbs- und Wirtschaftsgenossenschaften, die eingeschriebenen Hilfskassen, die Innungen, die Krankenkassen, die Berufsgenossenschaften zum Zwecke der Unfallversicherung und die Gesellschaften mit beschränkter Haftung. Allen diesen Gesetzen liegt das System der Eintraguug und der Normativbestimmungen zu Grunde. Staatliche Verleihung der Rechtsfähigkeit ist für Innungsverbände durch § 104c der GewO. und für Kolonialgesellschaften durch § 8 des Ges. betr. die Rechtsverhältnisse der deutschen Schutzgebiete v. 15. März 1888 und § 11 des Schutzgebietsgesetzes in der Fassung v. 10. September 1900 vorgeschrieben. Sofern ein Verein, dessen Zweck auf einen wirtschaftlichen Geschäftsbetrieb gerichtet ist, unter die gedachten Reichsgesetze fällt, entscheiden diese; jedoch dürften die allgemeinen Vorschriften des BGB. über rechtsfähige Vereine subsidiär zur Anwendung zu bringen sein (s. Rspr. Bd. 4 S. 256); ein Verein der fraglichen Art, der nicht unter die gedachten Reichsgesetze fällt, kann nach BGB. § 22 die Rechtsfähigkeit nur durch staatliche Verleihung erlangen. Die Regel, daß Vereine, deren Zweck nicht auf einen wirtschaftlichen Geschäftsbetrieb gerichtet ist, die Rechtsfähigkeit durch Eintragung in das Vereinsregister erlangen, gilt auch für Vereine, welche politische, sozialpolitische oder religiöse Zwecke verfolgen; doch ist für diese das Recht, die Eintragung zu verlangen, durch die Vorschrift beschränkt, daß der Verwaltungsbehörde ein Einspruchsrecht gegen die Eintragung zusteht (§§ 61—63). Ein gleiches Einspruchsrecht steht der Verwaltungsbehörde gegen die Eintragung jedes Vereins zu, der nach dem öffentlichen Vereinsrecht unerlaubt ist oder verboten werden kann. Die Regel, daß Vereine die Rechtsfähigkeit durch Eintragung in das Vereinsregister erlangen, ist dahin zu verstehen, daß nur auf diesem Wege, nicht etwa auch durch staatliche Verleihung die Rechtsfähigkeit erlangt werden kann (s. Erl. 4—6 zu § 21). Nur für einen Verein, der seinen Sitz nicht in einem Bundesstaate hat, gilt hiervon nach § 23 eine Ausnahme.

2. **Nur das privatrechtliche Verhältnis der Vereine** wird durch das BGB. geordnet. Nicht dadurch berührt wird das öffentliche Vereinsrecht. Zu diesem gehören auch die Vorschriften, welche die Beaufsichtigung der Vereine im öffentlichen Interesse betreffen. Im Art. 49 des von der ersten Kommission ausgearbeiteten Entwurfs des EG. war ausdrücklich bestimmt, daß die landesgesetzlichen Vorschriften unberührt bleiben, welche die Verwaltung und Beaufsichtigung juristischer Personen betreffen. Von der zweiten Kommission ist dieser Satz gestrichen. Anfangs war er nur insoweit weggelassen, als er sich auf die Verwaltung bezieht, weil in dieser Beziehung den Landesgesetzen kein Spielraum gelassen werden sollte. In betreff der Beaufsichtigung sollte er bestehen bleiben, weil diese wesentlich dem öffentlichen Rechte angehört und Zweifel darüber abgeschnitten werden sollten, ob im einzelnen Falle eine die Beaufsichtigung betreffende Vorschrift dem öffentlichen Rechte angehöre oder nicht. (P. II Bd. 6 S. 400ff.) Später ist der Vorbehalt in betreff der Beaufsichtigung weggelassen. (P. II Bd. 6 S. 612ff.) Hiernach ist im einzelnen Falle zu untersuchen, ob eine die Beaufsichtigung betreffende Vorschrift dem öffentlichen Rechte angehört. Ist dies der Fall, so wird sie durch das BGB. nicht berührt; andernfalls tritt sie außer Kraft. In der Regel wird die Frage zu bejahen sein.

3. Ein weiterer **Spielraum ist den Landesgesetzen** in Beziehung auf diejenigen Vereine **gewährt**, deren Rechtsfähigkeit auf staatlicher Verleihung beruht, indem die landesgesetzlichen Vorschriften über die Verfassung solcher Vereine nach EG. Art. 82 unberührt bleiben. Unberührt bleiben nach EG. Art. 84 ferner die landesgesetzlichen Vorschriften, nach welchen eine Religionsgesellschaft oder eine geistliche Gesellschaft Rechtsfähigkeit nur durch Gesetz erlangen kann.

Unberührt bleiben endlich alle landesgesetzlichen Vorschriften über solche Vereine, welche den der Landesgesetzgebung durch das EG. allgemein vorbehaltenen Rechtsgebieten angehören, ins-

§. 21. Ein Verein, dessen Zweck nicht auf einen wirthschaftlichen Geschäftsbetrieb gerichtet ist, erlangt Rechtsfähigkeit durch Eintragung in das Vereinsregister des zuständigen Amtsgerichts.

---

besondere über die dem Agrarrechte (Art. 113), dem Wasserrechte (Art. 65), dem Jagd- und Fischereirechte (Art. 69), dem Deich- und Sielrechte (Art. 66), dem Bergrechte (Art. 67), dem Versicherungsrecht (Art. 75) angehörenden Vereine; endlich auch nach Art. 83 die landesgesetzlichen Vorschriften über Waldgenossenschaften.

Über **die einem fremden Staate angehörenden Vereine** werden Vorschriften in dem Art. 10 des EG. gegeben (s. Erl. zu diesem Artikel).

4. Anordnung des Stoffes. Die erste Abteilung des zweiten Titels zerfällt in zwei Unterabteilungen, von denen die erste (§§ 21—54) die allgemeinen Vorschriften, die zweite (§§ 55—79) die besonderen Vorschriften für eingetragene Vereine enthält.

In den §§ 21—23 werden die allgemeinen Vorschriften über die Entstehung rechtsfähiger Vereine gegeben. Die §§ 24—53 stellen die Grundsätze auf, die für alle Vereine gelten, welche nicht durch besondere Reichsgesetze geregelt sind, möge ihre Rechtsfähigkeit auf staatlicher Verleihung oder auf Eintragung in das Vereinsregister beruhen.

Der § 24 bestimmt den Sitz des Vereins; die §§ 25—40 enthalten Vorschriften über die Verfassung des Vereins, und zwar die §§ 26—31 über den Vorstand und sonstige Vertreter des Vereins, die §§ 32—37 über die Mitgliederversammlung, die §§ 38, 39 über die rechtliche Stellung der Mitglieder; der § 40 bezeichnet diejenigen Vorschriften des Gesetzes, welche durch die Satzungen geändert werden können. Die §§ 41—44 enthalten Vorschriften über die Auflösung des Vereins und den Verlust der Rechtsfähigkeit, die §§ 45—53 über das Schicksal des Vereinsvermögens, falls der Verein aufgelöst wird oder die Rechtsfähigkeit verliert, und über die in solchem Falle, sofern das Vermögen nicht an den Fiskus fällt, stattfindende Liquidation §§ 47—53). Der § 54 endlich bestimmt die rechtliche Stellung eines Vereins, welcher nicht rechtsfähig ist.

§ 21.

E. I §§ 41, 42; II § 23 rev. § 21; III § 21 Abs. 1. P. I S. 3087 ff., 3093 ff., 3133 ff., 11618 ff., 11660; M. I S 78 ff. P. II Bd. 1 S. 476 ff., 578 ff. D. S. 607 ff. KB. 1937 ff. StB. S. 2734 ff.

1. Voraussetzung der Eintragungsfähigkeit. Der § 21 des E. III bezeichnete in Übereinstimmung mit der von der zweiten Kommission beschlossenen Fassung die Vereine, welche die Rechtsfähigkeit durch Eintragung in das Register erlangen können, dahin: „Vereine zu gemeinnützigen, wohltätigen, geselligen, wissenschaftlichen, künstlerischen oder anderen nicht auf einen wirtschaftlichen Geschäftsbetrieb gerichteten Zwecken.“ Die jetzige Fassung beruht auf einem Beschlusse der Reichstagskommission. Eine sachliche Änderung ist damit nicht beabsichtigt. Durch die Weglassung der Exemplifikation sollte nur schärfer hervorgehoben werden, daß alle Vereine, deren Zweck nicht auf einen wirtschaftlichen Geschäftsbetrieb gerichtet ist, unter § 21 fallen.

2. Ein wirtschaftlicher Geschäftsbetrieb liegt vor, wenn die Erlangung wirtschaftlicher Vorteile oder die Abwendung wirtschaftlicher Nachteile geschäftsmäßig betrieben wird. Den Hauptfall bildet ein geschäftsmäßiger Betrieb zum Zwecke der Produktion oder des Umsatzes wirtschaftlicher Güter. Unter den Begriff des wirtschaftlichen Geschäftsbetriebs fällt aber auch z. B. die geschäftsmäßige Versicherung gegen Unfälle (s. jedoch EG. Art. 75). Nicht erforderlich ist, daß durch den Geschäftsbetrieb wirtschaftliche Vorteile für die Mitglieder des Vereins erstrebt werden. Dies ist freilich sehr bestritten. Von manchen wird das Wesen des wirtschaftlichen Geschäftsbetriebs gerade darin gefunden, daß wirtschaftliche Vorteile für die Mitglieder erstrebt werden (Staudinger, Erl. B V zu § 21; Gierke, Vereine ohne Rechtsfähigkeit S. 55; Hölder, Erl. 2 zu § 21; Enneccerus-Lehmann, I § 33, II 2). Unter den Verteidigern dieser Ansicht herrscht wieder darüber Meinungsverschiedenheit, ob erforderlich ist, daß die wirtschaftlichen Vorteile zunächst dem Verein als solchem zu gute kommen und die Mitglieder nur mittelbar daran teilnehmen oder ob es genügt, daß die Mitglieder unmittelbar die Vorteile erlangen. (Für die letztere Auffassung z. B. Hölder, für die erstere Dernburg, I § 74, III.) Auch die bisherige Praxis ist schwankend (Rspr. I S. 15. DJZ. 1900 S. 120, 311, 412; 1901 S. 479 und die bei Dernburg, I § 74 Anm. 5 angeführten sonstigen landgerichtlichen Entscheidungen). Für die hier vertretene Auffassung spricht zunächst der Wortlaut der fraglichen Vorschrift. Es wird nur darauf abgestellt, ob ein wirtschaftlicher Geschäftsbetrieb bezweckt wird, nicht darauf, ob der Geschäftsbetrieb zum wirtschaftlichen Vorteile der Mitglieder gereichen soll. Auch der gesetzgeberische Grund, auf welchem die fragliche Vorschrift hauptsächlich beruht, spricht für die hier vertretene Auffassung. Bei jedem wirtschaftlichen Geschäftsbetriebe, mag dadurch ein Vorteil für die Mitglieder erstrebt werden oder nicht, werden Rechtsverhältnisse verschiedener Art, insbesondere auch Verbindlichkeiten gegenüber Dritten eingegangen. Für die Sicherung der Gläubiger wird, wenn der Geschäftsbetrieb durch eine der in den Reichsgesetzen geordneten Gesellschaften, z. B. eine Aktiengesellschaft erfolgt, durch die für Gesellschaften solcher Art geltenden besonderen Vorschriften gesorgt. Solche Vorschriften fehlen bei rechtsfähigen Vereinen. Hier soll das Erfordernis der staatlichen Verleihung (§ 22) Ersatz bieten, indem dadurch der zuständigen Behörde die Möglichkeit gewährt wird, für die Aufnahme sichernder Vorschriften in die Satzung zu sorgen. Das Bedürfnis hierzu besteht in gleicher Weise, mag der Geschäftsbetrieb den Vorteil der Mitglieder bezwecken oder nicht. Bei einem Vereine z. B., der die Errichtung und den Betrieb einer Fabrik zum Zwecke hat, macht es in der fraglichen Beziehung keinen Unterschied, ob der Reinertrag des Geschäftsbetriebs nach der Satzung unter die Mitglieder verteilt oder aber zu einem gemeinnützigen oder wohltätigen Zwecke oder dazu verwendet werden soll, die Löhne der in der Fabrik beschäftigten Angestellten und Arbeiter zu erhöhen.

3. **Die Eintragungsfähigkeit ist nur ausgeschlossen, wenn der Zweck des Vereins auf einen wirtschaftlichen Geschäftsbetrieb gerichtet ist.** Findet ein solcher Betrieb nur nebenbei als Mittel zur Erreichung anderer Zwecke statt, so kommt die Regel, daß der Verein die Rechtsfähigkeit durch Eintragung erlangt, zur Anwendung. Dies wird z. B. anzunehmen sein, wenn ein geselliger Verein eine Wirtschaft errichtet, um seinen Mitgliedern Speisen und Getränke verabfolgen zu können, wenn ein Leseverein Bücher und Zeitschriften für seine Mitglieder anschafft und diese nach ihrer Benutzung durch die Mitglieder wieder verkauft, wenn ein wohltätiger Verein Waren zur Unterstützung für Arme anschafft oder Suppenanstalten errichtet. Anders zu beurteilen ist das Verhältnis, wenn der wirtschaftliche Betrieb den Hauptzweck des Vereins bildet, mag auch das Motiv ein ideales sein, z. B. darin bestehen, das allgemeine Beste oder die Interessen gewisser Kreise zu fördern. So wird z. B. ein Verein, der im Interesse der Landwirtschaft Molkereianstalten oder Getreidespeicher anlegt oder der im Interesse einer Gemeinde ein Krankenhaus errichtet, in dem jeder gegen Entgelt, Arme aber vielleicht unentgeltlich Aufnahme finden, als ein Verein zu betrachten sein, dessen Zweck auf einen wirtschaftlichen Geschäftsbetrieb gerichtet ist. Die Grenze zwischen den Fällen dieser und der erstgedachten Art wird oft zweifelhaft sein. In der Reichstagskommission wurde als Beispiel angeführt, daß ein Verein zur Beschaffung wohlfeiler Wohnungen für Arbeiter Häuser baut und an Arbeiter vermietet, dabei aber so verfährt, daß die Verzinsung des aufgewendeten Kapitals gesichert wird und der etwaige Überschuß in die Vereinskasse fließt oder als Dividende an diejenigen verteilt wird, welche das Kapital hergegeben haben. Als Zweck des Vereins dürfte in diesem Falle der Bau und die Vermietung der Häuser zu betrachten sein, während die Förderung des Interesses der Arbeiter nur das Motiv bildet, das für die Anwendung des § 21 ohne Bedeutung ist. Dies wird selbst dann anzunehmen sein, wenn die Mitglieder des Vereins nach der Satzung nur landesübliche Zinsen erhalten, die etwaigen Überschüsse aber zum Bau neuer Häuser oder zur Herabsetzung der Mietpreise benutzt werden sollen. In dem mehrfach erwähnten und verschieden beantworteten Falle, daß eine Bibelgesellschaft eine Druckerei errichtet, um die von ihr zu verteilenden Bibeln wohlfeiler herzustellen, wird regelmäßig anzunehmen sein, daß deshalb allein der Zweck des Vereins noch nicht als auf einen wirtschaftlichen Geschäftsbetrieb gerichtet anzusehen ist. Möglich ist aber, daß die Errichtung und der Betrieb einer Druckerei zum Zwecke der Herstellung wohlfeiler Bibeln als Hauptzweck des Vereins anzusehen ist. In solchem Falle ist die Erlangung der Rechtsfähigkeit durch Eintragung selbst dann ausgeschlossen, wenn die Bibeln gegen die Herstellungskosten verkauft oder unentgeltlich verteilt werden sollen.

4. **Ein Verein, dessen Zweck nicht auf einen wirtschaftlichen Geschäftsbetrieb gerichtet ist, kann** vorbehaltlich der Vorschrift des § 23 **die Rechtsfähigkeit nur durch Eintragung erlangen.** Der E. III ließ die Erlangung der Rechtsfähigkeit durch staatliche Verleihung für alle Vereine zu. Vom Reichstag ist dies auf Antrag der Reichstagskommission geändert. Die Ansicht von Gareis (Erl. 4 zu § 21), daß trotzdem Vereine der gedachten Art die Rechtsfähigkeit auch durch staatliche Verleihung erlangen können (ebenso Dernburg, I § 76 Nr. 1 für den Fall, daß die Eintragung des Vereins von dem Gericht abgelehnt ist), dürfte weder

mit dem Wortlaute der fraglichen Vorschriften, noch mit ihrer Entstehungsgeschichte vereinbar sein. Da Vereine, deren Zweck auf einen wirtschaftlichen Geschäftsbetrieb gerichtet ist, die Rechtsfähigkeit nach § 22 nur durch staatliche Verleihung erlangen können, so entsteht der Übelstand, daß ein Verein, rücksichtlich dessen es zweifelhaft ist, ob sein Zweck auf einen wirtschaftlichen Geschäftsbetrieb gerichtet ist oder nicht, die Rechtsfähigkeit möglicherweise überhaupt nicht erlangen kann. Dies würde dann eintreten, wenn das zuständige Amtsgericht einen auf einen wirtschaftlichen Geschäftsbetrieb gerichteten Zweck annimmt und deshalb die Eintragung verweigert, während die zuständige Verwaltungsbehörde einen solchen Zweck nicht annimmt und deshalb die Verleihung der Rechtsfähigkeit ablehnt. Gegen diesen Übelstand, der sich indessen praktisch wohl selten fühlbar machen wird, gewährt das BGB. keine Abhilfe.

5. Möglich ist, daß ein Verein **nebeneinander einen idealen und einen auf einen wirtschaftlichen Geschäftsbetrieb gerichteten Zweck hat.** Von den in Erl. 3 erwähnten Fällen unterscheidet sich dieser Fall dadurch, daß der Geschäftsbetrieb nicht lediglich als Mittel für die Erreichung des idealen Zweckes erscheint. Ein solcher Fall liegt z. B. vor, wenn ein Berufsverein einerseits die allgemeinen Interessen der Mitglieder zu fördern bezweckt, andererseits aber die Produktion oder die Veräußerung von Erzeugnissen der Vereinsmitglieder betreiben will oder die gegenseitige Versicherung der Mitglieder gegen Unfälle zum Zwecke hat. Durch Eintragung kann ein solcher Verein nach § 21 die Rechtsfähigkeit nicht erlangen. Zweifelhaft ist, ob ein solcher Verein nach § 22 die Rechtsfähigkeit durch staatliche Verleihung erlangen kann. Die Frage dürfte zu bejahen sein, da nach dem Wortlaute des § 22 die Zulässigkeit der staatlichen Verleihung nur davon abhängt, daß der Zweck des Vereins auf einen wirtschaftlichen Geschäftsbetrieb gerichtet ist, nicht davon, daß er ausschließlich diesen Zweck hat. Auch die vom Reichstage beschlossene Streichung der Vorschrift, daß ein Verein, der im § 21 bezeichneten Art die Rechtsfähigkeit auch durch staatliche Verleihung erlangen könne, nötigt nicht zu einer abweichenden Auslegung; man kann es für bedenklich halten, die staatliche Verleihnng der Rechtsfähigkeit für Vereine zuzulassen, die lediglich ideale Zwecke verfolgen, ohne sie darum doch für die Fälle auszuschließen, in welchen solche Zwecke neben dem Zwecke eines wirtschaftlichen Geschäftsbetriebs verfolgt werden. Für die dem Wortlaut entsprechende Auslegung spricht auch die Fassung des § 43 Abs. 4. Nur bei dieser Auslegung endlich geschieht dem praktischen Bedürfnisse Genüge, in dem anderenfalls Vereine der fraglichen Art die Rechtsfähigkeit überhaupt nicht würden erlangen können (a. A. Staudinger, Erl. zu § 21 B IV, der annimmt, daß Vereine dieser Art die Rechtsfähigkeit nicht erlangen können).

6. **Ist ein Verein, der nach § 21 die Rechtsfähigkeit nicht durch Eintragung erlangen kann, doch eingetragen,** so erlangt er die Rechtsfähigkeit durch Eintragung nicht. Über das Recht des Registergerichts, eine unzulässige Eintragung von Amtswegen zu löschen, vgl. die §§ 159, 142, 143 der FGG. Zweifelhaft ist die Frage, wie das Verhältnis zu beurteilen ist, wenn die Rechtsfähigkeit einem Vereine staatlich verliehen ist, obwohl sein Zweck nicht auf einen wirtschaftlichen Geschäftsbetrieb gerichtet ist. In den bisherigen Auflagen ist angenommen, daß der Verein in einem solchen Falle die Rechtsfähigkeit nicht erlange. Richtiger dürfte indessen sein, die Vorschrift des § 22 dahin aufzufassen, daß der staatlichen Behörde die Entscheidung darüber hat überlassen werden sollen, ob die Voraussetzungen vorliegen, unter welchen die staatliche Verleihung der Rechtsfähigkeit zulässig ist. Es sprechen dafür im wesentlichen die in der Erl. 5 zu § 3 bei der entsprechenden Frage in betreff der Volljährigkeitserklärung dargelegten Gründe (ebenso auch Rehbein, Erl. zu §§ 21—54. II 2 b). Auf welchem Wege eine unzulässigerweise erfolgte staatliche Verleihung der Rechtsfähigkeit angefochten werden kann, haben die Landesgesetze zu bestimmen (a. A. Hölder, Erl. 2 c zu § 22, nach welchem die amtliche Verleihung der Rechtsfähigkeit das Vorhandensein der gesetzlichen Voraussetzungen nur bis zum Beweise des Gegenteils feststellen soll).

Nach Dernburg, I § 75 VII soll auch die Eintragung eines Vereins, dessen Zweck auf einen wirtschaftlichen Geschäftsbetrieb gerichtet ist, nicht nichtig sein, in solchem Falle vielmehr höchstens die Entziehung der Rechtsfähigkeit erfolgen können. Der dafür angeführte Grund einer sonst zu besorgenden unabsehbaren Verwirrung dürfte den gesetzlichen Vorschriften gegenüber zur Rechtfertigung dieser Ansicht nicht genügen. Die daneben angezogenen besonderen Vorschriften der Gesetze über Aktiengesellschaften, über Gesellschaften mit beschränkter Haftung und über eingetragene wirtschaftliche Genossenschaften sprechen, da derartige Vorschriften für die eingetragenen Vereine fehlen, nicht für, sondern gegen Dernburgs Ansicht.

§. 22. Ein Verein, dessen Zweck auf einen wirthschaftlichen Geschäftsbetrieb gerichtet ist, erlangt in Ermangelung besonderer reichsgesetzlicher Vorschriften Rechtsfähigkeit durch staatliche Verleihung. Die Verleihung steht dem Bundesstaate zu, in dessen Gebiete der Verein seinen Sitz hat.

§. 23. Einem Vereine, der seinen Sitz nicht in einem Bundesstaate hat, kann in Ermangelung besonderer reichsgesetzlicher Vorschriften Rechtsfähigkeit durch Beschluß des Bundesraths verliehen werden.

---

§ 22.

E. I §§ 41, 42; II § 23 rev. § 21; III § 21 Abs. 2—3. P. I S. 3087 ff., 3093 ff., 3133 ff., 11618 ff., 11660; M. I S. 78 ff. P. II Bd. 1 S. 476 ff., 538, 578 ff. KB. S. 1941, 1945. StB. S. 2748.

1. Über die Frage, **wann der Zweck eines Vereins als auf einen wirtschaftlichen Geschäftsbetrieb gerichtet anzusehen ist,** s. Erl. 2—5 zu § 21. Über die Folgen, welche beim Mangel der gesetzlichen Voraussetzung eintreten, s. Erl. 6 zu § 21.

2. Soweit **besondere reichsgesetzliche Vorschriften** die Erlangung der Rechtsfähigkeit für gewisse Vereine regeln, finden diese Vorschriften Anwendung. Darüber, welche Vorschriften in Betracht kommen s. Vorbm. 1 zu dieser Unterabteilung. Landesgesetzliche Vorschriften kommen nur insoweit in Betracht, als es sich um Vereine handelt, die Rechtsgebieten angehören, in betreff deren nach dem EG. die Landesgesetze unberührt bleiben. Hierher gehört nach EG. Art. 75 insbesondere auch das Versicherungsrecht.

3. Der **Bundesstaat, welcher für die Verleihung zuständig ist,** bestimmt sich nach dem Sitze des Vereins. Wo dieser Sitz ist, ergibt sich aus § 24. Die Behörde, welche die Verleihung zu erteilen hat, wird durch die Gesetze des betreffenden Bundesstaats bestimmt. Die Behörde ist, auch wenn die reichsgesetzlichen Voraussetzungen, unter welchen die Rechtsfähigkeit verliehen werden kann, vorliegen, nicht verpflichtet, sie zu verleihen. Es hängt dies vielmehr von ihrem Ermessen ab, soweit nicht die Landesgesetze darüber besondere Vorschriften enthalten. Die Behörde kann insbesondere die Verleihung von der Aufnahme besonderer Vorschriften in die Satzung abhängig machen. Auch die Verleihung auf bestimmte Zeit oder unter Vorbehalt des Widerrufs dürfte nicht unzulässig sein (s. Staudinger, Erl. 5 zu § 22).

§ 23.

E. III § 21 Abs. 3. KB. S. 1941. StB. S. 2748.

Der § 23 beruht auf einem Beschlusse des Bundesrats.

1. **Voraussetzung des Paragraphen ist,** daß der Verein seinen Sitz nicht in einem Bundesstaate hat. Diese Voraussetzung trifft zu, sowohl bei Vereinen, die ihren Sitz in einem Schutzgebiet oder in einem Konsulargerichtsbezirke haben, als auch bei Vereinen, die ihren Sitz in einem ausländischen Staate haben. Für Vereine der letztgedachten Art kommt aber das EG. Art. 10 in Betracht. Die Rechtsfähigkeit eines Vereins bestimmt sich prinzipiell nach den Gesetzen des Staates, welchem er angehört, die Rechtsfähigkeit eines einem ausländischen Staate angehörenden Vereins also nach den Gesetzen dieses Staates. Dieser Grundsatz wird aber durch EG. Art. 10 für Vereine, welche im Inlande die Rechtsfähigkeit nur nach BGB. §§ 21, 22 erlangen könnten, insofern modifiziert, als solche Vereine, wenn sie nach den Gesetzen des Staates, welchem sie angehören, rechtsfähig sind, doch nur dann als rechtsfähig gelten, wenn sie vom Bundesrat anerkannt sind (s. Erl. zu Art. 10 des EG.). Auf Vereine dieser Art findet der § 23 keine Anwendung; sie bedürfen, um auch in Deutschland als rechtsfähig anerkannt zu werden, nicht der Verleihung der Rechtsfähigkeit, sondern nur der Anerkennung durch den Bundesrat. Von Bedeutung aber ist der § 23 für solche nach ausländischem Rechte zu beurteilende Vereine, welche nach diesem Rechte nicht rechtsfähig sind. Vereinen dieser Art kann nach § 23 die Rechtsfähigkeit vom Bundesrate verliehen werden (a. A. Staudinger, Erl. 6 zu § 23, der die Anwendung des § 23 auf solche Vereine mit Rücksicht auf EG. Art. 10 Satz 2 für ausgeschlossen hält; jedoch mit Unrecht, da Satz 2 sich nur auf Vereine bezieht, die nach dem ausländischen Rechte rechtsfähig, aber vom Bundesrate nicht anerkannt sind). Die Verleihung der Rechtsfähigkeit hat selbstverständlich nur Wirkung für das Inland nicht für das Ausland, in dem der Verein seinen Sitz hat. Die Verleihung kann sowohl für Vereine der im § 21 als der im § 22 gedachten Art erfolgen. Gedacht ist dabei wohl hauptsächlich an die im

§. 24. Als Sitz eines Vereins gilt, wenn nicht ein Anderes bestimmt ist, der Ort, an welchem die Verwaltung geführt wird.

§. 25. Die Verfassung eines rechtsfähigen Vereins wird, soweit sie nicht auf den nachfolgenden Vorschriften beruht, durch die Vereinssatzung bestimmt.

Auslande bestehenden Wohltätigkeits- und ähnlichen Vereine für die im Auslande lebenden Deutschen.

2. **Nur in Ermangelung besonderer reichsgesetzlicher Vorschriften** findet die Vorschrift des § 23 Anwendung. Über die in Betracht kommenden Vorschriften dieser Art s. Vorbm. 1 zu dieser Unterabteilung.

§ 24.

E. II § 23 Abs. 4 rev. § 21 Abs. 4; III § 21 Abs. 4; M. I S. 77. P. II Bd. 1 S. 504.

1. **Sitz der juristischen Person.** Die Vorschrift dieses Paragraphen entspricht dem § 17 Abs. 1, früher § 19 der CPO. (vgl. Struckmann und Koch § 19 Anm. 2). Der Sitz der juristischen Person entspricht dem Wohnsitze der natürlichen Person. Der ständigen Niederlassung entspricht die dauernde Verwaltungsführung. Durch den Zusatz „wenn nicht ein Anderes bestimmt ist" wird hier indessen ein weiterer Spielraum gelassen. Die Bestimmung, auf welche hierdurch verwiesen wird, erfolgt durch die Satzung (s. § 57), kann aber bei Vereinen, deren Rechtsfähigkeit auf staatlicher Verleihung beruht, nach Art. 82 des EG. auch durch Landesgesetz erfolgen. Der E. I hatte eine Vorschrift über den Sitz der juristischen Person nicht aufgenommen. Nach M. I S. 77 wird angenommen, daß die Vorschriften über den Wohnsitz entsprechend anzuwenden seien. Hieraus wird abgeleitet, daß eine Bestimmung der Satzung über den Sitz des Vereins unzulässig sei, die mit der wirklichen Sachlage im Widerspruche stehe. Durch die allgemeine Fassung des § 24 „wenn nicht ein Anderes bestimmt ist" wird diese Beschränkung des Bestimmungsrechts abgelehnt. Die in der Satzung getroffene Bestimmung über den Sitz des Vereins gilt auch dann, wenn tatsächlich die Verwaltung an einem anderen Orte geführt wird.

Ein dem mehrfachen Wohnsitz entsprechender mehrfacher Sitz eines Vereins dürfte, da eine dem § 7 Abs. 2 entsprechende Vorschrift hier fehlt, unzulässig sein (a. A. Gareis, Erl. 2 zu § 24).

2. Unter **Verwaltung** ist nicht allein die Verwaltung des Vermögens, sondern die Besorgung der Geschäfte der juristischen Person überhaupt zu verstehen. Die Verwaltung wird an dem Orte geführt, auf welchen sich die Hauptzwecke des Vereins beziehen. Bei Wohltätigkeitsvereinen z. B. kann das Vermögen des Vereins an einem andern Orte liegen und verwaltet werden, als an welchem die Wohltätigkeit geübt werden soll. Hier wird im Zweifel der letztere Ort als Sitz des Vereins zu betrachten sein. Beschränken sich die Zwecke des Vereins nicht auf einen bestimmten Ort und fehlt es auch an sonstigen Umständen, die einen bestimmten Ort als denjenigen erscheinen lassen, an welchem die Verwaltung geführt wird, so wird der Wohnsitz derjenigen Personen zu entscheiden haben, welche den Vorstand des Vereins bilden. In solchem Falle kann mit dem Wechsel des Wohnsitzes jener Personen auch der Sitz des Vereins wechseln.

§ 25.

E. I § 43; II § 24 rev. § 22; III § 22. P. I S. 3096 ff.; M. I S. 93 ff. P. II Bd. 1 S. 504 ff. D. S. 609.

1. **Die Notwendigkeit einer Verfassung** ergibt sich daraus, daß der Verein ohne eine Organisation außer stande sein würde, von seiner Rechtsfähigkeit Gebrauch zu machen. In den §§ 26 ff. werden einerseits die allgemeinen Grundsätze bestimmt, die der Verfassung jedes Vereins zu Grunde liegen müssen, andererseits solche Vorschriften gegeben, die nur zur Anwendung kommen, wenn in dem Statut oder, wie das BGB. verdeutscht, in der Satzung des Vereins nicht ein anderes bestimmt ist. Auch in betreff der erstgedachten Grundsätze werden regelmäßig Ausführungsvorschriften durch die Satzung gegeben werden, so z. B. in betreff des in dem § 26 aufgestellten Grundsatzes, daß jeder Verein einen Vorstand haben muß. Immer wird auch der Zweck des Vereins durch die Satzung bestimmt werden müssen. Über weitergehende Erfordernisse bei eingetragenen Vereinen s. § 57.

Wie eine rechtsgültige Satzung entsteht, wird durch das BGB. nicht bestimmt. Der § 43 E. I erforderte einen „Gründungsvertrag". Von der zweiten Kommission wurde diese Vorschrift gestrichen, jedoch nicht, weil man sie für sachlich unrichtig, sondern lediglich deshalb, weil man den Ausdruck „Satzung" für genügend verständlich und für zweckmäßiger hielt. Für die Ent-

§. 26. Der Verein muß einen Vorstand haben. Der Vorstand kann aus mehreren Personen bestehen.

Der Vorstand vertritt den Verein gerichtlich und außergerichtlich; er hat die Stellung eines gesetzlichen Vertreters. Der Umfang seiner Vertretungsmacht kann durch die Satzung mit Wirkung gegen Dritte beschränkt werden.

---

stehung eines rechtsfähigen Vereins ist immer eine Vereinbarung derjenigen erforderlich, welche den Verein bilden wollen, und diese Vereinbarung muß sich auf die Punkte erstrecken, welche für die Verfassung wesentlich sind. Diese erste Vereinbarung ist ein Vertrag, auf den die allgemeinen Grundsätze über Rechtsgeschäfte und Verträge Anwendung finden. In welcher Art die Verfassung später geändert werden kann, ergibt sich, sofern die vereinbarte Satzung keine Vorschriften darüber enthält, aus dem § 33. Wie solche spätere Änderungen rechtlich zu beurteilen sind, ob es sich hierbei insbesondere um eine Art von Autonomie handelt, ist eine Konstruktionsfrage, auf die näher einzugehen zum Verständnisse des BGB. nicht erforderlich ist. Über die Erfordernisse eines gültigen Beschlusses der Mitgliederversammlung s. die Erl. zu § 32.

2. Der E. I § 43 erforderte die Feststellung der Verfassung durch den Gründungsvertrag nur insoweit, als diese nicht auf **Landes- oder Reichsgesetz** beruhe. Die Verweisung auf Reichsgesetze ist als selbstverständlich weggelassen, die Verweisung auf Landesgesetze ist gestrichen, weil der Landesgesetzgebung nicht das Recht zustehen soll, Vorschriften über die Verfassung der Vereine zu geben. Nur für diejenigen Vereine, deren Rechtsfähigkeit auf staatlicher Genehmigung beruht, macht der Art. 82 des EG. eine Ausnahme.

§ 26.

E. § 44 Abs. 1, 4; II § 25 rev. § 23; III § 23. P. I S. 3099 ff., 3104 ff.; M. I S. 94 ff., 97 ff. P. II Bd. 1 S. 506 ff., 513, Bd. 6 S. 114. D. S. 609.

Schloßmann, Organ und Stellvertreter in Iherings Jahrb. Bd. 44 S. 289 ff. Preuß, Stellvertretung oder Organschaft daselbst S. 429 ff.

1. Über **die Notwendigkeit eines Vorstandes,** der den Verein zu vertreten berechtigt ist, s. Vorbm. 1 zum zweiten Titel. Nicht ausgeschlossen ist, daß sämtliche Mitglieder des Vereins als Vorstand bestellt werden. In betreff der Art, wie in solchem Falle der Vorstand handelt, finden die in dem § 28 für den Fall gegebenen Vorschriften Anwendung, daß der Vorstand aus mehreren Mitgliedern besteht.

2. **Die Vorschrift des Abs. 1** hat nicht die Bedeutung, daß in jedem Augenblick ein Vorstand vorhanden sein muß; notwendig ist nur, daß verfassungsmäßig die Möglichkeit gegeben ist, einen Vorstand zu bestellen. Enthält die Satzung des Vereins keine Vorschrift über die Bestellung des Vorstandes, so entscheidet der § 27. Die Ansicht von Hölder, Erl. 3 zu § 26, daß in solchem Falle die sämtlichen Mitglieder des Vereins als Kollegium den Vorstand bilden, dürfte sich insbesondere mit Rücksicht auf die §§ 27, 29 nicht rechtfertigen lassen. Solange der Verein einen Vorstand nicht hat, können Rechtsgeschäfte weder von ihm noch ihm gegenüber vorgenommen werden. Für dringende Fälle gewährt der § 29 eine Aushilfe. Das zeitweilige Fehlen eines Vorstandes ist für die Existenz eines Vereins ohne Bedeutung; es hat auch nicht die Folge, daß der Verein während dieser Zeit als geschäftsunfähig oder in der Geschäftsfähigkeit beschränkt zu betrachten wäre. Der § 206 findet daher keine Anwendung.

3. **Die Vertretungsmacht des Vorstandes** ist nach Abs. 2 Satz 1 regelmäßig unbeschränkt. Er kann jede Rechtshandlung, insbesondere jedes Rechtsgeschäft Namens des Vereins vornehmen, und jede ihm gegenüber von einem Dritten vorgenommene Rechtshandlung gilt als dem Vereine gegenüber vorgenommen. Durch die Vorschrift, daß der Vorstand die rechtliche Stellung eines gesetzlichen Vertreters hat, s. Vorbm. 1 zu diesem Titel, wird ausgedrückt, daß alle Vorschriften, welche die rechtliche Stellung eines gesetzlichen Vertreters betreffen, mögen sie in dem BGB. oder in anderen Gesetzen stehen, insbesondere auch die Vorschriften der CPO. auf den Vorstand Anwendung finden. Die Vertretungsmacht des Vorstandes kann durch die Satzung beschränkt werden. und zwar nicht nur in der Art, daß er dem Vereine gegenüber verpflichtet ist, sich innerhalb der gesetzten Grenzen zu halten, sondern auch in der Art, daß die Beschränkung gegen Dritte wirksam ist. Die Beschränkung kann sowohl darin bestehen, daß der Vorstand gewisse Rechtsgeschäfte überhaupt nicht vornehmen kann, als auch darin, daß er dazu nur unter bestimmten Voraussetzungen, z. B. unter Zustimmung der Mitgliederversammlung, berechtigt ist.

§. 27. Die Bestellung des Vorstandes erfolgt durch Beschluß der Mitgliederversammlung.

Die Bestellung ist jederzeit widerruflich, unbeschadet des Anspruchs auf die vertragsmäßige Vergütung. Die Widerruflichkeit kann durch die Satzung auf den Fall beschränkt werden, daß ein wichtiger Grund für den Widerruf vorliegt; ein solcher Grund ist insbesondere grobe Pflichtverletzung oder Unfähigkeit zur ordnungsmäßigen Geschäftsführung.

Auf die Geschäftsführung des Vorstandes finden die für den Auftrag geltenden Vorschriften der §§. 664 bis 670 entsprechende Anwendung.

Auf die Kenntnis des Dritten von dem Bestehen der Beschränkung kommt es nicht an. Eine unter Überschreitung der gesetzten Grenzen von dem Vorstande vorgenommene Handlung gilt nicht als Handlung des Vereins, mag der Dritte, dem gegenüber sie vorgenommen ist, die Beschränkung gekannt haben oder nicht. Über die Frage, ob der Vorstand auch in betreff der Entgegennahme von Erklärungen Dritter beschränkt werden kann s. Erl. zu § 28. Unzulässig ist eine Änderung der CPO. §§ 171, 184. Besondere Vorschriften für eingetragene Vereine enthalten die §§ 68, 70.

Nimmt der Vorstand ein Rechtsgeschäft für den Verein vor, zu dessen Vornahme er nach der Satzung nicht berechtigt ist, so finden die Vorschriften Anwendung, die nach den §§ 177 bis 180 für den Fall gelten, daß jemand ohne Vertretungsmacht ein Rechtsgeschäft für einen anderen vorgenommen hat.

4. Unter dem **Ausdrucke „Vorstand"** wird in den Satzungen der Vereine bisweilen etwas anderes verstanden, als der § 26 darunter versteht. Dieser sog. Vorstand, der häufig aus einer großen Zahl von Mitgliedern besteht, hat nicht die eigentliche Geschäftsführung; diese ist vielmehr einem Einzelnen, „dem Direktor", oder einer kleineren Zahl von Mitgliedern, „dem geschäftsführenden Vorstand", übertragen. In solchem Falle ist der Direktor oder der geschäftsführende Vorstand der Vorstand im Sinne des § 26, während der sog. Vorstand den Charakter eines Aufsichtsrats hat. Durch die dem letzteren kraft der Satzung zustehenden Befugnisse kann die Vertretungsmacht des wirklichen Vorstandes beschränkt sein; er hat selbst aber nicht die rechtliche Stellung des Vorstandes. Anders liegt das Verhältnis, wenn nur bestimmte Geschäfte dem Vorstand entzogen und einem einzelnen Mitgliede des Vorstandes oder einem Dritten durch die Satzung übertragen sind. Hierdurch wird im übrigen die Stellung des Vorstandes nicht geändert (s. § 30). Bestritten ist, ob die Vertretung des Vereins nach außen im ganzen dem Vorstand entzogen und einem anderen übertragen werden kann (DJZ. 1900 S. 249, 457 ff.; CBl. f. FG. 1902 S. 881 ff.). Nach dem Obigen dürfte, wenn dies in der Satzung bestimmt ist, derjenige, welchem die Vertretung übertragen ist, als der eigentliche Vorstand zu betrachten sein, weil die Vertretung des Vereins nach außen die wesentlichste Funktion des Vorstandes ist. Dadurch wird nicht ausgeschlossen, daß der sog. Vorstand in anderen Beziehungen zur Besorgung der Geschäfte des Vereins berechtigt ist.

§ 27.

E. I § 44 Abs. 2, 3; II § 26 rev. § 24; III § 24. P. I S. 3113 ff., 3129, 3169 ff.; M. I S. 95 ff. P. II Bd. 1 S. 509 ff., 552 ff., Bd. 2 S. 377 ff.

1. Auf **den Beschluß der Mitgliederversammlung**, durch welchen regelmäßig die Wahl des Vorstandes zu erfolgen hat, finden die Vorschriften des § 32 Anwendung. Es ist also Mehrheit der erschienenen Mitglieder erforderlich. Hierunter wird die absolute Mehrheit zu verstehen sein. Bei nur relativer Mehrheit oder Stimmengleichheit ist ein Beschluß, also eine Wahl, nicht zustande gekommen (a. A. Hölder, Erl. 2 zu § 27).

2. Die in dem Abs. 1 ausgesprochene Regel **kann nach § 40 durch die Satzung geändert werden**, insbesondere kann bestimmt werden, daß ein besonderes Organ des Vereins, z. B. der Aufsichtsrat, den Vorstand zu bestellen hat. Durch die Satzung kann auch eine bestimmte Person zum Vorstande bestellt oder die Bestellung des Vorstandes einem Dritten, z. B. einer öffentlichen Behörde, übertragen werden. Nur durch die Satzung aber können derartige Bestimmungen getroffen werden, nicht durch einfachen Beschluß der Mitgliederversammlung. Unter dem Ausdrucke „Bestellung" ist nur die Bestimmung der Personen des Vorstandes zu verstehen, nicht die Art, in welcher der Vorstand zu bestellen ist (a. A. Hölder, Erl. 1 zu § 27).

3. **Über die Wählbarkeit zum Vorstand** enthält das BGB. keine Vorschriften. In Ermangelung besonderer Vorschriften der Satzung ist die Wählbarkeit daher unbeschränkt. Eine Beschränkung auf Mitglieder des Vereins, die Hölder, Erl. 1 zu § 27, annimmt, ist daher nicht begründet; sie kann aber möglicherweise auch ohne ausdrückliche Bestimmung der Satzung aus dem Zusammenhang ihrer Vorschriften zu entnehmen sein. Daß ein Geschäftsunfähiger nicht Vorstand sein kann, ergibt sich, da dieser Willensorgan des Vereins sein soll, aus § 105. Eine in der Geschäftsfähigkeit beschränkte Person ist nicht unfähig, wie sich aus der entsprechenden Anwendung des § 165 ergibt; sie bedarf aber zur Übernahme der durch die Stellung als Vorstand begründeten Verpflichtung der Genehmigung ihres gesetzlichen Vertreters (§§ 107, 114; s. Erl. 5).

4. **Die regelmäßige Widerruflichkeit der Bestellung des Vorstandes** entspricht dem im § 168 für die Vollmacht ausgesprochenen Grundsatze. Der Widerruf erfolgt, sofern in der Satzung nicht ein anderes bestimmt ist, durch denjenigen, von welchem die Bestellung erfolgt ist. Hat also z. B. der Aufsichtsrat den Vorstand zu bestellen, so steht ihm auch der Widerruf zu. Zweifelhaft ist, ob der Widerruf auch dann zulässig ist, wenn der Vorstand nicht durch die Mitgliederversammlung oder ein Organ des Vereins bestellt, sondern eine bestimmte Person durch die Satzung zum Vorstande bestellt ist. In einem solchen Falle dürfte nicht der einfache Widerruf genügen, sondern eine Änderung der Satzung erforderlich sein, a. A. wie es scheint Gareis, Erl. 3 zu § 27. Die Widerruflichkeit kann durch die Satzung ausgeschlossen werden. Der Ausschluß des Widerrufs ist jedoch nur mit der Beschränkung zulässig, daß der Widerruf zulässig bleibt, wenn wichtige Gründe dafür vorliegen. Welche Gründe als wichtig anzusehen sind, ist hier, wie in anderen Fällen, in denen das BGB. auf wichtige Gründe verweist (s. z. B. §§ 626, 723), nach der Natur des zu Grunde liegenden Verhältnisses und den Umständen des einzelnen Falles zu entscheiden. Unfähigkeit und grobe Pflichtverletzung sind die praktisch wichtigsten, aber nicht die einzigen Fälle. Eine Bestimmung der Satzung, durch welche die Widerruflichkeit in derartigen wichtigen Fällen ausgeschlossen wird, ist nichtig. Ist dem Vorstande durch die Satzung oder durch besonderen Vertrag eine Vergütung zugesichert, so hängt es von dem Inhalte dieser Zusicherung ab, ob die Vergütung mit dem Widerrufe der Bestellung fortfällt oder nicht. Zulässig ist die Vereinbarung, daß die Vergütung auch nach dem Widerrufe ganz oder teilweise weiter zu entrichten ist.

5. **Das Rechtsverhältnis zwischen dem Vorstand und dem Vereine** beruht weder auf einem Auftrage noch auf einem Dienstvertrage noch auf einem Gesellschaftsvertrag; es ist vielmehr ein Rechtsverhältnis eigentümlicher Art, das aus seiner eigenen Natur heraus beurteilt werden muß. Die Vorschriften über den Auftrag können schon deshalb nicht allgemein darauf angewendet werden, weil nicht ausgeschlossen ist, daß der Vorstand ein Entgelt für seine Geschäftsbesorgung erhält, was mit dem Wesen des Auftrags nicht vereinbar ist (§ 662). Die Bestellung des Vorstandes durch die Mitgliederversammlung oder ein anderes Organ des Vereins ist, soweit es sich um die Ermächtigung des Vorstandes zur Vertretung des Vereins handelt, ein einseitiges Rechtsgeschäft, ähnlich wie die Erteilung der Vollmacht (§ 167). Aber die Stellung des Vorstandes erschöpft sich nicht in der Vertretungsmacht; sie umfaßt das Recht und die Pflicht des Vorstandes gegenüber dem Vereine zur Besorgung aller zur Zuständigkeit des Vorstandes gehörenden Angelegenheiten des Vereins. Zur Begründung dieses obligatorischen Verhältnisses bedarf es der Annahme der Bestellung von seiten des Vorstandes. Die Vertretungsmacht des Vorstandes ist ähnlich wie bei der Vollmacht (s. Erl. 3 zu § 167) kausal bedingt durch das Bestehen dieses obligatorischen Verhältnisses. Sie entsteht also nur, wenn dieses durch die Annahme von seiten des Vorstandes zustande kommt. Da es sich bei dem Vorstand eines Vereins um die Besorgung von Geschäften handelt, die nicht die eigenen Geschäfte der den Vorstand bildenden Personen sind, so eignen sich die für die Besorgung von Geschäften durch einen Beauftragten in den §§ 664—670 gegebenen Vorschriften zur entsprechenden Anwendung auf die Besorgung der Geschäfte des Vereins durch den Vorstand. Diese im § 27 Abs. 3 vorgeschriebene entsprechende Anwendung führt zu folgenden Ergebnissen:

a) Der Vorstand hat die ihm obliegenden Geschäfte selbst zu besorgen. Er hat dabei nach allgemeinen Grundsätzen Vorsatz und Fahrlässigkeit zu vertreten (§ 276). Nicht ausgeschlossen ist, daß er sich bei der Geschäftsbesorgung eines Gehilfen bedient; für diesen haftet er aber nach § 278. Ist ihm gestattet, die Geschäftsbesorgung einem anderen zu übertragen, so hat er nur ein ihm bei der Übertragung zur Last fallendes Verschulden zu vertreten (§ 664 Abs. 1).

b) Der Anspruch des Vereins gegen den Vorstand auf Besorgung der Geschäfte ist im Zweifel nicht übertragbar (§ 664 Abs. 2).

§. 28. Besteht der Vorstand aus mehreren Personen, so erfolgt die Beschlußfassung nach den für die Beschlüsse der Mitglieder des Vereins geltenden Vorschriften der §§. 32, 34.

Ist eine Willenserklärung dem Vereine gegenüber abzugeben, so genügt die Abgabe gegenüber einem Mitgliede des Vorstandes.

---

c) Der Vorstand hat nach Maßgabe der ihm durch die Satzung oder durch die Beschlüsse der Mitgliederversammlung oder eines anderen zuständigen Vereinsorgans, z. B. des Aufsichtsrats, gegebenen Anweisung zu verfahren; er ist indessen davon abzuweichen berechtigt, wenn er den Umständen nach annehmen darf, daß die Mitgliederversammlung oder das Organ, welches die Anweisung erteilt hat, bei Kenntnis der Sachlage mit der Abweichung einverstanden sein würde. Der Vorstand hat der Mitgliederversammlung oder dem zuständigen Organe vor der Abweichung Anzeige zu machen und deren Entschließung abzuwarten; ist jedoch Gefahr mit dem Aufschube verbunden, so bedarf es der Anzeige nicht (§ 665).

d) Der Vorstand ist verpflichtet, der Mitgliederversammlung oder dem sonst zuständigen Organe die erforderlichen Nachrichten zu geben, auf Verlangen über den Stand der Geschäfte Auskunft zu erteilen und über die Geschäftsbesorgung nach Beendigung seines Amtes oder in dem durch die Satzung sonst bestimmten Zeitpunkte Rechenschaft abzulegen. Bestehen die Geschäfte in einer mit Einnahmen und Ausgaben verbundenen Verwaltung, so finden die Vorschriften des § 259 Anwendung (§ 666).

e) Der Vorstand ist verpflichtet, dem Verein alles, was er behufs der Geschäftsbesorgung erhält und aus derselben erlangt, bei Beendigung seines Amtes oder zu der sonst durch die Satzung bestimmten Zeit herauszugeben (§ 667).

f) Verwendet der Vorstand Geld für sich, das er dem Vereine herauszugeben oder für diesen zu verwenden hat, so ist er verpflichtet, Zinsen zu 4% von der Zeit der Verwendung an dem Vereine zu bezahlen (§§ 668, 246).

g) Für die zu der Geschäftsbesorgung erforderlichen Aufwendungen kann der Vorstand Vorschuß von dem Vereine verlangen, soweit nicht die Mittel des Vereins, über die er zu verfügen berechtigt ist, dazu ausreichen (§ 669).

h) Macht der Vorstand zum Zwecke der ihm obliegenden Geschäftsbesorgung Aufwendungen, die er nach den Umständen für erforderlich halten darf, so kann er von dem Verein Ersatz verlangen (§ 670). Geht er zu solchem Zwecke eine Verbindlichkeit ein, so kann er Befreiung davon nach § 257 fordern.

i) Durch die Satzung können die unter Nr. a—h aufgeführten Grundsätze geändert werden (§ 40).

6. Über die **Beendigung der Vorstandschaft** enthält das BGB. keine Vorschriften. Sie endigt nach allgemeinen Grundsätzen nach Ablauf der Zeit, für welche die Bestellung erfolgt ist, sowie durch zulässigen Widerruf. Einseitig kann der Vorstand das Rechtsverhältnis nicht aufheben, sofern ihm dies nicht durch die Satzung gestattet ist. Wenn er indessen keine Vergütung bezieht, so wird man im Zweifel annehmen dürfen, daß ihm nach der Absicht der Satzung die Kündigung gestattet sein soll, und man wird dann die Vorschrift des § 671 Abs. 2 zur entsprechenden Anwendung zu bringen haben.

§ 28.

E. I § 44 Abs. 5, 6; II § 27 rev. § 25; III § 25. M. I S. 3115 ff.; Pr. I S. 99 ff. Pr. II Bd. 1 S. 512 ff., Bd. 6 S. 114 ff.

1. **Beschlußfassung eines mehrgliedrigen Vorstandes.** Der § 44 Abs. 5 des E. I forderte, wenn der Vorstand aus mehreren Mitgliedern besteht, zu einer gültigen Willenserklärung desselben die Zustimmung aller Mitglieder. Die von der zweiten Kommission beschlossene Änderung, nach welcher für die Beschlüsse des Vorstandes die für die Beschlüsse der Mitgliederversammlung in den §§ 32, 34 gegebenen Vorschriften gelten, beruht auf der Erwägung, daß die Statuten der meisten Vereine für die Beschlüsse des Vorstandes nicht Einstimmigkeit fordern und hieraus zu entnehmen ist, daß die Auffassung des Lebens und das praktische Bedürfnis dem Erfordernisse der Einstimmigkeit widerstrebt. Es wird deshalb, wie bei den Beschlüssen der Mitgliederversammlung, nur Mehrheit der erschienenen Vorstandsmitglieder gefordert. Die Anwendung des § 32 auf die Beschlüsse des Vorstandes ergibt weiter, daß die Beschlüsse in einer

§. 29. Soweit die erforderlichen Mitglieder des Vorstandes fehlen, sind sie in dringenden Fällen für die Zeit bis zur Hebung des Mangels auf Antrag eines Betheiligten von dem Amtsgerichte zu bestellen, in dessen Bezirke der Verein seinen Sitz hat.

Versammlung des Vorstandes zu fassen sind und daß der zur Beschlußfassung stehende Gegenstand vorher mitgeteilt sein muß. Durch die Satzung kann eine bestimmte Zahl für die Beschlußfähigkeit vorgeschrieben werden. Nicht stimmberechtigt ist ein Mitglied unter den in dem § 34 bestimmten Voraussetzungen. Die schriftliche Zustimmung aller Vorstandsmitglieder genügt in allen Fällen, auch wenn eine Versammlung der Vorstandsmitglieder überhaupt nicht stattgefunden hatte oder der Gegenstand vorher nicht mitgeteilt war. Handelt es sich um die Vornahme eines Rechtsgeschäfts für einen Verein, so kann dasselbe in der Art vorgenommen werden, daß die sämtlichen Mitglieder des Vorstandes die erforderliche rechtsgeschäftliche Erklärung abgeben (a. A. Hölder, Erl. 3 zu § 26). Die Vornahme kann aber auch in der Art erfolgen, daß ein einzelnes Mitglied oder auch ein Dritter dazu durch Beschluß des Vorstandes ermächtigt wird; die Vorschriften über Bevollmächtigung finden in solchem Falle Anwendung.

Wird ein Rechtsgeschäft für den Verein von dem Vorstand oder einem Bevollmächtigten desselben vorgenommen, ohne daß ein gültiger Beschluß des Vorstandes vorliegt, so finden die Vorschriften Anwendung, welche für den Fall gelten, daß jemand ohne Vertretungsmacht ein Rechtsgeschäft für einen anderen vorgenommen hat. (§§ 177—180.)

2. **Willenserklärung gegenüber dem Vereine.** Die Vorschrift des Abs. 2, welche der CPO. § 171 Abs. 3 entspricht, trägt dem Interesse Rechnung, welches ein Dritter daran haben kann, dem Vereine gegenüber eine Erklärung abzugeben. Die Vorschrift beschränkt sich nicht, wie der E. I § 44 Abs. 6 Satz 1, auf solche Fälle, in denen der Verein zur Entgegennahme einer Mitteilung verpflichtet ist, sondern gilt für Mitteilungen aller Art. Sie findet daher z. B. Anwendung sowohl auf eine an den Verein zu richtende Kündigung oder Mahnung als auch auf die Annahme eines von dem Vereine dem Dritten gemachten Vertragsantrags und auf einen Vertragsantrag des Dritten an den Verein. Die einem Mitgliede des Vorstandes gegenüber erfolgte Kündigung oder Mahnung hat die Wirkung einer dem Vereine gegenüber erfolgten Kündigung oder Mahnung; die Annahme des Vertragsantrags gilt als rechtzeitig erfolgt (§§ 147, 148), wenn sie einem Mitgliede des Vorstandes rechtzeitig zugeht; durch den einem Mitgliede gemachten Vertragsantrag wird der Antragende dem Vereine gegenüber nach Maßgabe der §§ 146ff. gebunden. Auch die im Falle eines von dem Vorstand ohne gültigen Beschluß oder unter Überschreitung seiner Vertretungsmacht mit einem Dritten abgeschlossenen Vertrags dem Dritten nach § 177 zustehende Aufforderung zur Erklärung über die Genehmigung des Vertrags kann wirksam an ein einzelnes Mitglied des Vorstandes erfolgen; ebenso der dem Dritten im Falle des § 178 zustehende Widerruf.

3. Die Vorschriften des Abs. 1 können nach § 40 **durch die Satzung geändert werden,** nicht aber die Vorschrift des Abs. 2.

4. Keine ausdrückliche Vorschrift enthält das BGB. darüber, ob, **wenn der Vorstand nur aus einer Person besteht, dieser durch die Satzung die Fähigkeit entzogen werden kann, Erklärungen von seiten Dritter entgegenzunehmen,** sei es überhaupt oder für gewisse Fälle. Aus dem Abs. 2 in Verbindung mit § 40 dürfte aber das Prinzip zu folgern sein, daß die Satzung keine Bestimmung enthalten darf, welche das Recht Dritter, Erklärungen gegenüber dem Vereine durch Erklärungen gegenüber einem Mitgliede des Vorstandes abzugeben, beeinträchtigt. In einer Bestimmung der oben gedachten Art liegt aber eine ebenso starke Beeinträchtigung dieses Rechtes wie in einer Bestimmung, welche bei einem mehrgliedrigen Vorstande die Zulässigkeit der Abgabe einer Erklärung gegenüber jedem Mitgliede des Vorstandes. Eine Bestimmung der gedachten Art wird daher als unwirksam zu betrachten sein. Der Dritte ist trotz einer solchen berechtigt, die Erklärung gegenüber dem Vorstand abzugeben und braucht nicht den im § 29 bestimmten Ausweg zu benutzen.

§ 29.

E. I § 44 Abs. 6 Satz 2; II § 28 rev. § 26; III § 26. P. I S. 3103ff., 3115, 3119; M. I S. 100. P. II Bd. 1 S. 115ff.

1. **Fehlen der erforderlichen Mitglieder des Vorstandes.** Eine dem § 29 entsprechende Vorschrift enthielt der § 50 Abs. 3 des E. I für die im Falle der Auflösung eines Vereins zu

§. 30. Durch die Satzung kann bestimmt werden, daß neben dem Vorstande für gewisse Geschäfte besondere Vertreter zu bestellen sind. Die Vertretungsmacht

---

bestellenden Liquidatoren. Für den Vorstand des Vereins war eine entsprechende Vorschrift in dem § 44 Abs. 6 Satz 2 nur für den Fall gegeben, daß es sich um eine dem Vereine gegenüber abzugebende Erklärung handelt, zu deren Entgegennahme der Verein verpflichtet ist. Das praktische Bedürfnis hat die zweite Kommission bestimmt, die Bestellung eines fehlenden Vorstandsmitglieds in dringenden Fällen unbeschränkt zuzulassen. Die Bestellung kann also erfolgen, mag es sich um eine dem Vereine gegenüber oder um eine von demselben abzugebende Willenserklärung handeln, und es kommt im ersteren Falle nicht darauf an, ob der Verein zur Entgegennahme der Erklärung verpflichtet ist oder nicht. Die Bestellung kann auch dann erfolgen, wenn sie zu der gerichtlichen Geltendmachung eines Anspruchs von seiten des Vereins oder gegenüber demselben oder zu tatsächlichen Handlungen für den Verein erforderlich ist. Der § 57 der CPO. über Bestellung eines Vertreters für eine nicht prozeßfähige Partei findet keine Anwendung, da nach der Auffassung des BGB. ein rechtsfähiger Verein nicht als nichtprozeßfähig zu betrachten ist.

2. **Die Voraussetzungen der Zulässigkeit der Bestellung durch das Amtsgericht** sind folgende:

a) Die erforderlichen Mitglieder des Vorstandes müssen fehlen. Wann dies der Fall ist, hängt von den Umständen ab. Handelt es sich um einen von dem Vorstande zu fassenden Beschluß, so fehlen die erforderlichen Mitglieder, wenn die zur Beschlußfähigkeit erforderliche Anzahl nicht vorhanden ist. Handelt es sich um eine dem Vereine gegenüber abzugebende Erklärung, so fehlen, da eine solche Erklärung nach § 28 einem einzelnen Mitgliede des Vorstandes gegenüber abgegeben werden kann, die erforderlichen Mitglieder solange nicht, als auch nur ein Mitglied vorhanden ist. Handelt es sich um andere Geschäfte als um die Fassung von Beschlüssen oder um die Entgegennahme von Erklärungen, so muß aus den Umständen des Falles entnommen werden, ob die vorhandenen Mitglieder des Vorstandes für diese Geschäfte ausreichen. Ein Mitglied des Vorstandes fehlt sowohl dann, wenn es überhaupt nicht vorhanden, als auch dann, wenn es zu der betreffenden Handlung rechtlich oder tatsächlich unfähig ist, wenn es also z. B. geschäftsunfähig oder nach § 34 rechtlich behindert ist oder wegen Krankheit oder wegen Abwesenheit die betreffende Handlung nicht vornehmen kann. Auch wegen der Vorschrift des § 181, nach welcher ein Vertreter regelmäßig ein Rechtsgeschäft mit sich selbst nicht vornehmen kann, ist unter Umständen die Voraussetzung des Fehlens gegeben.

b) Ein Beteiligter **muß** die Bestellung beantragen. Beteiligt sind zunächst alle Mitglieder, sofern es sich um die Vornahme von Rechtshandlungen oder um die Besorgung sonstiger Geschäfte für den Verein handelt. Beteiligt kann auch ein Dritter sein; es ist dies der Fall, wenn der Dritte ein Interesse daran hat, ein Rechtsgeschäft mit dem Vereine vorzunehmen, z. B. eine Zahlung von dem Vereine zu erhalten oder eine Erklärung ihm gegenüber abzugeben.

c) Es muß ein dringender Fall vorliegen. Ein solcher ist anzunehmen, wenn ohne Schaden für den Beteiligten nicht abgewartet werden kann, daß die fehlenden Mitglieder des Vorstandes auf dem durch die Satzung vorgeschriebenen Wege bestellt werden.

3. Liegen diese Voraussetzungen vor, so ist **das Amtsgericht verpflichtet, die fehlenden Mitglieder bis zur Hebung des Mangels zu bestellen.** Durch die Bestellung wird als festgestellt anzunehmen sein, daß die Voraussetzungen vorliegen. Dies gilt auch von dem Antrag eines Beteiligten (a. A. Hölder, Erl. 5 zu § 29). Die Bestellung hat zu erfolgen für die Zeit bis zur Hebung des Mangels. Mit dem Ablaufe dieser Zeit verliert die Bestellung ihre Wirksamkeit. Bei der Bestellung wird jedoch bestimmt werden können, daß sie solange wirksam bleiben soll, bis die Beseitigung des Mangels von dem Amtsgerichte festgestellt ist. Über den Zeitpunkt, mit welchem die Bestellung in Wirksamkeit tritt, über die Befugnis des Gerichts, seine Verfügung zu ändern, über die Rechtsmittel gegen die Verfügung und über die Wirksamkeit der von dem bestellten Vorstand oder ihm gegenüber vorgenommenen Rechtsgeschäfte im Falle der Aufhebung der Bestellung s. die §§ 16, 18, 19ff., 32 des FGG.

4. Der § 29 **kann durch die Satzung nicht geändert werden** (§ 40).

§ 30.

E. II § 29 rev. § 27; III § 27. P. II Bd. 1 S. 520 ff.

Der § 30 ist von der zweiten Kommission eingestellt.

1. **Zulässigkeit besonderer Vertreter.** Unter die Vorschriften des § 30 fallen insbesondere Beamte des Vereins, die für gewisse Geschäftszweige Vertretungsmacht erhalten, z. B. Kassierer.

eines solchen Vertreters erstreckt sich im Zweifel auf alle Rechtsgeschäfte, die der ihm zugewiesene Geschäftskreis gewöhnlich mit sich bringt.

§. 31. Der Verein ist für den Schaden verantwortlich, den der Vorstand, ein Mitglied des Vorstandes oder ein anderer verfassungsmäßig berufener Vertreter durch eine in Ausführung der ihm zustehenden Verrichtungen begangene, zum Schadensersatze verpflichtende Handlung einem Dritten zufügt.

Auch einzelne Mitglieder des Vorstandes können für bestimmte Geschäfte zur Vertretung des Vereins für sich allein ermächtigt werden. Die Zulässigkeit eines solchen besonderen Vertreters neben dem Vorstande muß durch die Satzung bestimmt sein. Es genügt indessen, wenn die Satzung die Bestellung gestattet (a. A. Staudinger, Erl. III 2 zu § 30, der verlangt, daß die Bestellung durch die Satzung vorgeschrieben sei). In Ermangelung einer solchen Bestimmung würde die Bestellung eines solchen Vertreters durch die Mitgliederversammlung unwirksam sein. Der nach Maßgabe der Satzung bestellte Vertreter hat nicht die Stellung eines gewöhnlichen Bevollmächtigten, sondern ist innerhalb seines Geschäftskreises ebenso wie der Vorstand ein Organ des Vereins (a. A. Rehbein, Erl. II 4c zu den §§ 21—54) und hat als solcher die Stellung eines gesetzlichen Vertreters des Vereins; deshalb finden auf ihn auch die besonderen Vorschriften des § 31 Anwendung. Auch der § 29 dürfte für den Fall zur entsprechenden Anwendung kommen, wenn der Vertreter unter Ausschluß des Vorstandes zu dem betreffenden Geschäfte bestellt ist (a. A. Staudinger, Erl. V zu § 30). Nicht ausgeschlossen ist, daß auch ein gewöhnlicher Bevollmächtigter bestellt wird. Die Bestellung eines solchen ist aber nicht Sache der Mitgliederversammlung, sondern des Vorstandes; sie kann erfolgen, ohne daß es deshalb einer Bestimmung der Satzung bedarf.

2. **Der Umfang der Vertretungsmacht** eines nach Maßgabe des § 30 bestellten besonderen Vertreters muß ebenfalls durch die Satzung bestimmt werden. Der Satz 2 des § 30 gibt eine der Auffassung des Lebens entsprechende Auslegungsregel. Da nach § 26 die Vertretungsmacht des Vorstandes mit Wirkung gegen Dritte beschränkt werden kann, so wird durch die Satzung auch bestimmt werden können, daß ein nach Maßgabe des § 30 bestellter besonderer Vertreter innerhalb seines Geschäftskreises allein und unter Ausschluß des Vorstandes zur Vertretung des Vereins berechtigt ist.

3. **Die Art, in welcher ein besonderer Vertreter zu bestellen ist,** bestimmt sich nach der Satzung. In Ermangelung einer solchen Bestimmung finden die Vorschriften über die Bestellung des Vorstandes entsprechende Anwendung.

§ 31.

E. I § 46; II § 30 rev. § 28; III § 28. P. I S. 3108 ff., 11714 ff.; M. I S. 102 ff. P. II Bd. 1 S. 521 ff., Bd. 6 S. 144. D. S. 609.

Klingmüller, Haftung für die Vereinsorgane nach § 31 BGB. in Leonhards Studien 1900 Heft 3. Kern, Die Deliktsfähigkeit der juristischen Personen nach dem BGB. in der Festgabe für Richard Wilke 1900 S. 177 ff. Krüger, Die Haftung der juristischen Personen aus unerlaubten Handlungen nach gem. Rechte und dem BGB. 1901.

1. In betreff **der Haftung des Vereins für die Handlungen seines Vorstandes oder eines verfassungsmäßig bestellten besonderen Vertreters** ergibt sich aus allgemeinen Grundsätzen folgendes:

a) Durch die von dem Vorstand oder von einem sonstigen verfassungsmäßig berufenen Vertreter oder diesem gegenüber abgegebenen Willenserklärungen wird der Verein unmittelbar verpflichtet (§ 164). Soweit die rechtlichen Folgen einer Willenserklärung durch Willensmängel oder durch die Kenntnis oder das Kennenmüssen gewisser Umstände beeinflußt werden, kommt die Person des Vertreters in Betracht.

b) In betreff der Erfüllung der dem Verein obliegenden Verbindlichkeiten ist der Verein für ein Verschulden seines Vorstandes oder eines sonstigen verfassungsmäßig berufenen Vertreters verantwortlich (§ 278).

c) Der Verein ist zum Ersatze des Schadens verpflichtet, den der Vorstand oder ein sonstiger verfassungsmäßig berufener Vertreter in Ausübung der ihm übertragenen Verrichtungen einem Dritten widerrechtlich zufügt (§ 831 Abs. 1 Satz 1). Diese Ersatzpflicht würde aber in Ermangelung besonderer Vorschriften nach § 831 Abs. 1 Satz 2 nicht eintreten, wenn der Verein bei der Auswahl des Vorstandes oder des sonstigen Vertreters und, sofern er Vorrichtungen oder Gerätschaften zu beschaffen oder die Ausführung der Verrichtung zu leiten hat, bei der Beschaffung oder der Leitung die im Verkehr erforderliche Sorgfalt beobachtet oder wenn der Schaden auch bei Anwendung dieser Sorgfalt entstanden sein würde.

Durch den § 31 werden die unter a und b aufgeführten Grundsätze nicht berührt. Die nach dem Grundsatz unter c bestehende Haftung wird aber erweitert. Die im § 831 Abs. 1 Satz 2 bestimmte Ausnahme fällt weg und die Haftung wird auf jeden Schaden ausgedehnt, der durch eine in Ausführung der Verrichtungen begangene, zum Schadensersatze verpflichtende Handlung einem Dritten zugefügt wird. Es kommt also weder auf ein Verschulden des Vereins an noch darauf, ob dem Vorstand oder dem sonstigen verfassungsmäßig berufenen Vertreter ein Verschulden zur Last fällt, noch auch darauf, ob die Handlung, durch welche der Schaden zugefügt wird, eine widerrechtliche ist. Erforderlich ist nur, daß durch die Handlung eine Verpflichtung zum Schadensersatze begründet wird. So ist z. B. der Verein für den Schaden verantwortlich, welchen der Vorstand einem Dritten durch unberechtigte Selbsthilfe zugefügt hat, obwohl die Verpflichtung zum Schadensersatze hier nach § 231 auch ohne Verschulden eintritt. Ebenso haftet der Verein für den von seinem Vorstande durch Beschädigung oder Zerstörung von Sachen einem Dritten zugefügten Schaden, auch wenn die Zerstörung oder Beschädigung nach § 904 Satz 1 nicht widerrechtlich war und die Verpflichtung zum Schadensersatze nur nach § 904 Abs. 2 eintritt. Maßgebend ist bei dieser Ausdehnung der Gedanke, daß die Handlungen des verfassungsmäßigen Vertreters einer juristischen Person, da diese nur durch ihn handeln und in den Geschäftsverkehr eintreten kann, im Interesse Dritter ganz so angesehen werden müssen, als seien es Handlungen der juristischen Person selbst.

2. Über die **Personen, für deren Handlungen der Verein haftet,** insbesondere darüber, was unter einem „anderen verfassungsmäßig berufenen Vertreter" zu verstehen ist, besteht in verschiedenen Beziehungen Meinungsverschiedenheit (s. außer den oben angeführten Schriften) Lenel, DJZ. 1902 S. 9ff. Klingmüller, DJZ. 1902 S. 172. RG. Bd. 39 S. 183, Bd. 47 S. 241 ff., 328 ff. und die dort angeführten früheren Entscheidungen des RG. Bd. 45 S. 75, 168ff., Bd. 53 S. 276; s. ferner die Urteile des RG. in DJZ. 1903, S. 223 und Bayer. ObLG. III S. 25 und S. 50. Auszugehen ist von dem oben hervorgehobenen Gedanken, daß der Verein in demselben Umfange haften soll wie eine natürliche Person. An die Stelle der Handlungen der natürlichen Person treten bei einem Vereine, da dieser nicht unmittelbar handeln kann, diejenigen Personen, durch welche er handelt, also seine Willensorgane. Der Verein haftet aber auch nicht im weiteren Umfange wie die natürliche Person. Soweit diese für die Handlungen der Person, die sie zu einer Verrichtung bestellt, nur in dem durch § 831 bestimmten, beschränkten Umfange haftet, haftet auch der Verein nur in diesem Umfange für die Handlungen der von ihm, also von seinen Willensorganen zu solchen Verrichtungen bestellten Personen. Die Zweifel entstehen bei der Frage, welche Personen als Willensorgane anzusehen sind. Unzweifelhaft sind dies der Vorstand und bei mehrgliedrigen Vorständen jedes Mitglied desselben. Dasselbe gilt nach § 31 von einem anderen verfassungsmäßig berufenen Vertreter. Als solcher wird jeder nach § 30 auf Grund der Satzung neben dem Vorstande für gewisse Geschäfte bestellte besondere Vertreter zu betrachten sein. Der Ausdruck „Vertreter" ist hier nicht ausschließlich in dem Sinne als eines zur Vornahme von Rechtsgeschäften ermächtigten Vertreters zu verstehen. Auch der nur zu tatsächlichen Verrichtungen Bestellte ist im Sinne der §§ 30, 31 Vertreter. Daraus, daß seine Bestellung in der Satzung bestimmt ist, ergibt sich, daß er in betreff der Verrichtungen, zu denen er bestellt ist, Willensorgan des Vereins sein soll. Möglich ist, daß Verrichtungen derselben Art auch von einem gewöhnlichen durch ein Vereinsorgan bestellten Bevollmächtigten wahrzunehmen sind. Die Bestellung eines dirigierenden Arztes eines Krankenhauses kann durch die Satzung des Vereins, der das Krankenhaus hält, bestimmt sein, möglich ist aber auch, daß er in Ermangelung einer solchen Bestimmung von dem Vorstande des Vereins bestellt wird. Im ersteren Falle ist er Willensorgan und fällt unter § 31; im letzteren Falle fällt er unter § 831. Das sich aus der Bestimmung durch die Satzung ergebende Merkmal versagt aber regelmäßig bei den Körperschaften, Stiftungen und Anstalten des öffentlichen Rechtes; auf die nach § 89 der § 31 ebenfalls Anwendung findet. Soweit die Organisation der Körperschaft 2c. durch Gesetz geordnet ist, wird dieses an die Stelle der Satzung zu treten haben. Sehr häufig wird aber die Bestellung der verschiedenen Beamten, welche die Angelegenheiten der Körperschaft wahr-

§. 32. Die Angelegenheiten des Vereins werden, soweit sie nicht von dem Vorstand oder einem anderen Vereinsorgane zu besorgen sind, durch Beschlußfassung in einer Versammlung der Mitglieder geordnet. Zur Gültigkeit des Beschlusses ist erforderlich, daß der Gegenstand bei der Berufung bezeichnet wird. Bei der Beschlußfassung entscheidet die Mehrheit der erschienenen Mitglieder.

Auch ohne Versammlung der Mitglieder ist ein Beschluß gültig, wenn alle Mitglieder ihre Zustimmung zu dem Beschlusse schriftlich erklären.

---

zunehmen haben, und die Art ihrer Verrichtungen nur durch Verwaltungsakte bestimmt sein. Es dürfte der Absicht des Gesetzes widersprechen, in Fällen dieser Art, insbesondere bei dem Fiskus, nur die Centralbehörde als Willensorgan im Sinne des § 31 zu betrachten; ebensowenig aber wird man jeden Beamten, der zu irgend welchen tatsächlichen Verrichtungen berufen ist, z. B. ein Rangierleiter oder einen Bahnmeister (s. Bayer. ObLG. III S. 25, S. 50, RG. in DJZ. 1903 S. 223) als Willensorgan ansehen dürfen. Man wird hier auf den Grundgedanken zurückzugehen und zu untersuchen haben, ob der betreffende Beamte die Funktion hat, der Körperschaft die Fähigkeit zu handeln gleich einer natürlichen Person zu geben. Dies wird häufig, wie die oben angeführten Urteile ergeben, recht zweifelhaft sein. Aber das Gesetz gibt kein anderes Merkmal (s. Rspr. Bd. 5 S. 326 ff.).

3. Haftung für alle der betreffenden Person in Ausführung der ihr zustehenden Verrichtungen vorgenommenen Handlungen. Die Haftung des Vereins tritt, wie bereits hervorgehoben, nicht allein bei Handlungen ein, die sich auf die rechtsgeschäftliche Vertretung beziehen, sondern auch bei tatsächlichen Verrichtungen. Der Handlung steht eine Unterlassung gleich, wenn der verfassungsmäßige Vertreter des Vereins zu einer solchen verpflichtet war, wenn er z. B. bei der ihm obliegenden Leitung eines von dem Vereine betriebenen, mit Gefahr für Dritte verbundenden industriellen Unternehmens die gesetzlich vorgeschriebenen Vorkehrungen zur Abwendung der Gefahr zu treffen unterließ. Erforderlich ist aber immer, daß die zum Schadensersatze verpflichtende Handlung oder Unterlassung *in Ausführung* der dem verfassungsmäßigen Vertreter zustehenden Verrichtungen erfolgt ist. Eine nur *bei Gelegenheit* solcher Verrichtungen vorgenommene, zum Schadensersatze verpflichtende Handlung verpflichtet den Verein nicht. Der Verein haftet also z. B. nicht, wenn der verfassungsmäßig zur Leitung einer Fabrik berufene Vertreter bei Gelegenheit der ihm zustehenden Aufsichtführung einen Arbeiter bestiehlt.

4. Die Vorschriften des § 31 können **durch die Satzung nicht geändert werden.**

§ 32.

E. I § 48 Abs. 1—3; II § 31 Abs. 1, 2 rev. § 29; III § 29. P. I S. 3119 ff., 3122 ff., 11989; M. I S. 105 ff. P. II Bd. 1 S. 524 ff.

1. Mitgliederversammlung. Die Mitgliederversammlung ist das Organ, durch welches der Verein seinen Willen äußert. Sie ist dies aber nur insoweit, als nicht der Vorstand oder andere Organe des Vereins zuständig sind. Zur Vertretung des Vereins nach außen ist nach §§ 26, 30 ausschließlich der Vorstand oder ein nach der Satzung für gewisse Geschäfte zu bestellender besonderer Vertreter zuständig. Ihre Vertretungsmacht kann beschränkt, kann insbesondere in bestimmten Beziehungen an die Zustimmung der Mitgliederversammlung gebunden werden; selbständig ist diese aber zur Vertretung des Vereins nach außen nicht berechtigt. In allen anderen Beziehungen aber sind ihre Beschlüsse maßgebend. Dies gilt auch in betreff der Art, in welcher der Vorstand die Geschäfte des Vereins zu besorgen hat; er ist die von der Mitgliederversammlung gegebenen Weisungen zu befolgen verpflichtet, sofern ihm nicht durch die Satzung eine selbständigere Stellung zugewiesen ist.

2. Beschlüsse der Mitgliederversammlung. Die Mitglieder können den Willen des Vereins regelmäßig in einer Mitgliederversammlung zum Ausdrucke bringen. In welcher Art und von wem die Mitgliederversammlung zu berufen ist und wem die Leitung derselben obliegt, wird in dem BGB. nicht gesagt. Die Satzung hat das in dieser Beziehung Erforderliche zu bestimmen. In Ermangelung einer solchen Bestimmung wird dem Vorstande die Berufung sowie die Leitung der Versammlung obliegen. Eine gesetzliche Vorschrift wird durch Abs. 1 Satz 2 nur dahin gegeben, daß der Gegenstand des Beschlusses bei der Berufung mitzuteilen ist. Nicht ausgeschlossen ist aber, daß die Zeit der Versammlung und die in ihr zu behandelnden Gegenstände ein für allemal durch die Satzung bestimmt werden. Bei der Beschlußfassung entscheidet die Mehrheit der

§. 33. Zu einem Beschlusse, der eine Aenderung der Satzung enthält, ist eine Mehrheit von drei Viertheilen der erschienenen Mitglieder erforderlich. Zur Aenderung des Zweckes des Vereins ist die Zustimmung aller Mitglieder erforderlich; die Zustimmung der nicht erschienenen Mitglieder muß schriftlich erfolgen.

Beruht die Rechtsfähigkeit des Vereins auf Verleihung, so ist zu jeder Aenderung der Satzung staatliche Genehmigung oder, falls die Verleihung durch den Bundesrath erfolgt ist, die Genehmigung des Bundesraths erforderlich.

---

erschienenen Mitglieder; Mitglieder, welche sich der Abstimmung enthalten, werden den nicht erschienenen gleichzustellen sein. Relative Mehrheit genügt, sofern die Satzung nicht etwas anderes bestimmt, auch bei Wahlen nicht (a. A. Hölder, Erl. 2d zu § 32); bei Stimmengleichheit ist ein Beschluß nicht gefaßt. Eine Versammlung der Mitglieder ist nur dann nach Abs. 2 nicht erforderlich, wenn alle Mitglieder ihren übereinstimmenden Willen schriftlich erklären. Über die regelmäßige Unzulässigkeit der Vertretung eines Mitgliedes durch einen andern s. § 38.

3. Die Vorschriften des § 32 können durch die Satzung geändert werden (§ 40).

4. **Ein den Vorschriften des § 32** oder, falls dieser durch die Satzung geändert ist, den Vorschriften der Satzung **nicht entsprechender Beschluß ist ungültig.** Eine entsprechende Anwendung der Vorschriften des HGB. §§ 271 ff. dürfte sich nicht rechtfertigen (a. A. v. Tuhr, DJZ. 1901 S. 447, der indessen die Anwendung des § 273 über die Wirkung des die Ungültigkeit des Beschlusses aussprechenden Urteils gegen Dritte für fraglich erklärt). Dagegen folgt aus allgemeinen Grundsätzen, daß jedes bei einem ungültigen Beschluß interessierte Mitglied im Wege der Feststellungsklage die Erklärung der Ungültigkeit verlangen kann. (RG. Bd. 49 S. 150, Rspr. Bd. 5 S. 14.) Unter Umständen wird auch eine Klage auf ein Tun oder Unterlassen zulässig sein, so z. B. wenn durch einen ungültigen Beschluß die Benutzung von Vereinsgegenständen untersagt ist, eine Klage auf Gestattung der Benutzung. Die Klage ist gegen den Verein zu richten. Das Urteil wirkt abweichend vom HGB. § 273 nur unter den Parteien.

§ 33.

E. I § 48 Abs. 5; II § 32; III § 30 rev. § 30; P. I S. 3125; M. I S. 108; P. II Bd. 1 S. 527 ff. KB. S. 1945.

1. **Änderung der Verfassung und des Zweckes des Vereins.** Das in dem § 48 Abs. 5 des E. I für jede Änderung der Satzung aufgestellte Erfordernis der Einstimmigkeit aller Mitglieder ist von der zweiten Kommission mit Rücksicht darauf aufgegeben, daß das praktische Bedürfnis eine Erleichterung umsomehr erfordere, als viele Bestimmungen der Satzungen von geringer Erheblichkeit sind. Auch ein Zusatz zu der Satzung ist eine Änderung. Nur für den Zweck des Vereins ist, da in ihm das Wesen und die Individualität des Vereins beruht, das Erfordernis der Einstimmigkeit beibehalten und durch die Vorschrift noch verschärft, daß die Zustimmung der in der Versammlung nicht erschienenen Mitglieder schriftlich erfolgen muß. Was als Zweck des Vereins zu betrachten ist, muß die Satzung ergeben. Von dem Zwecke zu unterscheiden sind die Mittel zur Erreichung desselben. Zu einer Änderung dieser bedarf es der Einstimmigkeit nicht. So wird es z. B. bei einem Vereine, dessen Zweck in der Unterstützung von Armen besteht, nicht als eine Änderung des Zweckes zu betrachten sein, wenn die Bestimmung der Satzung, nach welcher die Unterstützung durch Pflege in Krankheitsfällen gewährt werden soll, dahin ausgedehnt wird, daß auch in anderen Notfällen Hilfe durch Darlehen oder Geschenke gewährt werden soll.

Ein gegen die Vorschriften des § 33 verstoßender Beschluß ist ungültig, mag der Beschluß direkt auf eine Änderung der Satzung gerichtet sein oder in anderer Weise gegen dieselbe verstoßen. Ein Beschluß der letztgedachten Art ist aber auch ohne vorherige Änderung der Satzung gültig, wenn er mit der erforderlichen Mehrheit von drei Vierteilen der Stimmen gefaßt ist. Dies gilt auch dann, wenn die Mitglieder nicht das Bewußtsein gehabt haben, daß der Beschluß gegen die Satzung verstoße (a. A. Hölder, Erl. 1 zu § 33).

2. **Der Abs. 2** findet auf Vereine, deren Rechtsfähigkeit nicht auf Verleihung durch den Bundesrat beruht, keine Anwendung, wenn durch die nach Art. 82 des EG. zuständigen Landesgesetze ein anderes bestimmt ist.

§. 34. Ein Mitglied ist nicht stimmberechtigt, wenn die Beschlußfassung die Vornahme eines Rechtsgeschäfts mit ihm oder die Einleitung oder Erledigung eines Rechtsstreits zwischen ihm und dem Vereine betrifft.

§. 35. Sonderrechte eines Mitglieds können nicht ohne dessen Zustimmung durch Beschluß der Mitgliederversammlung beeinträchtigt werden.

---

3. Zu einer Änderung der Satzung des **eingetragenen Vereins** ist außer den in dem § 33 bezeichneten Erfordernissen die Eintragung der Änderung erforderlich. (§ 71.)

4. Die Vorschriften des § 33 finden keine Anwendung, **soweit durch die Satzung ein anderes bestimmt ist.** (§ 40.) Eine Änderung des Zweckes steht zwar sachlich der Auflösung des Vereins und der Begründung eines neuen Vereins, auf den Rechte und Pflichten des bisherigen Vereins übergehen sollen, gleich. Rechtlich behandelt das BGB. aber die Änderung des Zweckes nicht in dieser Art. Nach § 40 kann die Satzung auch die Änderung des Zweckes auf einem anderen als dem in § 33 bestimmten Wege zulassen. Eine Beschränkung dieses Rechtes wie sie Kuhlenbeck S. 218 und Hölder, Erl. 2 zu § 33 annehmen, ist in dem Gesetze nicht begründet.

§ 34.

E. I § 48 Abs. 4; II § 31 Abs. 3 rev. § 31; III § 31. P. I S. 3121; M. I S. 107. P. II Bd. 1 S. 527.

1. **Ausschluß eines Mitglieds von der Stimmberechtigung.** Die Mitglieder sind nicht Vertreter des Vereins. Die Vorschrift des § 181, nach welcher der Vertreter eines anderen mit sich selbst im eigenen Namen in der Regel ein Rechtsgeschäft nicht vornehmen kann, findet daher direkt auf den Fall keine Anwendung, daß an einem Beschlusse der Mitgliederversammlung über die Vornahme eines Rechtsgeschäfts des Vereins mit einem Mitgliede dieses Mitglied teil nimmt. Der Grund, auf welchem die Vorschrift des § 181 beruht, trifft aber auch in dem Falle des § 34 zu, indem auch hier eine Kollision zwischen dem persönlichen Interesse des Mitglieds und dem Interesse des Vereins, welches das Mitglied in der Mitgliederversammlung wahrzunehmen hat, stattfindet. Die Vorschrift des § 34 findet auch in solchen Fällen Anwendung, in denen es sich um die Einleitung oder Erledigung eines Rechtsstreits zwischen dem Verein und den Mitgliedern des Vorstandes wegen der ihnen für den Verein obliegenden Geschäfte handelt. Nur in den in § 34 bestimmten Fällen, nicht bei jeder Interessenkollision ist ein Mitglied nicht stimmberechtigt.

Ein Beschluß, an welchem ein nach § 34 rechtlich behindertes Mitglied teil genommen hat, ist nur dann ungültig, wenn der Beschluß durch die Stimme dieses Mitglieds zustande gekommen oder wenn es doch ungewiß ist, ob diese Stimme nicht den Ausschlag gegeben hat. Gleichgültig ist, ob der Beschluß zu Gunsten des Mitglieds gefaßt ist oder nicht (a. A. Staudinger, Erl. 4 zu § 34).

2. **Durch die Satzung kann die Vorschrift des § 34 nicht geändert werden** (§ 40); die nach § 181 gestattete Abweichung von der Regel ist hier ausgeschlossen.

§ 35.

E. II § 33 rev. § 32; III § 32. P. I S. 3127; M. I S. 109. P. II Bd. 1 S. 529 ff.

1. **Über Sonderrechte der Mitglieder** enthielt der E. I keine Vorschrift. Die Entscheidung der Frage, welche Rechte als Sonderrechte zu betrachten seien und deshalb durch Beschluß der Mitgliederversammlung nicht geändert werden können, sollte der Entscheidung durch die Wissenschaft überlassen bleiben; sie war für den E. I von geringerer Bedeutung, weil nach ihm jede Änderung der Verfassung Einstimmigkeit erforderte. Die zweite Kommission hielt es für notwendig, wenigstens im Prinzip anzuerkennen, daß es Sonderrechte der Mitglieder gebe, die ohne deren Zustimmung nicht durch Beschluß der Mitgliederversammlung beeinträchtigt werden können. Nicht gedacht ist hierbei an solche Rechte, die einem Mitglied unabhängig von seiner Mitgliedschaft, z. B. aus einem dem Vereine gegebenen Darlehen, zustehen. Daß Rechte dieser Art durch Beschluß der Mitgliederversammlung nicht beeinträchtigt werden können, ist selbstverständlich. Hier handelt es sich um Rechte, die einem Mitglied als solchem zustehen. Nicht alle Rechte dieser Art sind Sonderrechte im Sinne des § 35; anerkannt wird aber durch § 35, daß sie es sein können. Welche Rechte als Sonderrechte zu betrachten sind, läßt sich nicht allgemein be-

stimmen, sondern nur aus dem Wesen und Zwecke des einzelnen Vereins sowie aus der Art und dem Zwecke des betreffenden Rechtes und aus dem besonderen Inhalte der Satzung entscheiden (Regelsberger I § 84; Gierke, Genossenschaftstheorie S. 174ff.). Entscheidend ist nicht, ob das Recht durch die Satzung bestimmt ist oder auf einer besonderen zwischen dem Verein und dem Mitgliede geschlossenen Vereinbarung beruht. In dem letzteren Falle wird zwar regelmäßig das Recht als ein Sonderrecht zu betrachten sein, so z. B. wenn ein Mitglied dem Verein eine Zuwendung macht, sich dafür aber eine bestimmte Stimmenzahl in der Mitgliederversammlung oder eine Stelle im Vorstand ausbedungen hat. Aber auch solche Rechte, die in der Satzung bestimmt sind, können Sonderrechte sein. Dahin gehört vor allem **das Recht der Mitgliedschaft** selbst. Die herrschende Auffassung teilt freilich diese Ansicht nicht. Auch die Rechtsprechung steht auf einem anderen Standpunkte (Rspr. Bd. 2 S. 459; RG. Bd. 11 S. 271, Bd. 49 S. 150). Nach der zuletzt angeführten Entscheidung des Reichsgerichts wird zum Begriffe des Sonderrechts gefordert „ein aus der Mitgliedschaft hervorgegangenes, von den Rechten der übrigen Mitglieder unterschiedenes Individualrecht eines Mitglieds gegen die Gesellschaft". Auch von der herrschenden Ansicht wird übrigens angenommen, daß ein einzelnes Mitglied aus dem Verein nur ausgeschlossen werden könne, wenn die Satzung dies gestatte. Enthalte die Satzung keine Vorschrift in dieser Richtung, so bedürfe es zur Ausschließung eines Mitglieds erst einer Änderung der Satzung; diese könne aber nach § 33 regelmäßig mit einer Mehrheit von drei Vierteilen beschlossen werden. Ob eine solche Änderung der Satzung durch Mehrheitsbeschluß unbeschränkt zulässig sei, ist unter den Verteidigern der herrschenden Auffassung wieder bestritten. Nach Enneccerus-Lehmann, § 362c soll sie zum Nachteil einzelner Mitglieder nach Analogie des § 35 nur mit deren Zustimmung zulässig sein. Dernburg I § 69, VII hält auch Änderung der Satzung, durch welche die gemeinsamen Rechte aller Mitglieder geändert werden, nicht schrankenlos, sondern nur dann für zulässig, wenn die Rücksicht auf die veränderten Lebensverhältnisse oder auf die Verbesserungen der Einrichtung des Vereins die Änderung notwendig oder wünschenswert mache. Daß hiermit auf ein höchst unsicheres Kriterium abgestellt wird, liegt auf der Hand. Anerkannt wird dadurch aber, daß das Recht der Mitgliedschaft, wenn jene Voraussetzungen nicht vorliegen, nicht ohne Zustimmung aller Mitglieder durch Änderung der Satzung beeinträchtigt werden kann, daß es also sachlich insoweit ein Sonderrecht ist. Es dürfte nun auch kaum bestritten werden, daß die Satzung eine Vorschrift enthalten kann, nach welcher das Recht der Mitgliedschaft nicht ohne die Zustimmung aller Mitglieder geändert werden kann. Es fragt sich daher nur, ob eine solche Qualifikation des Rechtes der Mitgliedschaft nicht auch ohne ausdrückliche Vorschrift aus dem Wesen der Mitgliedschaft gefolgert werden kann. Die Bezeichnung der hier in Frage stehenden Rechte als Sonderrechte im § 35 dürfte dem nicht entgegen stehen. Man braucht bei diesem Ausdrucke nicht notwendig an eine Sonderstellung des einzelnen Mitglieds gegenüber anderen Mitgliedern zu denken. Ein Sonderrecht ist auch das allen Mitgliedern gegen den Verein zustehende Recht, wenn es durch diesen ohne Zustimmung des betreffenden Mitglieds nicht beeinträchtigt werden kann. Der natürlichen Auffassung aber dürfte es entsprechen, wenn man das Recht der Mitgliedschaft als ein solches Recht betrachtet; es ist das Grundrecht eines jeden Mitglieds, ohne welches es dem Vereine schwerlich beigetreten sein würde. Selbstverständlich kann durch die Satzung etwas anderes bestimmt werden. Hat die Satzung aber eine solche Bestimmung nicht von Anfang an enthalten, so kann sie nur mit Zustimmung aller Mitglieder beschlossen werden, weil sie die Sonderrechte aller Mitglieder berührt. Auch praktische Gesichtspunkte dürften für diese Auffassung sprechen. Es würde doch höchst bedenklich sein, wenn ein wirtschaftlicher Verein, der gute Erträge liefert, mit einer Mehrheit von drei Vierteilen der Stimmen die Satzung dahin ändern könnte, daß die Mehrheit das Recht habe, Mitglieder auszuschließen und wenn dann die Mehrheit, um die Erträge allein zu haben, die Minderheit ausschlösse. Nach der herrschenden Auffassung müßte man, um eine solche Änderung der Satzung für unzulässig zu erklären, auf die unsichere und schwankende Unterscheidung von Dernburg zurückgreifen.

In betreff anderer durch die Satzung bestimmter Rechte der Mitglieder wird für die Entscheidung der Frage, ob sie Sonderrechte sind, ein Anhaltspunkt daraus entnommen werden können, ob die Rechte gemeinnützige oder selbstnützige sind, d. h. ob sie sich auf die Organisation und Tätigkeit des Vereins beziehen oder ob sie den Mitgliedern in deren eigenem Interesse eingeräumt sind. Zu den ersteren gehört die aktive und passive Wahlfähigkeit für den Vorstand, zu den letzteren das Recht auf bestimmte Geldbezüge aus dem Vermögen des Vereins. Die letzteren werden häufiger die Natur eines Sonderrechts haben wie die ersteren, insbesondere, wenn es sich

§. 36. Die Mitgliederversammlung ist in den durch die Satzung bestimmten Fällen sowie dann zu berufen, wenn das Interesse des Vereins es erfordert.

§. 37. Die Mitgliederversammlung ist zu berufen, wenn der durch die Satzung bestimmte Theil oder in Ermangelung einer Bestimmung der zehnte Theil der Mitglieder die Berufung schriftlich unter Angabe des Zweckes und der Gründe verlangt.

Wird dem Verlangen nicht entsprochen, so kann das Amtsgericht, in dessen Bezirke der Verein seinen Sitz hat, die Mitglieder, welche das Verlangen gestellt haben, zur Berufung der Versammlung ermächtigen und über die Führung des Vorsitzes in der Versammlung Bestimmung treffen. Auf die Ermächtigung muß bei der Berufung der Versammlung Bezug genommen werden.

---

um Rechte handelt, die nicht allen Mitgliedern zustehen. Ein gewisser Anhaltspunkt kann auch daraus entnommen werden, ob das Recht gleich bei der Begründung des Vereins eingeräumt ist oder erst auf einem späteren Beschlusse der Mitgliederversammlung beruht. In letzterem Falle wird in Ermangelung besonderer Umstände die Natur eines Sonderrechts regelmäßig zu verneinen sein, während im ersteren Falle die oben angeführten Gesichtspunkte in Betracht kommen. Vermögensrechtliche Ansprüche gegen den Verein, die zwar auf der Satzung beruhen, aber bereits definitiv erworben sind, werden regelmäßig als Sonderrechte zu betrachten sein. Ist in der Satzung ausdrücklich bestimmt, daß ein Recht Sonderrecht sei, so ist dies selbstverständlich maßgebend.

2. **Die erforderliche Zustimmung** des Mitgliedes, dessen Sonderrecht durch den Beschluß beeinträchtigt wird, braucht nicht in der Mitgliederversammlung erklärt zu werden. Sie bedarf keiner Form und kann auch stillschweigend und nachträglich erklärt werden. Das bloße Stillschweigen des betreffenden Mitgliedes dürfte regelmäßig nicht genügen, um eine stillschweigende Zustimmung anzunehmen. Zu weit geht in der Annahme einer solchen Hölder, Erl. 2 zu § 35.

3. **Die Art und Weise, in welcher ein Sonderrecht, wenn es durch Beschluß der Mitgliederversammlung beeinträchtigt ist, geltend gemacht werden kann,** bestimmt sich durch den Inhalt des Rechtes. Immer wird eine Feststellungsklage gegen den Verein zulässig sein.

4. **Eine Änderung des § 35 durch die Satzung** ist nach der Natur der Sache ausgeschlossen. Eine abweichende Vorschrift der Satzung würde nur die Bedeutung haben, daß die Rechte, auf welche sich die Vorschrift bezieht, keine Sonderrechte sind.

§ 36.

E. II § 34 rev. § 33; III § 33. P. II Bd. 1 S. 532 ff.

Voraussetzungen, unter denen die Mitgliederversammlung zu berufen ist. Die Berufung der Mitgliederversammlung erfolgt, sofern nicht die Satzung ein anderes bestimmt, durch den Vorstand. Unterläßt dieser die Berufung in Fällen, in denen sie nach § 36 erfolgen soll, so ist er dafür nach Maßgabe des § 27 Abs. 3 verantwortlich. Den einzelnen Mitgliedern steht ein Klagerecht gegen den Vorstand auf Berufung der Versammlung nicht zu. Der § 37 gewährt ihnen aber die erforderliche Handhabe, um die Berufung zu erzwingen. Die Ansicht von Hölder, Erl. zu § 36, daß jedem Mitglied ein Klagerecht gegen den Vorstand auf Berufung der Versammlung zusteht, wenn die Berufung in der Satzung bestimmt sei oder durch den Zweck des Vereins erfordert werde und daß eine Beschränkung auf das im § 37 bestimmte Recht nur dann stattfinde, wenn die Berufung im Interesse des Vereins nur wünschenswert sei, dürfte sich bei der Natur der hier fraglichen Verpflichtung des Vorstandes und bei dem Zusammenhang, in welchem die §§ 36, 37 stehen, nicht rechtfertigen lassen. Eine Änderung des § 36 durch die Satzung ist ausgeschlossen.

§ 37.

E. II § 35 rev. § 34; III § 34. P. II Bd. 1 S. 532 ff., Bd. 6 S. 115.

1. **Die Mitgliederversammlung ist zu berufen,** wenn der Antrag darauf nach Maßgabe des Abs. 1 gestellt ist.

§. 38. Die Mitgliedschaft ist nicht übertragbar und nicht vererblich. Die Ausübung der Mitgliedschaftsrechte kann nicht einem Anderen überlassen werden.

Zu den in dem § 36 bezeichneten Fällen tritt also nach § 37 Abs. 1 ein weiterer Fall hinzu, in welchem der Vorstand zur Berufung der Mitgliederversammlung verpflichtet ist. Voraussetzungen dieser Verpflichtung sind:

a) daß der in der Satzung bestimmte Teil der Mitglieder oder in Ermangelung einer Bestimmung der Satzung der zehnte Teil die Berufung verlangt. Bestimmt die Satzung eine geringere Zahl, so genügt diese. Bestimmt die Satzung eine größere Zahl, so ist diese erforderlich (a. A. Hölder, Erl. 1 b zu § 37, der auch in diesem Falle im Widerspruche mit dem Wortlaute der Vorschrift den zehnten Teil für genügend erklärt);

b) daß das Verlangen schriftlich unter Angabe des Zweckes und der Gründe an den Vorstand gestellt ist.

Nicht vorausgesetzt wird, daß die angeführten Gründe genügen, um die Berufung der Versammlung zu rechtfertigen. Das Gesetz geht vielmehr davon aus, daß, wenn die erforderliche Zahl unter Angabe des Zweckes und der Gründe die Berufung schriftlich beantragt, ohne weiteres dadurch eine Verpflichtung des Vorstandes zur Berufung begründet wird (a. A. Hölder, Erl 1 a zu § 37; Staudinger, Erl. I 2 zu § 37).

2. **Die Zulässigkeit der Ermächtigung der Mitglieder zu der Berufung der Mitgliederversammlung** hängt nach Abs. 2 lediglich davon ab, daß der Vorstand einem nach Maßgabe des Abs. 1 gestellten Antrage nicht entspricht. Durch das Wort „kann" im Abs. 2 wird aber ausgedrückt, daß das Amtsgericht zur Erteilung der Ermächtigung nicht ebenso unbedingt verpflichtet ist wie der Vorstand nach Abs. 1 zur Berufung der Versammlung. Das Amtsgericht hat vielmehr zu prüfen, ob die angeführten Gründe geeignet sind, die Berufung der Versammlung zu rechtfertigen, und nach pflichtmäßigem Ermessen die Entscheidung zu treffen. Dies ist freilich bestritten (s. Kuhlenbeck, Erl. 1 zu § 37; Gareis, Erl. 2 zu § 37). Nach P. II Bd. 1 S. 533 hat die zweite Kommission angenommen, daß das Amtsgericht nur die formellen Voraussetzungen zu prüfen habe. Dies entsprach auch dem angenommenen Antrage, welcher den jetzigen Abs. 1 des Paragraphen überhaupt nicht enthielt und für den Antrag an das Amtsgericht die Angabe von Gründen nicht erforderte. Die jetzige Fassung rührt von der Redaktionskommission her. Ein bei der Revision gestellter Antrag, die Angabe von Gründen nicht zu erfordern, wurde abgelehnt (P. II Bd. 6 S. 115). Nach der Bedeutung, welche das Wort „kann" in Fällen der hier fraglichen Art im BGB. hat, wird man annehmen müssen, daß die Kommission durch die Annahme der von der Redaktionskommission vorgeschlagenen Fassung ihren früheren Standpunkt aufgegeben und sich der oben dargelegten Auffassung angeschlossen hat. Dafür spricht auch, daß das Gericht nach FGG. § 160 vor der Verfügung, soweit tunlich, den Vorstand hören soll. Man wird bei dieser Auffassung auch nicht etwa einen Widerspruch zwischen dem Abs. 1 und dem Abs. 2 annehmen können; denn es ist sehr wohl denkbar, daß der Vorstand beim Vorliegen der formellen Voraussetzungen unbedingt verpflichtet ist, die Mitgliederversammlung zu berufen und sich durch Nichterfüllung dieser Verpflichtung verantwortlich macht, während das sich als eine besondere Ausnahme darstellende Recht des Amtsgerichts von der weiteren Voraussetzung abhängen soll, daß das Amtsgericht die Berufung für materiell gerechtfertigt hält (vgl. auch HGB. § 254; Genossenschaftsgesetz § 43; Ges. betr. die Gesellschaften mit beschränkter Haftung § 51).

3. **Entsprechende Anwendung** werden die Vorschriften des § 37 auf den Fall finden müssen, daß nach Maßgabe des Abs. 1 beantragt wird, einen bestimmten Gegenstand auf die Tagesordnung der Mitgliederversammlung zu setzen und der Vorstand zwar die Versammlung beruft, aber sich weigert, den bezeichneten Gegenstand auf die Tagesordnung zu setzen.

4. Durch das Wort **„muß"** im letzten Satze des Abs. 2 wird ausgedrückt, daß die Berufung der Versammlung unwirksam ist, wenn dabei nicht auf die Ermächtigung des Amtsgerichts Bezug genommen wird.

5. **Eine Änderung des § 37** durch die Satzung ist unzulässig.

§ 38.

E. II § 36 Abs. 1 rev. § 35; III § 35. P. II Bd. 1 S. 534 ff.

1. Aus dem Wesen der **Mitgliedschaft** würde **die Unübertragbarkeit und Unvererblichkeit** derselben nicht folgen. Bei den Vereinen mit idealen Tendenzen entspricht sie aber regelmäßig

§. 39. Die Mitglieder sind zum Austritt aus dem Vereine berechtigt.

Durch die Satzung kann bestimmt werden, daß der Austritt nur am Schlusse eines Geschäftsjahrs oder erst nach dem Ablauf einer Kündigungsfrist zulässig ist; die Kündigungsfrist kann höchstens zwei Jahre betragen.

§. 40. Die Vorschriften des §. 27 Abs. 1, 3, des §. 28 Abs. 1 und der §§. 32, 33, 38 finden insoweit keine Anwendung, als die Satzung ein Anderes bestimmt.

---

deren Zwecke. Anders liegt das Verhältnis häufig bei Vereinen, deren Zweck auf einen wirtschaftlichen Geschäftsbetrieb gerichtet ist; als Regel gilt indessen auch für sie die Vorschrift des § 38 Satz 1.

2. Nach Satz 2 kann auch **die Ausübung der Mitgliedschaftsrechte** einem anderen nicht überlassen werden. Dies gilt insbesondere auch von der Ausübung des Stimmrechts in der Mitgliederversammlung und zwar ohne Rücksicht darauf, ob die Ausübung einem anderen Mitglied oder einem Dritten überlassen wird. Nicht ausgeschlossen durch Satz 2 wird aber die Ausübung der Mitgliedschaftsrechte durch den gesetzlichen Vertreter einer geschäftsunfähigen oder in der Geschäftsfähigkeit beschränkten oder einer juristischen Person. Eine in der Geschäftsfähigkeit beschränkte Person ist selbst zur Ausübung der Mitgliedschaftsrechte berechtigt, soweit es sich dabei nicht um Willenserklärungen handelt, durch die sie einen rechtlichen Nachteil erleiden kann. Ist dies der Fall, so bedarf sie der Einwilligung ihres gesetzlichen Vertreters (§§ 107, 111). Zur Ausübung solcher Mitgliedschaftsrechte, die ihrem Inhalte nach an die Person der Mitglieder gebunden sind, z. B. des Rechtes auf Benutzung eines Lesezimmers, ist nur das in der Geschäftsfähigkeit beschränkte Mitglied, nicht dessen gesetzlicher Vertreter berechtigt.

3. Sowohl die Vorschrift des ersten wie die des zweiten Satzes können nach § 40 **durch die Satzung geändert werden.**

§ 39.

E. II § 36 Abs. 2 rev. § 36; III § 36. P. II Bd. 1 S. 534 ff.

1. **Durch den Austritt** verliert das Mitglied für die Zukunft alle auf der Mitgliedschaft beruhenden Rechte und wird von allen dadurch begründeten Verpflichtungen frei. Die infolge der Mitgliedschaft vor dem Austritt erworbenen selbständigen Rechte, z. B. das Recht auf einen Anteil an dem bis dahin gemachten Gewinne, werden durch den Austritt nicht berührt; ebenso bleiben die bereits früher entstandenen, nicht durch die Fortdauer der Mitgliedschaft bedingten Verpflichtungen, z. B. die Verpflichtung zur Zahlung eines Beitrags für die Vergangenheit, bestehen.

Der Austritt erfolgt durch einseitige Willenserklärung gegenüber dem Vereine. Nach § 28 Abs. 2 genügt die Abgabe der Erklärung gegenüber einem Mitgliede des Vorstandes. Ist kein Vorstandsmitglied vorhanden, so findet der § 29 Anwendung.

2. **Eine Beschränkung des Austrittsrechts** durch die Satzung ist nur innerhalb der im Abs. 2 bestimmten Grenzen zulässig. Als unzulässig wird auch eine Vorschrift zu betrachten sein, durch welche für den Fall des Austritts, soweit dieser nach Abs. 2 nicht beschränkt werden kann, eine Vertragsstrafe bestimmt wird. Die entsprechende Anwendung des § 344, welcher sich direkt nur auf Verträge bezieht, ist zwar nicht vorgeschrieben, dürfte aber unbedenklich sein.

Unzulässig ist auch eine Bestimmung, durch welche der Austritt an gewisse Formen gebunden, z. B. öffentliche Beglaubigung der Austrittserklärung gefordert wird; denn in einer solchen Bestimmung liegt eine durch Abs. 2 nicht zugelassene Beschränkung des Austritts (a. A. Hölder, Erl. 1 zu § 39, der die Bestimmung einer Form nur dann für unzulässig hält, wenn sie den Zweck hat, den Austritt zu erschweren). Zulässig ist im Falle des Abs. 2 die Erklärung des Austritts vor dem Ablaufe des Geschäftsjahrs auf das Ende desselben.

§ 40.

E. I § 44 Abs. 7, § 48 Abs. 6; II § 37 rev. § 37; III § 37. P. I S. 3099 ff., 3113 ff., 3129 ff.; M. I S. 94 ff., 105 ff. P. II Bd. 6 S. 115.

S. die Erl. zu den §§ 27, 28, 32, 33, 38. Die übrigen die Verfassung des Vereins betreffenden Vorschriften sind zwingend, soweit nicht in ihnen selbst eine Änderung durch die Satzung zugelassen ist (s. § 26 Abs. 2 Satz 2, § 39 Abs. 2). Unberührt bleiben nach EG. Art. 82 die landesgesetzlichen Vorschriften über die Verfassung solcher Vereine, deren Rechtsfähigkeit auf staatlicher Verleihung beruht.

§. 41. Der Verein kann durch Beschluß der Mitgliederversammlung aufgelöst werden. Zu dem Beschluß ist eine Mehrheit von drei Viertheilen der erschienenen Mitglieder erforderlich, wenn nicht die Satzung ein Anderes bestimmt.

---

§ 41.

E. II § 38 rev. § 38; III § 38. P. II Bd. 1 S. 538 ff. D. S. 610.

1. Der E. I enthielt keine Vorschriften über die Auflösung eines rechtsfähigen Vereins (einer Körperschaft nach dem Sprachgebrauch des E. I); vielmehr waren die Vorschriften über das Erlöschen wie über die Entstehung der Körperschaften der Landesgesetzgebung überlassen. Über die Auflösung einer Aktiengesellschaft sowie einer Erwerbs- und Wirtschaftsgenossenschaft s. HGB. § 292 und § 76 des Ges. betr. die Erwerbs- und Wirtschaftsgenossenschaften v. 1. Mai 1889.

2. Das BGB. unterscheidet zwischen **Auflösung des Vereins und Entziehung der Rechtsfähigkeit.** Die erstere findet statt im Falle des § 41. Über andere Auflösungsgründe s. Erl. 4. Die Entziehung der Rechtsfähigkeit findet statt in den Fällen der §§ 42, 43, 73. Der E. III (§§ 39, 40, 70) sprach auch in den letztgedachten Fällen von der Auflösung des Vereins. Die Unterscheidung beruht auf einem Beschlusse der RK. Maßgebend ist dabei der Gedanke gewesen, daß die Gründe, aus welchen die Entziehung der Rechtsfähigkeit erfolgt, nicht mit Notwendigkeit dahin führen, den Verein, wenn er als nicht rechtsfähiger Verein fort existieren will, aufzulösen. Daraus wird aber nicht zu folgern sein, daß der Verein, wenn ihm die Rechtsfähigkeit entzogen wird, immer als nicht rechtsfähiger Verein solange fortbesteht, bis er seine Auflösung beschließt. Das Gesetz kann einen Verein, der von Anfang an nur als rechtsfähiger Verein hat existieren wollen, nicht in die Lage bringen, daß er nach Entziehung der Rechtsfähigkeit, wenn auch nur vorübergehend, als nicht rechtsfähiger Verein, d. h. also nach § 54 als ein nach den Vorschriften über die Gesellschaft zu beurteilender Verein fortbesteht, obwohl die Mitglieder des Vereins dies weder gewollt noch irgendwie erklärt haben. Nur wenn sich aus der Satzung ergibt, daß der Verein, wenn ihm die Rechtsfähigkeit entzogen wird, als nicht rechtsfähiger Verein fortbestehen will, wird das Fortbestehen ohne weiteres anzunehmen sein, während, wenn ein solcher Wille sich aus der Satzung nicht ergibt, mit der Entziehung der Rechtsfähigkeit auch der Verein selbst zu bestehen aufhört. Die Mitglieder können in dem letzteren Falle zwar sofort beschließen, daß der Verein als nicht rechtsfähiger Verein fortbestehen solle; ein solcher Beschluß ist aber als Vereinbarung über Begründung eines neuen nicht rechtsfähigen Vereins zu betrachten und nach den Vorschriften über den Gesellschaftsvertrag zu beurteilen (a. A. Gierke, Vereine ohne Rechtsfähigkeit S. 8, der das Fortbestehen des Vereins annimmt, sofern nicht das Gegenteil in der Satzung bestimmt ist). Auch dann übrigens, wenn auf Grund der Satzung der Verein, ohne daß es eines besonderen Beschlusses bedarf, fortbesteht, ist der nunmehrige Verein nicht eine Fortsetzung des früheren rechtsfähigen Vereins, sondern ein neuer Verein; dies ergibt sich insbesondere daraus, daß nach § 45 im Falle der Entziehung der Rechtsfähigkeit, ganz ebenso wie im Falle der Auflösung, das Vermögen des Vereins an die in der Satzung bestimmten Personen fällt.

3. Durch die Vorschrift, daß die **Auflösung durch Beschluß der Mitgliederversammlung** erfolge, wird nicht ausgeschlossen, daß ein gültiger Beschluß über die Auflösung nach Maßgabe des § 32 Abs. 2 durch schriftliche Erklärung aller Mitglieder gültig gefaßt werden kann (a. A. Hölder, Erl. 1 zu § 41). Durch die Satzung kann bestimmt werden, daß eine größere oder geringere Zahl als drei Vierteile der erschienenen Mitglieder zu dem Beschlusse der Auflösung erforderlich ist. Die Satzung kann auch Einstimmigkeit der Mitglieder erfordern (a. A. Hölder, Erl. 2 zu § 41).

4. **Eine Auflösung des Vereins kann außer durch Beschluß der Mitgliederversammlung noch erfolgen:**

a) Auf Grund des öffentlichen Vereinsrechts (a. A. Hatscheck, in DJZ. 1900, S. 492, der die Vorschrift des § 74 Abs. 3 übersieht, in welchem die Zulässigkeit der Auflösung auf Grund des öffentlichen Vereinsrechts ausdrücklich anerkannt wird).

b) Auf Grund einer Bestimmung der Satzung, nach welcher die Auflösung mit dem Eintritt eines bestimmten Zeitpunkts oder eines bestimmten Ereignisses von selbst eintreten soll (s. § 74 Abs. 2). Nicht ohne weiteres dürfte die Auflösung dadurch eintreten, daß der Zweck des Vereins erreicht oder dessen Erreichung unmöglich geworden ist (a. A. Dernburg, I § 77 VI 5). Es

§. 42. Der Verein verliert die Rechtsfähigkeit durch die Eröffnung des Konkurses.

Der Vorstand hat im Falle der Ueberschuldung die Eröffnung des Konkurses zu beantragen. Wird die Stellung des Antrags verzögert, so sind die Vorstandsmitglieder, denen ein Verschulden zur Last fällt, den Gläubigern für den daraus entstehenden Schaden verantwortlich; sie haften als Gesammtschuldner.

---

sind dies zu unbestimmte Tatbestände, um daran ohne weiteres die Auflösung zu knüpfen; sie können nur die Veranlassung für die Mitgliederversammlung geben, die Auflösung zu beschließen.

c) Durch Wegfall aller Mitglieder. In solchem Falle existiert ein Verein nicht mehr. Selbst wenn durch die Satzung die Möglichkeit gegeben sein sollte, daß die Mitgliedschaft ohne Mitwirkung des Vereins oder des Organs desselben, z. B. durch Erklärung gegenüber einer Behörde oder durch den Erwerb eines Grundstücks erworben wird, kann ein solcher Erwerb, nachdem alle bisherigen Mitglieder weggefallen sind, nicht mehr stattfinden, weil Mitgliedschaft eines Vereins nicht möglich ist, wenn ein solcher nicht mehr besteht (a. A. wie es scheint Rehbein, Erl. II 6 zu § §§ 21—54). Besondere Vorschriften für eingetragene Vereine im § 73.

§ 42.

E. I § 47; II § 39 rev. § 39; III § 39. P. I S. 3166, 3168, 3171 ff., 6172 ff.; M. I S. 104. P. II Bd. 1 S. 523 ff., 539, Bd. 6 S. 118. D. S. 610. RB. S. 1941.

1. Über die **Bedeutung der Entziehung der Rechtsfähigkeit** s. Erl. 2 zu § 41, Erl. 1 zu § 45.

2. Nach § 42 **verliert der Verein die Rechtsfähigkeit mit der Eröffnung des Konkurses.** Der Zeitpunkt der Eröffnung bestimmt sich nach KO. § 108. Wird der Eröffnungsbeschluß infolge der dagegen erhobenen Beschwerde wieder aufgehoben (KO. §§ 109, 116), so gilt der Verlust der Rechtsfähigkeit als nicht erfolgt. Die Aufhebung des Konkursverfahrens nach Maßgabe der KO. § 163 sowie die Einstellung auf Grund der KO. §§ 202, 204 sind ohne Einfluß; das Gleiche gilt von einem Zwangsvergleich und der auf Grund desselben erfolgenden Aufhebung des Konkursverfahrens (KO. § 190). Auf einen bei Beendigung des Konkursverfahrens verbleibenden Überschuß finden die Vorschriften des § 45 Anwendung. Ein Beschluß der Mitgliederversammlung, daß der Verein trotz Eröffnung des Konkursverfahrens fortbestehen solle, hat nicht die Wirkung, daß der bisherige Verein fortbesteht; er kann vielmehr nur, sofern dies der Absicht entspricht, als Vereinbarung eines neuen Vereins mit denselben Zwecken wie der frühere Verein rechtliche Wirkung haben. Die Erlangung der Rechtsfähigkeit für diesen neuen Verein kann nur nach Maßgabe der §§ 21, 22 erfolgen. Eine dem HGB. § 144 und dem EG. zum HGB. Art. 11 XVI entsprechende Vorschrift, nach welcher in den gedachten Fällen die Gesellschafter die Fortsetzung der Gesellschaft beschließen können, besteht für rechtsfähige Vereine nicht.

3. **Nur im Falle der Überschuldung, nicht auch schon im Falle der Zahlungsunfähigkeit ist der Vorstand verpflichtet, die Eröffnung des Konkurses zu beantragen.** Bei der Frage, ob Überschuldung vorliegt, wird, wenn die Mitglieder des Vereins verfassungsmäßig zu bestimmten Beiträgen verpflichtet sind, diese Beitragspflicht mit in Betracht zu ziehen sein. Die Verpflichtung die dem Vorstande in betreff der Stellung des Antrags auf Konkurseröffnung dem Vereine gegenüber obliegt, bestimmt sich nach § 27 Abs. 3. Der § 42 Abs. 2 bestimmt positiv eine selbständige Verpflichtung gegenüber den Gläubigern. Wird die Verpflichtung nicht erfüllt oder ihre Erfüllung verzögert, so sind diejenigen Mitglieder des Vorstandes, welche die Nichterfüllung oder die Verzögerung verschulden, den Gläubigern nach allgemeinen Grundsätzen für den entstehenden Schaden verantwortlich. Die Wirkung der ihnen obliegenden Haftung als Gesamtschuldner ergibt sich aus den §§ 421 ff.

4. Auf den Konkurs über das Vermögen eines rechtsfähigen Vereins sowie einer rechtsfähigen Stiftung finden nach KO. § 213 die Vorschriften der KO. §§ 207, 208 Anwendung. Vgl. auch Art. 4 des EG. zu dem Ges. betr. Änderungen der KO.

§. 43. Dem Vereine kann die Rechtsfähigkeit entzogen werden, wenn er durch einen gesetzwidrigen Beschluß der Mitgliederversammlung oder durch gesetzwidriges Verhalten des Vorstandes das Gemeinwohl gefährdet.

Einem Vereine, dessen Zweck nach der Satzung nicht auf einen wirthschaftlichen Geschäftsbetrieb gerichtet ist, kann die Rechtsfähigkeit entzogen werden, wenn er einen solchen Zweck verfolgt.

Einem Vereine, der nach der Satzung einen politischen, sozialpolitischen oder religiösen Zweck nicht hat, kann die Rechtsfähigkeit entzogen werden, wenn er einen solchen Zweck verfolgt.

Einem Vereine, dessen Rechtsfähigkeit auf Verleihung beruht, kann die Rechtsfähigkeit entzogen werden, wenn er einen anderen als den in der Satzung bestimmten Zweck verfolgt.

---

§ 43.

E. II § 40 Abs. 1–3 rev. § 40; III § 40. P. II Bd. 1 S. 572 ff., Bd. 6 S. 116, 144. D. S. 610. RB. S. 1937 ff., 1943–1945. StB. S. 715, 728, 732, 737, 756, 785, 2735 ff., 3059.

1. **Befugnis zur Entziehung der Rechtsfähigkeit.** Der § 43 bestimmt die materiellen Voraussetzungen, unter welchen die Entziehung der Rechtsfähigkeit zulässig ist, während der § 44 die zuständige Behörde und das Verfahren bestimmt. Ob die Behörde von der ihr eingeräumten Befugnis Gebrauch zu machen hat, hängt von dem Inhalte der für sie nach § 44 maßgebenden landesgesetzlichen Vorschriften ab; soweit diese keine Anhaltspunkte ergeben, entscheidet das pflichtmäßige Ermessen der Behörde.

2. **Die Entziehung der Rechtsfähigkeit ist zulässig:**

a) wenn die Mitgliederversammlung einen gesetzwidrigen Beschluß faßt oder der Vorstand gesetzwidrig sich verhält und durch das eine oder das andere das Gemeinwohl gefährdet wird. Es genügt die objektive Gesetzwidrigkeit des Beschlusses oder des Verhaltens. Bewußtsein der Gesetzwidrigkeit oder Verschulden ist nicht erforderlich. Das gesetzwidrige Verhalten des Vorstandes kann sowohl in einem Tun wie in einem Unterlassen bestehen. Immer muß hinzutreten die Gefährdung des Gemeinwohls (vgl. § 79 des Ges. betr. die Erwerbs- und Wirtschaftsgenossenschaften v. 1. Mai 1889 und § 62 des Ges. betr. die Gesellschaften mit beschränkter Haftung v. 20. April 1892);

b) wenn ein Verein, dessen Zweck nach der Satzung nicht auf einem wirtschaftlichen Geschäftsbetrieb gerichtet ist, einen solchen Zweck verfolgt. Es ist dies eine Konsequenz des § 21. Da Vereine, deren Zweck auf einen wirtschaftlichen Geschäftsbetrieb gerichtet ist, die Rechtsfähigkeit durch Eintragung nicht erlangen können, so muß die Möglichkeit gegeben sein, einen Verein, der die Rechtsfähigkeit durch Eintragung erlangt hat, zu hindern, den Zweck eines wirtschaftlichen Geschäftsbetriebs zu verfolgen. Die Voraussetzung der Zulässigkeit der Entziehung der Rechtsfähigkeit liegt aber nicht schon dann vor, wenn der wirtschaftliche Geschäftsbetrieb nur nebenbei und als Mittel zur Erreichung des idealen Zweckes des Vereins angefangen wird. Der Betrieb muß vielmehr in solcher Art erfolgen, daß, wenn dies nach der Satzung von Anfang an beabsichtigt gewesen wäre, die Eintragung nicht hätte erfolgen können (s. Erl. zu § 21);

c) wenn ein Verein, der nach der Satzung einen politischen, sozialpolitischen oder religiösen Zweck nicht hat, einen solchen Zweck verfolgt. Es ist dies eine Konsequenz des § 61, nach welchem der Verwaltungsbehörde das Einspruchsrecht gegen die Eintragung eines Vereins zusteht, der nach der Satzung einen Zweck der gedachten Art hat. Nach dem Wortlaute der Vorschrift ist die Entziehung nur zulässig, wenn der Verein nach der Satzung weder einen politischen noch einen sozialpolitischen, noch einen religiösen Zweck hat. Bei dem Zusammenhange der Vorschrift mit § 61 wird man sie aber dahin auszulegen haben, daß die Entziehung der Rechtsfähigkeit auch dann zulässig ist, wenn der Verein einen anderen als den in der Satzung angegebenen politischen, sozialpolitischen oder religiösen Zweck tatsächlich verfolgt, wenn also z. B. ein Verein, der nach der Satzung einen religiösen Zweck hat, politische Zwecke verfolgt (a. A. Staudinger, Erl. III zu § 43). Es braucht nicht von dem Verein ausgesprochen zu sein, daß er einen anderen Zweck verfolge, die tatsächliche Verfolgung genügt. Über die Frage, wann ein politischer, sozialpolitischer oder religiöser Zweck vorliegt s. Erl. zu § 61;

§. 44. Die Zuständigkeit und das Verfahren bestimmen sich in den Fällen des §. 43 nach den für streitige Verwaltungssachen geltenden Vorschriften der Landesgesetze. Wo ein Verwaltungsstreitverfahren nicht besteht, finden die Vorschriften der §§. 20, 21 der Gewerbeordnung Anwendung; die Entscheidung erfolgt in erster Instanz durch die höhere Verwaltungsbehörde, in deren Bezirke der Verein seinen Sitz hat.

Beruht die Rechtsfähigkeit auf Verleihung durch den Bundesrath, so erfolgt die Entziehung durch Beschluß des Bundesraths.

---

d) wenn ein Verein, dessen Rechtsfähigkeit auf Verleihung beruht, einen anderen als den in der Satzung angegebenen Zweck verfolgt. Die Entziehung der Rechtsfähigkeit ist in diesem Falle zulässig, auch wenn ein entsprechender Vorbehalt bei der Verleihung nicht gemacht ist. Gleichgültig ist, welcher Zweck in der Satzung angegeben war, insbesondere, ob dies ein wirtschaftlicher oder ein idealer war. Es genügt, wenn ein anderer als der in der Satzung angegebene Zweck verfolgt wird. Das Verhältnis liegt hier also anders, wie bei einem eingetragenen Vereine. Diesem kann die Rechtsfähigkeit nicht entzogen werden, weil er einen anderen als den in der Satzung angegebenen idealen Zweck verfolgt, sofern der verfolgte Zweck nicht ein politischer, sozialpolitischer oder religiöser ist. Bei einem Vereine, dessen Rechtsfähigkeit auf Verleihung beruht, ist dagegen die Entziehung auch in diesem Falle zulässig.

3. Neben der durch § 43 der zuständigen Behörde eingeräumten Befugnis bleiben die **auf Grund des öffentlichen Vereinsrechts** den Behörden zustehenden Rechte bestehen. Kraft dieser Rechte kann zwar nicht die Entziehung der Rechtsfähigkeit, wohl aber die Auflösung des Vereins erfolgen, und mit der Auflösung fällt selbstverständlich **auch** die Rechtsfähigkeit weg (s. Erl. 4**a** zu § 41).

§ 44.

E. II § 40 Abs. 4 rev. § 41; III § 41. P. II Bd. 1 S. 572 ff. D. S. 610. RB. S. 1931 ff., 1943 ff. StB. S. 2735 ff., 3059.

1. Der § 44 schließt sich dem § 79 Abs. 2 des Ges. betr. die Erwerbs- und Wirtschaftsgenossenschaften v. 1. Mai 1889 an. Der § 62 des Ges. betr. die Gesellschaften mit beschränkter Haftung v. 20. April 1892 überweist dagegen die Entscheidung in denjenigen Bundesstaaten, in welchen ein Verwaltungsstreitverfahren nicht besteht, an die ordentlichen Gerichte.

Die §§ 79, 62 der angeführten Gesetze enthalten noch die Vorschrift, daß die Auflösung des Vereins keinen Anspruch auf Schadensersatz begründet. In dem BGB. fehlt eine solche Vorschrift, weil sie nach dessen Vorschriften selbstverständlich ist (§ 839).

2. Die Zuständigkeit und das Verfahren bei Entziehung der Rechtsfähigkeit bestimmt sich in den einzelnen Staaten verschieden, je nachdem in ihnen ein Verwaltungsstreitverfahren besteht oder nicht.

a) Im ersteren Falle sind die landesgesetzlichen Vorschriften über das Verwaltungsstreitverfahren maßgebend. In Preußen z. B. ist der Bezirksausschuß zuständig; die Erhebung der Klage auf Entziehung der Rechtsfähigkeit steht dem Landrat und in Stadtkreisen der Polizeibehörde zu.

b) Im zweiten Falle ist zuständig die höhere Verwaltungsbehörde, in deren Bezirke der Verein seinen Sitz hat. Auf das Verfahren finden die Vorschriften der Gew.O. §§ 21, 22 entsprechende Anwendung. Diese führt zu folgenden Ergebnissen:

> Gegen die Entscheidung erster Instanz findet der Rekurs an die nächstvorgesetzte Behörde statt, welcher bei Verlust desselben binnen vierzehn Tagen, vom Tage der Eröffnung des Bescheides an gerechnet, gerechtfertigt werden muß. Der Rekursbescheid ist dem Vereine schriftlich zu eröffnen und ist mit Gründen zu versehen (Gew.O. § 20). Das Verfahren bestimmt sich im übrigen nach den Landesgesetzen; es sind jedoch folgende Grundsätze einzuhalten:

α) In erster oder zweiter Instanz muß die Entscheidung durch eine kollegiale Behörde erfolgen. Diese Behörde ist befugt, Untersuchungen an Ort und Stelle zu veranlassen, Zeugen und Sachverständige zu laden und eidlich zu vernehmen, überhaupt den Beweis in vollem Umfange zu erheben.

§. 45. Mit der Auflösung des Vereins oder der Entziehung der Rechtsfähigkeit fällt das Vermögen an die in der Satzung bestimmten Personen.

Durch die Satzung kann vorgeschrieben werden, daß die Anfallberechtigten durch Beschluß der Mitgliederversammlung oder eines anderen Vereinsorgans bestimmt werden. Ist der Zweck des Vereins nicht auf einen wirthschaftlichen Geschäftsbetrieb gerichtet, so kann die Mitgliederversammlung auch ohne eine solche Vorschrift das Vermögen einer öffentlichen Stiftung oder Anstalt zuweisen.

Fehlt es an einer Bestimmung der Anfallberechtigten, so fällt das Vermögen, wenn der Verein nach der Satzung ausschließlich den Interessen seiner Mitglieder diente, an die zur Zeit der Auflösung oder der Entziehung der Rechtsfähigkeit vorhandenen Mitglieder zu gleichen Theilen, anderenfalls an den Fiskus des Bundesstaats, in dessen Gebiete der Verein seinen Sitz hatte.

β) Bildet die kollegiale Behörde die erste Instanz, so erteilt sie ihre Entscheidung in öffentlicher Sitzung nach erfolgter Ladung und Anhörung des Vereins. Dasselbe gilt, wenn die kollegiale Behörde die zweite Instanz bildet.

γ) Die Öffentlichkeit der Sitzungen kann unter entsprechender Anwendung des GVG. §§ 173—176 ausgeschlossen oder beschränkt werden (Gew.O. § 21).

3. Ist die Rechtsfähigkeit dem Vereine nach § 23 **von dem Bundesrat erteilt,** so ist nur dieser zur Entziehung der Rechtsfähigkeit befugt. Über das Verfahren bestehen in diesem Falle keine Vorschriften.

4. **Wirksamkeit der Verfügung.** Die Verfügung der zuständigen Behörde, durch welche die Rechtsfähigkeit entzogen wird, ist wirksam, auch wenn die materiellen, durch § 43 bestimmten Voraussetzungen nicht vorliegen. Sie kann nur durch die zulässigen Rechtsmittel angefochten werden, die Verfügung des Bundesrats also überhaupt nicht.

§ 45.

E. I § 49 Abs. 1; II § 41 rev. § 42; III § 42. P. I S. 3136 ff., 3476; M. I S. 109 ff. P. II Bd. 1 S. 539 ff. D. S. 610.

1. **Schicksal des Vermögens nach Auflösung des Vereins oder Entziehung der Rechtsfähigkeit.** Das Vermögen des Vereins würde im Falle der Auflösung oder der Entziehung der Rechtsfähigkeit in Ermangelung besonderer Vorschriften herrenlos werden. Hiergegen richtet sich der § 45, indem er diejenigen Personen bestimmt, an welche das Vermögen fällt. Ist der Anfallberechtigte der Fiskus, so hat er nach § 46 die Stellung eines Erben. Streitig ist aber, wie das Rechtsverhältnis zu beurteilen ist, wenn nach Maßgabe des § 45 andere Personen als der Fiskus anfallberechtigt sind. Nach der einen Ansicht soll auch in diesem Falle das Vermögen als Ganzes mit der Auflösung oder der Entziehung der Rechtsfähigkeit den Anfallberechtigten anfallen. Nach der anderen Ansicht dagegen erhalten die Anfallberechtigten nur einen Anspruch gegen den Verein auf Ausantwortung des nach erfolgter Liquidation und Berichtigung aller Verbindlichkeiten verbleibenden Überschusses. Für die erstgedachte Ansicht scheint der Wortlaut des Abs. 1 zu sprechen, indem darin, ohne zwischen den verschiedenen Anfallberechtigten zu unterscheiden, allgemein bestimmt wird, daß ihnen das Vermögen des Vereins nach der Auflösung oder der Entziehung der Rechtsfähigkeit anfalle. Aus den in den §§ 46 ff. getroffenen Vorschriften dürfte sich aber ergeben, daß durch die Vorschrift des § 45 Abs. 1 nur das materielle Schicksal des Vereinsvermögens, nicht aber die Art hat bestimmt werden sollen, in welcher das Vermögen an die Anfallberechtigten kommen soll, während nach § 46 für den Fall, daß das Vermögen an den Fiskus fällt, die Vorschriften entsprechende Anwendung finden, welche für den Fall gelten, daß der Fiskus gesetzlicher Erbe wird, soll nach § 47 in allen anderen Fällen eine Liquidation stattfinden. Diese Liquidation erfolgt für den Verein, der bis zu deren Beendigung nach § 49 Abs. 2 als fortbestehend gilt, durch den Vorstand des Vereins oder die an dessen Stelle bestellten Liquidatoren. Diese haben nach Beendigung der Liquidation den Überschuß den Anfallberechtigten auszuantworten. Das Vermögen ist diesen also noch nicht schon mit der Auflösung des Vereins oder der Entziehung der Rechtsfähigkeit angefallen, sondern dem Vereine verblieben. Die für ihn handelnden Liquidatoren sind nur verpflichtet, den Überschuß den An=

fallberechtigten auszuantworten. Die Anfallberechtigten erwerben mit der Auflösung oder Entziehung der Rechtsfähigkeit allerdings sofort ein Recht, aber dieses Recht besteht nicht in dem Erwerbe des Vermögens als eines Ganzen, sondern nur in einem obligatorischen Anspruche gegen den Verein. Für diese Auffassung spricht weiter, daß während für den Fall, daß der Fiskus der Anfallberechtigte ist, durch den § 46 genügende Vorschriften über die Art, in welcher der Erwerb des Vermögens erfolgt, und über die Haftung für die Verbindlichkeiten des Vereins gegeben sind, solche Vorschriften für den praktisch wichtigsten Fall, daß das Vermögen an andere Personen als an den Fiskus fällt, vollständig fehlen. Sie sind bei der hier vertretenen Auffassung nicht erforderlich; denn wenn den Anfallberechtigten nur ein obligatorischer Anspruch gegen den Verein zusteht, so ergibt sich alles Erforderliche aus der Natur eines solchen Anspruchs in Verbindung mit den in den §§ 49ff. gegebenen näheren Vorschriften. Bei der entgegengesetzten Auffassung aber würden besondere Vorschriften, insbesondere darüber, ob und in welcher Art die Anfallberechtigten ausschlagen können, und ob und in welchem Umfange sie für die Schulden des Vereins haften, unentbehrlich gewesen sein. Die Vertreter dieser Ansicht müssen sich behufs Beantwortung dieser Fragen teils auf angebliche allgemeine Grundsätze, nach welchen bei dem Übergang eines Vermögens dieses nur nach Abzug der Schulden übergehe, teils auf sehr bedenkliche Analogieen wie die des § 419 beruhen. Es kann aber nach der ganzen Art und Weise wie das BGB. abgefaßt ist, nicht angenommen werden, daß es bei einer praktisch so wichtigen Frage diese Auffassung auf derartige unsichere Behelfe habe verweisen wollen; vielmehr würde das BGB., wenn es diese Auffassung geteilt hätte, die betreffenden Fragen gewiß ausdrücklich entschieden haben. Für die hier bekämpfte Auffassung kann man sich auch nicht etwa auf § 52 Abs. 2 berufen; denn daraus, daß den Anfallberechtigten das Vermögen nicht ausgeantwortet werden darf, bevor den dort bezeichneten Gläubigern Sicherheit geleistet ist, folgt nicht, daß das Vermögen den Anfallberechtigten bereits zusteht, sondern nur, daß ihr Anspruch gegen den Verein durch die Sicherheitsleistung bedingt ist (ebenso Rspr. Bd. 5 S. 378; a. A. Hellwig, Anspruch und Klagrecht S. 228; derselbe in Wesen und subjektive Begrenzung der Rechtskraft S. 204; derselbe, Verträge zu Gunsten Dritter S. 393; Gierke, Vereine ohne Rechtsfähigkeit S. 9, 47; Hölder, Erl. 2 zu § 45; Matthiaß I S. 126; Kisch in Grünhut Bd. 29 S. 346.

2. Anfallberechtigt sind in folgender Reihenfolge:

a) Wer als solcher in der Satzung bestimmt ist, mag die Bestimmung schon bei der Begründung des Vereins oder erst später getroffen sein. Die Bestimmung kann aber nicht mehr erfolgen nach der Auflösung oder der Entziehung der Rechtsfähigkeit. Durch die Satzung kann die Bestimmung auch mittelbar in der Art erfolgen, daß einem Organe des Vereins, z. B. der Mitgliederversammlung oder dem Vorstande, das Recht eingeräumt wird, die Bestimmung zu treffen. Da nach der Auflösung oder der Entziehung der Rechtsfähigkeit der bisherige Verein und seine Organe nur noch zum Zwecke der Liquidation bestehen, so kann auch die dem Organe zugewiesene Bestimmung nach der Auflösung oder Entziehung der Rechtsfähigkeit nicht mehr erfolgen.

In welcher Art das Organ die Bestimmung zu treffen hat, bestimmt sich in Ermangelung besonderer durch die Satzung gegebener Vorschriften nach denjenigen Grundsätzen, welche im allgemeinen für die Beschlüsse des Organs gelten.

In betreff des Inhalts der Bestimmung hat die Satzung bezw. das zu der Bestimmung befugte Organ freie Hand; insbesondere können auch, je nachdem die Auflösung des Vereins oder die Entziehung der Rechtsfähigkeit erfolgt, verschiedene Personen für anfallberechtigt erklärt werden.

b) Bei Vereinen, deren Zweck nicht auf einen wirtschaftlichen Geschäftsbetrieb gerichtet ist, diejenige öffentliche Stiftung oder Anstalt, welche von der Mitgliederversammlung vor der Auflösung oder Entziehung der Rechtsfähigkeit als anfallberechtigt bezeichnet ist. Unter einer öffentlichen Stiftung oder Anstalt ist auch eine Körperschaft des öffentlichen Rechtes zu verstehen.

c) Bei Vereinen, die ausschließlich dem Interesse der Mitglieder dienen, die z. Z. der Auflösung oder Entziehung der Rechtsfähigkeit vorhandenen Mitglieder, bei anderen Vereinen der Fiskus des Bundesstaats, in dessen Gebiete der Verein seinen Sitz hatte. In betreff solcher Vereine, die ihren Sitz nicht in einem Bundesstaate haben (§ 23), enthält der § 45 keine Bestimmung. Nach Analogie der Vorschrift des § 1936 Abs. 2 wird für solche Vereine der Reichsfiskus als anfallberechtigt zu betrachten sein.

3. Nach EG. Art. 85 bleiben landesgesetzliche Vorschriften unberührt, nach welchen an die Stelle des Fiskus eine Körperschaft, Stiftung oder Anstalt des öffentlichen Rechtes tritt. Ob

§. 46. Fällt das Vereinsvermögen an den Fiskus, so finden die Vorschriften über eine dem Fiskus als gesetzlichem Erben anfallende Erbschaft entsprechende Anwendung. Der Fiskus hat das Vermögen thunlichst in einer den Zwecken des Vereins entsprechenden Weise zu verwenden.

§. 47. Fällt das Vereinsvermögen nicht an den Fiskus, so muß eine Liquidation stattfinden.

---

eine Bestimmung dieser Art schon in einer nach EG. Art. 138 zulässigen landesgesetzlichen Vorschrift gefunden werden kann, nach welcher an Stelle des Fiskus eine Körperschaft, Stiftung oder Anstalt des öffentlichen Rechtes gesetzlicher Erbe wird, ist eine Frage der Auslegung der betreffenden landesgesetzlichen Vorschrift (a. A. wie es scheint Rehbein, Erl. II 7a zu §§ 21—54).

§ 46.

E. I § 49 Abs. 2 Satz 1, 2; II § 42 Abs. 1 rev. § 43; III § 43. P. I S. 3136 ff., 3476; M. I S. 109 ff. P. II Bd. 1 S. 545 ff., Bd. 6 S. 116. D. S. 610.

1. **Rechtsverhältnis für den Fall, daß das Vermögen an den Fiskus fällt.** Die Vorschriften, welche nach Satz 1 zur entsprechenden Anwendung gelangen, sind in den §§ 1936, 1942 Abs. 2, 1966, 2011 des BGB. und in dem § 780 der CPO. enthalten. Ihre entsprechende Anwendung führt zu folgenden Ergebnissen: Das Vereinsvermögen geht als Ganzes so auf den Fiskus über, wie wenn er Erbe des Vereins geworden wäre. Er kann aber das Vermögen nicht ausschlagen (§ 1942 Abs. 2). Von ihm als Nachfolger in das Vereinsvermögen und gegen ihn als Nachfolger kann ein Recht erst geltend gemacht werden, wenn das Gericht, in dessen Bezirke der Verein seinen Sitz hatte, festgestellt hat, daß ein anderer Anfallberechtigter als der Fiskus nicht vorhanden ist (§ 1966). Eine Inventarfrist kann ihm nicht gesetzt werden; er ist aber verpflichtet, den Vereinsgläubigern über den Bestand des Vereinsvermögens Auskunft zu erteilen (§ 2011). Ist er als Nachfolger in das Vereinsvermögen verurteilt, so kann er die Beschränkung seiner Haftung (§§ 1975 ff.) geltend machen, auch wenn sie ihm im Urteile nicht vorbehalten ist (§ 780 der CPO.).

2. Durch den **Satz 2** wird dem Fiskus keine privatrechtliche, sondern eine **öffentlich rechtliche** Verpflichtung auferlegt.

3. **Tritt nach EG. Art. 85 eine Körperschaft, Stiftung oder Anstalt des öffentlichen Rechtes an die Stelle des Fiskus,** so hat diese dieselbe Rechtsstellung, die der Fiskus nach Erl. 1, 2 hat. Zweifelhaft ist ob die Vorschriften des § 46 auch dann Anwendung finden, wenn das Vermögen nicht auf Grund der gesetzlichen Bestimmung des § 45, sondern auf Grund der Satzung oder einer von einem Organe des Vereins befugterweise getroffenen Bestimmung an den Fiskus oder an eine Körperschaft, Stiftung oder Anstalt des öffentlichen Rechtes fällt. Die Frage dürfte trotz des Wortlauts der §§ 46, 47 zu verneinen sein, da auch die besonderen für das Erbrecht des Fiskus geltenden Vorschriften nur dann Anwendung finden, wenn er gesetzlicher Erbe wird (a. A. Hölder, Erl. I zu § 46; Staudinger, Erl. 3 zu § 46).

§ 47.

E. I § 49 Abs. 2 Satz 3; II § 42 Abs. 2 rev. § 44; III § 44. P. I S. 3136 ff., 3476; M. I S. 113. P. II Bd. 1 S. 546. D. S. 610.

1. **Notwendigkeit der Liquidation.** Die Vorschriften über die Liquidation schließen sich dem HGB. und den neueren Reichsgesetzen über Gesellschaften und Genossenschaften, deren Zweck auf einen wirtschaftlichen Geschäftsbetrieb gerichtet ist, an. Nach dem E. I sollte die Liquidation nur eintreten, wenn das Vereinsvermögen unter die Mitglieder zu verteilen ist, während in allen anderen Fällen der Anfallberechtigte dieselbe Stellung haben sollte, die nach dem BGB. der Fiskus hat. Die zweite Kommission hielt dies sowohl im Interesse der Gläubiger als der Anfallberechtigten für bedenklich; deshalb wurde die jetzige Vorschrift beschlossen. Die Voraussetzung der Vorschrift, daß das Vermögen nicht an den Fiskus fällt, ist nach dem in der Erl. 3 zu § 46 Gesagten dahin zu erweitern, daß das Vermögen weder an den Fiskus noch an eine nach EG. Art. 85 an dessen Stelle tretende Körperschaft, Stiftung oder Anstalt des öffentlichen Rechtes fällt. Die Vorschrift ist eine zwingende. Durch eine andere Art der Auseinandersetzung wie sie bei handelsrechtlichen Gesellschaften vorkommt (Umwandelung, Fusion, Veräußerung des

§. 48. Die Liquidation erfolgt durch den Vorstand. Zu Liquidatoren können auch andere Personen bestellt werden; für die Bestellung sind die für die Bestellung des Vorstandes geltenden Vorschriften maßgebend.

Die Liquidatoren haben die rechtliche Stellung des Vorstandes, soweit sich nicht aus dem Zwecke der Liquidation ein Anderes ergiebt.

Sind mehrere Liquidatoren vorhanden, so ist für ihre Beschlüsse Uebereinstimmung aller erforderlich, sofern nicht ein Anderes bestimmt ist.

Vereinsvermögens), kann die Liquidation nicht ersetzt werden (a. A. Dernburg I § 77, VII; Crome I S. 257). Hat der Verein die Rechtsfähigkeit durch Eröffnung des Konkurses verloren (§ 42), so ersetzt das Konkursverfahren zunächst die Liquidation. Der Verein hat aber in diesem Verfahren die Stellung des Gemeinschuldners und wenn nach Beendigung des Konkurses ein Überschuß verbleibt, so finden die Vorschriften über Liquidation insoweit Anwendung, als dazu noch Raum ist, insbesondere also in betreff der Ausantwortung des Überschusses durch die Liquidatoren an die Anfallberechtigten.

2. **Der Zweck der Liquidation** besteht darin, die Vereinsgläubiger zu befriedigen und den Überschuß den Anfallberechtigten auszuantworten. Der Verein selbst hat die Liquidation vorzunehmen. Er gilt deshalb, wie im § 49 Abs. 2 ausdrücklich ausgesprochen wird, bis zur Beendigung der Liquidation als fortbestehend, soweit der Zweck der Liquidation es erfordert. Daraus ergibt sich, daß die Organisation des Vereins bestehen bleibt, aber der Zweck des Vereins ist nicht der bisherige, vielmehr hat dieser nur noch den Zweck der Liquidation. Dieses Prinzip ist maßgebend für alle Fragen, die nicht in den folgenden Paragraphen ausdrücklich entschieden werden. Hieraus ergibt sich insbesondere auch, daß der Gerichtsstand des Vereins unverändert bleibt.

§ 48.

E. I § 50; II § 43 rev. § 45; III § 45. P. I S. 3151 ff., 3165, 3166 ff., 3172 ff., 6154 ff.; M. I S. 113 ff. P. II Bd. 1 S. 547 ff.

1. **Liquidation durch den Vorstand oder besondere Liquidatoren.** Der bisherige Vorstand ist als solcher zur Liquidation berechtigt und verpflichtet. Hierauf beschränkt sich seine Aufgabe. Die Aufgaben, die ihm während des Bestehens des Vereins oblagen, fallen, soweit sie nicht mit der Aufgabe der Liquidation zusammenfallen, weg. In den folgenden Vorschriften wird deshalb nicht mehr von dem Vorstande, sondern von den Liquidatoren gesprochen. Ob an Stelle des Vorstandes andere Personen zu Liquidatoren bestellt werden sollen, bestimmt die Mitgliederversammlung, sofern nicht bereits in der Satzung eine solche Bestimmung getroffen ist. Die Bestellung erfolgt regelmäßig durch Beschluß der Mitgliederversammlung; es liegt in ihr keine Änderung der Satzung; auf den Beschluß darüber findet daher nicht der § 33, sondern der § 32 Anwendung. Soweit die erforderlichen Liquidatoren fehlen, sind sie in dringenden Fällen nach Maßgabe des § 29 durch das Amtsgericht zu bestellen.

2. Unter der **rechtlichen Stellung des Vorstandes, welche die Liquidatoren nach Abs. 2 haben,** ist sowohl die Stellung nach außen wie nach innen zu verstehen. Nach Maßgabe des § 26 vertreten sie daher den Verein gerichtlich wie außergerichtlich und haben die Stellung eines gesetzlichen Vertreters. Die rechtliche Stellung der Liquidatoren ist indessen insofern eine beschränktere wie die des Vorstandes vor der Auflösung des Vereins, als dieser selbst nur noch zum Zwecke der Liquidation fortbesteht und demgemäß auch die Aufgabe der Liquidatoren sich beschränkt. Eine Erweiterung der Aufgabe, insbesondere auch der Vertretungsmacht der Liquidatoren über den Zweck der Liquidation hinaus ist unzulässig. Eine Beschränkung der Vertretungsmacht der Liquidatoren mit Wirkung gegen Dritte dürfte nicht unbedingt unzulässig sein. Eine dem HGB. § 151 entsprechende Vorschrift, durch welche die Anwendung des § 26 Abs. 2 Satz 2 vollständig ausgeschlossen würde, besteht nicht. Eine Beschränkung der Vertretungsmacht mit Wirkung gegen Dritte wird daher nur insoweit als unzulässig zu betrachten sein, als sie mit dem Zwecke der Liquidation nicht vereinbar ist (a. A. Rehbein, Erl. II 7 zu §§ 21—54). Eine Bestimmung z. B., nach welcher der Vorstand gewisse Teile des Vereinsvermögens nicht veräußern kann, muß für die Liquidatoren wegfallen, wogegen eine Bestimmung, nach welcher der Vorstand in betreff der Art der Veräußerung von dem Beschlusse der Mitgliederversammlung abhängig ist, auch für die Liquidatoren zulässig sein würde.

§. 49. Die Liquidatoren haben die laufenden Geschäfte zu beendigen, die Forderungen einzuziehen, das übrige Vermögen in Geld umzusetzen, die Gläubiger zu befriedigen und den Ueberschuß den Anfallberechtigten auszuantworten. Zur Beendigung schwebender Geschäfte können die Liquidatoren auch neue Geschäfte eingehen. Die Einziehung der Forderungen sowie die Umsetzung des übrigen Vermögens in Geld darf unterbleiben, soweit diese Maßregeln nicht zur Befriedigung der Gläubiger oder zur Vertheilung des Ueberschusses unter die Anfallberechtigten erforderlich sind.

Der Verein gilt bis zur Beendigung der Liquidation als fortbestehend, soweit der Zweck der Liquidation es erfordert.

Das innere Verhältnis des Vorstandes zu dem Verein erleidet durch die Liquidation insoweit eine wesentliche Änderung, als die ihm obliegende Geschäftsführung sich nunmehr auf die Liquidation nach Maßgabe des § 49 zu beschränken hat. Im übrigen finden auch auf die Liquidatoren die Vorschriften des § 27 Abs. 3 Anwendung. Eine Einwirkung der Mitgliederversammlung auf die Geschäftsführung der Liquidatoren wird, soweit sie während des Bestehens des Vereins zulässig war, auch noch während der Liquidation stattfinden können; sie darf aber nicht in solcher Art erfolgen, daß dadurch der Zweck der Liquidation gefährdet würde.

Die Bestellung eines Liquidators kann wie die eines Vorstandsmitglieds nach Maßgabe des § 27 widerrufen werden; andererseits sind auch die Liquidatoren berechtigt, ihr Amt niederzulegen. Zu den für die rechtliche Stellung der Liquidatoren geltenden Vorschriften gehört auch die Vorschrift des § 31, nach welcher der Verein in den dort bestimmten Fällen für den von den Liquidatoren einem Dritten zugefügten Schaden verantwortlich ist; ebenso der § 42 Abs. 2 über die Verpflichtung, im Falle der Überschuldung die Eröffnung des Konkurses zu beantragen.

3. Abweichend von den für die **Beschlußfassung des Vorstandes** geltenden Vorschriften bestimmt der Abs. 3 des § 48, daß, wenn mehrere Liquidatoren vorhanden sind, für ihre Beschlüsse Einstimmigkeit erforderlich ist, sofern nicht ein anderes bestimmt ist. Die Vorschriften des § 28 Abs. 2 über die dem Vereine gegenüber abzugebenden Erklärungen und des § 34 über die Fälle, in denen ein Mitglied rechtlich behindert ist, an der Beschlußfassung teil zu nehmen, finden auch auf die Liquidatoren Anwendung.

§ 49.

E. I § 51; II § 44 rev. § 46; III § 46. P. I S. 3154 ff., 3165, 3173 ff., 3177 ff., 6154 ff., 6165; M. I S. 115, 116. P. II Bd. 1 S. 548 ff., Bd. 6 S. 136 ff.

1. Der § 49 bestimmt die **Art und Weise, in welcher die Liquidatoren die Liquidation auszuführen haben.** Die Bestimmung ist aber nicht in der Art als eine erschöpfende anzusehen, daß andere als die in dem § 49 aufgezählten Geschäfte von den Liquidatoren nicht vorgenommen werden dürften. Maßgebend für die Zulässigkeit eines Geschäfts ist, wie sich aus dem im § 48 Abs. 2 und aus § 49 Abs. 2 ausgesprochenen Prinzip ergibt, ob das Geschäft dem Zwecke der Liquidation dient. Zu dem Wirkungskreise der Liquidatoren gehören also außer den im § 49 aufgezählten Geschäften alle Geschäfte, welche die ordnungsmäßige Verwaltung des Vermögens des Vereins bis zu dessen Versilberung oder Ausantwortung an die Anfallberechtigten erfordert. Die Bestimmungen des § 49 bezeichnen gewissermaßen nur das Ziel, nach welchem die Verwaltung streben soll. Die Liquidatoren haben daher insbesondere auch die anhängigen Prozesse fortzusetzen und, soweit erforderlich, neue anhängig zu machen. Was die einzelnen in § 49 hervorgehobenen Geschäfte anlangt, so ist es dem pflichtmäßigen Ermessen der Liquidatoren überlassen, in welcher Art sie dieselben vornehmen wollen. Sie können insbesondere die laufenden Geschäfte auch durch Vergleich beendigen. Statt eine Forderung einzuziehen können sie, wenn dies zweckmäßig erscheint, auch andere Gegenstände an Zahlungs Statt annehmen oder die Forderungen gegen Entgelt veräußern. Ob sie die Einziehung der Forderungen und die Umsetzung des übrigen Vermögens in Geld unterlassen wollen, weil dies zur Befriedigung der Gläubiger nicht erforderlich ist, hängt von ihrem pflichtmäßigen Ermessen ab. Die Anfallberechtigten haben kein Recht darauf. Die Liquidatoren haften wegen ihrer Geschäftsführung dem Vereine nach

§. 50. Die Auflösung des Vereins oder die Entziehung der Rechtsfähigkeit ist durch die Liquidatoren öffentlich bekannt zu machen. In der Bekanntmachung

---

§ 27 Abs. 3. Den Anfallberechtigten **haften** sie unmittelbar nicht, den Gläubigern nur nach Maßgabe des § 53.

2. Zweifelhaft ist, ob die **Vertretungsmacht der Liquidatoren Dritten gegenüber** durch die Vorschriften des § 49 in Verbindung mit § 48 Abs. 2 **beschränkt ist.** Drei Auffassungen sind möglich. Nach der ersten bleibt die Vertretungsmacht unbeschränkt, und die Liquidatoren sind nur dem Vereine dafür verantwortlich, daß sie bei ihrer Geschäftsführung nach Maßgabe des § 49 verfahren. Nach der zweiten Auffassung ist die Vertretungsmacht der Liquidatoren auf die zum Zwecke der Liquidation erforderlichen, in dem § 49 näher bezeichneten Geschäfte in der Art beschränkt, daß alle Geschäfte, die nicht objektiv jenem Zwecke entsprechen, außerhalb der Vertretungsmacht liegen. Nach der dritten Auffassung wird die Vertretungsmacht der Liquidatoren zwar auf den Geschäftskreis beschränkt, der sich aus dem Zwecke der Liquidation ergibt, aber diese Beschränkung ist nur dahin zu verstehen, daß jedes Geschäft, das seinem Inhalte nach unter diesen Geschäftskreis fallen **kann**, dem Dritten gegenüber, mit dem es vorgenommen wird, als innerhalb des Geschäftskreises liegend angesehen wird, sofern nicht im einzelnen Falle das Gegenteil erhellt und dies dem Dritten bekannt war oder bekannt sein mußte. Gegen die erste Auffassung spricht, daß eine unbeschränkte Vertretungsmacht durch den Zweck der Liquidation nicht gefordert wird und daß eine der Beschränkung des Geschäftskreises der Liquidatoren entsprechende Beschränkung der Vertretungsmacht dem Interesse des Vereins wie der Vereinsgläubiger entspricht. Dagegen spricht auch der Gebrauch des Wortes „können" im Satz 2 des § 49. Dies deutet darauf hin, daß es sich bei der fraglichen Vorschrift nicht allein um das Verhältnis der Liquidatoren dem Vereine gegenüber handelt — in diesem Falle würde das Wort „dürfen" gebraucht sein —, sondern daß es sich um eine Erweiterung der Berechtigung der Liquidatoren nach außen handelt. Gegen die zweite Auffassung spricht, daß eine so weit gehende Beschränkung der Vertretungsmacht, wie sie nach dieser Auffassung eintreten würde, durch den Zweck der Liquidation nicht nur nicht geboten ist, sondern den Zweck sogar gefährden würde. Ob ein Rechtsgeschäft zu den laufenden Geschäften gehört, deren Beendigung den Liquidatoren obliegt, oder ob es zwar ein neues Geschäft ist, aber zur Beendigung schwebender Geschäfte vorgenommen wird und erforderlich ist, läßt sich dem Rechtsgeschäfte häufig nicht ohne weiteres ansehen. Man denke z. B. nur an den Fall, daß ein landwirtschaftliches Grundstück zu dem Vereinsvermögen gehört, daß dieses Grundstück, weil es nicht sofort veräußert werden kann, noch längere Zeit von den Liquidatoren verwaltet werden muß. In solchem Falle können nicht nur Pacht-, Miet- und Dienstverträge, sondern auch der Kauf und Verkauf der verschiedensten Sachen zum Zwecke einer ordnungsmäßigen Verwaltung erforderlich werden. Wäre in diesem und in ähnlichen Fällen die Vertretungsmacht der Liquidatoren und damit die Wirksamkeit des Rechtsgeschäfts davon abhängig, daß es wirklich zum Zwecke der Liquidation dient, so würden Dritte wegen der Ungewißheit, ob dies der Fall ist, sich nicht leicht zu der Eingehung eines solchen Geschäfts mit den Liquidatoren bereit finden lassen und würde somit die Aufgabe der Liquidatoren durch eine derartige Beschränkung ihrer Vertretungsmacht wesentlich erschwert. Bei der dritten Auffassung fällt dieses Bedenken weg; sie ist mit dem Wortlaute der fraglichen Vorschriften nicht unvereinbar und entspricht der Auffassung des Lebens bei Verhältnissen dieser Art. Ein dieser Auffassung entsprechender Antrag auf Aufnahme einer Vorschrift, die sich aber nicht auf den hier fraglichen Fall beschränken sollte, sondern eine allgemeinere Bedeutung hatte, ist in der zweiten Kommission zwar abgelehnt, aber nur deshalb, weil die Entscheidung der Wissenschaft und Praxis überlassen werden solle. Diese Entscheidung wird für den hier vorliegenden Fall in dem Sinne der oben dargelegten dritten Auffassung erfolgen müssen.

3. Über die Bedeutung des im Abs. 2 ausgesprochenen Grundsatzes, daß der Verein bis zur Beendigung der Liquidation als fortbestehend gilt, soweit der Zweck der Liquidation es erfordert s. Erl. 1 zu § 45, Erl. 2 zu § 47. Aus diesem Grundsatze wird auch zu folgern sein, daß der Verein bis zur Beendigung der Liquidation auch noch Vermögen durch Schenkung oder Erbschaft erwerben kann.

§ 50.

E. I § 52; II § 45 rev. § 47; III § 47. P. I S. 3154, 6152 ff., 6163. P. II Bd. 1 S. 550.

1. Die §§ 50—53 bezwecken **die Sicherung der Vereinsgläubiger.** Sie sollen durch eine nach Maßgabe des § 50 zu erlassende Bekanntmachung zur Geltendmachung ihrer Ansprüche auf-

sind die Gläubiger zur Anmeldung ihrer Ansprüche aufzufordern. Die Bekanntmachung erfolgt durch das in der Satzung für Veröffentlichungen bestimmte Blatt, in Ermangelung eines solchen durch dasjenige Blatt, welches für Bekanntmachungen des Amtsgerichts bestimmt ist, in dessen Bezirke der Verein seinen Sitz hatte. Die Bekanntmachung gilt mit dem Ablaufe des zweiten Tages nach der Einrückung oder der ersten Einrückung als bewirkt.

Bekannte Gläubiger sind durch besondere Mittheilung zur Anmeldung aufzufordern.

§. 51. Das Vermögen darf den Anfallberechtigten nicht vor dem Ablauf eines Jahres nach der Bekanntmachung der Auflösung des Vereins oder der Entziehung der Rechtsfähigkeit ausgeantwortet werden.

§. 52. Meldet sich ein bekannter Gläubiger nicht, so ist der geschuldete Betrag, wenn die Berechtigung zur Hinterlegung vorhanden ist, für den Gläubiger zu hinterlegen.

Ist die Berichtigung einer Verbindlichkeit zur Zeit nicht ausführbar oder ist eine Verbindlichkeit streitig, so darf das Vermögen den Anfallberechtigten nur ausgeantwortet werden, wenn dem Gläubiger Sicherheit geleistet ist.

gefordert werden und erst nach Ablauf des im § 51 bestimmten Sperrjahrs und nach Befriedigung oder Sicherstellung der Gläubiger (§ 52) darf der Überschuß an die Anfallberechtigten ausgeantwortet werden.

2. Die im Abs. 1 vorgeschriebene **Bekanntmachung**, von welcher an nach § 51 das Sperrjahr beginnt, ist nicht schon mit der Einrückung in das bestimmte öffentliche Blatt, sondern erst mit dem Ablaufe des zweiten Kalendertags von der Einrückung an (§ 187 Abs. 1, § 188 Abs. 1) als erfolgt anzusehen.

3. **Bekannt** im Sinn des Abs. 2 ist ein Gläubiger, wenn die Liquidatoren wissen, daß er einen Anspruch gegen den Verein hat. Die Anfallberechtigten sind nicht Gläubiger im Sinne des § 50. Auf die Mitteilung an die Gläubiger finden die Vorschriften des § 130 entsprechende Anwendung.

§ 51.

E. I § 53; II § 46 rev. 48; III § 48. P. I S. 3156 ff.; M. I S. 116. P. II Bd. 1 S. 550.

Der § 51 **bestimmt keine Ausschlußfrist für die Gläubiger**, sondern verpflichtet nur die Liquidatoren, das Vermögen nicht vor dem Ablaufe der bestimmten Frist den Anfallberechtigten auszuantworten. Meldet sich nach dem Ablaufe der Frist, aber vor der Ausantwortung noch ein Gläubiger, so sind die Liquidatoren ihn zu befriedigen verpflichtet.

Das Sperrjahr beginnt mit der nach Maßgabe des § 50 Abs. 1 erfolgten öffentlichen Bekanntmachung, also mit dem Ablaufe des zweiten Kalendertags nach der Einrückung oder der ersten Einrückung in das bestimmte öffentliche Blatt und ist nach § 187 Abs. 2, § 188 Abs. 2 zu berechnen.

§ 52.

E. I § 54; II § 47 rev. § 49; III § 49. P. I S. 3156, 6140, 11625 ff.; M. I S. 116 ff. P. II Bd. 1 S. 551, Bd. 4 S. 568 ff., 607, Bd. 6 S. 116 ff.

1. **Verpflichtung zur Hinterlegung.** Die Liquidatoren haben die Vereinsgläubiger zu befriedigen und dürfen regelmäßig nur, wenn dies geschehen ist, den Überrest den Anfallberechtigten ausantworten. Die Befriedigung der Gläubiger kann aber auf Hindernisse stoßen. Für diesen Fall gibt der § 52 Vorschriften. Nach Abs. 1 soll der geschuldete Betrag hinterlegt werden, wenn zwei Voraussetzungen vorliegen, nämlich

a) daß ein bekannter Gläubiger sich nicht gemeldet hat,

b) daß die Berechtigung zur Hinterlegung vorhanden ist.

Die Voraussetzung unter a kann nur eintreten, wenn die Gläubiger nach Maßgabe des § 50 ordnungsmäßig aufgefordert sind, sich zu melden. Hat auf solche Aufforderung ein Gläubiger

§. 53. Liquidatoren, welche die ihnen nach dem §. 42 Abs. 2 und den §§. 50 bis 52 obliegenden Verpflichtungen verletzen oder vor der Befriedigung der Gläubiger Vermögen den Anfallberechtigten ausantworten, sind, wenn ihnen ein Verschulden zur Last fällt, den Gläubigern für den daraus entstehenden Schaden verantwortlich; sie haften als Gesammtschuldner.

---

sich gemeldet, so ist er zu befriedigen. Ist die Befriedigung nicht ausführbar, z. B. weil die Forderung bestritten ist, so kommt der § 52 Abs. 2 zur Anwendung.

Das Recht zur Hinterlegung ist in den §§ 372ff. geregelt. Unter dem „geschuldeten Betrag", von dem der Abs. 1 spricht, ist jede zur Hinterlegung geeignete Sache zu verstehen, also nach § 372 Geld, Wertpapiere und sonstige Urkunden sowie Kostbarkeiten, außerdem diejenigen Sachen, welche auf Grund des EG. Art. 146 landesgesetzlich für hinterlegungsfähig erklärt sind. Die Berechtigung zur Hinterlegung ist nach § 372 dadurch bedingt, daß der Gläubiger im Verzuge der Annahme ist oder daß der Schuldner aus einem anderen, in der Person des Gläubigers liegenden Grunde oder infolge einer nicht auf Fahrlässigkeit beruhenden Ungewißheit über die Person des Gläubigers seine Verbindlichkeit nicht oder nicht mit Sicherheit erfüllen kann. Der letztgedachte Fall kann, obwohl der § 52 Abs. 1 nur von einem bekannten Gläubiger spricht, doch auch hier eintreten; denn nach der Absicht dieser Vorschrift muß es genügen, wenn nur das Bestehen der Schuld bekannt ist, mag auch die Person des Gläubigers aus irgend welchem Grunde z. B. wegen Erbfalls oder Abtretung der Forderung oder weil es sich um eine Schuldverschreibung auf den Inhaber handelt, unbekannt sein. Hatte der Gläubiger die geschuldete Sache von dem Schuldner abzuholen, so ist er nach § 295 schon dadurch im Verzuge, daß er sich auf die ergangene Aufforderung nicht gemeldet hat. Handelt es sich aber um eine sog. Bringschuld, so muß das Angebot nach Maßgabe des § 294 erfolgen und tritt erst nach dessen Ablehnung die Berechtigung und damit für die Liquidatoren die Verpflichtung zur Hinterlegung ein. Auch bei gegenseitigen Schuldverhältnissen kann das Recht zur Hinterlegung begründet sein (wegen des Verzugs des Gläubigers in solchem Falle s. § 298); die Hinterlegung erfolgt dann nach Maßgabe des § 373. Durch die Hinterlegung wird der Schuldner von seiner Verpflichtung noch nicht befreit; diese Wirkung tritt vielmehr nach § 378 erst ein, wenn das dem Schuldner zustehende Recht zur Zurücknahme der hinterlegten Sache (§ 376) ausgeschlossen ist. Mit Rücksicht hierauf war beantragt, daß die Liquidatoren im Falle des § 52 Abs. 1 verpflichtet seien, auf das Recht der Zurücknahme zu verzichten. Der Antrag wurde abgelehnt, weil er ohne genügenden Grund das Interesse der Liquidatoren beeinträchtige. Dabei ist indessen zu beachten, daß, wenn die Liquidatoren die hinterlegte Sache zurücknehmen, die Hinterlegung nach § 379 Abs. 3 als nicht erfolgt gilt, daß sie also in solchem Falle die ihnen nach § 52 Abs. 1 obliegende Verpflichtung nicht erfüllt haben und daher nach § 53 den Gläubigern verantwortlich sind.

2. **Verpflichtung zur Sicherheitsleistung.** Diese findet nach Abs. 2 in allen Fällen statt, in welchen die Berichtigung einer Verbindlichkeit z. Z. nicht ausführbar ist und die Verpflichtung zur Hinterlegung nach Maßgabe des Abs. 1 nicht besteht; ebenso, wenn die Verbindlichkeit streitig ist. Ist die Verpflichtung zur Hinterlegung nach Abs. 1 begründet, so ist diese genügend und erforderlich. Die Gründe, aus denen die Berichtigung z. Z. nicht ausführbar ist, trotzdem aber die Verpflichtung zur Hinterlegung nicht besteht, können sehr verschiedene sein. Sie können insbesondere darauf beruhen, daß die geschuldete Sache nicht hinterlegungsfähig ist, daß die im § 372 bestimmten Voraussetzungen der Zulässigkeit der Hinterlegung nicht vorliegen, daß der Gläubiger sich nicht gemeldet hat, daß die Verbindlichkeit eine bedingte oder betagte ist rc. In allen Fällen dieser Art muß den Gläubigern Sicherheit geleistet werden, bevor die Ausantwortung des Vermögens an den Anfallberechtigten zulässig ist. Die Sicherheitsleistung hat nach Maßgabe der §§ 232—240 zu erfolgen.

§ 53.

E. I § 56; II § 48 rev. § 50; III § 50. P. I S. 3157, 3165ff., 3175ff., 6173, 11714ff.; M. I S. 117. P. II Bd. 1 S. 551.

1. **Verpflichtung der Liquidatoren gegenüber dem Vereine.** Dem Vereine gegenüber sind die Liquidatoren wegen ihrer gesamten Geschäftsführung nach den für die Haftung des Vorstandes geltenden Vorschriften verantwortlich. Die hieraus entspringenden Ersatzansprüche des Vereins gehören zu dem Vereinsvermögen; die Gläubiger können sich daran wegen ihrer Forderungen ebenso halten wie an andere Teile des Vereinsvermögens.

2. Verpflichtung der Liquidatoren gegenüber den Gläubigern. Eine solche besteht nur, wenn die Liquidatoren die ihnen in den §§ 42 Abs. 2, 50—52 auferlegten Verpflichtungen oder die Verpflichtung, den Anfallberechtigten vor der Befriedigung der Gläubiger Vermögen nicht auszuantworten, schuldhafterweise verletzt haben. Wegen einer solchen Verletzung sind sie den Gläubigern zum Schadensersatze verpflichtet. Der Befriedigung der Gläubiger im Sinne des § 53 steht es gleich, wenn nach Maßgabe des § 52 der geschuldete Betrag für sie hinterlegt oder ihnen Sicherheit geleistet ist. Ein Schaden ist den Gläubigern durch die schuldhafte Verletzung der den Liquidatoren obliegenden Verpflichtungen entstanden, wenn sie infolge davon ihre Befriedigung nicht oder nicht vollständig aus dem Vereinsvermögen erhalten (s. Erl. 3). Die Liquidatoren haften für diesen Schaden den Gläubigern als Gesamtschuldner nach Maßgabe der §§ 421 ff. Ein Anspruch gegen die Liquidatoren wegen Verletzung der diesen in betreff der Verwaltung und Liquidation des Vereinsvermögens nach § 49 obliegenden Verpflichtungen steht den Gläubigern nicht zu. Der aus einer solchen Verletzung entstehende Anspruch steht dem Vereine zu und die Gläubiger können aus ihm als einem Teile des Vereinsvermögens bei der Geltendmachung ihrer Ansprüche gegen den Verein ihre Befriedigung suchen (s. Erl. 1).

3. Ansprüche der Gläubiger gegen den Verein nach Ausantwortung des Vermögens an die Anfallberechtigten. Der Verein bleibt nach § 49 bis zur Beendigung der Liquidation bestehen, soweit der Zweck der Liquidation es erfordert. Zu dem Vereinsvermögen, an das sich die Gläubiger zunächst zu halten haben, gehören auch die erst während der Liquidation erworbenen Ansprüche. Haben z. B. die Liquidatoren einem Dritten eine Leistung zum Zwecke der Berichtigung einer Forderung desselben gemacht und ergibt sich, daß dies irrtümlich geschehen, weil die Forderung nicht bestand, so kann der Verein von dem Dritten die Herausgabe des Erlangten nach den Vorschriften über ungerechtfertigte Bereicherung (§§ 812 ff.) verlangen. Dasselbe wird gelten müssen, wenn die Liquidatoren in der irrigen Annahme, daß alle Gläubiger befriedigt seien, dem Anfallberechtigten Vereinsvermögen ausgeantwortet haben. Der Anfallberechtigte ist nicht Erbe des Vereins, sondern nur Gläubiger (s. Erl. 1 zu § 45). Er hat gegen den Verein, der selbst durch die Liquidatoren die Liquidation vornimmt, einen Anspruch auf den nach Befriedigung der Gläubiger verbleibenden Überschuß. Ist kein Überschuß vorhanden, so hat er keinen Anspruch gegen den Verein. Ist ihm trotzdem etwas aus dem Vereinsvermögen als angeblicher Überschuß ausgeantwortet, so hat er ein indebitum erhalten. Die Verpflichtung zur Herausgabe des Erlangten würde nach § 814 nicht bestehen, wenn die Liquidatoren bei der Leistung gewußt haben, daß ein Überschuß in Wirklichkeit nicht vorhanden sei, eine Verbindlichkeit des Vereins also nicht bestehe. Auch in diesem Falle aber würde dann dem Verein ein Anspruch auf Erstattung zustehen, wenn der Anfallberechtigte bei der Leistung wußte oder wissen mußte, daß die Liquidatoren zu der Ausantwortung nicht berechtigt seien; denn in solchem Falle handelt es sich nicht um eine zum Zwecke der Liquidation vorgenommene Rechtshandlung und lag die Leistung also außerhalb der Vertretungsmacht der Liquidatoren (s. Erl. 2 zu § 49).

Wenn ein Anspruch dieser Art gegen den Anfallberechtigten besteht, ist noch Vereinsvermögen vorhanden, die Liquidation also nicht beendigt. Demnach besteht auch noch der Verein und können die Gläubiger von den Liquidatoren als Vertretern des Vereins noch Befriedigung verlangen. Nötigenfalls können sie sich im Wege der Zwangsvollstreckung den Anspruch des Vereins gegen den Anfallberechtigten überweisen lassen. Sind die bisherigen Liquidatoren weggefallen, so können die Gläubiger die Bestellung neuer Liquidatoren verlangen (§ 48 Abs. 1, §§ 27, 29). Erlangen die Gläubiger auf diesem Wege Befriedigung, so haben sie keinen Schaden erlitten und steht ihnen daher ein Anspruch auf Schadensersatz gegen die Person der Liquidatoren nicht zu (a. A. Staudinger, Erl. 2 zu § 51, der annimmt, daß, wenn den Anfallberechtigten nach Ablauf des Sperrjahrs unter ordnungsmäßiger Berücksichtigung der bekannten und angemeldeten Gläubiger der Überschuß ausgeantwortet worden, der Verein definitiv erloschen sei, die sich später meldenden Gläubiger also, weil ein Schuldner nicht mehr existiere, ihre Forderungen verloren haben; Matthiaß I S. 127, der im Falle der Ausantwortung des Vermögens an die Anfallberechtigten vor Ablauf des Sperrjahrs oder vor Befriedigung der Gläubiger jeden Anspruch der letzteren gegen den Verein leugnet und ihnen nur einen Ersatzanspruch gegen die Liquidatoren nach Maßgabe des § 53 zugesteht; Rehbein, Erl. II 7 zu §§ 21—54, der im übrigen einverstanden, dem Verein im Falle der Ausantwortung des Vermögens an die Anfallberechtigten vor Befriedigung aller Gläubiger unbedingt einen Anspruch auf Rückgewähr einräumt).

§. 54. Auf Vereine, die nicht rechtsfähig sind, finden die Vorschriften über die Gesellschaft Anwendung. Aus einem Rechtsgeschäfte, das im Namen eines solchen Vereins einem Dritten gegenüber vorgenommen wird, haftet der Handelnde persönlich; handeln Mehrere, so haften sie als Gesammtschuldner.

---

4. **Ein direkter Anspruch gegen den Anfallberechtigten**, dem Vereinsvermögen von den Liquidatoren ausgeantwortet ist, **steht den Gläubigern nicht zu.** Mittelbar werden sie regelmäßig auf dem unter Erl. 3 bezeichneten Wege die Herausgabe des dem Anfallberechtigten mit Unrecht ausgeantworteten Vermögens erzwingen können. Steht aber dem Vereine nach den Ausführungen unter Erl. 3 ein Anspruch gegen den Anfallberechtigten nicht zu, so bleibt dem Gläubiger nur der Schadensersatzanspruch gegen die Liquidatoren nach Maßgabe des § 53. In Frage könnte zwar kommen, ob den Gläubigern nicht auf Grund des § 812 ein direkter Anspruch wegen ungerechtfertigter Bereicherung gegen den Anfallberechtigten zusteht. Diese Frage ist aber zu verneinen. Nur derjenige ist nach § 812 verpflichtet, welcher durch die Leistung eines anderen oder in sonstiger Weise auf dessen Kosten etwas erlangt hat. Erlangt hat der Anfallberechtigte hier etwas durch die Leistung des Vereins auf dessen Kosten, nicht auf Kosten der Gläubiger, und deshalb steht, wenn überhaupt, nur dem Vereine, nicht den Gläubigern der Anspruch wegen ungerechtfertigter Bereicherung zu. Eine Ausdehnung dieses Anspruchs, wie sie in einzelnen anderen Fällen vorgeschrieben ist (s. z. B. §§ 816, 822), ist hier nicht für erforderlich erachtet.

§ 54.

E. II § 676 rev. § 51; III § 51. P. II Bd. 1 S. 553 ff., Bd. 2 S. 452 ff., Bd. 6 S. 117, 206, 209.

O. Gierke, Vereine ohne Rechtsfähigkeit nach dem neuen Rechte, Aufl. II, 1902. Nußbaum, Beiträge zur Auslegung des § 54 Satz 2, im Sächs. Arch. Bd. 10 S. 337 ff. Abrahamson, Die Schuldenhaftung des nicht rechtsfähigen Vereins nach bisherigem Recht und dem Recht des BGB., 1901. Josef, Letztwillige Zuwendungen an Vereine ohne Rechtsfähigkeit, Arch. f. bürg. R. Bd. XX S. 3.

1. **Der Begriff eines nicht rechtsfähigen Vereins** ist im BGB. nicht definiert. Nach § 54 Satz 1 finden auf einen solchen Verein zwar die Vorschriften über Gesellschaft Anwendung, aber nicht jede Gesellschaft ist ein nicht rechtsfähiger Verein. Der § 54 Satz 2 findet nicht auf alle Gesellschaften, sondern nur auf nicht rechtsfähige Vereine Anwendung. Das Wesen eines Vereins wird man mit Gierke S. 11 darin zu finden haben, daß er so organisiert ist, daß er seinen Mitgliedern als besonderes einheitliches Ganze gegenüber tritt und im Verkehr als solches sich gibt und genommen wird (ähnlich Meurer S. 59 ff.). Der Verein hat deshalb eine korporative Organisation; er will, obwohl er nicht rechtsfähig ist, doch soweit dies rechtlich möglich ist, die Stellung eines rechtsfähigen Vereins nach außen haben.

2. Um die **rechtliche Stellung eines nicht rechtsfähigen Vereins** richtig zu würdigen, sind neben dem § 54 noch die Vorschriften der CPO. §§ 50, 735 und der KO. § 213 in Betracht zu ziehen. Nach CPO. § 50 können Vereine, die nicht rechtsfähig sind, verklagt werden, wie wenn sie rechtsfähig wären. Nach § 735 genügt zur Zwangsvollstreckung in das Vermögen eines nicht rechtsfähigen Vereins ein gegen den Verein erlassenes Urteil. Nach KO. § 213 findet über das Vermögen eines nicht rechtsfähigen Vereins ein Konkursverfahren statt, auf welches die Vorschriften der KO. §§ 207, 208 über das Konkursverfahren über das Vermögen einer Aktiengesellschaft entsprechende Anwendung finden.

3. **Die Vorschriften über die Gesellschaft** sind nicht auf Vereine mit wechselnden Mitgliedern berechnet. Das BGB. schreibt trotzdem die Anwendung der Vorschriften über die Gesellschaft vor, weil andere Bestimmungen, welche anwendbar sein könnten, nicht bestehen und daher die Gefahr entstehen würde, daß ein Verein, wenn er nicht die Rechtsfähigkeit erlangt, als ein rechtliches Nichts behandelt würde. Die Vorschriften über Gesellschaften, obwohl auf Vereine der fraglichen Art nicht berechnet, sind doch so biegsam und so wenig zwingender Natur, daß ihre Anwendung den Vereinen zwar nicht eine den rechtsfähigen Vereinen entsprechende Stellung gibt — dies sollte gerade vermieden werden —, aber ihnen doch immerhin eine ihren Zwecken entsprechende Wirksamkeit ermöglicht. Die Anwendung der Vorschriften über die Gesellschaft führt in Verbindung mit den unter Erl. 2 bezeichneten Bestimmungen der CPO. und der KO. zu folgenden Ergebnissen:

a) **Die Satzung enthält den Gesellschaftsvertrag.** Was durch Vertrag unter den Gesellschaftern bestimmt werden kann, kann auch durch die Satzung bestimmt werden. Zur Änderung der dispositiven Vorschriften des Gesellschaftsrechts genügt eine stillschweigende Vereinbarung und wird diese als getroffen anzusehen sein, wenn sich die darauf gerichtete Absicht aus dem Zwecke des Vereins und dem gesamten Inhalte der Satzung ergibt.

b) Über die **Angelegenheiten des Vereins** entscheiden die Gesellschafter, also die Mitglieder des Vereins. Es kann vereinbart werden, daß Stimmenmehrheit entscheidet (§ 709).

c) **Der Vorstand hat die Stellung der geschäftsführenden Gesellschafter.** Auch für deren Beschlüsse kann Entscheidung durch Stimmenmehrheit vereinbart werden (§ 710). Die Bestellung sowie der Widerruf derselben kann ebenso geordnet werden wie für den Vorstand eines rechtsfähigen Vereins (§§ 710—712).

d) **Für das innere Verhältnis der geschäftsführenden Gesellschafter zu der Gesellschaft** werden im § 713 ebenso wie für das Verhältnis des Vorstandes zu dem rechtsfähigen Verein im § 27 Abs. 3 die für den Auftrag geltenden Vorschriften der §§ 664—670 für entsprechend anwendbar erklärt. Nach diesen Grundsätzen haften also auch die Mitglieder des Vorstandes eines nicht rechtsfähigen Vereins; nach § 708 haften sie aber nur für culpa in concreto.

e) **Die geschäftsführenden Gesellschafter, also auch die Mitglieder des Vereinsvorstandes, können zur gerichtlichen und außergerichtlichen Vertretung der Gesellschafter ermächtigt werden.** Sie gelten hierzu im Zweifel insoweit ermächtigt, als ihnen die Geschäftsführung obliegt (§§ 714, 715). Die Stellung eines gesetzlichen Vertreters haben sie aber nicht (s. jedoch unter i).

f) **Das Vereinsvermögen ist Gesellschaftsvermögen.** Dazu gehören die von den geschäftsführenden Gesellschaftern, also von dem Vereinsvorstande, durch die Geschäftsführung erworbenen Gegenstände; ebenso die Beiträge der Mitglieder und dasjenige, was auf Grund eines zu dem Vereinsvermögen gehörenden Rechtes oder als Ersatz für die Zerstörung, Beschädigung oder Entziehung eines zu dem Vereinsvermögen gehörenden Gegenstandes erworben wird (§ 718). Bestritten ist, ob der Verein auf Grund einer Verfügung von Todeswegen oder durch Schenkung erwerben kann (s. Gierke S. 21 und die in Note 31 angeführten Schriftsteller; Josef, Arch. f. bürg. R. XX 3). Da der Verein nicht rechtsfähig ist, so kann er als solcher zum Erben nicht eingesetzt werden. Aber die Einsetzung des Vereins zum Erben wird nach der Absicht des Erblassers regelmäßig dahin auszulegen sein, daß die Mitglieder des Vereins mit der Bestimmung zu Erben eingesetzt sind, daß das Zugewendete Vereinsvermögen werden solle (s. RG. in Gruch. Bd. 28 S. 928. A. A. Josef, S. 232 ff.). Es fragt sich aber, ob die Erbschaft mit dem ipso jure eintretenden Erwerbe von seiten der Mitglieder ohne weiteres Vereinsvermögen wird oder ob die Mitglieder nur die Verpflichtung gegen einander haben, sie zum Vereinsvermögen zu machen. Je nachdem man das eine oder andere annimmt, ist auch die Frage zu beantworten, ob der Vorstand oder die einzelnen Mitglieder zur Ausschlagung berechtigt sind. Die erste Auffassung entspricht offenbar der Absicht des Erblassers am meisten und führt zu klaren und einfachen Ergebnissen, während bei der zweiten Auffassung vielfache Zweifel entstehen. Ob freilich die erste Auffassung mit den erbrechtlichen Grundsätzen vereinbar ist, erscheint recht zweifelhaft, doch dürften dem entscheidende Gründe nicht entgegenstehen. Für Vermächtnisse gilt dasselbe wie für Erbschaften. Zur Annahme einer Schenkung wird man den Vorstand auch dann für berechtigt anzusehen haben, wenn man in betreff der Erbschaften und Vermächtnisse anderer Ansicht ist (a. A. Rehbein, Erl. II 2 c zu §§ 21—54).

In betreff der Art der Vermögensgegenstände, die der Verein erwerben kann, besteht keine Beschränkung; insbesondere ist auch der Erwerb von Patentrechten und Urheberrechten möglich. Mitglied einer offenen Handelsgesellschaft, einer Gesellschaft mit beschränkter Haftung kann der Verein nicht sein; ebenso auch nicht Mitglied eines anderen Vereins (a. A. Gierke, S. 30).

Das Vereinsvermögen steht den Mitgliedern zur gesamten Hand zu. Kein Mitglied kann über seinen Anteil verfügen oder Teilung verlangen. Auch die Ansprüche der Mitglieder unter einander sind unübertragbar (§§ 717—719). Im praktischen Ergebnis unterscheidet sich hiernach der Erwerb von Rechten durch den Vorstand eines nicht rechtsfähigen Vereins für diesen von dem Erwerbe bei einem rechtsfähigen Verein nur in Beziehung auf solche Rechte, die der Eintragung in das Grundbuch bedürfen. Bei dem rechtsfähigen Verein erfolgt die Eintragung auf den Namen des Vereins, bei dem nicht rechtsfähigen auf den Namen der Mitglieder. Nach GBO. § 48 ist aber im letzteren Falle in das Grundbuch einzutragen, daß das Recht den Mitgliedern nach den Vorschriften über nicht rechtsfähige Vereine, also zur gesamten Hand zustehe.

Ist dies geschehen, so spricht der Glaube des Grundbuchs gegen die Zulässigkeit jeder Verfügung, welche den Vorschriften des Gesellschaftsrechts nicht entspricht.

g) Die Zwangsvollstreckung in das Vereinsvermögen ist nur auf Grund eines gegen den Verein oder auf Grund eines gegen alle Mitglieder vollstreckbaren Urteils zulässig (CPO. §§ 735, 736). Das erstere entspricht den Vorschriften über rechtsfähige Vereine, das letztere ist den Gesellschaften eigentümlich, wird aber bei nicht rechtsfähigen Vereinen nur selten praktisch werden. Der Privatgläubiger eines Gesellschafters kann zwar auf Grund eines gegen den Gesellschafter vollstreckbaren Titels die Gesellschaft kündigen und den dem Gesellschafter im Falle der Auflösung zukommenden Anteil an dem Gesellschaftsvermögen pfänden (§ 725); im praktischen Ergebnisse kann dieses Recht der Privatgläubiger eines Mitglieds durch eine Bestimmung der Satzung für den nicht rechtsfähigen Verein unschädlich gemacht werden (s. unter k).

h) Durch die von den geschäftsführenden Gesellschaftern innerhalb ihrer Vertretungsmacht vorgenommenen Rechtsgeschäfte werden sämtliche Gesellschafter verpflichtet. Durch die Satzung kann aber bestimmt werden, daß der Vorstand hierzu nicht berechtigt sein soll. Die Ansicht von Rehbein, Erl. II 2c zu §§ 21—54, daß Mitglieder des Vereins persönlich aus derartigen Rechtsgeschäften nur haften, solange sie Mitglieder sind, und daß der Dritte gegen ausgeschiedene Mitglieder nur Rechte aus dem Rechte der ihm verhafteten Mitglieder habe, dürfte mit den Vorschriften des Gesellschaftsrechts nicht vereinbar sein. Ebensowenig die Ansicht von Dernburg I § 79, IV, daß die Mitglieder aus derartigen Rechtsgeschäften persönlich überhaupt nicht haften. Aus § 54 Satz 2 kann dies nicht gefolgert werden.

Eine Frage allgemeinerer Art ist, ob Rechtsgeschäfte auch in der Art vorgenommen werden können, daß der dadurch Verpflichtete nur mit einem bestimmten Teile seines Vermögens haftet. Wird diese Frage bejaht — und dies dürfte das richtige sein —, so können die geschäftsführenden Gesellschafter bei den für die Gesellschaft vorgenommenen Rechtsgeschäften vereinbaren, daß die Gesellschafter daraus nur mit ihrem Anteil an dem Gesellschaftsvermögen haften, und ist eine Bestimmung der Satzung wirksam, durch welche die Vertretungsmacht des Vorstandes in der Art beschränkt wird, daß er eine Verpflichtung für den Verein nur in dieser Art eingehen kann (a. A. Rehbein, Erl. II 2c zu §§ 21—54 und die bei Gierke, S. 39 Note 66 angeführten Schriftsteller, hauptsächlich mit Rücksicht darauf, daß der Verein dadurch sachlich einer Gesellschaft mit beschränkter Haftung gleichgestellt werden würde). In solchem Falle entspricht die Haftung des nicht rechtsfähigen Vereins im praktischen Ergebnisse der Haftung des rechtsfähigen Vereins. Bei dem nicht rechtsfähigen Vereine tritt nur zu der Haftung des Vereinsvermögens noch die persönliche Haftung der Mitglieder des Vorstandes hinzu (§ 54 Satz 2).

Aus den von dem Vorstand in Ausführung seiner Verrichtungen vorgenommenen Handlungen, welche nicht Rechtsgeschäfte im Namen des Vereins sind, haftet der Verein nicht nach § 31, sondern nur nach § 831.

i) Was die Führung von Prozessen durch einen nicht rechtsfähigen Verein anlangt, so wird derselbe für Passivprozesse durch CPO. § 50 einem rechtsfähigen Vereine gleichgestellt. Aus dieser Vorschrift wird zu folgern sein, daß in solchen Prozessen der Vorstand die Stellung eines gesetzlichen Vertreters des Vereins hat, daß daher insbesondere auch die für einen solchen Fall geltenden Vorschriften der CPO. über die Erhebung der Klage und die Eidesleistung zur Anwendung kommen. Auf Grund eines Urteils, das in einem von dem Vorstande namens des Vereins geführten Passivprozeß ergeht, kann die Zwangsvollstreckung nach CPO. § 735 nur in das Vereinsvermögen stattfinden. Das Urteil wird zwar für und gegen alle Mitglieder des Vereins rechtskräftig, stellt aber deren Verpflichtung nur in dem oben unter h bezeichneten Umfange fest.

Die Vorschrift der CPO. § 50 findet auf alle Prozesse, in welchen der Verein der Beklagte ist, Anwendung (über die Klage eines Mitglieds wegen Verletzung seiner Rechte durch den Verein s. Seuff. A. Bd. 57 S. 264 ff.). Die Vorschrift gilt auch für Arreste und provisorische Verfügungen. Sie gilt aber auch ferner für Prozesse, in welchen der Verein als Kläger auftritt, wenn diese durch den Prozeß gegen ihn als Beklagten notwendig oder zulässig werden, so insbesondere für die Erhebung einer Widerklage, einer Nichtigkeits- oder Restitutionsklage, für die Beitreibung der Kosten, in welche der Kläger verurteilt ist und für die Geltendmachung von Ansprüchen in den Fällen der CPO. §§ 302, 600, 717, 767, 945 (s. Hellwig, Anspruch und Klagrecht S. 293 ff.; Gierke, S. 43).

Bei Aktivprozessen des Vereins liegt die Sache, abgesehen von den oben erwähnten Fällen, anders. Sämtliche Mitglieder müssen als Streitgenossen klagen. Der Vorstand kann die Klage nur auf Grund einer Vollmacht der Mitglieder erheben und hat dann die Stellung eines gewöhnlichen Bevollmächtigten. Eine genügende Vollmacht wird aber regelmäßig in einer Bestimmung der Satzung zu finden sein, nach welcher der Vorstand zur gerichtlichen Vertretung des Vereins berechtigt ist (a. A. Rspr. Bd. 5 S. 208).

Auf das Konkursverfahren über das Vermögen eines nicht rechtsfähigen Vereins finden nach KO. § 213 dieselben Vorschriften Anwendung wie auf das Konkursverfahren über das Vermögen eines rechtsfähigen Vereins.

k) Der Verein wird regelmäßig durch Kündigung von seiten eines Mitglieds (§§ 723, 724), durch seinen Tod (§ 727) sowie durch die Eröffnung des Konkurses über sein Vermögen (§ 728) **aufgelöst.** Nach § 736 kann aber vereinbart, also auch durch die Satzung bestimmt werden, daß der Verein in diesen Fällen nicht aufgelöst wird, sondern das betreffende Mitglied aus dem Verein ausscheidet. Ebenso kann nach § 737 unter den dort bestimmten Voraussetzungen ein Mitglied aus dem Verein ausgeschlossen werden, ohne daß dieser dadurch selbst aufgelöst wird. Im Falle des Ausscheidens eines Mitglieds wächst dessen Anteil an dem Vereinsvermögen ipso jure den übrigen Mitgliedern an, und bleibt daher das Vereinsvermögen unverändert. Die dem ausscheidenden Mitgliede nach den §§ 738—740 zustehenden obligatorischen Rechte können durch Vereinbarung, also auch durch die Satzung beschränkt oder gänzlich beseitigt werden (teilweise a. A. Leist, S. 19ff., 46ff.). Durch eine derartige Bestimmung kann auch das dem Privatgläubiger eines Mitglieds nach § 725 zustehende Recht für den Verein unschädlich gemacht werden, indem, wenn eine Bestimmung der gedachten Art in der Satzung getroffen ist, durch die Kündigung des Privatgläubigers der Verein nicht aufgelöst wird, sondern nur das betreffende Mitglied ausscheidet und eine Pfändung seines Anspruchs gegen den Verein dadurch ausgeschlossen wird, daß ein solcher Anspruch nicht besteht.

Bestimmungen der oben gedachten Art, welche durch die Satzung getroffen werden können, dürften bei einem Vereine, bei dem ein Wechsel der Mitglieder durch die Satzung vorgesehen ist, regelmäßig auch ohne ausdrückliche Bestimmung der Satzung als stillschweigend vereinbart anzusehen sein (a. A. wie es scheint Rspr. Bd. 5 S. 380).

l) Über den **Eintritt eines neuen Mitglieds in den Verein** enthält das Gesellschaftsrecht keine Vorschriften. Läßt die Satzung den Eintritt zu, so ist damit ausgesprochen, daß durch den Eintritt mit dem Eintretenden ein Gesellschaftsvertrag nach Maßgabe der Satzung abgeschlossen wird und das neue Mitglied die in der Satzung bestimmten Rechte, insbesondere auch einen Anteil an dem Vereinsvermögen erhält. Die Entscheidung der Frage, in welcher Art die Übertragung des Anteils erfolgt (s. Gierke S. 24 und die in der Note 38a, 42a angeführten Schriftsteller), hängt davon ab, ob nach Gesellschaftsrecht auf den Eintritt eines neuen Gesellschafters die Vorschriften über das Ausscheiden eines Gesellschafters in der Art entsprechende Anwendung finden, daß den verbleibenden Gesellschaftern ein dem Anteile des neuen Gesellschafters entsprechender Anteil an dem Gesellschaftsvermögen ipso jure abwächst und dem neu eintretenden Gesellschafter anwächst oder ob die Übertragung des dem Anteile des neu eintretenden Gesellschafters entsprechenden Anteils an den zu dem Gesellschaftsvermögen gehörenden Gegenständen nach Maßgabe der allgemeinen Grundsätze erfolgen muß. Die Erörterung dieser Frage muß den Erläuterungen zum Gesellschaftsrechte vorbehalten bleiben (s. Erl. 2 zu § 736). Hier sind nur die Konsequenzen der beiden Auffassungen hervorzuheben. Nach der ersteren erhält das in den Verein neu eintretende Mitglied ipso jure mit dem Eintritt einen entsprechenden Anteil an den zu dem Vereinsvermögen gehörenden Gegenständen. Dies gilt auch von den Rechten an Grundstücken, zu deren Erwerb es nach allgemeinen Grundsätzen der Eintragung in das Grundbuch bedarf. Da in dem Grundbuche die bisherigen Mitglieder des Vereins als die allein Berechtigten eingetragen sind, so wird das Grundbuch durch den Eintritt eines neuen Mitglieds ebenso wie im Falle des Austritts eines Mitglieds unrichtig und es kann die Berichtigung verlangt werden. Bei der zweiten Auffassung erfolgt die Übertragung des Anteils an solchen Rechten, die durch Vertrag übertragen werden können, durch den in dem Eintritte liegenden Vertrag. Das gleiche gilt auch in betreff des Anteils an beweglichen Sachen durch Anwendung der §§ 930, 931. Soweit aber Rechte zu dem Vereinsvermögen gehören, zu deren Erwerbe die Eintragung in das Grundbuch erforderlich ist, bedarf es eines besonderen Übertragungsakts und der Eintragung in das Grundbuch.

Durch den in dem Eintritte liegenden Vertrag übernimmt der Eintretende gegenüber den übrigen Mitgliedern die dem Vereine Dritten gegenüber obliegenden Verpflichtungen nach Maßgabe der Satzung. Nach dem unter h Gesagten wird seine Haftung sich regelmäßig auf seinen

Anteil an dem Vereinsvermögen beschränken. Nach der Absicht der Satzung wird der neu Eintretende aber nicht nur den übrigen Mitgliedern gegenüber in der gedachten Art verpflichtet werden, sondern regelmäßig auch eine Verpflichtung gegenüber dem Gläubiger nach den Vorschriften über Verträge zu Gunsten eines Dritten anzunehmen sein. Zu demselben Ergebnisse gelangen diejenigen, welche annehmen, daß bei dem Eintritt eines neuen Mitglieds diesem ein entsprechender Anteil des Vereinsvermögens anwächst, dadurch, daß sie es als selbstverständlich ansehen, daß der Anteil nur mit den darauf haftenden Schulden übergehen könne; von anderen wird eine entsprechende Anwendung des § 419 für geboten erachtet (s. Gierke S. 41, 49 und die dort angeführten Schriftsteller).

m) **Das bei Auflösung des Vereins eintretende Verhältnis** wird durch die §§ 730—735 bestimmt. Bei der dispositiven Natur dieser Vorschriften kann durch die Satzung bestimmt werden, daß im wesentlichen dasselbe gilt wie bei der Auflösung eines rechtsfähigen Vereins. Den Gläubigern gegenüber bleiben die Mitglieder nach der Auflösung des Vereins in demselben Umfange verhaftet, wie während des Bestehens des Vereins. War ihre Haftung auf den Anteil an dem Vereinsvermögen beschränkt, so haften sie nach der Auflösung mit demjenigen, was sie von dem Vereinsvermögen bei der Auflösung erhalten haben. Ein Konkursverfahren über das Vermögen des Vereins ist auch nach Auflösung des Vereins noch solange zulässig, als die Auseinandersetzung nicht erfolgt ist (KO. §§ 213, 207 Abs. 2). Erfolgt die Auflösung während eines gegen den Verein anhängigen Prozesses, so wird nach CPO. § 50 das BGB. § 49 Abs. 2 anzuwenden sein (s. indessen Urteil des bayr. ObLG. im Recht 1901, S. 120).

4. Aus dem Vorstehenden ergibt sich, **daß die Stellung eines nicht rechtsfähigen Vereins durch die Satzung in solcher Art bestimmt werden kann,** daß eine wesentliche Verschiedenheit von der Stellung eines rechtsfähigen Vereins nur in betreff solcher Rechte, zu deren Erwerbe die Eintragung in das Grundbuch erforderlich ist, in betreff der Aktivprozesse und in betreff der persönlichen Haftung der Mitglieder des Vorstandes aus den von ihnen für den Verein vorgenommenen Rechtsgeschäften besteht. Diese Verschiedenheiten genügen, um jedem Vereine die Erlangung der Rechtsfähigkeit wünschenswert zu machen, sie sind aber andererseits doch nicht so erheblich, daß dem nicht rechtsfähigen Verein eine seinen Zwecken entsprechende Wirksamkeit unmöglich gemacht würde.

5. **Die Vorschrift des Satz 2 des § 54** findet sowohl dann Anwendung, wenn derjenige, welcher namens des Vereins ein Rechtsgeschäft vorgenommen hat, Vertretungsmacht für den Verein hatte, als auch dann, wenn er diese nicht hatte. (A. A. wie es scheint Rehbein, Erl. II 2c zu §§ 21—54.) Im ersteren Falle ist das Rechtsgeschäft für die Mitglieder des Vereins nach Maßgabe der obigen Ausführungen in Erl. 2c und h wirksam; daneben haftet der Handelnde persönlich und unbeschränkt als Gesamtschuldner. Hatte der Handelnde keine Vertretungsmacht, so finden die Vorschriften der §§ 177—180 Anwendung. Der Dritte kann also, wenn es sich um einen Vertrag oder in den Fällen des § 180 Satz 2 um ein einseitiges Rechtsgeschäft handelt, den Verein darüber zur Erklärung auffordern, ob er das Rechtsgeschäft genehmigt. Die Aufforderung ist, wenn der Verein einen zur Empfangnahme solcher Aufforderung legitimierten Vorstand hat, an diesen, anderenfalls an die beteiligten Mitglieder des Vereins zu richten. Erfolgt die Genehmigung, so tritt dasselbe Verhältnis ein, wie wenn der Handelnde Vertretungsmacht gehabt hätte. Wird die Genehmigung verweigert, so haftet der Handelnde nach Maßgabe des § 54 Satz 2; jedoch hat der Dritte, wenn er nach § 179 die Wahl haben würde, Erfüllung oder Schadensersatz zu fordern, diese Wahl auch im Falle des § 54 Satz 2. Die Haftung des Handelnden tritt auch dann ein, wenn der Dritte den Verein für rechtsfähig hielt oder den Mangel der Vertretungsmacht kannte. Erforderlich ist aber immer, daß das Rechtsgeschäft im Namen des Vereins vorgenommen wurde; die Vornahme im Namen einzelner Mitglieder genügt nicht, auch wenn diese die Vorstandsmitglieder waren. Durch Vertrag mit dem Dritten kann die Haftung ausgeschlossen werden.

Die für den Fall, daß mehrere gehandelt haben, für sie vorgeschriebene Haftung als Gesamtschuldner bestimmt sich nach den §§ 421 ff.

2. Eingetragene Vereine.

Biernatzky, Der eingetragene Verein 1900.

1. **Für** Vereine, welche die Rechtsfähigkeit durch **Eintragung** in das Vereinsregister erlangen wollen bezw. erlangt haben, gelten neben den allgemeinen Vorschriften der §§ 21, 24—53 die

§. 55. Die Eintragung eines Vereins der im §. 21 bezeichneten Art in das Vereinsregister hat bei dem Amtsgerichte zu geschehen, in dessen Bezirke der Verein seinen Sitz hat.

§. 56. Die Eintragung soll nur erfolgen, wenn die Zahl der Mitglieder mindestens sieben beträgt.

---

besonderen Vorschriften der §§ 55—79. Der § 55 bestimmt das zuständige Gericht; die §§ 56 bis 58 bestimmen die allgemeinen Voraussetzungen für die Zulässigkeit der Eintragung; die §§ 59, 60 enthalten die allgemeinen Vorschriften über das bei der Eintragung zu beobachtende Verfahren, die §§ 61—63 die besonderen Vorschriften über die Eintragung von Vereinen, welche politische, sozialpolitische oder religiöse Zwecke verfolgen; der § 64 enthält Vorschriften über die Art der Eintragung, der § 65 über den Namen des Vereins, der § 66 über die Veröffentlichung der Eintragung, der § 67 über die Eintragung im Falle einer Neuwahl des Vorstandes, die §§ 68—70 über den Schutz Dritter, welche mit früheren Mitgliedern des Vorstandes oder mit solchen Vorstandsmitgliedern Rechtsgeschäfte vorgenommen haben, über deren Vertretungsmacht oder Beschlußfassung durch die Satzung von der gesetzlichen Regel abweichende Bestimmungen getroffen sind, der § 71 über Änderungen der Satzung, der § 72 über die Verpflichtung des Vorstandes, dem Amtsgericht auf Erfordern ein Verzeichnis der Mitglieder einzureichen, die §§ 73—75 über die Auflösung des Vereins, den Verlust der Rechtsfähigkeit und deren Eintragung, der § 76 über die Eintragung der Liquidatoren, der § 77 über die Form, in welcher Anmeldungen des Vorstandes oder der Liquidatoren bei dem Amtsgerichte zu bewirken sind, der § 78 über das Aufsichtsrecht des Amtsgerichts, der § 79 über die Öffentlichkeit des Vereinsregisters.

2. Neben den unter Nr. 1 gedachten Vorschriften kommt für das Verfahren vor dem Registergericht in Betracht das **FGG.** §§ 159, 127—130, 142, 143. Daraus ist hier hervorzuheben, daß nach § 142 das Registergericht eine Eintragung, die wegen Mangels einer wesentlichen Voraussetzung unzulässig ist, von Amtswegen löschen kann. Die Löschung erfolgt durch Eintragung eines Vermerks. Das Amtsgericht hat den Verein von der beabsichtigten Löschung zu benachrichtigen und ihm eine angemessene Frist zur Geltendmachung des Widerspruchs zu bestimmen. Dieselbe Befugnis steht nach § 143 dem vorgesetzten Landgerichte zu.

§ 55.

E. II § 49 rev. § 52; III § 52. P. II Bd. 1 S. 498 ff., 504. D. S. 610.

Der Paragraph bestimmt **das zuständige Gericht.** Über den Sitz des Vereins s. § 24.

§ 56.

E. II § 50 rev. § 53; III § 53. P. II Bd. 1 S. 554 ff. D. S. 610, 611.

Zahl der Mitglieder. Durch die Vorschrift des § 59 Abs. 3, nach welcher die dem Amtsgericht einzureichende Satzung von mindestens sieben Mitgliedern unterschrieben sein soll, wird dem Amtsgerichte die Möglichkeit gewährt, festzustellen, ob der Vorschrift des § 56 genügt ist. Die Vorschrift beruht auf dem Gedanken, daß für Vereine von geringerer Mitgliederzahl ein Bedürfnis, die Rechtsfähigkeit zu erlangen, regelmäßig nicht besteht. Da die Vorschrift nur eine Sollvorschrift ist, so erlangt der Verein durch die Eintragung die Rechtsfähigkeit, auch wenn er weniger als sieben Mitglieder hat. Ein späteres Sinken der Mitgliederzahl unter sieben ist ohne rechtliche Bedeutung. Nur wenn die Mitgliederzahl unter drei sinkt, ist dem Vereine nach § 73 die Rechtsfähigkeit zu entziehen.

Aus dem Begriff eines Vereins dürfte zu folgern sein, daß das Vorhandensein von mehr als einem Mitglied eine *wesentliche* Voraussetzung der Eintragung ist. Der eingetragene Verein erlischt nicht, wenn die Zahl der Mitglieder auf eines sinkt, er erlischt vielmehr erst, wenn alle Mitglieder weggefallen sind (s. Erl. 3c zu § 41).

Mitglied eines eingetragenen Vereins kann auch ein anderer rechtsfähiger Verein sein, dieser wird durch seinen Vorstand vertreten.

§. 57. Die Satzung muß den Zweck, den Namen und den Sitz des Vereins enthalten und ergeben, daß der Verein eingetragen werden soll.

Der Name soll sich von den Namen der an demselben Orte oder in derselben Gemeinde bestehenden eingetragenen Vereine deutlich unterscheiden.

§. 58. Die Satzung soll Bestimmungen enthalten:

1. über den Eintritt und Austritt der Mitglieder;
2. darüber, ob und welche Beiträge von den Mitgliedern zu leisten sind;
3. über die Bildung des Vorstandes;
4. über die Voraussetzungen, unter denen die Mitgliederversammlung zu berufen ist, über die Form der Berufung und über die Beurkundung der Beschlüsse.

---

§ 57.

E. II § 51 rev. § 54; III § 54. P. II Bd. 1 S. 555 ff., Bd. 6 S. 117. D. S. 610, 611.

1. **Notwendiger Inhalt der Satzung.** Die Vorschrift, daß die Satzung den Zweck des Vereins enthalten und ergeben muß, daß der Verein eingetragen werden soll, ist notwendig, weil durch diese Bestimmung die Individualität und die rechtliche Natur des Vereins festgestellt wird. Die Vorschrift, daß die Satzung den Namen und den Sitz des Vereins enthalten muß, ist positiv und beruht auf Zweckmäßigkeitsgründen. Aus dem „muß" im Abs. 1 ergibt sich, daß, wenn die Satzung den aufgestellten Erfordernissen nicht entspricht, der Verein nicht eingetragen werden kann, daß eine trotzdem erfolgte Eintragung unwirksam ist und der Verein dadurch die Rechtsfähigkeit nicht erlangt. Der Weg, auf welchem eine solche Eintragung aus dem Vereinsregister wieder zu entfernen ist, bestimmt sich nach FGG. §§ 159, 142, 143.

2. **Die Satzung ist,** wie sich aus § 59 ergibt, **schriftlich zu errichten.** Die Schriftform ist aber nicht vorgeschrieben; ihr Mangel hat daher keine Nichtigkeit der Satzung zur Folge, und finden die Vorschriften der §§ 125, 126 keine Anwendung. Ein Antrag, die Schriftlichkeit der Satzung vorzuschreiben, wurde abgelehnt (P. II Bd. 1 S. 555 ff.). Notwendig ist aber selbstverständlich, daß überhaupt eine Satzung besteht. Aus dieser müssen die in Erl. 1 angegebenen Erfordernisse sich ergeben. Nicht notwendig ist, daß sie im Texte der Satzung stehen; es genügt, wenn sie z. B. in der Überschrift stehen (a. A. Hölder, Erl. 1 zu § 57).

3. Über die **Art des Namens** gibt der § 57 Abs. 2 nur die Vorschrift, daß der Name sich von den Namen anderer in derselben Gemeinde befindlicher eingetragener Vereine deutlich unterscheiden soll. Nicht eingetragene Vereine kommen nicht in Betracht. Im übrigen besteht keine Beschränkung in der Wahl des Namens. Auch die Vorschrift des Abs. 2 ist nur eine Sollvorschrift.

§ 58.

E. II § 52 rev. § 55; III § 55. P. II Bd. 1 S. 556 ff. D. S. 610, 611.

Sollvorschriften über den Inhalt der Satzung. Die Vorschriften des § 58 sind bestimmt, eine zweckmäßige Organisation zu sichern. Enthält die Satzung die vorgeschriebenen Bestimmungen nicht, so hat das Amtsgericht nach § 60 die Eintragung abzulehnen. Ist die Eintragung aber erfolgt, obwohl die Satzung den Vorschriften des § 58 nicht entspricht, so ist sie, da es sich nur um eine Sollvorschrift handelt, trotzdem gültig. In einem solchen Falle würden für die Bildung des Vorstandes die §§ 26, 27, 29, in betreff der Voraussetzungen, unter welchen die Mitgliederversammlung zu berufen ist, die §§ 36, 37 zur Anwendung kommen. Der Eintritt eines neuen Mitglieds würde nur auf Grund eines Beschlusses der Mitgliederversammlung erfolgen können (a. A. Staudinger, Erl. II 1 zu § 58, der im Zweifel nur die Einwilligung des Vorstandes für erforderlich hält), der Austritt jedem Mitgliede freistehen. Zu Beiträgen würden die Mitglieder nicht verpflichtet sein. Die Berufung der Mitgliederversammlung würde an keine Form gebunden sein und für den Beweis eines Beschlusses der Mitgliederversammlung würden die allgemeinen Grundsätze entscheiden. Die Mitgliederversammlung würde übrigens jederzeit in der Lage sein, dem Mangel der gedachten Bestimmungen durch eine Ergänzung der Satzung nach Maßgabe des § 33 abzuhelfen.

§. 59. Der Vorstand hat den Verein zur Eintragung anzumelden.

Der Anmeldung sind beizufügen:

1. die Satzung in Urschrift und Abschrift;
2. eine Abschrift der Urkunden über die Bestellung des Vorstandes.

Die Satzung soll von mindestens sieben Mitgliedern unterzeichnet sein und die Angabe des Tages der Errichtung enthalten.

§. 60. Die Anmeldung ist, wenn den Erfordernissen der §§. 56 bis 59 nicht genügt ist, von dem Amtsgericht unter Angabe der Gründe zurückzuweisen.

Gegen einen zurückweisenden Beschluß findet die sofortige Beschwerde nach den Vorschriften der Civilprozeßordnung statt.

---

§ 59.

E. II § 53 rev. § 56; III § 56. P. II Bd. 1 S. 557 ff., Bd. 6 S. 382. D. S. 610 ff. KB. S. 1942.

1. **Anmeldung des Vereins durch den Vorstand.** Durch den Abs. 1 wird zunächst eine Verpflichtung des Vorstandes gegenüber dem Vereine bestimmt; es liegt darin zugleich aber eine Vorschrift über das Verfahren, ohne deren Beobachtung das Amtsgericht die Eintragung abzulehnen hat (§ 60). Vor der Eintragung existiert noch kein rechtsfähiger Verein und daher auch kein Vorstand im Sinne des § 26. Wenn trotzdem der § 59 von dem Vorstande spricht, so versteht er darunter diejenigen Personen, welche auf Grund der Satzung von den Mitgliedern des Vereins zu dem Zwecke gewählt sind, um, wenn der Verein die Rechtsfähigkeit erlangt, den Vorstand zu bilden. Die sämtlichen Mitglieder des demnächstigen Vorstandes haben die Eintragung zu beantragen (KG. Bd. 21 S. A. 271). Die Vorschrift des Abs. 1 ist indessen nicht in dem Sinne eine wesentliche, daß, wenn sie nicht beobachtet ist, die trotzdem erfolgte Eintragung nichtig wäre. Für diese Auffassung spricht, daß nicht das Wort „muß", sondern das Wort „hat" gebraucht ist. Es spricht dafür ferner, daß die Vorschrift des Abs 2, in welcher entsprechend dem Worte „hat" das Wort „sind" gebraucht ist, unzweifelhaft keine wesentlichen Vorschriften im obengedachten Sinne enthält. Wesentlich ist nur die Willenserklärung der Mitglieder des Vereins, daß dieser ein rechtsfähiger sein soll. Diese Willenserklärung muß aus der Satzung erhellen (§ 57). Der § 59 bestimmt nur das Verfahren, in welchem der bereits erklärte Wille zu verwirklichen ist. Die Rechtssicherheit würde in bedenklicher Weise gefährdet werden, wenn die Nichtbeobachtung einer solchen Verfahrensvorschrift die Nichtigkeit der Eintragung zur Folge hätte, wenn die Eintragung z. B. deshalb nichtig wäre, weil bei der Wahl des Vorstandes ein Versehen stattgefunden hätte oder wenn nicht sämtliche Mitglieder des Vorstandes den Antrag gestellt hatten (a. A. Hölder, Erl. 1 zu § 59; Rehbein, Erl. 4 zu §§ 55—79).

Bis zur Eintragung kann der Antrag zurückgenommen werden (a. A. Hölder, Erl. 1 zu § 59). Der Vorstand macht sich aber durch eine solche Zurücknahme den Mitgliedern des Vereins gegenüber verantwortlich.

Der Antrag des Vorstandes ist öffentlich zu beglaubigen (§ 77). Nach FGG. §§ 128, 159 kann die Anmeldung auch zu Protokoll des Registergerichts erfolgen; nach § 129 ist der Notar, welcher die zur Anmeldung erforderliche Erklärung beurkundet oder beglaubigt hat, auch ermächtigt, die Anmeldung vorzunehmen.

2. **Die in den Abs. 2, 3 gegebenen Vorschriften** über die dem Antrage beizufügenden Anlagen, über die Unterschrift der Satzung durch sieben Mitglieder und über die Angabe des Tages der Errichtung der Satzung sind, wie der Abs. 1, nur Verfahrensvorschriften, deren Nichtbeobachtung zwar das Amtsgericht verpflichtet, den Antrag zurückzuweisen, aber auf die Wirksamkeit einer trotzdem erfolgten Eintragung ohne Einfluß ist. Ein Verzeichnis der Mitglieder braucht dem Antrage nicht beigelegt zu werden. Das Amtsgericht kann aber die Einreichung eines solchen Verzeichnisses nach § 72 jederzeit verlangen.

§ 60.

E. II § 53 rev. § 57; III § 57. P. II Bd. 1 S. 558 ff., 565 ff., Bd. 6 S. 117. D. S. 611. KB. 1938—1946. StB. S. 2735 ff., 3059.

1. **Zurückweisung des Antrags auf Eintragung.** Durch den § 60 werden die Gründe, aus denen das Amtsgericht den Antrag auf Eintragung abzulehnen hat, nicht erschöpfend

§. 61. Wird die Anmeldung zugelassen, so hat das Amtsgericht sie der zuständigen Verwaltungsbehörde mitzutheilen.

Die Verwaltungsbehörde kann gegen die Eintragung Einspruch erheben, wenn der Verein nach dem öffentlichen Vereinsrecht unerlaubt ist oder verboten werden kann oder wenn er einen politischen, sozialpolitischen oder religiösen Zweck verfolgt.

---

bezeichnet. Die Zurückweisung hat nicht nur wegen Nichtbeobachtung der in den §§ 56—59 gegebenen Vorschriften, sondern auch dann zu erfolgen, wenn der in der Satzung liegende Begründungsvertrag aus irgend welchen Gründen, z. B. weil er gegen ein gesetzliches Verbot oder gegen die guten Sitten verstößt (§§ 134, 138), nichtig ist. Dies gilt auch dann, wenn der Verein durch das öffentliche Vereinsrecht gesetzlich verboten ist (a. A. Hölder, Erl. 1 zu § 60). Für diesen Fall geben zwar die §§ 61—63 auch der zuständigen Verwaltungsbehörde ein Einspruchsrecht. Dadurch wird aber die Zuständigkeit des Amtsgerichts nicht ausgeschlossen; dieses ist vielmehr berechtigt und verpflichtet, den Antrag auf Eintragung eines Vereins, der nach § 134 nichtig ist, ohne weiteres zurückzuweisen. Das Gleiche muß geschehen, wenn der Zweck des Vereins auf einen wirtschaftlichen Geschäftsbetrieb gerichtet ist und der Verein daher nach § 21 die Rechtsfähigkeit durch Eintragung nicht erlangen kann. Welche Wirkung eine unzulässige Eintragung hat, ist nach den Gründen, auf welchen die Unzulässigkeit beruht, verschieden. Beruht die Unzulässigkeit darauf, daß die Satzung nichtig oder daß der Zweck des Vereins auf einen wirtschaftlichen Geschäftsbetrieb gerichtet ist oder daß die Satzung den Vorschriften des § 57 Abs. 1 nicht entspricht, so erlangt der Verein durch die Eintragung die Rechtsfähigkeit nicht (s. Erl. zu § 57). Beruht die Unzulässigkeit aber auf Nichtbeachtung der in den §§ 56, 57 Abs. 2, 58, 59 gegebenen Vorschriften, so ist die Eintragung trotz des Mangels wirksam (s. Erl. zu §§ 56—59).

2. Da nach **EG. Art. 84** die landesgesetzlichen Bestimmungen unberührt bleiben, nach welchen eine **Religionsgesellschaft oder eine geistliche Gesellschaft** die Rechtsfähigkeit nur durch Gesetz erlangen kann, so ist in denjenigen Staaten, in welchen solche landesgesetzlichen Vorschriften bestehen, der Antrag auf Eintragung einer Religionsgesellschaft oder geistlichen Gesellschaft von dem Amtsgerichte zurückzuweisen und eine dem zuwider erfolgte Eintragung unwirksam.

3. Bestritten ist, ob **die nach Abs. 2 zulässige sofortige Beschwerde** (CPO. §§ 577 ff.) nur dann stattfindet, wenn die Zurückweisung aus einem der im Abs. 1 bezeichneten Gründe erfolgt ist oder ob der Abs. 2 bei jedem Beschluß Anwendung findet, durch welchen der Antrag zurückgewiesen wird (s. Recht 1901 S. 118 ff., S. 140 ff. DJZ. 1901 S. 328 ff.). Die Frage ist insofern von praktischer Bedeutung, als nach CPO. § 568 gegen den die sofortige Beschwerde zurückweisenden Beschluß eine weitere Beschwerde regelmäßig nicht zulässig ist, während eine solche Beschränkung der weiteren Beschwerde nach FGG. § 27 nicht stattfindet, die weitere Beschwerde also, wenn die obengedachte erste Auffassung richtig wäre und daher die Vorschriften des FGG. in denjenigen Fällen Anwendung fänden, in welchen die Zurückweisung aus anderen als den im Abs. 1 bezeichneten Gründen erfolgt ist, in Fällen dieser Art immer zulässig sein würde. Die letztgedachte Auffassung verdient den Vorzug. Es spricht dafür, daß im Abs. 1 nicht von dem, sondern von einem zurückweisenden Beschlusse gesprochen wird (vgl. auch § 71), insbesondere spricht dafür aber, daß eine verschiedene Behandlung des zurückweisenden Beschlusses, je nachdem er auf dem einen oder dem anderen Grunde beruht, durch innere Gründe in keiner Art gerechtfertigt ist und höchst unzweckmäßig sein würde. Für die erstgedachte Auffassung läßt sich auch nicht anführen, daß gegen den Beschluß, durch welchen das Amtsgericht eine unzulässige Eintragung von Amtswegen löscht (FGG. §§ 129, 142), die Beschwerde nur nach Maßgabe des FGG. stattfindet; denn dieser Fall ist von dem hier fraglichen Falle völlig verschieden (ebenso KG. Bd. 20 S. A. 8 ff.; a. A. wie es scheint Rspr. Bd. 1 S. 15).

§ 61.

E. II § 54, § 55 Abs. 1 rev. § 58; III § 58. P. II Bd. 1 S. 558 ff. D. S. 609, 611. KB. S. 1938 ff. StB. S. 715, 728, 732, 737, 756, 785, 2735 ff., 3059.

Rosenberg, Das Vereinsrecht des BGB. und die Gewerkschaftsbewegung.

1. **Mitteilung der zugelassenen Anmeldung an die Verwaltungsbehörde.** Die §§ 61—63 bezwecken, den Regierungen denjenigen Einfluß auf die Entstehung rechtsfähiger Vereine zu sichern, welchen sie bei dem Mangel eines gemeinsamen öffentlichen Vereinsrechts im Interesse der öffent-

lichen Sicherheit und des öffentlichen Wohles nicht entbehren zu können glauben. Es wird ihnen deshalb ein Einspruchsrecht gegen bestimmte Kategorieen von Vereinen gegeben und ihre Entscheidung darüber, ob ein Verein unter diese Kategorieen fällt, für maßgebend erklärt. Die Ausübung dieses Rechtes erfolgt durch die zuständige Verwaltungsbehörde, vorbehaltlich der Vorschrift des § 62. Welche Behörde zuständig ist, entscheiden die Landesgesetze. (Preußen AV. Art. 3. Bayern AG. Art. 4. Sachsen AV. § 3. Württemberg AG. Art. 135. Baden AG. Art. 4 Abs. 2. Baden AV. § 11.) Das Amtsgericht hat, bevor es den Verein einträgt, der zuständigen Behörde von der Anmeldung zur Eintragung Mitteilung zu machen. Daß diese Mitteilung unverzüglich zu erfolgen hat, ist zwar nicht ausdrücklich bestimmt, ergibt sich aber aus den dem Amtsgericht obliegenden allgemeinen Amtspflichten. Über die Folgen, welche das Unterlassen der Mitteilung hat, s. Erl. zu § 63.

2. **Das Recht, Einspruch gegen die Eintragung zu erheben, steht der Verwaltungsbehörde** nur aus folgenden Gründen zu:

a) **weil der Verein unerlaubt ist oder doch verboten werden kann.** Die Frage, ob der Verein gegen ein gesetzliches Verbot verstößt, hat zwar auch schon das Amtsgericht zu prüfen (s. Erl. zu § 60). Hat aber das Amtsgericht aus diesem Grunde die Anmeldung des Vereins nicht zurückgewiesen, so steht auch noch der Verwaltungsbehörde die Prüfung jener Frage insoweit zu, als es sich darum handelt, ob der Verein nach öffentlichem Vereinsrecht unerlaubt ist, und ist die Behörde, wenn sie in dieser Beziehung zu einem anderen Ergebnisse gelangt als das Amtsgericht, den Einspruch zu erheben berechtigt. Das öffentliche Vereinsrecht bestimmt sich nach den Landesgesetzen. Die Verwaltungsbehörde kann auch schon dann Einspruch erheben, wenn der Verein nach dem öffentlichen Vereinsrechte zwar nicht unerlaubt ist, aber doch verboten werden kann. Die Verwaltungsbehörde könnte in solchem Falle den Verein dadurch, daß sie ihn verbietet, zu einem unerlaubten machen und dann hierauf den Einspruch gründen. Durch das Verbot würde aber der Verein selbst aufgelöst werden. Die Verhältnisse können nun so liegen, daß die Verwaltungsbehörde keinen Anlaß hat, den Verein aufzulösen, daß sie aber Bedenken trägt, ihm den Machtzuwachs zu gestatten, der in der Erlangung der Rechtsfähigkeit liegt. Mit Rücksicht hierauf wird der Verwaltungsbehörde gestattet, statt des strengeren Mittels des Verbots das gelindere Mittel des Einspruchs anzuwenden;

b) **weil der Verein einen politischen, sozialpolitischen oder religiösen Zweck verfolgt** Der Grund, aus welchem der Verwaltungsbehörde in Fällen dieser Art das Recht des Einspruchs gegeben wird, beruht darin, daß Vereine, welche Zwecke der gedachten Art verfolgen, unter Umständen dem öffentlichen Wohle gefährlich werden können und daß das öffentliche Vereinsrecht nicht in allen deutschen Staaten der Regierung die Mittel bietet, hiergegen in geeigneter Weise einzuschreiten. Deshalb soll ihnen kraft Reichsrechts wenigstens die Möglichkeit gewährt werden, derartige Vereine an der Erlangung der Rechtsfähigkeit zu hindern. Der E. III § 58 Abs. 2 ließ aus diesem Gesichtspunkte den Einspruch gegen die Eintragung eines Vereins zu, wenn dieser „einen dem Gebiete der Politik oder der Sozialpolitik, der Religion, der Erziehung oder des Unterrichts angehörenden Zweck verfolgt". Durch die von dem Reichstage beschlossene Änderung ist einerseits die Erwähnung des Unterrichts und der Erziehung beseitigt; andererseits ist infolge der Ersetzung der Worte „einen dem Gebiete der Politik oder der Sozialpolitik oder der Religion angehörenden Zweck" durch die Worte „einen politischen, sozialpolitischen oder religiösen Zweck" schärfer hervorgehoben, daß der Zweck des Vereins diesen Charakter haben müsse. Es genügt nicht, daß der Verein mittelbar derartigen Zwecken dient, vielmehr wird erfordert, daß er diese Zwecke *verfolgt*. Daß dies der Fall ist, muß aus der Satzung erhellen. Es genügt indessen, wenn die Absicht, einen solchen Zweck zu verfolgen, ohne ausdrücklich ausgesprochen zu sein, sich aus dem Zusammenhange der einzelnen Bestimmungen der Satzung ergibt. Unrichtig dürft. sein, daß auch das bloß tatsächliche Verfolgen eines Zweckes der gedachten Art zum Einspruche berechtigt (so *Enneccerus-Lehmann* I § 33 III 3 b), da der Verein erst durch die Eintragung als rechtsfähiger entsteht, so kann er als solcher vorher überhaupt tatsächlich noch keine Zwecke verfolgt haben. Die tatsächliche Verfolgung von Zwecken der fraglichen Art durch die Mitglieder des Vereins oder auch, falls der Verein schon vorher als nicht rechtsfähiger bestand, durch diesen, kann nicht in Betracht kommen. Verfolgt der Verein nach seiner Eintragung tatsächlich Zwecke der fraglichen Art, so findet § 43 Abs. 3 Anwendung.

Der Begriff des politischen, sozialpolitischen oder religiösen Zweckes kann nicht aus den Landesgesetzen entnommen werden (a. A. wie es scheint *Staudinger*, Erl. IV 2 β a zu § 61). Nur das BGB. selbst ist dafür maßgebend. Was dieses unter den fraglichen Zwecken versteht,

§. 62. Erhebt die Verwaltungsbehörde Einspruch, so hat das Amtsgericht den Einspruch dem Vorstande mitzutheilen.

Der Einspruch kann im Wege des Verwaltungsstreitverfahrens oder, wo ein solches nicht besteht, im Wege des Rekurses nach Maßgabe der §§. 20, 21 der Gewerbeordnung angefochten werden.

---

ist nun freilich in mehrfacher Beziehung bestritten. Folgendes dürfte der Absicht des BGB. entsprechen:

α) **Einen politischen Zweck** verfolgt ein Verein, wenn er in irgend einer Art auf die Gesetzgebung oder Verwaltung einzuwirken bezweckt (vgl. RG. in St. Bd. 16 S. 119; Bd. 22 S. 340, a. A. Dernburg I § 75 III, welcher verlangt, daß der Verein auf den allgemeinen Gang der Gesetzgebung und der staatlichen oder kommunalen Verwaltung Einfluß zu gewinnen bezwecke). Ein Verein, der lediglich die Kenntnisse und die Bildung seiner Mitglieder auf dem Gebiete der Politik sich zur Aufgabe gestellt hat, verfolgt keinen politischen Zweck.

β) **Ein sozialpolitischer Zweck** ist im Grunde nur eine Unterart des politischen Zweckes (P. II Bd. 1 S. 563). Die besondere Hervorhebung ist erfolgt, um Zweifel abzuschneiden. Auch hier wird erfordert, daß der Verein auf die Gesetzgebung oder Verwaltung und zwar speziell in betreff der sozialen Fragen des öffentlichen Lebens einzuwirken bezweckt. Ein Verein, der lediglich soziale Zwecke verfolgt, z. B. für bessere Ernährung und Wohnung der arbeitenden Klassen wirkt, verfolgt keinen sozialpolitischen Zweck; ebensowenig ein Verein, der durch die Besprechung sozialpolitischer Fragen die Anschauung seiner Mitglieder aufzuklären bezweckt. Auch die Berufsvereine, soweit sie sich lediglich auf die Wahrnehmung der Interessen ihrer Mitglieder beschränken, sei es auch in der Richtung, daß sie bessere Arbeitsbedingungen für die Mitglieder zu erlangen streben, verfolgen keinen sozialpolitischen Zweck. Dagegen ist z. B. jeder Verein, der auf die soziale Gesetzgebung oder auf die Handhabung der sozialen Gesetze von seiten der Verwaltungsbehörden einwirken will, ein Verein, der einen sozialpolitischen Zweck verfolgt. Die Ansicht von Hölder, Erl. 2b *β* zu § 61, der „sozialpolitisch" für gleichbedeutend mit „sozial" hält, dann aber doch nicht jeden sozialen Zweck für genügend hält, sondern verlangt, daß die Förderung der Interessen einer bestimmten Gesellschaftsgruppe als solcher, den gleichartigen Interessen der übrigen Gesellschaft oder bestimmter anderer Gesellschaftsgruppen entgegengesetzt sind (ähnlich Enneccerus-Lehmann I § 33 III 3b) dürfte sich weder durch den Wortlaut noch durch den Zweck des Gesetzes rechtfertigen lassen. Die Frage, ob die Berufsvereine einen sozialpolitischen Zweck verfolgen, wird verschieden beantwortet (vgl. z. B. Fuld, im Recht 1900 S. 228; Hirsch, in sozialer Praxis Bd. IX S. 164 ff.). Die richtige Antwort dürfte sich aus dem Obigen ergeben, indem es darauf ankommt, ob die Berufsvereine lediglich die Interessen ihrer Mitglieder zu fördern oder auf die Gesetzgebung oder Verwaltung einzuwirken bezwecken; vgl. auch Rosenberg.

γ) In dem **Begriffe des religiösen Zweckes** liegt nicht das Erfordernis einer Einwirkung nach außen. Hierin liegt ein wesentlicher Unterschied von den politischen und sozialpolitischen Zwecken. Ein Verein, der lediglich soziale, nicht sozialpolitische Zwecke verfolgt, unterliegt nicht dem Einspruche, wohl aber ein Verein, der religiöse Zwecke verfolgt, ohne Unterschied, ob sie religiöspolitisch sind oder nicht. Daraus ergibt sich, daß auch Vereine, die lediglich die religiöse Belehrung oder Erbauung ihrer Mitglieder zum Zwecke haben, unter die Bestimmung des Gesetzes fallen, insbesondere also alle Religionsgesellschaften (EG. Art. 84), ferner alle geistlichen Orden, auch wenn sie keinerlei Einwirkung nach außen bezwecken. Nicht in Frage kommen indessen kirchliche Vereinigungen, welche wie Klöster und Bruderschaften kraft kirchenstaatsrechtlicher Normen als zum Organismus der Kirche gehörende Institute zur Entstehung gelangen und nach dem öffentlichen Rechte der einzelnen Bundesstaaten als juristische Personen anerkannt sind (Staudinger, Erl. IV 2*β* zu § 61). Diese sind Körperschaften des öffentlichen Rechtes und bedürfen der Eintragung nicht. Die Ansicht von Staudinger, Erl. IV 2*β* zu § 61, daß wenigstens in Bayern ein religiöser Zweck nur bei solchen Vereinen anzunehmen sei, welche den Gottesdienst oder gottesdienstliche Handlungen bezwecken, dürfte mit der reichsrechtlichen Vorschrift § 61 nicht vereinbar sein.

§ 62.

E. II § 55 Abs. 2, 3 rev. § 59; III § 59. P. II Bd. 1 S. 558 ff., 564 ff., Bd. 6 S. 144. D. S. 611. KB. S. 1938 ff. StB. S. 2735 ff., 3059.

1. **Mitteilung des Einspruchs an den Vorstand durch das Amtsgericht.** Ob die Verwaltungsbehörde den Einspruch auch dem Vorstande mitzuteilen hat, bestimmt sich nach den

§. 63. Die Eintragung darf, sofern nicht die Verwaltungsbehörde dem Amtsgerichte mittheilt, daß Einspruch nicht erhoben werde, erst erfolgen, wenn seit der Mittheilung der Anmeldung an die Verwaltungsbehörde sechs Wochen verstrichen sind und Einspruch nicht erhoben oder wenn der erhobene Einspruch endgültig aufgehoben ist.

Landesgesetzen. Nach diesen bestimmt sich auch, sofern ein Verwaltungsstreitverfahren stattfindet, die Art sowie die Frist, in welcher die Anfechtung zu erfolgen hat. Besteht ein Verwaltungsstreitverfahren nicht, so entscheiden die §§ 20, 21 der Gew.O. (s. Erl. 2 zu § 44).

2. **Die Anfechtung des Einspruchs kann reichsrechtlich nur darauf gegründet werden,** daß die in dem § 61 bestimmten Voraussetzungen der Zulässigkeit des Einspruchs nicht vorliegen. Durch die Landesgesetze kann gestattet werden, daß die Anfechtung des Einspruchs, auch wenn einer der im § 61 bezeichneten Gründe vorliegt, darauf gegründet wird, daß das öffentliche Interesse nicht erfordert, von dem Einspruchsrechte Gebrauch zu machen.

Ist in der Verfügung der Verwaltungsbehörde der Grund des Einspruchs angeführt, so ist, wenn dieser nicht zutrifft, die Anfechtung doch zurückzuweisen, wenn bei der Verhandlung ein anderer Grund geltend gemacht wird und dieser als zulässig erscheint. Eine Verpflichtung der Verwaltungsbehörde, den Grund des Einspruchs anzugeben, besteht nicht (a. A. in beiden Beziehungen Hölder, Erl. 1 zu § 62).

§ 63.

E. II § 56 Abs. 1 rev. § 60; III § 60. P. II Bd. 1 S. 560, 565 ff. D. S. 611. KB. S. 1938 ff. StB. S. 2735 ff., 3059.

1. **Die Eintragung darf nicht erfolgen** vor dem Ablaufe der bestimmten Frist und, falls Einspruch erhoben ist, vor endgültiger Erledigung desselben. Sie darf auch dann nicht erfolgen, wenn die sechswöchige Frist zwar abgelaufen, aber der Einspruch noch, bevor die Eintragung wirklich erfolgt ist, erhoben wird. Endgültig aufgehoben ist der Einspruch, wenn gegen die den Einspruch aufhebende Verfügung ein Rechtsmittel nicht mehr zulässig ist. Unter welchen Voraussetzungen dies der Fall ist, bestimmen die Landesgesetze.

2. **Folgen einer der Vorschrift des § 63 zuwider erfolgten Eintragung.** Hölder, Erl. 2 zu § 63 nimmt an, daß eine solche Eintragung zwar nicht nichtig sei, daß sie aber erst wirksam werde, wenn entweder die Behörde dem Gerichte mitgeteilt habe, daß sie Einspruch nicht erhebe oder wenn die Frist von sechs Wochen abgelaufen oder wenn der erhobene Einspruch endgültig aufgehoben sei. Gareis, Erl. 3, 4 zu § 63 und Erl. 4 zu § 64 scheint Unwirksamkeit der Eintragung anzunehmen und will FGG. § 32 zur Anwendung bringen. Weder das eine noch das andere dürfte richtig sein. Gegen die Unwirksamkeit der Eintragung spricht der Gebrauch des Wortes „darf“ nicht, da dieser Ausdruck nach der Sprachweise des BGB. regelmäßig nicht gebraucht wird, wenn ein Zuwiderhandeln die Unwirksamkeit der betreffenden Handlung zur Folge haben soll und wenn ausnahmsweise auch in Fällen dieser Art der Ausdruck gebraucht wird, eine besondere die Unwirksamkeit aussprechende Bestimmung gegeben wird (s. Einleitung IV 4). Für die Hölder'sche Annahme einer suspendierten Wirksamkeit gibt das Gesetz keinen Anhaltspunkt; es läßt vielmehr nur die Wahl zwischen Unwirksamkeit und sofortiger Wirksamkeit und der Wortlaut spricht wie gesagt für die letztere. Nun bezwecken freilich die §§ 61—63 die Entstehung rechtsfähiger Vereine zu verhindern, wenn die Verwaltungsbehörde Einspruch dagegen erhebt und es könnte scheinen, als wenn dieser Zweck vereitelt würde, wenn trotz der Verletzung jener Vorschriften der Verein durch die Eintragung die Rechtsfähigkeit erlangte. Das sich hieraus ergebende Bedenken wird aber durch die Vorschriften des FGG. §§ 159, 142, 143 beseitigt. Hiernach hat das Registergericht und eventuell das vorgesetzte Landgericht eine Eintragung, die wegen Mangels wesentlicher Voraussetzungen unzulässig ist, von Amtswegen zu löschen. Die Beobachtung der im § 63 gegebenen Vorschriften ist eine wesentliche Voraussetzung der Zulässigkeit der Eintragung. Im Falle der Nichtbeobachtung ist also die Eintragung nötigenfalls auf Anregung der Verwaltungsbehörde wieder zu löschen. Mit der Löschung erlischt die Rechtsfähigkeit des Vereins. Diese Auffassung würde nur dann unrichtig sein, wenn unter den in FGG. § 142 erwähnten wesentlichen Voraussetzungen nur solche Voraussetzungen zu verstehen wären, deren Nichtbeobachtung die Nichtigkeit der Eintragung zur Folge hätte und wenn es sich daher in den gedachten Vorschriften nur um die Beseitigung einer ohnehin nichtigen Eintragung handelte. Zu einer solchen Auslegung aber nötigt weder der Wortlaut noch der Zweck der Vorschriften; beiden

§. 64. Bei der Eintragung sind der Name und der Sitz des Vereins, der Tag der Errichtung der Satzung sowie die Mitglieder des Vorstandes im Vereinsregister anzugeben. Bestimmungen, die den Umfang der Vertretungsmacht des Vorstandes beschränken oder die Beschlußfassung des Vorstandes abweichend von der Vorschrift des §. 28 Abs. 1 regeln, sind gleichfalls einzutragen.

§. 65. Mit der Eintragung erhält der Name des Vereins den Zusatz „eingetragener Verein".

---

dürfte vielmehr die hier vertretene Auslegung besser entsprechen. Zu diesen Erwägungen tritt hinzu, daß die Sicherheit des Verkehrs in weit höherem Grade leiden würde, wenn der Verein trotz seiner Eintragung wegen Nichtbeobachtung der im § 63 gegebenen Vorschriften die Rechtsfähigkeit nicht erlangte, als wenn er sie zunächst erlangt und erst infolge der Löschung wieder verliert.

§ 64.

E. II § 56 Abs. 2 rev. § 61; III § 61. P. II Bd. 1 S. 560, 565 ff. D. S. 611.

Inhalt der Eintragung. Durch die Vorschriften des § 64 sollen nicht diejenigen Punkte bezeichnet werden, von welchen die Gültigkeit der Eintragung abhängt. Wäre dies die Absicht gewesen, so würde, entsprechend der Vorschrift des § 1115, gesagt sein, bei der Eintragung müssen die betreffenden Punkte angegeben sein. Für die Gültigkeit der Eintragung wesentlich ist nur, daß die Individualität des Vereins dadurch genügend bezeichnet wird, was regelmäßig durch die Eintragung des Namens und des Sitzes des Vereins genügend geschehen wird. Die Vorschriften des § 64 enthalten nur eine Instruktion für das Amtsgericht über diejenigen Punkte, welche in das Register selbst einzutragen sind, im Gegensatze zu denjenigen, in betreff deren die Aufnahme in die neben dem Register zu führenden Akten genügt. Daß aus diesen Akten die in dem § 64 bezeichneten Punkte zu erhellen haben, ergibt sich schon aus den Vorschriften der §§ 59, 66 Abs. 2. Die Vorschrift, daß diese Punkte in dem Register selbst angegeben werden sollen, hat den Zweck, Dritten, die mit dem Verein in Verkehr treten, die Möglichkeit zu gewähren, durch Einsicht des Registers Kenntnis von denjenigen Bestimmungen zu erhalten, welche für sie von wesentlichem Interesse sind. Die Eintragung der Mitglieder des Vorstandes ist für Dritte von besonderer Wichtigkeit wegen der Vorschrift des § 68, die Eintragung einer Beschränkung der Vertretungsmacht sowie einer Änderung der Vorschriften des § 28 über die Beschlußfassung des Vorstandes wegen der Vorschrift des § 70 (s. Erl. zu den §§ 68, 70).

§ 65.

E. II § 58 Abs. 1 rev. § 62; III § 62. P. II Bd. 1 S. 566 ff.

Folgen der Eintragung. Durch die Eintragung und erst durch diese erlangt der Verein die Rechtsfähigkeit. Der Name des Vereins erhält damit zugleich den im § 65 bezeichneten Zusatz. Durch die Eintragung entsteht kein neuer Verein, aber eine neue juristische Person. Hieraus ergibt sich, daß das Vermögen, welches bisher den Mitgliedern des Vereins nach den Grundsätzen des Gesellschaftsrechts zustand (§ 54) nicht ipso jure auf die neue juristische Person übergeht. Es bedarf dazu einer Übertragung von seiten der Mitglieder an die neue juristische Person (a. A. Rspr. Bd. 2 S. 462). Soweit es sich um Gegenstände handelt, zu deren Abtretung ein Vertrag genügt, wird eine solche Übertragung unter Umständen als stillschweigend erfolgt anzusehen sein, und auch bei beweglichen Sachen, die sich in der Hand der bisherigen geschäftsführenden Gesellschafter befanden und auch nach der Eintragung befinden, wird regelmäßig die Übergabe als stillschweigend erfolgt anzusehen sein, wenn dieselben Personen auch den Vorstand der neuen juristischen Person bilden. Bei den im Grundbuch auf den Namen der Mitglieder eingetragenen Rechten wird aber immer eine den Vorschriften des Grundbuchrechts entsprechende Übertragung an die neue juristische Person erforderlich sein. Ebensowenig wie das bisher den Mitgliedern nach Gesellschaftsrecht zustehende Vermögen gehen auch die ihnen als Gesellschaftern Dritten gegenüber obliegenden Verbindlichkeiten ipso jure auf die neue juristische Person über (a. A. DJZ. 1902 S. 292, 504; vgl. auch Gierke, Vereine ohne Rechtsfähigkeit S. 9). Auch in dieser Beziehung bedarf es eines besonderen Rechtsakts, nicht nur um die Mitglieder von ihren Verpflichtungen gegenüber den Gläubigern zu befreien, sondern auch um diesen

§. 66. Das Amtsgericht hat die Eintragung durch das für seine Bekanntmachungen bestimmte Blatt zu veröffentlichen.

Die Urschrift der Satzung ist mit der Bescheinigung der Eintragung zu versehen und zurückzugeben. Die Abschrift wird von dem Amtsgerichte beglaubigt und mit den übrigen Schriftstücken aufbewahrt.

§. 67. Jede Aenderung des Vorstandes sowie die erneute Bestellung eines Vorstandsmitglieds ist von dem Vorstande zur Eintragung anzumelden. Der Anmeldung ist eine Abschrift der Urkunde über die Aenderung oder die erneute Bestellung beizufügen.

Die Eintragung gerichtlich bestellter Vorstandsmitglieder erfolgt von Amtswegen.

---

ein selbständiges Forderungsrecht gegenüber der neuen juristischen Person zu gewähren. Als stillschweigend getroffen wird, wenn das Gesellschaftsvermögen der bisherigen Mitglieder auf die neue juristische Person übertragen wird, regelmäßig die Vereinbarung anzusehen sein, daß die neue juristische Person die Gesellschaftsverbindlichkeiten der Mitglieder zu erfüllen sich verpflichtet. Ein unmittelbares Recht der Gläubiger gegen die neue juristische Person wird dadurch aber noch nicht begründet.

§ 66.

E. II §§ 57 ff. Abs. 2 rev. § 63; III § 63. P. II Bd. 1 S. 567.

1. In der **Veröffentlichung der Eintragung** ist der Name und der Sitz des Vereins zu bezeichnen. Die Rechtsfähigkeit des Vereins hängt nicht von der Veröffentlichung ab.

2. **Vereinsakten.** Wie für jedes im Grundbuch eingetragene Grundstück Grundakten, so sind für jeden eingetragenen Verein besondere Vereinsakten anzulegen. Die „übrigen Schriftstücke", die neben der beglaubigten Abschrift der Satzung in die Akten aufgenommen und aufbewahrt werden sollen, sind: die Anmeldung des Vereins durch den Vorstand, die Abschrift der Urkunde über die Bestellung des Vorstandes (§ 59), die Mitteilung an die Verwaltungsbehörde (§ 61) und, falls Einspruch von der Verwaltungsbehörde erhoben wird, die sich hierauf und auf die endgültige Aufhebung des Einspruchs beziehenden Schriftstücke (§§ 61—63). In entsprechender Weise ist bei späteren Änderungen der Satzung und des Vorstandes (§§ 67, 70, 71), bei Einreichung eines Mitgliederverzeichnisses (§ 72) und bei der Auflösung des Vereins oder der Entziehung der Rechtsfähigkeit (§§ 73 ff.) zu verfahren.

§ 67.

E. II § 59 rev. § 64; III § 64. P. II Bd. 1 S. 568 ff. D. S. 611.

1. **Anmeldung und Eintragung von Änderungen.** Das Vereinsregister soll Dritten über die für sie wesentlichen Punkte Aufschluß erteilen; deshalb soll nicht nur eine Änderung des Vorstandes, sondern auch die erneuerte Bestellung eines Vorstandsmitglieds nach dem Ablaufe seiner bisherigen Amtszeit eingetragen werden (ebenso nach § 28 des Ges. betr. die Erwerbs- und Wirtschaftsgenossenschaften v. 1. Mai 1889, während im § 28 dieses Gesetzes in der Fassung v. 20. Mai 1898 nur die Eintragung einer Änderung des Vorstandes sowie der Beendigung der Vertretungsbefugnis eines Vorstandsmitglieds vorgeschrieben ist). Daß die Anmeldung von seiten des Vorstandes unverzüglich zu erfolgen hat, ist zwar nicht, wie ursprünglich beantragt war, ausdrücklich vorgeschrieben, ergibt sich aber aus den dem Vorstand obliegenden allgemeinen Verpflichtungen. Die Anmeldung hat durch die sämtlichen Vorstandsmitglieder zu erfolgen (KG. Bd. 21 S. A. 271 RJA. Bd. 2 S. 183). Über die Form der Anmeldung s. § 77, über die Erzwingung derselben § 78. Die Eintragung gerichtlich bestellter Vorstandsmitglieder (§ 29) hat von Amtswegen zu erfolgen. Über die Folgen, wenn die vorgeschriebene Eintragung unterbleibt s. § 68.

2. Ein Antrag, nach welchem auch ein **Urteil** eingetragen werden sollte, **durch welches ein Beschluß der Mitgliederversammlung für ungültig erklärt wird,** ist abgelehnt, weil ein solches Urteil, daß nur auf Grund einer von einem Mitgliede gegen den Verein erhobenen Feststellungsklage erfolgen könne, nur für die Parteien Wirkung habe. Der § 49 Abs. 4 des Genossenschaftsgesetzes könne hier nicht zum Vorbilde dienen, weil nach diesem Gesetz ein besonderes, auf die

§. 68. Wird zwischen den bisherigen Mitgliedern des Vorstandes und einem Dritten ein Rechtsgeschäft vorgenommen, so kann die Aenderung des Vorstandes dem Dritten nur entgegengesetzt werden, wenn sie zur Zeit der Vornahme des Rechtsgeschäfts im Vereinsregister eingetragen oder dem Dritten bekannt ist. Ist die Aenderung eingetragen, so braucht der Dritte sie nicht gegen sich gelten zu lassen, wenn er sie nicht kennt, seine Unkenntniß auch nicht auf Fahrlässigkeit beruht.

Anfechtung von Beschlüssen der Genossenschaft gerichtetes Verfahren stattfinde, und das in diesem Verfahren ergangene Urteil für und gegen alle wirksam sei, ein solches Verfahren aber bei den eingetragenen Vereinen nicht stattfinde.

§ 68.

E. II § 60 Abs. 1 rev. § 65; III § 65. P. II Bd. 1 S. 569.

1. **Beschränkter Glaube des Vereinsregisters.** Das Vereinsregister hat nach dem BGB. nicht in gleicher Art öffentlichen Glauben wie das Grundbuch. Eine Vorschrift, daß der Inhalt des Vereinsregisters zu Gunsten eines Dritten, der mit dem Verein ein Rechtsgeschäft vornimmt, als richtig gilt, sofern nicht der Dritte die Unrichtigkeit gekannt hat, besteht nicht. Der Dritte kann sich daher auch nicht darauf verlassen, daß diejenigen Personen, welche als Mitglieder des Vorstandes in das Vereinsregister eingetragen sind, den Vorstand bilden. Die wirkliche Rechtslage entscheidet. Nur in sehr beschränktem Umfange legt der § 68 der Eintragung in das Vereinsregister Bedeutung zu Gunsten Dritter bei. Ist von dem Verein ein Vorstand rechtsgültig bestellt, so kann sich ein Dritter, wenn zwischen ihm und dem Verein ein Rechtsgeschäft vorgenommen wird, darauf verlassen, daß der bestellte Vorstand auch zur Zeit der Vornahme des Rechtsgeschäfts noch Vorstand ist, sofern nicht zu dieser Zeit eine Änderung in dem Vereinsregister eingetragen oder dem Dritten bekannt ist. Das zwischen dem Dritten und dem früheren Vorstande vorgenommene Rechtsgeschäft ist dem Vereine gegenüber so wirksam, wie wenn der frühere Vorstand zur Zeit der Vornahme des Rechtsgeschäfts noch Vorstand gewesen wäre. Selbst wenn eine Änderung des Vorstandes im Vereinsregister eingetragen ist, braucht der Dritte sie nicht gegen sich gelten zu lassen, wenn er sie zur Zeit der Vornahme des Rechtsgeschäfts nicht kannte und seine Unkenntnis auch nicht auf Fahrlässigkeit beruhte. Der Beweis dieser Negative liegt aber dem Dritten ob. Positiv kann sich der Dritte auf die Eintragung der Änderung nicht verlassen; der Verein kann ihm gegenüber also trotz der Eintragung geltend machen, daß der als Vorstand „Eingetragene" nicht wirklich Vorstand sei. (Ähnlich geregelt ist das Verhältnis in dem § 29 des Genossenschaftsgesetzes v. 1. Mai 1889 und im § 40 des Ges. betr. die Gesellschaft mit beschränkter Haftung v. 20. April 1892.)

Eine nicht auf Fahrlässigkeit beruhende Unkenntnis des Dritten von einer eingetragenen Änderung des Vorstandes wird, da das Vereinsregister öffentlich ist (§ 79), regelmäßig nur dann angenommen werden können, wenn der Zeitraum zwischen der Eintragung und der Vornahme des Rechtsgeschäfts ein so kurzer ist, daß nach der Auffassung des Verkehrs von dem Dritten nicht verlangt werden kann, daß er gerade während dieses Zeitraums das Vereinsregister einsehe. Ist der Dritte selbst Mitglied des Vereins und hätte er bei ordnungsmäßiger Teilnahme an der Mitgliederversammlung die Änderung des Vorstandes erfahren, so wird seine Unkenntnis regelmäßig nicht als entschuldbar anzusehen sein.

Neben den Vorschriften des § 68 kommen die allgemeinen Vorschriften der §§ 177—180 über die von einem Vertreter ohne Vertretungsmacht vorgenommenen Rechtsgeschäfte zur Anwendung. Kann also der Dritte nach Maßgabe des § 68 sich nicht darauf berufen, daß der Vorstand von dem oder dem gegenüber das Rechtsgeschäft vorgenommen worden, ihm gegenüber noch als Vorstand gelte, oder will er dies nicht, so hängt die Wirksamkeit des zwischen dem Dritten und dem Vorstande, der in Wirklichkeit nicht mehr Vorstand war, vorgenommenen Rechtsgeschäfts nach Maßgabe der §§ 177, 180 davon ab, ob der Verein das Rechtsgeschäft genehmigt.

2. Unter einem **zwischen zwei Personen vorgenommenen Rechtsgeschäfte** versteht das BGB. sowohl die von ihnen vorgenommenen zweiseitigen Rechtsgeschäfte als auch alle einseitigen Rechtsgeschäfte, z. B. Kündigung, welche der eine gegenüber dem anderen vornimmt. In diesem Sinne spricht auch der § 68 von einem Rechtsgeschäfte zwischen den bisherigen Mitgliedern des Vorstandes und einem Dritten.

§. 69. Der Nachweis, daß der Vorstand aus den im Register eingetragenen Personen besteht, wird Behörden gegenüber durch ein Zeugniß des Amtsgerichts über die Eintragung geführt.

§. 70. Die Vorschriften des §. 68 gelten auch für Bestimmungen, die den Umfang der Vertretungsmacht des Vorstandes beschränken oder die Beschlußfassung des Vorstandes abweichend von der Vorschrift des §. 28 Abs. 1 regeln.

§. 71. Aenderungen der Satzung bedürfen zu ihrer Wirksamkeit der Eintragung in das Vereinsregister. Die Aenderung ist von dem Vorstande zur Ein-

---

Als der für die Eintragung und das Kennen oder Kennenmüssen des Dritten maßgebende Zeitpunkt der Vornahme des Rechtsgeschäfts ist, soweit es sich um eine Willenserklärung des Dritten handelt, der Zeitpunkt, in welchem sie von ihm abgegeben wird, soweit es sich um eine ihm gegenüber abgegebene Willenserklärung handelt, der Zeitpunkt anzusehen, in welchem sie ihm gegenüber wirksam wird (s. Erl. zu § 130; a. M. Hölder, Erl. b zu § 68, welcher in dem letzteren Falle den Zeitpunkt für maßgebend hält, in dem die Willenserklärung dem Dritten als eine ihm zugegangene bekannt wird).

§ 69.

E. II § 60 Abs. 2 rev. § 66; III § 66. P. II Bd. 1 S. 569. D. S. 611.

Legitimation des Vorstandes gegenüber Behörden. Die Vorschrift bezweckt eine Erleichterung des Verkehrs des Vereins mit den Behörden. Da die Eintragung des Vorstandes weder die gültige Bestellung desselben beweist noch dadurch festgestellt wird, daß eine Änderung nicht eingetreten sei (s. Erl. 1 zu § 68), so würde ohne die Vorschrift des § 69 das Zeugnis des Amtsgerichts über die Eintragung des Vorstandes nicht genügen, um dessen Legitimation nachzuweisen. Die erleichternde Vorschrift des § 69 gilt nicht gegenüber Privatpersonen. Ist eine solche berechtigt, den Nachweis der Legitimation des Vorstandes zu verlangen, so braucht sie sich nicht mit dem Zeugnisse des Amtsgerichts über die Eintragung zu begnügen, sondern kann den Nachweis der gültigen Bestellung fordern. Der Beweis, daß eine Änderung nicht eingetreten sei, braucht aber nach allgemeinen Beweisgrundsätzen, auch einer Privatperson gegenüber, der Verein nicht zu führen, vielmehr liegt der Beweis einer Änderung dem Dritten ob, der sich darauf beruft. Übrigens wird sich auch ein Dritter, der die Legitimation des Vorstandes einer Behörde gegenüber nachzuweisen hat, zu diesem Zwecke nach Maßgabe des § 69 auf ein Zeugnis des Amtsgerichts über die Eintragung berufen können (vgl. Staudinger, Erl. 2 zu § 69).

§ 70.

E. II § 60 Abs. 3 rev. § 67; III § 67. P. II Bd. 1 S. 569. D. S. 611.

Ausdehnung des Glaubens des Vereinsregisters. Nach § 70 kann, wenn zwischen dem Vorstande des Vereins und einem Dritten ein Rechtsgeschäft vorgenommen wird, der Dritte sich darauf verlassen, daß die Vertretungsmacht des Vorstandes unbeschränkt ist und daß für dessen Beschlüsse die Vorschriften des § 28 Abs. 1 gelten. Ist in der einen oder der anderen Beziehung durch die Satzung eine Änderung getroffen, so braucht der Dritte sie nur gegen sich gelten zu lassen, wenn er sie zur Zeit der Vornahme des Rechtsgeschäfts gekannt hat oder die Änderung zu dieser Zeit in dem Vereinsregister eingetragen war. In dem letzteren Falle braucht er sie aber dann nicht gegen sich gelten zu lassen, wenn er beweist, daß er zur Zeit der Vornahme des Rechtsgeschäfts die Änderung nicht gekannt und daß seine Unkenntnis auch nicht auf Fahrlässigkeit beruht hat (s. Erl. zu § 68).

Sind die im § 70 bezeichneten Bestimmungen nicht in der ursprünglichen Satzung enthalten, sondern erst später aufgenommen, so kann der § 68 Satz 1 nicht in Frage kommen, weil Änderungen der Satzung nach § 71 erst durch die Eintragung wirksam werden. Der § 68 Satz 2 findet aber auch bei späteren eingetragenen Änderungen der Satzung Anwendung

§ 71.

E. II § 61 rev. § 68; III § 68. P. II Bd. 1 S. 569 ff. D. S. 611.

Eintragung von Änderungen der Satzung. Eine Änderung der Satzung kann nur nach Maßgabe der §§ 33, 35 erfolgen. Zu den hierdurch vorgeschriebenen Erfordernissen tritt nach

tragung anzumelden. Der Anmeldung ist der die Aenderung enthaltende Beschluß in Urschrift und Abschrift beizufügen.

Die Vorschriften der §§. 60 bis 64 und des §. 66 Abs. 2 finden entsprechende Anwendung.

§. 72. Der Vorstand hat dem Amtsgericht auf dessen Verlangen jederzeit ein Verzeichniß der Vereinsmitglieder einzureichen.

---

§ 71 Satz 1 noch die Eintragung in das Vereinsregister hinzu. Erst mit dieser erlangt die Änderung Wirksamkeit. Die Art, in welcher die Eintragung zu erfolgen hat, bestimmt sich nach denselben Grundsätzen, welche für die Eintragung des Vereins selbst gelten. Die in dem entsprechend anzuwendenden § 60 angezogenen §§ 56, 58, 59 kommen bei der Änderung der Satzung nicht in Betracht; an ihre Stelle tritt der Abs. 1 Satz 2 und der Abs. 2 des § 71. Der Antrag auf Eintragung der Änderung ist zurückzuweisen, wenn diesen Vorschriften nicht genügt ist oder aus dem die Änderung enthaltenden Beschlusse nicht erhellt, daß die Änderung rechtsgültig beschlossen ist (§§ 32 ff.). Nicht erforderlich ist, daß die Urschrift des Beschlusses von sämtlichen Vorstandsmitgliedern unterschrieben ist (a. A. Hölder, Erl. 1 zu § 71). Es genügt, wenn in irgend welcher Weise, z. B. durch notarielle Urkunde, der Beschluß festgestellt wird. Wird die Anmeldung zugelassen, so hat das Amtsgericht nach Maßgabe der §§ 61—64 zu verfahren. Die Eintragung darf also nicht erfolgen, wenn die Verwaltungsbehörde Einspruch erhebt. Der Einspruch kann nur darauf gegründet werden, daß der Verein infolge der Änderung der Satzung unerlaubt werde oder verboten werden könne oder einen politischen, sozialpolitischen oder religiösen Zweck oder einen anderen als den in der ursprünglichen Satzung bestimmten Zweck dieser Art verfolge. Die Ansicht von Hölder, Erl. 2b zu § 71, daß die Verwaltungsbehörde auch dann zum Einspruche berechtigt sei, wenn die Änderung selbst zwar nicht unter die Vorschrift des § 61 falle, der Verein aber nach seiner ursprünglichen Satzung einen politischen, sozialpolitischen oder religiösen Zweck verfolge und daher von Anfang an Einspruch gegen ihn hätte erhoben werden können, dürfte weder dem Wortlaute noch dem Zwecke der fraglichen Vorschrift entsprechen. Auf die Analogie des § 33 Abs. 2 kann um so weniger Gewicht gelegt werden, als diese Vorschrift nach § 40 durch die Satzung geändert werden kann (vgl. Staudinger, Erl. 3 zu § 71). Ist Einspruch erhoben, so bestimmt sich das weitere Verfahren nach den §§ 62, 63. Die Eintragung in das Vereinsregister braucht nicht den gesamten Inhalt der beschlossenen Änderung anzugeben. Nur wenn die Änderung den Namen oder den Sitz des Vereins betrifft oder dadurch eine Beschränkung der Vertretungsmacht des Vorstandes oder eine von den Vorschriften des § 28 Abs. 1 abweichende Art der Beschlußfassung bestimmt wird, sind diese Punkte in das Register einzutragen; ebenso der Tag, an welchem die Änderung beschlossen ist (§ 64) (a. A. Staudinger, Erl. 5 zu § 71, der die Eintragung der Satzungsänderung ihrem vollen Inhalte nach für erforderlich hält, was aber mit dem entsprechend anzuwendenden § 64 nicht vereinbar ist). Die in dem § 64 vorgeschriebene Eintragung der Mitglieder des Vorstandes ist im Falle des § 71 nur dann erforderlich, wenn infolge der Änderung der Satzung auch eine Änderung des Vorstandes eintritt. Wie im Falle des § 64, so hängt auch hier die Wirksamkeit der Eintragung nicht davon ab, daß alle Punkte, auf die sich die Eintragung beziehen soll, wirklich in das Register eingetragen sind. Die Eintragung ist vielmehr wirksam, wenn aus derselben nur erhellt, daß eine Änderung der Satzung beschlossen ist. In betreff des Inhalts der Änderung genügt, daß er sich aus dem zu den Vereinsakten (s. Erl. zu § 64) zu nehmenden Beschluß ergibt. Betrifft indessen die Änderung der Satzung die in den §§ 68, 70 bezeichneten Punkte, so hat die Unterlassung der Eintragung in das Register die in jenen Paragraphen bestimmten Folgen

§ 72.

E. II § 62 rev. § 69; III § 69. P. II Bd. 1 S. 567 ff. D. S. 611.

Einreichung des Verzeichnisses der Mitglieder. Das Interesse des Registergerichts, die Mitglieder kennen zu lernen, ergibt sich insbesondere aus den §§ 33, 37. Daß die Einreichung des Verzeichnisses unverzüglich zu geschehen hat, ist als selbstverständlich betrachtet und deshalb das in dem ursprünglichen Antrage stehende Wort „unverzüglich“ gestrichen. Unberührt bleiben die Vorschriften des öffentlichen Vereinsrechts, nach welchen auch die Verwaltungsbehörde die Einreichung eines Mitgliederverzeichnisses verlangen kann.

§. 73. Sinkt die Zahl der Vereinsmitglieder unter drei herab, so hat das Amtsgericht auf Antrag des Vorstandes und, wenn der Antrag nicht binnen drei Monaten gestellt wird, von Amtswegen nach Anhörung des Vorstandes dem Vereine die Rechtsfähigkeit zu entziehen. Der Beschluß ist dem Vereine zuzustellen. Gegen den Beschluß findet die sofortige Beschwerde nach den Vorschriften der Civilprozeßordnung statt.

Der Verein verliert die Rechtsfähigkeit mit der Rechtskraft des Beschlusses.

§. 74. Die Auflösung des Vereins sowie die Entziehung der Rechtsfähigkeit ist in das Vereinsregister einzutragen. Im Falle der Eröffnung des Konkurses unterbleibt die Eintragung.

Wird der Verein durch Beschluß der Mitgliederversammlung oder durch den Ablauf der für die Dauer des Vereins bestimmten Zeit aufgelöst, so hat der Vorstand die Auflösung zur Eintragung anzumelden. Der Anmeldung ist im ersteren Falle eine Abschrift des Auflösungsbeschlusses beizufügen.

Wird dem Verein auf Grund des §. 43 die Rechtsfähigkeit entzogen oder wird der Verein auf Grund des öffentlichen Vereinsrechts aufgelöst, so erfolgt die Eintragung auf Anzeige der zuständigen Behörde.

---

§ 73.

E. II § 63 rev. § 70; III § 70. P. II Bd. 1 S. 570 ff. D. S. 611.

1. **Durch das Herabsinken der Mitgliederzahl unter drei** verliert der Verein die Rechtsfähigkeit nicht von selbst. Auch hat die Entziehung der Rechtsfähigkeit durch das Amtsgericht nur zu erfolgen, wenn zur Zeit der Erlassung der Verfügung die Zahl der Mitglieder weniger als drei beträgt. Ein Herabsinken unter drei rechtfertigt die Entziehung nicht, wenn die Zahl inzwischen wieder auf drei oder mehr gestiegen ist. Hieraus läßt sich aber nicht folgern, daß die Entziehung der Rechtsfähigkeit unterbleiben dürfe, wenn Aussicht vorhanden sei, daß die auf weniger als drei herabgesunkene Zahl der Mitglieder sich wieder vermehren werde. Durch den Ausdruck „hat" ist dem Amtsgerichte vielmehr unbedingt die Verpflichtung auferlegt, bei dem Herabsinken der Zahl der Vereinsmitglieder unter drei, die Rechtsfähigkeit zu entziehen (a. A. Hölder, Erl. 1 zu § 73; Staudinger, Erl. 2 zu § 73).

2. **Die Zustellung des Beschlusses,** durch welchen die Rechtsfähigkeit entzogen wird, **erfolgt für den Verein an den Vorstand.** Besteht dieser aus mehreren Personen, so genügt nach § 28 Abs. 2 die Zustellung an ein Mitglied. Existiert ein Vorstand überhaupt nicht mehr, so hat das Amtsgericht nach § 29 zu verfahren. Die Ansicht von Staudinger, Erl. 2 zu § 73, daß die Bestellung des Vorstandes durch das Amtsgericht, da sie nach § 29 nur auf Antrag eines Beteiligten zu erfolgen habe, nicht zulässig sei, wenn sie nicht von einem Mitgliede des Vereins oder etwa von dem Anfallberechtigten oder einem Gläubiger beantragt werde, und daß daher, wenn dies nicht geschehe, die Entziehung der Rechtsfähigkeit auf Grund des § 73 nicht erfolgen könne, dürfte zu formalistisch sein. Das Amtsgericht ist im Falle des § 73 selbst beteiligt und daher auch ohne einen Antrag eines anderen Beteiligten zur Bestellung des Vorstandes nach § 29 berechtigt.

3. **Sind alle Mitglieder des Vereins weggefallen,** so existiert ein Verein nicht mehr (s. Erl. 4c zu § 41) und treten damit dieselben Folgen ein wie im Falle der Auflösung; die §§ 45 ff. kommen daher zur Anwendung. Fällt das Vermögen nicht an den Fiskus (§ 46), so hat eine Liquidation zu erfolgen (§§ 47 ff.). Bis zur Beendigung gilt der Verein als fortbestehend (§ 49 Abs. 2). Eine Mitgliederversammlung besteht aber nicht mehr; es kommen daher die Vorschriften der Satzung, welche auf Beschlüsse der Mitgliederversammlung Bezug nehmen, nicht mehr zur Anwendung. Die Liquidatoren sind nach Maßgabe des § 29 vom Amtsgerichte zu ernennen.

§ 74.

E. II § 64 rev. § 71; III § 71. P. II Bd. 1 S. 576 ff.

Eintragung der Auflösung und Entziehung der Rechtsfähigkeit. Das Erlöschen der juristischen Persönlichkeit tritt durch die Auflösung des Vereins sowie durch den Verlust der

§. 75. Die Eröffnung des Konkurses ist von Amtswegen einzutragen. Das Gleiche gilt von der Aufhebung des Eröffnungsbeschlusses.

§. 76. Die Liquidatoren sind in das Vereinsregister einzutragen. Das Gleiche gilt von Bestimmungen, welche die Beschlußfassung der Liquidatoren abweichend von der Vorschrift des §. 48 Abs. 3 regeln.

Die Anmeldung hat durch den Vorstand, bei späteren Aenderungen durch die Liquidatoren zu erfolgen. Der Anmeldung der durch Beschluß der Mitgliederversammlung bestellten Liquidatoren ist eine Abschrift des Beschlusses, der Anmeldung einer Bestimmung über die Beschlußfassung der Liquidatoren eine Abschrift der die Bestimmung enthaltenden Urkunde beizufügen.

Die Eintragung gerichtlich bestellter Liquidatoren geschieht von Amtswegen.

§. 77. Die Anmeldungen zum Vereinsregister sind von den Mitgliedern des Vorstandes sowie von den Liquidatoren mittelst öffentlich beglaubigter Erklärung zu bewirken.

Rechtsfähigkeit, nicht erst durch die Eintragung ein; diese dient nur dazu, das Erlöschen bekannt zu machen.

Das Amtsgericht hat in den Fällen des Abs. 2 zu prüfen, ob die dort bezeichneten Voraussetzungen der Auflösung eingetreten sind. Das Gleiche gilt, wenn die Auflösung auf Grund des § 73 erfolgt ist oder alle Mitglieder des Vereins weggefallen sind (s. Erl. 3 zu § 73). Zu der nach Abs. 2 vorgeschriebenen Anmeldung der Auflösung zur Eintragung durch den Vorstand kann dieser nach § 78 durch das Amtsgericht angehalten werden. Ist kein Vorstand vorhanden, so findet nötigenfalls der § 29 Anwendung. In den Fällen des § 74 Abs. 3 ist die Eintragung auf Grund der Anzeige der zuständigen Behörde zu verfügen. Im Falle der Eröffnung des Konkurses über das Vermögen des Vereins ist nicht die Auflösung, sondern nach Maßgabe des § 75 die Eröffnung des Konkursverfahrens einzutragen. Dies hat seinen Grund darin, daß die Auflösung als nicht erfolgt gilt, wenn der Beschluß über Eröffnung des Konkurses wieder aufgehoben wird (s. Erl. zu § 42). Die Eintragung der Konkurseröffnung erfolgt von Amtswegen (vgl. KO. § 111).

§ 75.

E. II § 65 rev. § 72; III § 72. P. II Bd. 1 S. 576 ff., Bd. 6 S. 118. D. S. 611.

Eintragung der Eröffnung des Konkurses. S. Erl. zu §§ 42 und 74. Ist die Eröffnung des Konkurses wieder aufgehoben (KO. §§ 109, 116) bevor sie eingetragen war, so wird die Eintragung unterbleiben können.

§ 76.

E. II § 66 rev. § 73; III § 73. P. II Bd. 1 S. 576 ff. D. S. 611.

Eintragung der Liquidatoren. Die Vorschriften dieses Paragraphen über die Liquidatoren entsprechen den für den Vorstand geltenden Vorschriften der §§ 64, 67 und enthalten eine Anwendung des dem § 48 zu Grunde liegenden Gedankens. Die Vorschriften der §§ 68—70 finden auch auf die Liquidatoren Anwendung. Die Eintragung der Liquidatoren muß auch dann erfolgen, wenn der Vorstand die Liquidation besorgt. Mit dem Eintritte der Liquidation (§ 47) werden die Mitglieder des Vorstandes Liquidatoren (s. § 48 Abs. 1 Satz 2). Diese Änderung ihrer Stellung ist durch die Eintragung erkennbar zu machen (a. A. Hölder, Erl. 2 zu § 76)

§ 77.

E. II § 67 rev. § 74; III § 74. P. II Bd. 1 S. 576 ff., Bd. 5 S. 163, 164. D. S. 611.

Öffentliche Beglaubigung der Anmeldungen zum Vereinsregister. Die öffentliche Beglaubigung erfolgt nach Maßgabe des § 129 (s. auch FGG. §§ 167, 183). Geben die Mitglieder des Vorstandes oder die Liquidatoren die Erklärung zu Protokoll vor dem Amtsgericht ab, so ist dadurch dem Erfordernisse der öffentlichen Beglaubigung Genüge geschehen (FGG. §§ 128, 159). Hat ein Notar die Anmeldung beurkundet oder beglaubigt, so ist er auch zur Anmeldung ermächtigt (FGG. §§ 129, 159).

§. 78. Das Amtsgericht kann die Mitglieder des Vorstandes zur Befolgung der Vorschriften des §. 67 Abs. 1, des §. 71 Abs. 1, des §. 72, des §. 74 Abs. 2 und des §. 76 durch Ordnungsstrafen anhalten. Die einzelne Strafe darf den Betrag von dreihundert Mark nicht übersteigen.

In gleicher Weise können die Liquidatoren zur Befolgung der Vorschriften des §. 76 angehalten werden.

§. 79. Die Einsicht des Vereinsregisters sowie der von dem Vereine bei dem Amtsgericht eingereichten Schriftstücke ist Jedem gestattet. Von den Eintragungen kann eine Abschrift gefordert werden; die Abschrift ist auf Verlangen zu beglaubigen.

II. Stiftungen.

---

§ 78.

E. II § 68 rev. § 75; III § 75. P. II Bd. 1 S. 577 ff. D. S. 611.

Ordnungsstrafen gegen den Vorstand und die Liquidatoren. Über das Verfahren vgl. FGG. §§ 159, 127, 132—139. Nicht berührt durch die Vorschriften des § 78 wird das kraft öffentlichen Rechtes bestehende Aufsichtsrecht über die Vereine. Welche Behörde dieses Aufsichtsrecht auszuüben hat, bestimmt die Landesgesetzgebung.

§ 79.

E. II § 69 rev. § 76; III § 76. P. II Bd. 1 S. 578, Bd. 6 S. 118, 182. D. S. 611.

Öffentlichkeit des Vereinsregisters. Der Zweck des Vereinsregisters erfordert dessen Öffentlichkeit. Daß, wie im E. II ausdrücklich bestimmt war, die Einsicht nur während der gewöhnlichen Dienststunden gestattet ist und die Abschrift nur gegen Erlegung der Kosten erteilt wird, versteht sich von selbst. Derartige reglementarische Vorschriften gehören nicht in das BGB. und sind deshalb bei der Revision gestrichen. Die Gestattung der Einsicht kann verlangt werden ohne daß es wie nach FGG. § 34 der Glaubhaftmachung eines berechtigten Interesses bedarf. Das Gleiche gilt von der Erteilung einer beglaubigten Abschrift der Eintragung. Von den eingereichten Schriftstücken kann eine beglaubigte Abschrift nur nach FGG. § 34, also bei Glaubhaftmachung eines berechtigten Interesses verlangt werden. Bei der Einsicht selbst eine Abschrift zu nehmen ist jeder berechtigt. Ein Zeugnis des Amtsgerichts, daß Eintragungen nicht bestehen, kann zwar nicht auf Grund des § 79, wohl aber nach FGG. § 162, jedoch nur unter der Voraussetzung der Glaubhaftmachung eines berechtigten Interesses verlangt werden.

II. Stiftungen.

Kohler, Das Recht der Stiftungen im Arch. f. Bürg. R. Bd. 3 S. 228. Stintzing, Über das Stiftungsgeschäft nach dem BGB. im Arch. f. civ. Pr. Bd. 88 S. 392 ff.

1. Begriff und Begründung einer Stiftung. Bei den rechtsfähigen Stiftungen tritt der Zweck der juristischen Persönlichkeit noch schärfer hervor wie bei den rechtsfähigen Vereinen. Es handelt sich darum, die Erhaltung und Fortentwickelung eines Vermögens zu ermöglichen, dessen Subjekt nicht ein einzelner Mensch ist und das nicht den Zwecken eines einzelnen, sondern allgemeineren Zwecken zu dienen bestimmt ist. Zu diesem Behufe muß ein Organismus geschaffen werden, der in betreff des dem Stiftungszwecke gewidmeten Vermögens diejenigen Funktionen hat, welche sonst der einzelne Mensch in betreff seines Vermögens ausübt (s. Vorbm. zu diesem Titel).

Bei den rechtsfähigen Vereinen bilden die Mitglieder des Vereins die natürliche Grundlage; ihre Beschlüsse sind für die Angelegenheiten des Vereins maßgebend und aus ihrer Wahl geht der Vorstand, welcher das Vereinsvermögen zu vertreten hat, hervor. Bei den Stiftungen fehlt diese Grundlage und muß daher bei der Errichtung der Stiftung durch besondere Bestimmung für die Vertretung Vorsorge getroffen werden. Dies ist auch dann notwendig, wenn man mit Meurer, S. 243 als Rechtsträgerschaft bei der Stiftung die unabsehbare Reihe der Genußdestinatäre ansieht.

Die Befugnis, eine derartige Organisation durch Rechtsgeschäft zu schaffen, läßt sich aus allgemeinen Grundsätzen nicht ableiten. Das soziale Bedürfnis drängt aber dazu, die Widmung

§. 80. Zur Entstehung einer rechtsfähigen Stiftung ist außer dem Stiftungsgeschäfte die Genehmigung des Bundesstaats erforderlich, in dessen Gebiete die

von Vermögen für allgemeinere Zwecke zu ermöglichen. Es sind dies im wesentlichen dieselben Zwecke, denen auch die Vereine mit idealen Tendenzen dienen. Um ihre Erreichung zu erleichtern, gestattet die Rechtsordnung nicht nur die Bildung rechtsfähiger Vereine, sondern auch die Errichtung von Stiftungen durch Rechtsgeschäft. Die dem einzelnen gewährte Möglichkeit, Vermögen dauernd für gewisse Zwecke zu binden, muß aber mit Rücksicht darauf eine Einschränkung erleiden, daß nicht alle Zwecke eine solche Begünstigung verdienen. Durch das Gesetz läßt sich eine für alle Fälle zutreffende Abgrenzung der Zwecke, für welche eine Stiftung zugelassen werden soll, nicht geben. Auch für die Vereine, welche politische, sozialpolitische oder religiöse Zwecke verfolgen, hat das BGB. eine Einschränkung für notwendig gehalten (s. §§ 61—63). Bei den Stiftungen, bei welchen die Möglichkeit einer Fortentwickelung und Umbildung durch die Beschlüsse der Mitgliederversammlung fehlt, ist eine noch weitergehende Einschränkung für notwendig gehalten und deshalb, abweichend von dem E. I, allgemein das Erfordernis staatlicher Genehmigung vorgeschrieben.

2. **Nur die privatrechtlichen Stiftungen** werden durch die §§ 80—88 geregelt. Die öffentlichrechtlichen Stiftungen werden ebenso wie die öffentlichrechtlichen Körperschaften durch die Vorschriften des BGB. nicht berührt. Nur zwei einzelne Vorschriften werden für sie in dem § 89 gegeben.

3. Das BGB. enthält keine besonderen Vorschriften über **rechtsfähige Anstalten.** Sie fallen unter die Vorschriften über Stiftungen. Was als Anstalt bezeichnet wird, ist in der Tat nur eine Stiftung, bei welcher zu der Erreichung des Stiftungszwecks gewisse äußere Anstalten, z. B. ein Krankenhaus, ein Armenhaus, ein Museum, erforderlich sind. Nicht diese Anstalt ist rechtsfähig, sondern die Stiftung, deren Zwecken die Anstalt dient; die Anstalt bildet nur einen hervorragenden Teil des dem Stiftungszwecke gewidmeten Vermögens.

4. **Die Widmung von Vermögen für einen bestimmten Zweck kann auch in anderer Art als durch Errichtung einer Stiftung erfolgen.** Es kann dies dadurch geschehen, daß das Vermögen einer bestehenden privatrechtlichen oder öffentlichrechtlichen juristischen Person unter einer besonderen Zweckbestimmung überwiesen wird. In manchen Fällen dieser Art wird eine solche Überweisung als Errichtung einer selbständigen Stiftung aufzufassen sein, die nur das Eigentümliche hat, daß ihre Verwaltung und Vertretung der bereits bestehenden juristischen Person übertragen wird.

In anderen Fällen geht das überwiesene Vermögen in das Vermögen der juristischen Person, an welche die Überweisung erfolgt, über und verläßt sich der Überweisende darauf, daß die Organisation dieser juristischen Person genügende Sicherheit für eine dem Zwecke entsprechende Verwendung des Vermögens bietet. Hat das Mitglied eines Vereins diesem Vermögen mit einer besonderen Zweckbestimmung überwiesen, so kann dadurch ein Sonderrecht dieses Mitglieds auf eine dem Zwecke entsprechende Verwendung des überwiesenen Vermögens entstehen (§ 35). Die Widmung eines Vermögens für einen bestimmten Zweck kann ferner dadurch erfolgen, daß das Vermögen unter Lebenden oder von Todeswegen einem anderen mit der dem Zwecke entsprechenden Auflage überwiesen wird (§§ 525—527, 2192—2196). Davon verschieden ist der Fall, daß Vermögen durch Sammlungen zu einem vorübergehenden Zwecke, z. B. zur Errichtung eines Denkmals, zusammengebracht wird. Das hierdurch entstehende Rechtsverhältnis zwischen dem Beitragenden und denjenigen, welchen sie die Beiträge anvertrauen, bestimmt sich unter Berücksichtigung der Umstände des einzelnen Falles nach den allgemeinen Grundsätzen über Schuldverhältnisse. Für einen besonderen Fall trifft der § 1914 Fürsorge.

5. **Anordnung des Stoffes.** Die §§ 80—82 enthalten die Vorschriften über die Entstehung rechtsfähiger Stiftungen durch Rechtsgeschäft unter Lebenden, der § 83 über die Entstehung solcher Stiftungen durch Rechtsgeschäfte von Todeswegen, der § 84 über Stiftungen, deren Genehmigung erst nach dem Tode des Stifters erfolgt, die §§ 85, 86 über die Verfassungen der Stiftungen, der § 87 über die Umwandelung und der § 88 über das Erlöschen der Stiftungen.

§ 80.

E. I § 58 Satz 1, § 59, § 62 Abs. 1; II § 70; rev. § 77; III § 77. P. I S. 3189 ff., 3196 ff., 6155, 11626 ff.; M. I S. 118 ff. P. II Bd. 1 S. 585 ff. D. S. 611 ff. KB. S. 1946.

1. **Stiftungsgeschäft.** Daß eine Stiftung durch ein Rechtsgeschäft errichtet werden kann und daß andererseits ein Rechtsgeschäft zur Errichtung einer Stiftung erforderlich ist, wird in

Stiftung ihren Sitz haben soll. Soll die Stiftung ihren Sitz nicht in einem Bundesstaate haben, so ist die Genehmigung des Bundesraths erforderlich. Als Sitz der Stiftung gilt, wenn nicht ein Anderes bestimmt ist, der Ort, an welchem die Verwaltung geführt wird.

§. 81. Das Stiftungsgeschäft unter Lebenden bedarf der schriftlichen Form.

Bis zur Ertheilung der Genehmigung ist der Stifter zum Widerrufe berechtigt. Ist die Genehmigung bei der zuständigen Behörde nachgesucht, so kann der Widerruf nur dieser gegenüber erklärt werden. Der Erbe des Stifters ist zum Widerrufe nicht berechtigt, wenn der Stifter das Gesuch bei der zuständigen Behörde eingereicht oder im Falle der gerichtlichen oder notariellen Beurkundung des Stiftungsgeschäfts das Gericht oder den Notar bei oder nach der Beurkundung mit der Einreichung betraut hat.

---

dem § 80 nur indirekt durch die Worte „außer dem Stiftungsgeschäfte" ausgedrückt, ist darum aber nicht weniger zweifellos. Über die Erfordernisse des Rechtsgeschäfts s. Erl. zu §§ 81, 83.

2. Die **außer dem Stiftungsgeschäft erforderliche staatliche Genehmigung** ist ein Akt der Staatsgewalt, auf welchen die Vorschriften der §§ 182 ff. über Einwilligung und Genehmigung keine Anwendung finden. Über die Behörde, welche die Genehmigung zu erteilen hat, wenn die Stiftung ihren Sitz in einem Bundesstaate haben soll, haben die Gesetze dieses Bundesstaats zu bestimmen. (Preußen, AG. Art. 1; AV. Art. 4. Bayern, Zuständ.V. § 5. Sachsen, AV. § 7. Hessen, AG. Art. 7. Mecklenburg, AV. § 16.)

3. Für den **Sitz einer Stiftung** gelten nach Satz 3 des § 80 dieselben Grundsätze wie nach § 24 für den Sitz eines Vereins (s. Erl. zu § 24).

§ 81.

E. I § 58 Satz 1, 2, § 62 Abs. 2; II § 71 Abs. 1, 2 rev. § 78; III § 78. P. I S. 3189 ff., 3196 ff., 3476, 6155; M. I S. 118 ff., 121 ff. P. II Bd. 1 S. 591 ff., Bd. 4 S. 258, Bd. 5 S. 443 ff., Bd. 6 S. 118. D. S. 612. RB. S. 1946 ff.

1. Auf das **Stiftungsgeschäft unter Lebenden** finden die allgemeinen Vorschriften über Rechtsgeschäfte unter Lebenden Anwendung (§§ 104 ff.). Das Stiftungsgeschäft ist eine einseitige Willenserklärung, zu deren Wirksamkeit nicht erforderlich ist, daß sie einem anderen gegenüber abgegeben wird. Sie erzeugt die beabsichtigte rechtliche Wirkung erst, wenn das zweite vom Gesetz aufgestellte Erfordernis erfüllt, also die staatliche Genehmigung erteilt wird; aber sie besteht als fertige Willenserklärung, sobald sie abgegeben wird, ohne daß es der Einreichung des Gesuchs an die zuständige Behörde um Erteilung der Genehmigung bedarf. Sie bleibt daher auch bestehen, wenn der Stifter geschäftsunfähig geworden oder gestorben ist, und die staatliche Genehmigung kann auf Antrag des gesetzlichen Vertreters bezw. des Erben nachträglich erteilt werden. (A. A. Hölder, Erl. 1 zu § 81, der das Stiftungsgeschäft erst für vollzogen hält, wenn der Antrag auf Genehmigung an die Behörde gestellt oder ein anderer zur Stellung dieses Antrags ermächtigt ist; Hellmann, Krit. Viert. 3. F., Bd. IV, S. 195, 198; Bd. V, S. 242.)

2. Über den **Inhalt des Stiftungsgeschäfts** enthält das BGB. keine Vorschriften; er ist daher aus der Natur und dem Zwecke des Stiftungsgeschäfts zu entnehmen. Hieraus ergibt sich, daß der Wille, eine selbständige, rechtsfähige Stiftung zu schaffen, erhellen und daß die Stiftung durch die Angabe des Zweckes genügend individualisiert sein muß. Das in dem § 57 für Vereine noch außerdem aufgestellte Erfordernis der Angabe des Namens ist positiver Art und gilt für das Stiftungsgeschäft nicht. Die Angabe des Sitzes der Stiftung ist insoweit erforderlich, als dies behufs Feststellung der zur Genehmigung zuständigen Behörde (§ 80) nötig ist. Notwendig ist ferner eine Bestimmung über den Vorstand der Stiftung. Ohne Vorstand besteht kein Organ, welches das Stiftungsvermögen vertritt und den Stiftungszweck verfolgt, besteht daher auch die Stiftung selbst nicht. Die Vorschrift des § 26, nach welcher jeder Verein einen Vorstand haben muß, wird daher durch § 86 auch für Stiftungen für entsprechend anwendbar erklärt. Nicht notwendig ist, daß die Personen des Vorstandes selbst bezeichnet sind; es genügt, daß der Weg bestimmt wird, auf welchem der Vorstand zu bestellen ist. Wo landes-

gesetzliche Vorschriften bestehen, durch welche allgemein für die genügende Vertretung aller Stiftungen Fürsorge getroffen wird, sind Bestimmungen hierüber in dem Stiftungsgeschäfte nicht notwendig. Noch weiter geht aber wohl mit Unrecht Rehbein, Erl. 3a zu §§ 80—88, der annimmt, daß, wenn das Stiftungsgeschäft keine Bestimmung über die Organisation enthalte, diese als der zur Genehmigung zuständigen Behörde überlassen anzusehen sei und daß nötigenfalls ein Pfleger bestellt werden müsse.

3. Widmung von Vermögen für die Stiftung. Als ein weiteres Erfordernis des Stiftungsgeschäfts pflegt bezeichnet zu werden, daß der Stifter das Vermögen bestimmt, welches der Stiftung gewidmet werden soll. Ob dies richtig ist, hängt davon ab, wie man das Stiftungsgeschäft rechtlich auffaßt. Möglich ist, daß man das Wesen des Stiftungsgeschäfts darin findet, daß eine Organisation geschaffen wird, vermöge deren die Stiftung fähig ist, Vermögen zu erwerben und für den Stiftungszweck zu verwenden. Mit der Schaffung dieser Organisation ist die Stiftung errichtet. Wird ihr Vermögen zugewendet, so ist dies ein zweites selbständiges Rechtsgeschäft, das zwar regelmäßig mit der Errichtung der Stiftung verbunden wird, aber kein wesentliches Erfordernis ist. Gegen diese Auffassung spricht, daß nicht abzusehen ist, weshalb die Rechtsordnung die Möglichkeit gewähren sollte, durch Rechtsgeschäft künstliche Rechtssubjekte für bestimmte Zwecke zu schaffen, ohne daß zugleich ein diesen Zwecken gewidmetes Vermögen vorhanden ist. Gegen diese Auffassung sprechen ferner die kaum lösbaren Schwierigkeiten, die sich in dem regelmäßigen Falle, daß der Stiftung bei deren Errichtung zugleich Vermögen zugewiesen wird, daraus ergeben, daß durch das zweite Rechtsgeschäft Vermögen an eine Person übertragen würde, die wegen Mangels der staatlichen Genehmigung rechtlich noch nicht existiert. Richtiger ist, die Widmung von Vermögen für den Stiftungszweck als integrierenden Bestandteil des Stiftungsgeschäfts zu betrachten. Das Stiftungsgeschäft besteht eben darin, daß Vermögen in der Absicht, eine rechtsfähige Stiftung zu bilden, einem bestimmten Zwecke gewidmet und die für eine rechtsfähige Stiftung erforderliche Organisation geschaffen wird. Für diese Auffassung spricht, daß der soziale Zweck, welchen die Vorschriften über Stiftungen verfolgen, lediglich darin besteht, die Widmung von Vermögen für einen bestimmten Zweck zu ermöglichen, daß ferner die natürliche Auffassung der Zerlegung des Stiftungsgeschäfts in zwei verschiedene Geschäfte widerstrebt und daß der § 82 offenbar voraussetzt, daß in dem Stiftungsgeschäfte der Stiftung Vermögen zugesichert sei (a. A. Hölder, Erl. 4 zu § 80, der nur die Angabe der zur Realisierung des Stiftungszwecks erforderlichen Mittel, sei es durch Zuweisung eines Vermögens oder durch Bezeichnung der Quellen, aus denen solches erwartet wird, z. B. einer Lotterie, verlangt; ähnlich Staudinger, Erl. III 2 zu § 80; Dernburg I § 92 II; Enneccerus-Lehmann I § 41 Anm. 2; Stintzing, S. 414; letzterer nimmt aber an, daß der Stiftung, wenn ihr kein Vermögen zugewendet sei, und sie für den Stiftungszweck innerhalb der durch die Stiftung bestimmten Grenzen Aufwendungen gemacht habe, einen Revalierungsanspruch gegen den Stifter habe S. 418, 419). Aus dieser Auffassung folgt übrigens nicht, daß eine Stiftung nur so lange besteht, als sie Vermögen hat. Ist durch die Widmung von Vermögen die Stiftung einmal begründet und damit eine Organisation geschaffen, welche den Erwerb neuen Vermögens ermöglicht, so bildet der Verlust des bisherigen Vermögens keinen Grund des Erlöschens der Stiftung. Nur für den Fall des Konkurses tritt nach dem in § 86 für anwendbar erklärten § 42 der Verlust der Rechtsfähigkeit und damit das Erlöschen der Stiftung ein.

4. Form des Stiftungsgeschäfts. Durch § 58 des E. I war gerichtliche oder notarielle Form für das Stiftungsgeschäft vorgeschrieben; ebenso nach E. II und E. III. Die Vorschrift des § 81, nach welcher schriftliche Form genügt, beruht auf einem Beschlusse des Reichstags. Man ging davon aus, daß für die wesentlichen Zwecke, welche durch die gerichtliche oder notarielle Form erreicht werden sollten, die staatliche Genehmigung genüge. Was zur schriftlichen Form erforderlich ist, bestimmt der § 126.

5. Widerruf des Stiftungsgeschäfts. Das Stiftungsgeschäft ist, solange es nicht durch den Hinzutritt der staatlichen Genehmigung Wirksamkeit erlangt hat, frei widerruflich. Der Widerruf ist an keine Form gebunden und braucht, solange der Antrag auf staatliche Genehmigung nicht gestellt ist, nicht gegenüber einem andern oder gegenüber einer Behörde erklärt zu werden. Er kann z. B. auch durch Zerstörung der über die Stiftung aufgenommenen Schrift erfolgen. Nach dem E. I war die Widerruflichkeit ausgeschlossen, weil nach ihm das Stiftungsgeschäft schon mit der Errichtung Wirksamkeit erlangt. Für den Fall, daß landesgesetzlich staatliche Genehmigung vorgeschrieben worden, sollte nach dem E. I § 62 der Stifter an das Stiftungsgeschäft von dem Zeitpunkt an gebunden sein, in welchem er die staatliche Genehmigung nachsucht. Das BGB. läßt den Widerruf auch nach diesem Zeitpunkte zu, bestimmt aber, daß, wenn die staatliche Genehmigung bei der zuständigen Behörde nachgesucht ist, der Widerruf nur dieser gegenüber erklärt werden kann. Nachgesucht ist die staatliche Genehmigung, wenn das Gesuch bei der zuständigen Behörde eingegangen ist. Über Erklärungen, welche einer Behörde gegenüber abzugeben sind, s. § 130. Beschränkt wird die Zulässigkeit des Widerrufs nach Abs. 2 Satz 3 für die Erben des Stifters. Diese können nicht mehr widerrufen, wenn der Stifter um die staatliche Genehmigung nachgesucht oder im Falle gerichtlicher oder notarieller Beurkundung des Stiftungsgeschäfts das Gericht oder den Notar bei oder nach der Beurkundung mit der Einreichung des Gesuchs betraut hat. Die Vorschrift beruht auf dem Gedanken, daß der Stifter in den bezeichneten Fällen seine Erben ebenso hat binden wollen, wie er dies durch Errichtung der Stiftung mittels Verfügung von Todeswegen hätte erreichen können. Ähnliche Vorschriften s. in den §§ 1733, 1753.

Haben mehrere die Stiftung gemeinschaftlich errichtet, so steht jedem von ihnen der Widerruf zu. Durch den Widerruf eines der Stifter wird regelmäßig das ganze Stiftungsgeschäft unwirksam. Ob den übrigen Stiftern ein Anspruch gegen den Zurücktretenden zusteht, hängt von dem unter ihnen bestehenden Verhältnis ab. Das Gleiche wird gelten müssen für mehrere Erben eines Stifters, wenn diese noch zum Widerrufe berechtigt sind (a. A. Dernburg I § 92 Anm. 18, der Einstimmigkeit der Erben verlangt; Breit, Zur Lehre vom Rechtsgeschäft i. Sächs. Arch. Bd. 13 S. 309).

6. Stiftung durch Vertrag. Der E. I wollte durch die Fassung des § 58 die Frage offen lassen, ob eine Stiftung auch durch Vertrag errichtet werden könne und wie das Rechtsverhältnis in einem solchen Falle zu beurteilen sei. Nach dem BGB. wird anzunehmen sein, daß das Stiftungsgeschäft seinem Wesen nach ein einseitiges, bis zur staatlichen Genehmigung bezw. bis zum Tode des Stifters widerrufliches Rechtsgeschäft ist. Wird es in der Form des Vertrags abgeschlossen, so kann dies nur die Bedeutung haben, daß der Stifter dem anderen Teile gegenüber verpflichtet ist, das Stiftungsgeschäft nicht zu widerrufen. Die rechtliche Wirksamkeit eines trotzdem erfolgten Widerrufs wird dadurch nicht ausgeschlossen. Welche Folgen in solchem Falle aus der Nichterfüllung der dem anderen Teile gegenüber eingegangenen Verpflichtung entstehen, bestimmt sich nach dem übrigen Inhalte des Vertrags; sie können in einer Verpflichtung des Stifters zum Schadensersatz und, falls der andere Teil auch seinerseits eine Verpflichtung durch den Vertrag übernommen hatte, darin bestehen, daß der andere Teil von dem Vertrage zurückzutreten berechtigt ist. Die allgemeinen Grundsätze über Nichterfüllung von Verträgen sind hier maßgebend. Ein Anspruch auf Erfüllung der durch den Vertrag übernommenen Verbindlichkeit zur Errichtung einer Stiftung ist wegen der freien Widerruflichkeit der Stiftung ausgeschlossen (a. A. Stintzing, S. 410). Möglich würde zwar auch eine Gestaltung sein, nach welcher, wenn das Stiftungsgeschäft durch Vertrag errichtet wird, der Stifter nicht mehr widerrufen kann. Diesen Weg schlägt das BGB. bei der Errichtung der Stiftung durch Erbvertrag ein (s. Erl. 2 zu § 83). Aus der Zulässigkeit des Erbvertrags kann aber bei der eigentümlichen Natur desselben und bei den besonderen Rücksichten, die für ihn in Betracht kommen, nicht geschlossen werden, daß eine vertragsmäßige Bindung auch bei dem Stiftungsgeschäft unter Lebenden zulässig ist. Durch Vertrag können zwar Verpflichtungen jeder Art eingegangen werden; der Vertrag ist aber nicht eine allgemeine Rechtsform, durch welche jeder rechtliche Zweck erreicht werden könnte. Wie dingliche Rechte nur in den durch das Gesetz bestimmten Fällen durch Vertrag begründet werden können, so würde es auch einer besonderen Vorschrift bedürfen, um neben dem einseitigen, widerruflichen Rechtsgeschäft auch ein vertragsmäßiges, unwiderrufliches Stiftungsgeschäft zu ermöglichen. Nach § 81 Abs. 2 ist ein solches nicht zulässig.

7. Antrag auf Erteilung der staatlichen Genehmigung. Unter den Erfordernissen der Entstehung einer Stiftung wird von dem BGB. nicht aufgeführt der Antrag des Stifters auf Erteilung der staatlichen Genehmigung. Bei der Ehelichkeitserklärung wird der Antrag des Vaters ausdrücklich erfordert (§ 1723), und der Mangel des Antrags hat die Unwirksamkeit der Ehelichkeitserklärung zur Folge. Ist daraus, daß in den Vorschriften über die Entstehung einer Stiftung der Antrag des Stifters nicht erwähnt ist, zu folgern, daß der Antrag nicht notwendig ist? Dagegen spricht, daß das Stiftungsgeschäft unter Lebenden, abgesehen von den Fällen des § 81 Abs. 2 Satz 3, frei widerruflich ist. Das Stiftungsgeschäft besteht zwar, auch wenn der Antrag auf Erteilung der staatlichen Genehmigung noch nicht gestellt ist, aber es unterliegt, ähnlich wie eine letztwillige Verfügung, noch der freien Disposition des Stifters. Dieses Recht darf dem Stifter nicht entzogen, das widerrufliche Stiftungsgeschäft nicht ohne seinen Willen in ein unwiderrufliches verwandelt werden. Deshalb darf die staatliche Behörde die Stiftung nicht ohne Antrag oder doch nicht ohne Einwilligung des Stifters genehmigen. Zweifelhaft ist, ob man noch einen Schritt weiter gehen und annehmen muß, daß die staatliche Genehmigung

§. 82. Wird die Stiftung genehmigt, so ist der Stifter verpflichtet, das in dem Stiftungsgeschäfte zugesicherte Vermögen auf die Stiftung zu übertragen. Rechte, zu deren Uebertragung der Abtretungsvertrag genügt, gehen mit der Genehmigung auf die Stiftung über, sofern nicht aus dem Stiftungsgeschäfte sich ein anderer Wille des Stifters ergiebt.

---

ohne Antrag oder Einwilligung des Stifters nicht erfolgen **könne**, die ohne solche Einwilligung erteilte Genehmigung also unwirksam sei. Auch diese Frage dürfte zu bejahen sein. Daraus, daß der Antrag des Stifters unter den Erfordernissen der Entstehung einer Stiftung nicht mit aufgeführt ist, wird man indessen folgern können, daß, um die Entstehung einer Stiftung nachzuweisen, der Beweis des Stiftungsgeschäfts und der staatlichen Genehmigung genügt. Dem Stifter wird aber der Beweis nicht abgeschnitten werden können, daß die Stiftung ohne seinen Willen die staatliche Genehmigung erhalten habe, daß also z. B. die von ihm errichtete Urkunde über das Stiftungsgeschäft ihm entwendet sei und der Dieb den Antrag auf die staatliche Genehmigung vielleicht unter Fälschung seiner Unterschrift gestellt habe. Anzuerkennen wird sein, daß nicht die Form des Antrags erforderlich ist, daß vielmehr sowohl die Einwilligung als auch die nachträgliche Genehmigung des Stifters genügt. Praktisch ist die Frage von geringer Bedeutung, indem es nicht leicht vorkommen wird, daß die staatliche Behörde die Genehmigung ohne einen Antrag des Stifters bezw. seines Vertreters oder seiner Erben erteilt. (Nicht für erforderlich hält den Antrag **Kuhlenbeck**, Erl. 4 zu § 80, Erl. 3 zu § 81.)

Mehrere Stifter sowie mehrere Erben eines Stifters können den Antrag nur gemeinschaftlich stellen. Zulässig ist selbstverständlich die Stellung des Antrags durch einen Bevollmächtigten.

8. **Verweigerung der staatlichen Genehmigung.** Wird die staatliche Genehmigung verweigert, so entsteht die Stiftung nicht. Das Stiftungsgeschäft als solches bleibt aber bestehen, und auf Grund desselben kann der Antrag auf staatliche Genehmigung erneuert werden. Die Beschränkungen der Widerruflichkeit fallen indessen mit der Verweigerung der staatlichen Genehmigung weg. Der Widerruf braucht nicht der Behörde gegenüber erklärt zu werden, und der Erbe des Stifters ist auch im Falle des § 81 Abs. 2 Satz 3 zum Widerrufe berechtigt. In dem E. I § 62 war ausdrücklich bestimmt, daß mit der Verweigerung der staatlichen Genehmigung die Gebundenheit aufhöre. Eine gleiche Vorschrift findet sich zwar im BGB. nicht, wird aber auch nach diesem aus dem Zwecke und der Natur der in dem Abs. 2 des § 81 gegebenen Vorschrift zu folgern sein. Die noch weitergehende Ansicht, daß mit der Verweigerung das ganze Stiftungsgeschäft zerfällt (so **Hölder**, Erl. 4 zu § 81; **Rehbein**, Erl. 3b zu §§ 80—88; **Staudinger**, Erl. III zu § 81; **Meurer** S. 270ff.), ist mit der Auffassung des Stiftungsgeschäfts als eines einseitigen nicht empfangsbedürftigen Rechtsgeschäfts nicht vereinbar. Richtig ist nur, daß wenn die staatliche Genehmigung verweigert ist, die nachträgliche Genehmigung nur auf Grund eines neuen Antrags erfolgen kann. Der frühere Antrag ist durch die Verweigerung definitiv erledigt.

Über die Folgen der Verweigerung der staatlichen Genehmigung im Falle der Errichtung der Stiftung von Todeswegen s. Erl. 3 zu § 84.

§ 82.

E. I § 58 Satz 3, 4; II § 71 Abs. 3 rev. § 79; III § 79. P. I S. 3089 ff., 3196 ff., 6165, 11626, 11627; M. I S. 120. P. II Bd. 1 S. 593.

1. **Erwerb der durch das Stiftungsgeschäft zugesicherten Rechte.** Solange die Stiftung nicht existiert, können Rechte für sie nicht begründet werden. Auf die ihr durch das Stiftungsgeschäft zugewendeten Rechte erlangt sie aber, sobald sie durch die staatliche Genehmigung zur Entstehung gelangt ist, ipso jure einen Anspruch gegen den Stifter. Die Rechte gehen nicht unmittelbar auf sie über, aber der Stifter ist verpflichtet, sie ihr zu übertragen. Ihr Vermögen besteht also zunächst nur in einer Forderung gegen den Stifter; mehrere Stifter, die in dem Stiftungsgeschäfte gemeinschaftlich eine Leistung zugesagt haben, haften nach Analogie des § 427 als Gesamtschuldner. Eine Ausnahme bestimmt der Satz 2 für solche Rechte, zu deren Übertragung der Abtretungsvertrag genügt, also für Forderungen (§ 398, vgl. auch § 1154) und die im § 413 bezeichneten Rechte. Diese gehen mit der Entstehung der Stiftung auf sie über, sofern nicht aus dem Stiftungsgeschäfte sich ein anderer Wille des Stifters ergibt. Abweichend von dem E. I bildet also der Übergang die Regel und liegt demjenigen, welcher den Übergang bestreitet, der Beweis ob, daß der Stifter den sofortigen Übergang nicht gewollt habe.

2. **Haftung des Stifters bis zur Genehmigung der Stiftung.** Solange der Stifter nach § 81 nicht gebunden ist, ist er in der Verfügung über die zugesicherten Gegenstände nicht beschränkt und haftet wegen Verschlechterung oder sonstiger Veränderung derselben nicht. Die für bedingte Rechtsgeschäfte geltenden Vorschriften der §§ 160, 161 können keine entsprechende Anwendung finden, weil der Stifter nicht wie der bedingt Verpflichtete gebunden ist (a. A. Hölder, Erl. 2 zu § 82; Meurer S. 276; Stintzing S. 420ff., welche eine Gebundenheit des Stifters entweder von Anfang an oder doch von der Stellung des Antrags auf Genehmigung an unter der doppelten Bedingung annehmen, daß ein wirksamer Widerruf nicht erfolge und daß die Genehmigung erteilt werde und die deshalb die §§ 160, 161 für anwendbar erklären. Hiergegen spricht aber, daß die Zuwendung nicht unter der rechtsgeschäftlichen Bedingung des Widerrufs erfolgt, sondern der Widerruf dem Stifter kraft des Gesetzes ebenso zusteht wie dem Erblasser bei einer letztwilligen Verfügung, eine Gebundenheit also überhaupt nicht eintritt). Dagegen sind die nach den §§ 2164—2173 für Vermächtnisse geltenden Auslegungsregeln zur entsprechenden Anwendung geeignet. Die Gründe, welche für diese Auslegungsregeln maßgebend gewesen sind, treffen im wesentlichen auch für das Stiftungsgeschäft zu. Wie die letztwillige Verfügung, durch die das Vermächtnis angeordnet wird, bis zum Tode des Erblassers von diesem wieder aufgehoben werden kann, so kann auch das Stiftungsgeschäft bis zur Erteilung der staatlichen Genehmigung von dem Stifter widerrufen werden. Hier wie dort wird, wenn in der Zwischenzeit Änderungen in Ansehung der zugesicherten oder vermachten Gegenstände eintreten, im Zweifel anzunehmen sein, daß dasjenige, was an Stelle des zugesicherten oder vermachten Gegenstandes in das Vermögen des Stifters oder Erblassers gelangt ist, der Stiftung bezw. dem Vermächtnisnehmer zugewendet sein sollte (§§ 2164 Abs. 2, 2169 Abs. 3, 2172 Abs. 2, 2173). Auch die übrigen Vorschriften der gedachten Paragraphen, insbesondere über Zubehör (§ 2164 Abs. 1), über Rechte, mit welchen der vermachte Gegenstand belastet ist (§§ 2164—2168), über das Vermächtnis eines Gegenstandes, der zur Zeit des Erbfalls nicht zur Erbschaft gehört (§§ 2169 Abs. 1, 2170), über Vermächtnisse, die auf eine zur Zeit des Erbfalls unmögliche Leistung gerichtet sind (§§ 2171, 2172 Abs. 1), beruhen auf Gesichtspunkten, die regelmäßig auch bei der Stiftung zutreffen. An die Stelle des Zeitpunkts des Erbfalls tritt der Zeitpunkt der staatlichen Genehmigung, an die Stelle der Erbschaft das Vermögen des Stifters. Im einzelnen Falle wird allerdings immer zu prüfen sein, ob sich aus den Umständen nicht ergibt, daß die für die gedachten Vorschriften maßgebend gewesenen Gesichtspunkte nicht zutreffen.

Gehen nach § 82 Satz 2 die zugesicherten Rechte mit der Genehmigung ipso jure auf die Stiftung über, so sind die Vorschriften über Vermächtnisse insofern nicht anwendbar, als das Erbrecht ein Vindikationslegat nicht kennt, durch das Vermächtnis vielmehr immer nur eine Forderung begründet wird. Auch in diesem Falle werden indessen die gedachten Vorschriften wertvolle Anhaltspunkte für die Auslegung des Willens des Stifters geben.

Wird die staatliche Genehmigung erst nach dem Tode des Stifters erteilt, so kommt die besondere Vorschrift des § 84 in Anwendung (s. Erl. zu § 84).

3. **Haftung des Stifters nach der Genehmigung der Stiftung.** In dem § 58 Satz 3 des E. I war bestimmt, daß auf die Gewährleistungspflicht des Stifters die Vorschriften über die Gewährleistungspflicht des Schenkers entsprechende Anwendung finden. Von der zweiten Kommission ist dieser Satz gestrichen, weil die Entscheidung der Frage der Wissenschaft und Praxis überlassen werden solle und die Aufnahme des fraglichen Satzes an dieser Stelle zu einem unrichtigen argumentum a contrario in anderen Fällen wie z. B. bei der Beeinträchtigung eines Erbvertrags oder eines Pflichtteilsrechts durch eine Stiftung Anlaß geben könne. Nach dem in Erl. 2 Gesagten kommt die entsprechende Anwendung der Vorschriften über die Schenkung erst von dem Zeitpunkt an in Frage, in welchem die staatliche Genehmigung erfolgt ist. Mit diesem Zeitpunkt aber entsteht, obwohl die Stiftung keine Schenkung ist, doch ein dem Schenkungsversprechen bezw. im Falle des § 82 Satz 2 der durch Veräußerung vollzogenen Schenkung durchaus entsprechendes Verhältnis, und werden daher in betreff der Verpflichtung des Stifters, sofern sich nicht aus den Umständen des Falles, insbesondere aus dem Stiftungsgeschäft, ein anderes ergibt, die für die Schenkung geltenden Vorschriften der §§ 521—524 entsprechend anzuwenden sein (a. A. Stintzing S. 420ff., der infolge seiner eigentümlichen Auffassung der Stiftung, dieser einen nach allgemeinen Grundsätzen zu beurteilenden Revalierungsanspruch gegen den Stifter gibt). Der Stifter hat also der Stiftung gegenüber nur Vorsatz und grobe Fahrlässigkeit zu vertreten (§ 521), ist zur Entrichtung von Verzugszinsen nicht verpflichtet (§ 522), haftet wegen eines Mangels im Rechte sowie wegen eines Fehlers der Sache nur in den Fällen

§. 83. Besteht das Stiftungsgeschäft in einer Verfügung von Todeswegen, so hat das Nachlaßgericht die Genehmigung einzuholen, sofern sie nicht von dem Erben oder dem Testamentsvollstrecker nachgesucht wird.

---

und nach Maßgabe der §§ 523 Abs. 2, 524 Abs. 2, im übrigen aber nur, wenn er den Mangel oder Fehler arglistig verschwiegen hat (§§ 523 Abs. 1, 524 Abs. 1).

§ 83.

E. I § 59; II § 72 Abs. 1 rev. § 80; III § 80. P. I S. 8911 ff., 11627 ff.; M. I S. 120 ff. P. II Bd. 1 S. 586 ff., 594 ff. D. S. 612.

1. **Stiftungsgeschäft von Todeswegen.** Durch den § 83 wird anerkannt, daß das nach § 80 zur Errichtung einer Stiftung erforderliche Stiftungsgeschäft auch in einer Verfügung von Todeswegen bestehen kann. Unter Verfügung von Todeswegen versteht das BGB. sowohl die einseitige als die durch Erbvertrag getroffene Verfügung. Wo nur einseitige, nicht aber vertragsmäßige Verfügungen bezeichnet werden sollen, wird der Ausdruck „letztwillige Verfügung" oder „Testament" gebraucht (§ 1937). Hierunter werden auch die in einem Erbvertrag einseitig von dem Erblasser getroffenen Verfügungen (§ 2299), nicht aber die vertragsmäßigen Verfügungen verstanden (s. z. B. die §§ 1777, 1938—1940, 2044, 2048, 2197, 2336). Da der § 83 allgemein von einer Verfügung von Todeswegen spricht, so kann das Stiftungsgeschäft nicht nur in einem Erbvertrage, sondern auch durch einen solchen, also vertragsmäßig bindend vorgenommen werden. Hiermit scheint im Widerspruche zu stehen, daß nach § 2278 Abs. 3 vertragsmäßig andere Verfügungen als Erbeinsetzungen, Vermächtnisse und Auflagen nicht getroffen werden können, das Stiftungsgeschäft also ausgeschlossen zu sein scheint. Der Widerspruch verschwindet indessen, wenn man in der Einsetzung einer erst zu errichtenden Stiftung als Erbe oder in der Zuwendung eines Vermächtnisses an sie nicht zwei verschiedene Rechtsgeschäfte erblickt, durch deren eines die Stiftung errichtet wird, während durch das zweite eine Zuwendung an sie erfolgt, wenn man vielmehr das Ganze als ein einheitliches Rechtsgeschäft auffaßt. Der ganze Nachlaß oder ein Teil desselben wird dem Stiftungszwecke gewidmet, und in dieser Widmung liegt gleichzeitig die Errichtung der Stiftung und die Zuwendung des ganzen Nachlasses oder eines Teiles desselben an sie als Erbe oder Vermächtnisnehmer. Bei dieser Auffassung bildet das Stiftungsgeschäft einen Bestandteil der Erbeinsetzung oder Vermächtnisanordnung und kann mit und in dieser vertragsmäßig errichtet werden (s. Erl. 2 zu § 81).

2. Für den **Inhalt des durch eine Verfügung von Todeswegen errichteten Stiftungsgeschäfts** ist, abgesehen von dem in Erl. 1 Angeführten, ebenso wie für das Stiftungsgeschäft unter Lebenden zu erfordern, daß der Wille, eine rechtsfähige Stiftung zu errichten, erhellt, der Zweck der Stiftung angegeben und für die Vertretung der Stiftung in genügender Art Sorge getragen ist (s. Erl. 3 zu § 81). Die Form bestimmt sich, wenn die Errichtung durch letztwillige Verfügung erfolgt, nach den Vorschriften der §§ 2231 ff., wenn sie durch Erbvertrag erfolgt, nach den Vorschriften der §§ 2276 ff. Auch für den Widerruf des Stiftungsgeschäfts durch den Erblasser gelten, je nachdem die Errichtung durch letztwillige Verfügung oder Erbvertrag erfolgt ist, die für die Aufhebung letztwilliger Verfügungen oder die für die Aufhebung eines Erbvertrags geltenden Vorschriften (§§ 2253 ff., 2290 ff.).

Die Zuwendung an die Stiftung kann in der Einsetzung derselben als Erbe oder als Miterbe oder darin bestehen, daß ein Vermächtnis zu ihren Gunsten angeordnet wird. Möglich ist auch, daß die Stiftung nur als Vorerbe oder nur als Nacherbe oder nur als Ersatzerbe eingesetzt wird. Erfolgt die Genehmigung einer zum Vorerben eingesetzten Stiftung, so erlischt sie, sofern nicht ein anderer Wille des Erblassers erhellt, nicht notwendig mit dem Eintritte des Nacherbfalls. Die bis dahin von der Stiftung gezogenen Nutzungen des Nachlasses oder ein anderweiter von ihr gemachter Erwerb können genügen, um den Stiftungszweck auch nach dem Eintritte des Nacherbfalls zu erfüllen (a. A. wie es scheint Stintzing S. 442). Zweifelhaft kann sein, ob wenn die Stiftung als Nacherbe oder als Ersatzerbe eingesetzt ist, die Genehmigung schon vor dem Anfalle bezw. dem Eintritte des Nacherbfalls erfolgen kann. Die Frage dürfte zu bejahen sein; doch wird die Entscheidung über die Genehmigung wenigstens bei der Einsetzung der Stiftung als Ersatzerbe wohl regelmäßig bis dahin ausgesetzt werden, daß der Anfall an die Stiftung erfolgt ist. Sollte die Genehmigung in einem Falle der letzteren Art schon vor dem Anfall er-

§. 84. Wird die Stiftung erst nach dem Tode des Stifters genehmigt, so gilt sie für die Zuwendungen des Stifters als schon vor dessen Tode entstanden.

---

folgen, so wird sie als eine durch diesen bedingte anzusehen sein. Der Erblasser kann auch die Auflage machen, eine Stiftung zu errichten. Der Belastete kann dazu nach Maßgabe des § 2194 angehalten werden. Stifter ist in solchem Falle aber immer der Erbe oder der sonst mit der Auflage Belastete, nicht der Erblasser (a. A. Staudinger, Erl. III, 7).

3. Genehmigung des Stiftungsgeschäfts von Todeswegen. Die Vorschrift, daß das Nachlaßgericht die Genehmigung einzuholen hat, sofern sie nicht von dem Erben oder dem Testamentsvollstrecker nachgesucht wird, hat lediglich instruktionelle Bedeutung. Die Verfügung von Todeswegen, durch welche eine Stiftung errichtet wird, kann von dem Erben nicht widerrufen werden. Die staatliche Genehmigung kann daher erteilt werden, ohne daß es eines Antrags oder der Zustimmung des Erben bedarf. Das Gesetz hat nur dafür Sorge zu tragen, daß die staatliche Behörde von der Verfügung zuverlässige Kenntnis erhält und dadurch in die Lage gesetzt wird, sich über die Erteilung oder Versagung der Genehmigung zu entscheiden. Aus der rechtlichen Stellung des Erben ergibt sich, daß es zunächst dessen Sache ist, die staatliche Genehmigung zu veranlassen; dasselbe gilt von dem Testamentsvollstrecker, sofern dessen Befugnisse nicht beschränkt sind (§§ 2203 ff.). Ist aber die Stiftung selbst zum Erben eingesetzt und ein Testamentsvollstrecker nicht vorhanden oder unterläßt der Erbe sowie der Testamentsvollstrecker den Antrag auf staatliche Genehmigung, so hat das Nachlaßgericht oder die landesgesetzlich an dessen Stelle tretende Behörde (EG. Art. 147) die erforderlichen Schritte zu tun. Für die Wirksamkeit der staatlichen Genehmigung ist es gleichgültig, auf welchem Wege dieselbe erwirkt ist.

Die genehmigte Stiftung kann die Zuwendung, welche ihr durch Verfügung von Todeswegen gemacht ist, nicht ausschlagen; denn diese Zuwendung bildet einen integrierenden Teil des Stiftungsgeschäfts. Die Stiftung hat nicht das Recht, die Grundlage ihrer Existenz durch die Ausschlagung der Zuwendung zu vernichten.

§ 84.

E. I § 62 Abs. 3; II § 72 rev. § 81; III § 81. P. I S. 8911 ff., 11627 ff., 11904 ff.; M. I S. 123 ff. P. II Bd. 1 S. 594 ff., Bd. 6 S. 883 ff. D. S. 612.

Die im § 84 vorgeschriebene **Zurückbeziehung der nach dem Tode des Stifters erfolgenden Genehmigung** bezieht sich abweichend von dem § 62 Abs. 3 des E. I nicht allein auf Verfügungen von Todeswegen, sondern auch auf Rechtsgeschäfte unter Lebenden.

1. Stiftungsgeschäft von Todeswegen. Ist die Stiftung durch Erbeinsetzung errichtet, so würde sie ohne die Vorschrift des § 84 nach den §§ 1923, 2101 nur Nacherbe werden können. Auf Grund des § 84 wird sie, wenn die staatliche Genehmigung später erfolgt, als schon zur Zeit des Erbfalls bestehend angesehen und wird sie daher Erbe. Auf die juristische Konstruktion dieses Verhältnisses, insbesondere auch auf die Frage, ob in der Zwischenzeit bis zur Genehmigung, wie Hellwig, Anspruch und Klagrecht S. 44 annimmt, eine hereditas jacens besteht, kann hier nicht näher eingegangen werden. Ist die Stiftung durch Anordnung eines Vermächtnisses errichtet, so würde das Vermächtnis ohne die Vorschrift des § 84 der Stiftung nach den §§ 2178, 2179 erst in dem Zeitpunkt anfallen, in welchem die staatliche Genehmigung erfolgt. Auf Grund des § 84 erfolgt der Anfall schon mit dem Erbfall.

2. Stiftungsgeschäft unter Lebenden. Ist die Stiftung durch Rechtsgeschäft unter Lebenden errichtet, so findet die Vorschrift des § 84 sowohl dann Anwendung, wenn der Stifter der von ihm errichteten Stiftung vor deren staatlicher Genehmigung durch Verfügung von Todeswegen eine Zuwendung macht, als auch dann, wenn es sich lediglich um die durch das Stiftungsgeschäft selbst der Stiftung gemachten Zuwendungen handelt. Im ersteren Falle treten in betreff der durch die Verfügung von Todeswegen gemachten Zuwendungen die in Erl. 1 dargelegten Folgen ein. In dem zweiten Falle würden ohne die Vorschrift des § 84 die durch das Stiftungsgeschäft gemachten Zuwendungen erst mit der Genehmigung wirksam werden. Auf Grund des § 84 gilt, wenn die staatliche Genehmigung nach dem Tode des Erblassers erfolgt, die durch das Stiftungsgeschäft für die Stiftung begründete Forderung gegen den Stifter mit dessen Tode als unbedingt entstanden und sind ferner die durch das Stiftungsgeschäft zugesicherten Rechte, zu deren Übertragung der Abtretungsvertrag genügt, als schon mit dem Tode des Stifters auf die Stiftung übergegangen anzusehen. Ob bei dem § 84 auch an den Fall gedacht ist, daß der Stifter weder das Gesuch um Erteilung der staatlichen Genehmigung eingereicht noch das Gericht oder den Notar nach Maßgabe des § 81 Abs. 2 Satz 3 mit der Einreichung des Gesuchs betraut hat, ergeben die Protokolle nicht. Der Erbe des Stifters ist in einem solchen Falle zum Widerrufe des Stiftungsgeschäfts berechtigt und die staatliche Genehmigung kann nur auf seinen Antrag erfolgen (s. Erl. 7 zu § 81). Es erscheint daher auffallend, wenn trotzdem Rückwirkung der staatlichen Genehmigung auf die Zeit vor dem Tode des Stifters eintreten soll. Der Wortlaut des § 84 schließt jedoch den hier gedachten Fall nicht aus und eine einschränkende Auslegung ist bedenklich. Zwingende Gründe für eine solche bestehen nicht, indem die Auffassung denkbar ist, daß, wenn der Erbe den Antrag auf Genehmigung der Stiftung stellt, die infolge desselben erteilte staatliche Genehmigung in ähnlicher Art auf die Zeit vor dem Tode des Erblassers zurückwirken soll, wie nach § 184 die zu einem Rechtsgeschäft erforderliche Genehmigung eines Dritten auf die Vornahme des Rechtsgeschäfts zurückwirkt. Bei dieser Annahme wird dann aber auch die in dem § 184 bestimmte Einschränkung entsprechende Anwendung finden müssen. Wirksam bleiben daher die Verfügungen, welche der Erbe über die der Stiftung zugewendeten Gegenstände vor der Genehmigung getroffen hat oder welche vor diesem Zeitpunkt im Wege der Zwangsvollstreckung oder der Arrestvollziehung oder durch den Konkursverwalter erfolgt sind. Die abweichende Ansicht von Hölder, Erl. 2 zu § 84; Meurer, S. 286; Endemann, I § 47 Anm. 23, nach welcher der § 84 auf die durch das Stiftungsgeschäft gemachten Zuwendungen keine Anwendung findet, diese vielmehr erst mit der Genehmigung der Stiftung wirksam werden, ist sowohl mit dem Wortlaute des § 84 als mit der durch die zweite Kommission beschlossenen jetzigen Fassung verfolgten und in P. II Bd. 5 S. 884 ausdrücklich ausgesprochenen Absicht nicht vereinbar. Andere als die durch das Stiftungsgeschäft gemachten Zuwendungen unter Lebenden kommen allerdings nicht in Frage.

Nicht getroffen durch den § 84 wird der Fall, daß jemand durch Verfügung von Todeswegen der von einem anderen errichteten, staatlich noch nicht genehmigten Stiftung eine Zuwendung macht. Hier finden die allgemeinen Grundsätze Anwendung. Ist die Stiftung beim Tode des Erblassers noch nicht genehmigt, so wird sie, wenn diese Genehmigung später erfolgt, in diesem Zeitpunkte, sofern sie zum Erben eingesetzt war, Nacherbe und fällt ihr, wenn ihr ein Vermächtnis zugewendet war, dieses mit der staatlichen Genehmigung an.

3. **Wird die staatliche Genehmigung einer durch Verfügung von Todeswegen errichteten Stiftung verweigert,** so würde die Anwendung der in der Erl. 8 zu § 81 dargelegten Grundsätze dazu führen, daß der Antrag auf Genehmigung von den dazu nach § 83 Berechtigten von neuem gestellt werden und die Genehmigung auf Grund eines solchen Antrags erfolgen könnte. Im § 62 Abs. 3 des E. I war für die Verfügung von Todeswegen bestimmt, daß diese mit der Versagung der Genehmigung unwirksam werde, während für das Rechtsgeschäft unter Lebenden die Versagung der staatlichen Genehmigung nur das Aufhören der Gebundenheit zur Folge haben sollte. Von der zweiten Kommission ist die gedachte Vorschrift des § 62 Abs. 3 gestrichen. Als Grund für die Streichung ist angegeben (s. P. II Bd. 1 S. 594 ff.), daß die Vorschrift selbstverständlich sei und daß die seltenen Fälle, in denen nach erfolgter Versagung nachträglich noch die Genehmigung erteilt werde, eben wegen ihrer Seltenheit einer Entscheidung nicht bedürften. Überwiegende innere Gründe sprechen dafür, die Verfügung von Todeswegen mit der Versagung der staatlichen Genehmigung als definitiv unwirksam geworden und daher einen erneuten Antrag auf Erteilung der Genehmigung als unzulässig anzusehen. Die Zulassung einer nachträglichen Genehmigung würde eine unleidliche Unsicherheit der gesamten erbrechtlichen Verhältnisse zur Folge haben. Die Erben können nicht, wie bei einem Stiftungsgeschäft unter Lebenden, die Stiftung widerrufen. Könnte der Antrag auf Genehmigung noch erneuert werden, so würde das Nachlaßgericht einen solchen Antrag noch nach Jahrzehnten stellen können und würde dadurch die rechtliche Stellung der infolge der verweigerten staatlichen Genehmigung eingetretenen Erben und aller bei der Erbschaft Beteiligten eine dauernd unsichere bleiben. Dies kann nicht als der Absicht des Erblassers entsprechend angesehen werden. Man wird vielmehr nach der Natur der Verfügung von Todeswegen anzunehmen haben, daß die Erteilung der staatlichen Genehmigung ähnlich wie eine Bedingung zu behandeln ist, daß diese Bedingung mit der Versagung der staatlichen Genehmigung als nicht eingetreten und damit die Verfügung als unwirksam geworden anzusehen ist.

§. 85. Die Verfassung einer Stiftung wird, soweit sie nicht auf Reichs- oder Landesgesetz beruht, durch das Stiftungsgeschäft bestimmt.

§. 86. Die Vorschriften des §. 26, des §. 27 Abs. 3 und der §§. 28 bis 31, 42 finden auf Stiftungen entsprechende Anwendung, die Vorschriften des §. 27 Abs. 3 und des §. 28 Abs. 1 jedoch nur insoweit, als sich nicht aus der Verfassung, insbesondere daraus, daß die Verwaltung der Stiftung von einer öffentlichen Behörde geführt wird, ein Anderes ergiebt. Die Vorschriften des §. 28 Abs. 2 und des §. 29 finden auf Stiftungen, deren Verwaltung von einer öffentlichen Behörde geführt wird, keine Anwendung.

---

§ 85.

E. I § 60; II § 73 rev. § 82; III § 82. P. I S. 3189 ff., 3194; M. I S. 121. P. II Bd. 1 S. 596. D. S. 612.

Geltung der Landesgesetze für die Verfassung der Stiftung. Soweit reichsrechtlich keine Vorschriften über die Verfassung der Stiftungen bestehen (s. § 86), bleiben die bisherigen Landesgesetze in dieser Beziehung bestehen und können neue Vorschriften landesgesetzlich gegeben werden. Die Vorschriften dieser Art können nicht nur dispositive, sondern auch zwingende sein, also abweichende Bestimmungen des Stiftungsgeschäfts ausschließen.

§ 86.

E. I § 61; II § 74 rev. § 83; III § 83. P. I S. 3189 ff., 3194 ff.; M. I S. 121. P. II Bd. 1 S. 599 ff., Bd. 6 S. 144. D. S. 612. KB. S. 1947. StB. S. 2749.

Reichsrechtlich gelten folgende Vorschriften für die Verfassung der Stiftung:

1. Nach § 26 muß die Stiftung einen **Vorstand** haben und hat dieser die rechtliche Stellung eines gesetzlichen Vertreters der Stiftung. Die Vertretungsmacht kann durch die Satzung, also nach § 85 auch durch die Landesgesetze beschränkt werden.

2. Nach § 27 Abs. 3 finden auf die **Geschäftsführung des Vorstandes** der Stiftung die Vorschriften der §§ 664—670 entsprechende Anwendung. Auch diese Vorschrift ist nur dispositiver Natur. Eine Abweichung wird sich, wenn die Verwaltung einer öffentlichen Behörde zusteht, häufig daraus ergeben, daß für die Haftung dieser Behörde landesrechtlich andere Vorschriften gelten.

3. Nach § 28 Abs. 1 gelten für **die Beschlußfassung des Vorstandes** die Vorschriften der §§ 32, 34 und erfolgt dieselbe daher regelmäßig durch Stimmenmehrheit. Eine Änderung durch die Satzung oder durch Landesgesetz ist zulässig und wird, wenn die Verwaltung einer öffentlichen Behörde zusteht, sich häufig aus den für die Beschlußfassung dieser Behörde geltenden Vorschriften ergeben.

4. Nach § 28 Abs. 2 genügt zur **Abgabe einer Willenserklärung gegenüber der Stiftung** die Abgabe gegenüber einem Mitgliede des Vorstandes. Dies gilt aber nicht, wenn die Verwaltung der Stiftung einer öffentlichen Behörde zusteht, vielmehr sind in solchem Falle die für Willenserklärungen gegenüber dieser Behörde geltenden landesrechtlichen Vorschriften maßgebend.

5. Soweit die **erforderlichen Mitglieder des Vorstandes der Stiftung fehlen,** sind sie nach Maßgabe des § 29 durch das Amtsgericht zu bestellen. Dies gilt aber nicht, wenn die Verwaltung der Stiftung einer öffentlichen Behörde zusteht, vielmehr entscheiden in solchem Falle über die Ersetzung der fehlenden Mitglieder die Landesgesetze.

6. Durch die Landesgesetze oder die Satzung kann bestimmt werden, daß **neben dem Vorstande** für gewisse Geschäfte **besondere Vertreter** der Stiftung nach Maßgabe des § 30 bestellt werden. So können insbesondere für Stipendien und ähnliche Zuwendungen, die aus der Stiftung zu machen sind, besondere Kollatoren bestellt werden.

7. Die Stiftung ist nach Maßgabe des § 31 für den Schaden verantwortlich, den ein verfassungsmäßiger Vertreter durch eine in Ausführnng der ihm zustehenden Verrichtungen begangene, zum Schadensersatze verpflichtende Handlung einem Dritten zufügt. Dies kann durch die Satzung und die Landesgesetze nicht geändert werden.

§. 87. Ist die Erfüllung des Stiftungszwecks unmöglich geworden oder gefährdet sie das Gemeinwohl, so kann die zuständige Behörde der Stiftung eine andere Zweckbestimmung geben oder sie aufheben.

Bei der Umwandlung des Zweckes ist die Absicht des Stifters thunlichst zu berücksichtigen, insbesondere dafür Sorge zu tragen, daß die Erträge des Stiftungsvermögens dem Personenkreise, dem sie zu Statten kommen sollten, im Sinne des Stifters thunlichst erhalten bleiben. Die Behörde kann die Verfassung der Stiftung ändern, soweit die Umwandlung des Zweckes es erfordert.

Vor der Umwandlung des Zweckes und der Aenderung der Verfassung soll der Vorstand der Stiftung gehört werden.

---

8. **Die Stiftung verliert die Rechtsfähigkeit durch Eröffnung des Konkurses** (§ 42; s. auch KO. § 213, Art. 4 d. E. zu dem Ges. betr. Änderungen der KO.) und hört damit auf zu existieren. Dem Vorstande liegen die im § 42 Abs. 2 bezeichneten Verpflichtungen in betreff des Antrags auf Eröffnung des Konkurses ob. Durch den Verlust des Vermögens erlischt, wenn der Konkurs nicht eröffnet wird, die Stiftung nicht (s. jedoch § 87). Auch diese Vorschriften können durch die Satzung und die Landesgesetze nicht geändert werden.

§ 87.

E. II des EG. Art. 85. D. S. 612. KB. S. 1947. StB. S. 2749.

1. Die Entwürfe I, II und III enthielten keine Vorschriften über das Erlöschen und die Umwandelung der Stiftungen; die Landesgesetze sollten nach Art. 85 des E. II d. EG. hierüber entscheiden. Auf den Antrag der RK. ist der Art. 85 vom Reichstage gestrichen und an dessen Stelle der § 87 eingestellt. Dieser enthält indessen keine erschöpfenden Vorschriften über das Erlöschen der Stiftungen (s. Erl. zu § 88), sondern bestimmt nur einen besonderen Fall.

2. Die Stiftung kann unter den im § 87 bezeichneten Voraussetzungen **von der zuständigen Behörde umgewandelt oder aufgehoben werden.** Zuständig ist, wenn die Stiftung von dem Bundesrate genehmigt ist (§ 80 Satz 2), dieser, anderenfalls die durch die Landesgesetze bestimmte Behörde. Nach dem AG. ist dies entweder der Landesherr oder die Zentralbehörde des betreffenden Bundesstaats. Nach den Bestimmungen des Bundesrats bezw. nach den Landesgesetzen richtet sich auch das Verfahren und der Zeitpunkt, in welchem die Verfügung in Wirksamkeit tritt. Ob die in dem § 87 bestimmten Voraussetzungen für die Zulässigkeit der Umwandelung oder Aufhebung vorliegen, ist von der zuständigen Behörde zu entscheiden. Die Wirksamkeit der von ihr getroffenen Verfügung hängt nicht davon ab, ob jene Voraussetzungen wirklich vorliegen. Ist die Verfügung ungerechtfertigt, so kann sie, wenn der Bundesrat zuständig ist, überhaupt nicht, sonst aber durch die landesrechtlich zugelassenen Rechtsmittel angefochten werden.

3. **Ob die Erfüllung des Stiftungszwecks als unmöglich geworden anzusehen ist,** wenn das Vermögen der Stiftung verloren ging, hängt von den Umständen des Falles ab. Ist gegründete Aussicht auf Wiedererlangung von Vermögen vorhanden, so wird die Unmöglichkeit zu verneinen, anderenfalls zu bejahen sein.

4. Bei der Entscheidung der Frage, **ob die Stiftung aufzuheben oder umzuwandeln ist,** wird hauptsächlich darauf Rücksicht zu nehmen sein, was der mutmaßlichen Absicht des Stifters am meisten entspricht, ob dieser also, wenn er die veränderte Sachlage vorausgesehen hätte, die Stiftung gar nicht errichtet oder andere Bestimmungen als die in dem Stiftungsgeschäfte gegebenen getroffen haben würde. Für die mutmaßliche Absicht des Stifters ist zunächst der Inhalt des Stiftungsgeschäfts maßgebend. Gewährt dies keine genügenden Anhaltspunkte, so sind die gesamten Umstände des Falles zu berücksichtigen. Bei der Umwandelung können außer der Änderung des Zweckes auch andere damit im Zusammenhange stehenden Bestimmungen der Verfassung geändert werden.

5. **Die Anhörung des Vorstandes** ist nur für den Fall der Umwandelung des Zweckes und der Änderung der Verfassung vorgeschrieben, nicht für den Fall der Aufhebung; sie wird indessen, soweit tunlich, auch für diesen Fall zu erfolgen haben. Die Vorschrift ist übrigens nur eine Sollvorschrift und ihre Nichtbefolgung ist daher für die Wirksamkeit der Verfügung ohne Bedeutung.

§. 88. Mit dem Erlöschen der Stiftung fällt das Vermögen an die in der Verfassung bestimmten Personen. Die Vorschriften der §§. 46 bis 53 finden entsprechende Anwendung.

---

§ 88.

E. I §§ 61, 62 Abs. 1; II § 75 rev. § 84; III § 84. P. I S. 3189 ff., 3194 ff.; M. I S. 124. P. II Bd. 1 S. 605 ff. D. S. 612. KB. S. 1947. StB. S. 2749.

1. **Erlöschen der Stiftung.** Nach Art. 85 des E. II des EG. sollten die landesgesetzlichen Vorschriften über das Erlöschen einer Stiftung unberührt bleiben. Dieser Artikel ist vom Reichstage gestrichen; es bestimmt sich daher das Erlöschen der Stiftung, soweit nicht besondere Reichsgesetze darüber Vorschriften enthalten, nach dem BGB. Da aber in der Verfassung einer Stiftung Bestimmungen über deren Erlöschen getroffen werden können und für die Verfassung einer Stiftung nach § 85 die Landesgesetze maßgebend sind, so kommen in betreff des Erlöschens der Stiftung trotz der Streichung des Art. 85 des EG. doch wieder die Landesgesetze zur Anwendung. Das BGB. selbst enthält nur zwei Vorschriften über das Erlöschen einer Stiftung: die Vorschrift des durch den § 86 für anwendbar erklärten § 42, nach welcher die Stiftung durch die Eröffnung des Konkurses über deren Vermögen erlischt, und die Vorschrift des § 87 über die Aufhebung einer Stiftung durch die zuständige Behörde. Die Stiftung erlischt außerdem selbstverständlich mit dem Eintritte des Zeitpunkts oder des Ereignisses, mit welchem sie nach dem Stiftungsgeschäft erlöschen soll. Auch bei der Genehmigung kann der Behörde das Recht vorbehalten sein, die Stiftung aufzuheben. Durch den Verlust des Vermögens erlischt die Stiftung ebensowenig, wie durch die Erreichung ihres Zweckes oder durch die Unmöglichkeit, ihn zu erreichen, sofern dies nicht durch das Stiftungsgeschäft bestimmt ist. Jene Umstände begründen vielmehr nach § 87 nur für die zuständige Behörde das Recht, die Stiftung aufzuheben (a. A. Staudinger, Erl. II zu § 87).

2. Über die **Anfallberechtigten**, d. h. über die Personen, an welche das Vermögen der Stiftung nach deren Erlöschen fällt, entscheidet die Verfassung der Stiftung. Die Verfassung wird nach § 85 durch das Stiftungsgeschäft bestimmt, soweit nicht zwingende Vorschriften der Reichs- oder Landesgesetze entgegenstehen. Reichsgesetzliche Vorschriften bestehen in der hier fraglichen Beziehung nicht. Daß zwingende Vorschriften der Landesgesetze wie Kuhlenbeck, Erl. 1 zu § 88 annimmt, ausgeschlossen seien, läßt sich aus § 88 nicht ableiten; dieser erklärt zwar die Verfassung für maßgebend, aber die Verfassung wird nach § 85 durch die Landesgesetze und nur, soweit diese nicht entgegenstehen, durch das Stiftungsgeschäft bestimmt. Durch dieses kann möglicherweise auch bestimmt werden, daß ein Organ der Stiftung den Anfallberechtigten zu bestimmen berechtigt ist. Eine subsidiäre Vorschrist über den Anfallberechtigten enthält das BGB. nicht; insbesondere findet auch die Vorschrift des § 45 Abs. 3, nach welcher das Vermögen eines aufgelösten Vereins in Ermangelung einer anderweiten Bestimmung an den Fiskus fällt, keine entsprechende Anwendung. Die Landesgesetze werden daher in dieser Beziehung, soweit erforderlich, Bestimmungen zu treffen haben. Es ist dies in den meisten AG. in der Weise geschehen, daß der Fiskus für anfallberechtigt erklärt ist (Preußen, Art. 5 § 2. Bayern, Art. 5. Württemberg, Art. 138. Hessen, Art. 9. Mecklenburg, AB. § 21. Sachsen-Weimar, § 17. Sachsen-Koburg-Gotha, Art. 7 Abs. 5. Sachsen-Meiningen, § 5 Abs. 5. Braunschweig, § 14. Hamburg, § 19. Bremen, § 5. Anhalt, Art. 8 Abs. 2. Schaumburg-Lippe, § 11. Lippe-Detmold, § 11. Reuß ä. L., § 14 Abs. 5. Reuß j. L., § 10 Ziff. 5. Schwarzburg-Rudolstadt, Art. 15). In Preußen und Sachsen-Koburg-Gotha tritt bei Stiftungen, die von einer Gemeinde errichtet sind oder verwaltet werden, an die Stelle des Fiskus die betreffende Gemeinde, in Mecklenburg-Schwerin treten bei Stiftungen, die ihren Sitz in den Städten Rostock oder Wismar haben, diese Städte an die Stelle des Fiskus. In Elsaß-Lothringen § 7 ist anfallberechtigt der gesetzliche Erbe des Stifters, in Lübeck § 11 die Gemeinde, in welcher die Stiftung ihren Sitz hat. In Sachsen AB. § 7 bestimmt der Minister, in welcher Art das Vermögen der erloschenen Stiftung in der dem Zwecke der Stiftung am meisten entsprechenden Weise zu verwenden ist. Besondere Vorschriften bestehen bisweilen noch für einzelne Arten von Stiftungen, insbesondere für Familienstiftungen.

3. **Folgen des Anfalls.** Fällt das Vermögen nach der Bestimmung der Verfassung an den Fiskus, so finden nach dem für anwendbar erklärten § 46 die Vorschriften über eine dem Fiskus angefallene Erbschaft entsprechende Anwendung. In allen anderen Fällen muß ein Liquidations-

III. Juristische Personen des öffentlichen Rechtes.

§. 89. Die Vorschrift des §. 31 findet auf den Fiskus sowie auf die Körperschaften, Stiftungen und Anstalten des öffentlichen Rechtes entsprechende Anwendung.

Das Gleiche gilt, soweit bei Körperschaften, Stiftungen und Anstalten des öffentlichen Rechtes der Konkurs zulässig ist, von der Vorschrift des §. 42 Abs. 2.

---

verfahren nach Maßgabe der §§ 47—53 stattfinden (s. Erl. zu §§ 46—53). Bei Stiftungen, die von einer öffentlichen Behörde verwaltet werden, findet indessen § 48 Abs. 3 keine Anwendung; vielmehr bestimmt sich die Beschlußfassung der Behörde nach den hierfür geltenden landesgesetzlichen Vorschriften.

III. Juristische Personen des öffentlichen Rechtes.

§ 89.

E. I § 63; II § 77 rev. § 85; III § 85. P. I S. 3185 ff., 3205 ff. P. II Bd. 1 S. 585 ff., 607 ff., Bd. 6 S. 144; M. I S. 124 ff. D. S. 612. KB. I S. 1947.

Hatschek, Die rechtliche Stellung des Fiskus im BGB. 1899.

1. **Juristische Personen des öffentlichen Rechtes.** Die Vorschriften über rechtsfähige Vereine und rechtsfähige Stiftungen finden, abweichend von dem E. I, nach dem BGB. auf Vereine und Stiftungen des öffentlichen Rechtes, abgesehen von den in dem § 89 bezeichneten zwei Vorschriften, keine Anwendung. Die öffentlichrechtlichen Vereine werden in dem § 89 als Körperschaften bezeichnet. Neben den Stiftungen werden die Anstalten genannt. Es ist dies mit Rücksicht darauf geschehen, daß bei den öffentlichrechtlichen juristischen Personen nicht selten Zweifel darüber bestehen, ob es sich um eine Körperschaft oder um eine Stiftung handelt (z. B. bei einer Universität), und diese zweifelhaften Gebilde durch den Ausdruck „Anstalten" gedeckt werden sollen. Bei den privatrechtlichen juristischen Personen ist man dagegen davon ausgegangen, daß sich immer werde feststellen lassen, ob ein Verein oder eine Stiftung in Frage stehe. Neben den Körperschaften, Stiftungen und Anstalten ist der Fiskus besonders erwähnt, weil auch in dieser Beziehung Zweifel darüber bestehen, ob der Fiskus unter eine jener Kategorieen fällt; unter dem Fiskus ist sowohl der Fiskus der einzelnen Bundesstaaten wie der Reichsfiskus zu verstehen. Welche Körperschaften, Stiftungen und Anstalten als juristische Personen des öffentlichen Rechtes zu betrachten sind, bestimmt sich nach dem öffentlichen Rechte des Bundesstaats, in dem sie bestehen.

Die Grenze zwischen öffentlichrechtlichen und privatrechtlichen juristischen Personen, insbesondere zwischen öffentlichrechtlichen und privatrechtlichen Stiftungen, wird bisweilen zweifelhaft sein. Es ist davon auszugehen, daß eine privatrechtliche Stiftung jede Stiftung ist, welche auf einem Privatrechtsgeschäfte beruht, es müßte denn sein, daß sie nach ihrer besonderen Beschaffenheit dem Organismus des Staates oder der Kirche dergestalt eingefügt ist, daß sie aus diesem Grunde unter die Kategorie der öffentlichrechtlichen Stiftungen fällt (P. II Bd. 1 S. 586). Die durch einen Staatsakt begründeten Stiftungen sind dagegen immer als öffentlichrechtliche zu betrachten. Eine Übersicht der wichtigeren auf Reichsrecht beruhenden Personen des öffentlichen Rechtes gibt Dernburg I § 71. Über die auf Landesrecht beruhenden wichtigeren juristischen Personen des öffentlichen Rechtes s. daselbst § 72.

2. **Die entsprechende Anwendung des § 31** auf die öffentlichrechtlichen juristischen Personen, führt dahin, daß die juristische Person für denjenigen Schaden verantwortlich ist, welchen ein Mitglied des Vorstandes oder ein sonstiger verfassungsmäßiger Vertreter durch eine in Ausführung der ihm zustehenden privatrechtlichen Verrichtungen begangene, zum Schadensersatze verpflichtende Handlung einem Dritten zufügt (s. Erl. zu § 31; vgl. auch Seuff. A. Bd. 58 S. 129 über Haftung der Schulgemeinde für Handlungen und Unterlassungen des Schulvorstandes; RG. Bd. 53 S. 276, nach welchem der preuß. Eisenbahnfiskus nicht haftet für die pflichtwidrige Unterlassung des Streuens bei Glatteis von seiten eines Bahnmeisters). Auf Handlungen, die ein Vertreter oder Beamter der juristischen Person in Ausübung der ihm anvertrauten öffentlichen Gewalt vorgenommen hat, findet die Vorschrift keine Anwendung (RG. Bd. 52 S. 369). Wegen solcher Handlung haftet der Beamte persönlich nach Maßgabe der §§ 839ff., während in betreff der Haftung des Staates sowie einer sonstigen juristischen Person des öffentlichen Rechtes nach EG. Art. 77 die Landesgesetze entscheiden (vgl. jedoch GBO. § 12).

3. **Entsprechende Anwendung des § 42 Abs. 2.** Nach KO. § 213 finden auf den Konkurs über das Vermögen einer juristischen Person die Vorschriften der §§ 207, 208 der KO. entsprechende Anwendung. Nach Art. IV des EG. zu dem Ges. betr. Änderungen der KO. bleiben indessen unberührt die landesgesetzlichen Vorschriften, welche die Zulässigkeit des Konkursverfahrens über das Vermögen der im § 15 Nr. 3 des EG. zur CPO. bezeichneten juristischen Personen beschränken oder ausschließen. Bezeichnet in dem § 15 Nr. 3 (neue Fassung) sind der Fiskus, eine Körperschaft, Stiftung oder Anstalt des öffentlichen Rechtes oder eine unter der Verwaltung einer öffentlichen Behörde stehende Körperschaft oder Stiftung. Soweit nach diesen Vorschriften der Konkurs über das Vermögen einer juristischen Person des öffentlichen Rechtes zulässig ist, sind die Mitglieder des Vorstandes nach Maßgabe des § 42 Abs. 2 im Falle der Überschuldung die Eröffnung des Konkurses zu beantragen verpflichtet und haften wegen Verzögerung des Antrags, wenn ihnen ein Verschulden zur Last fällt, den Gläubigern als Gesamtschuldner (s. Erl. zu § 42).

Zweiter Abschnitt.

Sachen.

Zweiter Abschnitt.

Sachen.

1. Gegenstand, Sache. Der Ausdruck „Gegenstand" bezeichnet nach dem BGB. sowohl Sachen als Rechte, der Ausdruck „Sache" nur einen körperlichen Gegenstand d. h. ein Stück der unfreien Natur. Der lebende Mensch und daher auch sein Körper sind keine Sachen. Teile des Körpers, welche abgetrennt sind, sind Sachen; dasselbe gilt von dem Leichnam; jedoch kommen in Beziehung auf diesen Vorschriften des öffentlichen Rechtes in Betracht. Rechte an Sachen sind demgemäß nur Rechte an körperlichen Gegenständen, nicht Rechte an Rechten. In dem das Sachenrecht betreffenden dritten Buche des BGB. werden indessen neben den Rechten an Sachen auch der Nießbrauch und das Pfandrecht an Rechten behandelt (§§ 1068ff., 1273ff.). Es ist dies geschehen, weil auf diese Rechtsverhältnisse ein großer Teil der Vorschriften über den Nießbrauch und das Pfandrecht an Sachen entsprechende Anwendung findet.

Der Begriff der Sache ist von besonderer Wichtigkeit für das Sachenrecht. Er ist indessen auch für die übrigen Teile des BGB. von Bedeutung und deshalb sind die allgemeinen Vorschriften über Sachen abweichend von dem E. I nicht in das Sachenrecht, sondern in den allgemeinen Teil aufgenommen.

2. Einzelsache. Welche Stücke der unfreien Natur als Einzelsachen zu betrachten sind, bestimmt sich nach der Verkehrsauffassung. Nicht erforderlich ist ein völlig einheitliches und unteilbares Stück. In diesem Sinne würden nur die Atome Einzelsachen sein. Jeder nach der Auffassung des Verkehrs als Einzelsache betrachteter körperlicher Gegenstand ist aus Teilen zusammengesetzt; aber diese Teile werden als ein Ganzes aufgefaßt und deshalb als eine Sache behandelt. Nicht allein aber diese Auffassung des Verkehrs, sondern innerhalb gewisser Schranken auch die Bestimmung der Beteiligten ist maßgebend dafür, ob ein körperlicher Gegenstand als Einzelsache zu behandeln ist. Am schärfsten tritt dies bei Grundstücken hervor. Die Bestimmung der räumlichen Grenzen auf der Erdoberfläche, welche das eine Grundstück von dem anderen scheiden, ist willkürlich. Durch die Einrichtung der Grundbücher wird hier eine feste Grundlage geschaffen. Auch bei beweglichen Sachen hat die Willkür der Beteiligten Spielraum. Ein Faß Wein kann als eine Sache behandelt werden; möglich ist aber auch, daß das Faß und der Wein als zwei verschiedene Sachen den Gegenstand verschiedener Rechte bilden. Bei flüssigen und gasförmigen Körpern bildet die Einschließung einer Quantität solcher Körper in ein Behältnis die Voraussetzung für die Behandlung dieser Quantität als Einzelsache. Bei festen Körpern wird regelmäßig körperlicher Zusammenhang vorausgesetzt, um eine Einzelsache annehmen zu können; jedoch gilt auch dies nicht unbedingt, nämlich dann nicht, wenn die einzelnen, nicht zusammenhängenden Stücke im Verkehr überhaupt nicht als selbständige Sachen in Frage kommen, so z. B. bei einem Haufen Sand oder Getreide. Hier wird, ähnlich wie bei Flüssigkeiten, eine bestimmte abgegrenzte Quantität solcher Stücke als Einzelsache betrachtet. Bestritten ist, ob es einen elektrischen Stoff gibt, und ob daher gewisse räumlich z. B. in einem Akkumulator eingeschlossene Quantitäten dieses Stoffes Sachen sind oder ob die elektrischen Erscheinungen nur Wirkungen einer uns nicht näher bekannten Kraft sind. Das Reichsgericht hatte sich in einer civilrechtlichen Entscheidung für die erste Auffassung ausgesprochen (RG. Bd. 17 S. 269ff.), später aber in einer Strafsache die Sacheigenschaft der Elektrizität verneint (RG. in St. Bd. 29 S. 111, Bd. 32 S. 165). Diese Entscheidung hat den Anlaß gegeben zu dem Reichsgesetze v. 9. April 1900, durch welches die Entziehung der elektrischen Arbeit unter Strafe gestellt wird. Für die Frage, ob es einen elektrischen Stoff gibt und ob dieser eine Sache im privatrechtlichen Sinne bilden kann, ist dieses Gesetz indessen ohne entscheidende Bedeutung. Eine umfassende Literatur ist über die Frage entstanden (s. insbesondere Wengler, Elektrizität und Recht im deutschen Reich 1900 und die in Endemann I § 50 Anm. 10 angeführten Schriften). Die neueren Forschungen auf

§. 90. Sachen im Sinne des Gesetzes sind nur körperliche Gegenstände.

naturwissenschaftlichem Gebiete scheinen abweichend von der früheren Auffassung dahin zu neigen, einen besonderen elektrischen Stoff anzunehmen. Die Frage ist indessen keine juristische, sondern eine naturwissenschaftliche und hier deshalb nicht weiter zu erörtern.

Das Verhältnis, in welchem die Bestandteile einer Sache zu dieser und unter sich stehen, kann ein verschiedenes sein. Sie bleiben entweder trotz ihrer Verbindung zu einer Sache doch auch noch selbständige Sachen und können als solche Gegenstand besonderer Rechte sein oder sie gehen so vollständig in der von ihnen gebildeten Sache auf, daß sie ihre Selbständigkeit verlieren und nicht mehr Gegenstand besonderer Rechte sein können (s. Erl. zu § 93).

3. **Sachgesamtheit.** Das BGB. behandelt eine Sachgesamtheit d. h. eine Mehrheit einzelner Sachen, die im Verkehr als selbständige Sachen behandelt werden, die aber durch einen gemeinsamen Zweck zu einem Ganzen verbunden sind, z. B. eine Herde, eine Bibliothek, nicht in der Art als Einzelsache, daß auf sie als Ganzes die Vorschriften über Sachen Anwendung fänden. Nur die einzelnen die Sachgesamtheit bildenden Sachen können Gegenstand der Rechte an Sachen sein. Nichtsdestoweniger kann eine Sachgesamtheit sowohl in obligatorischen wie in sonstigen Rechtsverhältnissen von rechtlicher Bedeutung sein. Eine solche wird auch von dem BGB. in verschiedenen Beziehungen anerkannt, so z. B. für ein Warenlager (§ 92), für einen Nießbrauch an einem Inbegriffe von Sachen (§ 1035), für das Inventar eines Grundstücks (§§ 588, 589, 1048).

4. **Grundstücke, bewegliche Sachen.** Das BGB. unterscheidet nicht wie § 781 des E. I zwischen unbeweglichen und beweglichen Sachen, sondern zwischen Grundstücken und beweglichen Sachen. Für jede dieser Arten von Sachen gelten besondere Vorschriften (s. Buch III). Die für Grundstücke geltenden Vorschriften finden nach § 1017 auf das Erbbaurecht und nach EG. Art. 63, 68 auf die dort bezeichneten Rechte Anwendung. Das Gleiche können die Landesgesetze nach EG. Art. 74 für die dort bezeichneten Rechte bestimmen.

5. Über Sachen, welche dem Verkehr entzogen sind, enthält das BGB. keine Vorschriften (s. M. III S. 25ff.). Es handelt sich hierbei teils um Fragen des öffentlichen Rechtes teils um solche Fragen, welche wie z. B. das Wasserrecht (EG. Art. 65) dem Landesrecht überlassen oder durch besondere Reichsgesetze (z. B. Ges. betr. die Beschränkungen des Grundeigentums in der Umgebung von Festungen v. 21. Dezember 1871) geregelt sind.

6. **Vermögen.** Nicht einen Inbegriff von Sachen, sondern einen Inbegriff von Rechten bildet das Vermögen des Menschen. Die Vorschriften über Sachen finden darauf keine Anwendung; wohl aber kommt es in verschiedenen anderen Beziehungen rechtlich in Betracht (s. z. B. die §§ 311, 312 und die Vorschriften über die Erbschaft §§ 1922, 2019ff.). Besondere Vorschriften gelten auch für verschiedene Vermögensinbegriffe, die durch andere Merkmale als dadurch, daß sie das Vermögen eines Menschen bilden, bestimmt werden, so z. B. für das Gesellschaftsvermögen (§ 718), das einem Nießbrauch unterliegende Vermögen (§§ 1085ff.), das eingebrachte und vorbehaltene Vermögen der Ehefrau (§§ 1363, 1365ff.), das Gesamtgut bei der Gütergemeinschaft (§ 1438), das freie und nicht freie Vermögen des unter elterlicher Gewalt stehenden Kindes (§§ 1638, 1650).

Bewegliches und unbewegliches Vermögen sind nach dem BGB. keine Begriffe von allgemeiner Bedeutung. Wo diese Ausdrücke gebraucht werden, wird bestimmt, welche Rechte bei dem in Betracht kommenden Rechtsverhältnisse zu der einen oder anderen Kategorie gehören, so z. B. bei der Fahrnisgemeinschaft in dem § 1551.

7. **Anordnung des Stoffes.** In den §§ 90—92 werden die Ausdrücke „Sache", „vertretbare Sachen", „verbrauchbare Sachen" definiert. Die §§ 93—96 handeln von den Bestandteilen einer Sache und von deren Unterscheidung in wesentliche und nicht wesentliche Bestandteile, die §§ 97, 98 von dem Zubehör einer Sache. In den §§ 99, 100 wird der Begriff der Früchte und Nutzungen bestimmt. Der § 101 enthält Vorschriften über die Teilung der Früchte zwischen mehreren aufeinanderfolgenden Berechtigten, der § 102 über den Ersatz der auf die Gewinnung der Früchte gemachten Verwendungen, der § 103 über die Tragung der Lasten einer Sache durch mehrere aufeinanderfolgende Berechtigte.

§ 90.

E. I § 778; II § 77a rev. § 86; III § 86. P. I S. 3299ff.; M. III S. 32ff. P. II Bd. 3 S. 1ff.

S. die Vorbm. 1, 2.

§. 91. Vertretbare Sachen im Sinne des Gesetzes sind bewegliche Sachen, die im Verkehre nach Zahl, Maß oder Gewicht bestimmt zu werden pflegen.

§. 92. Verbrauchbare Sachen im Sinne des Gesetzes sind bewegliche Sachen, deren bestimmungsmäßiger Gebrauch in dem Verbrauch oder in der Veräußerung besteht.

Als verbrauchbar gelten auch bewegliche Sachen, die zu einem Waarenlager oder zu einem sonstigen Sachinbegriffe gehören, dessen bestimmungsmäßiger Gebrauch in der Veräußerung der einzelnen Sachen besteht.

---

§ 91.

E. I § 779; II § 77b rev. § 87; III § 87. P. I S. 3375, 6274; M. III S. 33. P. II Bd. 3 S. 2.

Entscheidend für den **Begriff der vertretbaren Sachen** ist, daß sie im Verkehre nach Zahl, Maß oder Gewicht bestimmt zu werden pflegen; Sachen, die diese Eigenschaft nicht haben, werden dadurch nicht vertretbar, daß sie in einem einzelnen Falle nach Zahl, Maß oder Gewicht bestimmt werden, so z. B. wenn ein Rechtsgeschäft über eine Sache vorgenommen wird, die nur der Gattung nach bestimmt wird (s. z. B. §§ 243, 279). Von vertretbaren Sachen handeln z. B. die §§ 473, 607, 700, 706, 783; s. auch die §§ 592, 688, 884 der CPO. Die praktisch wichtigste vertretbare Sache ist Geld. Vertretbar sind immer Münzen derselben Art, z. B. Zwanzigmarkstücke. Münzen verschiedener Art, z. B. Gold-, Silber- und Nickelmünzen sind im Verhältnisse zu einander nur vertretbar nach Maßgabe der jeweiligen Währungsordnung (s. Münzgesetz v. 9. Juli 1873).

Eine im allgemeinen zu den vertretbaren Sachen gehörende Sache kann im einzelnen Falle rechtsgeschäftlich als nicht vertretbar behandelt werden.

§ 92.

E. I § 780; II § 77c rev. § 88; III § 88. P. I S. 4652 ff., 4655 ff.; M. III S. 34 ff. P. II Bd. 3 S. 2.

1. Entscheidend für den **Begriff der verbrauchbaren Sachen** ist, daß der bestimmungsmäßige Gebrauch in dem Verbrauch oder in der Veräußerung besteht, d. h. daß die Sachen im Verkehr in dieser Art gebraucht zu werden pflegen. Verbraucht wird mit der Zeit jede bewegliche Sache infolge der durch den Gebrauch eintretenden Abnutzung; bei den nicht verbrauchbaren Sachen ist dieser Verbrauch aber nicht die Bestimmung der Sache, sondern eine unerwünschte Folge der Benutzung. Zu den Sachen, deren bestimmungsmäßiger Gebrauch in dem Verbrauche besteht, gehören z. B. Lebensmittel, Brennholz ꝛc., zu den Sachen, deren bestimmungsmäßiger Gebrauch in der Veräußerung besteht, insbesondere Geld, Banknoten und ähnliche Inhaberpapiere.

Von der Regel, daß die Verkehrssitte darüber entscheidet, ob der bestimmungsmäßige Gebrauch in dem Verbrauch oder der Veräußerung besteht, macht der Abs. 2 des § 92 eine Ausnahme. Die hier erwähnten Sachinbegriffe erhalten erst durch den Eigentümer die Bestimmung, durch Veräußerung gebraucht zu werden. Erforderlich ist indessen auch hier, daß diese Bestimmung objektiv in die äußere Erscheinung tritt; der Fall eines Warenlagers, bei welchem dies klar hervortritt, ist deshalb in dem Abs. 2 besonders hervorgehoben.

Verbrauchbare Sachen können auch vertretbare sein, z. B. Geld, sind es aber keineswegs immer.

2. Von **praktischer Bedeutung** ist der Begriff der verbrauchbaren Sachen insbesondere in solchen Fällen, in welchen Eigentum und Nutzungsrecht verschiedenen Personen zustehen. Die dem Nutzungsberechtigten regelmäßig obliegende Verpflichtung, die seiner Nutzung unterliegende Sache nach Beendigung seines Rechtes zurückzugewähren, ist bei verbrauchbaren Sachen unmöglich. Hier muß also ein Surrogat geschaffen werden, welches regelmäßig darin gefunden wird, daß an die Stelle der Verpflichtung zur Rückgewähr die Verpflichtung zum Ersatz in Geld tritt, so z. B. beim Nießbrauche (§§ 1067, 1075, 1084, 1086), beim gesetzlichen Güterrechte (§ 1377); s. auch die §§ 706, 1376, 1392, 1411, 1540.

§. 93. Bestandtheile einer Sache, die von einander nicht getrennt werden können, ohne daß der eine oder der andere zerstört oder in seinem Wesen verändert wird (wesentliche Bestandtheile), können nicht Gegenstand besonderer Rechte sein.

---

§ 93.

E. I § 782; II § 77d rev. § 89; III § 89. P. I S. 3316 ff.; M. III S 40 ff. P. II Bd. 3 S. 4 ff.

1. **Rechtliche Bedeutung der Unterscheidung zwischen wesentlichen und nicht wesentlichen Bestandteilen.**

a) Der Ausdruck **„wesentliche" Bestandteile** ist für das, was damit gesagt werden soll, wenig bezeichnend. Es soll dadurch nicht ausgedrückt werden, daß die Bestandteile zum Wesen der Sache, welche sie bilden, erforderlich sind, sondern daß das Recht sie nur noch als Bestandteile, in keiner Beziehung aber als selbständige Sachen behandelt. Der sich hieraus ergebende Rechtssatz, daß wesentliche Bestandteile nicht Gegenstand besonderer Rechte sein können, hat zur Folge, daß solche Bestandteile nicht gesondert, sondern nur in und mit der Sache, die sie bilden, übertragen werden können und daß ebenso nur an der ganzen Sache, nicht an den einzelnen Bestandteilen ein dingliches Recht bestellt werden kann (RG. Bd. 25 S. A 139). Es folgt daraus ferner, daß das Rechtsverhältnis selbständiger Sachen, wenn sie als wesentliche Bestandteile mit einer anderen verbunden werden, eine Änderung erfahren muß, durch welche dem Grundsatze, daß besondere Rechte an ihnen nicht mehr möglich sind, Genüge geschieht. Das BGB. schlägt zu diesem Zwecke zwei Wege ein. Entweder geht das Eigentum der „Bestandteil" gewordenen Sache auf den Eigentümer der anderen Sache, deren Bestandteil die erstere Sache geworden ist, über und erlöschen alle an ihr bestehenden dinglichen Rechte — dies ist der Fall, wenn die eine Sache als die Hauptsache angesehen wird — oder die bisherigen Eigentümer der beiden zu Bestandteilen *einer* Sache verbundenen Sachen werden Miteigentümer der neuen Sache und die an den beiden Sachen bisher bestandenen dinglichen Rechte verwandeln sich in Rechte an dem Anteile der Miteigentümer der neuen Sache (§§ 946 ff.). Wer durch diese Rechtsänderung einen Verlust erleidet, wird regelmäßig durch einen Anspruch in Geld entschädigt (§ 951). In gewissen Fällen gewährt das BGB. den Beteiligten auch das Recht, die verbundene Sache wieder zu trennen und sich anzueignen (§§ 547 Abs. 2, 951, 997, vgl. auch § 258). Auch bleiben die Vorschriften über Schadensersatz wegen unerlaubter Handlungen unberührt und kann nach diesen, wenn die Verbindung durch eine unerlaubte Handlung erfolgt ist, der Verletzte unter den Voraussetzungen und nach Maßgabe der §§ 249—251 die Wiederherstellung des früheren Zustandes fordern. Aus den angeführten Grundsätzen folgt, daß, wenn die verbundenen Sachen später wieder getrennt werden, nicht das frühere Rechtsverhältnis wieder eintritt, daß sie vielmehr auch dann nur als getrennte Bestandteile der durch ihre Verbindung entstandenen neuen Sache in Betracht kommen, der Eigentümer dieser also das Eigentum an ihnen erwirbt (§ 953). Der auf Grund einer unerlaubten Handlung zur Wiederherstellung des früheren Zustandes Verpflichtete ist daher nicht nur zur Trennung der verbundenen Sachen, sondern auch zur Übertragung des Eigentums an der dem Berechtigten durch die Verbindung entzogenen und durch die Trennung wieder selbständig gewordenen Sache verpflichtet. Über Modifikationen des Grundsatzes, daß der Eigentümer einer Sache im Falle der Abtrennung von Bestandteilen diese erwirbt, s. Erl. zu § 94.

Aus dem für die wesentlichen Bestandteile geltenden Grundsatze folgt nicht, daß ein Vertrag, durch welchen sich der Eigentümer verpflichtet, wesentliche Bestandteile abzulösen und sodann das Eigentum daran einem anderen zu übertragen, unzulässig ist (a. A. wie es scheint *Crome* I § 59 Anm. 10). Unter den *besonderen Rechten*, von denen der § 93 spricht, sind nur die Rechte an Sachen, also die dinglichen Rechte, nicht obligatorische Ansprüche, zu verstehen. Demgemäß kann auch z. B. ein Teil eines Gebäudes, welcher wesentlicher Bestandteil desselben ist, vermietet werden. Auch der Besitz an solchen Teilen eines Gebäudes ist möglich (§ 865).

b) Auch die **nicht wesentlichen Bestandteile** teilen zwar im allgemeinen das rechtliche Schicksal der Sache, deren Bestandteile sie sind. Da aber besondere Rechte an ihnen möglich sind, so kann hier jener Grundsatz nur dann vollständig durchgeführt werden, wenn im einzelnen Falle besondere Rechte nicht bestehen. Durch die Übertragung des Eigentums der Sache wird das Eigentum an den nicht wesentlichen Bestandteilen nicht übertragen, wenn sie im Eigentum eines anderen als des Übertragenden stehen; ebenso berührt die Belastung der Sache mit einem Rechte diejenigen Bestandteile nicht, über welche der Belastende zu verfügen nicht berechtigt war.

§. 94. Zu den wesentlichen Bestandtheilen eines Grundstücks gehören die mit dem Grund und Boden fest verbundenen Sachen, insbesondere Gebäude, sowie die Erzeugnisse des Grundstücks, solange sie mit dem Boden zusammenhängen. Samen wird mit dem Aussäen, eine Pflanze wird mit dem Einpflanzen wesentlicher Bestandtheil des Grundstücks.

Ist ein Bestandteil mit dem Rechte eines anderen belastet, so geht dieses einem später an der ganzen Sache begründeten Rechte vor. (Über die Modifikationen, welche diese Sätze infolge des Erwerbes in gutem Glauben erleiden, s. §§ 892, 932 ff.) Wird eine Sache als nicht wesentlicher Bestandteil mit einer anderen verbunden, so bleiben die bisher an ihr begründeten Rechte unverändert und kann von dem Berechtigten die Trennung verlangt werden. Die rechtsgeschäftliche Verpflichtung zur Veräußerung einer Sache bezieht sich zwar auf alle Bestandteile derselben; soweit aber ein Bestandteil nicht im Eigentume des Verpflichteten stand, kommen die Vorschriften über die Verpflichtung zur Übertragung einer fremden Sache zur Anwendung.

2. **Begriff der wesentlichen Bestandteile.** Die Unterscheidung zwischen wesentlichen und nicht wesentlichen Bestandteilen beruht nicht auf Rechtsgründen, sondern auf wirtschaftlichen Rücksichten. Dies berücksichtigt Endemann bei seiner Polemik gegen die Unterscheidung nicht genügend (I § 52 Anm. 14—16). Durch den Grundsatz, daß wesentliche Bestandteile nicht Gegenstand besonderer Rechte sein können, soll der nutzlosen Zerstörung wirtschaftlicher Werte vorgebeugt werden. Dieser Zweck der Vorschrift wird bei der Auslegung der Voraussetzungen, unter welchen ein Bestandteil ein wesentlicher ist, mit berücksichtigt werden müssen. Keine Schwierigkeit bietet die Voraussetzung, daß der Bestandteil durch die Trennung zerstört werden würde; denn der Ausdruck „zerstört" ist in der gewöhnlichen Bedeutung des Wortes also dahin zu verstehen, daß die materielle Substanz des Bestandteils zerstört ist, nicht (wie Hölder, Erl. 3 zu § 93 und Staudinger, Erl. 1 zu § 93 annehmen) dahin, daß der Bestandteil seine wirtschaftliche Bedeutung verloren hat. Dieser Gesichtspunkt kommt bei der zweiten Alternative, daß der Bestandteil in seinem Wesen verändert werden würde, in Betracht. Soweit es sich um Sachen handelt, die eine natürliche Einheit bilden, z. B. Tiere oder Pflanzen, werden alle Bestandteile als wesentliche zu betrachten sein (a. A. Hölder, Erl. 3e zu § 93, der die Wolle eines Schafes, die reife Frucht einer Pflanze, das Tierjunge im Mutterleibe, wenn es zum selbständigen Leben reif ist, als nicht wesentliche Bestandteile ansieht). Bei den zusammengesetzten Sachen dagegen wird in jedem einzelnen Falle zu prüfen sein, ob die Bestandteile durch die Trennung wirtschaftlich wesentlich etwas anderes werden. Über die Verbindung von beweglichen Sachen mit Grundstücken s. Erl. zu § 94. Ob Bestandteile beweglicher Sachen wesentliche sind, läßt sich nach dem hervorgehobenen Gesichtspunkte nur aus den einzelnen Umständen des Falles entscheiden. Die Verminderung des Wertes der getrennten Bestandteile, gegenüber dem Werte des Ganzen, ist dabei von wesentlicher Bedeutung, aber nicht allein entscheidend; insbesondere wird eine nur unerhebliche Minderung des Wertes nicht in Betracht zu ziehen sein. Neben dem Gesichtspunkte, daß die Zerstörung wirtschaftlicher Werte im allgemeinen Interesse vermieden werden soll, darf auch die Erwägung nicht außer acht gelassen werden, daß der Verlust des Eigentums einer Sache durch die ohne den Willen des Eigentümers erfolgende Verbindung derselben mit einer anderen Sache dem bisherigen Eigentümer nicht selten einen Schaden zufügt, der durch den Anspruch auf Werterersatz nicht ausgeglichen wird. Beispiele: Das Faß oder die Flasche und der darin enthaltene Wein sind nicht wesentliche Bestandteile, ebenso nicht eine Topfpflanze und der Topf, in welchem sie steht, oder der Stock, an den sie gebunden ist. Wesentliche Bestandteile sind dagegen das Buch und der Einband. Ob ein Bild oder Spiegel und dessen Rahmen, ein Edelstein und dessen Fassung wesentliche oder unwesentliche Bestandteile sind, hängt von der Beschaffenheit dieser Gegenstände und der Art ihrer Verbindung ab. Über einzelne Fälle, in welchen über das Vorliegen der fraglichen Voraussetzung entschieden ist s. RG. Bd. 50 S. 241. Rspr. Bd. 4 S. 204.

§ 94.

E. I §§ 783 ff.; II § 77e rev. § 90; III § 90. P. I S. 3323 ff.: M. III S. 42 ff. P. II Bd. 3 S. 6 ff.

Biermann, Superficies solo cedit in Iherings Jahrb. Bd. 34 S. 169 ff. M. Wolff, Das Bauen auf fremdem Grund und Boden, insbesondere der Grenzüberbau 1900, in Fischers Abhandl. Bd. 6 Nr. 2.

Zu den wesentlichen Bestandtheilen eines Gebäudes gehören die zur Herstellung des Gebäudes eingefügten Sachen.

---

1. **Bedeutung der Vorschriften des § 94.** Die Vorschriften des § 94 sind nicht als eine Erläuterung des § 93 zu betrachten. Es handelt sich vielmehr um selbständige Vorschriften, nach denen gewisse Bestandteile, mögen die Voraussetzungen des § 93 bei ihnen zutreffen oder nicht, als wesentliche Bestandteile gelten sollen.

2. **Die Abgrenzung eines Grundstücks** gegen andere Grundstücke macht das abgegrenzte Grundstück nicht in der Art zu einem einheitlichen, daß alle Teile wesentliche Bestandteile wären. In dem E. I § 787 Abs. 1 war bestimmt, daß jedes Grundstück, welches eine Nummer im Flurbuche hat, ein einheitliches Grundstück sei. Damit sollte indessen nicht ausgedrückt werden, daß alle Teile des Grundstücks wesentliche Bestandteile seien. Der Abs. 1 ist von der zweiten Kommission gestrichen, der Abs. 2 in veränderter Fassung in das BGB. § 890 aufgenommen. Auch in diesem aber wird nur bestimmt, daß ein Grundstück durch die im Grundbuch erfolgende Zuschreibung zu einem anderen Grundstücke Bestandteil, nicht daß es wesentlicher Bestandteil des anderen Grundstücks werde (s. GBO. §§ 4—6 und Erl. zu § 890).

3. **Die Bestandteile des Erdkörpers,** aus denen ein Grundstück besteht, also z. B. die Erde, der Sand, die Steine ꝛc. werden im Sinne des § 93 als wesentliche Bestandteile zu betrachten sein. Das Gleiche dürfte bei einem Torfmoore von dem Torfe, solange er nicht abgegraben ist, anzunehmen sein (a. A. Rehbein, Erl. 3c zu §§ 90—103). Der E. I § 786 bestimmte, daß Erdkörper, welche von einem Grundstück auf ein anderes durch Naturereignisse übertragen seien, unter den in dem Paragraphen bestimmten Voraussetzungen wesentliche Bestandteile des anderen Grundstücks werden. Dieser Paragraph ist von der zweiten Kommission gestrichen, indem man davon ausging, daß für die Fälle der Anlandung und Anschwemmung nach EG. Art. 65, 66 die Landesgesetze die Entscheidung zu treffen haben, daß aber die außerdem noch in Betracht kommenden Fälle eines Bergsturzes so selten seien, daß es desfalls einer besonderen Vorschrift nicht bedürfe. Kommt ein solcher Fall vor, so wird der auf- oder angelagerte Erdkörper nach Maßgabe des § 93 solange nicht als wesentlicher Bestandteil zu betrachten sein, als er oder das Grundstück durch die Trennung nicht in ihrem Wesen geändert werden. Eine solche Änderung wird regelmäßig anzunehmen sein, wenn der Erdkörper mit dem Grundstücke verwachsen ist.

4. Ob **Sachen mit dem Grund und Boden fest verbunden** sind, ist eine Tatfrage, die unter Berücksichtigung der Auffassung des Lebens zu entscheiden ist. Eine Fahnenstange z. B. wird als fest verbunden anzusehen sein, nicht aber Bohnen- oder Hopfenstangen. Ob Weinbergspfähle als wesentliche oder nicht wesentliche Bestandteile zu betrachten sind, hängt davon ab, ob sie dauernd mit dem Grundstücke verbunden bleiben oder ob sie jährlich weggenommen werden. Auch für Gebäude gilt die Voraussetzung, daß sie mit dem Grund und Boden fest verbunden sein müssen; sie wird aber bei ihnen regelmäßig zutreffen. Über Ausnahmen s. § 95.

5. **Erzeugnisse, Samen, Pflanzen.** Abweichend von verschiedenen anderen Gesetzgebungen, insbesondere dem preuß. ALR., bestimmt der § 94, daß Erzeugnisse, solange sie mit dem Boden verbunden sind, wesentliche Bestandteile des Grundstücks sind. Ausgeschlossen ist dadurch die Auffassung, daß sie schon mit ihrer Entstehung in dem Eigentume desjenigen stehen, welcher sie auf Grund eines Nutzungsrechts zu beziehen berechtigt ist. Den mit einer solchen Gestaltung verfolgten Zweck erreicht das BGB. im wesentlichen durch die Vorschriften der §§ 953 ff. auf einem anderen Wege, welcher die jener Gestaltung entgegenstehenden Bedenken beseitigt (s. Erl. zu den §§ 953 ff., Jacubezky S. 239 ff.). In der Vorschrift, daß Samen mit dem Aussäen, Pflanzen mit der Einpflanzung ohne Rücksicht darauf wesentliche Bestandteile werden, ob der Same oder die Pflanzen Wurzeln geschlagen haben, liegt eine Abweichung von dem Prinzipe des § 93, die sich durch die Rücksicht auf die Praktikabilität des Rechtes rechtfertigt. Der E. I hatte für Pflanzen das Erfordernis des Wurzelschlagens festgehalten.

Aus diesen Grundsätzen ergibt sich, daß die rechtsgeschäftliche Übertragung des Eigentums an Früchten auf dem Halme oder an einem stehenden Walde sowie die Begründung eines dinglichen Rechtes daran nicht möglich ist. Durch obligatorisches Rechtsgeschäft kann aber der Eigentümer verpflichtet werden, die Trennung zu gestatten, und der Berechtigte erwirbt, wenn die Gestattung erfolgt ist, nach Maßgabe des § 956 das Eigentum der Erzeugnisse mit der Besitzergreifung und, wenn der Besitz des Grundstücks ihm überlassen ist, mit der Trennung.

Die Vorschrift der CPO. § 810 über die Pfändung der Früchte auf dem Halme wird durch die Vorschriften des § 94 nicht berührt.

§. 95. Zu den Bestandtheilen eines Grundstücks gehören solche Sachen nicht, die nur zu einem vorübergehenden Zwecke mit dem Grund und Boden verbunden sind. Das Gleiche gilt von einem Gebäude oder anderen Werke, das in Ausübung eines Rechtes an einem fremden Grundstücke von dem Berechtigten mit dem Grundstücke verbunden worden ist.

Sachen, die nur zu einem vorübergehenden Zwecke in ein Gebäude eingefügt sind, gehören nicht zu den Bestandtheilen des Gebäudes.

---

6. **Wesentliche Bestandteile eines Gebäudes** sind nicht nur die Baumaterialien, sondern alle zur Herstellung des Gebäudes eingefügten Sachen. Bei der Frage, was zur Herstellung des Gebäudes eingefügt ist, kommt es darauf an, wie das Gebäude als ein wirtschaftlich Ganzes gedacht, insbesondere was sein Zweck ist. So können z. B. Maschinen, die im Gebäude eingefügt sind, wesentliche Bestandteile desselben sein, wenn das Gebäude den Zweck hat, als Fabrik zu dienen und zu diesem Zwecke eingerichtet ist (RG. Bd. 50 S. 241. Nach Rspr. Bd. 6 S. 215 sind z. B. auch Jalousieen, die in ein Wohnhaus eingefügt sind, wesentliche Bestandteile desselben). Es kommt hierbei nicht darauf an, ob das Gebäude bereits bei seiner Erbauung zu dem betreffenden Zwecke bestimmt war oder ob erst später eine Umwandelung zu diesem Zwecke stattgefunden hat. Sachen, die nicht zur Herstellung des Gebäudes in diesem Sinne, sondern für den persönlichen Gebrauch desjenigen eingefügt sind, welcher das Gebäude zeitweilig benutzt, gelten nicht als wesentliche Bestandteile. Auf die Art der Einfügung kommt es nicht an. Auch Fenster und Türen, die ausgenommen werden können, ebenso Dachziegel sind in das Gebäude eingefügt und bleiben wesentliche Bestandteile, wenn sie auch vorübergehend von dem Gebäude getrennt sind. In irgend welcher Art eingefügt müssen aber die Sachen sein; daher werden die Schlüssel zu den Türen, weil sie überhaupt nicht eingefügt sind, nicht als wesentliche Bestandteile zu betrachten sein, sie sind Zubehör (s. § 97; a. A. Jacubezky S. 188). Ob Öfen wesentliche Bestandteile eines Gebäudes sind, hängt einerseits davon ab, ob sie in das Gebäude eingefügt sind, andererseits aber davon, ob sie nach der Auffassung des Verkehrs in dem betreffenden Landesteil als zur Herstellung des Gebäudes erforderlich angesehen werden. In einigen Teilen von Deutschland trifft die letztere Voraussetzung nicht zu.

Der Begriff des Gebäudes bestimmt sich ebenfalls nach der Auffassung des Verkehrs. Schiffe sind daher keine Gebäude, auch wenn sie in das Schiffsregister eingetragen sind (a. A. Hölder, Erl. 8 zu § 94). Über Modifikationen s. § 95 Abs. 2.

7. **Übergangsvorschriften.** Das nach den Vorschriften des § 94 ausgeschlossene Eigentum an einzelnen Teilen eines Gebäudes, das sog. Stockwerkseigentum, bleibt nach EG. Art. 182, soweit es zur Zeit des Inkrafttretens des BGB. noch besteht, auch ferner in Kraft. Dasselbe gilt nach EG. Art. 181 Abs. 2 von dem Sondereigentum an stehenden Erzeugnissen, insbesondere an Bäumen.

§ 95.

E. I § 783 Abs. 2, § 785; II § 77 f rev. § 91; III § 91. P. I S. 3323 ff., 4338 ff., 5033 ff.; M. III S. 43 ff., 47 ff. P. II Bd. 3 S. 6, 9 ff., Bd. 6 S. 119.

1. Der § 95 **verneint für die in ihm bezeichneten Sachen nicht nur die Eigenschaft als wesentliche Bestandteile, sondern überhaupt als Bestandteile.** Die Vorschriften erscheinen äußerlich als Ausnahmen von den Vorschriften der §§ 93, 94, sind aber, wenigstens zum Teil, Konsequenzen des den Vorschriften über wesentliche Bestandteile zu Grunde liegenden Gedankens.

2. Bei den **nur zu einem vorübergehenden Zwecke mit dem Grund und Boden verbundenen Sachen** wird das in § 93 bestimmte Erfordernis eines wesentlichen Bestandteils nur selten zutreffen, weil der vorübergehende Zweck eine Verbindung, wie sie in dem § 93 vorausgesetzt wird, regelmäßig ausschließt. Möglich ist indessen auch in diesem Falle ein nur vorübergehender Zweck und wenn dieser vorliegt, so findet der § 95 Abs. 1 Satz 1 Anwendung (a. A. Hölder, Erl. 1 zu § 95). Von größerer Bedeutung aber ist die Vorschrift des § 95 Abs. 1 Satz 1 gegenüber der Vorschrift des § 94 Abs. 1. Nach E. I § 785 sollten nur solche Sachen nicht als Bestandteile gelten, deren Verbindung mit dem Grundstücke von einem anderen als dem Eigentümer befugterweise bewirkt ist. Von der zweiten Kommission wurde das Erfordernis, daß die Verbindung befugterweise und daß sie von einem anderen als dem Eigentümer bewirkt sei, aufgegeben. Es kommt also nicht darauf an, von wem die Verbindung hergestellt ist und ob

ein Recht dazu bestand, sondern lediglich darauf, ob die **Verbindung nur zu einem vorübergehenden Zwecke** erfolgt ist. Vorübergehend ist der Zweck nicht schon deshalb, weil eine Änderung möglich ist, sondern nur dann, wenn von vornherein die Wiederaufhebung der Verbindung in Aussicht genommen ist. Nicht entscheidend ist, ob die Verbindung für längere oder kürzere Zeit beabsichtigt ist. Gebäude, die auf einem Grundstück errichtet sind, um provisorisch bis zur Fertigstellung des für das Grundstück bestimmten definitiven Gebäudes benutzt werden, Gebäude zu einer vorübergehenden Schaustellung u. dgl; gehören zu den nur zu einem vorübergehenden Zwecke mit dem Grundstücke verbundenen Sachen, mögen sie von dem Eigentümer selbst oder einem Mieter des Grundstücks oder von einem unberechtigten Dritten aufgeführt sein. Unter die Vorschrift des § 95 Abs. 1 fallen ferner die von einem Gärtner eingepflanzten, zum Verkaufe bestimmten Pflanzen sowie die zum Verkaufe bestimmten Bäume einer Baumschule. Das Einpflanzen erfolgt hier nur zu dem vorübergehenden Zwecke, die Pflanzen oder Bäume bis zu deren beabsichtigten Verkaufe zu konservieren. Nicht unter die Vorschrift des § 95 Satz 1 fällt dagegen die von dem Pächter eines Grundstücks gemachte Aussaat; sie soll überhaupt nicht wieder von dem Grund und Boden getrennt werden. Ob die von dem Mieter oder Pächter eines Grundstücks mit dem Grund und Boden verbundenen Sachen nur für den persönlichen Gebrauch des Mieters oder Pächters, also nur zu dem vorübergehenden Zwecke, für die Dauer seiner Miete oder Pacht von ihm benutzt zu werden, mit dem Grundstücke verbunden sind oder ob eine dauernde Verbindung beabsichtigt ist, für welche dann der Mieter oder der Pächter unter Umständen Ersatz von dem Vermieter oder dem Verpächter fordern kann, ist eine Frage, deren Entscheidung von den Umständen des einzelnen Falles abhängt und für welche sich allgemeine Regeln nicht aufstellen lassen. Wenn in Rspr. Bd. 5 S. 76 angenommen wird, daß die von einem Pächter hergestellte Verbindung einer Sache mit einem Grundstücke nur zu einem vorübergehenden Zwecke erfolgt sei und hierbei davon ausgegangen zu sein scheint, daß eine solche Verbindung nur diesen Charakter haben könne, so dürfte dies nicht richtig sein. Der angeführte Grund, daß es nur auf den objektiven Zweck ankomme und dieser nicht identisch sei mit der Absicht desjenigen, welcher die Verbindung herstelle, ist nicht durchschlagend; denn ein und dieselbe Verbindung einer Sache mit dem Grundstücke kann sowohl zu einem dauernden als zu einem vorübergehenden Zwecke erfolgen; ob aber das eine oder das andere der Fall ist, läßt sich nur aus den Umständen des Falles entscheiden und hierbei wird die Absicht desjenigen, welcher die Verbindung herstellt, immer von wesentlicher Bedeutung sein.

3. **Für die nur zu einem vorübergehenden Zwecke in ein Gebäude eingefügten Sachen** gelten nach § 95 Abs. 2 dieselben Grundsätze, welche nach Erl. 2 für Sachen gelten, die nur zu einem vorübergehenden Zwecke mit dem Grund und Boden verbunden sind. Der E. I § 783 Abs. 2 verneinte für solche Sachen nur die Eigenschaft als wesentliche Bestandteile. Von der zweiten Kommission ist der zu Grunde liegende Gedanke konsequent durchgeführt. Zu beachten ist auch hier, daß der Begriff des vorübergehenden Zweckes nicht dadurch ausgeschlossen wird, daß die Einfügung für längere Zeit zu bestehen bestimmt ist. So sind z. B. die Bücherbörte, die ein Gelehrter in eine von ihm auf lange Jahre gemietete Wohnung einfügen läßt, nur als zu dem vorübergehenden Zwecke eingefügt anzusehen, daß sie von dem Mieter während der Mietzeit benutzt werden.

4. **Gebäude oder andere Werke, die in Ausübung eines Rechtes an einem fremden Grundstücke mit diesem verbunden sind.** In dem E. I § 785 war allgemein bestimmt, daß Sachen, die in Ausübung eines Rechtes an einem Grundstücke von dem Berechtigten in seinem Interesse mit dem Grundstücke verbunden sind, nicht Bestandteile des Grundstücks seien. In dem § 95 Abs. 1 Satz 2 wird dies beschränkt auf Gebäude oder andere Werke. Ausgeschlossen sind daher Pflanzen. Zu „anderen Werken" gehören z. B. Wasserleitungen und dgl. Voraussetzung ist, daß die Verbindung in Ausübung eines Rechtes an einem fremden Grundstück erfolgt ist. Als Rechte solcher Art kommen nach dem BGB. in Betracht das Erbbaurecht, die Grunddienstbarkeiten und der Nießbrauch. Da das BGB. unter dem Rechte an einem Grundstücke nur das dingliche Recht versteht, so kann unter dem fraglichen Ausdruck ein persönliches Nutzungsrecht wie das des Mieters oder des Pächters nicht mit verstanden werden. Dies ist freilich bestritten (s. Eck, Vorträge Heft I Seite 27; Dernburg III § 5II 3b; Endemann I § 52 Anm. 27; Staudinger, Erl. 3 zu § 95; Rehbein, Erl. zu §§ 90—93). Die abweichende Ansicht wird indessen im wesentlichen nur durch Erwägungen begründet, die höchstens de lege condenda in Betracht kommen und ist mit dem klaren Wortlaute des Gesetzes nicht vereinbar. Für die obligatorisch Berechtigten geschieht dem praktischen Bedürfnisse durch die Vor-

§. 96. Rechte, die mit dem Eigenthum an einem Grundstücke verbunden sind, gelten als Bestandtheile des Grundstücks.

§. 97. Zubehör sind bewegliche Sachen, die, ohne Bestandtheile der Hauptsache zu sein, dem wirthschaftlichen Zwecke der Hauptsache zu dienen bestimmt sind und zu ihr in einem dieser Bestimmung entsprechenden räumlichen Verhältnisse stehen. Eine Sache ist nicht Zubehör, wenn sie im Verkehre nicht als Zubehör angesehen wird.

Die vorübergehende Benutzung einer Sache für den wirthschaftlichen Zweck einer anderen begründet nicht die Zubehöreigenschaft. Die vorübergehende Trennung eines Zubehörstücks von der Hauptsache hebt die Zubehöreigenschaft nicht auf.

---

schrift des Abs. 1 Satz 1 Genüge. Der Verbindung durch den Berechtigten steht selbstverständlich die Verbindung durch dessen Vertreter oder Beauftragten gleich. Nicht gleichzustellen ist aber die Verbindung durch denjenigen, welcher sich ein Recht an dem Grundstücke zuschreibt, ein solches aber in Wirklichkeit nicht hat (a. A. Hölder, Erl. 2 zu § 95).

5. **Bedeutung des § 95 für das Grundbuch.** Zu den Zwecken, die der § 94 verfolgt, gehört auch, daß derjenige, welcher ein Grundstück erwirbt und sich auf den Glauben des Grundbuchs verläßt (§ 892), sicher sein kann, daß alle fest mit dem Grund und Boden verbundenen Sachen als wesentliche Bestandteile des Grundstücks von ihm mit erworben werden. Infolge der Vorschrift des § 95 wird dieser Zweck nicht mehr vollständig erreicht. Der Erwerber darf sich, wenn er sicher gehen will, nicht mehr auf die Prüfung beschränken, ob die fraglichen Sachen fest mit dem Grund und Boden verbunden sind; er muß sich vielmehr auch darüber vergewissern, ob nicht die Voraussetzungen der in dem § 95 bestimmten Ausnahmen vorliegen. Regelmäßig wird dies indessen keine großen Schwierigkeiten machen. Irrt er sich, so stellt das BGB. in den Fällen des § 95 das Interesse derjenigen, welche die Verbindung bewirkt haben, höher als das Interesse des Erwerbers.

6. **Beweislast.** Aus der Fassung und der Stellung des § 95 gegenüber den §§ 93, 94 ergibt sich, daß derjenige, welcher sich darauf beruft, daß eine Sache wesentlicher Bestandteil geworden sei, nur die in den §§ 93, 94 bestimmten Voraussetzungen zu beweisen hat, während demjenigen, welcher dies bestreitet, der Beweis der in dem § 95 als Voraussetzung der Ausnahme bestimmten Tatsachen obliegt.

§ 96.

E. I § 788; II § 77g rev. § 92; III § 92. P. I S. 3353 ff.; M. III S. 60 ff. P. II Bd. 3 S. 17.

Rechte, die mit dem Eigentum an einem Grundstücke verbunden sind. Die Vorschrift des § 96 entspricht der Auffassung des Lebens. Zu den Rechten der im § 96 bezeichneten Art gehören nach dem BGB. Grunddienstbarkeiten (§ 1018); es kann dazu gehören das dingliche Vorkaufsrecht (§ 1094 Abs. 2) und das Recht auf eine Reallast (§ 1105 Abs. 2). Dazu können auch andere Rechte kommen, die den durch das EG. den Landesgesetzen vorbehaltenen Rechtsgebieten oder dem öffentlichen Rechte angehören, z. B. das Patronatsrecht. Der § 96 bestimmt nur, daß die in ihm bezeichneten Rechte Bestandteile des Grundstücks, nicht daß sie wesentliche Bestandteile sind. Ob sie von dem Eigentum an dem Grundstücke, mit welchem sie verbunden sind, getrennt werden können, bestimmt sich nach den für die fraglichen Rechte geltenden Vorschriften (s. §§ 1018, 1019, 1103, 1109, 1110).

§ 97.

E. I § 789; II § 77h rev. § 93; III § 93. P. I S. 3347 ff.; M. III S. 61 ff. P. II Bd. 3 S. 17 ff., 22.

1. **Rechtliche Bedeutung der Zubehöreigenschaft.** Die Sache ist eine natürliche Einheit, die alle Bestandteile der Sache umfaßt. Das Zubehör einer Sache wird gebildet durch selbständige Sachen; die Eigenschaft derselben als Zubehör einer anderen Sache aber verbindet sie mit dieser zu einer wirtschaftlichen Einheit. Diese wirtschaftliche Einheit hat nicht dieselben, aber in mancher Beziehung ähnliche Folgen wie die natürliche Einheit der Sache mit ihren Bestandteilen. Über die in der Wissenschaft bestehenden verschiedenen Ansichten s. Windscheid-Kipp I § 143; Regelsberger § 102; Dernburg Pand. I § 77. Das BGB. stellt kein allgemeines Prinzip auf, aus dem die Folgen jener wirtschaftlichen Einheit abzuleiten wären; es beschränkt

sich darauf, eine Reihe praktisch wichtiger Einzelvorschriften zu geben, und überläßt der Wissenschaft, aus ihnen ein allgemeines Prinzip abzuleiten. Die betreffenden Einzelvorschriften sind nicht in dem Allgemeinen Teile, sondern bei denjenigen Materien gegeben, auf welche sie sich beziehen. Die hauptsächlichsten sind folgende:

a) Nach § 314 erstreckt sich die rechtsgeschäftliche Verpflichtung zu der Veräußerung oder Belastung einer Sache im Zweifel auch auf das Zubehör. Es handelt sich hier also um eine Auslegungsvorschrift. Während eine Verpflichtung der fraglichen Art sich selbstverständlich auf alle Bestandteile der Sache bezieht und die Ausnahme eines einzelnen Bestandteils besonders bestimmt werden müßte, bezieht sich die Verpflichtung auf das Zubehör nicht, wenn sich aus den Umständen des Falles eine engere Auslegung rechtfertigt. Auf demselben Standpunkte steht die Auslegungsvorschrift des § 926, nach welcher im Zweifel anzunehmen ist, daß die Absicht der Parteien bei der Auflassung eines Grundstücks auch auf Übertragung des Zubehörs gerichtet sei; ebenso die Vorschriften der §§ 1031, 1062 für den Nießbrauch und des § 1093 für beschränkte persönliche Dienstbarkeiten; ferner die Vorschrift des § 1096 über das Vorkaufsrecht und die Vorschrift des § 2164, nach welcher sich das Vermächtnis einer Sache im Zweifel auf das zur Zeit des Erbfalls vorhandene Zubehör erstreckt.

b) In einzelnen anderen Fällen wird das rechtliche Schicksal der Sache durch eine dispositive Vorschrift auf das Zubehör erstreckt, so bei dem Wiederverkauf nach § 498 und bei der Fahrnisgemeinschaft nach § 1551.

c) Eine andere Kategorie von Vorschriften erstreckt die für die Übertragung und Belastung von Grundstücken geltenden Vorschriften unter gewissen Voraussetzungen auch auf das bewegliche Zubehör der Grundstücke. So erwirbt bei der Auflassung eines Grundstücks nach § 926 der Erwerber auch das Zubehör des Grundstücks mit der Auflassung, wenn die Absicht der Parteien hierauf gerichtet war und das Zubehör dem Veräußerer gehört (s. oben unter b). Gehört das Zubehör dem Veräußerer nicht, so finden die Vorschriften der §§ 932—936 über den Erwerb in gutem Glauben Anwendung, wenn der Erwerber den Besitz des Zubehörs erlangt. Diese Vorschriften finden nach § 1017 bei dem Erbbaurecht und nach den §§ 1031, 1093 auch bei dem Nießbrauch und bei beschränkten persönlichen Dienstbarkeiten Anwendung.

d) Am einschneidendsten sind die Vorschriften, welche die Erstreckung der Hypothek auf das Zubehör des Grundstücks, jedoch mit Ausnahme desjenigen, das nicht in das Eigentum des Eigentümers des Grundstücks gelangt ist, bestimmen (§ 1120) und die damit im Zusammenhange stehenden Vorschriften über die Befreiung des Zubehörs von der Hypothek (§§ 1121, 1122) sowie über die im Falle der Verschlechterung des Zubehörs dem Hypothekengläubiger zustehenden Rechte (§ 1135). Entsprechende Vorschriften gelten für die Verpfändung von Schiffen (§ 1265).

Das Nähere über den Sinn und die Bedeutung aller dieser Vorschriften bleibt der Erläuterung der betreffenden Paragraphen vorbehalten.

Besondere Vorschriften enthält das ZVG. §§ 20, 21, 55, 99 und CPO. § 865 über das Verhältnis des Zubehörs eines Grundstücks. Auch die Landesgesetze können in den ihnen vorbehaltenen Materien, z. B. in betreff der Fideikommisse, Bestimmungen über die Erstreckung des rechtlichen Schicksals der Sache auf das Zubehör treffen.

2. Nur bewegliche Sachen können Zubehör sein. Ein Grundstück kann mit einem anderen Grundstücke nur dadurch in rechtliche Verbindung gesetzt werden, daß es zum Bestandteile desselben gemacht wird (s. Erl. zu § 94). Ist dies nicht geschehen, so ist es rechtlich ohne Bedeutung, daß ein Grundstück dazu bestimmt ist, dem wirtschaftlichen Zwecke eines anderen Grundstücks zu dienen.

3. Voraussetzungen der Zubehöreigenschaft sind, abgesehen von dem selbstverständlichen negativen Erfordernisse, daß die betreffende Sache kein Bestandteil der Hauptsache ist, folgende:

a) Die Sache muß bestimmt sein, dem wirtschaftlichen Zwecke der Hauptsache zu dienen. Was der wirtschaftliche Zweck der Hauptsache ist, muß sich aus deren Beschaffenheit ergeben. Nicht die vorübergehende Art der Benutzung von seiten des zeitigen Besitzers ist entscheidend, vielmehr muß die Sache dauernd einen bestimmten wirtschaftlichen Zweck haben und dieser objektiv hervortreten. Die in dem § 98 angeführten Beispiele eines dauernd zu einem gewerblichen Betrieb eingerichteten Gebäudes oder eines Landguts bestätigen dies. Ein Gebäude, in welchem ein Schneider oder Schuster sein Handwerk betreibt, hat dadurch nicht den wirtschaftlichen Zweck, für dieses Handwerk benutzt zu werden. Eine Sache kann sich für mehrere wirtschaftliche Zwecke eignen; ein Grundstück z. B. kann sich sowohl zu einem landwirtschaftlichen

Betrieb als zu einem Bauplatz oder zu einem Steinbruch eignen. Für den Begriff des Zubehörs kommt es darauf an, zu welchem dieser Zwecke die Sache wirklich benutzt wird. Sachen, die einem gemeinschaftlichen Zwecke dienen, ohne daß die eine Sache als die Hauptsache erscheint, deren Zwecken die andere dient, z. B. Messer und Gabel, das Schachbrett und die Schachfiguren, sind nicht Zubehör.

Zubehör wird eine Sache, wenn sie bestimmt ist, dem wirtschaftlichen Zwecke einer anderen Sache zu dienen. Die Bestimmung wird von demjenigen getroffen, welcher die Hauptsache benutzt. Dies braucht nicht der Eigentümer oder Eigenbesitzer (§ 872) zu sein. Auch der Nießbraucher, der Mieter oder der Pächter kann die Bestimmung treffen; notwendig ist aber, daß die Sache wirklich dem wirtschaftlichen Zwecke der Hauptsache, nicht etwa nur dem persönlichen Gebrauche desjenigen zu dienen bestimmt ist, welcher die Hauptsache zur Zeit benutzt. Wird die Bestimmung von einem nur zeitweise zur Benutzung der Hauptsache Berechtigten getroffen, so wird häufig nur eine vorübergehende Benutzung beabsichtigt und aus diesem Gesichtspunkte die Zubehöreigenschaft zu verneinen sein. Niemals genügt der Wille des Eigentümers oder Besitzers einer Sache, sie zum Zubehör einer anderen Sache zu machen, für sich allein, vielmehr ist immer notwendig, daß die eine Sache objektiv dem wirtschaftlichen Zwecke der anderen dienen soll.

Nicht notwendig ist, daß der Eigentümer der Hauptsache Eigentümer des Zubehörs ist. Einzelne Vorschriften des BGB. setzen aber außer der Zubehöreigenschaft noch voraus, daß das Zubehör dem Eigentümer der Hauptsache gehört (s. oben Erl. 1 c, d).

b) Die Bestimmung, dem wirtschaftlichen Zwecke der Hauptsache zu dienen, muß dadurch äußerlich hervortreten, daß die betreffende Sache in ein der Bestimmung entsprechendes räumliches Verhältnis zu der Hauptsache gebracht wird. Die Art dieses räumlichen Verhältnisses ist bei den verschiedenen Sachen verschieden; allgemeine Grundsätze lassen sich darüber nicht aufstellen. Das für einen Schmuck angefertigte Etui wird regelmäßig erst Zubehör des Schmuckes, wenn dieser in das Etui gelegt ist. Vieh, welches zur Bewirtschaftung eines Landguts angekauft ist, muß regelmäßig erst auf das Landgut gebracht sein, um als dessen Zubehör zu gelten. Nicht erforderlich ist indessen, daß die zum Zubehöre bestimmte Sache bereits in diejenige örtliche Lage gebracht ist, in welcher sie der Hauptsache dienen soll; es genügt vielmehr, wenn sie in ein solches wirtschaftliches Verhältnis zu der Hauptsache gebracht ist, daß ihr Gebrauch jederzeit möglich ist (Rspr. Bd. 5 S. 78); zu weit geht in dieser Beziehung wohl Dernburg, III § 6 Nr. 3 d, der auch Materialien, die zur Ausbesserung, Vergrößerung oder Verschönerung eines Hauses bestimmt und bereits auf den Bauplatz gebracht sind, als Zubehör des Hauses betrachtet; denn diese Materialien sollen regelmäßig Bestandteile des Hauses werden. Nach RG. Bd. 47 S. 197 ist dem hier fraglichen Erfordernisse genügt bei Gondeln, die für ein zum Wirtschaftsbetriebe bestimmtes Grundstück dienen, obwohl der öffentliche Teich, auf dem sich die Gondeln befinden, vierzig Meter von dem Grundstück entfernt ist. Nach RG. Bd. 51 S. 272 ist die Frage, ob ein Dampfkessel, der zum Ersatz älterer Dampfkessel angeschafft und auf das Fabrikgrundstück gebracht aber noch nicht in Gebrauch genommen ist, in einem räumlichen Verhältnisse der fraglichen Art steht, eine nach den Umständen des einzelnen Falles zu beurteilende Tatfrage, deren unrichtige Beurteilung nicht mit der Revision angegriffen werden kann.

c) Auch wenn die unter a und b bezeichneten Voraussetzungen vorliegen, ist die betreffende Sache nicht Zubehör, wenn sie im Verkehre nicht als solches angesehen wird. Die Auffassung des Lebens ist, wie sie überhaupt für die Vorschriften über Zubehör maßgebend ist, auch in dieser Beziehung entscheidend. Die Auffassung des Verkehrs wird zwar nur selten die Zubehöreigenschaft verneinen, wenn die unter a und b bezeichneten Voraussetzungen vorliegen. In einzelnen Fällen kann es jedoch vorkommen. So werden z. B. in einigen Gegenden die Öfen weder als Bestandteile noch als Zubehör eines Wohnhauses betrachtet (s. Rspr. Bd. 4 S. 204, nach welcher einem Musikautomaten die Eigenschaft als Zubehör eines Restaurants abgesprochen wird, weil er im Verkehre nicht als Zubehör betrachtet werde). In der hier fraglichen Vorschrift sieht Schloßmann in Iherings Jahrb. Bd. 41 S. 289 ff. wohl mit Recht eine latente Verweisung auf ein lokales Gewohnheitsrecht.

d) Die nur vorübergehende Benutzung einer Sache für den wirtschaftlichen Zweck einer anderen begründet, auch wenn die unter a bis c bezeichneten Voraussetzungen vorliegen, die Zubehöreigenschaft nicht. Eine Sache, welche nur zur Probe oder zum einstweiligen Ersatz einer anderen, reparaturbedürftigen benutzt wird, ist nicht Zubehör. Wann eine Benutzung als eine vorübergehende oder dauernde zu betrachten ist, läßt sich nur nach den Umständen des einzelnen Falles entscheiden. Von besonderer praktischer Bedeutung ist die Frage, ob das von dem Pächter

§. 98. Dem wirthschaftlichen Zwecke der Hauptsache sind zu dienen bestimmt:

1. bei einem Gebäude, das für einen gewerblichen Betrieb dauernd eingerichtet ist, insbesondere bei einer Mühle, einer Schmiede, einem Brauhaus, einer Fabrik, die zu dem Betriebe bestimmten Maschinen und sonstigen Geräthschaften;
2. bei einem Landgute das zum Wirthschaftsbetriebe bestimmte Geräth und Vieh, die landwirthschaftlichen Erzeugnisse, soweit sie zur Fortführung der Wirthschaft bis zu der Zeit erforderlich sind, zu welcher gleiche oder ähnliche Erzeugnisse voraussichtlich gewonnen werden, sowie der vorhandene auf dem Gute gewonnene Dünger.

---

eines Landguts zur Bewirtschaftung desselben mitgebrachte Inventar Zubehör des Landguts wird. Regelmäßig wird diese Frage zu verneinen sein, indem anzunehmen ist, daß dieses Inventar nur während der Pachtzeit von dem Pächter für den wirtschaftlichen Zweck des Landguts benutzt werden soll und deshalb eine nur vorübergehende Benutzung anzunehmen ist (vgl. Rspr. Bd. 5 S. 77, nach welcher bei Maschinen, die in einer Fabrik aufgestellt sind und deren Zwecke dienen, nicht deshalb eine nur vorübergehende Benutzung anzunehmen ist, weil der Fabrikant die Fabrik demnächst in einer Art umzugestalten beabsichtigt, bei welcher die Maschinen nicht mehr erforderlich sind).

e) Auf demselben Gesichtspunkte beruht die Vorschrift, daß eine vorübergehende Trennung die einmal begründete Zubehöreigenschaft nicht aufhebt. Auch hier ist nach den Umständen des Falles zu entscheiden, was als vorübergehend zu betrachten ist. Bei manchen Zubehörstücken ergibt sich eine vorübergehende Trennung schon aus dem Zwecke, dem sie dienen, so z. B. bei Doppelfenster, die nur im Winter gebraucht werden.

f) Aus der Stellung der Vorschriften des § 97 ergibt sich, daß derjenige, welcher die Zubehöreigenschaft geltend macht, nur zu beweisen braucht, daß die betreffende Sache bestimmt ist, dem wirtschaftlichen Zwecke der Hauptsache zu dienen, und in einem dieser Bestimmung entsprechenden räumlichen Verhältnisse steht. Wer die Zubehöreigenschaft bestreitet, weil der Verkehr sie nicht anerkennt oder weil eine nur vorübergehende Benutzung vorliegt, hat diese Tatsache zu beweisen. Rspr. Bd. 6 S. 270 (a. A. in betreff der Nichtanerkennung der Zubehöreigenschaft im Verkehr Endemann I § 54 Anm. 8).

3. Von dem Begriffe des Zubehörs verschieden ist der Begriff der **Haupt- und Nebensache**, der im BGB. nicht näher bestimmt wird, sondern sich nach der Auffassung des Lebens entscheidet; s. insbesondere die §§ 470, 947 Abs. 2.

§ 98.

E I. § 791; II § 77 i rev. § 94; III § 94. P. I S. 3354 ff., 6270; M. III S. 66 ff. P. II Bd. 3 S. 17 ff., 22 ff.

1. **Tragweite der Vorschriften des § 98.** Der § 98 gibt für zwei praktisch wichtige Fälle eine Erläuterung darüber, was unter der Bestimmung einer Sache für den wirtschaftlichen Zweck einer anderen zu verstehen ist. Daraus allein also, daß die in dem § 98 bestimmten Voraussetzungen bei einer Sache vorliegen, folgt noch nicht, daß sie Zubehör ist; dies hängt vielmehr weiter davon ab, ob die Sache in dem der Bestimmung entsprechenden räumlichen Verhältnisse zu der Hauptsache steht. Die Zubehöreigenschaft ist ferner nicht anzunehmen, wenn die Sache im Verkehre nicht als Zubehör angesehen wird oder die Benutzung für den wirtschaftlichen Zweck der Hauptsache nur eine vorübergehende ist. (A. A. wie es scheint Cosack I § 41 Anm. 19). Der E. I § 791 bestimmte ausdrücklich, daß die in Frage stehenden Sachen unter den Voraussetzungen des § 789, der dem jetzigen § 97 entsprach, Zubehör seien. Sachlich hat dies nicht geändert werden sollen.

2. In dem Falle unter Nr. 1 ergibt sich **der wirtschaftliche Zweck des Gebäudes** aus dessen dauernder Einrichtung für den gewerblichen Betrieb. Von wem die Bestimmung der Maschinen und sonstigen Gerätschaften für den Betrieb erfolgt sein muß, entscheidet sich nach den in der Erl. 3a zu § 97 dargelegten Grundsätzen. Hat ein Mieter des Gebäudes die Maschinen oder sonstigen Gerätschaften eingebracht, so hängt es von den Umständen des Falles ab, ob nur eine vorübergehende Benutzung, nämlich für die Dauer der Miete, anzunehmen und deshalb die

Zubehöreigenschaft zu verneinen ist oder ob die Regel Anwendung findet. Im Zweifel wird das erstere anzunehmen sein. Über andere als die im § 98 Nr. 1 hervorgehobenen Fälle, in welchen Sachen als Zubehör eines zu einem gewerblichen Betriebe dauernd eingerichteten Gebäudes deshalb anzusehen sind, weil sie jenem Zwecke dienen, s. RG. Bd. 48 S. 207 (Restaurationsinventar ist Zubehör eines Hauses, wenn dieses auch nur in einem Stockwerke zum Betriebe der Schankwirtschaft eingerichtet ist); ähnlich Rspr. Bd. 5 S. 78; vgl. auch die von Rehbein, Erl. 4d zu §§ 90—103 angeführten älteren Entscheidungen des RG., die, obwohl sie auf der Grundlage des früheren Rechtes ergangen sind, doch auch für das BGB. noch Bedeutung haben, jedoch mit Rücksicht auf die besonderen Vorschriften des BGB. nur mit Vorsicht zu benutzen sind (s. auch Rspr. Bd. 6 S. 212, 270).

3. Unter **„Landgut"** in Nr. 2 wird ein zum selbständigen Betriebe der Landwirtschaft eingerichtetes Grundstück verstanden. Nicht notwendig ist, daß das Grundstück als ein einheitliches im Grundbuch eingetragen ist. Das Landgut kann und wird häufig aus einer Mehrzahl von Grundstücken bestehen. Erforderlich ist nur, daß die mehreren Grundstücke wirtschaftlich eine zum Betriebe der Landwirtschaft bestimmte Einheit bilden. Ein einzelnes landwirtschaftliches Grundstück ist kein Landgut. Der Unterschied zwischen einem solchen Grundstück und einem Landgute tritt scharf hervor in den §§ 591—593. In den §§ 591, 592 werden Vorschriften über die Pacht eines landwirtschaftlichen Grundstücks, in dem § 593 über die Pacht eines Landguts gegeben. Der Ausdruck „Landgut" wird hier in demselben Sinne gebraucht wie in dem § 98, ebenso in den §§ 1822 Nr. 4, 2049, 2312. Auf die Größe des Grundstücks kommt es nicht an. Im täglichen Leben wird unter „Landgut" häufig eine größere herrschaftliche Besitzung verstanden; in diesem Sinne wird aber im BGB. das Wort nicht gebraucht. Auch ein Bauernhof ist ein Landgut. Vorausgesetzt wird nur die Einrichtung zu einem selbständigen landwirtschaftlichen Betrieb; insbesondere also auch das Vorhandensein der dazu erforderlichen Baulichkeiten.

a) Zubehör eines Landguts ist zunächst das zum Wirtschaftsbetriebe bestimmte Gerät und Vieh. In betreff der Bestimmung zu diesem Zwecke sowie in betreff der Frage, ob das von einem Pächter eingebrachte Inventar Zubehör wird, gilt das oben unter Erl. 2 Gesagte. (Vgl. auch Rspr. Bd. 2 S. 342; Sächs. Arch. Bd. 13 S. 15.) Über die Pacht eines Grundstücks mit Inventar s. §§ 586—589, über den Nießbrauch an einem Grundstücke mit Inventar s. § 1048.

b) Zubehör eines Landguts sind ferner die landwirtschaftlichen Erzeugnisse, soweit sie zur Fortführung der Wirtschaft bis zu der Zeit erforderlich sind, zu welcher gleiche oder ähnliche Erzeugnisse gewonnen werden. Diese Erzeugnisse gelten kraft des Gesetzes als zu dem Wirtschaftsbetriebe bestimmt; eine davon abweichende Bestimmung, die nur bei einer schlechten Wirtschaft vorkommen kann, wird nicht berücksichtigt. Hierbei wird auch die Ausnahme, welche für den Fall einer nur vorübergehenden Benutzung gilt, nicht in Frage kommen können. Das Gesetz unterscheidet nicht zwischen landwirtschaftlichen Erzeugnissen, die aus dem Landgute gewonnen sind und solchen, die anderweit angeschafft sind. Ein Grund, die Vorschrift auf die ersteren zu beschränken, liegt nicht vor, indem der Zweck der Vorschrift auch bei zugekauften Erzeugnissen zutrifft, wenn diese zur Fortführung der Wirtschaft bis zu dem Zeitpunkt erforderlich sind, in welchem gleiche oder ähnliche Erzeugnisse voraussichtlich gewonnen werden. Gegen die Beschränkung spricht auch, daß für den Dünger (s. unter c) ausdrücklich die Gewinnung aus dem Landgute gefordert wird (a. A. Staudinger, Erl. 3 zu § 98). Derselbe Gedanke liegt der Vorschrift des § 593 zu Grunde, nach welcher der Pächter eines Landguts die fraglichen Erzeugnisse bei der Beendigung der Pacht zurücklassen muß.

c) Dieselben Grundsätze wie für die landwirtschaftlichen Erzeugnisse gelten für den vorhandenen, auf dem Gute gewonnenen Dünger. Der E. I § 791 Nr. 2 sprach statt dessen von dem „erforderlichen Dünger". Nach der Fassung des BGB. ist der Nachweis der Erforderlichkeit aufgegeben, andererseits aber der künstliche Dünger ausgeschlossen. Der vorhandene, auf dem Gute gewonnene Dünger gilt kraft des Gesetzes als zum Wirtschaftsbetriebe bestimmt. Eine entsprechende Vorschrift enthält der § 593. Ausgeschlossen ist übrigens nicht, daß auch künstlicher Dünger, wenn für ihn die Voraussetzungen des § 97 vorliegen, Zubehör eines Landguts wird.

Durch die Vorschriften über das Zubehör eines Landguts hat das BGB., im Gegensatze zu der römischrechtlichen Auffassung, sich der deutschrechtlichen, den jetzigen wirtschaftlichen Verhältnissen allein entsprechenden Anschauung angeschlossen.

4. Über das **Zubehör von Schiffen** s. HGB. § 478.

§. 99. Früchte einer Sache sind die Erzeugnisse der Sache und die sonstige Ausbeute, welche aus der Sache ihrer Bestimmung gemäß gewonnen wird.

Früchte eines Rechtes sind die Erträge, welche das Recht seiner Bestimmung gemäß gewährt, insbesondere bei einem Rechte auf Gewinnung von Bodenbestandtheilen die gewonnenen Bestandtheile.

Früchte sind auch die Erträge, welche eine Sache oder ein Recht vermöge eines Rechtsverhältnisses gewährt.

---

§ 99.

E. I § 792; II § 77k rev. § 95; III § 95. P. I S. 3360 ff., 4763 ff.; M. III S. 67 ff. P. II Bd. 3 S. 23 ff.

Petrazycki, Die Lehre vom Einkommen; 2 Bände 1893, 1895. Reichel, Der Begriff der Frucht im röm. Recht und im deutschen BGB. in Iherings Jahrb. Bd. 42 S. 203 ff.

1. **Begriff der Früchte.** Durch den § 99 soll die Bedeutung festgestellt werden, welche der Ausdruck „Früchte" in dem BGB. hat. Der wirtschaftliche Begriff der Früchte ist ein engerer als der des BGB., indem bei jenem darauf Gewicht gelegt wird, daß es sich um Erträge handelt, welche bei ordnungsmäßiger Wirtschaft unbeschadet der Substanz einer Sache aus ihr gezogen werden. Auch das BGB. nimmt hierauf Rücksicht, aber nicht dadurch, daß es den Ausdruck „Früchte" in diesem engeren Sinne versteht, sondern dadurch, daß es in denjenigen Fällen, in welchen jene wirtschaftliche Beschränkung in Frage kommt, besondere darauf bezügliche Vorschriften gibt. So ist nach § 581 der Verpächter verpflichtet, dem Pächter den Genuß der Früchte zu gewähren „soweit sie nach den Regeln einer ordnungsmäßigen Wirtschaft als Ertrag anzusehen sind". In entsprechender Weise ist nach § 993 die Verpflichtung des Besitzers zur Herausgabe der Früchte an den Eigentümer beschränkt. In anderer Art erfolgt die Berücksichtigung des wirtschaftlichen Gesichtspunkts bei dem Nießbrauche nach § 1039 und entsprechend bei dem Vorerben nach § 2133. Der Nießbraucher und der Vorerbe erwerben alle Früchte, aber das Interesse des Eigentümers bezw. des Nacherben wird durch die besonderen in den gedachten Paragraphen getroffenen Vorschriften gesichert (s. Erl. zu diesen Paragraphen). Die Angriffe, welche Petrazycki und Reichel (s. insbesondere S. 305 ff.) gegen den Standpunkt des BGB. richten, beruhen im wesentlichen auf theoretischen Erwägungen über die wirtschaftliche Bedeutung der Früchte, während das BGB. der Aufgabe eines Gesetzes entsprechend den Zweck verfolgt, eine für alle Fälle, in denen es nicht ausnahmsweise besonderer Vorschriften bedarf, zutreffende und Zweifel möglichst ausschließende praktikable Begriffsbestimmung zu geben.

2. Die **Erzeugnisse einer Sache** sind immer Früchte derselben, ohne Unterschied ob die Sache wirtschaftlich zur Fruchtziehung bestimmt ist. Was „Erzeugnis" ist, ergibt sich aus den Naturgesetzen, jedoch nur nach Maßgabe der Auffassung, die darüber im Leben herrscht. Die Pflanzen, welche auf einem Grundstücke stehen, sind Erzeugnisse des Grundstücks, obwohl nicht das Grundstück allein sie hervorgebracht hat, sondern der Samen oder Keim, aus dem die Pflanze hervorgegangen, hinzukommen und in das Grundstück eingesenkt werden mußte.

Die **sonstige Ausbeute,** welche aus der Sache gewonnen wird, ist nur Frucht, wenn die Sache zur Gewinnung dieser Ausbeute bestimmt ist (Rspr. Bd. 6 S. 215). Es handelt sich hierbei um Bestandteile der Sache selbst, die aber wegen der wirtschaftlichen Bestimmung der Sache als Frucht angesehen werden. Dahin können z. B. gehören: Steine, Mergel, Ton, Mineralien, Kohlen, Mineralwasser 2c. Die Bestimmung des Grundstücks zur Gewinnung solcher Ausbeute ergibt sich entweder aus der Natur des Grundstücks oder erfolgt, wenn eine verschiedene Benutzung möglich ist, durch den Eigentümer. Der Nießbraucher ist nach § 1037 Abs. 2 zu neuen Anlagen behufs Gewinnung solcher Ausbeute nur berechtigt, sofern dadurch nicht die wirtschaftliche Bestimmung des Grundstücks wesentlich geändert wird. Die bestimmungsmäßige Ausbeute ist Frucht, auch wenn durch deren Gewinnung allmählich die in dem Grundstücke vorhandenen Bestandteile der betreffenden Art vollständig aufgebraucht werden. Immer wird aber vorausgesetzt, daß es sich nur um eine Nutzung der Sache handelt, daß diese selbst also, wenn auch nur in verändertem Umfange, bestehen bleibt. Bei Grundstücken ist dies selbstverständlich, bei beweglichen Sachen aber folgt aus jener Voraussetzung, daß die einzelnen Bestandteile einer verbrauchbaren Sache nicht Frucht derselben sind. Deshalb ist auch das Fleisch eines Mastochsen keine Frucht desselben. (Anderer Ansicht Fischer und Henle, Anm. 2 zu § 99.) Eine besondere Vorschrift über die Früchte eines Grundstücks enthält der § 911, nach welchem die auf ein Nachbargrundstück überfallenden Früchte als Früchte dieses Grundstücks gelten.

§. 100. Nutzungen sind die Früchte einer Sache oder eines Rechtes sowie die Vortheile, welche der Gebrauch der Sache oder des Rechtes gewährt.

Weder bei den Erzeugnissen noch bei den Bestandteilen kommt es nach dem in Erl. 1 Gesagten, sofern nicht für den betreffenden Fall besondere Vorschriften gegeben sind, darauf an, ob sie zu den regelmäßigen Erträgen gehören und ob ihre Gewinnung den Grundsätzen einer ordnungsmäßigen Wirtschaft entspricht. Daher ist z. B., wenn ein Wald durch Naturereignisse umgestürzt ist oder wegen Raupenfraßes abgeholzt werden muß, der ganze dadurch von dem Grund und Boden getrennte Wald Frucht des Grundstücks; ebenso die Mineralien oder Kohlen, auch wenn sie durch Raubbau gewonnen sind (a. A. Kuhlenbeck, Erl. 2 zu § 99).

3. Früchte eines Rechtes. Den natürlichen Früchten einer Sache entsprechen als natürliche Früchte eines Rechtes die Erträge, welche das Recht seiner Bestimmung gemäß gewährt. Die Früchte einer verzinslichen Forderung sind die Zinsen (s. jedoch Erl. 4), die Früchte einer Reallast die Leistungen, welche auf Grund derselben an den Berechtigten zu entrichten sind, die Früchte des Jagdrechts das Wild, was kraft desselben erworben wird. Bei Rechten auf Gewinnung von Erzeugnissen oder Bodenbestandteilen, sind die gewonnenen Erzeugnisse oder Bestandteile Früchte des Rechtes. Je nach Lage der Sache können Erzeugnisse oder Bodenbestandteile also Früchte einer Sache oder eines Rechtes sein. Die Bestimmung des Rechtes zur Gewährung solcher Erträge ergibt sich aus dem Inhalte des Rechtes. Es macht keinen Unterschied, ob das Recht ein zeitlich begrenztes ist oder nicht. Die gesamten Erträge, welche der Nießbrauch oder eine Leibrente gewährt, sind Früchte dieser Rechte; ebenso die Ausbeute, die eine Bergwerksberechtigung gewährt, obwohl das Bergwerk allmählich erschöpft wird. Den von anderen Rechten in dieser Beziehung eingenommenen Standpunkt, nach welchem in Fällen der fraglichen Art nur die Früchte, die aus der Ausbeute gezogen werden, Früchte des Rechtes sind, teilt also das BGB. nicht. Vorausgesetzt wird aber, daß es sich um Erträge handelt, die das Recht bestimmungsmäßig gewährt. Die zur Amortisation eines Kapitals dienenden, mit oder in den Zinsen zu entrichtenden Beträge sind daher keine Früchte des Kapitals. Die bei einem zeitlich auf dreißig Jahre begrenzten Rentenrechte zu entrichtenden jährlichen Renten sind Früchte des Rentenrechts, während bei einem in dreißig Jahren durch jährliche Zahlungen zu bezahlenden Kapitale z. B. einem zurückzuzahlenden Darlehen die jährlich zu bezahlenden Beträge nicht Früchte sind. Hier entscheidet also bei wirtschaftlich gleichem Ergebnisse die rechtliche Natur des Verhältnisses darüber, ob die gezahlten Beträge Früchte sind oder nicht.

4. Bürgerliche Früchte. Den in Erl. 2, 3 bezeichneten natürlichen Früchten stehen die sog. juristischen oder bürgerlichen Früchte gegenüber. Es sind dies die Erträge, welche eine Sache oder ein Recht vermöge eines sich darauf beziehenden Rechtsverhältnisses gewährt. Den praktisch wichtigsten Fall bilden die auf Grund eines Miet- oder Pachtvertrags über die Sache oder das Recht zu entrichtenden Miet- oder Pachtgelder. Ein Rechtsverhältnis der fraglichen Art kann aber auch vorkommen, ohne daß dasselbe auf Rechtsgeschäft beruht, z. B. bei der Enteignung. In Fällen dieser Art kann die Sache oder das Recht sowohl natürliche als bürgerliche Früchte gewähren; bezugsberechtigt für die einen oder die anderen Früchte sind aber verschiedene Personen. Zweifelhaft kann sein, ob die Zinsen einer Forderung zu den in Erl. 3 erwähnten natürlichen Früchten oder zu den bürgerlichen Früchten gehören. Zu der ersten Auffassung gelangt man, wenn man die Verzinslichkeit einer Forderung als eine bestimmungsmäßige Eigenschaft der Forderung ansieht, zu der letzteren, wenn man die Verzinslichkeit als ein besonderes Rechtsverhältnis betrachtet, kraft dessen das Forderungsrecht Erträge gewährt (s. Reichel, S. 299; Rehbein, Erl. 5d zu §§ 90—103; Dernburg, III, § 8, V). Die letztere Auffassung dürfte wenigstens bei Verzugszinsen den Vorzug verdienen. Praktisch ist übrigens die Frage ohne Bedeutung.

5. Vorschriften über Früchte kommen z. B. vor in den §§ 581, 585, 743, 955, 993, 2020, 2184.

§ 100.

E. I § 793; II § 77l rev. § 96; III § 96. P. I S. 3359 ff., 3374 ff.; M. III S. 70. P. II Bd. 3 S. 24.

1. Nutzungen. Auch bei dem § 100 handelt es sich um eine terminologische Vorschrift, nämlich um die Bestimmung des Sinnes, welchen das BGB. mit dem Ausdrucke „Nutzungen“ verbindet. Die meisten beweglichen Sachen gewähren keine natürlichen Früchte; sie werden gebraucht zu denjenigen Zwecken, zu welchen sie bestimmt sind, so z. B. Möbel, Betten, Gerät-

§. 101. Ist Jemand berechtigt, die Früchte einer Sache oder eines Rechtes bis zu einer bestimmten Zeit oder von einer bestimmten Zeit an zu beziehen, so gebühren ihm, sofern nicht ein Anderes bestimmt ist:

1. die im §. 99 Abs. 1 bezeichneten Erzeugnisse und Bestandtheile, auch wenn er sie als Früchte eines Rechtes zu beziehen hat, insoweit, als sie während der Dauer der Berechtigung von der Sache getrennt werden;
2. andere Früchte insoweit, als sie während der Dauer der Berechtigung fällig werden; bestehen jedoch die Früchte in der Vergütung für die Ueberlassung des Gebrauchs oder des Fruchtgenusses, in Zinsen, Gewinnantheilen oder anderen regelmäßig wiederkehrenden Erträgen, so gebührt dem Berechtigten ein der Dauer seiner Berechtigung entsprechender Theil.

---

schaften aller Art. Andere Sachen, von denen natürliche Früchte gezogen werden können, dienen daneben zum Gebrauche, z. B. Pferde zum Reiten oder zum Ziehen. Auch bei Grundstücken findet ein solcher Gebrauch statt; das Haus wird zum Wohnen, der Garten zum Spazierengehen benutzt. Die Nutzungen einer Sache umfassen nun nicht allein die Früchte, sondern auch alle Vorteile, welche der Gebrauch einer Sache gewährt. Der **Gebrauch** der Sache muß die Vorteile gewähren; die Hälfte des Schatzes, welche dem Eigentümer des Grundstücks zufällt, in dem der Schatz gefunden wird, gehört weder zu den Früchten noch zu den Nutzungen des Grundstücks (§§ 984, 1040). Dagegen dürften, obwohl dies zweifelhaft ist, die Wurzeln und Zweige, welche der Eigentümer eines Grundstücks nach § 910 sich anzueignen berechtigt ist, zu den Früchten oder Nutzungen des Grundstücks zu rechnen sein (a. A. Reichel, S. 300; **Rehbein**, Erl. 5a zu §§ 90—103; Staudinger, Erl. 3 zu § 100). Der bestimmungsmäßige Gebrauch verbrauchbarer Sachen besteht in dem Verbrauch oder der Veräußerung. Nach dem Wortlaute des § 100 würden daher bei solchen Sachen zu den Nutzungen auch die Vorteile gehören, welche der Verbrauch oder die Veräußerung gewährt. Für Sachen dieser Art gibt das BGB. aber besondere Vorschriften (s. Erl. zu § 92).

2. **Vorschriften über Nutzungen** enthalten z. B. die §§ 292, 302, 346, 347, 379, 446, 487 Abs. 4, 745 Abs. 3, 818, 987 ff., 1030, 1213, 1383, 1525, 1656 Abs. 1, 1813 Nr. 4, 2020, 2023, 2184, 2379.

Nutzungen, die nicht zu den Früchten gehören, können wegen ihrer Beschaffenheit nicht in Natur herausgegeben werden. Wo das Gesetz allgemein die Verpflichtung zur Herausgabe der Nutzungen ausspricht, wird deshalb für Nutzungen dieser Art regelmäßig der Ersatz des Wertes eintreten müssen.

§ 101.

E. I § 794 Abs. 1; II § 77m rev. § 97; III § 97. P. I S. 3361 ff., 3370 ff., 4230 ff., 4719 ff., 4761, 11925, 12005 ff.; M. III S. 71—76. P. II Bd. 3 S. 24 ff.

1. **Verteilung der Früchte unter mehreren auf einander folgenden Fruchtberechtigten.** Der § 101 enthält keine Vorschriften darüber, wer die Früchte einer Sache erwirbt, und in welchem Zeitpunkte dies geschieht. Für die natürlichen Früchte ergibt sich dies aus den Vorschriften der §§ 953 ff. Für die bürgerlichen Früchte ist die Entscheidung aus dem zu Grunde liegenden Rechtsverhältnisse zu entnehmen; der Anspruch auf Miet- oder Pachtgelder z. B. steht dem Vermieter oder dem Verpächter zu, sofern er nicht bei vermieteten oder verpachteten Grundstücken im Falle der Veräußerung derselben nach §§ 571 ff. auf den Erwerber des Grundstücks übergeht. Die Vorschriften des § 101 betreffen nur das Verhältnis mehrerer auf einander folgender Fruchtberechtigter unter einander. Fällt der Erwerb der Früchte nicht mit der durch § 101 bestimmten Bezugsberechtigung zusammen, so kann der nach § 101 Bezugsberechtigte die Herausgabe der von seinem Vorgänger oder seinem Nachfolger erworbenen Früchte verlangen. So ist z. B. der Pächter eines Grundstücks vom Beginne der Pacht an zur Beziehung der Früchte berechtigt. Nach den §§ 953, 956 erwirbt aber der Eigentümer, solange er den Besitz des Grundstücks nicht dem Pächter des Grundstücks überlassen hat, die natürlichen Früchte mit der Trennung. Diese gebühren aber nach § 101 Nr. 1 dem Pächter und sind ihm also von dem Eigentümer zu gewähren.

Die Vorschriften des § 101 finden Anwendung in allen Fällen, in welchen jemand bis zu einer bestimmten Zeit oder von einer bestimmten Zeit an die Früchte einer Sache oder eines Rechtes zu beziehen berechtigt ist, mag sein Recht ein dingliches oder obligatorisches sein. Sie finden daher Anwendung sowohl in dem Verhältnisse mehrerer auf einander folgender Eigentümer und in dem Verhältnisse zwischen Eigentümer und Nießbraucher als auch in dem Verhältnisse zwischen Verkäufer und Käufer (§ 446), Verpächter und Pächter. Auch das Verhältnis zwischen dem Eigentümer und dem gutgläubigen Besitzer einer Sache bestimmt sich nach den Vorschriften des § 101. Der gutgläubige Besitzer einer Sache ist die Früchte derselben dem Eigentümer erst von dem Zeitpunkte der Rechtshängigkeit des Eigentumsanspruchs an herauszugeben verpflichtet. Da sich bezweifeln läßt, ob man hierin eine Berechtigung des gutgläubigen Besitzers zur Beziehung der Früchte im Sinne des § 101 finden kann, so war in dem E. I § 794 ausdrücklich bestimmt, daß sich die Vorschriften dieses dem § 101 des BGB. entsprechenden Paragraphen auch auf das Verhältnis zwischen Eigentümer und gutgläubigen Besitzer beziehen. Das BGB. hat diese Vorschrift zwar in den § 101 nicht aufgenommen, eine entsprechende Vorschrift aber in dem § 993 Abs. 2 gegeben.

2. **Die natürlichen Früchte einer Sache** (§ 99 Abs. 1) gebühren demjenigen, welcher zur Zeit der Trennung derselben von der Sache zur Beziehung der Früchte berechtigt ist. Es macht dabei keinen Unterschied, ob die Trennung nach wirtschaftlichen Grundsätzen zu dieser oder zu einer früheren oder späteren Zeit erfolgen mußte; die Tatsache der Trennung allein ist entscheidend; jedoch können im einzelnen Falle wegen unwirtschaftlichen Verfahrens Ersatzansprüche begründet sein (s. z. B. § 591). Gegenüber dem sächs. Gesetzbuche, welches zwischen den sog. Industrialfrüchten und den natürlichen Früchten unterscheidet, sowie gegenüber dem preuß. Landrechte, welches in dem Verhältnisse zwischen Eigentümer und redlichem Besitzer sowie zwischen Eigentümer und Nießbraucher die natürlichen Früchte nach dem Verhältnisse der Zeit teilen läßt, in welcher die Bezugsberechtigung des einen und des anderen während des betreffenden Wirtschaftsjahres bestand, gegenüber diesen Vorschriften scheinen die dem gemeinen Rechte sich anschließenden Bestimmungen des BGB. dem Zufall einen ungebührlichen Spielraum einzuräumen. Überwiegende Zweckmäßigkeitsrücksichten sprechen indessen für den von dem BGB. eingeschlagenen Weg. Bei der Verschiedenheit der Verhältnisse in Deutschland ist die einheitliche Feststellung eines Wirtschaftsjahres unmöglich. Die bei der Gestaltung des preuß. Landrechts unvermeidliche gegenseitige Abrechnungspflicht führt zu großen Mißständen. Die einfachen und klaren Vorschriften des BGB. schneiden Zweifel und Streitigkeiten ab, die Härten, die in einzelnen Fällen entstehen, sind nicht von großer Bedeutung und können häufig durch rechtsgeschäftliche Vereinbarungen vermieden werden.

3. **Für andere als die in dem § 99 Abs. 1 bezeichneten Früchte** ist die Fälligkeit entscheidend, d. h. derjenige Zeitpunkt, in welchem nach dem betreffenden Rechtsverhältnisse die Leistung, um die es sich handelt, gefordert werden kann. Eine Stundung der Leistung kommt nicht in Betracht. Ist also z. B. auf Grund einer Reallast eine Leistung mit dem Eintritt eines bestimmten Ereignisses an den Berechtigten zu bewirken, so entscheidet der Zeitpunkt, in welchem das Ereignis eingetreten, ohne Rücksicht darauf, ob zwischen dem Berechtigten und Verpflichteten vereinbart wird, daß die Leistung zu einer andern Zeit erfolgen soll. Durch die in dem zweiten Halbsatze der Nr. 2 hinzugefügte Ausnahme wird indessen die in dem ersten Halbsatz aufgestellte Regel, daß die Fälligkeit entscheidet, im praktischen Erfolge zur Ausnahme. Nicht nur dann, wenn die Früchte in der Vergütung für die Überlassung des Gebrauchs oder Fruchtgenusses oder in Zinsen oder Gewinnanteilen bestehen, sondern in allen Fällen, in welchen es sich um regelmäßig wiederkehrende Erträge handelt, soll nicht die Fälligkeit entscheiden, sondern eine Verteilung nach der Dauer der Berechtigung eintreten. Das BGB. weicht in dieser Beziehung von dem E. I § 794 Abs. 1 ab, indem nach diesem sich die Ausnahme auf andere als die besonders bezeichneten regelmäßig wiederkehrenden Erträge nicht bezog. Durch die Erweiterung werden insbesondere die alljährlich oder in bestimmten kürzeren oder längeren Zeiträumen zu entrichtenden Reallasten getroffen. Bei der Verteilung wird ebenso wie bei den Miet- oder Pachtgeldern regelmäßig anzunehmen sein, daß die Leistungen für die Vergangenheit erfolgen. Ist also z. B. auf Grund einer Reallast eine Leistung alljährlich am 1. Juli zu entrichten und tritt ein Wechsel in der Person des Bezugsberechtigten am 1. Oktober ein, so behält der frühere Berechtigte die am vorhergehenden 1. Juli fällig gewordenen Erträge ganz und kann von dem neuen Bezugsberechtigten die Herausgabe von $^1/_4$ der am 1. Juli des folgenden Jahres von dem Verpflichteten an den neuen Berechtigten zu leistenden Beträge fordern.

§. 102. Wer zur Herausgabe von Früchten verpflichtet ist, kann Ersatz der auf die Gewinnung der Früchte verwendeten Kosten insoweit verlangen, als sie einer ordnungsmäßigen Wirthschaft entsprechen und den Werth der Früchte nicht übersteigen.

Regelmäßig wiederkehrende Erträge sind auch diejenigen, deren Betrag in den einzelnen Zeiträumen verschieden ist, sofern nur die Entrichtung selbst regelmäßig wiederkehrt, so z. B. bei Gewinnanteilen und Zehnten (a. A. Reichel, S. 301).

Von einer Verteilung der Miet- oder Pachtgelder kann selbstverständlich dann keine Rede sein, wenn der neue Bezugsberechtigte den Gebrauch oder Fruchtgenuß der vermieteten oder verpachteten Sache selbst hat.

§ 102.

E. II § 901 Abs. 1 Satz 2, § 2054 Abs. 2 rev. § 98; III § 98. P. II Bd. 3 S. 357, Bd. 5 S. 221, 225, Bd. 6 S. 119.

1. **Recht des zur Herausgabe von Früchten Verpflichteten auf Ersatz der Gewinnungskosten.** Die Vorschrift des § 102 findet sowohl dann Anwendung, wenn die Verpflichtung zur Herausgabe der Früchte auf Rechtsgeschäft beruht, als auch dann, wenn sie durch Gesetz vorgeschrieben ist. Voraussetzung ist immer, daß Früchte als solche herauszugeben sind. Im Falle rechtsgeschäftlicher Verpflichtung wird zu prüfen sein, ob sich nicht aus dem Inhalte des Rechtsgeschäfts eine Abweichung von der Regel des § 102 ergibt. Eine gesetzliche Verpflichtung zur Herausgabe der Früchte findet z. B. statt in den Fällen der §§ 292, 347, 487 Abs. 4, 818, 987 ff., 1656 Abs. 1, 2020, 2023, 2184.

Der § 102 kommt auch dann zur Anwendung, wenn von mehreren aufeinander folgenden Bezugsberechtigten derjenige die Früchte gezogen hat, welchem sie nach § 101 nicht gebühren und der deshalb verpflichtet ist, sie herauszugeben.

Zu den Kosten der Gewinnung, deren Ersatz gefordert werden kann, wird der Wert, der auf die Gewinnung verwendeten Arbeit auch dann mitzurechnen sein, wenn der zur Herausgabe der Früchte Verpflichtete diese Arbeit nicht bezahlt, sondern sie selbst verrichtet oder durch andere, über deren Arbeit er zu verfügen berechtigt war, z. B. durch seine Dienstboten hat verrichten lassen (a. A. wie es scheint Staudinger, Erl. 2 zu § 102). Welche Kosten einer ordnungsmäßigen Wirtschaft entsprechen, bestimmt sich nach der Auffassung des Verkehrs.

Besondere Vorschriften über den Ersatz von Kosten, welche auf die Erzielung von Früchten verwendet sind, enthalten die §§ 592, 998, 1055 Abs. 2, 1421.

2. **Rechtliche Bedeutung des Rechtes auf Ersatz der Gewinnungskosten.** Durch den § 102 hat dem zur Herausgabe von Früchten Verpflichteten nicht ein selbständiger Anspruch auf Ersatz der Gewinnungskosten eingeräumt werden sollen. Es besteht keine gegenseitige Verpflichtung, infolge deren der zur Herausgabe der Früchte Verpflichtete gegen die Herausgabe den Ersatz der Kosten von dem anderen Teile fordern könnte. Es handelt sich vielmehr nur um eine Beschränkung der Verpflichtung zur Herausgabe der Früchte. Vorausgesetzt wird also, daß diese verlangt wird. Der Verpflichtete braucht die Früchte nur gegen Ersatz der Gewinnungskosten herauszugeben. Bestehen die Früchte in Geld, so mindert sich der herauszugebende Betrag von selbst um den Betrag der Kosten. Es handelt sich dabei aber nicht um eine Aufrechnung in juristischem Sinne, vielmehr um die Geltendmachung einer gesetzlichen Beschränkung des Anspruchs auf Herausgabe der Früchte. Bestehen die herauszugebenden Früchte nicht in Geld, so ist der Verpflichtete zur Zurückbehaltung bis dahin befugt, daß ihm die Kosten ersetzt werden; die Vorschriften des § 274 werden hierbei entsprechend anzuwenden sein. Übersteigen die Gewinnungskosten den Wert der herauszugebenden Früchte, so brauchen sie nur bis zum Betrage dieses Wertes ersetzt zu werden. Die Verpflichtung zur Herausgabe der Früchte fällt in diesem Falle ganz weg, wenn die Früchte in Geld bestehen. Bestehen sie aber in anderen Gegenständen, so bleibt die Verpflichtung zur Herausgabe gegen Ersatz der Gewinnungskosten bis zum Betrage des Wertes der Früchte bestehen. Wer die Herausgabe solcher Früchte verlangen kann, braucht sich nicht in Geld abfinden zu lassen (a. A. zum Teil Hölder, Erl. 4, 5 zu § 102; vgl. auch Staudinger, Erl. 4 zu § 102). Der Beweis, daß die Gewinnungskosten den Wert der herauszugebenden Früchte übersteigen, liegt demjenigen ob, welcher die Gewinnungskosten zu ersetzen hat.

§. 103. Wer verpflichtet ist, die Lasten einer Sache oder eines Rechtes bis zu einer bestimmten Zeit oder von einer bestimmten Zeit an zu tragen, hat, sofern nicht ein Anderes bestimmt ist, die regelmäßig wiederkehrenden Lasten nach dem Verhältnisse der Dauer seiner Verpflichtung, andere Lasten insoweit zu tragen, als sie während der Dauer seiner Verpflichtung zu entrichten sind.

---

§ 103.

E. I § 795; II § 77 n rev. § 99; III § 99. P. I S. 3362, 3371—3374; M. III S. 7677. P. II Bd. 3 S. 24 f.

Verteilung der Lasten unter mehreren nach einander Verpflichteten. Die Vorschrift des § 103 weicht von dem E. I § 795, nach welchem für die Verpflichtung zur Tragung der Lasten immer der Zeitpunkt der Fälligkeit entscheiden sollte, in derselben Richtung ab wie die für die Früchte geltende Vorschrift des § 101 Nr. 2. Wie bei regelmäßig wiederkehrenden Erträgen, so soll auch bei regelmäßig wiederkehrenden Lasten nicht der Zeitpunkt der Fälligkeit entscheiden, sondern eine Verteilung, wie im ersteren Falle nach Verhältnis der Dauer der Berechtigung, so hier nach Verhältnis der Dauer der Verpflichtung eintreten. Zu den wiederkehrenden Lasten gehören insbesondere die Grundsteuer, die Feuerkassenbeiträge, die Hypotheken- und Grundschuldzinsen, die bei einer Rentenschuld zu entrichtenden Renten und alle regelmäßig wiederkehrenden Reallasten. Die Fälligkeit entscheidet bei Lasten, die entweder nur einmal zu entrichten sind oder doch nicht regelmäßig wiederkehren, die z. B. von dem Eintritt eines bestimmten Ereignisses abhängen. Weder zu den Lasten noch zu den Lasten der anderen Art dürften die Kosten der Erhaltung der Sache oder des Rechtes zu rechnen sein; vgl. § 1041 mit § 1047 (a. A. Hölder, Erl. 1 zu § 103).

Eine gleiche Harmonie wie zwischen der Vorschrift des § 103 und dem § 101 Nr. 2 besteht nicht zwischen dem § 103 und dem § 101 Nr. 1. Eine der Fruchtberechtigung vollständig entsprechende Vorschrift über die Tragung der Lasten ist aber praktisch undurchführbar.

Die Fälle, in denen der § 103 zur Anwendung kommt, sind im wesentlichen dieselben wie bei dem § 101.

Dritter Abschnitt.

Rechtsgeschäfte.

Dritter Abschnitt.

I. Das BGB. definiert **den Begriff des Rechtsgeschäfts nicht.** Auch im E. I ist dies nicht geschehen. Nach den M. I S. 126 ist Rechtsgeschäft eine Privatwillenserklärung, gerichtet auf die Hervorbringung eines rechtlichen Erfolges, welcher nach der Rechtsordnung deswegen eintritt, weil er gewollt ist. Dieser Begriff entspricht der herrschenden Theorie (Windscheid-Kipp I §§ 70ff.; Regelsberger § 135; Dernburg, Pand. I §§ 91ff.; er liegt auch dem BGB. zu Grunde. Die Auffassung von Danz, Auslegung der Rechtsgeschäfte 1898, daß das Rechtsgeschäft eine Rechtsnorm (lex privata) wie die vom Staate aufgestellte Rechtsnorm sei, wird durch die in der Schrift dargelegten Gründe nicht gerechtfertigt und dürfte weder der natürlichen Auffassung noch dem Standpunkte des BGB. entsprechen (s. dagegen u. a. auch Petersen, in DJZ. 1899 S. 281ff. Dem nach dem Obigen von dem BGB. zu Grunde gelegten Begriff entspricht indessen nur das wirksame Rechtsgeschäft. Das BGB. gebraucht den Ausdruck „Rechtsgeschäft" auch in einem weiteren Sinne; es spricht von unwirksamen und nichtigen Rechtsgeschäften (s. z. B. in den §§ 134, 138) und versteht hier also unter „Rechtsgeschäft" die auf Herbeiführung eines rechtlichen Erfolges gerichtete Willenserklärung ohne Rücksicht darauf, ob die Rechtsordnung den gewollten rechtlichen Erfolg eintreten läßt oder nicht. Auch den Ausdruck „Willenserklärung" gebraucht das BGB. nicht nur dann, wenn ein wirklich vorhandener Wille erklärt ist, sondern auch in solchen Fällen, in welchen das als gewollt Erklärte in Wirklichkeit nicht gewollt ist (s. z. B. die §§ 116—118).

Um den rechtlichen Erfolg hervorzubringen, müssen häufig zu der Willenserklärung noch andere Umstände hinzutreten oder es müssen sich mehrere Willenserklärungen zu einem Ganzen zusammenschließen (s. unter IV). In Fällen dieser Art wird auch der gesamte zur Hervorbringung des rechtlichen Erfolges erforderliche Tatbestand als Rechtsgeschäft bezeichnet. Eine strenge Unterscheidung unter den Ausdrücken „Rechtsgeschäft" und „Willenserklärung" wird im BGB. nicht gemacht.

Ein Rechtsgeschäft, das aus irgend welchem Grunde den gewollten rechtlichen Erfolg nicht hat, bezeichnet das BGB. als unwirksam (s. die §§ 111, 161, 174, 344, 357, 359, 388, 410, 554 Abs. 2, 574, 779, 925 Abs. 2, 1160 Abs. 2, 1253 Abs. 1, 1398, 1831, 1950, 2085, 2101 Abs. 1, 2113 Abs. 1, 2115, 2160, 2169 Abs. 1, 2171, 2180 Abs. 2, 2201, 2202 Abs. 2, 2268 Abs. 1, 2289 Abs. 1, 2339 Abs. 2). Alexander, Der Begriff der Unwirksamkeit im BGB. 1903. Über die verschiedenen Arten der Unwirksamkeit, insbesondere über Nichtigkeit und Anfechtbarkeit s. unter VII.

II. Erfordernisse eines jeden Rechtsgeschäfts sind:

1. eine Willenserklärung.

a) Über die Frage, was unter einer Willenserklärung im allgemeinen zu verstehen ist, sowie darüber, unter welchen Voraussetzungen eine Willenserklärung deshalb unwirksam ist, weil sie dem wirklichen Willen des Urhebers nicht entspricht, oder dieser dazu durch arglistige Täuschung oder widerrechtlich durch Drohung bestimmt ist, s. Vorbm. zum zweiten Titel und Erl. zu §§ 116—123. Die von Hellmann in Iherings Jahrb. Bd. 24 S. 413ff. vertretene Auffassung, daß nicht zu jedem Rechtsgeschäft eine Willenserklärung erforderlich sei, hängt mit dessen Auffassung des Begriffs der Willenserklärung zusammen. (Hierüber s. Vorbm. zum zweiten Titel.)

b) Die Willenserklärung muß auf einen genügend bestimmten rechtlichen Erfolg gerichtet sein. Bei den Geschäften des täglichen Lebens haben die Menschen meistens nur einen bestimmten wirtschaftlichen Zweck vor Augen. Zu einer rechtsgeschäftlichen Willenserklärung ist aber erforderlich, daß sich das Rechtsverhältnis erkennen läßt, welches behufs Erreichung des wirtschaftlichen Zweckes gewollt wird; so muß z. B., wenn der wirtschaftliche Zweck dahin geht, eine Sache zu benutzen, erhellen, ob Kauf, Miete oder Leihe der Sache beabsichtigt wird. Nicht erforderlich ist, daß sich der Erklärende aller rechtlichen Konsequenzen des betreffenden Rechtsverhältnisses bewußt ist, daß er also z. B. bei einem Verkaufe die dadurch begründete Verpflichtung zur Gewährleistung sich vergegenwärtigt. Nur aus den Umständen des einzelnen Falles kann entnommen werden, ob die Willenserklärung eine genügend bestimmte ist.

c) Der wirklichen Abgabe der Willenserklärung steht es gleich, wenn die Willenserklärung auf Grund der CPO. § 894 als abgegeben gilt. Der E. I hatte bisweilen, so z. B. in dem § 107, als Voraussetzung einer Vorschrift neben dem Rechtsgeschäfte das Urteil erwähnt (s. M. I S. 213), während dies an anderen Stellen, z. B. in den §§ 135, 837 des E. I, nicht geschehen war. In den §§ 135, 837 des E. I entsprechenden §§ 131, 810 des E. II wurde ebenso wie in dem dem § 107 des E. I entsprechenden § 101 des E. II das Urteil neben dem Rechtsgeschäft erwähnt. Bei der Revision ist die Erwähnung des Urteils an allen Stellen gestrichen, weil man es für selbstverständlich hielt, daß, wenn das Gesetz eine Willenserklärung erfordere, diesem Erfordernis auch dann genügt sei, wenn die Willenserklärung nach gesetzlicher Vorschrift als abgegeben gelte.

d) Einen ähnlichen Charakter wie die unter c erwähnten Fälle haben diejenigen, in denen nach dem BGB. eine bestimmte Willenserklärung beim Eintritt eines bestimmten Ereignisses als erfolgt gilt. Dahin gehören z. B. die Fälle, in denen die Genehmigung eines Rechtsgeschäfts mit dem Ablauf einer bestimmten Frist als verweigert gilt (s. z. B. die §§ 108 Abs. 2, 177 Abs. 2, 1396 Abs. 2, 1448 Abs. 2). Es handelt sich hier um eine sog. Fiktion. Obwohl eine Willenserklärung nicht vorliegt, tritt kraft gesetzlicher Vorschrift dieselbe rechtliche Wirkung ein, wie wenn die Willenserklärung vorläge.

2. Fähigkeit des Erklärenden eine wirksame Willenserklärung abzugeben. Diese Fähigkeit bezeichnet das BGB. als Geschäftsfähigkeit. Sie kann vollständig fehlen (Geschäftsunfähigkeit) oder nur in beschränktem Maße vorhanden sein (beschränkte Geschäftsfähigkeit). Von der ersteren handeln die §§ 104, 105 Abs. 1, von der letzteren die §§ 106—115. Ist die Geschäftsfähigkeit im allgemeinen vorhanden, so ist weiter erforderlich, daß die Willenserklärung nicht im Zustande der Bewußtlosigkeit oder der vorübergehenden Störung der Geistestätigkeit abgegeben wird. (§ 105 Abs. 2.)

3. Eine gesetzliche Vorschrift, welche die Verwirklichung des bezweckten rechtlichen Erfolges durch Rechtsgeschäft zuläßt (s. O. Bülow, Geständnisrecht, S. 113 ff., 129). Allgemeine Vorschriften in dieser Beziehung enthalten die §§ 134, 138, nach welchen ein Rechtsgeschäft nichtig ist, das gegen ein gesetzliches Verbot oder gegen die guten Sitten verstößt. Im übrigen ergeben die auf die einzelnen Rechtsverhältnisse sich beziehenden Vorschriften des BGB., ob und in welcher Art ein Rechtsverhältnis durch Rechtsgeschäft begründet oder geändert werden kann. Auf dem Gebiete des Sachen-, Familien- und Erbrechts sind die Rechtsverhältnisse speziell bestimmt, welche durch Rechtsgeschäft begründet oder geändert werden können. Der Vertragsfreiheit ist auf diesen Gebieten nur ein beschränkter Spielraum gewährt. Auf dem Gebiete des Rechtes der Schuldverhältnisse gilt im allgemeinen der Grundsatz der Vertragsfreiheit. Hier sind daher nicht die rechtlich zulässigen, sondern die rechtlich unzulässigen Rechtsgeschäfte besonders bestimmt (s. z. B. die §§ 248, 310, 312, 443, 476, 540, 637, 723 Abs. 3, 749 Abs. 3, 795 Abs. 3, 1136, 1229).

III. Nur in verhältnismäßig wenigen Fällen genügt die **einseitige in beliebiger Art abgegebene** Willenserklärung zur Herbeiführung der rechtlichen Wirkung. Es ist dies z. B. der Fall bei der Annahme der Erbschaft (§ 1943) und unter gewissen Voraussetzungen bei der Annahme eines Vertragsantrags (§ 151), bei der Auslobung; jedoch ist bei dieser öffentliche Bekanntmachung erforderlich (§ 657). In den meisten Fällen muß die Willenserklärung **gegenüber einer bestimmten Person oder Behörde** abgegeben werden. Willenserklärungen dieser Art werden nach dem Vorschlage von Zitelmann jetzt allgemein als empfangsbedürftige bezeichnet. Näheres darüber in den Vorbm. zum zweiten Titel dieses Abschnitts I, 2 und in den Erl. zu §§ 130 ff.

IV. Von besonderer Bedeutung sind diejenigen Rechtsgeschäfte, bei welchen sich die Willenserklärungen mehrerer Personen in bestimmter Art zusammenschließen müssen, um den gewollten rechtlichen Erfolg hervorzubringen. Es sind dies die **Verträge**. Näheres darüber in den Vorbm. und Erl. zum dritten Titel dieses Abschnitts.

V. Für gewisse Rechtsgeschäfte schreibt das BGB. **eine besondere Form vor.** Der Mangel der vorgeschriebenen Form hat Nichtigkeit des Rechtsgeschäfts zur Folge (§ 125 Satz 1). Dasselbe gilt im Zweifel, wenn die Form durch Rechtsgeschäft bestimmt ist (§ 125 Satz 2). Nähere

Vorschriften über die schriftliche Form, die gerichtliche oder notarielle Beurkundung und die öffentliche Beglaubigung enthalten die §§ 126—129.

VI. Die besonderen Erfordernisse der einzelnen Rechtsgeschäfte sind bei diesen zu erörtern. Hier ist nur hervorzuheben, daß die Wirksamkeit mancher Rechtsgeschäfte davon abhängt, daß zu der einseitigen Willenserklärung oder zu dem Vertrage noch ein anderer Tatumstand hinzutritt. Dahin gehört z. B. die Zustimmung eines Dritten (§§ 182—185), die Eintragung in das Grundbuch (§§ 873 ff.), die Übergabe einer beweglichen Sache (§§ 929 ff.) ꝛc. Der neben der Willenserklärung oder dem Vertrag erforderte Tatumstand muß entweder schon bei der Abgabe der Willenserklärung bezw. dem Abschlusse des Vertrags vorhanden sein oder kann später hinzutreten.

1. Muß der Tatumstand schon bei der Vornahme des Rechtsgeschäfts vorhanden sein, so hat der Mangel Unwirksamkeit des Rechtsgeschäfts zur Folge. So ist z. B. nach § 111 ein einseitiges Rechtsgeschäft, welches ein Minderjähriger ohne die erforderliche Einwilligung des gesetzlichen Vertreters vornimmt, unwirksam. Ähnliche Vorschriften enthalten z. B. die §§ 180, 1398, 1831.

2. Genügt es, daß der erforderte Tatumstand erst später hinzutritt, so wird das Rechtsgeschäft voll wirksam erst, wenn der Tatumstand eingetreten ist; es ist unwirksam, wenn gewiß ist, daß der Tatumstand nicht eintreten wird. Von allgemeiner Bedeutung sind die Fälle, in denen die Zustimmung eines Dritten erfordert wird. Die Zustimmung (§ 182) kann entweder vorher erfolgen (Einwilligung § 183) oder später hinzutreten (Genehmigung § 184). Fälle dieser Art enthalten z. B. die §§ 108 Abs. 1, 177 Abs. 1, 1396 Abs. 1, 1448 Abs. 1, 1829. Dahin gehören auch die Vorschriften, nach welchen die über einen Gegenstand von einem Nichtberechtigten getroffene Verfügung durch die Zustimmung des Berechtigten wirksam wird. (§ 185). Der Zustimmung stehen hier die in dem § 185 Abs. 2 bezeichneten Tatumstände gleich. Ein ähnliches Verhältnis kann rechtsgeschäftlich dadurch herbeigeführt werden, daß das Rechtsgeschäft unter einer Bedingung vorgenommen wird (s. Erl. zu §§ 158 ff.).

3. In den unter Nr. 2 bezeichneten Fällen entsteht von der Vornahme des Rechtsgeschäfts an bis zu dem Zeitpunkt, in welchem der erforderte Tatumstand eintritt oder gewiß wird, daß er nicht eintreten wird, ein Schwebezustand. Handelt es sich um einen Vertrag, so bleiben die Vertragschließenden regelmäßig an denselben gebunden, bis die Entscheidung eingetreten ist; doch wird die Bindung in einzelnen Fällen ausgeschlossen oder von bestimmten Voraussetzungen abhängig gemacht (s. z. B. die §§ 109, 178, 873 Abs. 2). Auch bei den einseitigen empfangsbedürftigen Rechtsgeschäften ist der Erklärende regelmäßig gebunden; doch ist auch hier die Bindung bisweilen von bestimmten besonderen Voraussetzungen abhängig (s. z. B. § 875 Abs. 2). Das Stiftungsgeschäft dagegen ist bis zur Erteilung der staatlichen Genehmigung regelmäßig widerruflich (s. Erl. zu § 81).

4. Wird das Rechtsgeschäft durch das Hinzutreten des erforderten Tatumstandes wirksam, so tritt die Wirksamkeit entweder erst mit dem Zeitpunkt ein, in welchem der Tatumstand eingetreten ist, oder sie wirkt auf den Zeitpunkt der Vornahme des Rechtsgeschäfts zurück, d. h. das Rechtsgeschäft gilt als von Anfang an wirksam. Das erstere findet z. B. statt bei dem Erfordernisse der Eintragung in das Grundbuch (§§ 873 ff.), das letztere findet regelmäßig, jedoch unter gewissen Beschränkungen, in denjenigen Fällen statt, in welchen die Wirksamkeit des Rechtsgeschäfts von der Genehmigung eines Dritten abhängt (§ 184).

5. In einer Reihe von Fällen enthält das BGB. die Vorschrift, daß eine Willenserklärung durch das spätere Hinzutreten eines Tatumstandes unwirksam werde. So wird z. B. nach § 108 Abs. 2 die dem Minderjährigen gegenüber von dem gesetzlichen Vertreter erklärte Erteilung oder Verweigerung der Genehmigung eines von dem Minderjährigen geschlossenen Vertrags unwirksam, wenn der andere Vertragschließende den Vertreter zur Erklärung über die Genehmigung auffordert. Ähnlich in den Fällen der §§ 177 Abs. 2, 1396 Abs. 2, 1448 Abs. 2. Nach § 354 Satz 2 wird der Rücktritt von einem Vertrag unwirksam, wenn der Zurücktretende mit der Rückgewähr des empfangenen Gegenstandes in Verzug gerät, der andere Teil ihm eine angemessene Frist setzt und innerhalb dieser die Rückgewähr nicht erfolgt. In den Fällen dieser Art liegt ein allen Erfordernissen entsprechendes wirksames Rechtsgeschäft vor. Die Genehmigung ist wirksam erteilt oder verweigert, der Rücktritt wirksam erfolgt; die dadurch begründeten rechtlichen Wirkungen können von jedem geltend gemacht werden. Treten aber später die oben hervorgehobenen Umstände ein, so verwandelt sich die bisherige Wirksamkeit in Unwirksamkeit und fallen damit auch die in der Zwischenzeit etwa bereits eingetretenen Wirkungen weg.

6. Ähnlich liegen die Fälle, in denen das BGB. die Wirksamkeit einer Willenserklärung davon abhängig macht, daß ein bestimmter Tatumstand später nicht eintritt. So ist z. B. nach § 111 ein von dem Minderjährigen mit Einwilligung seines gesetzlichen Vertreters vorgenommenes einseitiges empfangsbedürftiges Rechtsgeschäft unwirksam, wenn der Minderjährige die Einwilligung nicht in schriftlicher Form vorlegt und der andere das Rechtsgeschäft aus diesem Grunde unverzüglich zurückweist. Ähnliche Vorschriften enthalten z. B. die §§ 357, 359, 410, 554 Abs. 2, 1160. Auch in den Fällen dieser Art ist zwar das Rechtsgeschäft sofort mit der Vornahme bindend, aber die beabsichtigte rechtliche Wirkung tritt erst ein, wenn feststeht, daß der betreffende Tatumstand nicht eingetreten ist, daß also in dem Falle des § 111 der andere Teil des Rechtsgeschäfts nicht unverzüglich zurückgewiesen hat. Der Unterschied von den unter Nr. 5 bezeichneten Fällen wird dadurch ausgedrückt, daß in jenen gesagt wird: das Rechtsgeschäft „wird unwirksam", während es in den hier fraglichen Fällen heißt: das Rechtsgeschäft „ist unwirksam", wenn 2c. Im praktischen Ergebnis ist übrigens die Verschiedenheit nicht erheblich, da auch in den hier fraglichen Fällen derjenige, welcher die Unwirksamkeit des Rechtsgeschäfts geltend macht, beweisen muß, daß der Tatumstand, von dessen Nichteintritte die Wirksamkeit des Rechtsgeschäfts abhängt, eingetreten sei.

Über den ähnlich liegenden Fall der Verfügung über einen Gegenstand während des Schwebens der Bedingung, unter welcher der Verfügende schon früher bedingt verfügt hatte, s. Erl. zu § 161.

VII. Das BGB. unterscheidet folgende **Arten der Unwirksamkeit eines Rechtsgeschäfts** (s. Jacobi, Die fehlerhaften Rechtsgeschäfte, im Arch. f. civ. Pr. Bd. 86 S. 51ff. Hauptsächlich kritisch.):

1. Das Rechtsgeschäft ist nichtig. Nach E. I § 108 wird ein nichtiges Rechtsgeschäft, in Ansehung der gewollten rechtlichen Wirkung, so angesehen, wie wenn es nicht vorgenommen wäre. Das BGB. hat diese Definition nicht aufgenommen, geht aber von demselben Begriff aus. Ein nichtiges Rechtsgeschäft kann daher niemals wirksam werden. Die Bestätigung durch denjenigen, welcher es vorgenommen hat, ist als erneute Vornahme zu beurteilen und begründet, wenn es sich um einen Vertrag handelt, im Zweifel die Verpflichtung für die Parteien, einander zu gewähren, was sie haben würden, wenn der Vertrag von Anfang an gültig gewesen wäre (§ 141). Das nichtige Rechtsgeschäft kann unter Umständen andere als die gewollten rechtlichen Wirkungen erzeugen, insbesondere die Verpflichtung zum Schadensersatze (s. z. B. die §§ 122, 307, 309).

Besondere, von den allgemeinen Grundsätzen über Nichtigkeit in mehrfacher Beziehung abweichende Vorschriften gelten für eine nichtige Ehe (§§ 1323ff.).

Als nichtig bezeichnet das BGB.:

a) Rechtsgeschäfte, welche von einem Geschäftsunfähigen oder im Zustande der Bewußtlosigkeit oder der vorübergehenden Störung der Geistestätigkeit vorgenommen sind (§§ 105, 1325).

b) Rechtsgeschäfte, bei denen es an dem erforderlichen Willen fehlt. Hier tritt die Nichtigkeit indessen nur ein in einzelnen Fällen (§§ 116—118), während der Willensmangel in anderen Fällen nur Anfechtbarkeit zur Folge hat.

c) Rechtsgeschäfte, bei denen die vorgeschriebene Form nicht beobachtet ist (§§ 125, 1324).

d) Rechtsgeschäfte, die wegen ihres Inhalts gemißbilligt und deshalb des rechtlichen Schutzes nicht für würdig erachtet werden. Allgemeine Vorschriften in dieser Beziehung enthalten die §§ 134, 138, nach denen ein Rechtsgeschäft nichtig ist, das gegen ein gesetzliches Verbot oder gegen die guten Sitten verstößt. Dazu kommt eine große Reihe einzelner, besonders bezeichneter Rechtsgeschäfte (s. die §§ 248, 310, 312, 443, 476, 540, 637, 723 Abs. 3, 749 Abs. 3, 795 Abs. 3, 1136, 1229, 1297 Abs. 2, 1326, 1327, 1328, 1714 Abs. 2, 2235 Abs. 2, 2263, 2302.

e) Verträge, die auf eine unmögliche Leistung gerichtet sind (§ 306).

Obwohl das BGB. den Ausdruck „nichtig" nur in den unter a—e bezeichneten Fällen gebraucht, so sind doch, wenigstens im praktischen Ergebnis, ebenso zu beurteilen alle Fälle, in denen ein Rechtsgeschäft in der Art unwirksam ist, daß es niemals wirksam werden kann. Die Rechtsgeschäfte dieser Art bezeichnet das BGB. entweder schlechthin als unwirksam (s. z. B. die §§ 111 Satz 1, 344, 388, 925, 1253, 1950, 2077, 2101, 2180, 2202, 2289), oder es wird gesagt, daß sie nicht vorgenommen werden können (s. Einl. IV 4b, oben S. 27).

2. Das Rechtsgeschäft ist anfechtbar. Das Rechtsgeschäft ist auch hier von Anfang an mit einem Mangel behaftet; aber dieser Mangel wird nur dann berücksichtigt, wenn er von demjenigen geltend gemacht wird, welchem das Gesetz das Recht dazu einräumt. Wird das Rechtsgeschäft von dem Anfechtungsberechtigten angefochten, so ist es von Anfang an als nichtig anzusehen (§ 142 Abs. 1). Solange die Anfechtung nicht erfolgt ist, besteht das Rechtsgeschäft und ist es wirksam; jedoch kann der dem Rechtsgeschäft anklebende Mangel in einzelnen Beziehungen auch schon, bevor die Anfechtung erfolgt ist, geltend gemacht werden (§ 770). Die Anfechtung ist ausgeschlossen, wenn der Anfechtungsberechtigte das Rechtsgeschäft bestätigt (§ 144). Dasselbe gilt, wenn die für die Anfechtung bestimmte Frist abgelaufen ist. Ist die Anfechtung ausgeschlossen, so ist das Rechtsgeschäft voll wirksam (s. jedoch für den Fall des Ablaufs der Frist § 2083).

Die Gründe, aus denen ein Rechtsgeschäft nach dem BGB. anfechtbar ist, sind Irrtum (§§ 119, 120, 1332, 1333, 1334, 1350, 2078, 2079), widerrechtliche Drohung, arglistige Täuschung (§§ 123, 1334, 1335) und bei der Ehe Beschränkung der Geschäftsfähigkeit (§ 1332). Die Anfechtung der Ehelichkeit eines Kindes (§ 1593) und die Anfechtung des Erbschaftserwerbes wegen Erbunwürdigkeit (§ 2340) gehören nicht hierher, weil es sich dabei nicht um die Anfechtung eines Rechtsgeschäfts handelt.

Besondere Vorschriften enthält das BGB. über die Anfechtung der Ehe (§§ 1330ff.), der Anerkennung der Ehelichkeit eines Kindes (§ 1599), der Ehelichkeitserklärung (§ 1731), der Annahme an Kindes Statt (§ 1755), der letztwilligen Verfügung (§§ 2078ff.), des Erbvertrags (§§ 2281ff.).

3. Das Rechtsgeschäft ist zur Zeit unwirksam, kann aber noch wirksam werden. Über die verschiedenen hier in Betracht kommenden Fälle s. oben unter VI 2—6. Wird gewiß, daß die Wirksamkeit nicht eintreten kann, so ist das Rechtsgeschäft im praktischen Ergebnis ebenso unwirksam wie ein nichtiges Rechtsgeschäft. Man kann diese Fälle als schwebende Unwirksamkeit bezeichnen.

4. In den unter Nr. 1—3 bezeichneten Fällen ist die Unwirksamkeit des Rechtsgeschäfts eine absolute. Das BGB. kennt aber auch einzelne Fälle einer relativen Unwirksamkeit. Das Rechtsgeschäft wird in solchen Fällen, obwohl es im allgemeinen wirksam ist, doch bestimmten Personen gegenüber so behandelt, wie wenn es nicht bestände. Diese Behandlung tritt insbesondere ein bei Verfügungen, welche gegen ein gesetzliches Veräußerungsverbot verstoßen, das nur den Schutz bestimmter Personen bezweckt. Nur diesen Personen gegenüber ist die Verfügung unwirksam (§ 135). Ein ähnliches Verhältnis findet z. B. statt in den Fällen der §§ 506, 883, 888, 1124 Abs. 2, 1126, 1399. Die Fälle der §§ 161, 2113 gehören nicht hierher; s. Erl. zu diesen Paragraphen.

VIII. Ein wirksames Rechtsgeschäft kann regelmäßig von demjenigen, welcher es vorgenommen hat, **nicht widerrufen werden.** Für den Vertrag ist dies selbstverständlich. (Über die besonderen Fälle, in welchen ein Rücktritt vom Vertrage zulässig ist, s. §§ 346ff.) Auch das einseitige Rechtsgeschäft ist aber regelmäßig unwiderruflich, wenn es einmal wirksam geworden ist, d. h. also, wenn diejenigen Wirkungen eingetreten sind, welche dadurch erreicht werden sollten. Über diejenigen Fälle, in welchen die Wirksamkeit noch von dem Hinzutritt eines anderen Tatumstandes abhängt, s. VI. 2—6, oben S. 181f. Zweifel können entstehen bei denjenigen einseitigen Rechtsgeschäften, die wie die Zustimmung eines Dritten keine selbständige Wirkung haben, sondern nur zu einem anderen Rechtsgeschäfte hinzutreten müssen, um dasselbe wirksam zu machen. Auch hier gilt indessen die Regel, daß ein Widerruf nicht zulässig ist. Der E. I hat an verschiedenen Stellen die Unwiderruflichkeit einseitiger Rechtsgeschäfte ausdrücklich bestimmt. In dem BGB. sind die betreffenden Sätze weggelassen. Nur für die Einwilligung zu einem Rechtsgeschäfte gilt nach § 183 die Regel, daß sie bis zur Vornahme des Rechtsgeschäfts widerruflich ist. Deshalb ist in denjenigen Fällen, in welchen ausnahmsweise die Einwilligung nicht widerruflich sein soll, dies ausdrücklich bestimmt, s. z. B. § 876 Satz 3. Die Verweigerung der Einwilligung kann selbstverständlich immer widerrufen werden; es handelt sich hierbei in Wirklichkeit nicht um den Widerruf eines Rechtsgeschäfts, weil die Verweigerung der Einwilligung selbständige rechtliche Folgen nicht hat, sondern nur die Erklärung ist, das Rechtsgeschäft der Einwilligung nicht vornehmen zu wollen. Anders steht die Sache bei der Verweigerung der Genehmigung. Man kann zwar auch hier zweifeln, ob diese Verweigerung ein Rechtsgeschäft ist. An die Verweigerung knüpft sich indessen die Folge, daß das Rechtsgeschäft, dessen Wirksamkeit von der Genehmigung abhängt, nicht wirksam wird; es kann sich daran auch die Folge knüpfen, daß das Rechtsgeschäft völlig unwirksam wird. Die Frage, ob die Verweigerung der Genehmigung widerrufen werden und nachträglich noch die Genehmigung erfolgen kann, ist von dem BGB. wie von dem E. I nicht allgemein entschieden. Diese Frage läßt sich in der Tat auch nicht allgemein entscheiden, vielmehr wird es auf die einzelnen Fälle ankommen. Als leitenden Gesichtspunkt wird man dabei aufstellen können, daß eine einmal verweigerte Genehmigung nicht mehr wirksam erteilt werden kann, wenn das Rechtsgeschäft, dessen Wirksamkeit von der Genehmigung abhängt, durch die Verweigerung völlig unwirksam geworden ist, daß aber, sofern dies nicht der Fall ist, die Genehmigung noch nachträglich erteilt werden kann. In dem ersteren Falle wird die Verweigerung der Genehmigung als ein Rechtsgeschäft oder doch als eine nach denselben Grundsätzen zu beurteilende Rechtshandlung anzusehen sein.

IX. Neben der unter III, IV, oben S. 180, bereits hervorgehobenen Unterscheidung zwischen einseitigen Rechtsgeschäften und Verträgen sind von allgemeiner Bedeutung **folgende Unterscheidungen der Rechtsgeschäfte:**

1. Rechtsgeschäfte unter Lebenden und von Todeswegen.

Die letzteren haben den Zweck, die Rechtsverhältnisse einer Person nach deren Tode zu regeln. Es gehören dazu die einseitige letztwillige Verfügung (Testament) und der Erbvertrag. Charakteristisch für sie ist, daß ihre Wirksamkeit erst mit dem Tode derjenigen Person eintritt auf deren Verhältnisse nach ihrem Tode sich das Rechtsgeschäft bezieht. Eine Zuwendung von Todeswegen wird daher unwirksam, wenn derjenige, zu dessen Gunsten sie erfolgt, den Erblasser nicht überlebt (§§ 1923, 2160). Bis zum Tode des Erblassers ist die letztwillige Verfügung widerruflich, der Erbvertrag bindend. Der Erbverzichtsvertrag ist zwar ein erbrechtliches Rechtsgeschäft, aber keine Verfügung von Todeswegen im Sinne des BGB. (s. Bd. V Vorbm. zum siebenten Abschnitt Nr. 1). Die Rechtsgeschäfte unter Lebenden umfassen alle anderen Rechtsgeschäfte. Ihrem Inhalte nach betreffen sie entweder die persönlichen, die vermögensrechtlichen oder die familienrechtlichen oder die erbrechtlichen Verhältnisse.

2. Die Unterscheidung zwischen abstrakten und kausalen Rechtsgeschäften hat praktische Bedeutung hauptsächlich für das Vermögensrecht (Windscheid-Kipp II §§ 318, 319; Regelsberger I § 167; Dernburg Pand. § 95; Jacubezky S. 14—17). Jede Vermögenszuwendung, mag sie in der Übertragung, Begründung, Änderung oder Aufhebung eines Rechtes oder einer Verpflichtung bestehen, hat einen bestimmten Zweck. Sie ist ohne einen solchen psychologisch nicht denkbar. Der Zweck kann ein verschiedener sein. Die bekannte Einteilung der Zuwendungen in solche, die obligandi, credendi oder donandi causa erfolgen, bezeichnet nur die wichtigsten und häufigsten Zwecke; es sind auch noch manche andere Zwecke denkbar, z. B. der Zweck, eine Bedingung zu erfüllen. Der Zweck des Rechtsgeschäfts bildet zugleich den Grund, aus welchem es vorgenommen wird; er wird deshalb auch als Rechtsgrund oder causa des Rechtsgeschäfts bezeichnet. Hinter dem unmittelbaren rechtlichen Zwecke, um dessentwillen das Rechtsgeschäft vorgenommen wird, können noch andere Beweggründe stehen, aus welchen jener Zweck verfolgt wird. Die Schenkung kann aus Dankbarkeit, aus Wohlwollen oder, um auf die Gesinnung des Beschenkten gegen den Schenker einzuwirken, erfolgen ꝛc. Diese zurückliegenden Beweggründe sind rechtlich regelmäßig ohne Bedeutung. Der unmittelbare Zweck des Rechtsgeschäfts hat dagegen immer rechtliche Bedeutung. Diese Bedeutung ist aber eine verschiedene, je nachdem der Zweck in das Rechtsgeschäft selbst mit aufgenommen ist und einen wesentlichen Bestandteil desselben bildet oder dies nicht der Fall ist. Rechtsgeschäfte der ersteren Art werden als kausale, Rechtsgeschäfte der letzteren als abstrakte bezeichnet. Die Wirksamkeit des kausalen Rechtsgeschäfts hängt davon ab, daß der Zweck erreicht wird. Das abstrakte Rechtsgeschäft ist wirksam ohne Rücksicht darauf, worin der Zweck bestand und ob er erreicht wird, aber die rechtliche Wirkung kann wegen Mangels des rechtlichen Grundes nach den Vorschriften über die Herausgabe einer ungerechtfertigten Bereicherung rückgängig gemacht werden (§§ 812 ff.). Am schärfsten tritt der Unterschied zwischen abstrakten und kausalen Rechtsgeschäften hervor bei den sog. dinglichen Verträgen im Gegensatze zu den meisten obligatorischen Verträgen. Die dinglichen Verträge, d. h. diejenigen, durch welche das Eigentum einer Sache oder das Recht an einer solchen übertragen oder belastet wird, sind nach dem BGB. immer abstrakte Rechtsgeschäfte. Im E. I (§§ 829, 874) war ausdrücklich bestimmt, daß zur Wirksamkeit eines dinglichen Vertrags die Angabe des Rechtsgrundes nicht erforderlich sei und daß die Wirksamkeit des Vertrags dadurch nicht ausgeschlossen werde, daß die Vertragschließenden verschiedene Rechtsgründe vorausgesetzt haben oder daß der von ihnen vorausgesetzte Rechtsgrund nicht vorhanden oder ungültig sei.

In das BGB. sind diese Vorschriften nicht aufgenommen, aber nur deshalb nicht, weil sie sich aus dem Zusammenhang als selbstverständlich ergeben. Wird bei einem dinglichen Vertrage der Rechtsgrund angegeben, so ist dies für die Wirksamkeit des Vertrags ohne Bedeutung, sofern der Rechtsgrund nicht etwa als Bedingung in den Vertrag aufgenommen ist. Auch die einseitigen dinglichen Rechtsgeschäfte, durch welche Rechte an Sachen aufgehoben werden, sind durchweg abstrakte Rechtsgeschäfte. Das abstrakte Rechtsgeschäft ist aber nicht auf das Gebiet des Sachenrechts beschränkt. Dieselben Grundsätze, die für die dinglichen Verträge über Sachen und Rechte an solchen gelten, finden auch auf die Verträge Anwendung, durch welche eine Forderung oder ein Recht der in dem § 413 bezeichneten Art übertragen oder belastet wird (§ 398). Dasselbe gilt von der Schuldübernahme (§ 414) sowie von dem Vertrag über Erlaß einer Schuld (§ 397). Im E. I §§ 290 Abs. 2, 294 Abs. 2 war dies ausdrücklich hervorgehoben und ist in dem BGB. nur aus denselben Gründen weggelassen, aus denen der § 829 gestrichen ist.

Die auf Begründung einer Forderung gerichteten Verträge sind ihrer Natur nach regelmäßig kausale Rechtsgeschäfte. Die Parteien können jedoch eine Forderung in der Art begründen, daß sie den Rechtsgrund aus dem Rechtsgeschäft ausscheiden. Dies geschieht durch das Schuldversprechen und das Schuldanerkenntnis (§§ 780, 781); auch die Annahme der Anweisung (§ 784), die Schuldverschreibung auf den Inhaber (§ 793) gehören hierher. In den Motiven des E. I sowie in den Protokollen der ersten Kommission werden unter „dinglichen Verträgen" häufig alle abstrakten Verträge verstanden. Möglich ist, daß auch ein kausales Rechtsgeschäft einen außerhalb desselben liegenden Zweck hat; so kann z. B. ein Kaufvertrag abgeschlossen werden zum Zwecke der Erfüllung der durch einen Vorvertrag oder ein Vermächtnis begründeten Verpflichtung zum Abschlusse des Vertrags. In Fällen dieser Art bildet der in das Rechtsgeschäft aufgenommene Rechtsgrund (obligandi causa) einen Bestandteil des Rechtsgeschäfts: der zurückliegende Rechtsgrund (solvendi causa) hat nur dieselbe Bedeutung wie der Rechtsgrund bei abstrakten Verträgen; es wird daher, wenn er fehlt, dadurch nicht die Wirksamkeit des Rechtsgeschäfts ausgeschlossen, sondern nur ein Anspruch auf Wiederaufhebung nach Maßgabe der Vorschriften über Herausgabe einer ungerechtfertigten Bereicherung (§§ 812 ff.) begründet. Über die weiteren Konsequenzen dieser Unterscheidung s. Erl. zu den betreffenden Rechtsgeschäften und zu der ungerechtfertigten Bereicherung (§§ 812 ff.).

3. Unter den vermögensrechtlichen Rechtsgeschäften wird zwischen **entgeltlichen** und **unentgeltlichen** unterschieden, je nachdem der durch das Rechtsgeschäft bezweckte Vermögenserwerb gegen Entgelt oder unentgeltlich erfolgt. Den Hauptfall der unentgeltlichen Rechtsgeschäfte bilden die Schenkungen (§§ 516 ff.). Eine unentgeltliche Zuwendung kann aber auch vorliegen, wo ein zum Tatbestande der Schenkung nach § 516 gehörendes Moment fehlt, so z. B. unter Umständen in dem Falle einer Sicherheitsleistung durch einen dazu nicht Verpflichteten. Von praktischer Bedeutung ist der Begriff der unentgeltlichen Verfügung oder Zuwendung hauptsächlich in den Fällen der §§ 816, 822.

4. Eine wichtige Kategorie der Rechtsgeschäfte bilden diejenigen, welche das BGB. als **Verfügungen** bezeichnet (§§ 135, 137, 161, 184 Abs. 2, 185, 353, 487 Abs. 2, 499, 573, 588, 719, 747, 793, 797, 816, 878, 883 Abs. 2, 892 Abs. 1, 893, 1048, 1074, 1124, 1126, 1165, 1189, 1282 Abs. 2, 1361 Abs. 1, 1375, 1376 Nr. 1, 1377 Abs. 1, 1380, 1392 Abs. 2, 1396, 1398, 1407 Nr. 3, 1442 Abs. 1, 1443, 1445, 1446, 1448 Abs. 1, 1449, 1644, 1812, 1815, 1816, 1819, 1820 Abs. 1, 1821 Nr. 1, 2, 1822 Nr. 1, 1824, 1984, 2033, 2040, 2112, 2113, 2114, 2115, 2116 Abs. 2, 2117, 2118, 2120, 2129 Abs. 1, 2137, 2138 Abs. 2, 2205, 2206, 2211, 2217 Abs. 1, 2286, 2363 Abs. 1, 2367, 2375 Abs. 1). Das BGB. gibt keine Definition der Verfügung. Es werden darunter verstanden diejenigen Rechtsgeschäfte, durch welche unmittelbar ein Recht übertragen, belastet, geändert oder aufgehoben wird. Der Begriff der **Veräußerung** sowie der **Belastung** ist ein engerer. Unter Veräußerung versteht das BGB. nur die Übertragung des Eigentums oder eines sonstiges Rechtes, unter Belastung die Begründung eines dinglichen Rechtes an einem Gegenstande (s. z. B. die §§ 92, 314, 445, 493, 753, 873—881, 918 Abs. 2, 925, 926, 932, 936, 1009, 1012, 1019, 1030, 1056, 1087 Abs. 2, 1090, 1094, 1105, 1113, 1121 Abs. 2, 1122, 1149, 1191, 1242, 1243, 1244, 1245, 1249, 1262, 1263 Abs. 2, 1644, 1822 Nr. 3, 1824 ꝛc.). Der Begriff der Verfügung umfaßt neben der Veräußerung und Belastung auch die Änderung und Aufhebung eines Rechtes, insbesondere also auch die Annahme einer geschuldeten Leistung, indem dadurch die Forderung aufgehoben wird, und ebenso den Erlaß einer Forderung. Auch die Zustimmung des Berechtigten zu einer Verfügung des Nichtberechtigten ist selbst wieder Verfügung; ebenso im Falle der Gütergemeinschaft die Zustimmung der Ehefrau zu einer Verfügung des Ehemanns über Gesamtgut, zu welcher er der Zustimmung der Ehefrau bedarf (Rspr. Bd. 4 S. 415). Verfügung ist auch die Kündigung eines Rechtsverhältnisses durch den Berechtigten, weil sein Recht dadurch eine Änderung erleidet. Nicht unter den Begriff der Verfügung fallen obligatorische Rechtsgeschäfte; vielmehr wird scharf unterschieden, ob ein Rechtsgeschäft nur die Verpflichtung zu einer Verfügung begründet oder selbst schon eine Verfügung enthält, s. z. B. die §§ 1396, 1398, 1399, 1444, 1446 Abs. 1 (a. A. Wendt, im Arch. f. civ. Pr. Bd. 89 S. 420 ff.). Auch die Prozeßführung über ein Recht fällt nicht unter den Begriff der Verfügung im Sinne des BGB. Obwohl die Partei durch ihre Prozeßführung den Inhalt des ergehenden Urteils zu beeinflussen imstande ist und infolge der Wirkungen des Urteils eine Änderung der Rechtslage eintreten kann, so handelt es sich hier doch nur um eine mittelbare Einwirkung auf bestehende Rechte. Man kann daher daraus, daß einer Person das Recht der Verfügung über einen Gegenstand nicht zusteht, nicht ohne weiteres schließen, daß sie auch zur Prozeßführung darüber nicht legitimiert sei. So schließt z. B. ein Veräußerungsverbot der in dem § 135 bezeichneten Art das Recht nicht aus, einen Rechtsstreit über den Gegenstand zu führen, dessen Veräußerung verboten ist. Bisweilen begründet indessen eine Beschränkung des Verfügungsrechts auch eine Beschränkung des Rechtes zur Prozeßführung (vgl. Hellwig, Anspruch und Klagrecht S. 212 ff.).

In einer Reihe von Fällen wird der rechtsgeschäftlichen Verfügung eine Verfügung gleichgestellt, die im Wege der Zwangsvollstreckung oder der Arrestvollziehung oder durch den Konkursverwalter erfolgt; so in den Fällen der §§ 161, 184 Abs. 2, 353 Abs. 2, 499, 883 Abs. 2, 2115. Diese Gleichstellung findet aber nicht in allen Fällen statt, insbesondere nicht in dem wichtigen Falle des rechtsgeschäftlichen Erwerbes auf Grund des Glaubens des Grundbuchs (§ 892). In einem Falle, nämlich dem des § 135, ist die Verfügung durch den Konkursverwalter nicht erwähnt, weil die Verfügungsbeschränkung zu Gunsten einer bestimmten Person, von welcher dieser Paragraph handelt, im Konkurse nach KO. § 13 ihre Wirksamkeit verliert.

Der Ausdruck „Verfügung“ wird im BGB. noch in zwei anderen Bedeutungen als der oben dargelegten gebraucht. Es wird einerseits von einer gerichtlichen Verfügung, einer einstweiligen Verfügung, einer Verfügung der Staatsgewalt gesprochen (§§ 186, 489, 802, 885, 899 Abs. 2, 1716, 1723 Abs. 1, 1875, 1990, 2016). Andererseits werden die Rechtsgeschäfte von Todeswegen als Verfügungen von Todeswegen oder letztwillige Verfügungen oder auch, wo der Zusammenhang über die Bedeutung keinen Zweifel läßt, ohne solchen Zusatz schlechthin als „Verfügung“ bezeichnet (s. z. B. die §§ 1937, 2085, 2087, 2208 Abs. 2, 2268 Abs. 2, 2270, 2271, 2278 Abs. 2, 2281 Abs. 2, 2297, 2332, 2337). Auch der Ausdruck „vertragsmäßige Verfügung“ wird, wo der Zusammenhang keinen Zweifel läßt, im Sinne einer durch Erbvertrag erfolgenden Verfügung gebraucht, z. B. in dem § 2294.

X. Rechtshandlungen. H. Neumann, Über Rechtshandlung und Rechtsgeschäft in d. Festgabe für Wilke 1900 S. 209 ff. Neben den Rechtsgeschäften in der oben S. 142 unter I bezeichneten Bedeutung kommen Handlungen vor, mit welchen die Rechtsordnung rechtliche Folgen ohne Rücksicht darauf verknüpft, ob diese gewollt sind. Dahin gehören die unerlaubten Handlungen (§§ 823 ff.). Außer diesen gibt es aber noch manche andere Handlungen, die rechtliche Wirkungen haben, ohne daß sie unter den Begriff der Rechtsgeschäfte fallen. Die Grenze zwischen ihnen und den Rechtsgeschäften ist nicht selten zweifelhaft. So ist z. B. bestritten, ob die Mahnung (§ 284), die Aufgabe des Eigentums (§ 959), die Aneignung einer herrenlosen Sache (§ 958) Rechtsgeschäfte sind, während es bei anderen Handlungen, z. B. der Herstellung einer neuen Sache durch Verarbeitung (§ 950) unzweifelhaft ist, daß sie nicht zu den Rechtsgeschäften gehören. Die große Verschiedenheit dieser Handlungen, die man unter dem Namen Rechtshandlungen zusammenzufassen pflegt, erklärt es, daß das BGB. allgemeine Vorschriften darüber nicht gibt. Der Wissenschaft und Praxis wird die Entscheidung der Frage überlassen, ob und welche der für Rechtsgeschäfte geltenden Vorschriften oder etwa die Vorschriften über unerlaubte Handlungen sich zur entsprechenden Anwendung eignen. Die Erörterung dieser Frage muß für jede einzelne Rechtshandlung besonders erfolgen. Für einzelne Fälle gibt das BGB. besondere Vorschriften, so z. B. über den Einfluß der Geschäftsunfähigkeit und der Beschränkung der Geschäftsfähigkeit bei der Begründung oder dem Aufgeben des Wohnsitzes (§ 8) sowie bei der Geschäftsführung ohne Auftrag (§ 682). Eine eingehende Untersuchung des unter dem Ausdrucke „Rechtshandlungen“ zusammengefaßten Verhaltens gibt Eltzbacher, Die Handlungsfähigkeit nach deutschem bürgerlichen Rechte, Bd. 1, 1903 (s. insbesondere S. 157 ff.), der den Ausdruck „Rechtshandlungen“ durch den Ausdruck „unmaßgebliches Verhalten“ zu ersetzen vorschlägt.

Erster Titel.

Geschäftsfähigkeit.

§. 104. Geschäftsunfähig ist:

1. wer nicht das siebente Lebensjahr vollendet hat;
2. wer sich in einem die freie Willensbestimmung ausschließenden Zustande krankhafter Störung der Geistesthätigkeit befindet, sofern nicht der Zustand seiner Natur nach ein vorübergehender ist;
3. wer wegen Geisteskrankheit entmündigt ist.

Erster Titel.

Eltzbacher, Die Handlungsfähigkeit nach deutschem bürgerlichen Rechte. Bd. 1, 1903.

1. Begriff der Geschäftsfähigkeit. Die Handlungsfähigkeit im Sinne der gemeinrechtlichen Theorie umfaßt sowohl die Fähigkeit zu rechtsgeschäftlichen Willenserklärungen wie die Verantwortlichkeit für unerlaubte Handlungen und für Verletzung obligatorischer Verpflichtungen. Das BGB. vermeidet eine solche Zusammenfassung und gebraucht daher den Ausdruck „Handlungsfähigkeit" überhaupt nicht. Die als Geschäftsfähigkeit bezeichnete Fähigkeit zu rechtsgeschäftlichen Willenserklärungen wird in dem ersten Titel des dritten Abschnitts geregelt, während die Vorschriften über die Verantwortlichkeit wegen unerlaubter Handlungen in den §§ 827—829 enthalten sind und auf die Verantwortlichkeit wegen Verletzung obligatorischer Verpflichtungen nach § 276 Abs. 1 Satz 3 Anwendung finden. Die wesentliche Verschiedenheit der für die Geschäftsfähigkeit und der für jene Verantwortlichkeit geltenden Vorschriften rechtfertigt die gesonderte Behandlung. Über die Geschäftsfähigkeit bei den nicht zu den Rechtsgeschäften gehörenden Rechtshandlungen s. Vorbm. X zu diesem Abschnitt.

2. Vorschriften des EG. über Geschäftsfähigkeit. Über die Geschäftsfähigkeit der Ausländer bestimmt das EG. Art. 7 (s. auch Art. 27, 29). Soweit die Geschäftsfähigkeit der Ehefrauen nach dem bisherigen ehelichen Güterrechte beschränkt ist, bleibt die Beschränkung nach der Übergangsvorschrift des EG. Art. 200 Abs. 3 bestehen, solange der bisherige Güterstand fortdauert. Der im EG. Art. 95 für die Landesgesetze in betreff des Gesinderechts gemachte Vorbehalt bezieht sich nicht auf die Vorschriften der §§ 104—115.

3. Anordnung des Stoffes. Der § 104 bestimmt, wer geschäftsunfähig ist. Nach § 105 sind nichtig die Willenserklärungen, die von einem Geschäftsunfähigen oder im Zustande der Bewußtlosigkeit oder einer vorübergehenden Störung der Geistestätigkeit abgegeben sind. Die §§ 106—113 enthalten Vorschriften über die beschränkte Geschäftsfähigkeit der Minderjährigen. Nach § 107 ist die Einwilligung des gesetzlichen Vertreters zu jeder Willenserklärung eines Minderjährigen erforderlich, durch die er nicht lediglich einen rechtlichen Vorteil erlangt. Die beim Mangel dieses Erfordernisses geltenden Vorschriften sind für Verträge in den §§ 108—110, für einseitige Rechtsgeschäfte in dem § 111 enthalten. Die §§ 112, 113 bestimmen die Ausnahmefälle, in denen der Minderjährige unbeschränkt geschäftsfähig ist. Durch den § 114 werden die für Minderjährige geltenden Vorschriften auf die wegen Geistesschwäche, Verschwendung oder Trunksucht Entmündigten sowie auf die nach § 1906 unter vorläufige Vormundschaft gestellten Personen ausgedehnt. Der § 115 enthält besondere Vorschriften über die Behandlung der von und gegenüber einem Entmündigten oder dessen Vertreter vorgenommenen Rechtsgeschäfte, wenn der die Entmündigung aussprechende Beschluß infolge einer Anfechtungsklage aufgehoben wird sowie über die entsprechende Anwendung dieser Vorschriften im Falle einer vorläufigen Bevormundung.

§ 104.

E. I § 64 Abs. 1, 2; II § 78 rev. § 100; III § 100. P. I S. 59 ff., 91, 3227, 11701 ff., 11707 ff.; M. I S. 129 ff. P. II Bd. 1 S. 55 ff., 72 ff., Bd. 4 S. 828, Bd. 6 S. 119 ff. KB. I S. 1952. StB. S. 2749.

1. Geschäftsunfähigkeit wegen Alters unter sieben Jahren. (Dittenberger, Der Schutz des Kindes gegen die Folgen eigener Handlungen im Bürgerlichen Gesetzbuch für das Deutsche Reich. 1903.) Der Zeitpunkt, in welchem das siebente Lebensjahr vollendet ist, wird nach Maßgabe des § 187 Abs. 2 berechnet. Die natürliche Willensfähigkeit fehlt bei Kindern unter sieben Jahren keineswegs immer; auch die Einsicht in die rechtliche Bedeutung eines Rechtsgeschäfts ist bisweilen vorhanden. Die Notwendigkeit, in jedem einzelnen Falle zu untersuchen, ob der erforderliche Wille und die erforderliche Einsicht vorhanden sind, würde aber praktisch zu großen Übelständen führen; das Gesetz schneidet deshalb durch, indem es alle Kinder unter sieben Jahren für geschäftsunfähig erklärt.

2. Geschäftsunfähigkeit wegen Geisteskrankheit. Eine zutreffende Bezeichnung derjenigen Personen, welche das Gesetz wegen ihres anomalen geistigen Zustandes für geschäftsunfähig erklären muß, ist sehr schwierig, weil dabei sehr bestrittene Fragen der Psychologie und Psychiatrie mit in Betracht kommen. Der E. I § 64 sprach von den des Vernunftgebrauchs beraubten Personen. Die Kritik sprach sich überwiegend gegen diese Bezeichnung aus. In der zweiten Kommission hat man mit Rücksicht auf die geltend gemachten Bedenken beschlossen, sich an den § 51 des StGB. anzuschließen. Auch durch diese Fassung werden nicht alle Zweifel beseitigt, aber sie gewährt den Vorteil, daß auf der reichen strafrechtlichen Literatur über diesen Gegenstand fortgebaut werden kann. Unter einem „Zustande krankhafter Störung der Geistestätigkeit" sind ebenso wie unter „Geisteskrankheit" in dem § 6 Nr. 1 auch die Zustände angeborener anomaler Störung der Geistestätigkeit mit zu verstehen. Ob die freie Willensbestimmung durch einen solchen Zustand ausgeschlossen wird, ist eine medizinische, nur durch Untersuchung des einzelnen Falles zu entscheidende Frage.

Abweichend von dem § 51 des StGB. ist in dem § 104 Nr. 2 nicht erwähnt ein Zustand der Bewußtlosigkeit. Eine weitere Abweichung von dem § 51 besteht in dem Zusatze „sofern nicht der Zustand seiner Natur nach ein vorübergehender ist". Die in diesen beiden Abweichungen liegende Beschränkung hat ihren Grund nicht darin, daß die Willenserklärungen, welche in einem Zustande der Bewußtlosigkeit oder einer nur vorübergehenden Störung der Geistestätigkeit abgegeben werden, als rechtlich wirksam betrachtet würden; sie sind vielmehr nach § 105 Abs. 2 ebenso nichtig, wie die Willenserklärung eines Geschäftsunfähigen. Die Beschränkung hat ihren Grund vielmehr in dem Bedürfnisse, den technischen Ausdruck „geschäftsunfähig" auf dauernde Zustände der in dem § 104 Nr. 2 bezeichneten Art zu beschränken. In verschiedenen Beziehungen werden rechtliche Folgen an die Geschäftsunfähigkeit geknüpft, die für einen Zustand der Bewußtlosigkeit und der ihrer Natur nach vorübergehenden Störung der Geistestätigkeit nicht gelten. Dahin gehört insbesondere die Vorschrift des § 131 Abs. 1 über die einem Geschäftsunfähigen gegenüber abgegebene Willenserklärung (s. auch z. B. §§ 206, 1780). Zustände der Bewußtlosigkeit oder ihrer Natur nach nur vorübergehender Störung der Geistestätigkeit sind z. B. Schlaf, Hypnose, Fieber, die bis zur Bewußtlosigkeit gesteigerte Trunkenheit, zirkulärer Wahnsinn 2c.

Die nach § 104 Nr. 2 eingetretene Geschäftsunfähigkeit hört auf nicht nur dann, wenn die krankhafte Störung der Geistestätigkeit gehoben ist, sondern auch dann, wenn eine solche Störung zwar noch fortdauert, aber nicht mehr die Folge hat, daß dadurch die freie Willensbestimmung aufgehoben ist. Hieraus ergibt sich die Möglichkeit der sog. lucida intervalla. Während eines solchen ist die betreffende Person nicht geschäftsunfähig. Zweifelhaft sind die Fragen, ob es Zustände gibt, in welchen eine krankhafte Störung der Geistestätigkeit die freie Willensbestimmung zwar für einzelne, aber nicht für alle Angelegenheiten der betreffenden Person ausschließt und wie eventuell solche Zustände zu beurteilen sind. Die erste Frage ist eine Frage der Psychiatrie und kann deshalb hier nicht weiter erörtert werden. Was die zweite Frage anlangt, so nimmt Dernburg, I § 63 II an, daß wenn ein Zustand der gedachten Art vorliege, die betreffende Person nicht geschäftsunfähig sei. Er hat insbesondere solche Fälle vor Augen, in denen jemand an einer fixen Idee leidet, trotzdem aber die Angelegenheiten des täglichen Lebens, soweit sie nicht durch die fixe Idee berührt werden, wie ein gesunder Mensch zu besorgen imstande ist. In Fällen dieser Art sollen nach Dernburg diejenigen Willenserklärungen, welche unter dem Einflusse der krankhaften Störung der Geistestätigkeit, also der fixen Idee erfolgt sind, zwar nichtig sein, aber nicht auf Grund des § 105 Abs. 1, sondern auf Grund des § 105 Abs. 2. Diese Auffassung dürfte mit dem Wortlaute des § 104 Nr. 2 und des § 105 Abs. 2 nicht vereinbar sein; denn die letztgedachte Vorschrift betrifft nur Fälle, in welchen die krankhafte Störung der Geistestätigkeit ein seiner Natur nach nur vorübergehender Zustand ist; in dem vorausgesetzten Falle ist dies aber offenbar nicht der Fall. Will man Fälle der fraglichen Art berücksichtigen, so müßte man die Möglichkeit einer partiellen Geschäftsunfähigkeit annehmen; man müßte annehmen, daß dieselbe Person in Beziehung auf einzelne ihrer Angelegenheiten geschäftsunfähig, in Beziehung auf alle anderen voll geschäftsfähig sein könnte. Dem BGB. dürfte indessen eine solche Auffassung fremd sein. Nirgends findet sich eine Vorschrift, welche auf die Möglichkeit einer solchen auf einzelne

§. 105. Die Willenserklärung eines Geschäftsunfähigen ist nichtig.

Nichtig ist auch eine Willenserklärung, die im Zustande der Bewußtlosigkeit oder vorübergehender Störung der Geistesthätigkeit abgegeben wird.

Angelegenheiten beschränkten Geschäftsunfähigkeit hindeutete; vielmehr wird immer davon ausgegangen, daß die Geschäftsunfähigkeit eine allgemeine ist (s. z. B. die §§ 131, 206, 1780). Zu demselben Ergebnisse gelangt Hölder, Erl. 3 zu § 104, der aber von der nicht zutreffenden Annahme ausgeht, daß der § 104 Nr. 2 nichts anderes bedeute, als daß Geisteskranke die ihre Angelegenheiten nicht zu besorgen vermögen, geschäftsunfähig sind (vgl. auch Rehbein, Erl. II 2a zu §§ 104—115, der aber mit Unrecht annimmt, daß auch Geistesschwäche im Sinne des BGB. vorliegen könne, obwohl die freie Willensbestimmung ausgeschlossen sei; s. dagegen Erl. 2 zu § 6).

3. Nur die **Entmündigung wegen Geisteskrankheit** hat die Geschäftsunfähigkeit zur Folge. Die Entmündigung aus anderen Gründen (§ 6 Nr. 2—4) begründet nur eine Beschränkung der Geschäftsfähigkeit (§ 114). Ist die Entmündigung erfolgt, so kommt es nicht darauf an, ob sie mit Recht erfolgt ist, und ebensowenig darauf, ob die Geisteskrankheit, wegen deren sie erfolgt ist, noch fortdauert oder ob lichte Zwischenräume eintreten. Die Geschäftsunfähigkeit bleibt, bis die Entmündigung wieder aufgehoben ist. Der Zeitpunkt, in welchem der die Entmündigung aussprechende Beschluß in Wirksamkeit tritt, bestimmt sich nach CPO. § 661, der Zeitpunkt, in welchem die Aufhebung der Entmündigung in Kraft tritt, nach CPO. §§ 672, 678, 679. Für den Fall der Aufhebung des die Entmündigung aussprechenden Beschlusses infolge einer Anfechtungsklage gibt der § 115 besondere Vorschriften.

§ 105.

E. I § 64 Abs. 2, 3; II § 79 rev. § 101; III § 101. P. I S. 59 ff., 91 ff., 3227, 11701 ff., 11707 ff.; M. I S. 130 ff. P. II Bd. 1 S. 55 ff., 72 ff., Bd. 4 S. 828, Bd. 6 S. 119 ff. KB. I S. 1952. StB. S. 2749.

1. **Willenserklärungen Geschäftsunfähiger sind nichtig.** Über den Begriff der Nichtigkeit s. Vorbm. VII. s. oben S. 182. Die Vorschriften des § 105 beziehen sich auf alle Willenserklärungen. Gegen die wiederholt auch noch in der RK. gestellten Anträge, für die Annahme von Schenkungen eine Ausnahme eintreten zu lassen, wurde insbesondere geltend gemacht, daß man dann unter solchen Geschäftsunfähigen unterscheiden müsse, welche die erforderliche Einsicht in die Bedeutung von Willenserklärungen dieser Art haben, und solchen, denen die Einsicht fehlt, und daß damit der praktisch wichtige Vorteil einer festen, alle Zweifel abschneidenden Grenze verloren gehe. In der Tat wird, von seltenen Ausnahmefällen abgesehen, dem Bedürfnisse dadurch genügt werden, daß nicht nur der gesetzliche Vertreter des Geschäftsunfähigen die Schenkung annehmen kann, sondern daß auch jeder Dritte als Vertreter ohne Vertretungsmacht in der Lage ist, den Schenkungsvertrag in der Weise abzuschließen, daß dessen Wirksamkeit von der Genehmigung des gesetzlichen Vertreters abhängt (§§ 177 ff.).

Für die Eheschließung werden dieselben Vorschriften wie in dem § 105 in dem § 1325 getroffen, jedoch gelten für die Nichtigkeit der Ehe besondere Vorschriften (s. § 1325 Abs. 2 und §§ 1329 ff.).

Über den Einfluß der Geschäftsunfähigkeit und des in dem § 105 Abs. 2 bezeichneten Zustandes auf die nicht zu den Rechtsgeschäften gehörenden Rechtshandlungen s. Vorbm. X, oben S. 186.

Die Vorschriften des § 105 beziehen sich nur auf die Abgabe von Willenserklärungen, nicht auf deren Empfangnahme; die Vorschriften über diese enthält der § 131 (s. Erl. zu § 131).

Die Folgen, welche die Geschäftsunfähigkeit noch außer den in dem § 105 bezeichneten hat, werden bei den betreffenden Paragraphen des BGB. erörtert werden (s. z. B. die §§ 206, 1780).

2. **Über Willenserklärungen, die im Zustande der Bewußtlosigkeit oder vorübergehender Störung der Geistestätigkeit abgegeben sind** s. Erl. 2 zu § 104. In dem § 104 Nr. 2 wird ausdrücklich hervorgehoben, daß es sich um einen *seiner Natur nach* vorübergehenden Zustand handelt. Die Worte „*seiner Natur nach*" sind zwar in dem § 105 Abs. 2 weggelassen; gemeint ist aber dasselbe.

§. 106. Ein Minderjähriger, der das siebente Lebensjahr vollendet hat, ist nach Maßgabe der §§. 107 bis 113 in der Geschäftsfähigkeit beschränkt.

---

3. **Beweislast.** Wer die Nichtigkeit einer Willenserklärung deshalb behauptet, weil der Erklärende sich in einem Zustande der im § 105 Abs. 1 oder Abs. 2 befunden habe, hat die Tatsachen, auf welche sich die Geschäftsunfähigkeit gründet oder einen Zustand der im § 105 bezeichneten Art zu beweisen (a. A. in betreff des Alters unter sieben Jahren Staudinger, Erl. 6 der Vorbm. zu diesem Titel; Beckh, Die Beweislast nach dem BGB. S. 135 ff.).

4. **Für die Geschäftsunfähigen wird dadurch gesorgt,** daß sie einen gesetzlichen Vertreter erhalten. Die im Namen des Vertretenen von dem Vertreter und ihm gegenüber abgegebenen Willenserklärungen wirken unmittelbar für und gegen den Vertretenen (§ 164). Dem gesetzlichen Vertreter eines Geschäftsunfähigen liegt die Sorge für dessen Person und Vermögen ob, soweit nicht in einzelnen Beziehungen Ausnahmen bestimmt sind. Ein volljähriger Entmündigter erhält den gesetzlichen Vertreter in dem für ihn zu bestellenden Vormunde (§ 1896). Für Kinder unter sieben Jahren steht die gesetzliche Vertretung entweder dem Vater oder der Mutter kraft elterlicher Gewalt (§§ 1627 ff., 1684 ff.) oder dem zu bestellenden Vormunde (§ 1773) zu. Die in dem § 104 Nr. 2 sowie die in dem § 105 Abs. 2 bezeichneten Personen haben, sofern sie nicht als Minderjährige unter elterlicher Gewalt oder unter Vormundschaft stehen oder entmündigt sind, keinen gesetzlichen Vertreter; doch kann für sie nach § 1906 unter den dort bezeichneten Voraussetzungen eine vorläufige Vormundschaft angeordnet und unter Umständen nach Maßgabe der §§ 1909 ff. ein Pfleger bestellt werden. In welchen Fällen der gesetzliche Vertreter der Genehmigung des Vormundschaftsgerichts oder eines Gegenvormundes bedarf, ist in den Abschnitten über die elterliche Gewalt und die Vormundschaft bestimmt.

Ob die von einem Geschäftsfähigen bestellte Vollmacht dadurch erlischt, daß er geschäftsunfähig wird, bestimmt sich regelmäßig nach dem zu Grunde liegenden Rechtsverhältnis. In dem am häufigsten vorkommenden Falle, wenn die Vollmacht auf einem Auftrage beruht, ist der Eintritt der Geschäftsunfähigkeit regelmäßig ohne Einfluß (§§ 168, 672).

§ 106.

E. I § 65 Abs. 1; II § 80 rev. § 102; III § 102. P. I S. 64 ff.; M. I S. 131 ff. P. II Bd. 1 S. 59 ff. KB. S. 1952. StB. S. 2749.

Goering, Das Recht der Minderjährigen und Entmündigten nach dem 1. Januar 1900 (1899).

Beschränkte Geschäftsfähigkeit der Minderjährigen. Der Minderjährige, welcher das siebente Lebensjahr vollendet hat (§§ 2—5), ist eines rechtlich in Betracht kommenden Willens fähig; es fehlt ihm aber regelmäßig die geistige Reife und die geschäftliche Erfahrung, welche das Gesetz für notwendig erachtet. Das Gesetz gibt daher auch ihm wie dem Geschäftsunfähigen einen gesetzlichen Vertreter, dem die Sorge für die Person und das Vermögen des Minderjährigen obliegt. Die gesetzliche Vertretung steht, ebenso wie bei Personen unter sieben Jahren, entweder dem Vater oder der Mutter kraft elterlicher Gewalt oder dem zu bestellenden Vormunde zu. Der Minderjährige, welcher das siebente Lebensjahr vollendet hat, ist aber nicht darauf beschränkt, durch Vermittelung seines gesetzlichen Vertreters an dem Rechtsverkehre teilzunehmen, er kann vielmehr auch selbst durch eigene Handlungen eingreifen. Die von ihm vorgenommenen Rechtsgeschäfte sind indessen voll wirksam nur, soweit er dadurch lediglich einen rechtlichen Vorteil erlangt (§ 107), während die übrigen Rechtsgeschäfte, um den Minderjährigen gegen Nachteile zu schützen, denjenigen Beschränkungen unterworfen werden, welche in den §§ 107—113 näher bestimmt sind. Über die dem Minderjährigen gegenüber abzugebenden Willenserklärungen wird das Erforderliche in dem § 131 Abs. 2 bestimmt. Besondere Vorschriften gelten für die Eheschließung (§§ 1304, 1331, 1336—1340), für den auf Eingehung oder Aufhebung der allgemeinen Gütergemeinschaft und der Fahrnisgemeinschaft gerichteten Vertrag (§ 1437), für Errichtung und Aufhebung eines Testaments (§§ 2229, 2230, 2247), für den Erbvertrag (§§ 1508, 1549, 2275), für den Erbverzicht (§§ 2347, 2351). Andere auf die Beschränkung der Geschäftsfähigkeit sich beziehende Vorschriften finden sich in den §§ 8, 206, 682.

Über die Fälle, in denen Rechtsgeschäfte des Minderjährigen außer der Genehmigung des gesetzlichen Vertreters noch der Genehmigung des Vormundschaftsgerichts oder des Gegenvormundes bedürfen, s. die §§ 1643, 1812 ff., 1821 ff.

§. 107. Der Minderjährige bedarf zu einer Willenserklärung, durch die er nicht lediglich einen rechtlichen Vortheil erlangt, der Einwilligung seines gesetzlichen Vertreters.

---

§ 107.

E. I § 65 Abs. 2, 3 Satz 1; II § 81 rev. § 103; III § 103. P. I S. 64 ff. M. S. 133. P. II Bd. 1 S. 59 ff.

1. **Rechtsgeschäfte des Minderjährigen, durch welche er nicht lediglich einen rechtlichen Vorteil erlangt.** Der E. I § 65 bestimmte, daß der Minderjährige der Einwilligung des gesetzlichen Vertreters nicht bedürfe zu solchen Rechtsgeschäften, durch welche er lediglich Rechte erwerbe oder lediglich von Verbindlichkeiten befreit werde. Beabsichtigt wurde damit dasselbe wie durch die jetzige, etwas weitere Fassung, nach welcher es darauf ankommt, ob der Minderjährige durch das Rechtsgeschäft lediglich einen rechtlichen Vorteil erlangt. Es fallen darunter neben den schon durch die Fassung des E. I getroffenen Rechtsgeschäften z. B. auch Verträge, durch welche ein dem Minderjährigen gehörender Gegenstand von einem Rechte, mit welchem er belastet ist, befreit wird. Für die Beurteilung der Frage, ob das Rechtsgeschäft den in dem § 107 bezeichneten Charakter hat, kommt es darauf an, ob das Rechtsgeschäft als solches dem Minderjährigen lediglich einen rechtlichen Vorteil bringt oder nicht. Die wirtschaftlichen Folgen kommen nicht in Betracht. Ein Kauf oder ein sonstiger gegenseitiger Vertrag fällt, auch wenn er für den Minderjährigen noch so günstig ist, niemals unter die Vorschrift des § 107, weil dadurch immer auch eine, wenn auch wirtschaftlich vielleicht unerhebliche Verpflichtung für den Minderjährigen begründet wird. Auch der Leihvertrag fällt, obwohl der Minderjährige dadurch die Benutzung der entliehenen Sache unentgeltlich erhält, nicht darunter, weil der Minderjährige dadurch zur demnächstigen Zurückgabe der entliehenen Sache verpflichtet wird; ebensowenig der von dem Minderjährigen erteilte Auftrag, weil dadurch, obwohl der Beauftragte zur unentgeltlichen Ausführung des Auftrags verpflichtet ist, doch auch eine eventuelle Verpflichtung des Minderjährigen zum Ersatze von Verwendungen ꝛc. begründet wird. Ein dinglicher Vertrag, durch welchen dem Minderjährigen ein Recht übertragen wird, bedarf der Einwilligung des gesetzlichen Vertreters, wenn die Übertragung zum Zwecke der Befriedigung eines Anspruchs erfolgt. Durch die Annahme der Leistung von seiten des Minderjährigen wird dessen Anspruch aufgehoben; der Minderjährige erlangt daher durch den Vertrag nicht lediglich einen rechtlichen Vorteil. Dieser Gesichtspunkt trifft nicht zu, wenn der Anspruch, behufs dessen Erfüllung die Leistung erfolgte, nicht bestand. Der Minderjährige ist zwar in solchem Falle regelmäßig zur Herausgabe des Empfangenen nach den für die Herausgabe einer ungerechtfertigten Bereicherung geltenden Vorschriften verpflichtet (§§ 812 ff.), aber diese Verpflichtung entspringt nicht aus der Willenserklärung des Minderjährigen und besteht überhaupt nicht, wenn der Leistende gewußt hat, daß er zu der Leistung nicht verpflichtet war, oder wenn die Leistung einer sittlichen Pflicht oder einer auf den Anstand zu nehmenden Rücksicht entsprach (§ 814). Praktisch in Betracht kommt hauptsächlich die Annahme reiner Schenkungen und einzelner sonstiger unentgeltlicher Zuwendungen. Ebenso wie Willenserklärungen, durch welche der Minderjährige lediglich einen rechtlichen Vorteil erlangt, werden übrigens auch solche Willenserklärungen zu beurteilen sein, welche zwar nicht direkt einen rechtlichen Vorteil gewähren, aber doch auch einen rechtlichen Nachteil weder bringen noch bringen können. Deshalb bedarf z. B. ein Minderjähriger zu der Willenserklärung, durch welche er bei einem Erbvertrage die Vertragserklärung des Erblassers annimmt, der Einwilligung des gesetzlichen Vertreters auch dann nicht, wenn nicht ihm, sondern lediglich einem Dritten eine Zuwendung durch den Erbvertrag gemacht wird. Auf demselben Gedanken beruht die Vorschrift des § 165, nach welcher die Wirksamkeit der von einem Vertreter als solchem abgegebenen Willenserklärung nicht dadurch beeinträchtigt wird, daß er in der Geschäftsfähigkeit beschränkt ist. Für familienrechtliche und erbrechtliche Rechtsgeschäfte gelten in mehrfacher Beziehung besondere Vorschriften (s. die §§ 1595, 1598, 1748 Abs. 2, 1755, 2229, 2347 Abs. 2).

2. **Erfordernis der Einwilligung des gesetzlichen Vertreters.** Unter Einwilligung zu einem Rechtsgeschäfte versteht das BGB. die vor der Vornahme des Rechtsgeschäfts erfolgende Zustimmung (§ 183). Sie ist ein einseitiges empfangsbedürftiges Rechtsgeschäft, kann aber sowohl dem einen wie dem anderen Teile, hier also sowohl dem Minderjährigen als auch demjenigen gegenüber erfolgen, mit welchem der Minderjährige das Rechtsgeschäft vornehmen will. Sie bedarf keiner Form und kann regelmäßig bis zur Vornahme des Rechtsgeschäfts, zu welchem sie erfolgt, widerrufen werden. Über das Nähere, insbesondere über die Frage, ob der Widerruf

§. 108. Schließt der Minderjährige einen Vertrag ohne die erforderliche Einwilligung des gesetzlichen Vertreters, so hängt die Wirksamkeit des Vertrags von der Genehmigung des Vertreters ab.

Fordert der andere Theil den Vertreter zur Erklärung über die Genehmigung auf, so kann die Erklärung nur ihm gegenüber erfolgen; eine vor der Aufforderung dem Minderjährigen gegenüber erklärte Genehmigung oder Verweigerung der Genehmigung wird unwirksam. Die Genehmigung kann nur bis zum Ablaufe von zwei Wochen nach dem Empfange der Aufforderung erklärt werden; wird sie nicht erklärt, so gilt sie als verweigert.

Ist der Minderjährige unbeschränkt geschäftsfähig geworden, so tritt seine Genehmigung an die Stelle der Genehmigung des Vertreters.

---

einer dem anderen Teile gegenüber erklärten Einwilligung auch dem Minderjährigen gegenüber erfolgen kann, s. Erl. 2 zu § 183.

§ 108.

E. I § 65 Abs. 3 Satz 2, Abs. 5, 6; II § 82 rev. § 104; III § 104. P. I S. 64 ff., 246 ff., 3219, 3221, 3231, 6151 ff., 6155 ff., 6163, 6166, 6173 ff., 11631 ff., 11661 ff., 11702; M. I S. 134 ff. P. II Bd. 1 S. 60 ff., Bd. 6 S. 124 ff., 276 ff. KB. S. 1952 ff. StB. S. 2749.

1. **Verträge eines Minderjährigen.** Die Vorschriften des § 108 beziehen sich nur auf Verträge, nicht auf einseitige Rechtsgeschäfte; für diese gelten die Vorschriften des § 111. Von den Verträgen kommen aber nur diejenigen in Betracht, zu denen der Minderjährige der Einwilligung des gesetzlichen Vertreters bedarf, nicht also diejenigen, durch welche er lediglich einen rechtlichen Vorteil erlangt. Ob der Vertrag ein gegenseitiger ist oder ob dadurch lediglich ein Recht des Minderjährigen aufgegeben oder eine Verpflichtung für ihn begründet wird, ist gleichgültig; ebenso ob es sich um einen vermögensrechtlichen, familienrechtlichen oder erbrechtlichen Vertrag handelt; jedoch gelten für Verträge der beiden letztgedachten Arten manche besondere Vorschriften (s. Erl. zu § 106). Der Minderjährige wird gegen die nachteiligen Folgen eines Vertrags der hier fraglichen Art dadurch geschützt, daß dessen Wirksamkeit von der Genehmigung des gesetzlichen Vertreters abhängig gemacht wird. Dem Interesse des anderen Teiles wird dadurch Rechnung getragen, daß der Vertrag immer nur ganz oder gar nicht wirksam werden kann und daß ihm die besonderen in dem § 108 Abs. 2 und dem § 109 bezeichneten Rechte beigelegt werden.

2. **Einwilligung des gesetzlichen Vertreters zu dem Vertrage.** Die Vorschriften des § 108 kommen nur zur Anwendung, wenn der gesetzliche Vertreter nicht schon vor dem Abschlusse des Vertrags die Einwilligung dazu erteilt hat. Ist diese erteilt, so ist der Vertrag entweder voll wirksam oder, wenn dazu nach den Vorschriften über die elterliche Gewalt und das Vormundschaftsrecht (§§ 1643, 1812 ff., 1821 ff.) die Genehmigung des Vormundschaftsgerichts oder des Gegenvormundes erforderlich ist, von der nachträglichen Genehmigung des Vormundschaftsgerichts oder des Gegenvormundes abhängig. Über die für den letzteren Fall geltenden Vorschriften s. die §§ 1828—1832, 1643 Abs. 3.

3. **Die Erteilung sowie die Verweigerung der Genehmigung** kann sowohl dem anderen Teile wie dem Minderjährigen gegenüber erklärt werden und bedarf nicht der für das Rechtsgeschäft, um dessen Genehmigung es sich handelt, etwa vorgeschriebenen Form. Kommt eine dem Minderjährigen gegenüber erfolgte Erklärung in Frage, so ist besonders zu beachten, ob wirklich eine rechtsgeschäftliche Erklärung gewollt ist. Die Besprechungen zwischen dem Vertreter und dem Minderjährigen sind zunächst deren innere Angelegenheiten, und es wird nicht selten vorkommen, daß der Vertreter dabei Äußerungen macht, die ihrem Wortlaute nach als Erteilung oder Verweigerung der Genehmigung aufgefaßt werden können, in denen aber in Wirklichkeit nur die Absicht, die Genehmigung zu erteilen oder zu verweigern, ausgedrückt, nicht schon eine rechtsgeschäftliche Erklärung abgegeben werden sollte. Wesentlich mit Rücksicht hierauf war im E. I § 65 Abs. 3 vorgeschrieben, daß die Erteilung wie die Verweigerung der Genehmigung nur dem

anderen Teile gegenüber erfolgen könne. Von der zweiten Kommission ist diese Abweichung von den allgemeinen Grundsätzen des § 182 aufgegeben. Maßgebend war dabei die Erwägung, daß Fälle vorkommen können, in denen es gegen Treu und Glauben verstoßen würde, wenn der andere Teil sich auf die Erklärungen des Vertreters gegenüber dem Minderjährigen nicht berufen könnte. Dabei handelt es sich insbesondere um solche Fälle, in denen eine unzweifelhafte Willensbetätigung des Vertreters und damit eine sog. stillschweigende Willenserklärung vorliegt. Hat z. B. der Vertreter dem Minderjährigen gestattet, die von diesem gekaufte und ihm übergebene Sache zu benutzen oder zu verbrauchen, so würde es gegen Treu und Glauben verstoßen, wenn der Vertreter später die Genehmigung des Kaufes verweigerte und dies als berechtigt anerkannt werden müßte. Man wird darauf vertrauen dürfen, daß mündliche Äußerungen des Vertreters gegenüber dem Minderjährigen, sofern nicht der Wille, eine rechtsgeschäftliche Erklärung abzugeben, klar vorliegt, in der Praxis nur als das aufgefaßt werden, was sie regelmäßig sind, nämlich als Äußerungen der Ansichten und Absichten, nicht als rechtsgeschäftliche Erklärungen.

4. Wirkung der Erteilung oder Verweigerung der Genehmigung. Wird die Genehmigung erteilt, so gilt der Vertrag als von Anfang an wirksam, jedoch mit der Beschränkung, daß Verfügungen über den Gegenstand des Rechtsgeschäfts nicht unwirksam werden, die in der Zwischenzeit von dem Vertreter oder im Wege der Zwangsvollstreckung oder der Arrestvollziehung oder durch den Konkursverwalter erfolgt sind (§ 184). Bedarf der Vertrag der Genehmigung des Vormundschaftsgerichts oder des Gegenvormundes, so treten die in Erl. 2 bezeichneten Folgen ein.

Wird die Genehmigung verweigert, so gilt der Vertrag als von Anfang an unwirksam. Die Erteilung wie die Verweigerung der Genehmigung können nicht widerrufen werden. Für die Verweigerung (s. Vorbm. VIII, oben S. 183 und Erl. 3 zu § 184) ergibt sich dies daraus, daß durch die Verweigerung die Unwirksamkeit des Vertrags eingetreten ist und daher nichts vorliegt, was genehmigt werden könnte. (KG. Bd. 25 S. A 17.)

Die Genehmigung kann nicht unter einer Beschränkung erteilt werden. Ist eine solche hinzugefügt, so ist die Genehmigung nicht erteilt. Daraus folgt aber nicht ohne weiteres, daß die Genehmigung als verweigert gilt. Die Hinzufügung der Beschränkung hat zunächst nur die Wirkung, daß die erforderliche unbeschränkte Genehmigung nicht erfolgt ist; ob darin zugleich die Verweigerung der unbeschränkten Genehmigung gefunden werden muß, ist eine Frage der Auslegung. Als Beschränkung der Genehmigung ist es auch aufzufassen, wenn dabei, wie nach § 184 an sich möglich ist, die rückwirkende Kraft ausgeschlossen wird (Staudinger, Erl. 2 zu §§ 108, 109; Windscheid-Kipp I § 71 Nr. 4c.)

Eine Frist für die Erteilung der Genehmigung besteht nicht. Die Ansicht von Cosack I § 55 II 3a, nach welcher die Genehmigung nur innerhalb einer den Umständen nach bestimmten Frist soll erfolgen können, läßt sich nach dem BGB. nicht rechtfertigen. Das dem anderen Vertragschließenden zustehende Recht, den Vertreter zur Erklärung aufzufordern (s. Erl. 5) genügt, um das Interesse des anderen Vertragschließenden zu schützen.

5. Aufforderung an den Vertreter zur Erklärung. Um dem anderen Teile die Möglichkeit zu gewähren, die Ungewißheit zu beseitigen, welche sich daraus ergibt, daß die Wirksamkeit des Vertrages von der Genehmigung des Vertreters abhängt, wird ihm nach § 108 Abs. 2 das Recht eingeräumt, den Vertreter zur Erklärung aufzufordern. Diese Aufforderung hat folgende Wirkungen:

a) Die dem Minderjährigen gegenüber erfolgte Erteilung oder Verweigerung der Genehmigung wird unwirksam. Der andere Teil kann sich, solange er den Vertreter nicht zu der Erklärung aufgefordert hat, auf die von diesem dem Minderjährigen gegenüber erklärte Genehmigung und die dadurch eingetretene Wirksamkeit des Vertrags berufen. Richtet er aber die Aufforderung an den Vertreter, so erlischt die eingetretene Wirksamkeit. Es steht daher in der Wahl des anderen Teiles, ob er sich bei der dem Minderjährigen gegenüber erfolgten Erklärung beruhigen und damit das Risiko übernehmen will, diese möglicherweise nicht beweisen zu können, oder ob er die Aufforderung an den Vertreter richten und damit die bereits eingetretene Wirksamkeit des Vertrags preisgeben will. Nur die dem Minderjährigen, nicht die dem anderen Teile gegenüber erfolgte Erteilung oder Verweigerung der Genehmigung wird durch die Aufforderung unwirksam. Unwirksam wird auch nicht die von dem Vertreter dem Minderjährigen gegenüber vor dem Abschlusse des Vertrags erklärte Einwilligung. Um dem anderen Teile die Möglichkeit zu gewähren, volle Sicherheit darüber zu erlangen, ob der Vertrag wirksam sei oder nicht, war in der zweiten Kommission beantragt, auch die dem Minderjährigen gegenüber erfolgte Einwilligung unwirksam werden zu lassen. Der Antrag ist aber abgelehnt, und bei der jetzigen Fassung des § 108 Abs. 2 wird man schwerlich dazu gelangen können, die Wirkung der Aufforderung auch auf die Einwilligung auszudehnen (a. A. Endemann, I § 29 Anm. 32, der sich mit Unrecht darauf beruft, daß im Vormundschaftsrecht unter der Genehmigung auch die Einwilligung mit verstanden werde).

b) Die Erteilung wie die Verweigerung der Genehmigung kann nach der Aufforderung nur noch dem anderen Teile gegenüber erfolgen.

c) Wird die Genehmigung nicht binnen zwei Wochen nach dem Empfange der Aufforderung erteilt, so gilt sie als verweigert. Die Erteilung der Genehmigung muß innerhalb der Frist nach Maßgabe der §§ 130, 131 dem anderen Vertragschließenden zugehen.

6. **Die Aufforderung ist ein einseitiges empfangsbedürftiges Rechtsgeschäft**; es finden darauf also die Vorschriften der §§ 130, 131 Anwendung. Nach diesen Vorschriften bestimmt sich insbesondere auch der Zeitpunkt, in welchem die Aufforderung als empfangen gilt. Für die Berechnung der Frist von zwei Wochen sind die §§ 187 Abs. 1, 188 maßgebend.

7. Über die **Beweislast** ergibt sich aus der Fassung des § 108 folgendes: Wer die Wirksamkeit des Vertrags geltend macht, hat zu beweisen, daß der Vertreter die Einwilligung oder die Genehmigung dem Minderjährigen oder dem anderen Teile erklärt hat. Soweit die Wirksamkeit auf die dem Minderjährigen gegenüber erklärte Genehmigung gegründet wird, steht dem Gegner der Beweis zu, daß der andere Teil den Vertreter zu der Erklärung aufgefordert habe und daß seit dem Empfange der Aufforderung zwei Wochen verstrichen seien. Diesem Beweise gegenüber kann die Wirksamkeit nur aufrecht erhalten werden durch den Beweis, daß der Vertreter dem anderen Teile gegenüber die Genehmigung vor dem Ablaufe der zwei Wochen erklärt habe.

8. **Folgen des Eintritts der unbeschränkten Geschäftsfähigkeit oder des Todes des Minderjährigen.** Aus der Vorschrift des Abs. 3 folgt, daß, wenn der Minderjährige unbeschränkt geschäftsfähig geworden ist, die im Abs. 2 bestimmte Aufforderung an ihn persönlich gerichtet werden kann und daß, wenn diese Aufforderung erfolgt, eine dem Minderjährigen gegenüber vor Erlangung der unbeschränkten Geschäftsfähigkeit erfolgte Erteilung oder Verweigerung der Genehmigung von seiten des Vertreters unwirksam wird. Auch im übrigen tritt bei der Anwendung der Vorschriften des Abs. 2 an die Stelle der Erklärung wie der Nichterklärung des Vertreters die Erklärung oder Nichterklärung des unbeschränkt geschäftsfähig gewordenen Minderjährigen. Die unbeschränkte Geschäftsfähigkeit beginnt mit der Volljährigkeit (§§ 2, 3), sofern nicht aus einem anderen Grunde Geschäftsunfähigkeit (§ 104 Nr. 2, 3) oder Beschränkung der Geschäftsfähigkeit (§ 114) eintritt. Wäre der Minderjährige, nachdem er die unbeschränkte Geschäftsfähigkeit erlangt hat, später wieder in der Geschäftsfähigkeit beschränkt oder geschäftsunfähig geworden und wäre in der Zwischenzeit die Wirksamkeit oder Unwirksamkeit des Vertrags nicht entschieden, so würde nun wieder der gesetzliche Vertreter an die Stelle des unbeschränkt geschäftsfähig gewordenen Minderjährigen treten.

Keine Vorschrift enthält das BGB. für den Fall, daß der Minderjährige stirbt, bevor sich entschieden hat, ob der Vertrag wirksam oder unwirksam ist. Für die Entscheidung der Frage, ob die durch den Vertrag erlangte Rechtsposition des Minderjährigen auf dessen Erben übergeht, werden im wesentlichen dieselben Gesichtspunkte maßgebend sein müssen, welche für den Fall in Betracht kommen, daß bei einem Vertragsantrage vor dessen Annahme der Antragende oder der andere Teil stirbt (s. Erl. zu § 153). Es kommt also darauf an, ob der Vertrag nur mit dem Minderjährigen selbst oder im Falle seines Todes auch mit seinen Erben geschlossen sein sollte. Ist das erstere der Fall, so wird der Vertrag mit dem Tode des Minderjährigen hinfällig. Im letzteren Falle geht die Rechtsposition des Minderjährigen aktiv und passiv auf seine Erben über und die Vorschriften des § 108 Abs. 3 werden in solchem Falle entsprechend anzuwenden sein. Sind daher die Erben unbeschränkt geschäftsfähig, so tritt ihre Genehmigung an die Stelle der Genehmigung des gesetzlichen Vertreters des Minderjährigen. Sind sie geschäftsunfähig oder nur beschränkt geschäftsfähig, so tritt die Genehmigung ihres gesetzlichen Vertreters an die Stelle der Genehmigung des gesetzlichen Vertreters des Minderjährigen (a. A. Rehbein, Erl. I 3b zu §§ 104—115, nach welchem der Vertrag mit dem Tode des Minderjährigen immer hinfällig werden und nur für den Fall eine Modifikation eintreten soll, daß der Minderjährige auf Grund des Vertrags bereits eine Leistung erhalten hat).

§. 109. Bis zur Genehmigung des Vertrags ist der andere Theil zum Widerrufe berechtigt. Der Widerruf kann auch dem Minderjährigen gegenüber erklärt werden.

Hat der andere Theil die Minderjährigkeit gekannt, so kann er nur widerrufen, wenn der Minderjährige der Wahrheit zuwider die Einwilligung des Vertreters behauptet hat; er kann auch in diesem Falle nicht widerrufen, wenn ihm das Fehlen der Einwilligung bei dem Abschlusse des Vertrags bekannt war.

§. 110. Ein von dem Minderjährigen ohne Zustimmung des gesetzlichen Vertreters geschlossener Vertrag gilt als von Anfang an wirksam, wenn der Minder-

---

§ 109.

E. I § 65 Abs. 4; II § 83 rev. § 105; III § 105. P. I S. 64 ff.; M. I S. 134. P. II Bd. 1 S. 60 ff., Bd. 6 S. 122.

1. **Recht des anderen Vertragschließenden zum Widerrufe.** Nach dem E. I § 65 Abs. 4 sollte die Entscheidung über die Wirksamkeit des Vertrags lediglich in der Hand des gesetzlichen Vertreters des Minderjährigen liegen und deshalb der andere Teil bis zu dieser Entscheidung gebunden sein. Die zweite Kommission erachtete dies für unbillig, wenn die in dem § 109 bezeichneten Voraussetzungen vorliegen. Dem anderen Teile wurde deshalb das Rücktrittsrecht eingeräumt. Bei der Revision ist das Rücktrittsrecht durch das Recht des Widerrufs ersetzt, weil der Rücktritt von einem Vertrage nach der Ausdrucksweise des BGB. (§§ 346 ff.) einen wirksamen Vertrag voraussetzt und die in den §§ 346 ff. bezeichneten Wirkungen hat. Der Widerruf ist ein einseitiges empfangsbedürftiges Rechtsgeschäft. Mit Rücksicht auf das Bedürfnis und die Anschauung des Lebens ist aber in Abweichung von der Regel des § 131 Abs. 2 die Erklärung des Widerrufs auch gegenüber dem Minderjährigen selbst zugelassen. Selbstverständlich kann sie auch dem Vertreter gegenüber erfolgen. Der Widerruf hat die Wirkung, daß der Vertrag als nicht geschlossen gilt, wenn die für die Zulässigkeit des Widerrufs bestimmten Voraussetzungen vorliegen. Rechtliche Wirkungen des Vertrags waren in diesem Falle noch nicht eingetreten; eine Rückgängigmachung solcher Wirkungen kommt daher nicht in Frage.

2. Für die **Beweislast** gilt im Falle des § 109 folgendes: Wird die Wirksamkeit des Vertrags auf die von dem Vertreter erteilte Genehmigung gegründet — im Falle der Einwilligung kommt der § 109 überhaupt nicht in Betracht, — so hat der andere Teil, um die Unwirksamkeit des Vertrags darzutun, zu beweisen, daß er den Vertrag widerrufen hat. Zweifelhaft kann sein, wie sich die Beweislast gestaltet, wenn der Zeitpunkt, in welchem die Genehmigung und der Widerruf erfolgt ist, nicht feststeht (s. Beckh, Beweislast S. 137 ff.; Staudinger, Erl. 8 zu §§ 108, 109). Nach der von dem BGB. zur Bestimmung der Beweislast in Fällen dieser Art gebrauchten Ausdrucksweise (s. oben S. 50 Nr. 8) wird anzunehmen sein, daß der Minderjährige den Zeitpunkt der Genehmigung, der andere Teil aber zu beweisen hat, daß der Widerruf vor diesem Zeitpunkt erfolgt sei. Dem Minderjährigen steht dann aber weiter, um die Unzulässigkeit des Widerrufs darzutun, der Beweis offen, daß der andere Teil die Minderjährigkeit zur Zeit des Abschlusses des Vertrags gekannt hat. Hiergegen steht dem anderen Teile der Beweis zu, daß der Minderjährige bei dem Abschlusse die Einwilligung des gesetzlichen Vertreters behauptet hat. Die hinzugefügten Worte „der Wahrheit zuwider" haben nicht die Bedeutung, daß der andere Teil auch zu beweisen hätte, daß die Einwilligung nicht erfolgt sei, deuten vielmehr nur an, daß ein Fall, in welchem die Einwilligung erfolgt ist, hier überhaupt nicht in Frage steht. Gegenüber dem Beweise, daß der Minderjährige die Einwilligung des gesetzlichen Vertreters behauptet habe, steht dem Minderjährigen wieder der Beweis zu, daß der andere Teil das Fehlen der Einwilligung beim Abschlusse des Vertrags gekannt hat. Dem „Kennen" steht in den Fällen dieses Paragraphen das „Kennen müssen" nicht gleich.

§ 110.

E. I § 69; II § 84 rev. § 106; III § 106. P. I S. 88 ff., 6139 ff.; M. I S. 147 ff. P. II Bd. 1 S. 66 ff., Bd. 6 S. 122.

1. **Überlassung von Mitteln an den Minderjährigen zum Zwecke der Erfüllung eines Vertrags oder zur freien Verfügung.** Hat der gesetzliche Vertreter dem Minderjährigen Geld

jährige die vertragsmäßige Leistung mit Mitteln bewirkt, die ihm zu diesem Zwecke oder zu freier Verfügung von dem Vertreter oder mit dessen Zustimmung von einem Dritten überlassen worden sind.

---

oder sonstige Gegenstände zu bestimmten Zwecken oder zur freien Verfügung überlassen, so ist eine Verfügung, die der Minderjährige innerhalb der ihm bei der Überlassung gesetzten Grenzen über die Gegenstände trifft, auf Grund der in der Überlassung liegenden Einwilligung voll wirksam. Aber nur die Verfügung selbst ist wirksam; der ihr zu Grunde liegende obligatorische Vertrag würde in Ermangelung einer besonderen Vorschrift den Bestimmungen des § 108 unterliegen. Hätte z. B. der Minderjährige mit dem ihm zur freien Verfügung überlassenen Gelde eine Sache gekauft, so würde zwar das Eigentum des Geldes sofort mit der Übertragung auf den Verkäufer übergehen, die Wirksamkeit des Kaufvertrags aber nach § 108 von der Genehmigung des gesetzlichen Vertreters abhängen. Verweigerte dieser die Genehmigung, so könnten wegen mangelnden Rechtsgrundes sowohl der Minderjährige die Herausgabe des Geldes als der andere Teil die Herausgabe der verkauften Sache nach Maßgabe der Vorschriften über ungerechtfertigte Bereicherung verlangen (§§ 812 ff.). Diesem mit der Auffassung des Lebens im Widerspruche stehenden Ergebnisse tritt der § 110 entgegen. Der obligatorische Vertrag soll als von Anfang an wirksam gelten, wenn der Minderjährige die ihm nach dem Vertrag obliegende Leistung mit dem ihm zu diesem Zwecke oder zur freien Verfügung überlassenen Mitteln bewirkt. Der gegen Barzahlung abgeschlossene Kauf ist also sofort wirksam, der auf Kredit abgeschlossene Kauf wird als von Anfang an wirksam angesehen, wenn der Minderjährige den Kaufpreis bezahlt. Die Erfüllung von seiten des Minderjährigen mit den ihm überlassenen Mitteln hat dieselbe Wirkung wie die Genehmigung des gesetzlichen Vertreters nach § 108. Die Ansicht, daß der § 110 nur eine Konsequenz des Grundsatzes ausspreche, daß die Genehmigung auch stillschweigend erfolgen könne (Staudinger, Erl. 1 zu § 110; Dernburg I § 120 II 4), läßt sich höchstens für solche Fälle rechtfertigen, in welchem der Vertreter dem Minderjährigen die Mittel zur Erfüllung eines bestimmten Vertrags überlassen hat, nicht aber für solche Fälle, in welchen die Überlassung zur freien Verfügung erfolgt ist.

Im Falle einer nur teilweisen Bewirkung der vertragsmäßigen Leistung wird der Vertrag weder ganz noch teilweise wirksam. So wenig eine teilweise Genehmigung des Vertrags durch den gesetzlichen Vertreter zulässig ist, ebensowenig kann eine teilweise Wirksamkeit durch Teilleistung eintreten. Nur wenn es sich um einen Vertrag handelt, durch welchen der Minderjährige einseitig eine teilbare Verpflichtung übernommen hat, wird man der teilweisen Erfüllung des Vertrags von seiten des Minderjährigen mit den ihm zur Verfügung gestellten Mitteln die Wirkung beilegen müssen, daß der Vertrag für diesen Teil wirksam wird.

Zu der Erfüllung von Schenkungsversprechen kann der gesetzliche Vertreter dem Minderjährigen Mittel nur überlassen, soweit es sich um eine Schenkung handelt, die der Vertreter selbst vorzunehmen berechtigt sein würde (§§ 1641, 1804).

Handelt es sich um einen Vertrag, durch den sich der Minderjährige zu der Leistung von Diensten oder Arbeiten verpflichtet hat, so hat die Leistung dieser Dienste oder Arbeiten von seiten des Minderjährigen die im § 110 bestimmte Wirkung nur dann, wenn sie mit Genehmigung des gesetzlichen Vertreters erfolgte (a. A. Hölder, Erl. 2b zu § 110).

2. **Gegenstände, zu deren Veräußerung der gesetzliche Vertreter der Genehmigung des Gegenvormundes oder des Vormundschaftsgerichts bedarf** (§§ 1643, 1812 ff., 1821 ff.), kann er dem Minderjährigen zur Erfüllung eines Vertrags oder zur freien Verfügung nur mit Genehmigung des Vormundschaftsgerichts überlassen. In Ermangelung dieser Genehmigung hat die Überlassung die in dem § 110 bestimmten Wirkungen nicht (§§ 1644, 1824).

3. Der Überlassung von Mitteln durch den gesetzlichen Vertreter steht die **Zustimmung desselben zu der von seiten eines Dritten erfolgten Überlassung** gleich.

4. Die Überlassung sowie die Zustimmung zu der von einem Dritten erfolgenden Überlassung **kann auch stillschweigend** erfolgen. Als eine solche stillschweigende Überlassung wird es z. B. anzusehen sein, wenn der gesetzliche Vertreter dem Minderjährigen, der selbst für seinen Unterhalt sorgt, die Erhebung seines Arbeitsverdienstes oder der ihm von Dritten zugewendeten Stipendien gestattet. Selbstverständlich gehören zu den nach Maßgabe des § 110 zu beurteilenden Mitteln das dem Minderjährigen gewährte Taschengeld sowie die ihm zur Bestreitung seines Unterhalts gewährten Beträge (vgl. Erl. 5).

§. 111. Ein einseitiges Rechtsgeschäft, das der Minderjährige ohne die erforderliche Einwilligung des gesetzlichen Vertreters vornimmt, ist unwirksam. Nimmt der Minderjährige mit dieser Einwilligung ein solches Rechtsgeschäft einem Anderen gegenüber vor, so ist das Rechtsgeschäft unwirksam, wenn der Minderjährige die Einwilligung nicht in schriftlicher Form vorlegt und der Andere das Rechtsgeschäft aus diesem Grunde unverzüglich zurückweist. Die Zurückweisung ist ausgeschlossen, wenn der Vertreter den Anderen von der Einwilligung in Kenntniß gesetzt hatte.

---

5. Das BGB. enthält keine Vorschriften über **Minderjährige, die sich mit Zustimmung des gesetzlichen Vertreters in einer Stellung befinden, in der sie selbst für ihren Unterhalt und ihre Ausbildung zu sorgen haben.** Ein Antrag, die von solchen Minderjährigen zu den gedachten Zwecken vorgenommenen Rechtsgeschäfte für wirksam zu erklären, ist von der zweiten Kommission abgelehnt. Die gedachten Rechtsgeschäfte unterliegen also, soweit sie von dem Minderjährigen nicht mit den ihm zu solchem Zwecke überlassenen Mitteln erfüllt sind, den Vorschriften der §§ 108, 109. Unter Umständen wird indessen derjenige, welcher einen Vertrag mit einem Minderjährigen abgeschlossen hat, wenn der gesetzliche Vertreter die Genehmigung dazu verweigert, doch aus dem Gesichtspunkte der ungerechtfertigten Bereicherung einen Anspruch gegen den Minderjährigen haben. Ist ein Dritter zum Unterhalte des Minderjährigen verpflichtet, so kann möglicherweise auch gegen diesen ein Anspruch aus dem Gesichtspunkte der Geschäftsführung ohne Auftrag begründet sein.

Die von verschiedenen Seiten in verschiedener Ausdehnung vertretene Auffassung, daß wenn der gesetzliche Vertreter dem Minderjährigen gestattet, eine Universität oder sonstige Bildungsanstalt zu besuchen, oder sonst selbständig für seinen Unterhalt und seine Ausbildung zu sorgen, hierin eine stillschweigende Genehmigung zu allen Rechtsgeschäften gefunden werden müsse, welche zu den gedachten Zwecken erforderlich seien (Dernburg I § 120 II 4; Staudinger, Erl. 2 zu § 110; Rehbein, Erl. C. I 4 zu §§ 104—115), dürfte dem Standpunkte des BGB. nicht entsprechen. Eine so allgemeine und unbestimmte Einwilligung zu Rechtsgeschäften liegt außerhalb der Befugnisse des gesetzlichen Vertreters. Auch praktisch würde, wie bei den Beratungen der zweiten Kommission hervorgehoben wurde, die Zulassung einer so allgemeinen Ermächtigung zu sehr bedenklichen Ergebnissen führen. Man denke nur an den Fall, daß der Minderjährige die notwendigen Bücher oder Kleidungsstücke auf Kredit kauft, sie dann aber wieder verkauft und sich nun andere Bücher oder Kleidungsstücke auf Kredit anschafft. Ein solches Verfahren kann mehrfach wiederholt werden. Die Anschaffung der Bücher oder Kleidungsstücke war an sich für die Ausbildung und den Unterhalt erforderlich. Sollen nun alle wiederholten Anschaffungen auf Kredit als stillschweigend genehmigt gelten oder etwa nur die erste? Die allgemeine Ermächtigung des gesetzlichen Vertreters gibt für die Beantwortung dieser Frage keinen Anhalt, und der Dritte, welcher mit dem Minderjährigen die späteren Anschaffungsgeschäfte abschließt, weiß regelmäßig nicht, ob es sich um die erste oder um eine wiederholte Anschaffung handelt. Mit Recht hat daher das BGB. die Wirkung einer Genehmigung des gesetzlichen Vertreters nur bei solchen Geschäften eintreten lassen, welche durch Barzahlung mit den dem Minderjährigen überlassenen Mitteln erfüllt sind.

§ 111.

E. I § 65 Abs. 3 Satz 2; II § 85 rev. § 107; III § 107. P. I S. 67 ff.; M. I S. 133 ff. P. II Bd. 1 S. 62.

1. **Einseitige Rechtsgeschäfte des Minderjährigen.** Für die Vorschriften des § 111 ist hauptsächlich die Rücksicht auf das Interesse des Dritten, gegenüber dem der Minderjährige ein einseitiges Rechtsgeschäft vornimmt, bestimmend gewesen. Es würde unbillig sein, den Dritten für längere Zeit in Ungewißheit darüber zu lassen, ob das Rechtsgeschäft, z. B. eine Kündigung, wirksam ist oder nicht. Die Vorschrift beschränkt sich aber nicht auf empfangsbedürftige Rechtsgeschäfte, sondern umfaßt alle einseitigen Rechtsgeschäfte, durch die der Minderjährige nicht lediglich einen rechtlichen Vorteil erlangt. Ein Rechtsgeschäft, durch das der Minderjährige lediglich einen rechtlichen Vorteil erlangt, würde z. B. die Aneignung sein (§ 958), sofern man diese als ein Rechtsgeschäft ansieht. Die große Mehrzahl der einseitigen Rechtsgeschäfte gehört nicht zu dieser Kategorie.

§. 112. Ermächtigt der gesetzliche Vertreter mit Genehmigung des Vormundschaftsgerichts den Minderjährigen zum selbständigen Betrieb eines Erwerbsgeschäfts,

---

2. **Einwilligung des gesetzlichen Vertreters.** Das ohne die erforderliche Einwilligung (§ 107) vorgenommene einseitige Rechtsgeschäft ist unwirksam und kann niemals wirksam werden; die Vorschriften über nichtige Rechtsgeschäfte finden also darauf Anwendung (s. Vorbm. VII. 1, oben S. 182). Die Einwilligung des Vertreters muß vor dem Zeitpunkt erfolgen, in welchem das Rechtsgeschäft, zu dem sie erforderlich ist, wirksam wird, bei der einem Abwesenden oder einer Behörde gegenüber abzugebenden Willenserklärung, also z. B. vor dem Zeitpunkt, in welchem die Erklärung dem Abwesenden oder der Behörde zugeht (§ 130). Nicht erforderlich ist, daß die Einwilligung vor der Abgabe der Erklärung erfolgt.

Eine nachträgliche Genehmigung durch den gesetzlichen Vertreter kann möglicherweise als Bestätigung wirken und gilt dann als erneute Vornahme des einseitigen Rechtsgeschäfts (§ 141). Nur dann kann dies aber angenommen werden, wenn die Absicht darauf ging und die Genehmigung in der für die Vornahme des betreffenden Rechtsgeschäfts vorgeschriebenen Art erfolgte, bei einer Kündigung also z. B. dem anderen Teile gegenüber vorgenommen wurde. Nicht ausgeschlossen ist übrigens bei einseitigen empfangsbedürftigen Rechtsgeschäften, z. B. bei einer Kündigung, eine Vereinbarung zwischen dem Minderjährigen und dem anderen Teile, daß das Rechtsgeschäft als Vertrag behandelt werden, seine Wirksamkeit also nach Maßgabe der §§ 108, 109 von der Genehmigung des gesetzlichen Vertreters abhängen solle. Unter Umständen wird eine solche Vereinbarung als stillschweigend geschlossen anzusehen sein, wenn der andere Teil sich, obwohl er den Mangel der Einwilligung des gesetzlichen Vertreters kannte, mit der Vornahme des Rechtsgeschäfts einverstanden erklärt.

3. **Zurückweisung des Rechtsgeschäfts durch den Empfänger.** Die dem bisherigen Rechte nicht bekannte Vorschrift des Satz 2 des § 111 bezieht sich nur auf empfangsbedürftige Rechtsgeschäfte. Auch sie bezweckt, dem Empfänger der Willenserklärung sofort bei der Vornahme des Rechtsgeschäfts Gewißheit zu gewähren, ob das Rechtsgeschäft wirksam ist oder nicht. Der Empfänger hat unter der im Satz 2 bestimmten Voraussetzung die Befugnis, das Rechtsgeschäft zurückzuweisen und zwar ohne Unterschied, ob der Minderjährige die Einwilligung des gesetzlichen Vertreters behauptet hat oder nicht (RG. Bd. 50 S. 212). Die Voraussetzung, daß der Minderjährige die Einwilligung nicht in schriftlicher Form vorlegt, ist gegeben, wenn die Vorlegung nicht vor oder bei der Vornahme des Rechtsgeschäfts erfolgt. Eine spätere Vorlegung wird indessen noch als genügend anzusehen sein, wenn nicht inzwischen die Zurückweisung erfolgt ist. Ist diese erfolgt, so wird sie durch die spätere Vorlegung nicht unwirksam und die letztere kann nur etwa als erneute Vornahme des Rechtsgeschäfts in Betracht kommen. Über schriftliche Form s. § 126. **Unverzüglich** erfolgt die Zurückweisung wenn sie ohne schuldhaftes Zögern erklärt wird (§ 121). Sie kann sowohl dem Minderjährigen als dem gesetzlichen Vertreter gegenüber erklärt werden; im ersteren Falle findet § 131 Abs. 2 keine Anwendung. In der Zwischenzeit, bis sich entscheidet, ob die Zurückweisung erfolgt, liegt eine schwebende Unwirksamkeit vor (s. Vorbm. VI. 6, VII. 3, oben S. 182, 183; a. A. **Hölder**, Erl. 2b zu § 111, der die Zurückweisung als Anfechtung behandelt). Erfolgt die Zurückweisung unverzüglich, so ist das Rechtsgeschäft als von Anfang an unwirksam, also als nichtig anzusehen; anderenfalls gilt es als von Anfang an wirksam.

4. **Das im Satz 3 vorausgesetzte „in Kenntnis setzen"** kann sowohl schriftlich wie mündlich erfolgen. Man wird darin ein einseitiges empfangsbedürftiges Rechtsgeschäft zu erblicken haben. Auch wenn man aber annimmt, daß es kein Rechtsgeschäft ist, so muß doch anerkannt werden, daß es eine Rechtshandlung ist, auf welche die Grundsätze über Rechtsgeschäfte in jeder Beziehung entsprechende Anwendung finden.

Aus der Fassung des Satz 3 wird nicht gefolgert werden dürfen, daß der andere Teil von der Einwilligung wirklich Kenntnis haben müsse. Es handelt sich vielmehr nur um eine Mitteilung der Einwilligung durch den gesetzlichen Vertreter an den anderen Teil. Wann eine solche Mitteilung wirksam wird, bestimmt sich nach § 130 (a. A. **Hölder**, Erl. 2a zu § 111).

§ 112.

E. I § 67; II § 86 rev. § 108; III § 108. P. I S. 80 ff., 6418, 8790 ff., 11633; M. I S. 141 ff. P. II Bd. 1 S. 63 ff. KB. S. 1952 ff. StB. S. 2749.

1. Die in dem § 112 bestimmte **Ermächtigung zum selbständigen Betrieb eines Erwerbsgeschäfts** hat nicht die Bedeutung einer im voraus erteilten Einwilligung zu der Vornahme der

so ist der Minderjährige für solche Rechtsgeschäfte unbeschränkt geschäftsfähig, welche der Geschäftsbetrieb mit sich bringt. Ausgenommen sind Rechtsgeschäfte, zu denen der Vertreter der Genehmigung des Vormundschaftsgerichts bedarf.

Die Ermächtigung kann von dem Vertreter nur mit Genehmigung des Vormundschaftsgerichts zurückgenommen werden.

§. 113. Ermächtigt der gesetzliche Vertreter den Minderjährigen, in Dienst oder in Arbeit zu treten, so ist der Minderjährige für solche Rechtsgeschäfte un=

Rechtsgeschäfte, die der Betrieb des Erwerbsgeschäfts mit sich bringt; sie hat vielmehr die Bedeutung einer zwar auf einen bestimmten Kreis von Geschäften beschränkten, für diesen Kreis aber voll wirksamen Volljährigkeitserklärung (a. A. Hölder, Erl. 1 zu § 112). Daraus ergibt sich einerseits, daß der Vertreter, solange die Ermächtigung nicht nach Maßgabe des Abs. 2 zurückgenommen ist, nicht das Recht hat, die Einwilligung für einzelne Geschäfte zu widerrufen, und daß er innerhalb des bestimmten Geschäftskreises überhaupt nicht mehr zur Vertretung des Minderjährigen berechtigt ist (a. A. Cosack I § 55 II 6b; Crome I S. 370). Andererseits folgt daraus, daß der Minderjährige nach CPO. § 52 für den bestimmten Geschäftskreis prozeßfähig ist.

2. Unter **Erwerbsgeschäft** ist jede regelmäßige auf Erwerb gerichtete Tätigkeit zu verstehen, mag diese in dem Betrieb eines Handwerks, eines industriellen Unternehmens, des Handels, der Landwirtschaft oder eines künstlerischen oder wissenschaftlichen Berufs bestehen. Welche Geschäfte der Betrieb des Erwerbsgeschäfts mit sich bringt (vgl. § 1405; HGB. § 54), bestimmt sich nach den Anschauungen des Verkehrs unter Berücksichtigung der Umstände des einzelnen Falles. Hiernach können auch Rechtsgeschäfte, welche die Beschaffung des Unterhalts für den Minderjährigen bezwecken, zu den Geschäften zu zählen sein, welche der Betrieb des Erwerbsgeschäfts mit sich bringt, so z. B. wenn das Erwerbsgeschäft in der Bewirtschaftung eines Landguts besteht. Keineswegs wird aber der Minderjährige durch die Ermächtigung zum Betrieb eines Erwerbsgeschäfts immer auch zu Geschäften der gedachten Art ermächtigt. Erforderlich ist jedenfalls, daß das Geschäft objektiv zu denjenigen Geschäften gehört, welche der Betrieb des Erwerbsgeschäfts mit sich bringt. Ein nicht in diesen Kreis fallendes Geschäft wird nicht dadurch ein Geschäft der fraglichen Art, daß der Minderjährige demjenigen mit welchem er das Geschäft vornimmt, erklärt, er nehme es zum Zwecke des Betriebs des Erwerbsgeschäfts vor (a. A. wie es scheint Hölder, Erl. 2 zu § 112. Das angeführte Beispiel des Darlehens paßt schon deshalb nicht, weil der Minderjährige zur Aufnahme eines solchen nach §§ 1822 Nr. 8, 1643 durch die Ermächtigung niemals befugt wird).

3. Die unbeschränkte Geschäftsfähigkeit bezieht sich **nicht auf solche Geschäfte, zu denen der gesetzliche Vertreter der Genehmigung des Vormundschaftsgerichts bedarf.** Die Geschäfte dieser Art sind für denjenigen, welchem die Vertretung kraft elterlicher Gewalt zusteht, in dem § 1643, für den Vormund in den §§ 1821, 1822 bestimmt. Der erstere ist hiernach weniger beschränkt als der letztere; es ergibt sich daraus, daß der Geschäftskreis, für welchen der Minderjährige als unbeschränkt geschäftsfähig gilt, enger oder weiter ist, je nachdem die Ermächtigung von dem Vormund oder von dem Vertreter kraft elterlicher Gewalt erteilt ist. Im E. I § 67 war noch eine besondere Vorschrift für solche Geschäfte gegeben, zu deren Vornahme das Vormundschaftsgericht nach E. I § 1675 (BGB. § 1825) eine allgemeine Ermächtigung erteilen kann. In dem BGB. ist diese Vorschrift weggelassen und daher die unbeschränkte Geschäftsfähigkeit des Minderjährigen auf Geschäfte der fraglichen Art (§ 1822 Nr. 8—10) nicht erstreckt worden. Erfordert der Betrieb des Erwerbsgeschäfts eine weitere Ausdehnung der unbeschränkten Geschäftsfähigkeit, so kann diese nur durch Volljährigkeitserklärung erreicht werden. Für kleinere Betriebe wird indessen regelmäßig eine nach Maßgabe des § 112 erfolgende Ermächtigung genügen.

4. **Die Ermächtigung sowie deren Zurücknahme erfolgt durch Erklärung gegenüber dem Minderjährigen;** § 131 Abs. 2 findet selbstverständlich keine Anwendung. Ist die Ermächtigung oder deren Zurücknahme ohne Genehmigung des Vormundschaftsgerichts erteilt, so ist sie unwirksam.

§ 113.

E. I § 68; II § 87, § 1704 Abs. 2 rev. § 109; III § 109. P. I S. 83 ff.; M. I S. 144 ff. P. II Bd. 1 S. 64 ff., Bd. 4 S. 792, Bd. 6 S. 122, 143 ff. RB. S. 1953. StB. S. 2749 ff.

1. **Ermächtigung zur Eingehung von Dienst- oder Arbeitsverhältnissen.** Dem Bedürfnisse, die Eingehung von Dienst= oder Arbeitsverhältnissen durch Minderjährige zu erleichtern, sollte

beschränkt geschäftsfähig, welche die Eingehung oder Aufhebung eines Dienst- oder Arbeitsverhältnisses der gestatteten Art oder die Erfüllung der sich aus einem solchen Verhältniß ergebenden Verpflichtungen betreffen. Ausgenommen sind Verträge, zu denen der Vertreter der Genehmigung des Vormundschaftsgerichts bedarf.

Die Ermächtigung kann von dem Vertreter zurückgenommen oder eingeschränkt werden.

Ist der gesetzliche Vertreter ein Vormund, so kann die Ermächtigung, wenn sie von ihm verweigert wird, auf Antrag des Minderjährigen durch das Vormundschaftsgericht ersetzt werden. Das Vormundschaftsgericht hat die Ermächtigung zu ersetzen, wenn sie im Interesse des Mündels liegt.

Die für einen einzelnen Fall ertheilte Ermächtigung gilt im Zweifel als allgemeine Ermächtigung zur Eingehung von Verhältnissen derselben Art.

---

nach dem E. I und dem E. II dadurch Rechnung getragen werden, daß der gesetzliche Vertreter für befugt erklärt wurde, dem Minderjährigen die allgemeine Einwilligung zu Rechtsgeschäften der in dem § 113 bezeichneten Art zu erteilen. Bei dieser Konstruktion würde der Vertreter berechtigt sein, jeden Augenblick in die betreffenden Rechtsverhältnisse selbst einzugreifen und die Einwilligung zu einzelnen an sich zu dem fraglichen Geschäftskreise gehörenden Rechtsgeschäften zurückzuziehen; dem Minderjährigen würde auch die Prozeßfähigkeit fehlen. Bei der Revision des E. II überwog die Ansicht, daß hierdurch dem Bedürfnisse nicht genügt werde, und wurde deshalb für die hier fraglichen Verhältnisse dieselbe Konstruktion wie in dem § 112 gewählt, also die unbeschränkte Geschäftsfähigkeit des Minderjährigen für den hier fraglichen Kreis von Rechtsgeschäften anerkannt (s. Erl. 1 zu § 112; a. A. Rehbein Erl. C I 5b zu §§ 104 bis 115, der die Einwirkung des Vertreters auf das betreffende Verhältnis nicht für ausgeschlossen hält; vgl. dagegen Erl. 4).

2. Umfang und Folgen der Ermächtigung. Die Ermächtigung ist zulässig für Dienst- und Arbeitsverhältnisse aller Art also auch für Dienste höherer Art, nicht aber für einen Lehrvertrag. Sie kann allgemein oder nur für Dienst- oder Arbeitsverhältnisse einer bestimmten Art erteilt werden. Die Dienst- oder Arbeitsverträge, die der Minderjährige innerhalb des ihm gestatteten Geschäftskreises abschließt, sind ihrem ganzen Inhalte nach wirksam, soweit nicht die Ausnahme des § 113 Abs. 1 Satz 2 Platz greift (s. Erl. 3). Eine gegebene Draufgabe hat die in dem § 336 bestimmten Wirkungen. Zweifelhaft ist, ob die Vereinbarung einer Vertragsstrafe für den Fall der Nichterfüllung oder der nicht gehörigen Erfüllung von seiten des Minderjährigen zulässig ist. In M. I S. 145 wird die Frage verneint; ebenso von Rehbein, Erl. C I 5b zu §§ 104—115; Kuhlenbeck, Erl. 3 zu § 113. Gegen die Zulässigkeit spricht, daß die Vereinbarung einer Vertragsstrafe die Eingehung einer Verpflichtung zu einer anderen Leistung als der Leistung von Diensten oder Arbeit enthalten kann und regelmäßig enthält. Eine solche Vereinbarung ist aber kein selbständiger Vertrag, sondern enthält nur eine zur Sicherung des Arbeits- oder Dienstvertrags demselben hinzugefügte Nebenabrede; sie enthält ein Rechtsgeschäft, welches die Eingehung eines Arbeits- oder Dienstverhältnisses bezw. die Erfüllung der dadurch eingegangenen Verpflichtungen betrifft und für alle Rechtsgeschäfte dieser Art ist der Minderjährige auf Grund der Ermächtigung unbeschränkt geschäftsfähig. Mit Dernburg, I § 122 III zu unterscheiden, ob es sich um übliche Vertragsstrafen, wie sie z. B. in Fabrikordnungen häufig vorkommen, handelt oder nicht, dürfte sich nicht rechtfertigen lassen und würde zu vielfachen Zweifeln und Streitigkeiten Anlaß geben. Gegen mißbräuchliche Ausbedingung zu hoher Vertragsstrafen wird der Minderjährige durch § 343 geschützt. Selbstverständlich können in der Form von Nebenabreden nicht Vereinbarungen über andere Rechtsverhältnisse getroffen werden, welche mit dem Dienst- oder Arbeitsvertrag in keinem unmittelbaren Zusammenhange stehen.

Die Ermächtigung bezieht sich ferner auf Vereinbarungen über Aufhebung oder Änderung des Dienst- oder Arbeitsvertrags sowie auf alle Rechtsgeschäfte, welche die Erfüllung der aus dem Dienst- oder Arbeitsverhältnisse sich ergebenden Verpflichtungen betreffen. Zu den Rechtsgeschäften der letzteren Art gehört nicht nur die Annahme, sondern auch die Stundung und der Erlaß des geschuldeten Lohnes; ferner die Anerkennung und Erfüllung eines auf Grund des Dienst- oder Arbeitsverhältnisses gegen den Minderjährigen geltend gemachten Schadensersatzanspruchs. Dasselbe gilt von Rechtsgeschäften, welche die Erfüllung der dem Minderjährigen auf Grund des Arbeits- oder Dienstverhältnisses zustehenden Schadensersatzansprüche betreffen. Hiervon Schadensersatzansprüche des Minderjährigen wegen dauernder Gesundheitsschädigung durch den Dienst (§ 618) auszuschließen, dürfte kein genügender Grund vorliegen (a. A. Kuhlenbeck, Erl. 3 zu § 113). Für alle aus diesen Verhältnissen entspringenden Prozesse ist der Minderjährige prozeßfähig (CPO. § 52). Nicht berechtigt wird der Minderjährige durch die Ermächtigung zu der freien Verfügung über den erhaltenen Arbeits- oder Dienstlohn. Unter Umständen wird indessen anzunehmen sein, daß der Vertreter stillschweigend den Lohn dem Minderjährigen zur freien Verfügung überlassen habe. Daraus allein indessen, daß dieser Lohn zu dem freien Vermögen des Minderjährigen gehört (§ 1651) läßt sich dies nicht folgern (a. A. Rehbein, C I 5 b zu §§ 104—115).

3. Die Vorschrift des § 113 Abs. 1 Satz 2, nach welcher **die Ermächtigung sich nicht bezieht auf Rechtsgeschäfte, zu denen der Vertreter der Genehmigung des Vormundschaftsgerichts bedarf**, hat eine verschiedene Wirkung, je nachdem die Ermächtigung von dem Vormund oder von dem Vater oder der Mutter, denen die Vertretung kraft elterlicher Gewalt zusteht, erteilt wird. Die letzteren bedürfen nach § 1643 nicht der Genehmigung des Vormundschaftsgerichts zu verschiedenen Rechtsgeschäften, zu denen der Vormund nach den §§ 1821, 1822 dieser Genehmigung bedarf; die von den ersteren erteilte Ermächtigung begründet also die unbeschränkte Geschäftsfähigkeit des Minderjährigen im weiteren Umfange wie die von dem Vormund erteilte Ermächtigung. Von besonderer praktischer Bedeutung ist die für den Vormund, nicht aber für den Vertreter kraft elterlicher Gewalt, geltende Vorschrift des § 1822 Nr. 7, nach welcher die Genehmigung des Vormundschaftsgerichts zu der Eingehung eines Dienst- oder Arbeitsverhältnisses erforderlich ist, wenn der Mündel auf länger als ein Jahr zu persönlichen Leistungen verpflichtet werden soll. Will der Vertreter kraft elterlicher Gewalt den Minderjährigen zu einem Dienst- oder Arbeitsverhältnisse dieser Art nicht ermächtigen, so muß er die Ermächtigung nur unter dieser Beschränkung erteilen. Daß der Minderjährige durch die Ermächtigung nicht zu Schenkungen, also auch nicht zu dem schenkweisen Erlaß einer ihm auf Grund des Arbeits- oder Dienstverhältnisses zustehenden Forderung berechtigt wird, ergibt sich daraus, daß auch der gesetzliche Vertreter nach §§ 1641, 1804 nur in den dort bezeichneten Ausnahmefällen zu Schenkungen berechtigt ist.

4. Die **Erteilung sowie die Zurücknahme der Ermächtigung bedarf**, abweichend von dem Falle des § 112, **nicht der Genehmigung des Vormundschaftsgerichts**. Durch die jederzeit zulässige Zurücknahme wird dem Vertreter die Möglichkeit gewährt, den Minderjährigen gegen die Gefahren zu schützen, welche sich aus dessen Unerfahrenheit ergeben. Der Vertreter kann zwar, solange die Ermächtigung besteht, nicht in einzelne das Dienst- oder Arbeitsverhältnis betreffende Rechtsgeschäfte eingreifen, aber mit der Zurücknahme der Ermächtigung ist nicht nur der Minderjährige bei jedem Vertrage nach Maßgabe der §§ 107 ff. an die Zustimmung des Vertreters gebunden, sondern der Vertreter kann nun auch selbst an Stelle des Minderjährigen handeln. Er kann den Lohn einziehen und nötigenfalls einklagen; er kann das Dienst- oder Arbeitsverhältnis, soweit dies nach Vertrag oder Gesetz zulässig ist, kündigen und ein anderes Dienst- oder Arbeitsverhältnis namens des Minderjährigen eingehen. Von besonderer Wichtigkeit ist, daß der Vertreter, sobald die Ermächtigung zurückgezogen ist, das Dienst- oder Arbeitsverhältnis nach § 626 ohne Einhaltung einer Kündigungsfrist kündigen, d. h. sofort aufheben kann, wenn ein wichtiger Grund vorliegt. Dadurch wird eine besondere Vorschrift, wie sie beantragt war, überflüssig, nach welcher der Vertreter berechtigt sein sollte, das Dienst- oder Arbeitsverhältnis zu kündigen, wenn dies durch die Rücksicht auf die Gesundheit, die Sittlichkeit oder den guten Ruf des Minderjährigen erforderlich wäre. Liegt diese Voraussetzung vor und will der Minderjährige nicht selbst kündigen, so kann der Vertreter die erteilte Ermächtigung zurücknehmen und, da in den gedachten Umständen unzweifelhaft ein wichtiger Grund zu finden ist, den Vertrag sofort aufheben.

5. **Ersetzung der Ermächtigung durch das Vormundschaftsgericht.** Nach den Grundsätzen des Vormundschaftsrechts ist das Vormundschaftsgericht nicht berechtigt, in die vormundschaftliche Verwaltung in der Art einzugreifen, daß es an Stelle des Vormundes handelt. Da das Interesse des Minderjährigen aber hier die Zulässigkeit eines solchen Eingreifens erfordert, so ist dem Vormundschaftsgerichte die Befugnis dazu durch Abs. 3 beigelegt (vgl. FGG. §§ 18 Abs. 2, 53, 55 Abs. 1, 60 Nr. 6). Sie steht ihm aber nur gegenüber dem Vormunde, nicht gegenüber dem Vertreter kraft elterlicher Gewalt zu.

§. 114. Wer wegen Geistesschwäche, wegen Verschwendung oder wegen Trunksucht entmündigt oder wer nach §. 1906 unter vorläufige Vormundschaft gestellt ist, steht in Ansehung der Geschäftsfähigkeit einem Minderjährigen gleich, der das siebente Lebensjahr vollendet hat.

§. 115. Wird ein die Entmündigung aussprechender Beschluß in Folge einer Anfechtungsklage aufgehoben, so kann die Wirksamkeit der von oder gegenüber dem Entmündigten vorgenommenen Rechtsgeschäfte nicht auf Grund des Beschlusses in Frage gestellt werden. Auf die Wirksamkeit der von oder gegenüber dem gesetzlichen Vertreter vorgenommenen Rechtsgeschäfte hat die Aufhebung keinen Einfluß.

Diese Vorschriften finden entsprechende Anwendung, wenn im Falle einer vorläufigen Vormundschaft der Antrag auf Entmündigung zurückgenommen oder rechtskräftig abgewiesen oder der die Entmündigung aussprechende Beschluß in Folge einer Anfechtungsklage aufgehoben wird.

---

6. **Die besonderen Vorschriften der Gewerbeordnung** §§ 107 ff. (EG. Art. 36) für gewerbliche Arbeiter, insbesondere über das Erfordernis eines Arbeitsbuchs und die Ergänzung der zu der Ausstellung eines solchen erforderlichen Zustimmung des gesetzlichen Vertreters durch die Gemeindebehörde, werden durch den § 113 nicht berührt.

7. Um die **Auslegungsregel des § 113 Abs. 4** auszuschließen, genügt ein bei der Erteilung der Ermächtigung dem Minderjährigen gegenüber erklärter Vorbehalt. Auf die Erklärung dieses Vorbehalts sowie auf die Erteilung und Zurücknahme der Ermächtigung selbst finden die Vorschriften des § 131 Abs. 2 selbstverständlich keine Anwendung.

§ 114.

E. I §§ 70, 71 Abs. 1; II § 88 rev. § 110; III § 110. P. I S. 91, 93 ff., 6157, 8578 ff., 11634 ff.; M. I S. 149 ff. P. II Bd. 1 S. 67 ff., Bd. 4 S. 839 ff.

1. Über die **Entmündigung wegen Geistesschwäche, Verschwendung oder Trunksucht** s. § 6. Die Beschränkung der Geschäftsfähigkeit tritt ein in dem Zeitpunkt, in welchem der die Entmündigung aussprechende Beschluß in Wirksamkeit tritt (s. CPO. §§ 661, 680, 683). Die Beschränkung dauert bis die Entmündigung wieder aufgehoben wird. Der Zeitpunkt, in dem das Urteil oder der Beschluß, durch welche die Entmündigung aufgehoben wird, in Wirksamkeit tritt, bestimmt sich nach CPO. §§ 672, 678—680, 685, 686. Über die Ansicht von Rehbein, Erl. C II 3 zu §§ 104—115, daß Geistesschwäche auch schon vor der Entmündigung Geschäftsunfähigkeit oder beschränkte Geschäftsfähigkeit zur Folge habe, s. Erl. 2 zu § 104 a. E.

2. Ein Volljähriger kann unter **vorläufige Vormundschaft** gestellt werden, wenn seine Entmündigung beantragt ist und die Anordnung der Vormundschaft zur Abwendung einer erheblichen Gefährdung seiner Person oder seines Vermögens erforderlich ist (§ 1906). Die Anordnung erfolgt durch das Vormundschaftsgericht. Die Beschränkung der Geschäftsfähigkeit tritt in dem Zeitpunkt ein, in welchem der die Vormundschaft anordnende Beschluß in Wirksamkeit tritt. Dieser Zeitpunkt wird durch FGG. § 52 bestimmt. Die Beschränkung der Geschäftsfähigkeit dauert solange wie die vorläufige Vormundschaft. Wann diese endigt, wird im § 1908 bestimmt (s. auch FGG. § 52).

3. **Die Gleichstellung der in dem § 114 bezeichneten Personen mit den Minderjährigen** bezieht sich zunächst auf die in den §§ 107—113 über die Beschränkung der Geschäftsfähigkeit der Minderjährigen gegebenen Vorschriften. Auch sonst gelten regelmäßig für alle in der Geschäftsfähigkeit beschränkten Personen dieselben Vorschriften; in einzelnen Beziehungen werden aber für Minderjährige und für die nach § 114 in der Geschäftsfähigkeit beschränkten Personen verschiedene Vorschriften gegeben (s. z. B. § 2229). Über die Gleichstellung der Minderjährigen und der nach § 114 in der Geschäftsfähigkeit beschränkten Personen in betreff der Zuschiebung und Zurückschiebung eines Eides s. CPO. § 473.

§ 115.

E. I § 71 Abs. 2; II § 89 rev. § 111; III § 111. P. I S. 8578 ff., 11634 ff.; M. I S. 150 ff. P. II Bd. 1 S. 67 ff., Bd. 4 S. 854 ff.

1. **Aufhebung der Entmündigung.** Durch den § 115 werden die Vorschriften des bisherigen jetzt aufgehobenen § 613 Abs. 2 der CPO. ersetzt und verallgemeinert. Die von dem Entmündigten

Zweiter Titel.
Willenserklärung.

---

oder ihm gegenüber vorgenommenen Rechtsgeschäfte werden, wenn der die Entmündigung aussprechende Beschluß im Wege der Anfechtungsklage aufgehoben wird (CPO. §§ 672, 684), so behandelt, wie wenn die Entmündigung nicht erfolgt wäre. Das der Anfechtungsklage stattgebende Urteil wirkt also ex tunc. Die Vorschriften der §§ 104 Nr. 2, 105, 131 Abs. 1 werden hierdurch nicht berührt. Befand sich der Entmündigte also zur Zeit der Vornahme des Rechtsgeschäfts in einem krankhaften Zustande der in dem § 104 Nr. 2 bezeichneten Art, so bleibt trotz der Vorschrift des § 115 sowohl das von ihm als ihm gegenüber vorgenommene Rechtsgeschäft unwirksam. Befand er sich in einem Zustande der im § 105 Abs. 2 bezeichneten Art, so bleibt das von ihm vorgenommene Rechtsgeschäft nichtig. In betreff der von dem gesetzlichen Vertreter und ihm gegenüber vorgenommenen Rechtsgeschäfte wirkt das der Anfechtungsklage stattgebende Urteil nur ex nunc; die Rechtsgeschäfte bleiben also wirksam. Sind von dem Entmündigten und von dem Vertreter in betreff desselben Gegenstandes Rechtsgeschäfte vorgenommen, so ist der dadurch möglicherweise entstehende Konflikt in derselben Weise zu lösen, wie wenn ein Generalbevollmächtigter und der Vollmachtgeber sich widerstreitende Rechtsgeschäfte vorgenommen hätten. Das Gleiche gilt bei sich widerstreitenden Rechtsgeschäften gegenüber dem Entmündigten und dem Vertreter. Regelmäßig wird die Priorität der Vornahme entscheiden. Bei gleichzeitiger Vornahme wird, wenn es wirklich unmöglich ist, daß beide Rechtsgeschäfte nebeneinander wirksam sind, Unwirksamkeit beider Rechtsgeschäfte eintreten (a. A. Rehbein, C II 2a zu §§ 104—115, der ohne genügenden Grund annimmt, daß im Falle der Kollision, die aus Rechtsgeschäften mit dem Vertreter abgeleiteten Rechte dem aus Rechtsgeschäften mit dem Entmündigten selbst abgeleiteten Rechten vorgehen).

2. Aufhebung der vorläufigen Vormundschaft. Für die vorläufige Vormundschaft wird der Aufhebung im Wege der Anfechtungsklage gleichgestellt die Beendigung der vorläufigen Vormundschaft, wenn diese dadurch eintritt, daß der Antrag auf Entmündigung zurückgenommen oder rechtskräftig abgewiesen ist, sowie ferner der Fall, daß die Entmündigung, infolge deren die vorläufige Vormundschaft nach § 1908 Abs. 2 endigte, im Wege der Anfechtungsklage aufgehoben wird. In diesen Fällen wird ebenso wie bei dem einer Anfechtungsklage stattgebenden Urteil als festgestellt angesehen, daß die Beschränkung der Geschäftsfähigkeit ungerechtfertigt gewesen ist, und wirkt deshalb die Beendigung in betreff des unter vorläufige Vormundschaft Gestellten ex tunc. Die von und gegenüber dem gesetzlichen Vertreter vorgenommenen Rechtsgeschäfte bleiben wirksam und im Falle der Kollision gilt das in Erl. 1 Gesagte. Endigt die vorläufige Vormundschaft dadurch, daß der Bevormundete stirbt, oder dadurch, daß das Vormundschaftsgericht die Vormundschaft aufhebt, weil der Bevormundete des vormundschaftlichen Schutzes nicht mehr bedürftig ist, so findet die Vorschrift des § 115 keine Anwendung.

Zweiter Titel.

Ehrlich, Die stillschweigende Willenserklärung 1893; Fritze, Arch. f. bürg. R. Bd. XIV S. 196 ff.; Isay, Die Willenserklärung im Tatbestande des Rechtsgeschäfts 1899; Hellmann, Zur Lehre von den Willenserklärungen nach bürg. Rechte in Iherings Jahrb. Bd. 42 S. 413 ff.; Binder, Die Rechtsstellung des Erben S. 86 ff.; gegen letztere beide Isay, in Iherings Jahrb. Bd. 44 S. 41; Wlassak, Vertrag 1902; Schmidt, Wille und Erklärung 1902; Monich, Willenserklärung und Rechtsgeschäft nach dem BGB. 1900; Gottschalk, Die empfangsbedürftige Willenserklärung 2c. 1903.

I. Objektive Erfordernisse der Willenserklärung. Die Rechtsordnung erkennt dem Willen des Menschen innerhalb gewisser Grenzen die Macht zu, seine Rechtsverhältnisse zu bestimmen. Der Wille muß aber, um diese Wirkung zu haben, geäußert sein. In dem E. I § 72 war bestimmt: „Die Willenserklärung kann ausdrücklich oder stillschweigend erfolgen." An verschiedenen Stellen (s. z. B. E. I §§ 81, 86 Abs. 3, 116 Abs. 1, 127 Abs. 2, 290 Abs. 4, 354, 667 Abs. 2, 684 Abs. 2, 742, 1781 Abs. 2, 2029) wird zwar ausdrücklich hervorgehoben, daß die Willenserklärung auch stillschweigend abgegeben werden könne. Es sollte dadurch aber nur für praktisch wichtige Fälle auf eine Konsequenz des § 72 hingewiesen werden. Die Regel des § 72 war indessen nicht ohne Ausnahme. An verschiedenen Stellen (s. z. B. E. I §§ 65 Abs. 5, 123 Abs. 3,

315 Abs. 2, 1288 Abs. 1, 1472, 1918, 1943 Abs. 2) wird eine ausdrückliche Erklärung verlangt. Im E. I § 74 wird die Wirksamkeit einer empfangsbedürftigen Willenserklärung davon abhängig gemacht, daß sie dem anderen Teile zukommt, die Wirksamkeit einer stillschweigenden Willenserklärung davon, daß sie zu seiner Kenntnis gelangt, und sind daher diejenigen Stellen, in welchen eine rechtliche Wirkung davon abhängig gemacht wird, daß die Willenserklärung dem anderen Teile zukommt, nur von einer ausdrücklichen Willenserklärung zu verstehen (s. z. B. E. I §§ 82, 84, 85). Von der zweiten Kommission ist der § 72 als entbehrlich gestrichen P. II Bd. 1 S. 68, ebenso ist die Unterscheidung zwischen ausdrücklichen und stillschweigenden Willenserklärungen in dem dem E. I § 74 entsprechenden § 130 des BGB. aufgegeben. Beseitigt ist auch an den meisten Stellen die Hinweisung auf die Zulässigkeit einer stillschweigenden Willenserklärung sowie andererseits das Erfordernis einer ausdrücklichen Willenserklärung. An einigen Stellen (s. z. B. §§ 244, 700) wird abweichend vom E. I (§§ 215, 618) eine ausdrückliche Willenserklärung erfordert.

In der Theorie herrscht lebhafter Streit darüber, was unter ausdrücklicher oder stillschweigender Willenserklärung zu verstehen ist und welche Folgen sich an die Unterscheidung knüpfen. Auch in der Kritik des E. I trat diese Verschiedenheit hervor (s. die in der Zstlg. Bd. I zu §§ 72, 74 angeführten Schriften). In der zweiten Kommission gingen die Ansichten ebenfalls auseinander und bei den von der Mehrheit gefaßten Beschlüssen sind die Mitglieder dieser Mehrheit von verschiedenen, zum Teil entgegengesetzten Gesichtspunkten ausgegangen (s. z. B. P. II Bd. 6 S. 124 ff.). Der Streit wird auch in der das BGB. betreffenden Literatur fortgesetzt (s. außer den oben angeführten Schriften insbesondere Endemann I S. 292 ff.; Enneccerus-Lehmann, I S. 137 ff., S. 171; Cosack, I S. 145 ff.; Dernburg, I § 106; Matthiaß, I §§ 48, 49; Crome, I § 86 und die Kommentare zum BGB. zu diesem Titel). Der Unterschied zwischen ausdrücklichen und stillschweigenden Willenserklärungen wird bald darin gefunden, daß bei den ersteren der Zweck verfolgt werde, den Willen zu erklären, während bei den letzteren der Zweck der betreffenden Handlung wenigstens zunächst ein anderer sei, bald darin, daß bei der ausdrücklichen Willenserklärung die zur Erklärung des Willens im Verkehr üblichen Mittel (Worte, Zeichen) gebraucht werden, während bei der stillschweigenden Willenserklärung der Schluß auf den Willen aus anderen Handlungen gezogen werde. Bisweilen werden auch beide Auffassungen kombiniert. Statt von ausdrücklichen und stillschweigenden Willenserklärungen wird bisweilen (Enneccerus) von direkten und indirekten Willenserklärungen gesprochen. Von verschiedenen Seiten wird die Unterscheidung zwischen ausdrücklichen und stillschweigenden Willenserklärungen als prinzipiell unrichtig und praktisch unbrauchbar gänzlich verworfen. An ihrer Stelle wird von einigen (Hellmann) die Unterscheidung zwischen Willenserklärung und Willensbetätigung oder Willensverwirklichung gesetzt. Zum Verständnisse des BGB. und des Sinnes, in welchem dieses den Ausdruck „Willenserklärung" gebraucht, ist folgendes hervorzuheben.

1. Ausdrückliche stillschweigende Willenserklärung, Willensbetätigung. Die zur Wirksamkeit des Willens erforderliche Offenbarung desselben kann in verschiedener Weise erfolgen.

a) Die Offenbarung des Willens kann erfolgen durch Handlungen, deren man sich im Leben zu bedienen pflegt, um die Gedanken und den Willen kund zu tun; insbesondere also das Sprechen und Schreiben solcher Worte, mit denen der betreffende Wille ausgedrückt zu werden pflegt. Auch andere körperliche Bewegungen gehören unter Umständen hierher, z. B. das Nicken oder Schütteln mit dem Kopfe. Kommt es nun auf die Mitteilung des Willens an bestimmte Personen an, so genügt es, wenn diesen Personen die Bedeutung der vorgenommenen Handlung als Ausdruck des Willens bekannt ist. Hierher gehören z. B. die durch den optischen Telegraphen mitgeteilten Zeichen, das Aushängen von Fahnen, wenn vereinbart ist, was dieselben bedeuten ꝛc. Wo das BGB. von ausdrücklichen Willenserklärungen spricht (§§ 164, 244, 700) dürften darunter Willenserklärungen zu verstehen sein, die in der oben bezeichneten Weise erfolgt sind (vgl. jedoch unter b; a. A. Enneccerus-Lehmann S. 173 Anm. 4, der annimmt, daß das Wort „ausdrücklich" in den verschiedenen Stellen in verschiedenem Sinne gebraucht sei; Isay, der annimmt, daß das Erfordernis der ausdrücklichen Vereinbarung sich nicht auf die Art der Erklärung beziehe; ähnlich Rehbein I S. 153, der unter „ausdrücklicher" Abrede nur eine besondere Abrede versteht).

b) Das gesprochene und das geschriebene Wort — um bei diesen Hauptfällen stehen zu bleiben — ist häufig einer verschiedenen Auslegung fähig. Zweifellos ist, daß ein Wille erklärt werden sollte und erklärt worden ist; welcher Wille aber erklärt werden sollte, läßt sich aus dem gesprochenen oder dem geschriebenen Worte für sich allein nicht feststellen. Um dies zu erkennen, müssen andere Umstände mit berücksichtigt werden, der geschäftliche Hintergrund der Erklärung, die Persönlichkeit des Erklärenden, die zwischen ihm und demjenigen, an welchen die Erklärung erfolgt, bestehenden Verhältnisse, kurz alle Momente, die zur Auslegung einer Willenserklärung geeignet sind. Ist eine Willenserklärung, bei welcher der Wille sich nicht unmittelbar allein aus dem Wortlaut ergibt, sondern erst durch Auslegung gefunden werden muß, im Sinne des BGB. eine ausdrückliche? Die Frage läßt sich allgemein weder bejahen noch verneinen; sie kann vielmehr nur nach den Umständen des einzelnen Falles entschieden werden. Es kommt darauf an, ob unter Berücksichtigung der gebrauchten Auslegungsmittel die Erklärung nach der Auffassung des Lebens noch als eine ausdrückliche angesehen wird. So wird z. B. in dem Falle des § 244, nach welchem es darauf ankommt, ob die Zahlung in ausländischer Währung ausdrücklich bedungen ist, eine ausdrückliche Vereinbarung dieses Inhalts anzunehmen sein, wenn in dem betreffenden Vertrage das Wort „effektiv" gebraucht ist. (P. II Bd. 1 S. 289 ff.) Das Wort „effektiv" bedarf der Auslegung unter Berücksichtigung der im Verkehr üblichen Ausdrucksweise; trotzdem wird es als genügend anzusehen sein, um eine ausdrückliche Willenserklärung anzunehmen.

c) Sehr nahe den unter b bezeichneten Fällen liegen solche, in denen aus den Umständen des Falles zu schließen ist, daß die Beteiligten die mit einer Willenserklärung kraft dispositiver Vorschrift verbundenen Wirkungen in der einen oder anderen Art abweichend von dieser Vorschrift haben bestimmen wollen oder daß sie neben demjenigen, was sie als gewollt ausdrücklich erklärt haben, noch etwas anderes gewollt haben, wodurch das ausdrücklich Erklärte in der einen oder anderen Beziehung modifiziert oder ergänzt wird. Dahin gehört z. B. der Fall des § 164 Abs. 1 Satz 2, in welchem aus den Umständen geschlossen wird, daß eine Willenserklärung namens eines anderen hat abgegeben werden sollen. In P. II Bd. 2 S. 396 ist z. B. ferner ausdrücklich anerkannt, daß die Vereinbarung, nach welcher das Eigentum hinterlegter vertretbarer Sachen auf den Verwahrer übergehen soll, auch stillschweigend getroffen werden kann. Fälle dieser Art kommen im praktischen Leben sehr häufig vor. Es handelt sich bei ihnen nicht um Handlungen, die zu dem Zwecke vorgenommen werden, den Willen kund zu tun, sondern um ein Verhalten, aus dem nach der Auffassung des Lebens geschlossen wird, daß der betreffende Wille vorhanden sei. Es liegt hier also nicht sowohl eine Erklärung des Willens im engeren Sinne, als vielmehr eine Betätigung des Willens vor. Der Auffassung des Lebens würde es entschieden widerstreiten, wenn man einem solchen Verhalten nicht dieselbe rechtliche Wirkung beilegen wollte wie einer zum Zwecke der Erklärung des Willens vorgenommenen und dazu geeigneten Handlung. Von dieser Auffassung geht auch das BGB. aus, obwohl es an einer ausdrücklichen allgemeinen Vorschrift darüber fehlt. Der in der bisherigen gemeinrechtlichen Theorie für eine derartige, in ihrer rechtlichen Wirkung der Willenserklärung im engeren Sinne gleichstehende Willensbetätigung übliche Ausdruck „stillschweigende Willenserklärung" ist zwar nicht ganz korrekt, bezeichnet aber mit genügender Deutlichkeit, was gemeint ist. Das BGB. gebraucht für Fälle der hier fraglichen Art in den §§ 612, 632, 653, 689, in denen bestimmt wird, daß unter den dort bezeichneten Umständen eine Vergütung als stillschweigend vereinbart anzusehen sei. In dem § 724 wird von einer stillschweigenden Fortsetzung der Gesellschaft gesprochen.

d) Unter c war von solchen Fällen die Rede, in denen die Willensbetätigung zur Ergänzung oder Modifikation einer Willenserklärung im engeren Sinne dient. Eine Willensbetätigung kann aber auch in der Art vorkommen, daß ein Zusammenhang zwischen ihr und einer Willenserklärung im engeren Sinne nicht besteht und daß sie doch dieselbe rechtliche Wirkung hat wie eine solche. Zweifellose Fälle dieser Art sind z. B. folgende:

Der Erbe, welcher eine ihm angefallene Erbschaft noch nicht ausgeschlagen hat, erläßt einem Erbschaftsschuldner dessen Schuld. Dies ist eine Handlung, die der Erbe nur vornehmen konnte, wenn er Erbe sein wollte. Sie enthält eine Betätigung seines Willens, Erbe zu sein, und hat daher die rechtliche Wirkung der Annahme der Erbschaft (§ 1943). Hat jemand, dem verbrauchbare Sachen in solcher Art zum Kaufe angeboten und übersandt sind, daß nach der Verkehrssitte die Erklärung der Annahme gegenüber dem Antragenden nicht erwartet wurde, die Sachen verbraucht, so liegt darin eine Betätigung seines Willens, den Antrag anzunehmen, und der Verbrauch hat deshalb die rechtliche Wirkung einer Annahme des Antrags (§ 151). Dasselbe muß gelten in allen Fällen, in denen es sich, wie in den angeführten Beispielsfällen, um Willenserklärungen handelt, die nicht gegenüber einer bestimmten Person abgegeben zu werden brauchen. Die Willensbetätigung hat die rechtliche Wirkung der Willenserklärung. Dies kann man, wie in den Fällen unter c, dadurch ausdrücken, daß man die Willensbetätigung als stillschweigende Willenserklärung bezeichnet.

e) Das Verhalten eines Menschen kann von solcher Art sein, daß daraus nicht mit Sicherheit auf einen bestimmten Willen zu schließen ist, daß das Verhalten vielmehr als Ausdruck sowohl der einen wie der anderen Willensrichtung aufgefaßt werden kann. So kann z. B. die Veräußerung von Erbschaftsgegenständen durch den als Erbe Berufenen oder die Annahme einer dem Nachlasse geschuldeten Leistung sowohl den Ausdruck des Willens, Erbe sein zu wollen, als den Ausdruck des Willens, die Geschäfte der Erbschaft führen zu wollen, enthalten (§§ 1943, 1959). In Fällen dieser Art genügt das betreffende Verhalten für sich allein nicht, um die Wirkung einer Willenserklärung nach der einen oder der anderen Richtung hervorzubringen. Es muß vielmehr noch der Nachweis hinzutreten, welche Willensrichtung bei dem betreffenden Verhalten obgewaltet habe. Auch hier kann man das gesamte Verhalten, aus welchem unter dem Hinzutritte der gedachten Umstände auf den Willen zu schließen ist, als stillschweigende Willenserklärung bezeichnen.

2. Empfangsbedürftige Willenserklärungen. Das BGB. erfordert in einer großen Zahl von Fällen ausdrücklich, daß eine Willenserklärung gegenüber einer bestimmten Person abgegeben werde. In anderen Fällen, z. B. bei der Kündigung, wird dieses Erfordernis als selbstverständlich vorausgesetzt. Der Grund, auf welchem diese Vorschriften beruhen, liegt darin, daß bei den fraglichen Willenserklärungen das rechtliche Interesse desjenigen, welchem gegenüber sie abzugeben sind, erfordert, daß er Kenntnis davon erhalte. Hieraus würde folgen, daß die Willenserklärung in den fraglichen Fällen erst dann wirksam wird, wenn derjenige, welchem gegenüber sie abzugeben ist, Kenntnis davon erlangt hat. Mit Rücksicht einerseits auf das Interesse desjenigen, welcher die Willenserklärung abgibt, sowie andererseits auf das Bedürfnis des Verkehrs ist in dem § 130 Abs. 1 bestimmt, daß eine Willenserklärung der fraglichen Art, wenn sie in Abwesenheit desjenigen erfolgt, welchem gegenüber sie abzugeben ist, in dem Zeitpunkte wirksam wird, in welchem sie ihm zugeht. Wann eine Erklärung als zugegangen anzusehen ist, bestimmt sich nach der Auffassung des Verkehrs. Gedacht ist bei der fraglichen Vorschrift hauptsächlich an briefliche und telegraphische Mitteilungen. Als leitenden Gesichtspunkt wird man zu betrachten haben, daß Willenserklärungen der fraglichen Art dann als zugegangen anzusehen sind, wenn derjenige, für welchen sie bestimmt sind, in die Lage gesetzt worden ist, daß er unter regelmäßigen Verhältnissen von der Willenserklärung sich Kenntnis verschaffen konnte. Über Willenserklärungen, die unter Anwesenden abgegeben werden, enthält das BGB. keine Vorschriften. Ob hier wirkliche Erlangung der Kenntnis nötig ist oder Möglichkeit der Kenntnisnahme genügt, darüber s. Erl. zu § 130. Die Frage, welche hier zu beantworten ist, besteht darin, ob eine stillschweigende Willenserklärung in dem oben unter Nr. 1 c—e angegebenen Sinne überhaupt einer bestimmten Person gegenüber abgegeben werden kann. In dem E. I war diese Frage, wie oben unter I hervorgehoben, dadurch ausdrücklich bejaht, daß in dem dem § 130 des BGB. entsprechenden § 74 des E. I Vorschriften darüber gegeben waren, in welchem Zeitpunkt eine stillschweigende empfangsbedürftige Willenserklärung wirksam werde. Bei der Streichung dieser Vorschriften in der zweiten Kommission (P. II Bd. 1 S. 68 ff.) wurde die Frage unentschieden gelassen, ob und in welchen Fällen stillschweigende Willenserklärungen gegenüber einem anderen abgegeben werden können. Entschieden sollte nur werden, daß, soweit stillschweigende Willenserklärungen zulässig seien, auch für sie die Empfangstheorie maßgebend sei. Eine ausdrückliche Entscheidung der Frage, ob eine empfangsbedürftige Willenserklärung stillschweigend abgegeben werden kann, ist auch später nicht erfolgt; doch ist die Mehrheit der Kommission davon ausgegangen, daß sie zu bejahen sei. (P. II Bd. 6 S. 124 ff.) Mit dem Wesen der stillschweigenden Willenserklärung als einer Willensbetätigung, die nicht zu dem Zwecke erfolgt, den Willen zu erklären (s. oben unter Nr. 1, c—e), scheint dies kaum vereinbar zu sein. Zu der Abgabe einer Willenserklärung gegenüber einem anderen ist begrifflich erforderlich die Absicht, die Erklärung zur Kenntnis des anderen zu bringen; bei der Willensbetätigung fehlt aber regelmäßig die Absicht, den Willen zu erklären, und kann also auch die Absicht, eine solche Erklärung zur Kenntnis des anderen zu bringen, nicht vorliegen. Einzelne Fälle sind zwar denkbar, in welchen der Handelnde bei der Willensbetätigung zugleich die Absicht hat, daß die Betätigung zur Kenntnis des anderen gelange und dieser dadurch den vorhandenen Willen erkenne. Dies sind aber nur Ausnahmefälle, und wenn jene Absicht wirklich vorhanden ist, so liegt eben nicht allein eine Willensbetätigung vor, sondern zugleich eine Handlung, welche den Zweck hat, den Willen zu erklären. Wollte man allein in den Fällen dieser Art annehmen, daß eine stillschweigende Willenserklärung gegenüber einem anderen erfolgt sei, so würde man damit dem praktischen Bedürfnisse nicht genügen. Faßt man zunächst die oben unter Nr. 1 c angeführten Fälle ins Auge, so fehlt in ihnen regel=

mäßig jene Absicht. Aus den Umständen wird in jenen Fällen geschlossen, daß der Wille in der abgegebenen ausdrücklichen Willenserklärung nicht vollständig zum Ausdrucke gelangt, daß vielmehr noch etwas anderes gewollt sei. Der Vertreter gibt die Willenserklärung gegenüber einem anderen ab, ohne zu sagen, daß er im Namen des Vertretenen handle; aus den Umständen wird geschlossen, daß er dies wollte. Das Geld wird hinterlegt, ohne daß dabei gesagt wird, daß es in das Eigentum des Verwahrers übergehen soll; aus den Umständen wird auf diesen Willen geschlossen. In dem einen wie in dem anderen Falle fehlt es an einer Handlung, welche den Zweck hat, den fraglichen Willen dem anderen zu erklären. Trotzdem muß, wenn dem unzweifelhaften Bedürfnisse des Lebens genügt werden soll, eine genügende, dem anderen gegenüber abgegebene Erklärung des fraglichen Willens angenommen werden. Man muß also annehmen, daß das Gesetz in den Fällen dieser Art die Willensbetätigung als gleichwertig mit der Willenserklärung im engeren Sinne ansieht. Das hierfür entscheidende Moment wird in Fällen dieser Art darin zu finden sein, daß die Umstände, aus welchen auf den nicht ausdrücklich erklärten Willen geschlossen wird, beiden Teilen bei der Abgabe der Willenserklärung bekannt sind; der Erklärende konnte bei der Abgabe der Erklärung annehmen, daß der andere Teil aus ihr, in Verbindung mit den sonstigen Umständen, den nicht erklärten Willen entnehmen werde, und der andere Teil war hierzu wirklich imstande. Handelt es sich um die nachträgliche Modifikation eines Rechtsgeschäfts, also z. B. darum, daß dem Verwahrer nachträglich gestattet werden soll, das hinterlegte Geld zu verbrauchen, so muß, um eine solche nachträgliche Modifikation annehmen zu können, das Verhalten der Parteien gegen einander den oben für die ursprüngliche Willenserklärung bezeichneten Erfordernissen entsprechen, d. h. der eine Teil mußte annehmen können, daß aus seinem Verhalten nach den Umständen des Falles der betreffende Wille zu entnehmen sei, und der andere Teil muß ihn daraus haben entnehmen können.

Zweifelhafter liegt die Frage in den oben unter d, e bezeichneten Fällen. Man wird hier nur unter Berücksichtigung der Umstände des einzelnen Falles entscheiden können, ob eine Willensbetätigung als gleichwertig mit der einem anderen gegenüber abgegebenen ausdrücklichen Willenserklärung zu betrachten ist. Zu bejahen wird die Frage regelmäßig dann sein, wenn die Willensbetätigung in solcher Art erfolgt, daß der andere Teil sofort davon Kenntnis erhält. So z. B. ist die Erlaubnis, welche der gesetzliche Vertreter dem Minderjährigen erteilt, die von diesem gekaufte Sache zu verbrauchen, eine Betätigung des Genehmigungswillens, von welcher der Minderjährige ihrer Natur nach Kenntnis erhalten mußte und erhielt; sie ist also der dem Minderjährigen gegenüber erklärten Genehmigung als gleichwertig oder, nach der üblichen Ausdrucksweise, als eine dem Minderjährigen gegenüber stillschweigend erfolgte Genehmigung zu betrachten. Ebenso wird der Kauf verbrauchbarer Sachen, den ein Vertreter ohne Vertretungsmacht abgeschlossen hat, als von dem Vertretenen gegenüber dem Verkäufer genehmigt anzusehen sein, wenn der Vertretene in Gegenwart des Verkäufers die gekaufte Sache verbraucht. Die in der Kommission ausgesprochene Ansicht, daß die Genehmigung in den Fällen des § 108 Abs. 1, des § 177 Abs. 1 keine empfangsbedürftige Willenserklärung sei und aus diesem Gesichtspunkt immer die Willensbetätigung genüge, dürfte mit den Vorschriften des § 182 nicht vereinbar sein. Ob eine Willensbetätigung auch in solchen Fällen, in welchen sie nicht in Gegenwart des anderen Teiles oder doch nicht in solcher Art erfolgt, daß sie sofort zu dessen Kenntnis gelangen muß, als gleichwertig mit einer dem anderen Teile gegenüber abgegebenen Willenserklärung zu betrachten ist, kann nur unter Berücksichtigung der Umstände des einzelnen Falles entschieden werden. Bei der Entscheidung wird in erster Linie die Natur der in Frage stehenden Willenserklärung und der Zweck, aus welchem die Empfangsbedürftigkeit gefordert wird, zu berücksichtigen sein. Bei einzelnen Rechtsgeschäften, z. B. bei der Kündigung, wird unter Berücksichtigung dieser Momente wohl niemals die Willensbetätigung der ausdrücklichen Willenserklärung gleichzustellen sein; in anderen Fällen wird die Auffassung des Verkehrs die Gleichstellung erfordern.

In dem Bisherigen ist davon ausgegangen, daß die Willensbetätigung, um als gleichwertig mit der einem anderen gegenüber abgegebenen Willenserklärung betrachtet werden zu können, zur Kenntnis des anderen gelangt sein müsse. Nach § 130 wird indessen auch für die Willensbetätigung, soweit sie als stillschweigende Willenserklärung aufzufassen ist, nur das Zugehen an den anderen, dem gegenüber sie abzugeben ist, erfordert. Bei dieser Vorschrift ist, wie oben hervorgehoben, zunächst an die gewöhnlichen Fälle der Übermittelung durch Briefe und Telegramme oder Boten gedacht. Bei der Willensbetätigung wird, nach der Natur derselben, ein dem Zugehen der ausdrücklichen Willenserklärung entsprechendes Verhältnis regelmäßig nur dann anzunehmen sein, wenn die Willensbetätigung zur Kenntnis des anderen gelangt. In einzelnen Fällen kann indessen auch hier ein früherer Zeitpunkt als der der Kenntnis entscheidend sein. So ist z. B. eine Willenserklärung, die ein Vertreter brieflich dem anderen Teile mitteilt, ohne darin ausdrücklich zu sagen, daß er im Namen des Vertretenen handle, als eine im Namen des Vertretenen abgegebene Willenserklärung dem anderen zugegangen anzusehen, wenn dieser den Brief erhalten hat und die Umstände des Falles so liegen, daß aus ihnen der Wille des Absenders, im Namen des Vertretenen zu handeln, erhellt. Auch hier wird nur die Berücksichtigung aller Umstände des einzelnen Falles zu einer richtigen Entscheidung führen können.

3. Bedeutung des Ausdrucks „Willenserklärung" im BGB. Aus dem Bisherigen ergibt sich, daß nicht nur die ausdrückliche sondern auch die stillschweigende Willenserklärung die rechtliche Wirkung einer Willenserklärung hat. In diesem weiteren Sinne gebraucht das BGB. den Ausdruck „Willenserklärung". Man kann daher mit Isay S. 23, obwohl dessen Ausführungen in manchen Beziehungen nicht zugestimmt werden kann, den Begriff, welchen das BGB. mit dem Ausdrucke „Willenserklärung" verbindet, dahin bestimmen, daß sie das Verhalten einer Person sei, welches nach der Erfahrung des Verkehrs unter Würdigung aller Umstände regelmäßig den Schluß auf einen bestimmten Willen gestattet. Bei empfangsbedürftigen Willenserklärungen muß hinzutreten, daß das Verhalten gegenüber demjenigen erfolgt, gegenüber welchem die Willenserklärung abzugeben ist oder daß es doch den unter Nr. 2 dargelegten Charakter hat. Über die Folgen, welche eintreten, wenn im einzelnen Falle der Wille in Wirklichkeit der Willenserklärung nicht entspricht, s. unter III.

Die hier vertretene Auffassung wird lebhaft bestritten von Hellmann in dem oben angeführten Aufsatz. Er stellt die Ansicht auf, daß unter „Willenserklärung" nur die an einen anderen gerichtete Erklärung des Willens zu verstehen sei. Andere Willensäußerungen, welche er als Willensverwirklichung bezeichnet, könnten zwar auch rechtliche Wirkungen haben; sie genügten in manchen Fällen für den Tatbestand eines Rechtsgeschäfts, aber es sei unrichtig, Rechtsgeschäft und Willenserklärung für gleichbedeutend zu halten oder doch für jedes Rechtsgeschäft eine Willenserklärung zu erfordern. Gegründet wird diese Ansicht hauptsächlich auf den Wortsinn des Wortes „Erklärung". Dieser bedeute, daß etwas klar gemacht werden solle; klar gemacht werden könne aber etwas nur einem anderen, der bei der Sache beteiligt sei. Diese Auffassung dürfte unrichtig sein. Es kann zunächst nicht zugegeben werden, daß der Ausdruck „Erklärung" nach der Auffassung des Lebens nur den von Hellmann behaupteten Sinn habe. Hiernach würden z. B. letztwillige Verfügungen keine Willenserklärungen sein, weil sie, selbst wenn sie dem Richter oder Notar gegenüber erfolgen, doch nicht einem Beteiligten gegenüber abgegeben werden. Hellmann zieht auch wirklich diese Konsequenz seiner Ansicht. Mit der Auffassung des Lebens ist es aber doch sicher unvereinbar, eine letztwillige Verfügung, mag sie holographisch oder vor Gericht oder Notar erfolgen, nicht als Willenserklärung zu betrachten. Dazu kommt aber, daß nach dem Zusammenhang und nach dem Inhalte der von dem BGB. über Willenserklärungen gegebenen Vorschriften diese sich, abgesehen von den wenigen Fällen, in welchen eine ausdrückliche Willenserklärung erfordert wird, auf alle Willensäußerungen beziehen sollen, welche zu dem Tatbestand eines Rechtsgeschäfts erforderlich sind. So sprechen die von der Geschäftsfähigkeit handelnden §§ 104—114 nur von Willenserklärungen. Der § 105 erklärt die von einem Geschäftsunfähigen sowie die im Zustande der Bewußtlosigkeit oder vorübergehender Störung der Geistestätigkeit abgegebene Willenserklärung für nichtig; die §§ 106 ff. betreffen die Wirkungen der von einer in der Geschäftsfähigkeit beschränkten Person abgegebenen Willenserklärung. Unzweifelhaft sollen alle diese Vorschriften nicht allein auf die einem Beteiligten gegenüber abgegebenen Willenserklärungen, sondern auf alle zu dem Tatbestand eines Rechtsgeschäfts erforderlichen Willensäußerungen Anwendung finden. Die Annahme, daß das Gesetz trotzdem diese Vorschriften nur für Willenserklärungen in dem Hellmannschen Sinne gegeben und die Anwendung derselben auf andere erhebliche zu dem Tatbestand eines Rechtsgeschäfts erforderlichen Willensäußerungen der entsprechenden Anwendung überlassen habe, ist weder mit der Stellung dieser Vorschriften in dem Abschnitt über Rechtsgeschäfte, noch mit der ganzen von dem BGB. befolgten Redaktionsweise vereinbar. Dasselbe gilt von den Vorschriften der §§ 116 ff. In den §§ 122, 123 werden überdem ausdrücklich Vorschriften über Willenserklärungen gegeben, die nicht gegenüber einem anderen abzugeben sind. Mag man über die innere Berechtigung der Hellmannschen Auffassung denken wie man will; mit den Vorschriften des BGB. dürfte sie nicht vereinbar sein. Ebensowenig läßt sich die Ansicht von Binder rechtfertigen, der zwar anerkennt, daß das BGB. die von Hellmann behauptete Unterscheidung nicht kenne, sie aber als wissenschaftlich begründet in das BGB. hineintragen will und daraus die Folgerung zieht, daß die Vorschriften des § 130 nicht auf empfangsbedürftige Willenserklärungen zu beschränken, sondern auf alle Erklärungen, die tatsächlich einem anderen gegenüber abgegeben werden, auszudehnen seien (s. dagegen Isay in Iherings Jahrb. S. 55 ff.).

II. Subjektive Erfordernisse einer Willenserklärung.

1. Über die Fähigkeit zur Abgabe und zum Empfang einer Willenserklärung s. Vorbm. II 2 zu diesem Abschnitt und Erl. zu den §§ 105 ff., 131.

2. Übereinstimmung von Willen und Willenserklärung. Der Wille, welcher in einer Willenserklärung, also in einem Verhalten einer Person, das nach der Erfahrung unter Berücksichtigung aller Umstände regelmäßig den Schluß auf einen bestimmten Willen rechtfertigt, ausgedrückt ist, kann möglicherweise in Wirklichkeit nicht vorhanden sein. Er kann fehlen, weil der Erklärende absichtlich eine seinem Willen nicht entsprechende Erklärung abgibt; er kann auch fehlen infolge eines Irrtums des Erklärenden, sei es daß der Erklärende infolge dieses Irrtums nicht erkannte, daß er eine Erklärung des betreffenden Inhalts abgebe, oder daß er den Inhalt seiner Erklärung unrichtig auffaßte. Über die rechtliche Behandlung einer solchen Differenz zwischen Erklärung und Willen besteht in der Wissenschaft lebhafter Streit. Die sog. Willenstheorie und die sog. Erklärungstheorie stehen einander gegenüber; daneben bestehen verschiedene Zwischenmeinungen. Die Verteidiger der Willenstheorie berufen sich darauf, daß die Rechtsordnung an die Willenserklärung nur deshalb rechtliche Wirkungen knüpfe, weil diese von dem Erklärenden gewollt seien. Fehle der Wille, so falle der Grund, auf welchem die rechtliche Wirkung der Willenserklärung beruhe, weg und müsse diese daher unwirksam sein. Die Verteidiger der Erklärungstheorie berufen sich hauptsächlich darauf, daß die Sicherheit des Verkehrs die Anerkennung der Wirksamkeit jeder Erklärung erfordere, die sich nach der im Leben herrschenden Auffassung als Willenserklärung darstelle. Die Vorschriften des E. I §§ 95 ff. stehen im wesentlichen auf dem Standpunkte des Willensdogmas und erklären daher alle Willenserklärungen, welche dem wirklichen Willen nicht entsprechen, mit Ausnahme des Falles der sog. Mentalreservation für nichtig. Das BGB. nimmt einen vermittelnden Standpunkt ein. Es unterscheidet zwischen den Fällen, in denen der Erklärende weiß, daß die Erklärung seinem wirklichen Willen nicht entspricht, und denjenigen, in welchen dieses Bewußtsein fehlt. In den ersteren ist, mit Ausnahme des Falles der Mentalreservation, die Erklärung nichtig (§§ 116—118). In den letzteren ist die Erklärung niemals nichtig, aber unter gewissen näher bestimmten Voraussetzungen anfechtbar (§§ 119—121).

Von den Fällen, in denen Wille und Erklärung nicht übereinstimmen, zu unterscheiden sind diejenigen, in welchen das Erklärte zwar gewollt ist, der Erklärende es aber nicht gewollt haben würde, wenn er die Sachlage richtig erkannt und beurteilt hätte (sog. Irrtum in den Beweggründen). Die psychologische Zergliederung der inneren Vorgänge, die zu einer Willenserklärung führen, ergibt, daß die Grenze zwischen den Fällen dieser und den Fällen der ersteren Art unsicher ist. Der E. I § 102 bestimmte ausdrücklich, daß ein Irrtum in den Beweggründen, soweit nicht das Gesetz ein anderes bestimme, auf die Gültigkeit eines Rechtsgeschäfts ohne Einfluß sei. Das BGB. hat diese Vorschrift weggelassen. Ob und inwieweit nach § 119 der Irrtum in den Beweggründen dem auf Irrtum beruhenden Willensmangel gleichgestellt ist und daher Anfechtbarkeit der Willenserklärung zur Folge hat, wird bei § 119 erörtert werden. Abgesehen von den Vorschriften des § 119 enthält das BGB. keine allgemeine Vorschrift, nach welcher ein Irrtum in den Beweggründen Einfluß auf die Wirksamkeit einer Willenserklärung hätte; nur für letztwillige Verfügungen gilt das Gegenteil (§ 2078 Abs. 2).

Die Vorschriften des BGB. über Willensmängel beziehen sich sowohl auf empfangsbedürftige wie auf nicht empfangsbedürftige, auf einseitige wie auf die behufs Abschlusses eines Vertrags abgegebenen Willenserklärungen. Ist eine Willenserklärung der letzteren Art nichtig, so fällt damit selbstverständlich der ganze Vertrag. Mit diesem Falle wird bisweilen gleichgestellt der Fall, daß die Parteien einen Vertrag als geschlossen ansehen, während in Wirklichkeit eine Übereinstimmung ihres Willens nicht vorliegt. Jede der beiden Willenserklärungen ist für sich betrachtet gültig, der Irrtum der Parteien liegt nur darin, daß sie die Willenserklärungen für übereinstimmend halten, während sie dies nicht sind. Hier handelt es sich also nicht um die Folgen eines Willensmangels, sondern um die Folgen der mangelnden Übereinstimmung des Willens (§ 155).

Die Vorschriften des BGB. über Willensmängel beziehen sich ferner nicht allein auf die ausdrücklichen, sondern auch auf die sog. stillschweigenden Willenserklärungen, soweit dies nach der Natur derselben möglich ist. Man könnte hiergegen zwar einwenden, daß bei der stillschweigen-

§. 116. Eine Willenserklärung ist nicht deshalb nichtig, weil sich der Erklärende insgeheim vorbehält, das Erklärte nicht zu wollen. Die Erklärung ist nichtig, wenn sie einem Anderen gegenüber abzugeben ist und dieser den Vorbehalt kennt.

---

den Willenserklärung der Wille nur aus den Umständen geschlossen werde, und daß, wenn dieser Schluß sich im einzelnen Falle als unrichtig herausstelle, eine Willenserklärung überhaupt nicht vorliege (P. I S. 173) und daß daher die Vorschriften über Willensmängel gegenstandslos seien. Dieser Einwand beruht indessen auf einer unrichtigen Auffassung des Begriffs der Willenserklärung. Der objektive Tatbestand einer solchen liegt nach dem unter I Gesagten vor, wenn ein Verhalten der dort näher bezeichneten Art vorliegt. Ein prinzipieller Unterschied zwischen ausdrücklichen und sog. stillschweigenden Willenserklärungen besteht in dieser Beziehung nicht. Der aus dem Verhalten zu ziehende Schluß kann nicht nur bei der ausdrücklichen, sondern auch bei der sog. stillschweigenden Willenserklärung im einzelnen Falle dem wirklichen Willen nicht entsprechen. Werden verbrauchbare Sachen von demjenigen, welchem sie zum Kaufe angeboten sind, verbraucht, so ist dies ein Verhalten, welches nach der Erfahrung regelmäßig den Schluß auf den Willen, das Angebot anzunehmen, rechtfertigt; es liegt also eine stillschweigende Willenserklärung im Sinne des BGB. vor. Hat aber derjenige, welchem das Angebot gemacht war, die angebotenen Sachen mit seinen eigenen Sachen verwechselt und sie in dem Glauben, daß es seine eigenen Sachen seien, verbraucht, so erweist sich hierdurch der Schluß auf den Willen, das Angebot anzunehmen, als unrichtig und es liegt kein Grund vor, die Vorschrift des § 119 in einem solchen Falle nicht anzuwenden.

Besondere Vorschriften über Willensmängel gelten nach dem BGB. für die Eingehung der Ehe (§§ 1323 ff., 1332, 1333, 1345, 1346) und für letztwillige Verfügungen und Erbverträge (§§ 2078 ff., 2281 ff.).

III. Freiheit des Willens. Das Gesetz will nur dem Willen, dessen Freiheit nicht durch widerrechtliche Einwirkung von seiten eines anderen beeinträchtigt ist, volle rechtliche Wirksamkeit beilegen. Eine Willenserklärung, zu welcher der Erklärende durch arglistige Täuschung oder widerrechtlich durch Drohung bestimmt wurde, ist deshalb anfechtbar (§ 123). Auch diese Vorschrift bezieht sich auf Willenserklärungen aller Art, insbesondere auch auf die sog. stillschweigenden. Wäre in dem oben unter II angeführten Beispielsfalle derjenige, welcher die ihm zum Kaufe angebotenen verbrauchbaren Sachen verbraucht hat, hierzu widerrechtlich durch Drohung bestimmt worden, so würde er die an sich in dem Verbrauche liegende Annahmeerklärung nach § 123 anfechten können. Im übrigen s. Erl. zu § 123.

Wo das Gesetz von Willensmängeln spricht, begreift es darunter auch diejenigen Mängel, welche die Freiheit des Willens betreffen (s. z. B. § 166).

IV. Beweislast. Wer sich auf eine Willenserklärung beruft, braucht nur zu beweisen, daß ein Verhalten vorliegt, welches nach dem Obigen objektiv als Willenserklärung aufzufassen ist. Wer die Nichtigkeit oder Anfechtbarkeit einer solchen Willenserklärung wegen eines Willensmangels (§§ 116—120, 123) geltend macht, hat die Tatsachen darzutun, von welchen die Nichtigkeit oder Anfechtbarkeit abhängt. Bei empfangsbedürftigen Willenserklärungen hat derjenige, welcher sich darauf beruft, noch zu beweisen, daß die Erklärung gegenüber demjenigen, an welchen sie zu richten war, erfolgt und ihm zugegangen sei (s. I 2 u. Erl. zu § 130).

V. Anordnung des Stoffes. Die §§ 116—122 handeln von dem Einflusse des Willensmangels, die §§ 123, 124 von arglistiger Täuschung und widerrechtlicher Drohung, die §§ 125—129 von der Form der Rechtsgeschäfte, die §§ 130—132 von empfangsbedürftigen Rechtsgeschäften, der § 133 von der Auslegung der Rechtsgeschäfte, die §§ 134—136 von Rechtsgeschäften, die gegen ein gesetzliches Verbot, insbesondere gegen ein Veräußerungsverbot verstoßen, der § 137 von vertragsmäßigen Veräußerungsverboten, der § 138 von Rechtsgeschäften, die gegen die guten Sitten verstoßen, der § 139 von teilweiser Nichtigkeit eines Rechtsgeschäfts, die §§ 140, 141 von der Konversion und Bestätigung nichtiger Rechtsgeschäfte, die §§ 142—144 von der Anfechtbarkeit der Rechtsgeschäfte.

§ 116.

E. I § 95; II § 91 rev. § 112; III § 112. P. I S. 171 ff., 183, 6139 ff., 6159, 6169; M. I S. 191 ff. P. II Bd. 1 S. 94. D. S. 612 ff.

Geheimer Vorbehalt. Der § 116 umfaßt alle Fälle der sog. Mentalreservation, insbesondere auch den Fall, in welchem jemand zwar nur aus Scherz eine sich als Willenserklärung

§. 117. Wird eine Willenserklärung, die einem Anderen gegenüber abzugeben ist, mit dessen Einverständnisse nur zum Schein abgegeben, so ist sie nichtig.

Wird durch ein Scheingeschäft ein anderes Rechtsgeschäft verdeckt, so finden die für das verdeckte Rechtsgeschäft geltenden Vorschriften Anwendung.

---

darstellende Erklärung abgibt, aber dabei doch die Absicht hat, daß die Beteiligten die Erklärung als ernst gemeint betrachten. Der erste Satz des Paragraphen bezieht sich sowohl auf empfangsbedürftige wie auf nicht empfangsbedürftige Willenserklärungen; sie sind also trotz des Willensmangels gültig. Die Ausnahme des zweiten Satzes bezieht sich nur auf empfangsbedürftige Willenserklärungen, mögen es einseitige Erklärungen oder Vertragserklärungen sein. Sie gilt nur, wenn der Empfänger den Willensmangel kannte, nicht auch, wenn er ihn kennen mußte. Nicht getroffen durch die Vorschrift wird der Fall, daß bei dem Eingehen einer Verpflichtung der Versprechende die Absicht hat, die Verpflichtung nicht zu erfüllen. Hierin liegt kein geheimer Vorbehalt in Beziehung auf die Verpflichtung selbst vor; diese ist also gültig, auch wenn der andere Teil die rechtswidrige Absicht des Versprechenden kannte. Die von Hölder, Erl. 3 zu § 116 gegen den Satz 2 erhobenen Einwendungen dürften nicht begründet sein.

Die Vorschrift des § 116 Satz 1 gilt auch für letztwillige Verfügungen, die Vorschriften beider Sätze auch für Erbverträge. Für die Eingehung der Ehe gilt der § 116 Satz 2 nicht (§§ 1323—1328, 1330 ff.).

§ 117.

E. I § 96; II § 92 rev. § 113; III § 113. P. I S. 173 ff.; M. I S. 192 ff. P. II Bd. 1 S. 95 ff. D. S. 613.

1. **Das Scheingeschäft** ist eine Unterart der in dem § 116 Satz 2 bezeichneten Willenserklärungen. Das Charakteristische des Scheingeschäfts besteht darin, daß eine Täuschung des anderen Teiles nicht beabsichtigt ist, daß vielmehr beide Teile darüber einverstanden sind, daß die Willenserklärung nicht gelten solle und nur deshalb abgegeben werde, um einen anderen Zweck zu erreichen, der regelmäßig darin besteht, Dritte zu täuschen. Im Begriffe der Nichtigkeit liegt es, daß sie auch Dritten gegenüber, die durch das Scheingeschäft getäuscht worden sind, geltend gemacht werden kann. Unter Umständen wird den Dritten ein Anspruch auf Schadensersatz nach Maßgabe der §§ 823, 826 zustehen. Mittelbar werden Dritte in verschiedenen Fällen durch besondere Vorschriften geschützt. In dieser Beziehung kommen insbesondere in Betracht die Vorschriften zu Gunsten derjenigen, welche sich auf das Grundbuch verlassen oder bewegliche Sachen oder Rechte an solchen von einem zur Verfügung darüber Berechtigten erworben haben (§§ 892, 893, 932 ff., 1032, 1207), ferner die Vorschriften über Vollmachtsurkunden (§ 172) und über die Abtretung einer nicht bestehenden Forderung, über die zum Schein eine Schuldurkunde ausgestellt ist (§ 405); vgl. auch §§. 409, 476. Über diese Vorschriften hinaus mit Dernburg I § 142 II Nr. 2 einem Dritten, welcher im Falle der zum Schein erfolgten Abtretung eines Rechtes auf Grund desselben von dem Erwerber Rechte erworben hat, eine exceptio doli gegen denjenigen zu geben, welcher das Recht zum Schein abgetreten hat, dürfte sich nicht rechtfertigen lassen. Selbstverständlich kann übrigens ein Dritter die Nichtigkeit des Scheingeschäfts nur geltend machen, wenn sein rechtliches Interesse dadurch berührt wird (Rspr. Bd. 4 S. 212 ff.).

Die Vorschriften des § 117 gelten nicht für die Eingehung einer Ehe. Die abweichende Ansicht von Windscheid-Kipp I § 75 Nr. 3 ist mit den §§ 1323 ff. nicht vereinbar.

Die Vorschrift des § 117 bezieht sich nur auf die einem anderen, nicht auf die einer Behörde gegenüber abgegebene Willenserklärung (s. § 130 Abs. 1 Satz 1 mit § 130 Abs. 3). Die einer Behörde gegenüber abgegebene Willenserklärung ist gültig, auch wenn mit dem dabei Beteiligten vereinbart sein sollte, daß sie nur zum Schein abgegeben werden solle; jedoch kann in diesem Falle dem Beteiligten, welcher auf Grund der der Behörde gegenüber abgegebenen Willenserklärung ein Recht geltend macht, auf Grund der Vereinbarung eine Einrede entgegengesetzt werden. Dasselbe gilt, wenn ein Prozeß zum Schein geführt ist, von der Geltendmachung eines durch das ergangene Urteil begründeten Rechtes von seiten der einen Partei gegen die andere. Als nichtig dürfte das ergangene Urteil auf Grund des § 117 nicht anzusehen sein (a. A. nach bisherigem Rechte RG. Bd. 36 S. 249).

2. Ob **das durch das Scheingeschäft verdeckte Rechtsgeschäft** wirksam ist, hängt in erster Linie davon ab, ob der hierauf gerichtete Wille der Parteien einen genügenden Ausdruck gefunden hat. Der Grundsatz, daß ein nicht erklärter Wille keine rechtliche Wirkung hat, gilt auch hier

§. 118. Eine nicht ernstlich gemeinte Willenserklärung, die in der Erwartung abgegeben wird, der Mangel der Ernstlichkeit werde nicht verkannt werden, ist nichtig.

§. 119. Wer bei der Abgabe einer Willenserklärung über deren Inhalt im Irrthume war oder eine Erklärung dieses Inhalts überhaupt nicht abgeben wollte, kann die Erklärung anfechten, wenn anzunehmen ist, daß er sie bei Kenntniß der Sachlage und bei verständiger Würdigung des Falles nicht abgegeben haben würde.

Als Irrthum über den Inhalt der Erklärung gilt auch der Irrthum über solche Eigenschaften der Person oder der Sache, die im Verkehr als wesentlich angesehen werden.

Man wird aber zu beachten haben, daß das verdeckte Rechtsgeschäft auch stillschweigend vorgenommen werden kann (s. Vorbm. I. 1, 2, oben S. 204 ff.). Auch im übrigen muß allen Erfordernissen, die für das verdeckte Rechtsgeschäft gelten, entsprochen sein und darf dasselbe insbesondere nicht gegen ein gesetzliches Verbot oder gegen die guten Sitten verstoßen.

3. **Die sog. fiduziarischen Rechtsgeschäfte sowie die in fraudem legis vorgenommenen Rechtsgeschäfte** sind keine Scheingeschäfte. Beide sind ernstlich gemeint. Bei den ersteren wird ein erlaubter Zweck auf einem anderen als dem für diesen Zweck bestimmten regelmäßigen Wege zu erreichen versucht. Um eine Forderung zu sichern, wird eine Sache, statt sie zu verpfänden, zum Eigentum übertragen, der Erwerber aber verpflichtet, sie nach Berichtigung der Forderung zurückzuübertragen. Ähnlich im Falle der Zession einer Forderung, wenn die Absicht dahingeht, daß der Zessionar die Forderung zwar einziehen, den Betrag aber dem Zedenten herausgeben soll. Geschäfte dieser Art sind gültig (s. Goltz, Das fiduziarische Rechtsgeschäft 2c. 1901; A. Schultze, Treuhänder nach geltendem bürgerlichen Rechte. 1901). Über die in fraudem legis abgeschlossenen und deshalb nichtigen Rechtsgeschäfte s. Erl. zu § 134.

§ 118.

E. I § 97 Abs. 1, 2, 4; II § 93 rev. § 114; III § 114. P. I S. 174 ff., 3228, 3233; M. I S. 193 ff. P. II Bd. 1 S. 98 ff. D. S. 613.

Nicht ernstlich gemeinte Willenserklärung. Unter die Vorschrift des § 118 fallen insbesondere die Fälle des Scherzes, der höflichen Redensart, der theatralischen Darstellung, des zum Zwecke der Belehrung gegebenen Beispiels. Es gehört dahin auch der Fall, daß jemand eine Erklärung zum Schein einem anderen gegenüber abgibt in der Meinung, der andere sei damit einverstanden, während dies in Wirklichkeit nicht der Fall ist. Nach E. I § 97 Abs. 2, 4 sollte die Nichtigkeit nicht eintreten, wenn dem Erklärenden grobe Fahrlässigkeit zur Last falle, es sei denn, daß der andere Teil den Willensmangel gekannt habe oder habe kennen müssen. Im Falle einer nicht groben Fahrlässigkeit sollte die Erklärung zwar nichtig, der Erklärende aber zum Ersatze des negativen Interesses verpflichtet sein. Nach BGB. § 118 besteht die Voraussetzung der Nichtigkeit lediglich darin, daß die Erklärung in der Erwartung abgegeben ist, der Mangel der Ernstlichkeit werde nicht verkannt werden. Die Ansicht, daß die Erwartung objektiv aus dem Verhalten des Erklärenden erkennbar gewesen sein müsse (Isay, Die Willenserklärung im Tatbestande des Rechtsgeschäfts 1899 S. 17; Düringer-Hachenburg, Das HGB. Bd. 2 S. 8) dürfte weder mit dem Wortlaute noch mit dem Zwecke der Vorschrift des § 118 vereinbar sein. Regelmäßig wird freilich der Beweis der Erwartung nur zu führen sein, wenn sie aus den Umständen des Falles erkennbar war. Hat der Erklärende als möglich vorausgesehen, daß seine Erwartung nicht zutreffen werde, so ist die Willenserklärung nach § 116 Satz 1 nicht nichtig. Die Nichtigkeit einer unter § 118 fallenden Willenserklärung wird auch auf Grund des bisherigen Rechtes anerkannt in RG. Bd. 8 S. 249. In allen Fällen ist der Erklärende, wenn seine Erklärung auf Grund des § 118 nichtig ist, ohne Rücksicht auf Verschulden nach § 122 zum Ersatze des negativen Interesses verpflichtet.

§ 119.

E. I §§ 98, 99 Abs. 1, 3; II § 94 rev. § 115; III § 115. P. I S. 176 ff., 194 ff., 3228 ff., 3233; M. I S. 196 ff. P. II Bd. 1 S. 102 ff., 114 ff., Bd. 6 S. 122. D. S. 613.

Muskat, Über Ecks Irrtumslehre in Gruch. Bd. 42 S. 769; Lenel, Der Irrtum über wesentliche Eigenschaften in Jherings Jahrb. Bd. 44 S. 1 ff.; Gradenwitz, Anfechtung und

Neurecht beim Irrtum 1902; DJZ. 1898 S. 487; 1899 S. 16, 17; 1901 S. 349ff. **Heilborn**, Was bedeutet Sache im § 119 Abs. 2 BGB. in Gruch. Bd. 46 S. 791ff.; **Schloßmann**, Der Irrtum über wesentliche Eigenschaften der Person und der Sache nach dem BGB. 1903.

1. Anfechtbarkeit wegen Irrtums. Die §§ 119, 120 betreffen diejenigen Fälle, in welchen sich der Erklärende des Mangels der Übereinstimmung seines Willens mit der Erklärung nicht bewußt ist. Der E. I § 98 schrieb für diese Fälle Nichtigkeit der Willenserklärung vor. Nach den §§ 119, 120 tritt niemals Nichtigkeit, sondern, sofern der Willensmangel überhaupt berücksichtigt wird, Anfechtbarkeit der Willenserklärung ein. Will der Erklärende, obwohl er das Erklärte nicht gewollt hat, die Willenserklärung aufrecht erhalten, so ist sie wirksam. Erfolgt die Anfechtung nicht, so können sich weder der andere Teil noch Dritte auf den Willensmangel berufen. Über die Wirkungen der Anfechtung s. Vorbm. VII. 2, oben S. 182, und Erl. zu § 142. Die Vorschriften beziehen sich sowohl auf empfangsbedürftige als auf nicht empfangsbedürftige Willenserklärungen.

Das Interesse des Empfängers und bei nicht empfangsbedürftigen Willenserklärungen das Interesse aller Beteiligten wird einerseits durch die dem Anfechtenden nach § 122 obliegende Verpflichtung zum Schadensersatz, andererseits dadurch geschützt, daß die Anfechtung nach § 121 unverzüglich erfolgen muß, nachdem der Anfechtungsberechtigte von dem Anfechtungsgrunde Kenntnis erhalten hat. Nicht verkennen läßt sich, daß trotzdem die Lage des Empfängers dem Rechte des Erklärenden gegenüber, nach seiner Wahl das Geschäft bestehen zu lassen oder durch Anfechtung zu vernichten, unter Umständen eine ungünstige sein kann. Gradenwitz S. 74ff. versucht hiergegen dadurch Abhilfe zu schaffen, daß er bei einem anfechtbaren Vertrag als naturale negotii die Bestimmung hinzugefügt ansieht, daß der Irrende, falls er anfechte, dem anderen Teile gegenüber, wenn dieser es wolle, so verpflichtet sei, wie wenn der von dem Irrenden wirklich gewollte Vertrag abgeschlossen sei. Die zur Begründung dieser Ansicht herangezogenen Vorschriften des BGB. über Treu und Glauben, insbesondere der §§ 162, 815 dürften indessen nicht genügen, um diese Ansicht zu rechtfertigen. Von einer analogen Anwendung der fraglichen Vorschriften kann wohl nicht die Rede sein; es handelt sich vielmehr darum, ob diejenigen Gesichtspunkte, welche bei den fraglichen Vorschriften maßgebend gewesen sind, verständigerweise zu einer Bestimmung führen, daß jeder anfechtbare Vertrag unter der von Gradenwitz angenommenen Klausel stehe. De lege condenda mag sich manches hierfür sagen lassen, aber doch nur de lege condenda, nicht de lege lata.

2. Die Voraussetzungen der Anfechtbarkeit nach § 119 sind folgende:

a) Der Erklärende muß über den Inhalt seiner Erklärung im Irrtume gewesen sein oder eine Erklärung dieses Inhalts nicht haben abgeben wollen. Der E. I § 98 faßte beide Fälle unter der Voraussetzung zusammen, daß die Nichtübereinstimmung des wirklichen Willens mit dem erklärten Willen auf einem Irrtume beruhe. Bezweckt wurde durch die Änderung hauptsächlich, die Anfechtbarkeit nicht von der Entscheidung der psychologischen Frage abhängig zu machen, ob in allen Fällen eines Irrtums über den Inhalt der Erklärung eine Nichtübereinstimmung des wirklichen mit dem erklärten Willen oder nur ein Irrtum in den Beweggründen vorliege. Diese Frage läßt sich insbesondere in solchen Fällen aufwerfen, in welchen mit einer dem Erklärenden gegenüberstehenden Person oder über eine ihm vorliegende Sache ein Vertrag abgeschlossen wird und der Erklärende die ihm gegenüberstehende Person für eine andere Person, die ihm vorliegende Sache für eine andere Sache gehalten hat, als sie wirklich ist. Man kann hier sagen, der Erklärende habe den Willen gehabt, mit der ihm gegenüberstehenden Person oder über die vorliegende Sache den Vertrag abzuschließen; er sei zu diesem Willen nur durch die irrtümliche Annahme der Identität der betreffenden Person oder Sache mit derjenigen, an welche er gedacht, bestimmt worden. Wie dieser Fall nach dem E. I zu beurteilen ist, kann zweifelhaft sein. Auch die jetzige Fassung schließt, wenn man sich lediglich an den Wortlaut hält, nicht jeden Zweifel aus. Die Absicht ging indessen unzweifelhaft dahin, auch Fälle der obengedachten Art zu treffen. Es kommt lediglich darauf an, daß der Irrtum wirklich den Inhalt der Erklärung, nicht andere Umstände betrifft. Ein Irrtum über den Gegenstand oder die Art des Rechtsgeschäfts sowie über die Person, mit welcher das Rechtsgeschäft vorgenommen werden sollte, ist immer ein Irrtum über den Inhalt des Rechtsgeschäfts.

Der Abs. 2 enthält eine Erweiterung, nicht etwa eine Erläuterung des in dem Abs. 1 ausgesprochenen Prinzips. Ein Irrtum über die Eigenschaften der Person oder der Sache ist, wenn diese Eigenschaften nicht in das Rechtsgeschäft aufgenommen sind, kein Irrtum über den Inhalt des Rechtsgeschäfts. Wenn trotzdem der Abs. 2 bestimmt, daß der Irrtum über solche

Eigenschaften als Irrtum über den Inhalt des Rechtsgeschäfts gelte, sofern diese Eigenschaften im Verkehr als wesentlich angesehen werden, so ist dies eine positive Vorschrift, die sich durch die Rücksicht auf das bestehende Recht und auf die Auffassung des Verkehrs rechtfertigt, die aber nicht benutzt werden darf, um die Vorschrift des Abs. 1 in einem Sinne auszulegen, bei welchem die Grenze zwischen dem Irrtum über den Inhalt des Rechtsgeschäfts und dem Irrtum in den Beweggründen völlig verwischt würde (a. A. Hölder, Erl. 6 zu § 119, der auch den Irrtum über die Identität der Person oder Sache für einen Irrtum über die Eigenschaften ansieht und einen prinzipiellen Unterschied zwischen den Fällen des Abs. 1 und des Abs. 2 leugnet; s. dagegen Enneccerus-Lehmann I § 63 Anm. 5). Bestritten ist, was unter den Eigenschaften zu verstehen ist, die im Verkehr als wesentliche angesehen werden. Eine Zusammenstellung der verschiedenen Formulierungen gibt Lenel S. 4 ff. Nach ihm ist entscheidend, ob die Eigenschaft der Sache oder Person über die die Partei irrte, zur normalen Individualisierung des Vertragsobjekts und des Vertragsgegners gehört. Normalerweise werde bei einem Kaufe der Käufer Eigenschaften der gedachten Art ausdrücklich bezeichnen, also z. B. wenn er Wein kaufen wolle, die zu kaufende Flüssigkeit als Wein bezeichnen. Gehe der Verkäufer hierauf ein, so hafte er nach den Grundsätzen über eine versprochene Eigenschaft. Dem Käufer solle nun, wenn er die Bezeichnung unterlasse, dies nicht zum Schaden gereichen; deshalb werde ihm, wenn er sich in betreff einer Eigenschaft der fraglichen Art geirrt habe, wenn er also z. B. die gekaufte Flüssigkeit für Wein gehalten, während sie Essig war, das Recht der Anfechtung gegeben. Die Gründe für diese Auffassung werden von Lenel einerseits in der geschichtlichen Entwickelung der ganzen Frage, auf welche das BGB. fortbaue, andererseits in den Verhältnissen und Bedürfnissen des Verkehrs, für welche nur auf diesem Wege eine klare und bestimmte Grenze zu finden sei, gefunden und dürften genügen, um dem aufgestellten Unterscheidungsmerkmale den Vorzug vor allen anderen zu geben. In betreff einzelner Fragen ergibt sich hieraus z. B., daß bei dem Kaufe alter Kunstgegenstände, ein Irrtum über deren Echtheit nicht zur Anfechtung berechtigt. Das gleiche gilt von dem Irrtum über die Kreditwürdigkeit des anderen Teiles bei Kreditgeschäften (a. A. in dieser Beziehung Dernburg I § 145 I 2; Rehbein, Erl. III 1 f zu §§ 116—124; Staudinger, Erl. II zu § 119. Schloßmann; Rspr. Bd. 4 S. 9—12; RG. Bd. 12 S. 102 gehört wohl nicht hierher, weil in dem dort behandelten Falle zugleich eine arglistige Täuschung vorlag). Auch der Irrtum des Verkäufers oder Käufers über das Eigentum des Verkäufers an der verkauften Sache dürfte nicht unter § 119 Abs. 2 fallen (a. A. Dernburg, I § 145 I 2).

Ebenso wie der Irrtum über den Inhalt des Rechtsgeschäfts wird der Fall behandelt, daß der Erklärende eine Erklärung dieses Inhalts überhaupt nicht abgeben wollte. Damit ist gemeint, daß der Erklärende eine Erklärung in der Gestalt, wie er sie abgegeben, nicht abgeben wollte (s. Eck, S. 45). Dahin gehören die Fälle des Verschreibens, des Versprechens 2c. Ob man den Fall, daß jemand eine Urkunde unterschreibt, in welcher etwas anderes steht, als er bei der Unterschrift geglaubt, zu den Fällen dieser Art zu rechnen oder als Irrtum über den Inhalt des Rechtsgeschäfts aufzufassen hat, kann zweifelhaft sein. Der Unterschreibende hat zwar die Unterschrift gewollt, aber er hat die in der Urkunde enthaltene Erklärung nicht abgeben wollen. Die Frage ist indessen sachlich gleichgültig, da bei der einen wie bei der anderen Beurteilung die Anfechtbarkeit begründet ist.

Das Nichtwissen steht dem Irrtume gleich, jedoch nur dann, wenn der Erklärende ohne das Nichtwissen die Erklärung nicht abgegeben haben würde (s. unter b). Hat der Erklärende eine Erklärung mit dem Bewußtsein abgegeben, daß er ihren Inhalt nicht kenne, und will er sie trotzdem, wie auch der Inhalt sein möge, abgeben, so findet der § 119 keine Anwendung (vgl. auch Rspr. Bd. 6 S. 30).

Ein Irrtum über die Rechtsfolgen der Erklärung ist kein Irrtum über deren Inhalt (RG. Bd. 51 S. 281). Über Auslegung des § 119 vgl. auch Rspr. Bd. 6 S. 329; Seuff. A. Bd. 58 S. 93.

b) Die zweite Voraussetzung besteht darin, daß der Erklärende bei Kenntnis der Sachlage und bei verständiger Würdigung des Falles die Erklärung nicht abgegeben haben würde. Es ist möglich, daß ein Irrtum der unter a gedachten Art vorliegt, daß der Erklärende aber auch bei Kenntnis der Sachlage doch die Willenserklärung abgegeben haben würde. Dann ist die Willenserklärung trotz des Willensmangels nicht anfechtbar. Um die Anfechtbarkeit zu begründen, muß das subjektive Moment hinzutreten, daß der Erklärende bei Kenntnis der Sachlage nicht gewollt haben würde. Auch dies allein genügt aber nicht. Abweichend von dem E. I § 98 muß noch das objektive Moment hinzutreten, daß sich das Nichtwollen des Erklärenden bei verständiger Würdigung des Falles als gerechtfertigt darstellt. Damit wird nicht gefordert, daß der Irrtum sich auf Punkte bezieht, die nach der allgemeinen Auffassung des Verkehrs als wesentlich erscheinen. Die verständige Würdigung des Falles schließt die Berücksichtigung aller Umstände, auch der persönlichen Verhältnisse des Erklärenden in sich. Nur die Berücksichtigung ungerechtfertigter Launen, unverständigen Eigensinns und solcher Anschauungen, die nicht nur unbegründet, sondern nach allgemeiner Auffassung unverständig sind, ist ausgeschlossen (Beispiele s. Eck, S. 45, 47). Bestritten ist, in welchem Verhältnisse die beiden Erfordernisse zu einander stehen, daß der Erklärende bei Kenntnis der Sachlage und daß er bei verständiger Würdigung des Falles die Erklärung nicht abgegeben haben würde (s. die Zusammenstellung der verschiedenen Ansichten bei Gradenwitz, S. 50 ff.). Nach der einen Ansicht ist die Anfechtung ausgeschlossen, wenn der Erklärende bei Kenntnis der Sachlage die Erklärung doch abgegeben haben würde, und zwar ohne Rücksicht darauf, ob er sie bei verständiger Würdigung des Falles abgegeben haben würde oder nicht. Nach der anderen Ansicht ist nur zu fragen, ob der Erklärende ohne den Irrtum bei verständiger Würdigung des Falles die Erklärung abgegeben haben würde. Er soll also auch dann anfechtungsberechtigt sein, wenn er unverständigerweise bei Kenntnis der Sachlage die Erklärung doch abgegeben haben würde. Die erstere Ansicht verdient den Vorzug. Im E. I § 98 war das Anfechtungsrecht lediglich von der Voraussetzung abhängig gemacht, daß der Erklärende bei vollständiger Kenntnis der Sachlage die Erklärung nicht abgegeben haben würde. Der Zusatz „und bei verständiger Würdigung des Falles" ist hinzugefügt, um zu der ursprünglichen Voraussetzung noch eine zweite hinzuzufügen, nicht um sie durch eine andere zu ersetzen. Nach dem der Vorschrift zu Grunde liegenden Gedanken soll nur derjenige geschützt werden, welcher durch den Irrtum zu einer seinem wirklichen Willen nicht entsprechenden Erklärung bestimmt worden ist. Ihn auch dann zu schützen, wenn er verständigerweise die Erklärung nicht abgegeben haben würde, ihn also nicht gegen seinen Irrtum, sondern gegen seinen Unverstand zu schützen, liegt völlig außerhalb des Zweckes der Vorschrift.

Auch in dem Falle des Abs. 2 genügt es nicht, daß die Eigenschaften, auf welche sich der Irrtum bezieht, im Verkehr als wesentliche angesehen werden; vielmehr muß auch hier noch das subjektive Moment hinzutreten, daß der Erklärende bei Kenntnis der Sachlage und verständiger Würdigung des Falles die Erklärung nicht abgegeben haben würde. Es ergibt sich dies sowohl aus der Fassung des Abs. 2 wie aus dessen Zwecke (a. A. wie es scheint Endemann I § 71 Anm. 22).

Im E. I § 98 Satz 2 war bestimmt, daß im Zweifel anzunehmen sei, die Erklärung würde nicht abgegeben sein, wenn sich der Irrtum auf den Gegenstand oder die Art des Rechtsgeschäfts oder auf die Person des anderen Teiles beziehe. Von der zweiten Kommission ist dieser Satz gestrichen, einerseits, um dem Mißverständnis entgegenzutreten, daß durch jene Vorschrift alle Fälle des wesentlichen Irrtums getroffen werden sollten, und andererseits, weil der Irrtum über den Gegenstand und die Art des Rechtsgeschäfts immer ein wesentlicher sei, der Irrtum über die Person des anderen Teiles aber im Zweifel nicht wesentlich sei. Die Frage ist hiernach offen gelassen; daher wird auch bei einem Irrtum über den Gegenstand und die Art des Rechtsgeschäfts sowie über die Person des anderen Teiles in jedem einzelnen Falle zu prüfen sein, ob die oben bezeichnete Voraussetzung vorliegt.

Über Entscheidungen der erörterten Fragen nach dem bisherigen Rechte s. u. a. RG. Bd. 19 S. 260, Bd. 24 S. 169, Bd. 39 S. 335, 337 und die bei Rehbein, Erl. III 1 c, III 1 c f und g zu den §§ 116—124 angeführten Fälle, die indessen nach dem BGB. zum Teil wohl anders zu entscheiden sein würden.

3. Unwesentliche Umstände. Nicht erforderlich ist, daß den Erklärenden kein Verschulden trifft. Auch bei grober Verschuldung fehlt der Wille und ist deshalb die Erklärung anfechtbar. Auch darauf, ob der Irrtum ein tatsächlicher oder ein Rechtsirrtum ist, kommt es nicht an; ebensowenig darauf, ob der Irrtum dem anderen Teile erkennbar war oder nicht. Die Anfechtbarkeit wird andererseits auch dadurch nicht ausgeschlossen, daß der Empfänger der Willenserklärung den Irrtum kannte oder kennen mußte. Diese Umstände können nicht berücksichtigt werden, weil es von der Willkür des Erklärenden abhängt, ob er die Erklärung anfechten oder gelten lassen will, der andere Teil also, auch wenn er den Irrtum kannte, nicht weiß, ob die Erklärung wirksam sein wird oder nicht. (Über die Bedeutung dieser Umstände für die Frage, ob die Anfechtung rechtzeitig erfolgt ist, s. die Erl. zu § 121.) Hat der andere Teil nicht nur den Irrtum gekannt, sondern auch verstanden, was der Erklärende statt des Erklärten wirklich sagen wollte und ist er hiermit einverstanden, so kann unter Umständen eine stillschweigende

§. 120. Eine Willenserklärung, welche durch die zur Uebermittelung verwendete Person oder Anstalt unrichtig übermittelt worden ist, kann unter der gleichen Voraussetzung angefochten werden wie nach §. 119 eine irrthümlich abgegebene Willenserklärung.

Vereinbarung auf das, was der Erklärende wirklich gewollt hat, anzunehmen sein; so z. B. beim Versprechen und Verschreiben. Ein Recht des Empfängers, den Erklärenden im Falle der Anfechtung an demjenigen festzuhalten, was er wirklich gewollt hat, läßt sich aber nicht begründen.

4. **Der Beweis** der in dem § 119 bestimmten Voraussetzungen liegt dem Anfechtenden ob (s. Vorbm. IV, oben S. 210). Für die unter b bezeichnete Voraussetzung genügt die Darlegung der Umstände, welche die Annahme rechtfertigen, daß der Erklärende bei Kenntnis der Sachlage und verständiger Würdigung des Falles die Erklärung nicht abgegeben haben würde.

5. **Besondere Vorschriften.** Der § 119 gilt für empfangsbedürftige wie für nicht empfangsbedürftige Willenserklärungen. Besondere Vorschriften über den Irrtum enthält das BGB. in betreff der Eheschließung (§§ 1332, 1333), in betreff der letztwilligen Verfügungen (§§ 2077 ff.), in betreff der Annahme der Erbschaft (§ 1949), in betreff der Erbverträge (§§ 2281 ff.); vgl. auch § 318.

§ 120.

E. I § 101; II § 95 rev. § 116; III § 116. P. I S. 106 ff., 191 ff.; M. I S. 202 ff. P. II Bd. 1 S. 116 ff. D. S. 614.

Unrichtige Übermittelung der Erklärung. Wer eine Willenserklärung einem anderen durch einen Boten übermittelt oder dem Telegraphenbeamten ein Telegramm zur Übermittelung einhändigt, gibt seine Erklärung unmittelbar nur gegenüber dem Boten oder dem Telegraphenbeamten ab. Wird die Erklärung aber durch die gewählte Person oder Anstalt demjenigen zugestellt, für welchen sie bestimmt ist, so gilt sie als ihm gegenüber von dem Auftraggeber abgegeben. Dies gilt nicht nur dann, wenn die Erklärung genau so dem Adressaten zugeht, wie sie abgegeben ist, sondern auch dann, wenn sie unrichtig übermittelt, dem Adressaten also eine andere Erklärung zugeht als abgegeben ist. Ausdrücklich ist dies im BGB. nicht ausgesprochen, ergibt sich aber daraus, daß in dem vorausgesetzten Falle nach § 120 die Erklärung angefochten werden kann, was weder nötig noch möglich wäre, wenn eine Erklärung gegenüber dem Adressaten nicht vorläge. Voraussetzung ist, daß der Bote oder die Telegraphenanstalt mit der Übermittelung einer Willenserklärung wirklich beauftragt ist. Bestellt ein Bote, der beauftragt ist, eine Einladung zum Mittagessen zu bestellen, einen Verkaufsantrag zum Verkauf eines Landguts, so liegt jene Voraussetzung nicht vor; eine Willenserklärung ist überhaupt nicht abgegeben. Man wird aber wohl noch einen Schritt weitergehen und voraussetzen müssen, daß die übermittelte Willenserklärung nicht von ganz anderer Art ist, als die wirklich abgegebene. Bestellt der Bote, den ich mit dem Angebote des Verkaufs einer Sache beauftragt habe, ein Schenkungsversprechen, so kann dieses nicht als dem Adressaten gegenüber abgegeben angesehen werden. Die Grenze zwischen Fällen dieser Art und solchen, in welchen die abgegebene Willenserklärung nur unrichtig übermittelt worden, ist freilich keine ganz scharfe. Allgemein anerkannt ist z. B., daß der § 120 sich auch auf solche Fälle bezieht, in welchen ein auf den Verkauf von Inhaberpapieren gerichtetes Telegramm unrichtig als auf den Kauf solcher Papiere gerichtet übermittelt wird. Verkauf und Kauf sind aber verschiedene Rechtsgeschäfte. Man wird also unter Berücksichtigung der Auffassung des Verkehrs in jedem einzelnen Falle zu untersuchen haben, ob es sich nur um eine unrichtige Übermittelung der abgegebenen Willenserklärung oder um die Bestellung einer Willenserklärung ganz anderer Art als wirklich abgegeben worden ist handelt. Nur wenn das erstere anzunehmen ist, gilt die übermittelte Erklärung als von demjenigen abgegeben, welcher die Person oder die Anstalt mit der Übermittelung betraut hat. Im Falle unrichtiger Übermittelung ist aber Anfechtung zulässig, wenn der Erklärende bei Kenntnis der Sachlage, also der unrichtigen Übermittelung, und bei verständiger Würdigung des Falles die übermittelte Erklärung nicht abgegeben haben würde. Gleichgültig ist, auf welchen Gründen die Unrichtigkeit der Übermittelung beruht, ob die Erklärung absichtlich oder aus Versehen unrichtig übermittelt ist oder bei telegraphischer Übermittelung etwa durch Naturereignisse die Unrichtigkeit herbeigeführt ist. Auch die sog. höhere Gewalt schließt die Anwendung des § 120 nicht aus. Die von manchen vertretene Ansicht, daß unterschieden werden müsse, ob die Erklärung absichtlich oder infolge eines Versehens oder Zufalls unrichtig übermittelt sei, und daß im ersteren Falle die Erklärung überhaupt nicht als dem Adressaten gegen=

§. 121. Die Anfechtung muß in den Fällen der §§. 119, 120 ohne schuldhaftes Zögern (unverzüglich) erfolgen, nachdem der Anfechtungsberechtigte von dem Anfechtungsgrunde Kenntniß erlangt hat. Die einem Abwesenden gegenüber erfolgte Anfechtung gilt als rechtzeitig erfolgt, wenn die Anfechtungserklärung unverzüglich abgesendet worden ist.

Die Anfechtung ist ausgeschlossen, wenn seit der Abgabe der Willenserklärung dreißig Jahre verstrichen sind.

über abgegeben betrachtet werden könne (Hölder, Erl. zu § 120; Staudinger, Erl. 4 zu § 120; Dernburg I § 45 V; Endemann I § 71 Anm. 16; vgl. auch Crome I S. 122), dürfte weder mit dem Wortlaute noch mit dem Zwecke der Vorschrift des § 120 vereinbar sein. Der letztere würde vereitelt werden, wenn die Anfechtbarkeit einer telegraphischen Erklärung, durch welche der Auftrag zu dem Ankaufe von Inhaberpapieren gegeben wurde, bei der telegraphischen Übermittelung aber eine andere als die angegebene Zahl an den Adressaten übermittelt oder das Wort „Kauf" in „Verkauf" geändert wird, davon abhinge, ob das Telegramm durch ein Versehen des Telegraphisten oder ob es absichtlich unrichtig übermittelt ist.

Über Mitteilung durch das Telephon s. Erl. 2 zu § 130.

§ 121.

E. II § 96 rev. § 117; III § 117. P. II Bd. 1 S. 112 ff., Bd. 6 S. 122 ff., 290 ff. D. S. 614.

1. Über Anfechtung s. Vorbm. zu diesem Abschn. VII. 2, oben S. 182 und Erl. §§ 142—144. **Die Anfechtung muß unverzüglich erfolgen,** nachdem der Berechtigte von dem Anfechtungsgrunde Kenntnis erhalten hat. Der Anfechtungsgrund ist in dem Falle des § 119 der dort bezeichnete Irrtum oder der Mangel des Willens, die Erklärung abzugeben, im Falle des § 120 die unrichtige Übermittelung der Erklärung. Den Anfechtungsgrund des Irrtums oder Willensmangels kann der Berechtigte nicht kennen, solange er nicht weiß, daß die von ihm abgegebene Erklärung ihrem Wortlaute nach etwas anderes sagt, als er gewollt hat. Ist der Berechtigte darüber im Zweifel, was er gesagt oder geschrieben, so beginnt die für die Anfechtung bestimmte Frist erst in dem Zeitpunkt, in welchem er hierüber Gewißheit erlangt hat. Die Dauer der Frist ist durch die Vorschrift bestimmt, daß die Anfechtung unverzüglich erfolgen muß. Der Zeitabschnitt, innerhalb dessen die Anfechtung erfolgen muß, wird also danach bemessen, innerhalb welchen Zeitraums die Anfechtung erfolgen kann, ohne daß ein verschuldetes Zögern anzunehmen ist. Der § 121 ist benutzt, um diese Definition der Ausdrucks „unverzüglich" zu geben. „Unverzüglich" ist also nicht gleichbedeutend mit „sofort". Das „sofort" wird durch jedes Zögern, das „unverzüglich" nur durch schuldhaftes Zögern ausgeschlossen. Schuldhaft ist das Zögern, wenn es absichtlich erfolgt oder wenn den Zögernden der Vorwurf der Fahrlässigkeit trifft (s. Vorbm. III, oben S. 40 ff.). Ob Fahrlässigkeit, also Vernachlässigung der im Verkehr erforderlichen Sorgfalt vorliegt, läßt sich nur nach den Umständen des einzelnen Falles entscheiden. In dem einen Falle kann sie angenommen werden, wenn die Erklärung der Anfechtung nicht in derselben Stunde erfolgt, in welcher der Berechtigte von dem Anfechtungsgrunde Kenntnis erhalten hat; in anderen Fällen wird nach der Auffassung des Verkehrs eine Vernachlässigung der erforderlichen Sorgfalt nicht angenommen werden, wenn die Anfechtung auch erst nach mehreren Tagen erfolgt. In Betracht kommt hierbei insbesondere, ob der Berechtigte annehmen durfte, daß es dem Anfechtungsgegner gleichgültig sei, ob er die Anfechtung etwas früher oder später erfahre. Wenn der Anfechtungsberechtigte bei Anwendung ordnungsmäßiger Sorgfalt annehmen durfte, daß es dem Gegner durchaus gleichgültig sei, ob er die Anfechtung heute oder morgen erfahre, so wird ein schuldhaftes Zögern nicht angenommen werden können, wenn die Anfechtung, obwohl sie sofort möglich war, doch erst an dem folgenden Tage erfolgt (a. A. Kisch in Grünhut Bd. 29 S. 347; Endemann I § 71 Anm. 39; Hölder, Erl. 2 zu § 121). Man wird indessen nicht so weit gehen dürfen, ein schuldhaftes Zögern in allen Fällen zu verneinen, in welchen der Anfechtungsgegner von dem Anfechtungsgrunde Kenntnis hatte oder haben mußte; auch wird dem Berechtigten in solchen Fällen eine exceptio doli gegen die Berufung des Anfechtungsgegners auf das schuldhafte Zögern nicht zu gewähren sein (s. Eck, Heft I S. 49). Der Anfechtungsgegner weiß, auch wenn er den Anfechtungsgrund kennt, nicht, ob der Berechtigte von dem Anfechtungsrechte Gebrauch machen will. Diese Ungewißheit soll nicht länger dauern, als unvermeidlich ist, und deshalb schreibt das BGB. vor, daß die Anfechtung unverzüglich erfolgen müsse.

§. 122. Ist eine Willenserklärung nach §. 118 nichtig oder auf Grund der §§ 119, 120 angefochten, so hat der Erklärende, wenn die Erklärung einem Anderen

---

Der Berechtigte kann also sein Zögern dadurch nicht rechtfertigen, daß der Gegner den Anfechtungsgrund kannte; er war vielmehr verpflichtet, ihn sobald wie möglich aus der Ungewißheit zu befreien, ob die Willenserklärung wirksam oder infolge der Anfechtung unwirksam ist. Ebensowenig aber wird man dem Gegner, der sich hierauf beruft, vorwerfen können, daß er gegen Treu und Glauben handelt.

2. **Inhalt der Anfechtungserklärung.** Der Berechtigte, der die Willenserklärung anfechten will, braucht hier wie in anderen Fällen der Anfechtung nicht gerade dieses Wort zu gebrauchen. Es genügt, wenn erhellt, daß er die Willenserklärung nicht als wirksam gelten lassen will. Ob hierzu die Mitteilung des Irrtums bezw. der Unrichtigkeit der Übermittelung an den Gegner genügt, hängt von den Umständen des Falles ab. Die Mitteilung des Irrtums kann möglicherweise auch nur zu dem Zwecke erfolgen, um eine vergleichsweise Erledigung der Streitfrage anzubahnen; dann ist sie noch nicht als Anfechtung zu betrachten, kann aber möglicherweise geeignet sein darzutun, daß die später wirklich erfolgende Anfechtung ohne schuldhaftes Zögern erfolgt sei.

3. **Absendung der Anfechtungserklärung.** Die Anfechtung ist ein empfangsbedürftiges Rechtsgeschäft. Sie wird also, wenn sie unter Abwesenden erfolgt, nach § 130 erst wirksam, wenn sie dem Anfechtungsgegner zugeht. Um den Zweifel abzuschneiden, ob die Anfechtung als unverzüglich erfolgt zu betrachten ist, wenn sie dem Anfechtungsgegner erst verspätet oder gar nicht zugeht, bestimmt der § 121 Abs. 1 Satz 2, daß die unverzügliche Absendung genüge, um die Frist zu wahren. Damit ist aber nicht gemeint, daß die Anfechtung schon mit der Absendung als erfolgt gilt. Hierzu ist immer erforderlich, daß sie dem Anfechtungsgegner zugeht. Geht ein rechtzeitig abgesandter Brief verloren, so ist die Anfechtung nicht erfolgt. Erfolgt sie aber später, so ist die Frist dadurch gewahrt, daß der nicht angekommene Brief unverzüglich abgesandt ist.

Keine Vorschriften enthält das BGB. darüber, auf welchem Wege die Anfechtungserklärung dem anderen Teile mitzuteilen ist. Es genügt, wenn der im Verkehr übliche Weg, also unter Abwesenden die briefliche Mitteilung durch die Post gewählt wird. Wählt der Berechtigte einen Weg, von dem er voraussehen mußte, daß die Erklärung dem anderen nicht so rasch wie auf dem verkehrsüblichen Wege zugehen werde, gibt er den Brief also z. B. einem Bekannten zur Besorgung, der nach dem Wohnorte des Adressaten zu reisen im Begriff ist, sich aber unterwegs aufzuhalten gedenkt und geht infolge hiervon die Erklärung dem anderen später zu, als wenn sie auf dem verkehrsüblichen Wege abgesandt wäre, so trägt der Anfechtungsberechtigte die Gefahr des von ihm gewählten Weges, das heißt also, die Anfechtung gilt, obwohl sie unverzüglich abgesandt ist, doch nicht als unverzüglich erfolgt (Hölder, Erl. 3 zu § 121).

4. **Beweislast.** Die für die Anfechtung bestimmte Frist beginnt erst, wenn der Berechtigte von dem Anfechtungsgrunde Kenntnis erhalten hat. Wer sich darauf beruft, daß die Anfechtung nicht rechtzeitig erfolgt sei, muß beweisen, daß und wann der Berechtigte von dem Anfechtungsgrunde Kenntnis erhalten hat. Dem Berechtigten liegt dann der Beweis ob, daß die Anfechtung ohne schuldhaftes Zögern erfolgt sei (s. Erl. 3). Statt des Beweises, daß und wann der Berechtigte von dem Anfechtungsgrunde Kenntnis erhalten hat, genügt nach § 121 Abs. 2 auch der Beweis, daß seit der Abgabe der Willenserklärung dreißig Jahre verstrichen sind. Nach den für Präklusivfristen geltenden allgemeinen Grundsätzen müßte der Berechtigte beweisen, daß die Anfechtung innerhalb der dreißigjährigen Frist erfolgt sei. Die Fassung des Abs. 2 „die Anfechtung ist ausgeschlossen, wenn“ ꝛc. ergibt aber, daß die Beweislast hier abweichend hat bestimmt werden sollen. Abgegeben ist eine empfangsbedürftige Willenserklärung in dem Zeitpunkt, in welchem sie nach §§ 130 ff. wirksam wird, nicht wie Hölder, Erl. 4 zu § 121, anzunehmen scheint, schon in dem Zeitpunkt, in welchem sie abgesandt wird.

5. Über die Anfechtung im Prozeß, insbesondere auch über die Frage, ob auch in diesem Falle die Vorschrift des § 121 Anwendung findet, s. Erl. 1 zu § 143.

§ 122.

E. I § 97 Abs. 3, 4, § 99 Abs. 2, 3, §§ 101, 146; II § 97 rev. § 118; III § 118. P. I S. 106 ff., 174 ff., 185 ff., 191 ff., 209 ff., 11901 ff.; M. I S. 194, 200, 202 ff., 281. P. II Bd. 1 S. 98 ff., 116 ff. D. S. 613 ff. RB. S. 1953 ff. StB. S. 2750.

Brock, Das negative Vertragsinteresse 1902 S. 91.

1. **Die im § 122 bestimmte Verpflichtung zum Schadensersatz** ist unabhängig davon, ob dem Erklärenden ein Verschulden zur Last fällt oder nicht. Es ist dies eine Aus-

gegenüber abzugeben war, diesem, anderenfalls jedem Dritten den Schaden zu ersetzen, den der Andere oder der Dritte dadurch erleidet, daß er auf die Gültigkeit der Erklärung vertraut, jedoch nicht über den Betrag des Interesses hinaus, welches der Andere oder der Dritte an der Gültigkeit der Erklärung hat.

Die Schadensersatzpflicht tritt nicht ein, wenn der Beschädigte den Grund der Nichtigkeit oder der Anfechtbarkeit kannte oder in Folge von Fahrlässigkeit nicht kannte (kennen mußte).

---

nahme von dem sonst in dem BGB. festgehaltenen Grundsatze, daß eine Verpflichtung zum Schadensersatze nur im Falle der Verschuldung eintritt. Hier genügt, daß der Erklärende durch seine Handlung den Schaden veranlaßt hat. Voraussetzung der Verpflichtung ist also nur, daß eine Erklärung abgegeben ist, daß diese auf Grund des § 118 oder, weil sie nach Maßgabe der §§ 119—121 angefochten wird, nichtig ist und daß der andere Teil dadurch, daß er auf die Wirksamkeit der Erklärung vertraut, einen Schaden erlitten hat.

2. **Nur das sog. negative Interesse ist zu ersetzen.** Die Willenserklärung ist nichtig; der andere Teil kann daher nicht den Ersatz desjenigen fordern, was er gehabt haben würde, wenn die Erklärung gültig gewesen wäre, sondern nur den Ersatz dessen, was er dadurch eingebüßt, daß er auf die Wirksamkeit der Erklärung vertraut hat.

Ist z. B. bei einem Kaufe die Erklärung des Verkäufers auf Grund der §§ 118—121 nichtig oder anfechtbar und angefochten, so kann der Käufer nicht Ersatz des Wertes des Kaufgegenstandes nach Abzug des Preises und Ersatz des sonstigen Schadens, den er durch die Nichterfüllung des Kaufes gehabt, sondern nur Ersatz desjenigen Schadens verlangen, welchen er dadurch gehabt hat, daß er den ihm möglich gewesenen Kauf einer anderen Sache im Vertrauen auf den sich nun als nichtig herausstellenden Kaufvertrag unterlassen hat. Übersteigt indessen — was unter Umständen möglich ist — der Betrag des negativen Interesses den des Erfüllungsinteresses, so kann nur der letztere Betrag gefordert werden. Der Beweis, daß das Erfüllungsinteresse niedriger ist, liegt dem Verpflichteten ob. Nicht richtig dürfte es sein, daß der Ersatzpflichtige, wie Hölder, Erl. 2 zu § 122, annimmt, seine Verpflichtungen dadurch ausschließen könne, daß er erkläre, das nichtige Rechtsgeschäft gelten lassen zu wollen. Es würde dies insbesondere im Falle der Anfechtung eines gegenseitigen Vertrags für den Anfechtungsgegner, der infolge der Anfechtung annehmen mußte, daß ein Vertrag nicht zustande gekommen, unter Umständen zu großer Unbilligkeit führen.

3. **Ersatzberechtigter.** Handelt es sich um empfangsbedürftige Willenserklärungen, so ist nur der Empfänger Schadensersatz zu verlangen berechtigt. Ein Dritter, der dadurch, daß er die Willenserklärung als gültig betrachtet, einen Schaden erlitten hat, z. B. bei einem Vertrage zu Gunsten eines Dritten dieser Dritte, kann Ersatz nicht fordern. Bei nicht empfangsbedürftigen Willenserklärungen, z. B. bei einer Auslobung, ist jeder Ersatz zu fordern berechtigt, der dadurch, daß er auf die Gültigkeit der Willenserklärung vertraut, einen Schaden erlitten hat. In dem Falle des § 151 jedoch, in welchem die Annahme des Vertragsantrags nicht dem anderen Teile gegenüber erklärt zu werden braucht, wird nach dem Sinne und Zwecke der fraglichen Vorschrift die Verpflichtung zum Schadensersatze, wenn die Annahme nach Maßgabe der §§ 119—121 anfechtbar ist und angefochten wird, nur gegenüber dem Antragenden, nicht gegenüber Dritten, anzunehmen sein.

4. Nach dem E. II und III sollte die Verpflichtung zum Schadensersatz in dem Falle des § 120 wegfallen, wenn die Unrichtigkeit der Übermittelung durch **höhere Gewalt** herbeigeführt worden ist. Auf Antrag der RK. ist diese Beschränkung vom Reichstage beseitigt; die Verpflichtung zum Schadensersatze tritt daher in allen Fällen der §§ 118—120 ein.

5. Die Ersatzpflicht fällt weg, wenn der Beschädigte den Grund der Nichtigkeit oder der Anfechtbarkeit kannte oder kennen mußte. Über die Bedeutung des „Kennen müssen" s. Vorbm. zu diesem Buche III, oben S. 40. Im Falle der Anfechtbarkeit ist es zwar noch ungewiß, ob die Willenserklärung gültig oder infolge der wirklich erfolgenden Anfechtung nichtig ist. Das Kennen oder Kennenmüssen der Anfechtbarkeit genügt aber, um den Anspruch auf Schadensersatz auszuschließen. Bedenklich dürfe es sein, mit Hölder, Erl. 3a zu § 122 im Falle des § 118 dem fahrlässigen Nichtkennen ein Nicht kennen gleich zu stellen, das auf persönlichen Eigenschaften des Beschädigten z. B. auf seiner Kurzsichtigkeit oder Schwerhörigkeit beruht. Bei solchen Eigen-

§. 123. Wer zur Abgabe einer Willenserklärung durch arglistige Täuschung oder widerrechtlich durch Drohung bestimmt worden ist, kann die Erklärung anfechten.

Hat ein Dritter die Täuschung verübt, so ist eine Erklärung, die einem Anderen gegenüber abzugeben war, nur dann anfechtbar, wenn dieser die Täuschung kannte oder kennen mußte. Soweit ein Anderer als derjenige, welchem gegenüber die Erklärung abzugeben war, aus der Erklärung unmittelbar ein Recht erworben hat, ist die Erklärung ihm gegenüber anfechtbar, wenn er die Täuschung kannte oder kennen mußte.

---

schaften kann das Unterlassen einer näheren Erkundigung, infolge deren der Mangel der Ernstlichkeit erkannt wäre, zwar unter Umständen eine Fahrlässigkeit begründen; dies muß im einzelnen Falle aber immer nachgewiesen werden.

6. **Ausgeschlossen ist die Ersatzpflicht** nach § 2078 Abs. 3 im Falle der Anfechtung letztwilliger Verfügungen (s. Erl. 4 zu § 2078).

§ 123.

E. I § 103; II § 98 rev. § 119; III § 119. P. I S. 197 ff., 11644; M. I S. 204 ff. P. II Bd. 1 S. 118 ff., Bd. 6 S. 128 ff. RB. S. 1953, 1954. StB. S. 2750. D. S. 614.

Von Blume in Iherings Jahrb. Bd. 38 S. 224 ff.; von Thur, Zeitschr. f. schweiz. Recht 17, f. Planck, Festgabe der Göttinger Juristenfakultät für Regelsberger S. 153.

1. **Anfechtung wegen Unfreiheit des Willens.** Eine Willenserklärung soll rechtliche Wirkungen nur haben, wenn der Wille frei war. Dies ist nicht der Fall, wenn der Wille durch arglistige Täuschung oder widerrechtlich durch Drohung bestimmt worden ist. Die Unfreiheit des Willens hat aber ebenso wie der Willensmangel infolge Irrtums oder unrichtiger Übermittelung der Erklärung nicht sofort Nichtigkeit, sondern nur Anfechtbarkeit zur Folge. Wird angefochten, so tritt Nichtigkeit ein (§ 142). Über Unanfechtbarkeit einer Aktienzeichnung wegen Betrugs s. RG. v. 4. Juni in DJZ. 1902 S. 435 ff.

2. **Bestimmung durch arglistige Täuschung.** Der E. I erforderte Betrug. Mit Rücksicht darauf, daß es hiernach zweifelhaft sein konnte, ob der strafgesetzliche Tatbestand des Betrugs (StGB. § 263) erfordert werde, ob also eine Vermögensbeschädigung vorliegen müsse, hat die zweite Kommission den Ausdruck Betrug durch arglistige Täuschung ersetzt. Eine solche genügt immer, um die Anfechtbarkeit zu begründen, mag eine Vermögensbeschädigung eingetreten oder bezweckt sein oder nicht. Die Arglist wird dadurch nicht ausgeschlossen, daß der Täuschende im Interesse des anderen Teiles zu handeln glaubte, indem er ihn durch die Täuschung zu der Willenserklärung bestimmte (a. A. Rehbein, Erl. III 3b zu §§ 116—124). Die Täuschung ist arglistig, weil der andere Teil durch die Täuschung bestimmt werden sollte, eine Willenserklärung abzugeben, die er ohne die Täuschung nicht abgegeben haben würde. Gleichgültig ist, ob sich die Täuschung auf wesentliche oder nicht wesentliche Teile der Willenserklärung oder auf beliebige andere Umstände bezieht. Erforderlich ist nur, daß der Erklärende wirklich durch die Täuschung zu der Willenserklärung bestimmt ist. Dies genügt auch dann, wenn der Erklärende zu der Abgabe der Willenserklärung verpflichtet war; nur muß feststehen, daß er nicht durch das Bewußtsein dieser Verpflichtung, sondern durch die arglistige Täuschung zu der Abgabe der Erklärung bestimmt wurde (a. A. Hölder, Erl. 1b zu § 123).

Nicht erforderlich ist, daß der Täuschende deliktsfähig ist (§§ 827, 828). Auch die von einem Geisteskranken oder von einer wegen jugendlichen Alters nicht verantwortlichen Person vorgenommene Täuschung begründet, wenn sie zu dem Zwecke vorgenommen wurde, um den anderen zu einer Willenserklärung zu bestimmen und dieser Zweck erreicht wurde, die Anfechtbarkeit (vgl. Erl. 3d; a. A. Hölder, Erl. 1a zu § 123).

Die arglistige Täuschung erfordert regelmäßig ein positives Handeln, durch welches eine unrichtige Vorstellung in dem anderen hervorgerufen wird. Bestand indessen zwischen den Beteiligten ein Verhältnis, vermöge dessen der eine dem anderen nach Treu und Glauben zur Mitteilung der wahren Sachlage verpflichtet war, so liegt eine arglistige Täuschung auch dann vor, wenn der zur Mitteilung der wahren Sachlage Verpflichtete diese dem anderen zu dem Zwecke verschwieg, um ihn zu einer Willenserklärung zu bestimmen. Beispiele von Urteilen über Fälle dieser Art nach früherem Rechte s. bei Rehbein, Erl. zu §§ 116—124.

3. **Widerrechtliche Bestimmung durch Drohung.** Die sog. **vis absoluta** kommt nicht in Betracht, weil die durch eine solche herbeigeführte Erklärung nur den Schein einer Willenserklärung hervorbringt, in Wirklichkeit aber eine solche nicht ist. Voraussetzung der Anfechtbarkeit ist, daß eine Willenserklärung vorliegt, der Erklärende zu ihr aber durch Drohung widerrechtlich bestimmt ist. Der Vorschrift liegt derselbe Gedanke zu Grunde wie der gemeinrechtlichen **actio quod metus causa**; die Durchführung des Gedankens ist aber eine verschiedene. Es wird erfordert der objektive Tatbestand der durch widerrechtliche Verletzung der Freiheit begangenen unerlaubten Handlung (§ 823). Hier ist es die Willensfreiheit, welche das Gesetz als verletzt ansieht, wenn durch Drohung auf sie eingewirkt wird.

a) Drohung ist die Hervorrufung der Furcht vor einem Übel, dessen Zufügung der Drohende in Aussicht stellt. Auf die Art und Größe des Übels kommt es nicht an. Das von der herrschenden gemeinrechtlichen Theorie aufgestellte Erfordernis, daß das angedrohte Übel auf die Entschließung eines verständigen Menschen einzuwirken geeignet sei, ist nicht aufgenommen. Bei der Prüfung der Frage aber, ob der Bedrohte durch die Drohung wirklich zu der Willenserklärung bestimmt worden ist (s. unter b), wird mit darauf Rücksicht zu nehmen sein, ob das angedrohte Übel auf die Willensentscheidung einzuwirken imstande war.

Die Zufügung des Übels durch den Drohenden muß in Aussicht gestellt sein. Es genügt nicht die Weigerung, den anderen Teil aus einer Notlage, in der er sich befindet, zu befreien. Nur wenn derjenige, welcher die Befreiung aus der Notlage versagt, diese selbst herbeigeführt hat, wenn z. B. ein Arzt, der eine Operation begonnen hat, die Durchführung derselben verweigert oder wenn ein Bergführer den von ihm Geführten an einer gefährlichen Stelle zu verlassen droht, wird in dieser Verweigerung der Hilfe eine Drohung im Sinne des § 123 zu finden sein. In anderen Fällen, in denen eine Notlage durch Verweigerung der Hilfe benutzt wird, um den in der Notlage Befindlichen zu einer Willenserklärung zu bestimmen, kann die Willenserklärung möglicherweise nach § 138 als gegen die guten Sitten verstoßend angesehen werden; der Tatbestand des § 123 liegt aber nicht vor (vgl. Kohler i. Iherings Jahrb. Bd. 25 S. 15ff.; Regelsberger S. 530 Nr. 4).

b) Die Drohung muß erfolgt sein, um den Bedrohten zu einer Willenserklärung zu bestimmen und sie muß diese Wirkung wirklich gehabt haben. Die durch die Drohung erregte Furcht muß die Ursache sein, durch welche der Bedrohte zu der Willenserklärung bestimmt ist.

c) Die Bestimmung durch Drohung muß widerrechtlich sein. Das Erfordernis der Widerrechtlichkeit ist hier in demselben Sinne zu verstehen wie im § 823 (a. A. von Blume a. a. O.). Es soll dadurch nicht ausgedrückt werden, daß zu der Verletzung der Freiheit noch eine besondere Qualifikation hinzutreten müsse. Die Verletzung der Freiheit ist als solche regelmäßig widerrechtlich. Die besondere Hervorhebung der Widerrechtlichkeit hat nur die Bedeutung, daß im einzelnen Falle nicht ein Recht zur Verletzung der Freiheit bestehen darf. Ein solches Recht ist hier anders wie im Falle der arglistigen Täuschung möglich. Zu dieser kann nie ein Recht bestehen; deshalb ist hier das Erfordernis der Widerrechtlichkeit nicht aufgestellt. Zu der Verletzung der Freiheit und insbesondere zu der Verletzung der Willensfreiheit durch Einwirkung auf dieselben vermittelst Drohung aber kann aus verschiedenen Gründen ein Recht bestehen.

α) Nicht in Betracht kommen nach der Natur der hier in Frage stehenden Verletzung die Fälle der Notwehr (§ 227) und des Notstandes (§ 228). Soweit aber jemand nach § 229 zur Selbsthilfe berechtigt ist, ist er auch, um den Zweck der Selbsthilfe zu erreichen, berechtigt, mit den betreffenden Handlungen zu drohen. Ist also obrigkeitliche Hilfe nicht zu erreichen, und besteht ohne sofortiges Eingreifen die Gefahr, daß der Anspruch auf eine Willenserklärung z. B. auf Zahlung einer Geldsumme oder auf Übertragung des Eigentums einer Sache vereitelt oder wesentlich beeinträchtigt wird, so ist die Bedrohung mit den in dem § 229 bezeichneten Handlungen zu dem Zwecke, um den Verpflichteten zu der Willenserklärung zu bestimmen, ebensowenig widerrechtlich, wie die Vornahme jener Handlungen selbst widerrechtlich sein würde.

β) Soweit die Rechtsordnung demjenigen, welchem ein Anspruch zusteht, gewisse Rechte gewährt, um die Verwirklichung des Anspruchs zu erzwingen, insbesondere das Recht auf Erhebung der Klage, auf Verhängung eines Arrestes oder auf eine einstweilige Verfügung ist die Drohung, diese Mittel zum Zwecke der Verwirklichung des Anspruchs anzuwenden, nicht widerrechtlich.

γ) Zweifelhaft und bestritten ist, ob in anderen als den unter *α* und *β* erwähnten Fällen die Widerrechtlichkeit dadurch ausgeschlossen wird, daß die Handlung, mit welcher gedroht wird, an sich nicht widerrechtlich ist. Es dürfte hier zu unterscheiden sein, ob es sich um eine Handlung handelt, die auf Grund der allgemeinen Freiheit zulässig ist oder ob die Ausübung eines besonderen Rechtes in Frage steht. In dem ersteren Falle wird die Bedrohung mit der an sich nicht widerrechtlichen Handlung dadurch zu einer widerrechtlichen, daß sie erfolgt, um den anderen unter Verletzung seiner Willensfreiheit zu einer Willenserklärung zu bestimmen. Die Anzeige eines Verbrechens bei der Staatsanwaltschaft ist nicht widerrechtlich. Wird aber damit gedroht, um einen anderen zu einer Willenserklärung z. B. zu dem Abschluß eines Vertrags zu bestimmen, so ist die hierdurch versuchte Einwirkung auf die Willensfreiheit widerrechtlich. Zweifelhafter ist die Frage, wenn es sich um die Drohung mit der Ausübung eines dem Drohenden zustehenden besonderen Rechtes handelt. Unzweifelhaft liegt hier nicht immer eine Widerrechtlichkeit vor. Wenn der Mieter mit der Ausübung des ihm zustehenden Kündigungsrechts droht, sofern der Vermieter sich nicht zu einer von dem Mieter gewünschten Reparatur der gemieteten Sache verpflichtet oder in die Herabsetzung des Mietpreises willigt, so liegt hierin gewiß keine Widerrechtlichkeit. Wie aber, wenn der Mieter mit der Ausübung des Kündigungsrechts für den Fall droht, daß der Vermieter ihm nicht eine bestimmte Sache verkauft oder daß er nicht einen Erbvertrag schließt oder ein Eheversprechen gibt? Andere Beispielsfälle s. bei Planck S. 170. Die von von Blume und von Hölder S. 274 Nr. 4 vertretene Ansicht, daß es darauf ankomme, ob ein Verstoß gegen die guten Sitten vorliege, dürfte sich nicht rechtfertigen lassen. Widerrechtlichkeiten und Verstoß gegen die guten Sitten haben allerdings unter Umständen ähnliche Wirkungen (vgl. §§ 823, 826); aber das BGB. unterscheidet doch scharf zwischen beiden. In Fällen der gedachten Art kann möglicherweise die durch die Drohung veranlaßte Willenserklärung gegen die guten Sitten verstoßen; dann ist sie nach § 138 nichtig und eine Anfechtung ist weder nötig noch möglich. An Fälle dieser Art kann daher bei dem Erfordernisse der Widerrechtlichkeit im § 123 nicht gedacht sein. Als widerrechtlich wird die Ausübung eines Rechtes nur dann angesehen werden können, wenn sie gegen die Vorschrift des § 226 verstößt, wenn sie also nur den Zweck haben kann, einem anderen Schaden zuzufügen (s. Erl. zu § 226). Hieraus ist zu folgern, daß auch die Drohung mit der Ausübung eines Rechtes und die dadurch bezweckte Einwirkung auf die Willensentscheidung des Bedrohten nur dann widerrechtlich ist, wenn die für den Fall, daß die verlangte Willenserklärung nicht erfolgt, angedrohte Rechtsausübung den Umständen nach keinen anderen Zweck haben kann, als dem Bedrohten einen Schaden zuzufügen. Dies wird in dem obigen Beispielsfalle wohl immer anzunehmen sein, wenn die Kündigung für den Fall angedroht wird, daß der Erbvertrag nicht abgeschlossen und das Eheversprechen nicht gegeben wird. In anderen Fällen wird bei der Entscheidung der Frage, ob die gedachte Voraussetzung den Umständen nach als vorliegend anzusehen ist, insbesondere mit in Betracht zu ziehen sein, ob und welcher wirtschaftliche Zusammenhang zwischen der angedrohten Rechtsausübung und der verlangten Willenserklärung besteht.

δ) Nicht ausgeschlossen wird die Widerrechtlichkeit dadurch, daß der Drohende ein Recht auf die Willenserklärung hat. Die Bestimmung zu der Bewirkung einer geschuldeten Leistung durch die Drohung, den Schuldner zu töten oder zu mißhandeln, ist widerrechtlich; denn aus dem Rechte auf die Leistung folgt nicht das Recht, die Willensfreiheit des Schuldners in betreff der Bewirkung der Leistung durch Drohung zu verletzen. Nur unter den im § 229 bestimmten Voraussetzungen ist die Selbsthilfe und die Drohung mit derselben zulässig (s. unter α; a. A. von Blume; Cosack, Bd. 1 S. 214, 215; Hölder S. 272 Nr. 1b). Die Richtigkeit dieser Auffassung tritt besonders klar hervor, wenn die Willenserklärung, um welche es sich handelt, in der Einräumung des Besitzes besteht. Diese ist zwar kein Rechtsgeschäft aber eine Rechtshandlung, auf welche die Vorschriften über Rechtsgeschäfte entsprechende Anwendung finden. Die ohne den Willen des Besitzers erfolgende Entziehung des Besitzes ist nach § 858 widerrechtlich. Es würde widersinnig sein, die durch Drohung mit Tötung oder Mißhandlung erwirkte Zustimmung zu der Entziehung des Besitzes für nicht widerrechtlich anzusehen. Der Besitzer kann die Zustimmung nach § 123 anfechten und es steht ihm, wenn er dies tut, die Besitzklage zu. Dieser gegenüber kann das Recht zum Besitze nach § 863 nicht geltend gemacht werden, und es kann daher für den Besitzer, dem der Besitz entzogen ist, praktisch von großer Bedeutung sein, die Besitzklage zu erlangen. In anderen Fällen, in welchen es sich nicht um die geschuldete Einräumung des Besitzes, sondern um eine andere Leistung, insbesondere um eine Geldleistung handelt, ist die Frage regelmäßig von geringerer praktischer Bedeutung, weil dem Schuldner, wenn er die in der Leistung liegende Willenserklärung anficht und deshalb das Geleistete zurückfordert, eine Einrede auf Grund seiner Verpflichtung zur Leistung entgegensteht, und der Gläubiger, wenn es sich um eine Geldleistung handelt, seinen Anspruch auf Leistung gegen den Anspruch des Schuldners auf Herausgabe der durch die nichtige Leistung erlangten

Bereicherung aufrechnen kann. Die Ansicht von **Enneccerus** S. 206, daß die Einrede und die Aufrechnung auf Grund der Vorschriften der §§ 273 Abs. 2, 393 nicht zulässig seien, dürfte nicht richtig sein, weil es sich nicht um den Anspruch auf Schadensersatz wegen der durch die Drohung begangenen unerlaubten Handlung, sondern um den Anspruch auf Herausgabe der durch die nichtige Leistung erlangten ungerechtfertigten Bereicherung handelt, und dieser, auch wenn zugleich der Tatbestand einer vorsätzlich begangenen unerlaubten Handlung vorliegen sollte — was keineswegs immer der Fall ist (s. unter d) — nicht ohne weiteres den Anspruch aus dieser unerlaubten Handlung gleichgestellt werden kann.

d) Nur der objektive Tatbestand der Verletzung der Freiheit wird im § 123 erfordert. Nicht der subjektive Tatbestand, welcher zur Begründung eines Anspruchs auf Schadensersatz wegen unerlaubter Handlung erforderlich ist. Es kommt also nicht darauf an, ob der Drohende deliktsfähig ist (§§ 827, 828). Wenn **Hölder** S. 271, 272 Nr. 1a das Gegenteil aus dem Erfordernisse der Widerrechtlichkeit folgert, so dürfte dies unrichtig sein. Das Erfordernis der Widerrechtlichkeit bezieht sich nur auf den objektiven Tatbestand; es ergibt sich dies aus einer Vergleichung des § 823 mit den §§ 827, 828.

Auch das nach § 823 zu dem subjektiven Tatbestand einer unerlaubten Handlung gehörende Erfordernis des Vorsatzes oder der Fahrlässigkeit kommt bei dem § 123 nicht in Betracht. In dem Begriffe der Bestimmung durch Drohung liegt freilich insofern ein subjektives Moment, als die Drohung zu dem Zwecke erfolgen muß, um den Bedrohten zu der Willenserklärung zu bestimmen (s. oben unter b). Das Erfordernis des Vorsatzes oder der Fahrlässigkeit im § 823 geht aber weiter. Es bezieht sich insbesondere auch auf die Widerrechtlichkeit. Hielt bei einer objektiven Verletzung der Freiheit der Täter seine Handlung aus entschuldbarem Irrtume nicht für widerrechtlich, so haftet er nicht wegen unerlaubter Handlungen, sondern ist nur auf Grund der positiven Bestimmung des § 231 zum Schadensersatze verpflichtet. Der entschuldbare Irrtum über die Widerrechtlichkeit der Drohung schließt aber die Anfechtbarkeit auf Grund des § 123 nicht aus.

Zweifelhaft ist, ob der § 123 Anwendung findet, wenn der Drohende die Drohung nicht ernstlich meinte, der Bedrohte sie aber für ernstlich hielt und dadurch zu der Willenserklärung bestimmt wurde. Überwiegende Gründe dürften dafür sprechen, auch hier für genügend zu halten, daß sich die Drohung objektiv als eine solche darstellt, die zu dem Zwecke erfolgt, den Bedrohten zu der Willenserklärung zu bestimmen. Die Freiheit des Willens ist in diesem Falle, wenn der Bedrohte die Drohung für ernstlich hielt, ebenso verletzt wie in dem Falle, daß die Drohung von einem Wahnsinnigen erfolgte.

e) Keine Anwendung findet der § 123, wenn der Erklärende durch die Drohung in einen Zustand der im § 105 Abs. 2 bezeichneten Art versetzt ist. Die Willenserklärung ist dann nichtig und Anfechtung daher weder nötig noch möglich. Nicht zu berücksichtigen sein wird die Möglichkeit, daß der Erklärende bei der abgenötigten Erklärung den geheimen Vorbehalt gemacht hat, das Erklärte in Wirklichkeit nicht zu wollen und daß der andere Teil dies gewußt hat. Nach § 116 Satz 2 würde eine empfangsbedürftige Erklärung in einem solchen Falle nichtig sein. Aber nach der Absicht des Gesetzes dürfte in diesem Falle nicht der § 116, sondern nur der § 123 anwendbar sein.

4. Die von einem Dritten verübte Täuschung begründet nach Abs. 2 Satz 1 bei empfangsbedürftigen Willenserklärungen die Anfechtbarkeit nur, wenn der Empfänger bei dem Empfange der Erklärung wußte oder wissen mußte, daß der Erklärende durch die Täuschung zu der Erklärung bestimmt sei. Über den Begriff des Kennenmüssens s. Vorbm. zu diesem Buche III oben S. 40. Bei nicht empfangsbedürftigen Willenserklärungen ist es gleichgültig, von wem die Täuschung verübt ist. Die Ansicht von **Hölder**, Erl. 5 zu § 123, daß in diesem Falle der Erklärende, wenn er anfechte, nach Maßgabe des § 122 zum Schadensersatze verpflichtet sei, dürfte sich in Ermangelung einer dies bestimmenden gesetzlichen Vorschrift nicht rechtfertigen lassen; eine entsprechende Anwendung des § 122 ist unzulässig, weil der Fall einer Anfechtung wegen eines durch arglistige Täuschung herbeigeführten Irrtums sich wesentlich von dem Falle unterscheidet, daß die Anfechtung lediglich auf einen Irrtum gegründet wird. Die Ausnahme des Abs. 2 Satz 1 bezieht sich nicht auf den Fall der widerrechtlichen Bestimmung durch Drohung. Es sind hauptsächlich rechtspolitische Gründe, die dazu geführt haben, im Falle der Drohung die Anfechtbarkeit ohne Rücksicht darauf eintreten zu lassen, ob der Empfänger die Anfechtbarkeit kannte oder kennen mußte.

5. Ausnahmsweise ist nach Abs. 2 Satz 2, der erst von der zweiten Kommission eingestellt ist, bei einer empfangsbedürftigen Willenserklärung **die Anfechtung** nicht nur gegen den Empfänger, sondern auch **gegen einen Dritten zulässig, der unmittelbar aus der Erklärung ein Recht erworben hat.** Diese Bestimmung findet insbesondere Anwendung bei Verträgen zu Gunsten Dritter (§§ 328 ff.). Soweit der Dritte durch den Vertrag ein Recht erworben hat, ist ihm gegenüber der Vertrag anfechtbar, wenn er die Täuschung, durch welche der Versprechende zu dem Vertrage bestimmt worden ist, kannte oder kennen mußte. Erfolgt die Anfechtung, so tritt nicht etwa eine relative Nichtigkeit ein, vielmehr ist der Vertrag, soweit der Dritte dadurch ein Recht erworben hat, jedem gegenüber nichtig. Das Rechtsverhältnis zwischen den Vertragschließenden wird dadurch unmittelbar nicht berührt. Der Vertrag bleibt für sie wirksam. Da aber derjenige Teil des Vertrags, nach welchem der Dritte unmittelbar aus dem Vertrag ein Recht erwerben sollte, nichtig ist, so kann es in Frage kommen, ob nicht auf Grund der Vorschriften des § 139 über teilweise Nichtigkeit eines Rechtsgeschäfts der ganze Vertrag hinfällig wird. Bestritten wird die Anwendbarkeit des Abs. 2 Satz 2 auf Verträge zu Gunsten Dritter von Hellwig, Verträge auf Leistung an Dritte S. 286 ff. Die von ihm dafür angeführten Gründe dürften aber nicht durchschlagend sein. Zunächst gibt der Wortlaut des Abs. 2 Satz 2 keinen Anhalt dafür, daß darin, wie Hellwig annimmt, nur an Fälle gedacht sei, in welchen lediglich der Dritte, nicht aber der Versprechensempfänger ein Recht aus dem Versprechen erworben habe; die Vorschrift lautet vielmehr ganz allgemein. Nicht zutreffend ist ferner der Grund, daß durch die Zulassung der Anfechtung gegen den Dritten auch der Vertrag mit dem Versprechensempfänger hinfällig werde, während dieser doch, wenn er die Täuschung weder kannte noch kennen mußte, geschützt werden solle. Richtig ist zwar, wie schon oben hervorgehoben, daß infolge der Anfechtung gegen den Dritten nach § 139 auch das Versprechen gegenüber dem Versprechensempfänger hinfällig werden kann. Abgesehen indessen davon, daß dies keineswegs immer einzutreten braucht, so ist durch die Vorschrift des Abs. 2 Satz 2 gerade eine Modifikation der sonst aus Abs. 2 Satz 1 sich ergebenden Folgen beabsichtigt. Zu denken ist an solche Fälle, in welchen die Täuschung mit Wissen und Willen des Dritten oder vielleicht gar von ihm selbst verübt worden ist. Es würde durchaus unbillig sein, wenn hier der Dritte zum Nachteil des Versprechenden das zugesicherte Recht unanfechtbar erhielte und dadurch sein widerrechtliches Verhalten belohnt würde. Die Rücksicht auf die bona fides des Versprechensempfängers soll dem Dritten nicht nützen und muß selbst dann zurücktreten, wenn infolge des Wegfalls des Rechtes des Dritten auch das Recht des Versprechensempfängers wegfällt. Was endlich die praktischen Schwierigkeiten anlangt, die sich nach Hellwig aus der Anwendung des Abs. 2 Satz 2 auf die Verträge zu Gunsten Dritter ergeben, so sind diese nicht unüberwindlich. Eine solche Schwierigkeit scheint freilich zu entstehen, wenn der Dritte das Recht nach §§ 328, 331 nicht sofort mit dem Abschlusse des Vertrags, sondern erst später erwirbt. Wäre die Anfechtung gegen den Dritten in solchem Falle erst zulässig, nachdem er das Recht erworben hat, so würde die Vorschrift des § 124, nach welcher die Anfechtungsfrist von einem Jahre mit dem Zeitpunkte beginnt, in welchem der Anfechtungsberechtigte von der Täuschung Kenntnis erhalten, für den Fall das Anfechtungsrecht illusorisch machen, daß der Anfechtungsberechtigte schon früher als ein Jahr vor dem Erwerbe des Rechtes durch den Dritten von der Täuschung Kenntnis erhalten hat. Es dürfte indessen zulässig sein, die Anfechtung gegen den Dritten, dessen Recht, wenn es entsteht, doch unmittelbar aus dem Vertrag entsteht, sofort nach dem Abschlusse des Vertrags zuzulassen, auch wenn es nach der Bestimmung des Vertrags erst später zur Entstehung gelangt. Nicht in Betracht kommt der Fall des § 332. Denn wenn der Versprechensempfänger sich die Befugnis vorbehalten hat, ohne Zustimmung des Versprechenden das Recht auf die versprochene Leistung einem anderen als dem in dem Vertrage bestimmten Dritten zuzuwenden und er von dieser Befugnis Gebrauch macht, so erwirbt der andere das Recht erst durch diese Zuwendung von seiten des Versprechensempfängers, nicht unmittelbar auf Grund des ursprünglichen Vertrags. Das Verhältnis ist dann ebenso zu beurteilen, wie wenn der Versprechensempfänger ein von ihm erworbenes Recht später einem anderen abtritt.

Als maßgebender Zeitpunkt für das Kennen oder Kennenmüssen des Dritten wird nach dem Zwecke der Vorschrift und nach ihrem Zusammenhange mit Abs. 2 Satz 1 derjenige Zeitpunkt zu betrachten sein, in welchem die betreffende Willenserklärung erfolgte (s. Hölder, Erl. 5 zu § 123), nicht wie Dernburg I § 146 Anm. 12 anzunehmen scheint, der Zeitpunkt des Erwerbes des Rechtes.

Einen weiteren Fall der Anwendbarkeit des Abs. 2 Satz 2 bildet die durch Vertrag zwischen dem Gläubiger und einem Dritten erfolgende Schuldübernahme (§ 414). Gegenüber dem hierdurch

§. 124. Die Anfechtung einer nach §. 123 anfechtbaren Willenserklärung kann nur binnen Jahresfrist erfolgen.

Die Frist beginnt im Falle der arglistigen Täuschung mit dem Zeitpunkt, in welchem der Anfechtungsberechtigte die Täuschung entdeckt, im Falle der Drohung mit dem Zeitpunkt, in welchem die Zwangslage aufhört. Auf den Lauf der Frist finden die für die Verjährung geltenden Vorschriften des §. 203 Abs. 2 und der §§. 206, 207 entsprechende Anwendung.

Die Anfechtung ist ausgeschlossen, wenn seit der Abgabe der Willenserklärung dreißig Jahre verstrichen sind.

---

befreiten Schuldner findet die Anfechtung nach Maßgabe des Abs. 2 Satz 2 statt (Hellwig, S. 286 Anm. 562). Über andere Fälle, in welchen die Anwendung des § 123 Abs. 2 Satz 2 in Frage kommt, s. Erl. 4 zu § 167 und Erl. 3 zu § 182.

6. Dolus incidens. Bezieht sich die arglistige Täuschung oder Drohung nur auf einen Teil des Rechtsgeschäfts (sog. dolus incidens), so ist nur dieser Teil anfechtbar. Tritt infolge der Anfechtung Nichtigkeit dieses Teiles ein, so bestimmen sich die Folgen für das ganze Rechtsgeschäft nach § 139.

7. Konkurrierender Anspruch aus unerlaubter Handlung. In der arglistigen Täuschung oder Drohung, welche die Anfechtbarkeit einer Willenserklärung begründet, liegt meistens zugleich der Tatbestand einer unerlaubten Handlung, auf Grund deren der Täter zum Schadensersatze verpflichtet ist (§§ 823, 826). Auf Grund dieser Verpflichtung ist nach § 249 der Zustand wieder herzustellen, der vorhanden sein würde, wenn der Schaden nicht eingetreten wäre. Die Wiederherstellung dieses Zustandes erfolgt im vorliegenden Falle durch Aufhebung der betreffenden Willenserklärung. Soweit der Anspruch hierauf geht, ist er gegenstandslos, wenn die Willenserklärung infolge der Anfechtung nichtig ist, und kann in solchem Falle auf Grund des Anspruchs aus der unerlaubten Handlung nur noch der Ersatz desjenigen Schadens in Geld verlangt werden, welcher durch den Wegfall der Willenserklärung nicht gedeckt wird. Von Bedeutung bleibt aber der Anspruch auf Wiederherstellung des früheren Zustandes, wenn die Anfechtung infolge des Ablaufs der Anfechtungsfrist ausgeschlossen ist. Ist der Anspruch aus der unerlaubten Handlung verjährt, so bleibt noch der Anspruch aus der ungerechtfertigten Bereicherung (§ 852), und sofern durch die betreffende Willenserklärung eine Verpflichtung begründet war, eine von der Verjährung des Anspruchs auf Aufhebung derselben unabhängige Einrede (§§ 821, 853).

8. Besondere Vorschriften gelten für die Ehe nach den §§ 1334, 1335, für letztwillige Verfügungen und für Erbverträge nach den §§ 2078, 2281.

§ 124.

E. I § 104; II § 99 rev. § 120; III § 120. P. I S. 206 ff., 274, 11644 ff.; M. I S. 204 ff. P. II Bd. 1 S. 120 ff., Bd. 6 S. 129, 290 ff. D. S. 614.

1. Anfechtungsfrist. Die Anfechtung ist in zweifacher Art zeitlich beschränkt. Sie muß innerhalb eines Jahres erfolgen, nachdem die Täuschung entdeckt ist oder die Zwangslage aufgehört hat; sie muß aber ferner ohne Rücksicht auf die letztgedachten Umstände innerhalb dreißig Jahren nach der Abgabe der Willenserklärung erfolgen. Die Zwangslage hat aufgehört, wenn der Anfechtungsberechtigte von der Anfechtung nicht mehr durch die Drohung abgehalten wird, durch welche er zu der Willenserklärung bestimmt wurde. Unbegründet ist die Ansicht von Hölder, Erl. 2a zu § 124, daß die Frist für die Anfechtung wegen Täuschung erst in dem Zeitpunkte beginne, in welchem der Anfechtungsberechtigte die Täuschung zu beweisen imstande sei; der klare Wortlaut des Gesetzes steht einer solchen anomalen Annahme entgegen. Die Beweislast in betreff der einjährigen Frist bestimmt sich nach denselben Grundsätzen wie im Falle des § 121 (s. Erl. 4 zu § 121). Wer den Ausschluß der Anfechtung geltend macht, hat zu beweisen, daß und wann die Täuschung entdeckt ist bezw. die Zwangslage aufgehört hat. Dem Anfechtungsberechtigten liegt dann der Beweis ob, daß die Anfechtung innerhalb Jahresfrist seit jenem Zeitpunkt erfolgt sei. Erfolgt die Anfechtung in Abwesenheit des Gegners, so muß sie ihm nach § 130 innerhalb der Jahresfrist zugehen. Befindet sich der Anfechtungsberechtigte in Unkenntnis über die Person des Anfechtungsgegners oder ist dessen Aufenthalt unbekannt, so ist nach Maßgabe des § 132 Abs. 2 zu verfahren. Nach M. I S. 200 ist die Frage, ob die einjährige Frist bei nicht empfangsbedürftigen Willenserklärungen, z. B. bei der Auslobung, überhaupt läuft, solange ein bestimmter Anfechtungsgegner nicht vorhanden ist, der Entscheidung durch die Wissenschaft überlassen. Die Entscheidung der Frage dürfte davon abhängen, ob die Anfechtung erst möglich ist, nachdem ein bestimmter Anfechtungsgegner vorhanden ist oder ob sie schon vorher erfolgen kann. Bei der ersteren Annahme würde die Anfechtungsfrist, wenn sie mit dem Zeitpunkte begönne, in welchem der Anfechtungsberechtigte von der Täuschung Kenntnis erhalten bezw. in welchem die Zwangslage aufgehört hat, möglicherweise schon abgelaufen sein, bevor die Anfechtung möglich gewesen ist. Die Anfechtung würde also in solchem Falle ausgeschlossen sein. Bei der zweiten Annahme fällt dieses Bedenken weg. Für die erstgedachte Annahme scheint zu sprechen, daß die Anfechtung nach § 143 Abs. 1 durch Erklärung gegenüber dem Anfechtungsgegner erfolgt, Anfechtungsgegner aber bei einer nicht empfangsbedürftigen Willenserklärung nach § 143 Abs. 4 jeder ist, der aus der Willenserklärung unmittelbar einen rechtlichen Vorteil erlangt hat. Hieraus scheint zu folgen, daß die Anfechtung nicht möglich ist, bevor nicht jemand vorhanden ist, der unmittelbar einen solchen rechtlichen Vorteil erlangt hat. Diese Folgerung wird indessen durch die Vorschrift des § 132 Abs. 2 widerlegt, nach welcher die einem anderen gegenüber abzugebende Erklärung, wenn der Erklärende sich in einer nicht auf Fahrlässigkeit beruhenden Unkenntnis über die Person des anderen befindet, auf dem dort bezeichneten Wege erfolgen kann. Bei dieser Vorschrift ist zunächst wohl an solche Fälle gedacht, in welchen die Person desjenigen, gegenüber welchem die Erklärung abzugeben ist, objektiv feststeht und nur eine subjektive Unkenntnis stattfindet. Der Wortlaut der fraglichen Vorschrift läßt indessen eine Anwendung derselben auch auf Fälle der hier fraglichen Art zu. Für eine solche Auslegung spricht das praktische Bedürfnis. Dies tritt insbesondere bei der Auslobung deutlich hervor. Ist eine solche nach § 658 unter Verzicht auf den Widerruf erfolgt, so erfordert sowohl das Interesse des Auslobenden, als derjenigen welche auf Grund der Auslobung ein Recht erwerben können, daß der Auslobende, wenn die Auslobung wegen arglistiger Täuschung oder Drohung anfechtbar war, die Anfechtung öffentlich erklären kann, sobald er von der Täuschung Kenntnis erhalten hat bezw. die Zwangslage weggefallen ist. Diesem Bedürfnisse wird durch eine nach Maßgabe des § 132 Abs. 2 erfolgende Erklärung der Anfechtung genügt und die Rücksicht auf die bei der Auslobung Beteiligten erfordert, daß der Auslobende von dieser Möglichkeit Gebrauch macht. Es erscheint daher durchaus billig, daß die Anfechtungsfrist auch in diesem Falle mit der Kenntnis von der Täuschung bezw. mit dem Wegfalle der Zwangslage zu laufen beginnt (a. A. Staudinger, Erl. 2. zu § 124).

2. **Die Vorschriften über Hemmung und Unterbrechung** der Verjährung finden prinzipiell auf Präklusivfristen keine Anwendung. Aus Gründen der Billigkeit wird aber hier für die Berechnung der einjährigen (nicht der dreißigjährigen) Frist die entsprechende Anwendung der §§ 203 Abs. 2, 206, 207 vorgeschrieben (s. Vorbm. zum vierten Abschnitt). Hieraus ergibt sich folgendes: Die Frist läuft nicht, solange der Berechtigte durch höhere Gewalt an der Anfechtung behindert ist (§ 203 Abs. 2). Die Frist endigt, wenn der Berechtigte innerhalb derselben geschäftsunfähig oder in der Geschäftsfähigkeit beschränkt ist und einen gesetzlichen Vertreter nicht hat, nicht vor dem Ablaufe von sechs Monaten nach dem Zeitpunkt, in welchem er unbeschränkt geschäftsfähig geworden ist oder der Mangel der Vertretung aufgehört hat. Diese Vorschrift findet keine Anwendung, soweit der in der Geschäftsfähigkeit Beschränkte der Einwilligung des gesetzlichen Vertreters zu der Anfechtung nicht bedarf; er bedarf ihrer nicht in den Fällen der §§ 112, 113 (§ 206). Die Frist endigt, wenn das Anfechtungsrecht zu einem Nachlasse gehört oder wenn die Anfechtung gegenüber einem Nachlaß erfolgen muß, nicht vor dem Ablaufe von sechs Monaten nach dem Zeitpunkt, in welchem die Erbschaft von dem Erben angenommen oder der Konkurs über den Nachlaß eröffnet ist oder von welchem an die Anfechtung von einem Vertreter oder gegen einen Vertreter erfolgen kann (§ 207). In dem Falle des § 203 hat der Berechtigte zu beweisen, wie lange die Behinderung durch höhere Gewalt gedauert hat und daß die Anfechtung innerhalb der um diese Zeit verlängerten Frist erfolgt ist. In dem Falle des § 206 hat der Anfechtungsberechtigte zu beweisen, daß er geschäftsunfähig oder in der Geschäftsfähigkeit beschränkt gewesen ist und einen gesetzlichen Vertreter nicht gehabt hat; dem anderen Teile liegt dann der Beweis ob, wann die unbeschränkte Geschäftsfähigkeit eingetreten ist oder der Mangel der Vertretung aufgehört hat; demgegenüber hat der Anfechtungsberechtigte wieder zu beweisen, daß die Anfechtung innerhalb sechs Monaten von dem fraglichen Zeitpunkt an erfolgt ist. Entsprechend gestaltet sich die Beweislast im Falle des § 207.

3. Über die **Berechnung der Fristen** bestimmen die §§ 187 Abs. 1, 188 Abs. 2.

§. 125. Ein Rechtsgeschäft, welches der durch Gesetz vorgeschriebenen Form ermangelt, ist nichtig. Der Mangel der durch Rechtsgeschäft bestimmten Form hat im Zweifel gleichfalls Nichtigkeit zur Folge.

---

4. Besondere Vorschriften enthalten über die Frist zur Anfechtung der Ehe § 1339, über die Frist zur Anfechtung einer letztwilligen Verfügung § 2082.

§ 125.

E. I § 91 Abs. 2; II § 104 Abs. 2 rev. § 121; III § 121. P. I S. 145 ff., 150 ff.; M. I S. 178 ff. P. II Bd. 1 S. 87 ff., Bd. 6 S. 130 ff. D. S. 614 ff. KB. S. 1954. StB. S. 2750.

Loewe, Die Form der Rechtsgeschäfte im BGB. 1899.

1. Gesetzliche Form der Rechtsgeschäfte. Regel ist, daß ein Rechtsgeschäft einer besonderen Form nicht bedarf. Dieser Grundsatz war in dem E. I § 91, II § 104 ausdrücklich ausgesprochen. Im E. III sowie in dem BGB. ist die betreffende Vorschrift weggelassen, weil es sich von selbst versteht, daß eine Form nur soweit erforderlich ist, als das Gesetz sie vorschreibt. Der Mangel der gesetzlich vorgeschriebenen Form hat die Nichtigkeit zur Folge. Das BGB. kennt folgende Formen: Schriftliche Errichtung des Rechtsgeschäfts (§§ 126, 127), gerichtliche oder notarielle Beurkundung (§ 128), öffentliche Beglaubigung (§ 129), öffentliche Urkunden (§§ 1718, 1720); ferner für Verträge: Errichtung vor Gericht oder Notar oder vor einer sonstigen Behörde bei gleichzeitiger Anwesenheit beider Parteien (s. z. B. die §§ 925, 1317, 1750, 2231). Nach RG. Bd. 48 S. 183 ff. genügt, wenn in einem gerichtlichen Vergleiche Rechtsgeschäfte vorgenommen werden, die gesetzlich einer Form bedürfen, immer der gerichtliche Vergleich, wenn die Rechtsgeschäfte einen integrierenden Bestandteil desselben bilden. Dies soll insbesondere gelten, wenn auf Grund des EG. Art. 141 die Landesgesetze bei vorgeschriebener gerichtlicher oder notarieller Form nur die Notare für zuständig erklärt haben. Die Vorschrift des EG. Art. 141 komme nicht in Betracht, da er sich nur auf Akte der freiwilligen Gerichtsbarkeit beziehe. Der gerichtliche Vergleich genüge auch, wenn gleichzeitige Anwesenheit beider Parteien oder schriftlicher Abschluß gefordert werde. Nur für die Eheschließung genüge er nicht. Unentschieden gelassen wird die Frage, ob er genügt, wenn die Auflassung vor dem Grundbuchamte vorgeschrieben ist und ob EG. Art. 143 hier eventuell von Einfluß ist (vgl. auch **Nußbaum**, Über die Giltigkeit der landesgesetzlichen Vorschriften für Rechtsgeschäfte öffentlichrechtlicher Körperschaften, im Arch. f. bürgl. Recht Bd. 21 S. 1 ff.).

2. Die Bestimmung einer Form durch Rechtsgeschäft kann die Bedeutung haben, daß die Wirksamkeit des Rechtsgeschäfts, für welches die Form bestimmt ist, erst dann eintreten soll, wenn die Form beobachtet ist; die Form kann aber auch nur dazu bestimmt sein, den Beweis des Rechtsgeschäfts zu sichern. Der § 125 Satz 2 gibt eine Auslegungsregel zu Gunsten der ersten Alternative. Die Bestimmung der Form erfolgt regelmäßig durch Vertrag, kann aber auch durch letztwillige Verfügung erfolgen. Sie wird entweder durch einen Vorvertrag in der Art getroffen, daß ein anderer Vertrag, über welchen Verhandlungen schweben, erst mit der Beobachtung der Form wirksam werden soll; oder sie wird durch Vertrag oder letztwillige Verfügung dahin getroffen, daß gewisse von den Parteien oder einer derselben in Zukunft vorzunehmenden Rechtsgeschäfte, z. B. eine Änderung des Vertrags, der Rücktritt von demselben, eine Kündigung, an die Beobachtung der Form gebunden sein soll. Für beide Arten gilt die Regel des § 125 Satz 2 (Rspr. Bd. 6 S. 219). Ist durch einen Vorvertrag eine Form für den beabsichtigten Hauptvertrag vorgeschrieben, so kann der Vorvertrag durch Vereinbarung der Parteien, ohne daß es der Beobachtung einer Form bedarf, wieder aufgehoben werden, sofern nicht auch für die Aufhebung die Form vereinbart ist. Daraus ergibt sich, daß, wenn der beabsichtigte Hauptvertrag ohne die Beobachtung der durch den Vorvertrag vorgeschriebenen Form geschlossen und dessen Erfüllung erfolgt und angenommen ist, hierin unter Umständen eine stillschweigende Vereinbarung gefunden werden kann, durch welche der Vorvertrag aufgehoben und der infolge davon der Form nicht mehr bedürfende Hauptvertrag geschlossen ist. Auch der Vertrag, durch welchen für gewisse einseitige Rechtsgeschäfte, z. B. Kündigung, eine Form vorgeschrieben ist, kann unter Umständen als stillschweigend aufgehoben anzusehen sein, wenn das betreffende Rechtsgeschäft mit Einwilligung beider Teile ohne die vorgeschriebene Form vorgenommen ist. Eine Konsequenz des Satz 2 enthält der § 154 Abs. 2.

3. Punktation. Ist gesetzlich oder rechtsgeschäftlich für einen Vertrag eine Form vorgeschrieben, so ist die schriftliche Aufzeichnung der Vertragsbestimmungen, eine sog. Punktation,

§. 126. Ist durch Gesetz schriftliche Form vorgeschrieben, so muß die Urkunde von dem Aussteller eigenhändig durch Namensunterschrift oder mittelst gerichtlich oder notariell beglaubigten Handzeichens unterzeichnet werden.

Bei einem Vertrage muß die Unterzeichnung der Parteien auf derselben Urkunde erfolgen. Werden über den Vertrag mehrere gleichlautende Urkunden aufgenommen, so genügt es, wenn jede Partei die für die andere Partei bestimmte Urkunde unterzeichnet.

Die schriftliche Form wird durch die gerichtliche oder notarielle Beurkundung ersetzt.

---

rechtlich ohne Bedeutung, und kann insbesondere auf Grund derselben nicht die Vollziehung der Form verlangt werden.

4. **Die Erfüllung heilt den Formmangel nicht** (s. jedoch für die rechtsgeschäftlich bestimmte Form Erl. 2). In einzelnen Fällen einer gesetzlich vorgeschriebenen Form macht das BGB. eine Ausnahme von dieser Regel (s. z. B. die §§ 313, 518, 566, 766, 1154 Abs. 2, 2301). Die Ansicht, daß die Erfüllung den Formmangel auch in den Fällen der §§ 311, 2033 Abs. 1, 761 heile (Hachenburg, Vorträge S. 96 ff., Düringer-Hachenburg, das HGB. Bd. II S. 18) dürfte mit den Vorschriften des BGB. nicht vereinbar sein.

5. **Nebenberedungen**, die neben einem in der vorgeschriebenen Form geschlossenen Vertrag ohne die Beobachtung der Form getroffen werden, sind nichtig (Rspr. Bd. 4 S. 207 ff.). Betrafen die Nebenberedungen Punkte, über die eine Vereinbarung getroffen werden sollte, so ist nach Maßgabe der §§ 154, 155 zu beurteilen, ob nicht der ganze Vertrag überhaupt als noch nicht zustande gekommen anzusehen ist. Über Nebenberedungen bei einem schriftlichen aber der Schriftform nicht bedürfenden Vertrage s. RG. Bd. 52 S. 23; Rspr. Bd. 6 S. 35. Über Vorverträge im allgemeinen s. Stintzing, Die Vorverpflichtung im Gebiet der Schuldverhältnisse, Heft 1 1903; Schloßmann. Über den Vorvertrag und die rechtliche Natur der sog. Realkontrakte in Iherings Jahrb. Bd. 45 S 1 ff., der das Bedürfnis der rechtlichen Anerkennung von Vorverträgen überhaupt leugnet.

6. Ein **Vorvertrag**, durch den sich die Parteien verpflichten, einen gesetzlich an eine Form gebundenen Vertrag abzuschließen, ist, wenn er der vorgeschriebenen Form ermangelt, nichtig. Dies gilt aber nur, wenn es sich wirklich nur um einen Vorvertrag handelt. Anders liegt das Verhältnis, wenn es sich um zwei selbständige Verträge verschiedener Art handelt, insbesondere also, wenn durch den ersten Vertrag eine obligatorische Verpflichtung zum Abschluß eines dinglichen Vertrags, z. B. zur Übertragung des Eigentums, eingegangen wird. Die für den dinglichen Vertrag gegebene Formvorschrift bezieht sich nicht auf den obligatorischen Vertrag. In den Fällen der erstgedachten Art dagegen würde die Formvorschrift illusorisch werden, wenn sie nicht auch auf den Vorvertrag bezogen würde.

7. **Das EG. Art. 11** schreibt vor, daß die Form eines Rechtsgeschäfts sich nach den Gesetzen bestimmt, welche für das den Gegenstand des Rechtsgeschäfts bildende Rechtsverhältnis maßgebend sind, daß aber unter einer näher bestimmten Ausnahme die Beobachtung der Gesetze des Ortes genügt, an dem das Rechtsgeschäft vorgenommen wird (s. Erl. zu Art. 11 des EG.).

§ 126.

E. I § 92 Abs. 1, 3; § 94 Abs. 1; II § 105 rev. § 122; III § 122. P. I S. 146 ff., 150 ff., 156 ff., 11640 ff.; M. I S. 184 ff., 188 ff. P. II Bd. 1 S. 89 ff., 99 ff., Bd. 5 S. 444, Bd. 6 S. 130 ff. D. S. 615. KB. S. 1954. StB. S. 2750 ff.

1. **Schriftliche Form.** Der § 126 bestimmt nur, was zur Beobachtung der gesetzlich vorgeschriebenen schriftlichen Form erforderlich ist. Nicht berührt wird dadurch die Frage, ob, wenn die schriftliche Form nicht vorgeschrieben ist, eine schriftliche Erklärung, um als Erklärung zu gelten, der Unterschrift bedarf. Diese Frage läßt sich nur nach den Umständen des einzelnen Falles entscheiden. Die in dem § 126 über die schriftliche Form gegebenen Vorschriften stimmen mit denen des § 416 der CPO. überein; durch eine in der Form des § 126 abgefaßte Urkunde wird also der Beweis geliefert, daß der Unterzeichner die in der Urkunde enthaltene Erklärung abgegeben hat. Hieraus ist indessen nicht zu folgern, daß eine empfangsbedürftige der schriftlichen Form bedürfende Willenserklärung schon mit der Unterzeichnung als abgegeben anzusehen

wäre. Mit welchem Zeitpunkt eine solche Erklärung wirksam wird, bestimmt sich nach §§ 130 ff. Über Anwendung des § 133 bei der Auslegung eines der schriftlichen Form bedürfenden Rechtsgeschäfts s. Seuff. A. Bd. 57 S. 268 ff. Über Unterschrift in blanco s. Rspr. Bd. 6 S. 31.

2. Eigenhändige Unterzeichnung durch Namensunterschrift. Nicht vorgeschrieben ist, daß die Unterzeichnung mit dem Familien- oder Geschäftsnamen erfolgt. Die Unterzeichnung mit dem tatsächlich geführten Namen genügt. Fürstliche Personen unterzeichnen bisweilen nur mit dem Vornamen. Notwendig ist nur, daß die Person des Unterzeichners genügend bezeichnet wird; deshalb dürfte auch die Unterzeichnung mit einem Pseudonym genügen, wenn der Aussteller dies zu gebrauchen pflegt. Nicht erforderlich zur Beobachtung der Form ist, daß die Erklärung, welche über der Unterschrift steht, von dem Unterzeichner selbst geschrieben ist; ebensowenig ist die Angabe des Ortes und des Datums nötig. (Über die besonderen Vorschriften für das Testament s. § 2231.) Die Unterschrift muß durch den Unterzeichner selbst, und zwar in solcher Art erfolgen, daß sie die ganze Erklärung deckt; sie muß deshalb unter der Erklärung stehen. Nicht erforderlich ist aber, daß die Unterschrift erst, nachdem die Erklärung niedergeschrieben worden, unter dieselbe gesetzt wird; sie kann in blanco erfolgen. Entspricht die später über die Unterschrift gesetzte Erklärung dem Willen des Unterzeichners nicht, so ist Anfechtung nach Maßgabe des § 119 zulässig (M. I S. 185. RG. Bd. 27 S. 272 und die bei Rehbein Erl. IVa zu §§ 125—129 angeführten Urteile. A. A. Löwe S. 31, 97; Staudinger, Erl. 3 zu § 126, der nur eine Vermutung annimmt, daß die Unterschrift unter die Erklärung gesetzt sei).

Aus dem Erfordernisse der eigenhändigen Unterzeichnung ist zu folgern, daß die Bewirkung der Unterschrift durch Stempel nicht genügt; nur für Schuldverschreibungen auf den Inhaber läßt der § 793 eine Ausnahme zu. Auch die Bewirkung der Unterschrift durch eine Schreibmaschine genügt nicht. Unzulässig ist ferner, daß sich der Erklärende zu der Unterschrift eines andern als Werkzeug bedient. Bestritten ist aber die Frage, ob ein Vertreter mit dem Namen des Vertretenen unterzeichnen kann. Die Frage dürfte zu verneinen sein. Aussteller der Urkunde im Sinne des § 126 ist, wenn ein Vertreter sie unterschreibt, dieser (§ 164). Es fragt sich also nur, ob, wenn das Gesetz eigenhändige Namensunterschrift erfordert, hiermit die Unterschrift des eigenen Namens des Unterschreibenden verlangt wird. Nun ist wohl zweifellos, daß die Unterschrift irgend eines beliebigen Namens nicht genügt. Nicht abzusehen ist, weshalb in betreff des Namens des Vertretenen eine Ausnahme gelten sollte; denn der Vertreter hat nur die Macht, den Vertretenen in seinem rechtsgeschäftlichen Willen zu vertreten; er kann daher die Erklärung im Namen des Vertretenen abgeben und diese wirkt dann für und gegen den Vertretenen, aber es ist dann seine Erklärung; er ist dann Aussteller der Erklärung und muß sie mit seinem Namen unter Hinzufügung des Vertretungsverhältnisses unterzeichnen; zu der Unterzeichnung mit dem Namen des Vertretenen berechtigt ihn das Vertretungsverhältnis nicht. Unterzeichnet er in solcher Art, so handelt er als Werkzeug des Vertretenen und dies ist nach dem obigen unzulässig. Auf die unter der Herrschaft des bisherigen Rechtes befolgte Praxis dürfen sich die Gegner der hier vertretenen Ansicht der Vorschrift des § 126 gegenüber nicht berufen. Hätte das BGB. trotz der Aufstellung des Erfordernisses der eigenhändigen Unterschrift des Ausstellers jene Praxis aufrecht erhalten wollen, so hätte dies ausdrücklich bestimmt werden müssen. Man wird eine ungenaue Ausdrucksweise anzunehmen um so weniger berechtigt sein, als die hier vertretene Auffassung praktisch den großen Vorteil bietet, daß durch das Erfordernis der Angabe des Vertretungsverhältnisses für den Fall, daß ein Vertreter unterzeichnet, das wirkliche Sachverhältnis klargestellt und eine Verdunkelung desselben vermieden wird. Auf dem hier vertretenen Standpunkte steht mit vielen Schriftstellern Rspr. Bd. 2 S. 51 ff. a. A. aber Staub in DJZ. 1900 S. 338 ff.; Marcus, im Recht 1900 S. 10 ff.; Cosack, I S. 225; Dernburg I § 136 Nr. III 4 (eventuell wenigstens für Wechsel); Rspr. Bd. 2 S. 389; Rspr. Bd. 4 S. 209 ff.; RG. Bd. 50 S. 51.

Durch die eigene Unterschrift geschieht der Formvorschrift auch dann Genüge, wenn der Unterschreibende blind ist oder Geschriebenes nicht lesen kann oder der Sprache, in welcher die Urkunde abgefaßt ist, nicht mächtig ist (RG. im sächs. Arch. Bd. 10 S. 367).

Durch ein Telegramm wird der gesetzlichen Schriftform auch dann nicht genügt, wenn das dem Telegraphenamte zur Beförderung übergebene Schriftstück von dem Absender eigenhändig unterschrieben ist, denn dieses Schriftstück ist nur für das Telegraphenamt, nicht für den Adressaten bestimmt (a. A. Dernburg, I § 136 Anm. 22).

Über unleserliche Unterschriften s. DJZ. 1903 S. 141 und die dort angeführte Literatur sowie Erl. II 3b zu § 2231.

§. 127. Die Vorschriften des §. 126 gelten im Zweifel auch für die durch Rechtsgeschäft bestimmte schriftliche Form. Zur Wahrung der Form genügt jedoch, soweit nicht ein anderer Wille anzunehmen ist, telegraphische Uebermittelung und bei einem Vertrage Briefwechsel; wird eine solche Form gewählt, so kann nachträglich eine dem §. 126 entsprechende Beurkundung verlangt werden.

---

3. **Die Unterzeichnung mittels gerichtlich oder notariell beglaubigten Handzeichens** steht der eigenhändigen Unterschrift gleich. Ihre Zulässigkeit hängt nicht davon ab, daß der Unterzeichner des Schreibens unkundig oder durch andere Umstände am Schreiben verhindert ist. Zur Wahrung der Form ist auch nicht erforderlich, daß dem Unterzeichner die unterzeichnete Erklärung vorgelesen oder, falls er der Sprache, in welcher sie abgefaßt, unkundig ist, verdolmetscht wird. Hat er unterzeichnet, ohne den Inhalt der Erklärung zu kennen, so kann er sie unter den in § 119 bezeichneten Voraussetzungen anfechten. Bei der Unterzeichnung mittels Handzeichens dürfte auch der Gebrauch eines Stempels nicht ausgeschlossen sein; jedoch muß die gerichtliche oder notarielle Beglaubigung dahin gehen, daß die Stempelung von dem Aussteller selbst erfolgt sei (s. Düringer-Hachenburg, das HGB. S. 13). Über gerichtliche oder notarielle Beglaubigung eines Handzeichens s. FGG. §§ 167, 183, 184, 191.

4. **Die gesetzliche Vorschrift der schriftlichen Form für Verträge** hat neben der Sicherung des Beweises den Zweck, eine Garantie dafür zu gewinnen, daß die Verhandlungen wirklich zum Abschlusse des Vertrags geführt haben, und diejenigen Punkte festzustellen, über welche eine Vereinbarung erreicht ist. Dieser Zweck wird durch Briefe zwischen den Parteien nicht vollständig erreicht; der § 126 Abs. 2 schreibt deshalb die Unterzeichnung derselben Urkunde durch beide Parteien vor. Die nach Satz 2 zugelassene Unterzeichnung mehrerer gleichlautender Urkunden trägt einem im Verkehr üblichen Verfahren Rechnung. Die Voraussetzung gleichlautender Urkunden wird dadurch nicht ausgeschlossen, daß in der einen Urkunde sich Schreibfehler oder sonstige unerhebliche Abweichungen von der anderen Urkunde befinden. Dagegen wird eine im wesentlichen gleichlautende Fassung erfordert werden müssen und der Mangel dieses Erfordernisses nicht dadurch ersetzt werden können, daß der materielle Inhalt derselbe ist. Bei einseitigen Willenserklärungen wird der schriftlichen Form selbstverständlich durch einen nach Maßgabe des Abs. 1 unterzeichneten Brief auch dann genügt, wenn der Brief daneben noch andere Mitteilungen enthält.

5. **Das BGB. schreibt die schriftliche Form** nur für einen Vertrag vor, nämlich für den Miet- und Pachtvertrag über ein Grundstück, wenn er auf länger als ein Jahr geschlossen wird (§§ 566, 581). Für einseitige Willenserklärungen und für die Vertragserklärung des einen Teiles wird die schriftliche Form vorgeschrieben in den §§ 32 Abs. 2, 37 Abs. 1, 81, 111 Satz 2, 368, 410, 416 Abs. 2 Satz 2, 761, 766 Satz 1, 780—784, 792, 793, 1154, 1192, 2231.

6. Über die die schriftliche Form ersetzende gerichtliche oder notarielle Beurkundung s. Erl. zu § 128. Über die gerichtliche oder notarielle Form der Beglaubigung eines Handzeichens s. FGG. §§ 167, 183, 184, 191.

§ 127.

E. I §§ 92 Abs. 2, 93, 94 Abs. 2; II § 106 rev. § 123; III § 123. P. I S. 148 ff., 156 ff., 3465, 3478, 11640 ff.; M. I S. 185, 187. P. II Bd. 1 S. 90, 92 ff., 99 ff., Bd. 6 S. 130 ff. D. S. 615. KB. S. 1955. StB. S. 2751.

Ist die schriftliche Form durch Rechtsgeschäft bestimmt, so gilt zwar im allgemeinen die Auslegungsregel, daß die Beobachtung der in dem § 126 bestimmten Form gewollt sei. Mit Rücksicht auf die Auffassung des Verkehrs erleidet diese Auslegungsregel aber zwei Modifikationen:

1. **Telegraphische Übermittelung** genügt im Zweifel sowohl für die einseitigen wie für die Vertragserklärungen. In dem E. I § 92 Abs. 2 war erfordert, daß die Aufgabeschrift von dem Absender in der durch § 126 Abs. 1 vorgeschriebenen Weise unterzeichnet sei. In dem BGB. ist dieses Erfordernis aufgegeben. Es genügt also, wenn feststeht, daß die Absendung des Telegramms mit dem Willen desjenigen erfolgt ist, dessen Erklärung darin enthalten ist. Der Beweis, daß dies der Fall, wird durch das Telegramm nicht erbracht. Bei dem Abschluß eines Vertrags durch Telegramme läßt sich aus diesen auch nicht immer ersehen, ob die Annahme des Vertragsantrags dem Absender rechtzeitig zugegangen ist. Mit Rücksicht hierauf wird jeder Partei das Recht gewährt, nachträglich eine dem § 126 entsprechende Beurkundung zu verlangen. Der Vertrag ist aber, auch wenn diese Beurkundung nicht erfolgt, als in der vorgeschriebenen Form geschlossen anzusehen und daher wirksam.

§. 128. Ist durch Gesetz gerichtliche oder notarielle Beurkundung eines Vertrags vorgeschrieben, so genügt es, wenn zunächst der Antrag und sodann die Annahme des Antrags von einem Gericht oder einem Notar beurkundet wird.

---

2. **Briefwechsel.** Die zweite Modifikation ist erst auf Antrag der RK. vom Reichstage beschlossen. Sie bezieht sich nur auf Verträge, für welche die schriftliche Form vereinbart ist. Einseitige Willenserklärungen können in schriftlicher Form schon nach § 126 durch Briefe erfolgen. Dem Abschluß eines Vertrags durch Briefwechsel steht § 126 Abs. 2 entgegen. Die Vorschrift des § 126 soll aber im Zweifel keine Anwendung finden, wenn die schriftliche Form durch Rechtsgeschäft bestimmt ist. In diesem Falle soll Briefwechsel genügen. Zweifelhaft ist, ob die Briefe nach Maßgabe des § 126 Abs. 1 unterzeichnet sein müssen oder ob wie im Falle der telegraphischen Übermittelung nur festzustehen braucht, daß die Briefe von dem Erklärenden herrühren. Die Frage dürfte im letzteren Sinne zu entscheiden sein, da die Ausnahmevorschrift des § 127 sich auf den ganzen § 126, nicht bloß auf dessen Abs. 2 bezieht (a. A. Kisch in Grünhut Bd. 29 S. 347; Hölder, Erl. 3 zu § 127; Cosack I § 60 Nr. 2, welche die eigenhändige Unterschrift der Briefe nach Maßgabe des § 126 Abs. 1 verlangen, und Rehbein, Erl. IV, 2 zu §§ 125 bis 129, welcher Unterschrift, aber nicht eigenhändige Unterschrift verlangt). Durch Briefe wird indessen, selbst wenn sie nach Maßgabe des § 126 Abs. 1 unterzeichnet sind, der Abschluß des Vertrags nicht immer vollständig bewiesen; insbesondere wird durch sie nicht das rechtzeitige Zugehen der Annahme des Vertragsantrags an den Antragenden dargetan. Der schriftlichen Form ist aber durch die Briefe genügt; um den Beweis zu sichern, wird jedem Teile das im Satz 2 Halbsatz 2 bezeichnete Recht eingeräumt.

3. Der schriftliche Abschluß eines Vertrags, für den die schriftliche Form weder gesetzlich bestimmt noch rechtsgeschäftlich vereinbart ist, erfordert nach allgemeinen Grundsätzen die gegenseitige Aushändigung der schriftlichen Vertragserklärung (Rspr. Bd. 7 S. 3).

§ 128.

E. II § 106a rev. § 124; III § 124. P. I S. 7984 ff., 8719, 9767, 9950; M. I S. 186 ff., III S. 314, IV S. 311 ff., 972, V S. 316. P. II Bd. 5 S. 443 ff. D. S. 615.

1. **Zu der gerichtlichen oder notariellen Beurkundung** ist begrifflich erforderlich, daß der Vorgang, welcher beurkundet werden soll, von dem Gerichte bezw. Notar als von ihm wahrgenommen bezeugt wird. Zur Beurkundung einer Erklärung ist daher erforderlich, daß sie vor dem Gerichte bezw. dem Notar abgegeben oder, falls sie bereits niedergeschrieben ist, von dem Erklärenden als von ihm abgegeben anerkannt wird. Soweit das BGB. für einseitige Willenserklärungen oder für die Vertragserklärungen des einen Teiles gerichtliche oder notarielle Beurkundung vorschreibt, wird, auch wenn es sich um empfangsbedürftige Erklärungen handelt, nur die Beurkundung der Erklärung verlangt. Daß sie dem anderen Teile mit dem Willen des Erklärenden zugegangen sei, braucht nicht beurkundet zu werden, sondern kann auf andere Weise bewiesen werden.

Der Abschluß eines Vertrags kann von dem Gerichte bezw. dem Notar beurkundet werden, wenn die Parteien bei gleichzeitiger Anwesenheit vor dem Gerichte bezw. Notar ihren Vertragswillen erklären. Wird der Vertrag nicht vor dem Gerichte bezw. vor dem Notar geschlossen, so müßten, um eine Beurkundung des Abschlusses zu erhalten, die einzelnen Umstände beurkundet werden, die nach den §§ 145—149 vorhanden sein müssen, um den Vertrag zustande zu bringen. Es müßte also beurkundet werden die Erklärung des Vertragsantrags, sodann, daß dieser Antrag auf Betreiben des Antragenden dem anderen Teile zugegangen sei, daß dieser die Annahme des Antrags erklärt habe, daß diese Erklärung dem Antragenden auf Betreiben des anderen Teiles zugegangen sei, und endlich, daß das Zugehen der Annahme rechtzeitig erfolgt sei. Eine gesetzliche Vorschrift, welche die Beurkundung aller dieser Umstände verlangte, würde dem Bedürfnisse des Lebens nicht entsprechen und praktisch unausführbar sein. Das BGB. unterscheidet deshalb zwei Arten der gerichtlichen oder notariellen Form. Nach der ersten müssen die Parteien, wie oben angegeben, gleichzeitig vor dem Gerichte bezw. Notar erscheinen und ihren Vertragswillen erklären; nach der zweiten genügt es, wenn zunächst der Antrag und sodann die Annahme desselben gerichtlich oder notariell beurkundet wird. Dieselbe Unterscheidung lag auch schon dem E. I zu Grunde; er sprach in den Fällen der erstgedachten Art von dem Abschlusse vor Gericht oder Notar, in den Fällen der zweiten Art von der Vornahme des Rechtsgeschäfts in gerichtlicher oder notarieller Form; eine Definition dieser Ausdrücke enthielt der E. I

§. 129. Ist durch Gesetz für eine Erklärung öffentliche Beglaubigung vorgeschrieben, so muß die Erklärung schriftlich abgefaßt und die Unterschrift des

---

indessen nicht. Das BGB. spricht in den Fällen der zweiten Art von gerichtlicher oder notarieller Beurkundung, während es in den Fällen der ersteren Art vorschreibt, daß die Vertragserklärungen bei gleichzeitiger Anwesenheit beider Parteien vor dem Gericht oder Notar abgegeben werden müssen. Vollständig erreicht werden die Zwecke der gerichtlichen oder notariellen Form nur, wenn der Abschluß des Vertrags vor Gericht bezw. Notar in der gedachten Art erfolgt. Beschränkt sich die Beurkundung auf den Vertragsantrag und dessen Annahme, so müssen, um den wirklichen Abschluß des Vertrags darzutun, die dazu weiter erforderlichen, oben hervorgehobenen Umstände auf andere Weise bewiesen werden. Für den Umstand, daß der Antrag mit dem Willen des Antragenden dem anderen Teile zugegangen ist, ergibt sich daraus, daß der Antrag angenommen ist, eine so starke Vermutung, daß ein weiterer Beweis regelmäßig nicht erforderlich sein wird. Der Gegenbeweis bleibt aber zulässig; dabei handelt es sich nicht um den Gegenbeweis gegen eine öffentliche Urkunde — denn nur die Annahme, nicht das Zugehen des Antrags ist beurkundet —, sondern nur um die Entkräftung eines aus den Umständen gezogenen Schlusses. Zulässig bleibt auch der Beweis, daß dem anderen Teile der Widerruf des Antrags vor dessen Annahme zugegangen ist. Immerhin handelt es sich hierbei um seltene Fälle und wird regelmäßig die Urkunde genügen, um das Erforderliche festzustellen. Wichtiger ist, daß, wenn nur der Antrag und die Annahme beurkundet sind, derjenige, welcher sich auf den Abschluß des Vertrags beruft, noch dartun muß, daß die Annahme mit dem Willen des Annehmenden an den Antragenden gelangt und diesem rechtzeitig zugegangen ist. In dieser Beziehung gewährt die Vorschrift des § 152 Abhilfe. Hiernach kommt der Vertrag im Falle gerichtlicher oder notarieller Beurkundung mit der nach Maßgabe des § 128 erfolgenden Beurkundung der Annahme zustande, wenn nicht ein anderes bestimmt ist. Es wird also angenommen, daß die Parteien in dem gedachten Falle auf die Erklärung der Annahme gegenüber dem Antragenden verzichtet haben. Es handelt sich dabei aber nicht bloß um eine Auslegungsregel, sondern um eine dispositive Vorschrift; dies dürfte der Auffassung und dem Bedürfnisse des Verkehrs entsprechen.

2. **Fälle, in denen das BGB. gerichtliche oder notarielle Beurkundung fordert.** Die gerichtliche oder notarielle Beurkundung einer einseitigen Willenserklärung bezw. der Vertragserklärung eines Teiles wird in den §§ 81 Abs. 2, 518, 1516 Abs. 2, 1517, 1730, 1748 Abs. 3, 2231, 2238, 2271 Abs. 1, 2282 Abs. 3, 2291 Abs. 2, 2296 Abs. 2, die gerichtliche oder notarielle Beurkundung eines Vertrags in den §§ 311, 312 Abs. 2, 313, 873, 877, 1116 Abs. 2, 1154 Abs. 3, 1491 Abs. 2, 1501, 2033, 2037, 2348, 2351, 2352, 2371, 2385 vorgeschrieben.

Der Abschluß des Vertrags vor Gericht oder Notar bezw. vor dem Grundbuchamte bei gleichzeitiger Anwesenheit beider Parteien wird erfordert in den Fällen der §§ 925, 1015, 1434, 1750 Abs. 2, 1770, 2276, 2290 Abs. 4. Eine entsprechende Vorschrift enthält der § 1317 für die Eingehung der Ehe vor dem Standesbeamten.

3. **Rechtsgeschäftliche Vereinbarung der gerichtlichen oder notariellen Beurkundung.** Die Vorschrift des § 128 bezieht sich nur auf solche Fälle, in denen die gerichtliche oder notarielle Beurkundung durch Gesetz vorgeschrieben ist. Sie ist indessen auch auf solche Fälle anzuwenden, in denen die gerichtliche oder notarielle Beurkundung durch Vertrag vereinbart ist, sofern nicht ein anderer Wille der Parteien erhellt. Zur Beobachtung der Form genügt also, wenn zunächst der Antrag und sodann die Annahme beurkundet wird. Der Abschluß des Vertrags bei gleichzeitiger Anwesenheit beider Teile ist nur erforderlich, wenn erhellt, daß hierauf der Wille der Parteien gerichtet war.

4. Über die **Art und Weise, in welcher die gerichtliche oder notarielle Beurkundung zu erfolgen hat,** enthält das BGB. keine allgemeinen Vorschriften. Nur für Testamente sind besondere Vorschriften gegeben (§§ 2232 ff.). Allgemeine Vorschriften für gerichtliche und notarielle Beurkundung eines Rechtsgeschäfts enthält das FGG. in den §§ 168, 182, 198, 200. Zuständig für die gerichtliche Beurkundung sind nach FGG. § 167 die Amtsgerichte (vgl. auch § 184). Nach EG. Art. 141 können die Landesgesetze bestimmen, daß die Beurkundung von Rechtsgeschäften, für welche das BGB. gerichtliche oder notarielle Beurkundung vorschreibt, nur die Gerichte oder nur die Notare zuständig sind (vgl. auch EG. Art. 143).

§ 129.

E. II rev. § 125; III § 125. P. II Bd. 6. S. 130 ff. D. S. 615.

1. Die **öffentliche Beglaubigung** einer Erklärung unterscheidet sich von der öffentlichen Beurkundung dadurch, daß bei der letzteren beurkundet werden muß, daß die Erklärung von der

Erklärenden von der zuständigen Behörde oder einem zuständigen Beamten oder Notar beglaubigt werden. Wird die Erklärung von dem Aussteller mittelst Handzeichens unterzeichnet, so ist die im §. 126 Abs. 1 vorgeschriebene Beglaubigung des Handzeichens erforderlich und genügend.

Die öffentliche Beglaubigung wird durch die gerichtliche oder notarielle Beurkundung der Erklärung ersetzt.

§. 130. Eine Willenserklärung, die einem Anderen gegenüber abzugeben ist, wird, wenn sie in dessen Abwesenheit abgegeben wird, in dem Zeitpunkte wirksam, in welchem sie ihm zugeht. Sie wird nicht wirksam, wenn dem Anderen vorher oder gleichzeitig ein Widerruf zugeht.

Auf die Wirksamkeit der Willenserklärung ist es ohne Einfluß, wenn der Erklärende nach der Abgabe stirbt oder geschäftsunfähig wird.

Diese Vorschriften finden auch dann Anwendung, wenn die Willenserklärung einer Behörde gegenüber abzugeben ist.

---

betreffenden Person abgegeben ist, während für die öffentliche Beglaubigung nur erforderlich ist, daß die Erklärung schriftlich abgefaßt und die Unterschrift des Erklärenden öffentlich beglaubigt wird. Die Beglaubigung kann nur erfolgen, wenn die schriftlich abgefaßte Erklärung vorliegt und die Unterschrift darunter steht. Die Beglaubigung einer Unterschrift in blanco ist unzulässig. Hieraus ergibt sich, daß Erklärungen, welche unter der Unterschrift stehen, nicht als öffentlich beglaubigte anzusehen sind. Das Gleiche gilt von Zusätzen, welche nach der Beglaubigung dem Texte der Urkunde hinzugefügt sind (RJA. Bd. 2 S. 101 ff.). Für die Beglaubigung sind außer den Notaren auch die Amtsgerichte zuständig (FGG. § 167). Durch Landesgesetz kann die Zuständigkeit der Amtsgerichte ausgeschlossen und können andere Behörden oder Beamte für zuständig erklärt werden (FGG. § 191). Das Verfahren bei der öffentlichen Beglaubigung bestimmt FGG. § 183. Die öffentliche Beglaubigung einer Erklärung, einer Urkunde, einer Unterschrift (auf alle drei Fälle bezieht sich der § 129) wird vorgeschrieben in den §§ 77, 371, 403, 411, 444, 1035, 1154, 1155, 1342, 1372, 1484, 1491, 1492, 1528, 1560, 1577, 1597, 1599, 1662, 1706, 1945, 2121 Abs. 1, 2198 Abs. 1, 2215.

Über die Anerkennung einer Erklärung in öffentlicher Urkunde (§§ 1718, 1720) s. FGG. §§ 167, 191.

2. **Ersetzt wird die öffentliche Beglaubigung** nach Abs. 2 durch die gerichtliche oder notarielle Beurkundung der Erklärung. Ist die öffentliche Beglaubigung für die einer öffentlichen Behörde gegenüber abzugebende Erklärung vorgeschrieben, so dürfte es, obwohl dies im Abs. 2 nicht ausdrücklich bestimmt ist, genügen, wenn von der betreffenden Behörde ein Protokoll über die Erklärung aufgenommen wird (P. II Bd. 5 S. 164). Andererseits bedarf die von einer öffentlichen Behörde, z. B. von dem Magistrat einer Stadt in der für Erklärungen dieser Behörde vorgeschriebenen Form abgegebene Erklärung der öffentlichen Beglaubigung nicht (Rspr. Bd. 7 S. 8).

§ 130.

E. I § 74; II § 107 Abs. 1, 2, § 109 rev. § 126; III § 126. P. I S. 99 ff., 117 ff., 130, 2447 ff., 2495 ff., 8968 ff., 11635 ff.; M. I S. 156 ff. P. II Bd. 1 S. 68 ff., 330 ff., Bd. 4 S. 131 ff. KB. S. 1955. StB. S. 2752.

Habicht, Die Verhinderung der Abgabe einer Willenserklärung in DJZ. 1901 S. 265 ff.; Hölder, Der Zugang der Willenserklärung in DJZ. 1901 S. 340 ff.; Koppers, Die Vollendung empfangsbedürftiger Willenserklärungen in Gruch. Bd. 46 S. 225 ff.; David, Verhinderung bei Abgabe einer empfangsbedürftigen Willenserklärung in Gruch. Bd. 46 S. 232 ff.; Koppers, Willenserklärungen mittels Fernsprechers in DJZ. 1901. S. 112 ff.; Rathenau, Der Zugang der Willenserklärung bei Abholung von Postsendungen in DJZ. 1902 S. 147 ff.

1. **Für eine empfangsbedürftige Willenserklärung, die einem Abwesenden** gegenüber abgegeben wird, stellt der § 130 im Anschluß an die gemeinrechtliche Empfangstheorie die Regel auf, daß die Erklärung wirksam wird, wenn sie dem Adressaten zugeht. Nach dem in den Vorbm. I 2 oben S. 206 ff. Gesagten ist erforderlich, daß die Erklärung in eine solche Lage gebracht wird, welche nach der Auffassung des Verkehrs genügt, um dem Adressaten die Möglich-

keit zu gewähren, unter gewöhnlichen Verhältnissen von der Erklärung Kenntnis zu nehmen. Nach RG. Bd. 50 S. 191 ist, wenn jemand zu der Mitteilung eines Vertragsangebots das Mittel eines verschlossenen Briefes wählt, das Angebot dem Adressaten zugegangen, sobald der Brief in verkehrsüblicher Art in die tatsächliche Verfügungsgewalt des Adressaten oder eines anderen, der ihn in der Empfangnahme von Briefen vertreten konnte, gelangt und ihm in dieser Weise die Möglichkeit der Kenntnisnahme verschafft ist (vgl. auch RG. Bd. 49 S. 127). In einzelnen Fällen kann es zweifelhaft sein, ob der Adressat nach der Auffassung des Verkehrs in die Lage gesetzt ist, sich von der Erklärung Kenntnis zu verschaffen. Gewiß ist dies der Fall, wenn der Brief in einen in der Wohnung des Adressaten befindlichen für die Aufnahme von Briefen bestimmten Briefkasten geworfen ist. Wird der Brief an eine in der Wohnung des Adressaten befindliche Person abgegeben, so wird von manchen, um das Zugehen schon als mit der Übergabe an diese Person erfolgt anzusehen, gefordert, daß feststehe, daß diese Person zur Empfangnahme von Briefen für den Adressaten ermächtigt sei. Nach der Auffassung des Verkehrs wird indessen anzunehmen sein, daß Dienstboten und andere zu dem Haushalte des Adressaten gehörende Personen zu solcher Empfangnahme ermächtigt seien. In dem oben mitgeteilten Urteile des RG. wurde als genügend angesehen, daß der Brief in der Wohnung der Wohnungswirtin des Adressaten abgegeben war und von einem anderen Mieter in die Küche auf einen Tisch gelegt war. Für die Ermächtigung von Dienstboten und Gewerbegehilfen wird man sich freilich nicht auf die Vorschrift des § 855 berufen dürfen, nach welcher Sachen, die solche Personen für den Dienst- oder Geschäftsherrn in tatsächliche Gewalt genommen haben, nicht in ihrem Besitze, sondern im Besitze des Dienst- oder Geschäftsherrn stehen; denn der Besitz allein begründet nach der Auffassung des Verkehrs nicht immer die Möglichkeit, die betreffende Erklärung kennen zu lernen. So wird es z. B. nicht genügen, wenn der Brief an Personen der gedachten Art an einem anderen Orte als in der Wohnung des Adressaten, z. B. auf der Straße oder in einem Wirtshause zur Besorgung an den Adressaten gegeben wird; sie sind dann Boten des Erklärenden und die Erklärung wird erst wirksam, wenn der Brief von ihnen an den Adressaten oder in dessen Wohnung abgegeben ist. Auch dann genügt die Übergabe eines Briefes an solche Personen, selbst wenn sie sich in der Wohnung des Adressaten befinden, nicht, wenn der Erklärende weiß, daß sie zur Empfangnahme von Briefen für den Adressaten nicht ermächtigt sind. Der Besitz genügt auch dann nicht, wenn der Brief dem Adressaten ohne dessen Wissen und Willen in die Tasche gesteckt ist; erst wenn er ihn dort findet, ist er ihm zugegangen. Aus der Auffassung des Verkehrs wird auch die Frage zu entscheiden sein, ob es, wenn die Wohnung des Adressaten verschlossen ist, genügt, daß der Brief in den Garten vor dem Hause geworfen oder an die Haustüre angeheftet wird. Sie dürfte, soweit sich nicht etwa an einzelnen Orten eine besondere Sitte gebildet haben sollte, zu verneinen sein (a. A. Hölder, Erl. 3 zu § 130 und DJZ. 1901 S. 340 ff.). Als Zeitpunkt, in welchem die Erklärung dem Adressaten als zugegangen anzusehen ist, wird regelmäßig derjenige anzunehmen sein, in welchem er die Möglichkeit der Kenntnisnahme erlangt hat. Besondere Umstände, infolge deren ihm die Kenntnisnahme nicht möglich war, z. B. weil er schlief oder krank oder verreist war, kommen nicht in Betracht. Auch in dieser Beziehung wird indessen auf die Verkehrssitte Rücksicht zu nehmen sein. Ein in der Nacht in den Briefkasten geworfener Brief wird erst als am anderen Morgen zu derjenigen Zeit zugegangen anzusehen sein, in welcher der Briefkasten geöffnet zu werden pflegt. Ist auf dem Briefkasten bemerkt, daß er nur zu einer bestimmten Zeit ausgenommen werde, so ist erst zu dieser Zeit der Brief als zugegangen anzusehen. Kommt der Brief erst nach Ablauf der Zeit, während welcher er zuzugehen bestimmt war, in die tatsächliche Gewalt des Adressaten wie dies z. B. bei einem verlorenen Briefe noch nach Jahren geschehen kann, so ist die in dem Briefe enthaltene Willenserklärung nicht wirksam geworden, aber nicht, weil sie dem Adressaten nicht zugegangen war, sondern deshalb, weil sie für die Zeit, in welcher sie ihm zuging, nicht gewollt war (s. Hölder, Erl. 1 zu § 130). Wirksam wird eine durch einen Brief erfolgte Willenserklärung, obwohl sie dem Adressaten zugegangen ist, doch dann nicht, wenn der Brief mit ungewöhnlichen Schriftzeichen z. B. stenographischen oder in einer fremden z. B. in der russischen Sprache geschrieben war und der Adressat diese Schriftzeichen nicht verstand, der Erklärende auch nach den Umständen nicht annehmen durfte, daß der Adressat sie verstehen werde (s. Staudinger Erl. 3 zu § 130).

2. **Über empfangsbedürftige Willenserklärungen unter Anwesenden** enthält das BGB. keine Vorschriften. Über die Voraussetzungen ihrer Wirksamkeit bestehen in der Wissenschaft verschiedene Ansichten. Die Gründe, welche das BGB. dazu geführt haben, für die Wirksamkeit

einer Willenserklärung das Erfordernis aufzustellen, daß sie einer bestimmten Person gegenüber abgegeben werde, dürften dafür sprechen, die Wirksamkeit regelmäßig davon abhängig zu machen, daß die Erklärung von der betreffenden Person vernommen wird. Der Zweck der gedachten Vorschrift geht dahin, dem anderen Teile Kenntnis von der Erklärung zu verschaffen. Diese Kenntnis erhält er nicht, wenn er die Erklärung nicht vernimmt. Der Gedanke, welcher bei der einem Abwesenden gegenüber abgegebenen Erklärung dazu führt, das Zugehen derselben für genügend zu erklären, erfordert nicht, eine entsprechende Vorschrift auch für die einem Anwesenden gegenüber abgegebene Erklärung zu treffen. Wer eine Erklärung einem Abwesenden gegenüber abgibt, ist nicht imstande, sich darüber zu vergewissern, ob dieser von der ihm zugegangenen Erklärung Kenntnis erhält. Das Verkehrsbedürfnis erfordert hier, das Zugehen für genügend zu erklären. Ein gleiches Bedürfnis besteht für die einem Anwesenden gegenüber abgegebene Erklärung nicht. Wer eine solche abgibt, kann sich davon überzeugen, ob der andere Teil die Erklärung vernimmt oder nicht. Ein dem „Zugehen" ähnliches Verhältnis besteht hier nicht. Eine Unterscheidung nach den Gründen zu machen, aus welchen die Erklärung nicht vernommen wird, ist, abgesehen von einem unten zu erwähnenden Falle, weder prinzipiell gerechtfertigt noch praktisch durchführbar. Es ist gleichgültig, ob der andere Teil die ihm gegenüber gesprochenen Worte deshalb nicht versteht, weil er taub oder harthörig ist oder weil die Entfernung zwischen ihm und dem Sprechenden zu groß war oder weil er die Worte wegen eines starken Geräusches oder deshalb, weil seine Aufmerksamkeit auf einen anderen Gegenstand gerichtet war, nicht verstand. Ebenso ist es gleichgültig, ob er den Inhalt des ihm vorgehaltenen Schriftstücks deshalb nicht kennen lernte, weil er blind war oder weil er Geschriebenes oder doch diese Schrift nicht lesen konnte. Anzuerkennen wird nur sein, daß dem wirklichen Vernehmen der Erklärung gleichzustellen ist der Fall, daß der andere Teil die Erklärung vernehmen konnte, aber deshalb nicht vernahm, weil er sie nicht vernehmen wollte. Wer sich die Ohren zuhält, um eine ihm gegenüber abgegebene Erklärung nicht zu hören, oder sich weigert, eine ihm vorgehaltene Schrift, die er lesen kann, zu lesen, ist ebenso zu behandeln wie derjenige, welcher einen erhaltenen Brief nicht liest. Es liegt hier ein dem Zugehen einer Willenserklärung unter Abwesenden durchaus analoges Verhältnis vor. Zu beachten ist ferner, daß, wenn das die Erklärung enthaltende Schriftstück dem anderen Teile nicht nur vorgehalten, sondern belassen ist, das Verhältnis ebenso liegt, wie wenn ihm das Schriftstück zugegangen wäre. Er ist in der Lage, sich davon nötigenfalls mit Hilfe anderer Kenntnis zu verschaffen; die Erklärung ist deshalb als wirksam erfolgt anzusehen.

Über den Fall, in welchem der andere Teil die Erklärung zwar vernommen hat, aber geschäftsunfähig war oder sich in einem Zustande der in dem § 105 Abs. 2 bezeichneten Art befand, s. Erl. 4 zu § 131.

3. Die **mittels Fernsprechers** von Person zu Person abgegebene Erklärung ist ebenso zu beurteilen wie die einem Anwesenden gegenüber abgegebene Erklärung. Ausdrücklich bestimmt ist dies in dem § 147 Abs. 1 Satz 2 nur für den Vertragsantrag. Nach P. II Bd. 1 S. 78ff. hat man Bedenken getragen, die Vorschrift allgemein für empfangsbedürftige Willenserklärungen zu geben, weil sich eine passende Fassung dafür schwer finden lassen werde und es auch fraglich sei, ob eine solche Vorschrift unter allen Umständen zutreffe. Die entsprechende Anwendung der für Vertragsanträge gegebenen Vorschrift auf andere Willenserklärungen könne der Wissenschaft und Praxis überlassen werden. Die Gründe, welche zu der für Vertragsanträge gegebenen Vorschrift geführt haben, sprechen dafür, dieselbe Behandlung bei allen empfangsbedürftigen Willenserklärungen eintreten zu lassen. Bei einer Mitteilung durch den Fernsprecher stehen sich die Beteiligten zwar nicht von Angesicht zu Angesicht gegenüber, aber die Rede des einen wird unmittelbar von dem anderen vernommen. Ob die Mitteilung von Mund zu Ohr durch die Schallwellen der Luft oder durch den elektrischen Strom erfolgt, ist für die hier zu entscheidende Frage gleichgültig. Gegen die Anwendung der Vorschriften über die einem Abwesenden gegenüber abgegebenen Erklärungen spricht entscheidend, daß bei der Mitteilung durch den Fernsprecher eine Unterscheidung zwischen dem Zeitpunkt, in welchem die Erklärung zugeht, und dem Zeitpunkt, in welchem sie vernommen wird, nicht möglich ist. Aus dem zugegangenen Briefe oder Telegramme kann der Empfänger sich regelmäßig zu jeder beliebigen Zeit nachträglich Kenntnis von der darin enthaltenen Erklärung verschaffen. Das durch den Fernsprecher übermittelte Wort verhallt ebenso wie das einem Anwesenden gegenüber gesprochene Wort, und es bleibt von ihm nichts übrig, woraus derjenige, an welchen es gerichtet worden, sich nachträglich Kenntnis verschaffen könnte. Ein Mißverständnis der durch den Fernsprecher übermittelten Worte ist ebenso zu beurteilen wie das Mißverständnis der einem Anwesenden gegenüber gesprochenen Worte. Nur wenn etwa die

in den Fernsprecher gesprochenen Worte durch denselben anders übermittelt werden sollten, als sie gesprochen worden sind — ob dies z. B. bei Störungen des Betriebs durch Gewitter möglich ist, kann dahin gestellt bleiben — würde die Vorschrift des § 120 zur Anwendung kommen. Die aufgestellte Regel gilt selbstverständlich nur, wenn die Mitteilung durch den Fernsprecher unmittelbar von Person zu Person erfolgt, nicht wenn etwa die Vermittelung einer dritten Person erforderlich wird. In letzterem Falle kommt es darauf an, ob der Dritte zu der Empfangnahme von Willenserklärungen für den Adressaten ermächtigt ist oder nicht. Ist er ermächtigt, so bestimmt sich das Verhältnis nach den Vorschriften über die einem Vertreter gegenüber abgegebenen Willenserklärungen (§ 164 Abs. 3). Eine solche Ermächtigung kann aber nicht, wie in betreff der Bestellung von Briefen (s. Erl. 1) für die Dienstboten und sonstigen Hausgenossen des Adressaten angenommen werden, denn es handelt sich hier um eine rechtsgeschäftliche Vertretungsmacht (a. A. Endemann I § 66 Anm. 26 und die dort angeführten Schriftsteller). War der Dritte nicht zur Entgegennahme der Erklärung ermächtigt, so kann er nur als Bote in Betracht kommen, der von dem Erklärenden mit der Bestellung der Erklärung an den Adressaten beauftragt ist (s. Erl. 4). Die Gleichstellung der durch einen Fernsprecher mit der unter Anwesenden abgegebenen Erklärung gilt auch für die Frage, mit welchem Zeitpunkte die Erklärung wirksam wird. Ob die Gleichstellung sich auch in anderen Beziehungen rechtfertigt, insbesondere auch da, wo die Verhandlung unter Anwesenden zugleich die Möglichkeit für die Beteiligten gewähren soll, sich von der Identität der ihr gegenüberstehenden Person zu überzeugen, läßt sich nicht allgemein bestimmen, sondern hängt von den Umständen des einzelnen Falles ab.

4. **Bei der durch einen Boten übermittelten Erklärung** ist zu unterscheiden, ob der Bote eine schriftliche Erklärung zu überbringen oder ob er die Erklärung mündlich mitzuteilen hatte. Im ersteren Falle finden die Vorschriften Anwendung, welche für die einem Abwesenden gegenüber abzugebende Erklärung gelten (s. Erl. 1); im letzteren Falle finden auf die von dem Boten dem Adressaten zu machende Mitteilung die Vorschriften über Willenserklärungen unter Anwesenden Anwendung. Es dürfte sich indessen rechtfertigen, für diesen Fall auch die Vorschriften des § 174 über einseitige Willenserklärungen eines Vertreters zur entsprechenden Anwendung zu bringen. Der Adressat ist daher berechtigt, die durch den Boten mitgeteilte Erklärung zurückzuweisen, wenn der Bote den Auftrag zur Mitteilung der Erklärung nicht durch Vorlegung einer schriftlichen Urkunde nachweist. Die Zurückweisung muß aber unverzüglich erfolgen und ist ausgeschlossen, wenn der Erklärende den Adressaten davon in Kenntnis gesetzt hatte, daß er die Erklärung durch einen Boten mitteilen werde.

5. Bestritten ist, ob **eine nicht zugegangene Willenserklärung unter Umständen als zugegangen zu fingieren ist.** Habicht DJZ. 1901 S. 265ff. nimmt dies für den Fall an, daß jemand auf Grund eines bestehenden Rechtsverhältnisses zur Entgegennahme einer Willenserklärung von seiten eines anderen z. B. einer Mahnung, einer Kündigung, des Rücktritts von einem Vertrage, der Erklärung über einen Vertragsantrag 2c. verpflichtet ist, der Verpflichtete aber wider Treu und Glauben das Zugehen der Erklärung verhindert oder dasselbe durch einen in der Person des Verpflichteten liegenden Umstand unmöglich wird. Hat der zu der Erklärung Berechtigte seinerseits alles getan, was erforderlich war, um die Erklärung wirksam zu machen, so soll diese unter den gedachten Voraussetzungen als abgegeben gelten; sie soll insbesondere, wenn sie innerhalb einer bestimmten Frist erfolgen mußte, als innerhalb dieser Frist erfolgt gelten. Zur Rechtfertigung dieser Auffassung wird einerseits auf das Bedürfnis des Verkehrs hingewiesen und andererseits auf die Vorschrift des § 162 Bezug genommen, nach welcher eine Bedingung, wenn deren Eintritt von der Partei, zu deren Nachteil der Eintritt gereicht, wider Treu und Glauben verhindert wird, als eingetreten gilt. Diese Vorschrift sei direkt oder entsprechend auf Fälle der hier fraglichen Art anwendbar, weil die Wirksamkeit der Willenserklärung davon abhänge, daß sie dem anderen Teile zugehe. Zur Unterstützung werden daneben die Vorschriften der §§ 293, 299 über den Annahmeverzug herangezogen. Bekämpft wird diese Auffassung u. a. von Koppers, DJZ. 1901 S. 112ff.; Hölder, DJZ. 1901 S. 340ff.; David, in Gruch. Bd. 46 S. 232ff.; Dernburg I § 132 II B 6; Endemann I § 66 Anm. 23; Crome I S. 394, die indessen unter sich zum Teil wieder abweichen. Eine direkte oder entsprechende Anwendung des § 162 läßt sich schwerlich rechtfertigen, weil es sich bei ihm um eine rechtsgeschäftlich gesetzte Bedingung, hier aber um ein wesentliches Moment des gesetzlichen Tatbestandes einer wirksamen Erklärung handelt. Die Fälle sind so wesentlich von einander verschieden, daß die Anwendung der für den einen Fall gegebenen Vorschrift auf den anderen Fall in Ermangelung einer ausdrücklichen gesetzlichen Vorschrift unzulässig ist. Verkennen läßt sich nun freilich nicht,

daß das Bedürfnis des Verkehrs eine Hilfe für solche Fälle erfordert, in welchen eine Willenserklärung binnen einer bestimmten Frist einem anderen gegenüber abgegeben werden muß und der zur Entgegennahme der Erklärung Verpflichtete wider Treu und Glauben verhindert, daß ihm die Erklärung auf dem gewöhnlichen Wege zugeht, auf dem in dem § 132 vorgeschriebenen Wege aber die Erklärung innerhalb der Frist nicht mehr erfolgen kann. Um in solchen Fällen Hilfe zu gewähren bedarf es aber einer Fiktion nicht. Verhindert der zur Entgegennahme der Erklärung Verpflichtete die Entgegennahme, so verletzt er seine Verpflichtung und ist, wenn ihm dabei Vorsatz oder Fahrlässigkeit zur Last fällt, zum Schadensersatze verpflichtet. Schadensersatz ist nach § 249 dadurch zu leisten, daß der Zustand hergestellt wird, der bestehen würde, wenn der zum Schadensersatze verpflichtende Umstand nicht eingetreten wäre. Dieser Zustand würde hier darin bestehen, daß die Erklärung innerhalb der Frist abgegeben wäre. Direkt kann nun freilich nicht bewirkt werden, daß etwas, was innerhalb einer bestimmten Frist nicht geschehen ist, doch innerhalb dieser Frist geschehen ist. Indirekt kann dies aber dadurch bewirkt werden, daß der zum Ersatze Verpflichtete sich so behandeln lassen muß, wie wenn das nicht Geschehene geschehen, die Erklärung also innerhalb der Frist ihm gegenüber wirksam abgegeben wäre. Diese obligatorische Verpflichtung kann derjenige, welcher die Erklärung abzugeben berechtigt war, aber nur dann geltend machen, wenn er seinerseits alles getan hat, was erforderlich war, um die Erklärung wirksam zu machen. Hierzu genügt nicht, daß er den Versuch macht, die Erklärung innerhalb der Frist dem Verpflichteten mündlich gegenüber abzugeben oder ihm schriftlich zugehen zu lassen; er muß vielmehr, wenn dieser Versuch erfolglos geblieben ist, bewirken, daß die Erklärung in anderer Art, nötigenfalls auf dem in § 132 bestimmten Wege, dem Verpflichteten zugeht. Ist dies unverzüglich geschehen, so muß der Verpflichtete sich so behandeln lassen, wie wenn die Erklärung innerhalb der Frist abgegeben wäre. In dem von den oben gedachten Schriftstellern angeführten Beispielsfalle, daß durch den Fernsprecher ein Vertragsantrag gemacht ist, dessen Annahme durch den Fernsprecher bis abends sieben Uhr erfolgen soll, und daß die um halb sieben Uhr durch den Fernsprecher abgegebene Annahmeerklärung dadurch erfolglos bleibt, daß entweder überhaupt niemand am Fernsprecher erscheint oder daß die erscheinende Ehefrau des Antragenden zur Entgegennahme der Erklärung nicht ermächtigt ist, gilt nicht ohne weiteres der Antrag als angenommen, vielmehr kann der zur Annahme Berechtigte eine obligatorische Verpflichtung des Antragenden, sich so behandeln zu lassen, wie wenn der Antrag rechtzeitig angenommen wäre, nur dann geltend machen, wenn er einerseits seine Annahmeerklärung auf einem anderen Wege dem Antragenden unverzüglich hat zugehen lassen, und wenn andererseits dem Antragenden in betreff der unterbliebenen Entgegennahme der Annahmeerklärung durch den Fernsprecher ein Verschulden zur Last fällt. Den Beweis des Verschuldens braucht indessen nicht der Annehmende zu führen, vielmehr liegt dem Antragenden der Beweis ob, daß ihm die Erfüllung seiner Verpflichtung zur Entgegennahme der Erklärung durch den Fernsprecher infolge eines von ihm nicht zu vertretenden Umstandes unmöglich gewesen sei. Dem praktischen Bedürfnisse dürfte in der Regel hierdurch Genüge geschehen. Noch weiter zu gehen und insbesondere die rechtzeitige Erklärung auch dann als erfolgt anzusehen, wenn der Grund der Erfolglosigkeit nicht in einem Verschulden des zur Entgegennahme der Erklärung Verpflichteten, sondern in einem zufälligen in seiner Person liegenden Umstande beruht, dürfte sich von dem Standpunkte des BGB. aus nicht rechtfertigen lassen. Solche Zufälle hat derjenige, welchen sie treffen, also der Erklärende zu tragen, wie er ja auch den Zufall, daß ein rechtzeitig abgesandter Brief verloren geht, zu tragen hat.

6. **Das Zugehen des Widerrufs der Erklärung** muß ebenso wie das Zugehen der Erklärung selbst mit dem Willen des Erklärenden erfolgen. Die ohne diesen Willen, etwa durch einen Dritten, erfolgte Mitteilung der Erklärung des Widerrufs ist ohne rechtliche Wirkung. Es kommt darauf an, daß der Widerruf dem anderen Teile vor oder gleichzeitig mit der Erklärung zugegangen ist. Ist der Widerruf später zugegangen, so ist er rechtlich wirkungslos, auch wenn der andere Teil davon früher wie von der Erklärung Kenntnis erhalten hat. Nur dann, wenn die Erklärung früher zugegangen ist als sie zugehen sollte, wird ein Widerruf, der vor diesem Zeitpunkte zuging, noch als wirksam anzusehen sein. Bei einer stillschweigenden Willenserklärung muß der Widerruf, sofern er nicht aus besonderen Gründen überhaupt unzulässig ist, erfolgen, bevor die Willenserklärung wirksam geworden ist (s. Vorbm. I. 2, oben S. 206 ff.).

7. Mit der **Abgabe der Erklärung** ist die von dem Erklärenden vorzunehmende Handlung beendigt. Die Erklärung besteht rechtlich, wenn auch ihre Wirksamkeit davon abhängt, daß noch in anderer Umstand — nämlich das Zugehen an den anderen Teil — hinzutritt. Deshalb

ist es ohne Einfluß, wenn der Erklärende nach der Abgabe der Erklärung stirbt oder geschäftsunfähig wird. Diese Ereignisse machen die Abgabe einer Erklärung unmöglich, sind aber hier gleichgültig, weil die Erklärung bereits abgegeben war. Was von der Geschäftsunfähigkeit gilt, gilt selbstverständlich auch von der Beschränkung der Geschäftsfähigkeit. Die Abgabe der Erklärung muß vollendet sein d. h. der Erklärende muß alles getan haben, was von seiner Seite zu dem Zwecke geschehen muß, daß die Erklärung dem anderen Teile zugeht. Es genügt nicht, daß der Brief oder das Telegramm geschrieben ist, es muß auch behufs der Absendung abgegeben sein. Ebenso muß die Erklärung nicht nur dem Boten mitgeteilt, sondern dieser auch behufs der Bestellung abgesandt sein. Im E. I § 74 war dies durch die Worte ausgedrückt, daß Tod oder Geschäftsunfähigkeit ohne Einfluß seien, wenn sie erfolgen, nachdem der Erklärende „die ausdrückliche Erklärung behufs der Absendung abgegeben oder bevor der Beteiligte von der stillschweigenden Erklärung Kenntnis erlangt hat". Die von der zweiten Kommission beschlossene Änderung der Fassung hängt damit zusammen, daß die stillschweigende Willenserklärung in dem § 130 überhaupt nicht besonders erwähnt wird. Unter der „Abgabe" der Willenserklärung im § 130 wird aber in betreff der ausdrücklichen Willenserklärung dasselbe verstanden, was in E. I durch Abgabe behufs der Absendung bezeichnet ist. Bei der stillschweigenden Willenserklärung kommt es, soweit diese nach den Vorbm. zu diesem Titel I. 2, oben S. 206 ff., möglich ist, darauf an, ob diejenige Handlung vollendet ist, welche sich als Willensbetätigung darstellt.

Über die Frage, welchen Einfluß der in der Zwischenzeit zwischen der Absendung und dem Zugehen der Willenserklärung erfolgende Eintritt oder Wegfall einer Verfügungsbeschränkung hat s. Breit, Zur Lehre vom Rechtsgeschäft, im Sächs. Arch. Bd. 13 S. 318 ff.

Im § 153 ist der Vorschrift, daß das Zustandekommen des Vertrags dadurch nicht gehindert werde, daß der Antragende sterbe oder geschäftsunfähig werde, der Zusatz hinzugefügt: „es sei denn, daß ein anderer Wille des Antragenden anzunehmen ist". Hierbei handelt es sich aber um den Inhalt, nicht um die Wirksamkeit des Vertrags. Ein Vertragsantrag, der nur für den Fall gemacht ist, daß der Antragende nicht vor dem Abschlusse des Vertrags stirbt — wie dies z. B. bei dem Angebote persönlicher Dienstleistungen ohne weiteres anzunehmen sein wird — fällt weg, wenn der Antragende vor der Annahme stirbt. Dies hat seinen Grund aber lediglich darin, daß der Antrag für den eingetretenen Fall nicht gestellt ist, nicht darin, daß er infolge des Todes nicht wirksam geworden wäre. In dem § 130 Abs. 2 ist nur von der Wirksamkeit der Erklärung die Rede, und für diese gilt die fragliche Ausnahme nicht.

8. Anwendungsgebiet des § 130. Die Vorschriften des § 130 finden sowohl auf einseitige Willenserklärungen, z. B. Kündigung, Mahnung, als auch auf Vertragserklärungen Anwendung. Voraussetzung in beiden Fällen ist nur, daß die Erklärungen empfangsbedürftig sind. Über die für die Annahme eines Vertragsantrags geltenden besonderen Vorschriften s. §§ 151 ff. Auf nichtempfangsbedürftige Willenserklärungen werden die Vorschriften des § 130 insofern entsprechend anzuwenden sein, als auch bei ihnen zwischen Abgabe der Erklärung und Wirksamwerden derselben unterschieden werden kann. So ist z. B. eine Auslobung abgegeben, wenn die betreffende Erklärung behufs Veröffentlichung an die Zeitungen abgesandt ist. Wirksam aber wird sie erst, wenn sie in der Zeitung veröffentlicht ist. Bis dahin kann sie wirksam widerrufen werden. Tod oder Geschäftsunfähigkeit des Auslobenden schaden, wenn sie nach der Abgabe der Erklärung eingetreten sind, der Wirksamkeit der veröffentlichten Erklärung nicht (Hölder, Erl. 1 zu § 130). Zu weit dürfte Binder, Die Rechtsstellung des Erben 1901 S. 86 ff., gehen, wenn er die Vorschriften des § 130 allgemein auf alle Erklärungen, die einem anderen gegenüber abgegeben werden, ohne Rücksicht darauf anwenden will, ob sie ihm gegenüber abzugeben sind (s. dagegen Isay, in Iherings Jahrb. Bd. 44 S. 43 ff.).

9. Erklärung gegenüber einer Behörde. Die Vorschriften des § 130 finden nach Abs. 3 auch auf Willenserklärungen Anwendung, die gegenüber einer Behörde abzugeben sind. Die an die Behörde gerichteten schriftlichen Erklärungen werden daher erst wirksam, wenn sie ihr zugehen (RJA. Bd. 3 S. 163). Als zugegangen wird die Erklärung anzusehen sein, wenn sie in den für die Behörde bestimmten Briefkasten geworfen oder dem zur Entgegennahme solcher Schriftstücke ermächtigten Kanzleidiener übergeben ist. In betreff der der Behörde mündlich abgegebenen Erklärungen gilt das unter Erl. 2 Gesagte, sofern nicht besondere Vorschriften darüber bestehen. Eine stillschweigende Willenserklärung gegenüber einer Behörde wird nach dem Zwecke der Vorschrift, daß die Erklärung gegenüber der Behörde abzugeben ist, schwerlich jemals als zulässig erachtet werden können (s. Vorbm. I 2, S. 206 ff.).

§. 131. Wird die Willenserklärung einem Geschäftsunfähigen gegenüber abgegeben, so wird sie nicht wirksam, bevor sie dem gesetzlichen Vertreter zugeht.

Das Gleiche gilt, wenn die Willenserklärung einer in der Geschäftsfähigkeit beschränkten Person gegenüber abgegeben wird. Bringt die Erklärung jedoch der in der Geschäftsfähigkeit beschränkten Person lediglich einen rechtlichen Vortheil oder hat der gesetzliche Vertreter seine Einwilligung ertheilt, so wird die Erklärung in dem Zeitpunkte wirksam, in welchem sie ihr zugeht.

---

§ 131.

E. I § 66; II § 107 Abs. 3 rev. § 127; III § 127. P. I S. 60, 62 ff., 65 ff., 75 ff., 111, 113 ff., 139 ff.; M. I S. 139 ff. P. II Bd. 1 S. 62 ff., 71 ff., Bd. 6 S. 132 ff.

1. Der § 131 bezieht sich, wie sich aus dessen Stellung und Inhalt ergibt, direkt nur auf die gegenüber einem Abwesenden abgegebenen Willenserklärungen. Über die entsprechende Anwendung auf Willenserklärungen unter Anwesenden s. Erl. 4.

2. Willenserklärung gegenüber einer abwesenden geschäftsunfähigen Person. In dem § 131 Abs. 1 sind zwei Vorschriften enthalten. Die eine geht dahin, daß die gegenüber einem Geschäftsunfähigen abgegebene Willenserklärung nicht dadurch wirksam wird, daß sie dem Geschäftsunfähigen zugeht. Durch die zweite Vorschrift wird bestimmt, daß eine solche Willenserklärung wirksam wird, wenn sie dem gesetzlichen Vertreter des Geschäftsunfähigen zugeht.

a) Der Zweck, um dessentwillen vorgeschrieben wird, daß eine Willenserklärung gegenüber einer bestimmten Person abgegeben werden muß, besteht darin, daß diese Person von der Erklärung Kenntnis erlangen und dadurch die Möglichkeit erhalten soll, die Einwirkung der Erklärung auf ihre Rechtsverhältnisse zu beurteilen und diejenigen Maßregeln zu ergreifen, welche ihr infolge davon erforderlich erscheinen. Kenntnis von der Erklärung kann auch der Geschäftsunfähige erlangen, aber ihm fehlt die Möglichkeit, die Einwirkung der Erklärung auf seine Verhältnisse richtig zu würdigen und die infolge der Erklärung etwa notwendig werdenden Rechtshandlungen vorzunehmen (§§ 104, 105 Abs. 1). Der obengedachte Zweck wird also dadurch, daß die Erklärung dem Geschäftsunfähigen zugeht, nicht erreicht; die Erklärung kann deshalb durch dieses Zugehen nicht wirksam werden. Anders liegt das Verhältnis bei denjenigen Personen, welche nicht geschäftsunfähig sind, aber sich in einem Zustande der Bewußtlosigkeit oder einer vorübergehenden Störung der Geistestätigkeit befinden. Nach dem E. I § 64 wurden auch diese Personen als geschäftsunfähig bezeichnet; der dem § 131 des BGB. entsprechende § 66 des E. I bezog sich daher auch auf sie. Von der zweiten Kommission ist dies geändert. Personen, die sich in einem Zustande der im § 105 Abs. 2 bezeichneten Art befinden, sind nicht geschäftsunfähig. Für sie gelten daher die Vorschriften des § 130 ohne die in dem § 131 bestimmte Modifikation. Der Verkehr würde es nicht ertragen, wenn die einem anderen durch Brief oder Telegramm zugegangene Erklärung deshalb unwirksam wäre, weil der andere in dem Zeitpunkt, in welchem ihm der Brief oder das Telegramm zugeht, schläft, betrunken ist oder sich in einem sonstigen Zustande der im § 105 Abs. 2 bezeichneten Art befindet. Die Zustände, welche hier in Frage stehen, sind ihrer Natur nach vorübergehend. Es kann daher keinen Unterschied machen, ob der Empfänger des Briefes oder Telegramms von dessen Inhalte deshalb nicht sofort Kenntnis erlangt, weil er anderweit beschäftigt oder verreist ist, oder deshalb, weil er sich in einem Zustande der im § 105 bezeichneten Art befindet. In dem einen wie in dem anderen Falle kann er sich die Kenntnis regelmäßig nach dem Wegfalle der Behinderung verschaffen, und dies wird im Interesse der Sicherheit des Verkehrs für genügend erachtet (a. A. Endemann I § 66 S. 312 ff. Anm. 22). Über die durch einen Boten bestellte Mitteilung s. Erl. 4.

b) Der gesetzliche Vertreter eines Geschäftsunfähigen ist diesen auch in der Empfangnahme von Willenserklärungen zu vertreten berechtigt. Andererseits wird bei der Abgabe einer Willenserklärung gegenüber einem Geschäftsunfähigen regelmäßig die Absicht anzunehmen sein, die Erklärung mindestens eventuell auch dem gesetzlichen Vertreter gegenüber abzugeben. Denkbar ist zwar, daß dies nicht beabsichtigt wird. Sollte dies in einem einzelnen Falle anzunehmen sein, so wird die Willenserklärung weder dadurch, daß sie dem Geschäftsunfähigen, noch dadurch, daß sie dessen gesetzlichem Vertreter zugeht, wirksam. Der § 131 Abs. 1 bestimmt nicht, daß die Willenserklärung wirksam wird, wenn sie dem gesetzlichen Vertreter zugeht, sondern nur, daß sie nicht wirksam wird, bevor sie ihm zugeht. Sollte sie dem gesetzlichen Vertreter gegenüber nicht abgegeben werden, so kann sie dadurch, daß sie ihm zugeht, nicht wirksam werden. Regelmäßig wird indessen, wie gesagt, anzunehmen sein, daß die Erklärung, mindestens eventuell, auch für den gesetzlichen Vertreter bestimmt ist, und folgt für diesen Fall aus dem § 130, daß die Erklärung in dem Zeitpunkte wirksam wird, in welchem sie dem gesetzlichen Vertreter zugeht. Ein Zurückbeziehen der Wirkung auf den Zeitpunkt, in welchem die Erklärung dem Geschäftsunfähigen zugegangen ist, findet nicht statt. Die im P. II Bd. 6 S. 132ff. ausgesprochene Ansicht, daß, wenn es sich um eine innerhalb einer Frist abzugebende Erklärung handle, die Frist gewahrt sei, wenn die Erklärung innerhalb der Frist dem Geschäftsunfähigen zugegangen sei, dürfte keine Billigung verdienen und hat in dem Gesetze keinen Ausdruck gefunden.

Wer gesetzlicher Vertreter des Geschäftsunfähigen ist, ergibt sich aus den Vorschriften über die elterliche Gewalt und die Vormundschaft.

c) Nach CPO. § 57 kann, wenn eine prozeßunfähige Partei, die einen gesetzlichen Vertreter nicht hat, ein solcher vorläufig durch den Vorsitzenden des Gerichts bestellt werden. Soll außerhalb des Prozesses gegenüber einer geschäftsunfähigen Person, die einen gesetzlichen Vertreter nicht hat, eine Willenserklärung abgegeben werden, so gewährt das Gesetz eine dem § 57 entsprechende Hilfe nicht. Es wird als genügend angesehen, daß der Beteiligte sich an das Vormundschaftsgericht wenden und bei diesem die Bestellung des Vormundes oder Pflegers veranlassen kann. Beruht die Geschäftsunfähigkeit freilich auf Geisteskrankheit, so muß zunächst die Entmündigung des Geisteskranken erfolgen, und um diese zu erwirken steht dem Beteiligten, wenn er nicht zu den Antragsberechtigten gehört (CPO. § 646), nur das Mittel zu, den Staatsanwalt zu der Stellung des Antrags zu veranlassen (s. von Tuhr, DJZ. 1901 S. 425).

3. Willenserklärung gegenüber einer abwesenden in der Geschäftsfähigkeit beschränkten Person. Auch in betreff der in der Geschäftsfähigkeit beschränkten Personen (§§ 106, 114) nimmt das Gesetz an, daß sie regelmäßig nicht imstande sind, den Einfluß einer ihr zugehenden Willenserklärung auf ihre rechtlichen Verhältnisse genügend zu würdigen und die durch die Erklärung erforderlich werdenden Maßregeln zu ergreifen. Für solche Erklärungen sollen daher nach § 131 Abs. 2 dieselben Grundsätze gelten wie für die einem Geschäftsunfähigen gegenüber abgegebene Willenserklärung. Die in dem Abs. 2 Satz 2 bestimmten Ausnahmen schließen sich den in den §§ 107, 111 für die Willenserklärungen der in der Geschäftsfähigkeit beschränkten Personen gegebenen Vorschriften an. Die Vorschrift des Satz 2 ist indessen nicht dahin zu verstehen, daß die Willenserklärung immer erst in dem Zeitpunkte wirksam wird, in welchem sie der in der Geschäftsfähigkeit beschränkten Person zugeht. Ist sie wenigstens eventuell auch für den gesetzlichen Vertreter bestimmt und diesem eher zugegangen als der in der Geschäftsfähigkeit beschränkten Person, so wird sie schon in dem Zeitpunkte wirksam, in welchem sie dem Vertreter zugegangen ist.

Im E. I § 66 war noch bestimmt, daß Vertragsanträge, welche einem in der Geschäftsfähigkeit beschränkten Minderjährigen gemacht werden, bindend seien. Diese Vorschrift ist in dem BGB. weggelassen. Sie ergibt sich als selbstverständlich aus dem Grundsatze, daß eine Willenserklärung, die gegenüber einer in der Geschäftsfähigkeit beschränkten Person abgegeben wird, wirksam ist, wenn sie derselben lediglich einen rechtlichen Vorteil bringt.

4. Willenserklärung gegenüber einer anwesenden geschäftsunfähigen oder in der Geschäftsfähigkeit beschränkten Person. Die Gründe, auf welchen die Vorschrift des § 131 beruht, führen dahin, auch die einem Anwesenden gegenüber abgegebene Willenserklärung nicht wirksam werden zu lassen, wenn derselbe geschäftsunfähig oder in der Geschäftsfähigkeit beschränkt ist. Daß dies in dem BGB. nicht ausdrücklich bestimmt ist, hat seinen Grund darin, daß das BGB. überhaupt keine allgemeinen Vorschriften über Willenserklärungen unter Anwesenden gibt. Die Vorschrift des § 131, nach welcher die einem abwesenden Geschäftsunfähigen abgegebene Willenserklärung dadurch wirksam werden kann, daß sie dessen gesetzlichem Vertreter zugeht, findet auf die einem Anwesenden gegenüber abgegebene Willenserklärung keine Anwendung. Nach der mündlichen oder durch Vorzeigung eines Schriftstücks erfolgten Abgabe der Willenserklärung gegenüber der geschäftsunfähigen oder in der Geschäftsfähigkeit beschränkten Person bleibt nichts übrig, was dem gesetzlichen Vertreter zugehen könnte. Dieser kann später von der abgegebenen Erklärung hören; in einem solchen Hören liegt aber kein Zugehen im Sinne des § 130. Nur wenn der Vertreter bei der Abgabe der Willenserklärung gegenwärtig wäre oder wenn im einzelnen Falle die geschäftsunfähige oder in der Geschäftsfähigkeit beschränkte Person als Bote zu betrachten wäre, durch den die Erklärung dem Vertreter übermittelt werden sollte, würde die

§. 132. Eine Willenserklärung gilt auch dann als zugegangen, wenn sie durch Vermittelung eines Gerichtsvollziehers zugestellt worden ist. Die Zustellung erfolgt nach den Vorschriften der Civilprozeßordnung.

Befindet sich der Erklärende über die Person desjenigen, welchem gegenüber die Erklärung abzugeben ist, in einer nicht auf Fahrlässigkeit beruhenden Unkenntniß oder ist der Aufenthalt dieser Person unbekannt, so kann die Zustellung nach den für die öffentliche Zustellung einer Ladung geltenden Vorschriften der Civilprozeßordnung erfolgen. Zuständig für die Bewilligung ist im ersteren Falle das Amtsgericht, in dessen Bezirke der Erklärende seinen Wohnsitz oder in Ermangelung eines inländischen Wohnsitzes seinen Aufenthalt hat, im letzteren Falle das Amtsgericht, in dessen Bezirke die Person, welcher zuzustellen ist, den letzten Wohnsitz oder in Ermangelung eines inländischen Wohnsitzes den letzten Aufenthalt hatte.

Erklärung durch das Anhören derselben von seiten des Vertreters bezw. die spätere Bestellung an ihn wirksam werden können.

Die einem anderen in dessen Abwesenheit gegenüber abgegebene Erklärung ist nach dem in der Erl. 2 Gesagten auch dann wirksam, wenn sich derselbe in dem Zeitpunkt, in welchem ihm die Erklärung zugeht, in einem Zustande der in dem § 105 Abs. 2 bezeichneten Art befindet. Wird die Erklärung aber einem Anwesenden gegenüber, der sich in einem Zustande der gedachten Art befindet, abgegeben, so wird sie nicht wirksam. In der Erl. 2 zu § 130 ist ausgeführt, daß die einem Anwesenden gegenüber abgegebene Willenserklärung nur dann wirksam wird, wenn derselbe sie vernimmt oder doch nur deshalb nicht vernimmt, weil er sie nicht vernehmen will. Eine Person, die sich im Zustande der Bewußtlosigkeit befindet, vernimmt die ihr gegenüber abgegebene Erklärung nicht; eine Person, die sich im Zustande vorübergehender Störung der Geistestätigkeit befindet, kann zwar die Erklärung vernehmen, aber es fehlt ihr die Fähigkeit, sie richtig zu würdigen. Der Grund, aus welchem die einem Abwesenden gegenüber abgegebene Erklärung wirksam wird, auch wenn sich der Abwesende in einem Zustande der fraglichen Art befindet, liegt nach dem in der Erl. 2a Gesagten darin, daß der Empfänger in der Lage ist, nach Beseitigung des vorübergehenden Zustandes von der Erklärung Kenntnis zu nehmen. Diese Möglichkeit ist nicht vorhanden, wenn die Erklärung mündlich oder durch Vorzeigung eines Schriftstücks erfolgt; sie kann deshalb hierdurch Wirksamkeit nicht erlangen. Aus denselben Gründen ist die durch einen Boten überbrachte Erklärung nicht als zugegangen und deshalb nicht als wirksam geworden zu betrachten, wenn die Person, für welche die Erklärung bestimmt ist, sich in dem Zeitpunkt, in welchem der Bote ihr die Erklärung mitteilt, in einem Zustande, der in dem § 105 Abs. 2 bezeichneten Art befindet.

§ 132.

E. I §§ 75, 76; II § 108 rev. § 128; III § 128. P. I S. 272 ff.; M. I S. 160 ff. P. II Bd. 1 S. 73 ff. RB. S. 1955.

1. Nach E. I § 75 sollte die **Zustellung durch Vermittelung eines Gerichtsvollziehers** nur zulässig sein, wenn die betreffende Person zur Entgegennahme der Erklärung verpflichtet ist. Diese Voraussetzung ist in dem BGB. aufgegeben, und die fragliche Vorschrift gilt daher für alle Willenserklärungen, die einem anderen gegenüber abgegeben werden sollen.

2. Bei der durch Vermittelung eines Gerichtvollziehers nach den Vorschriften der CPO. erfolgten Zustellung einer Erklärung wird meistens ein „Zugehen" der Erklärung im Sinne des § 130 vorliegen. Nicht immer ist dies jedoch der Fall; die Zustellung soll aber immer die Wirkung des Zugehens haben. Die Vorschrift des § 131 wird dadurch nicht berührt; die Wirksamkeit tritt also auch im Falle des § 132 Abs. 1 nicht ein, bevor die Zustellung an den gesetzlichen Vertreter erfolgt ist.

Die CPO. kennt den Ausdruck „Zustellung durch Vermittelung eines Gerichtsvollziehers" nicht. Das BGB. versteht darunter sowohl die unmittelbar durch den Gerichtsvollzieher als auch die von der CPO. als Zustellung durch die Post bezeichnete Art der Zustellung (§§ 193 bis 195), indem auch diese durch Vermittelung des Gerichtsvollziehers erfolgt. Nicht mitbegriffen unter der Zustellung durch Vermittelung des Gerichtsvollziehers ist dagegen die Zustellung durch Aufgabe zur Post (§§ 175, 179 Abs. 2, 192), weil deren Zulässigkeit von besonderen, hier nicht

§. 133. Bei der Auslegung einer Willenserklärung ist der wirkliche Wille zu erforschen und nicht an dem buchstäblichen Sinne des Ausdrucks zu haften.

---

zutreffenden Voraussetzungen abhängig ist. Ausgeschlossen ist auch die Mitwirkung des Gerichtsschreibers. Auch die Vorschriften über Zustellung im Auslande (§ 199) sowie über die Zustellung an Deutsche, welche das Recht der Exterritorialität genießen (§ 200) und an Personen, welche zu einem im Auslande befindlichen oder zu einem mobilen Truppenteil oder zur Besatzung eines in Dienst gestellten Kriegsfahrzeugs gehören (§ 201), kommen nicht in Betracht, weil die Zustellung in diesen Fällen nicht durch Vermittelung des Gerichtsvollziehers erfolgt. Der Zeitpunkt, in welchem die Zustellung als erfolgt und damit die Erklärung als zugegangen gilt, bestimmt sich nach den Vorschriften der CPO. (vgl. CPO. §§ 167, 169—173, 180—191, 193—195). Die zuzustellende Erklärung ist dem Gerichtsvollzieher schriftlich zu übergeben. Dieser hat eine beglaubigte Abschrift nach Maßgabe der CPO. § 170 zu nehmen und diese zu übergeben. Eine Beglaubigung durch den Anwalt kommt, da dieser außerhalb des Prozesses zur Beglaubigung nicht befugt ist, nicht in Betracht. Die Übergabe einer Ausfertigung kann nur ausnahmsweise in Frage kommen.

Über die Zustellung von Willenserklärungen außerhalb des Prozesses vgl. noch die Geschäftsanweisungen für die Gerichtsvollzieher (preuß. GA. § 40, bayer. § 41). Ist bei der Zustellung einer schriftlichen Willenserklärung dem Empfänger eine Urkunde vorzulegen wie nach den §§ 111, 174, 410, 1160, 1831, so hat der Gerichtsvollzieher auf Verlangen des Auftraggebers auch die Vorlegung zu bewirken; die Zustellung durch die Post ist in diesem Falle ausgeschlossen (preuß. allgm. Verf. d. Justizm. v. 27. August 1902, bayer. Bek. v. 14. November 1902).

3. Anwendung der Vorschriften über öffentliche Zustellung einer Ladung. Die Vorschriften des Abs. 2 sind für die darin bezeichneten nicht seltenen Fälle von großer praktischer Wichtigkeit. Ihre Anwendung kann freilich dazu führen, daß eine Willenserklärung einer Person gegenüber als zugegangen und damit wirksam geworden gilt, ohne daß diese Person etwas davon erfährt; aber das Interesse desjenigen, welcher die Erklärung abzugeben hat und dazu ohne jene Vorschrift nicht imstande wäre, wird als überwiegend erachtet. Zur Anwendung kommen die Vorschriften der §§ 204—206 der CPO. und zwar, da die Vorschriften über öffentliche Zustellung einer Ladung Anwendung finden sollen, in betreff der Art der Bekanntmachung der § 204 Abs. 2, 3, in betreff des Zeitpunkts, in welchem die Zustellung als erfolgt gilt, der § 206 Abs. 1 und der § 207.

Das Gericht hat die öffentliche Zustellung nur zu bewilligen, wenn es sich überzeugt, daß die Unkenntnis des Erklärenden über die Person desjenigen, gegenüber welchem die Erklärung abzugeben ist, nicht auf Fahrlässigkeit beruht oder daß der Aufenthalt der betreffenden Person unbekannt ist. Über die Frage, in welchen Fällen eine Unkenntnis der gedachten Art anzunehmen ist, s. Erl. 1 zu § 124 a. E. Über den Begriff der Fahrlässigkeit s. Vorbm. zu diesem Buche III, oben S. 40. Über den nach Abs. 2 Satz 2 für die Zuständigkeit des Gerichts maßgebenden Wohnsitz s. die §§ 7—11.

§ 133.

E. I § 73; II § 90 rev. § 129; III § 129. P. I S. 312; M. I S. 154 ff. P. II Bd. 1 S. 68.

Danz, Auslegung der Rechtsgeschäfte 1897.

Auslegung einer Willenserklärung. Die Vorschrift des § 133 ist, richtig verstanden, selbstverständlich, ihre Hervorhebung aber im Anschluß an das frühere HGB. Art. 278 für zweckmäßig gehalten. Sie ist übrigens nicht etwa dahin zu verstehen, daß der ermittelte Wille gilt, auch wenn er mit den Worten im Widerspruche steht. Diese müssen so beschaffen sein, daß sie wenigstens möglicherweise als Erklärung des Willens angesehen werden können. Ist dies nicht der Fall, so liegt, sofern nicht nach den Umständen eine stillschweigende Willenserklärung anzunehmen ist, ein Irrtum über den Inhalt der abgegebenen Erklärung vor und findet daher die Vorschrift des § 119 Anwendung.

Die Vorschrift des § 133 bezieht sich auf alle Willenserklärungen, insbesondere auch auf solche, welche an eine Form gebunden sind (Rspr. Bd. 4 S. 210). Ihrem Wortlaute nach bezieht sie sich nur auf die Ermittelung des Inhalts einer Willenserklärung; sie ist aber auch anwendbar bei der Entscheidung der Frage, ob eine Äußerung eine Willenserklärung enthält, also z. B. ob in der Mitteilung eines bei einer Willenserklärung untergelaufenen Irrtums eine Anfechtung zu finden ist. Daß bei der Auslegung auch die Verkehrssitte berücksichtigt werden muß, ist im

§. 134. Ein Rechtsgeschäft, das gegen ein gesetzliches Verbot verstößt, ist nichtig, wenn sich nicht aus dem Gesetz ein Anderes ergiebt.

§. 135. Verstößt die Verfügung über einen Gegenstand gegen ein gesetzliches Veräußerungsverbot, das nur den Schutz bestimmter Personen bezweckt, so ist sie nur diesen Personen gegenüber unwirksam. Der rechtsgeschäftlichen Verfügung

---

§ 157 ausdrücklich nur für Verträge vorgeschrieben, gilt aber der Natur der Sache nach für die Auslegung aller Willenserklärungen.

Über besondere Auslegungsregeln, die das BGB. für einzelne Fälle gibt, s. Einleitung IV, 2 S. 23.

§ 134.

E. I § 105; II § 100 rev. § 130; III § 130. P. I S. 214 ff.; M. I S. 210 ff. P. II Bd. 1 S. 122 ff. KB. S. 1956 ff. StB. S. 2757 ff.

Endemann, Die civilrechtlichen Folgen der Verbotsgesetze 1887. Isay, Die Willenserklärung im Tatbestande des Rechtsgeschäfts 1899 S. 99 ff.

S. Vorbm. zu diesem Abschnitte II. 3, VII. 1, oben S. 180, 182.

Verbotene Rechtsgeschäfte. Im E. I § 105 lautete die Vorschrift dahin, daß nichtig ist ein Rechtsgeschäft, dessen Vornahme durch Gesetz verboten ist. Die Änderung der Fassung hat den Zweck, klarzustellen, daß die Nichtigkeit auch solche Rechtsgeschäfte trifft, deren Inhalt gegen ein Gesetz verstößt. Darunter mitbegriffen sind auch solche Rechtsgeschäfte, die auf eine durch Gesetz verbotene Leistung gerichtet sind. Gesetzliche Verbote der hier in Frage stehenden Art sind sowohl im BGB. als auch in anderen Reichsgesetzen enthalten; in den der Landesgesetzgebung vorbehaltenen Materien kommen auch die Landesgesetze in Betracht. Ob ein Rechtsgeschäft gegen ein gesetzliches Verbot verstößt, bestimmt sich nach dem Inhalt und Zwecke des betreffenden Gesetzes. Insbesondere bei Strafgesetzen ist durch Auslegung zu ermitteln, ob und eventuell welche Rechtsgeschäfte dadurch verboten sind. Auch dann aber, wenn ein Rechtsgeschäft gegen ein gesetzliches Gebot verstößt, bildet die Nichtigkeit des Rechtsgeschäfts nur die Regel. In jedem einzelnen Falle ist, wie in dem § 134 ausdrücklich hervorgehoben wird, noch zu untersuchen, ob sich nicht aus dem betreffenden Gesetz ein anderes ergibt. Dies kann, auch wenn eine ausdrückliche Bestimmung im Gesetze fehlt, aus dem Zwecke und dem Zusammenhange der einzelnen Bestimmungen gefolgert werden müssen. Beispiele von Verbotsgesetzen verschiedener Art s. bei Rehbein, Erl. I 2, 3 zu §§ 134—138. Über die bei der Entscheidung der hervorgehobenen Fragen, insbesondere bei Strafgesetzen zu beachtenden Gesichtspunkte s. u. a. Isay S. 99 ff.; Rspr. Bd. 5 S. 102; RG. Bd. 51 S. 401, nach welchem ein gegen § 270 des preuß. StGB. von 1851 verstoßender Vertrag, durch welchen jemand einem anderen Vermögensvorteile verspricht, um ihn von dem Bieten bei einer Versteigerung abzuhalten, unter § 134 fällt. Vorschriften, nach welchen ein verbotenes Rechtsgeschäft nichtig ist, enthält das BGB. z. B. in den §§ 135, 458, 672, 763.

Auch das zur Umgehung des Verbotsgesetzes vorgenommene Rechtsgeschäft ist nichtig. Hierbei ist aber zu beachten, worauf das Verbot gerichtet ist. Bezweckt das Gesetz, dem durch ein Rechtsgeschäft erstrebten wirtschaftlichen Erfolg entgegenzutreten, so ist, auch wenn in dem Verbotsgesetze nur ein bestimmtes Rechtsgeschäft bezeichnet ist, jedes Rechtsgeschäft nichtig, das den durch das Verbotsgesetz bekämpften wirtschaftlichen Erfolg herbeizuführen bezweckt. Will das Gesetz aber nur ein bestimmtes Rechtsgeschäft verbieten, so kann man von einer Umgehung des Gesetzes nicht sprechen, wenn ein Rechtsgeschäft anderer Art vorgenommen ist, auch wenn durch dieses im praktischen Ergebnisse dasselbe erstrebt wird wie durch das verbotene Rechtsgeschäft. Ob das Verbotsgesetz die eine oder die andere Tendenz hat, muß im einzelnen Falle durch Auslegung gefunden werden.

§ 135.

E. I § 107 Abs. 1, 2; II § 101 rev. § 131; III § 131. P. I S. 217 ff., 3725, 3785 ff., 4018 ff., 6170 ff., 11649 ff., 11942; M. I S. 212 ff. P. II Bd. 1 S. 124 ff., Bd. 6 S. 129 ff.

1. Veräußerungsverbot zum Schutze bestimmter Personen. Der § 135 enthält eine Modifikation des im § 134 aufgestellten Grundsatzes. Das gesetzliche Verbot einer Verfügung soll nicht deren Nichtigkeit zur Folge haben, wenn das Verbot nur den Schutz bestimmter Personen bezweckt. Ist das Verbot im öffentlichen Interesse erlassen, so bleibt es bei der Regel des § 134.

steht eine Verfügung gleich, die im Wege der Zwangsvollstreckung oder der Arrestvollziehung erfolgt.

Die Vorschriften zu Gunsten derjenigen, welche Rechte von einem Nichtberechtigten herleiten, finden entsprechende Anwendung.

Ob das eine oder das andere der Fall ist, muß durch Auslegung des Verbotsgesetzes ermittelt werden. Über den Begriff der Verfügung s. Vorbm. zu diesem Abschnitte IX. 4, S. 185. Als rechtsgeschäftliche Verfügung gilt auch die durch Urteil nach Maßgabe der CPO. § 894 erfolgende Verfügung (s. Vorbm. II 1 c oben S. 180). Über die Gleichstellung der im Wege der Zwangsvollstreckung oder Arrestvollziehung erfolgenden Verfügung mit der rechtsgeschäftlichen Verfügung s. Vorbm. IX. 4 Abs. 2, oben S. 186. Die Verfügung auf Grund eines dinglichen Rechtes, das an dem betreffenden Gegenstande schon besteht, bevor das Veräußerungsverbot wirksam wird, verstößt nicht gegen das Verbot. So ist z. B., wenn die Veräußerung eines bereits verpfändeten Gegenstandes zum Schutze bestimmter Personen verboten wird, die später auf Grund des Pfandrechts erfolgende Veräußerung voll wirksam. Das Gleiche gilt im Falle der auf Grund eines solchen Rechtes erfolgenden Zwangsvollstreckung. Der praktisch wichtigste Fall ist der des gerichtlichen Veräußerungsverbots, das nach § 136 einem gesetzlichen Veräußerungsverbote gleich steht. Das gerichtliche Veräußerungsverbot ist, soweit es auf Grund der Vorschriften der CPO. ergeht, immer nur zum Schutze bestimmter Personen erfolgt. Auf Grund der StPO. §§ 332—335, 480 ist auch ein richterliches absolutes Veräußerungsverbot im öffentlichen Interesse möglich. Beispiele anderer absoluter Veräußerungsverbote s. bei Rehbein, Erl. II 1a zu §§ 134—138. Die in der KO. §§ 6, 7 bestimmte Verfügungsbeschränkung fällt an sich unter § 135, jedoch ist statt des Abs. 2 nur bestimmt, daß die §§ 892, 893 unberührt bleiben.

2. Wirkungen des Veräußerungsverbots. Die gegen ein Verbotsgesetz der im § 135 bezeichneten Art verstoßende Verfügung ist wirksam für diejenigen, zwischen welchen sie vorgenommen ist sowie für jeden Dritten, der nicht zu denjenigen gehört, zu deren Schutze das Verbot bestimmt ist. Das übertragene Eigentum oder sonstige Recht geht über, das an dem betreffenden Gegenstande bestellte Recht entsteht, die bezahlte Forderung erlischt ꝛc., aber alles dies gilt nicht gegenüber demjenigen, dessen Schutz das Verbot bezweckt. Ihm gegenüber gilt der Veräußerer noch als Eigentümer, der betreffende Gegenstand als nicht belastet, die Forderung als noch bestehend, und er ist berechtigt, diese Rechtslage gegenüber jedem geltend zu machen. Ist er also z. B. im Besitze der gegen das Verbot veräußerten Sache, so kann er den Eigentumsanspruch desjenigen, welcher die Sache durch die Veräußerung erworben hat, durch die Hinweisung auf die Verbotswidrigkeit der Veräußerung zurückweisen. Ist es ein dingliches Recht, dessen Schutz das Verbot bezweckt, so kann selbstverständlich auf Grund dieses dinglichen Rechtes auch aktiv gegen jeden vorgegangen werden, der sich damit in Widerspruch setzt. Für dingliche Rechte ist das Veräußerungsverbot aber überhaupt von geringer praktischer Bedeutung. Seine Hauptbedeutung liegt in dem Schutze obligatorischer Ansprüche. Aus der zu Gunsten des Gläubigers nach § 135 eintretenden Unwirksamkeit einer Verfügung über den Gegenstand, auf welchen der Anspruch gerichtet ist, läßt sich nicht ohne weiteres folgern, daß der Gläubiger von demjenigen, welcher den Gegenstand durch die verbotene Verfügung erworben hat, eine positive Handlung zu dem Zwecke verlangen kann, um seinen Anspruch zu verwirklichen. Besteht z. B. das Verbot zu Gunsten des Käufers einer Sache, so kann er die Herausgabe der Sache nicht von dem verbotswidrigen Erwerber verlangen, denn er ist noch nicht Eigentümer der Sache. Wie kann er aber das Eigentum erlangen, wenn der Erwerber im Besitze der Sache und, sofern es sich um ein Grundstück handelt, im Grundbuch eingetragen ist? In dieser Beziehung ist für Grundstücke eine besondere Vorschrift durch § 888 Abs. 2 gegeben. Der Gläubiger, dessen Anspruch auf Einräumung oder Aufhebung eines Rechtes an einem Grundstück oder eines Rechtes an einem solchen Rechte durch ein Veräußerungsverbot geschützt ist, kann nach der gedachten Vorschrift von demjenigen, welcher das Grundstück oder das Recht dem Veräußerungsverbote zuwider erworben hat, die Zustimmung zu der Eintragung oder Löschung im Grundbuche verlangen, die zur Verwirklichung des durch das Veräußerungsverbot gesicherten Anspruchs erforderlich ist. Da der Gläubiger in dem gedachten Falle auch von seinem Schuldner die zur Verwirklichung seines Anspruchs erforderlichen Handlungen verlangen kann und die erforderlichen Erklärungen sowohl des Schuldners wie des Dritten nötigenfalls nach Maßgabe des § 894 der CPO. durch Urteil ersetzt werden können, so ist dem Gläubiger auf diesem Wege die Möglichkeit gewährt, die Einräumung oder Aufhebung des Rechtes, auf die er einen Anspruch hat, zu erlangen. Über das Recht des Gläubigers, die Eintragung eines Vermerkes im Grundbuche zu verlangen, s. Rspr. Bd. 5 S. 143.

Es fragt sich, ob eine echendeentspr Anwendung dieser Vorschriften auf andere Fälle zulässig ist und ob man daraus das allgemeine Prinzip ableiten kann, daß, wenn das Veräußerungsverbot den Schutz eines Anspruchs auf Einräumung oder Aufhebung eines Rechtes an einem Gegenstande bezweckt, der Gläubiger von demjenigen, welcher den Gegenstand dem Veräußerungsverbote zuwider erworben hat, verlangen kann, daß er die zur Verwirklichung seines Anspruchs erforderlichen Handlungen vornehme. Ein Bedürfnis zu einer derartigen, unter allen Umständen bedenklichen Verallgemeinerung einer sich auf die besonderen Verhältnisse des Grundbuchrechts beziehenden Bestimmung dürfte indessen nicht vorliegen (a. A. Dernburg I § 124 II Anm. 6, der den § 888 auch bei beweglichen Sachen entsprechend anwenden will). Die allgemeinen Vorschriften des BGB. und der CPO. gewähren für alle Fälle, in denen das Grundbuch nicht in Frage kommt, genügende Abhilfe. Ist der Gegenstand des Anspruchs ein Recht, zu dessen Übertragung der Vertrag genügt, geht der Anspruch also z. B. auf Abtretung einer Forderung, so genügt zur Verwirklichung des Anspruchs die nötigenfalls nach Maßgabe des § 894 der CPO. zu ersetzende Erklärung des Schuldners. Geht der Anspruch auf Übertragung des Eigentums an einer beweglichen Sache, so kann die zur Eigentumsübertragung erforderliche Übergabe der Sache, wenn der Eigentümer nicht im Besitze ist, nach § 931 dadurch ersetzt werden, daß der Eigentümer den ihm gegen den Besitzer zustehenden Anspruch auf Herausgabe der Sache abtritt. Dem Gläubiger gegenüber gilt der Verpflichtete trotz der Veräußerung der Sache noch als Eigentümer, hat also noch den Eigentumsanspruch auf Herausgabe der Sache gegen den Besitzer. Mit der Abtretung dieses Anspruchs, zu welcher der Vertrag genügt und die also nach Maßgabe des § 894 der CPO. durch Urteil ersetzt werden kann, wird der Gläubiger Eigentümer und kann dann auf Grund seines Eigentums die Herausgabe der Sache von dem verbotswidrigen Erwerber verlangen. Geht der Anspruch auf Einräumung des Nießbrauchs an einer beweglichen Sache, so finden diese Grundsätze ebenfalls Anwendung. Anders liegt die Sache, wenn der Anspruch auf Einräumung eines Pfandrechts an einer beweglichen Sache geht. Nach § 1205 ist zur Begründung des Pfandrechts Übergabe der Sache erforderlich; der § 931 findet keine entsprechende Anwendung, und nur, wenn der Eigentümer mittelbarer Besitzer ist, kann die Übergabe durch Übertragung des mittelbaren Besitzes ersetzt werden. Der Schuldner, der die Sache veräußert hat, ist aber nicht mittelbarer Besitzer, und daraus, daß er dem Gläubiger gegenüber noch als Eigentümer gilt, kann nicht gefolgert werden, daß er ihm gegenüber auch als mittelbarer Besitzer gilt. Hier versagt also die Abhilfe auf dem bisher bezeichneten Wege. Der Gläubiger kann aber, nachdem er die Verurteilung des Schuldners zur Begründung des Pfandrechts und zu der zu diesem Zwecke erforderlichen Herausgabe der Sache erwirkt hat, sich im Wege der Zwangsvollstreckung nach Maßgabe der CPO. § 886 die Überweisung des ihm gegenüber als bestehend geltenden Anspruchs des Schuldners gegen den Besitzer auf Herausgabe der Sache überweisen lassen. Erlangt er mittels dieses Anspruchs den Besitz der Sache, so ist dadurch in Verbindung mit der nach der CPO. § 894 als erfolgt geltenden Verpfändungserklärung des noch als Eigentümer geltenden Schuldners das Pfandrecht begründet.

3. Zustimmung des durch das Verbot Geschützten. Aus dem Zwecke eines Veräußerungsverbots der hier fraglichen Art ergibt sich, daß eine damit in Widerspruch stehende Verfügung voll wirksam ist, wenn derjenige, dessen Schutz das Verbot bezweckt, seine Einwilligung zu der Verfügung erteilt hat, und daß sie voll wirksam wird, wenn er sie genehmigt. Dasselbe gilt, wenn das Recht, zu dessen Schutze das Verbot dient, wegfällt.

4. Für **das Grundbuchrecht** enthalten besondere Vorschriften betreffs des Veräußerungsverbots neben dem in Erl. 2 bereits erwähnten § 888 die §§ 878, 892, 893.

5. Vorschriften zu Gunsten derjenigen, welche Rechte von einem Nichtberechtigten herleiten, enthalten insbesondere die §§ 407, 892, 893, 932, 936, 1032, 1138, 1155, 1207, 1208, 1244. Die entsprechende Anwendung dieser Vorschriften führt dahin, daß, soweit der Erwerb eines Rechtes auf Grund der Verfügung eines zu derselben nicht Berechtigten erfolgt, auch ein Veräußerungsverbot der im § 135 bezeichneten Art dem Erwerbe des Rechtes auf Grund einer Verfügung des Berechtigten nicht entgegensteht. Hängt nach jenen Vorschriften der Erwerb des Rechtes davon ab, daß der Erwerber die Nichtberechtigung des Verfügenden nicht kennt und daß seine Unkenntnis nicht auf grober Fahrlässigkeit beruht, so ist auch das Veräußerungsverbot nur dann ohne Einfluß auf den Erwerb, wenn der Erwerber dasselbe nicht kennt und seine Unkenntnis nicht auf grober Fahrlässigkeit beruht.

Nach M. I S. 214 wird der dem § 407 entsprechende § 304 des E. I nicht zu den Vorschriften zu Gunsten derjenigen gerechnet, welche Rechte von einem Nichtberechtigten herleiten, und wird deshalb angenommen, daß ein Schuldner, der in Unkenntnis eines sich auf die Forderung beziehenden Veräußerungsverbots zahle, durch die dem § 135 Abs. 2 entsprechende Vorschrift des E. I § 107 Abs. 1 Satz 2 nicht geschützt sei. Wenn indessen nach BGB. § 407 der Schuldner berechtigt ist, eine Leistung, die er nach Abtretung der Forderung an den bisherigen Gläubiger bewirkt hat, auch dem neuen Gläubiger gegenüber geltend zu machen, sofern er nicht die Abtretung bei der Leistung kennt, so leitet er doch dieses Recht aus der in der Annahme der Leistung liegenden Verfügung des dazu nicht mehr berechtigten bisherigen Gläubigers ab. Das Wort „Recht" in der fraglichen Vorschrift in einem engeren Sinne zu verstehen, dürfte dem Zwecke der Vorschrift nicht entsprechen. Der Grund, aus welchem der Schuldner bei Unkenntnis der Abtretung geschützt wird, trifft auch bei Unkenntnis eines Veräußerungsverbots zu (a. A. Staudinger, Erl. 3a zu § 135).

Für die oben angeführten, sich auf das Grundbuchrecht beziehenden §§ 892, 893, 1138, 1155 führt schon die Vorschrift des § 892 Abs. 1 Satz 2 zu demselben Ergebnisse wie die Vorschrift des § 135 Abs. 2.

6. Die Vorschrift des E. I § 107 Abs. 2, nach welcher die Vorschriften über das gesetzliche Veräußerungsverbot auch auf **rechtsgeschäftliche Verfügungsbeschränkungen** Anwendung finden, soweit diese nach gesetzlicher Vorschrift Wirksamkeit gegen Dritte haben, ist von der zweiten Kommission gestrichen, weil derartige Beschränkungen im BGB. nicht vorkommen und, soweit sie in besonderen Gesetzen vorkommen, doch in Wirklichkeit immer ein für den Fall, daß ein Rechtsgeschäft der fraglichen Art vorliegt, gegebenes gesetzliches Veräußerungsverbot anzunehmen ist.

7. Zur Ergänzung des § 135 dienen die an die Stelle des E. I § 107 Abs. 3, 4 tretenden, in die KO. und CPO. neu aufgenommenen Vorschriften.

Nach KO. § 13 ist ein Veräußerungsverbot der in den §§ 135, 136 gedachten Art den Konkursgläubigern gegenüber unwirksam. Werden die betreffenden Gegenstände im Konkurse veräußert, so ist die Veräußerung auch gegenüber denjenigen wirksam, deren Schutz das Verbot bezweckt. Wirksam jedoch bleibt eine bei der Zwangsvollstreckung in das unbewegliche Vermögen erfolgte Beschlagnahme.

Nach CPO. § 772 soll der Gegenstand, auf welchen sich ein Verbot der in dem § 135 bezeichneten Art bezieht, wegen eines persönlichen Anspruchs oder auf Grund eines infolge des Verbots unwirksamen Rechtes nicht im Wege der Zwangsvollstreckung veräußert oder überwiesen werden. Derjenige, dessen Schutz das Verbot bezweckt, kann nach Maßgabe der CPO. § 771 Widerspruch gegen die Zwangsvollstreckung in den betreffenden Gegenstand erheben. Im übrigen hat die Vorschrift des § 772 nur eine instruktionelle Bedeutung für den Gerichtsvollzieher und das Vollstreckungsgericht. Eine im Widerspruche damit erfolgende Veräußerung oder Überweisung des betreffenden Gegenstandes im Wege der Zwangsvollstreckung ist nicht nichtig, aber die Vorschriften des § 135 finden darauf Anwendung. Die Veräußerung oder Überweisung ist also gegenüber demjenigen, dessen Schutz das Verbot bezweckt, unwirksam, sofern nicht der Erwerber durch die Vorschriften zu Gunsten derjenigen, welche Rechte von einem Nichtberechtigten herleiten, geschützt wird.

8. Auf das Recht zur Prozeßführung hat das Veräußerungsverbot keinen Einfluß, weil die Prozeßführung keine Verfügung ist (s. Vorbm. IX. 4 S. 185). Der Gläubiger, welchem die Verfügung über seine Forderung zu Gunsten eines Dritten, der einen Anspruch auf Abtretung einer Forderung hat, verboten ist, kann also trotzdem den Schuldner auf Zahlung verklagen und das in diesem Prozeß ergehende Urteil ist auch gegen den Dritten, zu dessen Schutze das Verbot erlassen ist, wirksam. Mit Recht hebt indessen Hellwig, Wesen und subjektive Begrenzung der Rechtskraft 1901 S. 106ff., 407ff. hervor, daß auch hier der § 407 angewendet werden müsse. Der Schuldner wird nur geschützt, wenn er das Verbot nicht kannte. In solchem Falle kann er die Verurteilung zur Zahlung an den Gläubiger auch dem Dritten gegenüber, wenn diesem die Forderung abgetreten ist, geltend machen. Kannte der Schuldner aber das Verbot, so muß er es im Prozesse dahin geltend machen, daß er nicht zur Zahlung, sondern nur zur Hinterlegung verpflichtet sei, und der Gläubiger muß, um nicht abgewiesen zu werden, seine Klage dementsprechend ändern. Unterläßt der Schuldner, das Verbot geltend zu machen, so kann er sich dem Dritten gegenüber nicht darauf berufen, daß er zur Zahlung an den ursprünglichen Gläubiger verurteilt sei und deshalb habe zahlen müssen. Bedenklich in der Ausführung von Hellwig

§. 136. Ein Veräußerungsverbot, das von einem Gericht oder von einer anderen Behörde innerhalb ihrer Zuständigkeit erlassen wird, steht einem gesetzlichen Veräußerungsverbote der im §. 135 bezeichneten Art gleich.

§. 137. Die Befugniß zur Verfügung über ein veräußerliches Recht kann nicht durch Rechtsgeschäft ausgeschlossen oder beschränkt werden. Die Wirksamkeit einer Verpflichtung, über ein solches Recht nicht zu verfügen, wird durch diese Vorschrift nicht berührt.

---

ist indessen die Annahme, daß für die Kenntnis des Schuldners nicht der Zeitpunkt der Rechtshängigkeit, sondern derjenige Zeitpunkt maßgebend sei, in welchem der Schuldner in dem Prozesse das Verbot noch geltend machen könne. Der für diese Abweichung von der Vorschrift des § 407 Abs. 2 geltend gemachte Grund, daß sonst nach der Rechtshängigkeit des Prozesses ein Veräußerungsverbot mit Wirksamkeit gegen den Schuldner nicht mehr möglich sei, dürfte nicht durchschlagend sein. Die in dem Prozeß erfolgte Überweisung des Gläubigers kann der Schuldner, wenn die Forderung nach der Rechtshängigkeit an den Dritten abgetreten ist, diesem gegenüber immer geltend machen.

§ 136.

E. I § 107 Abs. 1; II § 102 rev. § 132; III § 132. P. I S. 217 ff., 3725, 3785 ff., 4018 ff., 6170 ff., 11649 ff., 11942; M. I S. 212 ff. P. II Bd. 1 S. 124 ff., Bd. 6 S. 129 ff.

Veräußerungsverbot eines Gerichts oder einer Behörde. Der § 136 ersetzt, soweit er sich auf Veräußerungsverbote bezieht, die von anderen Behörden als von Gerichten erlassen sind, den Art. 7 des E. I des EG. Welche Behörden zur Erlassung eines Verbots der fraglichen Art zuständig sind, bestimmen die Landesgesetze. Über gerichtliche Veräußerungsverbote s. insbesondere CPO. §§ 935, 938, 940; KO. § 106; ZVG. § 23, §§ 935, 938, 940. Ein nach Maßgabe der CPO. erlassenes Veräußerungsverbot wird, wenn es sich auf eine Forderung bezieht, erst mit der Zustellung an den Schuldner wirksam (CPO. § 829).

§ 137.

E. I § 796; II § 102a rev. § 133; III § 133. P. I S. 3743 ff., 11925 ff.; M. III S. 77. P. II Bd. 3 S. 76 ff., 257 ff., Bd. 6 S. 167.

Brütt, Das rechtsgeschäftliche Veräußerungsverbot nach gemeinem Rechte und BGB. 1900.

Rechtsgeschäftliche Veräußerungsbeschränkung. Die im E. I § 796 mit Rücksicht auf § 295 Abs. 2 und § 312 des E. I auf dingliche Rechte beschränkte Vorschrift ist in dem § 137 auf alle veräußerlichen Rechte ausgedehnt, gilt also insbesondere auch für Forderungen und diejenigen Rechte, auf deren Übertragung nach § 413 die Vorschriften über Forderungen Anwendung finden. Für die Rechte der letztgedachten Art, z. B. das Urheberrecht, das Verlagsrecht, das Patentrecht, gilt der § 137 aber nur insoweit, als sich nicht aus den besonderen für diese Rechte geltenden Gesetzen ein anderes ergibt. Mittelbar erleidet der § 137 eine Modifikation durch die Vorschrift des § 399, nach welcher die Übertragbarkeit einer Forderung durch Vertrag zwischen den Parteien ausgeschlossen werden kann. Durch das Gesetz über das Verlagsrecht v. 15. Juni 1901 § 28 wird bestimmt, daß die Übertragbarkeit des Verlagsrechts durch den Verlagsvertrag ausgeschlossen werden könne und daß ohne eine solche Vereinbarung eine sich nur auf ein einzelnes Werk beschränkende Übertragung der Zustimmung des Verfassers bedürfe.

Ein nach Maßgabe des § 137 Satz 2 zulässiger vertragsmäßiger Anspruch darauf, daß ein Recht nicht übertragen werde, kann unter Umständen durch ein gerichtliches Veräußerungsverbot geschützt werden. Die Verletzung der eingegangenen Verpflichtung begründet einen Anspruch auf Schadensersatz. Eine dingliche Sicherung des Anspruchs durch Eintragung in das Grundbuch ist, eben weil es sich nur um einen obligatorischen Anspruch handelt, unzulässig (RG. Bd. 20 A. S. 292 ff.). Mittelbar kann die bei der Übertragung eines Rechtes getroffene Bestimmung, daß der Erwerber das Recht nicht weiter veräußern solle, dadurch dinglich gesichert werden, daß die Übertragung unter der auflösenden Bedingung erfolgt, daß der Erwerber nicht weiter veräußere. Nur bei der Übertragung des Eigentums an einem Grundstück ist die Hinzufügung einer solchen Bedingung unzulässig (§ 925 Abs. 2). Zulässig ist aber hier, daß dem Erwerber unter der entsprechenden aufschiebenden Bedingung, die Verpflichtung zur Rückübertragung auferlegt und der Anspruch hierauf durch Vormerkung gesichert wird (a. A. wie es scheint Crome I S. 379).

§. 138. Ein Rechtsgeschäft, das gegen die guten Sitten verstößt, ist nichtig.

Nichtig ist insbesondere ein Rechtsgeschäft, durch das Jemand unter Ausbeutung der Nothlage, des Leichtsinns oder der Unerfahrenheit eines Anderen sich oder einem Dritten für eine Leistung Vermögensvortheile versprechen oder gewähren läßt, welche den Werth der Leistung dergestalt übersteigen, daß den Umständen nach die Vermögensvortheile in auffälligem Mißverhältnisse zu der Leistung stehen.

Im Falle des § 1136 ist auch der obligatorische Vertrag, durch welchen der Eigentümer eines Grundstücks in der Veräußerung oder Belastung beschränkt wird, nichtig.

§ 138.

E. I § 106; II § 103 rev. § 134; III § 134. P. I S. 215 ff.; M. I S. 211 ff. P. II Bd. 1 S. 123 ff. RB. S. 1956 ff. StB. S. 2757–2772.

Lotmar, Der unmoralische Vertrag 1896; Steinbach, Die Moral als Schranke des Rechtserwerbes und der Rechtsausübung 1898; Steinbach, Die guten Sitten im Rechte in DJZ. 1899 S. 47 ff.; Kohler, Die Ideale im Rechte in Arch. f. bürg. R. Bd. 5 S. 65; Jacobi, Recht, Sitte und Sittlichkeit in Jherings Jahrb. Bd. 41, 1900 S. 68 ff.; Jacobi, Die sittliche Pflicht im BGB. 1900 in der Festgabe für Dernburg; Hachenburg, Die Nichtigkeit der gegen die guten Sitten verstoßenden Rechtsgeschäfte, im 41. Jahresberichte der Jur. Gesellschaft zu Berlin; Cohn, in Gruch. Bd. 41 S. 793; Neubecker, Die civilistische Stellung des Wucherers nach neuem Recht, in DJZ. 1902 S. 568 ff.; Eccius, Kondiktion des Wucherers nach BGB. in DJZ. 1903 S. 41; Robert v. Mayr, Der Bereicherungsanspruch 1903, S. 568 ff.

1. Verstoß gegen die guten Sitten. Im E. I § 106 wurde als nichtig bezeichnet ein Rechtsgeschäft, dessen Inhalt gegen die guten Sitten verstößt. Damit sollte ausgedrückt werden, daß es nicht auf die sittlichen oder unsittlichen Motive des Handelnden ankomme, sondern daß das Rechtsgeschäft seinem Inhalte nach unmittelbar in objektiver Hinsicht und unter Ausscheidung der subjektiven Seite gegen die guten Sitten verstoßen müsse. Von der zweiten Kommission wurde diese Auffassung nicht geteilt; sie ging davon aus, daß die Berücksichtigung der subjektiven Seite notwendig sei, indem häufig nur hierdurch das Rechtsgeschäft in das richtige Licht gesetzt werde. Um diese Auffassung zum Ausdrucke zu bringen, wurde dem § 137 die jetzige Fassung gegeben. Eine sittenrichterliche Prüfung der Motive, welche für die Vornahme des Rechtsgeschäfts bestimmend gewesen sind, ist aber auch nach der jetzigen Fassung nicht zulässig. Die Motive allein machen, auch wenn sie unsittlicher Art sind, das Rechtsgeschäft nicht nichtig. Die objektiven Umstände, unter welchen das Rechtsgeschäft vorgenommen wird, und insbesondere sein Inhalt selbst müssen so beschaffen sein, daß sie in Verbindung mit den Motiven einen Verstoß gegen die guten Sitten enthalten. Wissenschaft und Praxis haben die Aufgabe, die richtigen Grenzen zu ziehen.

Nicht ein Verstoß gegen die Sittlichkeit, sondern gegen die guten Sitten wird erfordert. Dadurch wird darauf hingewiesen, daß das jeweilige Volksbewußtsein, nicht diese oder jene theoretische Ansicht über die Anforderungen der Sittlichkeit entscheidend ist. Nicht erforderlich ist, daß in Beziehung auf das betreffende Rechtsgeschäft eine bestimmte Sitte besteht, nach welcher Rechtsgeschäfte dieser Art als den guten Sitten nicht entsprechend betrachtet werden. Es genügt, wenn das betreffende Rechtsgeschäft nach dem Gesamtbewußtsein des Volkes über dasjenige, was die Sittlichkeit erfordert, dieser Anforderung nicht entspricht (a. A. wie es scheint Hölder, Erl. 1 zu § 138). Es ist daher möglich, daß ein Rechtsgeschäft, obwohl es der in dem sozialen Kreise der Beteiligten herrschenden Sitte entspricht, doch unter den § 138 fällt, weil das Gesamtbewußtsein des Volkes jene Sitte nicht als eine gute Sitte, sondern als eine Unsitte betrachtet. Andererseits wird man das entscheidende Moment nicht mit Dernburg I, § 125 II, darin finden dürfen, daß die rechtliche Anerkennung des betreffenden Rechtsgeschäfts mit einem gesunden, in diesem Sinne guten sozialen Zustand unvereinbar sei. Die Rücksicht auf einen guten sozialen Zustand ist ein wichtiger Faktor für die Bildung des sittlichen Volksbewußtseins, aber es ist nicht der allein entscheidende, und es kommt nicht darauf an, ob objektiv das betreffende Rechtsgeschäft mit einem gesunden sozialen Zustande nicht vereinbar ist, sondern darauf, ob das jeweilige Volksbewußtsein eine solche Unvereinbarkeit annimmt und deshalb in dem Rechtsgeschäft einen Verstoß gegen die Anforderungen der Sittlichkeit erblickt.

Unter den § 138 fällt auch ein bedingtes Rechtsgeschäft, wenn die Bedingung den Zweck verfolgt und geeignet ist, ein den guten Sitten widerstreitendes Verhalten zu veranlassen oder zu fördern. Wird der Erwerb eines Rechtes von der Bedingung abhängig gemacht, daß der Berechtigte heirate oder nicht heirate, daß er sich scheiden oder nicht scheiden lasse, daß er die Konfession wechsele oder nicht wechsele, so verstößt das als Bedingung gesetzte Verhalten an sich nicht gegen die guten Sitten. Trotzdem ist das Rechtsgeschäft nichtig, wenn erhellt, daß durch die Aussicht auf äußere Vorteile auf einen Entschluß eingewirkt werden soll, bei dem es gegen die guten Sitten verstößt, sich durch solche äußere Rücksichten bestimmen zu lassen. Nur unter Berücksichtigung aller Umstände des einzelnen Falles kann die richtige Entscheidung darüber gewonnen werden, ob Rechtsgeschäfte dieser oder ähnlicher Art gegen die guten Sitten verstoßen.

Aus der neueren Judikatur mag auf folgende Urteile hingewiesen werden: RG. Bd. 48 S. 293 (Eine Schenkung verstößt gegen die guten Sitten, wenn der Beschenkte weiß, daß der Schenker die Mittel dazu durch ein Verbrechen erlangt hat). Rspr. Bd. 4 S. 204 ff. (Kauf, wenn der Käufer wußte, daß der Verkäufer durch einen Irrtum zu dem Angebote bestimmt war). Rspr. Bd. 5 S. 103 (Über die Voraussetzungen, unter welchen die Hingabe eines Darlehens zum Zwecke des Spieles gegen die guten Sitten verstößt). Bd. 5 S. 107, Bd. 6 S. 33 (Verkauf einer ärztlichen Praxis und der Praxis eines Rechtsanwalts). Bd. 5 S. 109 (Versprechen einer Provision für Handlungen, zu denen der Versprechensempfänger schon kraft seines Anstellungsvertrags verpflichtet ist). Bd. 5 S. 109 (Verkauf eines Hauses, in dem ein Bordellbetrieb beabsichtigt wird). Bd. 5 S. 110 (Vertrag, durch welchen sich jemand, der durch einen Diebstahl Schaden erlitten hat, sich gegen Ersatz des Schadens verpflichtet, den Diebstahl nicht anzuzeigen oder die Anzeige zurückzunehmen). Bd. 5 S. 142 (Vereinbarung in betreff einer Versteigerung von Holz). Rspr. Bd. 6 S. 221 (Darlehen, bei dem der Darlehnsgeber wußte, daß es für den Betrieb eines Bordells benutzt werden sollte). Seuff. A. Bd. 57 S. 438 ff. (Letztwillige Zuwendung zur Belohnung für ehebrecherischen Verkehr). RG. Bd. 47 S. 103 ff. (Rückwirkende Kraft des § 138). RG. in DJZ. 1902 S. 252 (versprechen von Freibier bei einer Bürgermeisterwahl); Rspr. Bd. 7 S. 11 (Vermietung eines Hauses zum Zwecke des Bordellbetriebes). Beispiele aus der Praxis auf Grund des bisherigen Rechtes s. bei Rehbein, Erl. III 2 zu §§ 134—138.

Die angeführten Entscheidungen sind zum Teil nicht unbedenklich. Auf einzelne Fälle kann hier indessen nicht eingegangen werden. Nur zwei Gesichtspunkte von allgemeiner Bedeutung sind noch hervorzuheben.

a) Aus der Art und Weise, in welcher ein Rechtsgeschäft zustande gekommen ist, für sich allein, kann nie gefolgert werden, daß das Rechtsgeschäft gegen die guten Sitten verstößt (Hachenburg S. 30). Insbesondere ist eine Willenserklärung deshalb allein niemals nichtig, weil der Erklärende dazu durch arglistige Täuschung oder widerrechtlich durch Drohung bestimmt wurde. Für Fälle dieser Art bestimmt der § 123 die Anfechtbarkeit (Hölder, Erl. 1c a. E. zu § 138). Um Nichtigkeit einer solchen Willenserklärung auf Grund des § 138 anzunehmen, muß noch ein objektives Moment hinzutreten (vgl. Erl. 3). Nur wenn dieses vorliegt, kann man sagen, daß das Rechtsgeschäft selbst, wenn auch nicht für sich allein, so doch unter Berücksichtigung aller hinzutretenden Umstände, gegen die guten Sitten verstößt. Hiernach kann zwar auch ein Vertrag, zu welchem der eine Vertragschließende durch arglistige Täuschung von seiten des anderen Vertragschließenden oder widerrechtlich durch Drohung bestimmt ist, nichtig sein, so z. B., wenn der Inhalt des Vertrags dahingeht, daß der eine Vertragschließende sich dem anderen gegenüber gegen Bezahlung einer Geldsumme verpflichtet, seine Religion zu wechseln oder die Scheidung der Ehe zu beantragen. In solchem Falle findet nur der § 138, nicht der § 123, Anwendung; der Tatbestand des § 123 für sich allein aber genügt niemals, um die Willenserklärung als gegen die guten Sitten verstoßend anzusehen (a. A. von Blume s. Erl. zu § 123).

b) Aus dem Erfordernisse, daß das Rechtsgeschäft selbst, wenn auch nur unter Berücksichtigung anderer nicht aus dem Inhalte des Rechtsgeschäfts sich ergebender Umstände gegen die guten Sitten verstoßen muß, folgt, wie Enneccerus-Lehmann I, § 98 II mit Recht hervorhebt, daß abstrakte Rechtsgeschäfte nicht gegen die guten Sitten verstoßen können, denn ihre Gültigkeit ist unabhängig von der zu Grunde liegenden causa und nur aus dieser könnte sich ein Verstoß gegen die guten Sitten ergeben. Für abstrakte Schuldversprechen ergibt sich die Richtigkeit dieser Auffassung unzweideutig aus § 817 Satz 2, indem hier die Gültigkeit einer wider die guten Sitten verstoßenden, auf Begründung einer Verbindlichkeit gerichteten Vereinbarung vorausgesetzt wird. Dasselbe muß aber auch für andere abstrakte Verträge gelten, insbesondere für die Übertragung des Eigentums (a. A. das oben angeführte Urteil des RG. Bd. 48 S. 293, in welchem die schenkweise Eigentumsübertragung für nichtig erklärt wird). Nur dann findet eine Ausnahme von dieser Regel statt, wenn die causa in der Form der Bedingung in das abstrakte Rechtsgeschäft mit aufgenommen ist, wenn also z. B. die Eigentumsübertragung unter der Bedingung erfolgt, daß der Erwerber die Religion wechsele oder wenn das abstrakte Rechtsgeschäft einen Teil eines umfassenderen Rechtsgeschäfts bildet und ein anderer Teil dieses Rechtsgeschäfts wegen Verstoßes gegen die guten Sitten nichtig ist, die Nichtigkeit aber nach § 139 das ganze Rechtsgeschäft ergreift.

In einer Reihe von Fällen, in welchen die Anwendbarkeit des § 138 zweifelhaft ist, weil zwar ein Verstoß gegen die guten Sitten vorliegt, aber sich bezweifeln läßt, ob in dem Rechtsgeschäfte selbst ein solcher Verstoß liegt, bestimmt das BGB. ausdrücklich die Nichtigkeit der betreffenden Vereinbarung, so insbesondere in solchen Fällen, in welchen der eine Teil auf gewisse Rechte verzichtet, dem anderen Teile aber hierbei ein arglistiges Verschweigen zur Last fällt (§§ 443, 476, 540, 637); vgl. ferner §§ 312 Abs. 1, 624, 749. Einen anderen Charakter haben die Vorschriften der §§ 656 (Ehemäklerlohn), 762—764 (Spiel und Wette). Auch hier entsteht zwar keine Verbindlichkeit, aber es liegt kein Verstoß gegen die guten Sitten vor und deshalb ist die Rückforderung des Geleisteten ausgeschlossen.

2. Im E. I § 106 war auch für nichtig erklärt ein **Rechtsgeschäft, dessen Inhalt gegen die öffentliche Ordnung verstößt.** Es sollten dadurch diejenigen Rechtsgeschäfte getroffen werden, welche den allgemeinen Staatsinteressen, z. B. dem Prinzipe der Gewerbefreiheit, widerstreiten. Von der zweiten Kommission ist dieser Satz gestrichen, und ein in der Reichstagskommission gestellter Antrag auf Wiederherstellung wurde abgelehnt. Entscheidend war dabei, daß der Ausdruck „öffentliche Ordnung" zu unbestimmt und vieldeutig ist. Ein Rechtsgeschäft, das gegen die großen Prinzipien des modernen Rechtes, insbesondere gegen die Prinzipien der persönlichen Freiheit, der Gewissensfreiheit, der Koalitionsfreiheit, der Gewerbefreiheit, der Freiheit in Ausübung des Wahlrechts ꝛc. verstößt, ist immer auch als ein gegen die guten Sitten verstoßendes Rechtsgeschäft anzusehen. Dabei wird aber zu prüfen sein, ob wirklich ein Verstoß gegen jene Prinzipien in dem Sinne vorliegt, in welchem diese von dem bestehenden Rechte verstanden sind. Nicht jede vertragsmäßige Beschränkung in dem Betrieb eines Gewerbes z. B. widerstreitet dem Prinzipe der persönlichen Freiheit oder der Gewerbefreiheit, sondern nur dann, wenn sie dasjenige Maß übersteigt, welches unter Berücksichtigung der berechtigten wirtschaftlichen Interessen für zulässig gehalten werden muß. In dem KB. ist das Beispiel angeführt, daß ein Gasthofsbesitzer ein neben seinem Gasthofe belegenes Grundstück verkauft und sich dabei ausbedingt, daß der Käufer auf diesem Grundstücke nicht eine Gastwirtschaft betreibe. Nur unter Berücksichtigung aller Umstände des einzelnen Falles läßt sich entscheiden, ob eine Beschränkung das zulässige Maß übersteigt. So läßt sich auch z. B. die Frage, ob und inwieweit die sog. Konkurrenzklausel bei Verträgen mit Handlungs- oder Gewerbegehilfen zulässig ist oder gegen die guten Sitten verstößt, nicht allgemein, sondern nur unter Berücksichtigung aller Umstände des einzelnen Falles entscheiden (s. DJZ. 1902 S. 349; RG. Bd. 53 S. 154, Bd. 53 S. 186). Besondere Vorschriften in dieser Beziehung geben die §§ 74—76 des HGB. für Handlungsgehilfen und Lehrlinge.

3. **Wucher.** In dem § 138 Abs. 2 wird der dort bezeichnete wucherische Vertrag als ein solcher hervorgehoben, der immer als gegen die guten Sitten verstoßend anzusehen ist. Die Vorschrift dieses Absatzes kann daher zugleich dazu dienen, den Begriff des Verstoßes gegen die guten Sitten zu erläutern. Die objektiven Momente bei einem Vertrage dieser Art bestehen darin, daß die für eine Leistung versprochenen oder gewährten Vermögensvorteile den Wert der Leistung dergestalt übersteigen, daß den Umständen nach die Vermögensvorteile in auffälligem Mißverhältnisse zu der Leistung stehen und daß der Versprechende oder Gewährende sich in einer Notlage befindet oder leichtsinnig oder unerfahren ist. Das subjektive Moment besteht darin, daß die Notlage, der Leichtsinn oder die Unerfahrenheit ausgebeutet sind, um die Vermögensvorteile zu erlangen. Über die Bedeutung der im Abs. 2 aufgestellten Erfordernisse s. RG. in Gruch. Bd. 46 S. 897.

Die Aufnahme der Vorschrift des Abs. 2 ist deshalb für zweckmäßig erachtet, weil der sog. Sachwucher nach § 302e des StGB. in der Fassung des Ges. v. 19. Juni 1893 nur strafbar ist, wenn er gewerbs- oder gewohnheitsmäßig betrieben wird, ein wucherisches Geschäft dieser Art also nur unter dieser Voraussetzung gegen das Gesetz verstößt und aus diesem Gesichtspunkte nichtig ist. Sollte daher außer Zweifel gestellt werden, daß ein wucherisches Geschäft der fraglichen Art immer nichtig ist, so war eine allgemeine Vorschrift nötig, wie sie der § 138 Abs. 2 enthält.

§. 139. Ist ein Theil eines Rechtsgeschäfts nichtig, so ist das ganze Rechtsgeschäft nichtig, wenn nicht anzunehmen ist, daß es auch ohne den nichtigen Theil vorgenommen sein würde.

---

4. **Civilrechtliche Folgen des wucherischen Geschäfts.** Der § 3 des Ges. über den Wucher v. 24. Mai 1880 in der Fassung des Art. II des Ges. betr. Ergänzung der Bestimmungen über den Wucher v. 19. Juni 1893, welcher die civilrechtlichen Folgen eines wucherischen Geschäfts bestimmt, ist durch EG. Art. 47 aufgehoben. Über die civilrechtlichen Folgen entscheidet daher lediglich das BGB. Das Geschäft ist nach § 138 nichtig. Das auf Grund desselben Geleistete kann nach den Vorschriften über die ungerechtfertigte Bereicherung (s. insbesondere die §§ 817, 819, 821, 822) zurückgefordert werden. Der Wucherer ist ferner nach den Grundsätzen über unerlaubte Handlungen zum Schadensersatze verpflichtet. Dies ergibt sich, soweit das wucherische Geschäft strafrechtlich verboten ist, aus § 823. Soweit es sich um einen Sachwucher handelt, der nicht gewerbs- oder gewohnheitsmäßig betrieben wird und deshalb nicht unter das Strafgesetz fällt (s. oben Erl. 3), wird immer anzunehmen sein, daß der Wucherer dem anderen Teile in einer wider die guten Sitten verstoßenden Weise vorsätzlich Schaden zugefügt habe, und findet daher der § 826 Anwendung. Die besondere Vorschrift des § 3 des Ges. v. 24. Mai 1880 über die Haftung eines Dritten, welcher in Kenntnis der Sachlage die aus dem wucherischen Geschäft erwachsenen Vorteile erwirbt und entweder weiter veräußert oder geltend macht, ist zwar aufgehoben. Ist der Dritte jedoch, wie dies regelmäßig der Fall sein wird, sich bewußt, daß er durch die gedachten Handlungen dem Bewucherten Schaden zufüge, so ist er nach § 826 zum Schadensersatze verpflichtet. Bestritten ist, ob der Wucherer das von ihm dem Bewucherten Geleistete zurückfordern könne. Hellmann S. 128 bejaht dies, weil das wucherische Geschäft überhaupt nur insoweit nichtig sei, als der Wucherer sich übermäßige Vorteile habe versprechen oder gewähren lassen. Diese Auffassung läßt sich nicht rechtfertigen, denn das wucherische Geschäft ist ein einheitliches und deshalb, wenn auch nur der eine Teil als gegen die guten Sitten verstoßend nichtig ist, doch nach § 139 in seinem ganzen Umfange nichtig. Aus dieser Nichtigkeit folgt aber nach § 812, daß das auf Grund des nichtigen Geschäfts von dem Wucherer Geleistete von ihm zurückgefordert werden kann. Bestritten wird dies von Cohn in Gruch. Bd. 41 S. 793, von Dernburg, I § 127 II und von Neubecker S. 568 ff., indem sie annehmen, daß der § 817 Satz 2 nicht bloß eine Modifikation des im Satz 1 aufgestellten Grundsatzes enthalte, sondern die allgemeine Regel aufstelle, daß das auf Grund eines nichtigen Rechtsgeschäfts Geleistete nicht zurückgefordert werden könne, wenn dem Leistenden selbst durch die Leistung ein Verstoß gegen die guten Sitten zur Last falle. Diese Annahme dürfte indessen, wie Eccius in d. DJZ. 1903 S. 41 näher ausgeführt hat, weder durch den Wortlaut der fraglichen Vorschrift, noch durch den Grund, auf welchem sie beruht, gerechtfertigt werden können. Selbst wenn man sie aber als richtig zugeben wollte, so würde daraus doch nicht folgen, daß der Wucherer das von ihm Geleistete nicht zurückfordern könne. Ein Verstoß des Wucherers gegen die guten Sitten liegt darin, daß er sich übermäßige Vorteile hat versprechen lassen und deshalb ist nach § 817 Satz 1 die Rückforderung gegen ihn begründet. In der von ihm an den Bewucherten gemachten Leistung liegt aber kein Verstoß gegen die guten Sitten und deshalb findet § 817 Satz 2, auch wenn dieser in dem obengedachten weiteren Sinne auszulegen wäre, auf ihn keine Anwendung. Bestätigt wird diese Auffassung dadurch, daß nach Art. III des Ges. betr. den Wucher v. 24. Mai 1880 dem Wucherer das Zurückforderungsrecht zustand, bei der Aufhebung dieser Vorschrift durch EG. Art. 47 aber nicht beabsichtigt wurde, eine sachliche Änderung vorzunehmen, vielmehr davon ausgegangen wurde, daß die Anwendung der Vorschriften des BGB. zu demselben Ergebnisse führen werde.

§ 139.

E. I § 114; II § 112 rev. § 135; III § 135. P. I S. 181 ff., 276, 11643 ff.; M. I S. 222. P. II Bd. 1 S. 134.

Nichtigkeit eines Teiles des Rechtsgeschäfts. Über Nichtigkeit der Rechtsgeschäfte s. Vorbm. zu diesem Abschnitt VII. 1, oben S. 182.

Vorausgesetzt ist bei der Vorschrift des § 139 ein einheitliches Rechtsgeschäft. Als solches gilt, was sich äußerlich als ein Rechtsgeschäft darstellt, auch wenn es eine Mehrzahl von Bestimmungen enthält. Aus der Einheitlichkeit folgt, daß das ganze Rechtsgeschäft hinfällig wird, wenn eine einzelne Bestimmung nichtig ist, sofern nicht erhellt, daß die Parteien einen so innigen Zusammenhang aller Bestimmungen nicht gewollt haben und das Rechtsgeschäft daher auch ohne

§. 140. Entspricht ein nichtiges Rechtsgeschäft den Erfordernissen eines anderen Rechtsgeschäfts, so gilt das letztere, wenn anzunehmen ist, daß dessen Geltung bei Kenntniß der Nichtigkeit gewollt sein würde.

§. 141. Wird ein nichtiges Rechtsgeschäft von demjenigen, welcher es vorgenommen hat, bestätigt, so ist die Bestätigung als erneute Vornahme zu beurtheilen.

Wird ein nichtiger Vertrag von den Parteien bestätigt, so sind diese im Zweifel verpflichtet, einander zu gewähren, was sie haben würden, wenn der Vertrag von Anfang an gültig gewesen wäre.

---

die nichtige Bestimmung geschlossen haben würden. Auf welchem Grunde die Nichtigkeit der einzelnen Bestimmung beruht, ist gleichgültig, insbesondere auch, ob sie von Anfang an nichtig oder anfechtbar und angefochten ist. Ist bei einem Vertrage die Willenserklärung auch nur eines Teiles über eine einzelne Vertragsbestimmung nichtig, so ist in betreff dieser Bestimmung eine Einigung der Parteien nicht erfolgt und gilt deshalb nach § 155 der ganze Vertrag nicht, sofern nicht anzunehmen ist, daß der Vertrag auch ohne eine Bestimmung über den betreffenden Punkt geschlossen sein würde.

Die Vorschriften des § 139 finden auch dann Anwendung, wenn ein Vertrag zwischen mehr als zwei Personen geschlossen ist. Ist der Vertrag mit der einen derselben nichtig, so fällt der ganze Vertrag, sofern nicht anzunehmen ist, daß die übrigen Parteien ihn auch ohne die Teilnahme der weggefallenen Partei geschlossen haben würden (ebenso auf Grund des bisherigen Rechtes nach RG. Bd. 39 S. 221 ff.). Voraussetzung ist aber auch hier immer, daß es sich wirklich nur um ein Rechtsgeschäft, nicht um mehrere handelt. Verpflichten sich z. B. mehrere als Gesamtschuldner, so hängt es von den Umständen ab, ob hierin mehrere Rechtsgeschäfte liegen oder nur eins. Das letztere ist z. B. anzunehmen im Falle des § 427. Eine Modifikation des in dem § 139 ausgesprochenen Grundsatzes gilt nach § 265 bei Rechtsgeschäften, die auf mehrere Leistungen in der Art gerichtet sind, daß nur die eine oder die andere zu bewirken ist sowie bei Testamenten nach § 2085.

§ 140.

E. I § 111; II § 111 rev. § 136; III § 136. P. I S. 275 ff.; M. I S. 218. P. II Bd. 1 S. 126 ff.

Konversion. Statt des nichtigen Rechtsgeschäfts gilt das andere Rechtsgeschäft nicht nur dann, wenn derjenige, welcher das Rechtsgeschäft vorgenommen hat, dies eventuell gewollt, sondern auch dann, wenn er gar nicht daran gedacht hat, aber anzunehmen ist, daß er, wenn er daran gedacht hätte, das andere Rechtsgeschäft gewollt haben würde. Dies wird regelmäßig anzunehmen sein, wenn durch das andere Rechtsgeschäft derselbe wirtschaftliche Erfolg erreicht wird wie durch das nichtige Rechtsgeschäft. Das nichtige Rechtsgeschäft muß allen Erfordernissen des anderen Rechtsgeschäfts entsprechen, insbesondere auch in betreff der Form; nur die besondere Richtung des Willens auf das andere Rechtsgeschäft kann fehlen und wird durch die Vorschrift des § 140 ersetzt. Auf Grund dieser Vorschrift wird z. B. ein Erbvertrag, der wegen Minderjährigkeit des Erblassers nach dem § 2275 nichtig ist, unter Umständen als Testament aufrecht erhalten werden können; ebenso ein Wechsel, der als solcher ungültig ist, als abstraktes Schuldversprechen.

§ 141.

E. I § 110; II § 110 rev. § 137; III § 137. P. I S. 265 ff., 11651 ff.; M. I S. 217 ff. P. II Bd. 1 S. 126.

1. Bestätigung eines Rechtsgeschäfts. Ein nichtiges Rechtsgeschäft kann niemals wirksam werden. Eine Bestätigung des nichtigen Rechtsgeschäfts hat daher nicht die Wirkung, daß das nichtige Rechtsgeschäft gültig wird, sondern kann nur die Bedeutung haben, daß das Rechtsgeschäft als nunmehr vorgenommen gilt. Hieraus ergibt sich, daß die Bestätigung nur wirksam ist, wenn sie allen Erfordernissen des bestätigten Rechtsgeschäfts entspricht. Insbesondere muß sie, wenn jenes Rechtsgeschäft eine Erklärung gegenüber einem anderen erfordert, diesem anderen gegenüber erfolgen und, wenn es an eine Form gebunden war, unter Beobachtung dieser Form vorgenommen werden. Ist das Rechtsgeschäft nicht an eine Form gebunden, so kann die Bestätigung auch stillschweigend erfolgen. So wird die Bestätigung eines nichtigen Vertrags regelmäßig darin zu finden sein, wenn die Vertragschließenden nach Wegfall des Nichtigkeitsgrundes

§. 142. Wird ein anfechtbares Rechtsgeschäft angefochten, so ist es als von Anfang an nichtig anzusehen.

Wer die Anfechtbarkeit kannte oder kennen mußte, wird, wenn die Anfechtung erfolgt, so behandelt, wie wenn er die Nichtigkeit des Rechtsgeschäfts gekannt hätte oder hätte kennen müssen.

---

die Erfüllung des Vertrags bewirken und annehmen. Welche Erfordernisse und Wirkungen das bestätigte Rechtsgeschäft hat, bestimmt sich, da es erst durch die Bestätigung vorgenommen wird, nach dem Zeitpunkt, in welchem diese erfolgt. Ein vor dem 1. Januar 1900 geschlossener nichtiger Vertrag über Begründung eines Stockwerkseigentums kann daher z. B. nach dem 1. Januar 1900 nicht mehr wirksam bestätigt werden, weil nach dem BGB. ein Stockwerkseigentum nicht mehr möglich ist (s. Rehbein, Erl. I 6 zu §§ 139—144). Die Bestätigung hat übrigens die Wirkung einer erneuten Vornahme des Rechtsgeschäfts nur dann, wenn der Bestätigende die Nichtigkeit des bestätigten Rechtsgeschäfts oder doch die Möglichkeit einer solchen kannte, weil anderenfalls der Wille, ein neues bindendes Rechtsgeschäft vorzunehmen, nicht angenommen werden kann (Rspr. Bd. 6 S. 34).

2. **Bestätigung eines Vertrags.** Die Auslegungsregel des Abs. 2 gilt nur für Verträge. Die in der Bestätigung liegende Bezugnahme auf den früheren nichtigen Vertrag rechtfertigt die Annahme, daß die Parteien die Wirksamkeit desselben insoweit wollen, als es in ihrer Macht steht. Sie können ihn nicht rückwärts gültig machen, aber sie können sich verpflichten, sich so zu behandeln, wie wenn der Vertrag von Anfang an gültig gewesen wäre. Ergeben die Umstände, daß die Absicht hierauf nicht allgemein, sondern nur in einzelnen Beziehungen gerichtet war, so ist diese Absicht maßgebend. Auch bei der Bestätigung einseitiger Rechtsgeschäfte kann die Absicht dahin gehen, eine ähnliche obligatorische Wirkung eintreten zu lassen. Bei empfangsbedürftigen Rechtsgeschäften ist dies aber nur mit Zustimmung des anderen Teiles erreichbar. Bei nicht empfangsbedürftigen Rechtsgeschäften kann unter Umständen die Absicht erreicht werden, ohne daß es der Zustimmung eines anderen bedarf, so z. B. bei einer Auslobung. Eine gesetzliche Auslegungsregel gilt aber für diese Fälle nicht.

3. Die Bestätigung einer wegen Geschäftsunfähigkeit des einen Teiles nichtigen Ehe hat nach § 1325 objektiv rückwirkende Kraft.

§ 142.

E. I §§ 112, 837 Abs. 2 Satz 2, 877 Satz 2; II § 113 rev. § 138; III § 138. P. I S. 267 ff., 274 ff., 6171, 12001 ff.; M. I S. 218 ff. P. II Bd. 1 S. 127, 164 ff., Bd. 3 S. 214.

Bruck, Die Bedeutung der Anfechtbarkeit für Dritte 1902. Meyer, Fragen aus dem Anfechtungsrecht in Bl. f. RAnw. Bd. 65 S. 257 ff., 277 ff., 293 ff.

1. **Über die Wirkung der Anfechtung im allgemeinen** s. Vorbm. zu diesem Abschnitte VII. 2, S. 182. Aus dem Begriffe der Nichtigkeit folgt, daß das nichtige Rechtsgeschäft für und gegen jeden rechtlich nicht vorhanden ist. Dies gilt, da das anfechtbare und angefochtene Rechtsgeschäft als von Anfang an nichtig zu betrachten ist, auch von diesem (Rspr. Bd. 6 S. 222, 224). Es gilt insbesondere auch gegenüber dem Sondernachfolger desjenigen, welcher durch das anfechtbare Rechtsgeschäft ein Recht erwirbt. Er hat, wenn später die Anfechtung erfolgt, von einem Nichtberechtigten erworben, obwohl zur Zeit seines Erwerbes das anfechtbare Rechtsgeschäft noch bestand. Wird ein Vertrag zu Gunsten eines Dritten angefochten, so fällt damit auch das Recht des Dritten weg. Dasselbe gilt von einem Pfandrechte, das für eine durch das anfechtbare Rechtsgeschäft begründete Forderung bestellt ist; ebenso von einer Bürgschaft, sofern diese nicht in dem Sinne übernommen ist, daß der Bürge für den Fall der Anfechtung haften solle. Über das Versprechen einer Strafe in Beziehung auf ein anfechtbares Rechtsgeschäft s. Erl. 2 zu § 344 (a. A. wie es scheint Rehbein, Erl. II 5 zu §§ 139—144 im Falle der Anfechtbarkeit wegen Irrtums). Derjenige, welcher durch ein anfechtbares Rechtsgeschäft ein Recht übertragen hat, hat dieses Recht, wenn die Anfechtung erfolgt, nie verloren, wird also infolge der Anfechtung nicht Rechtsnachfolger desjenigen, an welchen das Recht übertragen war (a. A. Hellwig, Wesen und subjektive Begrenzung der Rechtskraft S. 118 ff.). Ein gegen den letzteren über das übertragene Recht ergangenes Urteil wirkt also nach CPO. § 325 nicht für und gegen den Veräußerer. Eine andere Frage aber ist, ob, wenn das anfechtbare Rechtsgeschäft auf die Übertragung des Eigentums gerichtet und zugleich der Besitz der Sache auf den Erwerber übertragen war, dieser nicht in Ansehung des Be-

sitzes als Rechtsnachfolger des Veräußerers und der letztere bei Rückübertragung des Besitzes als Rechtsnachfolger des Zwischenbesitzers anzusehen ist; hierüber s. Erl. 2 zu § 221.

2. **Der Anfechtungsgrund kann** möglicherweise **nur einen Teil des Rechtsgeschäfts treffen.** Dann gilt, wenn die Anfechtung erfolgt, nur dieser Teil des Rechtsgeschäfts als von Anfang an nichtig. Die sich daraus für das ganze Rechtsgeschäft ergebenden Folgen bestimmen sich nach § 139. Über besondere Fälle einer infolge der Anfechtung eintretenden teilweisen Nichtigkeit s. Erl. 5 zu § 123 und Erl. 4 zu § 143.

3. Die in E. I § 112 der Vorschrift des Abs. 1 hinzugefügte Hinweisung auf Ausnahmen ist in dem BGB. weggelassen, weil der einzige Fall, in welchem die Anfechtung nach dem E. I nicht die Nichtigkeit des Rechtsgeschäfts zur Folge hatte (E. I § 1277), durch die Änderung, welche die betreffende Vorschrift in dem BGB. erfahren hat (s. § 1358), weggefallen ist. Anfechtbarkeit und Anfechtung sind also im BGB. technische Ausdrücke, welche immer die Bedeutung haben, daß das anfechtbare und angefochtene Rechtsgeschäft als von Anfang an nichtig gilt. Die Fälle, in denen der durch das Rechtsgeschäft Verletzte einen Anspruch auf Wiederaufhebung oder eine Einrede gegen den Anspruch aus dem Rechtsgeschäfte hat, werden nicht mit jenen Ausdrücken bezeichnet. Nicht um die Anfechtung eines Rechtsgeschäfts handelt es sich in den Fällen der §§ 1594 (Anfechtung der Ehelichkeit eines Kindes), 2340 (Anfechtung wegen Erbunwürdigkeit) und ebensowenig bei der Anfechtung einer Entmündigung oder Todeserklärung sowie bei einer Anfechtung einer Rechtshandlung auf Grund des Ges. v. 21. Juli 1879 und der KO. § 29.

4. **Verhältnis bis zu der Anfechtung.** Das anfechtbare Rechtsgeschäft ist wirksam, solange die Anfechtung nicht erfolgt ist. Bis sich entschieden hat, ob die Anfechtung erfolgt, besteht also ein Zustand der Ungewißheit. Die für die Anfechtung bestimmten Fristen (§§ 121, 124) bezwecken, diese Ungewißheit nicht länger dauern zu lassen, als das Interesse des Anfechtungsberechtigten erfordert. Bis zur Hebung der Ungewißheit muß jeder damit rechnen, daß das Rechtsgeschäft möglicherweise nichtig ist. Dritte, die von demjenigen, welcher durch das anfechtbare Rechtsgeschäft ein Recht erworben hat, dieses Recht in Unkenntnis der Anfechtbarkeit erwerben, werden regelmäßig durch die Vorschriften zu Gunsten derjenigen geschützt, welche Rechte von einem Nichtberechtigten herleiten (s. Erl. 5). Kennen sie die Anfechtbarkeit, so handeln sie auf ihre Gefahr, wenn sie sich auf ein Rechtsgeschäft einlassen. Ist eine Forderung durch ein anfechtbares Rechtsgeschäft übertragen, so wird der Schuldner regelmäßig in den Vorschriften der §§ 409, 410 genügenden Schutz gegen die Gefahr doppelter Zahlung finden. Außerdem steht ihm nach § 372 das Recht der Hinterlegung und, wenn die geschuldete Sache sich zur Hinterlegung nicht eignet, das im § 383 bestimmte Recht zu Gebote (a. A. Staudinger, Erl. 7b zu § 142).

In einigen Fällen begründet die Anfechtbarkeit, solange unentschieden ist, ob die Anfechtung erfolgte oder nicht, eine verzögerliche Einrede zu Gunsten desjenigen, welcher auf Grund des anfechtbaren Rechtsgeschäfts zu einer Leistung verpflichtet ist. Dies ist bestimmt im § 770 zu Gunsten des Bürgen, solange das Rechtsgeschäft, auf welchem die Hauptverbindlichkeit beruht, anfechtbar ist. Dasselbe gilt nach §§ 1137, 1211 zu Gunsten des Eigentümers gegenüber dem Anspruch aus der Hypothek oder aus dem Pfandrechte, solange das Rechtsgeschäft anfechtbar ist, auf dem die persönliche Forderung beruht, für welche die Hypothek oder das Pfandrecht haftet. Hellwig, Anspruch und Klagrecht S. 18, will dies dahin verallgemeinern, daß jeder, der aus einem anfechtbaren Rechtsgeschäft eine Leistung an einen Dritten zu machen habe, dem Anspruch eine verzögerliche Einrede solange entgegensetzen könne, als die Anfechtung noch möglich sei. Eine derartige Ausdehnung der gedachten besonderen Vorschriften dürfte indessen bedenklich sein.

Ausnahmsweise begründet nach § 2083 die Anfechtbarkeit einer letztwilligen Verfügung, durch welche die Verpflichtung zu einer Leistung begründet ist, eine Einrede zu Gunsten des Verpflichteten auch dann, wenn die Anfechtung wegen Versäumnis der Anfechtungsfrist ausgeschlossen ist.

5. **Gleichstellung des Kennens der Anfechtbarkeit mit dem Kennen der Nichtigkeit.** Hängt eine rechtliche Wirkung davon ab, daß jemand die Nichtigkeit eines Rechtsgeschäfts kennt oder kennen muß, so würde diese Voraussetzung bei einem anfechtbaren Rechtsgeschäfte nur vorliegen, wenn er sowohl die Anfechtbarkeit als auch die bereits erfolgte Anfechtung kennt oder kennen muß. Kennt er nur die Anfechtbarkeit, so kennt er nur einen Zustand der Ungewißheit. Das Kennen sowie das Kennenmüssen der Anfechtbarkeit stellte schon der E. I in verschiedenen Fällen dem Kennen oder Kennenmüssen der Nichtigkeit gleich (s. E. I §§ 837 Abs. 2 Satz 2, 877 Satz 2, 881, 945, 1152, 1270). In der zweiten Kommission überzeugte man sich, daß auch noch andere Fälle zu berücksichtigen seien, in denen dasselbe gelten müsse, und wurde daher die allgemeine Regel

§. 143. Die Anfechtung erfolgt durch Erklärung gegenüber dem Anfechtungsgegner.

Anfechtungsgegner ist bei einem Vertrage der andere Theil, im Falle des §. 123 Abs. 2 Satz 2 derjenige, welcher aus dem Vertrag unmittelbar ein Recht erworben hat.

Bei einem einseitigen Rechtsgeschäfte, das einem Anderen gegenüber vorzunehmen war, ist der Andere der Anfechtungsgegner. Das Gleiche gilt bei einem Rechtsgeschäfte, das einem Anderen oder einer Behörde gegenüber vorzunehmen war, auch dann, wenn das Rechtsgeschäft der Behörde gegenüber vorgenommen worden ist.

Bei einem einseitigen Rechtsgeschäft anderer Art ist Anfechtungsgegner Jeder, der auf Grund des Rechtsgeschäfts unmittelbar einen rechtlichen Vortheil erlangt hat. Die Anfechtung kann jedoch, wenn die Willenserklärung einer Behörde gegenüber abzugeben war, durch Erklärung gegenüber der Behörde erfolgen; die Behörde soll die Anfechtung demjenigen mittheilen, welcher durch das Rechtsgeschäft unmittelbar betroffen worden ist.

---

des § 142 Abs. 2 aufgestellt. Selbstverständlich kommt das Kennen und Kennenmüssen der Anfechtbarkeit nur in Betracht, wenn die Anfechtung wirklich erfolgt. Die Fassung des Abs. 2 ist insofern nicht ganz vollständig, als das BGB. unter dem Kennenmüssen nur die auf Fahrlässigkeit beruhende Unkenntnis versteht, während sich die Vorschrift auch auf solche Fälle beziehen soll, in welchen nur eine auf grober Fahrlässigkeit beruhende Unkenntnis dem Kennen gleich steht. So hängt z. B. nach § 932 der Erwerb des Eigentums einer beweglichen Sache durch die von seiten eines Nichtberechtigten erfolgte Veräußerung davon ab, daß der Erwerber in gutem Glauben ist. Der gute Glaube wird aber nicht durch jede auf Fahrlässigkeit beruhende Unkenntnis von dem Mangel des Rechtes auf seiten des Veräußerers ausgeschlossen, sondern nur durch die auf grober Fahrlässigkeit beruhende Unkenntnis. Der § 142 Abs. 2 muß auch in diesem Falle zur Anwendung kommen. Der Erwerber ist also nicht in gutem Glauben, wenn ihm bekannt oder infolge grober Fahrlässigkeit unbekannt ist, das das Rechtsgeschäft, auf Grund dessen der Veräußerer die Sache erworben hat, anfechtbar ist.

Vorschriften, in denen der § 142 Abs. 2 zur Anwendung kommt, enthalten z. B. die §§ 178, 179, 892, 893, 932 Abs. 2, 936 Abs. 2, 937, 1007, 1032, 1138, 1155, 1207, 1208, 1244, 1343, 1345.

§ 143.

E. I § 113 Abs. 1, 2; II § 114 rev. § 139; III § 139. P. I S. 270 ff.; M. I S. 220 ff. P. II Bd. 1 S. 127 ff., Bd. 6 S. 145 ff., 383.

1. **Die Anfechtung ist ein einseitiges empfangsbedürftiges Rechtsgeschäft** (s. Erl. zu § 130). Nicht erforderlich ist die gerichtliche Geltendmachung der Anfechtung. Die in dem § 142 Abs. 1 bestimmte Wirkung der Anfechtung tritt in dem Zeitpunkt ein, in welchem die Erklärung der Anfechtung wirksam wird (§ 130). Nicht notwendig ist, daß der Ausdruck „Anfechtung" gebraucht wird; es genügt, wenn sich aus der Erklärung der Wille des Erklärenden ergibt, daß das Rechtsgeschäft unwirksam sein solle. Aus der Natur der Anfechtung als eines Rechtsgeschäfts ergibt sich, daß darauf alle Vorschriften über Rechtsgeschäfte, insbesondere auch in betreff der Geschäftsfähigkeit und der Willensmängel Anwendung finden. Es ergibt sich daraus ferner, daß die Anfechtung auch von einem Vertreter und gegenüber einem solchen erklärt werden kann (§ 164). Bestritten ist aber, ob sie auch im Prozesse von dem Prozeßbevollmächtigten und ihm gegenüber erklärt werden kann. Die Anfechtung ist ein materielles Rechtsgeschäft und bildet die Voraussetzung, unter welcher die Nichtigkeit des angefochtenen Rechtsgeschäfts im Prozesse geltend gemacht werden kann. Es handelt sich also um die Frage, ob die Prozeßvollmacht den Prozeßbevollmächtigten nicht bloß zu der Geltendmachung der Nichtigkeit des Rechtsgeschäfts, sondern auch zu der Herbeiführung jener Voraussetzung ermächtigt. Auf die Erörterung dieser von der Auslegung der CPO. § 81 abhängenden prozessualischen Frage kann hier nicht näher eingegangen werden (die Literatur über die Frage s. bei Seuffert, Komm. zur CPO. Aufl. 8 S. 140).

Die Praxis neigt sich entschieden zu der Bejahung der Frage; insbesondere ist sie wiederholt vom RG. bejaht (RG. Bd. 48 S. 218, Bd. 49 S. 392). Bestritten ist auch die Frage, ob die Anfechtung in der mündlichen Verhandlung erklärt werden muß oder ob sie bereits dann als erfolgt anzusehen ist, wenn der Schriftsatz, in welchem sie erklärt wurde, dem Anwalte der Gegenpartei zugestellt ist (s. Wach, Prozeßvollmacht und Aufrechnung in Z. f. CP. Bd. 27 S. 15; Weismann, Aufrechnung nach dem BGB., daselbst Bd. 26 S. 19). Aus dem Zwecke der vorbereitenden Schriftsätze (CPO. § 129) scheint gefolgert werden zu müssen, daß eine darin enthaltene Erklärung nur als die Ankündigung, in der mündlichen Verhandlung anfechten zu wollen, aufzufassen ist. Ausgeschlossen wird dadurch indessen nicht, daß der vorbereitende Schriftsatz über seinen nächsten Zweck hinaus dazu benutzt wird, die Anfechtung selbst bereits darin zu erklären. Es kommt also darauf an, ob die hierauf gerichtete Absicht genügend erklärt ist oder aus den Umständen erhellt. Das RG. scheint die in dem Schriftsatz enthaltene Erklärung immer als genügend anzusehen (RG. Bd. 52 S. 433, Bd. 53 S. 148). Festzuhalten wird sein, daß auch bei der im Prozeß erfolgenden Aufrechnung allen materiellen Erfordernissen genügt sein muß. Der Ausdruck „Anfechtung" braucht zwar nicht gebraucht zu sein, aber es muß aus der Erklärung erhellen, daß die Wirksamkeit des betreffenden Rechtsgeschäfts aus einem bestimmten zur Anfechtung genügenden Grunde bestritten wird und die Erklärung muß von dem Anfechtungsberechtigten gegenüber dem Anfechtungsgegner abgegeben werden und innerhalb der Anfechtungsfrist zugehen. Für die Anfechtung wegen Irrtums wird das letztere in RG. Bd. 49 S. 392 ausdrücklich anerkannt (a. A. Schneider, Anfechtung wegen Irrtums im Laufe des Prozesses, in Z. f. CP. Bd. 31 S. 271, welcher annimmt, daß für die Rechtzeitigkeit der Anfechtung im Prozesse lediglich die prozessualischen Vorschriften über rechtzeitiges Vorbringen der Angriffs- und Verteidigungsmittel maßgebend seien und daß nur, wenn schon vor Beginn des Prozesses die Anfechtungsfrist des § 121 abgelaufen, die Anfechtung im Prozesse nicht mehr zulässig sei). Auch die Vorschrift des § 174 ist anwendbar und die von dem Prozeßbevollmächtigten erklärte Anfechtung kann daher, wenn damit nicht die Vorlegung einer schriftlichen Vollmacht verbunden wird, von der Gegenpartei unverzüglich zurückgewiesen werden und verliert dadurch ihre Wirksamkeit.

Aus dem Zwecke und der Natur der Anfechtung wird zu folgern sein, daß sie nicht unter einer Bedingung erfolgen kann.

2. Wer **anfechtungsberechtigt** ist, ergibt sich aus den die Anfechtbarkeit bestimmenden Vorschriften. Regelmäßig ist es derjenige, welcher das anfechtbare Rechtsgeschäft vorgenommen hat; bei Verträgen derjenige, zu dessen Gunsten die Anfechtbarkeit bestimmt ist. In einzelnen Fällen ist ein Dritter zur Anfechtung berechtigt (s. z. B. die §§ 318, 2080, 2279). Ist bestritten, ob ein Rechtsgeschäft anfechtbar und wer anfechtungsberechtigt ist, so kann jeder Beteiligte, der ein rechtliches Interesse an der Feststellung dieser Frage hat, wenn er nicht die für die Anfechtung bestimmte Frist abwarten will, die Ungewißheit durch eine Feststellungsklage heben. Das Anfechtungsrecht geht auf die Erben über, sofern die Wirkungen des anfechtbaren Rechtsgeschäfts auf sie übergehen.

3. Unter **Anfechtungsgegner** versteht das BGB. denjenigen, gegenüber welchem die Anfechtung erklärt werden muß.

Bei einem Vertrage sowie bei einem empfangsbedürftigen Rechtsgeschäft ist Anfechtungsgegner der andere Teil auch dann, wenn das durch das Rechtsgeschäft begründete, übertragene oder von einer Belastung befreite Recht inzwischen auf einen anderen übertragen ist. Nur die allgemeinen Rechtsnachfolger des anderen Teiles treten an dessen Stelle. Über die Wirkung der Anfechtung für die Sondernachfolger bezw. bei Verträgen zu Gunsten Dritter für den Dritten s. Erl. 1 zu § 142. Über den Einfluß der nach § 123 Abs. 2 Satz 2 ausnahmsweise gegenüber einem Dritten zulässigen, nach § 143 Abs. 2 diesem gegenüber zu erklärenden Anfechtung auf das Rechtsverhältnis derjenigen, welche den Vertrag zu Gunsten des Dritten geschlossen haben, s. Erl. 5 zu § 123.

Konnte das einseitige Rechtsgeschäft verschiedenen Personen gegenüber vorgenommen werden, wie z. B. die Bevollmächtigung gegenüber dem zu Bevollmächtigenden oder dem Dritten, dem gegenüber die Vertretung stattfinden sollte (§ 167), oder die Zustimmung zu einem Vertrag oder einem einseitigen empfangsbedürftigen Rechtsgeschäfte sowohl gegenüber dem einen wie dem anderen Teile (§ 182), so ist Anfechtungsgegner derjenige, gegenüber welchem das Rechtsgeschäft wirklich vorgenommen ist (a. A. Hölder, Erl. 2b zu § 143, welcher annimmt, daß die Anfechtung ohne Rücksicht darauf, wem gegenüber die Erklärung wirklich abgegeben worden ist, gegenüber jedem erfolgen könne, gegenüber welchem die Erklärung habe abgegeben werden können; Hellmann,

Krit. Viert. F. 3. Bd. V S. 243, nach welchem die gegenüber dem Bevollmächtigten erklärte Vollmacht auch gegenüber dem Dritten, mit welchem das Rechtsgeschäft vorgenommen worden ist, angefochten werden kann).

Vorschriften der in dem § 143 Abs. 3 gedachten Art, nach welchen ein Rechtsgeschäft sowohl einem anderen als einer Behörde gegenüber vorgenommen werden kann, enthalten z. B. die §§ 875, 876, 880, 1168, 1180, 1183, 1726 Abs. 2, 1748.

Bei einem nicht empfangsbedürftigen Rechtsgeschäft ist Anfechtungsgegner nur derjenige, welcher unmittelbar einen rechtlichen Vorteil aus dem Rechtsgeschäft erlangt hat, nicht also dessen Sondernachfolger oder wer in sonstiger Weise nur mittelbar einen Vorteil aus dem Rechtsgeschäft erlangt hat. Bei einer Auslobung z. B. ist Anfechtungsgegner derjenige, welcher auf Grund der Auslobung einen Anspruch gegen den Auslobenden erworben hat, auch dann, wenn er den Anspruch einem anderen abgetreten hat (vgl. jedoch Erl. 1 zu § 124). In einzelnen Fällen kann es zweifelhaft sein, wer einen rechtlichen Vorteil aus dem Rechtsgeschäft erlangt hat. Für die meisten Fälle dieser Art hilft dem Anfechtungsberechtigten die Vorschrift des § 143 Abs. 4 Satz 2, nach welcher die Anfechtung einer Erklärung, welche einer Behörde gegenüber abzugeben ist, dieser gegenüber erklärt werden kann. Vorschriften dieser Art enthalten z. B. die §§ 928, 1017, 1109, 1188, 1196, 1491, 1492, 1577 Abs. 2, 3, 1662, 1679 Abs. 2, 1945, 2198 Abs. 1, 2202 Abs. 2, 2226. Ebenso zu behandeln sind die Fälle, in denen ein an eine Behörde gerichteter Antrag angefochten werden soll (s. z. B. die §§ 1139, 1560, 1723). Die der Behörde gegenüber erklärte Anfechtung wirkt gegen alle. Ihre Wirksamkeit hängt nicht davon ab, daß die Behörde der ihr nach Abs. 3 Satz 2 obliegenden Verpflichtung zur Mitteilung an die unmittelbar betroffenen Personen genügt. Wer unmittelbar betroffen wird, ist nach den Umständen des einzelnen Falles zu entscheiden. Unmittelbar betroffen können auch solche Personen sein, die nicht unmittelbar einen rechtlichen Vorteil erlangt haben (s. z. B. § 1577). Bisweilen sind die Personen, denen die Anfechtung mitzuteilen ist, besonders bestimmt (s. z. B. die §§ 1491, 1492, 1957).

Neben der Vorschrift des § 143 Abs. 4 steht dem Anfechtungsberechtigten die Vorschrift des § 132 Abs. 2 zur Seite. Nach dieser kann er in allen Fällen, in welchen der Anfechtungsgegner ihm ohne sein Verschulden unbekannt ist, die Anfechtung durch öffentliche Zustellung erklären. Hat durch ein nicht empfangsbedürftiges Rechtsgeschäft für sich allein, z. B. durch das Aufgeben des Eigentums, niemand unmittelbar einen rechtlichen Vorteil erlangt, so kann die Anfechtung gegenüber demjenigen erfolgen, welcher bei dem Hinzutreten eines anderen Umstandes aus dem Rechtsgeschäft in Verbindung mit diesem Umstand unmittelbar einen rechtlichen Vorteil erlangt hat, in dem Beispielsfall also gegen denjenigen, welcher die aufgegebene Sache sich angeeignet hat. Es kann nicht die Absicht des Gesetzes sein, in einem solchen Falle, wie Hölder, Erl. 2c zu § 143 und Staudinger, Erl. 6c zu § 143 annehmen, ein anfechtbares Rechtsgeschäft dadurch zu einem unanfechtbaren zu machen, daß es an einem Anfechtungsgegner fehlt.

4. **Sind mehrere Anfechtungsgegner vorhanden**, so entsteht die Frage, wie die Anfechtung wirkt, wenn sie nur einem derselben gegenüber erklärt wird. Nach M. I wird angenommen, daß in solchem Falle immer das ganze Rechtsgeschäft nichtig wird. In der zweiten Kommission wurde die Richtigkeit dieser Auffassung von der Mehrheit bezweifelt; die Ansichten waren aber darüber geteilt, wie die Frage positiv zu entscheiden sei, ob insbesondere zwischen teilbaren und unteilbaren Rechtsgeschäften zu unterscheiden und ob bei letzteren die Anfechtung gegenüber allen Anfechtungsgegnern erforderlich sei oder ob die gegen einen erklärte Anfechtung auch gegen alle wirke. Die Entscheidung ist der Wissenschaft und Praxis überlassen. Aus dem Wesen der Anfechtung dürfte sich folgendes ergeben: Ist ein anfechtbarer Vertrag mit mehreren Personen geschlossen und wird die Anfechtung nur einer derselben gegenüber erklärt, so ist der Vertrag zwischen dieser Person und dem Anfechtenden nichtig, besteht aber zwischen den übrigen Vertragschließenden. Ob die Nichtigkeit des Vertrags gegenüber dem einen mittelbar auch die Nichtigkeit des Vertrags mit den anderen zur Folge hat, bestimmt sich nach der Vorschrift des § 139. Die Frage ist dieselbe, wie wenn der Vertrag mit dem einen Teile deshalb nichtig wäre, weil dieser zur Zeit des Abschlusses geschäftsunfähig war. Der ganze Vertrag ist also nichtig, sofern nicht anzunehmen ist, daß er auch ohne die Teilnahme desjenigen geschlossen sein würde, welchem gegenüber die Anfechtung erfolgt ist. Wird eine einseitige empfangsbedürftige Willenserklärung gegenüber mehreren Personen abgegeben, z. B. eine Kündigung gegenüber mehreren Vermietern erklärt, so liegen sachlich mehrere Willenserklärungen vor. Erfolgt die Anfechtung nur gegenüber einem der Empfänger, so ist die ihm gegenüber abgegebene Erklärung nichtig. Die Erklärung gegenüber den anderen Empfängern wird dadurch an sich nicht berührt, aber es kann sich fragen, ob

§. 144. Die Anfechtung ist ausgeschlossen, wenn das anfechtbare Rechtsgeschäft von dem Anfechtungsberechtigten bestätigt wird.

Die Bestätigung bedarf nicht der für das Rechtsgeschäft bestimmten Form.

---

die nur diesen Personen gegenüber erfolgte Erklärung genügt, um die beabsichtigte rechtliche Wirkung hervorzubringen. Der Fall ist ebenso zu beurteilen, wie wenn die Erklärung überhaupt nur gegenüber denjenigen erfolgt wäre, gegenüber denen die Anfechtung nicht erklärt ist. Am zweifelhaftesten ist die Frage bei den einseitigen nicht empfangsbedürftigen Rechtsgeschäften. In den meisten Fällen dieser Art ist die Frage deshalb von geringer praktischer Bedeutung, weil die Anfechtung einer Behörde gegenüber erklärt werden muß (s. z. B. die §§ 1599, 1955, 1956, 2081, 2281 Abs. 2) oder doch nach § 143 Abs. 4 einer solchen gegenüber erklärt werden kann. Soweit es aber auf eine Entscheidung ankommt, wird das Prinzip des § 139 auch hier maßgebend sein müssen. Es kommt also zunächst darauf an, ob das fragliche Rechtsgeschäft, wenn es einer Person gegenüber nichtig ist, überhaupt noch rechtlich bestehen kann. Ist diese Frage zu verneinen, so fällt durch die Anfechtung gegenüber einer Person, die aus dem Rechtsgeschäft unmittelbar einen rechtlichen Vorteil erlangt hat, das ganze Rechtsgeschäft. Erbe z. B. kann jemand nur sein entweder allen gegenüber oder überhaupt nicht. Die Annahme der Erbschaft kann daher nicht dem einen gegenüber wirksam, dem anderen gegenüber unwirksam sein. Wäre für die Anfechtung der Annahme nicht die Erklärung gegenüber dem Nachlaßgerichte vorgeschrieben, so würde die Anfechtung gegenüber einem Nachlaßgläubiger die Annahme überhaupt vernichten. In solchen Fällen, für welche die obige Frage zu bejahen ist, kommt es darauf an, ob derjenige, welcher das Rechtsgeschäft vorgenommen hat, wenn er die Nichtigkeit desselben gegenüber einer Person gekannt hätte, das Rechtsgeschäft überhaupt noch vorgenommen haben würde. Bei der Auslobung z. B. ist es denkbar, daß dieselbe gegenüber einer bestimmten Person nicht gelten soll. Sie ist daher, falls sie gegenüber *einer* Person angefochten wird, nur dann überhaupt nichtig, wenn nicht anzunehmen ist, daß der Auslobende die Auslobung, auch wenn er die Nichtigkeit gegenüber jener Person gekannt hätte, doch vorgenommen haben würde. Eine relative Nichtigkeit im Sinne des § 135 liegt übrigens in den Fällen dieser Art nicht vor. So weit das Rechtsgeschäft infolge der Anfechtung nichtig ist, besteht die Nichtigkeit für und gegen alle (a. A. *Hellwig*, Anspruch und Klagrecht S. 189, nach welchem bei einem mehreren gemeinschaftlich oder gegen mehrere zustehenden Anfechtungsrechte die Anfechtung nur von allen und gegen alle gemeinschaftlich erfolgen kann; ähnlich *Endemann*, I § 75 Anm. 11; *Hölder*, Erl. 2c zu § 143; *Staudinger*, nach welchen bei mehreren Anfechtungsgegnern die einem gegenüber erklärte Anfechtung allen gegenüber wirken soll.

5. Besondere Vorschriften, über die Art, in welcher die Anfechtung zu erfolgen hat, enthalten die §§ 1341, 1342, 1599, 1955.

§ 144.

E. I § 113 Abs. 3; II § 115 rev. § 140; III § 140. P. I S. 270 ff., 6171; M. I S. 222. P. II Bd. 1 S. 133 ff.

Die Bestätigung eines anfechtbaren Rechtsgeschäfts hat eine andere Bedeutung wie die Bestätigung eines nichtigen Rechtsgeschäfts. Durch die letztere wird das nichtige Rechtsgeschäft nicht gültig; sie hat vielmehr nur die Wirkung, daß das bestätigte Rechtsgeschäft nunmehr als vorgenommen gilt. Die Bestätigung des anfechtbaren Rechtsgeschäfts hat dagegen die Wirkung, daß der dem Rechtsgeschäft anklebende Mangel gehoben wird und das Rechtsgeschäft daher als von Anfang an wirksam gilt; sie ist sachlich Verzicht auf das Anfechtungsrecht. Daraus ergibt sich, daß, während die Bestätigung des nichtigen Rechtsgeschäfts allen Erfordernissen des bestätigten Rechtsgeschäfts entsprechen, insbesondere auch in der dafür vorgeschriebenen Form erfolgen muß, auf die Bestätigung des anfechtbaren Rechtsgeschäfts lediglich die allgemeinen Vorschriften über Rechtsgeschäfte Anwendung finden und die Beobachtung der für das bestätigte Rechtsgeschäft vorgeschriebenen Form nicht erforderlich ist. Zweifelhaft ist, ob die Bestätigung dem Anfechtungsgegner gegenüber erklärt werden muß. Dafür läßt sich geltend machen, daß sie sachlich Verzicht auf das Anfechtungsrecht ist. Nach P. II Bd. 1 S. 132 ist indessen das Gegenteil angenommen, und dieser Auffassung entspricht die Fassung des § 144. Auch bei der entgegengesetzten Auffassung (so *Matthiaß* I § 55; *Enneccerus-Lehmann* I § 110 II 4 *Rehbein*, Erl. II 7b zu §§ 139—144) würde hier aber ein Fall anzunehmen sein, in welchem die Willensbetätigung als gleichwertig mit der dem Anfechtungsgegner gegenüber abgegebenen Erklärung zu betrachten ist (s. Vorbm. I 2, oben S. 206).

Dritter Titel.

Vertrag.

Die Bestätigung ist selbstverständlich nur wirksam, wenn sie in Kenntnis des Anfechtungsgrundes erfolgt. Ohne diese Kenntnis liegt eine Bestätigung im Sinne des § 144 überhaupt nicht vor. Lagen mehrere Anfechtungsgründe vor, so schließt die Bestätigung nur die Geltendmachung der dem Bestätigenden bekannten Anfechtungsgründe aus. War ein Rechtsgeschäft z. B. sowohl wegen Irrtums als wegen arglistiger Täuschung anfechtbar, so schließt die Bestätigung, wenn dem Bestätigenden nur der Irrtum, nicht aber die arglistige Täuschung bekannt war, die Anfechtung wegen der letzteren nicht aus.

Eine Bestätigung im Sinne des § 144 ist ausgeschlossen, wenn die Anfechtung bereits erfolgt war. Durch diese war das Rechtsgeschäft zu einem nichtigen geworden und eine nachher erfolgende Bestätigung hat nur die Bedeutung und Wirkung eines nichtigen Rechtsgeschäfts (§ 141). Dies kann auch dadurch nicht geändert werden, daß die Zurücknahme der Anfechtung mit Zustimmung des anderen Teiles erfolgt (a. A. Dernburg I § 118 VI).

Besondere Vorschriften über die Bestätigung einer anfechtbaren Ehe enthält der § 1337.

Dritter Titel.

1. Begriff des Vertrags. Das BGB. gibt keine Definition des Vertrags. In dem E. I § 77 waren die Erfordernisse der Vertragschließung dahin bestimmt, daß die Vertragschließenden ihren übereinstimmenden Willen sich gegenseitig erklären. Die Bestimmung ist in dem BGB. weggelassen, weil sie einerseits nicht ganz richtig erscheine, andererseits aber derartige Begriffsbestimmungen der Wissenschaft zu überlassen seien. Nicht ganz richtig ist die fragliche Vorschrift, weil die gegenseitige Erklärung des Vertragswillens zwar die Regel bildet, aber doch nicht in allen Fällen erforderlich ist. (§§ 151, 152.) Über den Begriff des Vertrags ist man in der Wissenschaft und Praxis im wesentlichen einverstanden, wenn auch die Ausdrucksweise von einander abweicht. Der rechtsgeschäftliche Wille von mindestens zwei Personen muß sich zu einem auf Hervorbringung derselben rechtlichen Wirkung gerichteten Willen zusammenschließen und diese Zusammenschließung der beiden Willen zu einem Willen — dem Vertragswillen — einen genügenden Ausdruck erhalten. Der Vertrag kommt regelmäßig dadurch zustande, daß der eine Teil dem anderen Teile seinen Willen erklärt, ihm den Vertragsantrag macht und daß der andere Teil diesen Antrag annimmt. Regelmäßig muß, wie schon oben hervorgehoben, die Annahme dem Antragenden gegenüber erklärt werden; ausnahmsweise genügt in gewissen Fällen die Annahme, ohne daß es deren Erklärung gegenüber dem Antragenden bedarf. Möglich ist übrigens auch, daß die Einigung der Vertragschließenden sich nicht in der Form des Antrags und der Annahme vollzieht; dies kann insbesondere der Fall sein bei einer stillschweigenden Schließung des Vertrags. Die bestrittene Frage, ob, wenn zwei inhaltlich völlig gleiche Vertragsanträge sich kreuzen, der Vertrag als abgeschlossen anzusehen ist, wenn beide Anträge ihren Adressaten zugegangen sind, oder ob noch eine besondere Annahme von seiten des einen oder anderen Teiles erforderlich ist, dürfte im ersteren Sinne zu entscheiden sein.

2. Der Vertrag ist eine Rechtsform, die für alle Teile des Rechtes verwendbar und unentbehrlich ist. Er kann die Begründung oder Aufhebung eines Schuldverhältnisses betreffen, er kann dinglicher, familienrechtlicher oder erbrechtlicher Vertrag sein. Für den dinglichen Vertrag wird im Sachenrecht abweichend vom E. I nicht der Ausdruck „Vertrag" gebraucht, sondern statt dessen von der Einigung der Parteien gesprochen (s. z. B. die §§ 873, 880, 925, 929, 1015, 1032, 1205). Diese Änderung der Fassung wurde von der Mehrheit der zweiten Kommission beschlossen, weil der Ausdruck „Vertrag" in den hier fraglichen Fällen der Auffassung des Lebens nicht entspreche und die juristische Konstruktion der Wissenschaft und Praxis überlassen bleiben könne. (P. II Bd. 3 S. 56 ff.) Eine sachliche Änderung wurde nicht beabsichtigt. „Vertrag" und „Einigung" sind in der Tat nur zwei verschiedene Ausdrucksweisen für denselben Gedanken. Die allgemeinen Vorschriften über Verträge finden daher, soweit sich nicht aus besonderen Vorschriften eine Abweichung ergibt, auch auf die im Sachenrecht erforderte Einigung Anwendung. Die in der Theorie und Praxis herrschende Auffassung teilt diesen Standpunkt (RJA. Bd. 2 S. 85; KG. Bd. 23 S. A 137). Eine abweichende Auffassung wird von Bruck, Die Einigung im Sachenrecht des BGB. 1900 und neuerdings von Eccius in DJZ

1902 S. 61 ff., 95 ff. und in Gruch. Bd. 47 S. 51 ff. vertreten. Sie nehmen an, daß die Einigung kein Vertrag sei und gründen diese Ansicht hauptsächlich darauf, daß die sachenrechtliche Einigung für sich allein keinerlei rechtliche Wirkungen erzeuge, und daß die allgemeinen Vorschriften des BGB. für Verträge auf die Einigung nicht passen. Hiergegen ist zunächst einzuwenden, daß die Einigung über eine Rechtsänderung in betreff eines Rechtes an einem Grundstücke, wenn sie nach der Eintragung dieser Rechtsänderung im Grundbuch erfolgt, die sachenrechtliche Wirkung hat, daß die fragliche Rechtsänderung eintritt (§ 873). Ebenso geht bei der Übertragung des Eigentums an einer beweglichen Sache, wenn der Erwerber bereits im Besitze der Sache ist, das Eigentum kraft der Einigung auf den Erwerber über (§ 929 Satz 2). Abgesehen von diesen Fällen hat die Einigung für sich allein noch keine Änderung des dinglichen Rechtszustandes zur Folge; sie begründet auch keine obligatorische Verpflichtung; aber trotzdem hat sie eine sachenrechtliche Wirkung, die Wirkung nämlich, daß sie die Grundlage für eine dingliche Rechtsänderung bildet, welche eintritt, wenn zu der Einigung die Eintragung im Grundbuche bezw. die Übergabe der Sache hinzutritt. Diese hinzutretenden Tatsachen haben nicht die Bedeutung einer Form der Einigung. Die Rechtsänderung erfordert vielmehr zwei verschiedene Tatbestände, die zeitlich auseinanderfallen können, einmal die Einigung und sodann die Eintragung im Grundbuche bezw. die Übergabe der Sache. Für das Wesen des Vertrags genügt es, daß durch die Einigung der eine dieser Tatbestände hergestellt wird. Nun ist zwar die Einigung nach § 873 Abs. 2 für die Parteien nur bindend, wenn sie in der dort vorgeschriebenen Weise erfolgt ist. Wenn Eccius in dem Abs. 2 keine Vorschriften über die Einigung, sondern nur Vorschriften darüber erblickt, unter welchen Voraussetzungen der eine oder der andere Teil an die Einigung gebunden ist und hierfür geltend macht, daß in dem letzten im Abs. 2 gedachten Falle die Aushändigung der Eintragungsbewilligung von seiten des Berechtigten an den anderen Teil für genügend erklärt sei, hier also nur eine einseitige Handlung des Berechtigten erfordert werde, so dürfte dies unrichtig sein; denn eine Aushändigung liegt nur vor, wenn der andere Teil die ihm angebotene Eintragungsbewilligung auch wirklich annimmt; in diesem Anbieten und Annehmen aber kommt der übereinstimmende Vertragswille zum Ausdrucke. Wie dem aber auch sein möge, so sind die Parteien, solange den Voraussetzungen des fraglichen Abs. 2 nicht genügt ist, an die Einigung nicht gebunden. Dies bedeutet aber nicht, daß die Einigung vorher noch keine Wirksamkeit hat, sondern nur, daß die Parteien zum Widerrufe berechtigt sind. Es ergibt sich dies daraus, daß, wenn zu der Einigung die Eintragung hinzukommt, die Rechtsänderung auch dann eintritt, wenn die Einigung im Sinne des Abs. 2 vor der Eintragung nicht bindend geworden ist. Die freie Widerruflichkeit steht aber der Annahme eines Vertrags nicht entgegen. Der Begriff des Vertrags wird dadurch nicht ausgeschlossen, daß der eine oder andere Teil sich den Widerruf vorbehalten, und ebensowenig wird er dadurch ausgeschlossen, daß ein solcher Widerruf den Parteien kraft des Gesetzes zusteht. Der Vertrag besteht, solange der Widerruf nicht erfolgt ist. Der Anwendung der allgemeinen Vorschriften des BGB. über Verträge auf die vor der Eintragung erfolgte Einigung stehen nun auch keine sonstigen Bedenken entgegen; vielmehr dürfte ihre Anwendung unentbehrlich sein. Dies gilt zunächst von den Vorschriften über die Geschäftsfähigkeit. Ist eine der Parteien bei der Einigung geschäftsunfähig oder in einem Zustande der im § 105 gedachten Art gewesen, so ist die Einigung nichtig und die Rechtsänderung tritt auch bei dem Hinzutreten der Eintragung nicht ein. War eine der Parteien bei der Einigung in der Geschäftsfähigkeit beschränkt, so finden die Vorschriften der §§ 107 ff. Anwendung. Insbesondere gilt dies von der speziell Verträge betreffenden Vorschrift des § 108. Die Wirksamkeit der Einigung hängt, wenn der die Rechtsänderung bewilligende Teil in der Geschäftsfähigkeit beschränkt und die Einwilligung des gesetzlichen Vertreters nicht erfolgt war, von der nachträglichen Genehmigung des letzteren ab. Wird diese verweigert, so ist die Einigung unwirksam und die Rechtsänderung, auch wenn die Eintragung im Grundbuche hinzugekommen ist, nicht eingetreten. Wird die Genehmigung erteilt, so ist die Einigung und bei Hinzutreten der Eintragung die Rechtsänderung wirksam. Ebenso müssen die Vorschriften über Anfechtung eines Vertrags wegen Irrtums oder arglistiger Täuschung oder widerrechtlicher Bestimmung durch Drohung (§§ 119, 120, 123, 124, 142, 143) Anwendung finden. Das gleiche gilt von den Vorschriften der §§ 145 ff. über den Abschluß des Vertrags. Hier tritt nur infolge der freien Widerruflichkeit der Einigung insofern eine Modifikation ein, als der Antragende an den Antrag nicht gebunden ist; denn wenn er den abgeschlossenen Vertrag, solange den Vorschriften des § 873 Abs. 2 nicht genügt ist, frei widerrufen kann, so muß ihm dieses Recht auch in betreff des Antrags zustehen. Im übrigen aber passen die Vorschriften über den Abschluß des Vertrags, insbesondere auch die

§. 145. Wer einem Anderen die Schließung eines Vertrags anträgt, ist an den Antrag gebunden, es sei denn, daß er die Gebundenheit ausgeschlossen hat.

Vorschriften der §§ 153, 154 durchaus auch für die Einigung. Das in dem Bisherigen über die Einigung bei einer Rechtsänderung an Grundstücken Gesagte muß auch für die Einigung bei der Übertragung des Eigentums und der Begründung dinglicher Rechte an beweglichen Sachen gelten. Daß hier die Übergabe, wenn sie der Einigung nachfolgt, mit Beziehung auf die letztere erfolgen muß (§ 929), ändert an dem Wesen der Einigung als eines Vertrags und an der Anwendung der oben angeführten Vorschriften auf sie nichts. Über die von Eccius besonders behandelte Frage, ob die über die Abschließung eines Vertrags durch einen Vertreter ohne Vertretungsmacht die in §§ 177 ff. gegebenen Vorschriften auf die Einigung Anwendung finden oder ob sie auf obligatorische Verträge zu beschränken sind s. Erl. 2 zu § 177.

3. **Anordnung des Stoffes.** Die §§ 145—150 enthalten die allgemeinen Vorschriften über den Antrag zu einem Vertrag und dessen Annahme. Der § 151 handelt von den Ausnahmefällen, in denen es einer Erklärung der Annahme gegenüber dem Antragenden nicht bedarf, der § 152 von der gerichtlichen und notariellen Beurkundung der Verträge, der § 153 von dem Einflusse des Todes und der Geschäftsunfähigkeit auf den Antrag, die §§ 154, 155 von den Fällen, in welchen die Parteien nicht über alle Punkte des zu schließenden Vertrags einig geworden sind, der § 156 von der Versteigerung, der § 157 von der Auslegung der Verträge.

§ 145.

E. I §§ 80 f.; II § 118 rev. § 141; III § 141. P. I S. 111 ff., 6140 ff.; M. I S. 164 ff. P. II Bd. 1 S. 75 ff. D. S. 615 ff.

Löhn, Das Vertragsangebot nach dem BGB. 1899; Neumond, Der Automat, im Arch. f. civ. Pr. Bd. 89 S. 166 ff.

1. Ein **Antrag zur Schließung eines Vertrags** liegt nur vor, wenn der Antrag allen Erfordernissen entspricht, welche zur Schließung des Vertrags auf seiten des Antragenden erforderlich sind, und der Vertrag daher durch die Zustimmung des anderen Teiles zustande kommen kann. Der Antrag muß daher nicht nur die für den Vertrag wesentlichen Punkte, sondern auch diejenigen Punkte enthalten, über welche, nach der Erklärung des Antragenden, eine Vereinbarung getroffen werden soll (§ 154). Wird die Vereinbarung über solche Punkte vorbehalten, so liegt noch kein Vertragsantrag vor, sofern nicht erhellt, daß der Vertrag auch ohne eine Vereinbarung über diese Punkte zustande kommen soll. Ein Vertragsantrag liegt ferner nicht vor, wenn der Vertrag nicht sofort durch die Annahme zustande kommen soll, der Antragende vielmehr seinen Entschluß sich bis zur Erklärung des anderen Teiles vorbehält. In solchem Falle liegt sachlich nur eine Aufforderung zur Stellung eines Vertragsantrags vor. In diesem Sinne gemeint sind regelmäßig die erkennbar an mehrere Personen gerichteten Anerbietungen zur Schließung von Verträgen einer bestimmten Art (Art. 337 des früheren HGB.). Zulässig ist, daß der Inhalt des Vertragsinhalts durch Bezugnahme auf andere Umstände z. B. auf Vorverhandlungen bezeichnet wird. Nicht unbedingt erforderlich ist, daß der Vertrag durch das einfache „Ja" des anderen Teiles zustande kommt. Der Antrag kann dem anderen Teile eine Wahl oder seinem Ermessen einen gewissen Spielraum lassen. So wird z. B. die Bestellung eines Zimmers in einem Hotel als ein genügend bestimmter Vertragsantrag zu betrachten sein, indem anzunehmen ist, daß die Wahl des Zimmers und die Bestimmung des Preises innerhalb der üblichen Grenzen dem Hotelwirt überlassen sein soll. Notwendig ist nur, daß der Antragende, wie auch die Wahl ausfallen möge, gebunden sein will. Auch ein Antrag an eine incerta persona ist, wenn er der genügenden Bestimmtheit nicht entbehrt, zulässig. Ein solcher liegt z. B. in der Aufstellung eines Automaten; jedoch ist hierbei unter Berücksichtigung der Auffassung des Verkehrs anzunehmen, daß der Aufsteller des Automaten nur gebunden sein will, soweit der in dem Automaten vorhandene Vorrat reicht und nur für den Fall, daß der Antrag durch Einwerfen des betreffenden Geldstücks angenommen wird. Ist der Vertrag, um dessen Schließung es sich handelt, an eine Form gebunden, so muß der Antrag der Form genügen. Bedarf es der schriftlichen Form, so genügt, wenn diese vereinbart ist, Brief oder Telegramm (§ 127). Ist die Schriftform durch das Gesetz vorgeschrieben, so muß der Antrag in einer nach Maßgabe des § 126 unterzeichneten Urkunde gemacht werden. Ist gerichtliche oder notarielle Beurkundung vorgeschrieben, so muß der Antrag gerichtlich oder notariell beurkundet sein.

§. 146. Der Antrag erlischt, wenn er dem Antragenden gegenüber abgelehnt oder wenn er nicht diesem gegenüber nach den §§. 147 bis 149 rechtzeitig angenommen wird.

Nach denselben Grundsätzen entscheidet sich im Falle des § 873 Abs. 2, in welcher Form der Antrag auf die Einigung (d. h. auf Schließung des dinglichen Vertrags) gestellt sein muß, um bindend zu sein.

2. **Der Antrag ist eine empfangsbedürftige Willenserklärung.** Es finden darauf einerseits die allgemeinen Vorschriften über Willenserklärungen, andererseits die besonderen Vorschriften über empfangsbedürftige Willenserklärungen Anwendung. Der einem Abwesenden gemachte Antrag wird daher erst in dem Zeitpunkte wirksam, in welchem er demselben zugeht (§ 130).

3. **Gebundenheit an den Antrag.** Entspricht der Antrag den in den Erl. 1, 2 dargelegten Erfordernissen, so ist er bindend, d. h. der Antragende kann den Antrag nicht widerrufen, und der Vertrag kommt daher durch die rechtzeitige Annahme zustande. Die Gebundenheit kann von dem Antragenden ausgeschlossen werden. Dies kann sowohl ausdrücklich wie stillschweigend geschehen; es kann auch noch nachträglich geschehen, sofern die betreffende Erklärung nur vor oder gleichzeitig mit dem Antrage wirksam wird. Der Beweis, daß die Gebundenheit ausgeschlossen sei, liegt dem Antragenden ob; jedoch kann der Ausschluß sich aus der Art und Weise, in welcher der Antrag gestellt ist, von selbst ergeben. Der Ausschluß der Gebundenheit kann eine verschiedene Bedeutung haben. Es kann damit gemeint sein, daß der Antragende sich die freie Entschließung auch noch nach der Annahme des Antrags vorbehält, oder daß ein Widerruf des Antrags noch nach dem Zeitpunkte zulässig sein soll, in welchem der Antrag dem anderen Teile zugegangen ist. In dem ersteren Falle liegt rechtlich überhaupt kein Vertragsantrag, sondern nur die Aufforderung an den anderen Teil vor, einen Vertragsantrag mit dem angegebenen Inhalte zu stellen. Welche dieser beiden Bedeutungen der Ausschluß der Gebundenheit hat, ist eine Frage der Auslegung. Bestritten ist, was im Zweifel angenommen werden muß (für die erstgedachte Auslegung z. B. Staudinger, Erl. 5 zu § 145; Gareis, Erl. 4 zu § 145; Staub, Das HGB. S. 1138, Dernburg I § 129 III Anm. 7; für die letztgedachte Düringer-Hachenburg, Das HGB. II S. 79). Da bei der erstgedachten Auffassung rechtlich überhaupt kein Antrag vorliegt, so dürfte die letztgedachte Auffassung den Vorzug verdienen, wenn die dem anderen Teile zugehende Mitteilung sich ihrer Ausdrucksweise nach als Antrag darstellt. Immer aber wird zu berücksichtigen sein, ob die Worte, durch welche die Gebundenheit ausgeschlossen wird, nach der Auffassung des Verkehrs die erstgedachte weitere Bedeutung haben. Ist anzunehmen, daß nur der Widerruf hat vorbehalten werden sollen, so ist dieser zulässig, bis die Annahme erfolgt ist. Widerruf und Annahme sind empfangsbedürftige Willenserklärungen. Der Widerruf des Antrags wird daher nur wirksam, wenn er dem anderen Teile zugeht, bevor dem Antragenden die Annahmeerklärung zugegangen ist. Die Zulässigkeit des in dem Antrage vorbehaltenen Widerrufs kann indessen von dem Antragenden auch dahin beschränkt werden, daß der Widerruf nur wirksam sein soll, wenn er dem anderen Teile zugeht, ehe dieser die Annahmeerklärung abgesendet hat (a. A. Hölder, Erl. 4 zu § 145, der dem Vorbehalte des Widerrufs immer die letztgedachte Bedeutung zuschreibt).

Auch ohne besonderen Vorbehalt ist der Widerruf des Antrags in solchen Fällen zulässig, in welchen der Vertrag, auf dessen Schließung der Antrag gerichtet ist, widerrufen werden kann, so z. B. in den Fällen der §§ 109, 178 und bei einer nicht bindenden sachenrechtlichen Einigung (s. Vorbm. 1).

§ 146.

E. I §§ 82 ff., 88 Abs. 2; II § 119 rev. § 142; III § 142. P. I S. 118 ff., 3465, 3478, 11656 ff.; M. I S. 168 ff., 175. P. II Bd. 1 S. 77, Bd. 6 S. 124, 128. D. S. 615.

1. **Die Ablehnung des Antrags** ist eine empfangsbedürftige Willenserklärung. Sie wird daher einem Abwesenden gegenüber erst wirksam in dem Zeitpunkt, in dem sie ihm zugeht, und wird nicht wirksam, wenn vorher oder gleichzeitig ein Widerruf zugeht. Auch im übrigen muß die Ablehnung den Erfordernissen einer Willenserklärung entsprechen. Die Ansicht von Hölder, Erl. zu § 146, daß es nur darauf ankomme, daß dem Antragenden eine die Ablehnung aussprechende Mitteilung des anderen Teiles zugehe und daß die Wirkung der Ablehnung, also das

§. 147. Der einem Anwesenden gemachte Antrag kann nur sofort angenommen werden. Dies gilt auch von einem mittelst Fernsprechers von Person zu Person gemachten Antrage.

Der einem Abwesenden gemachte Antrag kann nur bis zu dem Zeitpunkt angenommen werden, in welchem der Antragende den Eingang der Antwort unter regelmäßigen Umständen erwarten darf.

Erlöschen des Antrags (s. Erl. 3) auch dann eintrete, wenn die Ablehnung als Willenserklärung wegen Geschäftsunfähigkeit des anderen Teiles oder weil sie anfechtbar und angefochten ist, nichtig sei, dürfte sich nicht rechtfertigen lassen; denn es handelt sich hier nicht um die Auslegung einer dem Antrage hinzugefügten Beschränkung, die möglicherweise den von Hölder verteidigten Sinn haben könnte, sondern um die gesetzliche Vorschrift, daß der Antrag durch die Ablehnung erlischt; eine Ablehnung liegt aber nicht vor, wenn die Erklärung, durch welche sie ausgesprochen wird, nichtig ist. Mit einer Ungewißheit, wie sie hierdurch entsteht, muß im Verkehr überhaupt gerechnet werden. Auch der andere Teil, welchem ein Antrag zugeht, trägt die Gefahr, wenn der Antrag aus irgend welchem Grunde nichtig ist und deshalb durch die Annahme ein Vertrag nicht zustande kommt.

2. **Die Annahme des Antrags** ist nicht immer eine empfangsbedürftige Willenserklärung (§§ 151, 152); sie ist es aber, wie aus den in dem § 146 gebrauchten Worten „diesem gegenüber" hervorgeht, regelmäßig, d. h. sofern nicht die in den §§ 151, 152 bestimmten Ausnahmen Platz greifen.

3. **Erlöschen des Antrags.** Wird der Antrag abgelehnt oder nicht rechtzeitig angenommen, so hört nicht nur die Gebundenheit des Antragenden auf, sondern der Antrag selbst erlischt, d. h. er besteht rechtlich nicht mehr und kann daher auch nicht mehr angenommen werden. Die Wirkung tritt ein, mag der Antragende gebunden gewesen sein oder nicht. Auch im letzteren Falle ist ein Widerruf des Antrags nicht mehr nötig, um die Möglichkeit der Annahme auszuschließen.

§ 147.

E. I §§ 83 f.; II § 120 rev. § 143; III § 143. P. I S. 120 ff.; M. I S. 168 ff. P. II Bd. 1 S. 78 ff. D. S. 615 ff.

1. Bei dem **einem Anwesenden gemachten Antrage** genügt es nicht, wenn derselbe unverzüglich, d. h. ohne schuldhaftes Zögern, angenommen wird, vielmehr kommt es darauf an, ob objektiv die Annahme sofort auf den Antrag erfolgt. Geschieht dies nicht, so erlischt der Antrag. Über den durch den Fernsprecher gemachten Vertragsantrag s. Erl. 3 zu § 130. Dem Erfordernisse der sofortigen Annahme kann hier nicht entsprochen werden, wenn die telephonische Verbindung nach der Stellung des Antrags, bevor die Antwort erfolgt ist, unterbrochen wird. Die sofortige Annahme wird nicht dadurch ersetzt, daß die Annahme sofort nach der Wiederherstellung der Verbindung erklärt wird, denn für den Antragenden, in dessen Interesse die sofortige Annahme erfordert wird, ist es gleichgültig, aus welchem Grunde diese nicht erfolgt; er soll und will frei sein, wenn er nicht sofort die Antwort erhält. Treu und Glauben erfordern indessen, daß der Antragende, wenn ihm nach einer kurzen Unterbrechung der telephonischen Verbindung die Annahme telephonisch erklärt wird, und er diese, weil sie nicht sofort erfolgt ist, als verspätet zurückweisen will, dies dem anderen Teile sofort mitteilt. Tut er dies nicht, so ist anzunehmen, daß er sich mit der verspäteten Annahme einverstanden erklärt hat (a. A. Dernburg I § 129 Anm. 12, der, wenn die telephonische Verbindung nur kurze Zeit unterbrochen wird, eine ungesäumt nach wiederhergestellter Verbindung erfolgende Annahme immer noch als sofort erfolgt ansieht; Düringer-Hachenburg, Das HGB. II S. 80, der zwischen Orts- und Fernverkehr unterscheidet).

2. **Antrag an einen Abwesenden.** Die Vorschrift des § 147 Abs. 2 entspricht sachlich der bewährten Vorschrift des früheren HGB. Art. 319 Abs. 1. Im neuen HGB. ist diese Vorschrift als durch das BGB. § 147 überflüssig geworden weggelassen. Die Annahme des einem Abwesenden gemachten Antrags muß erfolgen, d. h. also: die Erklärung der Annahme muß, wenn sie in Anwesenheit des Antragenden erfolgt, von demselben vernommen werden (s. Erl. 2 zu § 130), wenn sie in seiner Abwesenheit erfolgt, ihm zugehen (s. Erl. 1 zu § 130) spätestens in

§. 148. Hat der Antragende für die Annahme des Antrags eine Frist bestimmt, so kann die Annahme nur innerhalb der Frist erfolgen.

---

dem Zeitpunkte, bis zu welchem der Antragende den Eingang der Antwort unter regelmäßigen Umständen erwarten darf. Dieser Zeitpunkt bestimmt sich durch die Zusammenrechnung der Zeiträume, welche zur Übermittelung des Antrags an den anderen Teil, zur Erklärung der Annahme und zur Übermittelung der Antwort an den Antragenden erforderlich sind. Bei der Berechnung aller drei Zeiträume sind die regelmäßigen Umstände zu Grunde zu legen. Der erste und dritte Zeitraum bestimmt sich also bei brieflicher Übermittelung durch die Zeit, welche Briefe nach den bestehenden Posteinrichtungen regelmäßig gebrauchen, bei telegraphischer Übermittelung durch die Zeit, welche regelmäßig zur Übermittelung des Telegramms erforderlich ist. Ob briefliche oder telegraphische Antwort erwartet werden kann, hängt von der Bestimmung des Antrags ab. Bei einem telegraphisch gemachten Antrage wird regelmäßig telegraphische Antwort erwartet werden dürfen. Außergewöhnliche Umstände, z. B. Überschwemmung oder Schneefall, durch welche die Übermittelung des Antrags oder der Antwort verzögert wird, kommen nicht in Betracht. Dies dürfte selbst dann gelten, wenn der Antragende wußte, daß die Übermittelung durch solche außergewöhnlichen Umstände verzögert werden kann. Er ist nach der ausdrücklichen Vorschrift des Abs. 2 nur bis zu dem Zeitpunkte gebunden, in welchem er unter regelmäßigen Umständen die Antwort erwarten durfte. Will er wegen der außergewöhnlichen Umstände länger gebunden sein, so hat er dies bei dem Antrage zu erklären (a. A. Gareis, Erl. 4 zu § 147). Bei der Berechnung des zweiten der oben bezeichneten Zeiträume ist die Zeit zu Grunde zu legen, in welcher ein ordentlicher Mann sich über einen Antrag der fraglichen Art zu entscheiden und denselben zu beantworten pflegt. Der Inhalt des Antrags wird hierbei in Betracht kommen. Soweit eine Verkehrssitte besteht, was regelmäßig bei dem kaufmännischen, nicht immer aber bei dem gewöhnlichen bürgerlichen Verkehre der Fall zu sein pflegt, ist diese maßgebend. Bedarf der andere Teil zu der Annahme der Zustimmung eines anderen, z. B. der gesetzliche Vertreter eines Geschäftsunfähigen oder in der Geschäftsfähigkeit Beschränkten der Zustimmung des Vormundschaftsgerichts oder der Vertreter eines Vereins der Zustimmung des Vorstandes oder der Mitgliederversammlung und wußte der Antragende dies, so ist der Zeitraum mit zu berücksichtigen, welcher unter regelmäßigen Umständen zur Einholung dieser Zustimmung erforderlich ist. Unter Umständen kann indessen der Antrag so auszulegen sein, daß die ungesäumte Annahme des Antrags durch den Vertreter unter Vorbehalt der erforderlichen Zustimmung des Dritten erwartet werden durfte. Ist der Antrag an einen Vermittler gestellt, so ist der Zeitraum mit zu berücksichtigen, welcher unter regelmäßigen Umständen zur Mitteilung des Antrags an den anderen Teil und zur Einholung der Entscheidung desselben erforderlich ist. Ist die Annahme bis zu dem nach diesen Grundsätzen zu berechnenden Zeitpunkte nicht erfolgt, so ist der Antrag, vorbehaltlich der Vorschrift des § 149 erloschen.

3. Die Vorschriften des § 147 finden keine Anwendung, wenn der Antragende für die Annahme des Antrags eine Frist bestimmt hat. In diesem Falle entscheidet der § 148. Anwendung findet der § 147 auch bei einem im Prozesse gemachten Vergleichsvorschlage (RG. in DJZ. 1902 S. 288).

§ 148.

E. I § 82; II § 121 rev. § 144; III § 144. P. I S. 118 ff.; M. I S. 168 ff. P. II Bd. 1 S. 77 ff. D. S. 615 ff.

Bestimmung einer Frist. Die Vorschrift des § 148 bezieht sich sowohl auf den einem Anwesenden wie auf den einem Abwesenden gemachten Vertragsantrag. Die Bestimmung der Frist muß gleichzeitig mit dem Antrag oder schon vorher erfolgen. Bei dem einem Abwesenden gemachten Antrag ist sie als gleichzeitig oder vorher erfolgt anzusehen, wenn sie dem anderen Teile vor dem Antrag oder gleichzeitig mit ihm zugeht. Geht sie später zu, so ist sie ohne rechtliche Wirkung, wenn sie die durch § 147 Abs. 2 bestimmte gesetzliche Frist zur Annahme des Antrags verkürzt; eine Verlängerung der gesetzlichen Frist ist dagegen wirksam; erfolgt diese, nachdem die gesetzliche Frist bereits abgelaufen war, so ist sie als neuer Antrag unter Bestimmung einer Frist zu beurteilen. Die Annahme muß innerhalb der Frist erfolgen, d. h. die Erklärung der Annahme muß, wenn sie in Anwesenheit des Antragenden erfolgt, von ihm innerhalb der Frist vernommen werden (s. Erl. 2 zu § 130), wenn sie in seiner Abwesenheit erfolgt, ihm innerhalb der Frist zugehen (s. Erl. 1 zu § 130; RG. Bd. 53 S. 59; vgl. auch Bd. 43 S. 75). Die Berechnung der Frist bestimmt sich nach den §§ 186 ff.

§. 149. Ist eine dem Antragenden verspätet zugegangene Annahmeerklärung dergestalt abgesendet worden, daß sie bei regelmäßiger Beförderung ihm rechtzeitig zugegangen sein würde, und mußte der Antragende dies erkennen, so hat er die Verspätung dem Annehmenden unverzüglich nach dem Empfange der Erklärung anzuzeigen, sofern es nicht schon vorher geschehen ist. Verzögert er die Absendung der Anzeige, so gilt die Annahme als nicht verspätet.

---

§ 149.

E. I § 85; II § 122 rev. § 145; III § 145. P. I S. 124 ff., 1156 ff.; M. I S. 170 ff. P. II Bd. 1 S. 81. D. S. 616.

1. Die Vorschriften des § 149 beziehen sich nur auf den einem Abwesenden gemachten Vertragsantrag, gelten aber sowohl für die Fälle, in welchen die Annahme erst nach dem Ablaufe der gesetzlichen Fristen (§ 147), als für diejenigen, in welchen sie nach dem Ablaufe der von dem Antragenden bestimmten Frist erfolgt (§ 148).

2. **Die verspätete Annahme gilt als nicht verspätet**, wenn folgende Voraussetzungen vorliegen:

a) Objektiv muß feststehen, daß die Annahmeerklärung dergestalt abgesendet ist, daß sie bei regelmäßiger Beförderung dem Antragenden rechtzeitig zugegangen wäre. In den Fällen des § 147 Abs. 2 hängt dies davon ab, wann der Antrag unter regelmäßigen Umständen dem anderen Teile zugegangen sein würde und wieviel Zeit diesem freisteht, um sich zu entschließen. In dem sich hieraus ergebenden Zeitpunkte muß die Annahme abgesendet werden. Hatte der Antragende eine bestimmte Frist für die Annahme gestellt, so muß die Annahme so zeitig abgesendet werden, daß sie unter regelmäßigen Umständen dem Antragenden vor Ablauf der Frist zugeht. Die Absendung muß in verkehrsüblicher Weise erfolgen, also regelmäßig brieflich durch die Post, sofern aber eine besondere Art der Beförderung von den Antragenden vorgeschrieben war, in der vorgeschriebenen Art. Ist Vermittelung durch einen Boten, sei es zur Überbringung an den Antragenden oder behufs Aufgabe auf die Post verkehrsüblich, so genügt die rechtzeitige Absendung des Boten. Dem Erfordernisse der rechtzeitigen Absendung ist, wenn nach den obigen Grundsätzen die Antwort brieflich durch die Post zu der angegebenen Zeit zu erfolgen hatte, auch dann genügt, wenn ein die Annahme enthaltendes Telegramm dergestalt abgesendet ist, daß es bei regelmäßiger Beförderung dem Antragenden zu derselben Zeit wie ein rechtzeitig abgesendeter Brief zugegangen sein würde.

b) Subjektiv ist abweichend vom E. I § 85 erforderlich, daß der Antragende die rechtzeitige Absendung kannte oder daß er sie nur infolge von Fahrlässigkeit nicht kannte (§ 122 Abs. 2). Diese Voraussetzung wird bei Briefen oder Telegrammen regelmäßig zutreffen, wenn sich aus dem Poststempel des Briefes oder dem auf dem Telegramme befindlichen Vermerke die Zeit der Absendung ergibt. Hat der Antragende den ihm zugegangenen Brief (§ 130) überhaupt nicht gesehen und infolge davon die rechtzeitige Absendung nicht erkannt, so kommt es darauf an, ob das Nichtsehen des Briefes auf Fahrlässigkeit beruht.

Liegen diese beiden Voraussetzungen vor, so muß der Antragende, wenn er das Zustandekommen des Vertrags durch die verspätete Annahme hindern will, dem anderen Teile unverzüglich, d. h. ohne schuldhaftes Zögern (§ 121), die Verspätung mitteilen, sofern er ihm nicht bereits früher mitgeteilt hat, daß bis zum Ablaufe der Frist eine Annahmeerklärung nicht eingegangen sei. In der Zeit von dem Eingange der Annahmeerklärung an bis dahin, daß der Antragende bei Anwendung der im Verkehr erforderlichen Sorgfalt die Anzeige abzusenden hatte, besteht ein Schwebezustand, während dessen es ungewiß ist, ob ein Vertrag zustande gekommen ist oder nicht. Wird die Anzeige rechtzeitig abgesendet, so ist der Vertrag nicht zustande gekommen und der Antrag erloschen; wird sie nicht rechtzeitig abgesendet, so gilt der Vertrag als in demjenigen Zeitpunkte zustande gekommen, in welchem die Annahmeerklärung dem Antragenden zugegangen ist. Nicht notwendig ist, daß die Anzeige dem anderen Teile zugeht; dieser trägt, wenn die Anzeige rechtzeitig abgesendet wird, die Gefahr des Zugehens.

3. **Beweislast.** Macht der andere Teil geltend, daß der Vertrag, obwohl die Annahme dem Antragenden verspätet zugegangen ist, doch auf Grund des § 149 als abgeschlossen anzusehen sei, so hat er die in der Erl. 2a und b bezeichneten Voraussetzungen zu beweisen. Bestritten ist, ob er auch zu beweisen hat, daß der Antragende die Anzeige nicht oder nicht unverzüglich gemacht habe. Die Frage wird zu verneinen sein. Die Fassung des Satz 2 scheint

§. 150. Die verspätete Annahme eines Antrags gilt als neuer Antrag.

Eine Annahme unter Erweiterungen, Einschränkungen oder sonstigen Aenderungen gilt als Ablehnung verbunden mit einem neuen Antrage.

---

freilich für die Bejahung zu sprechen. Der Zusammenhang des Satz 2 mit dem Satze 1 spricht indessen in Verbindung mit allgemeinen Beweisgrundsätzen für die Verneinung. In dem Satze 1 wird dem Antragenden unter den obenbezeichneten Voraussetzungen die Verpflichtung der unverzüglichen Anzeige gemacht. Nach allgemeinen Beweisgrundsätzen hat der Antragende die Erfüllung dieser Verpflichtung zu beweisen. In dem Satze 2 wird nun bestimmt, daß die schuldhafte Nichterfüllung dieser Verpflichtung nicht, wie dies nach allgemeinen Grundsätzen anzunehmen wäre, die Folge hat, daß der Antragende zum Schadensersatze verpflichtet ist, sondern daß die Annahme als nicht verspätet gilt. Der Satz 2 will also nicht die Beweislast, sondern nur die Folge bestimmen, welche die Nichterfüllung der im Satze 1 bestimmten Verpflichtung hat. Die Beweislast ist daher nicht aus Satz 2, sondern aus Satz 1 zu entnehmen (a. A. Cosack, Handelsrecht, Aufl. III § 25; Staudinger, Erl. 5 zu § 149; Goldmann-Lilienthal S. 115; Neumann, Erl. 1c zu § 149).

Möglich ist übrigens auch, daß der Antragende das Zustandekommen des Vertrags auf Grund des § 149 geltend macht (Crome I § 89 Anm. 28). In diesem Falle kehrt sich die Beweislast um. Der Antragende hat die in der Erl. 2a, b bezeichnete Voraussetzung zu beweisen, während dem anderen Teile, der den Abschluß des Vertrags bestreitet, der Beweis obliegt, daß der Antragende die Anzeige der Verspätung rechtzeitig abgesendet habe.

§ 150.

E. I § 88 Abs. 1, 3; II § 123 rev. § 146; III § 146. P. I S. 141 ff.; M. I S. 175. P. II Bd. 1 S. 86. D. S. 616.

1. Die Vorschrift des Abs. 1, **daß die verspätete Annahme als ein neuer Antrag gilt**, ist, wenn sie auch dem Bedürfnisse des Verkehrs entspricht, doch positiver Natur. Unrichtig dürfte die Ansicht von Hölder, Erl. 2 zu § 150 sein, daß die Vorschrift nur zur Anwendung komme, wenn der andere Teil die Verspätung gekannt habe. Für diese Ansicht würden in Ermangelung einer gesetzlichen Vorschrift erhebliche Gründe sprechen; aber der § 150 macht diese Voraussetzung nicht; er will auf sie nicht abstellen, weil dadurch in vielen Fällen Zweifel und Ungewißheit entstehen würde. Mit Rücksicht auf die Praktikabilität des Rechtes wird von der fraglichen Voraussetzung abgesehen und die verspätete Annahme immer als neuer Antrag behandelt.

2. Ob eine **Annahme unter Erweiterungen, Einschränkungen oder sonstigen Änderungen vorliegt**, ist quaestio facti. Eine Annahme unter Erweiterungen liegt nicht vor, wenn die Erklärung dahin aufzufassen ist, daß der Antrag unbedingt angenommen, daneben aber noch ein anderer Vertrag über andere Gegenstände oder eine andere Quantität vorgeschlagen wird. Geht z. B. der Antrag auf Verkauf von 100 und der andere Teil erklärt, er nehme 200, so kann dies die Bedeutung haben, daß er nur abschließen wolle über 200; es kann aber auch die Bedeutung haben, daß er den Antrag auf 100 annehme, daneben aber noch andere 100 zu kaufen wünsche. Im ersteren Falle findet der § 150 Abs. 2 Anwendung, im letzteren Falle ist der Vertrag über 100 durch die Annahme zum Abschlusse gelangt und daneben ein neuer Antrag auf Verkauf von weiteren 100 gestellt. Ob das eine oder das andere angenommen werden muß, ist Frage der Auslegung. Im Zweifel dürfte das letztere anzunehmen sein.

Ist der Antrag als ein einheitlicher aufzufassen, so ist jede Annahme unter Einschränkungen Ablehnung des Antrags. Ist der Antrag aber als eine Verbindung mehrerer Anträge aufzufassen, so liegt eine Annahme unter Einschränkungen im Sinne des § 150 nicht vor, wenn nur der eine Antrag angenommen wird. Ob dieses Verhältnis anzunehmen ist bei dem Angebote des Kaufes oder Verkaufs einer Quantität und ob deshalb die Annahme eines Teiles den Vertrag auf diesen Teil zustande bringt oder ob sie als Ablehnung des Antrags verbunden mit einem neuen Antrag auf Abschluß auf eine geringere Quantität aufgefaßt werden muß, ist eine nach den Umständen des einzelnen Falles zu beurteilende Auslegungsfrage.

Ob der einer telegraphischen Annahme des Antrags hinzugefügte Zusatz „brieflich näheres" der Erklärung den Charakter einer glatten Annahme entzieht, ist bestritten (s. Rehbein, Erl. II 4d zu §§ 145—157; Endemann I § 69 Anm. 7; Staub, Das HGB. S. 1144; Düringer-Hachenburg II S. 87). Regelmäßig dürfte eine solche Erklärung nicht als glatte Annahme,

§. 151. Der Vertrag kommt durch die Annahme des Antrags zu Stande, ohne daß die Annahme dem Antragenden gegenüber erklärt zu werden braucht, wenn eine solche Erklärung nach der Verkehrssitte nicht zu erwarten ist oder der Antragende auf sie verzichtet hat. Der Zeitpunkt, in welchem der Antrag erlischt, bestimmt sich nach dem aus dem Antrag oder den Umständen zu entnehmenden Willen des Antragenden.

---

sondern als Annahme unter Vorbehalt von brieflich mitzuteilenden Modifikationen anzusehen sein. Aus den Umständen des einzelnen Falles kann jedoch erhellen, daß die Annahme unbedingt geschehen und die Verweisung auf den Brief nur auf brieflich mitzuteilende Wünsche hinweisen sollte.

§ 151.

E. I § 86; II § 124 rev. § 147; III § 147. P. I S. 128 ff., 133 ff., 2499 ff., 11639 ff.; M. I S. 171 ff. P. II Bd. 1 S. 81 ff. D. S. 616.

Wedemeyer, Der Abschluß des obligatorischen Vertrags durch Erfüllungs- und Aneignungshandlungen, 1903.

1. **Der Vertrag gelangt zum Abschluß in dem Zeitpunkt, in dem die Annahme wirksam erfolgt ist.** Die Wirksamkeit der Annahme hängt davon ab, daß sie dem Antragenden gegenüber rechtzeitig erklärt ist. Bedarf der Vertrag oder die Vertragserklärung des Annehmenden einer Form, so muß auch diese bei der Annahme gewahrt sein. Die Regel, daß der Vertrag mit der Annahme zustande kommt, gilt auch für dingliche Verträge. Erst mit der Annahme der Abtretungserklärung geht daher eine Forderung, erst mit der Annahme der auf Übertragung des Eigentums einer beweglichen Sache gerichteten Erklärung das Eigentum der Sache über, letzteres jedoch nur, wenn zugleich dem Erfordernisse der Übergabe entsprochen ist. Hätte in der Zwischenzeit zwischen dem Antrag und der Annahme der Antragende die Forderung bezw. das Eigentum auf einen Dritten übertragen, so würde die Wirksamkeit dieser Übertragung dadurch nicht berührt, daß der Vertragsantrag von dem anderen Teile später angenommen wird. Durch die Annahme kommt zwar der Vertrag zustande, aber es ist ein Vertrag über Abtretung einer dem Abtretenden nicht mehr zustehenden Forderung bezw. über Übertragung einer dem Übertragenden nicht gehörenden Sache. Die abweichende Ansicht von Cosack I § 58 Nr. 1a und Enneccerus-Lehmann I § 75 I Anm. 5, nach welcher mit der Annahme des Antrags die Forderung bezw. das Eigentum auf den Annehmenden übergeht und derjenige, welcher in der Zwischenzeit erworben hat, nur etwa durch die Vorschriften über den Erwerb in gutem Glauben geschützt wird, legt der Bindung des Antragenden eine Bedeutung bei, welche ihr nicht zukommt. Ihre Bedeutung beschränkt sich darauf, daß der Vertrag mit der Annahme des Antrags ohne Rücksicht darauf zustande kommt, ob der Antragende dies noch will; eine rückwirkende Kraft wird dem Vertrage durch die Bindung des Antragenden nicht gegeben, und da der Vertrag erst mit der Annahme zustande kommt, so kann er nur diejenigen Wirkungen haben, welche bei der Rechtslage, wie sie zu dieser Zeit bestand, möglich sind.

2. **Von dem Erfordernisse der Erklärung der Annahme gegenüber dem Antragenden** machen die §§ 151, 152 **Ausnahmen** für die dort bezeichneten Fälle. Der E. I § 86 ging davon aus, daß der einem Abwesenden gemachte Vertragsantrag regelmäßig nur ausdrücklich, nicht stillschweigend angenommen werden könne. Hiervon wurde eine Ausnahme für den Fall gemacht, daß der Antragende die stillschweigende Annahme gestatte, und zugleich bestimmt, daß in diesem Falle die Wirksamkeit der Annahme nicht, wie im E. I § 74 vorgeschrieben, davon abhänge, daß die Annahme zur Kenntnis des Antragenden gelange. Die zweite Kommission war der Ansicht, daß die Frage, unter welchen Voraussetzungen eine stillschweigende Annahme des Antrags zulässig sei, einer Entscheidung im Gesetze nicht bedürfe, sondern besser der Wissenschaft und Praxis überlassen bleibe. Das Gesetz habe sich auf die Vorschrift zu beschränken, daß unter den in § 151 bestimmten Voraussetzungen der Vertrag durch die Annahme des Antrags zustande komme, ohne daß es einer Erklärung gegenüber dem Antragenden bedürfe. Gedacht ist hierbei im wesentlichen an dieselben Fälle, für welche der E. I eine stillschweigende Annahme zuließ. Der Unterschied des BGB. § 151 von dem E. I § 86 besteht darin, daß der E. I eine gegenüber dem Antragenden abgegebene, wenn auch stillschweigende Willenserklärung erforderte, während das BGB. von dem Erfordernis einer Annahmeerklärung gegenüber dem Antragenden gänzlich absieht und nur

die Annahme verlangt. Nach dem BGB. bleibt es eine offene Frage, ob und unter welchen Voraussetzungen daneben die stillschweigende Annahme eines Vertragsantrags zulässig ist. Sie dürfte für den einem Abwesenden gemachten Vertragsantrag, abgesehen von ganz besonderen, seltenen Ausnahmefällen, zu verneinen sein (s. Vorbm. I. 2, oben S. 206) und ist praktisch von sehr geringer Bedeutung, weil bei den in Betracht kommenden Fällen die Vorschrift des § 151 zutreffen und genügen wird.

3. **Die Voraussetzungen, unter welchen nach § 151 die Annahme** ohne Erklärung gegenüber dem Antragenden **genügt**, sind folgende:

a) Die **Verkehrssitte** soll darüber entscheiden, ob die Erklärung der Annahme gegenüber dem Antragenden nicht erwartet wird. In den im E. I § 86 Abs. 2 hervorgehobenen Fällen wird eine solche Verkehrssitte häufig anzunehmen sein, insbesondere also, wenn der Antrag sofortige Leistung, z. B. die Übersendung von Waren, verlangt oder wenn die zum Verkauf angebotenen Waren sofort mit dem Antrag übersendet werden oder wenn ein Gegenstand mit der Erklärung, ihn schenken zu wollen, übersendet wird. Die zweite Kommission hat indessen Bedenken getragen, diese und ähnliche Fälle auch nur beispielsweise anzuführen, weil auch bei ihnen unter Umständen eine andere Beurteilung möglich ist und es deshalb für richtiger erachtet wurde, auf die Berücksichtigung aller Umstände des einzelnen Falles zu verweisen (s. z. B. Seuff. A. Bd. 57 S. 448 ff., wo angenommen wird, daß der Antrag auf Stundung nicht unter § 151 fällt und das Schweigen auf einen solchen Antrag keine Annahme ist). Selbstverständlich ist übrigens die Verkehrssitte nicht entscheidend, wenn sich aus dem Antrag ergibt, daß abweichend von ihr eine Erklärung gegenüber dem Antragenden erwartet wird. Auch wird eine allgemeine Verkehrssitte außer Betracht bleiben müssen, wenn unter den Parteien eine bestimmte davon abweichende Übung bestand (s. Hölder, Erl. 1 zu § 151).

b) Der Antragende kann auf die Erklärung der Annahme ihm gegenüber **verzichten**.

Der Verzicht des Antragenden auf die Erklärung ihm gegenüber kann sowohl ausdrücklich als stillschweigend erfolgen. Bei der Entscheidung der Frage, ob ein stillschweigender Verzicht anzunehmen ist, wird auch wieder auf die Verkehrssitte Rücksicht zu nehmen sein.

4. **Die Annahme des Antrags** wird in den hier fraglichen Fällen regelmäßig stillschweigend d. h. also durch Willensbetätigung (s. Vorbm. I. 1 oben S. 204) erfolgen. Möglich ist indessen auch eine Annahme durch ausdrückliche Erklärung. Zu beachten ist hierbei indessen, daß die von dem Antragsempfänger einem Dritten gegenüber gemachte Äußerung, er werde oder er wolle den Antrag annehmen, regelmäßig nur die Erklärung der Absicht, annehmen zu wollen, nicht die Annahme selbst enthält. Erhellt aber der Wille, die Annahme zu erklären, z. B. dadurch, daß die Erklärung vor Notar oder vor Zeugen abgegeben wird, so genügt dies. In welchen Handlungen eine genügende Betätigung des Annahmewillens zu finden ist, läßt sich nur unter Berücksichtigung der Umstände des einzelnen Falles entscheiden. In den in Erl. 2 angeführten Beispielsfällen wird eine solche Betätigung regelmäßig in der Absendung der bestellten Waren bezw. in dem Verbrauche der übersendeten Sachen oder in der Verfügung über die letzteren zu finden sein. Ist die Annahme erfolgt, so kann sie nicht mehr rückgängig gemacht werden, weil der Vertrag durch sie zustande gekommen ist. Eine andere Frage ist, ob die Annahme schon dann als erfolgt anzusehen ist, wenn Handlungen von dem Antragsempfänger vorgenommen werden, die zwar auf den Willen, den Antrag anzunehmen, schließen lassen, die aber ohne Benachteiligung des Antragenden noch rückgängig gemacht werden können und wirklich rückgängig gemacht werden. Diese Frage läßt sich nur unter Berücksichtigung der Umstände des einzelnen Falles entscheiden. Ergeben diese, daß die betreffenden Handlungen den definitiven Annahmewillen betätigen, so ist durch sie die Annahme erfolgt; lassen sich die Handlungen aber dahin auffassen, daß sie nur die Vorbereitung zu der beabsichtigten Betätigung des Annahmewillens bilden, so sind sie nicht entscheidend. Die Absendung der bestellten Waren mit der Post würde hiernach z. B. als Annahme aufzufassen sein, weil der Antragsempfänger alles getan hat, was von seiner Seite zur Erfüllung des Vertrags notwendig war; das Einpacken und Adressieren der bestellten Waren an den Antragenden würde nicht genügen. Gelingt es in dem ersten Falle dem Absender, die Waren zurückzubekommen, ehe sie dem Antragenden überliefert sind, so kann er unter Umständen die Erfüllung des Vertrags verweigern, bis die Gegenleistung erfolgt; der Vertrag selbst ist aber geschlossen. Werden Zimmer in einem Gasthofe für einen bestimmten Tag bestellt, so ist die Annahme dadurch noch nicht definitiv erfolgt, daß der Wirt die Anweisung erteilt, die Zimmer für den Besteller bereit zu halten; er kann sie daher, ohne sich verantwortlich zu machen, noch immer anderen geben. Hat er sie aber an dem bestimmten Tage leer stehen

§. 152. Wird ein Vertrag gerichtlich oder notariell beurkundet, ohne daß beide Theile gleichzeitig anwesend sind, so kommt der Vertrag mit der nach §. 128 erfolgten Beurkundung der Annahme zu Stande, wenn nicht ein Anderes bestimmt ist. Die Vorschrift des §. 151 Satz 2 findet Anwendung.

§. 153. Das Zustandekommen des Vertrags wird nicht dadurch gehindert, daß der Antragende vor der Annahme stirbt oder geschäftsunfähig wird, es sei denn, daß ein anderer Wille des Antragenden anzunehmen ist.

---

lassen, so ist dadurch der Wille, die Bestellung anzunehmen, definitiv betätigt und der Vertrag abgeschlossen. Der Verbrauch auch nur eines Teiles der zum Kaufe oder schenkweise übersendeten Gegenstände enthält immer die definitive Annahme. (Im wesentlichen ebenso Wedemeyer S. 86 ff., der indessen aus dem von ihm aufgestellten Erfordernis eines Verhaltens, in dem sich das Erklärungsbewußtsein ausspreche, für den oben angeführten Beispielsfall folgert, daß die Bestellung des Zimmers im Hotel erst angenommen sei in dem Zeitpunkt, in welchem die Ankunft des Gastes erwartet und das Zimmer zu diesem Zwecke in Bereitschaft gesetzt werde, nicht schon in dem Zeitpunkt, in welchem einem anderen Gaste mit Rücksicht auf die Bestellung die Aufnahme versagt worden, S. 99.) Vom theoretischen Standpunkt aus ist eine andere Behandlung dieser Fälle möglich (s. Zitlg. I S. 148 ff.); die in dem BGB. § 151 gegebenen Vorschriften dürften aber zu der obigen Entscheidung führen.

5. **Dauer der Bindung des Antragenden.** Hat der Antragende eine Zeit bestimmt, in welcher der Antrag erlöschen soll, wenn bis dahin die Annahme nicht erfolgt ist, so ist diese Bestimmung maßgebend. Anderenfalls bleibt er gebunden, bis die Ablehnung des Antrags ihm gegenüber erklärt wird, sofern sich nicht aus den Umständen ein anderer Wille des Antragenden ergibt. Zu den in Betracht kommenden Umständen gehört auch die Verkehrssitte. Die in dem E. I § 86 Abs. 4 für den Fall, daß sofortige Leistung verlangt ist, gegebene Vorschrift ist in dem BGB. weggelassen. Sie dürfte indessen regelmäßig als zutreffend zu erachten, also anzunehmen sein, daß in dem vorausgesetzten Falle der Antrag erlischt, wenn die Leistung nicht so bald erfolgt, als der Antragende nach den Umständen des Falles erwarten durfte. Ist aus den Umständen nicht zu entnehmen, in welchem Zeitpunkte der Antrag nach dem Willen des Antragenden erlöschen soll, so wird man als Regel annehmen dürfen, daß der Antragende berechtigt ist, auch noch nachträglich diesen Zeitpunkt durch Erklärung gegenüber dem anderen Teile zu bestimmen, indem nach der Verkehrssitte nicht angenommen werden kann, daß der Antragende sich ohne Beschränkung auf ewige Zeit hat binden wollen.

§ 152.

E. II § 124a rev. § 148; III § 148. P. II Bd. 5 S. 439 ff. D. S. 616.

Gerichtliche oder notarielle Beurkundung. Die Vorschrift des § 152 beruht auf demselben Gedanken, welcher dem § 151 zu Grunde liegt. Im Falle der gerichtlichen oder notariellen Beurkundung eines Vertrags wird angenommen, daß auf die Erklärung der Annahme gegenüber dem Antragenden verzichtet ist und die Beurkundung der Annahme genügen soll. Die Vorschrift des § 152 findet Anwendung sowohl, wenn die gerichtliche oder notarielle Beurkundung gesetzlich vorgeschrieben, als wenn sie vertragsmäßig vereinbart ist. Die Vorschrift kommt nur zur Anwendung, wenn nicht ein anderes bestimmt ist. Eine solche Bestimmung wird regelmäßig darin zu finden sein, daß in dem Vertragsantrag eine Frist für die Annahme bestimmt ist, indem dies im Zweifel dahin auszulegen ist, daß dem Antragenden die Erklärung der Annahme innerhalb der Frist zugehen müsse (RG. Bd. 49 S. 127). Im übrigen s. Erl. 1 zu § 128, Erl. 5 zu § 151.

§ 153.

E. I § 89; II § 125 rev. § 149; III § 149. P. I S. 141 ff.; M. I S. 175 ff. P. II Bd. S. 86 ff. D. S. 616.

1. **Tod oder Geschäftsunfähigkeit des Antragenden.** Ist der Antrag dem anderen Teile zugegangen, so ist er wirksam, also bindend geworden, auch wenn der Antragende nach der Absendung des Antrags gestorben oder geschäftsunfähig geworden ist. Dies ergibt sich aus § 130 Abs. 2. Ob der Vertrag durch die Annahme des Antrags zustande kommt, hängt davon ab, ob der Antrag auch für den Fall gestellt war, daß der Antragende vor der Annahme sterbe oder

§. 154. Solange nicht die Parteien sich über alle Punkte eines Vertrags geeinigt haben, über die nach der Erklärung auch nur einer Partei eine Vereinbarung getroffen werden soll, ist im Zweifel der Vertrag nicht geschlossen. Die Verständigung über einzelne Punkte ist auch dann nicht bindend, wenn eine Aufzeichnung stattgefunden hat.

Ist eine Beurkundung des beabsichtigten Vertrags verabredet worden, so ist im Zweifel der Vertrag nicht geschlossen, bis die Beurkundung erfolgt ist.

---

geschäftsunfähig werde. Ist er für diesen Fall nicht gestellt, so ist seine Annahme ohne rechtliche Wirkung. Der § 153 stellt nun eine Auslegungsregel dahin auf, daß der Antrag als auch für den Fall des Todes oder des Eintritts der Geschäftsunfähigkeit gestellt gilt. Ein anderer Wille des Antragenden wird z. B. anzunehmen sein, wenn er sich zu persönlichen Dienstleistungen erbietet oder Waren zu seinem persönlichen Gebrauche bestellt (s. Erl. 5 zu § 130). Das gleiche wird in allen Fällen anzunehmen sein, in welchen das durch den Vertrag bezweckte Rechtsverhältnis durch Tod oder Geschäftsunfähigkeit erlischt (§§ 617, 672, 673, 675, 727, 1061). Nicht richtig dürfte die Ansicht von Hölder, Erl. 2 sein, daß wenn der Antrag für den Fall des Todes oder der Geschäftsunfähigkeit des Antragenden als nicht gestellt angesehen werden müsse, die Annahmefähigkeit des Antrags doch durch den Tod oder den Eintritt der Geschäftsunfähigkeit des Antragenden nicht ausgeschlossen werde, wenn der Annehmende diese Tatsachen bei der Annahme nicht gekannt habe. Die Berufung darauf, daß der vorbehaltene Widerruf dem anderen Teile zugegangen sein müsse, um die Annahmefähigkeit auszuschließen, ist nicht zutreffend, da der Widerruf eine empfangsbedürftige Willenserklärung ist, hier aber der Eintritt bestimmter Tatsachen in Frage steht.

Auf den Fall des Eintritts einer Beschränkung der Geschäftsfähigkeit bezieht sich der § 153 nicht; jedoch wird hier dasselbe gelten müssen und nur die Ausnahme, daß ein anderer Wille des Antragenden anzunehmen sei, seltener vorkommen. Im Falle des Konkurses des Antragenden bestimmt sich das Verhältnis nach den Grundsätzen der KO. Möglich ist, daß der Antragende den Antrag auch für den Fall des Eintritts anderer Umstände als des Todes oder der Geschäftsunfähigkeit nicht stellen wollte. Ein solcher Wille kommt nur in Betracht, wenn er in dem Antrage genügenden Ausdruck gefunden hat. Ob dies der Fall ist, ist eine Auslegungsfrage.

2. **Tod oder Geschäftsunfähigkeit des anderen Teiles.** In dem E. I § 89 war weiter bestimmt, daß es ohne Einfluß auf die Wirksamkeit des Antrags sei, wenn der andere Teil nach der Absendung des Antrags sterbe oder geschäftsunfähig werde. Der Antrag sollte im Zweifel also als eventuell an die Erben bezw. den gesetzlichen Vertreter des anderen Teiles gestellt angesehen werden. Die zweite Kommission hielt eine solche Auslegungsregel für bedenklich und hat sie deshalb gestrichen. Es muß daher im einzelnen Falle unter Berücksichtigung aller Umstände geprüft werden, ob der Antrag in der gedachten Art aufzufassen ist oder nicht (s. Rspr. Bd. 4 S. 416, wo angenommen wird, daß das Angebot einer Abfindungssumme von seiten des unehelichen Vaters an das uneheliche Kind nicht als an die Erben des letzteren gerichtet angesehen werden könne).

§ 154.

E. I § 78; II § 116 rev. § 150; III § 150. P. I S. 109 ff.; M. I S. 162 ff. P. II Bd. 1 S. 74 ff., 87 ff. Bd. 6 S. 133. D. S. 616.

1. **Notwendigkeit der Einigung über alle Teile des Vertrags.** Der Vertrag ist regelmäßig geschlossen, wenn die Einigung über alle essentialia des Vertrags erreicht und erklärt ist. Dies gilt aber nach Abs. 1 nicht, solange über andere Punkte, über die auch nur nach der Erklärung nur einer Partei eine Vereinbarung getroffen werden sollte, eine Einigung nicht erfolgt ist. Die Erklärung, daß über einen Punkt eine Vereinbarung getroffen werden solle, muß der anderen Partei gegenüber erfolgen. Der Beweis, daß eine solche Erklärung erfolgt sei, liegt demjenigen ob, welcher das Zustandekommen des Vertrags wegen des Mangels einer Einigung über den betreffenden Punkt bestreitet (Rspr. Bd. 2 S. 479; Bd. 4 S. 211). Über die Voraussetzungen der Rechtsgültigkeit eines gesetzlich einer Form bedürfenden Vertrags in Ansehung des Zeitpunkts der Willenseinigung s. RG. Bd. 52 S. 433.

2. **Über die Auslegungsregel des Abs. 2**, nach welcher im Falle der Vereinbarung über eine Beurkundung des Vertrags dieser erst als geschlossen anzusehen ist, wenn die Beurkundung

§. 155. Haben sich die Parteien bei einem Vertrage, den sie als geschlossen ansehen, über einen Punkt, über den eine Vereinbarung getroffen werden sollte, in Wirklichkeit nicht geeinigt, so gilt das Vereinbarte, sofern anzunehmen ist, daß der Vertrag auch ohne eine Bestimmung über diesen Punkt geschlossen sein würde.

§. 156. Bei einer Versteigerung kommt der Vertrag erst durch den Zuschlag zu Stande. Ein Gebot erlischt, wenn ein Uebergebot abgegeben oder die Versteigerung ohne Ertheilung des Zuschlags geschlossen wird.

---

erfolgt ist, s. Erl. 2 zu § 125. Die Verabredung der Beurkundung muß vor dem Abschlusse des Vertrags erfolgen. Dies ergibt sich aus den Worten: „des beabsichtigten Vertrags". Eine bei oder nach dem mündlichen Abschlusse des Vertrags getroffene Verabredung der fraglichen Art kann die Bedeutung haben, daß der schon geschlossene Vertrag als noch nicht geschlossen gelten und erst mit der Beurkundung zustande kommen soll. Die Auslegungsregel des Abs. 2 trifft aber diesen Fall nicht. Der Wille der Parteien ist also aus den Umständen des einzelnen Falles zu ermitteln. Wird bei einer durch Telephon erfolgenden Vereinbarung der Vorbehalt konformer Bestätigung gemacht, so wird erst, wenn diese erfolgt ist, der Vertrag als geschlossen anzusehen sein (Seuff. A. Bd. 57 S. 386).

§ 155.

E. I § 100; II § 117 rev. § 151; E. III § 151. P. I S. 192 ff., 11643 ff., 11791 ff.; M. I S. 202. P. II Bd. 1 S. 115 ff.

Versteckter Dissens. Der § 155 trifft zwei Fälle. Die Vertragserklärungen beider Teile stimmen in einem Punkte nicht überein, oder sie stimmen zwar überein, aber in betreff eines Punktes ist die Willenserklärung der einen oder der anderen Partei nichtig. Der letztere Fall liegt auch dann vor, wenn die Vereinbarung über einen Punkt, über welchen nach der Erklärung einer Partei eine Vereinbarung getroffen werden sollte, nicht getroffen ist. In allen Fällen dieser Art würde der Vertrag nach der Regel des § 154 Abs. 1 im Zweifel als nicht geschlossen anzusehen sein. Der § 155 enthält eine Modifikation dieser Regel für den Fall, daß die Parteien, obwohl sie die mangelnde Übereinstimmung nicht erkannt haben, den Vertrag doch für geschlossen halten. Das Vereinbarte soll in diesem Falle gelten, wenn anzunehmen ist, daß die Parteien den Vertrag auch ohne eine Bestimmung über den betreffenden Punkt geschlossen haben würden. Was in solchem Falle in betreff des Punktes, über welchen eine Vereinbarung nicht getroffen ist, gilt, bestimmt sich nach den gesetzlichen Vorschriften, welche für einen Vertrag der fraglichen Art in Ermangelung besonderer Vereinbarungen gelten, und nach dem aus den Umständen zu entnehmenden Willen der Parteien (s. § 157). Wer geltend macht, daß die Regel des § 154, nach welcher der Vertrag wegen des Mangels einer Einigung über einen Punkt, über den eine Vereinbarung getroffen werden sollte, als nicht geschlossen gilt, auf Grund des § 155 keine Anwendung finde, hat zu beweisen, daß die Voraussetzung, unter welcher nach § 155 die Ausnahme eintritt, vorliegt, daß also die Parteien den Vertrag für abgeschlossen gehalten haben (a. A. Staudinger, Erl. 1, der die Vorschrift des § 155 nicht als eine Ausnahme von der Vorschrift des § 154 betrachtet, sondern annimmt, daß beide Vorschriften ganz verschiedene Fälle betreffen). Selbstverständlich findet die Vorschrift des § 155 keine Anwendung, wenn der Punkt, über welchen eine Vereinbarung nicht erfolgt ist, ein essentiale des Vertrags betrifft; denn in einem solchen Falle kann der Vertrag ohne eine Bestimmung über diesen Punkt nicht bestehen. Wenn indessen der Mangel der Einigung über einen solchen Punkt lediglich in der Bestimmung einer Quantität beruht und anzunehmen ist, daß beide Parteien mit der Bestimmung der geringeren Quantität einverstanden sind, so gilt der Vertrag in betreff dieser. Hat also z. B. bei einem Verkauf einer Sache, den die Parteien für geschlossen halten, der Verkäufer einen Kaufpreis von hundert, der Käufer einen Preis von hundertundfünfzig als vereinbart angesehen, so gilt der Kauf als zum Preise von hundert abgeschlossen. Hätte umgekehrt der Verkäufer einen Preis von hundertundfünfzig, der Käufer aber einen Preis von hundert gemeint, so wäre ein Vertrag nicht zustande gekommen.

§ 156.

E. I § 90 II § 126 rev. § 152; III § 152. P. I S. 142; M. I S. 176 ff. P. II Bd. 1 S. 87.

Teutler, Die juristische Konstruktion der Versteigerung unter Berücksichtigung des § 156 des BGB. 1898.

Versteigerung. Der § 156 entscheidet die streitige Frage, ob bei einer Versteigerung das Ausgebot als Vertragsantrag und das Gebot als Annahme dieses Antrags anzusehen ist oder ob das Ausgebot nur die Aufforderung zur Stellung von Vertragsanträgen, das Gebot also den Vertragsantrag und der Zuschlag die Annahme desselben enthält, im Sinne der letzteren Auffassung. Der in dem Gebote liegende Antrag erlischt, abweichend von der Vorschrift des § 146, auch durch ein Übergebot sowie dadurch, daß die Versteigerung ohne Erteilung des Zuschlags geschlossen wird. Es handelt sich hierbei nicht, wie Hölder, Erl. zu § 156 annimmt, um eine dem Gebote hinzugefügte aufschiebende Bedingung. Der Antrag ist vielmehr unbedingt gestellt; er erlischt aber kraft des Gesetzes mit dem Eintritt eines der gedachten Umstände. Bestritten ist, ob das Übergebot ein gültiges sein muß. Dies wird zu bejahen sein, indem nicht angenommen werden kann, daß das Gesetz an eine Willenserklärung, die rechtlich nichtig ist, die fragliche Folge hat knüpfen wollen (a. A. Dernburg II § 82 II 3, der freilich doch das Übergebot eines Geschäftsunfähigen, weil dieses ein sinnloses Handeln sei, nicht berücksichtigen will). Dabei wird aber vorauszusetzen sein, daß der Versteigerer das ungültige Übergebot sofort zurückweist. Er ist hierzu, eben weil das Gebot ungültig ist, berechtigt. Tut er dies nicht, sondern erteilt auf das Übergebot den Zuschlag, so ist hiermit das frühere Gebot erloschen. Dasselbe gilt, wenn zwar weder eine Zurückweisung erfolgt noch der Zuschlag erteilt wird, aber entweder die Versteigerung ohne Erteilung des Zuschlags geschlossen oder der Zuschlag auf ein später erfolgendes weiteres Übergebot erteilt wird. Ist das Übergebot, weil es ungültig war, zurückgewiesen, so kann auf das frühere Gebot der Zuschlag erteilt werden. Der Zuschlag ist keine empfangsbedürftige Willenserklärung (FGG. § 181), er kann daher wirksam erteilt werden, auch wenn der Bietende sich vorher entfernt hatte (a. A. Hölder, Erl. zu § 156). Dieselben Grundsätze dürften auch dann anzuwenden sein, wenn das Übergebot zwar nicht nichtig, aber von einer in der Geschäftsfähigkeit beschränkten Person ohne Einwilligung des gesetzlichen Vertreters abgegeben ist. Der Versteigerer braucht nach Treu und Glauben ein Gebot nicht zuzulassen, von dem es ungewiß ist, ob es zu einem gültigen Vertrage führen wird. Weist er aus diesem Grunde das Gebot sofort zurück, so erlischt das frühere Gebot nicht und es treten die oben angegebenen Folgen ein. Die Frage, welche Wirkung es hat, wenn ein Übergebot wegen Willensmängel anfechtbar ist und angefochten wird, ist praktisch ohne Bedeutung; denn da die Anfechtung wohl immer erst nach dem Schlusse des Versteigerungstermins erfolgen wird, so ist die Frage dadurch erledigt, daß entweder auf das anfechtbare oder auf ein späteres Übergebot der Zuschlag erteilt oder die Versteigerung ohne Erteilung des Zuschlags geschlossen, dadurch aber in beiden Fällen das frühere Gebot erloschen ist. Eine Zurückweisung des Übergebots aus anderen als den bisher angeführten Gründen, z. B. wegen Zahlungsunfähigkeit des Bietenden, hebt in Ermangelung besonderer Versteigerungsbedingungen die an das Übergebot gesetzlich geknüpfte Wirkung des Erlöschens des früheren Gebots nicht auf. Der Versteigerer kann zwar jedes Gebot ablehnen, aber er kann durch eine solche Ablehnung nicht die durch das Übergebot begründete Rechtsstellung des früheren Bieters ändern.

Die Vorschriften des § 156 sind dispositiver Natur; sie können also durch die Versteigerungsbedingungen geändert werden. Insbesondere kann bestimmt werden, daß der Versteigerer unter mehreren Geboten, z. B. den drei Höchstgeboten die Wahl hat; dann erlischt ein Gebot erst, wenn drei Übergebote erfolgt sind. Es kann auch bestimmt werden, daß der Versteigerer ein Übergebot aus anderen als den oben angeführten Gründen mit der Wirkung zurückweisen kann, daß es als nicht erfolgt gilt, und ein früheres Gebot dadurch also nicht erlischt. Eine solche Bestimmung kann unter Umständen in der Bedingung gefunden werden, daß der Bieter Sicherheit zu leisten habe; jedoch bleibt es immer eine Frage der Auslegung, ob dadurch dem Versteigerer das gedachte Recht hat beigelegt oder nur hat bestimmt werden sollen, daß derjenige, welchem der Zuschlag erteilt wird, Sicherheit zu leisten, verpflichtet ist. Die Bedingung der Barzahlung hat regelmäßig nur die Bedeutung einer Verpflichtung des Ersteigerers; ihre Nichterfüllung hat nicht die Unwirksamkeit des Übergebots zur Folge. Welche anderen Folgen sich daran knüpfen, bestimmt sich nach den Versteigerungsbedingungen (s. für die Versteigerung bei der Zwangsvollstreckung CPO. § 817) und aus allgemeinen Grundsätzen.

Der E. I § 90 spricht von der Versteigerung an den Meistbietenden oder Wenigstfordernden. Eine Änderung in dieser Beziehung ist nicht beabsichtigt. Der Ausdruck „Versteigerung" im § 156 umfaßt beide Fälle.

Das BGB. schreibt eine Versteigerung vor in den §§ 383, 489, 753, 966 Abs. 2, 975, 979, 1219, 1233 ff. In allen diesen Fällen findet der § 156 Anwendung; jedoch wird dadurch

§. 157. Verträge sind so auszulegen, wie Treu und Glauben mit Rücksicht auf die Verkehrssitte es erfordern.

Vierter Titel.

Bedingung. Zeitbestimmung.

---

die Bestimmung besonderer Versteigerungsbedingungen nicht ausgeschlossen; für den Pfandverkauf gelten nach §§ 1233 ff. noch besondere Vorschriften. Über die Versteigerung im Wege der Zwangsvollstreckung s. die §§ 456—458 und CPO. § 817, über die Zwangsversteigerung eines Grundstücks s. ZVG. § 72.

§ 157.

E. I § 359; II § 127 rev. § 153; III § 153. P. I S. 635 ff.; M. II S. 197 ff. P. II Bd. 1 S. 623 ff. D. S. 616.

Steinbach, Treu und Glauben im Verkehr 1900; Schneider, Treu und Glauben im Recht der Schuldverhältnisse des BGB. 1902, dazu Regelsberger, i. d. krit. Viert. F. 3., Bd. 8 S. 429; Schneider, Treu und Glauben im Sinne des Bürgerlichen Gesetzbuches in DJZ. 1903 S. 232.

Auslegung der Verträge nach Treu und Glauben. Die Vorschrift des § 157 gilt, abweichend vom E. I § 359, nicht nur für obligatorische, sondern für alle Verträge, also auch für die dinglichen, familienrechtlichen und erbrechtlichen Verträge. Sie ist keine Auslegungsregel im gewöhnlichen Sinne; sie ist vielmehr eine absolute Vorschrift. Ein Parteiwille, der die Berücksichtigung von Treu und Glauben ausschlösse, würde gegen die guten Sitten verstoßen, eine darauf gerichtete Vereinbarung daher nichtig sein. Nicht dieselbe Bedeutung hat die Verkehrssitte. Sie kommt nur in Betracht, wenn nicht ein abweichender Wille der Parteien erhellt. So weit dies nicht der Fall ist, muß sie bei der Ermittelung desjenigen berücksichtigt werden, was Treu und Glauben erfordern. Der § 157 enthält eine Ergänzung des § 133. Auf demselben Gedanken wie der § 157 beruhen die Vorschriften der §§ 226, 242; eine Konsequenz enthält der § 320 Abs. 2; eine etwas andere Bedeutung hat die Bezugnahme auf Treu und Glauben in den §§ 162, 815.

Die Vorschrift des § 157 bezieht sich nur auf Verträge; sie wird indessen in den dazu geeigneten Fällen auch auf einseitige Rechtsgeschäfte, z. B. auf Auslobungen, entsprechende Anwendung finden müssen.

Zahlreiche Beispiele von Fällen, in welchen der § 157 Anwendung findet, gibt Schneider a. a. O.; s. auch z. B. RG. Bd. 47 S. 129, Bd. 49 S. 157. Rspr. Bd. 2 S. 55. Über die sog. exceptio doli generalis s. Erl. zu § 242.

Vierter Titel.

1. Die rechtliche Wirkung eines Rechtsgeschäfts kann durch eine aufschiebende oder eine auflösende **Bedingung** sowie durch die Bestimmung eines **Anfangs-** oder eines **Endtermins** beschränkt werden. Die hierfür geltenden Vorschriften sind in dem allgemeinen Teile gegeben, weil die Beschränkung regelmäßig in jedes Rechtsgeschäft aufgenommen werden kann. Nur bei einzelnen Rechtsgeschäften ist sowohl Bedingung wie Zeitbestimmung gesetzlich unzulässig (s. z. B. die §§ 388, 925, 1317, 1598, 1724, 1742, 1768, 1947, 2180, 2202). Das BGB. drückt die Unzulässigkeit entweder dadurch aus, daß das unter einer Bedingung oder Zeitbestimmung vorgenommene Rechtsgeschäft für unwirksam erklärt wird (s. z. B. § 2202) oder dadurch, daß gesagt wird, das Rechtsgeschäft könne nicht unter einer Bedingung oder Zeitbestimmung vorgenommen werden (s. z. B. § 1947). Auch bei der letzteren Ausdrucksweise ist das der Vorschrift zuwider unter einer Bedingung oder Zeitbestimmung vorgenommene Rechtsgeschäft unwirksam. Bei einzelnen einseitigen Rechtsgeschäften folgt die Unzulässigkeit einer Bedingung, obwohl sie im BGB. nicht bestimmt ist, daraus, daß der Zweck des Erfordernisses der Erklärung gegenüber einem anderen dahin geht, diesem sichere Kenntnis zu verschaffen. Dies ist z. B. der Fall bei der Kündigung, der Anfechtung und der Mahnung. Für die bedingte Kündigung machen einige hiervon eine Ausnahme für den Fall, daß der Gekündigte den Eintritt der Bedingung vor dem Kündigungstermin erfährt (Staub, Das HGB. § 66 Erl. 10; Enneccerus-Lehmann I § 101 II). Dies dürfte indessen nicht richtig sein; denn der Gekündigte soll durch die Kündigung unmittelbar

§. 158. Wird ein Rechtsgeschäft unter einer aufschiebenden Bedingung vorgenommen, so tritt die von der Bedingung abhängig gemachte Wirkung mit dem Eintritte der Bedingung ein.

Wird ein Rechtsgeschäft unter einer auflösenden Bedingung vorgenommen, so endigt mit dem Eintritte der Bedingung die Wirkung des Rechtsgeschäfts; mit diesem Zeitpunkte tritt der frühere Rechtszustand wieder ein.

---

darüber Kenntnis erlangen, daß gekündigt ist und braucht sich nicht darauf verweisen zu lassen, ob er von dem Eintritte der Bedingung, unter welcher gekündigt ist, Kenntnis erhält. Erklärt sich der Gekündigte mit der bedingten Kündigung einverstanden, so wird hierin ein gültiger Vertrag zu finden sein, nach welchem beim Eintritte der Bedingung die Kündigung als erfolgt gelten soll. Einen solchen Vertrag kann man aber nicht schon dadurch als stillschweigend abgeschlossen ansehen, daß der Gekündigte die Kündigung nicht unverzüglich zurückweist. Unter Umständen wird eine bedingte Kündigung dadurch aufrecht erhalten werden können, daß man sie als unbedingte Kündigung in Verbindung mit dem Antrag auf Abschluß eines der Bedingung entsprechenden Vertrags auslegt; so z. B. wird man die Kündigung eines Mieters unter der Bedingung, daß der Vermieter nicht in eine Herabsetzung des Mietpreises willige, als eine unbedingte Kündigung in Verbindung mit dem Antrag auf Abschluß eines neuen Mietvertrags zu dem herabgesetzten Preise auffassen können (s. Dernburg I § 148 Anm. 9; vgl. auch Seuff. A. F. 3 Bd. 2 S. 100).

2. In der gemeinrechtlichen Theorie werden neben der Bedingung und Zeitbestimmung noch die **Auflage** (modus) und die **Voraussetzung** als Nebenbestimmungen der Rechtsgeschäfte von allgemeiner Bedeutung erwähnt, doch sind die Ansichten darüber verschieden. Das BGB. hat allgemeine Vorschriften hierüber nicht. Vorschriften über die Auflage finden sich bei der Schenkung (s. die §§ 525 ff.) und bei Verfügungen von Todeswegen (§§ 1940, 2192—2196, 2278). Die Kategorie der Voraussetzung kennt das BGB. nicht. Was dadurch nach der in der gemeinrechtlichen Theorie vertretenen, aber sehr bestrittenen Auffassung (s. Windscheid-Kipp I §§ 97 ff.) und nach dem E. I §§ 742 ff. bezweckt wird, erreicht das BGB. in beschränkter Art durch die Vorschriften über ungerechtfertigte Bereicherung (§§ 812 ff.).

Anordnung des Stoffes. Der § 158 bestimmt die Wirkungen der aufschiebenden und der auflösenden Bedingung, der § 159 gestattet die Vereinbarung einer obligatorischen nicht einer dinglichen Rückwirkung, der § 160 bestimmt die Haftung des bedingt Gebundenen während des Schwebens der Bedingung, der § 161 die Unwirksamkeit der bei einer bedingten Verfügung von dem Zwischenberechtigten während des Schwebens der Bedingung vorgenommenen Rechtsgeschäfte der dort näher bezeichneten Art für den Fall des Eintritts der Bedingung, der § 162 bestimmt Fälle, in welchen eine nicht eingetretene Bedingung als eingetreten, eine eingetretene als nicht eingetreten gilt; der § 163 handelt von dem Anfangs- und Endtermine.

§ 158.

E. I §§ 128 ff.; II § 128 rev. § 154; III § 154. P. I S. 277 ff., 283 ff., 293, 3226, 4034; M. I S. 250 ff. P. II Bd. 1 S. 179 ff.

Kohler, Die Resolutivbedingung in Kohlers A. Bd. 15 S. 1.

1. **Über den Begriff und das Wesen der Bedingung** herrscht in der Wissenschaft Streit (s. Windscheid-Kipp, I § 86 ff.; Dernburg, I §§ 148 ff.; Regelsberger §§ 151 ff.). Das BGB. versteht darunter, wie sich aus dem Zusammenhange seiner Vorschriften ergibt, die in einem Rechtsgeschäft enthaltene Bestimmung, kraft welcher die Wirkung des Rechtsgeschäfts erst mit dem Eintritt eines zukünftigen ungewissen Ereignisses eintreten oder mit dem Eintritte des Ereignisses aufhören soll. Der Ausdruck „bedingtes Rechtsgeschäft" ist nicht ganz korrekt. Nicht das Rechtsgeschäft ist bedingt, sondern die dadurch bezweckte rechtliche Wirkung.

2. Bei der **aufschiebenden Bedingung** besteht vor dem Eintritte der Bedingung die durch das Rechtsgeschäft bezweckte rechtliche Wirkung nicht. Der bedingt begründete Anspruch ist nicht entstanden, das bedingt übertragene Eigentum ist nicht übergegangen. Die bedingte Forderung auf Übertragung eines Rechtes begründet, sofern nicht ein anderes vereinbart ist, auch nicht einmal den Anspruch auf bedingte Übertragung des Rechtes. Es ist daher nicht ganz genau, von einem bedingten Rechte zu sprechen. Auch schon vor dem Eintritte der Bedingung besteht freilich eine rechtliche Gebundenheit (s. die §§ 160, 161), aber nicht dasjenige Recht, welches von dem

Eintritte der Bedingung abhängig gemacht ist. Der Gebrauch jenes Ausdrucks ist indessen üblich und, da er nicht leicht zu einem Mißverständnisse führen kann, unbedenklich. Mit dem Eintritte der Bedingung tritt die rechtliche Wirkung ein; die Forderung entsteht, das Eigentum geht über, ohne daß es eines neuen Rechtsgeschäfts bedarf. Eine Rückwirkung tritt nicht ein. Das Eigentum gilt nicht als schon zur Zeit der Vornahme des Rechtsgeschäfts übergegangen, sondern geht jetzt erst über. Der bisherige Eigentümer behält daher auch die in der Zwischenzeit gezogenen Früchte. Verfügungen, die in der Zwischenzeit getroffen sind, werden zwar nach § 161 insoweit unwirksam, als sie neben dem Rechte des neuen Eigentümers nicht bestehen können; aber dies ist nicht die Folge einer Rückwirkung, sondern der rechtlichen Gebundenheit, welche durch die bedingte Übertragung des Eigentums begründet war.

3. Streitig ist, ob das unter einer **auflösenden Bedingung** vorgenommene Rechtsgeschäft ein einheitliches Rechtsgeschäft ist, kraft dessen die rechtliche Wirkung nur als eine zeitlich beschränkte eintritt, oder ob in Wirklichkeit zwei Rechtsgeschäfte vorliegen, durch deren eines die betreffende rechtliche Wirkung unbedingt eintritt, während sie durch das zweite unter einer aufschiebenden Bedingung wieder rückgängig gemacht wird. Der Streit ist indessen ohne wesentliche praktische Bedeutung, wenn man bei der letzteren Auffassung, wie dies von den meisten geschieht, anerkennt, daß die beiden Rechtsgeschäfte untrennbar verbunden sind. Mit dem Eintritte der auflösenden Bedingung entsteht nicht eine Verpflichtung, die eingetretene rechtliche Wirkung wieder aufzuheben, sondern diese Aufhebung erfolgt von selbst, und zwar in der Art, daß der frühere Rechtszustand wieder eintritt. Wer also z. B. unter einer auflösenden Bedingung Eigentümer geworden ist, hört nicht nur auf, Eigentümer zu sein, sondern das Eigentum des früheren Eigentümers tritt wieder ein; auch hier tritt aber keine Rückwirkung ein. Es bleibt dabei, daß derjenige, welchem das Eigentum bedingt übertragen war, in der Zwischenzeit Eigentümer war, daher z. B. auch die Früchte erworben hat. Nur findet auch hier dieselbe rechtliche Gebundenheit wie bei der aufschiebenden Bedingung statt und werden daher Verfügungen des Zwischeneigentümers, die mit dem an den bisherigen Eigentümer zurückgefallenen Eigentume nicht vereinbar sind, hinfällig. Über die Frage, ob der frühere Eigentümer beim Eintritte der auflösenden Bedingung als Rechtsnachfolger des Zwischeneigentümers anzusehen ist s. Erl. zu § 161.

4. **Fällt die aufschiebende Bedingung aus,** so entsteht die von der Bedingung abhängige rechtliche Wirkung nicht; **fällt die auflösende Bedingung aus,** so hat das Rechtsgeschäft dieselbe Wirkung wie ein unbedingt vorgenommenes. Der E. I § 131 sprach dies ausdrücklich aus: von der zweiten Kommission ist die Vorschrift als selbstverständlich gestrichen.

5. **Die Bestimmung einer Bedingung** ist in allen Fällen anzunehmen, in welchen sich aus dem Inhalte des Rechtsgeschäfts und den Umständen bei richtiger Auslegung ergibt, daß die rechtliche Wirkung erst mit dem Eintritt eines zukünftigen ungewissen Ereignisses eintreten oder mit dem Eintritte dieses Ereignisses aufhören soll. Der Gebrauch des Ausdrucks „Bedingung" oder des Wortes „wenn" ist nicht erforderlich. Unter Umständen wird auch bei dem Gebrauche des Ausdrucks „Voraussetzung" eine Bedingung anzunehmen sein. Die Grundsätze über stillschweigende Willenserklärungen müssen auch auf die Setzung von Bedingungen Anwendung finden. Ob eine Bedingung als aufschiebende oder als auflösende gemeint ist, bestimmt sich nicht lediglich nach den gebrauchten Worten, sondern ist unter Berücksichtigung aller Umstände durch Auslegung zu ermitteln. Im Zweifel dürfte eine aufschiebende Bedingung anzunehmen sein, weil die bei dieser Annahme eintretende Rechtsänderung die geringere ist (a. A. Dernburg I § 150 III, der weder für das eine noch für das andere eine Vermutung zulassen will). In dem Falle des § 495 findet eine gesetzliche Vermutung zu Gunsten einer aufschiebenden, in dem Falle des § 2075 zu Gunsten einer auflösenden Bedingung statt.

Ist ein obligatorisches Rechtsgeschäft unter einer Bedingung vorgenommen, so folgt daraus nicht mit Notwendigkeit, daß das zur Erfüllung desselben vorgenommene dingliche Rechtsgeschäft unter derselben Bedingung vorgenommen werde. Möglich ist vielmehr, daß es unbedingt vorgenommen wird, und es kann nur in dieser Art vorgenommen werden, wenn die Hinzufügung einer Bedingung, wie z. B. bei der Übertragung des Eigentums an einem Grundstück (§ 925), unzulässig ist. Ist das dingliche Rechtsgeschäft unbedingt vorgenommen, so hat der Ausfall der aufschiebenden und der Eintritt der auflösenden Bedingung, unter der das obligatorische Rechtsgeschäft vorgenommen war, nur die Wirkung, daß eine Verpflichtung zur Rückgängigmachung der durch das dingliche Rechtsgeschäft eingetretenen Rechtsänderung begründet wird. Im Zweifel wird man indessen annehmen müssen, daß das behufs Erfüllung eines bedingten obligatorischen Rechtsgeschäfts vorgenommene dingliche Rechtsgeschäft, sofern eine

Bedingung dabei zulässig ist, unter derselben Bedingung wie das obligatorische Rechtsgeschäft vorgenommen ist.

6. **Vererblichkeit, Übertragbarkeit während schwebender Bedingung.** Die Rechtsposition desjenigen, welcher bei dem Eintritte der Bedingung gewinnt, wie desjenigen, welcher dabei verliert, geht auf die Erben über, soweit das beim Eintritte der Bedingung entstehende Rechtsverhältnis vererblich ist. Die Vorschrift des E. I § 132, welche diesen Satz aussprach, ist zwar gestrichen, aber nur weil sie einerseits selbstverständlich, andererseits die Fassung nicht ganz korrekt sei (P. II Bd. 1 S. 181). Über bedingte letztwillige Zuwendungen s. die §§ 2074, 2108 ff., 2162, 2163). Auch die Übertragbarkeit jener Rechtsposition bestimmt sich nach denselben Grundsätzen wie die Übertragbarkeit des beim Eintritte der Bedingung entstehenden Rechtsverhältnisses.

7. **Ist die Bedingung zur Zeit der Vornahme des Rechtsgeschäfts bereits eingetreten oder ausgefallen,** so liegt ein bedingtes Rechtsgeschäft auch dann nicht vor, wenn die Parteien den Eintritt oder den Ausfall der Bedingung nicht gekannt haben. Soweit indessen die Vornahme eines Rechtsgeschäfts unter einer Bedingung unzulässig ist, wird regelmäßig auch ein Rechtsgeschäft der gedachten Art für unzulässig zu erachten sein (E. I § 137; P. II Bd. 1 S. 184 ff.). In dem E. I § 137 Abs. 2 war bestimmt, daß eine Bedingung der hier fraglichen Art, solange die Erfüllung oder der Ausfall unbekannt sei, in betreff des Rechtes auf Sicherheitsleistung sowie im Konkurs ebenso zu behandeln sei wie eine wirkliche Bedingung. Von der zweiten Kommission ist diese Vorschrift zwar gestrichen; eine entsprechende Vorschrift sollte aber in die CPO. und KO. aufgenommen werden. Dies ist nun zwar nicht geschehen; man wird aber trotzdem die betreffenden Vorschriften der CPO. und der KO. (s. Erl. 2 zu § 160) auch auf Bedingungen der hier fraglichen Art, solange deren Eintritt oder Ausfall unbekannt ist, anzuwenden haben.

8. Als **Inhalt der Bedingung** kann sowohl der Eintritt einer Tatsache als der einer Rechtsänderung bestimmt werden. Bei einem obligatorischen Vertrage kann auch die rechtzeitige Erfüllung der dadurch eingegangenen Verpflichtung als Bedingung für den Vertrag selbst bestimmt werden (Rspr. Bd. 6 S. 35). Nicht als Bedingung bestimmt werden kann das Wollen des Verpflichteten, wohl aber die Erklärung des Wollens (s. Leonhard, Willkür und Willenserklärung in Jherings Jahrb. Bd. 39 S. 174 ff.). Die hiermit im wesentlichen übereinstimmende Vorschrift des E. I § 138 ist zwar gestrichen (P. II Bd. 1 S. 185), jedoch nicht weil das Gegenteil für richtig gehalten wurde, sondern um die Frage der Wissenschaft zu überlassen. Der § 495 über den Kauf auf Probe ist nicht als eine besondere Ausnahmevorschrift, sondern als Konsequenz des Grundsatzes aufzufassen, daß die Erklärung des Wollens als Bedingung gesetzt werden kann.

Keine Anwendung finden die Vorschriften über Bedingungen in solchen Fällen, in welchen die Wirksamkeit eines Rechtsgeschäfts kraft des Gesetzes von dem Eintritt einer Tatsache abhängig gemacht ist. Hieran wird auch dadurch nichts geändert, daß diese Abhängigkeit in dem Rechtsgeschäfte selbst zum Ausdrucke gebracht ist (E. I § 140; P. II Bd. 1 S. 185; Rspr. Bd. 2 S. 1 ff.; die Möglichkeit, eine conditio juris auch als wirkliche Bedingung zu setzen, wird angenommen in Rspr. Bd. 4 S. 241).

Ist der Eintritt der Bedingung unmöglich, so ist das Rechtsgeschäft, wenn es sich um eine aufschiebende Bedingung handelt, unwirksam, wenn es sich um eine auflösende Bedingung handelt, als unbedingt abgeschlossen anzusehen (vgl. jedoch § 308). Eine notwendig eintretende Bedingung ist regelmäßig als Fristbestimmung anzusehen. Unverständliche oder widersinnige Bedingungen machen das Rechtsgeschäft unwirksam (E. I § 139; P. II Bd. 1 S. 185).

Über unsittliche Bedingungen s. Erl. 1 zu § 138.

9. Über die **Beweislast** in dem Falle, daß streitig ist, ob ein Rechtsgeschäft unbedingt oder unter einer Bedingung abgeschlossen ist, enthält das BGB. keine Vorschriften (s. Vorbm. zu diesem Buche V S. 47 und die dort angeführte Literatur). Einverständnis herrscht im wesentlichen darüber, daß die Behauptung, ein Rechtsgeschäft, auf welches ein Recht gegründet wird, sei nicht unbedingt, sondern unter einer aufschiebenden Bedingung vorgenommen, als Leugnen des Rechtsgeschäfts aufzufassen sei und deshalb demjenigen, welcher sich auf das Rechtsgeschäft beruft, der Beweis obliege, daß das Rechtsgeschäft nicht unter einer aufschiebenden Bedingung abgeschlossen sei. Ob dieser Beweis dadurch erbracht wird, daß sich aus den für den Abschluß des Rechtsgeschäfts beigebrachten Beweismitteln nicht ergibt, daß eine Bedingung hinzugefügt worden, ist eine Frage der Beweiswürdigung, nicht der Beweislast. Ist z. B. eine Urkunde vorgelegt, in welcher der Abschluß des Rechtsgeschäfts, ohne daß dabei von einer Bedingung die Rede ist, beurkundet wird, so wird der gedachte Beweis als geführt anzusehen und es Sache des anderen

§. 159. Sollen nach dem Inhalte des Rechtsgeschäfts die an den Eintritt der Bedingung geknüpften Folgen auf einen früheren Zeitpunkt zurückbezogen werden, so sind im Falle des Eintritts der Bedingung die Betheiligten verpflichtet, einander zu gewähren, was sie haben würden, wenn die Folgen in dem früheren Zeitpunkt eingetreten wären.

§. 160. Wer unter einer aufschiebenden Bedingung berechtigt ist, kann im Falle des Eintritts der Bedingung Schadensersatz von dem anderen Theile verlangen, wenn dieser während der Schwebezeit das von der Bedingung abhängige Recht durch sein Verschulden vereitelt oder beeinträchtigt.

Den gleichen Anspruch hat unter denselben Voraussetzungen bei einem unter einer auflösenden Bedingung vorgenommenen Rechtsgeschäfte derjenige, zu dessen Gunsten der frühere Rechtszustand wiedereintritt.

Teiles sein, im Wege des Gegenbeweises darzutun, daß trotz des Schweigens der Urkunde über die Bedingung das Rechtsgeschäft nur unter einer solchen abgeschlossen sei. Sehr bestritten ist dagegen die Frage der Beweislast in betreff der auflösenden Bedingung (s. die oben angeführte Literatur). Aus allgemeinen Beweisgrundsätzen und aus dem Wesen der auflösenden Bedingung dürfte sich eine verschiedene Behandlung der aufschiebenden und der auflösenden Bedingung in der hier fraglichen Beziehung schwerlich rechtfertigen lassen. Die Praxis des bisherigen Rechtes steht indessen überwiegend auf einem anderen Standpunkt (s. RG. Bd. 28 S. 145; Rehbein, Erl. IV zu §§ 158—163) und bei den Gründen, welche hierfür maßgebend gewesen sind, erscheint es nicht wahrscheinlich, daß die Bestimmungen des BGB. über das Wesen der auflösenden Bedingung zu einer Änderung dieser Praxis führen werden. Nach dieser Praxis liegt demjenigen, welcher geltend macht, daß ein Rechtsgeschäft unter einer auflösenden Bedingung abgeschlossen sei, der Beweis dieser Tatsache ob.

§ 159.

E. I § 130; II § 129 rev. § 155; III § 155. P. I S. 284 ff., 293 ff.; M. I S. 254 ff. P. II Bd. 1 S. 180 ff.

Eine **rückwirkende Kraft** hat der Eintritt der Bedingung nicht. Die von der Bedingung abhängende Wirkung wird, wenn die Bedingung eintritt, nicht schon als mit dem Abschlusse des Rechtsgeschäfts eingetreten angesehen, sondern entsteht erst mit dem Eintritte der Bedingung. Die Parteien können indessen Zurückbeziehung vereinbaren. Der § 159 bestimmt aber, daß eine Vermutung darüber, ob die Parteien die Zurückbeziehung gewollt haben, nicht besteht, daß aber, wenn eine solche Absicht sich aus den Umständen ergibt, keine dingliche, sondern nur eine obligatorische Zurückbeziehung stattfindet. Eine dingliche Zurückbeziehung können die Parteien nicht vereinbaren (vgl. jedoch §§ 160, 161).

§ 160.

E. I § 134; II § 130 rev. § 156; III § 156. P. I S. 285 ff., 294; M. I S. 258 ff. P. II Bd. 1 S. 183 ff.

1. **Wirkungen der Gebundenheit während schwebender Bedingung.** Die unter einer aufschiebenden Bedingung eingegangene Verpflichtung besteht, solange die Bedingung schwebt, noch nicht; die unter einer aufschiebenden Bedingung über einen Gegenstand getroffene Verfügung ist, solange die Bedingung schwebt, noch nicht wirksam. In dem einen wie in dem anderen Falle ist derjenige, welcher unter der Bedingung eine Verpflichtung eingegangen ist oder welcher eine Verfügung vorgenommen hat, gebunden (s. Erl. 2 zu § 158). Diese Gebundenheit hat die in dem § 160 bestimmte Verpflichtung zur Folge. Der Gebundene wird im Falle des Eintritts der Bedingung so behandelt, wie wenn er von der Vornahme des bedingten Rechtsgeschäfts an dem bedingt Berechtigten gegenüber verpflichtet gewesen wäre, dafür zu sorgen, daß das von der Bedingung abhängige Recht nicht vereitelt oder beeinträchtigt werde. Die juristische Konstruktion dieses Rechtsverhältnisses ist zweifelhaft. Am natürlichsten dürfte die Annahme sein, daß mit der Vornahme des bedingten Rechtsgeschäfts sofort die fragliche Verpflichtung des Gebundenen eintritt, daß aber die Frage, ob durch eine Verletzung dieser Verpflichtung ein Schaden und deshalb eine Verpflichtung zum Schadensersatz entsteht, davon abhängt, ob die Bedingung eintritt oder nicht (s. Hölder, Erl. 1 zu § 160). Die sofort entstehende Verpflichtung ist nicht die

durch das bedingte Rechtsgeschäft eingegangene Verpflichtung; diese entsteht erst mit dem Eintritte der Bedingung; die sofort entstehende Verpflichtung hat einen anderen Inhalt, den nämlich, in der oben angegebenen Weise dafür zu sorgen, daß das von der Bedingung abhängige Recht nicht vereitelt oder beeinträchtigt werde. Über die Art und Weise, in welcher der bedingt Berechtigte die aus dieser eigentümlichen Verpflichtung für ihn entspringenden Befugnisse schon während des Schwebens der Bedingung geltend machen kann s. Erl. 2.

In betreff des Grades der Fahrlässigkeit, für welche der Gebundene einzustehen hat, schrieb der E. I § 134 Satz 2 vor, daß sich derselbe nach dem aus dem Rechtsgeschäfte sich ergebenden Rechtsverhältnisse bestimme. Diese Vorschrift ist von der zweiten Kommission gestrichen, weil sie nicht für alle Fälle zutreffe und auch, soweit sie richtig sei, entbehrt werden könne. Die Fassung jener Vorschrift paßt allerdings nicht für bedingte Verfügungen; denn aus der Verfügung, z. B. der Eigentumsübertragung, ergibt sich überhaupt kein Rechtsverhältnis, das, abgesehen von den allgemeinen Vorschriften über unerlaubte Handlungen, eine Verpflichtung des Verfügenden begründete. Der jener Vorschrift zu Grunde liegende Gedanke ist aber richtig. Bei bedingten Verpflichtungen hat der bedingt Verpflichtete Vorsatz und Fahrlässigkeit in demselben Maße zu vertreten, wie wenn die Verpflichtung unbedingt eingegangen wäre. Bei einem bedingten Verkaufe z. B. hat der Verkäufer jede Fahrlässigkeit zu vertreten (§ 276), während bei einem bedingten Schenkungsversprechen der Schenker nur grobe Fahrlässigkeit zu vertreten hat (§ 521). Bei einer bedingten Verfügung entscheidet das Rechtsverhältnis, auf Grund dessen die Verfügung erfolgte. Je nachdem also z. B. die bedingte Verfügung auf Grund eines bedingten Verkaufs oder auf Grund eines bedingten Schenkungsversprechens erfolgte, ist jede Fahrlässigkeit oder nur grobe Fahrlässigkeit zu vertreten. Die Haftung des Gebundenen findet sowohl wegen tatsächlicher als wegen rechtlicher Einwirkung auf den Gegenstand des Rechtsgeschäfts statt. Er ist also auch im Falle des § 161 zum Schadensersatze verpflichtet, wenn der bedingt Berechtigte durch die während des Schwebens der Bedingung von dem Gebundenen getroffenen Verfügungen einen Schaden erlitten hat, der durch die Unwirksamkeit jener Verfügungen nicht vollständig ausgeglichen wird.

Dieselben Grundsätze finden Anwendung bei dem unter einer auflösenden Bedingung vorgenommenen Rechtsgeschäfte. Gebunden ist hier der unter der auflösenden Bedingung Berechtigte. Im Falle des Eintritts der Bedingung hat er demjenigen, zu dessen Gunsten der frühere Rechtszustand wieder eintritt, den Schaden zu ersetzen, welchen dieser dadurch erleidet, daß infolge eines Verschuldens des Gebundenen der Eintritt des früheren Rechtszustandes vereitelt oder beeinträchtigt wird. Das Maß der Fahrlässigkeit, welches der Gebundene zu vertreten hat, bestimmt sich nach denselben Grundsätzen, welche für das unter einer aufschiebenden Bedingung vorgenommene Rechtsgeschäft gelten.

2. Prozessualische Folgen der Gebundenheit. Der bedingt Berechtigte kann die dem Gebundenen nach Erl. 1 obliegende Verpflichtung während des Schwebens der Bedingung nicht direkt durch Klage geltend machen, weil sich erst durch den Eintritt der Bedingung entscheidet, ob ihm durch die Verletzung jener Verpflichtung ein Schaden entstanden ist. Um ihn gegen die hieraus entspringende Gefahr zu schützen, gab ihm der E. I § 133 unter den Voraussetzungen des Arrestes einen civilrechtlichen Anspruch auf Sicherheitsleistung und bestimmte, daß er im Konkurse des Gebundenen eine diesem Anspruch auf Sicherheitsleistung entsprechende Stellung habe. Nur dann sollten diese Vorschriften keine Anwendung finden, wenn das bedingte Recht wegen der entfernten Möglichkeit der Erfüllung der Bedingung sich nicht als ein gegenwärtiger Vermögensbestandteil betrachten lasse. Von der zweiten Kommission ist der § 133 gestrichen. Zum Ersatze desselben sind aber Vorschriften in die CPO. und in die KO. aufgenommen, welche im wesentlichen denselben Zweck erreichen.

a) Nach CPO. § 916 Abs. 2 ist der Arrest auch wegen eines bedingten oder betagten Anspruchs zulässig, es sei denn, daß der bedingte Anspruch wegen der entfernten Möglichkeit des Eintritts der Bedingung einen gegenwärtigen Vermögenswert nicht hat. Auch einstweilige Verfügungen sind nach CPO. §§ 935—945 wegen bedingter Rechte zulässig.

b) Nach KO. §§ 154 Abs. 2, 156, 168, 169, 171 werden die bedingten Ansprüche ebenso wie die unbedingten sowohl bei den Abschlagszahlungen wie bei der Schlußverteilung berücksichtigt. Der auf sie fallende Betrag wird, wenn die Bedingung noch nicht eingetreten ist, für den bedingt Berechtigten hinterlegt. Nur dann findet eine Berücksichtigung bedingter Ansprüche bei der Schlußverteilung nicht statt, wenn die Möglichkeit des Eintritts der Bedingung eine so entfernte ist, daß die bedingte Forderung einen gegenwärtigen Vermögenswert nicht hat; die bei den Abschlagszahlungen hinterlegten Beträge werden in diesem Falle frei.

§. 161. Hat Jemand unter einer aufschiebenden Bedingung über einen Gegenstand verfügt, so ist jede weitere Verfügung, die er während der Schwebezeit über den Gegenstand trifft, im Falle des Eintritts der Bedingung insoweit unwirksam, als sie die von der Bedingung abhängige Wirkung vereiteln oder beeinträchtigen würde. Einer solchen Verfügung steht eine Verfügung gleich, die während der Schwebezeit im Wege der Zwangsvollstreckung oder der Arrestvollziehung oder durch den Konkursverwalter erfolgt.

Dasselbe gilt bei einer auflösenden Bedingung von den Verfügungen desjenigen, dessen Recht mit dem Eintritte der Bedingung endigt.

Die Vorschriften zu Gunsten derjenigen, welche Rechte von einem Nichtberechtigten herleiten, finden entsprechende Anwendung.

---

3. Bestritten ist, **ob der bedingt Berechtigte während des Schwebens der Bedingung auf Erfüllung für den Fall des Eintritts der Bedingung klagen kann** (dafür z. B. Dernburg I § 154 II 8; Hellwig, Anspruch und Klagrecht S. 384; dagegen Enneccerus-Lehmann I § 104 I 4). Nach allgemeinen Grundsätzen dürfte die Frage zu verneinen sein, weil der Anspruch erst mit dem Eintritte der Bedingung entsteht. Durch CPO. § 259 ist aber eine Klage auf künftige Leistungen allgemein für zulässig erklärt, wenn den Umständen nach die Besorgnis begründet ist, daß sich der Schuldner der rechtzeitigen Leistung entziehen werde. Der Wortlaut dieser Vorschrift umfaßt auch bedingte Ansprüche, da auch diese auf künftige, nämlich auf solche Leistungen gehen, die erst beim Eintritte der Bedingung zu entrichten sind. Zweifelhaft ist nun freilich, ob bei der Vorschrift auch an Ansprüche dieser Art, also an solche gedacht ist, in betreff deren es noch ungewiß ist, ob sie überhaupt zur Entstehung gelangen werden. Der Grund und Zweck der fraglichen Vorschrift, den Gläubiger gegen die Gefahr zu sichern, daß sich der Schuldner der Leistung entziehen werde, dürfte aber doch auch bei bedingten Ansprüchen zutreffen und eine einschränkende Auslegung des § 259 nicht gerechtfertigt sein. In diesem Sinne hat auch das Reichsgericht entschieden (RG. Bd. 51 S. 243).

4. **In einer bedingten Verfügung, durch welche ein Recht aufgegeben wird,** kann unter Umständen zugleich ein Verzicht auf die Geltendmachung dieses Rechtes bis dahin, daß die Bedingung ausgefallen ist, liegen, so z. B. bei der bedingten Eigentumsübertragung der Verzicht auf die Herausgabe des Besitzes, bei einem bedingten Erlasse der Verzicht auf die Geltendmachung der Forderung bis zu dem gedachten Zeitpunkte.

5. Zweifelhaft kann sein, ob, wenn der Gegenstand einer bedingten Verfügung von einem Dritten zerstört oder beschädigt wird, dem bedingt Berechtigten ein Anspruch auf Schadensersatz gegen den Dritten zusteht. Die Frage wird zu bejahen sein, wenn die Handlung des Dritten nach § 823 eine unerlaubte Handlung ist. Hierbei wird davon auszugehen sein, daß auch bedingte Rechte der hier fraglichen Art durch § 823 geschützt werden sollen. Nur ist zu beachten, daß sich erst durch den Eintritt der Bedingung entscheidet, ob dem bedingt Berechtigten ein Schaden erwachsen ist. Sowohl derjenige, welchen das bedingt übertragene Recht, z. B. das Eigentum bis zum Eintritte der Bedingung zustand, als derjenige, welcher es mit dem Eintritte der Bedingung erwirbt, haben einen Anspruch auf Schadensersatz gegen den Dritten. Selbstverständlich braucht dieser nicht doppelt zu zahlen. Der Schaden, welchen der frühere Eigentümer hatte, bestimmt sich durch das Interesse, das er an der Erhaltung der Sache bis zum Eintritte der Bedingung hatte, der Schaden desjenigen, welcher das Eigentum mit dem Eintritte der Bedingung erwirbt oder erwerben würde, wenn die Sache nicht untergegangen wäre, durch das Interesse, welches er an der Haltung der unbeschädigten Sache bei dem Eintritte der Bedingung hat. In dieser Weise verteilt sich der Schadensersatz, den der Dritte zu leisten hat. In betreff der Verletzung obligatorischer Ansprüche durch Dritte gilt dasselbe wie für Verletzung obligatorischer Ansprüche überhaupt (s. Erl. 2a zu § 823).

§ 161.

E. I § 135; II § 131 rev. § 157; III § 157. P. I S. 285 ff., 294 ff., 3886 ff., 4034, 11665 ff.; M. I S. 259 ff. P. II Bd. 1 S. 184, Bd. 6 S. 129 ff., 133.

1. **Dingliche Gebundenheit bei bedingten Verfügungen.** Über den Begriff der Verfügung s. Vorbm. zu diesem Abschnitte IX. 4, oben S. 185. Bei der aufschiebend bedingten Verfügung

über einen Gegenstand tritt nicht nur obligatorische, sondern dingliche Gebundenheit ein. Bei dem bedingten obligatorischen Rechtsgeschäfte bleibt die Verfügung, welche der Gebundene während des Schwebens der Bedingung über den Gegenstand des Rechtsgeschäfts, z. B. den verkauften Gegenstand, getroffen hat, auch nach dem Eintritte der Bedingung wirksam. Der Gebundene ist nur zum Schadensersatze verpflichtet. Bei einer bedingten Verfügung, z. B. der bedingten Übertragung des verkauften Gegenstandes, wird die von dem Gebundenen während des Schwebens der Bedingung über den Gegenstand getroffene Verfügung beim Eintritte der Bedingung insoweit unwirksam, als sie die von der Bedingung abhängige rechtliche Wirkung, z. B. den Übergang des Eigentums auf den Käufer, vereiteln oder beeinträchtigen würde. Eine Beeinträchtigung liegt z. B. dann vor, wenn der Gegenstand während des Schwebens der Bedingung mit Rechten Dritter belastet ist. Diese Unwirksamkeit ist nicht wie im Falle der gegen ein Veräußerungsverbot verstoßenden Verfügung (§ 135) eine nur relative. Sie kann nicht nur von dem bedingt Berechtigten, sondern von jedem geltend gemacht werden. Die Gebundenheit fällt auch durch den Konkurs des Gebundenen nicht weg; es wird daher auch die von dem Konkursverwalter während des Schwebens der Bedingung über den Gegenstand getroffene Verfügung beim Eintritte der Bedingung unwirksam. Die Zwangsvollstreckung in den Gegenstand, über welchen bedingt verfügt worden, ist zulässig; beim Eintritte der Bedingung aber wird die erfolgte Veräußerung unwirksam.

Dieselben Grundsätze finden bei der auflösend bedingten Verfügung Anwendung. Die von dem Gebundenen während des Schwebens der Bedingung über den Gegenstand getroffenen Verfügungen werden insoweit unwirksam, als dadurch der Eintritt des früheren Rechtszustandes vereitelt oder beeinträchtigt werden würde.

2. **Prozeßführung über den Gegenstand** ist keine Verfügung (s. Vorbm. zu diesem Abschnitte IX. 4, S. 185). Im Falle einer aufschiebend bedingten Verfügung wirkt das rechtskräftige Urteil, welches in einem von dem Gebundenen über den Gegenstand der Verfügung geführten Prozeß ergeht, auch für und gegen denjenigen, welcher mit dem Eintritte der Bedingung den Gegenstand erwirbt; denn er ist Rechtsnachfolger der Partei und die Rechtsnachfolge ist erst mit dem Eintritte der Bedingung, also nach der Rechtshängigkeit eingetreten (s. Vorbm. zu diesem Buche IV. 5. b S. 44 ff.). Bestritten ist, ob bei einer unter einer auflösenden Bedingung erfolgten Verfügung das Urteil, welches in einem vor dem Eintritte der Bedingung rechtshängig gewordenen Prozeß über den Gegenstand, auf den sich die Verfügung bezogen hat, ergangen ist, auch gegen denjenigen wirkt, zu dessen Gunsten nach dem Eintritte der Bedingung der frühere Rechtszustand wieder eintritt, ob also z. B. im Falle einer auflösend bedingten Zession einer Forderung das in einem Prozesse des Zessionars gegen den Schuldner ergangene Urteil, durch das der erstere mit der Klage abgewiesen wird, nach dem Eintritte der Bedingung gegen den Zedenten wirkt. Zwei Auffassungen sind möglich. Man kann entweder annehmen, daß der Zedent die von ihm unter einer auflösenden Bedingung abgetretene Forderung auf Grund der in der bedingten Abtretung zugleich liegenden bedingten Rückabtretung wieder erwirbt, oder man geht davon aus, daß durch den Eintritt der Bedingung die Forderung des Zedenten so wie sie vor der Abtretung bestand ipso jure wieder hergestellt wird. Bei der ersteren Auffassung würde der Zedent seine Forderung definitiv aufgegeben und nur gleichzeitig unter einer der auflösenden Bedingung, unter welcher die Abtretung erfolgt ist, entsprechenden aufschiebenden Bedingung wieder erworben haben. Er wäre also Rechtsnachfolger des Zwischenberechtigten. Das Eigentümliche läge nur darin, daß dieser ohne neue Abtretung und ohne daß es, falls diese, wie z. B. bei einer Hypothekenforderung einer Form bedürfte, ohne Beobachtung dieser Form erfolgte. Für diese Auffassung hat sich insbesondere Hellwig, Wesen und subjektive Begrenzung der Rechtskraft S. 111 ff. abweichend von der von ihm früher in „Anspruch und Klagrecht" S. 210 Anm. 4 vertretenen Ansicht ausgesprochen. Dem Standpunkte des BGB. dürfte diese Auffassung nicht entsprechen. Keine Vorschrift des BGB. deutet darauf hin, daß die auflösend bedingte Verfügung in zwei Verfügungen, eine unbedingte und eine aufschiebend bedingte zu zerlegen sei, und daß für die letztere die hervorgehobenen Abweichungen von den allgemeinen Grundsätzen gelten sollen. Scharf und klar wird vielmehr im § 158 Abs. 2 ausgesprochen, daß mit dem Eintritte der auflösenden Bedingung der frühere Rechtszustand wieder eintritt. Der Zedent behält seine Forderung so wie sie ihm vor der Abtretung zustand. Er erwirbt sie nicht neu von dem Zessionar und ist also nicht dessen Rechtsnachfolger. Das gegen diesen ergangene Urteil wirkt also nicht gegen ihn. Eine andere Frage ist, ob, wenn es sich um eine auflösend bedingte Eigentumsübertragung handelt und der Besitz der übertragenen Sache dem Erwerber von dem Veräußerer eingeräumt und von jenem auf diesen nach Eintritt der Bedingung zurückübertragen war, eine Rechtsnachfolge in An-

§. 162. Wird der Eintritt der Bedingung von der Partei, zu deren Nachtheil er gereichen würde, wider Treu und Glauben verhindert, so gilt die Bedingung als eingetreten.

Wird der Eintritt der Bedingung von der Partei, zu deren Vortheil er gereicht, wider Treu und Glauben herbeigeführt, so gilt der Eintritt als nicht erfolgt.

§. 163. Ist für die Wirkung eines Rechtsgeschäfts bei dessen Vornahme ein Anfangs- oder ein Endtermin bestimmt worden, so finden im ersteren Falle die für die aufschiebende, im letzteren Falle die für die auflösende Bedingung geltenden Vorschriften der §§. 158, 160, 161 entsprechende Anwendung.

---

sehung des Besitzes anzunehmen und aus diesem Gesichtspunkte der § 325 der CPO. anwendbar ist. Über diese Frage s. Erl. 2 zu § 221.

3. Über die Vorschriften zu Gunsten derjenigen, welche Rechte von einem Nichtberechtigten herleiten, s. Erl. 5 zu § 135. Die entsprechende Anwendung dieser Vorschriften führt dahin, daß die von dem Gebundenen über den Gegenstand getroffene Verfügung nicht unwirksam wird, wenn der Erwerber sich in Beziehung auf die Gebundenheit des Verfügenden in derselben Unkenntnis befindet, welche in Beziehung auf den Mangel des Rechtes des Verfügenden für den Erwerb von einem Nichtberechtigten gefordert wird. An die Stelle des „nicht kennen", des „nicht kennen müssen" und der „nicht auf grober Fahrlässigkeit" beruhenden Unkenntnis von dem Rechtsmangel auf seiten des Verfügenden tritt hier die entsprechende Unkenntnis von der Gebundenheit. Über den Schutz des Schuldners im Falle einer bedingten Abtretung der Forderung s. Hellwig, Wesen und subjektive Begrenzung der Rechtskraft S. 408 ff. und Erl. zu § 135.

§ 162.

E. I § 136; II § 132 rev. § 158; III § 158. P. I S. 297 ff., 3227; M. I S. 262 ff. P. II Bd. 1 S. 184, Bd. 6 S. 133 ff.

Herbeiführung des Ausfalls oder Eintritts einer Bedingung wider Treu und Glauben. Der § 162 hat solche Fälle im Auge, in denen die Absicht bei der Vornahme des bedingten Rechtsgeschäfts dahin geht, daß eine Einwirkung der einen oder der anderen Partei auf den Ausfall oder den Eintritt der Bedingung nicht stattfinden soll. Eine dieser Absicht zuwider und deshalb wider Treu und Glauben verstoßende Einwirkung würde schon nach allgemeinen Grundsätzen einen Anspruch des anderen Teiles auf Schadensersatz begründen. Positiv bestimmt aber der § 162, daß im Falle des Abs. 1 die Bedingung als eingetreten, im Falle des Abs. 2 als ausgefallen gelten soll. Ob die Absicht bei der Vornahme des Rechtsgeschäfts dahin gegangen ist, die Einwirkung des einen oder des anderen Teiles auszuschließen, ist aus den Umständen des Falles zu entnehmen; nach diesen ist auch zu entscheiden, ob jede Einwirkung oder nur eine gewisse Art derselben als wider Treu und Glauben verstoßend anzusehen ist. Beispiele von Fällen des § 162 nach bisherigem Rechte s. bei Rehbein, Erl. II 5a zu §§ 158—163 (s. auch RG. Bd. 53 S. 257).

Eine besondere Vorschrift über Bedingungen, welche den Vorteil eines Dritten bezwecken, enthält für letztwillige Verfügungen der § 2076.

§ 163.

E. I §§ 141 f.; II § 133 rev. § 159; III § 159. P. I S. 309 ff.; M. I S. 269 ff. P. II Bd. 1 S. 186, Bd. 2 S. 694.

1. Bestimmung eines Anfangstermins. Die Bestimmung eines Anfangstermins in einem Rechtsgeschäfte kann in zweifacher Absicht erfolgen. Es kann dadurch entweder der Eintritt der durch das Rechtsgeschäft bezweckten rechtlichen Wirkung selbst oder nur deren Geltendmachung hinausgeschoben werden sollen. Im E. I § 141 wird als Regel vorgeschrieben, daß die Bestimmung eines Anfangstermins die letztgedachte Bedeutung habe, daneben aber eine Vorschrift für den Fall gegeben, daß der Eintritt der rechtlichen Wirkung selbst hat hinausgeschoben werden sollen. Nur auf den letztgedachten Fall bezieht sich der § 163 (Seuff. A. Bd. 57 S. 217). Ob die Parteien bei einem Rechtsgeschäfte die eine oder die andere Absicht gehabt haben, wird als eine Frage der Auslegung betrachtet und eine gesetzliche Auslegungsregel in dieser Beziehung

Fünfter Titel.

Vertretung. Vollmacht.

nicht gegeben. Bei Verfügungen über einen Gegenstand wird die Bestimmung eines Anfangstermins regelmäßig den Sinn haben, daß die rechtliche Wirkung erst mit dem bestimmten Zeitpunkt eintreten soll. Das Eigentum soll erst mit diesem Zeitpunkt übergehen, der Nießbrauch erst mit diesem Zeitpunkt entstehen. Wird in Fällen dieser Art etwas anderes beabsichtigt, so wird regelmäßig eine andere Ausdrucksweise als die Bestimmung eines Anfangstermins gewählt. Anders liegt die Sache bei obligatorischen Rechtsgeschäften. Hier denken sich die Parteien das Rechtsverhältnis sehr häufig so, daß die Verpflichtungen sofort entstehen, dem Schuldner aber eine Frist für die Erfüllung gewährt werden soll. Verspricht jemand ein Darlehen nach einem Jahre zurück zu bezahlen, so soll die Darlehnsschuld nicht erst nach einem Jahre, sondern sofort entstehen, dem Schuldner aber zur Rückzahlung des Darlehens eine Frist bis zum Ablaufe des Jahres gewährt sein (vgl. auch RG. in DJZ. 1902 S. 168). Auch bei obligatorischen Rechtsverhältnissen kann die Sache aber anders liegen. So wird z. B. ein Mietvertrag, durch welchen eine Wohnung auf den 1. April des nächsten Jahres gemietet wird, dahin auszulegen sein, daß die rechtliche Wirkung, hier also der Anspruch des Mieters auf Überlassung der Wohnung, erst am 1. April entstehen soll. Wird nicht gleich bei der Vornahme eines Rechtsgeschäfts, sondern erst später ein Termin für die Leistung bestimmt, so kann dies regelmäßig nur die Bedeutung haben, daß die Geltendmachung der bereits entstandenen Verpflichtung hinausgeschoben werden soll. Für obligatorische Rechtsverhältnisse ist die Unterscheidung der beiden gedachten Fälle übrigens von geringer praktischer Bedeutung. Zu weit geht indessen Enneccerus-Lehmann I § 105 II 1, wenn er den Unterschied gänzlich leugnet (ebenso Dernburg I § 157 II). In dem Falle des § 308 z. B. ist nur von einem Schuldverhältnisse die Rede, das im Sinne des § 163 befristet ist. Scharf tritt der Gedanke, daß das Rechtsverhältnis erst mit dem Termin entsteht, in den erbrechtlichen Vorschriften der §§ 2066, 2103—2106, 2162, 2177, 2179 hervor. Richtig ist aber, daß, wo das BGB. von fälligen Forderungen spricht, darunter solche Forderungen verstanden werden, in betreff deren weder die Entstehung noch die Geltendmachung hinausgeschoben ist und daß andererseits unter dem Ausdrucke „betagte" Forderungen auch die im Sinne des § 163 befristeten Forderungen mit begriffen werden, s. z. B. die §§ 272, 813 Abs. 2, 2217 Abs. 2 (a. A. Rehbein, Erl. IIIa zu §§ 158—163). Auch die Vorschriften der CPO. §§ 257—259, 916, 936 und der KO. §§ 54, 65 gelten gleichmäßig sowohl für solche Forderungen, die im Sinne des § 163 befristet sind, als für solche, deren Geltendmachung nur hinausgeschoben ist. In einem Falle, in welchem die fragliche Verschiedenheit zu praktisch erheblichen Unterschieden in der Behandlung von Forderungen der einen oder anderen Art führen würde, wird dieses Ergebnis durch eine besondere Bestimmung beseitigt; s. das Nähere in den Erl. zu § 201.

2. **Wirkungen eines Anfangstermins.** Soll die rechtliche Wirkung erst mit dem bestimmten Zeitpunkt eintreten, so finden für die Zeit bis zu dem Eintritte dieses Zeitpunkts die Vorschriften der §§ 160, 161 entsprechende Anwendung. Es tritt also dieselbe Gebundenheit ein wie bei der aufschiebenden Bedingung. Der Gebundene ist zum Schadensersatze verpflichtet, wenn er durch sein Verschulden das betagte Recht vereitelt oder beeinträchtigt. Bei einer betagten Verfügung sind die von dem Gebundenen in der Zwischenzeit getroffenen Verfügungen insoweit unwirksam, als dadurch die Entstehung des betagten Rechtes vereitelt oder beeinträchtigt wird (s. Erl. zu §§ 160, 161). Der Arrest findet auch zur Sicherung einer betagten Forderung statt (s. CPO. § 916).

Ein dies certus an incertus quando ist nicht Bedingung, sondern Anfangstermin.

3. Bei der Bestimmung eines **Endtermins** tritt mit dem Eintritte desselben der frühere Rechtszustand von selbst ein. Für die Zwischenzeit gelten auch hier die aus der Gebundenheit folgenden Grundsätze der §§ 160, 161.

Fünfter Titel.

Schloßmann, Die Lehre von der Stellvertretung insbesondere bei obligatorischen Verträgen Bd. 1 1900, Bd. 2 1902; **Hellmann** in Z. f. CP. Bd. 31 S. 346 ff.; **Lenel**, Stellvertretung und Vollmacht in Iherings Jahrb. Bd. 36 S. 1 ff. **Hupka**, Die Vollmacht 1900. Biermann, Zur Lehre von der Vertretung und Vollmacht in der Festgabe der Gießener

Juristenfakultät für Dernburg 1900. Clarus, Vollmacht und Geschäftsführung ohne Vertretungsmacht, Bl. f. RAnw. Bd. 64 S. 161ff. Isay, Die Geschäftsführung nach dem BGB. 1900. Brach, Im Recht 1900 S. 558. David, daselbst 1901 S. 506ff. Mumm, daselbst 1900 S. 137. Rümelin, Das Handeln im fremden Namen, Arch. f. civ. Pr. Bd. 93 S. 131ff. Leonhard, Vertretung beim Fahrniserwerb 1899.

1. Direkte Stellvertretung. Das Bedürfnis des Verkehrs hat zur Anerkennung der direkten Stellvertretung geführt. Das BGB. bringt die hierauf bezügliche Entwickelung zum Abschlusse. Die Zulassung der direkten Stellvertretung ermöglicht es, die Rechtshandlungen des einen unmittelbar für den anderen wirken zu lassen. Über die juristische Konstruktion dieses Verhältnisses s. Windscheid-Kipp I §§ 73ff., Regelsberger I §§ 159ff., Dernburg I §§ 160ff. Aus den Vorschriften des BGB. ergibt sich als leitender Grundsatz, daß die Erfordernisse der Willenserklärung oder der Entgegennahme einer solchen aus der Person des Vertreters beurteilt werden, die rechtliche Wirkung aber unmittelbar in der Person des Vertretenen eintritt; der Vertreter selbst wird durch das Rechtsgeschäft weder berechtigt noch verpflichtet. Voraussetzung ist, daß der Vertreter Vertretungsmacht hat und daß bei der Vornahme der Willenserklärung durch den Vertreter oder ihm gegenüber erkennbar gemacht wird, daß die Wirkung nicht für ihn, sondern für den Vertretenen eintreten solle. Das letztere geschieht dadurch, daß die Erklärung von dem Vertreter im Namen des Vertretenen bezw. daß sie ihm gegenüber in seiner Eigenschaft als Vertreter abgegeben wird (s. Erl. zu § 164).

Die Vertretungsmacht beruht entweder auf Gesetz, d. h. sie ist kraft des Gesetzes mit einer bestimmten Stellung verbunden (gesetzliche Vertretung), oder sie beruht auf einer Willenserklärung des Vertretenen (Vollmacht). Den wichtigsten Fall der gesetzlichen Vertretung bildet die Vertretung der Geschäftsunfähigen sowie der in der Geschäftsfähigkeit beschränkten Personen durch den Elternteil, welchem die elterliche Gewalt zusteht (§§ 1630, 1686), oder durch den Vormund (§§ 1793, 1897). Daran schließen sich die verschiedenen Fälle der Pflegschaft (§ 1915; s. auch z. B. § 1357). Die rechtliche Stellung eines gesetzlichen Vertreters hat ferner der Vorstand einer juristischen Person (§§ 26 Abs. 2, 30, 86). Einen besonderen Charakter haben diejenigen Fälle, in welchen das Gesetz einer Person, die Verwaltung eines Sondervermögens überträgt. In Betracht kommt in dieser Beziehung die rechtliche Stellung des Ehemanns in Beziehung auf das eingebrachte Vermögen (§§ 1374ff.) und das Gesamtgut (§§ 1443ff.) sowie die rechtliche Stellung des Nachlaßverwalters (§§ 1981ff.), des Testamentsvollstreckers (§§ 2205ff.) und des Konkursverwalters (KO. § 6); s. hierüber die Erl. zu den betreffenden Abschnitten und in betreff des Konkursverwalters, Jaeger, Kommentar zur KO. Erl. zu § 6. Keine Vertretung liegt vor bei der Einwilligung des Berechtigten zu einer Verfügung von seiten eines Nichtberechtigten (§ 185).

Unter Vertreter versteht das BGB. regelmäßig nicht nur denjenigen, welcher Vertretungsmacht hat, sondern auch denjenigen, welcher, obwohl er diese Macht nicht hat, doch als Vertreter auftritt (§§ 177ff.).

Die Vertretung ist bei allen Rechtsgeschäften zulässig, soweit nicht für einzelne eine Ausnahme bestimmt ist. Der E. I § 115 sprach diesen Grundsatz ausdrücklich aus. Von der zweiten Kommission ist der § 115 gestrichen, jedoch nur, weil der fragliche Grundsatz sich zur Genüge aus den §§ 116ff. (BGB. §§ 164ff.) ergebe (P. II Bd. 1 S. 134ff.). Ausnahmen von dem Grundsatze finden sich z. B. in den §§ 1317, 1336, 1337 Abs. 3, 1437, 1595, 1598, 1728, 1748, 1750, 2064, 2274, 2290 Abs. 2, 2296, 2347 Abs. 2.

2. Unterscheidung des Vertreters von dem Boten. Unter Vertreter versteht das BGB. nur den Vertreter im Willen (s. Erl. 1), nicht denjenigen, dessen sich jemand zur Übermittelung seiner Erklärung bedient, den sog. Boten. Dieser ist nur Werkzeug des Erklärenden; die Übermittelung der Erklärung durch ihn hat rechtlich keinen anderen Charakter als die Übermittelung durch Brief oder Telegramm. Der Bote fungiert als Werkzeug unsicherer als jene mechanischen Werkzeuge, weil er absichtlich oder aus Versehen die Erklärung unrichtig übermitteln kann. Die Gefahr der unrichtigen Übermittelung trägt derjenige, welcher diesen Weg der Übermittelung wählt, doch hilft ihm die nach § 120 zulässige Anfechtung. Vertreter kann nur sein, wer nicht geschäftsunfähig ist; Bote kann auch der Geschäftsunfähige sein. Die Frage, ob jemand Vertreter oder Bote ist, kann im einzelnen Falle tatsächlich zweifelhaft sein. Die rechtlichen Grundsätze, von denen die Entscheidung abhängt, sind unzweifelhaft. Es kommt darauf an, ob die betreffende Person das Rechtsgeschäft selbst vornimmt oder ob sie nur die Erklärung des Geschäftsherrn überbringt und dieser es also ist, welcher das Rechtsgeschäft vornimmt. Im ersteren Falle ist die betreffende Person Vertreter, im zweiten Falle Bote. Die Vertretung wird dadurch nicht

§. 164. Eine Willenserklärung, die Jemand innerhalb der ihm zustehenden Vertretungsmacht im Namen des Vertretenen abgiebt, wirkt unmittelbar für und

---

ausgeschlossen, daß der Vertreter verpflichtet ist, nach bestimmten Weisungen des Geschäftsherrn zu handeln, andererseits hört ein Bote nicht dadurch auf Bote zu sein, daß ihm von dem Geschäftsherrn die Wahl überlassen ist, welche von mehreren Erklärungen er überbringen will. Möglich ist auch, daß dieselbe Person teils Vertreter, teils Bote ist; so kann z. B. jemand als Bote die Erklärung der Annahme eines Vertragsantrags überbringen und zugleich ermächtigt sein, als Vertreter eine nach Maßgabe des abgeschlossenen Vertrags zulässige Willenserklärung abzugeben, z. B. eine Wahl zwischen mehreren alternativ geschuldeten Gegenständen zu treffen.

3. Neben der direkten Vertretung bietet die sog. **indirekte oder mittelbare Vertretung** die Möglichkeit, sich im rechtsgeschäftlichen Verkehre der Vermittelung eines Dritten zu bedienen. Der mittelbare Vertreter oder, wie er von anderen genannt wird, der Ersatzmann schließt das Rechtsgeschäft, um das es sich handelt, im eigenen Namen; er allein wird dadurch berechtigt und verpflichtet; aber er ist berechtigt und verpflichtet, die in seiner Person eingetretenen rechtlichen Wirkungen auf denjenigen zu übertragen, für welchen er gehandelt hat. Nur durch ein obligatorisches Verhältnis zwischen dem Geschäftsherrn und dem mittelbaren Vertreter wird für beide die Übertragung der durch das Rechtsgeschäft begründeten rechtlichen Wirkung gesichert. Über diese mittelbare Vertretung enthält das BGB. keine besonderen Vorschriften. Die obligatorischen Verpflichtungen und Rechte des mittelbaren Vertreters bestimmen sich nach dem der Vertretung zu Grunde liegenden Verhältnis (Auftrag, Dienstvertrag ꝛc.); die Übertragung der durch das Rechtsgeschäft begründeten Rechte und Verpflichtungen erfolgt, je nach der Art derselben, nach den dafür geltenden Vorschriften. Bei den Beratungen der zweiten Kommission ist wiederholt die Frage angeregt, ob nicht besondere Vorschriften in der Richtung zu geben seien, daß die von dem mittelbaren Vertreter erworbenen Rechte in dem Verhältnisse zwischen ihm und seinen Gläubigern einerseits und dem Geschäftsherrn andererseits, wenigstens unter gewissen Voraussetzungen, als dem letzteren zustehend zu behandeln seien. (Jacubezky S. 31, 146, 177, 178, 211, 224, 305, 318; P. II Bd. 2 S. 360 ff. Vgl. auch HGB. §§ 392, 399; KO. § 46.) Der Anregung ist indessen keine Folge gegeben, daher bestimmt sich das in Frage stehende Verhältnis lediglich nach allgemeinen Grundsätzen.

4. Auf einem von der obigen Darstellung verschiedenen Standpunkte steht Schloßmann. Er gelangt zu folgenden Resultaten (s. Bd. I S. 379):

1. Die Lehre von dem Bestehen zweier verschiedener Arten von Stellvertretung, der direkten und der mittelbaren Vertretung, zwischen denen der Vertreter oder der Vertretene beliebig wählen können, deren Wirkungen sich nach deren Willen bestimmen, und die sich nach der äußeren Art des Auftretens des Vertreters und nach ihrer materiellen Wirkung unterscheiden sollen, ist falsch. Vielmehr entscheidet allein das objektive Recht nach objektiven Gesichtspunkten darüber, ob die Rechtswirkungen des Vertretergeschäftes unmittelbar den Vertretenen oder zunächst den Vertreter treffen, sowie ferner darüber, ob die Wirkungen des Vertretergeschäftes in dem einzelnen Falle gleichmäßig in Ansehung des Vertretenen und des Vertreters, oder verschieden für jeden von beiden zu bestimmen seien.

2. Die Begriffe „Handeln in eigenem und in fremdem Namen" sind in der Fassung der herrschenden Lehre und der neueren Gesetzbücher, namentlich des HGB. und des BGB. inhaltslos.

3. Der Begriff der Vollmacht (Vertretungsmacht) beruht auf einer Tautologie.

Von diesem Standpunkt aus wird im Bd. II (s. die Zusammenfassung auf S. 621) das BGB. kritisiert und ausgelegt. Dem Standpunkte des BGB. dürfte diese Auffassung, so manches Beachtenswerte die Ausführungen Schloßmanns enthalten, nicht entsprechen. Ein näheres Eingehen darauf ist hier nicht möglich (vgl. Rümelin, S. 131 ff.; Hupka, S. 23 ff.).

5. Anordnung des Stoffes. Die §§ 164, 165, 166 Abs. 1 enthalten die allgemeinen, für alle Vertreter geltenden Grundsätze. Der § 166 Abs. 2 und die §§ 167—176 handeln von der Vollmacht, die §§ 177—180 von der Vertretung ohne Vertretungsmacht, der § 181 von der Vornahme eines Rechtsgeschäfts von seiten des Vertreters im Namen des Vertretenen mit sich selbst.

§ 164.

E. I § 116; II § 134 rev. § 160; III § 160. P. I S. 221 ff.; M. I S. 225 ff. P. II Bd. 1 S. 136 ff. D. S. 617.

1. Über die im Abs. 1 bestimmte **Voraussetzung, unter welcher die Erklärung eines Vertreters direkt für und gegen den Vertretenen** wirkt, s. Vorbm. 1 zu diesem Titel. Die

gegen den Vertretenen. Es macht keinen Unterschied, ob die Erklärung ausdrücklich im Namen des Vertretenen erfolgt oder ob die Umstände ergeben, daß sie in dessen Namen erfolgen soll.

Tritt der Wille, in fremdem Namen zu handeln, nicht erkennbar hervor, so kommt der Mangel des Willens, im eigenen Namen zu handeln, nicht in Betracht.

Die Vorschriften des Abs. 1 finden entsprechende Anwendung, wenn eine gegenüber einem Anderen abzugebende Willenserklärung dessen Vertreter gegenüber erfolgt.

Vorschrift bezieht sich auf Willenserklärungen aller Art, insbesondere auch auf die sog. stillschweigenden Willenserklärungen (s. Vorbm. zum zweiten Titel I 2, 3 S. 206 ff.). Erforderlich ist nur, daß das gesamte Verhalten des Erklärenden, welches überhaupt dafür maßgebend ist, ob und welche Willenserklärung vorliegt (s. Vorbm. zum zweiten Titel I 3 S. 208) in der hier fraglichen Beziehung den Schluß gestatten muß, daß die Willenserklärung direkt für und gegen den Vertretenen wirken solle. Wenn die Anwendung der Vorschrift des § 164 auf die durch Willenserklärung erfolgende Willensbetätigung bisweilen geleugnet wird (s. z. B. Lenel S. 4), so hängt dies mit einer zu engen Auffassung des Begriffs der Willenserklärung zusammen. Wenn der Vertreter eines Kaufmanns, dem Waren zum Kaufe angeboten und zu diesem Zwecke übersendet sind, den Verbrauch der Waren anordnet, so liegt darin die Willenserklärung der Annahme des Antrags, und zwar im Namen des vertretenen Kaufmanns. Die Tatsachen, daß die Waren dem Vertretenen zugesendet und ihm zum Kaufe angeboten waren, daß der Vertreter sie in seiner Eigenschaft als Vertreter in Empfang nahm und dann den Verbrauch anordnete, berechtigen zu der Annahme, daß die in der Anordnung des Verbrauchs liegende Erklärung der Annahme im Namen des Vertretenen abgegeben war. Ebenso kann auch bei anderen nicht empfangsbedürftigen durch Willensbetätigungen erfolgenden Willenserklärungen z. B. bei der Dereliktion und Okkupation aus den gesamten Umständen des Falles sich ergeben, daß die Handlung von dem Handelnden als Vertreter eines anderen in dessen Namen vorgenommen wurde. Bei empfangsbedürftigen Willenserklärungen muß hinzutreten, daß die Willenserklärung dem anderen Teile gegenüber als eine im Namen des Vertretenen erfolgende abgegeben wurde. In entsprechender Weise gestaltet sich das Verhältnis nach Abs. 3 bei der Abgabe einer Willenserklärung gegenüber einem Vertreter. Hier muß aus den Umständen der Wille erhellen, daß die Erklärung als solchem gegenüber abgegeben wurde.

2. Über die Bedeutung des im Abs. 2 ausgesprochenen Grundsatzes, daß wenn der Wille, im fremden Namen zu handeln, nicht erkennbar hervortritt, der Mangel des Willens, im eigenen Namen zu handeln, nicht in Betracht kommt, herrscht Streit. Nach der einen Ansicht hat der Satz nur die Bedeutung, daß der Vertreter sich nicht auf den Mangel des Willens, im eigenen Namen zu handeln, berufen könne, während dem anderen Teile das Recht zustehe, sich auch an den Vertretenen zu halten (s. Windscheid-Kipp, I § 73; Cosack, I § 66 I 1c; Kuhlenbeck, Erl. 3 zu § 164; Rehbein, Erl. I 3b zu §§ 164—181; Eck, S. 66). Nach der anderen Ansicht wird das Rechtsgeschäft in jeder Beziehung als ein von dem Vertreter im eigenen Namen vorgenommenes behandelt; der Vertreter allein wird dadurch berechtigt und verpflichtet, und der andere Teil kann sich nur an ihn halten. Für diese Auffassung spricht sowohl der Wortlaut als die Entstehungsgeschichte des fraglichen Satzes. Hatte der Vertreter den Willen, nicht im eigenen Namen zu handeln, absichtlich verschwiegen, so liegt eine Mentalreservation vor, die nach § 116 nicht berücksichtigt wird. Hatte er irrtümlich geglaubt, die Erklärung im Namen des Vertretenen abgegeben zu haben, so würde er sie auf Grund des § 119 anfechten können. Dieses Recht wird ihm durch Abs. 2 entzogen. Die Erklärung gilt also unanfechtbar als seine eigene und erzeugt alle Wirkungen einer solchen. Aus einer solchen Erklärung kann aber der andere Teil niemals Rechte gegen den Vertretenen ableiten. Hätte das Gesetz dem anderen Teile trotzdem nach seiner Wahl auch ein Recht gegen den Vertretenen beilegen wollen, so hätte es dazu einer besonderen Bestimmung bedurft. Daß dem Vertreter trotz des Abs. 2 wie z. B. Kipp a. a. O. und Schloßmann II § 52 annehmen, die Anfechtung seiner Erklärung auf Grund des § 119 zustehe, wenn er irrtümlich geglaubt habe, den Willen, im Namen des Vertretenen zu handeln, genügend ausgedrückt zu haben, läßt sich nicht rechtfertigen, denn nur in diesem Falle würde ihm überhaupt ein Anfechtungsrecht zustehen und dieses wird ihm durch den Abs. 2 entzogen.

Nicht ausgeschlossen durch Abs. 2 ist die Möglichkeit, daß jemand einen Vertragsantrag an einen anderen in der Art macht, daß der Antrag, je nachdem der andere Inhaber des Geschäfts, mit welchem der Abschluß des Vertrags beabsichtigt wurde, oder Vertreter dieses Inhabers ist, an ihn als Person oder an ihn als Vertreter gerichtet wird. Erklärt dann der andere die Annahme des Antrags, so ist diese, auch wenn er nichts darüber sagt, ob er Geschäftsinhaber oder Vertreter sei, doch, wenn er das letztere in Wirklichkeit war, als im Namen des Geschäftsinhabers abgegeben anzusehen. Es ist auch nicht erforderlich, daß der Antragende ausdrücklich erklärt, er mache seinen Antrag an den anderen, je nachdem dieser der Inhaber des Geschäfts oder ein Vertreter sei, an ihn als Person oder als Vertreter; vielmehr kann aus den Umständen erhellen, daß er den angetragenen Vertrag nur mit dem Inhaber des Geschäfts abschließen wollte und in diesem Falle kann seine Erklärung an die ihm gegenüberstehende Person nicht anders als in dem oben angegebenen Sinne aufgefaßt werden. Ein solches Verhältnis liegt z. B. immer vor, wenn jemand in einen offenen Laden kommt und dort von der ihm gegenübertretenden Person, von der er nicht weiß, ob sie der Inhaber des Ladens oder ein Angestellter ist, eine Sache kauft. War der Verkäufer hier nicht der Geschäftsinhaber selbst, sondern ein Angestellter desselben, so ist aus den Umständen des Falles klar zu entnehmen, daß die Vertragserklärung des Käufers an den andern als den Vertreter des Geschäftsinhabers und ebenso die Vertragserklärung des anderen von ihm im Namen des Geschäftsinhabers abgegeben war. Man wird zu demselben Ergebnis auch dann gelangen müssen, wenn der Käufer die ihm gegenüberstehende Person für den Geschäftsinhaber hielt, während sie nur ein Vertreter desselben war, sofern nur feststeht, daß die Absicht dahin ging, mit dem Inhaber des Geschäfts zu kontrahieren (Rspr. Bd. 5 S. 48; vgl. auch RG. Bd. 30 S. 77).

Im Anschluß an eine im bisherigen Rechte vielfach vertretenen Ansicht (s. Lenel a. a. O.) wird von manchen auch für das BGB. der Satz verteidigt, daß der § 164 Abs. 2 keine Anwendung finde auf den Erwerb des Besitzes und des Eigentums, daß es hierbei vielmehr lediglich darauf ankomme, ob derjenige, an welchen der Besitz bezw. das Eigentum übertragen werde, für sich oder als Vertreter eines anderen erwerben wolle, während es auf die Absicht des Übertragenden nicht ankomme, weil es diesem gleichgültig sei, wer den Besitz und das Eigentum erwerbe (Hellmann, Krit. Viert. F. 3 Bd. 5 S. 243; Hölder, Erl. 2 zu § 164 und die oben zitierten Schriftsteller). Was zunächst den Besitzerwerb angeht, so kommt für diesen allerdings der Abs. 2 nicht in Betracht. Der Besitzdiener erwirbt den Besitz von Sachen, welche er für den Dienstherrn in seine tatsächliche Gewalt nimmt, nach § 855 unmittelbar für den Dienstherrn; der Stellvertreter erwirbt den unmittelbaren Besitz immer sich selbst und nur den mittelbaren Besitz dem Vertretenen (§ 868). Auf die für den Eigentumserwerb neben der Übergabe erforderlichen Einigung findet aber sowohl § 164 Abs. 1 als auch Abs. 2, 3 Anwendung. Soll die Einigung nicht für diejenige Person, an welche das Eigentum übertragen wird, sondern unmittelbar für einen von ihm Vertretenen wirken und diesem also direkt das Eigentum verschaffen, so müssen die beiderseitigen Willenserklärungen den Erfordernissen der Abs. 1, 3 entsprechen und wenn der Wille, im Namen des Vertretenen das Eigentum zu erwerben, nicht erklärt ist oder aus den Umständen erhellt, so erwirbt nach Abs. 2 derjenige das Eigentum, welcher die Einigung abgeschlossen hat. Ebenso wie in den oben hervorgehobenen Fällen ist es auch hier möglich, daß die Erklärung, das Eigentum zu übertragen, an die gegenüberstehende Person in der Art gerichtet wurde, daß diese, je nachdem sie im eigenen Namen oder als Vertreter eines anderen handele, das Eigentum für sich selbst oder für den Vertretenen erwerben solle; wenn die Übertragungserklärung in dieser Art abgegeben ist, so erwirbt der andere Teil, wenn er Vertreter war, durch die von ihm abgegebene Einigungserklärung das Eigentum dem von ihm Vertretenen. Auch hier braucht die Absicht, die Erklärungen in der angegebenen Art abzugeben, nicht ausdrücklich ausgesprochen zu sein, sondern kann aus den Umständen erhellen. Viel zu weit geht es aber, die Einigung bei der Eigentumsübertragung immer als in solcher Art erfolgt anzusehen. Die Absicht kann aus der causa, auf Grund deren die Eigentumsübertragung erfolgt, erhellen. Ist z. B. ein Kauf von einem Vertreter im Namen eines anderen abgeschlossen und wird ihm nun von dem Verkäufer das Eigentum übertragen, so ist auch ohne daß dies ausdrücklich gesagt wird, die Übertragung an ihn als Vertreter erfolgt anzusehen. Liegen aber solche besonderen Umstände nicht vor, hatte z. B. der Vertreter den Kauf abgeschlossen ohne kund zu geben, daß er als Vertreter handele, und war er also aus dem Kaufe allein berechtigt und verpflichtet, so ist auch die Übertragung des Eigentums nicht an ihn als Vertreter, sondern als im eigenen Namen erfolgt anzusehen. Selbst bei dem Kaufe gegen Barzahlung, wenn also Kauf und Eigen-

§. 165. Die Wirksamkeit einer von oder gegenüber einem Vertreter abgegebenen Willenserklärung wird nicht dadurch beeinträchtigt, daß der Vertreter in der Geschäftsfähigkeit beschränkt ist.

---

tumsübertragung zusammenfallen, kann man nicht ohne weiteres annehmen, daß aus den Umständen erhelle, daß der Käufer, falls er in Wirklichkeit Vertreter eines anderen war, die Einigung in dessen Namen abgeschlossen habe. Eck führt folgendes Beispiel an: Wenn meine Hausdame mit einer Vollmacht, aber ohne diese zu erwähnen, ein Dutzend silberner Löffel für mich kauft und mit meinem Gelde bezahlt, dann aber die Löffel vor der Ablieferung an mich bei ihr gepfändet werden, kann ich dann keine Widerspruchsklage nach CPO. § 771 erheben? Die Frage ist zu verneinen, und wenn die Hausdame — wie aus einem anderen Beispiel Ecks hinzugefügt werden mag — auf dem Heimwege stirbt, so gehören die Löffel zu ihrem Nachlaß und bei dem Konkurs über diesen zur Konkursmasse. Die Hausdame hatte das Eigentum der Löffel erworben. Sie ist verpflichtet, das Eigentum dem Auftraggeber zu übertragen, und diese Übertragung, kann nach § 181 auch durch ein von ihr, im Namen des Auftraggebers, mit sich selbst im eigenen Namen vorgenommenes Rechtsgeschäft erfolgen. Ein solches wird als stillschweigend vorgenommen z. B. dann anzusehen sein, wenn die Hausdame die Löffel in den Schrank des Auftraggebers legt. Solange eine solche Übertragung aber nicht erfolgt ist, bleibt die Hausdame Eigentümerin. Wenn Eck dagegen geltend macht, daß der Verkäufer bei der Übergabe der Sache nicht die Absicht gehabt habe, das Eigentum dem Geschäftsgegner selbst und nur ihm zu übertragen, so kann dies nicht anerkannt werden. Der Verkäufer wollte mit der Hausdame kontrahieren; diese sollte ihm gegenüber verpflichtet, aber auch berechtigt werden. Daß er die Berechtigung nicht gewollt oder daß es ihm auch nur gleichgültig gewesen wäre, wer berechtigt werde, ergibt sich aus den Umständen des Falles nicht, vielmehr ist sehr wohl möglich, daß er ein Interesse dabei hat, daß die Hausdame Eigentümerin wird. Ein solches Interesse würde vorliegen, wenn er aus dem Vertrage noch einen Anspruch gegen die Hausdame hat, wenn z. B. der Kaufpreis nicht vollständig bezahlt oder das gezahlte Geld falsch war. Selbst wenn der Verkäufer wußte, daß die ihm gegenüberstehende Dame Hausdame eines anderen sei, genügt dies nicht, um die Annahme zu rechtfertigen, daß der Vertrag von ihr und mit ihr als Vertreterin desjenigen, dessen Hausdame sie war, abgeschlossen sei, denn eine Hausdame kann ein Dutzend silberne Löffel ebensogut für sich wie für den Hausherrn erwerben wollen. Anders liegt das Verhältnis, wenn etwa ein Dienstbote auf dem Markte oder in einem Laden Sachen, von denen nach ihrer Beschaffenheit anzunehmen ist, daß er sie nicht für sich, sondern für seinen Dienstherrn erwerben wolle, einkauft. Hier wird man regelmäßig aus der Eigenschaft des Käufers als eines Dienstboten und aus der Art der eingekauften Sachen schließen können, daß der Kauf und Eigentumserwerb von dem Dienstboten im Namen seiner Dienstherrschaft erfolgt sei. Die von Eck geltend gemachten Gesichtspunkte würden dahin führen, besondere Vorschriften über die sog. mittelbare Vertretung aufzunehmen. Die dafür und dagegen sprechenden Gründe sind in der Kommission eingehend erwogen (s. Vorbm. 3 zu diesem Titel oben S. 284); näher darauf einzugehen, ist hier nicht der Ort. Nur darauf mag hingewiesen werden, daß, wenn man diesen Weg einschlagen wollte, eine Vorschrift wie die von Eck verteidigte nicht genügen würde, daß vielmehr noch eine Reihe anderer Vorschriften zum Schutze des Dritten, welcher sich mit dem Vertreter in dem Glauben eingelassen hat, daß derselbe im eigenen Namen handle, notwendig sein würde (s. die Anträge in P. II Bd. 2 S. 360 ff.). Das BGB. hat solche Vorschriften nicht aufgenommen; gegen eine Auslegung wie die von Eck versuchte dürfte nicht nur die juristische Konsequenz, sondern auch die Berücksichtigung berechtigter materieller Interessen sprechen.

§ 165.

E. II § 135 rev. § 161; III § 161. P. II Bd. 1 S. 138 ff. D. S. 617.

1. **Beschränkte Geschäftsfähigkeit eines Vertreters.** Die Willenserklärung eines Geschäftsunfähigen ist nichtig (§ 105), die ihm gegenüber abgegebene empfangsbedürftige Willenserklärung ist unwirksam (§ 131). Dies gilt auch für die von einem geschäftsunfähigen Vertreter oder ihm gegenüber abgegebene Willenserklärung, weil die Erfordernisse einer solchen aus der Person des Vertreters beurteilt werden. Die in der Geschäftsfähigkeit beschränkten Personen sind willensfähig, sie werden aber durch die Vorschriften über die von ihnen und ihnen gegenüber vorgenommenen Rechtsgeschäfte gegen Nachteile geschützt (§§ 106 ff., 114, 131 Abs. 2). Der Zweck

dieser Vorschriften schließt ihre Anwendung auf solche Rechtsgeschäfte aus, welche von einem in der Geschäftsfähigkeit beschränkten Vertreter oder ihm gegenüber vorgenommen werden. Solche Rechtsgeschäfte haben nach § 164 nur für den Vertretenen, nicht für den Vertreter rechtliche Wirkung. Der letztere kann dadurch also einen rechtlichen Nachteil nicht erleiden; sein Interesse steht mithin der Wirksamkeit der fraglichen Rechtsgeschäfte nicht im Wege. Um Zweifel abzuschneiden, ist dieser Satz in dem § 165 ausdrücklich ausgesprochen. Er bezieht sich sowohl auf gesetzliche Vertreter wie auf Bevollmächtigte. Nach § 1780 kann indessen nicht zum Vormunde bestellt werden, wer wegen Geistesschwäche, Verschwendung oder Trunksucht entmündigt ist. Die Bestellung einer solchen Person zum Vormund ist nichtig, der Bestellte ist nicht Vormund und zur Vertretung des Mündels nicht berechtigt. (Ebenso bei dem Testamentsvollstrecker nach § 2201.) Nach § 1781 Nr. 1 soll zwar zum Vormund auch nicht bestellt werden, wer minderjährig oder nach § 1906 unter vorläufige Vormundschaft gestellt ist. Eine dieser Vorschrift zuwider erfolgte Bestellung ist aber nicht nichtig; auf einen solchen Vormund findet daher die Vorschrift des § 165 Anwendung. Das Interesse des Mündels wird dadurch gewahrt, daß das Vormundschaftsgericht nach § 1886 den Vormund zu entlassen hat. Von einem Pfleger gilt dasselbe wie von einem Vormunde (§ 1915). Für die gesetzliche Vertretung kraft elterlicher Gewalt kommt der § 165 nicht in Betracht, weil die elterliche Gewalt ruht, wenn der Gewalthaber in der Geschäftsfähigkeit beschränkt ist. (§§ 1676, 1678, 1686, 1696.) Das der Ehefrau nach § 1357 Abs. 1 zustehende Recht, innerhalb ihres häuslichen Wirkungskreises den Ehemann zu vertreten, wird nicht dadurch berührt, daß sie in der Geschäftsfähigkeit beschränkt ist; es findet daher der § 165 auf sie Anwendung. Dem Ehemanne bleibt es überlassen, ob er sich gegen die hieraus ihm drohenden Nachteile durch Beschränkung des Vertretungsrechts (§ 1357 Abs. 2) schützen zu müssen glaubt. Auch auf den Vorstand einer juristischen Person (§§ 26, 80) sowie auf den nach Maßgabe des § 30 bestellten besonderen Vertreter findet der § 165 Anwendung. Sache der juristischen Person ist es, ob sie eine in der Geschäftsfähigkeit beschränkte Person trotz dieser Beschränkung zum Vertreter bestellen will. Dasselbe gilt von allen Vertretern, deren Vertretungsmacht auf einer Bevollmächtigung beruht.

Die Vorschrift des § 165 findet auch auf Vertreter Anwendung, die keine Vertretungsmacht haben. Auf die von ihnen und ihnen gegenüber vorgenommenen Rechtsgeschäfte finden, auch wenn sie in der Geschäftsfähigkeit beschränkt sind, die §§ 177, 178, 180 Anwendung. (Wegen des § 179 s. Erl. 2.)

2. Verhältnis zwischen dem in der Geschäftsfähigkeit beschränkten Vertreter und dem Vertretenen. Der § 165 betrifft nur die Wirksamkeit der von dem Vertreter oder ihm gegenüber vorgenommenen Rechtsgeschäfte, nicht das obligatorische Verhältnis zwischen dem Vertreter und dem Vertretenen bezw. dem Dritten, mit welchem das Rechtsgeschäft vorgenommen ist. Die Vertretung selbst begründet überhaupt kein obligatorisches Verhältnis zwischen dem Vertreter und dem Vertretenen; regelmäßig wird aber mit ihr ein obligatorisches Verhältnis verbunden sein (s. Erl. 3 zu § 167). Soweit dieses Verhältnis auf Rechtsgeschäft beruht, finden auf das letztere die Vorschriften der §§ 106 ff. Anwendung. Der Auftrag z. B., welcher der Erteilung der Vollmacht zu Grunde liegt, ist, wenn der Beauftragte bei dessen Annahme in der Geschäftsfähigkeit beschränkt war, nur wirksam, wenn der gesetzliche Vertreter des Beauftragten die Einwilligung oder Genehmigung dazu erteilt hat. Fehlt diese, so entstehen aus der Übernahme des Auftrags weder Verpflichtungen noch Rechte des Beauftragten gegen den Auftraggeber. Dasselbe gilt von allen anderen Rechtsgeschäften, welche der Erteilung der Vertretungsmacht zu Grunde liegen; es gilt auch von der Annahme der Bestellung zum Vorstand einer juristischen Person. Über die Frage, welchen Einfluß die Unwirksamkeit des der Vollmacht zu Grunde liegenden Rechtsgeschäfts auf die Vollmacht selbst hat, s. Erl. 3 zu § 167. War das der Bevollmächtigung zu Grunde liegende obligatorische Rechtsgeschäft unwirksam, so wird, wenn der Bevollmächtigte trotzdem als Vertreter des Vollmachtgebers handelte, regelmäßig eine Geschäftsführung ohne Auftrag vorliegen. In solchem Falle ist der Vertreter, wenn er in der Geschäftsfähigkeit beschränkt war, nach § 682 nicht nach den Vorschriften über Geschäftsführung ohne Auftrag, sondern nur nach den Vorschriften über den Schadensersatz wegen unerlaubter Handlungen und über die Herausgabe einer ungerechtfertigten Bereicherung verantwortlich. Wer, ohne Vertretungsmacht zu haben, als Vertreter ein Rechtsgeschäft mit einem anderen vornimmt, haftet demselben nach Maßgabe der §§ 179, 180; diese Haftung tritt aber nicht ein, wenn er in der Geschäftsfähigkeit beschränkt war, es sei denn, daß er mit Zustimmung seines gesetzlichen Vertreters handelte. (§ 179 Abs. 3.)

§. 166. Soweit die rechtlichen Folgen einer Willenserklärung durch Willensmängel oder durch die Kenntniß oder das Kennenmüssen gewisser Umstände beeinflußt werden, kommt nicht die Person des Vertretenen, sondern die des Vertreters in Betracht.

Hat im Falle einer durch Rechtsgeschäft ertheilten Vertretungsmacht (Vollmacht) der Vertreter nach bestimmten Weisungen des Vollmachtgebers gehandelt, so kann sich dieser in Ansehung solcher Umstände, die er selbst kannte, nicht auf die Unkenntniß des Vertreters berufen. Dasselbe gilt von Umständen, die der Vollmachtgeber kennen mußte, sofern das Kennenmüssen der Kenntniß gleichsteht.

---

§ 166.

E. I §§ 117 f.; II § 136 rev. § 162; III § 162. P. I S. 223 ff., 227 ff.; M. I S. 226 ff. P. II Bd. 1 S. 139 ff. D. S. 617.

1. **Beurteilung des Einflusses der Willensmängel und des Kennens von Tatsachen nach der Person des Vertreters.** Der § 166 Abs. 1 spricht die praktisch wichtigsten Konsequenzen des Grundsatzes aus, daß die Erfordernisse der Willenserklärung aus der Person des Vertreters beurteilt werden.

Die Willensmängel, welche die rechtlichen Folgen einer Willenserklärung beeinflussen, sind in den §§ 116—123 bestimmt. Ob eine Willenserklärung nichtig ist, weil der Erklärende einen geheimen Vorbehalt gemacht und der andere Teil diesen gekannt hat oder weil er die Erklärung nur zum Schein abgegeben oder nicht ernstlich gemeint hat (§§ 116—118), ob sie wegen eines Irrtums des Erklärenden (§ 119) oder wegen arglistiger Täuschung oder Drohung anfechtbar ist, bestimmt sich nach der Person des Vertreters. Nur wenn er den geheimen Vorbehalt gemacht, die Erklärung zum Schein abgegeben oder nicht ernstlich gemeint hat, ist die Erklärung nichtig; nur wenn er im Irrtume gewesen oder durch Drohung oder arglistige Täuschung zu der Erklärung bestimmt ist, findet die Anfechtung statt. Auf die Person des Vertretenen kommt es in allen diesen Beziehungen nicht an. Die Anfechtung des wegen eines Willensmangels in der Person des Vertreters anfechtbaren Willenserklärung steht aber dem Vertretenen zu. Sie erfolgt, wenn es sich um einen gesetzlichen Vertreter handelt, durch diesen. Beruhte die Vertretungsmacht auf einer Vollmacht, so wird neben dem Vertretenen auch der Vertreter als zur Anfechtung berechtigt angesehen werden müssen, indem die Vollmacht auch hierauf zu beziehen ist. Die Anfechtungsfrist beginnt, wenn die Willenserklärung wegen Drohung anfechtbar war, mit dem Aufhören der Zwangslage des Vertreters, wenn die Willenserklärung wegen Irrtums oder arglistiger Täuschung anfechtbar war, mit dem Zeitpunkt, in welchem der Vertreter oder der Vertretene von dem Irrtum oder von der Täuschung Kenntnis erhält (Hölder, Erl. 4 zu § 166).

Auf die Person des Vertreters kommt es ebenfalls an, wenn das Kennen oder Kennenmüssen eines Umstandes auf die rechtlichen Folgen einer Willenserklärung von Einfluß ist. Hat z. B. jemand gegenüber dem Vertreter eines anderen eine Willenserklärung abgegeben, die nach § 118 nichtig oder nach § 119 angefochten ist, so ist er zum Schadensersatze nach Maßgabe des § 122 nicht verpflichtet, wenn der Vertreter den Grund der Anfechtbarkeit kannte oder kennen mußte. Der Erwerb des Eigentums durch Veräußerung von seiten eines Nichtberechtigten (§ 932) tritt nicht ein, wenn die Veräußerung an einen Vertreter erfolgt und dieser dabei nicht in gutem Glauben war. Ähnlich z. B. in den Fällen der §§ 123 Abs. 2, 142 Abs. 2, 169, 179 Abs. 3, 307 Abs. 1, 405, 694, 892, 1424 Abs. 1, 1682 Abs. 1.

2. **Weisungen des Vollmachtgebers.** Durch den Abs. 2 wird die Regel des Abs. 1 für den Fall modifiziert, daß die Vertretungsmacht auf einer Vollmacht beruht und der Bevollmächtigte nach bestimmten Weisungen des Vollmachtgebers gehandelt hat. Der E. I § 118 beschränkte die Ausnahme auf den Fall, daß sich die Vollmacht auf ein bestimmtes Rechtsgeschäft bezieht. Der § 166 Abs. 2 erweitert die Ausnahme in zweifacher Beziehung. Es kommt nicht darauf an, daß die Vollmacht selbst eine begrenzte ist, sondern nur darauf, daß der Bevollmächtigte nach bestimmten Weisungen des Vollmachtgebers gehandelt hat, mögen diese in der Vollmacht selbst enthalten oder dem Bevollmächtigten auf Grund des zwischen ihm und dem Vollmachtgeber bestehenden obligatorischen Verhältnisses, z. B. des Auftrags oder Dienstverhältnisses, erteilt sein. Ferner ist nicht erforderlich, daß die Weisung des Vollmachtgebers auf Vornahme eines bestimmten Rechtsgeschäfts geht. Es genügt, daß in irgend welcher Beziehung eine bestimmte Weisung vor-

liegt und der Bevollmächtigte nach dieser gehandelt hat. So findet z. B. die Vorschrift des Abs. 2 Anwendung, wenn der Vollmachtgeber den Bevollmächtigten angewiesen hat, für ihn eine bestimmte Sache von einer bestimmten Person zu erwerben, und ist nicht erforderlich, daß durch die Weisung auch bestimmt ist, ob der Erwerb durch Kauf, Tausch oder Schenkung erfolgen soll. Vorausgesetzt wird indessen, daß die Weisung im Zusammenhange steht mit demjenigen Umstand, auf dessen Kennen oder Kennenmüssen es ankommt. Ein solcher Zusammenhang liegt in dem obigen Beispielsfalle vor, wenn der Erwerb nach § 932 davon abhängt, daß der Erwerber in gutem Glauben ist, oder nach § 892 davon, daß dem Erwerber die Unrichtigkeit des Grundbuchs nicht bekannt ist. Der Vollmachtgeber kann sich hier auf den guten Glauben bezw. die Unkenntnis des Bevollmächtigten nicht berufen, wenn er selbst nicht in gutem Glauben war bezw. die Unrichtigkeit des Grundbuchs kannte. War aber z. B. die Weisung nur insofern eine bestimmte, als sie dahin ging, eine Sache von einer bestimmten Art zu einem bestimmten Preise zu erwerben, ohne daß die Person bezeichnet war, von welcher der Erwerb erfolgen sollte, so findet die Vorschrift des Abs. 2 keine Anwendung.

Nicht genügend ist es, daß der Vollmachtgeber von dem durch den Bevollmächtigten vorgenommenen Rechtsgeschäfte Kenntnis hat. Erwirbt z. B. ein Generalbevollmächtigter namens des Vollmachtgebers in gutem Glauben eine bewegliche Sache durch Veräußerung von seiten des Nichteigentümers, so wird der Vollmachtgeber Eigentümer, auch wenn er wußte, daß die Sache dem Veräußerer nicht gehöre (a. A. Hölder, Erl. 5 zu § 166; Rehbein, Erl. I 4c zu §§ 164 bis 181 wegen angeblich zu enger Fassung des Abs. 2).

Der Abs. 2 geht nicht, wie in der gemeinrechtlichen Theorie bisweilen verteidigt wird, so weit, daß in den fraglichen Fällen überhaupt nur auf das Kennen oder Kennenmüssen des Vertretenen abgestellt wird. Der Vertretene kann sich darauf, daß er einen Umstand nicht kannte bezw. nicht kennen mußte, niemals berufen, wenn der Vertreter den Umstand kannte bezw. kennen mußte. Auch wenn die Vollmacht z. B. dahin ging, eine bestimmte Sache von einer bestimmten Person zu einem bestimmten Preise zu erwerben, und der Vollmachtgeber sowohl bei der Erteilung der Vollmacht als auch beim Abschlusse des Erwerbsgeschäfts in gutem Glauben war, so erwirbt er das Eigentum nicht, wenn der Bevollmächtigte bei der Übertragung des Eigentums nicht in gutem Glauben war. Hierbei tritt wieder der Unterschied zwischen einem Vertreter und einem Boten scharf hervor. Wird durch einen Boten die Erklärung überbracht, daß sein Auftraggeber die fragliche Sache zu dem bestimmten Preise kaufen und sich übertragen lassen wolle, und wird der Bote mit der Überbringung der Annahmeerklärung und der Sache beauftragt, so kommt es nur auf den guten Glauben des Erwerbers, nicht auf den des Boten an.

Die Ausnahme des Abs. 2 bezieht sich, obwohl in ihm die Willensmängel nicht erwähnt sind, doch insofern auch auf diese, als bei ihnen die Kenntnis von Umständen in Betracht kommt. (Hellmann, Krit. Viert. F. 3 Bd. 5 S. 244; derselbe, Vorträge S. 146 ff.). Die Willenserklärung eines Bevollmächtigten z. B., der eine Sache auf Weisung des Vollmachtgebers kaufte, kann nicht auf Grund des § 119 Abs. 2 wegen eines Irrtums des Bevollmächtigten über Eigenschaften der Sachen angefochten werden, wenn der Vollmachtgeber diese Eigenschaften bei der Weisung kannte. Über die Frage, wie das Verhältnis in den Fällen des § 123 Abs. 2 zu beurteilen ist, s. Erl. 4 zu § 167.

3. Die Vorschriften des § 166 Abs. 1 enthalten, wie schon oben hervorgehoben ist, nur **Konsequenzen des allgemeinen Prinzips, daß die Erfordernisse der Willenserklärung, weil sie Willenserklärung des Vertreters ist, aus dessen Person zu beurteilen sind.** Aus diesem Prinzipe sind alle Fragen zu entscheiden, für welche das BGB. eine ausdrückliche Bestimmung nicht gibt. So ist insbesondere die Frage, wie die Willenserklärung auszulegen und ob neben der ausdrücklichen noch eine stillschweigende Willenserklärung erfolgt ist, lediglich aus der Person des Vertreters zu entscheiden.

4. **Die rechtlichen Wirkungen des Rechtsgeschäfts treten in der Person des Vertretenen ein.** Aus diesem Prinzip ergibt sich, welche Erfordernisse aus der Person des Vertretenen zu beurteilen sind. Die Fähigkeit, die durch das Rechtsgeschäft begründeten Rechte zu erwerben, muß in der Person des Vertretenen vorhanden sein. Das Rechtsgeschäft ist unwirksam, wenn der Vertretene das dadurch für ihn begründete Recht nicht erwerben kann, mochte auch der Vertreter dazu imstande sein (s. z. B. EG. Art. 86—88). Soweit Formvorschriften auf die Person, welche die Willenserklärung abgibt, Rücksicht nehmen, hängt die Frage, ob die Person des Vertreters oder des Vertretenen entscheidend ist, davon ab, welchen Zweck die Formvorschrift verfolgt. Eine besondere Formvorschrift für Blinde oder Taube z. B. kommt nur zur Anwendung, wenn der Vertreter, nicht wenn der Vertretene blind oder taub ist.

§. 167. Die Ertheilung der Vollmacht erfolgt durch Erklärung gegenüber dem zu Bevollmächtigenden oder dem Dritten, dem gegenüber die Vertretung stattfinden soll.

Die Erklärung bedarf nicht der Form, welche für das Rechtsgeschäft bestimmt ist, auf das sich die Vollmacht bezieht.

---

§ 167.

E. II § 137 rev. § 163; III § 163; M. I S. 228 ff. P. II Bd. 1 S. 143 ff., Bd. 6 S. 124 ff., 134. D. S. 617.

Eccius, Zur Lehre von der Vollmacht nach Bürgerlichem Gesetzbuche, in Gruch. Bd. 47 S. 219.

1. Selbständige Natur der Vollmacht. In dem § 167 gelangt das Prinzip zum scharfen Ausdrucke, daß die Vollmacht ein selbständiges Rechtsgeschäft ist. In den bisherigen Gesetzgebungen sowie in der älteren gemeinrechtlichen Theorie werden häufig Auftrag und Vollmacht miteinander vermischt. Der § 167 schließt eine solche Vermischung aus. Der Auftrag ist ein Vertrag, durch den sich der Beauftragte verpflichtet, Geschäfte des Auftraggebers zu besorgen. Die zu besorgenden Geschäfte können in der Vornahme von Rechtsgeschäften für den Auftraggeber bestehen, und mit dem Auftrage kann die Vollmacht verbunden sein, diese Rechtsgeschäfte im Namen des Vollmachtgebers vorzunehmen. Die Bevollmächtigung ist jedoch auch in diesem Falle ein zwar durch den Auftrag veranlaßtes, aber selbständig neben demselben bestehendes Rechtsgeschäft (Rspr. Bd. 7 S. 4). Der Bevollmächtigung liegt auch keineswegs immer ein Auftrag zu Grunde; sie kann durch mannigfache andere Rechtsverhältnisse veranlaßt sein; sie kann insbesondere auf einem Dienst- oder Werkvertrag oder auf einem Gesellschaftsvertrage beruhen (§§ 675, 714). Die Bevollmächtigung kann auch lediglich im Interesse des Bevollmächtigten oder im Interesse des Dritten, mit welchem das Rechtsgeschäft vorgenommen werden soll, erfolgen. Hierbei ist z. B. an solche Fälle zu denken, in welchen der Bevollmächtigte eine Forderung des Vollmachtgebers von einem Dritten zu erheben ermächtigt wird, den erhobenen Betrag aber für sich behalten soll, oder in welchem dem Dritten die Erfüllung einer Verbindlichkeit gegenüber dem Vollmachtgeber dadurch erleichtert werden soll, daß er an den Bevollmächtigten zahlen kann.

2. Erteilung der Vollmacht. Die Bevollmächtigung ist ein einseitiges empfangsbedürftiges Rechtsgeschäft. Die Annahme oder die Zustimmung des Bevollmächtigten ist nicht erforderlich. Die Vollmachterteilung braucht nicht einmal ihm gegenüber zu erfolgen, vielmehr genügt die Erklärung gegenüber demjenigen, welchem gegenüber die Vertretung stattfinden soll. Hier tritt das Charakteristische der Vollmacht besonders scharf hervor; sie ist die Willenserklärung, nach welcher das von dem Bevollmächtigten oder ihm gegenüber vorgenommene Rechtsgeschäft unmittelbar für und gegen den Vollmachtgeber wirken soll. Aus diesem Zwecke der Vollmacht folgert Lenel (S. 16, 19, 25), daß die Vollmacht gegenüber dem Dritten erklärt werden müsse, mit welchem das Rechtsgeschäft vorgenommen werden soll. Teile der Bevollmächtigte die ihm gegenüber erklärte Vollmacht dem Dritten mit, so fungiere er hierbei nur als Bote des Vollmachtgebers. Erfahre der Dritte die Vollmachterteilung weder durch den Prinzipal selbst noch durch den Bevollmächtigten als dessen Boten, so sei das von dem Bevollmächtigten mit ihm vorgenommene Rechtsgeschäft, auch wenn es im Namen des Vollmachtgebers abgeschlossen sei, doch nicht unmittelbar für und gegen diesen wirksam sondern bedürfe der Genehmigung desselben. So manches sich vom rein theoretischen Standpunkte für diese Auffassung sagen läßt, so ist sie doch mit der klaren Vorschrift des § 167 nicht vereinbar. Hiernach begründet auch die lediglich dem Bevollmächtigten gegenüber erfolgte Erteilung der Vollmacht die Vertretungsmacht für diesen und das von ihm im Namen des Vollmachtgebers mit dem Dritten vorgenommene Rechtsgeschäft wirkt, auch wenn der Dritte von der Vollmacht nichts weiß, unmittelbar für und gegen den Vertretenen. Wenn Eccius in der Lenelschen Auffassung einen auch von dem Standpunkte des BGB. aus berechtigten Gedanken insofern erblickt, als der Bevollmächtigte durch die Vollmacht kein eigenes Recht erwerbe, und das betreffende Rechtsgeschäft nur dann wirksam vornehmen könne, wenn der Vollmachtgeber zur Zeit der Vornahme des Rechtsgeschäfts dazu noch berechtigt sei, so ist dies zwar im allgemeinen richtig und es folgt daraus z. B., daß der zu der Übertragung des Eigentums einer dem Vollmachtgeber gehörenden Sache Bevollmächtigte das Eigentum nicht mehr übertragen kann, wenn der Vollmachtgeber dieses inzwischen verloren hat. Wenn aber Eccius aus jenem Gedanken weiter folgert, daß der Bevollmächtigte das

Rechtsgeschäft, zu dessen Vornahme er bevollmächtigt worden, nicht mehr vornehmen könne, wenn der Vollmachtgeber dazu nicht mehr imstande sei, weil er geschäftsunfähig oder in der Geschäftsfähigkeit beschränkt geworden, oder weil er gestorben sei und daß hiervon nur dann eine Ausnahme stattfinde, wenn die Vollmacht nicht abstrakt erteilt sei, sondern ihr ein Rechtsverhältnis zu Grunde liege, das durch den Eintritt der Geschäftsunfähigkeit oder der Beschränkung der Geschäftsfähigkeit oder durch den Tod nicht erlösche, so dürfte dies nicht richtig sein. Durch die gedachten Ereignisse wird nicht ausgeschlossen, daß die Wirkungen des Rechtsgeschäfts in der Person des Vollmachtgebers oder seiner Erben entstehen. Daß er selbst das Rechtsgeschäft nicht mehr vornehmen kann, kommt aber deshalb nicht in Betracht, weil die Vornahme des Rechtsgeschäfts sich nach der Person des Vertreters, nicht des Vertretenen bestimmt. Die Ansicht von Eccius würde bedeuten, daß die abstrakte Vollmacht mit dem Eintritte der gedachten Ereignisse erlöschen würde. Für eine solche Annahme bietet das BGB. aber keinen Anhalt. Über die Möglichkeit einer abstrakten Vollmacht s. Erl. 3.

Auch die Ansicht von Endemann I § 81 Nr. 2, 3, der nur die dem Dritten gegenüber erklärte oder ihm kundgegebene Vollmacht als echte Vollmacht ansieht, und dieser die dem Bevollmächtigten gegenüber erteilte Vollmacht als unechte gegenüberstellt, hat keinen Anhalt im BGB. Für die dem Dritten gegenüber erklärte oder ihm kundgegebene Vollmacht gelten zwar die besonderen Vorschriften der §§ 169—173; aber abgesehen von diesen hat die dem Dritten und die dem Bevollmächtigten gegenüber erklärte Vollmacht dieselbe rechtliche Natur (RG. Bd. 50 S. 75). Über die Frage, ob die Vollmacht auch durch Vertrag erteilt werden kann, s. Breit, Zur Lehre vom Rechtsgeschäft, im Sächs. Arch. Bd. 13 S. 306.

Für den Zeitpunkt, mit welchem die Wirksamkeit der Bevollmächtigung eintritt, sind die Vorschriften über empfangsbedürftige Willenserklärungen maßgebend (§ 130). Die Bevollmächtigung kann dem zu Bevollmächtigenden gegenüber auch dann wirksam erklärt werden, wenn derselbe in der Geschäftsfähigkeit beschränkt ist; die Einwilligung des gesetzlichen Vertreters (§ 131 Abs. 2) ist nicht erforderlich, weil die Bevollmächtigung keine Verpflichtung für den Bevollmächtigten begründet, ihm vielmehr nur eine Macht verleiht und daher im Sinne des § 131 Abs. 2 als eine Erklärung zu betrachten ist, welche dem Bevollmächtigten lediglich einen rechtlichen Vorteil bringt (§ 165; P. II Bd. 6 S. 134). Auch wenn die Vollmacht durch Erklärung gegenüber dem Dritten erteilt wird, mit welchem das Rechtsgeschäft vorgenommen werden soll, und dieser in der Geschäftsfähigkeit beschränkt ist, bedarf es der Einwilligung des gesetzlichen Vertreters desselben nicht, indem die rechtliche Lage des Dritten durch die Vollmacht in keiner Weise verschlechtert, sondern eher verbessert wird.

3. **Der Bevollmächtigung liegt regelmäßig ein materielles Rechtsverhältnis zu Grunde.** Ist dieses als Rechtsgrund in die Bevollmächtigung mit aufgenommen anzusehen, ist die Bevollmächtigung also ein kausales Rechtsgeschäft oder sie ist ein abstraktes Rechtsgeschäft, das zu dem zu Grunde liegenden Rechtsverhältnisse nur insofern in Beziehung steht, als sie das Mittel ist, um den durch jenes Rechtsverhältnis erstrebten Zweck zu erreichen? Beide Auffassungen sind möglich. Durch die zuletzt gedachte Auffassung wird nicht ausgeschlossen, daß die Vollmacht, obwohl abstrakt, doch nur für den Fall erteilt wird, daß das Rechtsverhältnis, welchem sie dienen soll, wirklich besteht, und daß sie erlöschen soll, wenn dieses Rechtsverhältnis wegfällt. Eine solche Beschränkung der Bevollmächtigung, die auch stillschweigend erfolgen kann, würde nach den Vorschriften über Bedingungen zu beurteilen sein, die Vollmacht würde daher nicht entstehen, wenn das betreffende Rechtsverhältnis nicht besteht, und sie würde erlöschen, wenn das Rechtsverhältnis wegfällt. Die abstrakte Natur der Bevollmächtigung würde aber durch die Möglichkeit, die Vollmacht in der gedachten Art zu beschränken, nicht berührt werden. Ist eine Beschränkung nicht hinzugefügt, so entsteht die Vollmacht, auch wenn das zu Grunde liegende Rechtsverhältnis nicht besteht, und bleibt bestehen, wenn dieses Rechtsverhältnis wegfällt. Über die Zulässigkeit des Widerrufs s. Erl. 3 zu § 168.

Bei der obengedachten ersten Auffassung folgt die Abhängigkeit der Vollmacht von dem zu Grunde liegenden Rechtsverhältnisse daraus, daß dieses als causa der Bevollmächtigung in dieselbe aufgenommen ist.

Eine Annäherung an die zweite Auffassung würde darin liegen, wenn man annähme, daß die kausale Natur der Bevollmächtigung nur die Regel bilde, daß es aber möglich sei, die Bevollmächtigung auch abstrakt zu erteilen.

Die Vorschriften des E. I §§ 119, 120 scheinen auf der ersten Auffassung zu beruhen. In M. I S. 229 wird gesagt, daß die Bevollmächtigung, die in Veranlassung eines Auftrags erteilt werde, unter der Bedingung stehe, „daß der bezüglich des Auftrags gestellte Vertragsantrag angenommen werde". In P. II Bd. 1 S. 145 wird dagegen gesagt: „von der im Abs. 3 des § 119 des E. I hinsichtlich des Erlöschens der Vollmacht ausgesprochenen Verweisung auf die Vorschriften über das Erlöschen des Auftrags sei Abstand zu nehmen, weil die Vollmacht kein abstraktes Rechtsgeschäft sei, sondern sich stets an ein anderes Rechtsverhältnis anlehne und mit dessen Existenz stehe und falle, eine solche Verweisung auch geeignet sei, die sonst im Entwurfe durchgeführte Trennung von Vollmacht und Auftrag zu verdunkeln."

Entscheidendes Gewicht ist auf diese Äußerung nicht zu legen, vielmehr wird zu prüfen sein, welche Auffassung den gesetzlichen Vorschriften selbst am meisten entspricht. Die Fassung des § 167 deutet auf ein abstraktes Rechtsgeschäft. In dem § 168 Satz 1 wird aber bestimmt, daß das Erlöschen der Vollmacht sich nach dem ihr zu Grunde liegenden Rechtsverhältnisse bestimme. Diese Vorschrift ergibt die Abhängigkeit der Vollmacht von dem zu Grunde liegenden Rechtsverhältnisse. Die Vorschrift spricht freilich nur von dem Erlöschen der Vollmacht. Bestimmt sich aber dieses nach dem zu Grunde liegenden Rechtsverhältnisse, so muß dasselbe auch von der Entstehung der Vollmacht gelten. Erlischt z. B. die Vollmacht, wenn der ihr zu Grunde liegende Auftrag erlischt, so kann sie auch nicht zur Entstehung gelangen, wenn der zu Grunde liegende Auftrag überhaupt nicht erteilt oder nichtig war. In demselben Sinne auszulegen ist der § 173. Finden die besonderen Vorschriften der §§ 170, 171 Abs. 2, 172 Abs. 2 über das Fortbestehen der Vollmacht unter den dort bezeichneten Voraussetzungen keine Anwendung, wenn der Dritte, mit welchem auf Grund der Vollmacht ein Rechtsgeschäft vorgenommen wurde, bei der Vornahme das Erlöschen der Vertretungsmacht kannte oder kennen mußte, so können jene Vorschriften auch dann keine Anwendung finden, wenn der Dritte bei der Vornahme des Rechtsgeschäfts wußte oder wissen mußte, daß der angeblich Bevollmächtigte niemals Vertretungsmacht erlangt habe. Erlischt z. B. die auf einem Auftrage beruhende Vollmacht, auch wenn sie durch Erklärung gegenüber dem Dritten erteilt oder diesem nach Maßgabe der §§ 171, 172 kundgegeben ist, mit dem Erlöschen des Auftrags, sofern der Dritte das Erlöschen kannte oder kennen mußte, so kann die Vollmacht ihm gegenüber auch nicht wirksam sein, wenn er wußte oder wissen mußte, daß ein Auftrag niemals bestanden habe. Dasselbe muß gelten, wenn ein anderes Rechtsverhältnis als der Auftrag der Vollmacht zu Grunde liegt. Auch die Vorschrift des § 170, daß die Vollmacht, wenn sie durch Erklärung gegenüber einem Dritten erteilt wird, diesem gegenüber in Kraft bleibt, bis ihm das Erlöschen von dem Vollmachtgeber angezeigt wird, muß dahin ausgelegt werden, daß der Anzeige von dem Erlöschen der Vollmacht die Anzeige gleich steht, daß die Vollmacht nicht zur Entstehung gelangt sei.

Hieraus ergibt sich für die Auffassung des BGB. folgendes: Das Bestehen wie das Erlöschen der Vollmacht ist abhängig von dem ihr zu Grunde liegenden Rechtsverhältnisse. Dies gilt, mag die Vollmacht durch Erklärung gegenüber dem Bevollmächtigten oder durch Erklärung gegenüber dem Dritten erteilt sein. In dem letzteren Falle ist aber das Nichtbestehen oder das Erlöschen des zu Grunde liegenden Rechtsverhältnisses nur dann von Bedeutung, wenn es dem Dritten von dem Vollmachtgeber angezeigt ist oder ihm bei der Vornahme des Rechtsgeschäfts bekannt war oder bekannt sein mußte. Diese Beschränkung gilt auch dann, wenn die Vollmacht dem Dritten nach Maßgabe der §§ 171, 172 kundgegeben ist (a. A. **Enneccerus-Lehmann** I § 90 Nr. 2, welcher sich an den Wortlaut der §§ 169—173 hält und deshalb dem Kausalverhältnis einen Einfluß nur auf das Erlöschen, nicht auf die Entstehung der Vollmacht zuschreibt; ebenso **Crome**, I § 104 I; **Hupka**, S. 161; **Endemann**, I § 81 Nr. 2, 3, dieser jedoch nur in betreff der von ihm als echte Vollmacht bezeichneten Vollmacht s. Erl. 2).

Zu beantworten bleibt noch die Frage, ob die fraglichen Vorschriften des BGB. als absolute oder dispositive zu betrachten sind, ob also die Vollmacht notwendig in der gedachten Abhängigkeit von dem ihr zu Grunde liegenden Rechtsverhältnis oder ob sie auch abstrakt erteilt werden kann. Die Fassung der betreffenden Paragraphen gibt für die Beantwortung dieser Frage keinen sicheren Anhaltspunkt. Für die dispositive Natur dürfte der Inhalt und der Zweck der fraglichen Vorschriften sprechen. Es ist nicht abzusehen, weshalb dem Vollmachtgeber nicht gestattet sein sollte, die Vollmacht in der Art zu erteilen, daß sie von dem Bestehen eines anderen Rechtsverhältnisses unabhängig ist. Eine unzulässige Unterwerfung unter fremden Willen kann darin nicht gefunden werden, weil dem Vollmachtgeber zu jeder Zeit der Widerruf zusteht. Für den Dritten aber, mit welchem ein Rechtsgeschäft vorgenommen werden soll, und mittelbar deshalb auch für den Vollmachtgeber selbst kann die abstrakte Bevollmächtigung von großem Interesse sein. Dieses Interesse wird durch die Vorschriften der §§ 170—172 anerkannt, nach denen selbst in dem gesetzlichen Regelfalle, daß die Vollmacht nicht abstrakt erteilt ist, die Wirkungen ihrer Abhängigkeit von dem zu Grunde liegenden Rechtsverhältnisse zu Gunsten des Dritten wesentlich modifiziert werden. Für das Bedürfnis des Verkehrs genügt dies aber nicht. Es wird allgemein anerkannt, daß es zulässig sein müsse, die auf einem bedingten oder beschränkten Auftrage beruhende Vollmacht unbedingt und unbeschränkt zu erteilen. Der Dritte soll, auch wenn er weiß, daß der Auftrag an gewisse Voraussetzungen gebunden ist, nicht genötigt sein zu prüfen, ob diese Voraussetzungen vorliegen. Regelmäßig wird diesem Bedürfnis allerdings schon durch die Vorschriften der §§ 170—173 genügt, aber der Dritte läuft dabei doch immer Gefahr, daß ihm später eingewendet wird, er habe wissen müssen, daß die Voraussetzungen des der Vollmacht zu Grunde liegenden Auftrags nicht vorgelegen haben. Weshalb soll es dem Vollmachtgeber nicht möglich sein, den Dritten aus dieser Gefahr zu befreien, wenn derselbe auf eine solche Sicherung entscheidendes Gewicht legt? Ebenso ist z. B. nicht abzusehen, weshalb jemand, der einem Minderjährigen einen Auftrag zur Vornahme eines Rechtsgeschäfts in seinem Namen erteilt hat, die Vollmacht dazu nicht unabhängig davon sollte erteilen können, ob der Auftrag von dem gesetzlichen Vertreter genehmigt und dadurch wirksam oder infolge der Verweigerung unwirksam ist. Festzuhalten ist bei dieser Auffassung freilich immer, daß die abstrakte Natur der Vollmacht die Ausnahme bildet und deshalb nur dann und nur insoweit angenommen werden darf, als die darauf gerichtete Absicht aus den Umständen erhellt.

4. Anfechtung der Vollmacht. Die Bevollmächtigung und das auf Grund derselben von dem Bevollmächtigten vorgenommene Rechtsgeschäft bilden nach der Auffassung des BGB. nicht ein zusammenhängendes Rechtsgeschäft, sondern sind zwei durchaus selbständige Rechtsgeschäfte. Die Wirksamkeit eines jeden von ihnen bestimmt sich daher nach den besonderen für Rechtsgeschäfte dieser Art geltenden Vorschriften, die Wirksamkeit der Bevollmächtigung nach den Vorschriften über einseitige empfangsbedürftige Willenserklärungen, die Wirksamkeit des zwischen dem Bevollmächtigten und dem Dritten vorgenommenen Rechtsgeschäfts, je nachdem es ein Vertrag oder eine von dem Bevollmächtigten oder eine ihm gegenüber vorgenommene einseitige Willenserklärung ist, nach den für Rechtsgeschäfte der einen oder der anderen Art geltenden Vorschriften. Ist die Bevollmächtigung unwirksam, so ist das von dem Bevollmächtigten vorgenommene Rechtsgeschäft von einem Vertreter ohne Vertretungsmacht vorgenommen und finden daher die §§ 177 ff. Anwendung. Ist die Bevollmächtigung wirksam, so treten die rechtlichen Wirkungen des von dem Bevollmächtigten oder ihm gegenüber vorgenommenen Rechtsgeschäfts, sofern dasselbe nach den dafür geltenden Bestimmungen unter Berücksichtigung der Vorschriften des § 166 wirksam ist, in der Person des Vollmachtgebers ein.

Ist die Erteilung der Vollmacht anfechtbar, so ist Anfechtungsgegner, je nachdem die Vollmacht gegenüber dem Bevollmächtigten oder dem Dritten erteilt ist, jener oder dieser; s. Erl. 3 zu § 143 (a. A. Hölder, Erl. 2 zu § 166, der den Dritten als Anfechtungsgegner betrachtet, weil die Anfechtung der Vollmacht nichts anderes sei als die Anfechtung des auf Grund desselben vorgenommenen Rechtsgeschäfts; Hupka, S. 139, welcher als Anfechtungsgegner sowohl den Bevollmächtigten als den Dritten betrachtet, weil die Erteilung der Vollmacht sowohl dem einen als dem anderen gegenüber habe erfolgen können, und welcher bei einer nicht auf Vornahme des Rechtsgeschäfts mit einem bestimmten Dritten erteilten Vollmacht auch Anfechtung durch öffentliche Erklärung zulassen will).

Die Anfechtbarkeit der Bevollmächtigung auf Grund des § 123 Abs. 2 Satz 1 hängt, je nachdem die Vollmacht durch Erklärung gegenüber dem zu Bevollmächtigenden oder dem Dritten erteilt ist, davon ab, ob der zu Bevollmächtigende oder der Dritte die Täuschung kannte oder kennen mußte, durch welche der Vollmachtgeber zu der Erteilung der Vollmacht bestimmt worden ist. Wenn in dem zuletztgedachten Falle der Dritte die Täuschung weder kannte noch kennen mußte, so ist es gleichgültig, ob der Bevollmächtigte die Täuschung kannte oder kennen mußte. Andererseits wird, wenn in dem erstgedachten Falle der Bevollmächtigte die Täuschung weder kannte noch kennen mußte, die Erteilung der Vollmacht nach Maßgabe des § 123 Abs. 2 Satz 1 nicht dadurch anfechtbar, daß der Dritte die Täuschung kannte oder kennen mußte. (A. A. Hupka, S. 152, der die Vollmacht, mag sie dem Bevollmächtigten oder dem Dritten gegenüber erteilt sein, beiden gegenüber für anfechtbar hält, wenn einer von ihnen den Betrug verübt hat, oder kannte oder kennen mußte.) Es fragt sich indessen, ob in diesem Falle nicht die Vorschrift des § 123 Abs. 2 Satz 2 Anwendung findet, nach welcher, wenn ein anderer als derjenige, welchem gegenüber die Erklärung abzugeben war, aus der Erklärung unmittelbar ein Recht erworben hat, die Erklärung ihm gegenüber anfechtbar ist, wenn er die Täuschung kannte oder kennen mußte. Durch die Erteilung der Vollmacht für sich allein erwirbt der Dritte noch kein Recht gegen den Vollmachtgeber. Wird aber auf Grund der Vollmacht von dem Bevollmächtigten ein Rechtsgeschäft mit dem Dritten vorgenommen, durch welches für diesen ein Recht begründet wird, so erwirbt der Dritte dieses Recht unmittelbar gegen den Vertretenen, weil der Bevollmächtigte Vertretungsmacht hatte. Diese Vertretungsmacht beruhte auf der Bevollmächtigung, und diese ist es also, durch welche der Dritte das durch das Rechtsgeschäft begründete Recht unmittelbar gegen den Vertretenen erwirbt. Die Rechtslage tritt noch klarer hervor, wenn man den Fall ins Auge faßt, daß ein Vertreter ohne Vertretungsmacht ein Rechtsgeschäft im Namen des Vertretenen mit einem Dritten vorgenommen, diesem z. B. das Eigentum einer Sache des Vertretenen übertragen hat. Das Eigentum geht durch dieses Rechtsgeschäft noch nicht auf den Dritten über. Genehmigt aber der Vertretene später das Rechtsgeschäft — und diese Genehmigung kann nach § 182 auch dem Vertreter gegenüber erklärt werden — so erwirbt der Dritte durch diese Genehmigung das Eigentum (§ 185 Abs. 2). In diesem Falle dürfte die Anwendbarkeit des § 123 Abs. 2 Satz 2 keinem Bedenken unterliegen. Die Vollmacht in dieser Beziehung aber anders zu behandeln als die Genehmigung, dürfte dem Wesen und Zwecke beider Rechtsgeschäfte nicht entsprechen. Dazu kommt, daß sich, wenn man die Anwendbarkeit des § 123 Abs. 2 Satz 2 verneint, ein praktisch wenig befriedigendes Resultat ergibt. Man denke an den Fall, daß der Dritte selbst die arglistige Täuschung vorgenommen hat, durch welche der Vollmachtgeber zu der Erteilung der Vollmacht bestimmt worden ist. Er würde zwar in solchem Falle dem Vollmachtgeber zum Schadensersatze verpflichtet sein; diese obligatorische Verpflichtung würde aber dem Vollmachtgeber nicht dieselbe Sicherheit gewähren wie die dinglich wirkende Anfechtbarkeit, würde ihm insbesondere, wenn der Dritte den durch das Rechtsgeschäft erworbenen Gegenstand weiter veräußert hat und selbst in Konkurs geraten ist, nicht helfen. Ob der Dritte, wenn er die Täuschung zwar nicht selbst verübt hat, sie aber kannte, dem Vollmachtgeber auch nur obligatorisch haftet, etwa auf Grund des § 826, oder ob dem Vollmachtgeber doch eine exceptio doli zur Seite steht, ist, mindestens für manche Fälle, zweifelhaft. Sicher ist, daß der Vollmachtgeber auch nicht einmal einen obligatorischen Anspruch gegen den Dritten hat, wenn dieser die Täuschung nicht kannte, aber doch kennen mußte. Überwiegende Gründe sprechen hiernach dafür, das einem Dritten aus dem von ihm mit einem Bevollmächtigten vorgenommenen Rechtsgeschäfte gegen den Vollmachtgeber erworbene Recht als ein ihm unmittelbar aus der Bevollmächtigung erworbenes Recht im Sinne des § 123 Abs. 2 Satz 2 zu betrachten und daher die durch Erklärung gegenüber dem zu Bevollmächtigenden erfolgte Bevollmächtigung nach Maßgabe jener Vorschrift auch dem Dritten gegenüber für anfechtbar anzusehen. (A. A. Hupka, S. 150, der indessen auf Grund seiner oben angeführten Ansicht zu demselben Ergebnisse gelangt.) Wird die Bevollmächtigung gegenüber dem Dritten angefochten, so stellt sich das zwischen ihm und dem Bevollmächtigten vorgenommene Rechtsgeschäft als von einem Vertreter ohne Vertretungsmacht vorgenommen dar und finden daher die §§ 177 ff. Anwendung; eine Verpflichtung des Bevollmächtigten gegenüber dem Dritten nach Maßgabe des § 179 Abs. 1 findet aber, da der Dritte die Anfechtbarkeit der Vollmacht kannte oder kennen mußte und dies nach § 142 Abs. 2 dem Kennen oder Kennenmüssen der Nichtigkeit gleichsteht, nach § 179 Abs. 3 nicht statt. Der Bevollmächtigte erleidet also durch die Anfechtbarkeit der Bevollmächtigung gegenüber dem Dritten keinen Nachteil.

Die Anfechtbarkeit des von dem Bevollmächtigten vorgenommenen Rechtsgeschäfts auf Grund des § 123 bestimmt sich, wie oben hervorgehoben ist, nach der Person des Bevollmächtigten und desjenigen, mit welchem das Rechtsgeschäft vorgenommen ist. Wenn dieser durch arglistige Täuschung zu dem Rechtsgeschäfte bestimmt worden und die Täuschung von einem Dritten verübt ist, so kann er, nach § 123 Abs. 2 Satz 1, das Rechtsgeschäft nur anfechten, wenn der Bevollmächtigte die Täuschung kannte oder kennen mußte. Der Vollmachtgeber ist aber im Sinne dieser Vorschrift nicht als ein Dritter zu betrachten, weil die Wirkungen des Rechtsgeschäfts in seiner Person eintreten. Hat er also die Täuschung verübt, so ist das Rechtsgeschäft anfechtbar, auch wenn der Bevollmächtigte die Täuschung weder kannte noch kennen mußte.

5. Das BGB. enthält keine Vorschriften über **vermutete oder stillschweigende Vollmacht.** Gesetzliche Vermutungen für eine Vollmacht bestehen nicht. Auch der § 714 bestimmt eine solche nicht, sondern enthält nur eine Auslegungsregel über die unter den Gesellschaftern in betreff der Geschäftsführung getroffenen Vereinbarungen. Daß die Erteilung der Vollmacht stillschweigend

erfolgen kann, ergibt sich aus den allgemeinen Grundsätzen (s. Vorbm. zum zweiten Titel I S. 203ff.). Ob eine Bevollmächtigung als stillschweigend erteilt anzusehen ist, läßt sich nur unter Berücksichtigung aller Umstände des einzelnen Falles bestimmen. Der Inhalt eines erteilten Auftrags oder eines zwischen zwei Personen bestehenden Dienstverhältnisses kann von solcher Art sein, daß aus den hiernach dem einen Teile obliegenden Geschäften geschlossen werden muß, daß er auch Vollmacht zur Vornahme derselben im Namen des anderen Teiles haben solle. Dies wird unter Umständen z. B. bei der Übertragung der Verwaltung eines Landguts oder eines ganzen Vermögens in betreff der bei einer solchen Verwaltung regelmäßig vorkommenden Geschäfte anzunehmen sein. Auch daraus, daß der eine Teil mit Wissen des anderen fortgesetzt gewisse Geschäfte im Namen des anderen vornimmt, kann unter Umständen auf eine von diesem an jenen stillschweigend erteilte Vollmacht zu Geschäften dieser Art geschlossen werden (s. Biermann, S. 23, Hupka, S. 181ff., Rehbein, Erl. I 1 zu §§ 164—181. RG. Bd. 23 S. 249. Bd. 1 S. 8. Bd. 43 S. 188. Bd. 50 S. 75). Zu weit gehen die von Biermann, S. 24 mitgeteilten Urteile, in welchen aus dem Anschluß an den Fernsprecher geschlossen wird, daß der betreffende Geschäftsmann seinen Angestellten Vollmacht gegeben habe, Willenserklärungen in seinem Namen durch den Fernsprecher abzugeben. Über die Annahme einer Ermächtigung für den Überbringer einer Quittung s. § 370. Die stillschweigende Erteilung ist ausgeschlossen, wo eine besondere Form für die Vollmacht vorgeschrieben ist (s. z. B. § 1945 Abs. 2).

6. Der **Umfang der Vollmacht** wird durch den Vollmachtgeber bestimmt. Das BGB. enthält keine Vorschriften über General- und Spezialvollmachten. Die §§ 2032, 2094 Abs. 2 des E. I, in welchen eine Spezialvollmacht gefordert wurde, sind gestrichen. Der Umfang der Vollmacht muß sich aus dem Inhalte der Bevollmächtigung ergeben. Bei der Auslegung derselben sind, wie bei der Auslegung anderer Rechtsgeschäfte, die Umstände des einzelnen Falles zu berücksichtigen und wird besonders der Zweck der Vollmacht und das ihr zu Grunde liegende Rechtsverhältnis in Betracht zu ziehen sein (vgl. Dernburg I § 164 IV; Hupka S. 181ff.). Die Vollmacht kann sowohl auf ein einzelnes Rechtsgeschäft als auch auf einen bestimmten Kreis von Rechtsgeschäften als auch auf alle von dem Vollmachtgeber oder ihm gegenüber vorzunehmenden Rechtsgeschäfte gerichtet sein. Zweifel können entstehen, wenn die Erteilung der Vollmacht sowohl gegenüber dem Bevollmächtigten, als gegenüber dem Dritten, mit welchem ein Rechtsgeschäft vorgenommen werden soll, erfolgt, der Umfang der Vollmacht aber beiden gegenüber verschieden bestimmt ist (Biermann S. 25; Hupka S. 212). Da sowohl die Erteilung der Vollmacht als nach § 168 auch der Widerruf derselben sowohl dem Bevollmächtigten als dem Dritten gegenüber erfolgen kann, so wird man im Zweifel anzunehmen haben, daß die von der früheren Erklärung abweichende spätere Erklärung die erstere modifizieren, also je nach dem Inhalt erweitern oder beschränken soll. Möglich ist indessen, daß wenn die dem Bevollmächtigten gegenüber abgegebene Erklärung beschränkter ist, hierdurch nur dem Bevollmächtigten eine Instruktion erteilt, nicht aber der Inhalt der Vollmacht beschränkt werden soll. Ob die Absicht hierauf oder auf eine Beschränkung der Vollmacht gerichtet ist, ist Auslegungsfrage. Immer aber bleibt die dem Dritten gegenüber erklärte oder ihm nach den §§ 171, 172 kundgegebene Vollmacht, auch wenn sie durch eine spätere Erklärung gegenüber dem Bevollmächtigten beschränkt ist, bestehen, solange der Dritte die Beschränkung nicht kannte oder kennen mußte (s. Erl. zu §§ 170—173).

7. **Zur Substitution eines anderen** ist der Bevollmächtigte nur befugt, wenn ihm dies durch die Vollmacht gestattet ist. Die Gestattung kann indessen auch stillschweigend erteilt werden. Dabei wird insbesondere das der Vollmacht zu Grunde liegende materielle Verhältnis zu berücksichtigen sein. Soweit der Bevollmächtigte die Geschäfte, welche er auf Grund jenes Verhältnisses also z. B. eines Auftrags, eines Dienstverhältnisses 2c. für den Geschäftsherrn zu besorgen hat, einem anderen nicht übertragen darf (vgl. §§ 613, 664, 713), ist er auch nicht berechtigt, die ihm zum Zwecke der Ausführung dieser Geschäfte erteilte Vollmacht auf einen anderen zu übertragen; soweit er aber diese Geschäfte einem anderen übertragen darf, wird er regelmäßig auch in betreff der Vollmacht als zur Substitution befugt anzusehen sein. Hat er diese Befugnis und bestellt er kraft derselben im Namen des Vollmachtgebers einen anderen zum Bevollmächtigten, so ist dieser zufolge des Grundsatzes, daß die rechtliche Wirkung des von dem Vertreter vorgenommenen Rechtsgeschäfts in der Person des Vertretenen eintritt, unmittelbarer Vertreter des Vollmachtgebers. Im Zweifel wird indessen anzunehmen sein, daß eine solche Substitution nur für die Dauer der Vollmacht des substituierenden Bevollmächtigten erfolgt ist (a. A. Hupka S. 356, der unterscheiden will, ob es sich um eine gewöhnliche

Substitution in betreff der dem Bevollmächtigten obliegenden Geschäfte oder um eine Ermächtigung des Vollmachtgebers zur Bestellung eines anderen Bevollmächtigten handle und der in dem ersteren Falle, wenn der Bevollmächtigte von der Substitutionsbefugnis Gebrauch mache, nur ein Rechtsverhältnis zwischen dem Bevollmächtigten und dem Substituten annimmt, während er für den zweiten Fall, der z. B. bei der von dem Prokuristen erfolgten Anstellung eines Handelsgehilfen vorliege, anerkennt, daß der von dem Bevollmächtigten neue Bevollmächtigte, unmittelbar in ein Rechtsverhältnis zu dem Vollmachtgeber trete, für diesen Fall aber bestreitet, daß im Zweifel die Dauer der ersten Vollmacht auch für die zweite Vollmacht maßgebend sei. Diese Unterscheidung dürfte weder theoretisch gerechtfertigt noch praktisch durchführbar sein und **Hupka** erkennt selbst an, daß auch in dem erstgedachten Falle der Substitut befugt sei, die betreffenden Rechtsgeschäfte im Namen des Vollmachtgebers vorzunehmen und dadurch zu bewirken, daß dieser unmittelbar berechtigt und verpflichtet werde (vgl. auch M. I S. 232. Über die Frage, ob ein zwischen dem Bevollmächtigten und dem Substituten vorgenommenes Rechtsgeschäft unter die Vorschrift des § 181 fällt s. Erl. zu § 181).

8. **Sind mehrere Bevollmächtigte** für dieselbe Angelegenheit bestellt, so kann dies die Bedeutung haben, daß nur alle gemeinschaftlich zur Vertretung des Vollmachtgebers befugt sind oder daß die Mehrheit oder jeder für sich diese Befugnis hat. Eine allgemeine Auslegungsregel gibt das BGB. in dieser Beziehung nicht; der Wille des Vollmachtgebers ist also in jedem einzelnen Falle durch Auslegung zu ermitteln. Über mehrere geschäftsführende Gesellschafter s. § 710 Satz 2. Ist jeder der mehreren Bevollmächtigten für sich allein befugt, den Vollmachtgeber zu vertreten, so kann es vorkommen, daß von den verschiedenen Bevollmächtigten Rechtsgeschäfte vorgenommen werden, die mit einander nicht vereinbar sind. Für rein obligatorische Rechtsgeschäfte wird eine solche Unvereinbarkeit niemals anzunehmen sein. Hat der eine Bevollmächtigte eine Sache des Vollmachtgebers, der andere Bevollmächtigte dieselbe Sache einem anderen verkauft, so widerspricht dies zwar der Absicht des Vollmachtgebers, da er nicht imstande ist, beide Verkäufe zu erfüllen, aber trotzdem sind beide Verkäufe gültig, da der Abschluß eines obligatorischen Vertrags über eine Sache einen anderen obligatorischen Vertrag über dieselbe Sache nicht unmöglich macht. Der Vollmachtgeber muß, wenn er den einen Kaufvertrag durch Übertragung der Sache erfüllt hat, dem anderen Käufer wegen verschuldeter Unmöglichkeit Schadensersatz leisten. Anders liegt das Verhältnis bei dinglichen Verträgen. Ist eine Forderung von dem einen Bevollmächtigten übertragen, so kann ein anderer Bevollmächtigter sie, da sie dem Vollmachtgeber nicht mehr zusteht, nicht mehr auf einen andern übertragen. In solchem Falle entscheidet also die Priorität; die erste Übertragung ist wirksam, die zweite ist unwirksam. Man kann den allgemeinen Grundsatz aufstellen, daß bei einer Kollision der von den mehreren Bevollmächtigten vorgenommenen Rechtsgeschäfte dasselbe gilt, wie wenn der Vollmachtgeber die sämtlichen Rechtsgeschäfte selbst vorgenommen hätte. Nur wird immer zu beachten sein, ob sich nicht bei der Erteilung einer Vollmacht zu demselben Rechtsgeschäft an mehrere aus den Umständen ergibt, daß die eine Vollmacht in der einen oder anderen Beziehung durch die andere Vollmacht beschränkt sein soll. Selbstverständlich wird auch der Vollmachtgeber durch die Erteilung der Vollmacht nicht gehindert, die Rechtsgeschäfte, zu deren Vornahme er Vollmacht gegeben, selbst vorzunehmen. Bei einer Kollision der von ihm und von dem Bevollmächtigten vorgenommenen Rechtsgeschäfte gelten dieselben Grundsätze wie bei der Kollision der von mehreren Bevollmächtigten vorgenommenen Rechtsgeschäfte. Insbesondere kann sich auch hier aus den Umständen ergeben, daß die Vollmacht in der Art beschränkt sein soll, daß die eigenen Handlungen des Vollmachtgebers denen des Bevollmächtigten vorgehen sollen (Rspr. Bd. 6 S. 37).

9. **Form der Vollmacht.** Der § 167 Abs. 2 spricht eine praktisch wichtige Konsequenz des Grundsatzes aus, daß die Vollmacht und das auf Grund derselben vorgenommene Rechtsgeschäft zwei selbständig nebeneinander bestehende Rechtsgeschäfte sind. Die für das eine derselben gegebene Formvorschrift gilt daher nicht ohne weiteres für das andere (RG. in DJZ. 1902 S. 475). Bildet übrigens die Erteilung der Vollmacht einen integrierenden Teil eines einer Form bedürfenden Rechtsgeschäfts und ist dieses Rechtsgeschäft wegen Formmangels nichtig, so ist nach § 139 regelmäßig auch die Vollmacht nichtig (RG. Bd. 50 S. 163).

Öffentlich beglaubigte Vollmacht ist erforderlich nach § 1945 Abs. 2 zur Ausschlagung einer Erbschaft und nach § 1484 zur Ablehnung der fortgesetzten Gütergemeinschaft; vgl. auch GBO. § 29; FGG. §§ 107—109; CPO. § 80; ZVG. §§ 71, 82.

§. 168. Das Erlöschen der Vollmacht bestimmt sich nach dem ihrer Ertheilung zu Grunde liegenden Rechtsverhältnisse. Die Vollmacht ist auch bei dem Fortbestehen des Rechtsverhältnisses widerruflich, sofern sich nicht aus diesem ein Anderes ergiebt. Auf die Erklärung des Widerrufs findet die Vorschrift des §. 167 Abs. 1 entsprechende Anwendung.

---

§ 168.

E. I § 119; II § 138 Abs. 1 rev. § 164; III § 164. P. I S. 228 ff., 249 ff., 2449 ff.; M. I S. 233 ff. P. II Bd. 1 S. 143 ff.

1. **Die Vollmacht erlischt,** sofern sie nicht abstrakt erteilt ist, **mit dem Erlöschen des ihr zu Grunde liegenden Rechtsverhältnisses** (s. Erl. 3 zu § 167). Aus diesem Verhältnisse kann sich auch ergeben, daß die Vollmacht mit dem Eintritte bestimmter Umstände erlischt, ohne daß das Verhältnis selbst im übrigen aufhört. Beruht die Vollmacht auf einem Auftrage, so bestimmt sich das Erlöschen nach den §§ 671—674, beruht sie auf einem Dienst- oder Werkvertrage, so findet der § 675, beruht sie auf einem Gesellschaftsverhältnisse, so finden die §§ 712, 715, 723—729, 736, 737 Anwendung (vgl. auch Rspr. Bd. 2 S. 244). Die subsidiäre Vorschrift des E. I § 119 Abs. 3, nach welcher für das Erlöschen der Vollmacht die Vorschriften über das Erlöschen des Auftrags gelten, soweit sich nicht aus dem Verhältnisse des Vollmachtgebers zu dem Bevollmächtigten ein anderes ergibt, hat das BGB. nicht aufgenommen. Ist die Vollmacht auf eine bestimmte Zeit oder bis zu dem Eintritt eines Ereignisses erteilt, so erlischt sie selbstverständlich mit dem Ablaufe der Zeit oder mit dem Eintritte des Ereignisses. Durch den Tod oder durch Geschäftsunfähigkeit des Vollmachtgebers oder des Bevollmächtigten erlischt die Vollmacht nur, wenn das ihr zu Grunde liegende Verhältnis durch die Ereignisse erlischt (a. A. wie es scheint Hölder, Erl. 1 b, c zu § 168 und in betreff des Todes Hupka, S. 379 ff. Sie erkennen indessen die Möglichkeit an, daß eine Vollmacht in der Art erteilt wird, daß sie auch nach dem Tode bezw. der Geschäftsunfähigkeit des Vollmachtgebers oder des Bevollmächtigten fortdauert. Eine auf solche Fortdauer gerichtete Absicht wird aber immer anzunehmen sein, wenn das der Vollmacht zu Grunde liegende Verhältnis nicht durch den Tod oder die Geschäftsunfähigkeit erlischt; vgl. auch Erl. 2 zu § 167). Über das Fortbestehen einer erloschenen Vollmacht für den Fall, daß die Vollmacht Dritten gegenüber erklärt oder kund gemacht ist s. Erl. zu §§ 170—173. Über das Erlöschen einer abstrakt erteilten Vollmacht s. Erl. 3.

2. **Widerruf der Vollmacht.** Der E. I § 119 Abs. 1, 2 stellte den Grundsatz auf, daß die Vollmacht immer widerrufen und auf die Widerruflichkeit nicht verzichtet werden könne. Der § 168 Satz 2 hält die Widerruflichkeit zwar als Regel fest, läßt aber Ausnahmen zu. Das Recht des Vollmachtgebers, die Vollmacht zu widerrufen, obwohl das zu Grunde liegende Rechtsverhältnis fortbesteht, ist von praktischer Bedeutung besonders bei dem Dienstvertrage. Das Dienstverhältnis kann von dem Dienstberechtigten einseitig nur aus den in den Gesetzen bestimmten Gründen (§§ 626, 627) aufgehoben werden; die auf Grund des Dienstverhältnisses dem Dienstverpflichteten erteilte Vollmacht aber kann jederzeit widerrufen werden (RG. in St. Bd. 36 S. 133). Durch die der Regel der Widerruflichkeit hinzugefügte Ausnahme wird für solche Fälle gesorgt, in denen die Vollmacht nicht im Interesse des Vollmachtgebers, sondern im Interesse des Bevollmächtigten oder des Dritten erteilt wird. Als Beispiel wird im P. II Bd. 1 S. 144 und in D. S. 617 der Fall angeführt, daß der Hypothekengläubiger bevollmächtigt wird, die Miet- oder Pachtgelder des verpfändeten Grundstücks zu erheben und sich daraus wegen der ihm gebührenden Zinsen zu befriedigen. Auch der Fall des § 1189 gehört hierher. Aus der Zulassung einer Beschränkung des Widerrufs darf nicht gefolgert werden, daß jede Vollmacht durch Vereinbarung zwischen dem Vollmachtgeber und dem Bevollmächtigten oder dem Dritten, dem gegenüber die Vertretung stattfinden soll, für unwiderruflich erklärt werden könnte. Das zu Grunde liegende Rechtsverhältnis muß die Beschränkung des Widerrufs ergeben, und die allgemeinen Grundsätze über Rechtsgeschäfte entscheiden darüber, ob und inwieweit durch Rechtsgeschäft ein Rechtsverhältnis begründet werden kann, welches die Widerruflichkeit der auf Grund desselben erteilten Vollmacht ausschließt. Ein Rechtsgeschäft z. B., durch welches jemand einem anderen die Verwaltung seines ganzen Vermögens und die Vertretung in allen vermögensrechtlichen Angelegenheiten unwiderruflich für immer überträgt, würde als gegen die guten Sitten verstoßend nichtig sein. (Rspr. Bd. 6 S. 37.) Die Ansicht von Lenel, S. 34, 38, daß die Unwiderruflichkeit der Vollmacht nur zwischen dem Vollmachtgeber und dem Dritten, mit welchem ein Rechtsgeschäft vor-

§. 169. Soweit nach den §§. 674, 729 die erloschene Vollmacht eines Beauftragten oder eines geschäftsführenden Gesellschafters als fortbestehend gilt, wirkt sie nicht zu Gunsten eines Dritten, der bei der Vornahme eines Rechtsgeschäfts das Erlöschen kennt oder kennen muß.

---

genommen werden soll, vereinbart werden könne, hängt mit seiner Auffassung von dem Wesen der Vollmacht (s. Erl. 2 zu § 167) zusammen und ist mit § 168 nicht vereinbar. Über beschränkende Auslegung einer im Interesse eines Dritten erteilten Generalvollmacht s. RG. Bd. 52 S. 96.

3. Der § 168 Satz 2 bezieht sich nicht direkt auf die **abstrakt erteilte Vollmacht**; das diesem Satze zu Grunde liegende Prinzip ist aber auch auf sie anzuwenden. Nach allgemeinen Grundsätzen würde die Aufhebung der abstrakt erteilten Vollmacht wegen Mangels des rechtlichen Grundes nach Maßgabe der Vorschriften der §§ 812 ff. gefordert werden können. Dies genügt aber wegen der besonderen Natur der Vollmacht nicht. Der § 168 Satz 2 bestimmt die Widerruflichkeit für die kausal beschränkte Vollmacht, sofern sich nicht aus dem zu Grunde liegenden Rechtsverhältnis ein anderes ergibt. Für die abstrakt erteilte Vollmacht ist hieraus das Prinzip der unbeschränkten Widerruflichkeit abzuleiten. Auch die abstrakte Vollmacht verfolgt zwar einen bestimmten Zweck, sie hat einen rechtlichen Grund im Sinne des § 812; dieser Rechtsgrund ist aber nicht in die Vollmacht aufgenommen, er ist nicht das ihr zu Grunde liegende Rechtsverhältnis im Sinne des § 168. Ein solches existiert, eben weil die Vollmacht abstrakt erteilt ist, nicht; es kann daher auch nicht in Frage kommen, daß sich aus ihm die Unzulässigkeit des Widerrufs ergebe; folglich ist die abstrakt erteilte Vollmacht immer widerruflich. Außer durch Widerruf erlischt die abstrakt erteilte Vollmacht nur mit dem Ablaufe der Zeit, für welche sie erteilt ist oder mit dem Eintritte der Umstände, die bei ihrer Erteilung als Erlöschungsgründe bestimmt sind. Daß sie mit dem Tode oder der Geschäftsunfähigkeit des Bevollmächtigten oder des Vollmachtgebers erlösche, läßt sich aus dem Wesen der abstrakten Vollmacht nicht ableiten (a. A. wie es scheint Hölder und Hupka a. a. O.; s. auch Erl. 2 zu § 167). Aus dem zu Grunde liegenden Verhältnisse kann in dieser Beziehung nichts gefolgert werden, weil hier eben vorausgesetzt wird, daß die Vollmacht abstrakt erteilt ist, also die Berücksichtigung jenes Verhältnisses ausgeschlossen werden sollte. Durch Tod oder Geschäftsunfähigkeit erlischt also die Vollmacht nur, wenn dies von dem Vollmachtgeber bestimmt ist. Möglich ist indessen auch hier eine sog. stillschweigende Willenserklärung (vgl. auch CPO. § 86).

4. Der Widerruf der Vollmacht ist ein **einseitiges empfangsbedürftiges Rechtsgeschäft.** Er kann sowohl dem Bevollmächtigten als dem Dritten, gegenüber welchem die Vertretung stattfinden soll, erklärt werden. Dabei ist es gleichgültig, ob die Erteilung der Vollmacht gegenüber dem einen oder gegenüber dem andern erfolgt ist. Die Ansicht, von Lenel S. 30, daß der richtige Adressat für den Widerruf der Dritte sei, ist durch die im § 168 Satz 3 vorgeschriebene entsprechende Anwendung des § 167 Abs. 1 ausgeschlossen. Soweit die rechtlichen Folgen einer Willenserklärung durch Willensmängel oder durch das Kennen oder Kennenmüssen gewisser Umstände beeinflußt werden, kommt es für den Widerruf der Vollmacht lediglich auf die Person des Vollmachtgebers und desjenigen an, welchem gegenüber der Widerruf erfolgt.

§ 169.

E. I § 119 Abs. 3; II § 138 Abs. 2 rev. § 165; III § 165. P. I S. 228 ff., 249 ff., 2449 ff. M. I S. 234 ff. P. II Bd. 2 S. 518 ff. D. S. 617.

Erlöschen der Vollmacht in den Fällen der §§ 674, 729. Nach § 674 gilt ein Auftrag, der auf andere Art als durch Widerruf erloschen ist, zu Gunsten des Beauftragten als fortbestehend, bis der Beauftragte von dem Erlöschen Kenntnis erhalten hat oder das Erlöschen kennen mußte. Ist mit dem Auftrag eine Vollmacht verbunden, so würde nach § 168 dasselbe für die Vollmacht gelten. Diese Konsequenz wird durch § 169 modifiziert. Die Vorschrift des § 674 ist im Interesse des Beauftragten gegeben; die von ihm auf Grund des Auftrags nach dem Erlöschen desselben vorgenommenen Handlungen sollen, wenn er das Erlöschen ohne sein Verschulden nicht kannte, dieselben Rechte gegen den Auftraggeber begründen, wie wenn der Auftrag noch fortbestanden hätte. Er kann also insbesondere Befreiung von den auf Grund des Auftrags von ihm übernommenen Verbindlichkeiten verlangen. Dieses Anspruchs bedarf er nicht, wenn er auf Grund der mit dem Auftrage verbundenen Vollmacht im Namen des Auf-

§. 170. Wird die Vollmacht durch Erklärung gegenüber einem Dritten ertheilt, so bleibt sie diesem gegenüber in Kraft, bis ihm das Erlöschen von dem Vollmachtgeber angezeigt wird.

---

traggebers gehandelt hat, indem das von ihm in solcher Art vorgenommene Rechtsgeschäft rechtliche Wirkungen nur für den Vertretenen, nicht für ihn begründet. An der Aufrechterhaltung eines von ihm in solcher Weise vorgenommenen Rechtsgeschäfts hat er nur insofern ein Interesse, als er dem Dritten wegen Mangels der Vertretungsmacht nach § 179 haften würde. Nach § 179 Abs. 3 haftet er aber nicht, wenn der Dritte den Mangel der Vertretungsmacht kannte oder kennen mußte. Die Rücksicht auf das Interesse des Beauftragten erfordert also in diesem Falle die Aufrechterhaltung des von ihm vorgenommenen Rechtsgeschäfts nicht. Diese würde lediglich dem Dritten zu statten kommen. Zu Gunsten des Dritten aber die erloschene Vollmacht noch als fortbestehend anzusehen, liegt kein Grund vor, weil der Dritte das Erlöschen kannte oder kennen mußte. Deshalb bestimmt der § 169, daß in dem vorausgesetzten Falle der § 674 auf die Vollmacht keine Anwendung zu Gunsten des Dritten findet, somit also der § 168 eine Modifikation erleidet. Die Ansicht von Hölder, Erl. 2 zu § 169 a. E., daß das Kennenmüssen hier einen von der gewöhnlichen im § 122 Abs. 2 bestimmten Bedeutung abweichenden Sinn habe, und schon dann anzunehmen sei, wenn für den Dritten die Gelegenheit bestand oder bei normalen Verhältnissen bestehen mußte, das Erlöschen zu erfahren, läßt sich durch den § 169 nicht begründen. Das infolge des Auftrags zwischen dem Auftraggeber und dem Beauftragten bestehende Verhältnis wird durch die Vorschrift des § 169 nicht berührt, insbesondere verbleiben also dem Beauftragten, wenn er behufs Vornahme des betreffenden Rechtsgeschäfts etwa Verwendungen gemacht hat, die dadurch begründeten Ersatzansprüche gegen den Auftraggeber.

Dieselben Grundsätze finden Anwendung, wenn die Vollmacht auf einem Dienst- oder Werkvertrage beruht, der eine Geschäftsbesorgung zum Gegenstande hat und auf den daher nach § 675 der § 674 Anwendung findet.

Eine dem § 675 entsprechende Bestimmung enthält für das Gesellschaftsverhältnis der § 729. Für die auf einem solchen Verhältnisse beruhende Vollmacht gilt dasselbe wie für die auf einem Auftrage beruhende Vollmacht.

§ 170.

E. II § 139 rev. § 166; III § 166. P. II Bd. 1 S. 147 ff. D. S. 617.

Dauer der Wirksamkeit der durch die Erklärung gegenüber einem Dritten erteilten Vollmacht.

1. Über den Standpunkt des E. I s. Erl. 1 zu § 171, über die Ausdehnung der Vorschriften des § 170 auf solche Fälle, in welchen die durch Erklärung gegenüber dem Dritten erteilte Vollmacht von Anfang an nicht wirksam ist, weil das Rechtsverhältnis, auf Grund dessen die Erteilung erfolgt, nicht besteht, s. Erl. 3 zu § 167.

2. Ob die Anzeige an den Dritten ein Rechtsgeschäft ist, kann bezweifelt werden; jedenfalls ist sie eine Rechtshandlung, auf welche die Vorschriften über Rechtsgeschäfte, insbesondere die Vorschriften über Geschäftsfähigkeit (§§ 104—115) und über Willensmängel (§§ 116—123) entsprechende Anwendung finden.

3. Nach § 173 findet die Vorschrift des § 170 keine Anwendung, wenn der Dritte das Erlöschen der Vertretungsmacht bei der Vornahme des Rechtsgeschäfts kennt oder kennen muß. Über die Ausdehnung auch dieser Vorschrift auf solche Fälle, in welchen der Dritte weiß oder wissen muß, daß die Vertretungsmacht überhaupt nicht begründet worden ist, s. Erl. 3 zu § 167.

4. Die Vorschriften der §§ 170, 173 finden auch Anwendung, wenn die Vollmacht abstrakt erteilt ist (s. Erl. 3 zu § 167). Nur ist in diesem Falle das Bestehen oder Erlöschen des zu Grunde liegenden Verhältnisses ohne Einfluß auf die Vollmacht; die Wirksamkeit derselben hängt lediglich davon ab, ob das abstrakte Rechtsgeschäft der Vollmachterteilung wirksam ist, und sie erlischt nur durch Widerruf des Vollmachtgebers und durch den Eintritt des Zeitpunkts oder der Umstände, mit welchem nach Maßgabe der an den Dritten über die Erteilung der Vollmacht erfolgten Erklärung die Vollmacht erlöschen soll. Voraussetzung ist indessen immer auch hier, daß der Dritte das Erlöschen, sofern ihm dies nicht von dem Vollmachtgeber angezeigt ist, kannte oder kennen mußte.

§. 171. Hat Jemand durch besondere Mittheilung an einen Dritten oder durch öffentliche Bekanntmachung kundgegeben, daß er einen Anderen bevollmächtigt habe, so ist dieser auf Grund der Kundgebung im ersteren Falle dem Dritten gegenüber, im letzteren Falle jedem Dritten gegenüber zur Vertretung befugt.

Die Vertretungsmacht bleibt bestehen, bis die Kundgebung in derselben Weise, wie sie erfolgt ist, widerrufen wird.

---

5. Eine besondere Vorschrift für den Fall, daß die auf einem Auftrag, einem Dienst- oder Werkvertrage beruhende Vollmacht durch die Eröffnung des Konkurses über das Vermögen des Vollmachtgebers erlischt (KO. § 23), enthält das BGB. nicht; die Vorschriften der §§ 170—173 finden also auch in diesem Falle Anwendung. Zu beachten ist indessen, daß die von dem Bevollmächtigten nach der Eröffnung des Konkurses vorgenommenen Rechtshandlungen keine größeren Wirkungen haben können, als wenn sie von dem Vollmachtgeber selbst vorgenommen wären, daß sie also den Konkursgläubigern gegenüber nach KO. § 7 unwirksam sind.

§ 171.

E. I § 120; II § 140 rev. § 167; III § 167. M. I S. 230 ff., 236 ff.; M. I S. 237 ff. P. II Bd. 1 S. 145 ff. D. S. 617 ff.

1. **Mitteilung der erteilten Vollmacht an den Dritten oder öffentliche Bekanntmachung der Vollmacht.** Der E. I § 120 behandelte die Kundgebung der Bevollmächtigung durch besondere Mitteilung an den Dritten oder durch öffentliche Bekanntmachung als selbständige Bevollmächtigung und hatte deshalb eine dem § 170 des BGB. entsprechende Vorschrift nicht aufgenommen. Die zweite Kommission hielt eine Unterscheidung der Fälle, in denen die Erteilung der Vollmacht durch Erklärung gegenüber einem Dritten erfolgt, und derjenigen Fälle, in welchen nur von einer bereits erteilten Vollmacht Mitteilung gemacht wird, für notwendig. Auf die Fälle der ersteren Art bezieht sich der § 170, auf die der letzteren Art der § 171. Sachlich werden indessen beide Fälle gleich behandelt. Die Mitteilung der Bevollmächtigung an einen Dritten begründet diesem gegenüber, die öffentliche Bekanntmachung der Bevollmächtigung begründet jedem gegenüber die Vertretungsmacht des in der Kundgebung als bevollmächtigt Bezeichneten. Der Umfang der Vertretungsmacht bestimmt sich nach dem Inhalte der Mitteilung; eine in dieser nicht erwähnte Beschränkung der erteilten Vollmacht bleibt, vorbehaltlich der Vorschrift des § 173 (s. Erl. 2) außer Betracht. Die Kundgebung einer Vollmacht bedarf ebensowenig einer Form wie die Vollmacht selbst (RG. in DJZ. 1902 S. 475). Ob die Kundgebung ein Rechtsgeschäft ist, läßt sich bezweifeln; sie ist aber jedenfalls eine Rechtshandlung, auf welche die Vorschriften über Rechtsgeschäfte, insbesondere die Vorschriften über Geschäftsfähigkeit (§§ 104—115) und über Willensmängel (§§ 116—123) entsprechende Anwendung finden. Hervorgehoben mag werden, daß eine Anfechtung der Mitteilung auf Grund des § 119 nicht dadurch begründet werden kann, daß die Vollmacht in Wirklichkeit nicht erteilt war, der Mitteilende aber irrtümlich geglaubt hat, sie erteilt zu haben. Es würde dies nur ein Irrtum in den Motiven sein, der die Anfechtbarkeit nicht begründet. Anfechtbar aber ist die Mitteilung auf Grund des § 119, wenn der Mitteilende über den Inhalt der Mitteilung im Irrtum war oder eine Mitteilung dieses Inhalts überhaupt nicht machen wollte. Die Anfechtung der dem Dritten gemachten Mitteilung erfolgt durch Erklärung gegenüber dem Dritten (§ 143). In betreff der durch öffentliche Bekanntmachung erfolgten Kundgebung muß dasselbe gelten wie in betreff der Anfechtung einer Auslobung (s. Erl. 1 zu § 124).

2. **Erlöschen der durch die Mitteilung begründeten Vertretungsmacht.** Nach dem E. I § 120 Abs. 2 sollte das Erlöschen der durch die Kundgebung begründeten Vertretungsmacht nur dann von der Mitteilung an den Dritten bezw. von der öffentlichen Bekanntmachung abhängen, wenn das Erlöschen durch Widerruf oder durch Kündigung der Vollmacht erfolgt. Die zweite Kommission hat diese Vorschrift verallgemeinert. Die Vertretungsmacht bleibt im Falle des Erlöschens der Vollmacht ohne Rücksicht darauf, aus welchem Grunde das Erlöschen erfolgt, solange bestehen, bis die Kundgebung der Vollmacht in derselben Weise, wie sie erfolgt ist, widerrufen wird. In Übereinstimmung mit dem E. I § 120 Abs. 2 steht dem Widerrufe der Kundgebung nach § 173 gleich der Fall, daß der Dritte, mit welchem der in der Kundgebung als bevollmächtigt Bezeichnete ein Rechtsgeschäft vornimmt, bei der Vornahme das Erlöschen der

§. 172. Der besonderen Mittheilung einer Bevollmächtigung durch den Vollmachtgeber steht es gleich, wenn dieser dem Vertreter eine Vollmachtsurkunde ausgehändigt hat und der Vertreter sie dem Dritten vorlegt.

Die Vertretungsmacht bleibt bestehen, bis die Vollmachtsurkunde dem Vollmachtgeber zurückgegeben oder für kraftlos erklärt wird.

Vertretungsmacht kennt oder kennen muß. Über die Ausdehnung der Vorschriften des § 173 auf solche Fälle, in denen der Dritte wußte oder wissen mußte, daß die Vollmacht überhaupt nicht bestanden hat, s. Erl. 3 zu § 167.

3. **Widerruf der Mitteilung.** Ist die Kundgebung durch besondere Mitteilung an einen Dritten erfolgt, so muß der Widerruf gegenüber demselben Dritten erklärt werden. Bei öffentlicher Bekanntmachung der Bevollmächtigung muß der Widerruf in derselben Weise erfolgen, insbesondere auch in demselben Blatte, in welchem die Bevollmächtigung bekannt gemacht ist. Auf den Widerruf finden, ebenso wie auf die Mitteilung der Bevollmächtigung, die Vorschriften über Rechtsgeschäfte direkte oder entsprechende Anwendung. Der Zeitpunkt, in welchem der durch besondere Mitteilung an den Dritten erfolgende Widerruf wirksam wird, bestimmt sich nach den Vorschriften der §§ 130—132. Über den Zeitpunkt, in welchem der durch öffentliche Bekanntmachung erfolgende Widerruf wirksam wird, enthält das BGB. keine Vorschriften. Aus der Natur und dem Zwecke der öffentlichen Bekanntmachung wird also unter Berücksichtigung der Umstände des einzelnen Falles zu entscheiden sein, in welchem Zeitpunkte die öffentliche Bekanntmachung als erfolgt anzusehen ist. Mit diesem Zeitpunkte wird der Widerruf jedem gegenüber wirksam. Eine dem HGB. § 15 Abs. 2 entsprechende Vorschrift, nach welcher ein Dritter den Widerruf trotz der Bekanntmachung nicht gegen sich gelten zu lassen braucht, wenn er ihn weder kennt noch kennen muß, enthält das BGB. nicht.

Im Falle einer öffentlichen Bekanntmachung genügt der einem einzelnen gegenüber erklärte Widerruf, um ihm gegenüber die Vertretungsmacht aufzuheben, nach § 173 nur dann, wenn er den Widerruf kannte oder kennen mußte. Dies wird zwar regelmäßig der Fall sein; möglich ist indessen, daß der Widerruf, obwohl er nach den Vorschriften der §§ 130—132 wirksam geworden ist, doch dem Dritten ohne sein Verschulden unbekannt geblieben ist. In diesem Falle bleibt ihm gegenüber die Vertretungsmacht bestehen, weil der Widerruf nach § 171 Abs. 2 unbedingt nur dann wirkt, wenn er in derselben Art erfolgt ist wie die Kundgebung (a. A. wie es scheint Hupka S. 432 Anm. 1).

§ 172.

E. I § 121 Abs. 1, 4; II § 141 rev. § 168; III § 168. P. I S. 230 ff., 11654 ff.; M. I S. 238 ff. P. II Bd. 1 S. 147 ff. D. S. 617. KB. S. 1958.

1. **Kundgebung der Vollmacht durch Vorlegung der Vollmachtsurkunde.** Dem § 172 liegt der Gedanke zu Grunde, daß die Aushändigung einer Vollmachtsurkunde an den Vertreter zu dem Zwecke erfolgt, daß der Vertreter seine Vertretungsmacht Dritten gegenüber durch die Vorlegung der Urkunde nachweisen könne. Die Urkunde soll also dem Dritten vorgelegt und ihm dadurch die Bevollmächtigung mitgeteilt werden. Geschieht dies, so liegt sachlich derselbe Tatbestand vor wie im Falle der Kundgebung der Bevollmächtigung durch Mitteilung an den Dritten. Nach diesem Gesichtspunkte bestimmen sich die Voraussetzungen, unter welchen die Aushändigung der Vollmachtsurkunde an den Vertreter und deren Vorlegung an den Dritten die im § 172 bestimmten Wirkungen hat. Die Aushändigung der Vollmachtsurkunde an den Vertreter ist die auf Mitteilung an den Dritten gerichtete Willenserklärung; sie geht dem Dritten zu durch die Vorlegung der Urkunde. Auf die Aushändigung der Vollmachtsurkunde finden daher, mag man sie als ein Rechtsgeschäft oder als eine analog zu behandelnde Rechtshandlung betrachten, die Vorschriften über Willenserklärungen, insbesondere die Vorschriften über Geschäftsfähigkeit (§§ 104—115) und über Willensmängel (§§ 116—123) Anwendung.

Die Aushändigung der Vollmachtsurkunde an den Vertreter kann mit der Erteilung der Vollmacht zusammenfallen; notwendig ist dies aber nicht, vielmehr ist es möglich, daß die Vollmacht schon früher erteilt war. Auch wenn beide Akte zusammenfallen, unterliegt doch jeder von ihnen einer besonderen rechtlichen Beurteilung. Dieselben Gründe freilich, aus welchen die durch die Aushändigung der Vollmachtsurkunde erfolgende Erteilung der Vollmacht nichtig oder anfechtbar ist, werden regelmäßig auch die durch die Aushändigung erfolgende, auf Mit-

§. 173. Die Vorschriften des §. 170, des §. 171 Abs. 2 und des §. 172 Abs. 2 finden keine Anwendung, wenn der Dritte das Erlöschen der Vertretungsmacht bei der Vornahme des Rechtsgeschäfts kennt oder kennen muß.

---

teilung an den Dritten gerichtete Willenserklärung nichtig oder anfechtbar machen. Dies gilt insbesondere von dem Einflusse der Geschäftsunfähigkeit oder der Beschränkung der Geschäftsfähigkeit des Vollmachtgebers (§§ 104—115), von dem Einflusse des Irrtums (§ 119) und der Drohung (§ 123). Eine verschiedene Beurteilung tritt aber ein, wenn die Nichtigkeit oder Anfechtbarkeit sich nicht lediglich nach der Person des Erklärenden, sondern auch nach der Person desjenigen bestimmt, welchem gegenüber die Erklärung erfolgt. Die Erteilung der Vollmacht erfolgt gegenüber dem Bevollmächtigten, die Mitteilung der Bevollmächtigung an den Dritten. Wird z. B. die Vollmachtsurkunde dem Vertreter mit dessen Einverständnisse nur zum Schein ausgehändigt, so ist die Erteilung der Vollmacht nichtig, die darin liegende Mitteilung an den Dritten, welchem der Vertreter die Urkunde vorlegt, aber wirksam, wenn der Dritte den Willensmangel nicht kennt (§ 117). Ist der Vollmachtgeber durch arglistige Täuschung von seiten eines Dritten zu der Aushändigung der Vollmachtsurkunde bestimmt worden, so ist die Erteilung der Vollmacht anfechtbar, wenn der Bevollmächtigte die Täuschung kannte oder kennen mußte; die Mitteilung an den Dritten, welchem die Urkunde vorgelegt wird, ist aber nur dann anfechtbar, wenn der Dritte die Täuschung kannte oder kennen mußte (§ 123 Abs. 2). Der Vertreter, welchem die Vollmachtsurkunde ausgehändigt wird, ist in allen Fällen dieser Art nur das Mittel, durch welches die Mitteilung der Bevollmächtigung dem Dritten zugeht.

2. **Rückgabe oder Kraftloserklärung der Vollmachtsurkunde.** Ist die Vollmachtsurkunde dem Dritten vorgelegt, so bleibt die Vertretungsmacht des in der Urkunde als bevollmächtigt Bezeichneten solange bestehen, bis die Urkunde dem Vollmachtgeber zurückgegeben oder für kraftlos erklärt ist. Nicht notwendig ist also, daß der Vertreter bei jedem Rechtsgeschäfte, welches er mit dem Dritten vornimmt, die Vollmachtsurkunde von neuem vorlegt (a. A. Hupka S. 173, 433, der eine beschränkende Auslegung des Abs. 1, nach welcher die Vorlegung der Vollmachtsurkunde bei der Vornahme des Rechtsgeschäfts erforderlich sei, durch die sich angeblich aus Abs. 2 ergebende ratio der Vorschrift für geboten hält). Sicher geht der Dritte allerdings nur, wenn er sich die Urkunde jedesmal von neuem vorlegen läßt, denn die einmalige Vorlegung wirkt nur solange, als der Vertreter die Vollmachtsurkunde dem Vollmachtgeber nicht zurückgegeben hat. Ist die Zurückgabe erfolgt, so ist die Vertretungsmacht erloschen und zwar auch dann, wenn der Dritte die Zurückgabe weder kennt noch kennen muß. Ob diese Auffassung auch dem E. I entspricht, ist nach der Fassung des § 121 und den Ausführungen der M. I S. 239 zweifelhaft; in der zweiten Kommission ist sie unter Ablehnung eines entgegenstehenden Antrags ausdrücklich als richtig anerkannt (P. II Bd. 1 S. 147) und hat in der Fassung des § 172 einen genügenden Ausdruck gefunden. Über die Kraftloserklärung der Vollmachtsurkunde s. § 176. Die Ansicht von Hölder, Erl. 2 zu § 172, daß der Abs. 2 keine Anwendung finde, wenn die Vollmachtsurkunde, nachdem sie dem anderen Teile vorgelegt worden, untergegangen sei, hat im Gesetze keinen Anhalt.

3. Die Vorschriften des § 172 Abs. 2 finden nach § 173 **keine Anwendung, wenn der Dritte bei der Vornahme des Rechtsgeschäfts das Erlöschen kannte oder kennen mußte.** Über die Ausdehnung dieser Vorschrift auf solche Fälle, in welchen der Dritte wußte oder wissen mußte, daß die Vertretungsmacht überhaupt nicht zur Entstehung gelangt ist, s. Erl. 3 zu § 167. Die Ansicht von Hupka S. 433, nach welcher das Zugehen einer Mitteilung des Vollmachtgebers über das Erlöschen der Vollmacht zur Aufhebung der Vertretungsmacht auch dann genügen soll, wenn die Mitteilung dem Dritten ohne dessen Verschulden unbekannt geblieben ist, läßt sich aus den Bestimmungen des Gesetzes nicht ableiten.

§ 173.

E. I §§ 120 Abs. 2, 121 Abs. 4; II § 142 rev. § 161; III § 169. P. I S. 230 ff., 11654 ff.; M. I S. 239. P. II Bd. 1 S. 147 ff., Bd. 4 S. 225, Bd. 6 S. 134.

S. Erl. zu §§ 170—172. Wenn Hölder, Erl. zu § 173 ein Kennenmüssen im Falle des § 173 ebenso wie im Falle des § 169 ohne Rücksicht auf ein Verschulden schon dann als vorliegend annimmt, wenn der andere Teil das Erlöschen der Vollmacht bei normalen Ver-

§. 174. Ein einseitiges Rechtsgeschäft, das ein Bevollmächtigter einem Anderen gegenüber vornimmt, ist unwirksam, wenn der Bevollmächtigte eine Vollmachtsurkunde nicht vorlegt und der Andere das Rechtsgeschäft aus diesem Grunde unverzüglich zurückweist. Die Zurückweisung ist ausgeschlossen, wenn der Vollmachtgeber den Anderen von der Bevollmächtigung in Kenntniß gesetzt hatte.

§. 175. Nach dem Erlöschen der Vollmacht hat der Bevollmächtigte die Vollmachtsurkunde dem Vollmachtgeber zurückzugeben; ein Zurückbehaltungsrecht steht ihm nicht zu.

---

hältnissen kennen konnte, so läßt sich diese mit der Vorschrift des § 122 im Widerspruche stehende Auffassung hier ebensowenig wie im Falle des § 169 (s. Erl. zu § 169) durch besondere gesetzliche Vorschriften rechtfertigen.

§ 174.

E. I § 122; II § 143 rev. § 170; III § 170. P. I S. 239 ff.; M. I S. 240. P. II Bd. 1 S. 152 ff. D. S. 618.

Einseitige Rechtsgeschäfte eines Vertreters. Die Vorschrift des § 174 bezweckt den Schutz des Dritten und entspricht der Vorschrift des § 111 (s. Erl. zu § 111 und Vorbm. zum dritten Abschnitt VI. 6 S. 182). Über den Begriff des „unverzüglich" s. § 121. Erfolgt die Zurückweisung nicht unverzüglich, so ist das Rechtsgeschäft wirksam, wenn der Vertreter in Wirklichkeit Vertretungsmacht hatte oder der Vertretene das Rechtsgeschäft genehmigt (RG. Bd. 5 S. 52).

Der § 174 bezieht sich nur auf einseitige Rechtsgeschäfte. Hierzu gehört nicht ein Vertragsantrag oder die Annahme eines solchen. Es fragt sich aber, ob sich in betreff der letzteren nicht eine entsprechende Anwendung des § 174 rechtfertigt. Wenn jemand schriftlich oder telegraphisch einem anderen einen Vertragsantrag gemacht hat und ihm dann von einem angeblichen Vertreter desselben die Annahme erklärt wird, so hängt die Entscheidung der Frage, ob der Vertrag zustande gekommen ist, davon ab, ob der Vertreter Vertretungsmacht hatte oder der Vertretene den Vertrag genehmigt (§§ 177—179). Der andere Teil gerät hierdurch also in eine ähnliche Ungewißheit wie derjenige, welchem gegenüber ein Vertreter ein einseitiges Rechtsgeschäft vorgenommen hat (s. Cosack I § 67 I 1b; Rehbein, Erl. II 1 zu §§ 164—181, der die Erklärung der Annahme mit Unrecht als einseitiges Rechtsgeschäft behandelt). Die Gleichheit der Rechtslage dürfte eine entsprechende Anwendung des § 174 auf diesen Fall rechtfertigen.

Der zweite dem § 111 Satz 3 entsprechende Satz ist von der zweiten Kommission hinzugefügt. Es genügt nicht, daß der Dritte von der Vollmacht Kenntnis hat, vielmehr ist erforderlich, daß der Vollmachtgeber ihn davon in Kenntnis gesetzt hat. Zweifelhaft kann sein, ob, wenn der Vollmachtgeber dem anderen brieflich die Bevollmächtigung mitgeteilt hatte, dies als nicht genügend anzusehen ist, um den anderen von der Bevollmächtigung in Kenntnis zu setzen, wenn der andere die Handschrift des Vollmachtgebers nicht kennt und ob der andere in solchem Falle daher Beglaubigung der Mitteilung verlangen kann (s. Hölder, Erl. zu § 174). Die Frage dürfte zu verneinen sein, weil die Mitteilung der Bevollmächtigung an die Stelle der nach Satz 1 vorzulegenden Vollmachtsurkunde tritt, für diese aber eine Beglaubigung nicht verlangt wird.

§ 175.

E. I § 121 Abs. 2; II § 144 Abs. 1 rev. § 171; III § 171. P. I S. 233 ff., 11654 ff.; M. I S. 239. P. II Bd. 1 S. 147, 149 ff. D. S. 618.

Verpflichtung zur Zurückgabe der Vollmachtsurkunde. Die in dem § 175 bestimmte unbedingte Verpflichtung des Bevollmächtigten zur Zurückgabe der Vollmachtsurkunde und der Ausschluß des Zurückbehaltungsrechts (§ 273) rechtfertigt sich durch die besondere Natur der Vollmacht und die mit der Aushändigung der Vollmachtsurkunde nach § 172 verbundenen Wirkungen. Das Erlöschen der Vollmacht bestimmt sich nach § 168. Dem Erlöschen steht gleich der Fall, daß die Vollmacht überhaupt nicht erteilt oder ihre Erteilung unwirksam ist (s. Erl. 3 zu § 167).

Der § 175 bestimmt eine aus der Erteilung einer Vollmachtsurkunde entspringende persönliche Verpflichtung des Bevollmächtigten gegen den Vollmachtgeber. Die Verpflichtung besteht unabhängig von dem Eigentum an der Vollmachtsurkunde; sie besteht daher auch dann,

§. 176. Der Vollmachtgeber kann die Vollmachtsurkunde durch eine öffentliche Bekanntmachung für kraftlos erklären; die Kraftloserklärung muß nach den für die öffentliche Zustellung einer Ladung geltenden Vorschriften der Civilprozeßordnung veröffentlicht werden. Mit dem Ablauf eines Monats nach der letzten Einrückung in die öffentlichen Blätter wird die Kraftloserklärung wirksam.

Zuständig für die Bewilligung der Veröffentlichung ist sowohl das Amtsgericht, in dessen Bezirke der Vollmachtgeber seinen allgemeinen Gerichtsstand hat, als das Amtsgericht, welches für die Klage auf Rückgabe der Urkunde, abgesehen von dem Werthe des Streitgegenstandes, zuständig sein würde.

Die Kraftloserklärung ist unwirksam, wenn der Vollmachtgeber die Vollmacht nicht widerrufen kann.

---

wenn die Urkunde etwa von dem Bevollmächtigten auf seinem Papiere geschrieben und von dem Vollmachtgeber nur unterschrieben ist (a. A. Hölder, Erl. b zu § 175, der in solchem Falle dem Vollmachtgeber nur ein Recht auf Vernichtung der Urkunde oder auf Entkleidung ihrer Eigenschaft als Vollmachtsurkunde zusteht). Ein in der zweiten Kommission gestellter Antrag, dem Bevollmächtigten das Recht einzuräumen, vor der Zurückgabe der Vollmachtsurkunde eine beglaubigte Abschrift derselben auf Kosten des Vollmachtgebers anfertigen zu lassen, ist zwar abgelehnt, weil er insbesondere in betreff der Kosten nicht auf alle Fälle passe. Man wird indessen dem Bevollmächtigten das Recht, auf seine Kosten eine beglaubigte Abschrift anfertigen zu lassen, wenigstens dann zugestehen müssen, wenn er ein Interesse daran hat, seine Bevollmächtigung nachweisen zu können; dies ist immer der Fall, wenn er auf Grund der Vollmacht ein Rechtsgeschäft vorgenommen hat. Über die Tragung der Kosten entscheidet das zwischen dem Vollmachtgeber und dem Bevollmächtigten bestehende materielle Rechtsverhältnis.

Nur eine Verpflichtung des Bevollmächtigten, nicht aber des anderen Teiles oder eines Dritten, die etwa im Besitze der Vollmachtsurkunde sind, bestimmt der § 175. Ob diese zur Herausgabe der Urkunde an den Vollmachtgeber verpflichtet sind, bestimmt sich danach, ob der Vollmachtgeber Eigentümer der Vollmachtsurkunde ist oder ob ein sonstiges, die Verpflichtung begründendes Verhältnis besteht (a. A. Hölder, Erl. a zu § 175).

§ 176.

E. I § 121 Abs. 3; II § 144 Abs. 2, 3 rev. § 172; III § 172. P. I S. 233 ff.; M. I S. 239 ff. P. II Bd. 1 S. 150 ff., Bd. 6 S. 135 ff. D. S. 618.

1. **Kraftloserklärung einer Vollmachtsurkunde.** Abweichend vom E. I und E. II erfolgt die Kraftloserklärung der Vollmachtsurkunde nach § 176 nicht durch Beschluß des Gerichts, sondern durch den Vollmachtgeber. Nach E. I und E. II hatte die Kraftloserklärung dieselbe Wirkung wie die Zurückgabe der Vollmachtsurkunde, ohne jede Beschränkung. Mit Rücksicht hierauf erfordert, der E. II § 144 Abs. 2, daß das Erlöschen der Vollmacht dem Gerichte glaubhaft gemacht werde. Nach § 176 ist dies nicht erforderlich, aber dafür bestimmt der Abs. 3, daß die Kraftloserklärung unwirksam ist, wenn der Vollmachtgeber die Vollmacht nicht widerrufen kann (§ 168 Satz 2). Ist der Widerruf unzulässig, so soll dem Bevollmächtigten auch nicht das in der Vollmachtsurkunde liegende Mittel, von der Vollmacht Gebrauch zu machen, durch Kraftloserklärung der Urkunde entzogen werden können. Die Kraftloserklärung der Vollmachtsurkunde wird regelmäßig nur erfolgen, wenn die Vollmacht selbst widerrufen oder erloschen ist. In der Kraftloserklärung selbst liegt indessen ebensowenig wie in der Zurücknahme der Vollmachtsurkunde mit Notwendigkeit der Widerruf der Vollmacht; es wird dadurch vielmehr dem Bevollmächtigten nur die Möglichkeit entzogen, die im § 172 an die Vorlegung der Urkunde geknüpften Wirkungen herbeizuführen. Der Widerruf der Vollmacht muß also auch im Falle der Kraftloserklärung und nach Maßgabe des § 168 Satz 3 erklärt werden. Unter Umständen wird indessen in der Kraftloserklärung ein stillschweigender Widerruf gefunden werden können.

Über die Frage, ob dem Grundbuchrichter in betreff einer Vollmachtsurkunde nachgewiesen werden muß, daß sie weder für kraftlos erklärt noch zurückgegeben ist, s. von Kujawa in Gruch. Bd. 45 S. 493 und dagegen Eccius in Gruch. Bd. 45 S. 498.

§. 177. Schließt Jemand ohne Vertretungsmacht im Namen eines Anderen einen Vertrag, so hängt die Wirksamkeit des Vertrags für und gegen den Vertretenen von dessen Genehmigung ab.

Fordert der andere Theil den Vertretenen zur Erklärung über die Genehmigung auf, so kann die Erklärung nur ihm gegenüber erfolgen; eine vor der Aufforderung dem Vertreter gegenüber erklärte Genehmigung oder Verweigerung der Genehmigung wird unwirksam. Die Genehmigung kann nur bis zum Ablaufe von zwei Wochen nach dem Empfange der Aufforderung erklärt werden; wird sie nicht erklärt, so gilt sie als verweigert.

---

2. Die Vorschriften über die **öffentliche Zustellung einer Ladung, nach welcher die Kraftloserklärung zu veröffentlichen ist,** enthält die CPO. § 204. Das Amtsgericht, in dessen Bezirke der Vollmachtgeber seinen allgemeinen Gerichtsstand hat, bestimmt sich nach CPO. §§ 13, 15, 16—18. Zuständig für die Klage auf Rückgabe der Urkunde ist das Gericht, bei welchem der Bevollmächtigte seinen allgemeinen Gerichtsstand hat; außerdem kann die Zuständigkeit begründet sein nach den Vorschriften der CPO. §§ 20, 23, 29—31. Zuständig ist immer nur das Amtsgericht, nicht das Landgericht.

Die Frist von einem Monate seit dem letzten Einrücken in die öffentlichen Blätter, mit deren Ablaufe die Kraftloserklärung wirksam wird, ist nach den §§ 187 Abs. 1, 188 zu berechnen.

§ 177.

E. I § 123 Abs. 1, 3, 4; II § 145 Abs. 1 rev. § 173; III § 173. P. I S. 242 ff., 258, 3219, 3221, 3231, 11631 ff., 11661 ff.; M. I S. 240 ff. P. II Bd. 1 S. 154 ff., Bd. 6 S. 124 ff., 276 ff. D. S. 618.

1. **Abschluß eines Vertrags durch einen Vertreter ohne Vertretungsmacht.** Für einen solchen Vertrag gelten dieselben Grundsätze wie für den von einem Minderjährigen ohne die erforderliche Einwilligung des gesetzlichen Vertreters geschlossenen Vertrag; an die Stelle des Minderjährigen tritt der Vertreter, an die Stelle des gesetzlichen Vertreters des Minderjährigen der Vertretene. Nach dem E. I §§ 65, 123 wurden die beiden Fälle in einzelnen Beziehungen verschieden behandelt. Das BGB. hat diese Verschiedenheit beseitigt; die in Erl. zu § 108 dargelegten Grundsätze finden daher vollständig auf den hier fraglichen Fall Anwendung. Die Ansicht von Gareis, Erl. 3 zu § 177, daß die Erteilung oder Verweigerung der Genehmigung auch vor ergangener Aufforderung an den Vertretenen nur dem anderen Teile gegenüber erklärt werden könne, ist zwar in einem anfänglich von der zweiten Kommission gefaßten Beschluß ausgesprochen; dieser Beschluß wurde aber später aufgegeben (P. II Bd. 6 S. 276 ff.) und ist in das Gesetz nicht aufgenommen worden. Gegen die Ansicht von Hölder, Erl. 3 zu § 177, daß die Erklärung auf die Aufforderung innerhalb der Frist von zwei Wochen nur abgegeben zu werden, nicht aber dem anderen Teile zuzugehen brauche, s. Erl. 6 zu § 108. Unrichtig dürfte auch die Ansicht von Endemann I § 82 Anm. 6 sein, daß der Vertretene auch aufgefordert werden könne, zu erklären, ob der Vertreter Vertretungsmacht gehabt habe. In dieser Beziehung gilt vielmehr das gleiche wie in betreff der von dem gesetzlichen Vertreter dem Minderjährigen erteilten Einwilligung (s. Erl. 5a zu § 108). Über die von Mitgliedern einer Gesellschaft mit beschränkter Haftung vor deren Eintragung als Vertreter ohne Vertretungsmacht im Namen der Gesellschaft abgeschlossenen Verträge s. RJA. Bd. 1 S. 147. Die Vorschriften des § 177 gelten ohne Rücksicht darauf, ob der Vertreter bei dem Abschlusse des Vertrags den Mangel der Vertretungsmacht kundgegeben hat oder nicht und ob der andere Teil dies gewußt oder nicht gewußt hat; nur für die Vorschriften der §§ 178, 179 sind diese Umstände von Bedeutung. Dem vollständigen Mangel der Vertretungsmacht steht die Überschreitung derselben gleich. Für einen Vertrag, welchen der Vormund ohne die erforderliche Genehmigung des Vormundschaftsgerichts oder des Gegenvormundes schließt, gelten die besonderen Vorschriften der §§ 1829, 1830, 1832. Dieselben Vorschriften gelten nach § 1643 Abs. 3 für einen von dem Inhaber der elterlichen Gewalt ohne die erforderliche Genehmigung des Vormundschaftsgerichts geschlossenen Vertrag. Über den Mangel der Vollmacht eines Prozeßbevollmächtigten s. CPO. § 89.

Über die Frage, wie mehrere nacheinander von einem Vertreter ohne Vertretungsmacht abgeschlossene Verträge zu beurteilen sind, von denen die zuletzt abgeschlossenen eine Änderung des zuerst abgeschlossenen enthalten oder sich doch auf denselben beziehen, s. Erl. 2 zu § 180.

2. **Die Anwendbarkeit des § 177 auf dingliche Verträge und auf die sachenrechtliche Einigung** wird von Eccius in Gruch. Bd. 47 S. 61 ff. und in DJZ. 1902 S. 61, 95 bestritten. Er will den § 177 auf obligatorische Verträge beschränken, weil bei dinglichen Verträgen ein Anspruch auf Erfüllung nicht möglich sei, der § 179 aber von der Möglichkeit eines solchen Anspruchs ausgehe. Die von einem Vertreter ohne Vertretungsmacht vorgenommene Verfügung sei eine Verfügung von seiten eines Nichtberechtigten und falle daher unter § 185. Die sachenrechtliche Einigung über die Übertragung des Eigentums oder die Belastung einer Sache sei, wenn sie vor der Übergabe der Sache bezw. bei Grundstücken vor der Eintragung erfolge, überhaupt kein Vertrag und daher nicht genehmigungsfähig im Sinne des § 177. Deshalb könne z. B. auf Grund der von einem Vertreter ohne Vertretungsmacht vorgenommenen Auflassung, auch wenn der Vertretene dieselbe genehmige, die Eintragung nicht erfolgen.

Gegen die Auffassung von Eccius ist folgendes zu bemerken: Durch den dinglichen Vertrag wird allerdings kein Anspruch auf Erfüllung begründet. Daraus folgt aber doch nur, daß der im Falle des § 179 dem anderen Teile gegen den Vertreter eingeräumte Anspruch auf Erfüllung wegfällt. Dem anderen Teile verbleibt aber der ihm nach § 179 alternativ neben dem Anspruch auf Erfüllung zustehende Anspruch auf Schadensersatz. Dieser Anspruch ist auch bei dem dinglichen Vertrage möglich und es kann daher aus § 179 nicht die Unanwendbarkeit des § 177 auf dingliche Verträge gefolgert werden. Der § 177 spricht ganz allgemein von Verträgen und bei der Sorgfalt, mit der das BGB. redigiert ist, kann man nicht annehmen, daß wenn die Absicht dahin gegangen wäre, den § 177 auf obligatorische Verträge zu beschränken, dies nicht ausdrücklich ausgesprochen wäre. Die Materialien geben nicht den geringsten Anlaß für eine solche Beschränkung, die, wenn sie beabsichtigt wäre, auch für § 108 gelten müßte. Dagegen spricht auch die Vorschrift des § 184 Abs. 2, die bei obligatorischen Verträgen völlig selbstverständlich wäre und nur für dingliche Verträge von Bedeutung sein kann. Es besteht aber auch kein innerer Grund für eine solche Beschränkung. Die Wirkung der Genehmigung des von einem Vertreter ohne Vertretungsmacht abgeschlossenen dinglichen Vertrags besteht ebenso wie bei einem obligatorischen Vertrage darin, daß der Vertrag unmittelbar für und gegen den Vertretenen wirkt (§ 164), also so behandelt wird, als wenn der Vertretene ihn selbst geschlossen hätte. Für diese Folge ist es gleichgültig, ob dem Vertretenen das Recht, über welches durch den dinglichen Vertrag verfügt war, zustand oder nicht. Im letzteren Falle liegt die Übertragung oder Belastung eines Rechtes von seiten eines Nichtberechtigten vor. Durch diese geht das Eigentum nicht über bezw. entsteht das dingliche Recht regelmäßig zwar nicht; aber der Vertrag ist darum nicht völlig unwirksam; er begründet die Möglichkeit nach § 185, daß das Eigentum übergeht bezw. daß das Recht entsteht, wenn der Berechtigte die Verfügung genehmigt oder der Vertretene das Eigentum erwirbt oder von dem Eigentümer beerbt wird. Bei der Übertragung des Eigentums beweglicher Sachen geht auch mit der Genehmigung des Vertrags durch den Vertretenen das Eigentum sofort auf den Erwerber über, wenn dieser in gutem Glauben war. Alle diese Wirkungen sind davon abhängig, daß der Vertretene den dinglichen Vertrag genehmigt und treten nicht ein im Falle der Verweigerung der Genehmigung. Es ergibt sich hieraus, daß die Anwendbarkeit und die Bedeutung des § 177 bei einem dinglichen Vertrage völlig unabhängig davon ist, ob dem Vertretenen das Recht, über welches durch den Vertrag verfügt wurde, zustand oder nicht.

Eine andere Frage ist, welche Bedeutung die im § 184 Abs. 1 bestimmte Rückwirkung der Genehmigung hat. Es mag richtig sein, obwohl es nicht unzweifelhaft ist, daß die Bestimmung des Abs. 2, nach welcher durch die Genehmigung Verfügungen nicht unwirksam werden, die vor der Genehmigung über den Gegenstand des Rechtsgeschäfts von dem Genehmigenden getroffen werden oder im Wege der Zwangsvollstreckung oder der Arrestvollziehung oder durch den Konkursverwalter erfolgt sind, auf andere Fälle auszudehnen ist, in welchen der Genehmigende das betreffende Recht verloren hat. Es werden hier nur seltene Fälle in Betracht kommen; möglich sind sie aber z. B. im Falle der Enteignung. Die Folge der Vorschrift des § 184 Abs. 2 ist aber immer nur, daß durch die Genehmigung das betreffende Recht insoweit nicht auf den Erwerber übergeht, als in der Zwischenzeit ein damit nicht vereinbares Recht für einen anderen begründet ist. Trotzdem behält die Genehmigung, wenn sie von dem Vertretenen erfolgt, im übrigen die oben dargelegten Wirkungen und zwar infolge der Rückwirkung in der Art, daß die Wirkungen des Vertrags für und gegen den Vertretenen als schon zur Zeit des Abschlusses insoweit als eingetreten angesehen werden, als nicht das inzwischen von einem Dritten erworbene Recht entgegensteht. Die Rückwirkung ist von Bedeutung insbesondere für die in der

§. 178. Bis zur Genehmigung des Vertrags ist der andere Theil zum Widerrufe berechtigt, es sei denn, daß er den Mangel der Vertretungsmacht bei dem Abschlusse des Vertrags gekannt hat. Der Widerruf kann auch dem Vertreter gegenüber erklärt werden.

Zwischenzeit von dem Vertreter gezogenen Früchte des veräußerten Gegenstandes; sie gebühren nicht dem Vertretenen, sondern dem andern Teile. Auch in anderen Beziehungen kann die Rückwirkung von Bedeutung sein. So geht z. B., wenn infolge der Verbindung, Vermischung oder Vermengung der veräußerten Sache mit einer anderen das Eigentum des Vertretenen auf Grund der §§ 946 ff. sich in Miteigentum an der durch die Vermischung, Verbindung oder Vermengung entstandenen neuen Sache verwandelt hat, dieses Miteigentum durch die Genehmigung auf den anderen Teil über. Geht durch die Verbindung, Vermischung oder Vermengung mit einer anderen Sache das Eigentum an der veräußerten Sache ganz unter, wird dadurch aber für den Eigentümer der letzteren ein Anspruch auf Schadensersatz oder auf Herausgabe der Bereicherung begründet, so steht dieser Anspruch nicht dem Vertretenen, sondern dem anderen Teile zu. Dasselbe gilt, wenn das Eigentum des Vertretenen an der veräußerten Sache durch Spezifikation nach § 950 untergegangen ist, dadurch aber ein Anspruch der gedachten Art erwachsen ist. Hatte der Vertretene selbst in der Zwischenzeit eine Verfügung über den veräußerten Gegenstand getroffen, so fällt zwar, soweit diese Verfügung reicht, die Rückwirkung der Genehmigung nach § 184 Abs. 2 weg, aber die Genehmigung behält insofern Wirksamkeit, als die von dem Vertreter durch den Vertrag getroffene Verfügung nach Maßgabe des § 185 wirksam werden kann, wenn in der Person des Vertretenen die in dem § 185 bezeichneten Umstände eintreten.

Die gegen die Ansicht von Eccius, daß die sachenrechtliche Einigung kein Vertrag sei, sprechenden Gründe sind bereits in der Vorbm. 2 zum dritten Titel dieses Abschnitts dargelegt. Es ergibt sich hieraus, daß ebenso wie die Vorschriften des § 108 auch die Vorschriften des § 177 auf die Einigung Anwendung finden müssen. Erfolgte die Einigung nach der Eintragung bezw. nach der Übergabe der Sache, so tritt mit der Genehmigung von seiten des Vertretenen, wenn dieser Eigentümer war, der Übergang des Eigentums auf den anderen Teil, und zwar unter Rückwirkung auf die Zeit des Abschlusses der Einigung durch den Vertreter nach Maßgabe des § 184 ein. Erfolgte die Einigung vor der Eintragung bezw. der Übergabe der Sache, so hat die Genehmigung durch den Vertretenen die Folge, daß die Einigung nun als eine von ihm vorgenommene gilt und dadurch geeignet wird, die Grundlage für die mit der Eintragung bezw. der Übergabe der Sache eintretende Übertragung des Eigentums zu werden. Hieraus ergibt sich insbesondere, daß die von einem Vertreter ohne Vertretungsmacht im Namen des Eigentümers erfolgende Auflassung eines Grundstücks durch die Genehmigung des Eigentümers geeignet wird, als Grundlage für die Eintragung zu dienen und den darauf gerichteten Antrag an das Grundbuchamt zu begründen. Auf demselben Standpunkte stehen die von Eccius angegriffenen Entscheidungen des Kammergerichts (KG. Bd. 22 S. A. 146 Bd. 23 S. A. S. 136).

§ 178.

E. I § 123 Abs. 2, § 124; II § 145 Abs. 2 rev. § 174; III § 174. P. I S. 242 ff., 253 ff., 258, 3219, 3221, 3231, 11631 ff., 11661 ff.; M. I S. 243. P. II Bd. 1 S. 154 ff. D. S. 618.

Widerruf des anderen Teiles. Der § 178 entspricht dem § 109. Eine Verschiedenheit des in dem § 178 behandelten Falles von dem Falle des § 109 besteht darin, daß, wenn ein Vertreter einen Vertrag schließt, der andere Teil immer weiß, daß der Vertreter nur dazu berechtigt ist, wenn er Vertretungsmacht hat, während bei dem von einem Minderjährigen geschlossenen Vertrage der andere Teil nur dann weiß, daß der Minderjährige der Genehmigung des gesetzlichen Vertreters bedarf, wenn er die Minderjährigkeit kennt. Bei dem von einem Vertreter geschlossenen Vertrage steht also der andere Teil demjenigen gleich, welcher bei dem von dem Minderjährigen geschlossenen Vertrage die Minderjährigkeit kennt. Eine weitere Verschiedenheit besteht darin, daß aus dem Abschluße des Vertrags durch einen Minderjährigen nicht gefolgert werden kann, daß der Minderjährige die Einwilligung seines gesetzlichen Vertreters zu dem Vertrage behauptet habe, während der Vertreter, welcher als solcher den Vertrag abschließt, eben hierdurch behauptet, daß er Vertretungsmacht habe, sofern er nicht das Gegenteil kundgibt. Der Vertreter steht also in der hier fraglichen Beziehung einem Minderjährigen gleich, der die Einwilligung seines gesetzlichen Vertreters behauptet. In Konsequenz der Gesichtspunkte, die zu

§. 179. Wer als Vertreter einen Vertrag geschlossen hat, ist, sofern er nicht seine Vertretungsmacht nachweist, dem anderen Theile nach dessen Wahl zur Erfüllung oder zum Schadensersatze verpflichtet, wenn der Vertretene die Genehmigung des Vertrags verweigert.

Hat der Vertreter den Mangel der Vertretungsmacht nicht gekannt, so ist er nur zum Ersatze desjenigen Schadens verpflichtet, welchen der andere Theil dadurch erleidet, daß er auf die Vertretungsmacht vertraut, jedoch nicht über den Betrag des Interesses hinaus, welches der andere Theil an der Wirksamkeit des Vertrags hat.

Der Vertreter haftet nicht, wenn der andere Theil den Mangel der Vertretungsmacht kannte oder kennen mußte. Der Vertreter haftet auch dann nicht, wenn er in der Geschäftsfähigkeit beschränkt war, es sei denn, daß er mit Zustimmung seines gesetzlichen Vertreters gehandelt hat.

---

der Vorschrift des § 109 geführt haben, muß also in dem Falle des § 178 dem anderen Teile der Widerruf immer zustehen, sofern er nicht den Mangel der Vertretungsmacht gekannt hat. Der Fall, daß der Vertreter bei dem Abschlusse des Vertrags den Mangel seiner Vertretungsmacht kundgegeben, ist nicht besonders berücksichtigt, weil in diesem Falle der andere Teil den Mangel der Vertretungsmacht kennt und somit die Vorschrift, daß unter dieser Voraussetzung der Widerruf unzulässig ist, Platz greift. Denkbar ist zwar, daß der andere Teil, obwohl der Vertreter ihm gegenüber den Mangel der Vertretungsmacht kundgegeben hat, doch diesen Mangel nicht kennt (s. Hölder, Erl. zu § 178); es sind dies indessen so seltene Fälle, daß darauf keine Rücksicht genommen zu werden brauchte und zwar umsoweniger, als eine Berufung des anderen Teiles darauf, daß er trotz der Kundgebung des Mangels diesen nicht gekannt habe, regelmäßig gegen Treu und Glauben verstoßen wird und deshalb keine Beachtung verdient. Sachlich stehen die Vorschriften des E. I § 123 Abs. 2 und § 124 auf demselben Standpunkte wie der § 178, doch würde nach der Fassung des E. I die Beweislast wohl anders zu beurteilen sein als nach § 178. Nach diesem braucht der andere Teil, um die Unwirksamkeit des mit dem Vertreter abgeschlossenen Vertrags geltend zu machen, nur zu beweisen, daß er den Widerruf gegenüber dem Vertreter oder dem Vertretenen erklärt habe. Demgegenüber hat der Vertretene zu beweisen, entweder daß er den Vertrag vor dem Widerrufe genehmigt oder daß der andere Teil den Mangel der Vertretungsmacht bei dem Abschlusse des Vertrags gekannt habe. Im übrigen s. die Erl. zu § 109

§ 179.

E. I § 125; II § 146 rev. § 175; III § 175. P. I S. 243 ff., 254 ff., 11657 ff.; M. I S. 243 ff. P. II Bd. 1 S. 156 ff. D. S. 618.

1. **Ansprüche des anderen Teiles gegen den Vertreter ohne Vertretungsmacht.** Die in der Theorie bestrittene und in den bisherigen Rechten verschieden beantwortete Frage, unter welchen Voraussetzungen und in welchem Umfange derjenige verantwortlich ist, welcher im Namen eines anderen, ohne Vertretungsmacht zu haben, einen Vertrag schließt, entscheidet der § 179 im Anschluß an Art. 55, 298 des früheren HGB. dahin, daß die volle Verantwortlichkeit des Vertreters die Regel bildet. Wer im Namen eines anderen einen Vertrag schließt, hat dafür einzustehen, daß er Vertretungsmacht hat. Diese Regel findet keine Anwendung, wenn der andere Vertragschließende beim Abschlusse des Vertrags den Mangel der Vertretungsmacht kannte. Im E. I § 125 ist als Voraussetzung der Haftung bezeichnet, daß der Vertreter den Mangel der Vertretungsmacht nicht kundgegeben habe. Sachlich wird diese Voraussetzung durch die Vorschrift gedeckt, daß die Haftung des Vertreters wegfällt, wenn der andere Teil den Mangel der Vertretungsmacht kennt (s. Erl. zu § 178). Die abweichende Fassung des § 179 ist aber von Bedeutung für die Beweislast (s. Erl. 3). Abweichend von dem früheren HGB. und dem E. I schließt der § 179 die Haftung des Vertreters auch dann aus, wenn der andere Vertragschließende den Mangel der Vertretungsmacht kennen mußte. Daraus folgt nicht, daß der andere Teil sich in jedem Falle die Vertretungsmacht nachweisen lassen müßte. Das Vertrauen auf das Wort des Vertreters kann nicht ohne weiteres als Fahrlässigkeit angesehen werden. Nur wenn die Umstände des einzelnen Falles nach der Auffassung des Verkehrs den anderen Teil veranlassen

mußten, sich nach dem wirklichen Vorhandensein der Vertretungsmacht zu erkundigen, kann die Unterlassung einer solchen Erkundigung als ein Mangel der im Verkehr erforderlichen Sorgfalt betrachtet werden. Die Ansicht von Hölder, Erl. 1 zu § 179, daß der Vertreter, auch wenn dem anderen Teile keine Fahrlässigkeit zur Last falle, nicht hafte, wenn aus seiner Erklärung bei richtiger Auslegung der Mangel der Vertretungsmacht sich ergebe, dürfte weder innerlich begründet noch mit dem Wortlaute des Gesetzes vereinbar sein. Die weitere in dem § 179 Abs. 3 Satz 2 von der Regel für den Fall gemachte Ausnahme, daß der Vertreter in der Geschäftsfähigkeit beschränkt war und der gesetzliche Vertreter die Zustimmung nicht erteilt hatte, rechtfertigt sich durch die Erwägung, daß es sich hier um eine durch die Vornahme eines Rechtsgeschäfts begründete Verpflichtung handelt und daher die Gründe zutreffen, auf welche die für solche Fälle zum Schutze der in der Geschäftsfähigkeit beschränkten Personen gegebenen Vorschriften der §§ 107 ff. beruhen. Der Fall, daß der Vertreter geschäftsunfähig war, brauchte nicht berücksichtigt zu werden, weil unter dieser Voraussetzung der Vertrag nichtig ist.

Eine weitere von dem früheren HGB. und dem E. I abweichende Modifikation der Regel bestimmt der § 179 Abs. 2. Hat der Vertreter den Mangel der Vertretungsmacht nicht gekannt, so haftet er nur für das negative Interesse, jedoch niemals über das Erfüllungsinteresse hinaus (s. Erl. 2 zu § 122). Ein Fall dieser Art liegt insbesondere dann vor, wenn dem Vertreter eine Vollmacht erteilt war, diese aber nichtig oder anfechtbar ist und der Vertreter die Nichtigkeit oder die Anfechtbarkeit nicht kannte. Auf das Kennenmüssen kommt es nicht an. Mit Recht nimmt aber Hölder, Erl. 4 zu § 179 an, daß diese Ausnahme nicht Platz greift, wenn der Vertreter das Vorhandensein der Vertretungsmacht in solcher Art zugesichert hat, daß darin ein Garantieversprechen gefunden werden muß.

Dem vollständigen Mangel der Vertretungsmacht steht die Überschreitung derselben gleich. Es kommt nur darauf an, daß der Vertrag infolge des Mangels oder der Überschreitung für den Vertretenen unwirksam ist. Wird er infolge der Genehmigung des Vertretenen wirksam, so hat der andere Teil gegen den Vertreter auch dann keinen Anspruch, wenn er dadurch einen Schaden erleidet, daß die Genehmigung später als er erwartet hatte, erfolgt (a. A. Hölder, Erl. 3 zu § 179).

2. Alternativer Anspruch des anderen Teiles gegen den Vertreter. Liegt keine der in Erl. 1 gedachten Ausnahmen vor, so ist der Vertreter dem anderen Teile nach dessen Wahl zur Erfüllung oder zum Schadensersatze verpflichtet. Nach dem E. I § 125 Abs. 1 Satz 2 geht die Verpflichtung des Vertreters auf Erfüllung oder auf Schadensersatz wegen Nichterfüllung. Nach der jetzigen Fassung, in welcher die Worte „wegen Nichterfüllung" weggelassen sind, ist derjenige Schaden zu ersetzen, welchen der andere Teil dadurch gehabt hat, daß der Vertreter ohne Vertretungsmacht gehandelt und der Vertretene die Genehmigung verweigert hat. Nach § 249 ist der Ersatz dadurch zu leisten, daß derjenige Zustand hergestellt wird, welcher bestehen würde, wenn der zum Ersatze verpflichtende Umstand nicht eingetreten wäre. Der zum Ersatze verpflichtende Umstand ist im vorliegenden Falle der Mangel der Vertretungsmacht und die Verweigerung der Genehmigung. Wären diese Umstände nicht eingetreten, so würde der von dem Vertreter geschlossene Vertrag nach den §§ 164, 184 unmittelbar für und gegen den Vertretenen wirksam gewesen sein. Die Herstellung dieses Zustandes ist nicht möglich; der Vertreter würde daher nach § 251 verpflichtet sein, den anderen Teil in Geld zu entschädigen. Es fragt sich indessen, ob unter dem Zustande, welcher nach § 249 herzustellen ist, nicht derjenige Zustand verstanden werden muß, welcher durch den Vertrag bezweckt ist und dessen Folge gewesen sein würde, wenn der Vertrag für und gegen den Vertretenen wirksam gewesen wäre. Dieser Zustand besteht, wenn es sich um einen dinglichen Vertrag handelt, darin, daß der andere Teil das durch den Vertrag übertragene oder begründete Recht erwirbt bezw. das Recht, auf dessen Aufhebung der Vertrag gerichtet war, aufgehoben wird. Hergestellt wird dieser Zustand, wenn das betreffende Recht dem anderen Teile verschafft bezw. aufgehoben wird. Handelt es sich um einen obligatorischen Vertrag, so würde der fragliche Zustand durch Erfüllung des Vertrags hergestellt. Die Frage, ob der § 249 in diesem Sinne zu verstehen ist, erscheint zweifelhaft, dürfte aber nach dem Zwecke der fraglichen Vorschrift zu bejahen sein. Bei dieser Auffassung geht in vielen Fällen der Anspruch auf Schadensersatz doch zunächst auf Erfüllung. Er unterscheidet sich aber von dem prinzipalen Anspruch auf Erfüllung dadurch, daß einerseits der Gläubiger dem Ersatzpflichtigen nach § 250 eine Frist zur Herstellung bestimmen und nach deren fruchtlosem Ablauf Entschädigung in Geld verlangen kann sowie daß andererseits nach § 251 Abs. 2 der Ersatzpflichtige berechtigt ist, den Gläubiger in Geld zu entschädigen, wenn die Herstellung nur mit unverhältnismäßigen Aufwendungen möglich ist. Bei dem prinzipalen Anspruch auf Erfüllung kann der Gläubiger Entschädigung in Geld nur nach Maßnahme der allgemeinen Vorschriften über Schadensersatz wegen Nichterfüllung (§§ 280—283, 286) verlangen und steht andererseits dem Schuldner das in dem § 251 Abs. 2 bestimmte Recht nicht zu. Bei einem dinglichen Vertrage findet ein prinzipaler Anspruch auf Erfüllung nicht statt, weil durch einen solchen Vertrag eine Verpflichtung nicht begründet wird; auch der Anspruch auf Gewährleistung entspringt nicht aus dem dinglichen, sondern aus dem zu Grunde liegenden obligatorischen Vertrage.

Nach § 179 Abs. 1 kann der andere Teil nach seiner Wahl Erfüllung oder Schadensersatz fordern. Nach dem Wortlaute handelt es sich also um ein alternatives Schuldverhältnis, auf welches die Vorschriften der §§ 262—265 Anwendung finden. Nach § 263 erfolgt die Wahl des Gläubigers durch Erklärung gegenüber dem Schuldner. Ist der Gläubiger im Verzuge, so kann der Schuldner ihm nach § 264 Abs. 2 eine angemessene Frist bestimmen, nach deren fruchtlosem Ablaufe das Wahlrecht auf den Schuldner übergeht. Es erscheint indessen zweifelhaft, ob durch die Worte „nach seiner Wahl" das Schuldverhältnis als ein alternatives im Sinne des § 262 hat bezeichnet werden sollen. Die Erfüllung ist im vorliegenden Falle sachlich nur eine besondere Art des Schadensersatzes. Der Ausdruck „Wahl" bezeichnet nicht notwendig ein alternatives Schuldverhältnis im Sinne der §§ 262—264, sondern kann auch eine allgemeinere, nichttechnische Bedeutung haben. In diesem Sinne dürfte der Ausdruck in dem früheren HGB. Art. 354, 355, 357 gebraucht sein. In dem neuen HGB. sind die Art. 354, 355 weggefallen; in dem an die Stelle des Art. 357 getretenen § 376 ist der Ausdruck „Wahl" vermieden. In den verwandten Fällen der §§ 56, 102, 217 des veröffentlichten ersten Entwurfs des HGB. wurde noch der Ausdruck „Wahl" gebraucht; in den entsprechenden §§ 60 Abs. 1, 111 Abs. 1, 232 Abs. 2 der Reichstagsvorlage ist dieser Ausdruck vermieden, ebenso in den bezüglichen §§ 61, 113, 236 Abs. 2 des neuen HGB. Als möglich muß anerkannt werden, daß auch das BGB. in dem § 179 den Ausdruck nicht als einen technischen gebraucht. In dieser Beziehung ist indessen folgendes zu bemerken:

Der Ausdruck „Wahl" kam im E. II auch in den §§ 292, 294, 1237 vor. In den erstgedachten beiden Paragraphen handelt es sich um das Recht des Gläubigers, statt der Erfüllung die versprochene Vertragsstrafe zu fordern. In dem § 1237 handelt es sich um die im Falle einer nichtigen Ehe dem unschuldigen Ehegatten zustehende Wahl, ob es bei den Folgen der Nichtigkeit verbleiben oder das Verhältnis so beurteilt werden soll, wie wenn die Ehe geschieden wäre. Bei der Revision ist in allen drei Paragraphen das Wort „Wahl" beseitigt, um dem Mißverständnis entgegenzutreten, daß es sich in den Fällen dieser Paragraphen um ein alternatives Schuldverhältnis handele; die Fassung der an die Stelle jener Paragraphen getretenen §§ 340, 342, 1345, 1347 läßt keinen Zweifel darüber, daß es sich in ihnen um eine **facultas alternativa** handelt. Eine entsprechende Änderung ist in dem § 179 nicht erfolgt. Möglich ist, daß dies auf einem Versehen beruht. Immerhin spricht die von den angeführten Paragraphen abweichende Fassung für ein alternatives Schuldverhältnis. Dazu kommt, daß es, wenn man den Ausdruck „Wahl" nicht in diesem Sinne versteht, an jeder Vorschrift darüber fehlt, ob und wann die getroffene Wahl bindend ist. Nach den §§ 340, 342 ist der Anspruch auf Erfüllung ausgeschlossen, wenn der Gläubiger dem Schuldner erklärt, daß er die Strafe verlange. Nach § 1347 Abs. 1 ist die Erklärung des Berechtigten, sowohl in der einen wie in der anderen Richtung, für ihn bindend, und nach Abs. 2 kann der andere Ehegatte dem Berechtigten eine Frist zur Erklärung setzen, nach deren fruchtlosem Ablaufe die **facultas alternativa** des Berechtigten wegfällt. Auch in den Fällen der §§ 280 Abs. 2, 286 ist in den gedachten Beziehungen durch die Verweisung auf die Vorschriften der §§ 346—356 Vorsorge getroffen, während der § 283 selbst das Erforderliche bestimmt. In den §§ 421, 1132, die von der Gesamtschuld und der Gesamthypothek handeln, ist gesagt, daß der Gläubiger „nach seinem Belieben" die Befriedigung von jedem der Schuldner bezw. aus jedem der Grundstücke suchen könne; in diesen Fällen wird der Gläubiger durch die Erklärung der Wahl nicht gebunden, sondern kann bis zur Befriedigung wechseln. Der § 179 würde, sofern man in den Worten „nach dessen Wahl" nicht die Hinweisung auf das alternative Schuldverhältnis erblickt, in Beziehung auf jene wichtige Frage eine Lücke enthalten. Diese müßte durch entsprechende Anwendung der einen oder der anderen der angeführten Vorschriften ausgefüllt werden. Das Ergebnis würde aber bei der Verschiedenheit jener Vorschriften immerhin ein unsicheres bleiben. Bei dieser Sachlage dürften überwiegende Gründe dafür sprechen, bei der dem Wortlaute des § 179 am meisten entsprechenden Auslegung stehen zu bleiben und ein alternatives Schuldverhältnis anzunehmen. Es ist dies um so unbedenklicher, als praktische

§. 180. Bei einem einseitigen Rechtsgeschäft ist Vertretung ohne Vertretungsmacht unzulässig. Hat jedoch derjenige, welchem gegenüber ein solches Rechtsgeschäft vorzunehmen war, die von dem Vertreter behauptete Vertretungsmacht bei der Vornahme des Rechtsgeschäfts nicht beanstandet oder ist er damit einverstanden gewesen, daß der Vertreter ohne Vertretungsmacht handele, so finden die Vorschriften über Verträge entsprechende Anwendung. Das Gleiche gilt, wenn ein einseitiges Rechtsgeschäft gegenüber einem Vertreter ohne Vertretungsmacht mit dessen Einverständnisse vorgenommen wird.

Übelstände sich daraus nicht ergeben (a. A. Hellmann in Krit. Viert. 3. F. Bd. 5 S. 244; Kuhlenbeck, Erl. 1 zu § 179).

3. In betreff der **Beweislast** (s. RG. in DJZ. 1902 S. 345) gilt folgendes:

Der andere Teil hat, um den Anspruch auf Erfüllung oder Schadensersatz zu begründen darzutun, daß der Vertreter den Vertrag im Namen des Vertretenen abgeschlossen und daß der Vertretene die Genehmigung verweigert hat. Dem gegenüber hat der Vertreter, um den Anspruch zu widerlegen, einen der folgenden Beweise zu führen:

a) daß er Vertretungsmacht gehabt hat.

Daß der Vertreter auch positiv verpflichtet sei, dem anderen Teile seine Vertretungsmacht nachzuweisen, ist nicht bestimmt (P. II Bd. 1 S. 162 ff.). Aus allgemeinen Grundsätzen, insbesondere aus dem Verhältnisse des Vertreters zu dem anderen Teile läßt sich eine solche Verpflichtung schwerlich begründen und ein selbständiger Anspruch auf Nachweis der Vertretungsmacht steht dem anderen Teile gegen den Vertreter daher nicht zu (Rspr. Bd. 5 S. 52).

Mittelbar wird der Vertreter zur Erbringung des Nachweises regelmäßig übrigens dadurch genötigt werden, daß ihm der Streit in dem Prozesse gegen den Vertretenen verkündet wird und er daher, wenn er in diesem Prozesse den Beweis seiner Vertretungsmacht nicht erbringt, später auch dem anderen Teile gegenüber nicht mehr mit der Behauptung gehört wird, daß er Vertretungsmacht gehabt habe;

b) daß der andere Teil bei dem Abschlusse des Vertrags den Mangel der Vertretungsmacht gekannt hat oder kennen mußte;

c) daß er bei dem Abschlusse des Vertrags in der Geschäftsfähigkeit beschränkt war. Dem gegenüber steht dem anderen Teile der Beweis offen, daß der Vertreter mit Zustimmung seines gesetzlichen Vertreters gehandelt hat;

d) daß er bei dem Abschlusse des Vertrags den Mangel der Vertretungsmacht nicht gekannt hat. In diesem Falle hat jedoch der andere Teil den in dem § 179 Abs. 2 bestimmten Anspruch auf Ersatz des negativen Interesses.

4. In dem neuen HGB. ist der Art. 55 des früheren HGB. gestrichen; in der Denkschrift (S. 53) ist ausgeführt, daß es unbedenklich sei, die Vorschriften des § 179 des BGB. auch in Handelssachen zur Anwendung kommen zu lassen.

§ 180.

E. I § 126; II § 148 rev. § 176; III § 176. P. I S. 245 ff., 248; M. I S. 244 ff. P. II Bd. 1 S. 167 ff. D. S. 618.

1. **Einseitige Rechtsgeschäfte eines Vertreters ohne Vertretungsmacht oder ihm gegenüber.** Die in dem § 180 Satz 1 ausgesprochene Regel entspricht den Vorschriften, welche in den §§ 111 Satz 1, 131 Abs. 2 für die von einem Minderjährigen bezw. ihm gegenüber ohne Einwilligung des gesetzlichen Vertreters vorgenommenen einseitigen Rechtsgeschäfte gegeben sind (Rspr. Bd. 6 S. 224). Die Ausnahmen von dieser Regel sind aber mit Rücksicht auf das Bedürfnis des Verkehrs anders als in jenen Paragraphen bestimmt. Die Regel gilt ausnahmslos für nicht empfangsbedürftige Rechtsgeschäfte, z. B. die Auslobung oder die Annahme oder Ausschlagung einer Erbschaft (vgl. RJA. Bd. 2 S. 216). Für empfangsbedürftige Rechtsgeschäfte, welche von dem Vertreter vorgenommen werden, gelten folgende Ausnahmen:

a) Hat der Vertreter bei der Vornahme des Rechtsgeschäfts behauptet, daß er Vertretungsmacht habe, so genügt, abweichend vom E. I § 116, um die Regel des Satz 1 auszuschließen, daß der andere Teil den Mangel der Vertretungsmacht bei der Vornahme des Rechtsgeschäfts nicht beanstandet. Die Worte „bei der Vornahme" sind nicht in dem Sinne zu verstehen, daß die Beanstandung gleichzeitig mit der Vornahme erfolgen oder sich unmittelbar und sofort an dieselbe anschließen müsse. Dies würde, wenn das Rechtsgeschäft brieflich oder telegraphisch einem Abwesenden gegenüber vorgenommen wird, unmöglich sein. Die gedachten Worte sind in einem weiteren Sinne, nämlich dahin zu verstehen, daß die Ausnahme nicht Platz greift, wenn unverzüglich nach der Vornahme des Rechtsgeschäfts eine Beanstandung erfolgt ist. Genügt, wenn der Vertreter wirklich Vertretungsmacht hat, aber eine Vollmachtsurkunde nicht vorlegt, nach § 174 die unverzügliche Zurückweisung, um das Rechtsgeschäft unwirksam zu machen, so muß dasselbe gelten, wenn der Vertreter keine Vertretungsmacht hatte. Wenn in dem § 174 von der Zurückweisung, in dem § 180 aber von der Beanstandung gesprochen wird, so dürften im praktischen Ergebnisse beide Ausdrucksweisen auf dasselbe hinauskommen. Wird der Mangel der Vertretungsmacht beanstandet, so liegt darin sachlich eine Zurückweisung des Rechtsgeschäfts. Die verschiedene Ausdrucksweise der §§ 174, 180 hat ihren Grund darin, daß in dem § 174 die Voraussetzungen der ausnahmsweisen Unwirksamkeit des von einem wirklich Bevollmächtigten vorgenommenen Rechtsgeschäfts, im § 180 aber die Voraussetzungen der ausnahmsweisen Wirksamkeit des von einem Vertreter ohne Vertretungsmacht vorgenommenen Rechtsgeschäfts bestimmt werden. Im Falle des § 174 liegt der Beweis der unverzüglichen Zurückweisung demjenigen ob, welcher die Unwirksamkeit des Rechtsgeschäfts behauptet, während im Falle des § 180 demjenigen, welcher die Wirksamkeit des Rechtsgeschäfts geltend macht, der Beweis obliegt, daß die Vertretungsmacht behauptet und nicht beanstandet sei. Wirksam ist das Rechtsgeschäft unter dieser Voraussetzung aber nur insofern, als es nach Maßgabe der §§ 177, 178 genehmigungsfähig wird. Wenn die Genehmigung erteilt wird, so ist das Rechtsgeschäft nach Maßgabe des § 184 wirksam, wenn sie verweigert wird oder als verweigert gilt, so ist das Rechtsgeschäft unwirksam. An die Stelle des nach § 178 zulässigen Widerrufs tritt die Erklärung, das Rechtsgeschäft nicht gelten lassen zu wollen. Wird die Genehmigung verweigert, so bestimmt sich die Haftung des Vertreters nach § 179.

b) Die Regel des § 180 Satz 1 findet ferner keine Anwendung, wenn der andere Teil damit einverstanden gewesen ist, daß der Vertreter ohne Vertretungsmacht handele. Der E. I § 126 verlangte, daß der andere Teil sein Einverständnis erklärt habe. Aus der Änderung der Fassung ergibt sich, daß es genügen soll, wenn das Einverständnis aus den Umständen erhellt. Die Zweifel über die Frage, ob eine wirksame stillschweigende Willenserklärung vorliegt, werden dadurch abgeschnitten. Auch in diesem Falle wird das Rechtsgeschäft nur insofern wirksam, als es nach Maßgabe des § 177 genehmigungsfähig wird. Ein Widerruf nach Maßgabe des § 178 findet nicht statt, weil der andere Teil, wenn er damit einverstanden war, daß der Vertreter ohne Vertretungsmacht handele, den Mangel der Vertretungsmacht gekannt hat. Wegen dieser Kenntnis findet auch nach § 179 Abs. 3 eine Haftung des Vertreters nicht statt. Ein Einverständnis des anderen Teiles kann nicht ohne weiteres daraus geschlossen werden, daß derselbe den Mangel der Vertretungsmacht gekannt und nicht beanstandet hat. Hat der Vertreter die Vertretungsmacht behauptet, so greift die Ausnahme unter **a** Platz. Hatte der Vertreter aber eine solche Behauptung nicht aufgestellt, hat er z. B. in dem Briefe, durch welchen er das Rechtsgeschäft vornimmt, selbst angegeben, daß er keine Vertretungsmacht habe, so kann man von dem anderen Teile nicht verlangen, daß er die Vornahme beanstande, und darf man aus dem Stillschweigen nicht auf ein Einverständnis schließen. Ob in Verbindung mit anderen Umständen aus dem Stillschweigen das Einverständnis gefolgert werden kann, läßt sich nur nach Lage des einzelnen Falles entscheiden.

Kann ein einseitiges Rechtsgeschäft wirksam sowohl einem Beteiligten wie einer Behörde gegenüber vorgenommen werden (s. z. B. die §§ 875, 876, 880, 1168, 1180, 1183), so kommt es für die Anwendbarkeit des § 180 Satz 2 darauf an, ob das Rechtsgeschäft gegenüber dem Beteiligten oder gegenüber der Behörde vorgenommen ist. Im ersteren Falle findet die Vorschrift des Satz 2 Anwendung, im letzteren Falle nicht.

Abweichend vom E. I § 126 schreibt der § 180 Satz 3 die entsprechende Anwendung der Vorschriften über Verträge auch bei dem einem Vertreter ohne Vertretungsmacht gegenüber vorgenommenen Rechtsgeschäfte für den Fall vor, daß der Vertreter damit einverstanden ist. Vorausgesetzt wird nur das Einverständnis des Vertreters mit der Vornahme des Rechtsgeschäfts gegenüber ihm als Vertreter. Es kommt nicht darauf an, ob er oder der andere Teil den Mangel der Vertretungsmacht gekannt hat oder nicht; diese Frage ist nur von Bedeutung für die Anwendung der §§ 178, 179. Nicht erforderlich ist auch hier, daß der Vertreter sein Einverständnis erklärt hat; es genügt, daß dasselbe aus den Umständen erhellt.

§. 181. Ein Vertreter kann, soweit nicht ein Anderes ihm gestattet ist, im Namen des Vertretenen mit sich im eigenen Namen oder als Vertreter eines Dritten ein Rechtsgeschäft nicht vornehmen, es sei denn, daß das Rechtsgeschäft ausschließlich in der Erfüllung einer Verbindlichkeit besteht.

---

2. **Rechtsgeschäfte eines Vertreters ohne Vertretungsmacht, die sich auf einen von ihm abgeschlossenen Vertrag beziehen.** Hat ein Vertreter ohne Vertretungsmacht einen Vertrag im Namen des Vertretenen geschlossen, so entsteht die Frage, ob er vor der Genehmigung des Vertrags solche einseitigen Rechtsgeschäfte gegenüber dem anderen Teile vornehmen kann, die sich auf den Vertrag beziehen, und ob die Genehmigung des Vertrags auch diese späteren Rechtsgeschäfte umfaßt oder ob die rechtliche Wirksamkeit jedes Rechtsgeschäfts selbständig zu beurteilen ist. Hat z. B. der Vertreter einen Mietvertrag geschlossen und kündigt er denselben später, so fragt es sich, ob der andere Teil die Kündigung wegen Mangels der Vertretungsmacht zurückweisen kann und ob, wenn er dies nicht tut, die Kündigung also nach § 180 genehmigungsfähig ist, die später von dem Vertretenen erfolgende Genehmigung des Mietvertrags sich notwendig auch auf die Kündigung bezieht oder ob der Vertretene die Genehmigung zu dem Mietvertrag erteilen, zu der Kündigung aber verweigern kann. Die Frage beschränkt sich indessen nicht auf einseitige Rechtsgeschäfte des Vertreters; sie bezieht sich auch auf die von dem anderen Teile vorgenommenen Rechtsgeschäfte sowie auf Verträge, welche sich auf den früheren Vertrag beziehen. In dem obigen Beispielsfalle handelt es sich also auch darum, wie die von dem anderen Teile dem Vertreter gegenüber erfolgende Kündigung und wie der Vertrag zu beurteilen ist, durch welchen der Vertreter die Zahlung des Mietzinses annimmt oder die Forderung erläßt oder den Mietvertrag wieder aufhebt. In der zweiten Kommission sind verschiedene sich auf diese Frage beziehende Anträge gestellt, aber sämtlich abgelehnt. Die Entscheidung muß daher aus den allgemeinen für die Vertretung geltenden Grundsätzen abgeleitet werden. Durch den von dem Vertreter im Namen des Vertretenen abgeschlossenen Vertrag wird für den Vertretenen eine Rechtsposition begründet, kraft deren es von seiner Genehmigung abhängt, ob der Vertrag wirksam ist oder nicht. Jedes später von dem Vertreter oder ihm gegenüber vorgenommene Rechtsgeschäft verliert nicht dadurch seinen selbständigen Charakter, daß es sich auf den früheren Vertrag bezieht. Dies ist zweifellos, wenn das Rechtsgeschäft erst nach der Genehmigung des ersten Vertrags vorgenommen wird. Weshalb es einer anderen Beurteilung unterliegen sollte, wenn es vor der Genehmigung vorgenommen wird, ist nicht abzusehen. Nur dann liegt die Sache anders, wenn in dem ersten Vertrage vereinbart ist, daß der Vertreter zu der Vornahme von solchen Rechtsgeschäften befugt sein solle, welche sich auf den Vertrag beziehen. Durch eine solche Vereinbarung wird einerseits das Einverständnis des anderen Teiles darüber konstatiert, daß die einseitigen, sich auf den Vertrag beziehenden Rechtsgeschäfte von dem Vertreter oder ihm gegenüber vorgenommen werden können, daß also die Vorschriften des § 180 Satz 2, 3 Anwendung finden; andererseits werden dadurch alle späteren von dem Vertreter oder ihm gegenüber vorgenommenen Rechtsgeschäfte, welche sich auf den Vertrag beziehen, mit diesem in eine solche Verbindung gebracht, daß die Genehmigung des Vertretenen nur für den Vertrag und die späteren Rechtsgeschäfte zusammen erteilt oder verweigert werden kann. Eine Vereinbarung der fraglichen Art kann nicht nur ausdrücklich, sondern auch stillschweigend erfolgen (s. Vorbm. zum zweiten Titel I, s. S. 204). Die Umstände des einzelnen Falles müssen ergeben, ob eine stillschweigende Vereinbarung anzunehmen ist oder nicht. Dabei wird insbesondere in Betracht zu ziehen sein, ob der Vertreter Vertretungsmacht zu haben glaubte oder als Geschäftsführer ohne Auftrag handelte und ob die Geschäftsführung sich auf das ganze Vermögen des Vertretenen oder doch auf einen größeren Kreis von Angelegenheiten oder nur auf den einzelnen Vertrag bezog. In dem zuletzt gedachten Falle wird eine stillschweigende Vereinbarung nur unter besonderen Umständen anzunehmen sein, während sie, wenn die Geschäftsführung sich auf alle Angelegenheiten des Vertretenen bezieht und dies dem anderen Teile bekannt ist, hieraus in Ermangelung besonderer, dagegen sprechender Umstände entnommen werden kann.

§ 181.

E. II § 149 rev. § 177; III § 177. P I S. 261 ff.; M. I S. 224 ff. P. II Bd. 1 S. 174 ff., Bd. 2 S. 73 ff. D. S. 618 f.

1. **Rechtsgeschäfte eines Vertreters mit sich selbst.** Die in den bisherigen Rechten wie in der gemeinrechtlichen Theorie bestrittene Frage, ob jemand als Vertreter eines anderen ein Rechts-

geschäft mit sich selbst im eigenen Namen oder als Vertreter eines Dritten vornehmen könne, bejahte der E. I dadurch, daß er nur in einzelnen Fällen einen gesetzlichen Vertreter bei der Vornahme von Rechtsgeschäften mit sich selbst von der gesetzlichen Vertretung ausschloß (§§ 45, 1651). Die zweite Kommission hielt die Gründe gegen die Zulässigkeit solcher Rechtsgeschäfte für überwiegend. Der § 181 stellt daher als Regel auf, daß ein Vertreter Rechtsgeschäfte der fraglichen Art nicht vornehmen kann. Ausgenommen von dieser Regel sind für alle Vertreter solche Rechtsgeschäfte, die ausschließlich in der Erfüllung einer Verbindlichkeit bestehen. (Über eine Ausnahme von dieser Ausnahme s. Erl. 2 Abs. 2 zu § 1795.) Es ist gleichgültig, ob es sich um eine Verbindlichkeit des Vertretenen gegenüber dem Vertreter oder um eine Verbindlichkeit des Vertreters gegenüber dem Vertretenen oder um die Verbindlichkeit mehrerer von derselben Person Vertretenen gegen einander handelt. Der Vertreter kann sich also z. B. wegen seiner persönlichen Forderungen gegen den Vertretenen aus dem seiner Verwaltung unterliegenden Vermögen des Vertretenen befriedigen und seine Schuld an den Vertretenen durch Einzahlung in die von ihm verwaltete Kasse berichtigen. Das BGB. nimmt — was in der Theorie bestritten ist — in Fällen dieser Art einen auf Eigentumsübertragung des geschuldeten Gegenstandes und Aufhebung der bestehenden Verbindlichkeit durch Erfüllung gerichteten Vertrag zwischen dem Vertreter im eigenen Namen und dem von ihm Vertretenen an. (Eine andere Konstruktion verteidigt du Chesne, Das Kontrahieren mit sich selbst im Sächs. Arch. Bd. 12 S. 65.) Erforderlich ist selbstverständlich, daß der Vertrag in irgend welcher Art in die äußere Erscheinung tritt. Ob dies durch Erklärung vor Zeugen oder durch Eintragung in die Geschäftsbücher oder durch das Nehmen des Geldes aus der einen und Hineinlegen in die andere Kasse oder durch eine sonstige Willensbetätigung geschieht, ist gleichgültig. Die Ansicht von Hupka S. 277, 279, daß erforderlich sei ein Willensakt, der vermöge seiner äußeren Form eine Bindung erzeuge und nicht etwa im geheimen zurückgenommen werden könne und der deshalb z. B. die Errichtung einer Urkunde, die der Vertreter im Namen beider Teile unterschreibt, oder das Hineinlegen des bezahlten Geldes in ein besonderes Behältnis unter Bezeichnung desjenigen, an welchen hierdurch das Geld gezahlt sein soll, für nicht genügend erklärt, dürfte sich weder durch allgemeine Grundsätze noch durch besondere Vorschriften des BGB. rechtfertigen lassen. (RG. Bd. 52 S. 130.)

Zweifelhaft ist, ob ein ausschließlich auf die Erfüllung einer Verbindlichkeit gerichtetes Rechtsgeschäft vorliegt, wenn eine Verbindlichkeit in Frage steht, die noch nicht fällig ist oder der eine Einrede entgegensteht. Die Frage dürfte jedenfalls zu verneinen sein, wenn es sich um eine Verbindlichkeit des Vertretenen gegen den Vertreter handelt. Sie wird aber von Hölder, Erl. zu § 181; Dernburg I § 170, II 1; Enneccerus I § 86 II bejaht für den Fall, daß es sich um eine Verbindlichkeit des Vertreters gegen den Vertretenen handelt. Sachlich liegt indessen in der Erfüllung einer Verbindlichkeit der fraglichen Art ein Verzicht auf die dem Anspruch entgegenstehende verzögerliche oder peremtorische Einrede. Auf Verzichte des Vertreters gegenüber dem Vertretenen bezieht sich aber die hier fragliche Ausnahme von dem Verbot des Selbstkontrahierens nicht, und es dürfte deshalb bedenklich sein, die Erfüllung einer Verbindlichkeit der fraglichen Art in dem gedachten Falle für zulässig zu erklären.

Nur die Erfüllung einer Verbindlichkeit, nicht die Hingabe an Zahlungs Statt ist zulässig. Auch die Aufrechnung dürfte nicht unter die Ausnahme fallen (a. A. Dernburg I § 170 II 1; Kuhlenbeck, Erl. 2 zu § 181); vgl. auch Rspr. Bd. 5 S. 50.

Voraussetzung der Ausnahme ist immer, daß die Vertretungsmacht einen Vertrag der fraglichen Art umfaßt. Praktische Bedeutung hat daher die Ausnahme regelmäßig nur für gesetzliche Vertreter und Generalbevollmächtigte.

Nicht getroffen durch das Verbot des § 181 wird der Fall, daß ein Bevollmächtigter Substitutionsmacht hat und mit dem auf Grund dieser Macht von ihm im Namen des Vollmachtgebers bestellten Vertreter in eigenem Namen einen Vertrag schließt oder ein sonstiges Rechtsgeschäft vornimmt. Kraft der Substitution ist der Substitut Vertreter des Vollmachtgebers, nicht des Bevollmächtigten (s. Erl. zu § 167). In der Vornahme eines Rechtsgeschäfts von seiten des Substituten als Vertreters des Vollmachtgebers mit der Person des Bevollmächtigten in deren eigenem Namen liegt daher nicht die Vornahme eines Rechtsgeschäfts des Vertreters mit sich selbst in eigenem Namen (a. A. das in DJZ. 1903 S. 204 angeführte Urteil, während im Rspr. Bd. 7 S. 6 unterschieden wird, ob die Substitution in der Art erfolgt sei, daß der Substitut Vertreter des Bevollmächtigten sein solle oder in der Art, daß er Vertreter des Vollmachtgebers sei und nur für den ersteren Fall der § 181 für anwendbar erklärt wird). Man wird in einem Verfahren der gedachten Art auch schwerlich eine Handlungsweise erblicken können, die in fraudem legis erfolgt ist. Der Zweck des § 181 erfordert eine solche Ausdehnung des in ihm ausgesprochenen Verbots nicht (a. A. Endemann I § 80 Anm. 31).

Über die Frage, ob der Testamentsvollstrecker im Sinne des § 181 als Vertreter der Erben anzusehen ist und deshalb Rechtsgeschäfte, die er als Testamentsvollstrecker mit sich selbst vornimmt, unter die Vorschrift des § 181 fallen und ob, wenn dies angenommen wird, zwar die Zahlung einer Schuld und die Ausstellung einer Quittung darüber, nicht aber die Bewilligung der Löschung und der Antrag darauf an das Grundbuchamt unter die Ausnahme des § 181 fällt (s. Rspr. Bd. 4 S. 437; RJA. Bd. 3 S. 44).

2. **Das Verbot des § 181 gilt nur, soweit nicht dem Vertreter ein anderes gestattet ist.** Bei einer durch Bevollmächtigung begründeten Vertretungsmacht hängt es von dem Vollmachtgeber ab, ob und in welchem Umfang er dem Bevollmächtigten die Vornahme von Rechtsgeschäften mit sich selbst oder mit sich als Vertreter eines anderen gestatten will (Rspr. Bd. 5 S. 46, 50, Bd. 6 S. 38; KG. Bd. 21, S. A. 292). Die Gestattung kann auch stillschweigend erfolgen. Der Zweck und der Umfang der Vollmacht in Verbindung mit der Verkehrsgewohnheit werden bei der Beurteilung der Frage, ob eine stillschweigende Gestattung anzunehmen ist, besonders zu berücksichtigen sein. Hat der Bevollmächtigte z. B. Geld für den Vollmachtgeber zu erheben und zu verwalten, so wird im Zweifel ein Wechseln des Geldes des Vollmachtgebers mit dem eigenen Gelde des Bevollmächtigten als gestattet anzusehen sein.

Für gesetzliche Vertreter kann die Gestattung nur durch das Gesetz erfolgen. Nur in einem Falle enthält das BGB. eine hierauf bezügliche Vorschrift. Nach § 1409 kann die Frau, wenn sie zum Vormunde des Mannes bestellt ist, sich selbst die Zustimmung zu Rechtsgeschäften erteilen, zu denen sie der Zustimmung des Mannes bedarf (s. Erl. 2 zu § 1409; vgl. auch §§ 1457, 1519, 1525, 1549). Aus der Vorschrift des § 1775, nach welcher für mehrere Geschwister regelmäßig nur ein Vormund bestellt werden soll, kann nicht gefolgert werden, daß ein solcher Vormund als Vertreter eines der Geschwister mit sich selbst als Vertreter der anderen Geschwister Rechtsgeschäfte vornehmen könne. Werden solche Rechtsgeschäfte erforderlich, so muß ein Pfleger bestellt werden. Es ergibt sich dies aus § 1795 Abs. 2 (RJA. Bd. 2 S. 110; KG. Bd. 22 S. A. 101; Bd. 23 S. A. 89; Rspr. Bd. 3 S. 408; a. A. Rspr. Bd. 6 S. 39).

3. **Rechtsgeschäfte, welche ein Vertreter, der Vorschrift des § 181 zuwider, mit sich selbst im eigenen Namen oder in Vertretung eines anderen vornimmt, sind nichtig.** Der E. I ließ in denjenigen Fällen, in welchen er ein Rechtsgeschäft der fraglichen Art für unzulässig erklärte, nur die Vertretungsmacht wegfallen. Das der gesetzlichen Vorschrift zuwider vorgenommene Rechtsgeschäft war also nicht nichtig, sondern nur ein von einem Vertreter ohne Vertretungsmacht vorgenommenes Rechtsgeschäft; seine Wirksamkeit hing daher, nach Maßgabe der §§ 123—126 des E. I, von der Genehmigung des Vertretenen ab (M. I S. 101, IV S. 1088). In der zweiten Kommission wurden von einer Seite Zweifel erhoben, ob der § 181 nicht in demselben Sinne zu verstehen sei. Die Mehrheit aber ging davon aus, daß der § 181 die Nichtigkeit bestimme, und der Gebrauch der Worte „kann nicht“ nötigt nach der Terminologie das BGB. (s. Einl. IV. 4 S. 27) zu dieser Auslegung (ebenso RJA. Bd. 2 S. 110; RG. Bd. 51 S. 422; a. A. Hölder, Erl. 1 zu § 181; Dernburg, I § 170 II 2; Hupka S. 341). Eine Modifikation enthalten die §§ 456—458, sofern man den mit der Vornahme des Verkaufs im Wege der öffentlichen Versteigerung Beauftragten als Vertreter des Verkäufers ansieht. Er darf den zum Verkaufe gestellten Gegenstand weder für sich persönlich noch als Vertreter eines anderen kaufen, aber der Kauf ist nicht nichtig, vielmehr hängt seine Wirksamkeit nach § 458 von der Zustimmung der dort bezeichneten Personen ab.

Hat ein Vertreter mit sich selbst in eigenem Namen oder als Vertreter eines Dritten ein Rechtsgeschäft vorgenommen, das ausschließlich in der Erfüllung einer Verbindlichkeit besteht, fehlte ihm aber zu diesem Rechtsgeschäfte die Vertretungsmacht, so ist das Rechtsgeschäft, da es nicht gegen die Vorschrift des § 181 verstößt, nicht nichtig, sondern nach Maßgabe der Vorschriften über die von einem Vertreter ohne Vertretungsmacht vorgenommenen Rechtsgeschäfte zu beurteilen (§§ 177—180).

4. **Prozeßführung.** Ergänzt werden sollte die Vorschrift des § 181 nach den Beschlüssen der zweiten Kommission durch eine in die CPO. als § 53a aufzunehmende Vorschrift, nach welcher ein Vertreter nicht im Namen des Vertretenen einen Rechtsstreit mit sich selbst im eigenen Namen oder als Vertreter eines Dritten führen kann. Von dieser Vorschrift gilt keine Ausnahme. Diese Vorschrift ist zwar in die jetzige CPO. nicht aufgenommen worden; sie dürfte indessen als selbstverständlich zu betrachten sein.

Sechster Titel.

Einwilligung. Genehmigung.

Sechster Titel.

1. Zustimmung, Einwilligung, Genehmigung. In einer großen Zahl von Fällen hängt nach dem BGB. die Wirksamkeit eines Vertrags oder eines einseitigen empfangsbedürftigen Rechtsgeschäfts von der vorherigen oder nachträglichen Zustimmung eines Dritten ab. Die vorherige Zustimmung wird als Einwilligung, die nachträgliche als Genehmigung bezeichnet (§§ 183, 184); der Ausdruck Zustimmung umfaßt Einwilligung und Genehmigung. Nicht besonders berücksichtigt ist die bei der Vornahme eines Rechtsgeschäfts erklärte Zustimmung eines Dritten; diese ist, je nach Lage der Sache, als Einwilligung oder Genehmigung zu beurteilen. In der Mehrzahl der Fälle genügt sowohl die Einwilligung als auch die Genehmigung, um das Rechtsgeschäft wirksam zu machen; in einzelnen Fällen wird Einwilligung erfordert (s. z. B. § 111), in anderen Fällen kommt nur die Genehmigung in Frage (s. z. B. § 180). Nicht festgehalten wird die Unterscheidung von Einwilligung und Genehmigung in denjenigen Fällen, in welchen ein gesetzlicher Vertreter der Zustimmung des Vormundschaftsgerichts oder des Gegenvormundes bedarf. Diese Zustimmung wird, mag sie vor dem Rechtsgeschäft oder nachträglich erfolgen, als Genehmigung bezeichnet (§§ 1643, 1812—1816, 1819—1822, 1824). Die Vorschriften, durch welche die Zustimmung gefordert wird, beruhen auf verschiedenen Gründen. Folgende Kategorieen lassen sich unterscheiden:

a) Die Person, welche das Rechtsgeschäft vornimmt, ist in der Geschäftsfähigkeit beschränkt. Um sie gegen Nachteile zu schützen, wird die Wirksamkeit des Rechtsgeschäfts von der Zustimmung des gesetzlichen Vertreters und unter Umständen außerdem von der Zustimmung des Gegenvormundes oder des Vormundschaftsgerichts abhängig gemacht (§§ 107 ff., 114, 1643, 1812—1816, 1819—1822, 1824).

b) Das Rechtsgeschäft ist von einem Vertreter ohne Vertretungsmacht im Namen eines anderen vorgenommen. Ist das Rechtsgeschäft ein Vertrag, so hängt seine Wirksamkeit von der Genehmigung des Vertretenen ab; ist es ein einseitiges Rechtsgeschäft, so ist es regelmäßig unwirksam, kann aber unter gewissen Voraussetzungen durch Genehmigung des Vertretenen wirksam werden. Entsprechendes gilt für Rechtsgeschäfte gegenüber einem Vertreter ohne Vertretungsmacht (§§ 177, 180).

c) Durch das Rechtsgeschäft wird über das Recht eines anderen verfügt. Aus dem Wesen des Rechtes folgt, daß das Rechtsgeschäft nicht ohne die Zustimmung des Berechtigten wirksam werden kann (§ 185).

d) Durch das Rechtsgeschäft wird zwar nicht direkt über das Recht eines anderen verfügt, aber mittelbar wird ein solches Recht doch durch das Rechtsgeschäft beeinträchtigt und deshalb die Zustimmung des Berechtigten erfordert. Dahin gehören z. B. die Fälle der §§ 415, 458, 876, 1071, 1245, 1255, 1276, 1375, 1395, 1396, 1398, 1399, 1444, 1448, 2120. In einzelnen Fällen, in denen die Einwilligung eines Dritten erfordert wird, handelt es sich nicht um den Schutz eines Rechtes desselben, aber doch um den Schutz eines beachtenswerten Interesses, so z. B. in den §§ 1517, 1746—1748.

2. Anwendungsgebiet der §§ 182—185. Die Vorschriften des sechsten Titels finden nur Anwendung, soweit die Wirksamkeit eines Vertrags oder eines einseitigen empfangsbedürftigen Rechtsgeschäfts von der Zustimmung eines Dritten abhängig ist. Sie finden z. B. keine Anwendung in den Fällen der §§ 549, 1305—1308, weil hier die Wirksamkeit des Rechtsgeschäfts, zu welchem die Einwilligung erfordert wird, nicht von dieser abhängt; sie finden auch keine Anwendung in dem Falle des § 1516, weil in diesem die Zustimmung nicht zu einem empfangsbedürftigen Rechtsgeschäfte, sondern zu einer letztwilligen Verfügung erfordert wird; ebenso finden sie auch keine Anwendung in dem Falle des § 1726, weil es sich in diesem nicht um die Zustimmung zu einem Rechtsgeschäfte, sondern um die Zustimmung zu einem Akte der Staatsgewalt handelt.

3. Anordnung des Stoffes. Der § 182 enthält die allgemeinen für die Zustimmung geltenden Vorschriften, der § 183 handelt von der Einwilligung, der § 184 von der Genehmigung; der § 185 endlich handelt von den unter Erl. 1 c bezeichneten Fällen der Zustimmung.

§. 182. Hängt die Wirksamkeit eines Vertrags oder eines einseitigen Rechtsgeschäfts, das einem Anderen gegenüber vorzunehmen ist, von der Zustimmung eines Dritten ab, so kann die Ertheilung sowie die Verweigerung der Zustimmung sowohl dem einen als dem anderen Theile gegenüber erklärt werden.

Die Zustimmung bedarf nicht der für das Rechtsgeschäft bestimmten Form.

Wird ein einseitiges Rechtsgeschäft, dessen Wirksamkeit von der Zustimmung eines Dritten abhängt, mit Einwilligung des Dritten vorgenommen, so finden die Vorschriften des §. 111 Satz 2, 3 entsprechende Anwendung.

---

§ 182.

E. I § 127 Abs. 1, 2; II § 150 rev. § 178; III § 178. P. I S. 3218 ff., 3229 ff., 4034 ff., 6161, 6171, 11661 ff., 11942; M. I S. 245 ff. P. II Bd. 1 S. 176 ff., Bd. 6 S. 124, 128, 138.

S. Vorbm. zu diesem Titel.

1. Die Zustimmung ist ein einseitiges empfangsbedürftiges Rechtsgeschäft. Der § 182 bestimmt zwar nur, daß die Erteilung wie die Verweigerung der Zustimmung sowohl dem einen wie dem anderen Teile gegenüber erklärt werden könne. Die Vorschrift ist aber dahin zu verstehen, daß die Erteilung wie die Verweigerung der Zustimmung wirksam nur gegenüber dem einen oder dem anderen Teile erklärt werden kann. Daß die Zustimmung ein empfangsbedürftiges Rechtsgeschäft ist, wird wie bei der Kündigung und Mahnung als selbstverständlich vorausgesetzt. (RG. Bd. 24 S. A. 235). Dasselbe gilt von der Verweigerung, soweit diese überhaupt ein Rechtsgeschäft ist (s. Erl. zu § 183, Erl. 3 zu § 184). Der § 182 beschränkt sich daher auf die Bestimmung, wem gegenüber die Erklärung abzugeben ist. Die einem Dritten gegenüber erfolgende Erklärung ist unwirksam. Nicht ausgeschlossen ist aber, daß die Erteilung wie die Verweigerung dem einen oder dem anderen Teile gegenüber stillschweigend erfolgt. Der E. I § 127 Abs. 2 sprach dies ausdrücklich aus. Die Bestimmung ist von der zweiten Kommission gestrichen, aber nur weil man sie für selbstverständlich erachtete. Über die Voraussetzungen, unter welchen eine Willensbetätigung als gleichwertig mit der Willenserklärung und deshalb als stillschweigende Willenserklärung anzusehen ist, s. die Vorbm. zum zweiten Titel I. 2, oben S. 206.

Von der Regel des § 182 Abs. 1 macht das BGB. in einer Reihe von Fällen Ausnahmen, so in den §§ 108, 177, 876, 1071, 1245, 1255, 1276, 1396, 1448, 1748. Besondere Vorschriften gelten auch für die Genehmigung des Gegenvormundes und des Vormundschaftsgerichts (§§ 1828—1832).

2. Form der Zustimmung. Die Vorschrift des § 182 Abs. 2 entspricht der für die Vollmacht geltenden Vorschrift des § 167 Abs. 2. Die Zustimmung ist wie die Vollmacht ein selbständiges Rechtsgeschäft; es gelten daher für sie die Vorschriften nicht, welche eine Form für dasjenige Rechtsgeschäft bestimmen, zu dem die Zustimmung erfordert wird. In einigen Fällen wird indessen die Zustimmung selbst an eine Form gebunden (s. z. B. § 1517; vgl. auch GBO. § 29).

3. Anfechtbarkeit der Zustimmung. Die Zustimmung kann sowohl dem einen wie dem anderen Teile gegenüber erklärt werden. In mehrfacher Beziehung kommt es indessen auf die Person desjenigen an, welchem gegenüber die Zustimmung in Wirklichkeit erklärt wird. Dieser ist, wenn die Zustimmung anfechtbar ist, der Anfechtungsgegner. Im Falle des § 123 Abs. 2 Satz 1 hängt die Anfechtbarkeit der Zustimmung davon ab, ob derjenige die von dem Dritten verübte Täuschung kannte oder kennen mußte, welchem gegenüber die Zustimmung erklärt ist (s. Erl. 4 zu § 123, Erl. 3 zu § 143). Ob der andere Teil, welchem gegenüber nach § 182 die Zustimmung auch hätte erklärt werden können, welchem gegenüber sie aber in Wirklichkeit nicht erklärt ist, die Täuschung kannte oder kennen mußte, kommt für die Anwendung des § 123 Abs. 2 Satz 1 nicht in Betracht. Es fragt sich aber, ob diesem anderen Teile gegenüber die Zustimmung nicht auf Grund des § 123 Abs. 2 Satz 2 anfechtbar ist, wenn er die Täuschung kannte oder kennen mußte. Die Beantwortung dieser Frage hängt davon ab, ob der andere Teil aus der Zustimmung unmittelbar ein Recht erwirbt. Ein solcher unmittelbarer Erwerb dürfte in denjenigen Fällen anzunehmen sein, in welchen der andere Teil durch das Rechtsgeschäft, dessen Wirksamkeit von der Zustimmung abhängig ist, ein Recht erwerben sollte. Für diese Annahme sprechen im wesentlichen dieselben Gründe, welche für die Anwendbarkeit der Vorschrift des § 123

§. 183. Die vorherige Zustimmung (Einwilligung) ist bis zur Vornahme des Rechtsgeschäfts widerruflich, soweit nicht aus dem ihrer Ertheilung zu Grunde

---

Abs. 2 Satz 2 bei einer anfechtbaren Bevollmächtigung sprechen (s. Erl. 4 zu § 167). Genehmigt der Eigentümer einer Sache die von einem Nichtberechtigten erfolgte Veräußerung der Sache an einen Dritten, so wird dieser durch die Genehmigung Eigentümer. Der Erwerb des Eigentums erfolgt freilich nicht durch die Genehmigung für sich allein, sondern dadurch, daß diese zu der früheren Veräußerung von seiten des Nichtberechtigten hinzutritt; aber weder nach dem Wortlaute noch nach dem Zwecke des § 123 Abs. 2 Satz 2 dürfte es darauf ankommen, ob der Rechtserwerb ausschließlich auf der betreffenden Erklärung oder ob er auf der Erklärung in Verbindung mit anderen Umständen beruht; es genügt, daß der Erwerb ohne die betreffende Erklärung nicht eingetreten wäre, unmittelbar durch sie aber erfolgt ist. In dem angeführten Beispielsfall ist deshalb die Genehmigung, auch wenn sie dem Veräußerer gegenüber erklärt ist, dem Erwerber gegenüber anfechtbar, wenn dieser die Täuschung, durch welche der Genehmigende bestimmt ist, kannte oder kennen mußte. Die Anfechtung hat in diesem Falle, obwohl sie zunächst nur insoweit zulässig ist und erfolgt, als der Erwerber aus der Genehmigung unmittelbar ein Recht erworben hat, doch die Wirkung, daß die Genehmigung überhaupt nichtig ist, indem die Aufrechterhaltung gegenüber dem Veräußerer nicht möglich ist, wenn gegenüber dem Erwerber Nichtigkeit eintritt. Infolge der Unmöglichkeit, in Fällen dieser Art die Wirkung der Anfechtung auf den Erwerber zu beschränken, wird freilich der durch die Vorschrift des § 123 Abs. 2 Satz 1 verfolgte Zweck, denjenigen, welchem gegenüber eine Erklärung abgegeben wird, nicht unter der von einem Dritten verübten Täuschung leiden zu lassen, wenn er diese weder kannte noch kennen mußte, einigermaßen beeinträchtigt; aber diese Beeinträchtigung läßt sich nicht vermeiden, wenn der durch Abs. 2 Satz 2 erstrebte Zweck erreicht werden soll.

Die Einwilligung wird nicht anders behandelt werden können wie die Genehmigung. Durch die Einwilligung für sich allein erlangt freilich der Dritte noch kein Recht, sondern erst durch die nachfolgende Veräußerung; er erlangt aber auf Grund der Veräußerung das Recht nur deshalb, weil der Eigentümer die Einwilligung zu der Veräußerung erteilt hatte. Im Sinne des § 123 Abs. 2 Satz 2 wird man daher auch hier annehmen müssen, daß der Erwerber das Eigentum unmittelbar aus der Einwilligung erwirbt.

In dem Bisherigen sind nur solche Fälle ins Auge gefaßt, in denen die Verfügung, welche ein Nichtberechtigter über einen Gegenstand trifft, durch die Zustimmung des Berechtigten Wirksamkeit erlangt (§ 185). Was für diese Fälle gilt, wird aber für alle Fälle gelten müssen, in denen die Wirksamkeit eines Rechtsgeschäfts von der Zustimmung eines Dritten abhängig ist. Genehmigt z. B. der gesetzliche Vertreter eines Minderjährigen den von diesem mit einem Dritten abgeschlossenen Vertrag, so erwirbt der Dritte erst auf Grund dieser Genehmigung die ihm durch den Vertrag zugesicherten Rechte. Hat ein Vertreter ohne Vertretungsmacht einen Vertrag mit einem Dritten geschlossen, so erwirbt dieser die ihm durch den Vertrag zugesicherten Rechte erst durch die Genehmigung des Vertrags von seiten des Vertretenen. Genehmigt der Gläubiger eine Schuldübernahme, so wird der bisherige Schuldner erst durch diese Genehmigung von seiner Schuld befreit. In allen Fällen dieser Art findet daher die Vorschrift des § 123 Abs. 2 Satz 2 Anwendung. Die Zustimmung zu dem Rechtsgeschäfte, dessen Wirksamkeit von dieser Zustimmung abhängt, ist, wenn sie dem einen Teile gegenüber erklärt wurde, gegenüber dem anderen Teile, soweit dieser nach dem Inhalte des Rechtsgeschäfts ein Recht erwerben sollte, anfechtbar, wenn er die Täuschung, durch welche der Zustimmende zu seiner Erklärung bestimmt wurde, kannte oder kennen mußte.

4. Über die für **die Einwilligung zu einseitigen Rechtsgeschäften** im Abs. 3 gegebene Vorschrift s. Erl. 3, 4 zu § 111. Die Vorschrift findet z. B. Anwendung in dem Falle des § 1398. Eine entsprechende Vorschrift für einseitige Rechtsgeschäfte des Vormundes, zu denen derselbe der Genehmigung des Vormundschaftsgerichts bedarf, enthält der § 1831.

§ 183.

E. I § 127 Abs. 3; II § 151 rev. § 179; III § 179. P. I S. 3218 ff., 3229 ff., 4034 ff., 6161, 6171, 11661 ff., 11942; M. I S. 245 ff. P. II Bd. 1 S. 176 ff., Bd. 6 S. 124, 128.

1. **Die Einwilligung ist ein abstraktes Rechtsgeschäft.** Durch die Vorschrift des § 183 Satz 1 ist sie aber mit dem zu Grunde liegenden Rechtsverhältnis in der Art verbunden, daß

liegenden Rechtsverhältnisse sich ein Anderes ergiebt. Der Widerruf kann sowohl dem einen als dem anderen Theile gegenüber erklärt werden.

---

der regelmäßig zulässige Widerruf ausgeschlossen ist, wenn sich dessen Unzulässigkeit aus dem zu Grunde liegenden Rechtsverhältnis ergibt. Nur für den Widerruf besteht aber diese Verbindung mit dem zu Grunde liegenden Rechtsverhältnis; im übrigen ist die Einwilligung von dem Bestehen oder Erlöschen jenes Rechtsverhältnisses unabhängig und gilt eine dem § 168 Satz 1 entsprechende Vorschrift nicht. Bei der offenbar absichtlichen Weglassung einer solchen Vorschrift dürfte es sich trotz der Ähnlichkeit der Einwilligung mit der Vollmacht nicht rechtfertigen, die Vorschrift des § 168 Satz 1 auch auf die Einwilligung anzuwenden (a. A. Hölder, Erl. zu § 183; Gareis, Erl. 1 zu § 183; Kisch in Grünhut, Bd. 29 S. 347; Endemann I § 83 Anm. 6, der die dem Dritten gegenüber erteilte Einwilligung nach denselben Grundsätzen wie die von ihm sog. echte Vollmacht, die dem Verfügenden gegenüber erteilte Einwilligung ebenso wie die unechte Vollmacht behandeln will). Die Einwilligung kann übrigens rechtsgeschäftlich von dem Bestehen eines bestimmten Rechtsverhältnisses abhängig gemacht werden, und eine solche auflösende Bedingung wird unter Umständen auch als stillschweigend erklärt anzusehen sein. Ist eine solche Bedingung nicht hinzugefügt, entbehrt aber die Einwilligung des rechtlichen Grundes, so kann nach Maßgabe der §§ 812ff. ein Anspruch wegen ungerechtfertigter Bereicherung begründet sein. Solange das Rechtsgeschäft nicht vorgenommen ist, zu welchem die Einwilligung erteilt wurde, ist jener Anspruch unnötig, weil in solchem Falle die Einwilligung widerrufen werden kann. Ist das Rechtsgeschäft aber vorgenommen, so kann der Anspruch von Bedeutung sein. (Vgl. Erl. 2 zu § 184.)

Die **Widerruflichkeit** ist gesetzlich ausgeschlossen z. B. in den Fällen der §§ 876, 1071, 1245, 1255, 1276, 1517, 1748. Aus dem zu Grunde liegenden Rechtsverhältnis ergibt sich die Unzulässigkeit des Widerrufs z. B. in solchen Fällen, in denen der Einwilligende zur Erteilung der Einwilligung verpflichtet war (s. z. B. § 2120). Selbstverständlich ist, daß die Einwilligung nach der Vornahme des Rechtsgeschäftes, zu dem sie erteilt wurde, nicht mehr widerrufen werden kann; in solchem Falle kann nur der obligatorische Anspruch wegen ungerechtfertigter Bereicherung in Frage kommen.

2. Der § 183 Satz 2 spricht die Regel, daß der Widerruf sowohl dem einen als dem anderen Teile gegenüber erklärt werden kann, ohne jede Beschränkung aus. Es fragt sich aber, ob nicht die §§ 170—173 entsprechende Anwendung finden müssen. Der E. I § 127 Abs. 3 bestimmte:

„Auf das Erlöschen der Wirksamkeit der im voraus erteilten Einwilligung finden die Vorschriften über das Erlöschen der Vollmacht entsprechende Anwendung."

Durch diese Bestimmung wurden nicht nur die Vorschriften des § 119 über die unbeschränkte Widerruflichkeit der Vollmacht, sondern auch die Vorschriften der §§ 120, 121, soweit sie sich auf das Erlöschen der Vollmacht beziehen, für entsprechend anwendbar erklärt. Nach § 120 ist der Widerruf einer Vollmacht, welche dem Dritten, mit dem das Rechtsgeschäft vorgenommen werden soll, mitgeteilt oder öffentlich bekannt gemacht worden ist, im ersteren Falle gegenüber dem Dritten, im letzteren Falle gegenüber jedem nur dann wirksam, wenn ihnen der Widerruf in entsprechender Weise kundgegeben oder bei der Vornahme des Rechtsgeschäfts bekannt war oder bekannt sein mußte. Nach E. I § 121 finden diese Vorschriften entsprechende Anwendung, wenn dem Bevollmächtigten eine Vollmachtsurkunde ausgehändigt und von diesem dem Dritten vorgelegt war. Infolge der Änderung, welche der E. I § 119 in der zweiten Kommission durch die Vorschriften des § 168 erfahren hat, konnte die Vorschrift des E. I § 127 Abs. 3 nicht die bisherige Fassung behalten und wurde durch den § 183 ersetzt. Aus P. II ist nicht ersichtlich, ob hierbei beabsichtigt ist, die entsprechende Anwendung der an die Stelle des E. I §§ 120, 121 getretenen Vorschriften der §§ 170—173 auszuschließen, oder ob man bei der Änderung der Fassung die dadurch herbeigeführte sachliche Änderung übersehen hat. Es kommt also darauf an, ob hier ein Fall vorliegt, in welchem die entsprechende Anwendung gerechtfertigt erscheint, obwohl sie nicht vorgeschrieben ist. Diese Frage dürfte für diejenigen Fälle zu bejahen sein, in welchen die Einwilligung in Gemäßheit der Regel des § 182 sowohl dem einen wie dem anderen Teile gegenüber erklärt werden kann. In den Fällen dieser Art sind die erheblichen Elemente des Tatbestandes für die hier vorliegende Frage bei der Einwilligung die gleichen wie bei der Vollmacht. Ob der Eigentümer einer Sache den A. bevollmächtigt, das Eigentum der Sache in seinem Namen an B. zu übertragen, oder ob er den A. ermächtigt, dies im eigenen Namen zu tun, ist für die Anwendung der Vorschrift des § 170 ohne Bedeutung.

Ist der Widerruf der Vollmacht, wenn diese durch Erklärung gegenüber dem B. erfolgt ist, dem B. gegenüber unwirksam, wenn er ihm weder mitgeteilt noch sonst bekannt war oder bekannt sein mußte, so muß dasselbe von der Ermächtigung gelten, wenn diese dem B. gegenüber erfolgt war. Einwilligung und Ermächtigung ist sachlich gleichbedeutend. In beiden Fällen handelt es sich darum, daß A durch die Willenserklärung des Eigentümers die rechtliche Macht erhält, über dessen Eigentum zu Gunsten des B. zu verfügen, und daß diese Willenserklärung, weil sie dem B. gegenüber erfolgt war, nicht hinter dessen Rücken durch eine dem A. gegenüber erfolgende Erklärung soll widerrufen werden können. Die Verschiedenheit der beiden Tatbestände besteht nur darin, daß die Eigentumsübertragung in dem einen Falle im Namen des Eigentümers, in dem anderen Falle im eigenen Namen des A. erfolgt, und diese Verschiedenheit ist für die hier vorliegende Frage ohne alle Bedeutung. Auf denselben Gründen wie die Vorschrift des § 170 beruhen die Vorschriften der §§ 171, 172. Das BGB. behandelt zwar die in Gemäßheit der letztgedachten Vorschriften erfolgende Kundgebung der Bevollmächtigung an den Dritten nicht, wie der E. I §§ 120, 121, als selbständige Erteilung der Vollmacht. Aber diese Verschiedenheit der Konstruktion ist sachlich in der hier fraglichen Beziehung ohne Bedeutung. Auch nach BGB. §§ 171, 172 wird eine in der dort bezeichneten Art erfolgende Kundgebung der Bevollmächtigung an den Dritten deshalb ebenso wie die dem Dritten gegenüber erfolgende Bevollmächtigung behandelt, weil der Dritte in dem einen wie in dem anderen Falle darauf muß vertrauen können, daß die ihm gegenüber kundgegebene oder erfolgte Bevollmächtigung nicht hinter seinem Rücken widerrufen wird. Auch in dieser Hinsicht muß daher dasselbe von der Einwilligung gelten wie von der Bevollmächtigung. Etwas zweifelhafter liegt die Frage in denjenigen Fällen, in welchen die Einwilligung aus den in den Vorbm. zu diesem Titel 1, a, d bezeichneten Gründen erfordert wird. Die meisten der unter Nr. 1, d angeführten Fälle scheiden hier deshalb aus, weil in ihnen die Einwilligung nicht beiden Teilen gegenüber erklärt werden kann und überdem meistens unwiderruflich ist. Es bleiben aber noch einige praktisch nicht unwichtige Fälle übrig, in denen die Regel des § 182 Abs. 1 Anwendung findet und die Widerruflichkeit nicht beschränkt ist. Dahin gehören z. B. die Fälle der §§ 1395, 1399. Die Wirksamkeit einer Verfügung der Ehefrau über einen zu ihrem eingebrachten Vermögen gehörenden Gegenstand hängt von der Einwilligung bezw. Genehmigung des Ehemanns ab. Der Ehemann hat einem Dritten gegenüber erklärt, daß er in die Übertragung des Eigentums einer zu dem eingebrachten Vermögen der Frau gehörenden Sache an ihn seine Einwilligung erteile. Im Vertrauen hierauf schließt der Dritte einen Vertrag mit der Frau, durch welchen ihm diese das Eigentum der betreffenden Sache gegen Entgelt überträgt. Ist dieser Vertrag unwirksam, wenn der Mann inzwischen seine Einwilligung der Frau gegenüber widerrufen hat, obwohl dies dem Dritten weder mitgeteilt noch sonst bekannt war noch bekannt sein mußte? Ähnlich liegt die Sache in den in den Vorbm. zu diesem Titel 1, a (oben S. 317) angeführten Fällen. Der Vormund erklärt einem Dritten, daß er einwillige, daß sein Mündel eine bestimmte Sache zu einem bestimmten Preise ihm verkaufe und übertrage oder daß der Mündel ein Darlehen von einer bestimmten Höhe von ihm erhalte. Im Vertrauen auf diese Erklärung schließt der Dritte mit dem Mündel den Vertrag, durch welchen er gegen Zahlung des bestimmten Preises die Sache kauft und übertragen erhält, oder gibt dem Mündel das Darlehen. Sind diese Verträge unwirksam bezw. von der nachträglichen Genehmigung des Vormundes abhängig, wenn der Vormund dem Mündel gegenüber die Einwilligung widerruft, der Dritte aber nichts davon erfährt? In allen Fällen dieser Art liegt insofern ein gleicher Tatbestand wie in den §§ 170—173 vor, als, ebenso wie der Bevollmächtigte durch die Vollmacht, hier derjenige, welchem die Einwilligung erteilt wird, durch die Einwilligung die Macht erhält, einen wirksamen Vertrag mit einem Dritten abzuschließen, und daß der Dritte durch die ihm gegenüber erklärte Einwilligung ebenso wie durch die ihm gegenüber erklärte Vollmacht zu dem Vertrauen berechtigt war, daß er den Vertrag wirksam abschließen könne. Ebenso wie in den Fällen der §§ 170—173 würde es wider Treu und Glauben verstoßen, wenn der Einwilligende sich darauf berufen könnte, daß er die dem Dritten gegenüber erklärte Einwilligung hinter dessen Rücken, und ohne daß dieser etwas davon erfahren, widerrufen habe. Auch in den Fällen dieser Art dürfte daher die entsprechende Anwendung der §§ 170—173 auf den Widerruf der Einwilligung gerechtfertigt sein.

3. **Die Verweigerung der Einwilligung** ist kein Rechtsgeschäft; sie ist nur die Erklärung, das Rechtsgeschäft der Einwilligung nicht vornehmen zu wollen. Sie ist daher widerruflich d. h. die Einwilligung kann auch, wenn sie zuerst verweigert ist, nachträglich erteilt werden (s. Vorbm. zum dritten Abschnitt VIII, oben S. 183).

§. 184. Die nachträgliche Zustimmung (Genehmigung) wirkt auf den Zeitpunkt der Vornahme des Rechtsgeschäfts zurück, soweit nicht ein Anderes bestimmt ist.

Durch die Rückwirkung werden Verfügungen nicht unwirksam, die vor der Genehmigung über den Gegenstand des Rechtsgeschäfts von dem Genehmigenden getroffen worden oder im Wege der Zwangsvollstreckung oder der Arrestvollziehung oder durch den Konkursverwalter erfolgt sind.

---

§ 184.

E. I § 127 Abs. 4; II § 152 rev. § 180; III § 180. P. I S. 3218 ff., 3229 ff., 4034 ff., 6161, 6171, 11661 ff., 11942; M. I S. 247. P. II Bd. 1 S. 176 ff., Bd. 6 S. 129 ff., 133.

Schmitt, Genehmigung bei Rechtsgeschäften mit notarieller Beurkundung in Bl. f. RAnw. Bd. 66 S. 121.

1. Die in dem § 184 vorgeschriebene **Rückwirkung der Genehmigung** entspricht dem Begriffe der Genehmigung (a. A. Hölder, Erl. 2 zu § 184). Die Vorschrift ist nicht eine Auslegungsvorschrift, sondern dispositiver Natur. Die Rückwirkung begründet nicht nur eine obligatorische Verpflichtung des Genehmigenden, sondern hat die Folge, daß das genehmigte Rechtsgeschäft als von Anfang an wirksam gilt. Das von einem anderen als dem Eigentümer übertragene Eigentum einer Sache gilt, wenn die Genehmigung des Eigentümers erfolgt, als mit der Übertragung übergegangen; der von einem Minderjährigen abgeschlossene Vertrag wird, wenn der gesetzliche Vertreter die Genehmigung dazu erteilt, als von Anfang an wirksam angesehen. Eine von der Regel der Rückwirkung abweichende Bestimmung kann auch stillschweigend getroffen werden; sie kann aber nicht schon darin gefunden werden, daß die Parteien das der Genehmigung bedürfende Rechtsgeschäft ausdrücklich unter dem Vorbehalte der Genehmigung vornehmen (Hölder, Erl. 2 zu § 184).

Die in § 184 Abs. 2 **von der Rückwirkung gemachte Ausnahme** beruht auf der Erwägung, daß der Genehmigende durch seine Genehmigung nicht die von ihm selbst vorgenommenen Verfügungen unwirksam machen kann. Über den Begriff der Verfügung s. Vorbm. zu diesem Abschn. IX. 3, oben S. 185. Die im Wege der Zwangsvollstreckung oder Arrestvollziehung gegen den Genehmigenden oder durch den Verwalter im Konkurs über sein Vermögen getroffenen Verfügungen werden den eigenen Verfügungen des Genehmigenden gleichgestellt, weil sie aus dessen Rechte erfolgen und deshalb ebenso wie die eigenen Verfügungen gegen spätere Beeinträchtigungen des Genehmigenden gesichert sein müssen. Zweifelhaft ist, ob man bei diesen Fällen stehen bleiben muß oder ob es sich rechtfertigt, die Ausnahme auf alle Fälle auszudehnen, in welchen ein Dritter in der Zwischenzeit ein Recht erworben hat, das bei unbeschränkter Rückwirkung wegfallen würde. Man kann aus der speziellen Hervorhebung der im Abs. 2 bezeichneten Fälle zu schließen geneigt sein, daß andre Fälle ausgeschlossen sein sollen. Möglich ist aber auch die Auffassung, daß die im Abs. 2 bezeichneten Fälle nur deshalb hervorgehoben sind, weil sie die praktisch wichtigsten sind, daß aber dadurch nicht hat ausgeschlossen werden sollen auf das zu Grunde liegende höhere Prinzip zurückzugehen und dieses auch in anderen als den speziell bezeichneten Fällen zur Anwendung zu bringen. Dieses Prinzip würde darin zu finden sein, daß wohlerworbene Rechte Dritter durch die auf den Willen des Genehmigenden beruhende Rückwirkung nicht beeinträchtigt werden können. Für diese Auffassung dürften die sonst von dem BGB. befolgten Grundsätze und die juristische Logik sprechen. Außer den im Abs. 2 hervorgehobenen Fällen würde dann noch der Fall der Enteignung und vielleicht das gegen den Genehmigenden ergangene rechtskräftige Urteil in Betracht kommen. Die Seltenheit dieser Fälle erklärt die ausschließliche Hervorhebung der im Abs. 2 hervorgehobenen Fälle. Festzuhalten ist aber immer, daß die Genehmigung auch in den Ausnahmefällen nicht ungültig wird, sondern daß ihre Wirkung nur insoweit beschränkt wird, als die in der Zwischenzeit erworbenen Rechte Dritter entgegenstehen. Das abgetretene Eigentum geht durch die Genehmigung nicht über, wenn es in der Zwischenzeit von einem Dritten erworben war. Ist die abgetretene Sache oder Forderung in der Zwischenzeit mit dem Rechte eines Dritten belastet, so geht sie nur mit dieser Belastung über. Soweit die Genehmigung aber noch eine andere Wirkung hat als die, eine Verfügung wirksam zu machen, bleibt diese Wirkung bestehen. Dies ist besonders von Wichtigkeit für die Genehmigung des von einem Vertreter ohne Vertretungsmacht geschlossenen Vertrags durch den Vertretenen. Dieser Vertrag wird dadurch Vertrag des Vertretenen und die dadurch erfolgte Verfügung wird zwar, wenn dem Genehmigenden das betreffende Recht nicht

§. 185. Eine Verfügung, die ein Nichtberechtigter über einen Gegenstand trifft, ist wirksam, wenn sie mit Einwilligung des Berechtigten erfolgt.

Die Verfügung wird wirksam, wenn der Berechtigte sie genehmigt oder wenn der Verfügende den Gegenstand erwirbt oder wenn er von dem Berechtigten beerbt wird und dieser für die Nachlaßverbindlichkeiten unbeschränkt haftet. In den beiden letzteren Fällen wird, wenn über den Gegenstand mehrere mit einander nicht in Einklang stehende Verfügungen getroffen worden sind, nur die frühere Verfügung wirksam.

---

mehr zustand, durch die Genehmigung nicht wirksam, aber sie erlangt die Fähigkeit, nach Maßgabe des § 185 wirksam zu werden (s. Erl. 2 zu § 177).

2. **Die Genehmigung ist ebenso wie die Einwilligung ein abstraktes Rechtsgeschäft:** ihre Wirksamkeit ist daher unabhängig von dem ihr zu Grunde liegenden Rechtsverhältnis. Ist sie aber ohne rechtlichen Grund erteilt, so kann ein Anspruch wegen ungerechtfertigter Bereicherung nach Maßgabe der §§ 812ff. (vgl. Erl. 1 zu § 183) auf Herausgabe desjenigen begründet sein, was der andere Teil durch die Genehmigung auf Kosten des Genehmigenden erlangt hat. Auf diesem Wege kann unter Umständen die Zurückübertragung des durch die Genehmigung einer Verfügung übergegangenen Rechtes verlangt werden. Widerruflich ist die Genehmigung nicht.

3. **Die Verweigerung der Genehmigung** ist an sich, ebenso wie die Verweigerung der Einwilligung, kein Rechtsgeschäft, sondern nur die Ablehnung des Gesuchs, ein Rechtsgeschäft vorzunehmen, und daher widerruflich. Wo das Gesetz aber an die Verweigerung der Genehmigung die Folge knüpft, daß das Rechtsgeschäft, zu dessen Wirksamkeit die Genehmigung erforderlich ist, unwirksam wird, muß die Verweigerung als ein Rechtsgeschäft oder doch als eine nach den Vorschriften über Rechtsgeschäfte zu beurteilende Rechtshandlung angesehen werden. In Fällen dieser Art ist die Verweigerung der Genehmigung unwiderruflich oder, richtiger ausgedrückt, die Genehmigung ist, nachdem sie verweigert worden, nicht mehr möglich, weil das Rechtsgeschäft, dessen Wirksamkeit von der Genehmigung abhing, nicht mehr besteht. Ausdrücklich bestimmt ist in dem § 415, daß die Schuldübernahme als nicht erfolgt gilt, wenn der Gläubiger die Genehmigung dazu verweigert. Man darf indessen daraus, daß in anderen Fällen eine derartige Bestimmung fehlt, nicht schließen, daß in ihnen die Verweigerung der Genehmigung die Unwirksamkeit des der Genehmigung bedürfenden Rechtsgeschäfts nicht zur Folge habe, daß dieses also trotzdem bestehen bleibe und nachträglich noch jederzeit genehmigt werden könne. Aus dem Zwecke der betreffenden Vorschrift und ihrem Zusammenhange mit anderen Vorschriften muß vielmehr in jedem einzelnen Falle ermittelt werden, in welchem Sinne die Vorschrift gemeint ist. Hiernach ist z. B. in den Fällen der §§ 108, 177 anzunehmen, daß der von dem Minderjährigen bezw. dem Vertreter ohne Vertretungsmacht geschlossene Vertrag unwirksam wird, wenn der gesetzliche Vertreter bezw. der Vertretene die Genehmigung verweigert. Die in jenen Paragraphen getroffenen Bestimmungen ergeben, daß es als ein berechtigtes Interesse des anderen Teiles angesehen wird, Gewißheit darüber zu erlangen, ob er durch den Vertrag noch ferner gebunden ist oder nicht. Diesem Interesse würde aber nicht genügend Rechnung getragen werden, wenn der Vertrag nach der Verweigerung der Genehmigung noch nachträglich jederzeit genehmigt werden könnte und dadurch Wirksamkeit erlangte (s. auch Vorbm. zum dritten Abschnitt VIII, oben S. 183, und Erl. 4, 5 zu § 108).

§ 185.

E. II § 153 rev. § 181; III § 181. P. II Bd. 1 S. 179.

1. **Wirksamkeit der von einem Nichtberechtigten getroffenen Verfügung.** Der E. I hatte eine dem § 185 entsprechende Vorschrift in den §§ 310, 830, 876 nur für die Fälle der Abtretung einer Forderung, der Bewilligung einer Eintragung in das Grundbuch und der Veräußerung einer beweglichen Sache gegeben. Nach den M. II S. 139 wurde indessen angenommen, daß das in diesen Vorschriften zum Ausdrucke gelangende Prinzip auch in anderen entsprechenden Fällen zur Anwendung kommen werde. Von der zweiten Kommission wurde es für zweckmäßiger gehalten, das Prinzip selbst auszusprechen. Streng genommen würden in diesen Titel nur die Vorschriften gehören, welche sich auf die Einwilligung oder Genehmigung des Berechtigten beziehen. Bei dem inneren Zusammenhang, in welchem mit der Konvaleszenz einer Verfügung

durch Genehmigung die beiden anderen in dem Abs. 2 bezeichneten Fälle der Konvaleszenz stehen, sind auch diese in dem § 185 geregelt.

2. **Der § 185 bezieht sich nur auf Verfügungen** (s. die Vorbm. zu diesem Abschn. IX. 3, oben S. 185) nicht auf obligatorische Rechtsgeschäfte; (RG. Bd. 49 S. 415) er bezieht sich auf Verfügungen jeder Art, mag die Verfügung sich auf das Eigentum oder auf das Recht an einer Sache oder auf ein sonstiges Recht, z. B. eine Forderung beziehen, mag sie durch Vertrag oder einseitiges Rechtsgeschäft erfolgen. Die Vorschrift findet insbesondere auch Anwendung auf die von dem Nichteigentümer vorgenommene Auflassung eines Grundstücks sowie auf die zwischen dem Nichteigentümer und einem Dritten abgeschlossene Einigung über die Übertragung des Eigentums einer beweglichen Sache. Es ist dabei gleichgültig, ob zu der Auflassung schon die Eintragung, zu der Einigung schon die Übergabe der Sache hinzugetreten ist oder nicht. Dies sind Tatsachen, von deren Hinzutreten der Übergang des Eigentums abhängt; sie sind aber nicht Begriffsmerkmale der Verfügung. Diese liegt in der Auflassung bezw. in der Einigung und sie erlangt daher, auch wenn jene Tatsachen nicht hinzugetreten sind, durch die Genehmigung des Eigentümers diejenige Wirksamkeit, welche sie, bevor jene Tatsachen eingetreten sind, haben kann, d. h. also, sie wird geeignet durch das Hinzutreten jener Tatsachen, den Übergang des Eigentums zu bewirken (KG. Bd. 23 S. A. 136, vgl. auch Rspr. Bd. 7 S. 8; RJA. Bd. 2 S. 250, Rspr. Bd. 5 S. 418. Über die abweichende Ansicht von **Eccius** s. Erl. 2 zu § 177). Über die Frage, ob bei einseitigen Rechtsgeschäften in betreff der Genehmigung und der ihr gleichgestellten Fälle eine Ausnahme stattfindet, s. Erl. 3.

3. **Voraussetzungen der Wirksamkeit.** Der Berechtigte kann durch seine Einwilligung einem anderen die Macht verleihen, über sein Recht zu verfügen. Deshalb ist die mit solcher Einwilligung getroffene Verfügung von Anfang an wirksam. Einen mehr positiven Charakter hat die Vorschrift, daß die von dem Nichtberechtigten getroffene Verfügung durch den Eintritt der in dem § 185 Abs. 2 bezeichneten Umstände nachträglich wirksam w i r d. Rücksichten der Billigkeit und Zweckmäßigkeit haben schon in den meisten bisherigen Rechten dahin geführt, jenen Umständen einen gewissen Einfluß auf die Wirksamkeit des Rechtsgeschäfts einzuräumen; jedoch ist der in dem § 185 ausgesprochene Grundsatz keineswegs allgemein anerkannt; im gemeinen Rechte finden z. B. die in dem § 185 neben der Genehmigung bezeichneten Umstände nur in der Form der exceptio rei venditae et traditae Berücksichtigung. Muß aber anerkannt werden, daß das Unrecht, welches in der Verfügung über einen Gegenstand von seiten eines Nichtberechtigten liegt, materiell durch die Genehmigung des Berechtigten sowie dadurch geheilt wird, daß der Verfügende den Gegenstand erwirbt oder daß er von dem Berechtigten beerbt wird, so erscheint es unbedenklich und im Interesse der Einfachheit des Rechtes geboten, jenen Gedanken durch die Vorschrift zum Ausdrucke zu bringen, daß die Verfügung unter den bezeichneten Voraussetzungen wirksam wird.

In dem Falle der Genehmigung von seiten des Berechtigten tritt Rückwirkung nach Maßgabe des § 184 ein; in den anderen beiden im Abs. 2 bezeichneten Fällen findet keine Rückwirkung statt. Die Verfügung wird nicht nur dann wirksam, wenn derjenige, welcher zur Zeit der Verfügung der Berechtigte war, sie genehmigt, sondern auch dann, wenn der Genehmigende das Recht erst später erworben hat. Ebenso kommt es in den beiden anderen Fällen des Abs. 2 nicht darauf an, ob der Verfügende das Recht von demjenigen, welcher zur Zeit der Verfügung der Berechtigte war, oder ob er es in anderer Weise erworben hat und ob der Verfügende von dem zur Zeit der Verfügung Berechtigten oder von einem später Berechtigten beerbt wird. Erforderlich ist nur, daß der wirklich Berechtigte die Verfügung genehmigt oder daß in derselben Person Verfügung und Recht zusammenfallen. Der Erbe des Verfügenden wird nach den Grundsätzen des Erbrechts wie der Verfügende selbst behandelt.

Voraussetzung der Anwendbarkeit des § 185 ist immer, daß der Verfügende in eigenem Namen gehandelt hat. Auf Verfügungen im Namen eines anderen finden die §§ 177 ff. Anwendung (RG. Bd. 53 S. 274). Keinen Unterschied macht es, ob der in eigenem Namen Verfügende glaubte, zu der Verfügung berechtigt zu sein oder ob er wußte, daß er dazu nicht berechtigt war. Ein Irrtum über die Berechtigung begründet für sich allein nicht die Anfechtbarkeit der Verfügung auf Grund des § 119.

Unter den Begriff der Verfügung fallen auch einseitige Rechtsgeschäfte z. B. die Kündigung einer Forderung. Auf solche Rechtsgeschäfte dürfte indessen der Abs. 2 keine Anwendung finden. Das Recht desjenigen, gegenüber welchem das einseitige Rechtsgeschäft vorgenommen ist, würde in unbilliger Weise verletzt werden, wenn er dadurch in Ungewißheit darüber versetzt würde, ob die Verfügung durch den Eintritt eines der im Abs. 2 bezeichneten Umstände unwirksam wird oder nicht. Dieser Gesichtspunkt hat zu den Vorschriften der §§ 111, 180 geführt, nach welchen das von einem Minderjährigen ohne Einwilligung des gesetzlichen Vertreters und das von einem Vertreter ohne Vertretungsmacht vorgenommene einseitige Rechtsgeschäft unwirksam ist und durch Genehmigung nicht wirksam werden kann. Die Gleichheit der Rechtslage dürfte die entsprechende Anwendung dieser Vorschriften auf den hier fraglichen Fall rechtfertigen (Rehbein, Erl. 4 zu §§ 182—185. Cosack I § 58 Nr. 6c).

4. Verweigerung der Genehmigung. Die Frage, ob der Berechtigte, wenn er die Genehmigung verweigert hat, sie nachträglich noch erteilen kann und ob die Parteien also auch noch nach der Verweigerung gebunden sind (s. Erl. 3 zu § 184), läßt sich allgemein weder bejahen noch verneinen. Das BGB. enthält in dieser Beziehung keine Vorschrift. Für die Entscheidung der Frage muß daher die Absicht der Parteien bei der Vornahme der Verfügung maßgebend sein. Ist die Verfügung unter der Bedingung getroffen, daß der Berechtigte die Genehmigung erteile, so wird wenigstens im Zweifel die Bedingung als ausgefallen und die Verfügung daher als nicht erfolgt anzusehen sein, wenn die Genehmigung verweigert wird. Dasselbe gilt, wenn die Parteien zwar die Genehmigung nicht als Bedingung gesetzt haben, aber doch darüber einverstanden gewesen sind, daß die Genehmigung nachgesucht werden solle. Ein solches Einverständnis wird man regelmäßig dann annehmen können, wenn beide Teile gewußt haben, daß der Verfügende zu der Verfügung nicht berechtigt sei; auch unter dieser Voraussetzung kann aber nach den Umständen des einzelnen Falles die Annahme berechtigt sein, daß eine unbeschränkte Dauer der Bindung beabsichtigt ist. Immer wird dies anzunehmen sein, wenn die Parteien nicht gewußt haben, daß der Verfügende zu der Verfügung nicht berechtigt sei. In einem solchen Falle wollten die Parteien eine sofort und für immer wirksame Verfügung. Die sofortige Wirksamkeit tritt wegen des Mangels im Rechte des Verfügenden nicht ein; da die Verfügung aber nach § 185 noch wirksam werden kann, so entspricht die fortdauernde Bindung der Absicht der Parteien.

Ist die Verfügung durch die Verweigerung der Genehmigung definitiv unwirksam geworden, so kann sie auch nicht mehr dadurch wirksam werden, daß der Verfügende den Gegenstand erwirbt oder daß er von dem Berechtigten beerbt wird.

5. Beerbung des Berechtigten durch den Verfügenden. Die Fälle, in welchen der Erbe für die Nachlaßverbindlichkeiten unbeschränkt haftet, werden in den §§ 1994, 2005, 2006 bestimmt. Da die Haftung des Erben für die Nachlaßverbindlichkeiten sich unter den in den §§ 1975 ff. bestimmten Voraussetzungen auf den Nachlaß beschränkt und, wenn diese Beschränkung geltend gemacht wird, eine vollständige Vereinigung des Vermögens des Erblassers mit dem des Erben nicht stattfindet, so fällt, auch wenn der Berechtigte Erbe des Verfügenden geworden ist, Verfügung und Berechtigung nur dann vollständig in einer Person zusammen, und trifft also nur dann der Grund, auf welchem die Vorschrift des § 185 beruht, zu, wenn die Möglichkeit jener Beschränkung der Haftung auf den Nachlaß weggefallen ist, der Erbe also unbeschränkt haftet. Ob der Erbe von der Beschränkung der Haftung Gebrauch macht oder nicht, ist gleichgültig; die Rücksicht auf die Praktikabilität des Rechtes nötigte dazu, hierauf keine Rücksicht zu nehmen, sondern die Konvaleszenz nur eintreten zu lassen, wenn die unbeschränkte Haftung des Erben feststeht. Ist dies nicht der Fall, so können gegen den Erben des Verfügenden nur diejenigen obligatorischen Ansprüche geltend gemacht werden, welche gegen den Verfügenden begründet sind.

6. Sind mehrere Verfügungen über denselben Gegenstand getroffen, ist z. B. dieselbe Forderung nach einander an verschiedene Personen abgetreten, so würden nach dem Wortlaute des § 185 Abs. 2 Satz 1 alle diese Verfügungen wirksam werden, wenn der Verfügende die Forderung erwirbt oder wenn er von dem Berechtigten beerbt wird. Dies ist unmöglich, der Abs. 2 Satz 2 bestimmt deshalb, daß in dem gedachten Falle nur die frühere Verfügung wirksam wird.

Im Falle der Genehmigung kann ein solcher Konflikt nicht eintreten. Hier ist entscheidend, welche Verfügung der Berechtigte genehmigt. Mit der Genehmigung hört er auf, berechtigt zu sein; er kann daher später eine andere Verfügung nicht mehr genehmigen. Nur wenn der Berechtigte, was wohl nicht leicht vorkommen wird, die mehreren Verfügungen gleichzeitig genehmigte, würde ein ähnlicher Konflikt wie der oben bezeichnete eintreten und die Vorschrift des Abs. 2 Satz 2 entsprechend anzuwenden sein.

Vierter Abschnitt.

Fristen. Termine.

§. 186. Für die in Gesetzen, gerichtlichen Verfügungen und Rechtsgeschäften enthaltenen Frist- und Terminsbestimmungen gelten die Auslegungsvorschriften der §§. 187 bis 193.

§. 187. Ist für den Anfang einer Frist ein Ereignis oder ein in den Lauf eines Tages fallender Zeitpunkt maßgebend, so wird bei der Berechnung der Frist der Tag nicht mitgerechnet, in welchen das Ereignis oder der Zeitpunkt fällt.

Ist der Beginn eines Tages der für den Anfang einer Frist maßgebende Zeitpunkt, so wird dieser Tag bei der Berechnung der Frist mitgerechnet. Das Gleiche gilt von dem Tage der Geburt bei der Berechnung des Lebensalters.

Vierter Abschnitt.

§ 186.

E. I § 147; II § 154 rev. § 182; III § 182. P. I S. 315; M. I S. 282. P. II Bd. 1 S. 188.

Hermann, Civilrechtliche Fristen und Verjährungen der deutschen Reichsgesetze 1901.

1. Die §§ 186–193 geben **Auslegungsregeln für die in Gesetzen, gerichtlichen Verfügungen und Rechtsgeschäften enthaltenen Frist- und Terminsbestimmungen.** Soweit sich bei einer gesetzlichen Frist aus dem Gesetze, bei einer gerichtlichen Frist aus der gerichtlichen Verfügung, bei einer rechtsgeschäftlichen Frist aus dem Rechtsgeschäft eine abweichende Bestimmung als gewollt ergibt, findet diese Anwendung. Bei der Auslegung rechtsgeschäftlicher Fristen wird insbesondere auf die Verkehrssitte Rücksicht zu nehmen sein. Die §§ 187—193 schließen sich zum Teil an die Art. 328ff. des früheren HGB. an, weichen indessen in einzelnen Beziehungen davon ab. In dem neuen HGB. sind die Art. 328ff. weggelassen; auch in Handelssachen sollen künftig die Vorschriften der §§ 187—193 Anwendung finden. Nur der § 359 enthält noch einige besondere Bestimmungen (s. Erl. zu § 189). In der CPO. § 222 und im FGG. § 17 wird für die dort bestimmten Fristen auf das BGB. verwiesen.

Soweit bei Zeitbestimmungen der Kalender in Betracht kommt, gilt der gregorianische Kalender. Die gesetzliche Zeit ist die im Reichsges. v. 12. März 1893 bestimmte, also die mittlere Sonnenzeit des fünfzehnten Längengrades östlich von Greenwich.

2. **Die Fristen laufen regelmäßig** ohne Rücksicht darauf, ob derjenige, welcher innerhalb der Frist eine Handlung vorzunehmen hatte, dazu imstande war oder nicht. Für die Verjährungsfrist gelten indessen die besonderen Vorschriften der §§ 202—207 über Hemmung der Verjährung. Für Präklusivfristen gelten diese Vorschriften regelmäßig nicht. In einer Reihe von Fällen sind indessen aus Gründen der Billigkeit (s. P. II Bd. 6 S. 383) die §§ 203, 206, 207 auch auf Präklusivfristen für anwendbar erklärt; so in den §§ 210, 212 Abs. 2, 215 Abs. 2, 802, 1002 Abs. 2, 1954 Abs. 2 Satz 2, 2082 Abs. 2 Satz 2. Nur die §§ 203, 206 sind für anwendbar erklärt in den §§ 1339 Abs. 3, 1571 Abs. 4, 1594 Abs. 3, 1599, 1944 Abs. 2, 2283 Abs. 2. Der § 207 kann in den Fällen dieser Paragraphen nicht in Frage kommen. Nur die §§ 203 Abs. 2, 206, 207 sind in dem § 124 für anwendbar erklärt, indem der § 203 Abs. 1 hier nicht in Frage kommen kann. Nur die §§ 203 Abs. 1, 206 finden im Falle des § 1997 Anwendung.

§ 187.

E. I § 148 Abs. 1; II § 155 rev. § 183; III § 183. P. I S. 316; M. I S. 282 ff. P. II Bd. 1 S. 188 ff.

Beginn der Fristen.

1. Der Kalendertag ist die kürzeste Zeiteinheit, die regelmäßig bei der Berechnung einer Frist berücksichtigt wird. Infolge davon muß, wenn eine Frist mit einem Ereignis oder

§. 188. Eine nach Tagen bestimmte Frist endigt mit dem Ablaufe des letzten Tages der Frist.

Eine Frist, die nach Wochen, nach Monaten oder nach einem mehrere Monate umfassenden Zeitraume — Jahr, halbes Jahr, Vierteljahr — bestimmt ist, endigt im Falle des §. 187 Abs. 1 mit dem Ablaufe desjenigen Tages der letzten Woche oder des letzten Monats, welcher durch seine Benennung oder seine Zahl dem Tage entspricht, in den das Ereignis oder der Zeitpunkt fällt, im Falle des §. 187 Abs. 2 mit dem Ablaufe desjenigen Tages der letzten Woche oder des letzten Monats, welcher dem Tage vorhergeht, der durch seine Benennung oder seine Zahl dem Anfangstage der Frist entspricht.

Fehlt bei einer nach Monaten bestimmten Frist in dem letzten Monate der für ihren Ablauf maßgebende Tag, so endigt die Frist mit dem Ablaufe des letzten Tages dieses Monats.

---

einem in den Lauf eines Tages fallenden Zeitpunkte beginnt, der Kalendertag, in welchen das Ereignis oder der Zeitpunkt fällt, entweder ganz oder gar nicht gerechnet werden. Beide Berechnungsweisen kommen in den bisherigen Rechten vor. Das BGB. entscheidet sich für die letztere Art der Berechnung. Die Vorschrift des Abs. 1 gilt auch für eine eintägige Frist. Für Fristen, die nach kürzeren Zeiteinheiten als Tagen, insbesondere also nach Stunden bestimmt sind, fehlt es an einer ausdrücklichen Vorschrift. Man wird indessen den dem § 187 zu Grunde liegenden Gedanken auch auf solche Fristen zur entsprechenden Anwendung bringen müssen. Soll also z. B. eine nach Stunden bestimmte Frist mit dem Eintritt eines bestimmten Ereignisses beginnen, so ist die Kalenderstunde nicht mitzurechnen, in welche das Ereignis fällt. Im einzelnen Falle kann die Auslegung eine andere Berechnung rechtfertigen und dahin führen, daß die Frist vor dem Augenblicke an berechnet wird, in welchem das Ereignis eingetreten ist. Ob eine Frist von 24 Stunden als eine nach Stunden zu berechnende Frist oder als Frist von einem Tage aufzufassen ist, muß durch Auslegung ermittelt werden. Im Zweifel dürfte das erstere anzunehmen sein (a. A. Dernburg I § 105 Anm. 3; vgl. auch ROHG. Bd. 12 S. 127, wo in dem vorliegenden Falle die Frist von einem Tage angenommen wird).

2. Die Notwendigkeit, einen Stücktag unberücksichtigt zu lassen, fällt weg, wenn die Frist mit dem Beginn eines Tages anfängt. Hier wird der betreffende Tag mitgerechnet. Bei Berechnung des Lebensalters würde, da die Geburt ein in den Lauf eines Tages fallendes Ereignis ist, in Ermangelung besonderer Vorschriften der Abs. 1 zur Anwendung kommen. Der E. I blieb hierbei stehen. Die zweite Kommission hielt es der Auffassung des Lebens für mehr entsprechend, ein Lebensjahr schon mit dem Ablaufe des dem Geburtstage vorhergehenden Tages für vollendet anzusehen. Aus dem Abs. 2 Satz 2 in Verbindung mit dem § 188 ergibt sich, daß die Volljährigkeit eines am erstem Januar 1900 geborenen Menschen mit dem Ablaufe des einunddreißigsten Dezember 1920 eintritt. Zu beachten ist indessen, daß es sich hier, wie bei allen Vorschriften dieses Titels, nur um Auslegungsvorschriften handelt. Ist durch Rechtsgeschäft bestimmt, daß ein Recht erworben werde, wenn eine bestimmte Handlung vor Vollendung des einundzwanzigsten Lebensjahrs vorgenommen werde, so wird nicht selten anzunehmen sein, daß es genügen soll, wenn die Handlung noch an dem Geburtstage selbst vorgenommen wird.

Bei einer nach Stunden bestimmten Frist, die mit dem Beginn einer Kalenderstunde anfangen soll, findet der Abs. 2 entsprechende Anwendung.

§ 188.

E. I § 148 Abs. 2, § 149; II § 156 rev. § 184; III § 184. M. I S. 316 ff.; M. I S. 282 ff. P. II Bd. 1 S. 189. Bd. 6 S. 138 ff.

Berechnung der Fristen. Die Vorschrift des § 188 entspricht dem früheren § 200 der CPO. und ist nur durch Berücksichtigung der Fristen, welche mehrere Monate oder Jahre betragen, vervollständigt. In dem jetzigen § 222 der CPO., der an die Stelle des früheren § 200 getreten ist, wird für die Berechnung der Fristen auf das BGB. verwiesen. Modifikationen des § 188 ergeben sich aus den §§ 191, 193. Der Abs. 3 bezieht sich auch auf die nach Jahren

§. 189. Unter einem halben Jahre wird eine Frist von sechs Monaten, unter einem Vierteljahre eine Frist von drei Monaten, unter einem halben Monat eine Frist von fünfzehn Tagen verstanden.

Ist eine Frist auf einen oder mehrere ganze Monate und einen halben Monat gestellt, so sind die fünfzehn Tage zuletzt zu zählen.

§. 190. Im Falle der Verlängerung einer Frist wird die neue Frist von dem Ablaufe der vorigen Frist an berechnet.

§. 191. Ist ein Zeitraum nach Monaten oder nach Jahren in dem Sinne bestimmt, daß er nicht zusammenhängend zu verlaufen braucht, so wird der Monat zu dreißig, das Jahr zu dreihundertfünfundsechzig Tagen gerechnet.

---

oder auf die nach Bruchteilen von Jahren bestimmten Fristen. Denkbar ist auch eine rechtsgeschäftliche Bestimmung, nach welcher eine nach Wochen oder Monaten bestimmte Frist in der Art zu berechnen ist, daß die ganze Woche oder der ganze Monat, in dem die Frist beginnen soll, nicht mitgerechnet wird.

§ 189.

E. I § 150; II § 157 rev. § 185; III § 185. P. I S. 317 ff.; M. I S. 285. P. II Bd. 1 S. 189, Bd. 6 S. 138 ff.

Unter einer **Frist von einem halben oder Vierteljahr oder einem halben Monat** sind die in dem Paragraphen bestimmten Zeiträume zu verstehen. Die Berechnung der nach Abs. 2 zuletzt zu zählenden fünfzehn Tage bestimmt sich nach § 187 Abs. 2.

Keine Vorschrift enthält das BGB. darüber, welche Bedeutung die Bestimmung einer Frist von acht oder vierzehn Tagen hat. Es ist eine Frage der Auslegung, ob hierunter eine Frist von einer Woche bezw. zwei Wochen oder, dem Wortlaut entsprechend, von acht bezw. vierzehn Tagen zu verstehen ist. Im HGB. § 359 ist bestimmt, daß unter einer Frist von acht Tagen volle acht Tage zu verstehen sind. Auf andere Sachen wie Handelssachen kann diese Regel nicht angewendet werden; bei ihnen muß vielmehr in jedem einzelnen Falle durch Auslegung ermittelt werden, was unter einer solchen Frist verstanden ist. Ist eine Frist auf Frühjahr oder Herbst bestimmt, so verweist das HGB. § 359 darauf, was hierunter nach Handelsbrauch zu verstehen ist.

§ 190.

E. I § 152; II § 158 rev. § 186; III § 186. P. I S. 318; M. I S. 286. P. II Bd. 1 S. 189.

Verlängerung einer Frist. Die der CPO. § 202 Abs. 3 entsprechende Vorschrift des § 190 findet sowohl dann Anwendung, wenn die Verlängerung während des Laufes der Frist, als auch dann, wenn sie nach deren Ablauf erfolgt. Vorausgesetzt wird nur, daß es sich wirklich um eine Verlängerung, nicht um die Bestimmung einer neuen Frist handelt. Da die ursprüngliche Frist immer mit dem Ablauf eines Tages endet, so findet auf die Berechnung der Verlängerung der § 187 Abs. 2 Anwendung.

§ 191.

E. I § 151; II § 159 rev. § 187; III § 187. P. I S. 318 ff.; M. I S. 286. P. II Bd. 1 S. 189.

Berechnung eines Zeitraums, der nicht zusammenhängend zu verlaufen braucht. Der E. I § 151 sprach die Regel des § 191 allgemein für den Fall aus, daß der § 149 (BGB. § 188) keine Anwendung finde. Gedacht wurde dabei hauptsächlich auch an den in dem § 191 bezeichneten Fall. Durch die Beschränkung der Vorschrift auf diesen Fall wird eine entsprechende Anwendung des § 191 auf andere Fälle, in denen der § 188 keine Anwendung findet, nicht ausgeschlossen. Von praktischer Bedeutung dürften solche Fälle kaum sein. Anwendung findet der § 191 z. B. dann, wenn in dem Vertrage mit einem Geschäftsreisenden vereinbart ist, daß derselbe jedes Jahr neun Monate für den Geschäftsherrn reisen solle, oder wenn bei dem Vermächtnis eines Landguts dem Vermächtnisnehmer die Auflage gemacht ist, jährlich mindestens vier Monat auf dem Landgute zu wohnen. Ist ein Zeitraum von einem Viertel- oder einem halben Jahre in dem gedachten Sinne bestimmt, so wird darunter ein Zeitraum von 90 bezw. von 180 Tagen zu verstehen sein.

Auf die Berechnung der Verjährungsfrist im Falle einer Hemmung der Verjährung findet der § 191 keine Anwendung (s. Erl. 2 zu § 205).

§. 192. Unter Anfang des Monats wird der erste, unter Mitte des Monats der fünfzehnte, unter Ende des Monats der letzte Tag des Monats verstanden.

§. 193. Ist an einem bestimmten Tage oder innerhalb einer Frist eine Willenserklärung abzugeben oder eine Leistung zu bewirken und fällt der bestimmte Tag oder der letzte Tag der Frist auf einen Sonntag oder einen am Erklärungs- oder Leistungsorte staatlich anerkannten allgemeinen Feiertag, so tritt an die Stelle des Sonntags oder des Feiertags der nächstfolgende Werktag.

---

§ 192.

E. I § 153; II § 160 rev. § 188; III § 188. B. I S. 317 ff.; M. I S. 286. P. II Bd. 1 S. 189.

Bei einer **Zeitbestimmung auf Anfang, Mitte oder Ende des Monats**, die in Rechtsgeschäften nicht selten vorkommt, kann es nach dem Wortlaute zweifelhaft sein, wie lange der Anfang, die Mitte und das Ende des Monats dauert. Der § 192 bestimmt, daß nur ein Tag, aber immer ein ganzer Tag als gemeint gilt (vgl. WO. § 30). Als Anfang und Ende des Monats gilt der erste und letzte Tag des Kalendermonats; als Mitte des Monats wird positiv der fünfzehnte Tag bestimmt, ohne Rücksicht darauf, wieviel Tage der betreffende Kalendermonat hat. Eine Bestimmung der fraglichen Art ist also im Zweifel als Bestimmung eines dies certus aufzufassen.

§ 193.

E. II § 228 rev. § 265; III § 265. M. I S. 286, 287. P. II Bd. 1 S. 190 ff., 310. KB. S. 1958 ff. StB. S. 2751.

Berücksichtigung der Sonntage und der staatlich anerkannten Feiertage.

1. Der E. I enthielt eine dem § 193 entsprechende Bestimmung nicht. Der E. II § 228 sowie der E. III § 265 gaben zwar nicht in dem allgemeinen Teile, aber in dem Rechte der Schuldverhältnisse eine entsprechende Vorschrift; diese beschränkte sich auf den Fall, daß der Tag, an welchem, oder der letzte Tag einer Frist, innerhalb deren eine geschuldete Leistung zu bewirken ist, auf einen Sonntag oder einen staatlich anerkannten allgemeinen Feiertag fällt. Der § 193, dessen jetzige Fassung auf einem Beschlusse der RK. beruht, dehnt die Vorschrift auch auf solche Fälle aus, in welchen eine Willenserklärung an einem bestimmten Tage oder innerhalb einer Frist abzugeben ist. Die Vorschrift bezieht sich nicht nur auf die durch Rechtsgeschäft, sondern auch auf die durch das Gesetz oder durch richterliche Verfügung bestimmten Termine und Fristen. Sie findet also z. B. Anwendung sowohl auf die durch ein Rechtsgeschäft bestimmte Kündigungsfrist als auch auf die durch das Gesetz bestimmte Anfechtungsfrist; sie findet auch Anwendung auf diejenigen Fristen, welche nach gesetzlicher Vorschrift eine Partei der anderen zu setzen berechtigt ist (s. z. B. die §§ 108, 177). Die Bestimmung des § 193 geht, obwohl sie auf dem Bestreben beruht, die Sonn- und Feiertage von rechtsgeschäftlichen Erklärungen und Leistungen frei zu halten, nicht dahin, daß solche Erklärungen oder Leistungen überhaupt nicht an Sonn- oder Feiertagen erfolgen dürfen. Ist eine Erklärung abzugeben oder eine Leistung zu bewirken, ohne daß dafür eine Frist bestimmt ist, so kann die Erklärung oder Leistung auch an einem Sonn- oder Feiertage erfolgen. In einem solchen Falle kommt nur der allgemeine Grundsatz zur Anwendung, daß die Erklärung oder Leistung zu einer nach der Verkehrsauffassung angemessenen Zeit, also z. B. nicht zur Nachtzeit zu erfolgen hat. Dasselbe gilt bei einer Erklärung oder Leistung, die innerhalb einer Frist zu erfolgen hat, wenn in den Lauf der Frist ein Sonn- oder Feiertag fällt. Die Erklärung oder Leistung kann auch an diesem erfolgen. Nur wenn die Erklärung oder Leistung an einem bestimmten Tage zu erfolgen hat und dieser ein Sonn- oder Feiertag ist oder wenn der letzte Tag der Frist, innerhalb welcher die Erklärung oder Leistung zu erfolgen hat, ein Sonn- oder Feiertag ist, tritt an die Stelle dieses Tages der nächstfolgende Werktag. In verschiedenen Beziehungen ergeben sich indessen aus der Fassung der fraglichen Vorschrift Zweifel.

a) Der § 193 faßt in betreff der Willenserklärung die Voraussetzung dahin, daß sie an einem bestimmten Tage oder innerhalb einer bestimmten Frist a b z u g e b e n ist. Hieraus folgert H ö l d e r, Erl. 2 zu § 193, daß es bei einer Frist, innerhalb deren die Erklärung nicht nur abgegeben werden, sondern dem anderen Teile auch zugehen müsse, darauf ankomme, ob der Tag, an welchem die Erklärung, um rechtzeitig zuzugehen, abgegeben und abgesendet werden müsse, ein Sonn- oder Feiertag sei. Hierbei sei die verkehrsübliche Art der Beförderung zu Grunde zu legen, bei einer brieflichen Erklärung also z. B. die Zeit, innerhalb welcher der Brief mit der Post befördert zu werden pflege. Sei also der letzte Tag der Frist ein Sonn- oder Feiertag, müsse aber ein Brief, um an diesem Tage zuzugehen, am Sonnabend abgesendet werden, so trete eine Verlängerung der Frist nicht ein, weil der Tag, an welchem die Erklärung abgegeben und abgesendet werden müsse, kein Sonn- oder Feiertag sei. Sei der letzte Tag der Frist aber ein Montag, so endige die Frist erst am Dienstag, weil der Erklärende sonst genötigt sein würde, die Erklärung am Sonntag abzugeben und abzusenden, an Stelle dieses Tages aber nach § 193 der nächstfolgende Werktag, also der Montag treten solle. Diese Auffassung dürfte der Absicht des Gesetzes nicht entsprechen. Ist eine Frist für eine Willenserklärung bestimmt, so hat dies regelmäßig die Bedeutung, daß die Erklärung innerhalb dieser Frist wirksam werden muß (s. Erl. zu §§ 130—132), daß also insbesondere eine Erklärung unter Abwesenden innerhalb der Frist demjenigen, welchem gegenüber sie abzugeben ist, zugehen muß. Nur ausnahmsweise, so z. B. im Falle des § 121 genügt es, wenn die Erklärung innerhalb der Frist abgesendet ist. Von dieser Bedeutung der Frist ist bei der Auslegung des § 193 auszugehen. Sowohl die regelmäßigen als die Ausnahmefälle sollen dadurch getroffen werden. Bei den ersteren kommt es darauf an, ob der letzte Tag der Frist, an welchem die Erklärung, um innerhalb der Frist wirksam zu werden, dem anderen Teile zugehen muß, ein Sonn- oder Feiertag ist; in den Ausnahmefällen dagegen kommt es darauf an, ob der Tag, an welchem die Erklärung, um rechtzeitig zu erfolgen, abgesendet werden muß, ein Sonn- oder Feiertag ist. In beiden Fällen wird die Frist bis zu dem nächstfolgenden Werktage verlängert.

Dieselben Grundsätze gelten, wenn eine Willenserklärung an einem bestimmten Tage abzugeben ist; ebenso auch dann, wenn eine Leistung an einem bestimmten Tage oder innerhalb einer bestimmten Frist zu bewirken ist. Die Leistung wird nicht schon dadurch bewirkt, daß der zu leistende Gegenstand abgesendet wird, sondern erst dadurch, daß er bei demjenigen, für welchen er bestimmt ist, anlangt. Auch bei Leistungen kommt es also nicht darauf an, ob der Tag, an welchem die Absendung, um das rechtzeitige Eintreffen zu sichern, erfolgen muß, ein Sonn- oder Feiertag ist, sondern darauf, ob der Tag, an dem der zu leistende Gegenstand spätestens bei dem Adressaten anlangen muß, ein Sonn- oder Feiertag ist.

b) Die Wirkung der Vorschrift des § 193 ist eine verschiedene, je nachdem es sich darum handelt, ob eine Erklärung an einem bestimmten Tage oder innerhalb einer bestimmten Frist zu erfolgen hat. Unter dem ersteren Falle ist nur der Fall zu verstehen, daß die Erklärung weder später, noch früher erfolgen darf. Kann die Erklärung auch schon vor dem bestimmten Tage wirksam abgegeben werden, so handelt es sich in Wirklichkeit um eine Frist, deren letzter Tag der bestimmte Tag ist. Kann die Erklärung nur an dem bestimmten Tage erfolgen, so ist, wenn dieser Tag ein Sonn- oder Feiertag ist, eine Erklärung unter Anwesenden unwirksam, wenn sie an diesem Tage erfolgt. Der Erklärende braucht die Erklärung nicht nur an diesem Tage noch nicht abzugeben, sondern derjenige, an welchen sie erfolgt, braucht sie auch nicht entgegenzunehmen. Er ist berechtigt, sich zu weigern, die Erklärung anzuhören und selbst wenn er sie gehört hat, so ist sie unwirksam, weil sie nicht an dem nach § 193 an die Stelle des bestimmten Tages tretenden nächstfolgenden Werktag erfolgt ist. Unter Umständen wird man indessen, wenn derjenige, an welchen die Erklärung gerichtet ist, sie anhört, ohne geltend zu machen, daß sie nicht zu derjenigen Zeit erfolge, zu welcher sie erfolgen müsse, mit Rücksicht auf Treu und Glauben anzunehmen haben, daß er sich mit der verfrühten Erklärung einverstanden erklärt habe. Erfolgte die Erklärung unter Abwesenden, so ist sie, wenn der bestimmte Tag ein Sonn- oder Feiertag ist, zu früh erfolgt, wenn sie an diesem Tage demjenigen, an welchen sie gerichtet ist, zugeht. Auch hier wird man indessen unter Umständen, wenn der Empfänger der Erklärung von derselben Kenntnis erhalten und dem Erklärenden nicht zu erkennen gegeben hat, daß die Erklärung verfrüht sei und er sie deshalb als unwirksam ansehe, zu der Annahme berechtigt sei, daß er sich stillschweigend mit der zu frühen Abgabe der Erklärung einverstanden erklärt habe. Eine Bestimmung, nach welcher eine Erklärung an einem bestimmten Tage im obigen Sinne ohne Rücksicht auf die Zeit ihres Zugehens abgesendet werden muß, wird nicht leicht vorkommen. Eventuell würde auch in diesem Falle die Absendung der Erklärung an dem Sonn- oder Feiertage statt an dem nächstfolgenden Werktage als bestimmungswidrig und deshalb als unwirksam zu betrachten sein.

Anders liegt das Verhältnis, wenn die Erklärung innerhalb einer bestimmten Frist erfolgen muß und der letzte Tag der Frist ein Sonn- oder Feiertag ist. Auch in diesem Falle braucht die Erklärung statt an dem Sonn- oder Feiertag erst an dem nächstfolgenden Werktag erfolgen. Sie kann aber auch an dem Sonn- oder Feiertag erfolgen und der andere Teil ist nicht berechtigt, sie deshalb, weil sie an diesem Tage erfolgt, zurückzuweisen. Dies ergibt sich daraus, daß weil in dem vorausgesetzten Falle der nächstfolgende Werktag an die Stelle des Sonn- oder Feiertags tritt, der Sonn- oder Feiertag nicht mehr der letzte Tag der Frist ist, sondern in den Lauf der Frist fällt und daß nach dem Obigen keine Bestimmung besteht, nach welcher eine Erklärung an einem in den Lauf einer Frist fallenden Sonn- oder Feiertage nicht erfolgen könnte. Nach P. II Bd. 1 S. 193 scheint dieses Ergebnis von der Kommission allerdings nicht beabsichtigt zu sein; die Fassung, welche der § 193 erhalten hat, dürfte indessen eine andere Auslegung als die obige nicht zulassen. Das in dem Bisherigen über Erklärungen, welche innerhalb einer bestimmten Frist, deren letzter Tag ein Sonn- oder Feiertag ist, zu erfolgen haben, Gesagte, gilt ebenso für Leistungen, welche innerhalb einer solchen Frist zu bewirken sind.

2. Welcher Ort der Erklärungs- oder Leistungsort ist, bestimmt sich nach dem zu Grunde liegenden Rechtsverhältnis. Über den Leistungsort s. § 269.

3. Welche Feiertage staatlich anerkannte allgemeine Feiertage sind, bestimmt sich in Ermangelung einer reichsgesetzlichen Vorschrift nach den Landesgesetzen.

4. Der § 193 bestimmt, wie sich aus § 186 ergibt, nur eine Auslegungsregel. Er findet also keine Anwendung, wenn eine andere Absicht erhellt. Bei den rechtsgeschäftlich bestimmten Fristen wird sich dies häufig schon aus dem Inhalt und Zwecke der zu bewirkenden Leistung ergeben. So findet der § 193 z. B. selbstverständlich keine Anwendung, wenn ein Diner oder ein Wagen auf einen Sonn- oder Feiertag bestellt ist; er wird regelmäßig überhaupt bei allen sog. Fixgeschäften als ausgeschlossen anzusehen sein. Auch die Berücksichtigung der Verkehrssitte kann zu einer von der Vorschrift des § 193 abweichenden Auslegung einer Vereinbarung führen.

5. In einem dem § 222 der CPO., welcher im übrigen auf das BGB. verweist, hinzugefügten Absatz ist noch bestimmt, daß bei der Berechnung einer nach Stunden bestimmten Frist Sonntage und allgemeine Feiertage nicht mitgerechnet werden. Das FGG. § 17 verweist lediglich auf das BGB.

Fünfter Abschnitt.

Verjährung.

Fünfter Abschnitt.

Schauer, Die Verjährungsfristen des BGB. rc. 1900.

1. Anspruchsverjährung. Das BGB. enthält keine allgemeinen Vorschriften über die Wirkungen, welche das Bestehen eines tatsächlichen Zustandes während längerer Zeit hat. Den Instituten der Ersitzung, der Klageverjährung, des Unterganges der Rechte durch non usus liegt zwar der gemeinschaftliche Gedanke zu Grunde, daß ein durch längere Zeit fortdauernder Zustand einen gewissen Schutz erhalten soll; aber die Art dieses Schutzes ist bei den verschiedenen Instituten eine zu verschiedene, als daß die Aufstellung gemeinsamer Rechtssätze möglich wäre. Das BGB. stellt deshalb allgemeine Vorschriften nur für die Verjährung der Ansprüche auf und behandelt im übrigen den Einfluß der Zeit bei denjenigen Verhältnissen, bei welchen ein solcher Einfluß anerkannt wird (s. Erl. 2, 3). Über den Begriff des Anspruchs s. Vorbm. z. diesem Buche VII, S. 52 ff. Die Anspruchsverjährung des BGB. schließt sich im allgemeinen der sog. Klageverjährung des gemeinen Rechtes an, baut das Institut aber auf einer etwas verschiedenen Grundlage unter Berücksichtigung des praktischen Bedürfnisses auf. Den Vorschriften des BGB. liegt der Gedanke zu Grunde, daß, wenn ein Anspruch längere Zeit hindurch nicht geltend gemacht ist, eine gewisse Wahrscheinlichkeit dafür spricht, daß er entweder überhaupt nicht zur Entstehung gelangt oder daß er erloschen sei. Dem Verpflichteten soll in diesem Falle nicht zugemutet werden, sich auf die Erörterung der Frage einzulassen, ob der Anspruch bestehe. Der Ablauf der Zeit hat nicht die Wirkung, daß der Anspruch erlischt; aber dem Verpflichteten wird das Recht eingeräumt, die Leistung zu verweigern (§ 222). Die Verjährung begründet daher nur eine civilrechtliche Einrede (s. Vorbm. a. a. O. VIII, S. 53). In einzelnen Fällen hat die Verjährung des auf einem dinglichen Rechte beruhenden Anspruchs auf Herstellung des dem Rechte entsprechenden Zustandes die Folge, daß das dingliche Recht selbst erlischt (§§ 901, 1028).

Bei der Verjährung kommt freilich auch das öffentliche Interesse an der Erhaltung des Rechtsfriedens in Betracht; dieses wird aber nach der Auffassung des BGB. durch das den Verpflichteten eingeräumte Recht genügend gesichert.

Die Kritik, welche Hölder im Archiv für bürgerliches Recht XI an den Vorschriften des BGB. über die Verjährung übt, beruht auf einer Auffassung der Verjährung, die dem BGB. fremd ist. Der Standpunkt des BGB. dürfte den Vorzug verdienen.

2. Präklusivfristen. Von der Verjährung der Ansprüche zu unterscheiden ist das Erlöschen der Rechte durch Ablauf einer Ausschlußfrist. Ein solches Erlöschen findet in einzelnen Fällen auch bei Ansprüchen statt; nur auf diesem Wege wird dem Ablaufe der Zeit Einfluß eingeräumt auf den Bestand solcher Rechte, die keine Ansprüche sind. Vom gesetzgeberischen Standpunkt ist es in einzelnen Fällen eine Zweckmäßigkeitsfrage, ob das einer Person einzuräumende Recht als Anspruch konstruiert werden soll oder nicht. Von dem gewählten Wege hängt es ab, ob die Verjährung stattfindet oder nicht. So hat z. B. das BGB. das Recht des Käufers auf Wandelung als Anspruch auf Rückgängigmachung des Kaufes konstruiert (§§ 462, 465); daher unterliegt dieser Anspruch der Verjährung (§ 477). Das Rücktrittsrecht ist dagegen kein Anspruch (§§ 346, 349); es erlischt daher nur durch Ablauf der vereinbarten oder nach Maßgabe des § 355 von dem anderen Teile bestimmten Ausschlußfrist. Vorschriften über das Erlöschen von Rechten durch Ablauf einer Ausschlußfrist finden sich z. B. in den §§ 121, 124, 561 Abs. 2, 703, 801, 861, 862, 864, 927, 1123, 1170, 1171, 1188, 1289, 1339, 1594, 1944, 1954, 1974, 1995, 1996, 2060, 2061, 2081, 2283, 2340. Dahin gehören auch die zahlreichen Fälle, in denen die eine Partei der anderen zur Ausübung eines Rechtes eine Frist zu bestimmen befugt ist, nach deren fruchtlosem Ablaufe das Recht erlischt (s. z. B. die §§ 108 ff., 177, 283, 355).

3. Ersitzung. Nur bei einzelnen Rechten ist der Ablauf der Zeit für den Erwerb des Rechtes von Bedeutung. Das BGB. läßt den Erwerb des Eigentums und des Nießbrauchs an

§. 194. Das Recht, von einem Anderen ein Thun oder ein Unterlassen zu verlangen (Anspruch), unterliegt der Verjährung.

Der Anspruch aus einem familienrechtlichen Verhältniß unterliegt der Verjährung nicht, soweit er auf die Herstellung des dem Verhältniß entsprechenden Zustandes für die Zukunft gerichtet ist.

---

beweglichen Sachen und in beschränktem Maße auch den Erwerb von Rechten an Grundstücken durch Ersitzung zu (§§ 937, 1033, 900).

4. Die **unvordenkliche Verjährung** hat das BGB. nicht aufgenommen. Sie findet daher nur noch nach Maßgabe der Landesgesetze bei denjenigen Rechten statt, in betreff deren nach dem EG. die Landesgesetze unberührt bleiben (a. A. Staudinger, Vorbm. 10 zum Abschnitt V).

5. **Anordnung des Stoffes.** Der § 194 spricht das Prinzip der Anspruchsverjährung aus; die §§ 195—197 bestimmen die Dauer der Verjährungsfrist, die §§ 198—201 den Beginn der Verjährung. Die §§ 202—207 handeln von der Hemmung der Verjährung, die §§ 208 bis 217 von der Unterbrechung der Verjährung, die §§ 218, 219 von dem Einflusse, welchen die rechtskräftige Feststellung eines Anspruchs und die einer solchen gleichgestellten Fälle auf die Verjährung haben. Der § 220 handelt von der Verjährung der Ansprüche, welche vor einem Schiedsgericht oder einem besonderen Gerichte, vor einem Verwaltungsgericht oder einer Verwaltungsbehörde geltend zu machen sind, der § 221 von der für dingliche Ansprüche stattfindenden Anrechnung der während des Besitzes eines Rechtsvorgängers verstrichenen Verjährungszeit. Die §§ 222—224 bestimmen die Wirkungen der Verjährung. In dem § 225 wird der Ausschluß und die Erschwerung der Verjährung durch Rechtsgeschäft für unzulässig, die Erleichterung für zulässig erklärt. Übergangsvorschriften enthält das EG. Art. 169.

§ 194.

E. I § 154; II § 161 rev. § 189; III § 189. P. I S. 319 ff., 339 ff., 447, 3481, 6068 ff., 6174, 11670 ff.; M. I S. 288 ff. P. II Bd. 1 S. 194 ff. D. S. 619.

Langheinecken, Anspruch und Einrede (1903) S. 166 ff.

1. **Die Ansprüche und nur die Ansprüche unterliegen der Verjährung** (s. Vorbm. zu diesem Buche VII, S. 52 ff. und Vorbm. 1 zu diesem Abschnitte). Nicht der Verjährung unterliegt daher das Recht die Änderung eines Rechtsverhältnisses durch konstitutives Urteil zu verlangen, z. B. das Recht auf Scheidung der Ehe. Ebensowenig verjährt die Feststellungsklage; jedoch kann diese deshalb möglicherweise als unbegründet erscheinen, weil das rechtliche Interesse an der Feststellung eines verjährten Anspruchs fehlt. Soweit Einreden sich auf einen Anspruch gründen, fallen sie weg, wenn der betreffende Anspruch verjährt ist. In einzelnen Fällen läßt das BGB. die sich auf einen Anspruch gründende Einrede auch nach der Verjährung des Anspruchs fortbestehen (§§ 478, 490 Abs. 3, 639, 821, 853). Einer selbständigen Verjährung unterliegen Einreden nicht.

2. **Verjährung familienrechtlicher Ansprüche.** Die im Abs. 2 von der Regel des Abs. 1 gemachte Ausnahme beruht auf zwei verschiedenen Erwägungen. Das familienrechtliche Verhältnis selbst wird durch die Verjährung nicht berührt. Solange ein Zustand besteht, dessen Beseitigung kraft des familienrechtlichen Verhältnisses gefordert werden kann, entsteht aus diesem in jedem Augenblick ein neuer Anspruch auf Beseitigung jenes Zustandes. Die Verjährung des in dem einen Augenblick entstandenen Anspruchs würde also zwecklos sein, weil immer ein anderer nicht verjährter Anspruch desselben Inhalts besteht. Der zweite Grund für die Ausnahme des Abs. 2 beruht darin, daß die familienrechtlichen Verhältnisse in erster Linie sittliche Verhältnisse sind und daß die sittlichen Pflichten, welche die Kehrseite der aus dem familienrechtlichen Verhältnis entspringenden Ansprüche bilden, nicht verjähren können.

Die Ausnahme bezieht sich nicht nur auf die aus dem familienrechtlichen Verhältnis entspringenden Ansprüche der Familienglieder untereinander, sondern auch auf die durch dieses Verhältnis begründeten Ansprüche gegen Dritte. Zu der ersteren Klasse gehören z. B. die Ansprüche der Ehegatten gegeneinander auf Herstellung des ehelichen Lebens, auf Erfüllung der gesetzlichen Pflicht zur Gewährung des Unterhalts oder auf Herstellung des dem güterrechtlichen Verhältnis entsprechenden Zustandes, ferner die Ansprüche der Verwandten auf Erfüllung der gesetzlichen Unterhaltspflicht sowie die Ansprüche der Eltern und Kinder gegeneinander auf Herstellung des Zustandes, welcher dem gesetzlich unter ihnen bestehenden Verhältnis, insbesondere der elterlichen

§. 195. Die regelmäßige Verjährungsfrist beträgt dreißig Jahre.

Gewalt entspricht. Zu der zweiten Klasse gehört z. B. der Anspruch des Vaters, welchem die elterliche Gewalt zusteht, auf Herausgabe des Kindes gegen jeden, der es dem Vater widerrechtlich vorenthält (§ 1632).

Die Ausnahme beschränkt sich auf diejenigen Ansprüche, welche auf Herstellung des dem familienrechtlichen Verhältnis entsprechenden Zustandes für die Zukunft gerichtet sind; sie bezieht sich nicht auf Ansprüche, deren Grund in der Vergangenheit liegt. Ein Anspruch z. B. auf Schadensersatz wegen Verletzung des familienrechtlichen Verhältnisses unterliegt der Verjährung; ebenso der Anspruch auf Gewährung des Unterhalts für die Vergangenheit, soweit ein solcher überhaupt zulässig ist (§ 1613).

3. **Verjährung dinglicher Ansprüche.** Der in Erl. 2 angeführte erste Grund für di Unverjährbarkeit der im § 194 Abs. 2 bezeichneten Ansprüche trifft auch für andere Ansprüche zu, die aus einem absoluten Rechte entspringen und lediglich auf Herstellung des dem Rechte entsprechenden Zustandes für die Zukunft gerichtet sind. Er trifft insbesondere zu für die dinglichen Ansprüche, soweit diese auf Herstellung des dem dinglichen Rechte entsprechenden Zustandes gerichtet sind. Aus dem Eigentum entspringt der Anspruch des Eigentümers auf Herausgabe der Sache gegen den Besitzer. Solange der Besitz des anderen dauert, besteht ein dem Eigentume widerstreitender Zustand; aus dem Eigentum entspringt daher in jedem Augenblicke von neuem der Anspruch auf Herstellung des dem Eigentum entsprechenden Zustandes, d. h. auf Herausgabe der Sache. Ebenso verhält es sich mit anderen dinglichen Rechten, wenn ein denselben nicht entsprechender Zustand besteht. In der ersten wie in der zweiten Kommission sind wiederholt Anträge gestellt, die Ausnahme des Abs. 2 auf dingliche Ansprüche auszudehnen. Die Anträge sind abgelehnt einerseits mit Rücksicht auf das in dem größten Teile von Deutschland bisher geltende Recht, andererseits aus Zweckmäßigkeitsgründen. Um die Verjährbarkeit der dinglichen Ansprüche mit dem Wesen der dinglichen Rechte in Einklang zu bringen, wird man sich das juristische Verhältnis in folgender Weise zu denken haben. Wird durch das Verhalten eines Dritten ein dem dinglichen Rechte nicht entsprechender Zustand hergestellt, so entspringt aus dem dinglichen Rechte zwar ein Anspruch gegen den Dritten auf Herstellung des dem Rechte entsprechenden Zustandes; aber in der Erzeugung dieses Anspruchs erschöpft sich die Kraft des dinglichen Rechtes gegenüber dem Dritten. Ein neuer Anspruch auf Herstellung des dem Rechte entsprechenden Zustandes entsteht nicht, auch wenn der dem Rechte widerstreitende Zustand fortdauert. Mit der Verjährung jenes ersten und einzigen aus dem dinglichen Rechte entsprungenen Anspruchs wird daher das Recht gegenüber dem betreffenden Dritten schutzlos; es wird ihm gegenüber ein dominium sine re. Die Fortdauer des dinglichen Rechtes, also, um bei dem Hauptfalle stehen zu bleiben, des Eigentums, bewährt sich darin, daß, wenn der Eigentümer den Besitz der Sache wiedererlangt, der normale Zustand wieder eintritt und der Eigentümer nicht verpflichtet ist, die Sache dem bisherigen Besitzer herauszugeben. Die Fortdauer des Eigentums bewährt sich auch darin, daß, wenn ein anderer als der bisherige Besitzer, ohne dessen Rechtsnachfolger zu sein, den Besitz der Sache erlangt, gegen ihn durch das Eigentum ein neuer Anspruch begründet wird, dessen Verjährung erst mit dem Zeitpunkte beginnt, in welchem er den Besitz erlangt hat.

4. Außer den im § 194 Abs. 2 bezeichneten Ansprüchen sind durch besondere Vorschriften **noch einzelne andere Ansprüche für unverjährbar erklärt** (§§ 758, 898, 902, 924, 1138).

§ 195.

E I. § 155; II § 162 rev. § 190; III § 190. P. I S. 320, 11676; M. I S. 295 ff. P. II Bd. 1 S. 194, 201. D. S. 619.

1. Von der **die Regel bildenden dreißigjährigen Verjährungsfrist** bestehen zahlreiche Ausnahmen, in denen die Verjährungsfrist eine kürzere ist. Einen allgemeinen Charakter haben die in den §§ 196, 197 bestimmten Ausnahmen. Besondere Vorschriften für einzelne Ansprüche finden sich z. B. in den §§ 477, 490, 558, 581, 606, 638, 786, 801 Abs. 1, 804, 852, 1057, 1093, 1226, 1302, 1623, 1715, 2287, 2288, 2332. Eine längere als die dreißigjährige Verjährungsfrist gilt für keinen Anspruch.

2. **Für die Berechnung der dreißigjährigen Frist** gelten die Vorschriften des § 188 und, je nachdem die Verjährung mit dem Eintritt eines Ereignisses bezw. einem in den Lauf eines Tages fallenden Zeitpunkt oder mit dem Anfang eines Tages beginnt, die Vorschriften des

§. 196. In zwei Jahren verjähren die Ansprüche:

1. der Kaufleute, Fabrikanten, Handwerker und derjenigen, welche ein Kunstgewerbe betreiben, für Lieferung von Waaren, Ausführung von Arbeiten und Besorgung fremder Geschäfte, mit Einschluß der Auslagen, es sei denn, daß die Leistung für den Gewerbebetrieb des Schuldners erfolgt;
2. derjenigen, welche Land- oder Forstwirthschaft betreiben, für Lieferung von land- oder forstwirthschaftlichen Erzeugnissen, sofern die Lieferung zur Verwendung im Haushalte des Schuldners erfolgt;
3. der Eisenbahnunternehmungen, Frachtfuhrleute, Schiffer, Lohnkutscher und Boten wegen des Fahrgeldes, der Fracht, des Fuhr- und Botenlohns, mit Einschluß der Auslagen;
4. der Gastwirthe und derjenigen, welche Speisen oder Getränke gewerbsmäßig verabreichen, für Gewährung von Wohnung und Beköstigung sowie für andere den Gästen zur Befriedigung ihrer Bedürfnisse gewährte Leistungen, mit Einschluß der Auslagen;
5. derjenigen, welche Lotterieloose vertreiben, aus dem Vertriebe der Loose, es sei denn, daß die Loose zum Weitervertriebe geliefert werden;
6. derjenigen, welche bewegliche Sachen gewerbsmäßig vermiethen, wegen des Miethzinses;
7. derjenigen, welche, ohne zu den in Nr. 1 bezeichneten Personen zu gehören, die Besorgung fremder Geschäfte oder die Leistung von Diensten gewerbsmäßig betreiben, wegen der ihnen aus dem Gewerbebetriebe gebührenden Vergütungen, mit Einschluß der Auslagen;
8. derjenigen, welche im Privatdienste stehen, wegen des Gehalts, Lohnes oder anderer Dienstbezüge, mit Einschluß der Auslagen, sowie der Dienstberechtigten wegen der auf solche Ansprüche gewährten Vorschüsse;
9. der gewerblichen Arbeiter — Gesellen, Gehülfen, Lehrlinge, Fabrikarbeiter —, der Tagelöhner und Handarbeiter wegen des Lohnes und anderer an Stelle oder als Theil des Lohnes vereinbarter Leistungen, mit Einschluß der Auslagen, sowie der Arbeitgeber wegen der auf solche Ansprüche gewährten Vorschüsse;

---

§ 187 Abs. 1 oder 2. Keine Anwendung findet der § 193, weil es sich bei der Verjährungsfrist nicht um eine Frist handelt, innerhalb deren eine Willenserklärung abzugeben oder eine Leistung zu bewirken ist (a. A. Hölder, Erl. 4b zu § 195; Rehbein, Erl. II 1 zu §§ 194—225).

3. **Nur auf den Ablauf der Verjährungsfrist kommt es an; der gute oder böse Glaube des Schuldners ist ohne rechtliche Bedeutung für die Verjährung.**

§ 196.

E. I § 156; II § 163 rev. § 191; III § 191. P. I S. 320 ff., 11689 ff., 11711 ff.; M. I S. 297 ff. P. II Bd. 1 S. 201 ff. D. Z. 619. KB. S. 1959 ff. StB. S. 2751, 2753.

Josef, Zur Auslegung der §§ 196, 197 BGB. in Gruch. Bd. 44 S. 1.

1. **Die über die zweijährige Verjährungsfrist im § 196 gegebenen Vorschriften beruhen** auf der Erwägung, daß sowohl rechtspolizeiliche Rücksichten wie das Interesse des Gläubigers und des Schuldners für Ansprüche aus den Geschäften des täglichen Verkehrs und ähnliche Ansprüche eine kurze Verjährung erfordern. Die zweijährige Verjährung wird nicht dadurch ausgeschlossen, daß über die betreffende Forderung ein Schuldschein ausgestellt, oder Verzinsung versprochen oder Stundung gewährt wird, sofern nicht etwa eine Umwandelung der betreffenden Forderung in eine Darlehnsforderung anzunehmen ist; sie wird auch nicht dadurch ausgeschlossen, daß an die Stelle der ursprünglichen Forderung infolge eines Verzugs eine Forderung auf

10. der Lehrherren und Lehrmeister wegen des Lehrgeldes und anderer im Lehrvertrage vereinbarter Leistungen sowie wegen der für die Lehrlinge bestrittenen Auslagen;
11. der öffentlichen Anstalten, welche dem Unterrichte, der Erziehung, Verpflegung oder Heilung dienen, sowie der Inhaber von Privatanstalten socher Art für Gewährung von Unterricht, Verpflegung oder Heilung und für die damit zusammenhängenden Aufwendungen;
12. derjenigen, welche Personen zur Verpflegung oder zur Erziehung aufnehmen, für Leistungen und Aufwendungen der in Nr. 11 bezeichneten Art;
13. der öffentlichen Lehrer und der Privatlehrer wegen ihrer Honorare, die Ansprüche der 'öffentlichen Lehrer jedoch nicht, wenn sie auf Grund besonderer Einrichtungen gestundet sind;
14. der Aerzte, insbesondere auch der Wundärzte, Geburtshelfer, Zahnärzte und Thierärzte, sowie der Hebammen für ihre Dienstleistungen, mit Einschluß der Auslagen;
15. der Rechtsanwälte, Notare und Gerichtsvollzieher sowie aller Personen, die zur Besorgung gewisser Geschäfte öffentlich bestellt oder zugelassen sind, wegen ihrer Gebühren und Auslagen, soweit nicht diese zur Staatskasse fließen;
16. der Parteien wegen der ihren Rechtsanwälten geleisteten Vorschüsse;
17. der Zeugen und Sachverständigen wegen ihrer Gebühren und Auslagen.

Soweit die im Abs. 1 Nr. 1, 2, 5 bezeichneten Ansprüche nicht der Verjährung von zwei Jahren unterliegen, verjähren sie in vier Jahren.

Schadensersatz tritt (s. Rehbein, Erl. V 3 zu §§ 194—225). Zu den einzelnen Vorschriften des § 196 ist folgendes zu bemerken:

2. Der Begriff der „Kaufleute" in der **Nr. 1** bestimmt sich nach dem HGB. §§ 1—7. Die Ansprüche der Künstler fallen unter Nr. 1 nur, wenn sie ein Kunstgewerbe betreiben. Als Kunstgewerbe ist auch die Photographie anzusehen. Die Ansprüche aus einem sog. Bauentrepriseunternehmen fallen nicht unter die Nr. 1, sofern nicht der Unternehmer nach HGB. § 2 als Kaufmann zu betrachten ist (RG. Bd. 28 S. 232). Die Worte „Leistung von Arbeiten" im E. I § 156 Nr. 1 sind in dem BGB. ersetzt durch die Worte „Ausführung von Arbeiten und Besorgung fremder Geschäfte". Die Änderung ist hauptsächlich zu dem Zwecke erfolgt, um klar zu stellen, daß auch Ansprüche für geistige Arbeiten, für Provision und ähnliches unter die Nr. 1 fallen (P. II Bd. 1 S. 207 ff.). Auch der Zusatz „es sei denn" ꝛc. ist von der zweiten Kommission hinzugefügt, weil man den Ausschluß der kurzen Verjährung für die in dem Zusatze bezeichneten Fälle im Interesse des Gläubigers wie des Schuldners aus denselben Gründen für geboten hielt, aus welchen der E. I in den unter Nr. 2 bezeichneten Fällen eine ähnliche Beschränkung bestimmt hatte. Die Voraussetzung, daß die Leistung für den Gewerbebetrieb des Schuldners erfolgte, wird als vorliegend zu betrachten sein, wenn die Leistung ihrem Inhalte nach dem Gewerbebetriebe des Schuldners zu dienen geeignet war; sie liegt also z. B. vor, wenn die Leistung in der Lieferung von Baumaterialien an einen Maurermeister bestand, ohne daß es darauf ankommt, ob die Materialien dann wirklich in dem Gewerbebetriebe des Maurermeisters oder etwa zum Bau eines eigenen Hauses verwendet werden. Der Beweis liegt demjenigen ob, welcher die Verjährung von zwei Jahren bestreitet. Ist die Leistung für den Gewerbebetrieb des Schuldners erfolgt, so verjährt der Anspruch nach § 196 Abs. 2 in vier Jahren.

3. In der **Nr. 2** ist in Ergänzung des E. I, um dessen Sinn klarzustellen, neben der Landwirtschaft auch die Forstwirtschaft erwähnt. Die von Hölder, Erl. 2b zu § 196, vertretene Ausdehnung auf alle sog. Urproduktionen, z. B. auf Jagd, Fischerei, Gewinnung von Sand, Steinen, Mineralien ꝛc. dürfte sich nicht rechtfertigen lassen. Der Beweis, daß die Lieferung zur Verwendung im Haushalte des Schuldners erfolgt ist, liegt hier, abweichend von den unter Nr. 1 bezeichneten Fällen, demjenigen ob, welcher sich auf die kurze Verjährung be-

§. 197. In vier Jahren verjähren die Ansprüche auf Rückstände von Zinsen, mit Einschluß der als Zuschlag zu den Zinsen zum Zwecke allmählicher Tilgung des Kapitals zu entrichtenden Beträge, die Ansprüche auf Rückstände von Mieth- und Pachtzinsen, soweit sie nicht unter die Vorschrift des §. 196 Abs. 1 Nr. 6 fallen, und die Ansprüche auf Rückstände von Renten, Auszugsleistungen, Besoldungen, Wartegeldern, Ruhegehalten, Unterhaltsbeiträgen und allen anderen regelmäßig wiederkehrenden Leistungen.

---

ruft. Ist die Lieferung nicht zu dem gedachten Zwecke erfolgt, so verjährt der Anspruch nach Abs. 2 in vier Jahren.

4. Die **Nr. 5** ist von der zweiten Kommission hinzugefügt. In betreff des Zusatzes „es sei denn, daß die Lose zum Weitervertriebe geliefert werden" gilt das in der Erl. 2 Gesagte.

5. Kommissionäre fallen nicht unter die **Nr. 7**, sondern unter Nr. 1 (P. II Bd. 1 S. 206).

6. Nach **Nr. 8** sind, abweichend vom E. I Nr. 12, auch die Ansprüche der Dienstberechtigten wegen der auf die Ansprüche der Dienstverpflichteten gewährten Vorschüsse der zweijährigen Verjährung unterworfen.

7. In der **Nr. 9** werden die Vorschriften des E. I Nr. 13, 14 zusammengefaßt; die Vorschrift der Nr. 14, welche sich nur auf die von den Arbeitgebern an die gewerblichen Arbeiter gemachten Vorschüsse beschränkte, ist auf alle Ansprüche der Arbeitgeber wegen der an Arbeiter der unter Nr. 13 bezeichneten Art geleisteten Vorschüsse ausgedehnt. Ein in der RK. gestellter Antrag, die Vorschrift auf alle Ansprüche der Arbeitgeber auszudehnen, ist abgelehnt; insbesondere unterliegen also Entschädigungsansprüche der Arbeitgeber aus dem Arbeitsverhältnisse der kurzen Verjährung nicht.

8. Die Vorschriften unter **Nr. 11 und 12** entsprechen sachlich dem E. I § 156 Nr. 4; E. II § 163 Nr. 12. Auf Schulgeld, zu dessen Entrichtung das öffentliche Recht verpflichtet, bezieht sich die Nr. 11 nicht.

9. Die **Nr. 13** entspricht dem E. I § 156 Nr. 5; **Nr. 14** dem E. I § 156 Nr. 8. Weggelassen ist jedoch die Vorschrift, daß auch die Ansprüche derjenigen der zweijährigen Verjährung unterliegen, welche Dienste der Ärzte oder Hebammen, ohne approbiert zu sein, geleistet haben. Die Weglassung erfolgte insbesondere mit Rücksicht auf den Wunsch des siebzehnten deutschen Ärztetags. Die Ansprüche der nicht approbierten Ärzte und Hebammen fallen, soweit diese Personen die Leistung der fraglichen Dienste gewerbsmäßig betreiben, unter § 196 Nr. 7, anderenfalls unterliegen sie der Verjährung von dreißig Jahren. Die Ansprüche der approbierten Ärzte ꝛc. unterliegen auch dann der zweijährigen Verjährung, wenn sie ihre Praxis aufgegeben haben und nur noch in einzelnen Fällen ärztliche Hülfe gewähren (**Hölder**, Erl. 1 zu § 196).

10. Die Nr. 7 des E. I § 156 ist in die **Nr. 15 und 17** zerlegt. (Zu Nr. 15 s. **Mayer**, Die Verjährung der Ansprüche der Rechtsanwälte wegen ihrer Gebühren ꝛc. JW. Bd. 28 S. 657 ff. Zu Nr. 17 s. **Wochinger**, Über Verjährung und Erlöschung von Ansprüchen der Zeugen und Sachverständigen ꝛc. in Bl. f. RAnw. Bd. 65 S. 313 ff.). Abweichend vom E. I sollen nach Nr. 15 die Ansprüche der dort bezeichneten Personen der zweijährigen Verjährung insoweit nicht unterliegen, als sie zur Staatskasse fließen. (Vgl. Geb.O. für Gerichtsvollzieher v. 24. Juni 1878 § 24 Abs. 1 Nr. 2, Abs. 2 in der Fassung v. 20. Mai 1898). Welche Personen zur Besorgung gewisser Geschäfte öffentlich bestellt oder zugelassen sind, bestimmen die Landesgesetze (s. Gew.O. § 36).

11. Neben der Vorschrift unter **Nr. 17** über die Verjährung der Ansprüche der Zeugen und Sachverständigen bleibt die in der Geb.O. für Zeugen und Sachverständige v. 30. Juni 1878 § 16 Satz 2 bestimmte Ausschlußfrist bestehen in der Fassung v. 20. Mai 1898 (EG. Art. 32).

12. Zu **Abs. 2** s. Erl. 2, 3, 4.

§ 197.

E. I § 157; II § 164 rev. § 192; III § 192. P. I S. 320 ff., 331 ff., 2023, 11676 ff.; M. I S. 305 ff. P. II Bd. 1 S. 202 ff., 207 ff., 212 ff. D. S. 619. KB. S. 1960.

Vierjährige Verjährung.

1. **Zinsen.** Abweichend vom E. I § 157 sind der vierjährigen Verjährung unterworfen nicht nur die rechtsgeschäftlich bestimmten, sondern auch die gesetzlichen Zinsen. Auch der An-

§. 198. Die Verjährung beginnt mit der Entstehung des Anspruchs. Geht der Anspruch auf ein Unterlassen, so beginnt die Verjährung mit der Zuwiderhandlung.

---

spruch auf Verzugszinsen unterliegt daher dieser Verjährung, während der nach § 288 Abs. 2 zulässige Anspruch auf Ersatz eines den Betrag der Verzugszinsen übersteigenden Schadens nicht unter die Vorschrift des § 197 fällt; Hypotheken- und Grundschuldzinsen werden durch diese Vorschrift getroffen, weil die Unverjährbarkeit der auf eingetragenen Rechten beruhenden Ansprüche nach § 902 Abs. 1 Satz 2 für Rückstände von wiederkehrenden Leistungen nicht gilt.

2. Die Gleichstellung der als **Zuschlag zu den Zinsen** zum Zwecke allmählicher Tilgung des Kapitals zu entrichtenden Beträge mit den Zinsen entspricht, obwohl derartige Beträge sowohl juristisch wie wirtschaftlich einen anderen Charakter als Zinsen haben, der Auffassung und dem Bedürfnisse des Verkehrs. Wesentlich ist, daß die Beträge als Zuschläge zu den Zinsen bestimmt sind. Ist die Rückzahlung eines Kapitals durch Teilzahlungen in anderer Weise vereinbart, so findet der § 197 keine Anwendung, auch wenn die Teilzahlungen in regelmäßig wiederkehrenden Fristen zu entrichten sind.

3. **Miet- und Pachtzinsen** unterliegen der vierjährigen Verjährung auch dann, wenn sie nicht in wiederkehrenden Fristen, sondern in anderer Weise, z. B. auf einmal zu entrichten sind.

4. Die besonderen Vorschriften einiger Reichsgesetze über die Verjährung von **Witwen- und Waisengeldern** sind durch das EG. Art. 48, 49, 51 aufgehoben. An ihre Stelle treten die Vorschriften des BGB.

§ 198.

E. I § 158 Abs. 1, 2; II § 165 Abs. 1 rev. § 193; III § 193. P. I S. 334 ff., 1181, 11992; M. I S. 307 ff. P. II Bd. 1 S. 209 ff. D. S. 619 ff.

1. **Nur die Entstehung des Anspruchs**, nicht dessen Verletzung **ist zum Beginne der Verjährung erforderlich.** Die Verjährung des Anspruchs aus einem Schuldverhältnisse beginnt daher mit der Entstehung des Schuldverhältnisses ohne Rücksicht darauf, ob ein Verzug eingetreten oder ob der Gläubiger auch nur die sofortige Leistung zu erwarten berechtigt war. So beginnt z. B. der Anspruch des Hinterlegers gegen den Verwahrer auf Rückgabe der hinterlegten Sache mit der Hinterlegung. Mit Unrecht verlangt Hölder, Erl. 1 zu § 198 Fälligkeit des Anspruchs. Als nicht fällig werden im BGB. auch gestundete Ansprüche bezeichnet. Durch die Stundung aber wird die Entstehung des Anspruchs nicht gehindert (s. unten). Nach CPO. §§ 257—259 kann unter den dort bezeichneten Voraussetzungen auch auf künftige Leistungen geklagt werden. Für die Verjährung ist diese prozessualische Vorschrift ohne Bedeutung, da durch sie die Frage, wann die betreffenden Ansprüche entstanden sind und daher ihre Verjährung beginnt, nicht berührt wird. Die Verjährung eines dinglichen Anspruchs beginnt, sobald infolge des Verhaltens eines Dritten ein Zustand eintritt, der dem dinglichen Rechte nicht entspricht (a. A. Hölder, Erl. 2 c zu § 198). Die Verjährung des Anspruchs des Eigentümers auf Herausgabe der Sache beginnt, sobald ein anderer als der Eigentümer sich im Besitze der Sache befindet, ohne Rücksicht darauf, ob dieser den Besitz, wie z. B. im Falle der Hinterlegung der Sache, mit dem Willen des Eigentümers hat. Das Gleiche gilt bei allen Ansprüchen, die aus absoluten Rechten entspringen. So beginnt die Verjährung des Anspruchs aus dem Namenrechte mit dem Zeitpunkt, in welchem dasselbe von einem anderen beeinträchtigt ist (§ 12), die Verjährung des Erbschaftsanspruchs mit dem Zeitpunkt, in welchem ein anderer als der Erbe Erbschaftsbesitzer geworden ist (§ 2018). Für Ansprüche aus familienrechtlichen Verhältnissen sowie aus eingetragenen Rechten kommt die Frage nach dem Beginne der Verjährung insoweit nicht in Betracht, als diese Ansprüche nach § 194 Abs. 2 und § 902 unverjährbar sind.

Im E. I § 158 Abs. 2 war bestimmt, daß die Verjährung eines bedingten oder betagten Anspruchs erst nach dem Eintritte der Bedingung oder des Termins beginne. Diese Vorschrift ist von der zweiten Kommission als selbstverständlich gestrichen, indem sich aus den Vorschriften über Bedingung und Befristung (§§ 158, 163) ergibt, daß der von der Bedingung oder dem Eintritte des Termins abhängige Anspruch erst mit dem Eintritte der Bedingung oder dem Eintritte des Termins zur Entstehung gelangt. Anders liegt die Sache, wenn nur die Geltendmachung des entstandenen Anspruchs z. B. durch Gewährung einer Stundung hinausgeschoben ist; hierüber s. §§ 202, 205.

Der E. I § 158 Abs. 3 bestimmt eine Ausnahme von der Regel des Abs. 1 für den Fall, daß die Entstehung eines Anspruchs von dem „bloßen Wollen des Berechtigten“ abhängig sei; die Verjährung sollte hier mit dem Zeitpunkte beginnen, in welchem der Anspruch zur Entstehung gebracht werden konnte. Von der zweiten Kommission ist diese Ausnahme als zu weitgehend gestrichen und nur für die besonderen Fälle der §§ 199, 200 beibehalten. Der Anspruch des Wiederkäufers (§ 498) verjährt also z. B., obwohl der Wiederkauf nach § 497 mit der Erklärung des Wiederkäufers, daß er das Wiederkaufsrecht ausübe, zustande kommt und hiermit sein Anspruch entstanden ist, nicht schon von dem Zeitpunkt an, in welchem der Wiederkauf vorbehalten, sondern erst von dem Zeitpunkt, in welchem die Erklärung, das Wiederkaufsrecht auszuüben, erfolgt ist. Die im Falle eines vertragsmäßigen oder gesetzlichen Rücktrittsrechts infolge des Rücktritts begründeten Ansprüche (§ 346) entstehen mit der Erklärung des Rücktritts (§ 349). Der Rücktritt hängt lediglich von dem Willen des Berechtigten ab, aber trotzdem beginnt die Verjährung der durch den Rücktritt entstehenden Ansprüche erst mit der Erklärung des Rücktritts. Das Interesse des anderen Teiles wird durch die Vorschrift des § 355 geschützt. Auch in dem von Rehbein, Erl. II 4 zu §§ 194—225 erörterten Falle, in welchem sich jemand zur Lieferung von Holz einem anderen gegenüber für den Fall verpflichtet hatte, daß dieser auf einem bestimmten Grundstück ein Haus baue, kann nicht mit Rehbein im Anschluß an eine nach dem bisherigen Rechte ergangenen Entscheidung des Obertribunals (Bd. 69 S. 55) angenommen werden, daß die Verjährung des Anspruchs auf die Lieferung des Holzes schon mit der Eingehung der Verpflichtung beginne; sie beginnt vielmehr erst mit dem Beginne des Hausbaues. Über die Verjährung eines Pflichtteilsanspruchs, der erst nach der Ausschlagung einer Erbschaft oder eines Vermächtnisses geltend gemacht werden kann, s. § 2332 Abs. 3.

2. Ansprüche auf Unterlassung. Die Regel des Satz 1 des § 198 erleidet nach Satz 2 eine Ausnahme, wenn der Anspruch auf ein Unterlassen geht. Die Verjährung beginnt hier nicht mit der Entstehung des Anspruchs, sondern erst mit der Zuwiderhandlung. Nicht zu denken ist hierbei an das durch das Wesen eines absoluten, insbesondere eines dinglichen Rechtes einem jeden gegenüber begründete Recht auf Unterlassung der Beeinträchtigung. Ein Anspruch liegt nach der Auffassung des BGB. nur dann vor, wenn das Recht, ein Tun oder Unterlassen zu fordern, gegen eine bestimmte Person begründet ist, nicht, soweit es sich nur um die kraft absoluten Rechtes gegenüber allen bestehende Berechtigung auf Unterlassung der Beeinträchtigung handelt (s. Vorbm. zu diesem Buche VII S. 52 ff.). In Frage kommt die Ausnahme des Satz 2 dagegen in allen Fällen, in welchen eine bestimmte Person auf Grund eines besonderen Rechtsverhältnisses zu einem Unterlassen verpflichtet ist, so also z. B. wenn der Eigentümer eines Grundstücks sich obligatorisch verpflichtet hat, gewisse Handlungen, zu denen er an sich kraft des Eigentums berechtigt ist, nicht vorzunehmen. Ob, wenn der Inhalt einer Grundgerechtigkeit dahin geht, daß auf dem belasteten Grundstücke gewisse Handlungen nicht vorgenommen werden dürfen (§ 1018), hierdurch im Sinne des BGB. ein Anspruch des Berechtigten gegen den Eigentümer auf Unterlassung dieser Handlungen begründet wird oder ob es sich dabei nur um das aus der dinglichen Natur der Grundgerechtigkeit folgende Recht handelt, von dem Eigentümer wie von jedem anderen die Unterlassung der Beeinträchtigung der Grundgerechtigkeit zu fordern, ist zweifelhaft. Praktisch ist die Frage ohne Bedeutung, weil bei der einen wie bei der anderen Annahme die Verjährung erst mit der Zuwiderhandlung beginnt, bei der erstgedachten Annahme auf Grund des § 198 Satz 2, bei der letztgedachten Annahme, weil der Anspruch erst mit der Zuwiderhandlung entsteht. In Betracht kommt die Verjährung des aus der Grundgerechtigkeit entspringenden Anspruchs bei der regelmäßigen Unverjährbarkeit der Ansprüche aus eingetragenen Rechten (§ 902) nur in den Ausnahmefällen der §§ 901, 1028 und bei den vor dem Inkrafttreten des BGB. entstandenen nicht eingetragenen Grundgerechtigkeiten (EG. Art. 184, 187).

3. Ausnahmen von der Regel des § 198 ergeben sich aus den Vorschriften der §§ 199—205. Für eine Reihe von Ansprüchen sind außerdem besondere Vorschriften in betreff des Beginns der Verjährung gegeben, so z. B. in den §§ 477, 480, 490, 558, 638, 801, 852, 1057, 1226, 1302, 1715, 2287, 2332.

Wegen des Zeitpunkts, in welchem die Ansprüche der Rechtsanwälte gegen ihre Auftraggeber (§ 196 Nr. 15) fällig werden, s. Geb.O. für Rechtsanwälte v. 7. Juli 1879 § 85. Ein Antrag, die Verjährung der Ansprüche derjenigen, welche im Privatdienste stehen (§ 196 Nr. 8), erst von der Beendigung der Dienstzeit an verjähren zu lassen, ist in der Kommission wiederholt gestellt, aber abgelehnt.

§. 199. Kann der Berechtigte die Leistung erst verlangen, wenn er dem Verpflichteten gekündigt hat, so beginnt die Verjährung mit dem Zeitpunkte, von welchem an die Kündigung zulässig ist. Hat der Verpflichtete die Leistung erst zu bewirken, wenn seit der Kündigung eine bestimmte Frist verstrichen ist, so wird der Beginn der Verjährung um die Dauer der Frist hinausgeschoben.

§. 200. Hängt die Entstehung eines Anspruchs davon ab, daß der Berechtigte von einem ihm zustehenden Anfechtungsrechte Gebrauch macht, so beginnt die Verjährung mit dem Zeitpunkte, von welchem an die Anfechtung zulässig ist. Dies gilt jedoch nicht, wenn die Anfechtung sich auf ein familienrechtliches Verhältnis bezieht.

---

§ 199.

E. I § 158 Abs. 3, 4; II § 165 Abs. 2 rev. § 194; III § 194. P. I S. 334 ff.; M. I S. 308 ff. P. II Bd. 1 S. 209 ff. D. S. 619, 620.

Ansprüche auf Kündigung. Die Fälle, in welchen jemand eine Leistung erst nach vorheriger Kündigung zu verlangen befugt ist, können auf verschiedenen rechtlichen Gründen beruhen. Es ist möglich, daß der Anspruch erst mit der Kündigung entsteht; das Verhältnis kann aber auch so zu beurteilen sein, daß der Anspruch schon früher entstanden, seine Geltendmachung aber bis zur Kündigung hinausgeschoben ist. In dem ersteren Falle würde die Verjährung nach § 198, in dem letzteren nach den §§ 202, 205 erst mit der Kündigung beginnen. Der Zweck der Verjährung erfordert für beide Fälle die im Satz 1 bestimmte Ausnahme.

In dem Falle des Satz 2 wird die Verjährungsfrist nicht, wie in dem Ges. betr. die privatrechtliche Stellung der Erwerbs- und Wirtschaftsgenossenschaften v. 4. Juli 1868 § 63 Abs. 2 bestimmt war (vgl. jedoch das Ges. v. 1. Mai 1889, §§ 153, 161, durch welche das Gesetz von 1868 aufgehoben ist), um die Kündigungsfrist verlängert, vielmehr wird der Beginn der Verjährung um die Dauer der Frist hinausgeschoben. Die Verschiedenheit beider Vorschriften ist insofern von Bedeutung, als nach jenem Gesetze die Vorschriften über Hemmung und Unterbrechung der Verjährung auf die ganze verlängerte Verjährungsfrist Anwendung finden, während dies nach dem BGB. in betreff der Zeit bis zum Beginne der Verjährung nicht der Fall ist. Mit Unrecht nimmt übrigens H ö l d e r, Erl. 2 zu § 199 an, daß eine Darlehnsforderung, deren Bezahlung nach halbjähriger Kündigung zu erfolgen habe, schon verjährt sei, wenn dreißig Jahre, ohne daß die Kündigung erfolgt sei, von dem Zeitpunkt an abgelaufen seien, in welchem die Kündigung erfolgen konnte. Aus dem § 199 folgt vielmehr, daß die Verjährung erst sechs Monate nach dem Zeitpunkte beginnt, in welchem die Kündigung möglich war, die Verjährung also erst mit dem Ablaufe von dreißig Jahren und sechs Monaten von diesem Zeitpunkt an vollendet ist.

§ 200.

Rev. E. § 195; III § 195. P. II Bd. 1 S. 209, 211, Bd. 6 S. 139 ff., 150, 200. D. S. 619, 620.

1. Verjährung von Ansprüchen, die von der Anfechtung eines Rechtsgeschäfts abhängen. Ein a n f e c h t b a r e s R e c h t s g e s c h ä f t ist, solange die Anfechtung nicht erfolgte, wirksam; die durch das Rechtsgeschäft begründete Verpflichtung besteht; das zur Erfüllung desselben Geleistete kann daher nicht wegen Mangels eines rechtlichen Grundes zurückgefordert werden. Erfolgt aber später die Anfechtung, so gilt das Rechtsgeschäft als von Anfang an nichtig (§ 142); eine Verpflichtung war durch das Rechtsgeschäft nicht begründet; das zur Erfüllung Geleistete kann daher nunmehr nach §§ 812 ff. zurückgefordert werden. Mit der Anfechtung entsteht hier also der Anspruch auf Herausgabe der ungerechtfertigten Bereicherung; die Verjährung dieses Anspruchs würde daher nach § 198 mit dem Zeitpunkte beginnen, in welchem die Anfechtung erfolgt ist. Nach dem E. I wurde dieses Ergebnis durch die Vorschrift vermieden, daß die Verjährung eines Anspruchs, dessen Entstehung von dem „bloßen Wollen" des Berechtigten abhängt, mit dem Zeitpunkte beginnt, in welchem der Anspruch zur Entstehung gebracht werden konnte (E. I § 158 Abs. 3). Von der zweiten Kommission ist diese Vorschrift als zu weitgehend gestrichen (s. Erl. 1 zu § 198); für den Fall der Anfechtung aber glaubte man einen Ersatz geben zu müssen, weil anderenfalls die Verjährung des durch die Anfechtung entstandenen Anspruchs unter Umständen erst in sechzig

Jahren nach der Vornahme des anfechtbaren Rechtsgeschäfts vollendet werden würde. Es ergibt sich dies daraus, daß z. B. nach § 124 Abs. 3 die Anfechtung wegen arglistiger Täuschung oder wegen Drohung noch bis zum Ablaufe von dreißig Jahren zulässig sein kann und daher, wenn sie erst kurz vor dem Ablaufe der dreißig Jahre erfolgt, der Anspruch auf Herausgabe der durch das anfechtbare Rechtsgeschäft erlangten ungerechtfertigten Bereicherung erst nach weiteren dreißig Jahren verjähren würde. Das bisher Gesagte gilt in allen Fällen, in welchen die Entstehung eines Anspruchs davon abhängt, daß der Berechtigte von einem ihm zustehenden Anfechtungsrechte Gebrauch macht; bei allen trifft das charakteristische Moment zu, daß ein vollwirksames Rechtsverhältnis infolge einer lediglich von dem Willen des Berechtigten abhängigen Erklärung rechtlich als niemals entstanden angesehen wird.

Die Vorschrift, daß die Verjährung mit dem Zeitpunkte beginnt, von welchem an die Anfechtung zulässig ist, hat die Bedeutung, daß sie mit dem Zeitpunkte beginnt, in welchem sie begonnen haben würde, wenn die Nichtigkeit des anfechtbaren Rechtsgeschäfts von Anfang an festgestanden hätte. Dieser Zeitpunkt fällt, wenn durch das anfechtbare Rechtsgeschäft selbst eine Leistung erfolgt, also z. B. Eigentum schenkweise übertragen ist, mit dem Zeitpunkte zusammen, in welchem das Rechtsgeschäft vorgenommen wurde, denn das durch ein nichtiges Rechtsgeschäft Geleistete kann sofort zurückgefordert werden. War durch das anfechtbare Rechtsgeschäft aber nur eine Verbindlichkeit begründet und erfolgte die Leistung des Geschuldeten erst später, so beginnt die Verjährung des Anspruchs auf Herausgabe des Geleisteten erst mit der Leistung, denn erst in diesem Zeitpunkte würde der Anspruch entstanden sein, wenn die Nichtigkeit des betreffenden Rechtsgeschäfts von Anfang an festgestanden hätte. Handelt es sich um einen Erbschaftsanspruch, welcher davon abhängt, daß eine letztwillige Verfügung anfechtbar und angefochten ist, so beginnt die Verjährung des Erbschaftsanspruchs doch niemals eher, als bis ein dritter etwas pro herede aus der Erbschaft erlangt hat, dem Berechtigten also ein Erbschaftsbesitzer im Sinne des § 2018 gegenübersteht (Strohal, Erbrecht Auflage II S. 567, 573; Küntzel in Gruch. Bd. 41 S. 854). Es ist also immer zu fragen, in welchem Zeitpunkte die Verjährung des Anspruchs begonnen haben würde, wenn die Nichtigkeit des betreffenden Rechtsgeschäfts von Anfang an festgestanden hätte; mit diesem Zeitpunkte beginnt die Verjährung, auch wenn das betreffende Rechtsgeschäft nur anfechtbar war, die Anfechtung aber rechtzeitig erfolgt ist.

Die Vorschrift, daß die Verjährung mit dem Zeitpunkte beginnt, in welchem die Anfechtung zulässig war, ist übrigens nicht dahin zu verstehen, daß die Verjährung nicht vor dem Beginne der regelmäßigen Anfechtungsfrist, also z. B. im Falle des § 124 Abs. 2 nicht vor dem Zeitpunkte beginne, in welchem der Berechtigte die Täuschung erfahren bezw. die Zwangslage aufgehört hat (so anscheinend Fischer und Henle Anm. 2; Rehbein, Erl. II 3 zu §§ 194—225; Kuhlenbeck, Erl. 1 zu § 200; Gareis, Erl. zu § 200). Daß dies nicht die Absicht der Kommission gewesen, ist nach P. II Bd. 6 S. 139 ff., 150 unzweifelhaft. Aber auch die Fassung des § 200 spricht dagegen. Tatsächlich möglich ist die Anfechtung freilich erst, wenn der Berechtigte von der Täuschung Kenntnis erhalten bezw. die Zwangslage aufgehört hat. Rechtlich zulässig aber ist die Anfechtung von dem Augenblick an, in welchem das anfechtbare Rechtsgeschäft vorgenommen ist, und nur auf diese Zulässigkeit kommt es nach § 200 an. Dies kann unter Umständen zu Härten führen. Hat z. B. derjenige, welcher durch arglistige Täuschung zu einem Rechtsgeschäfte bestimmt worden ist, die Täuschung erst kurz vor dem Ablaufe von dreißig Jahren erfahren und dann sofort, also nach § 124 Abs. 3 noch rechtzeitig, die Anfechtung erklärt, so ist sein dadurch entstandener Anspruch auf Herausgabe des von ihm zur Erfüllung des angefochtenen Rechtsgeschäfts Geleisteten in den vielleicht nur wenigen Tagen oder Stunden verjährt, welche zwischen der Anfechtung und dem Ablaufe der dreißig Jahre liegen. Man glaubte über dieses Bedenken hinweggehen zu sollen, weil derartige Fälle nur selten vorkommen würden und die Nachteile, welche ohne die fragliche Vorschrift aus der Hinausschiebung der Verjährung entständen, so erheblich seien, daß, um sie zu beseitigen, die in jenen seltenen Fällen eintretende Härte in den Kauf genommen werden müßte.

2. Die Nichtanwendung der Vorschrift des Satz 1 im Falle der Anfechtung familienrechtlicher Verhältnisse rechtfertigt sich durch die bei diesen Verhältnissen in Betracht kommenden besonderen Rücksichten. Den praktisch wichtigsten Fall bildet die Anfechtung der Ehe (§§ 1331 bis 1335). Ist infolge der Anfechtung die Ehe nichtig, so entstehen vermögensrechtliche Ansprüche der verschiedensten Art unter den Ehegatten (s. z. B. die §§ 1345—1347). Diese Ansprüche sollen nicht schon mit der Schließung der Ehe zu verjähren beginnen. Ihre Verjährung beginnt vielmehr unter den in Erl. 1 bezeichneten Voraussetzungen erst mit dem Zeitpunkt, in welchem

§. 201. Die Verjährung der in den §§. 196, 197 bezeichneten Ansprüche beginnt mit dem Schlusse des Jahres, in welchem der nach den §§. 198 bis 200 maßgebende Zeitpunkt eintritt. Kann die Leistung erst nach dem Ablauf einer über diesen Zeitpunkt hinausreichenden Frist verlangt werden, so beginnt die Verjährung mit dem Schlusse des Jahres, in welchem die Frist abläuft.

§. 202. Die Verjährung ist gehemmt, solange die Leistung gestundet oder der Verpflichtete aus einem anderen Grunde vorübergehend zur Verweigerung der Leistung berechtigt ist.

Diese Vorschrift findet keine Anwendung auf die Einrede des Zurückbehaltungsrechts, des nicht erfüllten Vertrags, der mangelnden Sicherheitsleistung, der Vorausklage sowie auf die nach §. 770 dem Bürgen und nach den §§. 2014, 2015 dem Erben zustehenden Einreden.

---

die Anfechtung erfolgt (§§ 1341, 1342), und, wenn die Ehe in diesem Zeitpunkte noch nicht aufgelöst war, nach § 1343 Abs. 2 in Verbindung mit § 202 erst mit dem Zeitpunkt, in welchem die Ehe für nichtig erklärt ist.

Die Vorschrift des § 200 Satz 2 findet auch im Falle der Anfechtung der Ehelichkeit eines Kindes (§§ 1594, 1596, 1597) und der Annahme an Kindes Statt Anwendung (§§ 1741, 1755). Die Verjährung der von der Anfechtung abhängenden Ansprüche beginnt hier mit dem Zeitpunkt, in welchem die Anfechtung erfolgt ist (a. A. wie es scheint Rehbein, Erl. II 3 zu §§ 194—225).

§ 201.

E. I § 159; II § 166 rev. § 196; III § 196. P. I S. 336; M. I S. 310. P. II Bd. 1 S. 211, 216 ff., Bd. 6 S. 140 ff. D. S. 620.

Die in dem § 201 bestimmte **Hinausschiebung des Beginns der Verjährung** der in den §§ 196, 197 bezeichneten Ansprüche trägt dem praktischen Bedürfnisse Rechnung. Der hinzugefügte Satz, daß die Verjährung, wenn die Leistung erst nach dem Ablauf einer über diesen Zeitpunkt hinausreichenden Frist verlangt werden kann, erst mit dem Schlusse des Jahres beginnt, in welchem die Frist abläuft, beseitigt ein Bedenken, das sich aus dem Vergleiche des § 198 mit dem § 202 ergibt. Ein befristeter Anspruch entsteht erst mit dem Eintritte des Termins. Fällt dieser Termin nach dem Schlusse des Jahres, so ergibt sich schon aus § 198 und dem ersten Teile des § 201, daß die Verjährung erst mit dem Schlusse des folgenden Jahres beginnt. Anders, wenn der Anspruch entstanden, aber gestundet ist. Nach §§ 202, 205 wird dieser Zeitraum zwar in die Verjährungsfrist nicht eingerechnet, aber der nach den §§ 198—200 maßgebende Zeitpunkt, welcher nach § 201 Satz 1 maßgebend sein soll, ist schon mit der Entstehung des Anspruchs eingetreten. Das praktische Bedürfnis erfordert, die Befristung und Stundung, die sich oft schwer unterscheiden lassen, in der hier fraglichen Beziehung gleichzustellen. Durch den § 201 Satz 2 geschieht dies nicht nur in dem Falle, wenn die Stundung sofort bei der Entstehung des Anspruchs bewilligt ist, sondern auch dann, wenn sie später, jedoch vor dem 1. Januar des folgenden Jahres, erfolgt ist. Ist z. B. der am 1. Juli 1900 entstandene Anspruch am 1. November auf drei Monate gestundet, so würde ohne die Vorschrift des Satz 2 die Verjährung zwar auf Grund der §§ 202, 205 nicht am 1. Januar, aber doch am 1. Februar 1901 beginnen. Nach der Vorschrift des §§ 201 Satz 2 beginnt sie erst am 1. Januar 1902 (a. A. wie es scheint Hölder, Erl. zu § 201). Nach der Fassung des Satz 2 gilt derselbe nicht nur, wenn der Anspruch gestundet ist, sondern auch, wenn aus anderen Gründen die Leistung erst nach dem Ablauf einer über den im Satz 1 bezeichneten Zeitpunkt hinausreichenden Frist verlangt werden kann. Von praktischer Bedeutung ist bei den hier fraglichen Ansprüchen wohl nur die Stundung.

Die Berechnung der Frist bestimmt sich hier nach den §§ 187 Abs. 2, 188.

§ 202.

E. I § 162; II § 168 rev. § 197; III § 197. P. I S. 340 ff., 1428, 2539 ff., 8852 ff., 11123 ff.; M. I S. 312 ff. P. II Bd. 1 S. 215 ff., Bd. 2 S. 518, Bd. 6 S. 141, 383. D. S. 620.

1. **Hemmung der Verjährung.** Die §§ 202—204 bestimmen die Fälle, in welchen die Verjährung gehemmt wird. Die Wirkung der Hemmung bestimmt der § 205 dahin, daß der

Zeitraum, während dessen die Verjährung gehemmt ist, in die Verjährungsfrist nicht eingerechnet wird (s. das Nähere zu § 205). Gemeinsam liegt allen Hemmungsgründen der Gedanke zu Grunde, daß die Verjährungsfrist solange nicht laufen darf, als es dem Gläubiger aus Gründen, die nicht lediglich in seiner Person liegen, unmöglich oder doch billigerweise nicht zuzumuten ist, seinen Anspruch geltend zu machen.

2. **Hemmung wegen verzögerlicher, nicht wegen peremtorischer Einreden.** Ist ein Anspruch überhaupt nicht entstanden, so kann er nicht verjähren. Trotzdem kann die Geltendmachung eines Anspruchs, dessen Entstehung bestritten wird, durch die Berufung darauf zurückgewiesen werden, daß der Anspruch, wenn er entstanden wäre, verjährt sein würde. Das Gleiche gilt, wenn der Anspruch zwar entstanden, aber später z. B. durch Erfüllung erloschen ist. Die Einrede der Verjährung kann in dem einen wie in dem anderen Falle kraft der Eventualmaxime geltend gemacht werden. Für den Gläubiger erwächst daraus kein Nachteil, indem die Einrede der Verjährung dem Schuldner keine größeren Rechte gewährt, als derselbe gehabt hätte, wenn der Anspruch überhaupt nicht entstanden oder wenn er erloschen wäre. Andererseits geht der Zweck der Verjährung gerade dahin, den Schuldner gegen Ansprüche zu schützen, die niemals entstanden oder später erloschen sind, bei denen aber durch den Zeitablauf der Nachweis der wirklichen Rechtslage nicht leicht möglich ist. Etwas anders liegt das Verhältnis, wenn der Anspruch nicht erloschen ist, ihm aber eine sog. peremtorische, d. h. eine die Geltendmachung des Anspruchs dauernd ausschließende Einrede entgegensteht. So z. B. die Einrede aus einem Vertrage, welcher die Geltendmachung des Anspruchs dauernd ausschließt, aber doch nicht als Erlaß zu beurteilen ist, s. z. B. ferner die §§ 222, 821, 853, 1166, 1973, 1989, 1990, 1992. In der Wissenschaft herrscht Streit darüber, ob die Verjährung durch solche Einreden gehemmt wird. Der E. I § 162 (M. I S. 313ff.) bejaht die Frage prinzipiell, das BGB. verneint sie. Praktisch ist die Frage von keiner großen Bedeutung, weil der in Anspruch Genommene nach der Eventualmaxime die Einrede der Verjährung neben der peremtorischen Einrede auch dann geltend machen kann, wenn rechtlich nur die eine oder die andere möglich ist, und weil der Kläger sich hüten wird, die Einrede der Verjährung dadurch zu bekämpfen, daß er das Bestehen einer peremtorischen Einrede gegen seinen Anspruch behauptet bezw. zugibt. Immerhin kann die Frage unter Umständen Bedeutung erlangen. Das Bedenken, welches gegen die Zulassung der Verjährung während des Bestehens einer peremtorischen Einrede spricht, liegt darin, daß die peremtorische Einrede infolge eines Verzichts oder aus anderen Gründen wegfallen kann, ohne daß damit auch die Einrede der Verjährung wegfällt. Der Verpflichtete erlangt also durch die Verjährung ein Mehreres wie durch die peremtorische Einrede; es könnte daher unbillig erscheinen, daß der Berechtigte dadurch, daß er seinen Anspruch während der Verjährungszeit nicht geltend gemacht hat, jenen Nachteil erleiden soll, obwohl die Geltendmachung nur deshalb unterblieben ist, weil dem Anspruche die peremtorische Einrede entgegenstand. Praktisch ist dies indessen von so geringer Bedeutung, daß das BGB. kein Gewicht darauf legt und deshalb im Interesse der Einfachheit und Praktikabilität des Gesetzes die Verjährung durch das Bestehen einer peremtorischen Einrede nicht hemmen läßt.

Anders liegt die Sache, wenn dem Anspruch eine Einrede entgegensteht, kraft welcher der Verpflichtete nur vorübergehend zur Verweigerung der Leistung berechtigt ist. Als den praktisch wichtigsten Fall hebt der § 202 die Stundung der Leistung hervor. Hierbei ist nicht an den Fall zu denken, daß für die Wirkung des Rechtsgeschäfts, auf welches der Anspruch gegründet wird, ein Anfangstermin bestimmt ist (§ 163). Hier entsteht der Anspruch erst mit dem Eintritte des Termins und die Verjährung beginnt also nach § 198 erst mit diesem Zeitpunkt. In Frage kommen nur solche Fälle, in welchen der Anspruch selbst bereits entstanden, seine Geltendmachung aber von Anfang an oder durch spätere Vereinbarung für eine gewisse Zeit ausgeschlossen ist. In Fällen dieser Art ist eine verzögerliche Einrede gegen den Anspruch begründet (a. A. Friedenthal, Einwendung und Einrede ꝛc. S. 43ff., der infolge einer unrichtigen Fassung des Begriffs der Einrede den Einwand der Stundung nicht als Einrede betrachtet). Wird die Stundung erst nach der Entstehung des Anspruchs vereinbart, so liegt hierin zwar nicht immer aber doch regelmäßig eine Anerkennung des Anspruchs von seiten des Verpflichteten. In solchem Falle kommt, da durch die Anerkennung nach § 208 eine Unterbrechung der Verjährung eintritt, die Hemmung der Verjährung nicht mehr in Betracht. Neben der Einrede der Stundung kennt das BGB. noch verschiedene andere verzögerliche Einreden, die von Bedeutung sind, so z. B. die dem Mieter auf Grund des Mietverhältnisses zustehende Einrede gegen den Anspruch des Eigentümers auf Herausgabe der Sache (a. A. Rehbein, Erl. III 2a zu §§ 194—225, der im Falle des § 986 keine Einrede annimmt, obwohl eine solche durch die Fassung des § 986 klar zum Ausdrucke gebracht ist). Liefe die Verjährung auch während des Bestehens einer solchen Einrede, so würde der Schuldner nach Vollendung der Verjährung in der Verjährungseinrede nicht nur einen Ersatz für die dilatorische Einrede, sondern erheblich mehr, nämlich eine peremtorische Einrede erhalten. Die hierin für den Gläubiger liegende Benachteiligung ist so erheblich, daß das Gesetz sie nicht zulassen darf; der § 202 bestimmt deshalb, daß die Verjährung während des Bestehens einer dilatorischen Einrede gehemmt ist.

Durch die Fassung des § 162 des E. I sollten auch Sistierungsgesetze und Moratorien berücksichtigt werden. Ob sie durch den Wortlaut des § 202 getroffen werden, ist zweifelhaft. Bei der Erlassung derartiger Gesetze werden in ihnen auch regelmäßig Vorschriften über die Verjährung der durch das Gesetz betroffenen Ansprüche enthalten sein. Ist dies unterblieben, so wird die entsprechende Anwendung des § 202 keinem Bedenken unterliegen.

Über eine von dem Standpunkte des BGB. abweichende Auffassung der Hemmung, nach welcher es immer nur darauf ankommt, ob der Anspruch fällig ist und die Fälligkeit im Falle einer Stundung oder des Entgegenstehens einer sonstigen verzögerlichen Einrede, solange diese bestehen, nicht angenommen wird, s. Hölder, Über Ansprüche und Einreden, im Arch. f. civ. Pr. Bd. 93 S. 91 ff. und Erl. 2, 3 zu § 202.

3. Die im Abs. 2 von der Regel des Abs. 1 gemachten Ausnahmen beruhen auf verschiedenen Gesichtspunkten. Allen gemeinsam ist, daß das Recht, die Leistung vorübergehend zu verweigern, nicht auf einer Vorschrift beruht, welche dem Schuldner einen Aufschub der Leistung zu gewähren bezweckt; im übrigen aber liegen die einzelnen Fälle verschieden. Bei der Einrede des Zurückbehaltungsrechts (§§ 273, 274, 1000) und bei der Einrede des nicht erfüllten Vertrags (§§ 320—322) ist der Gläubiger nicht nur imstande, sondern auch verpflichtet, den Grund der Einrede zu beseitigen, und das Bestehen der Einrede schließt die Geltendmachung des Anspruchs nicht aus, sondern hat nur eine Beschränkung der Verurteilung zur Folge (§§ 274, 322).

Bei der Einrede der mangelnden Sicherheitsleistung (s. z. B. die §§ 258, 867, 1005) und der Vorausklage (§§ 771—773) besteht zwar eine Verpflichtung des Gläubigers zur Beseitigung des Grundes der Einrede nicht; aber er ist dazu imstande, und es erscheint deshalb als keine unbillige Härte, wenn das Gesetz, um die Zwecke der Verjährung zu erreichen, den Lauf derselben durch das Bestehen der Einrede nicht hemmen läßt. In betreff der dem Erben nach den §§ 2014, 2015 zustehenden Einreden wird nach P. II Bd. 6 S. 383 als entscheidend angesehen, daß die Geltendmachung dieser Einreden nur zur Folge habe, daß die Zwangsvollstreckung gegen den Erben unzulässig sei, während die Erhebung der Klage nicht gehindert werde. Die Ansicht von Hölder, Erl. 7 zu § 202, daß, wenn der Erbe auf Grund seiner gesetzlichen Berechtigung dem Gläubiger erkläre, die Leistung auf bestimmte Zeit zu verweigern, die Verjährung für diese Zeit gehemmt sei, ist mit der klaren Vorschrift des Abs. 2 unvereinbar. Daß auch die dem Bürgen nach § 770 zustehende Einrede die Verjährung nicht hemmt, hängt mit dem Grunde zusammen, auf welchem die Vorschrift des § 770 beruht, und wird als eine unbillige Härte gegen den Gläubiger nicht anzusehen sein.

Eine entsprechende Anwendung der in dem § 202 Abs. 2 gegebenen Vorschriften auf andere Einreden ist nicht ausgeschlossen; doch wird bei dem Ausnahmecharakter, welchen jene Vorschriften haben, nur mit großer Vorsicht davon Gebrauch zu machen sein. Eine besondere Vorschrift enthält noch der § 2332 Abs. 3.

Im E. I § 162 Abs. 2 war unter den die Verjährung nicht hemmenden Einreden auch die Abzugseinrede des Inventarerben angeführt. Diese Einrede ist, soweit sie nach dem BGB. noch in Frage kommt (§§ 1973, 1975, 1989—1992), eine peremtorische; sie braucht daher nicht berücksichtigt zu werden, da nach dem BGB. peremtorische Einreden die Verjährung überhaupt nicht hemmen.

4. Möglichkeit der Aufrechnung oder Anfechtung. Die Vorschrift des E. I § 162 Abs. 3, nach welcher die Verjährung dadurch nicht gehemmt wird, daß dem Anspruch eine zur Aufrechnung geeignete Forderung gegenübersteht oder daß der Anspruch der Anfechtung unterliegt, ist als selbstverständlich gestrichen. Die Geltendmachung eines Anspruchs wird dadurch nicht ausgeschlossen, daß ihm eine zur Aufrechnung geeignete Forderung gegenübersteht; erst durch die Erklärung der Aufrechnung wird der Anspruch aufgehoben (§ 388). Ebenso steht einem Anspruche nicht deshalb eine Einrede entgegen, weil das Rechtsgeschäft, auf welchem er beruht, anfechtbar ist; erst mit der wirklich erfolgten Anfechtung fällt das Rechtsgeschäft und damit der Anspruch.

§. 203. Die Verjährung ist gehemmt, solange der Berechtigte durch Stillstand der Rechtspflege innerhalb der letzten sechs Monate der Verjährungsfrist an der Rechtsverfolgung verhindert ist.

Das Gleiche gilt, wenn eine solche Verhinderung in anderer Weise durch höhere Gewalt herbeigeführt wird.

---

§ 203.

E. I §§ 164, 165; II § 169 rev. § 198; III § 198. P. I S. 348; M. I S. 315 ff. P. II Bd. 1 S. 218 ff. D. S. 620.

Hemmung wegen Stillstandes der Rechtspflege oder höherer Gewalt.

1. Der § 203 bestimmt die Fälle, in welchen die Verjährung deshalb gehemmt wird, weil die Geltendmachung des Anspruchs infolge eines derselben entgegenstehenden tatsächlichen Hindernisses unterblieben ist. Nicht jedes tatsächliche Hindernis genügt, sondern nur Stillstand der Rechtspflege und sonstige höhere Gewalt. Auch diese Hindernisse werden nur berücksichtigt, wenn sie innerhalb der letzten sechs Monate der Verjährungsfrist vorhanden sind. Anders der E. I § 164, nach welchem der Stillstand der Rechtspflege während der ganzen Verjährungszeit berücksichtigt werden soll.

Zweifelhaft ist, ob die Hemmung der Verjährung wegen Stillstandes der Rechtspflege auch dann anzunehmen ist, wenn mehrere Gerichte für die Rechtsverfolgung zuständig sind und nur für eines dieser Gerichte die Voraussetzung des Stillstandes der Rechtspflege gegeben ist. Die Frage dürfte zu verneinen sein. Nach CPO. § 35 hat der Kläger zwar die Wahl zwischen mehreren Gerichten. Diese Wahl wird, wenn bei einem der Gerichte ein Stillstand der Rechtspflege eingetreten ist, beschränkt, aber da die Rechtsverfolgung auch bei jedem anderen der verschiedenen zuständigen Gerichte möglich ist, so kann man doch wohl nicht sagen, daß der Kläger dadurch an der Rechtsverfolgung behindert sei (a. A. Dernburg I § 179 Anm. 9). Im übrigen kommt der Stillstand der Rechtspflege bei ausländischen Gerichten ebenso in Betracht wie bei inländischen. Für den Fall, daß neben einem ausländischen Gerichte, bei welchem ein Stillstand der Rechtspflege besteht, auch ein inländisches Gericht zuständig ist, nimmt auch Hölder, Erl. 1 zu § 203 eine Behinderung der Rechtsverfolgung nicht an.

Den Begriff der höheren Gewalt definiert das BGB. nicht, sondern überläßt dies der Wissenschaft und Praxis. In den Reichsgesetzen wird der Begriff der höheren Gewalt mehrfach verwendet. Die Bezugnahme darauf in dem Art. 395 des früheren HGB. ist in dem neuen HGB. § 429 weggelassen, in dem § 456 aber beibehalten (s. ferner das Ges. betr. die Nationalität der Kauffahrteischiffe v. 25. Oktober 1867 § 16; das Ges. betr. die Verbindlichkeit zum Schadensersatze v. 7. Juni 1871 § 1; das Ges. über das Postwesen des Deutschen Reichs v. 28. Oktober 1871 § 11).

Das BGB. wendet den Begriff der höheren Gewalt außer in dem § 203 auch in den §§ 701, 1996 an. In der Theorie wie in der Praxis herrscht lebhafter Streit sowohl darüber, was unter höherer Gewalt zu verstehen ist, als auch darüber, ob dieser Ausdruck an den verschiedenen Stellen der Gesetze, in welchen er vorkommt, in demselben Sinne gebraucht wird (s. Windscheid-Kipp II § 384 Anm. 6; Rümelin „Der Zufall im Recht" 1896 und die von diesen Schriftstellern angeführte Literatur und Judikatur). Die von Rümelin a. a. O. S. 27, Anm. 40 aufgestellte Behauptung, daß in dem Gebrauche des Ausdrucks „höhere Gewalt" in den §§ 203 und 1996 des BGB. ein zweifelloser legislatorischer Mißgriff liege, ist nicht begründet. Einen Anhaltspunkt für die Bedeutung, in welcher das BGB. § 203 den Ausdruck „höhere Gewalt" gebraucht, gibt die Fassung des Abs. 2. Es erhellt daraus, daß der in dem Abs. 1 erwähnte Stillstand der Rechtspflege als ein Fall der höheren Gewalt betrachtet wird. Mögen im einzelnen auch manche Zweifel übrig bleiben, so deutet doch jene Zusammenstellung der höheren Gewalt mit dem Stillstande der Rechtspflege darauf hin, daß nicht jedes unverschuldete Hindernis berücksichtigt werden soll, sondern nur ein solches, welches in äußeren unabwendbaren Ereignissen seinen Grund hat. Durch die Berücksichtigung solcher Ereignisse geschieht dem Interesse des Berechtigten Genüge, ohne daß doch der Zweck der Verjährung gefährdet wird. Nicht berücksichtigt werden daher Hindernisse, welche ihren Grund lediglich in der Person des Berechtigten haben; insbesondere kommt nicht in Betracht, daß der Berechtigte den Anspruch oder die Person des Verpflichteten ohne sein Verschulden nicht kennt oder daß er abwesend oder erkrankt ist. Hätte das Gesetz auch solche in der Person des Berechtigten eintretende Umstände berücksichtigen wollen, so hätte es nahe gelegen,

§. 204. Die Verjährung von Ansprüchen zwischen Ehegatten ist gehemmt, solange die Ehe besteht. Das Gleiche gilt von Ansprüchen zwischen Eltern und Kindern während der Minderjährigkeit der Kinder und von Ansprüchen zwischen dem Vormund und dem Mündel während der Dauer des Vormundschaftsverhältnisses.

---

hier ähnlich wie in der CPO. § 233 und in der StPO. § 44 allgemein auf unabwendbare Zufälle abzustellen (RG. Bd. 17 S. 389). Daraus, daß hier ebenso wie in den §§ 701, 1996 höhere Gewalt erfordert wird, muß geschlossen werden, daß nicht jeder unabwendbare Zufall, sondern nur ein solcher Zufall berücksichtigt werden soll, der seinen Grund in einem äußeren Ereignisse hat (a. A. Enneccerus-Lehmann I § 121, der eine verschiedene Bedeutung des Begriffs der höheren Gewalt in den verschiedenen Fällen annimmt und hier ebenso wie im Falle der CPO. § 233 jeden auch bei großer Sorgfalt unabwendbaren Zufall für genügend hält; Kisch in Grünhut Bd. 29 S. 348; Hölder, Erl. 2 zu § 203, die nur einen ungewöhnlichen Zufall, auf den man nicht gefaßt war und nicht gefaßt zu sein brauchte, verlangen und deshalb auch die plötzliche Erkrankung eines gesunden Menschen für genügend halten). In beschränkter Weise werden die persönlichen Verhältnisse des Berechtigten in den §§ 206, 207 berücksichtigt.

2. Über die entsprechende Anwendung des § 203 bei verschiedenen Ausschlußfristen s. Erl. 2 zu § 186.

§ 204.

E. I § 168; II § 170 rev. § 199; III § 199. P. I S. 352 ff., 8628, 8634 ff., 8640 ff., 12205 ff.; M. I S. 324 ff. P. II Bd. 1 S. 221 ff. D. S. 620. KB. S. 1961. StB. S. 2753.

1. Der Grund, auf welchem die Vorschriften des § 204 beruhen, liegt nicht wie in den Fällen der §§ 202, 203 darin, daß ein rechtliches oder tatsächliches Hindernis der Geltendmachung des Anspruchs entgegensteht; er liegt vielmehr in der Rücksicht auf das Pietätsverhältnis, welches zwischen den in dem § 204 bezeichneten Personen stattfindet. Ein Ehegatte soll nicht durch die Besorgnis, daß ein ihm gegen den anderen Ehegatten zustehender Anspruch verjähre, zu der gerichtlichen Geltendmachung desselben gedrängt werden; in gleicher Weise sollen Eltern und Kinder, Vormund und Mündel vor der Besorgnis, daß die zwischen ihnen bestehenden Ansprüche verjähren, und vor dem darin liegenden Antriebe zur gerichtlichen Geltendmachung der Ansprüche geschützt werden.

2. Die Hemmung der Verjährung von Ansprüchen zwischen Ehegatten tritt nicht ein, wenn die Ehe nichtig ist, weil in solchem Falle rechtlich keine Ehegatten existieren. Da die Nichtigkeit einer Ehe aber nach § 1329, solange sie nicht für nichtig erklärt oder aufgelöst ist, nur im Wege der Nichtigkeitsklage geltend gemacht werden kann, so kann in einem vor der Nichtigkeitserklärung oder Auflösung der Ehe anhängigen Rechtsstreit ein Ehegatte sich nicht darauf berufen, daß die Hemmung der Verjährung wegen Nichtigkeit der Ehe eingetreten sei. Nach CPO. § 151 ist indessen das Verfahren, wenn die Entscheidung des Rechtsstreits davon abhängt, ob die Verjährung wegen der Nichtigkeit der Ehe gehemmt gewesen sei, auszusetzen, bis über die Nichtigkeitsklage erkannt oder die für deren Erhebung gesetzte Frist abgelaufen ist. Ist die Ehe für nichtig erklärt oder aufgelöst, so kann die Einwendung, daß die Verjährung wegen Nichtigkeit der Ehe durch diese nicht gehemmt worden sei, unbeschränkt geltend gemacht werden. Wenn indessen die Nichtigkeit der Ehe nur dem einen Ehegatten bei der Schließung der Ehe bekannt war und der andere Ehegatte nach Maßgabe der §§ 1345, 1347 verlangt, daß das Verhältnis in vermögensrechtlicher Beziehung so beurteilt werde, wie wenn die Ehe zur Zeit der Nichtigkeitserklärung oder der Auflösung geschieden wäre, so wird dies zur Folge haben müssen, daß auch inbetreff der Frage, ob die Verjährung gehemmt gewesen sei, das Verhältnis so zu beurteilen ist, wie wenn die Ehe bis zu dem gedachten Zeitpunkte bestanden hätte; die Verjährung wird also bis zu diesem Zeitpunkt als gehemmt gewesen anzusehen sein. Beruht die Nichtigkeit der Ehe auf einem Formmangel und ist die Ehe nicht in das Heiratsregister eingetragen, so kann die Nichtigkeit nach § 1329 Satz 2 jederzeit geltend gemacht werden und die Modifikation zu Gunsten des gutgläubigen Ehegatten tritt nach § 1345 Abs. 2 nicht ein. Ähnlich wie im Falle der Nichtigkeit, die nicht auf einem Formmangel beruht, stellt sich das Verhältnis, wenn die Ehe anfechtbar ist. Die Anfechtung kann nur nach Maßgabe der §§ 1341, 1342 erfolgen und wenn die Anfechtung durch Erhebung der Anfechtungsklage erfolgt ist, so kann die Nichtigkeit der Ehe solange nicht geltend gemacht werden, als die Ehe nicht für nichtig erklärt oder aufgelöst ist. Auch hier kann

§. 205. Der Zeitraum, während dessen die Verjährung gehemmt ist, wird in die Verjährungsfrist nicht eingerechnet.

---

also die Hemmung der Verjährung durch die Ehe auf Grund der durch die Anfechtung festgestellten Nichtigkeit der Ehe erst dann bestritten werden, wenn die Ehe für nichtig erklärt oder aufgelöst ist (vgl. auch CPO. § 152). Die Ansicht von Hölder, Erl. a zu § 204 und Kisch in Grünhut Bd. 29 S. 348, daß die Verjährung auch dann als gehemmt gewesen anzusehen sei, wenn die nichtige oder anfechtbare und angefochtene Ehe für nichtig erklärt oder aufgelöst sei, läßt sich nicht rechtfertigen; denn ein Pietätsverhältnis, auf das sich jene Schriftsteller berufen, bestand, weil die Ehe nichtig war, in Wirklichkeit nicht und der § 204 bestimmt die Hemmung der Verjährung nur für den Fall des Bestehens einer wirklichen, nicht einer Putativehe. Man wird gegen die hier vertretene Auffassung auch daraus kein Bedenken ableiten können, daß nach dieser die Entscheidung eines Rechtsstreits, je nachdem er vor der Nichtigkeitserklärung oder der Auflösung der Ehe oder erst später rechtshängig geworden, verschieden ausfallen kann, und daß, wenn beide Ehegatten in gutem Glauben sind, auch durch den § 1345 keine Hilfe gewährt wird; denn was das erstere Bedenken anlangt, so gewähren, wenn die Nichtigkeit der Ehe bekannt bezw. die Anfechtungsklage bereits angestellt war, die Vorschriften der CPO. §§ 151, 152 genügenden Schutz; war dies aber nicht der Fall, so liegt das Verhältnis hier nicht anders wie in allen Fällen, in welchen die Entscheidung eines Rechtsstreits deshalb zu Ungunsten einer Partei ausfällt, weil ihr eine erhebliche Tatsache unbekannt war, während die Entscheidung anders ausgefallen wäre, wenn der Rechtsstreit erst nachdem der Partei jene Tatsache bekannt geworden und daher von ihr hätte geltend gemacht werden können, rechtshängig geworden wäre. Was das zweite oben hervorgehobene Bedenken anlangt, so dürfte sich dieses durch die Erwägung erledigen, daß die Nichtigkeit der Ehe, wenn beide Ehegatten in gutem Glauben sind, nach dem Standpunkte, welchen das BGB. in dieser Beziehung einnimmt, in vielen Beziehungen nachteilige Folgen für den einen oder anderen Ehegatten haben kann; der Eintritt einer solchen nachteiligen Folge in betreff der Hemmung der Verjährung kann es also dem klaren Wortlaute des § 204 gegenüber nicht rechtfertigen, darüber hinauszugehen (a. A. Staudinger, Erl. 3a zu § 204; vgl. auch Dernburg I § 179 Anm. 5, der sich für eine entsprechende Anwendung des § 204 wenigstens zu Gunsten des gutgläubigen Ehegatten ausspricht, und Rehbein, Erl. III 2c zu §§ 194—225, der dies verneint, aber dem gutgläubigen Ehegatten eine replica doli zugesteht).

3. **Die Hemmung der Verjährung von Ansprüchen zwischen Eltern und Kindern** tritt ohne Rücksicht darauf ein, ob den ersteren die elterliche Gewalt zusteht oder nicht. Die Vorschrift gilt für eheliche und solche Kinder, welche als eheliche Kinder gelten oder die rechtliche Stellung ehelicher Kinder haben (s. Erl. 2, 3 zu § 11); sie gilt für leibliche Kinder, wenn dieselben von einem anderen an Kindes Statt angenommen sind, sowohl gegenüber den leiblichen Eltern als gegenüber dem Annehmenden. Für uneheliche Kinder kommt nur die uneheliche Mutter in Betracht, da nach dem BGB. unter „Eltern" der uneheliche Vater nicht mit verstanden wird (s. Erl. 3 zu § 11).

4. **Die Hemmung der Verjährung von Ansprüchen zwischen Vormund und Mündel** gilt nach § 1915 auch für die Ansprüche zwischen dem Pfleger und dem Pflegebefohlenen. Es macht keinen Unterschied, ob dem Mündel oder Pflegebefohlenen noch ein zweiter Vormund oder Pfleger zur Seite steht, zu dessen Wirkungskreise die Geltendmachung der betreffenden Ansprüche gehört.

§ 205.

E. I § 161 Abs. 1; II § 167 rev. § 200; III § 200. M. I S. 311 ff. P. II Bd. 1 S. 212. D. S. 620.

Wirkung der Hemmung.

1. Findet die Hemmung im Anfange der Verjährung statt, so beginnt die Verjährung erst mit dem Zeitpunkt, in welchem die Hemmung aufhört. Eine Verjährung z. B., die nach den Vorschriften der §§ 198—201 am 1. Januar 1900 beginnen würde, beginnt, wenn die Parteien verheiratet gewesen sind und die Ehe am 20. Januar 1900 aufgelöst ist, erst am 21. Januar 1900. Eine Ausnahme von dieser Regel tritt in den Fällen des § 201 Satz 1 nach § 201 Satz 2 dann ein, wenn die Hemmung auf einer dem Schuldner gewährten Stundung beruht. Ist die Leistung bis zum 20. Januar 1900 gestundet, so beginnt die Verjährung erst am 1. Januar 1901 (s. Erl. 1 zu § 201). Bei Verjährungsfristen von längerer Dauer als

§. 206. Ist eine geschäftsunfähige oder in der Geschäftsfähigkeit beschränkte Person ohne gesetzlichen Vertreter, so wird die gegen sie laufende Verjährung nicht vor dem Ablaufe von sechs Monaten nach dem Zeitpunkte vollendet, in welchem die Person unbeschränkt geschäftsfähig wird oder der Mangel der Vertretung aufhört. Ist die Verjährungsfrist kürzer als sechs Monate, so tritt der für die Verjährung bestimmte Zeitraum an die Stelle der sechs Monate.

Diese Vorschriften finden keine Anwendung, soweit eine in der Geschäftsfähigkeit beschränkte Person prozeßfähig ist.

---

sechs Monaten wird durch die im § 203 bestimmten Umstände der Beginn der Verjährung nicht hinausgeschoben.

2. Tritt die Hemmung erst während des Laufes der Verjährungsfrist ein, so wird dadurch nicht die Anwendung des § 191 begründet, vielmehr erfolgt die Berechnung der Verjährungsfrist nach Maßgabe der §§ 187, 188 und wird auf Grund des § 205 nur der Zeitraum in die Verjährungsfrist nicht eingerechnet, während dessen die Verjährung gehemmt war. Dies führt zu dem Ergebnisse, daß die Verjährung um so viel Tage nach dem Zeitpunkt, in welchem die Verjährungsfrist ohne die Hemmung abgelaufen sein würde, endigt, als die Hemmung gedauert hat. Eine am 1. Januar 1900 beginnende zweijährige Verjährung endigt also z. B., wenn die Verjährung während der Jahre 1900 und 1901 zwanzig Tage lang gehemmt gewesen ist, erst mit dem Ablaufe des 20. Januar 1902.

§ 206.

E I § 166; II § 171 rev. § 201; III § 201. P. I S. 348 ff., 11678 ff.; M. I S. 318 ff. P. II Bd. 1 S. 219 ff., Bd. 6 S. 141. D. S. 620.

1. **Hinausschiebung der Vollendung der Verjährung wegen Mangels der gesetzlichen Vertretung des Berechtigten.** Die Verjährung beginnt und läuft auch gegen geschäftsunfähige oder in der Geschäftsfähigkeit beschränkte Personen. Die Rechtsordnung sorgt dafür, daß solche Personen einen gesetzlichen Vertreter haben; dieser ist berechtigt und, soweit das Interesse des von ihm Vertretenen es erfordert, auch verpflichtet, die Ansprüche desselben geltend zu machen. Nur wenn im einzelnen Falle ein gesetzlicher Vertreter nicht vorhanden, die geschäftsunfähige oder in der Geschäftsfähigkeit beschränkte Person also nicht imstande ist, ihre Ansprüche geltend zu machen, würde es unbillig sein, die Verjährung dieser Ansprüche unbeschränkt laufen zu lassen. Auf diesem Gesichtspunkte beruht die Vorschrift des § 206. Die Verjährung soll zwar durch den Mangel der Vertretung nicht gehemmt werden, wenn aber der Mangel in den letzten sechs Monaten der Verjährungsfrist stattfindet, so wird die Vollendung der Verjährung bis zu dem in dem § 206 Abs. 1 bezeichneten Zeitpunkte hinausgeschoben. Die sechsmonatige bezw. die nach Satz 2 an deren Stelle tretende kürzere Verjährungsfrist, vor deren Ablaufe die Verjährung nicht vollendet wird, wird nicht dadurch verlängert, daß innerhalb dieser Frist eine Hemmung der Verjährung auf Grund der §§ 203, 204 stattfindet. Eine solche Hemmung kann aber doch die Folge haben, daß die Verjährung erst nach Ablauf der gedachten Frist vollendet wird. Dies ist dann der Fall, wenn die Verjährung infolge der Hemmung ohne Rücksicht auf die Vorschrift des § 206 erst später als sechs Monate nach Beseitigung des Mangels der gesetzlichen Vertretung vollendet sein würde. Ist z. B. bei einer Verjährung, die am 1. Juli vollendet sein würde, in den letzten sechs Monaten ein Mangel der gesetzlichen Vertretung eingetreten, dieser Mangel aber am 1. April beseitigt, so wird die Verjährung nicht vor dem 1. Oktober vollendet. Hieran wird dadurch auch nichts geändert, daß die Verjährung auf Grund der §§ 203, 204 während der Zeit vom 1. April bis zum 1. Juli gehemmt gewesen ist. Hätte die Hemmung aber bis zum 1. August gedauert, so würde die Verjährung erst am 1. November vollendet werden (a. A. wie es scheint Hölder, Erl. zu § 206).

Nach dem E. I § 166 sollten die Vorschriften des § 206 auch auf juristische Personen Anwendung finden. Von der zweiten Kommission ist diese Ausdehnung als durch das Bedürfnis nicht gerechtfertigt gestrichen.

2. **Wer geschäftsunfähig oder in der Geschäftsfähigkeit beschränkt ist,** bestimmt sich nach den §§ 104, 106, 114. Die gesetzliche Vertretung erfolgt entweder durch den Vater oder durch die Mutter kraft elterlicher Gewalt oder durch den von dem Vormundschaftsgerichte bestellten Vormund oder Pfleger (s. Erl. 5 zu § 105, § 106). Ist ein gesetzlicher Vertreter nicht vor-

§. 207. Die Verjährung eines Anspruchs, der zu einem Nachlasse gehört oder sich gegen einen Nachlaß richtet, wird nicht vor dem Ablaufe von sechs

---

handen, so findet die Vorschrift des § 206 ohne Rücksicht darauf Anwendung, ob eine andere zur Vertretung berechtigte Person, z. B. ein von dem früheren gesetzlichen Vertreter bestellter Bevollmächtigter, vorhanden ist oder nicht. Andererseits kommt es, wenn ein gesetzlicher Vertreter vorhanden ist, nicht darauf an, ob dieser tatsächlich zur Vertretung imstande war oder nicht. Zweifelhaft kann sein, wie das Verhältnis zu beurteilen ist, wenn der bestellte Vormund geschäftsunfähig wird. War er schon bei der Bestellung geschäftsunfähig, so ist die Bestellung nichtig (§ 1780) und der Mündel daher ohne gesetzlichen Vertreter. Wird der Vormund aber erst nach der Bestellung geschäftsunfähig, so hört er zwar, wenn er entmündigt wird, nach § 1885 mit der Entmündigung auf, Vormund zu sein; solange er aber nicht entmündigt ist, bleibt er Vormund, bis er von dem Vormundschaftsgericht entlassen wird. Ein in der zweiten Kommission gestellter Antrag, daß ein Bevormundeter, dessen Vormund geschäftsunfähig werde, während der Dauer der Geschäftsunfähigkeit als nicht vertreten gelte, wurde abgelehnt, weil ein so seltener Fall einer besonderen gesetzlichen Entscheidung nicht bedürfe (P. II Bd. 4 S. 830, Bd. 6 S. 141 ff.). Bei dieser Sachlage dürfte kein genügender Grund vorliegen, den § 206 in dem gedachten Falle für anwendbar zu erklären. Der Mündel hat einen gesetzlichen Vertreter; dieser ist zwar wegen seiner Geschäftsunfähigkeit außer stande, den Mündel zu vertreten, aber in Ermangelung besonderer gesetzlicher Vorschriften liegt kein Grund vor, diese Verhinderung anders zu beurteilen als jede andere tatsächliche Verhinderung. Bei der Vertretung kraft elterlicher Gewalt kommt dieser Zweifel nicht in Frage. Nach § 1676 ruht die elterliche Gewalt des Vaters, wenn er geschäftsunfähig wird; dasselbe gilt nach § 1686 von der elterlichen Gewalt der Mutter. Ruht die elterliche Gewalt des Vaters, so ist er zur gesetzlichen Vertretung des Kindes nicht mehr berechtigt (§ 1678). In solchem Falle steht entweder der Mutter die gesetzliche Vertretung zu (§ 1685) oder das Kind ist, bis zur Bestellung eines Vormundes, ohne gesetzlichen Vertreter.

3. Hat der Mangel der gesetzlichen Vertretung durch Bestellung eines gesetzlichen Vertreters aufgehört, fällt **aber der gesetzliche Vertreter vor dem Ablaufe der sechs Monate wieder weg**, z. B. dadurch, daß er stirbt, so ist nun die geschäftsunfähige oder in der Geschäftsfähigkeit beschränkte Person wieder ohne gesetzlichen Vertreter; die gegen sie noch laufende Verjährung wird daher nicht vor dem Ablaufe von sechs Monaten nach dem Zeitpunkte vollendet, in welchem sie einen neuen gesetzlichen Vertreter erhalten hat oder unbeschränkt geschäftsfähig geworden ist. Ebenso wird, wenn die geschäftsunfähige oder in der Geschäftsfähigkeit beschränkte Person unbeschränkt geschäftsfähig geworden ist, vor dem Ablaufe von sechs Monaten aber wieder geschäftsunfähig oder in der Geschäftsfähigkeit beschränkt wird, die gegen sie laufende Verjährung nicht vor dem Ablaufe von sechs Monaten nach dem in dem § 206 Abs. 1 Satz 1 bestimmten Zeitpunkte vollendet. Dies kann sich möglicherweise mehrere Male wiederholen und dadurch die Vollendung der Verjährung recht lange hinausgeschoben werden. Immerhin handelt es sich dabei aber um seltene Fälle, auf die besondere Rücksicht zu nehmen das Gesetz keine Veranlassung hat. Stirbt der Geschäftsunfähige oder der in der Geschäftsfähigkeit Beschränkte bevor der Mangel der gesetzlichen Vertretung gehoben ist, so tritt sein Erbe an seine Stelle. Die sechsmonatige Frist des § 206 beginnt also, vorbehaltlich der Vorschrift des § 207 mit dem Erbfalle, wenn der Erbe unbeschränkt geschäftsfähig ist, oder einen gesetzlichen Vertreter hat; anderenfalls bestimmt sich der Beginn der sechsmonatigen Frist nach der Person des Erben. Stirbt der Geschäftsunfähige oder der in der Geschäftsfähigkeit Beschränkte nachdem der Mangel der gesetzlichen Vertretung gehoben ist, so kommt die Hinausschiebung der Vollendung der Verjährung bis zu dem Ablaufe der sechsmonatigen Frist auch seinen Erben zu statten.

4. Die **Berechnung der Frist von sechs Monaten** sowie des nach Satz 2 an die Stelle derselben tretenden kürzeren Zeitraums bestimmt sich nach dem § 187 Abs. 1 und dem § 188.

5. Die Fälle, in denen **eine in der Geschäftsfähigkeit beschränkte Person prozeßfähig** ist (CPO. § 52), ergeben sich aus den §§ 112, 113. Der Abs. 2 bringt eine Konsequenz der in den §§ 112, 113 bestimmten partiellen unbeschränkten Geschäftsfähigkeit der dort bezeichneten Personen zum Ausdrucke.

§ 207.

E. I § 167; II § 172 rev. § 202; III § 202. P. I S. 355 ff., 11452 ff., 11679 ff.; M. I S. 322 ff. P. II Bd. 1 S. 221. D. S. 620.

1. **Hinausschiebung der Vollendung der Verjährung von Ansprüchen, die zu einem Nachlasse gehören oder sich gegen einen solchen richten.** Die Erbschaft geht auf den berufenen Erben

Monaten nach dem Zeitpunkte vollendet, in welchem die Erbschaft von dem Erben angenommen oder der Konkurs über den Nachlaß eröffnet wird oder von welchem an der Anspruch von einem Vertreter oder gegen einen Vertreter geltend gemacht werden kann. Ist die Verjährungsfrist kürzer als sechs Monate, so tritt der für die Verjährung bestimmte Zeitraum an die Stelle der sechs Monate.

---

zwar ipso jure über; aber dem Erben steht das Recht zu, die Erbschaft auszuschlagen. Erfolgt die Ausschlagung, so gilt der Anfall der Erbschaft als nicht erfolgt (§§ 1942, 1943). Der Erbe kann die Erbschaft nicht mehr ausschlagen, wenn er sie angenommen hat; die Erbschaft gilt als angenommen, wenn die für die Ausschlagung vorgeschriebene Frist verstrichen ist (§ 1943). Solange der Erbe die Erbschaft nicht angenommen hat, besteht also ein Zustand der Ungewißheit. Während der Dauer dieses Zustandes kann ein Anspruch, der sich gegen den Nachlaß richtet, nicht gegen den Erben gerichtlich geltend gemacht werden (§ 1958). Ansprüche dieser Art würden daher in Ermangelung einer besonderen Vorschrift verjähren können, obwohl der Gläubiger nicht imstande war, sie gerichtlich geltend zu machen. Hiergegen gewährt der § 207 auf demselben Wege Abhilfe, auf welchem nach § 206 für die Ansprüche gesorgt ist, welche einer geschäftsunfähigen oder in der Geschäftsfähigkeit beschränkten Person zustehen. Die Verjährung der fraglichen Ansprüche wird nicht vor dem Ablaufe von sechs Monaten nach dem Zeitpunkte vollendet, in welchem der Gläubiger infolge des Eintritts der im § 207 bezeichneten Umstände den Anspruch geltend machen konnte. An die Stelle der sechs Monate tritt, wenn die Verjährungsfrist kürzer als sechs Monat ist, auch hier wie im Falle des § 206 die kürzere Frist. Ein Anspruch richtet sich gegen einen Nachlaß nicht nur dann, wenn er auf Berichtigung einer von dem Erblasser herrührenden Schuld gerichtet ist, sondern auch dann, wenn es sich um eine andere, den Erben als solchen treffende Verbindlichkeit, insbesondere aus Pflichtteilsrechten, Vermächtnissen und Auflagen handelt.

Erbschaftliche Geschäfte kann der Erbe zwar, bevor er die Erbschaft angenommen hat, besorgen und zu diesem Zwecke auch Ansprüche geltend machen, die zu dem Nachlasse gehören. Aber er ist zu einer solchen Besorgung nicht verpflichtet; er haftet, wenn er sich der Besorgung unterzieht, demjenigen gegenüber, welcher Erbe sein wird, wie ein Geschäftsführer ohne Auftrag (§ 1959) und er wird nicht selten Anstand nehmen, die zu dem Nachlasse gehörenden Ansprüche geltend zu machen, weil er sich dadurch der Gefahr aussetzt, daß in einer solchen Geltendmachung die Annahme der Erbschaft gefunden wird. Auch für die zu dem Nachlasse gehörenden Ansprüche besteht also die Gefahr, daß die Verjährung während des Zwischenzustandes bis zur Annahme der Erbschaft vollendet wird, obwohl während dieser Zeit eine zur Geltendmachung der Ansprüche berufene Person nicht vorhanden ist. Mit Rücksicht hierauf wird in dem § 207 bestimmt, daß auch die zu einem Nachlasse gehörenden Ansprüche nicht vor dem Ablaufe des in dem § 207 bezeichneten Zeitraums verjähren.

2. Beginn und Dauer der Hinausschiebung. Die sechsmonatige bezw. die im Satz 2 bestimmte kürzere Frist läuft von dem Zeitpunkt an, in welchem der Geltendmachung des Anspruchs die in der Erl. 1 bezeichneten Hindernisse nicht mehr entgegenstehen. Dieser Zeitpunkt tritt, außer in dem Falle, daß der Erbe die Erbschaft angenommen hat (§ 1943), ein, wenn der Konkurs über den Nachlaß eröffnet wird; der Konkursverwalter ist berechtigt und verpflichtet, die zu dem Nachlasse gehörenden Ansprüche geltend zu machen, und die Nachlaßgläubiger können ihre Ansprüche durch Anmeldung im Konkurse bezw. dadurch, daß sie Absonderung oder Aussonderung fordern, geltend machen. Jener Zeitpunkt tritt ferner ein, wenn der Anspruch von einem Vertreter bezw. gegen einen Vertreter geltend gemacht werden kann. Dies ist der Fall, wenn ein Nachlaßpfleger bestellt ist (§§ 1960, 1961, 1981). Es ist regelmäßig auch dann der Fall, wenn ein Testamentsvollstrecker vorhanden ist (§ 2212). Die Vertretungsbefugnis des Testamentsvollstreckers kann aber beschränkt sein; es kommt daher darauf an, ob sich dieselbe auf den in Frage stehenden Anspruch bezieht (§§ 2212, 2213); ein Pflichtteilsanspruch kann niemals gegen den Testamentsvollstrecker geltend gemacht werden (§ 2213 Abs. 1 Satz 3).

Nach dem Wortlaute des § 207 ist es zweifelhaft, wie das Verhältnis zu beurteilen ist, wenn der Nachlaßpfleger oder der Testamentsvollstrecker vor dem Ablaufe der sechs Monate wieder wegfällt. In den entsprechenden Fällen des § 206 ergibt sich die Beantwortung dieser Frage aus dem Wortlaute des § 206 (s. Erl. 3 zu § 206). Der Wortlaut des § 207 läßt die Auslegung zu, daß, wenn der Zeitpunkt eingetreten ist, in welchem der Anspruch von einem

§. 208. Die Verjährung wird unterbrochen, wenn der Verpflichtete dem Berechtigten gegenüber den Anspruch durch Abschlagzahlung, Zinszahlung, Sicherheitsleistung oder in anderer Weise anerkennt.

Vertreter bezw. gegen einen solchen geltend gemacht werden kann, die Frist von sechs Monaten ohne Rücksicht darauf läuft, ob der Vertreter während der ganzen Frist vorhanden ist oder nicht. Gegen diese Auslegung spricht aber, daß dem § 207 ein gleicher Gedanke zu Grunde liegt wie dem § 206. Der Zweck, welcher durch die Vorschrift des § 207 erreicht werden soll, geht dahin, daß ebenso, wie im Falle des § 206 dem gesetzlichen Vertreter einer geschäftsunfähigen oder in der Geschäftsfähigkeit beschränkten Person, so hier dem Nachlaßgläubiger sowie dem Vertreter der Erbschaft eine Frist von sechs Monaten zur Geltendmachung der Ansprüche frei bleiben soll. Diese Frist bleibt aber nicht frei, wenn der Vertreter vor dem Ablaufe von sechs Monaten wegfällt und dadurch die Möglichkeit einer Geltendmachung der Ansprüche durch ihn wie gegen ihn ausgeschlossen wird. Das Verhältnis dürfte daher ebenso zu beurteilen sein wie in den entsprechenden Fällen des § 206 (s. Erl. 3 zu 206). Dieselbe Frage kann übrigens auch entstehen, wenn der über den Nachlaß eröffnete Konkurs vor dem Ablaufe von sechs Monaten aufgehoben oder eingestellt wird (KO. §§ 163, 190, 202, 204). Nicht in Betracht kommt die Frage, wenn der Erbe die Erbschaft angenommen hat, weil er nicht wieder aufhören kann, Erbe zu sein. Ist die Annahme anfechtbar und angefochten, so gilt sie als nicht erfolgt (§§ 1954—1957).

War für den Erblasser ein Abwesenheitspfleger bestellt (§ 1911), so endigt die Abwesenheitspflegschaft nach § 1921 nicht von selbst mit dem Tode des Abwesenden, sondern erst dann, wenn sie von dem Vormundschaftsgericht aufgehoben oder wenn der Abwesende für tot erklärt wird. Bis zu diesem Zeitpunkt ist also ein Vertreter vorhanden, von welchem und gegen welchen die in Frage stehenden Ansprüche geltend gemacht werden können. Es kann sich fragen, ob der § 207 auf einen Fall dieser Art überhaupt Anwendung findet. Durch den Tod des Abwesenden tritt eine Änderung der Rechtslage in betreff der der Fürsorge des Abwesenheitspflegers unterliegenden Vermögensangelegenheiten nicht ein. Die in Frage stehenden Ansprüche können in derselben Weise nach wie vor dem Tode des Abwesenden von dem Abwesenheitspfleger und gegen ihn geltend gemacht werden. Es ist nicht ersichtlich, weshalb die Verjährung eines Anspruchs, die wenige Tage nach dem Tode des Abwesenden vollendet sein würde, infolge des möglicherweise unbekannt gebliebenen Todes erst sechs Monate nach dem Tode vollendet werden soll. Trotz dieser Bedenken dürfte eine einschränkende Auslegung des § 207 nicht gerechtfertigt sein. Bei der Beratung in der ersten Kommission ist, wie sich aus P. I S. 11452 ff. ergibt, an den Fall einer Abwesenheitspflegschaft gedacht. Durch den Tod des Abwesenden tritt insofern eine Änderung der Rechtslage ein, als vor dem Tode Ansprüche auch von dem Abwesenden selbst und gegen ihn geltend gemacht werden konnten, während dies nach dem Tode nur von dem Abwesenheitspfleger und gegen ihn geschehen kann. Jene Möglichkeit ist von besonderer Bedeutung für diejenigen Ansprüche, welche an dem Aufenthaltsorte des Abwesenden entstanden sind und von denen der Abwesenheitspfleger regelmäßig keine Kenntnis haben wird. Eine Unterscheidung zwischen den Ansprüchen der einen und der anderen Art würde das Gesetz komplizieren. Es darf daher angenommen werden, daß durch den § 207 trotz der oben hervorgehobenen Bedenken auch der hier fragliche Fall getroffen werden sollte. Die Frist von sechs Monaten läuft hier dann aber für alle Ansprüche, auf welche sich die Fürsorge des Abwesenheitspflegers bezieht, von dem Zeitpunkte des Erbfalls an, weil schon in diesem Zeitpunkte der zur Vertretung berechtigte Abwesenheitspfleger vorhanden ist. Fällt dieser vor dem Ablaufe der sechs Monate weg, so gilt dasselbe, was oben für den Fall eines Wegfalls des Nachlaßpflegers oder des Testamentsvollstreckers dargelegt ist.

3. Eine besondere Vorschrift über Hinausschiebung der Vollendung der Verjährung enthält der § 2031.

§ 208.

E. I § 169; II § 174 rev. § 203; III § 203. P. I S. 361 ff.; M. I S. 326 ff. P. II Bd. 1 S. 222 ff. D. S. 620.

1. **Unterbrechung der Verjährung.** Die §§ 208—216 bestimmen die Fälle, in denen eine Unterbrechung der Verjährung stattfindet sowie den Zeitraum, während dessen die Unterbrechung dauert. Die Wirkungen der Unterbrechung werden in dem § 217 bestimmt.

2. Was zu der **Unterbrechung der Verjährung durch Anerkennung** erforderlich ist, war in der gemeinrechtlichen Theorie bestritten. Nach § 208 ist ein vertragsmäßiges Schuld-

§. 209. Die Verjährung wird unterbrochen, wenn der Berechtigte auf Befriedigung oder auf Feststellung des Anspruchs, auf Ertheilung der Vollstreckungsklausel oder auf Erlassung des Vollstreckungsurtheils Klage erhebt.

---

anerkenntnis (§ 781) unzweifelhaft nicht erforderlich. Es genügt die einseitige Anerkennung von seiten des Verpflichteten gegenüber dem Berechtigten. Über die rechtliche Natur dieser Anerkennung herrscht aber Streit. Nach der einen Ansicht wird ein auf Anerkennung gerichtetes empfangsbedürftiges Rechtsgeschäft gefordert (Endemann I § 93 Anm. 21; Hölder, Erl. 3 zu § 208; vgl. auch Rehbein, Erl. IV 1a zu §§ 194—225). Nach der anderen Ansicht genügt ein Verhalten des Verpflichteten gegenüber dem Berechtigten, durch welches das Bewußtsein, verpflichtet zu sein, zum Ausdrucke gelangt. Ein solches Verhalten kann in einer ausdrücklichen Erklärung bestehen, kann sich aber auch in anderen Handlungen des Verpflichteten betätigen. Von einem stillschweigenden rechtlichen Anerkenntnis unterscheidet sich die stillschweigende Anerkennung des § 208 dadurch, daß bei jenen das Verhalten des Verpflichteten ein solches sein muß, daß aus ihm unter Berücksichtigung aller Umstände auf den Willen des Verpflichteten, seine Schuld anzuerkennen, geschlossen werden kann, bei dieser aber genügt, daß aus dem Verhalten des Verpflichteten auf sein Bewußtsein, schuldig zu sein, zu schließen ist. Für die letztgedachte Auffassung sprechen überwiegende Gründe. Es spricht dafür sowohl der Wortlaut des § 208, als die Entstehungsgeschichte der fraglichen Vorschrift. Beide Kommissionen sind, wie die Motive und Protokolle ergeben, von dieser Auffassung ausgegangen. Maßgebend ist dabei der Gesichtspunkt gewesen, daß der Gläubiger, dem gegenüber der Schuldner in irgend welcher Art den Anspruch anerkennt, hierdurch zu dem Vertrauen veranlaßt wird, daß der Schuldner den Anspruch nicht bestreiten, sondern erfüllen werde, daß es daher wider Treu und Glauben verstoßen würde, wenn der Schuldner sich trotz seiner Anerkennung auf die Verjährung beriefe. Die in dem § 208 besonders hervorgehobenen Handlungen — Abschlagzahlung, Zinszahlung, Sicherheitsleistung — sind Rechtsgeschäfte, aber der Grund, aus welchem die Verjährung durch sie unterbrochen wird, liegt nicht darin, daß sie Rechtsgeschäfte sind, sondern darin, daß in diesen Rechtsgeschäften die Überzeugung des Schuldners, schuldig zu sein, dem Gläubiger gegenüber zum Ausdrucke gelangt. Deshalb wird, wie in den M. I S. 327 ausdrücklich hervorgehoben ist, die Verjährung durch die gedachten Rechtsgeschäfte auch dann unterbrochen, wenn die Zahlung oder Pfandbestellung nicht durch den Verpflichteten selbst, sondern durch einen Dritten erfolgt, sofern dies nur in solcher Art geschieht, daß dadurch die Anerkennung der Schuld von seiten des Verpflichteten dem Berechtigten gegenüber betätigt wird. Andererseits wird die Verjährung durch ein Rechtsgeschäft der gedachten Art nicht unterbrochen, wenn die Vornahme desselben in einem einzelnen Falle infolge besonderer Umstände, z. B. weil der Schuldner sich ausdrücklich dagegen verwahrt hat, nicht zu der Annahme berechtigt, daß dadurch die Überzeugung, schuldig zu sein, Ausdruck gefunden habe. Der § 208 bestimmt nicht schlechthin, daß die Verjährung durch die gedachten Rechtsgeschäfte unterbrochen werde, sondern er sagt nur, daß die Unterbrechung eintrete, wenn der Anspruch durch ein Rechtsgeschäft der gedachten Art von dem Schuldner dem Gläubiger gegenüber anerkannt werde. Die gedachten Rechtsgeschäfte sind in dem § 208 besonders hervorgehoben, weil sie die praktisch wichtigsten Fälle bilden, in denen durch Handlungen, welche nicht eine ausdrückliche Erklärung der Anerkennung enthalten, ein Anspruch im Verkehr anerkannt zu werden pflegt.

Aus dem Gesagten ergibt sich, daß die Vorschriften über Rechtsgeschäfte auf die zur Unterbrechung der Verjährung erforderliche Anerkennung keine direkte Anwendung finden. Eine entsprechende Anwendung ist aber insoweit zulässig, als sie durch die Natur und den Zweck der hier fraglichen Anerkennung gerechtfertigt wird. Dies wird z. B. insofern anzunehmen sein, als die Anerkennung von seiten eines Geschäftsunfähigen unwirksam ist; ebenso die ohne Zustimmung des gesetzlichen Vertreters erfolgende Anerkennung von seiten einer in der Geschäftsfähigkeit beschränkten Person.

3. **Die Unterbrechung dauert** nicht über den Zeitpunkt hinaus, in welchem die Anerkennung erfolgt; die neue Verjährung kann sofort wieder beginnen.

§ 209.

E. I § 170; II § 175 rev. § 204; III § 204. P. I S. 367 ff.; M. I S. 327 ff. P. II Bd. 1 S. 222 ff. D. S. 620.

1. **Unterbrechung der Verjährung durch Klage, Zahlungsbefehl und Anmeldung im Konkurse.** Wird dem Berechtigten nicht durch die Anerkennung seines Anspruchs von seiten des

Der Erhebung der Klage stehen gleich:
1. die Zustellung eines Zahlungsbefehls im Mahnverfahren;
2. die Anmeldung des Anspruchs im Konkurse;
3. die Geltendmachung der Aufrechnung des Anspruchs im Prozesse;
4. die Streitverkündung in dem Prozesse, von dessen Ausgange der Anspruch abhängt;
5. die Vornahme einer Vollstreckungshandlung und, soweit die Zwangsvollstreckung den Gerichten oder anderen Behörden zugewiesen ist, die Stellung des Antrags auf Zwangsvollstreckung.

Verpflichteten nach Maßgabe des § 208 die Sicherheit gewährt, daß die bis dahin abgelaufene Zeit für die Verjährung nicht in Betracht kommt, so ist es seine Sache, sich selbst gegen die Gefahr der Verjährung zu sichern. Das Mittel, welches ihm das Gesetz zu diesem Zwecke bietet, besteht darin, daß er seinen Anspruch dem Verpflichteten gegenüber gerichtlich geltend macht. Der Zweck der Verjährung gestattet es nicht, eine gerichtliche oder außergerichtliche Verwahrung von seiten des Berechtigten oder die Mahnung des Schuldners für genügend zu erklären. Die erforderliche gerichtliche Geltendmachung unterbricht immer nur die Verjährung des einzelnen geltend gemachten Anspruchs. Nicht berührt wird dadurch die Verjährung eines auf andere Tatsachen gegründeten oder auf eine andere Leistung oder gegen eine andere Person gerichteten Anspruchs. So wird durch die gerichtliche Geltendmachung des Anspruchs auf Zinsen nicht die Verjährung des Anspruchs auf das Kapital, durch die Geltendmachung des Anspruchs auf das Kapital, nicht die Verjährung des Anspruchs auf die Zinsen, durch die Geltendmachung des Anspruchs auf einen Teil, nicht die Verjährung des Anspruchs auf einen anderen Teil der Schuld, durch die Verjährung des Anspruchs gegen einen Verpflichteten, nicht die Verjährung des Anspruchs gegen den anderen Verpflichteten unterbrochen (vgl. Rehbein, Erl. IV 1c zu §§ 194 bis 225). Die Art, in welcher die gerichtliche Geltendmachung erfolgen muß, wird in dem § 209 näher bestimmt. Leitend ist dabei der Gesichtspunkt gewesen, daß die gerichtliche Geltendmachung in solcher Art erfolgen müsse, daß dadurch die richterliche Feststellung des Anspruchs erreicht wird. Hierauf beruhen die Vorschriften des § 209 Abs. 1, 2 Nr. 1, 2.

Die Geltendmachung des Anspruchs kann erfolgen:

a) **Durch Erhebung der Klage** (§ 209 Abs. 1, CPO. §§ 207, 253, 499, 500, 510 Abs. 2, 696, 771, EG. Art. 152). Die Verjährung wird unterbrochen, mag die Klage gerichtet sein auf Befriedigung oder auf Feststellung des Anspruchs (CPO. §§ 256, 281) oder auf Erteilung der Vollstreckungsklausel (CPO. § 731) oder auf Erlassung des Vollstreckungsurteils (CPO. §§ 722, 1042). In der Bestimmung, daß die Verjährung durch die Klage auf Feststellung des Anspruchs unterbrochen wird, mit Staudinger (Erl. 3 zu § 209), ein Redaktionsversehen zu erblicken, liegt kein Grund vor, da ein Anspruch auch ein Rechtsverhältnis im Sinne der CPO. § 256 ist. Uber die Dauer der Unterbrechung sowie über die Fälle, in welchen sie als nicht erfolgt gilt, s. §§ 211, 212.

b) **Durch Zustellung eines Zahlungsbefehls im Mahnverfahren** (§ 209 Abs. 2 Nr. 1, CPO. §§ 688, 693). Über die Fälle, in welchen die Unterbrechung als nicht erfolgt gilt, s. § 213.

c) **Durch die Anmeldung des Anspruchs im Konkurs** (§ 209 Abs. 2 Nr. 2, KO. § 139). Über die Dauer der Unterbrechung sowie über die Fälle, in welchen sie als nicht erfolgt gilt, s. § 214.

Die gerichtliche Geltendmachung eines Anspruchs im Wege der Einrede unterbricht die Verjährung nicht (s. Erl. 2a).

2. **Unterbrechung der Verjährung durch gerichtliche Geltendmachung anderer Art.** Einen anderen Charakter wie die bisher angeführten Fälle einer gerichtlichen Geltendmachung des Anspruchs haben die in dem § 209 Abs. 2 Nr. 3—5 aufgeführten Unterbrechungsgründe. Es handelt sich zwar auch bei ihnen um eine gerichtliche Geltendmachung des Anspruchs, aber nicht um eine solche, welche die richterliche Feststellung des Anspruchs zur Folge haben muß. Auch in diesen Fällen aber tut der Berechtigte, was nach Lage der Sache zur Wahrung seines Anspruchs billigerweise von ihm gefordert werden kann, und der Verpflichtete wird hierdurch darauf aufmerksam gemacht, daß er die zu seiner Verteidigung erforderlichen Beweise sich sichere.

Schon die erste Kommission hatte deshalb angenommen, daß überwiegende Zweckmäßigkeitsgründe die Anerkennung der in dem § 209 Abs. 2 Nr. 4, 5 aufgeführten Unterbrechungsgründe fordern; aus ähnlichen Rücksichten hat die zweite Kommission die unter Nr. 3 aufgeführte Bestimmung hinzugefügt. Im einzelnen ist zu diesen Fällen folgendes zu bemerken:

a) Die Aufrechnung einer Forderung gegen eine andere bewirkt nach § 389, daß die Forderungen, soweit sie sich decken, als in dem Zeitpunkt erloschen gelten, in welchem sie zur Aufrechnung geeignet einander gegenüber getreten sind. Die Aufrechnung erfolgt nach § 388 durch Erklärung gegenüber dem anderen Teile. Ist die Aufrechnung erfolgt, so besteht der zur Aufrechnung gebrachte Anspruch nicht mehr. Wird der Anspruch später trotzdem geltend gemacht, so kann sich der andere Teil sowohl auf die erfolgte Aufrechnung als auch, wenn die Verjährungsfrist abgelaufen ist, auf die Verjährung berufen. Die Unterbrechung der Verjährung durch die Aufrechnung kommt nicht in Frage, weil der Berechtigte, wenn er sie geltend machte, dadurch selbst das Erlöschen seines Anspruchs behaupten würde. Auf diesen Fall bezieht sich daher die Vorschrift des § 209 Nr. 3 nicht. Gedacht ist dabei vielmehr an diejenigen Fälle, in welchen die Aufrechnung im Prozesse zwar eventuell geltend gemacht, aber deshalb nicht wirklich erfolgt ist, weil der durch die Klage geltend gemachte Anspruch aus einem anderen Grunde abgewiesen wurde. Eine solche eventuelle Geltendmachung der Aufrechnung ist trotz der Vorschrift des § 388 Satz 2, nach welcher die Erklärung der Aufrechnung unwirksam ist, wenn sie unter einer Bedingung oder einer Zeitbestimmung abgegeben wird, zulässig, weil es sich dabei nicht um eine rechtsgeschäftliche Bedingung, sondern um die gesetzliche Voraussetzung handelt, unter welcher allein die Aufrechnung denkbar ist (s. Erl. 2 zu § 388, Erl. 3 zu § 390). Durch diese eventuelle Geltendmachung der Aufrechnung wird die Verjährung des zur Aufrechnung gebrachten Anspruchs unterbrochen und beginnt die neue Verjährung vorbehaltlich der Vorschrift des § 215 Abs. 2 erst mit der Beendigung der Unterbrechung (§§ 215 Abs. 1, 217). Über die Art, in welcher die Geltendmachung der Aufrechnung zu erfolgen hat s. Erl. 1 zu § 388, CPO. §§ 278, 767. Die Unterbrechung der Verjährung bezieht sich, wenn nur ein Teil des Anspruchs zur Aufrechnung gebracht wird, ebenso wie in den Fällen der Erl. 1 nur auf diesen Teil, also niemals auf einen höheren als den durch die Klage geltend gemachten Betrag.

b) Die Streitverkündung (CPO. § 72) hat die Unterbrechung der Verjährung nur zur Folge, wenn der Anspruch von dem Ausgange des Prozesses, in welchem der Streit verkündet wird, abhängt. Die Vorschrift ist von praktischer Bedeutung namentlich für Ansprüche des Käufers gegen den Verkäufer wegen Nichterfüllung der Verpflichtung, den verkauften Gegenstand frei von Rechten Dritter zu beschaffen (§§ 434, 440). Der zweite Fall, in welchem der § 72 der CPO. die Streitverkündung zuläßt, wenn nämlich der Anspruch eines Dritten besorgt wird, kommt hier nicht in Betracht. Die Art, in welcher die Streitverkündung erfolgt, bestimmt der § 73 der CPO. Über die Dauer der Unterbrechung sowie über die Fälle, in welchen sie als nicht erfolgt gilt, s. § 215.

c) Die Vornahme einer Vollstreckungshandlung unterbricht die Verjährung, mag es sich um einen Anspruch handeln, zu dessen Befriedigung der Verpflichtete verurteilt ist, oder um einen Anspruch, behufs dessen Befriedigung die Zwangsvollstreckung aus einem anderen Grunde zulässig ist (CPO. §§ 794 ff.). Welche Handlungen als Vollstreckungshandlungen anzusehen sind, ergibt sich aus der CPO. (s. z. B. die §§ 808, 814, 826, 829 ff., 844, 883, 885). Über die Fälle, in welchen die Zwangsvollstreckung den Gerichten oder anderen Behörden überwiesen ist und in welchen daher nach § 209 Nr. 5 schon der Antrag auf Zwangsvollstreckung zur Unterbrechung der Verjährung genügt, s. z. B. CPO. §§ 790, 791, 828, 887; ZVG. § 1. Über die Fälle, in welchen die Unterbrechung als nicht erfolgt gilt, s. § 216. Nicht unterbrochen wird die Verjährung durch Verhängung des Arrestes oder durch den Erlaß einer einstweiligen Verfügung.

d) Auf ähnlichen Zweckmäßigkeitsgründen wie die Vorschriften des § 209 Nr. 3, 4 beruht auch **die Vorschrift des § 477 Abs. 2**, nach welcher die Verjährung des Anspruchs auf Wandelung oder auf Minderung sowie des Anspruchs auf Schadensersatz wegen Mangels einer zugesicherten Eigenschaft durch den Antrag des Käufers auf gerichtliche Beweisaufnahme zur Sicherung des Beweises unterbrochen wird. Die Dauer der Unterbrechung sowie die Fälle, in welchen sie als nicht erfolgt gilt, werden im Satz 2 bestimmt.

Der in einem Strafverfahren gestellte Antrag auf Zuerkennung einer Buße unterbricht nicht die Verjährung des Anspruchs auf Schadensersatz.

§. 210. Hängt die Zulässigkeit des Rechtswegs von der Vorentscheidung einer Behörde ab oder hat die Bestimmung des zuständigen Gerichts durch ein höheres Gericht zu erfolgen, so wird die Verjährung durch die Einreichung des Gesuchs an die Behörde oder das höhere Gericht in gleicher Weise wie durch Klagerhebung unterbrochen, wenn die Klage binnen drei Monaten nach der Erledigung des Gesuchs erhoben wird. Auf diese Frist finden die Vorschriften der §§. 203, 206, 207 entsprechende Anwendung.

---

§ 210.

E. I § 171 Abs. 3, 5, § 180: II § 176 rev. § 205; III § 205. P. I S. 370 ff., 386, 11911 ff.; M. I S. 330 ff., 340. P. II Bd. 1 S. 226 ff., 231, Bd. 6 S. 383. D. S. 620.

Unterbrechung der Verjährung für den Fall, daß die Rechtsverfolgung von der Vorentscheidung einer Behörde oder von der Bestimmung des zuständigen Gerichts abhängt.

1. Nach dem EG. zum GVG. § 11 bleiben die landesgesetzlichen Vorschriften unberührt, durch welche die gerichtliche Verfolgung von Beamten wegen der in Ausübung oder in Veranlassung der Ausübung ihres Amtes vorgenommenen Handlungen an die Vorentscheidung einer Behörde gebunden ist. Diesen und ähnlichen Bestimmungen (s. z. B. Reichsges. v. 27. Mai 1871 betr. die Pensionierung und Versorgung der Militärpersonen 2c. § 114; Reichsbeamtenges. v. 31. März 1873 in der Fassung des Reichsges. v. 25. Mai 1887 § 150), infolge deren der Berechtigte rechtlich außer stande ist, die Klage sofort zu erheben, wird durch die Vorschrift des § 210 Rechnung getragen.

2. Die CPO. § 36 bestimmt die Fälle, in welchen die Bestimmung des zuständigen Gerichts durch ein höheres Gericht zu erfolgen hat. Auch in diesen Fällen ist eine erfolgreiche Erhebung der Klage erst möglich, wenn die Entscheidung des höheren Gerichts erfolgt ist; deshalb wird auch hier dem Berechtigten durch die Vorschrift des § 210 geholfen.

3. **Voraussetzung der Unterbrechung.** In den durch § 210 (s. Erl. 1, 2) bezeichneten Fällen wird die Verjährung durch die Einreichung des Gesuchs an die Behörde oder an das höhere Gericht, abweichend vom E. I § 180, nicht unbedingt, sondern nur dann unterbrochen, wenn binnen drei Monaten nach Erledigung des Gesuchs die Klage erhoben wird. Erledigt ist das Gesuch, wenn eine sachliche Entscheidung darauf erfolgt ist. Wird das Gesuch zurückgewiesen, weil die Voraussetzungen nicht vorliegen, unter welchen die Behörde oder das höhere Gericht eine Entscheidung abzugeben hat, so findet der § 210 keine Anwendung, weil er die Unterbrechung der Verjährung durch das Gesuch nur für den Fall vorschreibt, daß jene Voraussetzungen vorliegen. Ergeht die Vorentscheidung der Behörde dahin, daß der Rechtsweg unzulässig sei, so kann die Klage mit Erfolg nicht erhoben werden und kommt deshalb die Unterbrechung der Verjährung nicht mehr in Frage. Praktisch kommt also nur in Betracht der Fall, in welchem die Behörde den Rechtsweg für zulässig erklärt oder das höhere Gericht das zuständige Gericht bestimmt. Da die Unterbrechung der Verjährung von der rechtzeitigen Erhebung der Klage nach der Erledigung des Gesuchs abhängt, so kann, wenn die Verjährung ohne die Unterbrechung vor der Erhebung der Klage vollendet wäre, die Wirksamkeit von Rechtshandlungen, z. B. einer Mahnung, welche in der Zeit zwischen der Vollendung der Verjährung und der Erhebung der Klage vorgenommen werden, davon abhängig sein, ob die Klage rechtzeitig erhoben und infolge davon die Unterbrechung als mit der Einreichung des Gesuchs eingetreten und deshalb die Verjährung als nicht vollendet anzusehen ist (s. Hölder, Erl. zu § 210).

Die in dem § 210 der Vorschrift, daß die Verjährung durch die Einreichung des Gesuchs unterbrochen werde, hinzugefügten Worte „in gleicher Weise wie durch Klagerhebung" haben eine besondere Bedeutung für den Fall, daß die Bestimmung des zuständigen Gerichts auf Grund der Vorschrift der CPO. § 36 Nr. 6 erfolgen muß. Die Unterbrechung der Verjährung durch Klagerhebung gilt nach § 212 Abs. 1 als nicht erfolgt, wenn die Klage wegen Unzuständigkeit des Gerichts abgewiesen wird; diese Vorschrift findet aber nach § 212 Abs. 2 keine Anwendung, wenn der Berechtigte binnen sechs Monaten nach der Abweisung von neuem Klage erhebt. Da nun nach § 210 die Einreichung des Gesuchs an das höhere Gericht in gleicher Weise wie die Klagerhebung die Verjährung unterbrechen soll, so gilt die Verjährung als durch die Erhebung der ersten wegen Unzuständigkeit abgewiesenen Klage auch dann als unterbrochen, wenn der Berechtigte binnen sechs Monaten nach der Abweisung das Gesuch um Bestimmung des zuständigen Gerichts nach Maßgabe der CPO. § 36 Nr. 6 und § 37 bei dem höheren Gerichte einreicht.

§. 211. Die Unterbrechung durch Klagerhebung dauert fort, bis der Prozeß rechtskräftig entschieden oder anderweit erledigt ist.

Geräth der Prozeß in Folge einer Vereinbarung oder dadurch, daß er nicht betrieben wird, in Stillstand, so endigt die Unterbrechung mit der letzten Prozeßhandlung der Parteien oder des Gerichts. Die nach der Beendigung der Unterbrechung beginnende neue Verjährung wird dadurch, daß eine der Parteien den Prozeß weiter betreibt, in gleicher Weise wie durch Klagerhebung unterbrochen.

---

4. Die in dem § 210 bestimmte dreimonatige Frist ist keine Verjährungs-, sondern eine **Ausschlußfrist.** Die Vorschriften über Hemmung der Verjährung finden darauf an sich also keine Anwendung. Nach § 210 Satz 2 sollen aber die §§ 203, 206, 207 entsprechende Anwendung finden.

§ 211.

E. I § 174; II § 177 rev. § 206; III § 206. P. I S. 374 ff.; M. I S. 331 ff. P. II Bd. 1 S. 228 ff., 745, 747, Bd. 6 S. 264 ff. D. S. 620.

Dauer der Unterbrechung durch Klagerhebung.

1. Erledigung des Prozesses. Mit der Unterbrechung der Verjährung durch Klageerhebung (§ 209 Abs. 1) fängt nicht sofort eine neue Verjährung an; die Unterbrechung dauert vielmehr bis zu dem im § 211 bezeichneten Zeitpunkte fort. Die Unterbrechung endigt immer mit der rechtskräftigen Entscheidung des Prozesses. In Betracht kommt nur das Endurteil, nicht das auf einen Eid erkennende bedingte Urteil (RG. Bd. 50 S. 273). Als rechtskräftige Entscheidung im Sinne des § 211 gilt nach § 219 auch ein unter Vorbehalt ergangenes rechtskräftiges Urteil. Wird der Anspruch durch das Urteil festgestellt, so findet der § 218 Anwendung. Wird der Anspruch für unbegründet erkannt, so kommt die Verjährung praktisch nicht mehr in Frage Wird die Klage durch ein nicht in der Sache selbst entscheidendes Urteil rechtskräftig abgewiesen, so findet der § 212 Anwendung. Der rechtskräftigen Entscheidung steht in Ansehung der Endigung der Unterbrechung gleich die Erledigung des Prozesses durch gerichtlichen Vergleich (CPO. § 794 Nr. 1). Durch Verzicht des Klägers auf den geltend gemachten Anspruch (CPO. § 306) oder durch Anerkennung des Anspruchs von seiten des Beklagten (CPO. § 307) wird der Prozeß noch nicht erledigt, da in solchen Fällen auf Antrag die Abweisung der Klage bezw. die Verurteilung des Beklagten erfolgen muß. Wird der Antrag hierauf nicht gestellt, so gerät der Prozeß in Stillstand und findet der § 211 Abs. 2 Anwendung.

2. Stillstand des Prozesses. Die Vorschrift des § 211 Abs. 2 ersetzt die gemeinrechtliche Verjährung der Litispendenz. Dem Bedürfnisse wird dadurch genügt, daß die Unterbrechung der Verjährung endigt, wenn der Prozeß in Stillstand gerät. Die Verjährung beginnt dann von neuem; aber es ist keine besondere Verjährung der Litispendenz, sondern dieselbe Verjährung, welcher der Anspruch überhaupt unterliegt; daher ist auch die Verjährungsfrist je nach den für die Verjährung des Anspruchs geltenden Vorschriften verschieden.

Nach dem E. I § 174 Abs. 2 sollte die Unterbrechung der Verjährung, wenn der Prozeß infolge einer Vereinbarung der Parteien (§ 251 CPO.) oder infolge der Unterlassung des Betreibens in Stillstand gerät, erst mit dem Zeitpunkt endigen, in welchem der Stillstand eintritt. Um einen festeren Zeitpunkt für die Beendigung der Unterbrechung zu gewinnen, ist von der zweiten Kommission die letzte Prozeßhandlung der Parteien oder des Gerichts als maßgebend für die Beendigung der Unterbrechung bestimmt. Zweifelhaft ist, ob hiernach, wenn die Parteien in dem angesetzten Termine nicht erscheinen, die Unterbrechung erst mit diesem Termin endigt oder als bereits mit der Ladung zu diesem Termin beendigt anzusehen ist. Es hängt dies davon ab, ob man den Aufruf der Parteien im Termin als eine Prozeßhandlung des Gerichts anzusehen hat. Nach dem der fraglichen Vorschrift zu Grunde liegenden Gedanken dürfte die Frage zu bejahen sein (a. A. Rehbein, Erl. IV 2a zu §§ 194—225). Ist vom Gerichte den Parteien eine Frist zur Vornahme einer Handlung gesetzt und ist diese von den Parteien innerhalb der Frist nicht vorgenommen, so gilt die Beendigung der Unterbrechung als bereits mit der Fristsetzung eingetreten. Durch den Stillstand des Prozesses wird die Unterbrechung nur beendigt, wenn der Stillstand infolge einer Vereinbarung oder dadurch eintritt, daß der Prozeß von den Parteien nicht betrieben wird, nicht aber, wenn das Gericht, soweit dasselbe, wie z. B. im Beweisverfahren, von Amtswegen für den Fortgang des Prozesses zu sorgen hat, den Prozeß

§. 212. Die Unterbrechung durch Klagerhebung gilt als nicht erfolgt, wenn die Klage zurückgenommen oder durch ein nicht in der Sache selbst entscheidendes Urtheil rechtskräftig abgewiesen wird.

Erhebt der Berechtigte binnen sechs Monaten von neuem Klage, so gilt die Verjährung als durch die Erhebung der ersten Klage unterbrochen. Auf diese Frist finden die Vorschriften der §§. 203, 206, 207 entsprechende Anwendung.

§. 213. Die Unterbrechung durch Zustellung eines Zahlungsbefehls im Mahnverfahren gilt als nicht erfolgt, wenn die Wirkungen der Rechtshängigkeit erlöschen.

---

liegen läßt. Für den Fall der Unterbrechung oder der Aussetzung des Verfahrens (CPO. §§ 239 ff.) gelten keine besonderen Vorschriften; die Unterbrechung der Verjährung endigt also auch in diesen Fällen, wenn der Prozeß infolge einer Vereinbarung oder, weil er nicht betrieben wird, in Stillstand gerät.

§ 212.

E. I § 171 Abs. 1, 2, 4, 5; II § 178 rev. § 207; III § 207. P. I S. 370 ff., 386, 11911 ff.; M. I S. 330 ff. P. II Bd. 1 S. 226 ff., Bd. 6 S. 383. D. S. 620.

Unwirksamkeit der Unterbrechung durch Klagerhebung. Die Vorschrift, daß die Unterbrechung als nicht erfolgt gilt, wenn die Klage zurückgenommen wird, schließt sich an die Bestimmung der CPO. § 271 Abs. 3 an. Die Wirkung eines nicht in der Sache selbst entscheidenden Urteils, durch welches die Klage abgewiesen wird, war im E. I § 171 verschieden bestimmt, je nachdem die Abweisung wegen Unzuständigkeit des Gerichts oder wegen Unzulässigkeit der gewählten Prozeßart oder wegen Mangels einer Prozeßvoraussetzung erfolgt. Der § 212 behandelt alle diese Fälle gleich; die Unterbrechung der Verjährung gilt als nicht erfolgt. Zweifelhaft ist, ob hierher auch der Fall gehört, daß die Klage wegen mangelnder Substantiierung angebrachtermaßen abgewiesen wird. Es ist bestritten, ob eine solche Abweisung nach der CPO. überhaupt zulässig ist (s. Struckmann und Koch, Anm. 3 zu § 139, Anm. 8 zu § 253, Anm. 5 zu § 331. RG. Bd. 5 S. 122). Auf diese prozessualische Frage kann hier nicht näher eingegangen werden. Erfolgt aber eine solche Abweisung, sei es mit Recht oder mit Unrecht, so ist sie als ein der Sache selbst nicht entscheidendes Urteil im Sinne des § 212 anzusehen (RG. Bd. 52 S. 325). Ein Urteil, durch welches die Klage wegen Stundung der Leistung auf Grund einer anderen verzögerlichen Einrede zur Zeit abgewiesen wird, entscheidet in der Sache selbst und fällt daher nicht unter die Vorschrift des § 212; auf ein solches Urteil findet daher der § 211 Anwendung. Durch die Vorschrift des Abs. 2 wird dem Berechtigten ein Mittel gegeben, die auf Grund des Abs. 1 eingetretene Unwirksamkeit der Unterbrechung rückgängig zu machen. Erhebt er binnen sechs Monaten nach dem Zeitpunkt, in welchem die Klage zurückgenommen, oder die Abweisung rechtskräftig geworden ist, von neuem Klage, so tritt eine Unterbrechung der Verjährung mit rückwirkender Kraft in der Art ein, daß die Unterbrechung als schon mit der Erhebung der ersten Klage erfolgt gilt. Durch die Erhebung der neuen Klage tritt die im § 212 Abs. 2 bestimmte Wirkung auch dann ein, wenn die Klage bei einem unzuständigen Gericht oder in einer unzulässigen Prozeßart oder sonst in einer Art erhoben worden ist, daß die Abweisung erfolgt, ohne daß in der Sache selbst entschieden wird. Durch die Erhebung der neuen Klage ist die Unterbrechung mit rückwirkender Kraft eingetreten. Mit der Zurücknahme oder Abweisung der Klage durch ein nicht in der Sache selbst entscheidendes Urteil gilt die Unterbrechung wieder als nicht erfolgt, aber die Möglichkeit bleibt, sie durch Erhebung einer neuen Klage innerhalb sechs Monaten wieder in Wirksamkeit zu setzen. Dies kann sich denkbarerweise wiederholen. Die Erhebung einer neuen Klage hat immer die Wirkung, daß eine neue Frist gewonnen wird, um die Unterbrechung durch die erste Klage wirksam zu machen. Gegen den Mißbrauch dieser Möglichkeit schützt genügend die Verpflichtung zur Tragung der Kosten. Selbstverständlich muß durch die neue Klage derselbe Anspruch gegen denselben Beklagten geltend gemacht werden, der durch die zurückgenommene oder abgewiesene Klage verfolgt war.

Zu Abs. 2 Satz 2 s. Erl. 4 zu § 210.

§ 213.

E. I § 172; II § 179 rev. § 208; III § 208. P. I S. 373; M. I S. 331. P. II Bd. 1 S. 228. D. S. 620.

Dauer und Unwirksamkeit der Unterbrechung durch Zustellung eines Zahlungsbefehls.

1. Mit der Zustellung des Zahlungsbefehls treten nach § 693 der CPO. die Wirkungen der Rechtshängigkeit ein. Diese Wirkungen erlöschen aber, wenn nicht binnen sechs Monaten

§. 214. Die Unterbrechung durch Anmeldung im Konkurse dauert fort, bis der Konkurs beendigt ist.

Die Unterbrechung gilt als nicht erfolgt, wenn die Anmeldung zurückgenommen wird.

Wird bei der Beendigung des Konkurses für eine Forderung, die in Folge eines bei der Prüfung erhobenen Widerspruchs in Prozeß befangen ist, ein Betrag zurückbehalten, so dauert die Unterbrechung auch nach der Beendigung des Konkurses fort; das Ende der Unterbrechung bestimmt sich nach den Vorschriften des §. 211.

---

nach Ablauf der in dem Zahlungsbefehle bestimmten Frist der Antrag auf Erlassung des Vollstreckungsbefehls gestellt oder der Antrag darauf zurückgewiesen wird, sie erlöschen ferner, sofern die wegen des Anspruchs zu erhebende Klage vor das Landgericht gehört, wenn diese nicht binnen sechs Monaten nach Erhebung des Widerspruchs gegen den Zahlungsbefehl oder nach der Entscheidung über den gegen den Vollstreckungsbefehl erhobenen Einspruch angestellt wird (CPO. §§ 697, 700). Mit dem Erlöschen der Wirkungen der Rechtshängigkeit gilt auch die Unterbrechung der Verjährung als nicht erfolgt.

2. In dem § 213 ist eine den §§ 211, 214, 215 entsprechende Bestimmung, nach welcher die Unterbrechung während der in diesen Paragraphen bestimmten Zeit fortdauert, nicht enthalten. Die neue Verjährung beginnt also sofort nach der Zustellung des Zahlungsbefehls, nicht wie Rehbein, Erl. IV 2b zu §§ 194—225 annimmt, mit dem Ablaufe der in dem Zahlungsbefehle bestimmten Frist. Dabei ist aber zu beachten, daß, wenn eine wegen des Anspruchs zu erhebende Klage vor die Amtsgerichte gehört, die Klage, falls rechtzeitig Widerspruch erhoben wird, nach CPO. § 696 als mit der Zustellung des Zahlungsbefehls bei dem Amtsgericht erhoben angesehen wird. Das Gleiche wird zu gelten haben, wenn nach Maßgabe der CPO. § 700 gegen den Vollstreckungsbefehl Einspruch erhoben wird. In diesen Fällen findet also in betreff der Dauer der Unterbrechung die Vorschrift des § 211 Anwendung. Gehört eine wegen des Anspruchs zu erhebende Klage vor die Landgerichte, so wird entweder die Klage innerhalb der in der CPO. §§ 697, 700 bestimmten Frist bei dem zuständigen Landgericht erhoben — dann findet auch hier der § 211 Anwendung — oder die Wirkungen der Rechtshängigkeit erlöschen, dann gilt nach § 213 die Unterbrechung der Verjährung als nicht erfolgt. Wird endlich der Vollstreckungsbefehl rechtskräftig, so verjährt der Anspruch nach § 218 erst in dreißig Jahren. Praktisch kommt hiernach der Fall, daß die Unterbrechung zwar erfolgt aber sofort wieder endet, überhaupt nicht in Betracht, weil das Verhältnis entweder so behandelt wird wie wenn eine Klage erhoben wäre und dann die Unterbrechung nach Maßgabe des § 211 fortdauert, oder die Unterbrechung als überhaupt nicht erfolgt gilt. Wird die Klage, welche nach § 696 der CPO. als bei dem Amtsgericht erhoben gilt oder nach § 697 bei dem Landgerichte rechtzeitig erhoben ist, zurückgenommen oder durch ein nicht in der Sache selbst entscheidendes Urteil rechtskräftig abgewiesen, so findet der § 212 Abs. 1 (BGB.) Anwendung. Auch der Abs. 2 des § 212 wird in der Art zur entsprechenden Anwendung zu bringen sein, daß, wenn in dem gedachten Falle der Berechtigte binnen sechs Monaten neue Klage erhebt, die Unterbrechung als mit der Zustellung des Zahlungsbefehls erfolgt gilt (Staudinger, Erl. 8 zu § 209; a. A. wie es scheint Windscheid-Kipp I § 108 Nr. 4).

§ 214.

E. I § 176; II § 180 rev. § 209; III § 209. P. I S. 378 ff.; M. I S. 334 ff. P. II Bd. 1 S. 230 ff. D. S. 620.

1. Dauer der Unterbrechung durch Anmeldung im Konkurse bis zu dessen Beendigung. Die Beendigung des Konkurses tritt ein, wenn das Gericht die Aufhebung oder die Einstellung des Konkursverfahrens beschließt (KO. §§ 163, 190, 202, 204). Mit welchem Zeitpunkt ein solcher Beschluß wirksam wird, ob mit dem Zeitpunkt, in welchem der Beschluß gefaßt, oder erst mit dem Zeitpunkt, in welchem er öffentlich bekannt gemacht wird, ist eine streitige konkursrechtliche Frage. Ein in der zweiten Kommission gestellter Antrag, die Frage durch das BGB. in Beziehung auf die Dauer der Unterbrechung der Verjährung in dem letztgedachten Sinne zu entscheiden, wurde abgelehnt, weil kein Bedürfnis bestehe, diese konkursrechtliche Frage in einer einzelnen Beziehung zu entscheiden. Überwiegende Gründe dürften dafür sprechen, wenigstens in betreff der Beendigung der Unterbrechung die Bekanntmachung der betreffenden Verfügung

§. 215. Die Unterbrechung durch Geltendmachung der Aufrechnung im Prozeß oder durch Streitverkündung dauert fort, bis der Prozeß rechtskräftig entschieden oder anderweit erledigt ist; die Vorschriften des §. 211 Abs. 2 finden Anwendung.

Die Unterbrechung gilt als nicht erfolgt, wenn nicht binnen sechs Monaten nach der Beendigung des Prozesses Klage auf Befriedigung oder Feststellung des Anspruchs erhoben wird. Auf diese Frist finden die Vorschriften der §§. 203, 206, 207 entsprechende Anwendung.

---

nach Maßgabe der KO. § 76 zu erfordern (**Rehbein**, Erl. IV 2c zu §§ 194—225; **Dernburg** I § 180 IV 2).

Nicht entschieden ist auch die Frage, wie das Verhältnis zu beurteilen ist, wenn das Konkursverfahren infolge einer gegen den Eröffnungsbeschluß erhobenen Beschwerde wieder aufgehoben wird (KO. §§ 109, 116). Die Frage sollte der Entscheidung durch die Wissenschaft und Praxis überlassen werden. Da es sich bei dieser Frage nicht um eine Wirkung des Beschlusses über die Eröffnung des Konkurses, sondern um eine Wirkung der Anmeldung handelt und der Gläubiger durch diese zur Verfolgung seines Anspruchs alles getan hat, was nach Lage der Sache von ihm erwartet werden konnte, so dürfte es dem den Vorschriften über die Unterbrechung der Verjährung zu Grunde liegenden Gedanken entsprechen, die Unterbrechung der Verjährung trotz der Aufhebung des Eröffnungsbeschlusses als durch die Anmeldung erfolgt anzusehen und sie infolge der Aufhebung des Eröffnungsbeschlusses nur endigen zu lassen, nicht aber als nicht erfolgt zu betrachten (a. A. **Hölder**, Erl. 2 zu § 214).

2. **Unwirksamkeit der Unterbrechung durch Zurücknahme der Anmeldung.** Die Vorschrift des Abs. 2 entspricht der Vorschrift des § 212 Abs. 1, nach welcher die Unterbrechung durch Klagerhebung als nicht erfolgt gilt, wenn die Klage zurückgenommen wird; eine dem § 212 Abs. 2 entsprechende Vorschrift besteht hier aber nicht. Ein in der Sache selbst nicht entscheidendes rechtskräftiges Urteil (§ 212 Abs. 1) kommt hier nicht in Frage.

3. **Fortdauer der Unterbrechung über die Beendigung des Konkurses hinaus.** Die Unterbrechung dauert immer bis zur Beendigung des Konkursverfahrens. Eine dem § 211 entsprechende Vorschrift, nach welcher die Unterbrechung im Falle eines Stillstandes des Prozesses schon früher endigt, besteht hier nicht. Nicht in Betracht kommt auch, ob gegen den angemeldeten Anspruch von dem Gemeinschuldner oder von dem Konkursverwalter oder einem Konkursgläubiger Widerspruch erhoben und ob darüber vor Beendigung des Konkurses rechtskräftig erkannt wird (KO. §§ 146, 152); die Unterbrechung dauert trotzdem bis zur Beendigung des Konkursverfahrens fort. Über diese hinaus dauert die Unterbrechung nur dann fort, wenn bei der Beendigung des Konkurses für eine Forderung, die infolge eines bei der Prüfung erhobenen Widerspruchs im Prozesse befangen ist, nach Maßgabe der KO. § 168 Nr. 1 ein Betrag zurückbehalten wird. Die Beendigung des Prozesses über die Forderung bezw. der Stillstand dieses Prozesses ist dann nach Maßgabe des § 211 für die Dauer der Unterbrechung entscheidend.

§ 215.

E. I § 175; II § 181 rev. § 210; III § 210. P. I S. 377 ff.; M. I S. 333 ff. P. II Bd. 1 S. 229 ff., Bd. 6 S. 383. D. S. 620.

1. **Dauer der Unterbrechung durch Aufrechnung oder Streitverkündung.** Die Vorschrift des Abs. 1 ist eine Konsequenz des Gedankens, daß durch die Geltendmachung der Aufrechnung im Prozesse sowie durch die Streitverkündung eine zur Unterbrechung der Verjährung genügende Geltendmachung des Anspruchs in dem betreffenden Prozeß erfolge. Das Schicksal dieses Prozesses muß daher für die Dauer der Unterbrechung ebenso maßgebend sein wie nach § 211 für die Dauer der Unterbrechung durch Erhebung der Klage.

2. **Unwirksamkeit der Unterbrechung.** Die Vorschrift des Abs. 2 entspricht sachlich dem § 212 Abs. 2. Diese Vorschrift fehlte im E. I; sie wurde von der zweiten Kommission zunächst für die Geltendmachung der Aufrechnung im Prozesse beschlossen, weil sie hier durch das praktische Bedürfnis dringend geboten sei; sie ist dann auch auf die Streitverkündung ausgedehnt. Die Fassung des E. II hat in dem E. III und in dem BGB. diejenige Änderung erfahren, welche durch die Rücksicht auf eine richtige Bestimmung der Beweislast geboten war. Nach E. II

§. 216. Die Unterbrechung durch Vornahme einer Vollstreckungshandlung gilt als nicht erfolgt, wenn die Vollstreckungsmaßregel auf Antrag des Berechtigten oder wegen Mangels der gesetzlichen Voraussetzungen aufgehoben wird.

Die Unterbrechung durch Stellung des Antrags auf Zwangsvollstreckung gilt als nicht erfolgt, wenn dem Antrage nicht stattgegeben oder der Antrag vor der Vornahme der Vollstreckungshandlung zurückgenommen oder die erwirkte Vollstreckungsmaßregel nach Abs. 1 aufgehoben wird.

§. 217. Wird die Verjährung unterbrochen, so kommt die bis zur Unterbrechung verstrichene Zeit nicht in Betracht; eine neue Verjährung kann erst nach der Beendigung der Unterbrechung beginnen.

§. 218. Ein rechtskräftig festgestellter Anspruch verjährt in dreißig Jahren, auch wenn er an sich einer kürzeren Verjährung unterliegt. Das Gleiche gilt von

---

hätte derjenige, welcher geltend macht, daß die Unterbrechung als nicht erfolgt gelte, beweisen müssen, daß der Berechtigte nicht binnen sechs Monaten nach Beendigung des Prozesses Klage erhoben habe. Nach der jetzigen Fassung hat umgekehrt der Berechtigte, um sich auf die Unterbrechung berufen zu können, nachzuweisen, daß er binnen der gedachten Frist Klage erhoben habe. Ganz korrekt ist freilich auch die jetzige Fassung nicht. Beabsichtigt ist doch wohl nur, daß die Unterbrechung nach dem Ablaufe von sechs Monaten nach der Beendigung des Prozesses als nicht erfolgt gilt, sofern nicht binnen dieser Zeit Klage erhoben ist, während vor dem Ablaufe dieser Zeit, insbesondere während der Dauer des Prozesses, die Unterbrechung nicht bestritten werden kann. Eine praktische Bedeutung hat diese Ungenauigkeit des Ausdrucks nicht. Nach § 490 tritt in den dort bezeichneten Fällen an die Stelle der sechsmonatigen Frist eine sechswöchige Frist. Selbstverständlich wird durch den Abs. 2 nicht ausgeschlossen, daß die nach der Beendigung der Unterbrechung durch das Urteil wieder beginnende Verjährung, wenn die Verjährungsfrist kürzer ist als sechs Monate, schon vor dem Ablaufe der im Abs. 2 bestimmten Frist vollendet wird.

3. Zu Abs. 2 Satz 2 s. Erl. 4 zu § 210.

§ 216.

E. I § 173; II § 182 rev. § 211; III § 211. P. I S. 374; M. I S. 331. P. II Bd. 1 S. 228. D. S. 620, 755.

Dauer und Unwirksamkeit der Unterbrechung durch Vollstreckungshandlungen und Antrag auf Zwangsvollstreckung.

1. Die Unterbrechung der Verjährung durch Vornahme einer Vollstreckungshandlung sowie durch den Antrag auf Zwangsvollstreckung dauert nicht über die Vollstreckungshandlung bezw. den Antrag hinaus; die neue Verjährung beginnt vielmehr sofort wieder.

2. Nur wenn die Vollstreckungsmaßregel auf Antrag des Berechtigten oder wegen Mangels der gesetzlichen Voraussetzungen, nicht, wenn sie aus anderen Gründen aufgehoben wird (s. z. B. CPO. §§ 771, 781, 786), gilt die Unterbrechung als nicht erfolgt.

§ 217.

E. I § 161 Abs. 2; II § 173 rev. § 212; III § 212. P. I S. 361; M. I S. 311 ff. P. II Bd. 1 S. 212. D. S. 620.

Wirkung der Unterbrechung. Über die Beendigung der Unterbrechung der Verjährung s. Erl. zu §§ 208, 210—216.

Mit der Beendigung der Unterbrechung beginnt eine neue Verjährung, sofern nicht ein Hemmungsgrund (§§ 202 ff.) vorliegt. Die Verjährungsfrist ist, vorbehaltlich der Vorschrift des § 218, die bisherige. In den Fällen der §§ 196, 197 beginnt die neue Verjährung nicht mit dem Schlusse des Jahres, in welchem die Unterbrechung beendigt wurde (§ 201), sondern sofort mit der Beendigung.

§ 218.

E. I § 177; II § 183 rev. § 213; III § 213. P. I S. 381 ff., 11685 ff.; M. I S. 337 ff. P. II Bd. 1 S. 230. D. S. 620.

1. **Verjährungsfrist nach rechtskräftiger Feststellung des Anspruchs.** Die Vorschrift des § 218 beruht auf dem Gesichtspunkte, daß die Gründe, welche für viele Ansprüche zu der Be-

dem Anspruch aus einem vollstreckbaren Vergleich oder einer vollstreckbaren Urkunde sowie von einem Anspruche, welcher durch die im Konkurs erfolgte Feststellung vollstreckbar geworden ist.

Soweit sich die Feststellung auf regelmäßig wiederkehrende, erst künftig fällig werdende Leistungen bezieht, bewendet es bei der kürzeren Verjährungsfrist.

§. 219. Als rechtskräftige Entscheidung im Sinne des §. 211 Abs. 1 und des §. 218 Abs. 1 gilt auch ein unter Vorbehalt ergangenes rechtskräftiges Urtheil.

---

stimmung einer kürzeren als der dreißigjährigen Verjährungsfrist geführt haben, regelmäßig nicht mehr zutreffen, wenn eine rechtskräftige Feststellung des Anspruchs stattgefunden hat. Eine Verdunkelung der Rechtslage ist in solchem Falle nicht mehr zu besorgen; das Bedürfnis einer raschen Abwickelung der Ansprüche, für welche kürzere Verjährungsfristen vorgeschrieben sind, besteht nicht mehr in gleichem Maße, und die Ausdehnung der Verjährungsfrist hat den Vorteil, daß der Berechtigte, wenn der Schuldner zur Zeit etwa außer stande ist, den Anspruch zu befriedigen, nicht genötigt ist, lediglich behufs Unterbrechung der kurzen Verjährung mit Vollstreckungshandlungen gegen den Schuldner vorzugehen. Wann ein Anspruch als rechtskräftig festgestellt anzusehen ist, bestimmt sich nach den Vorschriften der CPO. §§ 704, 705. Es ist gleichgültig, ob der Schuldner rechtskräftig zur Leistung verurteilt oder ob die Feststellung des Anspruchs nur auf Grund einer Feststellungsklage (CPO. § 256) erfolgt ist. Auch ein Vollstreckungsbefehl, gegen welchen der Einspruch nicht mehr zulässig ist, enthält eine rechtskräftige Feststellung des Anspruchs (CPO. §§ 700, 794 Nr. 4); ebenso eine Entscheidung der im § 794 Nr. 3 gedachten Art (s. z. B. CPO. § 105), wenn die Beschwerde nicht mehr zulässig ist.

2. **Gleichgestellte Fälle.** Der rechtskräftigen Feststellung des Anspruchs sind im Abs. 1 Satz 2 gleichgestellt die Fälle, in welchen der Anspruch durch einen vollstreckbaren Vergleich (CPO. § 794 Nr. 2) oder durch eine vollstreckbare Urkunde (CPO. § 794 Nr. 5) festgestellt ist. Vollstreckbar im Sinne dieser Vorschrift sind auch die Urkunden, welche nach der CPO. § 801 auf Grund landesgesetzlicher Vorschriften für vollstreckbar erklärt sind; andere auf Grund der CPO. § 801 landesgesetzlich für vollstreckbar erklärte Schuldtitel kommen nicht in Betracht. Gleichgestellt der rechtskräftigen Feststellung eines Anspruchs ist ferner die Feststellung im Konkurse, durch welche der Anspruch vollstreckbar geworden ist (KO. §§ 164 Abs. 2, 194, 206 Abs. 2).

3. **Ausnahme bei künftig fällig werdenden Leistungen.** Nach der CPO. § 258 kann bei wiederkehrenden Leistungen auch wegen der erst nach Erlassung des Urteils fällig werdenden Leistungen Klage auf künftige Zahlung erhoben werden. Erfolgt auf Grund einer solchen Klage die Verurteilung, so sind dadurch die Ansprüche, auch soweit sie auf erst künftig fällig werdende Leistungen gehen, rechtskräftig festgestellt. In betreff dieser Ansprüche aber findet die Vorschrift des § 219 Abs. 1 keine Anwendung, vielmehr verbleibt es bei der im § 197 bestimmten vierjährigen Verjährungsfrist. Das Gleiche gilt, wenn derartige Ansprüche infolge einer Feststellungsklage (CPO. § 256) rechtskräftig festgestellt sind.

§ 219.

E. I § 178; II § 184 rev. § 214; III § 214. P. I S. 382 ff., 11685 ff., 12211; M. I S. 338, 339. P. II Bd. 1 S. 230. D. S. 620.

Urteil unter Vorbehalt. Ein im Urkundenprozeß oder im Wechselprozeß unter Vorbehalt der Rechte (CPO. § 599) sowie ein in der Berufungsinstanz unter Vorbehalt der Verteidigungsmittel (CPO. § 540) ergehendes Urteil ist nach der CPO. §§ 599 Abs. 3, 540 Abs. 3 in Ansehung der Rechtsmittel und der Zwangsvollstreckung als Endurteil anzusehen; der Rechtsstreit aber bleibt nach CPO. §§ 600 Abs. 1, 541 Abs. 1 in Ansehung der vorbehaltenen Rechte und Verteidigungsmittel anhängig. Den sich hieraus ergebenden möglichen Zweifel, ob eine derartige Entscheidung als eine rechtskräftige im Sinne der §§ 211 Abs. 1, 218 Abs. 1 anzusehen ist, entscheidet der § 219. Neben den bisher erwähnten Fällen kommen in Betracht die §§ 145, 302 der CPO., nach welchen, wenn von dem Beklagten die Aufrechnung geltend gemacht ist, unter den dort näher bestimmten Voraussetzungen die Entscheidung über die Forderung unter Vorbehalt der Entscheidung über die Aufrechnung erfolgen kann. Auch ein solches Urteil ist nach § 302 Abs. 3 in betreff der Rechtsmittel und der Zwangsvollstreckung als Endurteil an=

§. 220. Ist der Anspruch vor einem Schiedsgericht oder einem besonderen Gerichte, vor einem Verwaltungsgericht oder einer Verwaltungsbehörde geltend zu machen, so finden die Vorschriften der §§. 209 bis 213, 215, 216, 218, 219 entsprechende Anwendung.

Sind in dem Schiedsvertrage die Schiedsrichter nicht ernannt oder ist die Ernennung eines Schiedsrichters aus einem anderen Grunde erforderlich oder kann das Schiedsgericht erst nach der Erfüllung einer sonstigen Voraussetzung angerufen werden, so wird die Verjährung schon dadurch unterbrochen, daß der Berechtigte das zur Erledigung der Sache seinerseits Erforderliche vornimmt.

---

zusehen; nach Abs. 4 bleibt der Rechtsstreit in betreff der Aufrechnung anhängig. In Betracht kommt ferner die Vorschrift der CPO. § 529, nach welcher, wenn in der Berufungsinstanz die Aufrechnung einer Gegenforderung geltend gemacht wird, die hierauf begründete Einwendung unter den dort näher bezeichneten Voraussetzungen zurückgewiesen werden kann, im Falle der Zurückweisung aber die Vorschriften der CPO. §§ 540, 541 Anwendung finden.

§ 220.

E. I § 179; II § 185 rev. § 215; III § 215. P. I S. 385 ff., 11686; M. I S. 339 ff. P. II Bd. 1 S. 231. D. S. 620.

Unterbrechung, wenn der Anspruch vor einem Schiedsgericht, einem besonderen Gericht, einem Verwaltungsgericht oder einer Verwaltungsbehörde geltend zu machen ist.

1. Die Vorschriften über das Verfahren vor einem Schiedsgericht enthalten die §§ 851 ff. der CPO. Die reichsrechtlich zugelassenen besonderen Gerichte sind im § 14 der GVG. besonders bestimmt; für welche bürgerlichen Rechtsstreitigkeiten die Verwaltungsbehörden oder Verwaltungsgerichte zuständig sind, bestimmt sich nach den Landesgesetzen (GVG. § 13).

2. Bei der entsprechenden Anwendung der §§ 209—213, 215, 216, 218, 219 (der § 217 ist nicht mit allegiert, weil er direkte Anwendung findet) ist durch Vergleichung der für das betreffende Verfahren geltenden Vorschriften der CPO. zu ermitteln, welche nach jenen Vorschriften stattfindenden Rechtsakte unter Berücksichtigung ihres Zweckes und ihrer Folgen den in den allegierten Paragraphen der CPO. bezeichneten Rechtsakten gleichzustellen sind. Welcher Rechtsakt im schiedsrichterlichen Verfahren der Klagerhebung gleichzustellen ist, wird sich, da die CPO. eine Vorschrift hierüber nicht enthält und im § 1034 nur bestimmt ist, daß die Schiedsrichter die Parteien zu hören und das dem Streite zu Grunde liegende Sachverhältnis zu ermitteln haben, im übrigen aber das Verfahren nach freiem Ermessen bestimmen, nur unter Berücksichtigung des von dem Schiedsrichter tatsächlich beobachteten Verfahrens entscheiden lassen. Es kommt darauf an, in welchem Zeitpunkte tatsächlich das Verfahren soweit vorgeschritten ist, daß eine der Klagerhebung entsprechende Handlung als vorgenommen anzusehen ist. Immer wird eine Mitteilung der Klage an den anderen Teil zu erfordern sein. Nach EG. Art. 152 bleiben die landesgesetzlichen Vorschriften unberührt, welche für die nicht nach den Vorschriften der CPO. zu erledigenden Rechtsstreitigkeiten die Vorgänge bestimmen, mit denen die nach den Vorschriften des BGB. an die Klagerhebung und an die Rechtshängigkeit geknüpften Wirkungen eintreten.

3. Sind in dem Schiedsvertrage die Schiedsrichter nicht ernannt, so wird nach CPO. § 1028 von jeder Partei ein Schiedsrichter bestellt. Die betreibende Partei hat nach CPO. § 1029 dem Gegner den Schiedsrichter schriftlich mit der Aufforderung zu bezeichnen, binnen einer einwöchigen Frist seinerseits ein Gleiches zu tun. Nach fruchtlosem Ablaufe der Frist wird auf Antrag der betreibenden Partei der Schiedsrichter von dem zuständigen Gericht ernannt. Durch die Mitteilung des Schiedsrichters an den Gegner sowie durch den Antrag auf Bestellung eines Schiedsrichters durch das Gericht wird nach § 220 Abs. 2 die Verjährung unterbrochen.

Fälle, in welchen die Ernennung eines Schiedsrichters aus einem anderen Grunde erforderlich ist oder das Schiedsgericht erst nach der Erfüllung einer sonstigen Voraussetzung angerufen werden kann, können vorkommen sowohl nach Maßgabe der Vorschriften der CPO. §§ 1031 bis 1033 als auch infolge besonderer Bestimmung des Schiedsvertrags. Was die Parteien bei dem Wegfall eines Schiedsrichters zu tun haben, um die Sache weiter zu betreiben, bestimmt die

§. 221. Gelangt eine Sache, in Ansehung deren ein dinglicher Anspruch besteht, durch Rechtsnachfolge in den Besitz eines Dritten, so kommt die während des Besitzes des Rechtsvorgängers verstrichene Verjährungszeit dem Rechtsnachfolger zu Statten.

CPO. § 1031. **Für andere Fälle ist aus den Umständen zu entnehmen, was zur Erledigung der Sache von den Parteien vorzunehmen ist.**

Die Unterbrechung der Verjährung, welche durch die im § 220 Abs. 2 bezeichneten Handlungen eintritt, dauert nicht über die Vornahme der Handlung hinaus; die Verjährung beginnt also sofort von neuem. Eine entsprechende Anwendung der im § 211 über die Dauer der Unterbrechung im Falle der Klagerhebung gegebenen Vorschriften dürfte sich nicht rechtfertigen lassen (a. A. wie es scheint Enneccerus-Lehmann I § 138 Anm. 10).

4. Die sich auf das Verfahren vor einem Schiedsgerichte beziehenden Vorschriften des § 220 setzen voraus, daß ein Schiedsvertrag besteht. Durch den Abschluß eines solchen Vertrags wird die Verjährung nicht unterbrochen; es liegt darin weder eine Anerkennung des Anspruchs (§ 208) noch eine den Vorschriften des § 209 entsprechende Geltendmachung des Anspruchs.

§ 221.

E. I § 181; II § 186 rev. § 216; III § 216. P. I S. 386 ff.; M. I S. 340 ff. P. II Bd. 1 S. 231.

Lessing, Begriff der Rechtsnachfolge.

1. **Anrechnung der Zeit des Besitzes eines Rechtsvorgängers bei der Verjährung dinglicher Ansprüche.** Nach § 194 unterliegt der dingliche Anspruch der Verjährung auch insoweit, als er lediglich auf Herstellung des dem dinglichen Rechte entsprechenden Zustandes gerichtet ist; insbesondere unterliegt auch der Anspruch des Eigentümers gegen den Besitzer auf Herausgabe der Sache der Verjährung. Das Verhältnis wird in Ansehung der Verjährung so angesehen wie wenn nicht in jedem Augenblicke durch das Eigentum ein neuer Anspruch gegen den Besitzer begründet würde, sondern wie wenn nur ein Anspruch auf Herausgabe der Sache bestände (s. Erl. 3 zu § 194). Auf demselben Gedanken beruht die Vorschrift des § 221. Geht der Besitz der Sache durch Rechtsnachfolge auf einen Dritten über, so wird der gegen diesen begründete Anspruch auf Herausgabe der Sache in Ansehung der Verjährung so behandelt, wie wenn es derselbe Anspruch wäre, der schon gegen den früheren Besitzer begründet war; dem Rechtsnachfolger kommt daher die während des Besitzes des Rechtsvorgängers verstrichene Verjährungszeit zu statten. Die Vorschrift des § 221 beschränkt sich nicht auf den Eigentumsanspruch, sondern bezieht sich, dem ihr zu Grunde liegenden Gedanken entsprechend, auf alle dinglichen Ansprüche, die gegen den Besitzer der Sache als solchen gehen. Der E. I § 181 sprach von einem auf einem Rechte an der Sache beruhenden Anspruche; sachlich dasselbe bedeutet der von dem BGB. gebrauchte Ausdruck „dinglicher Anspruch". In Betracht kommt außer dem Anspruche des Eigentümers der Anspruch des Nießbrauchers sowie des Pfandgläubigers auf Herausgabe der Sache. Für die Ansprüche aus dinglichen Rechten an Grundstücken ist der § 221 nur insofern von praktischer Bedeutung, als die Verjährung für sie nicht überhaupt ausgeschlossen ist (s. Erl. 4 zu § 194). Der Verjährung unterliegen aber nach § 902 die Ansprüche aus eingetragenen Rechten, soweit sie auf Rückstände wiederkehrender Leistungen gerichtet sind. Dahin gehören die Ansprüche auf Rückstände von Hypotheken- und Grundschuldzinsen, auf Rückstände von Renten aus einer Rentenschuld sowie auf Rückstände von wiederkehrenden Leistungen, die auf Grund einer Reallast zu entrichten sind. Sind derartige Ansprüche verjährt, so kommt die Verjährung jedem Rechtsnachfolger im Besitze des Grundstücks zu statten; ist die Verjährung bei dem Übergange des Besitzes noch nicht vollendet, so kommt dem Rechtsnachfolger doch die während des Besitzes des Rechtsvorgängers verstrichene Verjährungszeit zu statten. Selbstverständlich wirkt eine während des Besitzes des Rechtsvorgängers eingetretene Hemmung oder Unterbrechung der Verjährung auch gegen den Rechtsnachfolger.

2. **Die Sache, in Ansehung deren ein dinglicher Anspruch besteht, muß durch Rechtsnachfolge in den Besitz des Dritten gelangt sein.** Auf den Erben geht der Besitz nach § 857 kraft des Gesetzes über; der Erbe erlangt den Besitz also durch die Rechtsnachfolge. Bei einem Sondernachfolger liegt die Sache anders. Er erlangt durch Nachfolge in ein Recht nicht von selbst den Besitz. Wer z. B. durch Auflassung das Eigentum eines Grundstücks erwirbt, ist Rechtsnachfolger des früheren Eigentümers, erlangt dadurch aber nicht den Besitz des Grundstücks.

Der Besitz wird nach § 854 nur durch Erlangung der tatsächlichen Gewalt über die Sache erworben. Hierdurch entsteht ein Zweifel über die Bedeutung der in dem § 221 bestimmten Voraussetzung, daß die Sache durch Rechtsnachfolge in den Besitz eines Dritten gelangt sei. Zweifellos ist, daß diese Voraussetzung nicht gegeben ist, wenn der Dritte sich den Besitz durch verbotene Eigenmacht verschafft hat. Der Dritte ist in betreff des Besitzes der Sache nicht Rechtsnachfolger des früheren Besitzers. Erlangt der frühere Besitzer den Besitz wieder, so ist auch er nicht Rechtsnachfolger des Zwischenbesitzers. Der § 221 findet also auf diesen Fall keine Anwendung. Dem Zwischenbesitzer kommt die während des Besitzes des früheren Besitzers verstrichene Verjährungszeit, dem Besitzer, welcher den Besitz wiedererlangt hat, die während des Besitzes des Zwischenbesitzers und während seines eigenen früheren Besitzes verstrichene Verjährungszeit nicht zu statten. Es ist nicht derselbe, sondern ein neuer dinglicher Anspruch, welcher gegen den früheren Besitzer mit der Wiedererlangung des Besitzes begründet wird. In § 940 Abs. 2 ist bestimmt, daß die Unterbrechung der Ersitzung durch Verlust des Besitzes als nicht erfolgt gilt, wenn der Eigenbesitzer den Eigenbesitz gegen seinen Willen verloren und ihn binnen Jahresfrist oder mittels einer innerhalb dieser Frist erhobenen Klage wiedererlangt hat. Für die Verjährung des dinglichen Anspruchs besteht eine derartige Vorschrift nicht, und eine entsprechende Anwendung des § 940 dürfte sich bei der durchaus positiven Natur der fraglichen Vorschrift nicht rechtfertigen (a. A. Rehbein, Erl. IV 1 zu §§ 194—225).

Zweifelhaft ist, ob, wenn der Dritte den Besitz mit dem Willen des früheren Besitzers erlangt hat, dies genügt, um seinen Besitz als durch Rechtsnachfolge erlangt anzusehen oder ob eine Rechtsnachfolge in den Besitz nur dann anzunehmen ist, wenn der bisherige Besitzer dem neuen Besitzer sein Recht zum Besitze der Sache oder, falls er ein solches nicht hat, doch die Rechtsposition, die er in Ansehung der Sache hat, überträgt. Die Verschiedenheit der beiden Auffassungen tritt besonders scharf hervor, wenn der dingliche Vertrag, durch welchen die Sache übertragen wird, nichtig, die Sache aber übergeben und der Besitz daher übergegangen ist. Nach der oben gedachten ersten Auffassung ist der Erwerber durch Rechtsnachfolge in den Besitz der Sache gelangt, während dies nach der zweiten Auffassung nicht der Fall ist. Ebenso ist, wenn in dem gedachten Beispielsfalle die Nichtigkeit festgestellt und infolge davon die Sache zurückgegeben wird, der Besitzer, der den Besitz zurückerhalten hat, nach der ersten Auffassung Rechtsnachfolger des Zwischenbesitzers im Sinne des § 221, nicht aber nach der zweiten Auffassung.

Für die erste Auffassung spricht, daß sie dem Wortlaute des § 221 mehr entspricht. Ganz genau würde freilich auch nach ihr die Fassung des § 221 nicht sein, denn der Besitz wird, abgesehen von dem Falle des § 854 Abs. 2, nicht durch die Einigung der Parteien für sich allein, sondern erst durch die Erlangung der tatsächlichen Gewalt über die Sache erworben. Für jene Auffassung spricht ferner, daß der Besitz es ist, welcher zu Gunsten des Besitzers die Verjährungslage begründet und daß also mit dem Übertragen des Besitzes auch diese Rechtsposition als übertragen gelten muß. Auch das Resultat, welches sich in dem obigen Beispielsfall aus der zweiten Auffassung ergibt, erscheint weniger befriedigend als das sich aus der ersten Auffassung ergebende. Nach dieser kommt dem Zwischenbesitzer die während des Besitzes des früheren Besitzers abgelaufene Verjährungszeit und dem früheren Besitzer, wenn er den Besitz wiedererlangt, sowohl die während seines früheren Besitzes als auch die während des Besitzes des Zwischenbesitzers abgelaufene Verjährungszeit zu statten. Nach der zweiten Auffassung dagegen kann weder der Zwischenbesitzer noch der frühere Besitzer, welcher den Besitz wiedererlangt hat, sich auf die früher abgelaufene Verjährungszeit berufen. Wenn trotzdem in den früheren Auflagen dieses Kommentars angenommen wurde, daß überwiegende Gründe für die zweite Auffassung sprechen, so wurde dabei das Hauptgewicht darauf gelegt, daß der Ausdruck „Rechtsnachfolge" an anderen Stellen im Sinne dieser zweiten Auffassung gebraucht sei. Dies hat insbesondere Hellwig, Wesen und subjektive Begrenzung der Rechtskraft S. 247ff. zu widerlegen gesucht. Im wesentlichen auf demselben Standpunkte wie Hellwig stehen Hölder, Erl. 3 zu § 221, Dernburg I § 181 Anm. 2, Endemann I § 93a Anm. 9, Kisch in Grünhut Bd. 29 S. 349, Lessing, S. 66, Windscheid-Kipp I zu §§ 148—155 I 3, Biermann, Erl. zu § 943. Zuzugeben ist nun, daß aus dem BGB. selbst kein sicherer Anhalt dafür zu gewinnen ist, daß der Ausdruck „Rechtsnachfolge" den in der zweiten Auffassung vertretenen Sinn habe. Nicht richtig ist zwar, daß sich aus den §§ 861, 862, 999 das Gegenteil ergebe. In den §§ 861, 862 hat der Ausdruck „Rechtsvorgänger" nur die dem Ausdrucke „Nachfolger" im § 858 entsprechende Bedeutung (s. Erl. 4a zu § 861). Was in dem § 999 unter dem Ausdrucke „Rechtsnachfolger" verstanden wird, ist dort ebensowenig bestimmt als im § 221. Aber freilich muß wie gesagt, zugegeben werden, daß sich aus § 221 ein entscheidendes Moment weder für die erste noch für die zweite Auffassung ergibt. Das Hauptgewicht wurde in den früheren Auflagen auf den E. I § 192 und auf den demselben entsprechenden § 325 der CPO. gelegt. In dem E. I § 192 wird bestimmt, daß das Urteil außer für und gegen die Parteien auch für und gegen diejenigen Personen wirke, welche nach Eintritt der Rechtshängigkeit Rechtsnachfolger der Parteien oder Inhaber des in Streit befangenen Gegenstandes für eine der Parteien geworden sind. Diese Vorschrift ist sachlich unverändert in die CPO. § 325 übernommen und hat hier nur im Anschluß an die von dem E. I abweichende Behandelung des Besitzes im BGB. insofern eine andere Fassung erhalten, als statt von den Personen, welche die Inhaber des in Streit befangenen Gegenstandes für eine der Parteien geworden sind, von denjenigen Personen gesprochen wird, welche den Besitz der in Streit befangenen Sache in solcher Weise erlangt haben, daß eine der Parteien oder ihr Rechtsnachfolger mittelbarer Besitzer geworden ist. Aus der Gegenüberstellung derjenigen, welche Rechtsnachfolger und derjenigen, welche Inhaber bezw. Besitzer geworden sind, wurde gefolgert, daß unter „Rechtsnachfolgern" diejenigen nicht mit verstanden seien, welche den Besitz infolge einer lediglich sich auf diesen beziehenden Vereinbarung erlangt haben. Diese Folgerung kann nicht aufrecht erhalten werden. Man wird freilich nicht mit Hellwig annehmen dürfen, daß die Fassung des § 325 der CPO. auf einem Versehen der Redaktion beruhe, indem der sich auf die Erlangung des Besitzes beziehende Satz nicht durch das Wort „oder", sondern etwa durch die Worte „insbesondere auch" mit dem Vordersatze hätte verbunden werden müssen. Für die Berechtigung zu einer solchen Korrektur des Gesetzes fehlt es an jedem Anhalt. Aber der zweite Teil der fraglichen Vorschrift bezieht sich nur auf diejenigen, welche den Besitz in solcher Art erlangt haben, daß eine der Parteien mittelbarer Besitzer geworden ist. Nur rücksichtlich dieser Personen folgt also aus ihrer Gegenüberstellung gegen die Rechtsnachfolger, daß sie nicht zu diesen gehören. Es ergibt sich daraus aber nicht, daß auch diejenigen, welche den Besitz von einer der Parteien mit deren Einwilligung in solcher Art erlangt haben, daß die Partei nicht mittelbarer Besitzer geworden ist, nicht zu den Rechtsnachfolgern gehören. Es liegt durchaus nahe, die Übertragung des vollen Besitzes von derjenigen Übertragung des Besitzes zu unterscheiden, bei welcher der Übertragende mittelbarer Besitzer bleibt und nur die erstere, nicht aber die letztere bei dinglichen Ansprüchen als Rechtsnachfolge zu betrachten. Läßt sich hiernach der § 325 der CPO. nicht für die in den bisherigen Auflagen vertretene Auffassung geltend machen, so gewinnen die oben für die entgegengesetzte erste Auffassung dargelegten Gründe so sehr an Gewicht, daß sie als entscheidend angesehen werden müssen. Es kann hiernach unerörtert bleiben, ob die Voraussetzung, von welcher in der bisherigen Erörterung ausgegangen ist, daß nämlich die CPO. den Ausdruck „Rechtsnachfolge" in demselben Sinne gebrauche wie das BGB., richtig ist; als Regel dürfte dies anzunehmen sein (s. jedoch RG. Bd. 47 S. 66).

Das Ergebnis der bisherigen Untersuchung ist also, daß eine Sache, deren Besitz ein Dritter auf Grund einer Einigung mit dem bisherigen Besitzer erlangt hat, im Sinne des § 221 als durch Rechtsnachfolge in den Besitz des Dritten gelangt anzusehen ist. Hierbei ist aber zu beachten, daß die Einigung, auf Grund deren der Besitz erlangt ist, zwar kein Rechtsgeschäft aber eine Rechtshandlung ist, auf welche die Vorschriften über Rechtsgeschäfte wenigstens in betreff der Geschäftsfähigkeit und der Willensmängel entsprechende Anwendung finden müssen. Ist daher z. B. die Überlassung des Besitzes von seiten des bisherigen Besitzers wegen Geschäftsunfähigkeit desselben nichtig oder ist sie auf Grund der §§ 119, 123 anfechtbar und rechtzeitig angefochten, so ist die Erlangung des Besitzes nicht auf Grund einer Einigung und deshalb nicht durch Rechtsnachfolge erfolgt; sie ist daher ebenso zu beurteilen, wie die Erlangung des Besitzes durch verbotene Eigenmacht nach den oben dargelegten Grundsätzen zu beurteilen ist. In der großen Mehrzahl der Fälle wird nun, wenn der auf Übertragung des Eigentums gerichtete dingliche Vertrag aus einem der angegebenen Gründe nichtig oder anfechtbar ist, dieser Mangel auch die sich auf die Überlassung des Besitzes beziehende Einigung treffen. Der praktische Unterschied der beiden hervorgehobenen Auffassungen ist daher nicht so erheblich, als es auf den ersten Blick erscheint. Im einzelnen ist noch folgendes zu bemerken:

a) Ist durch ein anfechtbares und angefochtenes Rechtsgeschäft ein Recht übertragen, so ist der Erwerber, weil die Übertragung infolge der Anfechtung nichtig ist, nicht Rechtsnachfolger des Veräußerers. Wurde durch das Rechtsgeschäft aber das Eigentum einer Sache übertragen und wurde der Besitz der Sache von dem Veräußerer dem Erwerber übergeben, ohne daß auch die diese Besitzüberlassung betreffende Einigung anfechtbar und angefochten ist, so ist der Erwerber in betreff des Besitzes der Sache Rechtsnachfolger des Veräußerers. Überträgt der Erwerber

§. 222. Nach der Vollendung der Verjährung ist der Verpflichtete berechtigt, die Leistung zu verweigern.

Das zur Befriedigung eines verjährten Anspruchs Geleistete kann nicht zurückgefordert werden, auch wenn die Leistung in Unkenntnis der Verjährung bewirkt worden ist. Das Gleiche gilt von einem vertragsmäßigen Anerkenntnisse sowie einer Sicherheitsleistung des Verpflichteten.

---

später den Besitz wieder an den Veräußerer, ohne daß die hierauf gerichtete Einigung nichtig oder anfechtbar und angefochten ist, so ist der Veräußerer in Ansehung des Besitzes wieder Rechtsnachfolger des Erwerbers. Der § 221 findet also in der Art Anwendung, daß zu Gunsten des Veräußerers in die Verjährungszeit sowohl die Zeit seines Besitzes vor der Übertragung des Eigentums als auch die Zeit, während welcher der Erwerber die Sache besaß, eingerechnet wird. Es bedarf also der für Fälle dieser Art in M. I S. 341 und ebenso von Rehbein, Erl. III 1 zu §§ 194—225 vertretenen Konstruktion nicht, nach welcher, obwohl eine Rechtsnachfolge in den gedachten Fällen nicht stattfinde, die gedachte Anrechnung der Zeit doch erfolgen soll, weil die Verjährung des gegen den Veräußerer begründeten dinglichen Anspruchs durch den Verlust des Besitzes nicht unterbrochen werde. Diese Konstruktion geht von der irrigen Voraussetzung aus, daß der gegen den Veräußerer nach der Wiedererlangung des Besitzes begründete dingliche Anspruch derselbe Anspruch sei, welcher vor dem Verluste des Besitzes bestand. In Wirklichkeit aber war der früher begründete Anspruch mit dem Verluste des Besitzes erloschen und mit der Wiedererlangung des Besitzes wird ein neuer Anspruch begründet.

War die Überlassung des Besitzes nichtig oder anfechtbar und angefochten, so beginnt mit der Wiedererlangung des Besitzes durch den Veräußerer eine neue Verjährung und die Zeit, während welcher der Zwischenbesitzer und er selbst früher besessen, wird in die Verjährungszeit nicht eingerechnet.

b) Wird das Eigentum unter einer auflösenden Bedingung übertragen, so ist der Erwerber Rechtsnachfolger des Veräußerers; er ist dies auch in Ansehung des Besitzes, wenn ihm dieser rechtsgültig übertragen wird. Tritt die Bedingung ein, so ist der Veräußerer, an welchen das Eigentum zurückfällt, in Ansehung des Eigentums nicht Rechtsnachfolger des Zwischenberechtigten; er ist dies aber in Ansehung des Besitzes, wenn ihm dieser von dem Berechtigten gültig zurückübertragen wird. In die Verjährungszeit des gegen ihn begründeten dinglichen Anspruchs wird also nach Maßgabe des § 221 die Zeit des Besitzes des Zwischenberechtigten und seines eigenen früheren Besitzes eingerechnet. Hervorgehoben mag noch werden, daß hier wie in dem Falle unter a der auf die Übertragung des Besitzes gerichteten Einigung die darauf gerichtete rechtskräftige Verurteilung gleichsteht. Noch weiter zu gehen und mit Staudinger, Erl. 5 zu § 221 eine Rechtsnachfolge in den Besitz auch dann anzunehmen, wenn der Besitzvorgänger zur Einräumung des Besitzes verpflichtet war und der Nachfolger den Besitz in irgend welcher Art tatsächlich erlangt hat, also auch dann, wenn dies ohne den Willen des Besitzvorgängers und ohne Ersetzung durch rechtskräftiges Urteil geschehen ist, dürfte sich nicht rechtfertigen lassen.

c) Nicht Rechtsnachfolger in Ansehung des Besitzes ist derjenige, welcher den Besitz der in Streit befangenen Sache in solcher Art erlangt hat, daß die Partei mittelbarer Besitzer (§ 868) geblieben ist, insbesondere also nicht derjenige, welcher die Sache von der Partei gemietet, entliehen oder für sie in Verwahrung hat. In § 221 sind derartige Besitzer nicht erwähnt. Es entsteht dadurch aber keine Lücke. Der Mieter, Entleiher oder Verwahrer braucht zwar, wenn der Eigentumsanspruch gegen ihn geltend gemacht wird, nicht von dem ihm nach CPO. § 76 zustehenden Rechte der Benennung seines Autors Gebrauch zu machen, er kann sich, wenn er sich auf den Prozeß einläßt, zur Begründung der Einrede der Verjährung nicht auf § 221 berufen. Gegen den mittelbaren Besitzer aber läuft die Verjährung fort, solange er den mittelbaren Besitz hat, und wenn die Verjährung gegen den mittelbaren Besitzer vollendet ist, kann sich auch der unmittelbare Besitzer nach § 986 Abs. 1 Satz 1 auf das dem mittelbaren Besitzer durch die Einrede der Verjährung dem Eigentümer gegenüber erworbene Recht zum Besitze der Sache berufen.

§ 222.

E. I § 182; II § 187 rev. § 217; III § 217. P. I S. 387 ff., 1500. 6171 ff., 11686 ff.; M. I S. 341 ff. P. II Bd. 1 S. 232 ff. D. S. 620 ff.

Regelsberger, Zur Lehre von der Wirkung der Anspruchsverjährung in Iherings Jahrb. Bd. 41 S. 328 ff.

1. **Wirkung der Verjährung.** Durch die Fassung des § 222 Abs. 1 wird nach der Terminologie des BGB. klar ausgesprochen, daß durch die Verjährung der Anspruch nicht aufgehoben, daß dadurch vielmehr nur eine civilrechtliche Einrede gegen den Anspruch begründet wird (s. Vorbm. zu diesem Buche VIII S. 53 und Vorbm. zu diesem Abschnitte S. 332). Mittelbar wird durch das dem Verpflichteten gegebene Recht auch dem öffentlichen Interesse an der Erhaltung des Rechtsfriedens gedient; in erster Linie bezweckt aber die Verjährung, das Interesse des Schuldners zu sichern. Er ist berechtigt, die Leistung zu verweigern, möge sie in einem Tun oder in einem Unterlassen bestehen. Im letzteren Falle liegt in dem Rechte, die Unterlassung zu verweigern, das Recht, diejenige Handlung vorzunehmen, auf deren Unterlassung der Anspruch geht. Im Prozesse kann der Schuldner sein Einrederecht geltend machen, sowohl wenn der Anspruch im Wege der Klage, als wenn er im Wege der Einrede geltend gemacht wird; im letzteren Falle wird die Verjährung prozessualisch als Replik geltend gemacht.

Aus dem Begriffe der Einrede ergibt sich, daß der Schuldner darauf verzichten kann. Im Falle eines solchen Verzichts erlangt der Anspruch, ohne daß es einer Wiederherstellung bedarf, seine volle Kraft wieder. Für den Prozeß ergibt sich aus dem Begriffe der Einrede, daß das Gericht die Verjährung nicht von Amtswegen, sondern nur dann berücksichtigen darf, wenn der Schuldner sich darauf beruft. Dadurch wird zugleich dem Berechtigten die Möglichkeit gesichert, die Einwendungen geltend zu machen, welche er auf Grund von Tatsachen, durch welche die Verjährung gehemmt oder unterbrochen wird, gegen die Vollendung der Verjährung hat (a. A. Hölder, Erl. 1 zu § 222, der die Einrede der Verjährung als ein Recht der Anfechtung ansieht, durch deren Erklärung gegenüber dem Gläubiger der Anspruch als in dem Zeitpunkte der Vollendung der Verjährung erloschen gelte und der es im Prozesse für genügend hält, daß der Schuldner den Anspruch bestreite, sofern er dabei nicht ausdrücklich erkläre, daß er sich auf die Verjährung nicht berufen wolle).

2. **Ausnahmsweise wird durch die Verjährung das dingliche Recht selbst, auf dem der Anspruch beruht, aufgehoben.** Dies ist in den §§ 901, 1028 für die dort bezeichneten Fälle bestimmt.

3. In verschiedenen Beziehungen hat die **Einrede der Verjährung eine schwächere Wirkung** als andere Einreden.

a) Nach § 390 Satz 1 kann eine Forderung, welcher eine Einrede entgegensteht, nicht aufgerechnet werden. Die Verjährung schließt aber nach § 390 Satz 2 die Aufrechnung nicht aus, wenn die verjährte Forderung zu der Zeit, zu welcher sie gegen die andere Forderung aufgerechnet werden konnte, noch nicht verjährt war. (Vgl. auch die §§ 479, 490.) Der Grund für diese Vorschrift liegt in der besonderen Natur, insbesondere in der wirtschaftlichen Bedeutung der Aufrechnung. (S. Erl. zu § 390.)

b) Das zum Zwecke der Erfüllung einer Verbindlichkeit Geleistete kann nach den §§ 813, 814 zurückgefordert werden, wenn dem Anspruch eine peremtorische Einrede entgegenstand. Ausgeschlossen ist die Zurückforderung, wenn der Verpflichtete bei der Leistung die Einrede kannte. Auf die Einrede der Verjährung findet diese Vorschrift nach § 222 Abs. 2 keine Anwendung; die Zurückforderung des Geleisteten ist ausgeschlossen, auch wenn der Verpflichtete nicht wußte, daß der Anspruch verjährt sei. Der Grund dieser Vorschrift liegt in dem Zwecke der Verjährung. Der Schuldner soll nicht genötigt werden, sich auf die Erörterung darüber einzulassen, ob ein Anspruch, der während der Verjährungszeit nicht geltend gemacht ist, bestanden hat und noch besteht. Hat aber der Schuldner durch die Befriedigung der Verbindlichkeit den Anspruch anerkannt und hat dadurch das Rechtsverhältnis seine definitive Erledigung gefunden, so soll nun der Schuldner nicht seinerseits die Berufung auf die Verjährung dazu benutzen dürfen, um den Rechtsfrieden zu stören und den anderen Teil und die Gerichte zu der Erörterung der früheren durch den Zeitablauf unklar gewordenen Verhältnisse zu nötigen. Auf demselben Gesichtspunkte beruht die Vorschrift, daß der Verpflichtete, wenn er in Unkenntnis der Verjährung den Anspruch vertragsmäßig anerkannt oder Sicherheit dafür geleistet hat, die Aufhebung dieser Rechtsakte auf Grund des § 812 nicht fordern kann. Vorausgesetzt wird ein gültiges Anerkenntnis bezw. eine gültige Sicherheitsleistung. Sind Rechtsakte dieser Art ungültig, so ist ein Anspruch auf Aufhebung derselben weder nötig noch möglich. Hieraus folgt, daß die fragliche Vorschrift nur auf ein solches vertragsmäßiges Anerkenntnis Anwendung findet, bei welchem die Erklärung der Anerkennung schriftlich erfolgt ist, denn nur in diesem Falle wird das Anerkenntnis nach § 781 gültig. Eine dieser Form entbehrende vertragsmäßige Anerkennung der Schuld ist darum aber nicht ohne jede rechtliche Wirkung. Es kann darin ein Verzicht auf die Einrede der Verjährung liegen und ein solcher Verzicht ist an keine Form gebunden. Ein Verzicht wird in dem Anerkennungsvertrag immer zu finden sein, wenn der Anerkennende die Verjährung kannte. Kannte er sie nicht, so kann möglicherweise die Absicht dahin gehen, die Schuld eventuell auch für den Fall anzuerkennen, daß der Anspruch verjährt sein sollte; dies würde genügen, um einen wirksamen Verzicht anzunehmen. Eine solche Absicht muß aber besonders dargetan werden; sie wird im Zweifel nicht anzunehmen sein. Weiter gehen Rehbein, Erl. VI 2 zu §§ 194—225; Dernburg I § 182 Anm. 7; Regelsberger, S. 335, die jede vertragsmäßige Anerkennung für genügend halten, um die Einrede der Verjährung auszuschließen. Der dafür hauptsächlich angeführte und durch Beispiele erläuterte Grund, daß die entgegengesetzte Ansicht dem Rechtsbewußtsein widerspreche, dürfte in Ermangelung einer gesetzlichen Vorschrift nicht genügen, um diese Annahme zu rechtfertigen.

In betreff der von dem Verpflichteten geleisteten Sicherheit folgt aus Abs. 2 Satz 2, daß diese nicht zurückgefordert werden kann, also trotz der eingetretenen Verjährung des Anspruchs wirksam ist. Gegen den persönlichen Anspruch gegen den Verpflichteten bleibt die Einrede der Verjährung bestehen.

c) Nach § 821 kann, wer ohne rechtlichen Grund eine Verbindlichkeit eingeht, die Erfüllung auch dann verweigern, wenn der Anspruch auf Befreiung von der Verbindlichkeit verjährt ist. Derselbe Gedanke liegt den Vorschriften der §§ 478, 490, 639, 853 zu Grunde. Nach § 478 kann der Käufer, welcher Wandelung oder Minderung zu verlangen befugt ist, auch wenn der Anspruch hierauf verjährt ist, unter den im § 478 näher bezeichneten Voraussetzungen die Zahlung des Kaufpreises insoweit verweigern, als er auf Grund der Wandelung oder Minderung dazu berechtigt sein würde. Eine entsprechende Bestimmung enthält der § 639 für den Besteller bei dem Werkvertrag und der § 490 Abs. 3 bei den Vorschriften über Gewährleistung wegen Viehmängel, im letzteren Falle unter Weglassung der im § 478 bestimmten Voraussetzungen. Ist ein Anspruch durch eine unerlaubte Handlung entstanden, ist z. B. jemand durch Betrug zu der Eingehung einer Verbindlichkeit bestimmt, so kann nach § 853 der Verletzte die Erfüllung der Verbindlichkeit auch dann verweigern, wenn der durch die unerlaubte Handlung begründete Anspruch auf Befreiung von der Verbindlichkeit verjährt ist. In allen diesen Fällen begründet der dem Verpflichteten zustehende Anspruch auf Befreiung von seiner Verbindlichkeit eine Einrede gegen den Anspruch, von welchem befreit zu werden der Verpflichtete verlangen kann. Dieser Einrede würde aber, da sie auf dem Anspruch auf Befreiung beruht, in Ermangelung besonderer Vorschriften die Replik der Verjährung des Anspruchs entgegenstehen. Einem solchen unbilligen Ergebnisse treten die gedachten Vorschriften entgegen. Man kann bei diesen Vorschriften von einer zweifachen juristischen Konstruktion ausgehen. Man kann entweder annehmen, daß die Einrede der Verjährung gegen den Anspruch auf Befreiung wegfällt, wenn der Anspruch im Wege einer Einrede geltend gemacht wird, oder man geht davon aus, daß durch dieselben Tatsachen, auf welchen jener Anspruch beruht, zugleich eine selbständige Einrede gegen denjenigen Anspruch begründet wird, von welchem befreit zu werden der Verpflichtete verlangen kann. Bei der letztgedachten Auffassung kommt die Verjährung nicht in Betracht, weil nur Ansprüche, nicht Einreden derselben unterliegen. Diese Auffassung dürfte den Vorzug verdienen, weil sie die einfachere ist und der Fassung der gedachten Paragraphen am meisten entspricht. Formell handelt es sich dann bei den fraglichen Vorschriften nicht um eine Ausnahme von dem Grundsatze des § 222; sachlich aber enthalten sie insofern eine Modifikation dieses Grundsatzes, als das Gesetz, um die Konsequenzen desselben zu vermeiden, sich genötigt gesehen hat, ausnahmsweise aus denselben Tatsachen neben dem Anspruch auf Befreiung von einer Verbindlichkeit eine selbständige Einrede gegen den dieser Verbindlichkeit entsprechenden Anspruch entstehen zu lassen.

Zweifelhaft ist, ob noch in anderen als den hervorgehobenen Fällen ein ähnliches Verhältnis wie bei diesen stattfindet. Dernburg I § 182 VI scheint aus der Unverjährbarkeit der Einreden zu schließen, daß auch dann, wenn die Einrede auf einen Anspruch gegründet wird, die Verjährung des Anspruchs der Einrede nicht entgegensteht. Enneccerus-Lehmann I § 140 IV 3 nimmt für gegenseitige Verträge an, daß jedem Teile neben seinem Anspruch auf die Gegenleistung eine selbständige und deshalb unverjährbare Einrede des nicht erfüllten Vertrags zustehe. Dasselbe soll auch bei den unvollkommen gegenseitigen Verträgen, z. B. Auftrag, Leihe 2c., in betreff des dem Beauftragten, Entleiher 2c. zustehenden Zurückbehaltungsrechts wegen seiner Ansprüche auf Ersatz von Verwendungen 2c. gelten (§§ 601, 670, 683, 693, 694). Noch weiter geht Regelsberger, S. 332, der in allen Fällen, in welchen nach § 273 ein Zurückbehaltungsrecht stattfindet, die Replik der Verjährung gegen die Ansprüche, auf welche das Zurückbehaltungsrecht

§. 223. Die Verjährung eines Anspruchs, für den eine Hypothek oder ein Pfandrecht besteht, hindert den Berechtigten nicht, seine Befriedigung aus dem verhafteten Gegenstande zu suchen.

Ist zur Sicherung eines Anspruchs ein Recht übertragen worden, so kann die Rückübertragung nicht auf Grund der Verjährung des Anspruchs gefordert werden.

Diese Vorschriften finden keine Anwendung bei der Verjährung von Ansprüchen auf Rückstände von Zinsen oder anderen wiederkehrenden Leistungen.

---

begründet wird, ausschließt. Im allgemeinen dürfte davon auszugehen sein, daß eine Einrede auf einen Anspruch nicht gegründet werden kann, wenn diesem eine peremtorische Einrede entgegensteht und daß daher der auf einen verjährten Anspruch gegründeten Einrede die Replik der Verjährung entgegensteht. Daß dies der Standpunkt des BGB. ist, geht daraus hervor, daß es in den oben bezeichneten Fällen, in welchen das aus dieser Auffassung folgende Ergebnis als unbillig erschien, die angegebenen besonderen Vorschriften für notwendig gehalten hat. In zwei anderen Fällen dürfte aus der Fassung der betreffenden Vorschriften in Verbindung mit der Natur des in Frage stehenden Verhältnisses zu entnehmen sein, daß das BGB. aus einem bestimmten Tatbestande neben einem Anspruch auch eine selbständige Einrede entstehen lassen will. Dies ist der Fall nach § 320 in betreff der Einrede des nicht erfüllten Vertrags, deren Zulässigkeit lediglich davon abhängig gemacht ist, daß die Gegenleistung noch nicht erfolgt ist. Es gilt ferner von den dem Besitzer einer Sache wegen der darauf gemachten Verwendungen dem Eigentumsanspruche gegenüber nach § 1000 zustehenden Zurückbehaltungsrecht (§§ 344, 850, 972). In dem letzteren Falle geht die selbständige Natur des Zurückbehaltungsrechts unzweifelhaft schon daraus hervor, daß es dem Besitzer auch dann zusteht, wenn dieser einen Anspruch auf Ersatz der Verwendungen wegen Mangels der im § 1001 bestimmten Voraussetzungen nicht hat oder doch nicht geltend machen kann. Bedenklicher ist die Ausdehnung der fraglichen Annahme auf alle anderen Fälle des Zurückbehaltungsrechts. Die Voraussetzung, von welcher dieses Recht abhängt, besteht nach § 273 gleichmäßig darin, daß dem Schuldner ein fälliger Anspruch der dort näher bezeichneten Art zusteht. Das Zurückbehaltungsrecht hängt also von dem Bestehen des fälligen Anspruchs ab und hieraus scheint gefolgert werden zu müssen, daß jede gegen den zu Grunde liegenden Anspruch bestehende Einrede auch das Zurückbehaltungsrecht ausschließt. Unter den § 273 Abs. 1 fällt indessen auch die Einrede des nicht erfüllten Vertrags (§ 320). Dies deutet darauf hin, daß auch die übrigen in dem § 273 bezeichneten Fälle ebenso wie jene Einrede behandelt werden sollen, daß das Gesetz also unter den in dem Paragraphen bestimmten Voraussetzungen eine selbständige Einrede entstehen lassen will, die durch die Verjährung des zu Grunde liegenden Anspruchs nicht betroffen wird. Für diese Auslegung spricht die Natur der in dem § 273 bezeichneten Verhältnisse und es dürfte sich daher rechtfertigen, in allen Fällen des Zurückbehaltungsrechts eine selbständige Einrede anzunehmen (vgl. Regelsberger a. a. O.). Unbedenklich dürfte es auch sein, mit Regelsberger die Vorschriften der §§ 821, 853 auf das Vermächtnis der Befreiung von einer Schuld entsprechend anzuwenden.

d) Über eine weitere Abschwächung der Verjährungseinrede s. § 223.

4. Die **Beweislast** anlangend, so hat derjenige, welcher sich auf die Verjährung beruft, die Tatsachen zu beweisen, von welchen der Beginn der Verjährung abhängt, regelmäßig also den Zeitpunkt der Entstehung des Anspruchs, sofern sich dieser Zeitpunkt nicht schon aus den Angaben des Klägers ergibt (a. A. wie es scheint Rehbein, Erl. VII 6 zu §§ 194—225, der annimmt, daß der Kläger den Zeitpunkt der Entstehung des Anspruchs nachweisen müsse; s. dagegen RG. Bd. 4 S. 236). Der Beklagte hat ferner den Ablauf der Verjährungsfrist seit dem gedachten Zeitpunkte darzutun, wogegen dem Kläger der Beweis einer Hemmung, Hinausschiebung oder Unterbrechung der Verjährung obliegt.

§ 223.

E. I § 183; II § 188 rev. § 218; III § 218. P. I S. 391, 5455 ff.; M. I S. 344 ff. P. II Bd. 1 S. 236, Bd. 3 S. 751. D. S. 620.

1. **Verjährungseinrede im Falle einer Hypothek oder eines Pfandrechts.** Die Hypothek (§ 1113) sowie das Pfandrecht (§§ 1204, 1273) dienen begrifflich zur Sicherung einer Forderung. Daraus ergibt sich, daß, wenn der Forderung, für welche die Hypothek oder das Pfandrecht

§. 224. Mit dem Hauptanspruche verjährt der Anspruch auf die von ihm abhängenden Nebenleistungen, auch wenn die für diesen Anspruch geltende besondere Verjährung noch nicht vollendet ist.

---

bestellt ist, eine Einrede entgegensteht, diese Einrede auch dem Anspruch aus der Hypothek und dem Pfandrecht entgegensteht. Für die Hypothek erleidet dieser Grundsatz zwar durch die Vorschriften des § 1138 insofern eine Modifikation, als danach die Vorschriften über den Glauben des Grundbuchs in Ansehung der Hypothek auch für die Forderung gelten. Soweit diese Modifikation aber nicht in Frage kommt, insbesondere also für die Sicherungshypothek, gilt jener Grundsatz auch für die Hypothek. Daraus würde in Ermangelung besonderer Vorschriften folgen, daß, soweit die Forderung verjährt ist, auch der Anspruch aus der Hypothek und aus dem Pfandrechte verjährt wären. Dies würde dem Bedürfnisse, welchem die Sicherung durch Hypothek und Pfandrecht dienen soll, nicht entsprechen. Ob man die hierauf beruhende Vorschrift des § 223 dahin aufzufassen hat, daß die Einrede der Verjährung der Forderung insoweit nicht entgegensteht, als diese nur zur Begründung des Anspruchs aus der Hypothek bezw. aus dem Pfandrechte dient, oder dahin, daß der Anspruch aus der Hypothek bezw. aus dem Pfandrecht ausnahmsweise auch dann geltend gemacht werden kann, wenn die zu Grunde liegende Forderung durch eine Einrede entkräftet ist, soll hier nicht näher erörtert werden, weil es sich dabei lediglich um eine Frage der juristischen Konstruktion handelt, die für das praktische Ergebnis ohne Bedeutung ist. Auch bei der letztgedachten Auffassung würde übrigens anzunehmen sein, daß, soweit der Berechtigte aus der Hypothek oder aus dem Pfandrechte Befriedigung erlangt, die zu Grunde liegende Forderung getilgt wird.

Auf Grundschulden und Rentenschulden bezieht sich der § 223 nicht, weil diese von einer Forderung nicht abhängen. Nach Rehbein, Erl. VI zu §§ 194—225, Dernburg I § 182 Anm. 9 soll die Vorschrift des § 223 keine Anwendung finden auf gesetzliche Pfandrechte. Ein Grund für diese Beschränkung ist nicht ersichtlich. Praktisch wird die Anwendung des § 223 bei gesetzlichen Pfandrechten nur selten in Frage kommen. Möglich ist sie indessen auch hier, so z. B. wenn der Vermieter kraft seines gesetzlichen Pfandrechts an den eingebrachten Sachen des Mieters diese in Gemäßheit des § 561 in Besitz genommen hat.

2. **Besondere Vorschriften der §§ 1169, 1254, 886.** Nach § 1169 kann der Eigentümer, wenn dem Anspruch aus der Hypothek eine peremtorische Einrede entgegensteht, verlangen, daß der Gläubiger auf die Hypothek verzichtet. Aus dem § 223 ergibt sich, daß diese Vorschrift keine Anwendung findet, soweit es sich um die der Forderung entgegenstehende Einrede der Verjährung handelt und nicht etwa die Vorschrift des Abs. 3 in Frage kommt. Ebenso kann der Verpfänder wie der Eigentümer das ihm nach § 1254 zustehende Recht, das Pfand zurückzufordern, wenn ihm gegen den Anspruch aus dem Pfandrecht eine peremtorische Einrede entgegensteht, nach § 223 nicht auf Grund der der Forderung, für welche das Pfand haftet, entgegenstehenden Einrede der Verjährung geltend machen. Nicht berührt durch den § 223 wird dagegen die Vorschrift des § 886, nach welcher derjenige, dessen Grundstück oder Recht von einer Vormerkung betroffen wird, die Aufhebung der Vormerkung verlangen kann, wenn ihm gegen den durch die Vormerkung gesicherten Anspruch eine peremtorische Einrede entgegensteht. Die Aufhebung der Vormerkung kann also verlangt werden, wenn der betreffende Anspruch verjährt ist.

3. Der § 223 **Abs. 2 bezieht sich auf die sog. fiducia** und beruht auf denselben Gründen wie der Abs. 1. Auf die Sicherheitsleistung durch Bürgen bezieht sich die Vorschrift nicht.

4. Die in dem § 223 **Abs. 3 bestimmte Ausnahme,** bezieht sich, abweichend vom E. I § 183, der sie auf den Abs. 1 beschränkte, sowohl auf den Abs. 1 als auch auf den Abs. 2.

Ist für eine Forderung, welche auf Zinsen oder auf andere wiederkehrende Leistungen gerichtet ist, eine Hypothek oder ein Pfandrecht bestellt, so steht, wenn die Forderung verjährt ist, die Einrede der Verjährung auch dem Anspruch aus der Hypothek bezw. dem Pfandrecht entgegen. Ist zur Sicherung einer Forderung der gedachten Art ein Recht übertragen, so kann die Rückübertragung gefordert werden, wenn die Forderung verjährt ist.

Die Vorschrift des Abs. 3 bezieht sich nicht wie die Vorschrift des § 197 nur auf regelmäßig wiederkehrende Leistungen, sondern auf alle wiederkehrenden Leistungen.

§ 224.

E. I § 184; II § 198 rev. § 219; III § 219. P. I S. 393; M. I S. 345. P. II Bd. 1 S. 236.

1. **Verjährung der von einem Hauptanspruch abhängenden Ansprüche auf Nebenleistungen.** Welche Ansprüche in einem solchen Abhängigkeitsverhältnisse stehen, ergibt sich aus dem be-

§. 225. Die Verjährung kann durch Rechtsgeschäft weder ausgeschlossen noch erschwert werden. Erleichterung der Verjährung, insbesondere Abkürzung der Verjährungsfrist, ist zulässig.

---

treffenden Rechtsverhältnis. Es gehören dahin die Ansprüche auf Zinsen, Früchte, Kosten, unter Umständen auch auf Schadensersatz. In betreff der Zinsen ist es gleichgültig, ob es sich um vertragsmäßige oder um gesetzliche Zinsen handelt. Ist eine verzinsliche Schuld am 1. Januar 1930 verjährt, so ist damit auch der Anspruch auf alle bis dahin für die Schuld zu entrichtenden Zinsen verjährt, obwohl die Verjährung auf die Zinsen für die vorhergehenden letzten Jahre nach § 197 erst nach dem 1. Januar 1930 vollendet sein würde. Sind für eine nach § 196 der zweijährigen Verjährung unterliegende Schuld Zinsen zu entrichten, so würden diese nach § 197 erst in vier Jahren verjähren; auf Grund der Vorschrift des § 224 verjähren sie mit der Hauptschuld in zwei Jahren. Auf demselben Gedanken wie der § 224 beruhen die Vorschriften der §§ 558 Abs. 3, 606, 1057, 1226.

2. **Verjährung eines Gesamtanspruchs.** Der E. I § 184 enthielt im Abs. 2 die Vorschrift, daß bei selbständigen wiederkehrenden Leistungen mit der Verjährung des Anspruchs im ganzen auch der Anspruch auf die bis dahin verfallenen Leistungen verjährt sei. Diese Vorschrift hing mit dem § 160 des E. I zusammen, durch welchen bestimmt war, daß, wenn wiederkehrende Leistungen von einem Hauptrechte nicht abhängen, die Verjährung des Anspruchs im ganzen mit dem Zeitpunkte beginne, in welchem die Verjährung des Anspruchs auf eine Leistung begonnen habe. Die zweite Kommission hat sowohl den § 160 als den § 184 Abs. 2 gestrichen, indem sie annahm, daß in den gedachten Fällen ein Gesamtanspruch überhaupt nicht bestehe und daß keinenfalls ein Bedürfnis vorliege, in dieser Beziehung eine besondere Vorschrift für die Verjährung zu geben. Unter die fragliche Vorschrift würde z. B. der Anspruch auf eine jährlich zu entrichtende Rente fallen; man könnte dahin auch den Anspruch aus einem Zinsversprechen auf die Entrichtung von Zinsen rechnen. Durch die Streichung der fraglichen Vorschriften des E. I ist eine positive Entscheidung darüber, ob in den Fällen der gedachten Art ein Gesamtanspruch besteht, nicht erfolgt, die rechtliche Beurteilung des in Frage kommenden Verhältnisses vielmehr offen gelassen. Nimmt man einen Gesamtanspruch an, so kann derselbe auch verjähren und würde der Beginn der Verjährung dann wohl nach Maßgabe der in dem E. I § 160 aufgestellten Grundsätze zu beurteilen sein. Aus der juristischen Natur eines Verhältnisses der fraglichen Art dürfte sich indessen, sofern nicht besondere Umstände eine abweichende Beurteilung rechtfertigen, ein Gesamtanspruch nicht ableiten lassen; es erscheint vielmehr natürlicher, so viele Ansprüche anzunehmen, als wiederkehrende Leistungen zu entrichten sind. Der Rechtsgrund für alle diese Ansprüche kann derselbe sein, z. B. ein Rechtsgeschäft; aber aus diesem Rechtsgrund entspringt eine Mehrzahl von Ansprüchen, und da jeder dieser Ansprüche ein befristeter ist (§ 163), so entsteht er erst in dem Zeitpunkt, in welchem die Leistung zu entrichten ist.

§ 225.

E. I § 185; II § 190 rev. § 220; III § 220. P. I S. 393 ff.; M. I S. 345 ff. P. II Bd. 1 S. 238. D. S. 621.

1. **Unzulässigkeit einer vertragsmäßigen Erschwerung der Verjährung.** In der Vorschrift des § 225 Satz 1 tritt das öffentliche Interesse hervor, das bei der Verjährung in Frage steht. Diesem Interesse wird zwar nach dem Standpunkte des BGB. dadurch genügend Rechnung getragen, daß dem Verpflichteten auf Grund der Verjährung das Recht eingeräumt wird, die Leistung zu verweigern. Aber dieses Recht wird dem Verpflichteten doch nicht ausschließlich in seinem Interesse, sondern zugleich im öffentlichen Interesse eingeräumt, und deshalb kann er nicht im voraus darauf verzichten. Unwirksam ist daher jedes Rechtsgeschäft, durch welches die Verjährung ausgeschlossen oder erschwert wird, mag dies dadurch geschehen, daß die Verjährungsfrist verlängert wird, oder dadurch, daß Abweichungen von den gesetzlichen Vorschriften über den Beginn, über die Hemmung oder über die Unterbrechung der Verjährung vereinbart werden.

Die Regel des Satz 1 erleidet in verschiedenen Fällen eine **Ausnahme**, so in den §§ 477 Abs. 1 Satz 2, 480 Abs. 1 Satz 2, 490 Abs. 1, 638 Abs. 2 (vgl. auch § 801).

2. Der Satz 2 des § 225, nach welchem **eine Erleichterung der Verjährung**, insbesondere eine Abkürzung der Verjährungsfrist, **zulässig ist**, darf nicht dahin verstanden werden, daß auch gesetzlich unverjährbare Ansprüche durch Rechtsgeschäft für verjährbar erklärt werden könnten. Die Parteien können bei Ansprüchen, die ihrer freien Verfügung unterliegen, durch Rechtsgeschäft ein im praktischen Erfolge der Wirkung der Verjährung ähnliches Ergebnis erreichen, indem sie eine auflösende Bedingung oder einen Endtermin vereinbaren; die gesetzliche Regel der Unverjährbarkeit aber können sie nicht ändern. Bei einer vertragsmäßigen Abkürzung der Verjährung wird übrigens zuzusehen sein, ob die Parteien in Wirklichkeit nicht beabsichtigt haben, eine Ausschlußfrist zu bestimmen. Ist dies anzunehmen, so kommen nicht die Vorschriften über Verjährung, sondern über Ausschlußfristen zur Anwendung.

Sechster Abschnitt.

Ausübung der Rechte. Selbstvertheidigung. Selbsthülfe.

§. 226. Die Ausübung eines Rechtes ist unzulässig, wenn sie nur den Zweck haben kann, einem Anderen Schaden zuzufügen.

Sechster Abschnitt.

Inhalt des sechsten Abschnitts. Im E. I hatte der dem sechsten Abschnitt entsprechende achte Abschnitt die Überschrift „Selbstverteidigung; Selbsthilfe". Ebenso lautete die Überschrift des achten Abschnitts im E. II und im E. III. Nur die Vorschriften über Notwehr (§ 227), über Abwehr der von fremden Sachen drohenden Gefahr (§ 228) und über Selbsthilfe (§§ 229—231) waren in diesem Abschnitt enthalten. Erst auf Antrag der RK. ist von dem Reichstage der § 226 neu hinzugefügt, welcher die Ausübung eines Rechtes für unzulässig erklärt, wenn sie nur den Zweck haben kann, einem anderen Schaden zuzufügen. Infolge der Aufnahme dieses Paragraphen hat die Überschrift des Abschnitts den Zusatz „Ausübung der Rechte" erhalten.

Die §§ 227—231 enthalten Ausnahmen von einem Grundsatze, der nicht ausdrücklich ausgesprochen ist, der aber eine Grundlage der ganzen Rechtsordnung bildet und sich aus dem Gesamtinhalte des bürgerlichen und des Prozeßrechts ergibt. Es ist dies der Grundsatz, daß die Ausübung eines subjektiven Rechtes, der sich ein anderer widersetzt, von dem Berechtigten nicht eigenmächtig dem anderen gegenüber erzwungen werden darf, daß es vielmehr Sache des Staates ist, den Berechtigten auf dessen Anrufen in der Ausübung seines Rechtes zu schützen und die Verwirklichung des dem Rechte entsprechenden tatsächlichen Zustandes herbeizuführen. Von diesem Grundsatze werden für einzelne Rechte in den dafür geltenden besonderen Vorschriften Abweichungen zugelassen (s. z. B. § 859). Die Ausnahmen von jenem Grundsatze, welche eine allgemeinere Bedeutung haben, werden in den §§ 227—231 bestimmt.

§ 226.

RB. S. 1960, 1961. StB. S. 2753.

Blümer, Die Lehre vom böswilligen Rechtsmißbrauch 2c. 1899; Rambohr, Rechtsmißbrauch in Gruch. Bd. 46 S. 577 ff., 806 ff.

1. Schikaneverbot. Das Wesen des subjektiven Rechtes besteht darin, daß innerhalb der durch den Inhalt des Rechtes bestimmten Grenzen der Wille des Berechtigten maßgebend sein soll. Die Rechtsordnung erkennt ein subjektives Recht nur an, wenn und soweit sie es mit dem allgemeinen Interesse und mit dem besonderen Interesse derjenigen, welche durch das Recht berührt werden, für vereinbar hält. Das allgemeine öffentliche Interesse gestattet die Anerkennung nur solcher Rechte, welche den Grundsätzen der Sittlichkeit nicht widersprechen. Die Anerkennung wird nicht in weiterem Umfange gewährt, als jene Grundsätze es gestatten. Hierbei muß freilich anerkannt werden, daß die Rechtsordnung außer stande ist, die subjektiven Rechte in solcher Art zu begrenzen, daß ihre Ausübung unter keinen Umständen den Anforderungen der Sittlichkeit widerstreitet. Für das sittliche Gebiet ist in letzter Instanz maßgebend das Gebot der Liebe. Dieses Gebot zu verwirklichen, ist der Rechtsordnung nicht möglich und nicht ihre Aufgabe. Im einzelnen Falle kann die rechte Liebe fordern, die Ausübung auch des zweifellosesten subjektiven Rechtes zu unterlassen. Ob der einzelne dieser Forderung genügen will, muß die Rechtsordnung seinem Gewissen überlassen. Die Rechtsordnung kann und soll keine Sittlichkeitsordnung sein. Sie muß sich darauf beschränken, daß sie bei der Anerkennung der subjektiven Rechte und der Bestimmung ihres Inhalts die Gebote der Sittlichkeit insoweit berücksichtigt, als dies bei der Aufstellung von Rechtssätzen möglich ist.

Diese Grundsätze sind bei der Aufstellung des E. I und des E. II maßgebend gewesen (M. I S. 274, 277; P. II Bd. 1 S. 238. Vgl. auch Zstlg. VI S. 208 ff.). Eine allgemeine

Vorschrift wie die des § 226 war in ihnen nicht enthalten. Dagegen waren die Entwürfe bestrebt, die Gefahr des Mißbrauchs der von ihnen anerkannten subjektiven Rechte in den dazu geeigneten Fällen durch besondere Vorschriften bei den einzelnen Rechten entgegenzutreten. Der E. II ging in diesem Bestreben in mehrfacher Beziehung noch weiter als der E. I.

Aus der großen Zahl der einzelnen Vorschriften, welche diesen Zweck verfolgen und die im Anschluß an den E. II in das BGB. aufgenommen sind, mögen folgende hervorgehoben werden (s. Jacubezky in Gruch., Zur Erl. des deutschen Rechtes, fünfte Folge, fünfter Jahrgang S. 591 ff.).

Das ganze Obligationenrecht sowie das Vertragsrecht im allgemeinen werden durch das Prinzip von Treu und Glauben beherrscht. Nach § 157 sind Verträge so auszulegen, wie Treu und Glauben mit Rücksicht auf die Verkehrssitte es erfordern. Derselbe Grundsatz ist für die Erfüllung von Verbindlichkeiten maßgebend (§ 242). Eine Bedingung wird als eingetreten bezw. als nicht eingetreten angesehen, wenn ihr Eintritt wider Treu und Glauben verhindert bezw. bewirkt ist (§ 162). Die Rückforderung wegen Nichteintritts des mit einer Leistung bezweckten Erfolges ist ausgeschlossen, wenn der Leistende den Eintritt des Erfolges wider Treu und Glauben verhindert hat (§ 815). Auf einem ähnlichen Gesichtspunkte beruht auch die Vorschrift des § 506. In einer großen Zahl von Fällen wird ein Recht oder dessen Ausübung dann ausgeschlossen, wenn das Interesse des Berechtigten nur ein unerhebliches ist (s. z. B. die §§ 320 Abs. 2, 459 Abs. 1, 468, 498 Abs. 2 Satz 2, 542 Abs. 2, 634 Abs. 3, vgl. auch § 299). Auf demselben Gesichtspunkte beruht die Vorschrift des § 616, nach welcher der zur Dienstleistung Verpflichtete des Anspruchs auf die Vergütung nicht dadurch verlustig wird, daß er für eine verhältnismäßig nicht erhebliche Zeit durch einen in seiner Person liegenden Grund ohne sein Verschulden an der Dienstleistung verhindert wird; ebenso die Vorschrift, daß in Angelegenheiten von geringer Bedeutung eine Verpflichtung zur Leistung des Offenbarungseids nicht besteht (§§ 259 Abs. 3, 260 Abs. 3, 2028 Abs. 3). Der unbilligen Geltendmachung des Anspruchs auf Schadensersatz tritt die Vorschrift des § 251 Abs. 2 entgegen, nach welcher der Verpflichtete den Gläubiger in Geld entschädigen kann, wenn die Herstellung des früheren Zustandes nur mit unverhältnismäßigen Aufwendungen möglich ist. Eine ähnliche Vorschrift enthält für den Werkvertrag der § 633 Abs. 2. Bei den gegenseitigen Verträgen, bei den Dienst- und Werkverträgen muß sich der Berechtigte unter gewissen Voraussetzungen anrechnen lassen, was er durch anderweitige Verwendung seiner Arbeitskraft erworben hat; dem wird gleichgestellt, was er zu erwerben böswillig unterlassen hat (§§ 324 Abs. 1 Satz 2, 615 Satz 2, 649 Satz 2). Die Kündigung des Dienstvertrags, des Auftrags und des Gesellschaftsvertrags wird, auch wenn sie sonst unzulässig wäre, zugelassen, wenn wichtige Gründe vorliegen (§§ 627 Abs. 2, 671 Abs. 2, 723 Abs. 2); in ähnlicher Weise wird bei den Vorschriften über die Verweigerung der Erlaubnis zur Untermiete auf wichtige Gründe abgestellt (§ 549 Abs. 1). Der unbilligen Geltendmachung des Pfandrechts des Vermieters an den eingebrachten Sachen tritt die Vorschrift des § 560 Satz 2 entgegen, nach welcher der Vermieter der Entfernung solcher Sachen nicht widersprechen kann, wenn die zurückbleibenden Sachen zu seiner Sicherung offenbar ausreichen. Endlich gehört hierher auch der § 343, nach welchem das Gericht eine unverhältnismäßige Vertragsstrafe herabzusetzen befugt ist.

Aus dem Gebiete des Sachenrechts kommen folgende Vorschriften in Betracht. Der Eigentümer eines Grundstücks kann Einwirkungen auf sein Grundstück nicht verbieten, die in solcher Höhe oder in solcher Tiefe vorgenommen werden, daß er an der Ausschließung kein Interesse hat (§ 905 Satz 2). Das Eigentum an Grundstücken ist ferner den mannigfachsten Beschränkungen unterworfen infolge des Nachbarrechts (§§ 906—924). Hierbei wird mehrfach eine Befugnis, ein Recht oder eine Verpflichtung davon abhängig gemacht, daß ein ausreichendes Interesse des Berechtigten vorliegt. So kann der Eigentümer eines Grundstücks nach § 906 die Zuführung von Gasen, Dämpfen ꝛc. nicht verbieten, wenn die Einwirkung die Benutzung seines Grundstücks nicht oder nur unwesentlich beeinträchtigt. Das Recht des Eigentümers, die in sein Grundstück eingedrungenen Wurzeln oder überhängende Zweige zu beseitigen, ist nach § 910 Abs. 2 ausgeschlossen, wenn die Wurzeln oder die Zweige die Benutzung des Grundstücks nicht beeinträchtigen. Das Recht des Besitzers einer Sache, die von ihm mit der Sache verbundenen Sachen abzutrennen, fällt weg, wenn die Abtrennung für ihn keinen Nutzen hat oder ihm der Wert erstattet wird (§ 997 Abs. 2). Der Eigentümer kann die Verlegung der Ausübung einer Grunddienstbarkeit verlangen, wenn die Ausübung an der bisherigen Stelle für ihn besonders beschwerlich ist (§ 1023 Abs. 2). Eine von den gesetzlichen

Vorschriften abweichende Art des Pfandverkaufs kann nach § 1246 verlangt werden, wenn diese nach billigem Ermessen dem Interesse der Beteiligten entspricht. Vgl. ferner die §§ 867, 962. Von allgemeinerer Bedeutung ist die Vorschrift des § 228, nach welcher das Recht, eine fremde Sache zu zerstören oder zu beschädigen, um eine von ihr drohende Gefahr abzuwenden, davon abhängt, daß der Schaden nicht außer Verhältnis zu der Gefahr steht; ebenso die Vorschrift des § 904, nach welcher der Eigentümer einer Sache nicht berechtigt ist, die Einwirkung eines anderen auf die Sache zu verbieten, wenn die Einwirkung zur Abwendung einer gegenwärtigen Gefahr notwendig und der drohende Schaden gegenüber dem aus der Einwirkung dem Eigentümer entstehenden Schaden unverhältnismäßig groß ist. Zu den Vorschriften, welche den Mißbrauch eines Rechtes zu hindern bezwecken, gehört auch die Vorschrift des EG. Art. 120, nach welchem die landesgesetzlichen Vorschriften unberührt bleiben, auf Grund deren unter näher bestimmten Voraussetzungen die Befreiung eines Grundstücks von einer Belastung sowie die sonstigen im Art. 120 bezeichneten Rechtsänderungen verlangt werden können, wenn von der zuständigen Behörde festgestellt wird, daß die Rechtsänderung für die Berechtigten unschädlich ist.

Für das Familienrecht ist zunächst darauf hinzuweisen, daß für die Ausübung der persönlichen Rechte der Ehegatten gegen einander ganz allgemein die Beschränkung gilt, daß ein Ehegatte dem auf jene Rechte gegründeten Verlangen des anderen Ehegatten nicht Folge zu leisten braucht, wenn sich dieses Verlangen als Mißbrauch seines Rechtes darstellt (§§ 1353 Abs. 2, 1354 Abs. 2). Eine Beschränkung des Schlüsselrechts der Ehefrau durch den Ehemann kann auf Antrag der Frau von dem Vormundschaftsgericht aufgehoben, die nach § 1358 erforderliche Zustimmung des Ehemanns zu den dort bezeichneten Rechtsgeschäften im Falle der Verweigerung von seiten des Mannes durch das Vormundschaftsgericht ersetzt werden, wenn sich die Beschränkung bezw. die Verweigerung als ein Mißbrauch des Rechtes des Mannes darstellt (§§ 1357 Abs. 2 Satz 2, 1358 Abs. 2). Die nach den Vorschriften des ehelichen Güterrechts erforderliche Zustimmung der Ehefrau zu gewissen Verfügungen des Ehemanns kann von dem Vormundschaftsgericht ersetzt werden, wenn sie ohne zureichenden Grund verweigert wird (§§ 1379, 1447); ebenso die nach § 1402 zu den dort bezeichneten Rechtsgeschäften der Frau erforderliche Zustimmung des Mannes, wenn diese ohne ausreichenden Grund verweigert wird. Das an sich unbeschränkte Recht des Mannes, über das Gesamtgut der allgemeinen Gütergemeinschaft zu verfügen, wird beschränkt durch die Vorschrift, daß der Mann für eine Verminderung des Gesamtguts Ersatz zu leisten verpflichtet ist, wenn er sie in der Absicht herbeigeführt hat, die Frau zu benachteiligen (§ 1456). Die einem volljährigen Kinde von den Eltern verweigerte Einwilligung zur Eingehung einer Ehe kann von dem Vormundschaftsgericht ersetzt werden, wenn sie ohne wichtigen Grund verweigert ist (§ 1308 Abs. 1); ebenso die Einwilligung der unehelichen Mutter zu der Ehelichkeitserklärung des Kindes, wenn das Unterbleiben der Ehelichkeitserklärung dem Kinde zu unverhältnismäßigem Nachteile gereichen würde (§ 1727).

Aus dem Gebiete des Erbrechts mag außer auf die schon oben erwähnte Vorschrift des § 2028 auf folgende Vorschriften hingewiesen werden: Die Verpflichtung des Erben, dem Vermächtnisnehmer den vermachten Gegenstand zu verschaffen, wird dadurch beschränkt, daß der Beschwerte sich, wenn die Beschaffung nur mit unverhältnismäßigen Aufwendungen möglich ist, durch Entrichtung des Wertes befreien kann (§ 2170 Abs. 2 Satz 2). Um einem Mißbrauche des Rechtes des Testamentsvollstreckers vorzubeugen, schreibt der § 2217 vor, daß der Testamentsvollstrecker Nachlaßgegenstände, deren er zur Erfüllung seiner Obliegenheiten offenbar nicht bedarf, dem Erben auf Verlangen zur freien Verfügung zu überlassen hat. Wer vertragsmäßig einen Erben ernannt oder ein Vermächtnis angeordnet hat, bleibt trotzdem berechtigt, über sein Vermögen bezw. über den vermachten Gegenstand unter Lebenden frei zu verfügen. Dieses Recht erleidet aber die in den §§ 2287, 2288 bestimmten Modifikationen, wenn der Erblasser, in der Absicht, den Vertragserben bezw. den Bedachten zu beeinträchtigen, eine Schenkung vornimmt bezw. eine Verfügung der in dem § 2288 bezeichneten Art trifft.

Im wesentlichen auf demselben Standpunkte wie die E. I und E. II steht der E. III, jedoch wurde durch Beschluß des Bundesrats der Begriffsbestimmung des Eigentums folgender Satz hinzugefügt: „Eine Ausübung des Eigentums, die nur den Zweck haben kann, einem anderen Schaden zuzufügen, ist unzulässig" (E. III § 887 Abs. 2). Dabei wurde davon ausgegangen, daß dieser Grundsatz auf alle dinglichen Rechte sowie auf den Besitz anzuwenden sei.

Die RK. hielt die Beschränkung der Vorschrift auf dingliche Rechte nicht für gerechtfertigt und beschloß, den darin ausgesprochenen Grundsatz für alle Rechte allgemein auszusprechen. Mit diesem Beschlusse hängt ein anderer Beschluß zusammen, durch welchen der § 810 des E. III geändert wurde. Dieser Paragraph lautete:

„Wer durch eine Handlung, die er nicht in Ausübung eines ihm zustehenden Rechtes vornimmt, in einer gegen die guten Sitten verstoßenden Weise einem anderen vorsätzlich Schaden zufügt, ist dem anderen zum Ersatze des Schadens verpflichtet."

Von der RK. wurden die Worte „durch eine Handlung, die er nicht in Ausübung eines ihm zustehenden Rechtes vornimmt" gestrichen. Dadurch hat der § 826 des BGB. seine jetzige Fassung erhalten. Während nach dem E. III in Übereinstimmung mit dem E. I und E. II eine Handlung niemals unerlaubt ist, wenn sie in Ausübung eines dem Handelnden zustehenden Rechtes vorgenommen wird, ist auch unter dieser Voraussetzung nach § 826 die Handlung unerlaubt, wenn dadurch in einer wider die guten Sitten verstoßenden Weise einem anderen vorsätzlich Schaden zugefügt wird.

Es kann zweifelhaft erscheinen, in welchem Verhältnisse der § 826 zu dem § 226 steht. Ist eine Handlung, durch welche in einer gegen die guten Sitten verstoßenden Weise einem anderen Schaden zugefügt wird, auch dann unerlaubt, wenn sie in Ausübung eines dem Handelnden zustehenden Rechtes erfolgt, so ist der Schluß unabweislich, daß die Ausübung des Rechtes unter der gedachten Voraussetzung unzulässig ist. Die rechtlich zulässige Ausübung eines Rechtes kann nicht zugleich unerlaubt, d. h. rechtlich unzulässig sein. Nun bestimmt aber der § 226 nicht, daß die Ausübung eines Rechtes unzulässig ist, wenn dadurch in einer gegen die guten Sitten verstoßenden Weise einem anderen vorsätzlich Schaden zugefügt wird, sondern nur, daß die Ausübung unzulässig ist, wenn sie nur den Zweck haben kann, einem anderen Schaden zuzufügen. Es kann nicht angenommen werden, daß das BGB. neben einander zwei verschiedene allgemeine Vorschriften über die Voraussetzungen hat geben wollen, unter welchen die Ausübung eines Rechtes unzulässig ist, und daß es die eine dieser Vorschriften in prinzipieller Form in dem allgemeinen Teile, die andere nur indirekt in dem Abschnitt über unerlaubte Handlungen gegeben habe. Die Vorschrift des § 826 wird vielmehr, soweit sie sich auf Handlungen bezieht, die in Ausübung eines Rechtes erfolgen, in solcher Art auszulegen sein, daß sie mit dem § 226 übereinstimmt. Eine solche Auslegung ist möglich. Man muß annehmen, daß der § 826 davon ausgehe, daß eine Handlung, welche in Ausübung eines Rechtes vorgenommen wird, nur dann gegen die guten Sitten verstößt, wenn die Ausübung des Rechtes unzulässig ist. Wann dies der Fall ist, wird in dem § 226 bestimmt (a. A. Kisch in Grünhut, Bd. 29 S. 349, der annimmt, daß der § 826 eine Erweiterung des § 226 enthalte; Oertmann in DJZ. 1903 S. 325, der den § 226 mit dem § 826 dadurch zu vereinigen versucht, daß er die in dem letzteren bezeichnete Handlungsweise nicht als eine widerrechtliche ansieht; vgl. auch RG. Bd. 48 S. 124 Nr. VI).

Um die **Bedeutung und Tragweite** des § 226 richtig zu würdigen, ist folgendes zu beachten:

Der § 226 bestimmt nicht, daß die Ausübung eines Rechtes unzulässig ist, wenn sittliche Rücksichten die Ausübung verbieten. Die Zulässigkeit eines hierauf gegründeten Einwandes würde zu einer unerträglichen Rechtsunsicherheit führen. Der § 226 bestimmt auch nicht, daß die Ausübung eines Rechtes unzulässig ist, wenn sie in der Absicht erfolgt, einem anderen Schaden zuzufügen. Die Ausübung eines Rechtes bringt regelmäßig demjenigen, gegen welchen das Recht gerichtet ist, Schaden, und der Berechtigte weiß dies. Dieses Bewußtsein und die deshalb mit der Ausübung des Rechtes immer verbundene Absicht, dem Verpflichteten einen Schaden zuzufügen, darf und soll die Ausübung des Rechtes nicht unzulässig machen. Zum Tatbestande des § 226 genügt nicht einmal, daß die Ausübung des Rechtes lediglich zu dem Zwecke erfolgt, um einem anderen Schaden zuzufügen; es ist vielmehr erforderlich, daß die Ausübung nur den Zweck haben **kann**, einem anderen Schaden zuzufügen. Das Gesetz will nicht, daß, wenn die Ausübung verschiedene Zwecke haben kann, eine psychologische Untersuchung darüber stattfinde, welchen Zweck der Berechtigte in Wirklichkeit verfolgt hat. Aus den Umständen des Falles muß sich vielmehr objektiv ergeben, daß die Ausübung **nur** den Zweck haben **kann**, einem anderen Schaden zuzufügen. Die hierauf gerichtete Fassung des § 226 ist besonders deshalb von großer praktischer Bedeutung, weil dadurch die Möglichkeit ausgeschlossen wird, daß der Verpflichtete dem Berechtigten einen Eid darüber zuschiebt, daß dieser bei der Ausübung seines Rechtes nicht lediglich den Zweck habe, ihm Schaden zuzufügen. Die Zuschiebung des Eides

§. 227. Eine durch Nothwehr gebotene Handlung ist nicht widerrechtlich.
Nothwehr ist diejenige Vertheidigung, welche erforderlich ist, um einen gegenwärtigen rechtswidrigen Angriff von sich oder einem Anderen abzuwenden.

---

darüber, daß die Ausübung nur den fraglichen Zweck haben könne, ist nach CPO. § 445 unzulässig.

Der § 226 wird trotzdem von einem böswilligen Schuldner leicht gemißbraucht werden können, und es erscheint zweifelhaft, ob die Schikane dadurch nicht mehr gefördert als gehindert wird. Sachlich aber stehen der Vorschrift des § 226, wenn man an der oben gegebenen Auslegung festhält, entscheidende Bedenken wohl kaum entgegen. Das Gesetz erklärt sich für unfähig, die Ausübung der einzelnen subjektiven Rechte durchgehends so zu begrenzen, daß ein mit dem berechtigten Interesse anderer unvereinbarer Mißbrauch ausgeschlossen wird; durch eine clausula generalis wird es deshalb in die Hand des Richters gelegt, die in dem einzelnen Falle notwendige Begrenzung zu bestimmen. Den Gerichten wird dadurch eine schwere und verantwortliche Aufgabe auferlegt, und es wird der größten Vorsicht bedürfen, wenn die Vorschrift des § 226 nicht schädlich anstatt nützlich wirken soll. Von praktischer Bedeutung wird der § 226 voraussichtlich im wesentlichen nur für die Ausübung der dinglichen Rechte sein, die wegen ihres allgemeinen Inhalts einer mißbräuchlichen Ausübung im Sinne des § 226 besonders ausgesetzt sind.

Die von Hölder, Erl. 3c zu § 226 und Dernburg I § 43 Anm. 11 vertretene Ausdehnung des § 226 dahin, daß die Ausübung eines Rechtes auch dann unzulässig sei, wenn sie sich als ein närrisches, jedes vernünftigen Zweckes überhaupt entbehrendes Verhalten darstelle, dürfte sich nicht rechtfertigen lassen und würde praktisch wenig brauchbar sein. Beispiele, in welchen die Anwendbarkeit des § 226 verneint ist, s. RG. in DJZ. 1900 S. 481; Rspr. Bd. 4 S. 144, Bd. 5 S. 62.

2. **Eine nach § 226 unzulässige Ausübung des Rechtes ist widerrechtlich.** Wer sich auf die Widerrechtlichkeit beruft, macht nicht eine civilrechtliche Einrede geltend; er bestreitet vielmehr die Berechtigung des anderen Teiles zu dem betreffenden Verhalten. Da diese aber an sich daraus folgt, daß das Verhalten sich als Ausübung eines Rechtes darstellt, so liegt demjenigen, welcher die Widerrechtlichkeit geltend macht, der Beweis ob, daß die besonderen Umstände vorliegen, welche nach § 226 das Verhalten zu einem widerrechtlichen machen. Er hat also darzutun, daß das Verhalten des anderen Teiles nur den Zweck haben kann, einem anderen Schaden zuzufügen. Nicht erforderlich ist, daß es sich um einen ihm selbst zuzufügenden Schaden handelt; es genügt, daß der Zweck nur sein kann, irgend jemand Schaden zuzufügen. Nicht in Betracht kommt, ob der Schaden ein vermögensrechtlicher oder ein Schaden anderer Art ist. Von Amtswegen hat der Richter die Unzulässigkeit der Ausübung eines Rechtes auf Grund des § 226 nicht zu berücksichtigen (a. A. wie es scheint Crome I S. 531).

Aus der Widerrechtlichkeit des gegen den § 226 verstoßenden Verhaltens folgt, daß der dadurch Beschädigte, wenn die übrigen Voraussetzungen des § 823 vorliegen, Schadensersatz verlangen kann von demjenigen, welcher das Recht in einer gegen den § 226 verstoßenden Weise ausgeübt hat. Gegen einen Dritten wird aber ein Anspruch auf Beseitigung des durch die widerrechtliche Handlung herbeigeführten Zustandes durch § 226 nicht begründet, sofern nicht die Aufrechterhaltung dieses Zustandes selbst wider das Verbot des § 226 verstößt. So kann z. B., wenn der Eigentümer eines Grundstücks in Ausübung seines Eigentums, aber unter Verletzung der Vorschrift des § 226 eine Anlage auf seinem Grundstücke gemacht hat, die Beseitigung dieser Anlage nicht von dem dritten Besitzer des Grundstücks verlangt werden (a. A. Hölder, Erl. 6 zu § 226).

§ 227.

E. I § 186; II § 191 rev. § 221; III § 221. P. I S. 395 ff., 410 ff.; M. I S. 348 ff. P. II Bd. 1 S. 240 ff., 251. D. S. 621.

Titze, Notstandsrechte, 1897. Schollmeyer, Das Recht der Notwehr ꝛc. Festrede 1899. v. Alberti, Das Notwehrrecht, 1901. Münz, Die Voraussetzungen und Wirkungen des Notstandes und der Nothilfe ꝛc., 1903. Oetker, Über Notwehr und Notstand nach den §§ 227, 228, 904 des BGB. in den Beiträgen zur Auslegung des BGB. von Bernhöft und Binder, Heft 4, 5 S. 237 (1903). Loeffler, Unrecht und Notwehr in der Zeitschrift für Strafrechtswissenschaft Bd. 21 S. 1.

1. Der **Begriff der Notwehr** ist für das Civilrecht derselbe wie für das Strafrecht; der § 227 Abs. 2 stimmt wörtlich überein mit dem StGB. § 53 Abs. 2. Die strafrechtlichen Erörterungen über die Notwehr sind daher auch für das BGB. von Bedeutung. Voraussetzungen der Notwehr sind:

a) ein Angriff. Gleichgültig ist, ob derselbe gegen das Leben, den Körper, die Freiheit, die Ehre, das Eigentum oder gegen ein sonstiges Recht gerichtet ist; auch der Angriff auf den Besitz genügt, mag man diesen als ein Recht betrachten oder nicht;

b) ein gegenwärtiger Angriff. Der Angriff darf weder bereits vorübergegangen sein noch erst in der Zukunft in Aussicht stehen. Der Angriff braucht aber nicht bereits zu einer Verletzung geführt zu haben; es genügt, daß der Angriff wirklich begonnen hat, auf die strafrechtlichen Erfordernisse des Versuchs kommt es nicht an;

c) ein rechtswidriger Angriff. Rechtswidrig ist nach § 858 auch der auf Entziehung oder Störung des Besitzes durch verbotene Eigenmacht gerichtete Angriff (s. auch §§ 865, 1029, 1090 Abs. 2). Nicht rechtswidrig sind dagegen die auf Wiedererlangung des entzogenen Besitzes gerichteten Handlungen, wenn sie sich innerhalb der durch § 859 Abs. 2, 3 bestimmten Grenzen halten. Nicht rechtswidrig ist auch die Einwirkung auf fremde Sachen in den durch § 904 bestimmten Fällen. Ausgeschlossen ist ferner die Rechtswidrigkeit, wenn die Handlung zum Zwecke der Abwendung der von einer Sache drohenden Gefahr nach § 228 oder zum Zwecke der Selbsthilfe nach den §§ 229, 230 zulässig ist oder wenn sie in gerechter Notwehr vorgenommen wird. In allen diesen Fällen ist derjenige, gegen welchen die fraglichen Handlungen gerichtet sind, nicht zur Verteidigung dagegen berechtigt und kann sich zur Rechtfertigung einer von ihm zu diesem Zwecke verübten Rechtsverletzung nicht auf die Notwehrlage berufen.

Voraussetzung der Notwehr ist, daß der Angriff objektiv rechtswidrig ist. Nicht erforderlich ist es, daß den Angreifer ein Verschulden trifft; auch gegen den Angriff eines Wahnsinnigen oder eines Kindes ist die Verteidigung zulässig. Ob auch der Angriff von seiten eines Tieres als ein rechtswidriger angesehen werden kann, ist bestritten; richtiger dürfte dieser Fall nach § 228 zu beurteilen sein.

d) Verteidigung gegen den Angriff. Nur die Abwehr des Angriffs ist gestattet, nicht eine Vergeltung des durch den Angriff bereits zugefügten Nachteils. Zum Zwecke der Verteidigung können unter Umständen aber auch Angriffshandlungen geeignet sein.

e) Die Verteidigung muß **erforderlich sein, um den Angriff von sich oder einem anderen abzuwenden.** Es ist gleichgültig, ob das durch die Verteidigung dem Angreifer zugefügte Übel größer oder anderer Art ist als der durch den Angriff drohende Nachteil. Behufs Abwehr eines Angriffs auf das Eigentum oder auf den Besitz ist auch die Tötung des Angreifers zulässig. Notwendig ist nur, daß die zur Verteidigung angewendeten Mittel wirklich erforderlich sind, um den Angriff abzuwenden. Hierbei kommt in Betracht, ob der Bedrohte dem Angriffe nicht ausweichen konnte; ein feiges Verhalten aber kann von ihm nicht verlangt werden.

Nicht nur der Angegriffene ist berechtigt, sich gegen den Angriff zu verteidigen; auch die von einem anderen zu diesem Zwecke vorgenommenen Handlungen sind durch Notwehr gerechtfertigt. Zweifelhaft ist, ob auch die Abwehr gemeingefährlicher Verbrechen unter den Begriff der Notwehr fällt (s. Hölder, Erl. 3 zu § 227; Endemann I § 85 Anm. 10). Die Frage dürfte zu bejahen sein. Der Versuch, durch widerrechtliche Durchstechung eines Deiches eine Überschwemmung zu verursachen oder der Versuch des Landesverrats sind Angriffe, gegen welche jedem die Verteidigung gestattet ist.

2. Der im Abs. 1 aufgestellte Grundsatz, daß **die durch Notwehr gebotene Handlung nicht widerrechtlich ist,** gilt ganz allgemein. Die Notwehr macht eine sonst widerrechtliche Handlung zu einer nicht widerrechtlichen, mag die Widerrechtlichkeit darauf beruhen, daß die Handlung unmittelbar durch das Gesetz verboten ist oder daß sie gegen eine rechtsgeschäftliche Verpflichtung verstößt. Der Verkäufer einer Sache, welcher dieselbe gegen den Versuch des Käufers, sich den Besitz eigenmächtig zu verschaffen, verteidigt, handelt, wenn hierdurch die Sache zerstört oder beschädigt wird, ohne daß die Grenzen der Notwehr überschritten werden, nicht widerrechtlich und ist daher dem Käufer nicht verantwortlich. Bestritten ist, ob durch die Notwehr nur die Widerrechtlichkeit gegenüber dem Angreifer oder überhaupt ausgeschlossen wird. Der Wortlaut des Abs. 1 spricht für die letztere Annahme, schließt indessen die erstere, für welche erhebliche innere Gründe sprechen, nicht aus. Es dürfte nicht anzunehmen sein, daß das Gesetz dem von einem anderen rechtswidrig Angegriffenen habe gestatten wollen, zum Zwecke der Verteidigung einen Dritten zu töten. Die Benutzung fremder Sachen zur Verteidigung gegen einen Angriff ist nach

§. 228. Wer eine fremde Sache beschädigt oder zerstört, um eine durch sie drohende Gefahr von sich oder einem Anderen abzuwenden, handelt nicht widerrechtlich, wenn die Beschädigung oder die Zerstörung zur Abwendung der Gefahr erforderlich ist und der Schaden nicht außer Verhältnis zu der Gefahr steht. Hat der Handelnde die Gefahr verschuldet, so ist er zum Schadensersatze verpflichtet.

---

§ 904 zulässig, wenn sie zur Abwendung einer gegenwärtigen Gefahr notwendig und der drohende Schaden gegenüber dem aus der Benutzung dem Eigentümer entstehenden Schaden unverhältnismäßig groß ist. Die Beschränkung dieser Vorschrift auf Sachen spricht für die engere Auslegung des § 227.

3. Daraus, daß die durch Notwehr gebotene Handlung nicht widerrechtlich ist, ergibt sich, daß **durch die Handlung eine Verpflichtung zum Schadensersatze nicht begründet wird.** Nur die widerrechtliche Verletzung eines anderen begründet nach § 823 die Verpflichtung zum Schadensersatze (s. auch §§ 831, 832). Die Vorschrift des § 826 kann im Falle der Notwehr selbstverständlich nicht in Frage kommen. In dem Falle des § 904 schreibt das Gesetz die Verpflichtung zum Schadensersatze vor, obwohl die Widerrechtlichkeit der betreffenden Handlung verneint wird. Eine entsprechende Vorschrift besteht aber für die Notwehr nicht.

Wer sich darauf beruft, daß eine an sich widerrechtliche Handlung durch Notwehr gerechtfertigt gewesen sei, hat zu beweisen, daß die Voraussetzungen der Notwehr vorlagen.

4. Überschreitung der Notwehr, Irrtum über die Notwehrlage. Eine dem StGB. § 53 Abs. 3 entsprechende Vorschrift besteht nach dem BGB. nicht. Die Überschreitung der Notwehr ist also auch dann widerrechtlich, wenn der Täter in Bestürzung, Furcht oder Schrecken über die Grenzen der Verteidigung hinausgegangen ist. Ob der Täter in solchem Falle zum Schadensersatze verpflichtet ist, hängt davon ab, ob ihm bei der Überschreitung der Notwehr eine Fahrlässigkeit zur Last fällt (§ 823; RG. in DJZ. 1902 S. 193). Derselbe Gesichtspunkt entscheidet über die Verpflichtung zum Schadensersatze, wenn jemand irrtümlich geglaubt hat, in der Notwehrlage zu sein. Es kommt darauf an, ob der Irrtum ein entschuldbarer ist oder nicht. Im ersteren Falle findet eine Verpflichtung zum Schadensersatze nicht statt.

§ 228.

E. I § 187; II § 192 rev. § 222; III § 222. M. I S. 409 ff., 11693 ff., 11948; M. I S. 349 ff. P. II Bd. 1 S. 251 ff., Bd. 6 S. 212 ff. D. S. 621.

Alberti, Gefährdung durch überlegene Gewalt (Notstand) 1903; Auer, Der strafrechtliche Notstand und das BGB. 1903; s. auch die zu § 227 angeführten Schriften; Bauer, Der strafrechtliche Notstand mit besonderer Berücksichtigung des Notstandes des bürgerlichen Gesetzbuches und seines Einflusses auf das Strafrecht. 1902.

1. Abwehr der von Sachen drohenden Gefahr. Der § 228 bestimmt wie der § 227 einen Fall, in welchem eine an sich widerrechtliche Handlung wegen der besonderen Umstände, unter denen sie vorgenommen wird, nicht widerrechtlich ist. In Frage kommt aber nicht wie im Falle des § 227 jede Rechtsverletzung, sondern nur die Zerstörung oder Beschädigung fremder Sachen. Diese ist unter folgenden Voraussetzungen nicht widerrechtlich.

a) Von der Sache muß dem Täter oder einem anderen eine Gefahr drohen. Wie bei der Notwehr, so kommt es auch hier nicht darauf an, ob die Gefahr der Person oder dem Vermögen droht. Nicht ausdrücklich verlangt wird, daß die Gefahr eine gegenwärtige ist; doch ergibt sich dieses Erfordernis mittelbar daraus, daß die zur Abwendung der Gefahr vorgenommene Handlung erforderlich sein muß, um die Gefahr abzuwenden (a. A. Staudinger, Erl. 4a zu § 228). Welcher Art die Sachen sind, von denen die Gefahr droht, ist gleichgültig. Die Vorschrift gilt sowohl für Tiere wie für leblose Sachen; in betreff jagdbarer Tiere s. jedoch EG. Art. 69.

b) Die Zerstörung oder Beschädigung der fremden Sache muß **zur Abwendung der** von ihr drohenden **Gefahr erfolgen und** zu diesem Zwecke **erforderlich sein.** Kann die Gefahr durch andere Mittel, z. B. durch Ausweichen vor dem durchgehenden Pferde, abgewendet werden, so ist die Zerstörung oder Beschädigung der Sache nicht zulässig. Die Anwendung anderer Mittel kann aber von dem Bedrohten nur verlangt werden, wenn er dadurch nicht eigene Güter aufzuopfern oder sich eines feigen Verhaltens schuldig zu machen genötigt wird.

c) **Der durch die Zerstörung oder Beschädigung entstehende Schaden darf nicht außer Verhältnis zu der Gefahr stehen.** In diesem Erfordernisse liegt ein wesentlicher Unterschied von den Voraussetzungen der Notwehr. Bei dieser ist es zulässig, zur Verteidigung eines geringen Gutes ein weit wertvolleres Gut des Angreifers zu zerstören, ja diesen selbst zu töten, wenn es zur Abwehr des Angriffs notwendig ist. Hier ist das bedrohte Gut mit der Sache zu vergleichen, von welcher die Gefahr droht. Der Schaden, der durch die Zerstörung oder Beschädigung der Sache entsteht, darf nicht unverhältnismäßig größer sein, als der drohende Schaden. Ein solches Mißverhältnis wird regelmäßig nicht anzunehmen sein, wenn die Person selbst bedroht ist. Keine Sache ist so wertvoll, daß der durch ihre Zerstörung entstehende Schaden außer Verhältnis zu einer das Leben oder die Gesundheit bedrohenden Gefahr stände. Die Ehre kann nicht wohl in Frage kommen. Auch die Freiheit wird durch Sachen nur in seltenen Ausnahmefällen bedroht werden; droht die Entziehung der Freiheit nur auf ganz kurze Zeit, so kann unter Umständen die Befreiung von dieser Gefahr als durch die Zerstörung einer sehr wertvollen Sache zu teuer erkauft anzusehen sein. Ähnlich kann das Verhältnis liegen, wenn es sich um die Abwendung einer nur ganz unerheblichen Körperverletzung handelt. Sind es Sachen, welchen die Gefahr droht, so kommt es auf die Vergleichung der Gefahr drohenden und der bedrohten Sache an. Der Wert der letzteren braucht nicht höher oder ebenso hoch zu sein wie der der ersteren, aber er darf nicht ganz unverhältnismäßig geringer sein. Ein kostbares Pferd darf nicht getötet werden, um die von ihm einer Blume drohenden Gefahr abzuwenden. Ist die bedrohte Sache nicht unverhältnismäßig weniger wert, so braucht sich der Bedrohte von der Beschädigung oder Zerstörung der Gefahr drohenden Sache nicht dadurch abhalten zu lassen, daß er im Falle der Beschädigung seiner Sache Anspruch auf Schadensersatz hat (s. Erl. 5). Niemand ist verpflichtet, seine Sache gegen Ersatz des Wertes zu opfern. Unter Umständen kann indessen die Frage, ob der Bedrohte eventuell einen Anspruch auf Schadensersatz hat und ob er darauf rechnen kann, den Ersatz wirklich zu erhalten, insofern in Betracht kommen, als die Unverhältnismäßigkeit des durch die Beschädigung der Gefahr drohenden Sache entstehenden Schadens eher zu verneinen sein wird, wenn der Bedrohte keinen Schadensersatz zu erwarten hat, als wenn er auf diesen rechnen kann. Nicht allein der gemeine Wert der beiden Sachen kommt übrigens in Betracht. Der Bedrohte darf auch den Affektionswert in Anschlag bringen, den die bedrohte Sache für ihn hat. Nur aus der Berücksichtigung aller Umstände des einzelnen Falles läßt sich die richtige Entscheidung gewinnen.

Der E. I enthielt das unter c bezeichnete Erfordernis nicht; er verlangte aber, daß die Gefahr nicht vorsätzlich oder fahrlässig verursacht sei. Dieses Erfordernis ist von der zweiten Kommission aufgegeben worden. Die vorsätzliche oder fahrlässige Veranlassung der Gefahr kommt nach § 228 Satz 2 nur für die Verpflichtung zum Schadensersatz in Betracht. Der Ausschluß der Widerrechtlichkeit hängt von dem Fehlen eines solchen Verschuldens nicht ab.

Liegen die unter a—c bezeichneten Voraussetzungen vor, so ist nicht nur der Bedrohte, sondern jeder Dritte zur Zerstörung oder Beschädigung der Gefahr drohenden Sache berechtigt.

2. **Ausschluß der Widerrechtlichkeit.** Daraus, daß die Zerstörung oder Beschädigung einer Sache, wenn die in Erl. 1 bezeichneten Voraussetzungen vorliegen, nicht widerrechtlich ist, ergibt sich, daß der Handelnde, vorbehaltlich der Vorschrift des § 228 Satz 2, zum Schadensersatze nicht verpflichtet ist. Aber auch in jeder anderen Beziehung, in welcher es darauf ankommt, ob eine Handlung widerrechtlich ist oder nicht, findet die Vorschrift des § 228 Anwendung. So ist insbesondere Notwehr gegen die auf Grund des § 228 erfolgende Zerstörung oder Beschädigung von Sachen nicht zulässig. Die Bedeutung der Vorschrift macht sich auch für das Strafrecht geltend. Soweit nach dem StGB. die Widerrechtlichkeit zum Tatbestand eines Verbrechens oder Vergehens gehört, ist diese ausgeschlossen, wenn die Voraussetzungen des § 228 vorliegen (s. z. B. die §§ 303—305 des StGB.).

3. **Beweislast. Irrtum über die Voraussetzungen.** Wer sich darauf beruft, daß die Zerstörung oder Beschädigung einer fremden Sache auf Grund des § 228 nicht widerrechtlich sei, hat zu beweisen, daß die in Erl. 1 bezeichneten Voraussetzungen vorliegen. Ob er, wenn eine dieser Voraussetzungen fehlt, dem Beschädigten zum Schadensersatze verpflichtet ist, hängt nach § 823 davon ab, ob ihm ein Verschulden zur Last fällt. Ein solches ist ausgeschlossen, wenn er aus einem entschuldbaren Irrtum annahm, daß die in Erl. 1 bezeichneten Voraussetzungen vorliegen. Die Frage ist in dieser Beziehung dieselbe wie bei der Notwehr (s. Erl. 4 zu § 227). Insbesondere können auch hier Schrecken und Bestürzung die Annahme einer Fahrlässigkeit bei der unrichtigen Beurteilung der Frage ausschließen, ob wirklich eine Gefahr gedroht, ob das an=

gewendete Mittel zur Abwendung derselben erforderlich war und ob der durch die Zerstörung oder Beschädigung der Sache entstehende Schaden außer Verhältnis zur drohenden Gefahr stand.

4. Verpflichtung zum Schadensersatz. Auch wenn die in Erl. 1 bezeichneten Voraussetzungen vorliegen und deshalb die Widerrechtlichkeit ausgeschlossen ist, tritt nach § 228 Satz 2 eine Verpflichtung zum Schadensersatz ein, wenn der Handelnde die Gefahr verschuldet hat. Es handelt sich nicht um eine Verschuldung bei der Zerstörung oder Beschädigung der Gefahr drohenden Sache; diese ist nicht widerrechtlich und kommt daher die Frage, ob dem Handelnden dabei ein Verschulden zur Last fällt, nicht in Betracht. Es handelt sich darum, ob dem Handelnden in betreff der Herbeiführung der Gefahr ein Verschulden zu Last fällt. Ein Verschulden liegt vor, wenn die betreffende Person voraussah oder bei Anwendung der im Verkehr erforderlichen Sorgfalt voraussehen mußte, daß durch ihr Verhalten die Gefahr eintreten werde. Dies wird z. B. regelmäßig anzunehmen sein, wenn ein Hund oder ein Ochse in solcher Art gereizt wird, daß er nach der Erfahrung des täglichen Lebens den Täter angreift. Das Verschulden muß dem Handelnden, d. h. demjenigen zur Last fallen, welcher die Sache zerstört oder beschädigt. Hat der Bedrohte die Sache zerstört oder beschädigt, so ist er nicht zum Schadensersatze verpflichtet, wenn ein anderer die Gefahr verschuldet hat. Hat ein anderer als der Bedrohte, um die Gefahr von diesem abzuwenden, die Sache zerstört oder beschädigt, so ist er nur zum Schadensersatze verpflichtet, wenn er, nicht aber, wenn der Bedrohte die Gefahr verschuldet hat. Durch ein Verschulden des Handelnden wird dessen Handlung nicht widerrechtlich; er bleibt berechtigt, die Gefahr drohende Sache zu zerstören oder zu beschädigen, aber er tut dies wie im Falle des § 904 auf seine Kosten und ist daher dem Beschädigten zum Ersatze verpflichtet.

Ob, wenn ein anderer als der Handelnde die Gefahr verschuldet hat, dieser andere dem Beschädigten zum Schadensersatze verpflichtet ist, hängt davon ab, ob anzunehmen ist, daß er die von dem Handelnden vorgenommene Zerstörung oder Beschädigung der Sache vorsätzlich oder fahrlässig verursacht hat, und ob er deshalb nach Maßgabe des § 823 haftet. Die Entscheidung dieser Frage hängt von den Umständen des einzelnen Falles ab; sie wird regelmäßig zu bejahen sein.

Ob der Bedrohte, wenn er, obwohl die in dem § 228 Satz 1 bestimmten Voraussetzungen vorliegen, die ihm drohende Gefahr durch *Zerstörung oder Beschädigung der fremden Sache abzuwenden unterlassen* und infolge davon einen Schaden durch die fremde Sache erlitten hat, Ersatz desselben von dem Eigentümer der Sache oder von einem anderen verlangen kann, hängt von den Umständen des Falles ab. Ist der Schaden durch ein Tier verübt, so kommen die §§ 833—835 zur Anwendung. Ist der Schaden durch den Einsturz eines Gebäudes oder eines anderen mit einem Grundstücke verbundenen Werkes oder durch die Ablösung von Teilen des Gebäudes oder Werkes herbeigeführt, so bestimmt sich die Ersatzpflicht nach den Vorschriften der §§ 836—838. In anderen Fällen, in denen ein Schaden durch eine Sache zugefügt wird, besteht eine Ersatzpflicht des Eigentümers nur nach Maßgabe der allgemeinen Vorschriften über unerlaubte Handlungen (§§ 823 ff.), also nur, wenn ihm dabei ein Verschulden zur Last fällt.

5. Notstand. Eine dem StGB. § 54 entsprechende allgemeine Vorschrift, nach welcher eine unter den dort bezeichneten Voraussetzungen im Notstande begangene Handlung nicht widerrechtlich wäre, enthält das BGB. nicht. Nur in betreff der Einwirkung auf fremde Sachen schließt der Notstand nach dem BGB. unter gewissen Voraussetzungen die Widerrechtlichkeit aus. Neben dem § 228 kommt in dieser Beziehung der § 904 in Betracht. Der § 228 gestattet nur die Einwirkung auf eine Sache, von welcher eine Gefahr droht; der § 904 gestattet die Einwirkung auf jede fremde Sache. Die Voraussetzungen aber, unter welchen der § 904 die Einwirkung gestattet, sind enger als nach § 228. Nach § 904 muß der Eigentümer die Einwirkung dulden, wenn sie zur Abwendung einer gegenwärtigen Gefahr notwendig und der drohende Schaden gegenüber dem aus der Einwirkung dem Eigentümer entstehenden Schaden unverhältnismäßig groß ist. Nach § 228 ist die zur Abwendung der von einer Sache drohenden Gefahr erforderliche Zerstörung oder Beschädigung der Sache schon zulässig, wenn der durch die Zerstörung oder Beschädigung entstehende Schaden nicht außer Verhältnis zu der Gefahr steht (daß trotz des verschiedenen Wortlauts die §§ 228, 904 in dieser Beziehung denselben Sinn haben, nehmen ohne genügenden Grund an *Titze* S. 105; *Staudinger*, Erl. 1 zu § 228). Andererseits kann nach § 904 der Eigentümer immer Ersatz des ihm entstehenden Schadens verlangen, während er nach § 228 hierzu nur berechtigt ist, wenn derjenige, welcher die Zer-

§. 229. Wer zum Zwecke der Selbsthülfe eine Sache wegnimmt, zerstört oder beschädigt oder wer zum Zwecke der Selbsthülfe einen Verpflichteten, welcher der Flucht verdächtig ist, festnimmt oder den Widerstand des Verpflichteten gegen eine Handlung, die dieser zu dulden verpflichtet ist, beseitigt, handelt nicht widerrechtlich, wenn obrigkeitliche Hülfe nicht rechtzeitig zu erlangen ist und ohne sofortiges Eingreifen die Gefahr besteht, daß die Verwirklichung des Anspruchs vereitelt oder wesentlich erschwert werde.

---

störung oder Beschädigung vornimmt, die Gefahr verschuldet hat. Der § 904 hat daher mehr den Charakter der Enteignung, während der § 228 sich mehr den Vorschriften über Notwehr anschließt (vgl. auch Erl. zu § 904).

§ 229.

E. I § 189 Abs. 1; II § 193 rev. § 223; III § 223. P. I S. 399 ff.; M I. S. 354 ff. P. II Bd. 1 S. 241 ff. D. S. 621, 622. RB. S. 1961. StB. S. 2753.

Friedemann, Selbsthilfe in historisch-dogmatischer Darstellung 1898. Riso, Das Recht der Eigenmacht nach dem sächs. und dem deutschen BGB. 1900. Heyer, Die Selbsthilfe, in Arch. f. Bürg. R. Bd. 19 S. 38 ff.

1. Eine erlaubte Handlung wird nicht dadurch unerlaubt, eine unerlaubte Handlung nicht dadurch erlaubt, **daß sie zum Zwecke der Selbsthilfe erfolgt.** Der § 229 bestimmt die Fälle, in welchen ausnahmsweise eine an sich widerrechtliche Handlung dadurch zu einer erlaubten wird, daß sie zum Zwecke der Selbsthilfe erfolgt. Während es sich bei der Selbstverteidigung (§§ 227, 228) um die Abwendung einer drohenden Beschädigung handelt, geht bei der Selbsthilfe derjenige, welchem ein Anspruch zusteht, angriffsweise vor, um die Verwirklichung seines Anspruchs zu sichern.

2. **Voraussetzungen der Zulässigkeit der Selbsthilfe.** Nach der Natur des prozessualischen Verfahrens dauert es immer längere Zeit, bis die Befriedigung eines Anspruchs durch gerichtliche Zwangsvollstreckung erwirkt werden kann. Gegen die daraus entstehende Gefahr bietet die CPO. das Mittel des Arrestes (CPO. §§ 916 ff.) und der einstweiligen Verfügung (CPO. §§ 935 ff.). Aber auch die Anwendung dieser Mittel nimmt häufig so lange Zeit in Anspruch, daß dadurch die Verwirklichung eines Anspruchs nicht immer genügend gesichert wird. Für solche Fälle gestattet der § 229 die Selbsthilfe von seiten des Berechtigten. Voraussetzungen der Zulässigkeit sind:

a) daß obrigkeitliche Hilfe, d. h. also die Hilfe des Gerichts oder eines anderen zuständigen staatlichen Organs, nicht rechtzeitig zu erlangen ist. Ob diese Voraussetzung vorliegt, läßt sich nur nach den Umständen des einzelnen Falles beurteilen;

b) daß ohne sofortiges Eingreifen die Gefahr besteht, daß die Verwirklichung des Anspruchs vereitelt oder wesentlich erschwert werde. Nicht erforderlich ist, wie nach dem bisherigen Rechte bisweilen angenommen wird, daß der Anspruch ohne das sofortige Eingreifen unwiederbringlich verloren sein würde. Es genügt, daß die Verwirklichung des Anspruchs wesentlich erschwert wird. Nicht ausgeschlossen ist die Selbsthilfe dadurch, daß der Berechtigte für den Fall, daß die Verwirklichung des Anspruchs vereitelt wird, Aussicht hat, Schadensersatz zu erlangen. Der Berechtigte kann die Erfüllung seines Anspruchs fordern und braucht sich, solange diese möglich ist, nicht mit Schadensersatz wegen Nichterfüllung zu begnügen (a. A. Hölder, Erl. 2b, zu § 229, nach welchem es von den Umständen des Falles abhängen soll, ob die Gefahr, statt der Leistung nur Schadensersatz zu erlangen, die Selbsthilfe rechtfertigt).

3. **Mittel der Selbsthilfe.** Die Selbsthilfe ist bei jedem Anspruche zulässig, mag derselbe auf die Leistung von Geld oder auf ein sonstiges Tun oder auf ein Unterlassen gerichtet sein. Eine Beschränkung ergibt sich mittelbar daraus, daß die Mittel der Selbsthilfe, welche der § 229 gestattet, geeignet sein müssen, die Verwirklichung des Anspruchs zu sichern. Die zulässigen Mittel der Selbsthilfe sind folgende:

a) Wegnahme, Zerstörung oder Beschädigung einer Sache. Da nach § 230 im Falle der Wegnahme einer Sache, sofern nicht Zwangsvollstreckung erwirkt wird, der dingliche Arrest zu beantragen ist und, wenn dieser abgelehnt wird, die Zurückgabe der weggenommenen

Sache erfolgen muß, so wird die Wegnahme einer Sache zum Zwecke der Selbsthilfe nur dann als zulässig betrachtet werden können, wenn entweder die Zwangsvollstreckung in die Sache oder der dingliche Arrest zulässig ist. Nach CPO. § 916 findet der Arrest nur statt zur Sicherung der Zwangsvollstreckung in das bewegliche oder unbewegliche Vermögen wegen einer Geldforderung oder wegen eines Anspruchs, der in eine Geldforderung übergehen kann. Die Wegnahme einer Sache im Wege der Selbsthilfe ist daher unzulässig zur Sicherung eines Anspruchs, der nicht auf die Sache selbst geht und auch nicht in eine Geldforderung übergehen kann oder wegen dessen die Zwangsvollstreckung überhaupt unzulässig ist, so z. B. nicht zur Sicherung des Anspruchs auf Herstellung des ehelichen Lebens oder auf die Leistung von Diensten auf Grund eines Dienstvertrags (CPO. § 888 Abs. 2). Unzulässig ist daher auch die Wegnahme von Sachen, welche der Pfändung nicht unterworfen sind (CPO. § 811), sofern der Anspruch nicht auf diese Sachen selbst geht (RG. in St. Bd. 33 S. 248). Die Zerstörung oder Beschädigung von Sachen unterliegt der oben gedachten Beschränkung nicht; sie ist aber nur unter den allgemeinen Voraussetzungen, welche in Erl. 2 aufgeführt sind, also nur dann zulässig, wenn sie geeignet ist, einer Vereitelung oder wesentlichen Erschwerung der Verwirklichung des Anspruchs vorzubeugen; dies ist z. B. dann der Fall, wenn die Zerstörung oder Beschädigung der Sache notwendig ist, um die Verwirklichung des Anspruchs auf Duldung einer Handlung zu sichern.

b) Festnahme des Verpflichteten. Der E. I § 189 Abs. 1 ging in dieser Beziehung weiter. Er gestattete allgemein die Nötigung des Verpflichteten zur Erfüllung seiner Verpflichtung. Die zweite Kommission ging davon aus, daß die Selbsthilfe nicht weiter gehen dürfe als die im regelmäßigen Verfahren von den obrigkeitlichen Organen zu gewährende Hilfe. Deshalb könne nicht allgemein die Nötigung des Verpflichteten zur Erfüllung seiner Verpflichtung, sondern nur dessen Festnahme, wie solche auch im Wege des Sicherheitsarrestes erfolgen könne, zugelassen werden. Dieser Auffassung entspricht die Vorschrift des § 230, nach welcher der persönliche Sicherheitsarrest gegen den Festgenommenen zu beantragen ist und, wenn dieser abgelehnt wird, die sofortige Freilassung erfolgen muß. Die Festnahme kann also als zulässig nur betrachtet werden, wenn der persönliche Sicherheitsarrest zulässig ist. Dieser findet nach CPO. § 918 nur statt, wenn er erforderlich ist, um die gefährdete Zwangsvollstreckung in das Vermögen des Schuldners zu sichern. Daraus folgt insbesondere, daß die Festnahme nicht zulässig ist, um den Verpflichteten zu einer Handlung oder Unterlassung zu zwingen. Von der RK. ist noch eine zweite Beschränkung hinzugefügt. Die Festnahme des Verpflichteten soll nur zulässig sein, wenn er der Flucht verdächtig ist. Sie darf also, wenn diese Voraussetzung fehlt, nicht zu dem Zwecke erfolgen, um den Verpflichteten daran zu hindern, Vermögensstücke zu verbergen oder sonst über die Seite zu schaffen. Als der Flucht verdächtig wird übrigens auch derjenige anzusehen sein, welcher verdächtig ist, sich dem gegen ihn in Aussicht stehenden persönlichen Sicherheitsarrest in irgend welcher Weise entziehen zu wollen.

c) Beseitigung des von dem Verpflichteten gegen eine Handlung, die er zu dulden verpflichtet ist, geleisteten Widerstandes. Dem Berechtigten steht, wenn die Voraussetzungen der Selbsthilfe vorliegen, diejenige Befugnis zu, welche im Falle der Zwangsvollstreckung nach CPO. § 892 dem von ihm zuzuziehenden Gerichtsvollzieher zusteht. Er ist also z. B. den Widerstand, welchen der Verpflichtete der von ihm zu duldenden Ableitung des Wassers auf sein Grundstück oder der Erfüllung der Verpflichtung zur Gewährung eines Notwegs entgegensetzt, mit Gewalt zu beseitigen befugt. Zum Schutze der Ausübung einer im Grundbuch eingetragenen Grunddienstbarkeit stehen dem Besitzer des berechtigten Grundstücks die hier fraglichen Befugnisse im wesentlichen schon auf Grund der Vorschriften des § 1029 zu (vgl. auch EG. Art. 191). Widersetzt sich der Schuldner der zulässigen Festnahme, so ist die Anwendung körperlicher Gewalt soweit zulässig, als sie erforderlich ist, um den Widerstand zu brechen. Den Schuldner zu töten, statt ihn festzunehmen, ist der Berechtigte auch dann nicht befugt, wenn die Festnahme unmöglich ist (Rehbein, Erl. 3a zu §§ 226—231).

4. Zur Selbsthilfe berechtigt ist derjenige, welchem der gefährdete Anspruch zusteht. Ihm gleich steht sein gesetzlicher Vertreter sowie sein Bevollmächtigter. Zweifelhaft ist, ob das Recht zur Selbsthilfe auch dem Geschäftsführer ohne Auftrag zuzugestehen ist. Die Frage dürfte bei der Art, in welcher das BGB. die Geschäftsführung ohne Auftrag behandelt, zu bejahen sein (vgl. § 680; CPO. § 89; Rehbein, Erl. 3b zu §§ 226—231). Der Geschäftsführer handelt indessen auf seine Gefahr und ist, wenn der Geschäftsherr die Geschäftsführung nicht genehmigt, demjenigen nach § 231 zum Schadensersatze verpflichtet, gegen welchen er die Selbsthilfe gebraucht hat. Der zur Selbsthilfe Berechtigte kann sich der Beihilfe Dritter bedienen.

§. 230. Die Selbsthülfe darf nicht weiter gehen, als zur Abwendung der Gefahr erforderlich ist.

Im Falle der Wegnahme von Sachen ist, sofern nicht Zwangsvollstreckung erwirkt wird, der dingliche Arrest zu beantragen.

Im Falle der Festnahme des Verpflichteten ist, sofern er nicht wieder in Freiheit gesetzt wird, der persönliche Sicherheitsarrest bei dem Amtsgerichte zu beantragen, in dessen Bezirke die Festnahme erfolgt ist; der Verpflichtete ist unverzüglich dem Gerichte vorzuführen.

Wird der Arrestantrag verzögert oder abgelehnt, so hat die Rückgabe der weggenommenen Sachen und die Freilassung des Festgenommenen unverzüglich zu erfolgen.

---

5. **Über die Folgen,** welche sich daraus ergeben, daß die zum **Zwecke der** Selbsthilfe vorgenommenen Handlungen unter den im § 229 bestimmten Voraussetzungen **nicht widerrechtlich sind,** s. Erl. 2 zu § 228.

6. **Über andere Fälle, in welchen die Selbsthilfe in beschränktem Maße zulässig ist,** vgl. die §§ 561, 581, 585, 704, 859, 860, 910, 962, 1029. Nach EG. Art. 89 bleiben die landesgesetzlichen Vorschriften über die zum Schutze der Grundstücke und der Erzeugnisse von Grundstücken gestattete Pfändung von Sachen mit Einschluß der Vorschriften über die Entrichtung von Pfandgeld oder Ersatzgeld unberührt.

§ 230.

E. I § 189 Abs. 2–4; II § 194 rev. § 224; III § 224. P. I S. 399 ff.; M. I S. 354 ff. P. II Bd. 1 S. 243 ff. D. S. 621, 622.

1. **Die Vorschrift des Abs. 1** enthält eine ihrer praktischen Wichtigkeit wegen besonders hervorgehobene Konsequenz des im § 229 ausgesprochenen Prinzips. Soweit die zum Zwecke der Selbsthilfe vorgenommenen Handlungen weitergehen, als zur Abwendung der Gefahr erforderlich ist, sind sie widerrechtlich. Der dadurch Beschädigte kann nur unter den im § 823 bestimmten Voraussetzungen Schadensersatz von dem Täter fordern.

2. **Folgende Verpflichtungen liegen demjenigen ob, welcher Selbsthilfe gebraucht hat:**

a) Im Falle der Wegnahme einer Sache hat er, sofern er nicht Zwangsvollstreckung erwirkt, dinglichen Arrest zu beantragen (CPO. §§ 916 ff. und Erl. 3a zu § 229). Durch die Wegnahme einer Sache auf Grund des § 229 erlangt der Berechtigte an derselben weder ein Pfandrecht noch ein Zurückbehaltungsrecht. Um sich die Sache zu sichern, muß er die Zwangsvollstreckung oder den dinglichen Arrest erwirken. Durch den Arrest erlangt er indessen an beweglichen Sachen nur ein Pfandrecht und an Grundstücken, die übrigens kaum je in Frage kommen werden nur eine Sicherungshypothek (CPO. §§ 930 ff.). Dies entspricht dem Zwecke, zu welchem die Wegnahme erfolgte, nicht, wenn der zu sichernde Anspruch auf Herausgabe der Sache selbst ging. **Endemann** I § 85b Anm. 17 meint deshalb, daß neben dem dinglichen Arrest eine einstweilige Verfügung hätte erwähnt werden müssen. Nach M. I S. 356 wird davon ausgegangen, daß die Verpflichtung, die weggenommene Sache, falls der dingliche Arrest nicht beantragt werde, zurückzugeben, nur dann bestehe, wenn demjenigen, welcher die Sache weggenommen hat „nicht etwa auf Grund eines besonderen Verhältnisses, insbesondere eines ihm zustehenden dinglichen oder obligatorischen Anspruches auf Herausgabe der Sache ein Zurückbehaltungsrecht zusteht". Diese Auffassung dürfte richtig sein. Gegen den dem anderen Teile nach Abs. 4 für den Fall, daß der dingliche Arrest nicht rechtzeitig beantragt wird, zustehenden Anspruch auf Rückgabe der Sache steht dem Verpflichteten unter den gedachten Voraussetzungen eine Einrede zu. Hierdurch wird sein Interesse genügend gesichert.

b) Im Falle der Festnahme des Verpflichteten ist der persönliche Sicherheitsarrest bei dem im Abs. 3 bezeichneten Amtsgerichte zu beantragen (CPO. §§ 916, 918 und Erl. 3b zu § 229) und der Festgenommene unverzüglich (§ 121) dem Gerichte vorzuführen (StPO. § 128). Wird die letztgedachte Verpflichtung nicht erfüllt, trifft also im Falle der Verzögerung der Vorführung den Verpflichteten ein Verschulden, so ist er dem Festgenommenen zum Schadensersatze verpflichtet.

§. 231. Wer eine der im §. 229 bezeichneten Handlungen in der irrigen Annahme vornimmt, daß die für den Ausschluß der Widerrechtlichkeit erforderlichen Voraussetzungen vorhanden seien, ist dem anderen Theile zum Schadensersatze verpflichtet, auch wenn der Irrtum nicht auf Fahrlässigkeit beruht.

---

c) Nicht bestimmt ist, daß die unter a und b bezeichneten Verpflichtungen, den Arrest zu beantragen, unverzüglich zu erfüllen sind. Die Folgen der Nichterfüllung dieser Verpflichtungen bestimmen sich also an sich nach allgemeinen Grundsätzen. Nach Abs. 4 aber muß, wenn der Arrestantrag verzögert wird, die Zurückgabe der weggenommenen Sachen bezw. die Freilassung des Festgenommenen unverzüglich erfolgen. Voraussetzung der hierdurch begründeten Verpflichtung ist nicht eine schuldhafte Verzögerung des Arrestantrags. Es kommt vielmehr lediglich darauf an, ob objektiv eine Verzögerung des Arrestantrags vorliegt (a. A. Hölder, Erl. 4a, c). Ist diese Voraussetzung gegeben, so muß nun, auch wenn demjenigen, welcher den Arrestantrag zu stellen hat, ein Verschulden in betreff der Verzögerung desselben nicht zur Last fällt, unverzüglich, also ohne schuldhaftes Zögern die Zurückgabe bezw. die Freilassung erfolgen. Wird diese Verpflichtung nicht erfüllt, so steht dem anderen Teile ein Anspruch auf Schadensersatz zu; er kann den Verpflichteten aber auch auf Erfüllung seiner Verpflichtung gerichtlich belangen und es steht ihm, wenn die Voraussetzungen des § 229 vorliegen, das Recht der Selbsthilfe in den Grenzen des § 229 zu. Dieselben Folgen wie im Falle der Verzögerung des Arrestantrags treten ein, wenn derselbe abgelehnt wird. Das Gericht hat in solchem Falle zugleich die Zurückgabe der weggenommenen Sache bezw. die Freilassung des Festgenommenen anzuordnen.

§ 231.

E. II § 195 rev. § 225; III § 225. P. II Bd. 1 S. 244. D. S. 621, 622.

Verpflichtung zum Schadensersatze. Liegen die Voraussetzungen nicht vor, unter welchen nach § 229 die Selbsthilfe zulässig ist, so wird eine Handlung, die an sich widerrechtlich ist, nicht dadurch eine erlaubte, daß der Handelnde sie zum Zwecke der Selbsthilfe vorgenommen und geglaubt hat, daß er dazu berechtigt sei. Zum Schadensersatz ist er wegen einer solchen widerrechtlichen Handlung nach § 823 aber nur verpflichtet, wenn ihm eine Fahrlässigkeit zur Last fällt, wenn also der Irrtum über das Vorhandensein der für die Zulässigkeit der Selbsthilfe bestimmten Voraussetzungen kein entschuldbarer ist. Durch die erst von der zweiten Kommission beschlossene Vorschrift des § 231 wird die Verpflichtung desjenigen, welcher Handlungen, die an sich widerrechtlich sind, zum Zwecke der Selbsthilfe vornimmt, über die sich aus dem § 823 ergebenden Grenzen hinaus ausgedehnt. Wer zur Selbsthilfe schreitet, tut dies auf seine Gefahr. Er ist, wenn die von ihm vorgenommenen Handlungen widerrechtlich sind, ohne Rücksicht darauf, ob ihn ein Verschulden trifft, zum Schadensersatze verpflichtet, sofern, abgesehen von dem Erfordernisse der Verschuldung die Voraussetzungen der Haftung wegen unerlaubter Handlung vorliegen (s. Neumann, in der Festgabe der Rechtsanwälte des Kammergerichts für Wilke S. 216).

Siebenter Abschnitt.

Sicherheitsleistung.

§. 232. Wer Sicherheit zu leisten hat, kann dies bewirken
durch Hinterlegung von Geld oder Werthpapieren,
durch Verpfändung von Forderungen, die in das Reichsschuldbuch oder in das Staatsschuldbuch eines Bundesstaats eingetragen sind,
durch Verpfändung beweglicher Sachen,
durch Bestellung von Hypotheken an inländischen Grundstücken,
durch Verpfändung von Forderungen, für die eine Hypothek an einem inländischen Grundstücke besteht, oder durch Verpfändung von Grundschulden oder Rentenschulden an inländischen Grundstücken.

Kann die Sicherheit nicht in dieser Weise geleistet werden, so ist die Stellung eines tauglichen Bürgen zulässig.

Siebenter Abschnitt.

Fälle der Sicherheitsleistung. Das BGB. enthält eine Reihe von Vorschriften, durch welche jemand zur Sicherheitsleistung verpflichtet oder eine Befugnis bezw. die Abwendung eines Rechtsnachteils von einer Sicherheitsleistung abhängig gemacht wird. Vorschriften der ersteren Art enthalten z. B. die §§ 843 Abs. 2, 1039, 1051, 1067, 1391, 1580, 1668, 1844, 2128, EG. Art. 91. Vorschriften der letzteren Art enthalten die §§ 52, 257, 258, 273 Abs. 3, 321, 509, 562, 738, 775 Abs. 2, 811, 867, 1218, 1220, 1986, 2217.

Vgl. auch CPO. §§ 89, 707, 713, 715, 719, 732, 769, 921, 925, 939; KO. § 78; ZVG. § 67. **Auch** durch Rechtsgeschäft sowie durch gerichtliche Verfügung kann eine Verpflichtung zur Sicherheitsleistung begründet oder eine Befugnis von der Sicherheitsleistung abhängig gemacht werden. Für alle diese Fälle gelten die Vorschriften der §§ 232—240, soweit nicht durch das Gesetz, durch das Rechtsgeschäft oder durch die richterliche Verfügung ein anderes bestimmt ist (s. z. B. die §§ 843, 1218, 1580, 1668, 1844, EG. Art. 91; CPO. § 108; StPO. §§ 118, 174 Abs. 1, 419 Abs. 2; ZVG. § 69.

Der Betrag, in welchem Sicherheit zu leisten ist, bestimmt sich nach dem Zwecke, zu welchem die Sicherheitsleistung erfolgt. Im E. I § 199 war bestimmt, daß die Sicherheit in einem dem Werte des zu sichernden Rechtes entsprechenden Betrage zu bewirken sei. Von der zweiten Kommission ist dies als selbstverständlich gestrichen.

§ 232.

E. I § 199; II § 196 rev. § 226; III § 226. P. I S. 449 ff., 3483, 5455 ff.; M. I S. 387 ff. P. II Bd. 1 S. 264 ff., Bd. 6 S. 384.

1. **Verschiedene Arten der Sicherheitsleistung.** Besteht eine Verpflichtung zur Sicherheitsleistung oder hängt eine Befugnis von der Sicherheitsleistung ab, so wird die Verpflichtung nur erfüllt und die Befugnis nur begründet, wenn die Sicherheit in einer der nach § 232 zulässigen Arten bestellt ist. Im E. I § 199 und E. II § 196 war bestimmt, daß derjenige, welcher die Sicherheit zu bestellen habe, dies „nach seiner Wahl" in einer der in dem betreffenden Paragraphen bestimmten Arten bewirken könne. Nach P. I S. 451 ist ein Antrag, nach welchem die Worte „nach seiner Wahl" zu dem Zwecke gestrichen werden sollten, um die Anwendung der Vorschriften über Alternativobligationen auszuschließen, abgelehnt (s. auch M. I S. 389). Auch nach P. II Bd. 1 S. 268 ist davon ausgegangen, daß die dem § 263 entsprechenden §§ 208, 209 des E. I zur Anwendung kommen. Bei der Revision des E. II sind die fraglichen Worte gestrichen. Die P. II ergeben nicht, in welcher Absicht dies geschehen ist. Es wird indessen an=

zunehmen sein, daß die §§ 262 ff. über alternative Schuldverhältnisse keine Anwendung finden sollen. Für diejenigen Fälle, in welchen die Sicherheit zu bestellen ist, um eine Befugnis zu begründen, ergibt sich dies schon aus dem Inhalte der fraglichen Paragraphen. Aber auch in denjenigen Fällen, in welchen eine Verpflichtung zur Sicherheitsleistung besteht, wird man nicht annehmen können, daß „mehrere Leistungen in der Art geschuldet werden, daß nur die eine oder die andere zu bewirken ist" (§ 262). Insbesondere wird daher die Vorschrift des § 263, nach welcher die Wahl durch Erklärung gegenüber dem anderen Teile erfolgt, keine Anwendung zu finden haben. Die Wahl bleibt dem Verpflichteten, bis er die Sicherheit in der einen oder anderen Art bestellt hat. Ist dies geschehen, so hat es dabei sein Bewenden. Die Verpflichtung ist erfüllt, die Befugnis erworben. Über Änderung der geleisteten Sicherheit s. Erl. 7 und Erl. zu §§ 235, 240. Erfüllt der zur Sicherheitsleistung Verpflichtete seine Verpflichtung nicht, so wird die Vorschrift des § 264 Abs. 1 in der Art entsprechend anzuwenden sein, daß der Gläubiger die Zwangsvollstreckung nach seiner Wahl auf die eine oder andere Art der Sicherheitsleistung richten kann, der Schuldner sich aber, solange die Sicherheit nicht geleistet ist, durch jede zulässige Art der Sicherheitsleistung befreien kann.

2. **Auf die Hinterlegung von Geld und Wertpapieren** zum Zwecke der Sicherheitsleistung finden die Vorschriften der §§ 372 ff. über die Hinterlegung von geschuldetem Gelde und geschuldeten Wertpapieren keine Anwendung. Die Landesgesetze bestimmen die sachliche und örtliche Zuständigkeit der Hinterlegungsstellen und können über die Hinterlegung selbst nähere Bestimmung treffen (EG. Art. 144, 145, vgl. auch Art. 90). Die Wirkung der Hinterlegung von Geld und Wertpapieren zum Zwecke der Sicherheitsleistung bestimmt der § 233; über die zur Sicherheitsleistung geeigneten Wertpapiere s. § 234.

3. Die Vorschrift, daß die Sicherheit durch **Verpfändung von Forderungen** bewirkt werden kann, **die in das Reichsschuldbuch oder in das Staatsschuldbuch eines Bundesstaates eingetragen sind,** ist von der zweiten Kommission mit Rücksicht auf die Wichtigkeit, welche Forderungen dieser Art in neuerer Zeit erlangt haben, und auf die Sicherheit, welche sie gewähren, hinzugefügt (s. das Ges. v. 31. Mai 1891 betr. das Reichsschuldbuch, insbesondere die §§ 7, 8, 13, 15; EG. Art. 97; FGG. § 188; Preußen, Ges. über das Staatsschuldbuch v. 20. Juli 1883, v. 12. April 1886, v. 8. Juni 1891; AG. Art. 16; Sachsen, Ges. v. 25. April 1884; AG. § 52; Hessen, Ges. v. 27. März 1898; Elsaß-Lothringen, Ges. v. 24. März 1881; AG. § 43; Weimar, Ges. v. 20. Januar 1900; Bremen, Ges. v. 2. Dezember 1898. Näheres über diese Art der Sicherheitsleistung bestimmt der § 236. Durch Verpfändung anderer Forderungen als der gedachten Buchforderungen kann Sicherheit nicht geleistet werden.

4. **Die Verpfändung beweglicher Sachen** erfolgt nach den Vorschriften der §§ 1205 ff.; s. auch § 237.

Sachen sind nach § 90 nur körperliche Gegenstände. Durch Verpfändung von Rechten kann Sicherheit nur geleistet werden, wenn sie zu den in Erl. 2, 3, 6 bezeichneten Rechten gehören.

5. **Die Bestellung einer Hypothek** erfolgt nach den Vorschriften der §§ 1113 ff. (s. auch Erl. 2 zu § 238).

6. Die **Verpfändung einer Forderung, für welche eine Hypothek besteht** (§ 1113) sowie die Verpfändung einer Grundschuld (§ 1191) oder einer Rentenschuld (§ 1199) erfolgt nach den Vorschriften der §§ 1273 ff. (s. insbesondere die §§ 1274, 1291). Nähere Vorschriften über diese Art der Sicherheitsleistung enthält der § 238.

7. **Durch Stellung eines tauglichen Bürgen** kann Sicherheit nur geleistet werden, wenn dies nach Maßgabe der Erl. 2—6 nicht möglich ist. Wer die Verpflichtung zur Sicherheitsleistung durch Stellung eines tauglichen Bürgen erfüllt zu haben behauptet, muß nachweisen, daß er nach Maßgabe der Erl. 2—6 Sicherheit nicht leisten könne. Derselbe Beweis liegt demjenigen ob, welcher eine von der Sicherheitsleistung abhängende Befugnis in Anspruch nimmt, wenn er behauptet, daß die Voraussetzung dieser Befugnis durch Stellung eines tauglichen Bürgen eingetreten sei. Zweifelhaft ist, ob, wenn die Voraussetzungen vorlagen, unter welchen die Leistung der Sicherheit durch Stellung eines tauglichen Bürgen zulässig und ein solcher Bürge bestellt ist, später aber die Leistung der Sicherheit nach Maßgabe der Erl. 2—6 möglich wird, verlangt werden kann, daß die Sicherheit in dieser Art geleistet werde. Die Frage dürfte, da das Gesetz eine solche Befugnis nicht bestimmt, zu verneinen sein, weil mit der Stellung eines tauglichen Bürgen die Verpflichtung zur Sicherheitsleistung erfüllt bezw. die von der Vor-

§. 233. Mit der Hinterlegung erwirbt der Berechtigte ein Pfandrecht an dem hinterlegten Gelde oder an den hinterlegten Werthpapieren und, wenn das Geld oder die Werthpapiere nach landesgesetzlicher Vorschrift in das Eigenthum des Fiskus oder der als Hinterlegungsstelle bestimmten Anstalt übergehen, ein Pfandrecht an der Forderung auf Rückerstattung.

§. 234. Werthpapiere sind zur Sicherheitsleistung nur geeignet, wenn sie auf den Inhaber lauten, einen Kurswerth haben und einer Gattung angehören, in der Mündelgeld angelegt werden darf. Den Inhaberpapieren stehen Orderpapiere gleich, die mit Blankoindossament versehen sind.

Mit den Werthpapieren sind die Zins-, Renten-, Gewinnantheil- und Erneuerungsscheine zu hinterlegen.

Mit Werthpapieren kann Sicherheit nur in Höhe von drei Viertheilen des Kurswerths geleistet werden.

---

aussetzung der Sicherheitsleistung abhängende Befugnis erworben ist (a. A. Hölder, Erl. 2 zu § 232).

Über die Bürgschaft bestimmen die §§ 765ff.; s. auch § 239.

In einigen Fällen ist die Sicherheitsleistung durch Bürgen ausgeschlossen, s. z. B. die §§ 273 Abs. 3, 1218 Abs. 1.

§ 233.

E. I § 200; II § 197 rev. § 227; III § 227. P. I S. 452ff., 3227ff., 11700ff.; M. I S. 390. P. II Bd. 1 S. 266, Bd. 6 S. 143.

1. **Auf das nach § 233 durch die Hinterlegung** (s. Erl. 2 zu § 232) **entstehende gesetzliche Pfandrecht** finden nach den §§ 1257, 1273 Abs. 2 die Vorschriften über das durch Vertrag entstandene Pfandrecht entsprechende Anwendung (§§ 1209ff., 1273ff.; s. insbesondere auch die §§ 1279—1290). Über die dem Pfandgläubiger zustehenden Rechte, wenn Geld der Gegenstand des Pfandrechts ist, enthielt der E. I § 1168 besondere Vorschriften. Diese sind von der zweiten Kommission gestrichen, indem angenommen wurde, daß die Frage einer Entscheidung durch das Gesetz nicht bedürfe, sondern der Entscheidung durch die Wissenschaft und Praxis zu überlassen sei (s. Erl. 1 zu § 1228). Über das Pfandrecht an Wertpapieren der hier in Frage kommenden Art. s. die §§ 1293—1296.

2. **Art des zu hinterlegenden Geldes.** Nach den M. I S. 390 wird angenommen, daß, wenn das hinterlegte Geld von der Hinterlegungsstelle nur in Verwahrung genommen werde, dasselbe in solchen Münzen zu entrichten sei, welche der Berechtigte gesetzlich in Zahlung nehmen müsse (s. Münzgesetz v. 9. Juli 1873; Ges. v. 20. April 1874 und v. 6. Januar 1876), daß aber, wenn das Geld in das Eigentum des **Fiskus** oder der Anstalt übergehe (EG. Art. 145), es darauf ankomme, welche Geldsorten die Hinterlegungsstelle annehme. Ausdrücklich bestimmt wird dies im BGB. nicht, doch dürfte die Auffassung der Motive der Natur des in Frage stehenden Verhältnisses entsprechen.

§ 234.

E. I § 201; II § 198 rev. § 228; III § 228. P. I S. 454ff.; M. I S. 390. P. II Bd. 1 S. 256ff., Bd. 4 S. 570, 607, Bd. 6 S. 143.

1. **Den Begriff der Wertpapiere** definiert das BGB. nicht. Die in dieser Beziehung bestehenden Streitfragen (Jacobi, Die Wertpapiere im Bürgerlichen Recht des Deutschen Reichs 1901 in Fischers Abhandl. Bd. 8 2c.) kommen hier indessen nicht in Betracht, weil nach § 234 nur Inhaberpapiere und solche Orderpapiere hinterlegt werden können, die mit Blankoindossament versehen sind. Unter Inhaberpapieren sind sowohl Schuldverschreibungen auf den Inhaber (§§ 793ff.), als auch Aktien auf den Inhaber zu verstehen, nicht aber die sog. Legitimationspapiere (§ 808). Nicht erforderlich ist, daß durch die fraglichen Papiere die Zahlung von Geld versprochen wird; doch wird regelmäßig nur bei Papieren dieser Art das Erfordernis vorliegen, daß sie einen Kurswert haben.

§. 235. Wer durch Hinterlegung von Geld oder von Werthpapieren Sicherheit geleistet hat, ist berechtigt, das hinterlegte Geld gegen geeignete Werthpapiere, die hinterlegten Werthpapiere gegen andere geeignete Werthpapiere oder gegen Geld umzutauschen.

§. 236. Mit einer Buchforderung gegen das Reich oder gegen einen Bundesstaat kann Sicherheit nur in Höhe von drei Viertheilen des Kurswerths der Werthpapiere geleistet werden, deren Aushändigung der Gläubiger gegen Löschung seiner Forderung verlangen kann.

§. 237. Mit einer beweglichen Sache kann Sicherheit nur in Höhe von zwei Drittheilen des Schätzungswerths geleistet werden. Sachen, deren Verderb zu besorgen oder deren Aufbewahrung mit besonderen Schwierigkeiten verbunden ist, können zurückgewiesen werden.

---

2. Die **Gattung der Wertpapiere**, in welcher Mündelgelder angelegt werden dürfen, ist in dem § 1807 Abs. 1 Nr. 2—4 bestimmt.

3. Die mithinterlegten **Zins-, Renten-, Gewinnanteil- und Erneuerungsscheine** unterliegen dem Pfandrechte. Der Verpfänder kann aber, sofern nicht ein anderes bestimmt ist, die Herausgabe der Scheine verlangen, soweit sie vor dem Eintritte der Voraussetzungen des § 1228 Abs. 2 fällig werden (§ 1296 Satz 2). Die in dem § 1228 Abs. 2 bestimmten Voraussetzungen bestehen darin, daß der Anspruch, für welchen das Pfand haftet, ganz oder teilweise fällig und, soweit der geschuldete Gegenstand nicht in Geld besteht, in eine Geldforderung übergegangen ist.

§ 235.

E. II § 199 rev. § 229; III § 229. P. II Bd. 1 S. 268 ff.

Die in dem § 235 bestimmte **Zulässigkeit des Umtausches von Geld- und Wertpapieren** ist von der zweiten Kommission hinzugefügt. War die Sicherheit in anderer Weise als durch Hinterlegung von Geld oder Wertpapieren geleistet, so ist die Ersetzung durch eine andere Art der Sicherheitsleistung nur mit Zustimmung des Berechtigten zulässig. Dieser Zustimmung bedarf es ebenfalls, wenn an die Stelle der Sicherheitsleistung durch Geld oder Wertpapiere eine andere Art der Sicherheitsleistung treten soll (vgl. jedoch die Erl. zu § 240).

§ 236.

E. II § 200 rev. § 230; III § 230. P. II Bd. 1 S. 267.

Über die Zulässigkeit der Sicherheitsleistung durch **Buchforderungen gegen das Reich oder gegen einen Bundesstaat** s. Erl. 3 zu § 232.

§ 237.

E. I § 202; II § 201 rev. § 231; III § 231. P. I S. 457; M. I S. 390. P. II Bd. 1 S. 268.

Über die Zulässigkeit der Sicherheitsleistung durch **Verpfändung beweglicher Sachen** s. Erl. 4 zu § 232. Da in dieser Art nach § 237 nur in Höhe von zwei Dritteilen des Schätzungswerts Sicherheit geleistet werden kann, so ist die Sicherheitsleistung mit Sachen, die einen Schätzungswert überhaupt nicht haben, auch wenn sie für den Eigentümer einen großen Affektionswert haben, ausgeschlossen. Der Satz 2 des § 237 ist mit Rücksicht auf das Interesse des Berechtigten von der zweiten Kommission hinzugefügt. Hat der Berechtigte von der ihm hiernach zustehenden Befugnis, Sachen, deren Verderb zu besorgen oder deren Aufbewahrung mit besonderen Schwierigkeiten verbunden ist, zurückzuweisen, keinen Gebrauch gemacht, sondern die Leistung der Sicherheit mit solchen Sachen angenommen, so kann er nicht nachträglich die Leistung anderweiter Sicherheit verlangen. Ob er im Falle des Irrtums über die fragliche Eigenschaft der Sachen zur Anfechtung seiner Annahme der Sicherheitsleistung auf Grund des § 119 Abs. 2 berechtigt ist, erscheint zweifelhaft. Die Frage dürfte zu bejahen sein, indem durch § 237 Satz 2 die hier fragliche Eigenschaft der Sachen als einer Eigenschaft gleichgestellt anzusehen ist, die im Verkehr als wesentliche betrachtet wird (a. A. Hölder, Erl. zu § 237, der im Falle eines Irrtums ohne weiteres das Recht zugesteht, eine andere Sicherheitsleistung zu verlangen).

§. 238. Eine Hypothekenforderung, eine Grundschuld oder eine Rentenschuld ist zur Sicherheitsleistung nur geeignet, wenn sie den Voraussetzungen entspricht, unter denen am Orte der Sicherheitsleistung Mündelgeld in Hypothekenforderungen, Grundschulden oder Rentenschulden angelegt werden darf.

Eine Forderung, für die eine Sicherungshypothek besteht, ist zur Sicherheitsleistung nicht geeignet.

§. 239. Ein Bürge ist tauglich, wenn er ein der Höhe der zu leistenden Sicherheit angemessenes Vermögen besitzt und seinen allgemeinen Gerichtsstand im Inlande hat.

Die Bürgschaftserklärung muß den Verzicht auf die Einrede der Vorausklage enthalten.

---

§ 238.

E. I § 203; II § 202 rev. § 232; III § 232. P. I S. 457 ff., 5455 ff.; M. I S. 390. P. II Bd. 1 S. 268, Bd. 6 S. 243.

1. Über die Zulässigkeit der Sicherheitsleistung durch **Verpfändung einer Hypothekenforderung, einer Grundschuld oder Rentenschuld** s. Erl. 6 zu § 232.

Nach § 1807 Abs. 1 Nr. 1 können Mündelgelder angelegt werden in Forderungen, für die eine sichere Hypothek an einem inländischen Grundstücke besteht, oder in sicheren Grundschulden oder Rentenschulden an inländischen Grundstücken. Nähere Vorschriften über die Voraussetzungen, unter welchen eine Hypothek, eine Grundschuld oder eine Rentenschuld als sicher anzusehen ist, enthält das BGB. nicht. Nach § 1807 Abs. 2 können indessen die Landesgesetze für die innerhalb ihres Geltungsbereichs belegenen Grundstücke die Grundsätze bestimmen, nach denen die Sicherheit einer Hypothek, einer Grundschuld oder einer Rentenschuld festzustellen ist. Mit Rücksicht auf diese Vorschrift bestimmt der § 238, daß der Ort der Sicherheitsleistung für die Entscheidung der Frage maßgebend ist, ob die Voraussetzungen der mündelmäßigen Sicherheit vorliegen. Unter dem Orte der Sicherheitsleistung ist der Ort zu verstehen, an welchem das Grundbuch über die Hypothekenforderung, über die Grundschuld oder die Rentenschuld geführt wird (a. A. Hölder, Erl. zu § 238, der darunter bei einer Verpflichtung zur Sicherheitsleistung den Ort, welcher als Erfüllungsort für diese Verpflichtung gilt, bei einer Berechtigung zur Sicherheitsleistung den Wohnsitz des betreffenden Schuldners versteht). Die Vorschrift des Abs. 2, nach welcher eine Forderung zur Sicherheitsleistung nicht geeignet ist, für welche nur eine Sicherungshypothek besteht (§ 1184), beruht auf der Erwägung, daß für derartige Forderungen der Glaube des Grundbuchs nicht gilt, daß gegen ihre Zulassung daher dieselben Gründe sprechen, welche das BGB. bestimmt haben, die Sicherheitsleistung durch Verpfändung von anderen Forderungen als Buchforderungen auszuschließen.

2. **Sicherheitsleistung durch Bestellung einer Hypothek.** Die Vorschriften des § 238 beziehen sich nur auf die Sicherheitsleistung durch die Verpfändung von Hypothekenforderungen, Grundschulden und Rentenschulden, nicht auf die Sicherheitsleistung durch Bestellung von Hypotheken an inländischen Grundstücken. Über die Voraussetzungen, unter welchen eine solche Hypothek zur Sicherheitsleistung geeignet ist, enthält das BGB. keine ausdrückliche Vorschrift. Es wird indessen keinem Zweifel unterliegen, daß der § 238 Abs. 1 in der Art entsprechende Anwendung zu finden hat, daß die Hypothek den Voraussetzungen entsprechen muß, unter welchen Mündelgeld hypothekarisch ausgeliehen werden darf (§ 1807 Abs. 1 Nr. 1, Abs. 2). Der § 238 Abs. 2 findet dagegen keine Anwendung, indem der Grund, auf welchem er beruht (s. oben Erl. 1) hier nicht zutrifft.

§ 239.

E. I § 204; II § 203 rev. § 233; III § 233. P. I S. 458 ff.; M. I S. 391. P. II Bd. 1 S. 269 ff. RB. S. 1962. StB. S. 2753.

1. **Die Tauglichkeit eines Bürgen** hängt von folgenden beiden Voraussetzungen ab:

a) daß er ein der Höhe der zu leistenden Sicherheit angemessenes Vermögen hat. Als Vermögen kommen auch die regelmäßigen Einnahmen aus der Berufstätigkeit, z. B. der Gehalt eines Beamten mit in Betracht. Bei der Beurteilung der Frage, ob das Vermögen der Höhe der zu leistenden Sicherheit angemessen ist, wird auf die gesamten persönlichen Verhältnisse des

§. 240. Wird die geleistete Sicherheit ohne Verschulden des Berechtigten unzureichend, so ist sie zu ergänzen oder anderweitige Sicherheit zu leisten.

Bürgen, insbesondere auch darauf Rücksicht zu nehmen sein, was er für sich selbst und für seine Familie zu verbrauchen pflegt;

b) daß er seinen allgemeinen Gerichtsstand im Inlande hat. Der allgemeine Gerichtsstand einer Person bestimmt sich nach CPO. §§ 13—18. Der Wohnsitz ist hiernach zwar regelmäßig, aber nicht ausschließlich entscheidend, vielmehr wird nach der CPO. § 16 der allgemeine Gerichtsstand einer Person, welche keinen Wohnsitz hat, durch den Aufenthaltsort im Deutschen Reich und, wenn ein solcher nicht bekannt ist, durch den letzten Wohnsitz bestimmt. Der nach diesen Grundsätzen zu bestimmende Gerichtsstand des Bürgen muß im Inlande sein. Treten nach der Bestellung der Bürgschaft Umstände ein, infolge deren der Bürge den allgemeinen Gerichtsstand nicht mehr im Inlande hat, verlegt er z. B. seinen Wohnsitz oder im Falle des § 16 der CPO. seinen Aufenthalt in das Ausland, so findet der § 240 Anwendung.

2. Verzicht auf die Einrede der Vorausklage. In den E. II und III war bestimmt, daß die Bürgschaftserklärung schriftlich abgefaßt sein und daß sie den Verzicht auf die Einrede der Vorausklage (§§ 770, 773 Nr. 1) enthalten müsse. Im BGB. ist die Bestimmung, daß die Bürgschaftserklärung schriftlich abgefaßt sein müsse, weggelassen, weil nach der von dem Reichstage beschlossenen Änderung des E. III allgemein vorgeschrieben ist, daß zur Gültigkeit des Bürgschaftsvertrags schriftliche Erteilung der Bürgschaftserklärung erforderlich ist (§ 766). Die Änderung der Fassung des § 239 Abs. 2 könnte zu dem Zweifel Anlaß geben, ob der Verzicht auf die Einrede der Vorausklage schriftlich erklärt werden muß. Ein solcher Verzicht ist an sich gültig, auch wenn er nicht schriftlich erklärt ist. Eine Änderung des E. III ist indessen in dieser Beziehung nicht beabsichtigt, und die Fassung des § 239 Abs. 2 nötigt nicht dazu, eine solche Änderung anzunehmen. Die Bürgschaftserklärung muß nach Abs. 2 den Verzicht auf die Einrede der Vorausklage enthalten; der Verzicht muß in der Bürgschaftserklärung enthalten sein und, da diese schriftlich zu erfolgen hat, ebenfalls schriftlich erklärt werden. Nach HGB. § 350 bedarf es der schriftlichen Form der Bürgschaftserklärung nicht, wenn die Bürgschaft auf seiten des Bürgen ein Handelsgeschäft ist. Selbstverständlich bedarf es in diesem Falle der schriftlichen Form auch nicht für den Verzicht auf die Einrede der Vorausklage.

§ 240.

E. I § 205; II § 204 rev. § 234; III § 234. P. I S. 459; M. I S. 459. P. II Bd. 1 S. 270, Bd. 6 S. 243.

1. Unzureichende Sicherheit. Ist Sicherheit nach Maßgabe der §§ 232 ff. geleistet, so ist die Verpflichtung zur Sicherheitsleistung erfüllt bezw. die Voraussetzung der Berechtigung, welche von der Sicherheitsleistung abhängt, eingetreten. Ist die Sicherheit nicht in der Höhe geleistet, in welcher sie geleistet werden mußte, so ist die Verpflichtung noch nicht vollständig erfüllt bezw. die Berechtigung nicht erworben. Es kann daher Ergänzung der Sicherheit verlangt werden. Hat aber der andere Teil die geleistete Sicherheit als genügend angenommen, so ist er hieran gebunden und kann nicht deshalb Ergänzung oder anderweitige Sicherheit verlangen, weil sich später herausstellt, daß die geleistete Sicherheit von Anfang an ungenügend gewesen ist (a. A. Hölder, Erl. zu § 240). Ob die Annahme der Sicherheit als einer genügenden anfechtbar ist, bestimmt sich nach §§ 119, 123. Anders liegt das Verhältnis, wenn die geleistete Sicherheit erst später ungenügend wird. Der Zweck der Sicherheitsleistung erfordert, daß die Sicherheit nicht nur im Augenblicke der Bestellung, sondern solange, als das zu der Sicherheitsleistung verpflichtende Verhältnis dauert, den Anforderungen der §§ 234, 236—239 entspricht. Der Berechtigte soll deshalb die in dem § 240 bestimmte Befugnis haben. Will er sie geltend machen, so hat er zu beweisen, daß die geleistete Sicherheit ohne sein Verschulden unzureichend geworden ist. Ein Verschulden des Berechtigten kann regelmäßig nur in Frage kommen, wenn die Sicherheit durch Verpfändung beweglicher Sachen geleistet ist. Ist das Pfand infolge eines von dem Berechtigten zu vertretenden Umstandes verschlechtert oder verloren gegangen, so hat der Besteller einen Anspruch auf Schadensersatz gegen den Berechtigten und diesem steht das im § 240 bestimmte Recht nicht zu. Denkbar ist übrigens auch in anderen Fällen der Sicherheitsleistung, daß sie durch ein Verschulden des Berechtigten unzureichend wird, so z. B. wenn der Berechtigte durch ein Delikt den Bürgen um sein Vermögen bringt (s. Hölder, Erl. zu § 240). Abweichend von den in ähnlichen Fällen beobachteten Grundsätzen hat nicht der Verpflichtete das Verschulden des Berechtigten zu beweisen, sondern der Berechtigte seine Schuldlosigkeit.

2. **Ergänzung der Sicherheit oder anderweitige Sicherheit.** Im E. I § 205 lautete die Vorschrift des § 240 dahin, daß anderweitige Sicherheit zu leisten sei. Durch die von der zweiten Kommission vorgenommene Änderung der Fassung entsteht der Zweifel, in welchem Verhältnisse die beiden alternativ auferlegten Verpflichtungen, die Sicherheit zu ergänzen oder anderweitige Sicherheit zu leisten, zueinander stehen. In der zweiten Kommission selbst waren die Ansichten darüber geteilt (P. II Bd. 6 S. 243). Nach der einen Ansicht hat der Verpflichtete die Wahl, ob er unter Belassung der bisherigen Sicherheit diese dadurch ergänzen will, daß er für den Betrag, zu welchem die Sicherheit nicht mehr ausreicht, Sicherheit durch Mittel der bisherigen oder einer anderen Art leistet, oder ob er unter Aufhebung der bisher geleisteten Sicherheit für den ganzen Betrag in anderer Art Sicherheit leisten will. Nach der anderen Ansicht soll der Verpflichtete die bisher geleistete Sicherheit gegen eine andere nur in dem Falle des § 235 umzutauschen berechtigt, in allen anderen Fällen aber verpflichtet sein, die bisherige Sicherheit bestehen zu lassen und für den Betrag, in welchem sie unzureichend geworden ist, anderweitige Sicherheit zu leisten. Eine Wahl soll er in dem letzteren Falle nur insofern haben, als er die Sicherheit sowohl durch Mittel derselben Art, wie der bisherigen, als auch durch andere Mittel ergänzen kann. Für die letztere Auffassung wurde insbesondere geltend gemacht, daß die Sicherheit durch das eigene Verschulden des Verpflichteten unzureichend geworden sein könne und daß der Verpflichtete doch durch ein solches Verschulden nicht ein Recht erwerben dürfe, das ihm sonst nicht zustehe. Die jetzige Fassung des § 240 spricht für die erstgedachte Auffassung. Die Worte „oder anderweitige Sicherheit zu leisten" würden überflüssig sein, wenn sie nicht die Bedeutung haben sollten, daß der Verpflichtete berechtigt sein solle, statt der bisherigen Sicherheit anderweitige Sicherheit zu leisten; denn daß eine Ergänzung der bisherigen Sicherheit nicht nur durch Mittel derselben wie der bisherigen Art, sondern auch durch Mittel anderer Art zulässig ist, ergibt sich in Ermangelung einer entgegengesetzten Vorschrift aus dem Begriffe der Ergänzung. Auch innere Gründe dürften für jene erstere Auffassung sprechen. Dem Verpflichteten steht an sich die Wahl zu, in welcher Art er Sicherheit leisten will. Hat er einmal Sicherheit geleistet, so ist er zwar, abgesehen von den Fällen des § 235, daran gebunden. Wird die geleistete Sicherheit aber unzureichend, so führen die Gründe, aus welchen ihm die Wahl zugestanden ist, dahin, ihm diese nun wieder einzuräumen. Hat er z. B. mit einer beweglichen Sache Sicherheit geleistet, so erscheint es unbillig ihn zu nötigen, für den Betrag, zu welchem die Sicherheit unzureichend geworden ist, eine Hypothek zu bestellen und ihm nicht zu gestatten, statt dessen unter Aufhebung des Pfandrechts für den ganzen Betrag eine Hypothek zu bestellen. Der für die obengedachte zweite Auffassung angeführte Grund, daß die Sicherheit durch das eigene Verschulden des Verpflichteten unzureichend geworden sein könne, dürfte deshalb nicht durchschlagend sein, weil es immer von dem Berechtigten abhängt, ob er überhaupt eine anderweitige Sicherheitsleistung verlangen oder es bei der bisherigen bewenden lassen will.

3. Die Vorschriften des § 240 finden keine Anwendung, wenn die Sicherheitsleistung **auf einer Vereinbarung der Parteien beruht** und sich aus dem Inhalte dieser Vereinbarung ergibt, daß nicht im allgemeinen Sicherheitsleistung, sondern nur die durch die Vereinbarung bestimmte Art der Sicherheitsleistung gewollt ist.